Märchen und Geschichten
zur Winterzeit

Märchen und Geschichten zur Winterzeit

Herausgegeben von Erich Ackermann

Mit zahlreichen Illustrationen

Anaconda

Die Deutsche Nationalbibliothek verzeichnet diese Publikation
in der Deutschen Nationalbibliografie; detaillierte bibliografische Daten
sind im Internet unter http://dnb.d-nb.de abrufbar.

© 2015 Anaconda Verlag GmbH, Köln
Alle Rechte vorbehalten.
Umschlaggestaltung: Druckfrei. Dagmar Herrmann, Bonn
Satz und Layout: Andreas Paqué, Ebergötzen, www.paque.de
Printed in Germany 2015
ISBN 978-3-7306-0274-4
www.anacondaverlag.de
info@anacondaverlag.de

Inhalt

Vorwort 11

Von Sankt Martin bis Dreikönig – Feste im Winter
Aus dem Leben des heiligen Martin 20
Ein doppeltes Wunder von Sankt Martin 21
Eine Liebesgabe am Martinsabend 25
Advent – Das ist die stillste Zeit im Jahr 26
Der Esel des St. Nikolaus 31
Als ich die Christtagsfreude holen ging 34
Das Nordlicht in der Heiligen Nacht 41
Einer Weihnacht Lust und Gefahr 44
Weihnachten bei Theodor Storm 57
Weihnachten auf einem livländischen Pastorat 63
Die sieben Tannenbäume 70
Der Huldretanz in der Silvesternacht 75
Silvesternebel 77
Ein funkelnagelneues Jahr 80
Die vier heiligen Dreikönige 84

Winter in aller Welt
Nordamerika
Alice Green und der letzte Mohikaner 93
Boquena, der Magier mit dem Buckel 96
Der kleine Geist 97
Odschig Annang oder Der Sommermacher 99
Schinschibiss und der Nordwind 103
Wie der Tod auf die Welt kam 104
Auf der Fährte nach Fleisch 105
Wie in Alaska 111

Eskimos – Inuits
- Alorûtaq – Der Eskimojunge, der Böses nicht mit Bösem vergalt 113
- Das Mädchen und der Mond 117
- Der Herr über die Winde 120
- Der Mann im Monde 126
- Der Riese 128
- Die Entstehung der Winde 132
- Die Liebe einer Eskimo-Maid 134
- Quiquern, der Geisterhund 148
- Wie der Rabe das Licht brachte 167

Island
- Das Sätermädchen 170
- Der Huldrekönig auf Selö 173
- Der Küster von Mörkaa 177
- König Oddur und der Wintergast 180

Europäischer Norden
- Das Kätzchen auf Dovre 182
- Die Reise im Braukessel 183
- Der Köhlernils und die Trollfrau 184
- Das goldene Beil 186
- Der Lappenkönig und die russischen Tschuden 188
- Sampo Lappelill 190

Sonstwo auf der Welt
- Januar und Februar (Malta) 200
- Der König, der sein Wort brach (Malta) 201
- Der Einsiedler auf dem Berge Liákoura (Griechenland) 202
- Bauer Ginster, Bauer Laub und Bauer Eisen (Flandern) 203
- Belohnte Kindesliebe (Japan) 205
- Oschoo (Japan) 207

Wintergeister – hold und unhold
- Der Klaubauf 209
- Das Venedigermandl macht Räuber g'froren 210
- Berchta und der wilde Mann 211
- Das Berchtenlaufen 212
- Die fliegende Frau 212

Die Hollerfrau	214
Frau Holla und der treue Eckart	219
Frau Holla zieht umher	219
Fru Gauden oder Goden	220
Der Wode	223
Der Spielmann und die wilde Jagd	224
Raunacht-Abenteuer	224
Wie Rübezahl sich in seinem Geisterreiche die Zeit vertreibt	228
Die Unterirdischen	234
Das graue Männchen	239
Das Bergmännlein	241
Der wandernde Zwerg	244
Die drei Männlein im Walde	245

Winterspuk und Wintergrusel

Der Gespensterbräutigam	250
Andreasnacht	254
Der Teufel als Bräutigam	255
Die Christmesse in der Wildermänner Kirche	257
Die Totenmesse zu Wesenberg	258
Geisterkirche	259
Die Geistermesse	260
Die Gespenstermesse	262
Die Messe des Gespenstes	263
Die Messe der Wölfe	264
Der Tanz des Teufels	266
Der Totengräber und die Gespenster	268
Die nächtlichen Kirchgänger	276
Die Nordlichtgeister	283
Die Spinnerin im Mond	284
Albertus Magnus und Kaiser Wilhelm	286
Der Wintergarten	287
Von dem Sommer- und Wintergarten	289

Allerlei Schneemänner und Schneefrauen

Das kleine Schneemädchen	292
Der kleine Schneejunge	305

Die Schneetochter und der Feuersohn 307
Die zwei Brüder und der Frost 310
Der Frost 312
Snegurotschka – Schneeflöckchen 316
Juki-onna – Die Schneefrau 319
Von dem Mädchen, das schneller als ein Pferd ist 323
Die Schneekönigin (Andersen) 324
Die Schneekönigin (Lothringen) 328
Der Schneemann 331
Der schmelzende Koch 335

Harte Winter
Der harte Winter 339
Schreckliche Unglücksfälle in der Schweiz 340
Die Herberge im Gebirge 342
Der böse Winter 353
Das Posthorn 354
Der große Schneefall im Bayrischen Walde 355
Der Reiter und der Bodensee 362
Das brave Mütterchen 364
Auf dem Grunde des Schneemeeres 365
Der barmherzige Reiche und der dankbare Arme 369

Idyllische und anheimelnde Winter
Anheimelnde Winterabende mit Märchen und Gespenstern 371
Als ich das Ofenhückerl war 373
Das Dörfchen in den Bergen 379
Waldwinter 385
Walden – Besuch in der winterlichen Einsamkeit von Massachusetts 390
Wo ist die Winterlandschaft zu suchen? 395

Allerlei Reisen in den Winter
James Cook und das Ewige Eis 397
Robert Scotts letzte Fahrt 402
Auf dem St. Gotthard 417
Am äußersten Meer 420
Der Schneesturm (Tolstoi) 421

Der Schneesturm (Puschkin) 434
Münchhausens Reise nach Russland 444
Eine Winterreise durch Sibirien 448
Eine Weihnachtsreise ins altpreußische Land 454

Tiere im Winter

Der Mann von Grimsö und der Bär 459
Der Schwarzfußindianer und der Bär 460
Der gute Meister Petz 463
Die Stadtmaus und die Feldmaus 465
Katze und Maus in Gesellschaft 468
Isegrims Fischfang 469
Der Berglappe und der Fuchs 474
Vom Kranich, der dem Fuchs das Fliegen beibrachte 480
Der Wolf und der Fuchs 480
Der Wolf will sich einen Wintervorrat anlegen 483
Der Wolf (Hesse) 484
Der Wolf (Maupassant) 487
Der Weißstirnige 491
Der arme Schneider von Gloucester 496
Trautes Heim, Glück allein 503
Der dankbare Rabe 508
Die Zeit der schweren Not 516
Hasendämmerung 519
Der Winter kommt ins Tal 523
Walden – Wintertiere im entlegenen Massachusetts 531
Gottes Gäste 536
Elchjagd 540

Winter und Krieg

Der Untergang einer Armee – Der Rückzug von
  Napoleons Truppen aus Russland 544
Der Schnee als großes Leichentuch 549
Der württembergische Leutnant von Martens über die
  Kälte in Russland, 6. und 7. November 1812 552
Die Gesundheit Seiner Majestät ist niemals besser gewesen 553
Die Saat im Schnee 554

Der alte Mantel 555
Saint Antoine – Die Rache des Besiegten 556
Ein kleiner Weihnachtsfrieden 563
Der viele viele Schnee 564

Mancherlei Winterfreuden
Der Eispalast 567
Die Winter meiner Kindheit 570
Scherz 573
Der Kavalier auf dem Eise 577
Winter auf dem Semmering 579
Wintersport 580
Wintersportmärchen 581

Hochliterarische Winter
Schnee 583
Das Sternenkind 586
Der selbstsüchtige Riese 599
Ein Landarzt 603
Der Kübelreiter 608
Winternacht 610
Ein kleines Eisabenteuer 611

Winter ade, Scheiden tut weh
Von den zwölf Monaten 613
Bibon und Sigwan – Winter und Frühling 618
Wie der alte Mann Winter verjagt wurde 619
Das Schneeglöckchen 621
Wie der April den März besuchte 624

Ein kleines Geheimnis zum Schluss
Der goldene Schlüssel 626

Quellenverzeichnis 628

Ausgewählte Literatur 639

Vorwort

Von allen Jahreszeiten hat der Winter, zumindest in den bäuerlich strukturierten Gesellschaften, den Menschen das meiste Gepräge gegeben, ist es doch die Zeit, da Mensch und Tier in ihre Unterkünfte gezwungen werden und die Arbeit und alle Unternehmungen ruhen. Diese erzwungene Arbeitsruhe gibt auf der anderen Seite aber der Fantasie eine größere Gelegenheit zur Betätigung und führt die Menschen zum Erzählen.

Der Winter ist eine Zeit, in der sich die Erinnerung an vorchristliche Überlieferungen und Bräuche am besten erhalten hat. Vielleicht aber sollte man diese und andere Aussagen in die Vergangenheit setzen: Es war die Zeit …, denn die Verbundenheit mit dem Lauf der Natur wird vor allem in den Städten aufgehoben, die Jahreszeiten gehen beinahe fließend ineinander über. Allemal aber bedeutet der Winter keine Arbeitsruhe mehr. Mit diesem Verlust keimt aber auch bei vielen Menschen eine Sehnsucht nach Vergangenem auf, nach dem Winter, wie er einmal war, als es noch tüchtig schneite.

Das deutsche Wort Winter leitet sich vermutlich von dem gallischen Wort *vindo* (weiß) ab, bedeutet also *weiße Jahreszeit*. Das Verhältnis des Menschen zum Winter war und ist ambivalent: vom behaglichen, trauten und warmen Drinnen gesehen, wirkt die winterliche, ruhende Natur idyllisch und schön, während das Draußen nachgerade eine Qual und Bedrohung darstellt.

Von allen Jahreszeiten hat der Winter in der Mythologie die meisten Personifikationen erhalten. Im nordischen Mythos ist *Kari*, der Wintersturm, Vater von Frost und Schnee. Und der germanische Gott *Baldur*, der die wohltätige Sommersonne vertritt, wird vom wilden *Hödhr*, der die winterliche Natur darstellt, durch einen aus einem Mistelzweig gemachten Pfeil getötet, ein Sinnbild des Wintertodes der Natur. Nach einer anderen nordischen Sage soll durch die Kälte und den Schreckenswinter (Fimbulvetr, drei unmittelbar aufeinanderfolgende Winter) auch der Weltuntergang (Ragnarök) erfolgen. Ein weiteres Zeichen dafür, dass der Weltuntergang sich ankündigt, bilden die Frostriesen. Sie sind Söhne *Ymirs*, der selbst aus schmelzendem Eis entstand und sich ungeschlechtlich während des Schwitzens im Schlaf fortpflanzte. Die Frostriesen hausen unter einer der drei Wurzeln der Weltesche *Yggdrasil*; wenn sie loskommen, beginnt der Endkampf zwischen Asen und Riesen.

Nach anderen mythischen Vorstellungen steht eine Gottheit über Winter und Sommer: Bei den Griechen hat die Göttin *Kybele* den Schlüssel zur Erde, die sie im Frühling öffnet und im Winter schließt. Auch die germanische *Frau Holle* ist eine Wintergöttin.

Der Winter, wenn die Natur schlummert und scheinbar gestorben ist, ist deshalb eine Zeit des Todes und der Toten, wie es im Volksglauben vieler Gegenden zum Ausdruck kommt. Dass Tod, Winter und Dämonen assoziiert werden, bezeugt schon ein antiker Orakelspruch aus der Zeit um Christi Geburt: »Der höchste Gott heißt im Winter Hades« (Labeo – Macrobius, sat. 1,18, 19). In einem Analogieschluss werden das Sterben und die anschließende Wiedergeburt im Makrokosmos der Natur mit dem menschlichen Mikrokosmos verglichen und ihm gleichgesetzt. Dies entspricht dem zyklischen Zeitdenken der antiken Mythologie, in welcher alle Dinge in einem ewigen Kreislauf sterben und wiedergeboren werden.

Der Winter ist im Volksglauben und im Denken und Fühlen des modernen Menschen nicht kalendarisch auf die astronomische Periode vom 21. Dezember bis 21. März begrenzt, sondern bildet eine Einheit, die der Mensch von der sterbenden und wiedergeborenen Natur her empfindet. Verschiedene Daten im Herbst (Allerheiligen, Andreastag, St. Martin), aber auch schon im Sommer (Bartholomäus 24. August) gelten als Künder des Winters. In manchen Gegenden der Obersteiermark wurde am Bartholomäustag das *Wintereinläuten* geübt, welches eine Lärmabwehr der Winterunholde darstellt. Vom 16. Oktober heißt es in den Alpenregionen: »St. Gallen – lässt den Schnee fallen«. Den Eintritt des Winters erwartet man oft am Andreastag (30. November): »Andries – bringt d'Winter gwieß«.

Als Mitte des Winters wurde meist der 25. Januar (Pauli Bekehrung) angesehen, wenn die Futtervorräte etwa zur Hälfte aufgezehrt waren. »Pauli Bekehrung – halbs hinum, halbs herum« ist dazu ein alter Bauernspruch. Als Frühlingserwachen gilt meist das Osterfest, welches von der Kirche ja auch nach astronomischen Gesichtspunkten festgelegt wurde. Diese Datierungen fallen in etwa mit dem germanischen Winterhalbjahr zusammen, der Zeit, in der die Gottheit schlief und begraben war.

War schon der Winter in heidnischer Zeit als arbeitsfreier Raum geradezu prädestiniert, hierhin Feste zu verlegen, so ist unter römisch-christlichem Einfluss die kalte Jahreshälfte zur Hauptfestzeit geworden. Und die Kirche hat es verstanden, die alten heidnischen Feste zu assimilieren, um den heidnischen Kult mit der christlichen Lehre zu versöhnen. Den Bezug zum Tod stellen zu Beginn der Winterzeit Allerheiligen und Allerseelen dar, christliche Feste, die ihre Grundlage allerdings im vorchristlichen Substrat haben. *Papst Gregor IV.* hatte das Allerheiligenfest, welches ursprünglich im Frühjahr gefeiert wurde, im Jahre 835 auf den 1. November verlegt und damit ein altes heidnisches Fest der

Kirche zunutze gemacht. So verbirgt sich unter einem dünnen christlichen Überzug ein ursprünglich heidnisches Totenfest.

Die Nacht zum 1. November galt schon bei den Kelten als die Zeit der Toten und der Geister; hier feierten sie ihr *Samuin-Fest*. Man zündete überall Feuer an, um die Geister der Verstorbenen zu besänftigen. Nicht nur bei den Kelten scheint dieser Abend, der den Übergang von Herbst und Winter bildet, die Zeit gewesen zu sein, in der die Seelen der Verstorbenen ihre alten Stätten wieder aufsuchen, um sich am heimischen Feuer zu erwärmen. Ein Relikt dieses tiefen Glaubens an die Mächte der Dunkelheit, die sich im Winter bezeichnenderweise auch konkret über das ganze Land legt, ist das *Halloween-Fest*, das in England und in den Vereinigten Staaten von Amerika gefeiert wird. Es ist ein gewisses Pendant zu unserem Karneval, nur dass beim Karneval die Unholde am Ende des Winters vertrieben werden. Das Halloween-Fest ist ebenso wie unser Karneval lustig und voller Kurzweil, die Kinder verkleiden sich, setzen sich Kürbisköpfe auf und treiben dabei allerlei Scherze. Der Glaube, dass sich an Halloween gespenstische Dinge zutragen, lebt trotz des munteren und oberflächlichen Maskentreibens fort. Die Furcht vor dem Ausbruch des Dämonischen lebt im Unterbewusstsein weiter, zumal in der düsteren Stimmung des Novembers.

Auch das Fest des *Hl. Martin* am 11. November markiert den Beginn des Winters. Der im Jahre 316 in Ungarn geborene Heilige teilte in Amiens in Frankreich als Legionär seinen Mantel mit einem frierenden Bettler, der Christus selber war. Dass sich die ganze Geschichte nach der Legende in der kalten Jahreszeit abgespielt hat, kann allerdings die noch heutige Beliebtheit dieses Festes nicht allein erklären. Hinter der Gestalt des Martin verbirgt sich ein uraltes heidnisches Winterwesen, das in seinen Zügen dem *St. Nikolaus* nicht unähnlich ist. Am Vorabend oder Abend des Martinfestes werden wie am Halloween-Fest große Feuer entfacht, um den Winter zu vertreiben, und alle Tiere geschlachtet und gepökelt, die man nicht über den Winter bekommen konnte. Und wie Nikolaus beschenkt auch Martin die Kinder mit einer Brezel. Wer die Gabe hatte, konnte Martin auf seinem Schimmel über die Welt reiten und den ersten Schnee aus seinem Mantel schütteln sehen. Wenn es Martini schneite, hieß es früher in Schlesien: »Märten kommt auf seinem Schimmel geritten«. Im Bauernjahr war das Fest des Hl. Martin auch ein wichtiger *Lostag*, d. h. ein Tag, der für die mantische Deutung und Vorhersage der kommenden Witterung besonders wichtig war. »Hat Martini weißen Bart – wird der Winter lang und hart«. St. Martin war auch deshalb wichtiger Lostag, da er den Beginn und das Ende von Dienstverpflichtungen anzeigte und den Zahltag für Schulden und den Arbeitslohn.

Heute weniger bekannt und gefeiert ist der Andreastag am 30. November, auch er ein Lostag (»Wirft herab Andreas Schnee – tut's dem Korn und Weizen weh«; »Andries – bringt d'Winter gwieß«). Der Andreastag wurde besonders in Schottland, Mitteleuropa und Griechenland begangen und galt besonders günstig für Liebesorakel: Jungen Mädchen soll dann im Traum der künftige Bräutigam erscheinen. Auch gilt die Andreasnacht, vor allem in Rumänien, als Nacht voller Dämonen, die Toten sollen aus ihren Gräbern steigen und die Nähe ihrer Dörfer aufsuchen.

Kernzeit der Winterbräuche ist die Zeit vom Advent bis zum Dreikönigstag; obgleich im Wesentlichen christlich geprägt, schimmert doch hier am deutlichsten das heidnische Substrat des Volksglaubens durch.

Hinter dem Hl. Nikolaus, der an seinem Festtag am 6. Dezember oder, in manchen Gegenden, am Vorabend seine Geschenke verteilt, erscheint der germanische Odin, der mit seiner Geister- und Dämonenschar im wilden Heer über den Winterhimmel zog; auch er bedachte die Menschen, die ihm Achtung zeugten, mit Geschenken. Das Ross, auf dem er einherritt, und noch mehr die dämonischen Gestalten, die ihn begleiteten, lassen diese ursprüngliche Gestalt auch heute noch durchschimmern. Vor allem die Begleiter des Heiligen zeigen typische Merkmale der winterlichen Unholde: *Knecht Ruprecht*, *Krampus* und *Hans Muff* brüllen, toben, rasseln mit ihren Ketten und drohen den Kindern; sie scheinen recht wenig mit der Milde des christlichen Heiligen zu tun zu haben; allerdings gehorchen sie ihm und deuten so darauf hin, dass das christliche Element das heidnische bezwungen und sich untertan gemacht hat.

Auch der *Luzientag* am 13. Dezember, der vor allem in Skandinavien begangen wird, feiert nicht nur das Leben und Sterben der christlichen Heiligen, sondern deutet mit seiner Lichtsymbolik darauf hin, dass die Menschen mit dem Licht die sterbende Sonne wieder zurückholen wollen. Das Feuer steht allenthalben im Mittelpunkt aller Winterbräuche; als kleiner Bruder der Sonne strebt es zum Himmel und kündet Hoffnung in der kalten Winternacht.

Ihren Höhepunkt erleben die Winterbräuche um die Zeit der Wintersonnenwende. Es ist die Zeit des absoluten Stillstands der Dinge und des Neubeginns. Im alten Rom schon feierte man vom 17. bis zum 24. Dezember die *Saturnalien*, um *Saturn*, den Gott der Aussaat, um ein gutes Gedeihen der Wintersaat zu bitten. An diesem Tag gedachten die Römer des Goldenen Zeitalters, in dem alles von selbst vor sich ging und Frieden und Eintracht unter Mensch und Tier herrschte. Die Woche der Saturnalien wurde bestimmt von Festgelagen und heiterem Treiben, von Maskerade und allerlei Kurzweil. Man bedachte sich gegenseitig mit Geschenken, und es herrschte wie bei unserem Karneval auch eine »verkehrte« Welt. Die Sklaven waren für kurze Zeit die Herren und ließen sich bedienen. Und die langen Wachskerzen waren Symbol der Sehnsucht und zugleich die Gewissheit, dass die Sonne kurz vor ihrer Wiedergeburt steht.

Das germanische *Julfest* hatte einen etwas düstereren Charakter, wenn ihm die Geselligkeit und Lustbarkeit auch nicht ganz fehlte. Jul war ein Totenfest, das seine Wurzeln im Ahnenkult hatte, in einem Fest zur Verehrung der Verstorbenen. Diese erschienen aus ihren Hügelgräbern, kamen aus ihren Ruhestätten, Ertrunkene trieben wieder an Land, um die Welt der Lebenden zu besuchen. Auch *Odin* verließ dann seine himmlische Wohnung, um die Erde zu besuchen, um nach dem Rechten zu sehen; als Anführer einer wilden Jagd tobte er durch die Lüfte. Für Christen war es der Tod, wenn sie die *Jolerei* oder *Wilde Jagd* erblickten. Wer vernünftig war, blieb da lieber im Hause. Nach dem Eintritt der Sonnenwende neigte der Gott des Lichtes der Erde wieder sein Antlitz zu, die Natur ging der Wiederauferstehung entgegen. Jetzt wurde alle Fehde eingestellt, jegliche Arbeit musste ruhen, nichts durfte rund gehen, kein Rad gedreht werden, weil nach Ansicht der Germanen auch die Sonne die ersten zwölf Nächte stillstand, um von ihrer langen Wanderung auszuruhen. Zugleich aber bildete sie in ihrem Schoß die Witterung der nächsten zwölf Monate vor. Die Zwölften galten sozusagen als Mutter der zwölf Monate, was sie auch späterhin im Volksglauben zu wichtigen *Lostagen* machte.

Der religiöse Teil des Julfestes fand im heiligen Hain statt, wo man den Göttern Opfer, vor allem einen Stier und Früchte, darbrachte. Dann wurde ein Rad, das mit seiner Achse in einem Eichenstamm stand, unter feierlichem Sang gedreht, bis die Achse durch die Reibung glühend geworden war und das um die Speichen des Rades gewickelte Stroh Feuer fing. Daran zündete man den Julblock an, einen dicken Stamm, der glühend gehalten werden musste. Dieser Julblock lebte lange Zeit im Volksglauben nicht nur der nördlichen Regionen weiter. Überall schrieb man ihm Zauberkraft zu. Man versuchte, ihn ein ganzes Jahr glühend zu halten, oder man streute seine Asche über die Felder, um die Fruchtbarkeit zu erhöhen. Auch glaubte man vielerorts, die Asche des Julblockes schütze das Haus im kommenden Jahr vor Blitzschlag. Der Julblock sollte wie jedes Feuer des Mittwinters die Sonne zurückholen.

Das Julfest hatte aber auch seine fröhliche Seite. Im Haus wurde die Zeit der zwölf Nächte durch üppige Gelage gefeiert, und nach vielen Erzählungen und mancherlei Kurzweil wurden Geschenke und Glückwünsche ausgetauscht. Das Gemeinsame aller Sonnenwendfeiern, die im christlichen Weihnachtsfest zusammengelaufen sind und in ihm ihren allumfassenden Ausdruck gefunden haben, ist die Freude über die Wiederkehr des Lichtes.

Gerade das nordische Julfest mit seiner Vorstellung der Wilden Jagd hat sich im Volksglauben niedergeschlagen und verankert und lebte vor allem im ländlichen Raum noch lange in den *Zwölften* oder *Raunächten* fort, der Zeit von Weihnachten bis zur Dreikönigsnacht. Die Zwölften entsprechen astronomisch der Zahl von Tagen, welche die Differenz zwischen dem Mondjahr (354 Tage) und dem Sonnenjahr (366 Tage) ausmachen. Diese Zeit gilt in ganz Europa als Spukzeit. Überall tauchen Geister und Seelen in den vielfachsten Gestalten und Verkleidungen auf. Werwölfe gehen um, Schlösser und Schätze steigen auf, Zwerge und Hausgeister machen sich bemerkbar. Die Zeit der Zwölften zeugt von einer entfesselten und feindlichen Natur, die den Menschen mit all ihren Unbilden bis zum Tod hin bedroht. Ihren gespenstischsten Ausdruck finden die Raunächte in der *Wilden Jagd*, die mit Geheul und Getöse nächtens über das Land braust.

In Süddeutschland und Österreich ist es die *Bercht* (oder auch *Percht*), die das wilde Heer anführt. Die aus dem Totenglauben erwachsene Gestalt der Bercht wird meist als abstoßend und hässlich beschrieben. Begleitet wird sie auf ihrem wilden Zug von einer Schar ungetauft verstorbener Kinder. Die Bercht reitet über Gehöfte und Hütten und sieht nach, ob in den Ställen auch Sauberkeit herrscht. Sie wirft auch einen Blick auf die Spinnrocken und straft säumige Mägde, achtet aber auch auf die Arbeitsruhe. Für sie musste man den Herd scheuern und Speisen bereitstellen. Vergaß man dies oder stellte die Bercht Verschwendungssucht fest, schickte sie den Bewohnern Krankheiten und Missbildungen. Somit übernimmt die Bercht auch die Rolle einer sozialen Kontrolle. Noch heute erinnert das *Perchtenlaufen* in Bayern und Österreich zur Zeit der Raunächte an diese wilde Gestalt. In anderen Gegenden wird die Bercht durch *Frau Gode*, *Frau Harke* oder *Frau Holle* ersetzt.

Im mitteldeutschen Raum (vorwiegend Hessen, Thüringen) ist es Frau Holle, aus dem gleichnamigen Märchen der Brüder Grimm überall bekannt, die mit der Windsbraut durch die Lüfte braust. Gemeinsam mit der Bercht hat sie die Funktion als Spinnstubenfrau und Führerin der ungetauft verstorbenen Kinder. Doch ihre Gestalt ist viel schillernder. Schon in Grimms Märchen zeigt sich der ambivalente Charakter dieser dämonischen Nachtfrau, eine ursprüngliche Totengöttin: Sie belohnt und bestraft, sie ist mild und grausam. Nach einer anderen Sagenüberlieferung beschenkt Frau Holle an Weihnachten artige Kinder, während sie die unartigen mit einer Rute züchtigt, in einen Sack steckt, in einen Brunnen wirft oder in den Wald verschleppt. Wie Knecht Ruprecht ist sie dann eine Kinderschreckgestalt. Auf der anderen Seite aber sollen die Neugeborenen aus ihrem Brunnen stammen; am Meißner soll sie auf dem Grund eines Sees oder Brunnens wohnen. Frauen, die im Wasser des Holle-Brunnens baden, werden dadurch gesund und fruchtbar. Am bekanntesten aber ist Frau Holle als Wind- und Schneedämonin: Wenn es schneit, schüttelt sie ihre Betten oder ihr weißes Gewand oder rupft die Gänse. Diese mythische Vorstellung mag auf einem Analogieschluss beruhen: Schon der griechische Historiker *Herodot* (5. Jh. v. Chr.) berichtet, dass das Volk der *Skythen* eine ähnliche Parallelisierung von wirbelnden Schneeflocken und Flaumfedern vornahm.

Der eigentliche Frau-Holle-Abend ist der letzte der Zwölften in der Nacht vor dem Dreikönigstag. Dann muss alles still sein und ruhen, alle Arbeit soll vor den Zwölften getan, Haus und Hof aufgeräumt sein, die Spindeln müssen ruhen und aller Rocken abgesponnen sein. Übertritt jemand diese Gebote, kommt Frau Holle und bestraft. Sie kommt und macht das Garn ungleich, und die Leinwand, die daraus gewebt wird, hält nicht lange. Und auch dem Vieh geht es dann schlecht: Die Kühe geben Blut statt Milch.

Sie gilt auch für die Bauern als Wetterherrin: Das Wetter in den Zwölften ist vorbedeutend für das ganze Jahr. In diesem Zug lebt der alte germanische Glaube weiter, dass die Zwölften die Mütter aller Monate seien. Und im bäuerlichen Kalender wurden sie damit zu den wichtigsten Lostagen, welche die mantische Deutung der Witterung bezüglich meteorologischer Prognose sind. Eine Bauernpraktik von 1508 widmet dieser Prognose einen eigenen Abschnitt:

»Der pauren practik stat also: sy habe am christag an und mercken auf die zwölf tag, bis an den obristen (Dreikönigstag), und wie es wittert an yr yecklichen der zwölf Tag, also sol es auch witteren an seynem monat, der im zugehört, und ist zu mercken: der christag ließet den jenner und sant Steffans tag den hornung und sant Johans tag den mertzen, und also für und für bis auf den obristen.«

Das Wetter der Zwölften ist also nach dem bäuerlichen Glauben für das ganze Jahr maßgebend; in den Zwölften wird das Wetter gemacht. Der 6. Januar ist zuletzt entscheidend, ob die Wetteranzeige der zwölf Lostage richtig ist und eintreffen wird. Ist das Wetter an Dreikönig trocken, sind die Lostage gültig, schneit oder regnet es aber, sind sie ungültig. Und die Bauernregeln sagen:

- Ist gelind der heilige Christ, der Winter drüber wütend ist.
- Ist die Weihnacht kalt und klar, folgt ein höchst gesegnet Jahr.
- Grüne Weihnacht – weiße Ostern.
- Silvester heil und klar, Glückauf zum Neuen Jahr.

Und aus einem Hausbuch von 1705: »Wann die Zeit von Weihnachten biß auf der Heiligen drey Königtag neblich und dunckel ist, soll das Jahr darauff Kranckheit folgen.«

In die Zeit der Raunächte fällt der Silvester- und Neujahrstag, und wie die gesamten Zwölften, so ist auch der Jahreswechsel für die Erforschung der Zukunft wichtig.

Seit im Jahre 153 v. Chr. erstmals die hohen römischen Beamten am 1. Januar ihren Dienst antraten, galt dieser Tag im bürgerlichen Kalender als Beginn des Jahres.

Im Volksglauben ist die Neujahrsnacht eine wichtige Geisterzeit, deren Gefahren man auf verschiedene Weisen begegnete, vor allem gehören Lärm und Getöse überall zu den Mitteln der Geisterabwehr. Damit das neue Jahr Glück und Segen brachte, musste das alte mit seinen Geistern und Dämonen vertrieben werden. Vermummte Gestalten, Neujahrsbock, Schimmelreiter u. a. trieben auf der Gasse ihr Wesen und drangen auch in die Häuser ein. Ein Relikt der lärmenden Geisterabwehr ist noch das heutige Abschießen von Knallkörpern und Raketen.

»Wie Neujahr so das ganze Jahr«, diesser Grundsatz gilt für eine Menge von Bräuchen. Bis heute ist dieses *omen principii* (»Vorzeichen des Anfangs«) das wesentliche Kennzeichen des Neujahrstages geblieben. Und daran anschließend sind die Versuche mannigfach, einen Blick in die Zukunft zu werfen; am bekanntesten und noch heute gebräuchlich ist das Bleigießen in der Silvesternacht, welches schon die Griechen und Römer praktizierten; römische Legionäre brachten wohl diesen Brauch auch nach Germanien. Das neue Jahr muss lustig und fröhlich begonnen werden, und auch das Glückwünschen ist nicht bloße Höflichkeit, sondern ein wirksamer Zauber. Mit dem Glückwunsch als Omen verbunden ist das Geschenk; in Rom waren zu Neujahr die *strenae* ursprünglich glückbringende Zweige, später erst ein Geldgeschenk, ein Brauch, der sich noch in Frankreich und der französischen Schweiz mit den *étrennes*, Neujahrsgeschenken, erhalten hat. Auch in Deutschland war dieser Brauch lange Zeit üblich. *Sebastian Brant* dichtete 1494 in seinem *Narrenschiff*: »Wem man nit ettwas schencken dut, Der meynt, das gantz jor werd nit gut.«

Silvester und Neujahr dienen auch der sorgfältigen Fütterung und Beobachtung des Viehs und der Betrachtung des Wetters: Wie es an Neujahr ist, so wird es auch im kommenden Jahr sein. Schöner Neujahrstag, fruchtbares Jahr. Ist die Neujahrsnacht mild und windstill, so ist das ganze Jahr gut und mild; ist es stürmisch, so wird das ganze Jahr unruhig. Schneit es in der Neujahrsnacht, so gibt es viele Bienenschwärme.

Die Witterung zeigt auch einen Todesfall an: Wenn bei hellem Neujahrshimmel über dem Haus eine Wolke steht, dann stirbt im neuen Jahr ein Familienmitglied. Wind in der Neujahrsnacht bedeutete gar die Pest. Besondere christliche Bräuche gibt es allerdings für die Neujahrsnacht nicht.

Wenn auch Januar und Februar die eigentlichen kalten Wintermonate sind, so geht es doch aufwärts; die länger werdenden Tage künden davon, dass die Dunkelheit, das Reich des Todes, überwunden ist und die Zeit mit dem Licht wiedergeboren wird. Scherzhafte Wettersprüche zeugen von der Auffassung, dass der Winter im Februar abklingt, wenn sich etwa der Februar zum Januar wendet und sagt: »Hätt' ich das Recht wie du, ließ ich verfrieren das Kalb in der Kuh.«

In Irland rankt sich ein Brauch um die Nationalheilige *Brigid*, die Gründerin des *Klosters Kildare*, deren Namensfest am 1. Februar gefeiert wird. Hinter dieser Heiligen versteckt sich allerdings eine uralte Göttin der Fruchtbarkeit und der Jugend, *Bride*. Die Feiern ihr zu Ehren waren aber viel älter als das Christentum. Eine Sage berichtet, dass die Wintergöttin, welche die Welt in Eis und Schnee hüllte, Bride in der dunklen Jahreszeit in einem Berg gefangen hielt und sie erst Anfang Februar wieder freiließ. Besonders in Irland und Schottland stellten die Menschen am Vortag ihres Namensfestes Kerzen auf, um mit deren Licht den Frühling herbeizulocken. Oft untersuchte man auch am Brigid-Tag die Asche im Kamin. Wenn sie durcheinandergewirbelt war, war es ein gutes Zeichen: Bride war wieder im Land, und der Winter hatte keine Macht mehr.

Der Beginn des Februars galt offenbar schon bei den Römern als Zeit zum ersten Frühlingsfest, dort feierte man mit Umzügen, Kerzen und Fackeln das

Fest der Göttin *Februa*. Auch im rauen Norden scheint der Februarbeginn der Anfang vom Ende des Winters bedeutet zu haben.

Lange schon bevor der Bauer – wie es so schön im Volkslied heißt – »im Märzen die Rösslein einspannt«, beginnt das bäuerliche Arbeitsjahr an Mariä Lichtmess (2. Februar). Dann machten die Bauern »Ordnung«. Die Spinnstuben und die anderen häuslichen Arbeiten hörten auf, denn das zunehmende Tageslicht reichte aus, das Tagwerk zu bewältigen. Die Ställe wurden ausgemistet, die Jauche auf die Felder gefahren und die Gerätschaften für Aussaat und Ernte auf ihre Tauglichkeit überprüft.

Doch der Lichtmesstag markierte nicht nur den Beginn des bäuerlichen Wirtschaftsjahres. Heidnische und christliche Bräuche haben sich im Laufe der Jahrhunderte um diesen Termin gerankt: Heidnische Feuerbräuche und christliche Kerzenweihe. Die Kerzen, die man zur christlichen Weihe trägt, gelten als *apotropäisch*, sie sollen Schaden, insbesondere Krankheit, Blitzschlag und Hexerei abwehren. Mehr als das Luzialicht kündet die Lichtmesskerze den nahenden Frühling. Einst liefen die jungen Burschen mit brennenden Strohfackeln über die Felder, um die Saaten aufzuwecken. Man lauschte auch auf den Gesang der ersten Lerche, welche ein fruchtbares Jahr ankündigt, und in manchen Gegenden gingen früher die Burschen über die Felder, um die Lerchen zu »wecken«.

Die Fastnacht (Fetter Donnerstag bis Fastnachtsdienstag) ist einerseits im kirchlichen Sinne die Zeit vor der zur Enthaltsamkeit mahnenden Fastenzeit, auf der anderen Seite aber auch ein Fest der Vertreibung der Winterdämonen, ein Wesenszug, der vor allem bei der alemannischen Fastnacht mit ihren schreckenerregenden Masken und ihrem Lärmen sichtbar wird.

Die Freude über die bevorstehende Überwindung des Winters spiegelt sich in der Ausgelassenheit wider, mit der dieses Fest allerorts gefeiert wird. Verstärkt wird diese Tatsache noch dadurch, dass man sich vor dem lange dauernden Fasten noch einmal richtig austoben will.

Der Streit zwischen Winter und Frühling wurde manchmal auch in einem richtigen Kampfspiel symbolisch dargestellt. Im Aargau z. B. stürmten mit Ruß geschwärzte Burschen als »Heumüeterli« gegen eine Anhöhe, die von Jungen und Mädchen gehalten wurde. Auch mussten mancherorts die Anführer zweier Maskenzüge miteinander raufen.

Nun beginnt das eigentliche Frühlingserwachen, der Winter geht unmerklich in den Frühling über. »April macht, was er will« klingt es noch im Volksmund, Ostern aber ist schon der eigentliche Frühling im Land. »Vom Eise befreit sind Strom und Bäche …«, formuliert es Goethes Faust so trefflich auf seinem Osterspaziergang. Die Sehnsucht nach der Sonne in der kalten Winternacht ist gestillt – doch bald wird sich wieder der alte Kreislauf schließen und alles von Neuem beginnen.

Erich Ackermann

Von Sankt Martin bis Dreikönig – Feste im Winter

Aus dem Leben des heiligen Martin

Martin stammte aus der Stadt Sabaria in Pannonien. Erzogen wurde er jedoch in Pavia in Italien und war zusammen mit seinem Vater, der Militärtribun war, im Kriegsdienst unter den Kaisern Konstantin und Julian.

Von Kindheit an stand er unter der Gnade Gottes, und als er zwölf Jahre alt war, ging er gegen den Willen seiner Eltern in die Kirche und bat um die Aufnahme als Katechumene, um sich auf die Taufe vorzubereiten. Und wenn sein schwächlicher Körper es ihm erlaubt hätte, wäre er dann als Einsiedler in die Wüste gegangen.

Da nun der Kaiser einen Erlass herausgegeben hatte, dass die Söhne der Veteranen ihren Vätern im Kriegsdienst folgen sollten, wurde Martin, obgleich erst fünfzehn Jahre alt, in den Kriegsdienst eingezogen.

Einstmals kam er zur Winterzeit durch ein Tor von Amiens in Gallien. Da begegnete er einem Armen, der nackt war und noch von niemandem ein Almosen erhalten hatte. Da sah Martin ein, dass dieser Mann für ihn bestimmt war. Er nahm sein Schwert, teilte den einzigen Mantel, den er noch besaß, und gab den einen Teil dem Armen, den anderen zog er selbst wieder an. In der folgenden Nacht sah er Christus mit dem Mantelstück bekleidet, mit dem er den Armen bedeckt hatte, und er hörte ihn zu den Engeln, die um ihn standen, sagen: »Martin, der noch nicht getauft ist, hat mich mit diesem Mantelstück bedeckt.« Dessen rühmte sich Martin jedoch nicht, sondern erkannte die Güte Gottes und ließ sich mit achtzehn Jahren taufen. Er blieb aber noch zwei Jahre im Kriegsdienst, und zwar auf die Bitte seines Tribuns, der ihm versprochen hatte, dass er nach Ablauf seiner Dienstzeit der Welt entsagen könne.

(Jacobus de Voragine)

Ein doppeltes Wunder von Sankt Martin

Zur Zeit, als der heilige Martin zum ersten Male nach Frankreich kam, ging er in die Gegend, wo die Stadt Lyon liegt, die die Römer damals in ihrer Sprache Lugdunum nannten. Er brauchte lange Zeit, bis er das Gebiet durchquert hatte, denn damals gab es noch keine Wegweiser an den schlechten Straßen; und zudem kannte er weder die Gegend von Bresse noch die von Dombes. Es war mitten im Winter, und nur wenige ärmliche Dörfer lagen verstreut und versteckt in den Wäldern. Ein dichter Nebel verhüllte die große Ebene, und man konnte die Wege nicht mehr im offenen Feld erkennen, da der Schnee eine weiße Schicht wie Watte über alles gegossen hatte. So wanderte der heilige Martin aufs Geratewohl durchs Land und geriet oft vom Weg ab, begleitet vom Geheul der Wölfe in den Wäldern, von den unheimlichen Schreien der Eulen und vom Krachen und Knacken des Eises auf dem Moor und in den Teichen.

Es war noch nicht lange her, da hatte er seinen Mantel mit einem Armen geteilt, und wie er sich auch mühte, seine Schultern mit den restlichen Stofffetzen zu bedecken, es gelang ihm nicht: Der eisige Nordwind und der dichte Nebel gingen ihm bis in Mark und Gebein, sodass er schier vor Kälte erstarrte. Seinen dicken Wanderstab konnte er so nur mit Mühe halten, und um der Kälte zu entfliehen, schritt er immer schneller durch die tiefen Wälder und das nackte Land, wo der Wind ungehindert den Schnee vor sich her blies. Aber er sputete sich vergebens, denn nirgends gab es eine Spur von einer Herberge, und noch nicht einmal der kleinste Bauernhof war zu erblicken.

Schon wurde er immer müder und der Schlaf war nahe daran, ihn zu übermannen, da bemerkte er auf einmal ein leicht flackernden Licht in der Ferne: Sankt Martin war jetzt ganz in der Nähe von Montluel, das damals noch ein ganz kleines Dörfchen war, und schon bald hatte er die ersten Häuser erreicht.

Er pochte an die Tür eines schmucken Häuschens am Wegesrand, und ein altes zahnloses Weib öffnete ihm eine Handbreit die Tür. Mit ihrem runzligen und schrumpeligen Gesicht, ihrer verdreckten Haube und ihrem groben Wollkleid sah sie wie eine leibhaftige Hexe aus.

»Wer ist da?«, rief sie.

»Ein armer Wanderer, halb tot vor Hunger und Kälte, gute Frau.«

»Ich habe kein Brot und kein Feuer für euch, geht nur weiter!«, erhielt der Heilige als Antwort.

»Aber, gute Frau …«

»Wenn man alle Herumtreiber und Landstreicher in sein Haus aufnehmen würde …«

»Ich bin kein Landstreicher!«, versetzte Martin entrüstet.

»So sagen sie alle …, und wenn sie dann aus dem Haus sind, dann sind das Geld und die Wäsche mit fort. Macht euch jetzt aber schnell weiter!«

Sprach's und schlug dem Heiligen schnurstracks die Tür vor der Nase zu. Dem gelang es, erschöpft und zum Umfallen müde, sich mit allerletzter Kraft noch bis an die Tür einer armseligen, halb verfallenen Hütte zu schleppen, und mit seinem Stock klopfte er an die Tür.

»Herein!«, war es von drinnen zu hören.

Und noch bevor er die Hand auf den Drücker gelegt hatte, war die Tür schon auf, und er stand unvermittelt in einer sauberen Wohnstube, wo eine Familie von armen Tagelöhnern mit einer ganzen Schar von kleinen Kindern hauste.

»Schaut mich an!«, sprach der Heilige. »Ich bin ein unglücklicher Wanderer, der vor Hunger und Kälte halb tot ist. Erbarmt euch meiner.«

»Mein Gott!«, rief die Frau erschrocken. »Was macht Ihr bei solch einem Wetter auf der Straße! Kommt nur herein, wärmt euch am Feuer und esst eine Schöpfkelle warmer Suppe. Wir sind nicht reich, aber man kann uns nicht nachsagen, dass wir einen armen Menschen bei solch einer klirrenden Kälte draußen stehen und verhungern lassen. Wie Ihr seht, gibt es hier kein Bett. Aber in unserem Stall bekommt Ihr einen warmen Schlafplatz auf sauberem Stroh neben unserer Kuh.«

Während die Frau noch so sprach, hatte ihr Mann schon ein trockenes Holzscheit geholt und dürres Reisig auf das Feuer geworfen, und bald knisterte es fröhlich im Kamin und die Flamme züngelte flackernd hoch; ein helles Licht begann den Raum, der vorher düster war, zu erhellen. Und schon saß der Heilige auf einem Stuhl aus Rohr am Kamin und konnte seine erstarrten Glieder wieder aufwärmen. Darauf trug die Frau eine einfache und gute Kohlsuppe auf, in der ein Stückchen Speck als Beigabe drinnen war. Nachdem er sich an diesem schlichten Mahl gütlich getan hatte, ging Martin in den Stall und legte sich auf das Stroh, wo er alsgleich mit sich und der Welt zufrieden in einen wohligen Schlummer fiel.

Am nächsten Morgen bekam er von der Familie ein schlichtes, aber stärkendes Frühstück und daher beschloss er, ein Wunder zu vollbringen, um die armen Leute für ihren Empfang und die freundliche Beherbergung zu belohnen.

»Habt Ihr nicht manchmal auch einen kleinen Wunsch?«, fragte er die Frau, die ihm so gastfreundlich begegnet war.

»Aber ja«, entgegnete diese, »wenn ich mal morgens eine angenehme Arbeit habe, wünsche ich mir, dass diese den ganzen Tag über andauert.«

»Gut«, erwiderte der Heilige, »Euer Wunsch soll in Erfüllung gehen; bald wird er Wirklichkeit werden.«

Sprachs, machte sich auf den Weg und zog weiter von dannen.

Am folgenden Tag, als der Brei gegessen und die Hausarbeit erledigt war, beschloss die Bäuerin, einen Ballen Leinen abzumessen. Den hatte sie als Brautgeschenk bei ihrer Hochzeit bekommen und seither in ihrer Kammer aufbewahrt. Sogleich machte sie sich auch an die Arbeit. Als sie schon eine ganze Weile das Leinen abgemessen hatte, bemerkte sie auf einmal, dass der Ballen immer gleich stark blieb, statt kleiner zu werden, und neben ihr lag schon ein ganzer Haufen von Stoff. Schon wollte sie erstaunt aufstehen, um nachzusehen, wie sich dies wohl zutragen möge, aber eine geheime Macht, der man nicht widerstehen konnte, hinderte sie daran, von ihrer Arbeit abzulassen; so maß sie denn den ganzen Tag lang das Leinen. Schon bald war das ganze Haus davon angefüllt, und es blieb nichts anderes übrig, als einen Teil des Linnens auf dem Speicher, auf dem Heuboden und in der Scheune unterzubringen.

Nun brauchten die Kinder nicht mehr ohne Hemdchen herumzulaufen und auch auf die Betten wurde Leinen aufgezogen. Dies war die Quelle des Reichtums und des Wohlergehens für das ganze Haus.

Es ist wohl leicht zu erraten, dass dieses Wunder bald in ganz Montluel bekannt war; und auch in der ganzen Gegend verbreitete es sich flugs, und vom Pont d'Ain bis nach Lyon, und vom Dauphiné bis zur Bresse sprach man bald nur noch von diesem wundersamen Ereignis.

Da gab es aber noch jemanden, der es bald bitter bereute, den Heiligen so schlecht empfangen zu haben: das alte zahnlose Weib, das ihm mitleidslos die Tür vor der Nase zugeworfen hatte.

»Wenn ich das nur gewusst hätte!«, sprach sie zu sich selbst. »Wenn er aber sicher bald wiederkommt, dann werde ich mich ganz anders verhalten.«

Gesagt getan! Der heilige Martin aber hatte ihre bösen Gedanken erraten! Er erledigte schnell seine Angelegenheiten in Lyon, bekehrte eine Menge Heiden in dieser Stadt und nahm dann wieder seinen Wanderstab und begab sich in die Berge von Bugey. Auf seinem Weg kam er wieder durch das Dorf Monluel. Das alte Weib aber hatte schon auf ihn gewartet und den Weg draußen nicht aus den Augen gelassen. Als sie ihn von Weitem erblickte, lief sie ihm heuchlerisch entgegen, warf sich ihm zu Füßen und bat ihn flehentlich, er solle doch in ihrem bescheidenen Haus einkehren und ihre Gastfreundschaft genießen.

»Gern«, erwiderte Martin, »denn ich habe großen Hunger und bin schon von dem weiten Weg müde.«

»Tretet nur ein und ruht Euch aus, ich will Euch gleich ein schönes Essen bereiten«, heuchelte sie und holte dann aus dem Kamin einen schönen großen Schinken, der dort zum Räuchern hing. Dann rupfte sie auch noch eins ihrer fettesten Hühner und setzte dies alles dem Heiligen vor. Insgeheim aber dachte sie nur an eine reiche Belohnung für ihre vorgetäuschte Beherbergung.

Der heilige Martin fürchtete schon, den Himmel zu verlieren, als er das festliche Mahl vor sich sah, denn Schlemmerei ist auch eine Sünde. Doch schließlich lachte er insgeheim für sich, denn er hatte die Alte, die sich so schlau glaubte, durchblickt und so machte er sich mit gesundem Appetit an das leckere Mahl.

Doch das war des Guten noch nicht alles. Als der müde Heilige gesättigt war, bot die Alte ihm das beste Bett des Hauses zum Schlafen an mit einem dicken Sack voller Maisblätter und einem Daunenbett. Es war eine Schlafstatt, wie sie Martin noch nie gehabt hatte, wärmer und weicher als jemals zuvor.

Auch am nächsten Morgen überhäufte die Alte ihn mit ihren Wohltaten; zum Frühstück gab es feine warme Milch und leckere frische Eier.

»Ich gebe Euch ja gerne alles, was ich habe«, sagte sie, »aber reich bin ich nicht.«

»Habt Ihr denn irgendeinen Wunsch?«, fragte da der Heilige und schmunzelte heimlich dabei.

»Oh ja, Mann Gottes«, entgegnete sie, »ich wünsche mir oft, dass ich den ganzen Tag das machen darf, womit ich am Morgen begonnen habe.«

»Euer Wunsch soll schon morgen in Erfüllung gehen, gute Frau«, versetzte der heilige Martin, nahm seinen Wanderstab und setzte seinen Weg nach Bugey fort.

Noch bevor der Hahn den neuen Tag begrüßt hatte, stand das alte Weib am nächsten Tag schon vor Sonnenaufgang auf und sagte zu sich: »Es ist vertane Zeit, mich jetzt mit Kleinigkeiten abzugeben. Was soll ich jetzt so dumm sein und Leinen messen. Ich will anfangen, mein Geld zu zählen.«

Aber kaum hatte sie sich dies überlegt, da überkam sie ein Bedürfnis, das jeder Mensch verspürt, das aber im Allgemeinen leicht zu befriedigen ist. Zuerst merkte sie dieses Bedürfnis nur leicht, aber es wurde immer stärker, und sie konnte schließlich nicht umhin, der Natur zu gehorchen statt mit ihrer Geldzählerei zu beginnen. Kaum aber hatte sie sich hingehockt, um sich zu erleichtern, da sah sie zu ihren Füßen ein kleines Rinnsal Wasser rieseln; das schwoll aber immer mehr an bis zu einem großen Wasserlauf. Es war ihr unmöglich aufzustehen, um ihr Geld zu zählen. Immer weiter floss das Wasser und wurde zu einem Bach. Wie sie sich auch anstrengte aufzustehen, es half alles nichts. Vergeblich das Fluchen und Zetern. Starr und unbeweglich musste sie auf ihrem Platz bleiben. Der Bach weitete sich zu einem Sturzbach aus, riss Erde, Steine und Bäume mit sich, überschwemmte alle Felder und vernichtete die ganze Ernte von Montluel bis hin zur Rhone. Und seit dieser Zeit fließt der Fluss Sereine dahin, meist friedlich und ruhig und ohne Gefahr; manchmal jedoch schwillt er an, kocht und braust und verwüstet dann die ganze Ebene von La Boisse bis Beynost.

Eine Liebesgabe am Martinsabend

Ein Kaufmann zu Lübeck, der mit seinem Eheweib keine Kinder hatte, war von einem gefälligen Fräulein mit einer kleinen Tochter beschenkt worden, die er zärtlich liebte, als wäre sie sein eigenes Kind, und in seinem Hause aufzog; doch als sie ungefähr sechzehn Jahre alt geworden war, sehr hübsch von Gestalt und Gliedmaßen, hob sie an, in die Fußstapfen ihrer Mutter zu treten. An einem St. Martins-Abend, an welchem, da ihr Vater viel Gäste ins Haus geladen, sie es am besten meinte unbemerkt zu vollbringen, hatte sie hinten im Hof in einer Badestube einen kleinen Tisch mit leckeren Speisen und süßem Weine hergerichtet und auch eine Lampe aufgestellt. Dort sollte zu einer gewissen Stunde der Schreiber eines Kaufherrn mit ihr sich fröhlich machen. An diesem Abend kam aus dem Mecklenburgischen her ein armer Schlucker in die Stadt gewandert, der mit seinen Kleidern in jedem Falle hätte tauschen können, ohne etwas dreinzugeben, und suchte hin und wieder, ob er denn irgendwo eine Bleibe fände. Weil er aber seine Herberge überall um Gottes willen haben wollte, so merkten die Leute gleich, dass er kein Geld in der Tasche hatte, und schickten ihn weiter mit dem Vorgeben, leider sei bei ihnen alles schon belegt und man könne ihn nicht mehr unterbringen. Zitternd vor Frost und schwach vor Hunger lief er also in der Stadt umher, und es wurde dunkler und kälter. »O heiliger und milder Herr St. Martin«, sprach er mit schlagenden Zähnen. »An deinem Feste freut sich alt und jung, lass das an diesem Abend mich auch erleben, denn ich habe es bitter nötig, und du sollst dafür ein schönes Lied von mir haben, das ich dir zum Lobe anstimmen will.« Unter solchen Gedanken zog ihm die finstere Nacht herauf und er machte sich in einen engen Mauerwinkel hinein, damit ihn die Wache nicht aufstöbern und als verdächtig mitnehmen sollte. Dort wurde er des Lichtes gewahr, das die Kaufmannstochter in das Stübchen gestellt hatte, und da sich nichts regte und rührte ringsherum, so meinte er am Ende ein Unterkommen für die Nacht zu finden, drückte an die kleine Pforte, sie gab nach, er tappte hinein und stand in dem Stübchen. Es war leer, und da ihn hungerte und dürstete, so langte er herzhaft zu und letzte und sättigte sich von Grund auf an allem, was er da fand. Plötzlich huschte das Mädel zur Tür herein und setzte sich an den Tisch, erschrak aber nicht wenig, als sie jemanden vor sich sah, den sie nicht bestellt hatte. Wer ihn denn hergewiesen, wollte sie hören, nachdem sie ihn eine Weile wortlos angestarrt hatte. Es sei, entgegnete der Geselle, niemand anders als St. Martin selber gewesen, und jetzo, wie er gelobt habe und wie es sich gebühre, werde er seiner mit fröhlichem Gesang nicht vergessen, rückte den Teller von sich, schob das Messer ein und wollte anstimmen. »Mein lieber Freund«, sagte sie eilig und legte ihm die Hand auf den Arm, »das lasst Ihr bleiben, oder Ihr kommt nicht mit heilen Knochen aus dem Haus.« – »Wie soll ich nicht singen«, erwiderte er, »wenn ich es gelobt habe? Ich will an dem lieben

Heiligen zu keinem Lügner werden.« – »Schon gut«, sagte das Mädchen schmeichelnd, »Ihr singt ein andermal, aber jetzt seid mir still mit Eurem Gesang, Ihr sollt ein Lündisches* Hosentuch dafür haben«, ging über ihres Vaters Kleiderkasten und brachte es ihm. »Hoho«, sagte der Geselle, »mein ehrenreicher und frommer St. Martin! Erst hast du mich herrlich gespeist, herrlicher, als ich es je begehrt, darnach auf den Winter mit Kleidern versorgt, und ich sollte mich nun undankbar finden lassen? Würdest du mich jemals wieder erhören? Nimmermehr!«, und wollte sich wiederum vernehmen lassen. »Lieber Gott«, jammerte das Mädchen, »ich bitte Euch von ganzem Herzen, Ihr wollet Eure Lieder auf andere Örter versparen und mich hier nicht zu Schanden singen.« – »Wie kann ich«, sagte der Fremde, »wie kann ich an andern Örtern singen, wenn mich niemand beherbergen will, weil ich kein Geld habe? Darum muss ich es tun, wo es sich grade schicken mag.« – »Hier«, sagte die Jungfrau, »zieht ab in St. Martins Namen«, langte sechs Gulden aus ihrem Beutel, drückte sie ihm in die Hand und brachte ihn mit vielen guten Worten endlich zur Tür hinaus; eine schwere Bürde fiel ihr vom Herzen. Aber der Geselle war noch viel fröhlicher. Wo er die meisten Lichter sah, beim besten Wirtshaus in der Stadt forderte er Quartier, denn wie er laut genug erklärte, sei er keiner von denen, die ihre Zeche nicht bezahlen könnten. Dort saß er die ganze Nacht und den andern Tag und sang Martinslieder, und als er weiterzog, hatte er von seinen sechs Gulden nicht mehr viel in der Tasche.

Advent – Das ist die stillste Zeit im Jahr

Advent

Das ist die stillste Zeit im Jahr, wenn es Weihnacht wird – die Zeit der kindlichen Zuversicht und der gläubigen Hoffnung. Es mag ja nur eine Binsenwahrheit sein, aber es ist eine von den ganz verlässlichen Binsenweisheiten, dass hinter jeder Wolke der Trübsal doch immer ein Stern der Verheißung glänzt. Und daran trösten wir uns in diesen Wochen, wenn Nacht und Kälte unaufhaltsam zu wachsen scheinen. Wir wissen ja doch, und wissen es ganz sicher, dass die finsteren Mächte unterliegen werden, an dem Tag, mit dem die Sonne sich wendet, und in der Nacht, in der uns das Heil der Welt geboren wurde. Für die

---

* Die Brüder Grimm definieren in ihrem Deutschen Wörterbuch (1854 ff.) das heute nicht mehr lebendige Adjektiv: »LÜNDISCH, adj., aus London stammend. das adj. erscheint seit der 2. hälfte des 15. jahrh. in verbindung mit tuch oder kleid, beides den englischen stoff bezeichnend, der vom stapelorte London aus versendet wurde, und seiner güte wegen den niederländischen tüchern, die noch im 14. jahrh. den deutschen markt beherrscht hatten, ein empfindlicher rival war.«

Leute in den Städten hat der Advent kein großes Geheimnis mehr, sie finden es nur unbequem und lästig, wenn die ersten Fröste kommen, wenn der Nebel in die Straßen fällt und das karge Licht des Tages noch mehr verkürzt. Aber der Mensch in den Bergen, in entlegenen Tälern und einschichtigen Höfen, der steht den gewaltigen Kräften der Natur noch unmittelbar gegenüber. Stürme toben durch die Wälder herab und ersticken ihm das Feuer auf dem Herd, er sieht die Sonne auf ihrem kurzen Weg von Berg zu Berg krank werden und hinsterben, grausam finster sind die Nächte, und der Schneedonner schreckt das Wild aus seinen Zuflüchten. Noch in meiner Kindheit gab es kein Licht in der Stube außer vom Kienspan oder einer armseligen Talgkerze. Der Wind rüttelte am Fenster und schnaufte durch die Ritzen, das hörte sich an wie der Atem eines Ungeheuers, das draußen herumging und überall schnupperte, einmal an der Wand und dann an den Dachschindeln, und plötzlich hörte man den Brunnen nicht mehr, da trank wohl das nächtige Tier von dem Wasser. Unheimlich war das, gottlob, dass ein Licht dabei brannte, gottlob für diesen winzigen Funken Licht in der schrecklichen Finsternis!

Für mich begann damals der Advent immer mit dem Sonntag, an dem der Vater die Krippe herausräumte. Es war ja alles längst bekannt und vertraut und doch jedes Mal wieder aufregend genug, der hohe Berg, mit glänzendem Flitter angeschneit, die Burg und darunter der Stall in einer Tuffsteingrotte. Darin kniete die Liebe Frau selber, ihr Gesicht war aus Wachs geformt, schön rosig blühten ihre Wangen, und die Augen waren zwei blaue Glasperlen, mit denen schaute sie verwirrt ins Leere. Auf der Strohschütte lag das nackte Himmelskind, und dahinter standen Ochs und Esel und beglotzten das Wunder. Jedes Jahr durfte ich dem Ochsen ein Büschel Heu ins Maul stecken; aber er fraß es ja nie, er schaute nur und schaute und begriff es nicht. Weil der Vater selber Zimmermann war, ließ er auch seinen Patron, den hl. Josef, nicht nur so herumstehen, er dachte sich jedes Mal ein anständiges Geschäft für ihn aus und ließ ihn Holz klieben oder die Suppe kochen oder mit der Laterne die Leute hereinweisen, die von überallher gelaufen kamen und Käse mitbrachten oder Brot oder auch ein Lämmchen, das sie vor sich herschoben. Es hauste freilich ein recht ungleiches Volk in unserer Krippe, nicht nur Hirten, auch etliche Zinnsoldaten und der Fürst Bismarck und überhaupt alle Bresthaften* aus der Spielzeugkiste, die sich das Jahr über ein Ausgedinge verdient hatten. Oben hinter den Zinnen der Burg durfte immer mein grüner Frosch aus Seife sitzen, ihm machte es nichts aus, ein paar Wochen lang für einen Hund zu gelten. Ganz zuletzt kam der Augenblick, auf den ich schon tagelang gelauert hatte. Der Vater klemmte plötzlich meine Schwester zwischen die Knie, und

---

* Der Begriff *breshaft* kommt aus dem Süddeutschen und bedeutet so viel wie *gebrechlich, kränkelnd*.

ich durfte ihr das längste Haar ausziehen, ein ganzes Büschel, versteht sich, damit man genügend zur Auswahl hatte. Denn an solch ein Haar wurde ein golden gefiederter Engel geknüpft, damit er sich unmerklich drehe und wachsam umherblicke. Das Gloria sangen wir selber, der Vater hatte uns sogar einen Vers dazu gemacht. Es klang vielleicht ein bisschen grob und einfältig in unserer breiten Mundart, aber Gott schaut seinen Kindern ja ins Herz und nicht auf das Maul, und es ist auch gar nicht so, dass er etwa nur Latein verstünde.

Immer am 21. Dezember, bedeutsamerweise am Tag des ungläubigen Thomas, musste der Wunschbrief an das Christkind geschrieben werden, ohne Kleckse natürlich, und mit keinen andern Schreibfehlern als solchen, die die Mutter selber machte, und sauber mit Farben ausgemalt. Zuoberst verzeichnete ich anstandshalber das, was ohnehin von selber eintraf, Fäustlinge, ein Hemd und Strümpfe. Darunter aber schrieb ich Jahr für Jahr mit hoffnungsloser Geduld den höchsten meiner Träume, den Anker-Steinbaukasten, ein Wunderwerk, nach allem was man davon hörte. Ich glaube heute noch, dass aus ihm sogar die Architekten zu Anfang des Jahrhunderts ihre Eingebungen holten. Aber ich selber bekam ihn nie, wahrscheinlich wegen der ungemein genauen himmlischen Buchführung, die alle meine Sünden sorgfältig verzeichnete, gestohlene Zuckerstücke und zerbrochene Fensterscheiben und ähnliche Missetaten, die sich in etlichen Wochen auffälliger Frömmigkeit vor Weihnachten auch nicht mehr abgelten ließen.

Wenn mein Wunschzettel fertig vor dem Fenster lag, musste ich aus brüderlicher Liebe auch noch den für meine Schwester schreiben. Ungemein zungenfertig plapperte sie von einer Schlafpuppe, einer Wiege, einem Kramladen, von lauter albernem Zeug. Da und dort schrieb ich ein heimliches »Muss nicht sein« dazu, aber vergeblich. Am Heiligen Abend konnte sie doch eine Unmenge von Früchten ihrer Unverschämtheit unter dem Christbaum ernten. Und ich musste mich tagelang damit plagen, einige von ihren Sachen so weit zu ruinieren, dass sie für mich noch zu brauchen waren.

Die Adventabende wären nicht denkbar gewesen ohne ein feierliches Lied, wenn es auch natürlich nicht immer so gut geraten konnte wie in jener ersten Heiligen Nacht, als die Engel das Gloria vom Himmel herunter sangen. Sogar bei uns daheim, obwohl wir keine sehr musikalische Familie waren, stellten wir uns alle vor den brennenden Kerzen auf, und dann stimmte die Mutter das Lied vom Tannenbaum an. Aber wir kamen kaum einmal über eine Strophe hinaus. Schon bei den ersten Tönen fing meine Schwester aus übergroßer Ergriffenheit zu schluchzen an. Der Vater hielt ein paar Takte länger aus, bis er merkte, dass das, was er hören ließ, gar nicht in dieses Lied passte. Ich selber aber konnte in meinem verbohrten Grübeln, wieso denn eine Fichte ihrer grünen Blätter wegen gepriesen wurde, die zweite Stimme nicht halten. Daraufhin brachte die

Mutter auch mich mit einem Kopfstück zum Schweigen und sang das Lied als Solo zu Ende, wie sie es gleich hätte tun sollen.

Heutzutage weiß man nicht mehr viel von alten Weihnachtsbräuchen, wie etwa das Anglöckeln einer war. Ich wüsste nicht zu sagen, was für ein tieferer Sinn in dieser Sitte liegen könnte, vielleicht steckt wirklich noch ein Rest von Magie aus der Heidenzeit dahinter, wie manche Gelehrte meinen. Meine Mutter jedenfalls hielt dafür, dass es ein frommer Brauch sei, und deshalb durfte auch ich mit meiner Schwester und dem Nachbarbuben auf die Reise gehen. Was dazu an Verkleidung nötig war, besorgte der Vater mit einer unerschöpflichen Fantasie. Unter seinen Händen verwandelten wir uns in seltsame Zwitterwesen, halb Engel, halb Gespenst. Aber uns machte es weiter kein Kopfzerbrechen, wen wir eigentlich darstellen sollten, die Heiligen Drei Könige oder bloß etliche von den vierzig Räubern. Das Wichtigste an der ganzen Ausrüstung war jedenfalls ein geräumiger Sack. Mit dem zogen wir abends von Tür zu Tür und sangen, was uns gerade einfiel, Heiliges und Unheiliges durcheinander. Manchmal kam gleich ein ungehobelter Hund dazwischen, der uns an die Beine fuhr, statt andächtig zuzuhören, aber gewöhnlich konnten wir mit dem Erfolg zufrieden sein, aus Gründen freilich, die ich damals nicht richtig einschätzte. Denn die Leute stürzten sofort an die Türen, wenn wir unseren Gesang anstimmten, und stopften uns eilig Kletzenbrot und Äpfel in den Sack, nur damit wir gleich wieder aufhörten und weiterzögen. Das taten wir auch bereitwillig, sobald unsere Fracht genügend angewachsen war. Ich wollte, es wäre dabei geblieben, und meine Zuhörer belohnten mich auch heute noch dafür, dass ich schweige.

Advent, sagt man, sei die stillste Zeit im Jahr. Aber in meinem Bubenalter war er keineswegs die stillste Zeit. Zu Anfang Dezember, in den unheimlichen Tagen, während Sankt Nikolaus mit dem Klaubauf unterwegs war, wurde ich in den Wald geschickt, um den Christbaum zu holen. Mit Axt und Säge zog ich aus, von der Mutter bis zum Hals in Wolle gewickelt und mit einem geweihten Pfennig versehen, damit mich ein heiliger Nothelfer finden konnte, wenn ich mich etwa verirrte. Ein Wunder von einem Baum stand mir vor Augen, mannshoch und sehr dicht beastet, denn er sollte nachher ja auch etwas tragen können. Stundenlang kroch ich im Unterholz herum, aber ein Baum im Wald sieht sich ganz anders an als einer in der Stube. Wenn ich meine Beute daheim endlich in die Waschküche schleppte, hatte sich das schlanke, pfeilgerade Stämmchen doch wieder in ein krummes und kümmerliches Gewächs verwandelt, auch der Vater betrachtete es mit Sorge. Er musste seine ganze Zimmermannskunst aufwenden, um das Ärgste zurechtzubiegen, ehe uns die Mutter dazwischenkam.

Ach, die Mutter! In diesen Wochen lief sie mit hochroten Wangen herum, wie mit Sprengpulver geladen, und die Luft in der Küche war sozusagen geschwängert mit Ohrfeigen. Dabei roch die Mutter so unbeschreiblich gut, überhaupt ist ja der Advent die Zeit der köstlichen Gerüche. Es duftet nach Wachslichtern, nach angesengtem Reisig, nach Weihrauch und Bratäpfeln. Ich sage ja nichts gegen Lavendel und Rosenwasser, aber Vanille riecht doch eigentlich viel besser, oder Zimt und Mandeln.

Mich ereilten dann die qualvollen Stunden des Teigrührens. Vier Vaterunser das Fett, drei die Eier, ein ganzer Rosenkranz für Zucker und Mehl. Die Mutter hatte die Gewohnheit, alles Zeitliche in ihrer Kochkunst nach Vaterunsern zu bemessen, aber die mussten laut und sorgfältig gebetet werden, damit ich keine Gelegenheit fände, den Finger in den köstlichen Teig zu tauchen. Wenn ich nur erst den Bubenstrümpfen entwachsen wäre, schwor ich mir damals, dann wollte ich eine ganze Schüssel voll Kuchenteig aufessen, und die Köchin sollte beim geheizten Ofen stehen und mir dabei zuschauen müssen! Aber leider, das ist einer von den Knabenträumen geblieben, die sich nie erfüllt haben.

Am Abend nach dem Essen wurde der Schmuck für den Christbaum erzeugt. Auch das war ein unheilschwangeres Geschäft. Damals konnte man noch ein Buch echten Blattgoldes für ein paar Kreuzer beim Krämer kaufen. Aber nun galt es, Nüsse in Leimwasser zu tauchen und ein hauchdünnes Goldhäutchen herumzublasen. Das Schwierige bei der Sache war, dass man vorher nirgendwo Luft von sich geben durfte. Wir saßen alle in der Runde und liefen blaurot an vor Atemnot, und dann geschah es eben doch, dass plötzlich jemand niesen musste. Im gleichen Augenblick segelte eine Wolke von glänzenden Schmetterlingen durch die Stube. Einerlei, wer den Zauber verschuldet hatte, das Kopfstück bekam jedenfalls ich, obwohl es nur bewirkte, dass sich der goldene Unsegen von Neuem in die Lüfte hob. Ich wurde dann in die Schlafkammer verbannt und musste Silberpapier um Lebkuchen wickeln – ungezählte Lebkuchen!

Es kam endlich doch der Heilige Abend und mit ihm die letzte der Prüfungen, das Bad in der Küche. Das fing ganz harmlos an, ich saß im Zuber wie ein gebrühtes Schweinchen und plätscherte verschämt mit dem Wasser, in der Hoffnung, dass ich nun doch schon groß genug sei, um der Schande des Gewaschenwerdens zu entgehen. Aber plötzlich fiel die Mutter wieder mit der Reisbürste über mich her, es half nichts, kein Gezeter und Gespreize. Erst in der äußersten Not erbarmte sich der Vater und nahm ein bis zur Unkenntlichkeit entstelltes, ein durchscheinendes Geschöpf in seine Arme. Da war sie nun wirklich, die stillste Zeit im Jahr, wirklich Stille und Friede und köstliche Geborgenheit an seiner breiten Brust. Später, wenn die Kerzen am Baum längst erloschen waren, um die Mitternacht, durfte ich die Mutter zur Mette begleiten. Ich weiß noch gut, wie stolz ich war, als sie mich zum ersten Mal nicht mehr an der Hand führte, sondern neben sich hergehen ließ als ihren Sohn und Beschützer. Auch in der Kirche kniete ich nun auf der Männerseite. Die Frauen sangen auf dem Chor, und der Pfarrer am Altar hielt eine Weile inne, um das Weihnachtslied anzuhören, diese holde Weise von der stillen Nacht, die schon so lang, über Grenzen und Zeiten hinaus, das Gemüt der Menschen bewegt. Heute liegt das alles weit zurück, aller Weihnachtsglanz der Kindheit. Aber die Christnacht ist immer noch voll von Geheimnissen, sie blieb die Nacht der Offenbarungen. Ich trete vor das Haus, lang vor Mitternacht, ich schaue empor, das Licht der Gestirne stürzt mir in die Augen, aber alles ist still, alles hält den Atem an und wartet auf das Wunder. Auf den Höhen sehe ich schwebende Lichter, als hätten sich Sterne vom Himmel gelöst und wanderten nun ins Tal. Das sind die Kienfackeln und die Laternen der Leute, die vom Berg herab zur Mette gehen. Im letzten Jahr, als ich selber den verschneiten Bach entlang lief, da fand ich eine erfrorene Kuckucksblume, unzählige braune Samenkörner rieselten in meine Hand. Und während ich sie weit verstreute, dachte ich so vor mich hin, wie tröstlich es doch ist, dass sich Gottvater nicht auch von den Ergebnissen unserer Wissenschaft erschrecken lässt, sondern dass er nach wie vor nur seinen Kuckucksblumensamen erzeugt.

Ich ging aber weiter, und plötzlich schlugen die Glocken an und läuteten freudevoll zusammen. Gloria!, sang der Pfarrer in der Kirche mit aller Gewalt – Gloria in excelsis Deo! Und die Leute fielen ins Knie, und es waren wieder Hirten und Bauern wie damals in der gesegneten Stunde. Nun ja, Hirten – aber wir, meine Freunde? Leben wir nicht auch in einer Weltzeit des Advents? Scheint uns nicht alles von der aufkommenden Finsternis bedroht zu werden, das karge Glück unseres Daseins? Wir warten bang auf den Engel mit der Botschaft des Friedens und überhören so leicht, dass diese Botschaft nur denen gilt, die guten Willens sind. Es ist keine Hilfe und keine Zuflucht bei der Weisheit der Weisen und bei der Macht der Mächtigen. Denn der Herr kam nicht zur Welt, damit die Menschen weiser, sondern damit sie gütiger würden. Und darum sind es allein die Kräfte des Herzens, die uns vielleicht noch werden retten können.

(Karl Heinrich Waggerl)

Der Esel des St. Nikolaus

Als der Winter wieder einmal gekommen war, der Schnee in dicken Flocken zur Erde fiel und die Weihnachtszeit nahte, kam St. Nikolaus in den Stall, wo sein Eselchen stand, klopfte ihm auf den glatten Rücken und sagte: »Nun, mein Graues, wollen wir uns wieder auf die Reise machen?« Der Esel stampfte lustig mit den Füßen und wieherte leise. So zogen sie denn zusammen aus, der Esel hochbepackt mit Säcken, St. Nikolaus in seinem dicken Schneemantel, mit hohen Stiefeln und großen Pelzhandschuhen. Wenn sie so durch das Feld zogen, knirschte der Schnee unter ihren Füßen, und ihr Atem flog in großen Wolken um sie herum; aber St. Nikolaus lachte doch mit seinen fröhlichen alten Augen in die Welt hinein, und das Eselchen schüttelte sich vor Vergnügen, sodass die silbernen Glöcklein weit über das Feld klangen.

Im nächsten Dorf kehrten sie ein; denn sie waren beide hungrig. St. Nikolaus stellte sein Eselchen in den Stall und setzte sich selbst in die warme Stube zu einem Teller Suppe. Im Stall standen schon ein paar Pferde; auch ein Esel war unter ihnen, und gerade neben diesen – es war ein großer Mülleresel – kam unser Eselchen zu stehen.

»Was bist denn du für ein Kauz?«, fragte der Große verächtlich.

»Ich bin der Esel des St. Nikolaus«, antwortete stolz unser Grauer.

»So«, höhnte der Mülleresel, »da bist du auch etwas Rechtes! Immer hinter dem Alten herlaufen; im Schnee stehen vor den Häusern; fast erfrieren und verhungern, ehe du wieder in deinen Stall kommst; keinen rechten Lohn; immer dasselbe Futter, jahraus, jahrein; ich würde mir so etwas nicht gefallen lassen.«

»Ja, hast du es denn besser?«, fragte ganz erstaunt das Eselchen. »Du musst doch auch Säcke tragen, oder nicht?«

»Natürlich«, prahlte der Esel, »aber nur, wenn es mir passt! Und zwischendurch laufe ich herum und gehe, wohin ich will! Habe ich Hunger, so komme ich heim und fresse, aber nicht nur dein lumpiges Heu, nein, Hafer, so viel es mir beliebt, und Brot und Zucker bringt man mir.«

Das Eselchen glaubte dem Aufschneider alles; denn beim St. Nikolaus hatte es natürlich nicht lügen gelernt. Solch ein Leben schien ihm beneidenswert; denn Hafer, Brot und Zucker bekam es nur selten.

»Es war natürlich nicht immer so«, fuhr der Mülleresel fort. »Aber einmal lief ich einfach davon und kam acht Tage nicht wieder heim. Seither lassen sie mich machen, was ich will. Weißt du was, lauf deinem Alten auch einmal davon, und lass ihn seine Säcke allein schleppen! Du sollst sehen, wie es nachher anders wird! Lauf, lauf, die Tür ist eben offen, und du bist nicht angebunden!«

Das Eselchen, das wirklich ein rechtes Eselchen war, wurde ganz verwirrt im Kopf von all dem Neuen, und da der große Esel ihm Achtung einflößte und man auf das Böse viel leichter hört als auf das Gute, so besann es sich nicht lange und ging wirklich zur Tür hinaus. Dort schüttelte es sich, schlug übermütig aus, dass der Schnee davonstob, und galoppierte zum Hof hinaus, über die Straße, durch den Kartoffelacker, und lief in den Wald. Dort sprang es hin und her, rannte mit den Hasen um die Wette, spielte mit den Hirschen und Rehlein und machte hohe Sprünge, um den Schnee abzuschütteln, der von den Tannen auf seinen Rücken fiel.

Das Eselchen wurde schließlich müde und auch hungrig. Es lief auf eine große Wiese, um etwas Essbares zu suchen. Der Schnee aber war sehr hoch und hart gefroren, und das Eselchen fand nicht das kleinste Kräutlein. Als es weiterlief, sah es am Ende der Wiese, hart am Waldesrand, ein altes Mütterchen gehen, das auf seinem Rücken eine große Bürde Holz schleppte. Mühsam und langsam ging es vorwärts und atmete schwer. Das Eselchen, das im Grund gar ein liebes Eselchen war und bei St. Nikolaus nur Gutes gelernt hatte, ging ganz nahe zu dem Mütterchen hin und blieb vor ihm stehen, senkte auch seinen Kopf und sah mit seinen klugen Augen die alte Frau so aufmunternd an, dass diese das Tier wohl verstand. Sogleich lud sie ihm ihr Holz auf den Rücken, tätschelte ihm den Hals und machte: »Hü!«, und das Eselchen trottete sänftiglich hinter dem Mütterchen her, bis sie das kleine Häuschen erreicht hatten, weit draußen vor dem Dorf.

Kaum war das Holz abgeladen, so kamen die Enkelkinder der Alten, sprangen um den Esel herum und schrien: »Ach, lass mich reiten, lass mich reiten!«

Das Eselchen, das von St. Nikolaus gelernt hatte, die Kinder lieb zu haben, ließ sie reiten. Erst die Mädchen, dann die Buben, dann wieder die Mädchen und wieder die Buben; zuletzt saßen zwei auf, ritten gegen das Dorf, schrien hü und hott und schwangen ihre Mützen. Vor dem Dorf warf das Eselchen sie ab, und es gab ein großes Gelächter und Geschrei. Darauf sprangen die Kinder heim; das Eselchen lief weiter und wusste nicht recht, wohin es gehen sollte. Es war schon müde, und Hunger und Durst hatte es auch. Langsam lief es in den Wald zurück und dachte an seinen warmen Stall, an das viele Heu, das es immer bekam, und an den guten St. Nikolaus, der ihm beim Fressen jedes Mal über den Rücken strich.

Traurig ging es vorwärts; hie und da fiel ein Tannenzapfen herunter, oder es krachte ein dürrer Ast; aber sonst war alles still. Die Dämmerung kam, und dem Eselchen wurde es unheimlich. Wenn es nur den Weg gewusst hätte! Wenn es doch nur wieder daheim wäre, dachte es betrübt und senkte den Kopf tief, tief herunter.

Nachdem der gute St. Nikolaus seine Suppe gegessen hatte, ging er in den Stall, um das Eselchen herauszuholen. Aber da war kein Eselchen mehr! Er suchte es überall und fragte alle Leute, ob sie sein Eselchen nicht gesehen hätten; aber niemand hatte es gesehen. Da kam er auf die Straße und sah im Kartoffelacker Spuren von kleinen Hufen. Er ging den Spuren nach und richtig, als St. Nikolaus den Hügel hinter dem Dorf hinanstieg, sah er das Eselchen ganz traurig stehen. Es war so müde, dass es nicht einmal den Kopf wandte, als es Schritte hörte.

»Graues!«, rief St. Nikolaus.

Potztausend, was machte es da für einen Sprung, und wie lief es hin zu St. Nikolaus, den es, obwohl es ganz dunkel war, gleich erkannte. Es wieherte vor Freude, schmiegte sich dicht an ihn und rieb seinen Kopf an dem weichen, wohlbekannten Pelzmantel.

»Aber Graues«, sagte St. Nikolaus, »was machst du für Sachen!« Da schämte sich das Eselchen ganz gewaltig.

St. Nikolaus nahm es am Zaum; die beiden guten Freunde trotteten durch den Schnee zur nächsten Herberge, und als das Eselchen auf sauberem Stroh im Stalle stand, das duftende Heu vor sich, und St. Nikolaus es hinter den Ohren kraulte, da dachte es bei sich: Diesmal bist du aber ein wirklicher Esel gewesen!

Und das ist die Geschichte von St. Nikolaus' Eselchen!

(Lisa Wenger)

Als ich die Christtagsfreude holen ging

In meinem zwölften Lebensjahre wird es gewesen sein, als am Frühmorgen des heiligen Christabends mein Vater mich an der Schulter rüttelte: ich solle aufwachen und zur Besinnung kommen, er habe mir etwas zu sagen. Die Augen waren bald offen, aber die Besinnung! Als ich unter der Mithilfe der Mutter angezogen war und bei der Frühsuppe saß, verlor sich die Schlaftrunkenheit allmählich, und nun sprach mein Vater: »Peter, jetzt hör, was ich dir sage. Da nimm einen leeren Sack, denn du wirst was heimtragen. Da nimm meinen Stecken, denn es ist viel Schnee, und da nimm eine Laterne, denn der Pfad ist schlecht, und die Stege sind vereist. Du musst hinabgehen nach Langenwang. Den Holzhändler Spreitzegger zu Langenwang, den kennst du, der ist mir noch immer das Geld schuldig, zwei Gulden und sechsunddreißig Kreuzer für den Lärchenbaum. Ich lass ihn bitten drum; schön höflich anklopfen und den Hut abnehmen, wenn du in sein Zimmer trittst. Mit dem Geld gehst nachher zum Kaufmann Doppelreiter und kaufst zwei Maßel Semmelmehl und zwei Pfund Rindsschmalz und um zwei Groschen Salz, und das tragst heim.«

Jetzt war aber auch meine Mutter zugegen, ebenfalls schon angekleidet, während meine sechs jüngeren Geschwister noch ringsum an der Wand in ihren Bettchen schliefen. Die Mutter, die redete drein wie folgt: »Mit Mehl und Schmalz und Salz allein kann ich kein Christtagsessen richten. Ich brauch dazu noch Germ (Hefe) um einen Groschen, Weinbeerln um fünf Kreuzer, Zucker um fünf Groschen, Safran um zwei Groschen und Neugewürz um zwei Kreuzer. Etliche Semmeln werden auch müssen sein.«

»So kaufst es«, setzte der Vater ruhig bei. »Und wenn dir das Geld zu wenig wird, so bittest den Herrn Doppelreiter, er möcht die Sachen derweil borgen, und zu Ostern, wenn die Kohlenraitung (Verrechnung für Holzkohle) ist, wollt ich schon fleißig zahlen. Eine Semmel kannst unterwegs selber essen, weil du vor Abend nicht heimkommst. Und jetzt kannst gehen, es wird schon fünf Uhr, und dass du noch die Achter-Mess erlangst zu Langenwang.«

Das war alles gut und recht. Den Sack band mir mein Vater um die Mitte, den Stecken nahm ich in die rechte Hand, die Laterne mit der frischen Unschlittkerze in die linke, und so ging ich davon, wie ich zu jener Zeit in Wintertagen oft davongegangen war. Der durch wenige Fußgeher ausgetretene Pfad war holperig im tiefen Schnee, und es ist nicht immer leicht, nach den Fußstapfen unserer Vorderen zu wandeln, wenn diese zu lange Beine gehabt haben. Noch nicht dreihundert Schritt war ich gegangen, so lag ich im Schnee, und die Laterne, hingeschleudert, war ausgelöscht. Ich suchte mich langsam zusammen, und dann schaute ich die wunderschöne Nacht an. Anfangs war sie ganz grausam finster, allmählich hub der Schnee an, weiß zu werden und die Bäume schwarz, und in der Höhe war helles Sternengefunkel. In den Schnee fallen kann man auch ohne Laterne, so stellte ich sie seithin unter einen Strauch, und ohne Licht ging's nun besser als vorhin.

In die Talschlucht kam ich hinab, das Wasser des Fresenbaches war eingedeckt mit glattem Eis, auf welchem, als ich über den Steg ging, die Sterne des Himmels gleichsam Schlittschuh liefen. Später war ein Berg zu übersteigen; auf dem Pass, genannt der »Höllkogel«, stieß ich zur wegsamen Bezirksstraße, die durch Wald und Wald hinabführt in das Mürztal. In diesem lag ein weites Meer von Nebel, in welches ich sachte hineinkam, und die feuchte Luft fing an, einen Geruch zu haben, sie roch nach Steinkohlen; und die Luft fing an, fernen Lärm an mein Ohr zu tragen, denn im Tal hämmerten die Eisenwerke, rollte manchmal ein Eisenbahnzug über dröhnende Brücken.

Nach langer Wanderung ins Tal gekommen zur Landstraße, klingelte Schlittengeschelle, der Nebel ward grau und lichter, sodass ich die Fuhrwerke und Wandersleute, die für die Feiertage nach ihren Heimstätten reisten, schon auf kleine Strecken weit sehen konnte. Nachdem ich eine Stunde lang im Tal gegangen war, tauchte links an der Straße im Nebel ein dunkler Fleck auf, rechts auch einer, links mehrere, rechts eine ganze Reihe – das Dorf Langenwang.

Alles, was Zeit hatte, ging der Kirche zu, denn der Heilige Abend ist voller Vorahnung und Gottesweihe. Bevor noch die Messe anfing, schritt der hagere, gebückte Schulmeister durch die Kirche, musterte die Andächtigen, als ob er jemanden suche. Endlich trat er an mich heran und fragte leise, ob ich ihm nicht die Orgel »melken« wolle, es sei der Mesnerbub krank. Voll Stolz und Freude, also zum Dienste des Herrn gewürdigt zu sein, ging ich mit ihm auf den Chor, um bei der heiligen Messe den Blasebalg der Orgel zu ziehen. Während ich die zwei langen Lederriemen abwechselnd aus dem Kasten zog, in welchen jeder derselben allemal wieder langsam hineinkroch, orgelte der Schulmeister, und seine Tochter sang:

> »Tauet, Himmel, den Gerechten,
> Wolken, regnet ihn herab!
> Also rief in bangen Nächten
> einst die Welt, ein weites Grab.

> In von Gott verhassten Gründen
> herrschten Satan, Tod und Sünden,
> fest verschlossen war das Tor
> zu dem Himmelreich empor.«

Ferner erinnere ich mich, an jenem Morgen nach dem Gottesdienst in der dämmerigen Kirche vor ein Heiligenbild hingekniet zu sein und gebetet zu haben um Glück und Segen zur Erfüllung meiner bevorstehenden Aufgabe. Das Bild stellte die Vierzehn Nothelfer dar – einer wird doch dabei sein, der zur Eintreibung von Schulden behilflich ist. Es schien mir aber, als schiebe während meines Gebetes auf dem Bilde einer sich sachte hinter den andern zurück.

Trotzdem ging ich guten Mutes hinaus in den nebeligen Tag, wo alles emsig war in der Vorbereitung zum Fest, und ging dem Hause des Holzhändlers Spreitzegger zu. Als ich daran war, zur vorderen Tür hineinzugehen, wollte der alte Spreitzegger, soviel ich mir später reimte, durch die hintere Tür entwischen. Es wäre ihm gelungen, wenn mir nicht im Augenblick geschwant hätte: Peter, geh nicht zur vorderen Tür ins Haus wie ein Herr, sei demütig, geh zur hinteren Tür hinein, wie es dem Waldbauernbub geziemt. Und knapp an der hinteren Tür trafen wir uns.

»Ah, Bübel, du willst dich wärmen gehen«, sagte er mit geschmeidiger Stimme und deutete ins Haus, »na, geh dich nur wärmen. Ist kalt heut!«, und wollte davon.

»Mir ist nicht kalt«, antwortete ich, »aber mein Vater lässt den Spreitzegger schön grüßen und bitten ums Geld.«

»Ums Geld? Wieso?«, fragte er. »Ja richtig, du bist der Waldbauernbub. Bist früh aufgestanden heut, wenn du schon den weiten Weg kommst. Rast nur ab. Und ich lass deinen Vater auch schön grüßen und glückliche Feiertage wünschen; ich komm ohnehin ehzeit einmal zu euch hinauf, nachher wollen wir schon gleich werden.«

Fast verschlug es mir die Rede, stand doch unser ganzes Weihnachtsmahl in Gefahr vor solchem Bescheid.

»Bitt wohl von Herzen schön ums Geld, muss Mehl kaufen und Schmalz und Salz, und ich darf nicht heimkommen mit leerem Sack.«

Er schaute mich starr an. »Du *kannst* es!«, brummte er, zerrte mit zäher Gebärde seine große, rote Brieftasche hervor, zupfte in den Papieren, die wahrscheinlich nicht pure Banknoten waren, zog einen Gulden heraus und sagte: »Na, so nimm derweil das, in vierzehn Tagen wird dein Vater den Rest schon kriegen. Heut hab ich nicht mehr.«

Den Gulden schob er mir in die Hand, ging davon und ließ mich stehen.

Ich blieb aber nicht stehen, sondern ging zum Kaufmann Doppelreiter. Dort begehrte ich ruhig und gemessen, als ob nichts wäre, zwei Maßel Semmelmehl, zwei Pfund Rindsschmalz, um zwei Groschen Salz, um einen Groschen Germ, um fünf Kreuzer Weinbeerln, um fünf Groschen Zucker, um zwei Groschen Safran und um zwei Kreuzer Neugewürz. Der Herr Doppelreiter bediente mich selbst und machte mir alles hübsch zurecht in Päckchen und Tütchen, die er dann mit Spagat zusammen in ein einziges Paket band und so an den Mehlsack hängte, dass ich das Ding über der Achsel tragen konnte, vorn ein Bündel und hinten ein Bündel. Als das geschehen war, fragte ich mit einer nicht minder tückischen Ruhe als vorhin, was das alles zusammen ausmache.

»Das macht drei Gulden fünfzehn Kreuzer«, antwortete er mit Kreide und Mund.

»Ja, ist schon recht«, hierauf ich, »da ist derweil ein Gulden, und das andere wird mein Vater, der Waldbauer in Alpl, zu Ostern zahlen.«

Schaute mich der bedauernswerte Mann und fragte höchst ungleich: »Zu Ostern? In welchem Jahr?«

»Na, nächste Ostern, wenn die Kohlenraitung ist.«

Nun mischte sich die Frau Doppelreiterin, die andere Kunden bediente, drein und sagte: »Lass ihm's nur, Mann, der Waldbauer hat schon öfters auf Borg genommen und nachher allemal ordentlich bezahlt. Lass ihm's nur.«

»Ich lass ihm's ja, werd ihm's nicht wieder wegnehmen«, antwortete der Doppelreiter. Das war doch ein bequemer Kaufmann! Jetzt fielen mir auch die Semmeln ein, welche meine Mutter noch bestellt hatte.

»Kann man da nicht auch fünf Semmeln haben?«, fragte ich. »Semmeln kriegt man beim Bäcker«, sagte der Kaufmann.

Das wusste ich nun gleichwohl, nur hatte ich mein Lebtag nichts davon gehört, dass man ein paar Semmeln auf Borg nimmt, daher vertraute ich der Kaufmännin, die sofort als Gönnerin zu betrachten war, meine vollständige Zahlungsunfähigkeit an. Sie gab mir zwei bare Groschen für Semmeln, und als sie nun noch beobachtete, wie meine Augen mit den reiffeuchten Wimpern fast unlösbar an den gedörrten Zwetschken hingen, die sie einer alten Frau in den Korb tat, reichte sie mir auch noch eine Handvoll dieser köstlichen Sache zu: »Unterwegs zum Naschen.«

Nicht lange hernach, und ich trabte, mit meinen Gütern reich und schwer bepackt, durch die breite Dorfgasse dahin. Überall in den Häusern wurde gemetzgert, gebacken, gebraten, gekeltert; ich beneidete die Leute nicht; ich bedauerte sie vielmehr, dass sie nicht ich waren, der, mit so großem Segen beladen, gen Alpl zog. Das wird morgen ein Christtag werden! Denn die Mutter kann's, wenn sie die Sachen hat. Ein Schwein ist ja auch geschlachtet worden daheim, das gibt Fleischbrühe mit Semmelbrocken, Speckfleck, Würste, Nieren-Lümperln, Knödelfleisch mit Kren, dann erst die Krapfen, die Zuckernudeln, das Schmalzkoch mit Weinbeerln und Safran! – Die Herrenleut da in Langenwang haben so was alle Tag, das ist nichts, aber wir haben es im Jahr einmal und kommen mit unverdorbenem Magen dazu, das ist was! – Und doch dachte ich auf diesem belasteten Freudenmarsch weniger noch ans Essen als an das liebe Christkind und sein hochheiliges Fest. Am Abend, wenn ich nach Hause komme, werde ich aus der Bibel davon vorlesen, die Mutter und die Magd Mirzel werden Weihnachtslieder singen; dann, wenn es zehn Uhr wird, werden wir uns aufmachen nach Sankt Kathrein und in der Kirche die feierliche Christmette begehen bei Glock', Musik und unzähligen Lichtern. Und am Seitenaltar ist das Krippel aufgerichtet mit Ochs und Esel und den Hirten, und auf dem Berg die Stadt Bethlehem und darüber die Engel, singend: Ehre sei Gott in der Höhe! – Diese Gedanken trugen mich anfangs wie Flügel. Doch als ich eine Weile die schlittenglatte Landstraße dahingegangen war, unter den Füßen knirschenden Schnee, musste ich mein Doppelbündel schon einmal wechseln von einer Achsel auf die andere.

In der Nähe des Wirtshauses »Zum Sprengzaun« kam mir etwas Vierspänniges entgegen. Ein leichtes Schlittlein, mit vier feurigen, hoch aufgefederten Rappen bespannt, auf dem Bock ein Kutscher mit glänzenden Knöpfen und einem Buttenhut. Der Kaiser? Nein, der Herr Wachtler vom Schlosse Hohenwang saß im Schlitten, über und über in Pelze gehüllt und eine Zigarre schmauchend. Ich blieb stehen, schaute dem blitzschnell vorüberrutschenden Zeug eine Weile nach und dachte: Etwas krumm ist es doch eingerichtet auf dieser Welt: da sitzt ein starker Mann drin und lässt sich hinziehen mit so viel überschüssiger Kraft, und ich vermag mein Bündel kaum zu schleppen.

Mittlerweile war es Mittagszeit geworden. Durch den Nebel war die milchweiße Scheibe der Sonne zu sehen; sie war nicht hoch am Himmel hinaufgestiegen, denn um vier Uhr wollte sie ja wieder unten sein, zur langen Christnacht. Ich fühlte in den Beinen manchmal so ein heißes Prickeln, das bis in die Brust hinaufstieg, es zitterten mir die Glieder. Nicht weit von der Stelle, wo der Weg nach Alpl abzweigt, stand ein Kreuz mit dem lebensgroßen Bilde des Heilands. Es stand, wie es heute noch steht, an seinem Fuß Johannes und Magdalena, das Ganze mit einem Bretterverschlag verwahrt, sodass es wie eine Kapelle war. Vor dem Kreuz auf die Bank, die für kniende Beter bestimmt ist, setzte ich mich nieder, um Mittag zu halten. Eine Semmel, die gehörte mir, meine Neigung zu ihr war so groß, dass ich sie am liebsten in wenigen Bissen verschluckt hätte. Allein das schnelle Schlucken ist nicht gesund, das wusste ich von anderen Leuten, und das langsame Essen macht einen längeren Genuss, das wusste ich schon von mir selber. Also beschloss ich, die Semmel recht gemächlich und bedächtig zu genießen und dazwischen manchmal eine gedörrte Zwetschke zu naschen.

Es war eine sehr köstliche Mahlzeit; wenn ich heute etwas recht Gutes haben will, das kostet außerordentliche Anstrengungen aller Art; ach, wenn man nie und nie einen Mangel zu leiden hat, wie wird man da arm.

Und wie war ich so reich damals, als ich arm war!

Als ich nach der Mahlzeit mein Doppelbündel wieder auflud, war's ein Spaß mit ihm, flink ging es voran. Als ich später in die Bergwälder hinaufkam und der graue Nebel dicht in den mit Schnee beschwerten Bäumen hing, dachte ich an den Grabler-Hansel. Das war ein Kohlenführer, der täglich von Alpl seine Fuhre ins Mürztal lieferte. Wenn er auch heute gefahren wäre! Und wenn er jetzt heimwärts mit dem leeren Schlitten des Weges käme und mir das Bündel auflüde! Und am Ende gar mich selber! Dass es so heiß sein kann im Winter! Mitten in Schnee und Eisschollen schwitzen! Doch morgen wird alle Mühsal vergessen sein. – Derlei Gedanken und Vorstellungen verkürzten mir unterwegs die Zeit.

Auf einmal roch ich starken Tabakrauch. Knapp hinter mir ging, ganz leise auftretend, der grüne Kilian. Der Kilian war früher einige Zeit lang Forstgehilfe in den gewerkschaftlichen Wäldern gewesen, jetzt war er's nicht mehr, wohnte mit seiner Familie in einer Hütte drüben in der Fischbacher Gegend, man wusste nicht recht, was er trieb. Nun ging er nach Hause. Er hatte einen Korb auf dem Rücken, an dem er nicht schwer zu tragen schien, sein Gewand war noch ein jägermäßiges, aber hübsch abgetragen, und sein schwarzer Vollbart ließ nicht viel sehen von seinem etwas fahlen Gesicht. Als ich ihn bemerkt hatte, nahm er die Pfeife aus dem Mund, lachte laut und sagte: »Wo schiebst denn hin, Bub?«

»Heimzu«, meine Antwort.

»Was schleppst denn?«

»Sachen für den Christtag.«

»Gute Sachen? Der Tausend sapperment! Wem gehörst denn zu?«

»Dem Waldbauer.«

»Zum Waldbauer willst gar hinauf? Da musst gut antauchen.«

»Tu's schon«, sagte ich und tauchte an.

»Nach einem solchen Marsch wirst gut schlafen bei der Nacht«, versetzte der Kilian, mit mir gleichen Schritt haltend.

»Heut wird nicht geschlafen bei der Nacht, heut ist Christnacht.«

»Was willst denn sonst tun, als schlafen bei der Nacht?«

»Nach Kathrein in die Metten gehen.«

»Nach Kathrein?«, fragte er, »den weiten Weg?«

»Um zehn Uhr abends gehen wir vom Haus fort, und um drei Uhr früh sind wir wieder daheim.«

Der Kilian biss in sein Pfeifenrohr und sagte: »Na, hörst du, da gehört viel Christentum dazu. Beim Tag ins Mürztal und bei der Nacht in die Metten nach Kathrein! So viel Christentum hab ich nicht, aber das sage ich dir doch: Wenn du dein Bündel in meinen Buckelkorb tun willst, dass ich es dir eine Zeit lang trage und du dich ausrasten kannst, so hast ganz recht, warum soll der alte Esel nicht auch einmal tragen!«

Damit war ich einverstanden, und während mein Bündel in seinen Korb sank, dachte ich: Der grüne Kilian ist halt doch ein besserer Mensch, als man sagt.

Dann rückten wir wieder an, ich huschte frei und leicht neben ihm her.

»Ja, ja, die Weihnachten!«, sagte der Kilian fauchend, »da geht's halt drunter und drüber. Da reden sich die Leut in eine Aufregung und Frömmigkeit hinein, die gar nicht wahr ist. Im Grund ist der Christtag wie jeder andere Tag, nicht einen Knopf anders. Der Reiche, ja, der hat jeden Tag Christtag, unsereiner hat jeden Tag Karfreitag.«

»Der Karfreitag ist auch schön«, war meine Meinung.

»Ja, wer genug Fisch und Butter und Eier und Kuchen und Krapfen hat zum Fasten!«, lachte der Kilian.

Mir kam sein Reden etwas heidentümlich vor. Doch was er noch Weiteres sagte, das verstand ich nicht mehr, denn er hatte angefangen, sehr heftig zu gehen, und ich konnte nicht recht nachkommen. Ich rutschte auf dem glitschigen Schnee mit jedem Schritt ein Stück zurück, der Kilian hatte Fußeisen angeschnallt, hatte lange Beine, war nicht abgemattet – da ging's freilich voran.

»Herr Kilian!«, rief ich.

Er hörte es nicht. Der Abstand zwischen uns wurde immer größer, bei Wegbiegungen entschwand er mir manchmal ganz aus den Augen, um nachher wieder in größerer Entfernung, halb schon von Nebeldämmerung verhüllt, aufzutauchen. Jetzt wurde mir bang um mein Bündel. Kamen wir ja doch schon dem Höllkogel nahe. Das ist jene Stelle, wo der Weg nach Alpl und der Weg nach Fischbach sich gabeln. Ich hub an zu laufen; im Angesicht der Gefahr war alle Müdigkeit dahin, ich lief wie ein Hündlein und kam ihm näher. Was wollte ich aber anfangen, wenn ich ihn eingeholt hätte, wenn ihm der Wille fehlte, die Sachen herzugeben, und mir die Kraft, sie zu nehmen? Das kann ein schönes Ende werden mit diesem Tag, denn die Sachen lasse ich nicht im Stich, und sollte ich ihm nachlaufen müssen bis hinter den Fischbacher Wald zu seiner Hütte!

Als wir denn beide so merkwürdig schnell vorwärtskamen, holten wir ein Schlittengespann ein, das vor uns mit zwei grauen Ochsen und einem schwarzen Kohlenführer langsam des Weges schliff. Der Grabler-Hansel! Mein grüner Kilian wollte schon an dem Gespann vorüberhuschen, da schrie ich von hinten her aus Leibeskräften: »Hansel! Hansel! Sei so gut, leg mir meine Christtagsachen auf den Schlitten, der Kilian hat sie im Korb, und er soll sie dir geben!«

Mein Geschrei muss wohl sehr angstvoll gewesen sein, denn der Hansel sprang sofort von seinem Schlitten und nahm eine tatbereite Haltung ein. Und wie der Kilian merkte, ich hätte hier einen Bundesgenossen, riss er sich den Korb vom Rücken und schleuderte das Bündel auf den Schlitten. Er knirschte noch etwas von »dummen Bären« und »Undankbarkeit«, dann war er auch schon davon.

Der Hansel rückte das Bündel zurecht und fragte, ob man sich draufsetzen dürfe. Das, bat ich, nicht zu tun.

So tat er's auch nicht, wir setzten uns hübsch nebeneinander auf den Schlitten, und ich hielt auf dem Schoß sorgfältig mit beiden Händen die Sachen für den Christtag. So kamen wir endlich nach Alpl. Als wir zur ersten Fresenbrücke gekommen waren, sagte der Hansel zu den Ochsen: »Oha!«, und zu mir: »So!« Die Ochsen verstanden und blieben stehen, ich verstand nicht und blieb sitzen.

Aber nicht mehr lange, es war ja zum Aussteigen, denn der Hansel musste links in den Graben hinein und ich rechts den Berg hinauf.

»Dank dir's Gott, Hansel!«

»Ist schon gut, Peterl.«

Zu der Zeit, da ich mit meiner Last den steilen Berg hinanstieg gegen mein Vaterhaus, begann es zu dämmern und zu schneien. Und zuletzt war ich doch daheim.

»Hast alles?«, fragte die Mutter am Kochherd mir entgegen.

»Alles!«

»Brav bist. Und hungrig wirst sein.«

Beides ließ ich gelten. Sogleich zog die Mutter mir die klingendhart gefrorenen Schuhe von den Füßen, denn ich wollte, dass sie frisch eingefettet würden für den nächtlichen Mettengang. Dann setzte ich mich in der warmen Stube zum Essen.

Aber siehe, während des Essens geht es zu Ende mit meiner Erinnerung. – Als ich wieder zu mir kam, lag ich wohl ausgeschlafen in meinem warmen Bett, und zum kleinen Fenster herein schien die Morgensonne des Christtages.

(Peter Rosegger)

Das Nordlicht in der Heiligen Nacht

Die Kinder Konrad und Sanna, die sich in der Heiligen Nacht im Gebirge verirrt haben, haben hoch oben Zuflucht in einer Steinhöhle gefunden, wo sie das Eis krachen hören und am Himmel das Nordlicht wabern sehen. Als der Morgen dämmert, brechen sie auf, um einen Weg ins Tal zu finden.

Es war nun Mitternacht gekommen. Weil sie noch so jung waren, und an jedem Heiligen Abende in höchstem Drange der Freude stets erst sehr spät entschlummerten, wenn sie nämlich der körperliche Drang übermannt hatte, so hatten sie nie das mitternächtliche Läuten der Glocken, nie die Orgel der Kirche gehört, wenn das Fest gefeiert wurde, obwohl sie nahe an der Kirche wohnten. In diesem Augenblicke der heutigen Nacht wurde nun mit allen Glocken geläutet, es läuteten die Glocken in Millsdorf, es läuteten die Glocken in Gschaid, und hinter dem Berge war noch ein Kirchlein mit drei hellen klingenden Glocken, die läuteten.

In den fernen Ländern draußen waren unzählige Kirchen und Glocken, und mit allen wurde zu dieser Zeit geläutet, von Dorf zu Dorf ging die Tonwelle, ja man konnte wohl zuweilen von einem Dorfe zum andern durch die blätterlosen Zweige das Läuten hören: nur zu den Kindern herauf kam kein Laut, hier wurde nichts vernommen; denn hier war nichts zu verkündigen. In den Talkrümmen gingen jetzt an den Berghängen die Lichter der Laternen hin, und von manchem Hofe tönte das Hausglöcklein, um die Leute zu erinnern; aber dieses konnte umso weniger herauf gesehen und gehört werden, es glänzten nur die Sterne, und sie leuchteten und funkelten ruhig fort.

Wenn auch Konrad sich das Schicksal des erfrornen Eschenjägers vor Augen hielt, wenn auch die Kinder das Fläschchen mit dem schwarzen Kaffee fast ausgeleert hatten, wodurch sie ihr Blut zu größerer Tätigkeit brachten, aber gerade dadurch eine folgende Ermattung herbeizogen: so würden sie den Schlaf nicht haben überwinden können, dessen verführende Süßigkeit alle Gründe überwiegt, wenn nicht die Natur in ihrer Größe ihnen beigestanden wäre und in ihrem Innern eine Kraft aufgerufen hätte, welche imstande war, dem Schlafe zu widerstehen.

In der ungeheuren Stille, die herrschte, in der Stille, in der sich kein Schneespitzchen zu rühren schien, hörten die Kinder dreimal das Krachen des Eises. Was das Starrste scheint und doch das Regsamste und Lebendigste ist, der Gletscher, hatte die Töne hervorgebracht. Dreimal hörten sie hinter sich den Schall, der entsetzlich war, als ob die Erde entzweigesprungen wäre, der sich nach allen Richtungen im Eise verbreitete und gleichsam durch alle Äderchen des Eises lief. Die Kinder blieben mit offenen Augen sitzen und schauten in die Sterne hinaus.

Auch für die Augen begann sich etwas zu entwickeln. Wie die Kinder so saßen, erblühte am Himmel vor ihnen ein bleiches Licht mitten unter den Sternen und spannte einen schwachen Bogen durch dieselben. Es hatte einen grünlichen Schimmer, der sich sachte nach unten zog. Aber der Bogen wurde immer heller und heller, bis sich die Sterne vor ihm zurückzogen und erblassten. Auch in andere Gegenden des Himmels sandte er einen Schein, der schimmergrün sachte und lebendig unter die Sterne floss. Dann standen Garben verschiedenen Lichtes auf der Höhe des Bogens wie Zacken einer Krone und brannten. Es floss helle durch die benachbarten Himmelsgegenden, es sprühte leise und ging in sanftem Zucken durch lange Räume. Hatte sich nun der Gewitterstoff des Himmels durch den unerhörten Schneefall so gespannt, dass er in diesen stummen, herrlichen Strömen des Lichtes ausfloss, oder war es eine andere Ursache der unergründlichen Natur: Nach und nach wurde es schwächer und immer schwächer, die Garben erloschen zuerst, bis es allmählich und unmerklich immer geringer wurde, und wieder nichts am Himmel war als die tausend und tausend einfachen Sterne.

Die Kinder sagten keines zu dem andern ein Wort, sie blieben fort und fort sitzen, und schauten mit offenen Augen in den Himmel.

Es geschah nun nichts Besonderes mehr. Die Sterne glänzten, funkelten und zitterten, nur manche schießende Schnuppe fuhr durch sie.

Endlich, nachdem die Sterne lange allein geschienen hatten, und nie ein Stückchen Mond an dem Himmel zu erblicken gewesen war, geschah etwas anderes. Es fing der Himmel an, heller zu werden, langsam heller, aber doch zu erkennen; es wurde seine Farbe sichtbar, die bleichsten Sterne erloschen, und die anderen standen nicht mehr so dicht. Endlich wichen auch die stärkeren, und der Schnee vor den Höhen wurde deutlicher sichtbar. Zuletzt färbte sich eine Himmelsgegend gelb, und ein Wolkenstreifen, der in derselben war, wurde zu einem leuchtenden Faden entzündet. Alle Dinge waren klar zu sehen, und die entfernten Schneehügel zeichneten sich scharf in die Luft.

»Sanna, der Tag bricht an«, sagte der Knabe.

»Ja, Konrad«, antwortete das Mädchen.

»Wenn es nur noch ein bisschen heller wird, dann gehen wir aus der Höhle, und laufen über den Berg hinunter.«

Es wurde heller, an dem ganzen Himmel war kein Stern mehr sichtbar, und alle Gegenstände standen in der Morgendämmerung da.

»Nun, jetzt gehen wir«, sagte der Knabe.

»Ja, wir gehen«, antwortete Sanna.

(Adalbert Stifter)

Einer Weihnacht Lust und Gefahr

In unserer Stube, an der mit grauem Lehm übertünchten Ofenmauer, stand jahraus jahrein ein Schemel aus Ahornholz. Er war immer glatt und rein gescheuert, denn er wurde, wie die anderen Stubengeräte, jeden Samstag mit seinem Bachsande und einem Strohwisch abgerieben. In der Zeit des Frühlings, des Sommers und des Herbstes stand dieser Schemel leer und einsam in seinem Winkel, nur zur Abendzeit zog ihn die Ahne etwas weiter hervor, kniete auf denselben hin und verrichtete ihr Abendgebet.

Als aber der Spätherbst kam mit den langen Abenden, an welchen die Knechte in der Stube aus Kienscheitern Leuchtspäne kloben*, und die Mägde sowie auch meine Mutter und Ahne Wolle und Flachs spannen, und als die Adventszeit kam, in welcher an solchen Span- und Spinnabenden alte Märchen er-

---

* Klieben, Präteritum: *er klob* bedeutet *zerspalten, zerteilen*.

zählt und geistliche Lieder gesungen wurden, da saß ich beständig auf dem Schemel am Ofen.

Aber die langen Adventnächte waren bei uns immer sehr kurz. Bald nach zwei Uhr begann es im Hause unruhig zu werden. Oben auf dem Dachboden hörte man die Knechte, wie sie sich ankleideten und umhergingen, und in der Küche brachen die Mägde Späne ab und schürten am Herde. Dann gingen sie alle auf die Tenne zum Dreschen.

Auch die Mutter war aufgestanden und hatte in der Stube Licht gemacht; bald darauf erhob sich der Vater und sie zogen Kleider an, die nicht ganz für den Werktag und auch nicht ganz für den Feiertag waren. Dann sprach die Mutter zur Ahne, die im Bette lag, einige Worte, und wenn ich, erweckt durch die Unruhe, auch was sagte, so gab sie mir zur Antwort: »Sei du nur schön still und schlaf!« – Dann zündeten meine Eltern eine Laterne an, löschten das Licht in der Stube aus und gingen aus dem Hause. Ich hörte noch die äußere Türe gehen und ich sah an den Fenstern den Lichtschimmer vorüberflimmern und ich hörte das Ächzen der Tritte im Schnee und ich hörte noch das Rasseln des Kettenhundes. – Dann wurde es ruhig, nur war das dumpfe, gleichmäßige Pochen der Drescher zu vernehmen, dann schlief ich wieder ein.

Der Vater und die Mutter gingen in die mehrere Stunden entfernte Pfarrkirche zur Rorate*. Ich träumte ihnen nach, ich hörte die Kirchenglocken, ich hörte den Ton der Orgel und das Adventlied: Maria, sei gegrüßet, du lichter Morgenstern! Und sah die Lichter am Hochaltare, und die Engelein, die über demselben standen, breiteten ihre goldenen Flügel aus und flogen in der Kirche umher, und einer, der mit der Posaune über dem Predigtstuhl stand, zog hinaus in die Heiden und in die Wälder und blies es durch die ganze Welt, dass die Ankunft des Heilandes nahe sei.

Als ich erwachte, strahlte die Sonne schon lange zu den Fenstern herein und draußen flimmerte der Schnee, und die Mutter ging wieder in der Stube umher und war in Werktagskleidern und tat häusliche Arbeiten.

Das Bett der Ahne neben dem meinigen war auch schon geschichtet und die Ahne kam nun von der Küche herein und half mir die Höschen anziehen und wusch mein Gesicht mit kaltem Wasser, dass ich aus Empfindsamkeit zugleich weinte und lachte. Als dieses geschehen war, kniete ich auf meinen Schemel hin und betete mit der Ahne den Morgensegen:

> In Gottes Namen aufstehen,
> Gegen Gott gehen,

---

* Roratemessen sind Gottesdienste in der Adventszeit, die entweder früh am Morgen vor Sonnenaufgang oder abends nach Sonnenuntergang gehalten wurden. Der Begriff stammt aus dem Adventslied *Rorate caeli = Tauet Himmel, den Gerechten.*

> Gegen Gott treten,
> Zum himmlischen Vater beten,
> Dass er uns verleih'
> Lieb' Engelein drei:
> Der Erste, der uns weist
> Der Zweite, der uns speist,
> Der Dritte, der uns behilft' und bewahrt,
> Dass uns an Leib und Seel' nichts widerfahrt.

Nach dieser Andacht erhielt ich meine Morgensuppe, und nach derselben kam die Ahne mit einem Kübel Rüben, die wir nun zusammen zu schälen hatten. Ich saß dabei auf meinem Schemel. Aber bei dem Schälen der Rüben konnte ich die Ahne nie vollkommen befriedigen; ich schnitt stets eine zu dicke Schale, ließ sie aber stellenweise doch wieder ganz auf der Rübe. Wenn ich mich dabei gar in den Finger schnitt und gleich zu weinen begann, so sagte die Ahne immer sehr unwirsch: »Mit dir ist wohl ein rechtes Kreuz, man soll dich frei hinauswerfen in den Schnee!« Dabei verband sie mir die Wunde mit unsäglicher Sorgfalt und Liebe.

So vergingen die Tage des Advents, und ich und die Ahne sprachen immer häufiger und häufiger von dem Weihnachtsfeste und von dem Christkinde, das nun bald kommen werde.

Je mehr wir dem Feste nahten, umso unruhiger wurde es im Hause. Die Knechte trieben das Vieh aus dem Stalle und gaben frische Streu hinein und stellten die Barren und Krippen zurecht; der Halterbub striegelte die Ochsen, dass sie ein glattes Aussehen bekamen; der Futterbub mischte mehr Heu in das Stroh als gewöhnlich und bereitete davon einen ganzen Stoß in der Futterkammer. Die Kuhmagd tat das Gleiche. Das Dreschen hatte schon einige Tage früher aufgehört, weil man durch den Lärm die nahen Feiertage zu entheiligen glaubte.

Im ganzen Hause wurde gewaschen und gescheuert, selbst in die Stube kamen die Mägde mit ihren Wasserkübeln und Strohwischen und Besen hinein. Ich freute mich immer sehr auf dieses Waschen, weil ich es gernhatte, wie alles drunter und drüber gekehrt wurde, und weil die Heiligenbilder im Tischwinkel, die braune Schwarzwälderuhr mit ihrer Metallschelle und andere Dinge, die ich immer sonst nur von der Höhe zu sehen bekam, herabgenommen und mir näher gebracht wurden, sodass ich alles viel genauer betrachten konnte. Freilich war nicht erlaubt, dergleichen Dinge anzurühren, weil ich noch zu ungeschickt und unbesonnen dafür wäre und die Gegenstände leicht beschädigen könne. Aber es gab doch Augenblicke, da man im eifrigen Waschen und Reiben nicht auf mich achtete.

In einem solchen Augenblick kletterte ich einmal über den Schemel auf die Bank und von der Bank auf den Tisch, der aus seiner gewöhnlichen Stellung gerückt war und auf dem die Schwarzwälderuhr lag. Ich machte mich an die Uhr, von der die Gewichte über den Tisch hingen, sah durch ein offenes Seitentürchen in das messingene, sehr bestaubte Räderwerk hinein, tupfte einige Male an die kleinen Blätter des Windrädchens und legte die Finger endlich selbst an das Rädchen, ob es denn nicht gehe; aber es ging nicht. Zuletzt rückte ich auch ein wenig an einem Holzstäbchen, und als ich das tat, begann es im Werk fürchterlich zu rasseln. Einige Räder gingen langsam, andere schneller und das Windrädchen flog, dass man es kaum sehen konnte. Ich war unbeschreiblich erschrocken, ich kollerte vom Tisch über Bank und Schemel auf den nassen, schmutzigen Boden hinab; da fasste mich schon die Mutter am Röcklein. Das Rasseln in der Uhr wollte nicht aufhören, und zuletzt nahm mich die Mutter mit beiden Händen und trug mich in das Vorhaus und schob mich durch die Tür hinaus in den Schnee und schlug die Türe hinter mir zu. Ich stand wie vernichtet da, ich hörte von innen noch das Greinen der Mutter. die ich sehr beleidigt haben musste, und ich hörte das Scheuern und Lachen der Mägde, und noch immer das Rasseln der Uhr.

Als ich eine Weile dagestanden und geschluchzt hatte und als gar niemand gekommen war, der Mitleid mit mir gehabt hätte, ging ich nach dem Pfade, der in den Schnee getreten war, über den Hausanger und über das Feld dem Walde zu. Ich wusste nicht, wohin ich wollte, dachte auch nicht weiter daran.

Aber ich war noch nicht zu dem Walde gekommen, als ich hinter mir ein grelles Pfeifen hörte. Das war das Pfeifen der Ahne.

»Wo willst du denn hin, du dummes Kind«, rief sie, »wart', wenn du so im Wald herumlaufen willst, so wird dich schon die Mooswaberl abfangen, wart' nur!«

Auf dieses Wort kehrte ich augenblicklich um gegen das Haus, denn die Mooswaberl fürchtete ich sehr.

Ich ging aber immer noch nicht hinein, ich blieb im Hofe stehen, wo der Vater und zwei Knechte gerade ein Schwein aus dem Stalle zogen, um es abzustechen. Über das ohrenzerreißende Schreien des Tieres und über das Blut, das ich nun sah und das eine Magd in einem Topf auffing, vergaß ich das Vorgefallene, und als der Vater im Vorhaus das Schwein abhäutete, stand ich schon wieder dabei und hielt die Zipfel der Haut, die er mit einem großen Messer von dem speckigen Fleisch immer mehr und mehr lostrennte. Als später die Eingeweide herausgenommen waren und die Mutter Wasser in das Becken goss, sagte sie zu mir: »Geh' weg da, sonst wirst du ganz angespritzt!«

Aus diesen Worten entnahm ich, dass die Mutter mit mir wieder versöhnt sei, und nun war alles gut, und als ich in die Stube kam, um mich zu erwärmen, stand da alles an seinem gewöhnlichen Platz. Boden und Wände waren noch feucht, aber rein gescheuert, und die Schwarzwälderuhr hing wieder an der Wand und tickte. Und sie tickte viel lauter und heller durch die neu hergestellte Stube als früher.

Endlich nahm das Waschen und Reiben und Glätten ein Ende, im Hause wurde es ruhiger, fast still, und der Heilige Abend war da. Das Mittagsmahl am Heiligen Abend wurde nicht in der Stube eingenommen, sondern in der Küche, wo man das Nudelbrett als Tisch eignete und sich um dasselbe herumsetzte und das einfache Fastengericht still, aber mit gehobener Stimmung verzehrte.

Der Tisch in der Stube war mit einem schneeweißen Tuche bedeckt, und vor dem Tische stand mein Schemel, auf welchen sich zum Abend, als die Dämmerung einbrach, die Ahne hinkniete und still betete.

Mägde gingen leise durch das Haus und bereiteten ihre Festtagskleider vor und die Mutter tat in einen großen Topf Fleischstücke, goss Wasser daran und stellte ihn zum Herdfeuer. Ich schlich in der Stube auf den Zehenspitzen herum und hörte nichts als das lustige Prasseln des Feuers in der Küche. Ich blickte auf meine Sonntagshöschen und auf das Jöppel und auf das schwarze Filzhütlein, das schon an einem Nagel der Wand hing, und dann blickte ich durch das Fenster in die hereinbrechende Dunkelheit hinaus. Wenn kein ungünstiges Wetter eintrat, so durfte ich in der Nacht mit dem Großknecht in die Kirche gehen. Und das Wetter war ruhig und es würde auch, wie der Vater sagte, nicht allzu kalt werden, weil auf den Bergen Nebel liege.

Unmittelbar vor dem »Rauchengehen«, in welchem Haus und Hof nach alter Sitte mit Weihwasser und Weihrauch besegnet wird, halten der Vater und die Mutter einen kleinen Streit. Die Mooswaberl war da gewesen, hatte glückselige Feiertage gewünscht und die Mutter hatte ihr für den Festtag ein Stück Fleisch geschenkt. Darüber war der Vater etwas ungehalten; er war sonst ein Freund der Armen und gab ihnen nicht selten mehr, als unsere Verhältnisse es erlauben wollten, aber der Mooswaberl sollte man seiner Meinung nach kein Almosen reichen. Die Mooswaberl war ein Weib, das gar nicht in die Gegend gehörte, das unbefugt in den Wäldern umherstrich, Moos und Wurzeln sammelte, in halb verfallenen Köhlerhütten Feuer machte und schlief. Daneben zog sie bettelnd zu den Bauernhöfen, wollte Moos verkaufen, und da sie keine Geschäfte machte, verfluchte sie das Leben. Kinder, die sie ansah, fürchteten sich entsetzlich vor ihr und viele wurden krank; Kühen tat sie an, dass sie rote Milch gaben.

Wer ihr eine Wohltat erwies, den verfolgte sie einige Minuten und sagte ihm: »Tausend und tausend vergelt's Gott bis in den Himmel hinaus.«

Wer sie aber verspottete oder sonst auf irgendeine Art beleidigte, zu dem sagte sie: »Ich bete dich hinab in die unterste Höllen!«

Die Mooswaberl kam oft zu unserem Hause und saß gern vor demselben auf dem grünen Rasen oder auf dem Querbrett der Zaunstiegel, trotz des heftigen Bellens und Rasselns unseres Kettenhundes, der sich gegen dieses Weib besonders unbändig zeigte. Aber die Mooswaberl saß so lange vor dem Hause, bis die Mutter ihr eine Schale Milch oder ein Stück Brot. oder beides hinaustrug. Meine Mutter hatte es gern, wenn das Weib sie durch ein tausendfaches Vergeltsgott bis in den Himmel hinauf wünschte. Der Vater legte dem Wunsch dieser Person keinen Wert bei, war er ein Segensspruch oder ein Fluch.

Als man draußen in einem Dorfe vor Jahren das Schulhaus baute, war dieses Weib mit dem Manne in die Gegend gekommen und hatte bei dem Baue mitgeholfen, bis er bei einer Steinsprengung getötet wurde.

Seit dieser Zeit arbeitete sie nicht mehr und zog auch nicht fort, sondern trieb sich herum, ohne dass man wusste, was sie tat und was sie wollte. Zum Arbeiten war sie nicht mehr zu bringen; sie schien geisteskrank zu sein.

Der Richter hatte die Mooswaberl schon mehrmals aus der Gemeinde gewiesen, aber sie war immer wieder zurückgekommen. »Sie würde nicht immer zurückgekommen sein«, sagte mein Vater, »wenn sie in dieser Gegend nichts gebettelt bekäme. So wird sie hier verbleiben und wenn sie alt und krank ist, müssen wir sie auch pflegen; das ist ein Kreuz, welches wir uns selbst an den Hals gebunden haben.«

Die Mutter sagte nichts zu solchen Worten, sondern gab der Mooswaberl, wenn sie kam, immer das gewohnte Almosen, und heute noch etwas mehr, zu Ehren des hohen Festes.

Darum also war der kleine Streit zwischen Vater und Mutter gewesen, der aber alsgleich verstummte, als zwei Knechte mit dem Rauch- und Weihwassergefäß in das Haus kamen.

Nach dem Rauchen stellte der Vater ein Kerzenlicht auf den Tisch, Späne durften heute nur in der Küche gebrannt werden. Das Nachtmahl wurde schon wieder in der Stube eingenommen. Der Großknecht erzählte während desselben Weihnachtsgeschichten.

Nach dem Abendmahle sang die Mutter ein Hirtenlied. So wonnevoll ich sonst diesen Liedern lauschte, aber heute dachte ich nur immer an den Kirchgang und wollte durchaus schon das Sonntagskleidchen anziehen. Man sagte, es sei noch später Zeit dazu, aber endlich gab die Ahne meinem Drängen doch nach und zog mich an.

Der Stallknecht kleidete sich sehr sorgsam in seinen Festtagsstaat, weil er nach dem Mitternachtsgottesdienst nicht nach Hause gehen, sondern im Dorfe den Morgen abwarten wollte. Gegen neun Uhr waren auch die anderen Knechte und Mägde bereit und zündeten am Kerzenlicht eine Spanlunte an. Ich hielt mich an den Großknecht, und meine Eltern und meine Großmutter, welche daheim blieben, um das Haus zu hüten, besprengten mich mit Weihwasser und sagten, dass ich nicht fallen und nicht erfrieren möge.

Dann gingen wir.

Es war sehr finster und die Lunte, welche der Stallknecht voran trug, warf ihr rotes Licht in einer großen Scheibe auf den Schnee und auf den Zaun und auf die Sträucher und Bäume, an denen wir vorüber kamen. Mir kam dieses rote Leuchten, das zudem noch durch die großen Schatten unserer Körper unterbrochen war, grauenhaft vor und ich hielt mich sehr ängstlich an den Großknecht, sodass dieser einmal sagte: »Aber hörst, meine Joppe musst du mir lassen, was tät' ich denn, wenn du mir sie abrissest?«

Der Pfad war eine Zeit lang sehr schmal, sodass wir hintereinander gehen mussten, wobei ich nur froh war, dass ich nicht der Letzte war, denn ich bildete mir ein, dass dieser unbekannten Gefahren ausgesetzt sein müsse.

Eine schneidende Luft ging und die glimmenden Splitter der Lunte flogen weithin, und selbst als sie auf die harte Schneekruste niederfielen, glimmten sie noch eine Weile fort.

Wir waren bisher über Blößen und durch Gesträuche und Wälder abwärtsgegangen; jetzt kamen wir zu einem Bache, den ich sehr gut kannte, er floss durch die Wiese, auf welcher wir im Sommer das Heu machten. Im Sommer rauschte dieser Bach schön, aber heute hörte man nichts, weil er überfroren war. Auch an einer Mühle kamen wir vorüber, an welcher ich heftig erschrak, weil einige Funken auf das Dach flogen; aber auf dem Dache lag Schnee und die Funken erloschen. Endlich verließen wir den Bach, und der Weg führte aufwärts durch Wald, in welchem der Schnee seicht lag, aber auch keine feste Kruste hatte.

Dann kamen wir zu einer breiten Straße, wo wir nebeneinander gehen konnten und wo wir dann und wann ein Schlittengeschelle hörten. Dem Stallknecht war die Lunte bereits bis zu der Hand herabgebrannt und er zündete eine neue an, die er vorrätig hatte. Auf der Straße sah man jetzt auch andere Lichter, große rote Fackeln, die heranloderten, als schwämmen sie allein in der schwarzen Luft, und hinter denen nach und nach ein Gesicht und mehrere Gesichter auftauchten, von Kirchengehern, die sich nun auch zu uns gesellten. Und wir sahen Lichter von anderen Bergen und Höhen, die noch so weit entfernt waren, dass wir nicht erkennen konnten, ob sie standen oder sich bewegten.

So gingen wir weiter Der Schnee knirschte unter unseren Füßen, und wo ihn der Wind weggetragen hatte, da war der schwarze nackte Boden so hart, dass unsere Schuhe an ihm klangen. Die Leute sprachen und lachten viel, aber mir war, als sei das in der heiligen Christnacht nicht recht; ich dachte nur immer schon an die Kirche und wie das doch sein werde, wenn mitten in der Nacht Musik und ein Hochamt ist.

Als wir eine lange Weile auf der Straße fortgegangen und an einzelnen Bäumen und an Häusern vorüber, und dann wieder über Felder und durch Wald gekommen waren, hörte ich auf den Baumwipfeln plötzlich ein Klingen. Als ich horchen wollte, hörte ich es nicht, bald aber wieder und deutlicher als das erste Mal. Es war der Ton des kleinen Glöckleins vom Turme der Kirche. Die Lichter, die wir auf den Bergen und im Tale sahen, wurden immer häufiger und alle schwammen der Kirche zu. Auch die ruhigen Sterne der Laternen schwebten heran und auf der Straße wurde es immer lebhafter. Das kleine Glöcklein wurde durch ein größeres abgelöst und das läutete so lange, bis wir fast nahe der Kirche kamen. – Also war es doch wahr, wie die Ahne gesagt hatte: Um Mitternacht fangen die Glocken zu läuten an und läuten so lange, bis aus fernen Tälern der letzte Bewohner der Hütten zur Kirche kommt.

Die Kirche steht auf einem mit Birken und Schwarztannen bewachsenen Berglein, und um sie liegt der kleine Friedhof, welcher mit einer niederen Mauer umgeben ist. Die wenigen Häuser stehen im Tale.

Als die Leute an die Kirche gekommen waren, steckten sie ihre Lunten umgekehrt in den Schnee, dass sie erloschen, nur eine wurde zwischen zwei Steine der Friedhofsmauer geklemmt und brennen gelassen.

Jetzt klang auf dem Turme in langsamem, gleichmäßigem Wiegen schon die große Glocke. Aus den schmalen, hohen Kirchenfenstern fiel heller Schein. Ich wollte in die Kirche, aber der Großknecht sagte, es habe noch Zeit, und er blieb stehen und sprach und lachte mit anderen Burschen und stopfte sich eine Pfeife an.

Endlich klangen alle Glocken zusammen, in der Kirche begann die Orgel zu tönen und nun gingen wir hinein.

Das sah ganz anders aus wie an den Sonntagen. Die Lichter, die auf dem Altare brannten, waren hellweiße, funkelnde Sterne, und der vergoldete Tabernakel strahlte herrlich zurück. Die Lampe des ewigen Lichtes war rot. Der obere Raum der Kirche war so dunkel, dass man die schönen Verzierungen des Schiffes kaum sehen konnte. Die dunkeln Gestalten der Menschen saßen in den Stühlen oder standen neben denselben; die Weiber waren sehr in Tücher eingeschlagen und husteten. Viele hatten Kerzen vor sich brennen und sangen aus ihren Büchern mit, als auf dem Chore das Tedeum ertönte. Der Großknecht führte mich durch die zwei Reihen der Stühle gegen einen Nebenaltar, wo schon mehrere Leute standen. Dort hob er mich auf einen Schemel zu einem Glaskasten empor, der, von drei Kerzen beleuchtet, zwischen zwei aufgesteckten Tannenwipfeln stand und den ich früher, wenn ich mit den Eltern in die Kirche kam, nie gesehen hatte. Als mich der Großknecht auf den Schemel gehoben hatte, sagte er mir leise ins Ohr: »So, jetzt kannst das Krippel anschauen.« Dann ließ er mich stehen und ich schaute durch das Glas. Da kam ein Weiblein zu mir herbei und sagte leise: »Ja, Kind, wenn du das anschauen willst, so muss dir's auch jemand auslegen.« Und sie erklärte mir die Dinge, die im Kasten waren.

Außer der Mutter Maria, die über den Kopf ein blaues Tuch geschlagen hatte, das bis zu den Füßen hinabhing, waren alle Gestalten so gekleidet wie ältere Bauern. Der heilige Joseph selbst trug grüne Strümpfe und eine lederne Kniehose. Und in der Krippe lag das nackte Kindlein.

Als das Tedeum zu Ende war, kam der Großknecht wieder, hob mich von dem Schemel und wir setzten uns in einen Stuhl. Dann ging der Kirchenmann herum und zündete alle Kerzen an, die in der Kirche waren, und jeder Mensch, auch der Großknecht, zog nun ein Kerzlein aus dem Sack und zündete es an und klebte es vor sich auf die Bank. Jetzt war es so hell in der Kirche, dass man auch die Verzierungen an der Decke schön sehen konnte.

Auf dem Chore stimmte man Geigen und Trompeten und Pauken, und als an der Sakristeitür das Glöcklein klang und der Pfarrer in strahlendem Messkleide, begleitet von Ministranten und rot bemäntelten Windlichtträgern, über den purpurnen Fußteppich zum Altare ging, da rauschte die Orgel in ihrem ganzen Vollklang, da wirbelten die Pauken und schmetterten die Trompeten.

Weihrauch stieg auf und hüllte den ganzen lichtstrahlenden Hochaltar in einen Schleier. – So begann das Hochamt und so strahlte und tönte und klang es um Mitternacht. Beim Offertorium* waren alle Instrumente still, nur zwei helle Stimmen sangen ein liebliches Hirtenlied und während des Benediktus jodelten eine Klarinette und zwei Flügelhörner langsam und leise den Wiegengesang. Während des letzten Evangeliums hörte man auf dem Chore den Kuckuck und die Nachtigall wie mitten im sonnigen Frühling.

Tief nahm ich sie auf in meine Seele, die wunderbare Heiligkeit der Christnacht, aber ich jauchzte nicht vor Entzücken, ich blieb ernst, ruhig und fühlte die Weihe.

Und während die Musik tönte, dachte ich an Vater und Mutter und Großmutter daheim. Die knien jetzt um den Tisch bei dem einzigen Kerzenlichtlein und beten, oder sie schlafen und es ist finster in der Stube und nur die Uhr geht, und es liegt tiefe Ruhe über den waldigen Bergen und die Christnacht ist ausgebreitet über die ganze Welt.

Als das Amt seinem Ende nahte, erloschen nach und nach die Kerzlein in den Stühlen, und der Kirchenmann ging wieder herum und dämpfte mit seinem langgestielten Blechkäppchen an den Wänden und Bildern und Altären, und es duftete das Wachs der ausgelöschten Lichter. Die am Hochaltare brannten noch, als auf dem Chore der letzte freudenreiche Festmarsch erscholl und sich die Leute aus der Kirche drängten.

Als wir in das Freie kamen, war es trotz des dichten Nebels, der sich von den Bergen niedergesenkt hatte, nicht mehr ganz so finster wie vor Mitternacht. Es musste der Mond aufgegangen sein; man zündete keine Fackeln mehr an. Es schlug ein Uhr, aber der Schulmeister läutete schon die Avemariaglocke zum Christmorgen. Ich warf noch einen Blick auf die Kirchenfenster; aller Festglanz war erloschen, ich sah nur mehr den matten Schimmer des ewigen Lichtes.

Als ich mich dann wieder an den Rock des Großknechtes halten wollte, war dieser nicht mehr da, einige fremde Leute waren um mich, die miteinander sprachen und sich sofort auf den Heimweg machten. Mein Begleiter musste schon voraus sein; ich eilte ihm nach, lief schnell an mehreren Leuten vorüber, auf

---

* Das Offertorium ist die Gabenbereitung in einer katholischen Messe, der Benediktus ist ein Teil des Lobgesangs Sanctus = *Heilig, Heilig*.

dass ich ihn bald einhole. Ich lief, so sehr es meine kleinen Füße konnten, ich kam durch den finsteren Wald und ich kam über Felder, über welche scharfer Wind blies, sodass ich, so warm mir sonst war, von Nase und Ohren fast nichts mehr wahrnahm. Die Leute, die früher noch auf der Straße gegangen waren, verloren sich nach und nach und ich war allein und den Großknecht hatte ich noch immer nicht erreicht. Ich dachte, dass er auch hinter mir sein könne, und beschloss, geradeswegs nach Hause zu eilen. Auf der Straße lagen hier und da schwarze Punkte, Kohlen der Spanfackeln, welche die Leute auf dem Kirchwege abgeschüttelt. Die Gesträuche und Bäumchen, die neben am Wege standen und unheimlich aus dem Nebel empor tauchten, beschloss ich gar nicht anzusehen, aber ich sah sie doch an, wendete meine Augen nach allen Seiten, ob nicht irgendwo ein Gespenst auf mich zukomme.

Nun war ich zum Pfad gekommen, der mich von der Straße abwärts durch den Wald und in das jenseitige Tal führen sollte. Ich bog ab und eilte unter den langästigen Bäumen dahin. Die Wipfel rauschten und dann und wann fiel ein Schneeklumpen neben mir nieder. Stellenweise war es auch so finster, dass ich kaum die Stämme sah, wenn ich nicht an dieselben stieß, und dass ich den Pfad verlor. Letztes, es war mir ziemlich gleichgültig, denn der Schnee war sehr seicht, auch war anfangs der Boden hübsch glatt, aber allmählich begann er steil und steiler zu werden und unter dem Schnee war viel Gestrüpp und hohes Heidekraut. Die Baumstämme standen nicht mehr so regelmäßig, sondern zerstreut, manche schief hängend, manche mit aufgerissenen Wurzeln an anderen lehnend, manche mit wild und wirr aufragenden Ästen auf dem Boden liegend. Das hatte ich nicht gesehen, als wir aufwärtsgingen. Ich konnte oft kaum weiter, ich musste mich durch das Gesträuche und Geäste durchwinden. Oft brach der Schnee ein, die Besen des Heidekrautes reichten mir bis zur Brust heran. Ich sah ein, dass der rechte Weg verloren war, aber wär' ich nur erst im Tale und bei dem Bache, dann ginge ich diesen entlang aufwärts und da müsste ich endlich doch zur Mühle und zu unserer Wiese kommen.

Schneeschollen fielen mir in das Rocksäcklein, Schnee legte sich an die Höschen und Strümpfe, und das Wasser rann mir in die Schuhe hinab. Zuerst war ich durch das Klettern über das Gefälle und das Winden durch das Gesträuche müde geworden, aber nun war auch die Müdigkeit verschwunden; ich achtete nicht den Schnee und ich achtete nicht das Gesträuche, das mir oft rau über das Gesicht fuhr, sondern ich eilte weiter. Fiel ich zu Boden, so raffte ich mich schnell auf. Auch alle Gespensterfurcht war weg; ich dachte an nichts als an das Tal und an unser Haus. Ich wusste nicht, wie lange ich mich so durch die Wildnis fortwand, aber ich fühlte mich flink, die Angst trieb mich vorwärts.

Plötzlich stand ich vor einem Abgrund. In dem Abgrunde lag grauer Nebel, aus welchem einzelne Baumwipfel empor tauchten. Um mich hatte sich der

Wald gelichtet, über mir war es heiter und am Himmel stand der Halbmond. Mir gegenüber und weiter im Hintergrunde waren fremde, kegelförmige Berge.

Unten in der Tiefe musste das Tal mit der Mühle sein; mir war, als hörte ich das Tosen des Baches, aber das war das Windrauschen in den jenseitigen Wäldern. Ich ging nach rechts und links und suchte einen Fußsteig, der mich abwärts führe, und ich fand eine Stelle, an welcher ich mich über Gerölle, das vom Schnee befreit dalag, und durch Wacholdergesträuche hinab lassen zu können vermeinte. Das gelang mir auch eine Strecke, doch noch zu rechter Zeit hielt ich mich an eine Wurzel, fast wäre ich über eine senkrechte Wand gestürzt. Nun konnte ich nicht mehr vorwärts. Ich ließ mich aus Mattigkeit zu Boden. In der Tiefe lag der Nebel mit den schwarzen Baumwipfeln. Außer dem Rauschen des Windes in den Wäldern hörte ich nichts. Ich wusste nicht, wo ich war. – Wenn jetzt ein Reh käme, ich würde es fragen nach dem Weg, in der Christnacht reden ja Tiere menschliche Sprache!

Ich erhob mich, um wieder aufwärts zu klettern; ich machte das Gerölle locker und kam nicht vorwärts. Mich schmerzten Hände und Füße. Nun stand ich still und rief so laut ich konnte nach dem Großknecht. Meine Stimme fiel von den Wäldern und Wänden lang gezogen und undeutlich zurück.

Dann hörte ich wieder nichts als das Rauschen.

Der Frost schnitt mir in die Glieder.

Nochmals rief ich mit aller Macht den Namen des Großknechtes. Nichts als der lang gezogene Widerhall. Nun überkam mich eine große Angst. Ich rief schnell hintereinander meine Eltern, meine Ahne, alle Knechte und Mägde unseres Hauses. Dann begann ich kläglich zu weinen.

Mein Körper warf einen langen Schatten schräg abwärts über das Gestein. Ich ging an der Wand hin und her, ich betete zum heiligen Christkind, dass es mich erlöse.

Der Mond stand hoch am dunkeln Himmel.

Endlich konnte ich nicht mehr weinen und beten, auch mich kaum mehr bewegen, ich kauerte zitternd an einem Stein und dachte: Nun will ich schlafen, das ist alles nur ein Traum, und wenn ich erwache, bin ich daheim oder im Himmel.

Da hörte ich ein Knistern über mir im Wacholdergesträuche, und bald darauf fühlte ich, wie mich etwas berührte und emporhob. Ich wollte schreien, aber ich konnte nicht, die Stimme war wie eingefroren. Aus Angst hielt ich die Augen fest geschlossen. Auch Hände und Füße waren mir wie gelähmt, ich konnte sie nicht bewegen. Mir kam vor, als ob sich das ganze Gebirge mit mir wiegte. – –

Als ich zu mir kam und erwachte, war noch Nacht, aber ich hockte an der Tür meines Vaterhauses, und der Kettenhund bellte heftig. Eine Gestalt hatte mich auf den festgetretenen Schnee gleiten lassen, pochte dann mit dem Ellbogen gewaltig an die Tür und eilte davon. Ich hatte diese Gestalt erkannt – es war die Mooswaberl gewesen.

Die Tür ging auf und die Ahne stürzte mit den Worten auf mich zu: »Jesus Christus, da ist er ja!«

Sie trug mich in die warme Stube, aber von dieser schnell wieder zurück in das Vorhaus; dort setzte sie mich auf einen Trog, eilte dann hinaus vor die Tür und machte durchdringliche Pfiffe.

Sie war ganz allein zu Hause. Als der Großknecht von der Kirche zurückgekommen war und mich daheim nicht gefunden hatte, und als auch die anderen Leute kamen und ich bei keinem war, gingen sie alle hinab in den Wald und in das Tal, und jenseits hinauf zur Straße und nach allen Richtungen. Selbst die Mutter war mitgegangen und hatte überall, wo sie ging und stand, meinen Namen gerufen.

Nachdem die Ahne glaubte, dass es mir nicht mehr schädlich sein konnte, trug sie mich wieder in die warme Stube, und als sie mir die Schuhe und Strümpfe auszog, waren diese ganz zusammen- und fest an den Fuß gefroren. Hierauf eilte sie nochmals in das Freie und machte wieder ein paar Pfiffe, und brachte dann in einem Kübel Schnee herein und stellte mich mit bloßen Füßen in diesen Schnee. Als ich in dem Schnee stand, war in den Zehen ein so heftiger Schmerz, dass ich stöhnte, aber die Ahne sagte: »Das ist schon gut, wenn du Schmerz hast, dann sind die Füße nicht erfroren.«

Bald darauf strahlte die Morgenröte durch das Fenster, und nun kamen nach und nach die Leute nach Hause, zuletzt aber der Vater, und zu allerletzt, als schon die rote Sonnenscheibe über der Wechselalpe ausging und als die Ahne unzählige Male gepfiffen hatte, kam die Mutter. Sie ging an mein Bettlein, in welches ich gebracht worden war und an welchem der Vater saß. Sie war ganz heiser.

Sie sagte, dass ich nun schlafen solle, und verdeckte das Fenster mit einem Tuche, auf dass mir die Sonne nicht in das Gesicht scheine. Aber der Vater meinte, ich solle noch nicht schlafen, er wolle wissen, wie ich mich von dem Knechte entfernt, ohne dass er es merkte, und wo ich herumgelaufen sei. Ich erzählte, wie ich den Pfad verloren hatte, wie ich in die Wildnis kam, und als ich von dem Monde und von den schwarzen Wäldern und von dem Windrauschen und von dem Felsenabgrund erzählte, da sagte der Vater halblaut zu meiner Mutter: »Weib, sagen wir Gott Lob und Dank, dass er da ist, er ist auf der Trollwand gewesen!«

Nach diesen Worten gab mir die Mutter einen Kuss auf die Wange, wie sie nur selten tat, und dann hielt sie ihre Schürze vor das Gesicht und ging davon.

»Ja, du Donnersbub, und wie bist denn heimkommen?«, fragte mich der Vater. Darauf meine Antwort, dass ich das nicht wisse, dass ich nach langem

Schlafen und Wiegen auf einmal vor der Haustüre gewesen und dass die Mooswaberl neben mir gestanden sei. Der Vater fragte mich noch einmal über diesen Umstand, ich antwortete dasselbe.

Nun sagte der Vater, dass er in die Kirche zum Hochgottesdienst gehe, weil heute der Christtag sei, und dass ich schlafen solle.

Ich musste darauf viele Stunden geschlafen haben, denn als ich erwachte, war draußen Dämmerung, und in der Stube war es fast finster. Neben meinem Bette saß die Ahne und nickte, von der Küche herein hörte ich das Prasseln des Herdfeuers.

Später, als die Leute beim Abendmahle saßen, war auch die Mooswaberl am Tisch.

Auf dem Kirchhofe, über dem Grabhügel ihres Mannes war sie während des Vormittagsgottesdienstes gekauert, da war nach dem Hochamte mein Vater zu ihr hingetreten und hatte sie mit in unser Haus genommen.

Über die nächtliche Begebenheit brachte man nicht mehr von ihr heraus, als dass sie im Walde das Christkind gesucht habe; dann ging sie einmal zu meinem Bette und sah mich an, und ich fürchtete mich vor ihren Blicken.

In dem hinteren Geschosse unseres Hauses war eine Kammer, in welcher nur altes, unbrauchbares Geräte und viel Spinnengewebe war.

Diese Kammer ließ mein Vater der Mooswaberl zur Wohnung und stellte ihr einen Ofen und ein Bett und einen Tisch hinein.

Und sie blieb bei uns. Oft strich sie noch in den Wäldern umher und brachte Moos heim, dann ging sie wieder hinaus zur Kirche und saß auf dem Grabhügel ihres Mannes, von dem sie nicht mehr fortzuziehen vermochte in ihre ferne Gegend, in der sie wohl auch einsam und heimatlos gewesen wäre, wie überall. Über ihre Verhältnisse war nichts Näheres zu erfahren, wir vermuteten, dass das Weib einst glücklich gewesen sein müsse und dass der Schmerz über den Verlust des Gatten ihr den Verstand geraubt habe.

Wir gewannen sie alle lieb, weil sie ruhig und mit allem zufrieden lebte und niemandem das geringste Leid zufügte. Nur der Kettenhund wollte sie immer noch nicht sichern, der bellte und zerrte überaus heftig an der Kette, so oft sie über den Anger ging. Aber das war anders von dem Tiere gemeint; als einmal die Kette riss, stürzte der Hund auf die Mooswaberl zu, sprang ihr winselnd an die Brust und leckte ihr die Wangen.

(Peter Rosegger)

Weihnachten bei Theodor Storm

Unser Vater war ein echter, rechter Weihnachtsmann, er wusste jedes Fest erst recht zu einem Feste zu gestalten. Den ganzen Zauber der Weihnacht zu übertragen. Und so feiern auch wir, seine Kinder, unsere Weihnachtsfeste ganz im Sinne unseres Vaters. Der Weihnachtsbaum wird genauso geschmückt, wie er einst von ihm geschmückt wurde, die Kuchen nach den althergebrachten Familienrezepten gebacken, wie sie schon sein Kinderherz entzückten. Wenn das alte liebe Weihnachtsfest wieder naht und ich mich in eine rechte Weihnachtsstimmung versetzen will, setze ich mich in der Dämmerung in einen tiefen Lehnstuhl. Von draußen wirft die Laterne traulich ein mattes Licht durch die Fenster. Ich schließe die Augen, und bald bin ich daheim in unserm großen, alten Hause in Husum in der Wasserreihe. Meine Geschwister und ich, wir sind wieder Kinder.

Es wird wieder einmal Weihnachten, und wir Kinder leben in goldenen Träumen, bis das im Leben so seltene Wunder eintritt, dass diese Träume in dem brennenden Weihnachtsbaum verkörpert vor uns stehen. Draußen auf den stillen Wegen des Gartens, den Sträuchern und alten Bäumen, liegt glitzernder Schnee. Im ganzen Hause duftet es nach Tannen und braunen Weihnachtskuchen. Feststimmung guckt schon aus allen Ecken, wie eine Ahnung vom Weihnachtsabend.

Es weihnachtet sehr – die Heimlichkeiten wachsen mit jedem Tage. Vater schließt sich immer häufiger in seiner Studierstube ein, und wir Kinder, die wir um die Zeit der heiligen Weihnacht gerne an den Türen lauschen, hören ihn die Tür des Nussbaumschrankes öffnen und leise wieder schließen. Dieser Nussbaumschrank birgt in seinem Innern alle Geheimnisse und Wunder fürs Weihnachtsfest. In einem unbewachten Augenblick treten wir doch ins Zimmer. Vater schließt schnell den Schrank, dann nimmt er uns in seine Arme, macht ein geheimnisvolles Gesicht, sieht uns innig an und sagt mit leiser Stimme nur das eine Wort »Weihnachten«.

In der Essstube ist großes Kuchenbacken. Unsere Mutter und die Mädchen stehen mit aufgekrempelten Ärmeln. Sie rollen weißen und braunen Kuchenteig aus, der in großen Steintöpfen um den Ofen herum steht. Große schwarze Platten stehen bereit, die verschieden geformten Kuchen aufzunehmen, die dann von den Mädchen zum Bäcker getragen werden.

Auch wir Kinder haben unseren Teil bekommen. Wir stehen an unserem kleinen Kindertisch, ein weißes Nachthemd über unsere Kleider, ein gezipfeltes Taschentuch auf dem Kopfe. Jedes von uns hat ein Klümpchen weißen und braunen Kuchenteig vor sich, der bald unter unseren geschäftigen kleinen Händen in die wunderbarsten Dinge gewandelt wird. Die Tür öffnet sich, und unser Vater tritt mit dem freundlichsten Leuchten seiner blauen Poetenaugen ins Zimmer.

»Ihr seid ja alle gewaltig in der Fahrt«, neckt er und bewundert unsere herrlichen Schöpfungen, von denen man meistens nicht zu erkennen vermag, was sie vorstellen sollen. Es beginnt nun ein heimliches Geflüster zwischen Vater und uns, und es gelingt uns, Vater einige kleine Weihnachtsüberraschungen verraten zu lassen, die unsere Freude am Weihnachtsabend keineswegs verringert.

»Morgen wollen wir vergolden und Netze schneiden«, spricht der Vater verheißungsvoll.

Wenn wir in ein bestimmtes Alter gekommen waren, durften wir vergolden helfen und Netze schneiden. Die langen schmalen Streifen Rauschgold wurden freilich nur von unserm Vater geschnitten, mit seiner großen alten Papierschere, die ich so deutlich vor mir sehe. –

Morgen ist heute geworden, und Vater nimmt uns mit in seine Studierstube. Die dunkle Holztäfelung der Decke, die tiefrote behagliche Färbung der Wände, an denen ringsum die Bücherregale laufen, und über dem Tische die helle leuchtende Lampe schauen uns behaglich und gar verheißungsvoll an. Auf dem Tisch ausgebreitet liegen Nüsse, Tannenzapfen, Eier und Schaumgold. Wir setzen uns alle um den Tisch und beginnen nach Vaters Anordnung Watte in Eiweiß zu tauchen, mit der wir vorsichtig die Nüsse und Tannenzapfen betupfen. Dann wird ein Stück Schaumgold auf die befeuchtete Stelle gelegt und vorsichtig mit Watte angetupft. Nun werden zwölf Netze vom feinsten weißen Konzeptpapier geschnitten. Uns Kinder klopft das Herz dabei: »wenn wir nun die Spitzen abschneiden!« In die Netze kommen große, viereckige Bonbons, die wir alter Tradition gemäß in farbige Papiere wickeln, die durchaus die Farben: grün, gold und hausrot haben müssen.

Auf diese Netze, in denen schon feine Kinderträume hingen, legte unser Vater besonderen Wert. Wer von uns zum ersten Mal in seinem kleinen Leben ein solches wunderbares Netz tadellos ausgeführt hatte, kam sich vor, als sei er nun erst ein fertiger kleiner Mensch geworden.

Die weißen Netze sind geschnitten und tadellos zu unseres Vaters innigster Befriedigung ausgefallen. Goldene Nüsse, Eier und Tannenzapfen heben sich leuchtend von der dunklen Tischplatte ab. Wir Kinder stehen ermüdet und wollen zu Bett gehen. Vater tritt ans Fenster, öffnet weit beide Flügel. – Der Mond scheint, und wir Kinder sehen deutlich zwischen Vaters ausgebreiteten Armen in den beschneiten Garten. Da spricht Vater mit leiser, wie von Musik getragener Stimme:

>»Mondbeglänzte Zaubernacht,
>die den Sinn gefangen hält,
>wunderbare Märchenwelt,
>steig' auf in der alten Pracht.«

Wir gehen still und nehmen den Zauber dieser Stimmung mit in unsere Träume, aus denen wir mit dem seligen Bewusstsein erwachen: »Heute ist er, der Heilige Abend.« Nun beginnt ein buntes Treiben im Hause. Vater trägt alle seine Schätze selbst ins Weihnachtszimmer, in dem die zwölf Fuß hohe Tanne schon ihres Schmucks wartet. Wir Kinder schmücken in unserer Kinderstube ein kleines, bescheidenes Bäumchen für arme Kinder. Wir haben ihn von unserem eigenen Gelde erstanden. Vater und Mama schließen sich unten ins große Weihnachtszimmer ein, gleich wenn man in den Flur tritt links, und der Märchenbaum fängt an sich zu entfalten. Die Brüder Hans und Ernst kommen heim und Karl, unser stiller Musikant. Heute muss Vater alle seine Kinder um sich versammelt haben, um ein rechtes Weihnachtsgefühl zu empfinden. Die Fenster der Weihnachtsstube sind dicht verhangen, die vielen Türen, die ins Reich der Weihnachtswunder führen, verschlossen.

Wir schleichen an die Fenster und knien vor den Türen. Meine jüngste Schwester Dodo hat ein besonderes Talent, mit unserer Mutter, verborgen in den Falten ihres Kleides, in die Weihnachtsstube zu schlüpfen.

Vom frühen Morgen an kommen Scharen von Kindern, die von Haus zu Haus ziehen und im Flur ihre hellen Kinderstimmen ertönen lassen: »Vom Himmel hoch da komm' ich her.« Ein großer Korb mit Wasserkringel steht schon bereit, mit denen die kleinen Sänger belohnt werden. Mittags wird nach althergebrachter Sitte Kaffee getrunken und Butterbrote gegessen. Der Kaffeekanne entströmt an diesem Tage ein wundersamer Duft, so duftet er nur einmal im Jahr, und die Butterbrote schmecken uns wie der schönste Kuchen.

Am Nachmittag wandern wir Kinder, jedes ein Körbchen am Arm, ins Kloster St. Jürgen. Wir wollen zwei alte Großtanten dort bescheren, »Tante Anna und Tante Christine«. Tante Anna wird von uns bevorzugt. In ihrem kleinen, behaglichen Altjungfernstübchen liegen wir schließlich auf der Erde vorm offenen Ofen und schauen in die rote Glut der verglimmenden Kohlen. Die liebe, alte Tante sitzt im alten Lehnstuhl neben uns, ihr feines altes Gesicht von einer weißen Spitzenhaube umrahmt. Sie erzählt uns altmodische Kindergeschichten, an die sich immer eine Moral knüpft. Wir hören interessiert zu, knacken dabei Nüsse und werfen die Schalen in die rote Glut – das knistert so schön. – So vergeht die Zeit – vom Kirchturm drüben schlägt es halb fünf. Tante Anna hüllt uns sorgsam in unsere warmen Mäntel und Kapuzen, und fort geht es.

Auf den Straßen liegt tiefe Dämmerung, der Schnee knirscht unter unseren Füßen. Schwärme von Kindern begegnen uns, hier und dort dringt aus einer geöffneten Haustür Gesang zu uns heraus. Wir fassen uns an den Händen und laufen und kommen atemlos heim. Im Flur bleiben wir stehen und singen, als gehörten wir zu den Sängern. Die Köchin kommt aus der Küche gelaufen mit den üblichen Wasserkringeln. Sie jagt uns lachend und scheltend in die Kinderstube. Wir werden nun festlich geschmückt und gehen dann in die Studierstube unseres Vaters, wo wir schon unsere Großmutter mit ihrer getreuen Lebensgefährtin, von uns »Tante Tine« genannt, und zwei alte Freunde des Hauses in behaglichem Geplauder vorfinden.

Seit dem Tode unseres Großvaters schaut Großmutter unserer Bescherung zu. Großvater war zwar niemals bei der Bescherung zugegen, aber wir wussten doch, er saß währenddessen behaglich in seinem Kontor und freute sich über die kleinen Sendungen an Geld und Viktualien – meistens – meistens ein großes Stück Rauchfleisch – die er von dort aus an Kinder und Schwiegerkinder gespendet hatte.

Nun auch er in das Land der Vergangenheit gegangen ist, lässt die bunte Kinderfreude diesen Abend der Erinnerung sanft für unsere Großmutter vorübergehen.

Endlich ertönt der Klang der silbernen Glocke. Wir stürzen die Treppe herunter, die Flügeltüren fliegen auf, wir treten ein, jung und alt. Ein starker Duft von Tannen, brennenden Lichtern und braunen Weihnachtskuchen schlägt uns entgegen – und da steht er, der brennende Baum, im vollen Lichterglanz. Ich will ihn mit meines Vaters eigenen Worten schildern:

»Mit seinen Flittergoldfähnchen, seinen weißen Netzen und goldenen Eiern, die wie Kinderträume in den dunklen Zweigen hängen.« – Oder wie er in einem Brief an Freund Keller geschildert wird: »Der goldene Märchenzweig, dito die Traubenbüschel des Erlensamens und große Fichtenzapfen, an denen lebensgroße Kreuzschnäbel von Papiermaché sich anklammern. Rotkehlchen sitzen und fliegen in dem Tannengrün, und eines sitzt und singt bei seinem Nest mit Eiern. Feine weiße Netze, deren Inhalt sorgsam in Gold- und andere in Lichtfarben gewählte Papiere gewickelt ist.«

Der Märchenzweig ist eine Erfindung meines Bruders Ernst. Ein großer Lärchenzweig wird ganz vergoldet und so in der Mitte des Baumes befestigt, dass er seine schlanken feinen Zweige nach allen Seiten ausbreitet. Ein Freund unseres Hauses, Regierungsrat Petersen, der derzeit in Schleswig lebte, taufte den so vergoldeten Zweig »Märchenzweig«. Freund Petersen und Vater tauschten alle Jahre kleine Weihnachtsüberraschungen aus. In einem Jahr brachte er Vater kurz vor Weihnachten das erste Paket »Lametta«. Vater schreibt darüber:

»Unser Tannenbaum hat in diesem Jahr besonderes Aufsehen erregt. Freund Petersen brachte am Sonntag vor Weihnachten eine Tüte märchenhafter Silberfäden. Mit diesen feinen Silberfädchen wurde der Baum umsponnen, dass er aussah wie fliegender Sommer.«

Unser Karl setzt sich ans Klavier und stimmt leise an: »Stille Nacht, heilige Nacht.« Wir alle stimmen ein. Das Weihnachtslied ist verklungen, wir umstehen den Baum und lassen die Wunder der Weihnacht still auf uns wirken. Vater nickt uns bewegt zu, legt den Arm um unsere Mutter und führt wie immer sie zuerst zu ihren Gaben, die geheimnisvoll umhüllt sind. Mitten auf dem Tisch steht zu Mamas grenzenloser Verwunderung Vaters Pelzmütze. Mama erfasst sie zögernd, ihr Blick hängt fragend an dem unseres Vaters – und hervor rollt eine große Papierkugel. Ein Papier nach dem andern wird abgewickelt, bis sich schließlich in einem kleinen Kästchen verborgen ein feiner, goldener Ring dem erstaunten Blick zeigt. Eine Schlange, die sich in den Schwanz beißt, ein solcher Ring war ein lang gehegter Wunsch meiner Mutter. Vater erwartete leuchtenden Auges die Wirkung seiner Überraschung. Meine Schwester Ebbe sagte einmal bei solcher Gelegenheit: »Vater hat ein Weihnachtslicht in den Augen.« Nun führt Vater jedes seiner Kinder zu seinen Gaben, uns kleine zuerst. Puppen – wohin wir sehen, kleine und große – und Bücher, die durften niemals auf unserm Weihnachtstisch fehlen. Wir haben uns müde gespielt – wir nehmen unsere Weihnachtsbücher und setzen uns im trauten Schein des Lichterbaumes und lesen. Gar verführerisch ist es, heimlich ein Stückchen Zuckerwerk abzuzupfen und es ebenso heimlich zu verzehren. Vater tritt leise zu uns unter den Tannenbaum, streicht uns sanft mit seiner schönen, schlanken Hand übers Haar und fragt: »Hab' ich's getroffen?« Nachdem sich das erste Entzücken gelegt hat, bringt die Köchin das messingene Kohlenkomfort, auf dem gar bald der blitzblank geputzte Teekessel ein melodisches Lied anstimmt, und der Duft feinsten Tees vermischt sich mit dem der Tanne und der braunen Weihnachtskuchen. Die beiden Mädchen in den gleichen maiengrünen Festgewändern, mit Häubchen und blendend weißen Schürzen angetan, präsentieren den Tee, wir Kinder den knusprigen Weihnachtskuchen. So sitzen wir recht traut beisammen. Da erklingt von draußen, vom Vorplatz, der Gesang einer tiefen melodischen Altstimme zu uns herein:

>»O du fröhliche,
>o du selige,
>gnadenbringende Weihnachtszeit.«

Ein helles Leuchten verklärt das liebe Angesicht unseres Vaters, er steht leise auf, öffnet die Tür und zieht ein gar liebliches kleines Bettelmädchen herein.
    Das Kind, mit von der Kälte geröteten Wangen, strahlenden Kinderaugen, das Gesichtchen von blonden Locken umrahmt, bleibt stumm und wie verzaubert im Türrahmen stehen.
    Wir alle umstehen sie, sie muss noch einmal ihre glockenreine Stimme hören lassen. Dann erfasst Vater eines ihrer schmutzigen kleinen Händchen und fragt sie liebreich: »Was willst du nun haben, etwas zu essen oder Kuchen?«
    »Danke, ich habe schon gegessen«, spricht das Kind zu unserer grenzenlosen Freude. Da heißt mein Vater sie ihr Schürzchen auftun, Mama nimmt vom Tisch einen vollen Teller Weihnachtskuchen und schüttet ihn in die ausgebreitete Schürze.

Voll leuchtenden Dankes schaut das Kind zu Mama auf, wirft noch einen scheuen Blick auf all den Lichterglanz und die strahlenden Gesichter, und fort ist sie, die kleine Lichtgestalt, denn so erscheint sie uns trotz ihrer Lumpen.

Die Lichter sind erloschen, die glitzernde Pracht des Baumes leuchtet nur noch im matten Dämmerlicht der Lampen. Unsere Mutter ruft zum Festessen. – Wir Kinder trennen uns schweren Herzens vom Tannenbaum, unseren Puppen und Büchern. Sauerbraten und ein großer Apfelkuchen – Tante Moritz genannt – bilden das Festessen, Punsch, nach Vater kurzweg »Landvogt« genannt, ist das Festgetränk.

Wir alle sitzen an unseren Plätzen, der Punsch ist in die Gläser geschenkt, Vater erhebt sein Glas, er nickt uns allen voll innigster Befriedigung zu und sendet dann in einem kleinen Trinkspruch »einen vollen Gruß seiner Liebe« allen denen, die seinem reichen, liebevollen Herzen nah', an diesem Abend aber ferne von ihm sind. Der Apfelkuchen wird aufgetragen, nach dem unsere begehrlichen Kinderaugen schon lange ausschauen.

Einer der alten lieben Weihnachtsgäste wirft an jedem Weihnachtsabend zu unserer heimlichen Freude die Frage auf: »Ist das nicht Tante Moritz?« Und jedes Mal folgt die prompte Antwort: »Ja, das ist Tante Moritz.«

Von Tante Moritz ist nach einer Weile keine Spur mehr, und nun geht es noch einmal zurück ins Weihnachtszimmer. Jeder von uns folgt seinen besonderen Neigungen. Meine Brüder ergreifen mit einem wahren Festtagsausdruck ihrer blauen Augen die neuen Bücher und ziehen sich mit ihnen in irgendeinen Schmunzelwinkel zurück. Wir Kinder nehmen unsere Puppen auf den Schoß und lauschen, denn Karl, unser Musikus, singt uns ein neu einstudiertes Lied von Robert Franz:

> »Einen schlimmen Weg ging gestern ich,
> einen Weg, den ich nicht wieder geh,
> zwei süße Augen trafen mich,
> zwei süße Augen, lieb und blau.«

Karl hat einen wunderbaren Bariton und singt einfach, mit tief zu Herzen gehendem Vortrag. Zum Schluss spielen Karl und meine Schwester Lisbeth »Nussknacker und Mausekönig« von Carl Reinecke. Vater liest den Text dazu. So ist es immer bei uns.

Lautlos lauschen wir alle, eine träumerisch-selige Stimmung umfängt uns. Der letzte Ton, das letzte Wort ist verklungen. Unsere Mutter mahnt leise zum Schlafengehen. Draußen vor dem Fenster stäubt der Schnee, aber während wir Kinder bald in einen tiefen Schlaf fallen, machen die Eltern und großen Geschwister noch einen Besuch im brüderlichen Hause in der Süderstraße.

Jahre kommen und gehen. Es ist unserm lieben Vater nicht mehr vergönnt, alle seine Kinder um den heimatlichen Weihnachtsbaum zu versammeln. Stattdessen werden Kisten gepackt und Pakete gemacht und Weihnachtsbriefe geschrieben. An Hans nach Wörth in Bayern, wo er als Arzt lebt, an Ernst nach Toftlund und Lisbeth nach Heiligenhafen. Sie haben sich inzwischen selbst ein Heim gegründet und schmücken dort ihren Kindern den Baum.

Und Vater klagt in einem Brief an seine Tochter Lisbeth: »So haben wir denn das Weihnachtsfest gehabt, und ich fühle es recht schmerzlich, dass wir gar so getrennt sind. Es ist sehr schön, der Mittelpunkt einer großen Familie zu sein, aber recht schwer, wenn so ein alter Mensch sich in so viele Teile spalten soll. Für mich fehlen zu viele von Euch, als dass das Weihnachtsfestgefühl so recht hätte aufkommen können.«

Noch einmal, ein letztes Mal, wird es für unsern lieben Vater »Weihnachten«. Zum ersten Male fehlt eines seiner Kinder ganz, auch seine liebevollsten Gedanken vermögen es nicht mehr zu erreichen. Unser ältester Bruder Hans ist von uns gegangen. Der Baum steht noch einmal in vollem Lichterglanz, die Flügeltüren öffnen sich weit. – Vater legt den Arm um Mama, wir, die wir keine Kinder mehr sind, umstehen das Klavier, und Karl stimmt leise an. »Stille Nacht, heilige Nacht.« Wie wir an die Stelle kommen »Schlaf in himmlischer Ruh« – da breitet Vater weit die Arme aus, Tränen stürzen aus seinen lieben Augen, und leise hören wir ihn die Worte sprechen: »Unten in Bayern, da ist ein einsames Grab, darüber weht der Wind, und der Schnee fällt in dichten Flocken drauf.«

Wir singen nicht weiter, wir gehen zu ihm und nehmen sanft seine lieben Hände, und eine schmerzliche Ahnung, dass wir wohl so zum letzten Male mit unserem lieben kleinen Vater unter dem brennenden Lichterbaum stehen, durchzittert unsere Herzen. So endet das letzte Weihnachtsfest mit unserem Vater.

(Gertrud Storm)

Weihnachten auf einem livländischen Pastorat

Die Verfasserin Monika Hunnius (1858–1934) ist eine der bekanntesten deutschen Autorinnen des Baltikums. Nach der Gesangsausbildung in ihrer Heimatstadt Riga und in Frankfurt a. M. lehrte sie Gesang in Riga und war mit bekannten Musikern wie Johannes Brahms und Clara Schumann befreundet. Der Text führt uns zurück in eine ferne Zeit ins alte Baltikum, dessen Weisen schon lange verklungen sind.

Ich habe eine Einladung zu Weihnachten auf einem livländischen Pastorat. Ich soll mitbringen, wen ich will. Das trifft sich herrlich: drei junge Künstler sind eben bei mir aus Nord -, Süddeutschland und aus England. Sie sind für den

Winter nach Riga gekommen, um bei mir Gesang zu studieren: Eva, Tempe und Bobbi, alle drei jung, schön, talentvoll. Vor allen dreien liegt das Leben mit wundervollen Verheißungen, die sich alle erfüllen sollen. Ich teile ihnen die Einladung mit, die sie mit Jubel erfüllt. Ein livländisches Pastorat mit Winterschnee und Einsamkeit und dazu Weihnachtszeit! Sie denken sich ein Märchen darunter. Ich freue mich, ihnen ein Leben zu zeigen, von dem sie bisher keine Ahnung hatten, sie in eine Welt zu führen, die ihnen fremd war, und in der ich gelebt von meinen frühesten Kindertagen an.

Der Pastor ist ein Verwandter. Er ist Junggeselle und lebt in seinem ganz weltfremden livländischen Pastorat allein mit seinen estnischen Leuten. Der Tag der Abreise ist gekommen. Ich habe vorher eifrig mit dem Pastor korrespondiert, er ist in der größten Aufregung. Er hat nie Künstler bei sich gehabt und fragt ängstlich, ob es ihnen auch bei ihm behaglich sein würde in den schlichten Verhältnissen, ohne Hausfrau. Er ist in die Nachbarschaft gefahren, um Einkäufe für die Festtage zu machen; er lässt ein Schwein schlachten, lässt Hühner und Enten morden, Berge von Vorräten häufen sich in der Speisekammer. Er hat immer die eine Angst: wird's auch langen? Ich habe ihm tröstend geschrieben: »Die drei sind meine Kinder, die sich über alles freuen, Du sollst dir keine Sorgen machen, sondern nur froh sein.«

Die Bahnfahrt hat lange gedauert, und die frühe Dämmerung eines verschneiten Wintertages liegt über der Welt, als wir aus dem Zuge steigen. Zwei Schlitten aus dem Pastorat halten vor dem Stationsgebäude. Sie sind mit Pelzen und warmen Decken versehen. Meine drei haben auf der Fahrt so viel gelacht und gejauchzt, dass sie müde und still geworden sind. Schweigend fahren wir durch die verschneiten Felder. Der Himmel ist grau und schwer, Schnee, so weit das Auge reicht. Unter dicken Schneekappen geduckt liegen die Bauernhäuschen, an denen wir vorüberfahren, und aus den kleinen Fenstern fällt ein Lichtschimmer über den Weg. Es ist eine feierliche Welt voll überwältigender Einsamkeit, die mit leisem Finger an die Herzen meiner frohen Kinder rührt. Es ist atemlos still, dass es sich wie eine Last auf ihre Herzen legt; für mich aber ist's wie ein frohes Heimkommen, denn ich liebe mein Land in seiner Winterhülle.

Hell und eintönig klingen die Glöckchen an unserem Schlitten durch die Stille. Nach fast zweistündiger Fahrt taucht ferne ein Lichtlein auf; es ist die Lampe aus dem Pastorat. Wir fahren an der Kirche vorüber, nun hört man gewiss unsere Glocken auch dort schon. Bald halten wir vor der breiten Verandatreppe, über die eine mächtige Linde ihre verschneiten Zweige breitet. In der Haustür steht der Pastor, eine Lampe in der hoch erhobenen Hand haltend, und ruft uns ein frohes Willkommen zu. Er hat ein stilles, friedvolles Gesicht, das jetzt bleich vor Erregung ist. In sein ernstes Pflichtenleben kommt mit uns etwas Glanzvolles, Stürmisches, und er fürchtet sich davor, so sehr sich seine Seele auch nach Freude sehnt. Wir treten ins Haus, das für uns festlich bereitet ist: Tannenzweige, Tannenbäumchen, die mit brennenden Lichtlein geschmückt sind, finden wir in allen Zimmern. Duft nach frischgebackenem Brot und herrlichem Kaffee durchzieht das Haus. Wir werden in die Fremdenzimmer geführt. Jubel, Lachen erfüllt plötzlich das Haus und macht den Pastor verwirrt und stumm. Meine drei nehmen einfach Besitz vom Ganzen mit dem Übermut der Jugend, und bald sitzen wir um den Kaffeetisch. Hochgetürmte Teller voll frischer Kümmelkuchen, große Kannen Milch, Schalen mit Butter und Honig und eine riesige Messingkaffeekanne stehen darauf. Der Pastor will seinen Platz als Hausherr einnehmen und den Kaffee einschenken, aber das lassen seine Gäste nicht zu. »Die Mutter muss obenan sitzen, die Mutter muss den Kaffee eingießen«, rufen sie. Ich werde auf den Ehrenplatz gedrängt, der Pastor muss weichen; er ist völlig betäubt und sagt zu allem Ja.

Die Massen von Kümmelkuchen verschwinden, endlose Kannen von Milch und Kaffee werden getrunken unter Lachen und Jubel. Englisch und deutsch, alles wird durcheinander gesprochen, der Pastor sieht mich dazwischen ratlos an: »Können drei Menschen solchen Lärm vollführen?«, fragt er mich leise. »Aber«, fügt er strahlend hinzu, »es ist herrlich!«

Nach dem Kaffee wird das Pastorat besehen; wir gehen durch alle Räume. Welche Fülle von schönen, frohen Erinnerungen leben in diesem Zimmer! Schon der Vater des jetzigen Pastors war hier Prediger, mit einer großen, fröhlichen Kinderschar. Ich war häufiger Gast und lebte goldene Ferienwochen unter diesem Dach. Nun waren sie alle in die Welt verstreut, hatten ihre eigenen Häuslichkeiten, in die sie viel von der Liebe und der Freude des Elternhauses getragen hatten. Wir kommen auch in die Küche, und die Jugend lacht über die riesigen Holzklötze, die in dem mächtigen Ofen verschwinden, auf dem schon das Abendessen steht. Die estnischen Leute stehen strahlend und aufgeregt umher und werden begrüßt.

Nach dem Abendessen versammeln wir uns um den runden Tisch im Wohnzimmer; wir sollen die Nüsse für den Weihnachtsbaum vergolden. Das Wohnzimmer ist behaglich und altmodisch, gefüllt mit wundervollen Mahagonimöbeln. An der Wand steht ein langer Flügel aus alter Zeit, von der Decke hängt ein herrlicher Empirekronleuchter herab. Von den Wänden schauen Darstellungen aus der Bibel in schwarzen Rahmen, und die Bilder von Melanchthon und Luther sehen ernst auf unser fröhliches Treiben. Die beiden Fensterbretter sind voller Blumen; durch die Fenster funkelt die eisige Winternacht. Ein unbeschreibliches Behagen, eine weltfremde Abgeschlossenheit liegt in dem großen Raum. Die Nüsse werden an grüne Fäden befestigt und vergoldet. Bei der Arbeit singen wir mehrstimmige Weihnachtslieder. Meine Jugend schmückt sich mit den goldenen Nüssen; an den Ohren, in den Haaren funkeln sie. Der Pastor sieht von einem zum anderen und nickt mir heimlich zu. Eva mit dem lieblichen hellen Gesicht, das von goldbraunen Löckchen umgeben ist, Tempe mit dem schmalen, dunklen, fremdländischen Antlitz und Bobbi mit den englischen Rassezügen und den dunklen Augen, in denen ein merkwürdig zärtliches Licht liegt.

Ich treibe sie alle früh in die Betten. Sie sollen ausschlafen, denn viele leuchtende Tage liegen noch vor uns.

Und leuchtend waren die Tage, die nun kamen. Es dauerte lange, bis der stille Pastor sich an dies stürmische Leben gewöhnte.

»Du wirst doch nicht krank werden?«, sagte ich eines Tages zu ihm, als er ganz blass und still in seinem Zimmer saß.

Er lächelte. »Lass mir Zeit«, sagte er, »es ist mir noch alles zu stark und zu hell, ich muss mich erst daran gewöhnen.«

Mit großartiger Gastfreundschaft machte er jeden Tag zu einem Festtag. Seine Pferde wurden ganz mager, so viel mussten sie mit uns spazieren fahren. Küche und Keller lieferten ihr Bestes, und die Berge von Gebäck und Süßigkeiten standen jeden Tag auf dem Tisch im Wohnzimmer.

Wir wanderten über die verschneite Landstraße, wir lieferten uns Schneeballschlachten in den Wäldern; wir zündeten bengalische Flammen im verschneiten Garten an, der in märchenhafter Schönheit erglühte.

Abends sangen wir den Pastor in den Schlaf, sangen Weihnachtsoratorien von Bach mit allen Chören und Soli.

Eines Tages sagt der Pastor: »Ihr müsst den Weihnachtsbaum aus dem Walde holen, sucht die schönste Tanne aus!«

In mehreren kleinen Schlitten fahren wir ab, auf tief verschneiten Wegen geht's in den Wald hinein. Wir müssen aussteigen, die Pferde werden an die Bäume gebunden. Wir werden geführt von zwei Knechten mit blinkenden Beilen, durch einen Graben müssen sie uns tragen. Endlich sind wir in einer Schonung, wo die schönsten Tannenbäume stehen. Die Entscheidung fällt schwer, jeder will einen anderen Baum haben. Nun soll ich entscheiden, und ich entscheide. Die Axthiebe klingen durch den stillen Wald, die Tanne zittert unter den Schlägen, dann neigt sie ihren Wipfel und sinkt langsam zu Boden. Mit Indianergeheul stürzt Bobbi sich auf sie, im Triumph wird sie zum Schlitten durch den Schnee geschleift. Zwei Schlitten werden zusammengebunden, darauf wird sie gelegt, und wir fahren im Zuge heim. Bald steht die hohe, dunkle Tanne mitten im Wohnzimmer; ihre Spitze reicht bis an die Decke, und ihr Duft dringt durch alle Räume. Der Pastor hat uns mit der Nachricht empfangen, es sei eine Kiste für Tempe angekommen. Die Kiste kommt aus Süddeutschland und birgt für uns fremde Schätze. Sie ist gefüllt mit Zweigen von Stechpalmen, sogar ein Mistelzweig ist darin. Die sollen am Weihnachtsabend den Weihnachtstisch schmücken.

Der Pastor kündigt uns an, dass wir ins Armenhaus fahren, um mit den Armenhäuslern Weihnachten zu feiern. Wir werden dick verpackt, denn es ist ein eisiger Wintertag, und das Armenhaus liegt weit. Wir fahren wieder in einzelnen kleinen Schlitten, man sieht sie über die Schneefläche gleiten und hört das Läuten der Glocken durch die tiefe Stille. So weit das Auge reicht, eine weite Schneefläche, die Einsamkeit ist unermesslich.

Nun halten wir vor dem Armenhaus, einem lang gestreckten, dunklen, traurigen Gebäude, und wir wickeln uns aus unseren Pelzdecken. Alle Vorräte werden aus dem Schlitten ins große Zimmer des Armenhauses getragen. Es ist halbdunkel drinnen, eine Petroleumlampe hängt von der Decke und leuchtet den trüben Raum. Hier haben sich alle versammelt und warten auf eine Weihnachtsfreude. Betten stehen an den Wänden, in denen Kranke liegen, auf Bänken und Stühlen haben die anderen Platz genommen, vergrämte, alte müde Gesichter. In der Mitte des Zimmers, gerade unter der Lampe, werden die mitgebrachten Sachen ausgebreitet. Die Leute kommen alle heran und umstehen erwartungsvoll die Gaben. Der Pastor ruft den Namen der einzelnen auf, der Gerufene tritt in den Lichtkreis der Lampe, und Bobbi teilt ihnen die Geschenke aus.

Er hat für jeden ein strahlendes Lächeln, ein freundliches Wort. Sie verstehen ihn nicht, aber sie fühlen die Freundlichkeit und das Licht, das aus seinen schönen Augen strahlt. Mit Säcken und Körben stehen sie da, in die sie ihre Gaben stecken, die meist aus Esswaren bestehen; dann gehen sie wieder an ihre Plätze. Der Pastor spricht nun ein kurzes Gebet, dann erzählt er, dass die jungen fremden Menschen, die heute unter ihnen wären, aus fremden Ländern stammen, und dass sie gekommen seien, um den Kranken und Traurigen Freude zu bringen und ihnen etwas vorzusingen, weil es Weihnachten sei.

Alles Murmeln und Sprechen hört auf; eine tiefe Stille erfüllt das Zimmer. Die drei jungen Menschen stehen unter der Lampe, deren Licht hell auf sie fällt. Bobbi hat seine beiden jungen Freundinnen an den Händen gefasst, sie singen: »Stille Nacht, heilige Nacht!« Es ist ein Bild voll Schönheit und Reinheit, und die drei Stimmen klingen wie aus einer anderen Welt in all die Krankheit und das Elend hinein. Ein Lied nach dem anderen folgt, die Kranken heben sich aus ihren Betten empor, sitzen aufrecht und trocknen sich mit zitternden Händen die Augen, die alten Weiblein weinen in ihre Schürzen. Nun sind die goldenen Stimmen verklungen, und in die tiefe Stille spricht plötzlich ein alter Mann: »Gott hat uns seine Engel vom Himmel geschickt«, sagt er, »damit wir an seine Liebe glauben. So etwas werden wir nie wieder hören.« – »Doch, doch«, unterbrach ihn ein altes Mütterchen, »wenn wir als Engel um Gottes Thron stehen werden.«

»Nun aber, Leute, dankt«, sagt wieder der alte Mann, »dankt mit einem Liede.« Und alles, was sich erheben kann, erhebt sich; der Alte stimmt einen Choral an. Zitternde, gellende Stimmen erklingen, aber mit heißer Inbrunst wird gesungen, und ich glaube, dieser Gesang steigt ebenso vor Gottes Thron wie das holde Singen der drei jungen Künstler.

Der Weihnachtstag ist angebrochen. Wir schmücken den Weihnachtsbaum mit goldenen Nüssen und kleinen roten Äpfeln. Der Küster ist gekommen, Tempe und Eva haben ihm die Tür geöffnet. Er ist ein altes Original, das schon unter dem Vater des jetzigen Pastors sein Amt mit Wichtigkeit geführt hat. Er fühlt sich durchaus zum Pastorat gehörig und spielt eine große Rolle unter den Bauern. Er steht in der Amtsstube vor dem Pastor und vergisst sein Amt, das ihm sonst heilig und wichtig ist.

»Bei Gott, Herr Pastor, ich habe zwei Engel gesehen«, sagt er, »geht so was auf zwei Füßen auf der Welt herum?«

Der Pastor will ihn glücklich machen und schickt ihn mit einem Auftrag ins Weihnachtszimmer. Er wird von uns sofort angestellt, was ihn ganz außer sich vor Glück macht. Tempe steht hoch auf einer Leiter, um die goldenen Nüsse an der Spitze des Baumes zu befestigen.

»Sie fällt herunter!«, schreit Bobbi, »halten Sie fest, Herr Küster!«

Der Küster nähert sich ehrfurchtsvoll der Treppe, auf der sie steht, und breitet die Arme aus, um sie im Notfall aufzufangen. Bobbi versetzt der Treppe Stöße, in der Hoffnung, sie herabzustürzen; der Küster lächelt leise in sich hinein.

Es ist Nachmittag. Der Pastor ist zum Gottesdienst, wir aber gehen nicht mit, denn die Kirche ist eisig. Wir sitzen im Speisezimmer auf dem Fensterbrett mit dem breiten Tritt davor und blicken auf die erleuchtete Kirche, aus der Orgelklang und Gesang herüberschallen. Alles liegt im tiefen Schnee. In dem großen Kachelofen knackt das Birkenholz, aus der Küche klingen gedämpft die Stimmen der Leute. Dann decken wir den Tisch zum Abendessen und schmücken ihn mit Stechpalmen, deren rote Beeren purpurn auf der weißen Tischdecke schimmern. Zuletzt wird über die Unterbringung des Mistelzweiges beraten.

»Wir hängen ihn an die Lampe über den Speisetisch«, schlage ich vor.

»Nein, er kommt über die Tür des Speisezimmers«, sagt Bobbi, »und jedes Mädchen, das am Weihnachtsabend unter ihm durchgeht, bekommt einen Kuss. So ist's bei uns Sitte.«

»Nun, das wollen wir erst sehen!«, rufen die beiden jungen Mädchen.

Mit wuchtigen Hammerschlägen befestigt Bobbi den Mistelzweig über der Speisezimmertür.

Der Weihnachtsabend ist da, der Pastor ist aus der Kirche zurückgekehrt, und das Zimmer ist gefüllt mit allen Hausleuten: Erwachsenen und Kindern. Meine drei Kinder stehen beieinander, die jungen Mädchen in weißen Kleidern. Jugend und Schönheit strahlen aus ihren Gesichtern. Wir singen: »O du fröhliche, o du selige, Gnaden bringende Weihnachtszeit!« Die Hausleute singen estnisch mit, dann liest der Pastor das Weihnachtsevangelium: »und es waren Hirten beisammen auf dem Felde, die hüteten ihre Herden des Nachts – und die Klarheit des Herrn umleuchtete sie.«

Welch ein Friede liegt über diesen Erinnerungen, welch ein Licht und welch eine Freude! Wie fröhlich war nachher das Festessen am geschmückten Tisch! Das Herz des stillen Pastors tat sich weit auf und ließ die Freude herein, er war der Fröhlichste von uns. Nachher saßen wir im Weihnachtszimmer, still und friedlich schloss der Abend. Wir saßen unter dem brennenden Baum, bis die Lichter heruntergebrannt waren, meine drei Pflegekinder dicht an mich gedrängt. Wie bald werde ich ihre Hände loslassen müssen und sie von mir ziehen sehen!

Aber solche Stimmungen ließ Bobbi nicht lange aufkommen, er erhob sich, was wollte er nur? Er stellte sich mitten in die Tür unter den Mistelzweig.

»Keine kann ins Schlafzimmer, ohne hier an mir vorüber zu kommen, und nach altem englischem Brauch bekommt sie einen Kuss!«

Es wurde Kriegsrat gehalten. Der Pastor weiß nicht, was er für ein Gesicht dazu machen soll. »Wir überrennen Bobbi«, schlug Tempe vor. Aber wir kannten seine sportgeübten Kräfte, mit Gewalt ging es nicht, also musste man zur List greifen. Es gelang uns wirklich, im Bunde mit dem Pastor ihn von der Tür fortzulocken, durch die die jungen Mädchen dann wie ein Sturmwind brachen – sie waren gerettet!

»So können wir den Weihnachtsabend aber nicht beschließen«, sagte ich. »Wir wollen das Weihnachtsoratorium singen.«

Der Pastor war müde und ging in sein Zimmer. Ich setzte mich ans Klavier und schlug die Noten auf, und wir sangen wieder das ganze Weihnachtsoratorium, alle Chöre, alle Quartette, alle Soli. Einige Lichtlein hatten wir noch auf den Tannenbaum gesteckt, die leuchteten geheimnisvoll im dunklen Grün. Die Tür zum Schlafzimmer des Pastors stand auf, unter unserm Singen schlief er ein. Als wir uns trennten, war es lange nach Mitternacht.

Alles im Hause war zur Ruhe gegangen. Ich stand am Fenster meines Schlafzimmers und blickte in das Schweigen der Schneelandschaft hinaus. Da hörte ich ein Geräusch: Eva stand neben mir, und wir sahen beide still in die Winterwelt und das große Schweigen, das sich vor uns ausbreitete, »solch einen Weihnachtsabend habe ich noch nie gehabt!«, sagte sie. »Wie reich ist das Leben!«

Dann gingen auch wir zur Ruhe.

(Monika Hunnius)

Die sieben Tannenbäume

Weit ab von den Landstraßen und noch weiter von Dörfern und Höfen steigt ein kleiner Berg aus der weiten, braunen Heide auf. Er liegt in Einsamkeit da, und wenn auch manchmal ein Schäfer mit Hund und Heidschnucken vorbeigeht, so treiben doch gewöhnlich nur Krähen und Hasen auf ihm ihr Wesen.

Einst war's anders. Da war er nicht kahl, sondern trug auf seinem Gipfel sieben Tannenbäume, sodass man meinen mochte, er hätte sich eine dunkelgrüne Mütze über die Ohren gezogen. Und in dem Berge hauste ein Zwerg, den sie das rote Männchen hießen, weil er immer in einem feuerroten Röcklein zutage kam. Ihm gehörten die sieben Tannenbäume, er hatte sie selbst angepflanzt, hatte sie gerichtet und gepflegt, hatte an manchem warmen Sommernachmittag aus der kühlen Tiefe des Berges Wasser getragen – und freute sich nun, dass er sie so weit gebracht hatte, dass sie sich selbst helfen konnten. Und ihm selbst mussten sie auch auf manche Art helfen. Mit ihren feinen Wurzeln hielten sie den Sand fest, dass seiner Höhlenwohnung nicht die Decke niederrieselte, sie sogen den Regen auf bis auf den letzten Tropfen, dass es nicht durchleckte, sie wehrten die Sonnenstrahlen ab, dass es ihm nicht zu heiß wurde. Jedem hatte er einen Namen gegeben: Wegweiser, Regenschirm, Sonnendach, Windbeutel, Gesangsmeister, Stiefelknecht und Spielvogel. Wegweiser war der größte und höchste und wies dem roten Männchen den Weg, wenn es über »Geest« war. Regenschirm war am dichtesten bezweigt, unter ihm lag der Zwerg, wenn es von den Wolken tröpfelte. Sonnendach war breitgeästet und musste das Männlein deshalb vor der brennenden Sonne beschützen. Windbeutel war besonders kräftig und stämmig; er stand an der äußersten Ecke und drängte den kalten, scharfen Ostwind beiseite, den der Alte nicht vertragen konnte. Gesangsmeister hatte die beweglichsten Zweige und war der Lustigste von allen: bei dem leisesten Windzug strich er mit den Nadeln über das dürre Gras und das Kraut, sodass eine herrliche Musik für Zwergenohren vernehmlich wurde, auch lud er Mücken, Grillen, Brummer, Bienen zu Gast, an hohen Festen sogar eine Meise oder einen Finken: an Gesumme und Gezirpe und Gezwitscher war kein Mangel. Stiefelknecht hatte einen krummen Stamm, den benutzte das Männlein jeden Abend beim Stiefelausziehen; es war aber Geheimnis, ob der Stamm krumm gewesen war, und ob der Alte ihn deshalb zum Stiefelknecht gemacht hatte, oder ob der Alte zuerst seine Stiefel an ihm ausgezogen hatte und davon die Krümmung herrührte. Spielvogel war noch zu klein und konnte noch nichts tun; er spielte wie ein Kind mit Wind und Sonne.

Es wurde nach und nach Herbst und Winter. Die Bienen flogen nicht mehr, die Grillen starben, die Sonne saß hinter grauem Gewölk, kalt und feucht wurde es auf dem Berg und in den Tälern. Da verkroch sich das rote Männchen tief in seine Höhle, verstopfte den Eingang mit Moos und Steinen und wartete, dass die Sonne und der schöne Sommer wiederkommen sollten. Die sieben Tannenbäume ließ es in Wind und Wetter allein und quälte sich nicht weiter um sie. Das Einzige, was es tat, war, dass es morgens bald den einen, bald den andern bei den Wurzeln fasste, als zöge es ein Kind an den Füßen.

»Bäumchen mein:
Sonnenschein?«,

fragte es dann, und antwortete das Bäumchen wahrheitsgetreu:

»Zwerglein, nein!«,

so legte es sich auf sein Bett von Heidekraut und verschlief den Tag wie ein Murmeltier. So ging es wochenlang, da riss es wieder an den Wurzeln, um zu wissen, was für Wetter sei – und bekam mit einem Mal keine Antwort mehr. Es zog stärker, ja, es ließ sich an den Wurzeln baumeln, es fragte mit grässlich lauter Stimme:

»Bäumchen mein:
Sonnenschein?«,

aber es antwortete ihm niemand. Sehr erbost, aber auch ein bisschen besorgt, stieß es die Tür auf – o weh, wie erschrak es! –, alle sieben Tannenbäume waren verschwunden. Nur Stammstümpfe standen da – der Berg war kahl wie ein Pfannkuchen! Da lief das Männchen umher, als wüsste es nicht, was es tun sollte, guckte herum, schlug die Hände zusammen, rief, fragte, weinte und grämte sich um seine Tannenbäume. Die Hasen kamen angehüpft und erzählten ihm von den großen Menschen, die gekommen wären, am hellen Mittag, und die Bäume abgesägt hätten; auf einen großen Wagen hätten sie sie geworfen, und im Trab seien sie mit ihnen weggefahren. Die Krähen kamen geflogen und wollten trösten. Aber das rote Männchen wollte keinen Trost, es wollte seine Bäume wiederhaben. Es wollte in die Welt hinein und sie suchen. »Du findest sie nicht«, sagten die Krähen, »die Welt ist zu groß.« Das Männlein jammerte wieder. Da nahmen die Krähen all ihren Verstand zusammen und dachten nach, wie sie ihm helfen könnten, und wirklich – sie fanden es.

»Wenn der Mond aufgeht«, sagten sie, »wollen wir ihn bitten, dass er sich zum Spiegel der Welt mache. Dann guckst du hinauf und suchst deine Tannenbäume.« Das war dem Männchen eine willkommene Botschaft, und da es noch nicht dämmerte, lud es die Krähen zu Gast und setzte ihnen Buchweizengrütze, Honig und Brot vor; darüber fielen die hungrigen Brüder mit heißen Schnäbeln her. Als sie noch so saßen und von ihren Reisen erzählten, da guckte der Mond groß und rötlich über die Geest.

»Fangt an!«, rief das Männchen; aber die Krähen beschwichtigten es: sie müssten noch warten, damit die Spiegelung besser werde. Endlich, nach langem Warten, war es so weit. Der Mond stand groß und klar über dem Heiderande. Rauschend flogen die Krähen auf und krächzten oben in der Luft:

> »Blanker, gelber Mond am Heben,
> spiegle alles Erdenleben!«

Mehrmals und durcheinander schrien sie – das Männlein fürchtete schon, sie möchten es genarrt haben. Plötzlich fielen sie lautlos in das dürre Kraut nieder, und sieh: der Mond wurde größer und größer, leuchtete taghell auf, und wie in einem Spiegel zeigte sich auf ihm die Welt mit allem, was darin war: Wasser und Berge, Städte und Wälder, Häuser und Menschen und Bäume, alles war deutlich zu erkennen. Das rote Männchen machte große Augen und suchte. Dann wies es mit beiden Händen nach einer Gegend.

»Was für eine große Stadt ist das?«, rief es zitternd.

»Hamburg«, gaben die Krähen leise zur Antwort.

»Da sind alle sieben, alle meine Tannenbäume!«, rief es wieder. »Ich sehe sie alle: Wegweiser in einer großen Kirche, Regenschirm in einem prächtigen Herrenhause, Sonnendach vor einer Dombude, Windbeutel in einer kleinen Stube, Gesangsmeister in einer armseligen Dachkammer, Stiefelknecht an der Straßenecke, Spielvogel oben auf dem Schiffsmast. O – wie müssen sie sich nach mir und dem Berg zurücksehnen, wie mögen sie jammern! Ich will nach Hamburg und sie holen. O – bringt mich nach Hamburg! Hasen und Krähen, liebe Freunde, helft mir!«

Das wollten sie. Das Männchen machte sich reisefertig, zog Handschuhe an, setzte sich auf den Hasen, hielt sich an dessen langen Ohren fest, und – hast du nicht gesehen? – ging's über die Geestberge, dass die Heide wackelte. Als sie aber unter die Lichter von Hamburg gerieten, warf das Hasenross den Reitersmann ab und trabte angstbeklommen nach Hause zurück. Das Männchen schwang sich kurzgefasst auf den breiten Rücken der größten Krähe und ließ sich über die Elbe nach dem glänzenden, funkelnden Hamburg tragen. Wohl erschrak es über die Maßen vor den hohen Türmen und den gewaltigen Häusern, wohl entsetzte es sich vor dem vielen Licht und vor den Tausenden von Menschen und hielt sich krampfhaft an den Nackenfedern der Krähe fest, um nicht auf die krabbelnd vollen Straßen zu stürzen – aber die Sorge um seine sieben Tannenbäume hielt ihm den Kopf oben.

Auf dem Kirchendache landete das Rabenschifflein seinen Fahrgast, der sich an dem Blitzableiter hinabgleiten ließ und durch eine Luftröhre in die Kirche stieg. Vor all der Helle und Pracht konnte er kaum die Augen offen halten. Orgelton und Gesang durchbrausten den Raum, in dem kein unbesetzter Platz vorhanden war. Neben dem Altar stand ein großer, hoher Tannenbaum, über und über mit Lichtern bedeckt: es war der Wegweiser. Das Männchen erkannte ihn und schlich sich unter den Bänken entlang zu ihm.

»Armer Wegweiser!«, schluchzte es.

Der große Baum aber schüttelte leise die Krone, dass die Lichter flackerten: »Arm?«, fragte er, »ich bin nicht arm, ich bin der schönste Baum auf der Erde, ich bin der Weihnachtsbaum. Sieh meine Pracht und mein Leuchten!«

»Ist nur ein Traum, armer Wegweiser, nur ein Traum. Wenn du erwachst, sind deine Lichter erloschen und du liegst vergessen im Winkel. Und stirbst. Komm mit auf den Berg, eh es zu spät ist.«

Der Baum rüttelte wieder seine Krone: »Ich weise andere Wege«, flüsterte er wie im Traum, »Wege zu Gott, Wege zur Freude, Wege zum Kinderland, ich bin beglückt, wenn ich nur zwei Kinderaugen glänzen machen kann. Und hier glänzen tausend. Musst mir mein Glück schon gönnen, rotes Männchen, und mich stehen lassen.«

Brausend erscholl Orgelton dazwischen.

»Und deine sechs Brüder?«, fragte das Männchen.

»Die sind alle Weihnachtsbäume geworden«, sagte der Wegweiser, »tragen Lichter und Nüsse und Äpfel, erfreuen arm und reich, großes und kleines Volk. Um sie klingen Weihnachtslieder, und alle Kinder lachen. Keiner geht zurück in den Wald. Einen Abend Weihnachtslichter tragen, ist die Sehnsucht aller Tannenbäume. Ist die erfüllt, dann verdorren sie gern. O Weihnacht!«

Als der Baum so gesprochen hatte, sah das Männchen ein, dass es ihn nicht überreden konnte.

»Weihnachten und die Menschen sind dir in die Krone gefahren«, sagte es und stahl sich hinaus. Die Krähe wetzte ihren Schnabel auf dem Dach, das Männchen bestieg den Rücken, und weiter ging es. Zu Regenschirm, der über und über mit Gold und Silber bedeckt war und sich nach der Musik um sich selbst drehte wie ein junges Mädchen im Tanzsaal. Zu Sonnendach, das mit elektrischen Glühlampen besteckt von dem Karussell auf den Schwarm der Dombesucher herableuchtete. Zu Windbeutel, der spärlich behängt eine kleine Arbeiterwohnung erhellte. Zu Gesangsmeister, der in der Dachkammer stand, ein einziges Licht und einen Hering trug; ein grauer Kater saß daneben und wollte sich an den Hering machen, aber jedes Mal stach Gesangsmeister ihn mit den Nadeln, dass er miau-schreiend zurückspringen musste.

Alle vier bat das rote Männchen, aber alle antworteten ebenso wie ihr großer Bruder, sie waren glücklich, Weihnachtsbäume geworden zu sein und dachten nicht daran, wieder nach dem kalten, dunkeln Berg zu wandern. Nicht einmal einen Gruß an die braune Heide hatten sie aufzutragen, und mochte das Männlein sie treulos und undankbar schelten, sie spiegelten sich im Schein ihrer Lichter und lachten wie Kinder.

Traurig schwebte der Zwerg wieder durch die Luft, bis er vor Stiefelknecht stand. Der lag auf einem großen, dunkeln Platz in einem Haufen anderer Tannenbäume. Wegen seines alten Fußleidens hatte ihn niemand kaufen wollen.

»Deinen Brüdern will ich es gar nicht mal so sehr verdenken«, sagte der Alte zu ihm, »sie tragen Lichter und sind Weihnachtsbäume – aber du bist keiner.«

»Doch – ich bin ein Weihnachtsbaum, so gut wie die andern«, sagte Stiefelknecht, »der schönste Baum auf Erden. Ich sehe viele glückliche Menschen vorbeigehen: ist das nicht Glück genug? Und vielleicht, nein, gewiss kommt heute Abend, ganz spät, noch jemand und nimmt mich mit, steckt mir Lichter an und schmückt mich. Nach der Heide will ich nicht zurück.«

Das Zwerglein bat und bat, aber Stiefelknecht sah nach den Kindern, die jubelnd vorbeistürmten und hörte nichts.

Da ging es wieder zu seinem schwarzen Rösslein und ließ sich nach dem Hafen fliegen. Der Spielvogel, an dem sein Herz am meisten hing, würde ihm treu bleiben, das hoffte er von seinem Lieblingsbäumchen. Aber am Hafen war kein Spielvogel mehr zu entdecken. Das Schiff wäre schon in See gegangen, erfuhr die Krähe von einigen weitläufigen Verwandten, weißen Möwen, die über dem Wasser schwebten.

»Dann seewärts«, befahl das rote Männchen. Die Krähe flog westwärts über Wasser und Deiche und Schiffsmasten hin, aber als sie bis Cuxhaven gekommen war, setzte sie sich nieder, denn auf die große, endlose See zu fliegen, getraute sie sich nicht. Doch rief sie eine große Seemöwe herbei, die breitete ihre weißen Schwingen und trug das Männchen stolz und schnell über das dunkle, schäumende Meer, bis weit hinter Helgoland. Da tauchte ein einsames Schiff in den Wogen auf und ab und wurde von einer Seite nach der andern geworfen. Der Wind blies gewaltig in die großen, braunen Segel. Auf dem Topp, der höchsten Spitze des Großmastes, tanzte ein kleines Tannenbäumchen im schneidenden Wind auf und ab: das war Spielvogel. Er lachte hellauf und schüttelte die Zweiglein vor Lust, wenn eine Sprühwelle zu ihm heraufspritzte. Und guckte einer der Matrosen zu ihm hinauf, so nickte er ihm freudig zu.

»Armer Spielvogel.«

»He, he, Männlein klein, bist du's?«, rief Spielvogel. »Hier ist es lustig, nicht?«

»Komm mit nach der Geest.«

»Nein, nein, nein! Ich bin Weihnachtsbaum, der schönste Baum auf Erden. Und was kann schöner sein, als Weihnachten auf See. Grüß die Heide! Ich muss singen!«

Und Spielvogel sang, so laut er konnte, dass die Matrosen mitsingen mussten und Träume von Land und Licht träumten.

Da sah das rote Männchen ein, dass es seine sieben Tannenbäume verloren hatte, es dachte daran, dass es nun ohne Wegweiser über die Geest irren müsse, dass niemand mehr da sei, der es vor Regen, Sonne und Wind beschützen könne, der ihm vorsinge, der ihm beim Stiefelausziehen helfe, der es durch sein Kinderspiel erfreue – der Berg war so kahl, Regen drang in seine Wohnung –, armes Männchen! Mit einem Mal breitete es die Arme aus, rutschte von den Möwenflügeln und stürzte sich in das dunkle Wasser hinab.

Seit jener Nacht schwimmt ein seltsamer, leuchtender Fisch in der See. Die Fischer nennen ihn das Petermännchen und halten es für etwas Besonderes, wenn sie ihn fangen.

(Gorch Fock)

Der Huldretanz in der Silvesternacht

Zwei Brüder stritten sich, ob es Huldrevolk gäbe. Der eine behauptete, dass es existiere, der andere aber bestritt es entschieden. So ging es eine Zeit lang, bis derjenige, der das Dasein des Huldrevolks leugnete, aufbrauste und sagte, er wolle ausziehen und nicht eher wiederkommen, bis er Gewissheit bekommen hätte, ob es Huldrevolk gäbe oder nicht. Da wanderte er über Berge und unbewohnte Landstrecken, Hügel und Täler, wurde aber doch nicht klüger.

Es wird von seiner Reise weiter nichts berichtet, bis er eines Silvesterabends nach einem Hof kam, auf dem die Leute sehr traurig waren. Der Reisende war redselig und fragte, was ihre Freude so trübe. Die Ursache dazu wäre, erzählten sie, dass niemand zurückbleiben wolle, um den Hof zu hüten, während die Übrigen zum Gottesdienst ritten; denn in jeder Neujahrsnacht wäre seit langer Zeit der Hüter des Hofes verschwunden, und darum wolle niemand zurückbleiben; jeder, der es täte, erwarte ja seinen Tod. Der Fremde bat die Leute, sich vor solchem abergläubischen Gerede nicht zu fürchten, und erbot sich, den Hof zu hüten. Hierüber fiel allen ein Stein vom Herzen, aber sie waren doch in Furcht und Ängsten, wie es ablaufen würde.

Als die Leute des Hofes zum Gottesdienst fort geritten waren, begann er, ein Brett aus der Wandbekleidung über dem ersten Bett in der Badstube* zu lösen und kroch zwischen Wand und Wandbekleidung hinein, schob dann das Brett wieder vor, ließ aber doch eine kleine Ritze stehen, damit er die ganze Badstube überblicken könnte.

* Die gemeinsame Wohn- und Schlafstube.

Der Hund aber, der bei ihm war, lag auf dem Fußboden.

Eine kleine Weile, nachdem er das geordnet hatte, vernahm er Geräusch von Menschenstimmen und Fußtritten draußen, und gleich darauf hörte er eine Menge Menschen in die Badstube kommen. Er sah, dass der Hund gepackt und zu Boden geschleudert wurde, sodass jeder Knochen in ihm zerbrach; dann hörte er, dass die eben Angekommenen miteinander davon sprachen, dass es auf dem Hofe nach Menschen röche; einige meinten aber, dass das nicht so verwunderlich sei, da die Leute eben erst zum Gottesdienst gegangen wären.

Nachdem diese Gäste sich umgesehen hatten, sah der Mann, der auf der Lauer saß, dass sie einen Tisch in die Badstube stellten und eine golddurchwirkte Decke, eine große Kostbarkeit, darüber breiteten und dass alles, womit sie den Tisch deckten, dazu passte; Schüsseln und Teller, Trinkgeschirr und Messer, alles war aus Silber. Dann setzten sie sich zu Tisch, und alles ging mit großem Anstand her. Sie ließen einen Jungen an der Tür Posten stehen, der aufpassen sollte, wann der Tag anbräche, und der war entweder draußen oder drinnen. Der Mann beobachtete, dass der Junge jedes Mal, wenn er hereinkam, gefragt wurde, wie spät es jetzt wäre; er aber erwiderte immer, dass es noch lange Zeit sei bis zum Tag.

Nun begann der Mann allmählich von der Zwischenwand etwas loszulösen, damit er schnell hinauskommen könnte, wenn es notwendig sein sollte. Als die Fremden aber satt waren, sah er, dass ein Mann und eine Frau vorgeführt wurden, und dann sah er einen Dritten, der ihm ein Priester zu sein schien, ihnen entgegenkommen. Dann begann ein Gesang, und die üblichen Hochzeitspsalmen wurden gesungen, und alles ging zu, wie es bei guten Christen Sitte ist. Als die Trauung beendet war, wurde getanzt, und die Freude dauerte eine Weile. Als sie eine Zeit lang getanzt hatten, kam der Türhüter des Huldrevolks herein und wurde wieder gefragt, ob noch viel von der Nacht übrig wäre, und er antwortete, dass noch der sechste Teil übrig sei. Da rief der Lauernde, der sich aus der Öffnung geschlichen hatte und hinter dem Türhüter stand: »Du hast gelogen, denn jetzt steht der Tag mitten am Himmel!« Hierüber war das tanzende Huldrevolk so entsetzt, dass es augenblicklich seinen Türhüter erschlug; mittlerweile aber kroch der Mann, der den Hof bewachen sollte, wieder zwischen die Wand und deren Bekleidung. Als das Huldrevolk den Türhüter getötet hatte, liefen alle, so schnell sie konnten, hinaus, wie Lämmer auf einem Schafsteg, und ließen all ihre Sachen zurück. Als der Mann das sah, verfolgte er sie in einiger Entfernung, und das Letzte, was er von ihnen sah, war, dass sie sich in einen See in der Nähe des Hofes stürzten. Dann kehrte er wieder nach Hause zurück und sammelte alles, die Speisenreste und das kostbare Geschirr.

Kurz darauf kamen die Leute des Hofes aus der Kirche nach Hause; sie waren erfreut, den Mann, der den Hof gehütet hatte, zu sehen, und fragten ihn, ob er etwas gemerkt hätte. Er erwiderte, dass es nicht viel gewesen sei, und er erzählte ihnen dann alles. Da wurde es den Leuten klar, dass sich die früheren Hüter gezeigt haben müssten, und dass das ihr Verderb geworden war, genau so, wie es der des Hundes wurde, der gesehen worden war.

Die Leute des Hofes dankten dem Mann, der den Hof gehütet hatte, mit vielen und schönen Worten für seinen Mut und schenkten ihm alles, was das Huldrevolk zurückgelassen hatte und er nur forttragen konnte. Dann wanderte er nach Hause und traf dort seinen Bruder an. Er erzählte ihm nun alles und sagte zugleich, er würde nun nicht mehr bestreiten, dass es Huldrevolk gäbe. Später übernahm er nach seinen Eltern den Hof, heiratete und hatte Glück in allen Unternehmungen seines Lebens. Er wurde für einen trefflichen Mann in seiner Gegend gehalten, war strebsam und wusste guten Rat in schwierigen Fällen. Von dem Hof aber, den er in jener Nacht gehütet hatte, wird erzählt, dass dort nie mehr ein Mensch in einer Silvesternacht verschwand.

Silvesternebel

Kahlfrost, den mag ich nicht. Es ist mir dann zu nackt draußen, mich friert dabei. Schnee muss ich haben, soll mir der Winter Freude machen, weicher, weißer, dicker Schnee, der wärmt mir das Herz und macht meine Augen froh. Bei Kahlfrost wintert mir alle Lebenslust aus.

Darum lachte ich damals, als ich nachts aus dem Café kam, in der Nacht vor dem Silvestertag. Kalt pfiff es über die Georgstraße, und weiß stob es über ihre Trottoire, und als die anderen Menschen mit zugekniffenen Lippen eilig heimgingen, da schritt ich langsam über die Straße und atmete tief.

Früh war ich auf am anderen Morgen. Und froh. Ich sang, als ich in die Stiefel fuhr. Das war lange nicht vorgekommen. Und als ich auf die Straße kam, wo der Sturm pfiff und johlte wie betrunken und weiße Fahnen schwenkte, da hätte ich gern weiter gesungen.

Die Fahrt in der Eisenbahn war wunderschön. Durch fremde Welten führte sie, durch weiß verschleierte Länder. Keine Station war zu erkennen, jede Dorfsilhouette war verwischt, alles begrub der Sturm im Winterschnee.

Die Endstation, ich kannte sie kaum wieder. Brüllend warf der Nordwind den Schnee über die Geleise, wirbelte ihn in Wolken über den Perron, fegte ihn in wilden Strudeln über die Straße. Eine tolle Freude fasste mich und machte mich frosthart und sturmfest.

Schneewolken warf mir der Sturm nach, als ich im Dorf in die Gaststube trat. Da war es mir aber zu heiß, das Blut sprang mir krabbelnd durch die Adern, und schnell rettete ich mich wieder in das weiße Schneesturmbad.

»Kriegst ja doch nichts!«, hatten die Freunde gesagt, die da bei Grog und Karten eingeschneit waren. Was wissen die denn? Fuchs und Hase, was mir daran liegt heute! Nicht so viel! Großes suche ich nach den Kleinheiten der Stadt, Weites nach ihrer Enge, Hartes nach ihrer Weichlichkeit, Frische nach ihrem erschlaffenden Druck.

Alles das fand ich draußen. Schritt um Schritt musste ich mit dem Sturm ringen, jeden Tritt dem Schnee abzwingen, manchmal wurde mir schwach zumute, aber am Ende wurde ich Herr über Sturm und Schnee.

Die Stunden flogen dahin wie die Flocken im Sturm. Und mit den Stunden Unruhe und Nervengekribbel. Und wie der Sturm sich brach und über der weißen Weite blass blaugrauer Abendhimmel stand, da war ich umgeschaffen und neu geboren und wusste nichts von den Sorgen und dem Ärger und den Kämpfen der letzten Zeit, und still wie am Himmel der helle Mond leuchtete in mir ruhige Gleichmütigkeit.

Oben auf der Düne stand ich und sah in die weiße Feldmark, in der riesengroß, durch die Maßstabslosigkeit des Geländes unmessbar geworden, die Hasen und Rehe sich hin und her bewegten.

Goldener Gleichmut ging in mir auf. Lächelnd sah ich auf das, was unter mir war, Angst und Ärger und Sorgen, einmal fällt doch der Schnee darüber, und der tollste Sturm, er hat sein Ziel und sein Ende.

Morgen fängt ein neues Jahr an. Ohne Angst und ohne Hoffen sehe ich ihm entgegen. Es wird Mai werden. Dann sind hier alle Birken grün und alle Böcke rot, die Grauartschen singen, und der Stechginster blüht. Nachher kriegt die Heide ihre Rosenfarbe, dann blasst sie ab, und wieder fällt Schnee auf alles, ein Jahr wie das andere.

Auf der anderen Seite der Düne liegt das Moor. Es ist heute so weit und so weiß. Sonst ist es eng und braun. Wie ist es nun in Wirklichkeit? Und wie sind wir? Heute so, morgen so. Wie das Wetter des Schicksals es will.

Sonst kenne ich jeden Fußbreit darin, heute weiß ich nicht ein noch aus. Heute haben wir im Leben Ziel und Zweck, morgen ist alles verschneit, und Wege und Stege sind fort.

Das dachte ich so, als ich unter der krummen Schirmfuhre saß, die über dem alten Abstieg steht, und vor mich hindämmerte. Bis der Fuchs mich weckte, der hinten im Stiftsmoor bellte. Da sah ich auf und sah nichts mehr, keine Fuhre, keine Birke, keinen Torfhaufen, weder Torfkuhle noch Moordamm. Der Nebel war gekommen vom Steinhuder Meer und hatte alles ausgelöscht, was ich wusste. Schnee lag über der Vergangenheit und Nebel vor der Zukunft.

Morgen ist Neujahr. Eine Neue liegt auf seinen Wegen, und Nebel verhüllt die Aussicht. Rosige Blumen werden neben schwarzen Torflöchern blühen, goldene Blüten leuchten über verräterischem Schlamm. Das große Moor des letzten Jahres habe ich hinter mir, im neuen kenne ich nicht Weg noch Steg.

Mir wird zu einsam. An meinen eigenen Fußstapfen helfe ich mir heraus aus dem Moor. Andere sind nicht da wie im Leben auch nicht. Schließlich ist man doch immer allein, trotz aller Freunde. Das ist traurig, aber wenn man es eingesehen hat, auch tröstlich.

Der Nebel ist dick wie eine Wand. Er ist vor mir und hinter mir und rechts und links und über mir, und unter mir auch, denn keine Fußspur, keine Wagentrane weist der Schnee auf.

Wie ein Blinder gehe ich weiter. Ab und zu strecke ich die Hand aus, um zu wissen, dass ich noch sehen kann. Manchmal bohre ich die Augen in die weiße Dunkelheit, ob da kein Licht vom Dorfe ist, oder sehe nach oben, einen Stern erhoffend, oder bleibe stehen und horche, ob ein Hund kläfft, aber immer lächle ich müde und stampfe weiter, blind, taub und stumm.

Längst müsste ich beim Dorfe sein. Da ist es: die ersten Bäume. Nein, eine Täuschung der Augen! Aber da, endlich, Fußspuren im Schnee. Die führen zum Dorf. Denen folge ich, neuer Hoffnung voll, aber hungrig und müde.

Wie lange, das weiß ich nicht. So lange, bis ich einen Schreck bekam. Als ich sie verlor. Und als ich sie wiederfand nach angstvollem Hin- und Herlaufen, da war ich so froh. Bis der nächste Schreck kam. Denn vor mir das Schwarze, das ich für das äußerste Haus des Dorfes hielt, die beiden Krüppelfuhren unter der Düne sind es. Ich bin in die Runde gegangen.

Mir wird angst und matt. Wie ein Kind im Dunkeln stehe ich da, als wenn ich weinen müsste. Aber dann lache ich mich selbst aus. Verirren kann ich mich ja nicht. Da die Dünen, links die Straße, rechts das Dorf! Also kehrt und geradeaus!

Geradeaus im Nebel! Geradeaus ohne festen Punkt, ohne Weg und Steg! Geradeaus ohne Stern und Strahl, ohne Halt und Hoffnung. Pfeif dir ein Lied, Menschenskind, du hast hier deinen Humor nötig! Irrst ins neue Jahr hinein und weißt nicht, wohin du kommst.

Siehst du, da bist du ja wieder unter der Düne! Zweimal gingst du im Kreise. Lache doch, wenn du kannst! Und mach kehrt und marschier wieder geradeaus!

Oder hilft dir ein Fluch? Oder ein Kognak, ein kleiner Rausch? Oder ein bisschen Nachdenken, kalt und kühl? Nein, mein Lieber, das hilft dir alles nichts. Glück, das ist das einzig Wahre. Entweder du fällst mit der Nase darauf, oder du läufst daran vorbei und stehst wieder vor der verdammten Düne, wie jetzt.

Ich habe keine Lust mehr, mich hier herumzubewegen, das Beste ist, ich ruhe mich hier aus. Ich bin zu müde. Vielleicht, dass der Nebel weggeht.

Ich setze mich unter die Fuhre und starre in den Nebel. Bis tausend Fratzen daraus auf mich zukommen. Fratzen, die allerlei dumme Gedanken hochmachen.

Läuft man nicht das ganze Leben so im Kreis? Im dicken Nebel? Hinter halb verwehten Hoffnungen her, auf unbestimmte Ziele zu, und hat schließlich doch nichts davon wie ein weißes Laken?

Die drei Mündungen meiner Waffe grinsen mich an. Wenn ich jetzt an den Abzug rühre, dann bin ich schnell zu Hause. Dann brauche ich nicht erst so weit zu laufen. Soll ich?

Da höre ich etwas. Das erste Mal diesen Abend. Hundegebell, da unten! Ich springe auf und gehe darauf zu. Und rufe, so laut ich kann. Der Hund antwortet. Ich laufe, höre das Bellen näher, und jetzt, endlich, ein Licht, ein Haus, die Straße!

Unter dem ersten Fenster sehe ich nach der Uhr. Gleich Mitternacht. Mir wird ganz eigen. Eben noch, da dachte ich voll Abscheu an die Welt und das Leben und die Menschen, und jetzt freue ich mich darauf.

Ich warte noch einige Minuten. Und so, wie die Uhr in der Gaststube den ersten von den zwölf Schlägen tut, da reiße ich die Tür auf und rufe lachend mein Froh Neujahr!

(Hermann Löns)

Ein funkelnagelneues Jahr

Übrigens so schlimm ist es ja gar nicht. Der Mensch ist allmächtig und allwissend. Allmächtig durch die Fantasie und allwissend durch die Theorie. Er ist der Schöpfer der Begriffe. Er stellt sich was vor und mit dieser beliebigen Vorstellung misst er alle Dinge. Vorwegs ist ja alles unbegreiflich, aber der Mensch macht sich einen »Begriff«. Der Begriff ist sein Eigentum, sein ganzes Um und Auf. Zum Beispiel: der Begriff von *neben*einander, das ist der Raum. Der Begriff von *nach*einander, das ist die Zeit.

Wir haben da ein neues Jahr im Kopf. Im Kopf ist es fix und fertig. Dieses »Jahr« ist nicht etwas Gewordenes, es ist etwas Gemachtes. Etwas ganz willkürlich Gemachtes und Eingeredetes. Es hält sich nicht etwa an das durchschnittliche Menschenalter, dann müsste das Jahr an fünfzig Mal so lang sein. Es hält sich nicht an den Sonnenlauf, sonst müsste es an einem Sonnwendtage oder an einem Tage der Tages- und Nachtgleiche beginnen. Ohne allen Sinn, nur an lässiges Herkommen geheftet, lässt der Mensch sein Jahr irgendeinmal beginnen und nennt den Tag den ersten Jänner. Der letzte Dezember ist zwar von Natur wegen genau so ein Tag, wie der erste Jänner. Aber der Mensch mit seiner Fantasie und Theorie macht zwischen diesen zwei Tagen einen großen Unterschied. Den Unterschied zwischen Greis und Kind.

Da es schon alle Welt so treibt, so kann man es dem fantastisch-wilden Waldbauernbuben nicht verdenken, wenn er am Abend des Silvestertages auf der Anhöhe hinter dem Berghause steht und dem sterbenden Jahre zuschaut.

Spät und mühsam war die Sonne hinter dem Wechselgebirge heraufgestiegen, mit blassem Gesicht und tief hängendem Kopf kroch sie am Himmel mühsam dahin. Um zehn Uhr vormittags, als die Hausmutter das zweite Mal ihr Herdfeuer anblies, kam die Sonne an der kahlen, reifgrauen Esche vorbei; um Mittag war sie erst bei den Fichtenwipfeln. Höher ging's nicht mehr, erschöpft sank sie dem Waldschachen zu und hinter demselben hinab. Der Schein auf dem schneebedeckten Hausdach erblasste, die Wipfel der Fichtengruppe, die erst wie grünes Gold geleuchtet hatten, wurden schwarz und standen als finstere Zacken in den Himmel hinein. Über den fernen Almen lag glatt und blass das Leichentuch und hinter ihnen dunkelte feierlich die Nacht herauf, in der allmählich Sternlein zu glimmen begannen, wie Ampeln an einer Bahre. Tagsüber waren von den Dachrändern Tropfen gefallen, zu hören, wie das Ticken von Uhren; das war nun still geworden. An den Dachrändern hingen Eiszapfen – erdwärts wachsend. Auch der Hausbrunnen hatte ein Eismäntelchen angelegt und sein bisher ununterbrochenes Rauschen eingestellt, gleichsam nur noch hinter der hohlen Hand Geheimnisse flüsternd. Die Hühner hatten ihre Stangen gesucht und gackerten nicht mehr, sondern hockten unbeweglich und horchten. Die Rinder im Stalle lagen auf frischer Streu und scharrten im Wiederkäuen mit den Zähnen. Der Vater aber ging würdigen und leisen Schrittes mit einem Rauchgefäß im Hofe herum, beräucherte sein Hab und Gut: das Haus, den Brunnen, die Ställe, den Dunghaufen, die Vorräte und Werkzeuge, die Tiere und die Menschen. Das war sein Segnen am Ende einer Zeit. Denn die Sonne des Jahres war gestorben und versunken.

Trotz der feierlichen Stimmung sagte ein schalkhafter Knecht: »Jetzt wird's lang finster bleiben. Die Sonn' geht erst im nächsten Jahr wieder auf.« Und beim Nachtmahl hieben sie mit den breiten Hornlöffeln tief in die Schüssel: »Brav Sterz essen, heunt! Heuer kriegen wir nix meh'!«

Und dann – es war ja in meinem Vaterhause – legten wir uns schlafen. Die Neujahrsstunde erwarten, das war im Waldhause nicht der Brauch. Der Schlaf des Gesunden, die Leiden des Kranken, die Träume und die Sorgen, das alles war wie in jeder Nacht. Ich aber in meinem Dachkammerbette hatte weder Schlaf noch Schmerzen, weder Träume noch Sorgen – ich wachte, hielt Ohren und Augen auf und wartete auf das neue Jahr. Das Geheimnis der Nacht lag über dem einsamen Hause. Wenn sonst draußen der Wind ging, da ächzte immer ein wenig die Holzwand; heute ächzte sie auch manchmal, aber so, als ob jemand im Sterben läge. Durch das Fenster sah ich Sterne. Sie benahmen sich nicht viel anders als sonst, und doch merkte man, es gehe was Besonderes vor, dort oben. Auch wusste ich's von der Ahne: In der Neujahrsnacht tun die lieben Engelein Sterne scheuern, dass sie schön funkelblank werden fürs neue Jahr.

Unten in der großen Stube schlug heiser röchelnd die Wanduhr. Elf Schläge. Das ist nun die letzte Stunde. Ich hub an zu denken, was in diesem jetzt vergehenden Jahre alles gewesen war. Zu Lichtmess hatte die Katze den Finken in der »Vogelsteigen« getötet. Zu Ostern hatte mir der Fleischhacker, als er das Kälbel holte, zwei Groschen Futtergeld geschenkt. Eine Woche vor Pfingsten hatte ich mein Taschenmesser mit der Schildkrötenschale verloren. Am Peter- und Paulitag war die Geschichte mit der Tabakspfeife und dem Angstschweiß. Zu Jakobi einen Zahn reißen lassen, hat fünf Groschen gekostet. Zu Michaeli ein Schaf von einem Jagdhund verjagt worden. Drei Tage vor Allerheiligen beim Forellenfangen in den Bach gefallen, vom Fischpächter herausgezogen und geschopft worden. Das waren die hervorragendsten Ereignisse des Jahres. Möglicherweise waren in der Welt noch wichtigere vorgegangen; möglicherweise sogar um mich und in mir selber. Man sieht nur die oberflächlichsten, es geht auch den Erwachsenen nicht anders. Die geheimen Mächte in unserem Innern, die sachte wirkenden Wünsche und Leidenschaften, die Entwicklung von Schuld oder Seligkeit – diese stillen aber großen Schicksalsgewalten, die uns das Jahr über geändert haben, sodass wir am Ende desselben nicht mehr das sind, was wir am Anfang gewesen – selten gedenken wir ihrer bei der Rückschau am Silvesterabend.

Aber die Ereignisse, die flüchtigen, versinken mit dem Jahre. – Noch die letzten Minuten. Die Spannung wächst. Es ist, als ob man einem Sterbenden zusähe bei seinen letzten Atemzügen. Man wünscht, dass es zu Ende wäre, und will ihn doch nicht lassen scheiden. Noch ein Atemzug – und noch einer. – – Und noch einer ... Nun schlägt die Uhr. – Es ist aus. Es geht an.

»Hat's nicht einen Schnalzer gemacht irgendwo am Himmel? Nicht einen Ruck, einen Stoß gegeben in der Weltkugel? Nein, die Uhr geht ihren gleichmäßigen Schritt, und der, mit dem sie über den Abgrund gestiegen, war nicht größer gewesen als die anderen.

Ich dachte, in Gottes Namen, jetzt ist das neue Jahr! Und legte mich aufs andere Ohr. Nun schlafen. Neben Sterbenden wacht man, neben Neugeborenen schläft man. Die ersten Stunden des funkelnagelneuen Jahres gehören dem Traum – dem Zukunftsgesichte. Vielleicht kann es weissagen. Doch siehe, auch die neue Straße ist nächtig und nebelig.«

In einer solchen Neujahrsnacht sah der kleine Waldbauernbub einmal einen Fußsteig, der in der Wildnis steil bergan ging. Ein Knabe mit dem Hirtenstabe stieg munter hinaus. Der Hirtenstab ward zum Wanderstabe – ein neues Land, ein neues Leben in Wort und Geist, ein dornenreiches, freudenreiches, köstliches! – Plötzlich erwachend, wusste ich, es war meine Zukunft. Aber groß verwundert habe ich mich nicht. War es doch in einem der früheren Leben auch einmal so ähnlich gewesen. Ist ja recht, wenn's so kommt, ist ja recht. – Damit legte ich mich aufs andere Ohr. In dem darauf folgenden Jahre kam aber gar nichts als wieder die Reihe der Kindereien. Der Traum indes wiederholte sich, er gehörte zur Art jener Träume, die immer wieder einsetzen und weiterspinnen und mit denen man allmählich so vertraut wird, dass sie neben dem wirklichen Leben wie ein zweites wirkliches Leben einher ranken, bis endlich die beiden Leben, das wirkliche und das geträumte, in eins zusammenfließen, um sich zeitweilig wieder zu spalten und gelegentlich auch die Rollen zu wechseln. Hatte ich einst einen glücklichen Büchermann geträumt, so träume ich jetzt den noch glücklicheren Waldbauernbuben.

Nun, und wie war nach solcher Neujahrsnacht der erste Morgen? War er wirklich funkelnagelneu? Nein. Die Fensterscheiben hatten geradeso ihre Eisgärten wie an gewöhnlichen Wintertagen. Die Sonne ging geradeso trüb und träge auf, kroch geradeso kraftlos über die kahle Esche hin, kam geradeso spät zu den Fichtenwipfeln und ging geradeso schläfrig und frühzeitig zu Bette wie gestern. Und doch – es war eine andere Sonne! Gestern konnte sie nicht empor, weil sie eine alte Frau war, heute kann sie nicht, weil sie noch ein Kind ist.

Die Sonne hatte dem Buben aber schon Gedanken gemacht. Da stimmte etwas nicht.

»Vater, wie ist denn das, dass über dem Wechselgebirge alle Tage eine Sonne aufgeht?«

»Mein Kind, das ist die Allmacht Gottes.«

»Ja, hat Gott denn so viele Sonnen im Sack?«

»Kind, ich sage es dir noch einmal, das ist die Allmacht Gottes.«

Dann aber kam der Schulmeister. Zuerst der kleine und hernach die großen, und die Schulmeister wollten gar nicht mehr aufhören. Sie stellten die Welt auf den Kopf, sodass der Himmel einmal unten war und die Erde oben. Sie ließen die Erdkugel tanzen, wie mein jüngstes Brüderchen den Schnurrhiesel, den ihm der Vater gemacht hatte. Und sie ließen diese tanzende Weltkugel alle Jahre einmal um die Sonne kreisen, die unendlich größer war als die Erde und andererseits doch wieder unendlich kleiner als andere Sonnen, die im unendlichen Raum unter- und durcheinander wirbelten, jede auf ihrer bestimmten, unabänderlichen Bahn. – So war's, jetzt wusste man's. Aber seit wann es war? Warum es war? Durch wen es war? Das wusste man nicht.

Früher die Welt und die Allmacht Gottes darüber, das war so einfach gewesen. Und jetzt alles so ungeheuerlich und unbegreiflich, tausendmal unbegreiflich. Man hatte keinen Boden mehr unter den Füßen, kein Dach mehr über dem Haupte, keine Richtschnur mehr in der Hand – man hing nur so da und wurde mitgewirbelt, dass dem armen Waldbauernbuben Hören und Sehen verging.

Früher hatte er gewusst, dass zur Jahreswende das Knistern der Kohlen in dem Ofen, das Miauen der Katze von der Zukunft spricht; hatte gewusst, dass die Form des gegossenen Bleies, das Begegnen gewisser Personen am Neujahrsmorgen von der Zukunft spricht; hatte gewusst, dass man mit Almosen und Beten den Himmel bewegen kann, ein glückseliges Jahr niederzuregnen und herabzulachen. Und jetzt sagte der Schulmeister, auf das alles sei kein Verlass. Und wenn der Knabe fragte, auf was denn eigentlich ein Verlass wäre, wusste der alte Herr keine rechte Antwort. Er suchte lange nach einer herum und sagte schließlich ganz leise: Urkraft. Allmacht. Weltgeist. – Gott.

Wie? – Allmacht? Gott?

So war wieder ein funkelnagelneues Jahr gekommen. Es stand im Glanze des Himmels. Trotz allem Leide es war zum Jauchzen.

Wenn nun die Menschen, bangend vor dem Rollen der Zeiten, draußen in der starren Schneelandschaft nachsinnen den ewigen Dingen, oder wenn sie in der Kirche beten, so andächtig, wie man das ganze Jahr hindurch nicht beten sieht, da sagt der alte Waldbauernbub leise vor sich hin: Bange sein sollen wir nicht, wir sollen freudig sein. Und wenn in der langen Winternacht alles zu ersterben droht und das zitternde Menschenherz beim Jahresbeginn sich fragt: Werde ich mich noch einmal durchzuschlagen vermögen? Und wenn am Fenster ein Sarg vorbeigetragen wird, gerade am Neujahrstage, und der Abergläubische nichts gesehen haben will und doch des unheimlichen Zeichens nicht zu vergessen vermag, da sagt der alte Bub: Bange sein sollen wir nicht, wir sollen freudig sein. Der Herr der Zeiten hebt die Sonne höher von Tag zu Tag und lässt sie hinfliegen über Winter und Sommer, über Sarg und Wiege. Das irdische Jahr mit all seinem Wandel, nichts bedeutet es vor Gottes Ewigkeit, der an Größe nur eines standhält – die unsterbliche Seele des Menschen. Vor dieser sind alle Jahresläufe und alle Geschicke im letzten Sinne ohnmächtig. Arm in Arm mit Gott ist sie die Schöpferin der Zeit und die Beherrscherin des Raumes, schreitet groß und des ewigen Lebens froh über Welten und Sonnen dahin.

So ist der alte Bub vom kindlichen Glauben durch die Erkenntnis gegangen und mit der Erkenntnis wieder zum Glauben gelangt. Und so – denkt er – möchte allen, die guten Willens sind, endlich wieder einmal kommen ein funkelnagelneues, ein glückseliges neues Jahr, eine Zeit göttlicher Weltfreudigkeit.

(Peter Rosegger)

Die vier heiligen Dreikönige

Seit Wochen hatte der kleine Schluckerfranzl ein hartes Leben. Nicht etwa, weil er mehr als bisher die Bitterkeit des Daseins verspürte, das die nicht immer gut gelaunte Vorsehung ihm und den Seinen zubestimmt hatte. Und es wäre ihm ein bisschen Unzufriedenheit hierüber doch sicher nicht zu verdenken gewesen. Seine Mutter war die Schluckerbastlerin – ein Name, zu dem sich eine nicht sehr lustige Geschichte schreiben ließe. Ihr Mann hatte sich als Holzknecht im wahrsten Sinne des Wortes durch das Leben geschlagen, und da er Sebastian hieß und ein gar armer, notiger Schlucker war, nannten sie ihn im Dorfe den Schluckerbastl. Er war aber nicht nur ein armer, sondern auch ein braver Schlucker, der sich für Weib und Kind die Finger blutig arbeitete, bis ihn ein stürzender Baum erschlug und aller irdischen Plag und Sorgen ledig machte. Von nun an hatte die Bastlerin mit ihren Kindern ein noch härteres Beißen am Leben, und im Schluckerhäuschen gab es selten etwas anderes zu kosten als ungeschmalzene Brotsuppe und Erdäpfel mit der Montur.

Aber was für die Bastlerin Kummer und Bitternis war, das war ein Gleiches nicht auch für ihren Franzl. Sein leichtes Kindergemüt tauchte durch alles kalte Dunkel immer an die warme Sonne, sein unsterblicher Knabenhunger zauberte ihm Brotsuppe und Erdäpfel in die köstlichsten Leckerbissen um, und auch außerdem hatte er alle Ursache, sich als kleiner Herr und König zu fühlen. Waren doch im schönen Sommer alle Straßen und Pfützen des Dorfes sein unbestrittenes Erb und Eigen, der grüne weite Wald mit den singenden Vögeln, die blumigen Wiesen mit den schlupfigen Hecken und der silberne Bach mit den Weidenstauden, auf denen die Maienpfeifen wachsen. Und im Winter, der gerade weiß und glitzernd über dem Dorfe lag, gehörten dem reichen Schluckerfranzl alle Schleif- und Schlittenbahnen und die endlosen Felder mit dem vielen Schnee, den tausend Hände in tausend Jahren zu Schneeballen nicht völlig verarbeitet hätten.

Nein! Was dem Franzl seit einigen Wochen das Leben erschwerte, das war nicht aus dem dürren, knauserigen Boden des Daseins in ihm hineingewachsen – das kam nur von den Aufregungen her, die diese Wochen über ihn gebracht hatten. Zuerst die ebenso qual- und zweifelvolle wie hoffnungsreiche Frage, was ihm das Christkindl bescheren würde! Und als diese Frage mit einer grobwollenen Ohrenkappe, einem Fäustlingspaar, sechs Äpfeln und zwanzig Nüssen befriedigend gelöst war, stand Franzl in peinigender Spannung schon wieder vor einer zweiten Frage: was ihm wohl das Neujahrswünschen beim Pfarrer, Lehrer, Förster und Bürgermeister eintragen würde? Auch diese Aufregung löste sich zu Franzls Zufriedenheit. Nur mit der Pfarrersköchin verdarb er es dabei, denn in seiner siebenjährigen Unschuld wünschte er mit dem herkömmlichen Sprüchlein auch dem Hochwürdigen Herrn »ein guts neus Jahr und ein Christkindl mit Krausehaar«.

Aber gleich der Abend des Neujahrstages brachte eine dritte, nach Wichtigkeit der Sache entsprechend gesteigerte Aufregung über ihn. Da saß er in der von einem brennenden Kienspan trüb erhellten Stube träumend hinter dem rissigen, nicht allzu warmen Kachelofen. Und da fiel ihn plötzlich ein Gedanke an, und mit einem vor Erregung heiseren Stimmchen fuhr er in die Höhe: »Mutterl! Du! Heuer möcht ich auch ein Heiligen Dreikönig machen! Jetzt bin ich alt gnug dazu, gelt, Mutterl, gelt?«

»Ja, Franzerl, ja!«, sagte die Bastlerin, die mit schwerfälligen Händen an einem Strumpfe stopfte. Weshalb auch hätte sie ihrem Buben diese Freude versagen sollen? War's doch eine billige Freude. Auch dachte sie an die guten und nützlichen Dinge, welche Franzl für sich selbst, für seine kleinen Geschwister und fürs Haus vom »Dreikönigsritt« mit heimbringen konnte. »Ja, Franzerl, ja«, sagte sie, »musst dich halt morgen gleich um die zwei anderen umschauen und musst dein Königssprüchl recht schön und fleißig lernen!«

Franzls Augen leuchteten. Und nun half der Mutter kein Weigern, sie musste gleich beginnen, ihm das Königssprüchlein vorzusagen, das er mit einer Andacht nachbetete, als wär's das heilige Vaterunser. Dann kam für ihn eine schlaflose Nacht; unermüdlich plapperte er die paar Reime herunter, die er sich schon gemerkt hatte, träumte sich dabei in seinen Königsstaat hinein und sah sich schon mit Schätzen reich beladen am Abend des Dreikönigstages heimkehren von den Nachbardörfern und den einsam liegenden Bauernhöfen. Aber die stille Freude dieser Nacht wandelte der nächste Tag in bittere Kümmernis. Am Morgen rannte Franzl davon, um sich zwei Könige als Kameraden zu suchen – und kam gegen Mittag mit verweinten Augen zurück.

»Franzerl, geh, weswegen weinst denn?«, fragte die Bastlerin.

»Weil mich keine net mitgehn lassen mögen!«, schluchzte das Bürschlein in untröstlich scheinendem Jammer. »Ich tät ihnen z'lumpig ausschaun, haben s' alle gsagt. Und überall sind schon alle drei beinander!«

Die Mutter tröstete ihren Schmerzenreich, versprach ihm Hilfe, und richtig, am Abend schon brachte sie ihm die gute Nachricht heim, dass der Schreiner ihr zugesagt hätte, den Franzl mit seinen zwei Buben gehen zu lassen. Und sogar den allerschönsten unter den Heiligen Drei Königen dürfe er darstellen: den schwarzen, den Mohrenkönig! Wenn jetzt der Teufel in Gestalt des Schreiners dem Schluckerfranzl erschienen wäre und gefordert hätte: bete mich an – der Franzl hätt' es ohne Zögern getan.

Drei Tage vergingen, reich an Spannung, Sorgen und Aufregungen. Das Königssprüchlein war in seiner ganzen Länge zu lernen, und der Ornat des Mohrenfürsten musste genäht, gewaschen und gekleistert werden. Endlich war alles in Ordnung und auch die letzte Nacht vergangen. Grau lag der Wintermorgen noch vor den Fenstern, da hatte Franzl schon seine Suppenschüssel ausgelöffelt und stand nun vor der Mutter, um sich als Mohrenkönig »gwanden« zu lassen. Vor allem wurde er nach Möglichkeit warm angezogen. Er hatte ja vom frühen Morgen bis in den späten Abend umherzustapfen in Schnee und Kälte. Dann wurde ihm der weiße, den übrigen Anzug völlig verhüllende Königstalar angezogen, den die Bastlerin aus einem Hemde ihres seligen Mannes zurechtgeschnitten, und dessen verwaschene, zundermürbe Leinwand sie über und über mit roten, blauen und gelben Papiersternchen beklebt hatte. Gegürtet wurde er mit einem Stricklein, in das die Henkel der blechernen Sparbüchse und des klei-

nen Schmalztopfes eingeschlungen waren. Das frische, hübsche Bubengesicht wurde ihm mit Kienruß angestrichen, sodass es seltsam zu den blonden Ringelhaaren kontrastierte; auf den Kopf bekam er die wollene Ohrenkappe, auf der die goldene Papierkrone festgenäht war, an den linken Arm ein mit Heu gefülltes Körbchen für die Eier, auf die rechte Schulter den kleinen Zwerchsack für die Wecken, Kletzen, Äpfel und Nüsse – und Balthasar, der heilige Mohrenkönig, war fertig.

Als Franzl das Schluckerhäuschen verließ, da strahlte er, als wäre er nicht einer der »Magier«, sondern leibhaftig ihr goldener Stern. Dieser strahlende Glanz aber wurde zu trübem Wasser, als Franzl den Schreinerhof erreichte und dort erfuhr, dass die anderen Könige schon auf und davon wären ins nächste Dorf.

»Jessas, Franzerl«, sagt die Schreincrin, »ich hab glaubt, du bist schon dabei, weil schon drei beinand waren ... und ein Schwarzer auch!«

Wie versteinert starrte das Schluckerle, vom Bock gestoßen, eine Weile vor sich hin, bis es die Frage herausgurgelte: »Wo zu ... sind s' denn ... gangen?«

»Da, d' Straßen gradaus!«

Jetzt fing Franzl zu laufen an, was ihn seine kurzen Beinchen nur trugen. Das machte sich, so weit die Häuser reichten, noch ohne Mühe. Draußen auf dem offenen Feld aber, wo der Schnee tiefer lag und die Straße häufig ganz verweht war, hatte er ein bitteres Marschieren. Endlich sah er hinter einer dichten Hecke den goldenen, vom König Melchior auf einer dünnen Stange getragenen Kometen glänzen. Franzl lief, was er laufen konnte – jetzt schwenkte er um die Ecke – und richtig, es waren ihrer drei: die zwei Schreinerbuben und der zehnjährige Schustermichel als Mohrenkönig. Anfangs schien es, als wollten die drei Weisen aus dem Morgenlande vor dem Schluckerle Reißaus nehmen; aber sie besannen sich eines anderen. Sie ließen den Franzl herankommen, und bevor er noch ein Wörtl herausbrachte, begannen ihn die zwei Schreinerbuben wegen seines Zuspätkommens – und er war doch früher als ausgemacht gekommen! – in einer Weise abzukanzeln, dass ihm vor Angst und Schrecken das Zäpflein hinunterfiel. Als sie ihn nun so zerknirscht vor sich stehen sahen, fingen sie wieder gütlich mit ihm zu reden an und erlaubten ihm großmütig das Mitgehen.

»Ja, aber da muss der Michel wieder heimgehen!«, schmollte das Schluckerle.

Davon aber wollte keiner der drei Weisen etwas wissen; und so entschied man sich, dass die Heiligen Drei Könige für diesmal eben zu vieren ausrücken sollten – aber, sagte der Schustermichel unter lebhafter Zustimmung der beiden Schreinerbuben, eine Bedingung wäre noch dabei; es wäre von jeher so gewesen, dass der jüngste König das Reisegepäck seiner gekrönten Kameraden getragen hätte.

»No ja, wann's halt sein muss!«, stotterte das Schluckerle und lud die Eierkörbe und Zwerchsäcke der anderen auf seine Schultern und keuchte hinter den dreien einher, wie das gute Eselein, von dem in der Heiligen Schrift des Öfteren zu lesen steht. Wollten seine Beinchen ermüden, dann wurde er mit Schneeballen gespornt, aber nicht etwa in den Flanken, sondern hinter den Ohren und im Nacken. Batsch! Wie das klatschte! Und es klebte, wie angefroren. Ein Gutes war aber doch bei der Sache: dass dem Schluckerle hübsch warm blieb, derweil die anderen Könige vor Kälte mit den Zähnen klapperten. Die Felder nahmen ein Ende, es kam der Wald, durch den sie ein halbes Stündlein zu wandern hatten, dann zeigten sich zwischen Hecken und beschneiten Bäumen die Dächer des Dorfes, in dem sie das »Königsreiten« beginnen wollten.

Nun nahmen die drei Weisen dem Franzl ihre Sachen ab. »Sooodala!«, sagten sie – das heißt so viel als: jetzt sind wir fertig miteinander – dann rannten sie über Kopf und Hals davon, und der Schustermichel gab dem Schluckerle noch aus privatem Konkurrenzneid einen Stoß vor die Brust, dass es in einen mit Schnee überwehten Graben purzelte.

Als Franzl wieder auf die Füße kam, sah er, dass der Schmalztiegel zerbrochen und die goldene Krone bedenklich zerknittert war. Bitterlich hub er zu weinen an, und dabei trollte er langsam dem Dorf entgegen, obwohl er nicht wusste, was er dort eigentlich suchen sollte. Er als einschichtiger König konnte doch nicht ans »Reiten« denken. Aber die Vorsehung dachte für ihn. Denn als er zu dem ersten Hause kam, guckte die Bäuerin aus dem Fenster, ein altes Weiblein mit freundlichem Runzelgesicht. Und da entspann sich folgendes Zwiegespräch:

»Büeble? Wer bist denn? Und wo kommst denn her?«
»Der Schluckerfranzl heiß ich, und ein Heiliger Dreikönig bin ich.«
»Wo hast denn deine zwei anderen König?«
»Die sind mir davongelaufen und haben mich in die Gähwinden einigworfen.«
»Ja warum denn?«
»Weil s' mich net mögen haben.«
»Ja geh! Das sind aber Schlankln! Aber schau, musst net weinen, Büeble! Bist ja so ein schöner König, ah, ah, gwiss, ein mordsschöner noch dazu! Und kannst ja allein umreiten auch! So geh, komm her und fang zum Singen an!«

Mit nassen, schüchternen Augen kam das Schluckerle näher, machte, wie es die Sitte von einem Dreikönigsreiter heischt, vor dem Fenster der Bäuerin ein paar Galoppsprünge, die freilich recht müd und traurig ausfielen, und begann, von Schluchzen immer unterbrochen, sein Königssprüchlein herzusingen:

>»Die Heiligen Drei König mit ihrem Stern,
>Die essen und trinken und zahlen net gern,
>Sie reiten auf ein weißen Ross
>Vor jedes Haus, vor jedes Schloss
>Und tragen um zum Stopfen
>Ein leeren Sack und klopfen

> An alle Fenster, alle Türn,
> Ob s'net ebbes kriegen wern.
> Draus in Tenna
> Laufn die fettn Henna,
> Droben in First
> Hangen die Würst
> Gebts mir die langen,
> Lasst die kurzen hangen!
> Kletzen raus, Küechle raus
> Oder ich schlag ein Loch ins Haus,
> Äpfel raus, Birn raus,
> Geh mer in ein anders Haus!
> Klopf an, klopf an,
> Die Bäurin hat ein schöna Mann,
> Die Bäurin is die schönste Fra
> Was sie hat, das gibt s'mir a ... a ... a ...«

Gerade beim Schluss seines Liedes stieß ihn der Bock noch einmal, sodass er das letzte Wort ausquiekte, wie eine stehen bleibende Spieluhr ihren letzten Ton.

Die Bäurin lachte, dass ihr die Schultern wackelten. »Ja, Büeble, geben tu ich dir, was ich hab!« Sie verschwand und erschien nach einer Weile mit gefüllter Schürze in der Tür. Einen Wecken, eine dicke Wurst, einen Rinken Kletzenbrot, zwei Eier, Äpfel und Nüsse, das alles gab sie dem Schluckerle, und zu guter Letzt ließ sie noch einen Sechser in seine Sparbüchse klappern.

Franzl weinte noch immer, aber jetzt vor Freude. Und so zog er weiter mit seinem scheckigen Gesicht, von Haus zu Haus, und überall beschwerte ihm die rührende Geschichte seines einschichtigen Königtums den Korb, die Klapperbüchse und den kleinen Zwerchsack. Im Wirtshaus bekam er, da es gerade Mittag war, eine warme Suppe und ein riesiges Stück Guglhupf, das er mit Ehrfurcht verzehrte. Dann ging das »Reiten« von Neuem an, von einem Bauernhof zum andern. Korb und Zwerchsack wurden immer schwerer, sodass er sie kaum mehr zu schleppen vermochte. Und wenn ihm das Tragen auch Stirn und Wangen mit Schweiß übergoss, so machte ihm doch die Kälte alle Finger starr, das Waten im Schnee die Füße steif und schwer. Er war plötzlich darüber erschrocken, dass sich der Himmel mit einmal so dunkel ansah. Und da gab er das »Reiten« auf, obwohl noch einige große Bauernhöfe verlockend in der Nähe standen, und keuchte über einen Feldweg der heimwärts führenden Straße zu. Als er sie erreichte, fing es zu schneien an. Alle hundert Schritte verhielt er sich, um zu rasten und den Schnee von sich abzuschütteln. Sein gestirntes Königshemd war bis auf die Hüften durchnässt und wickelte sich beim Gehen hindernd um seine Knie. Er quälte sich ab mit seiner Last, und stechend drang ihm die Kälte in alle Glieder. Einmal kam ihm der Gedanke, Korb und Zwerchsack auf der Straße liegen zu lassen und nur heim zu laufen, was er noch laufen konnte. Aber es war ihm leid um die guten Sachen, und so schleppte er sich frierend mit ihnen weiter und weinte dazu ein Gesetzlein ums andere. Bis in die Mitte des Waldes kam er. Dann war seine Kraft zu Ende.

Eine Weile blieb er zwischen Korb und Zwerchsack laut schluchzend auf der verschneiten Straße sitzen; dann zog er sich und seine Schätze unter eine Tanne, kratzte den Schnee von den Wurzeln und lehnte sich an den rauen Stamm. Vielleicht hoffte er, dass jemand des Weges kommen und ihn mitnehmen würde. Und weil ihn hungerte, suchte er mit seinen steifen Händen einen großen Apfel und ein Stück Kletzenbrot und begann zu kauen. Er zitterte an allen Gliedern, wie Eiswasser rannen ihm die Tränen auf die Lippen; aber Brot und Apfel schmeckten ihm, und als er den letzten Bissen verzehrt, befiel ihn die schlaffe Gedankenlosigkeit der Übermüdung, er tat einen tiefen Atemzug und schloss die Augen.

Dicht fielen die Flocken, ein Viertelstündchen um das andere verstrich, und immer noch hielt das Schluckerle die Augen geschlossen wie in tiefem Schlaf.

Aber nein! Wie konnte Franzl schlafen, wie konnte er die Augen geschlossen halten? Er sah ja doch – sah wirklich und wahrhaftig, wie statt der grauen Nacht, die just noch über allen Bäumen gelegen, ein helles Licht den ganzen Wald durchzitterte. Nur so kalt war dieses Licht – es leuchtete so schön und goldig wie die Sonne, und dennoch war dem Franzl, als hätte er statt der Arme und Beine vier große, lange Eiszapfen am Leibe hängen. Nur um die Stirne ging es ihm wie ein feuriger Kreis. Das war wohl die Königskrone, die ihn so drückte, und ihr »fuiriges« Gold! Er wollte mit beiden Händen nach seinem Kopfe fassen – und konnte kein Fingerlein rühren.

Nicht rühren können! Das ging ihm ins Herz, als hätte sich eine kalte Hand darum gelegt. Wenn jetzt der Schustermichel und die Schreinerbuben kämen, um sich über seinen Korb und seinen Zwerchsack herzumachen – er müsste zusehen und könnte sich nicht wehren. Angstvoll starrte er in den wie Feuer leuchtenden Wald, und da war es ihm, als vernähme er Schritte und laute Stimmen. Und wahrhaftig, dort kamen sie – drei Könige, mit goldenen Kronen und schneeweißen Kitteln angetan.

»Mutter! Mutter!«, wollte das Schluckerle schreien. Aber seine Lippen blieben stumm, nur seine Zähne klapperten.

Jetzt standen sie vor ihm – aber das waren nicht die Schreinerbuben und der Schustermichel, sondern drei große, großmächtige Könige, noch größer ein jeder, als dem Schluckerle sein Vater gewesen war, und der allergrößte war der Mohrenfürst. Sie hatten lange, weiße Bärte, und ihre Kronen schimmerten, als wären sie aus der Sonnenscheibe herausgeschnitten.

»Jeh, Melcher, da schau her«, sagte der schwarze König zu einem seiner Kameraden, »das Büeble da schau an!«

Und der Melcher beugte sich über das Schluckerle, streichelte ihm mit eiskalter Hand die Wangen und fragte: »Büeble, wer bist denn und wo kommst denn her?«

»Ein Heiliger Dreikönig bin ich.«

Da lachten die drei Könige, und der schwarze sagte: »Wie kannst denn du ein Heiliger Dreikönig sein? Die Heiligen Drei König sind ja wir. Ich bin der Balthasar, und das da is der Melcher, und der ander is der Kasper.«

»Ich möcht aber auch einer sein. Ich hab mich so viel drauf gfreut.«

»So schau, es geht halt net. Wir täten dir gern den Gfallen. Aber vier Heilige Drei König kann's ja nie net geben. Aber, weißt was ... mir fällt was ein ... der Schustermichel, so ein Lausbub da, der hat uns unsern Stern davongetragen! Und wir können doch net heimgehn ohne Stern. Magst unsern Stern net machen, Büeberl? Ein ganz ein schönen Stern?«

»Ja, gern, ich mag schon, ja! Aber wer tragt denn nachher mein Körbl und mein Sack?«

»Der Melcher und der Kaspar. Is dir's recht?«

»Ja, ganz recht. Und ich mach den Stern. Ganz lüftig wird's mir schon ... ganz warm ... ich spür schon, wie ich brennen tu als Stern ...«

»No also, komm!« Dazu winkte der Mohrenkönig, und Franzl fühlte, wie die Eiszapfenarme und Eiszapfenbeine von ihm abfielen. Er sah sich mitten in einer Kugel sitzen, die ganz aus Feuer war und doch so hell wie Glas. Nach allen Seiten schossen die Strahlen, und mitten aus seinem heißen Herzen kams herausgewachsen, eine lange, lodernde Garbe.

»Jegerl, jegerl«, lachte der Schluckerle, »mir wachst die fuirig Ruten schon!«

»Gelt, das ist schön!«, nickte der Mohrenfürst. Und dann fingen die drei Könige zu wandern an, aber nicht die Straße entlang, sondern aufwärts von der Erde, über die Gipfel der Bäume hinaus, immer höher. Und das Schluckerle flog ihnen voran und jubelte: »Ein Stern! Ich bin ein Stern! Und fliegen kann ich! Fliegen ...«

Aus dem nachtgrauen Himmel sanken die weißen Flocken in wirbelndem Falle nieder auf die Bäume. Lautlose Stille lag im verschneiten Wald. Nur manchmal, wenn einer der schwer gedrückten Äste die weiße Last nicht mehr zu tragen vermochte, dann ließ sich ein leises Rühren vernehmen, ein sachtes Rieseln und das dumpfe Klatschen des fallenden Schnees. Stunde um Stunde verrann – und dann gegen Morgen versiegte das Gewirbel der Flocken. Es klüfteten sich die Wolken, und durch eine Lücke, in der sie den schon erbleichenden Himmel zeigten, leuchtete noch mit zitterndem Gefunkel ein großer Stern.

(Ludwig Ganghofer)

Winter in aller Welt

Nordamerika

Alice Green und der letzte Mohikaner

Der Indianerhäuptling Unkas ist eine historische Person, die von etwa 1605 bis 1682 lebte. Dieser Unkas spielte als Häuptling der Mohegan-Indianer bei der Eroberung Neuenglands als Verbündeter der Engländer eine wichtige, wenn auch umstrittene Rolle. 1847 wurde er durch die Aufstellung eines Denkmals in Norwich von den Amerikanern geehrt. Auch der Schriftsteller James Fenimore Cooper wählte Unkas als Namen für seinen letzten Mohikaner, wenngleich Coopers Unkas aber sonst nicht mehr viel mit dem historischen Häuptling zu tun hat.

Die folgende Geschichte trug sich vor vielen hundert Jahren in Norwich im amerikanischen Bundesstaat Connecticut zu. Norwich war damals eine kleine hübsche Stadt, in der viele Indianer lebten; es waren Mohikaner, deren Haut wie die anderer Indianer sehr dunkel war. Nun muss man wissen, dass es zu diesen Zeiten noch keine Kutschen gab, die die Leute von einem zum anderen Ort beförderten. Als später die Postkutschen kamen, da konnte man in anderthalb oder zwei Tagen von Norwich bis Boston gelangen, es waren immerhin mehr als hundert Meilen. Aber in den Zeiten, von denen hier die Rede ist, waren die Wege sehr schlecht, und fast die einzige Art des Reisens war die auf dem Rücken eines Pferdes. Das alles muss man wissen, wenn man die Geschichte von Alice und dem letzten Mohikaner Unkas verstehen will.

Damals lebte in Norwich ein kleines Mädchen, das Alice Green hieß. Sie war so an die sieben Jahre alt, sehr hübsch und hatte schwarze Augen und rote Wangen; schneeweiß war ihre Haut und lockig ihr braunes Haar. Sie war aber nicht nur sehr schön, sondern auch gut in ihrem Herzen. Und weil ihre Mutter schon tot war, lebte sie bei einer Tante, die sie sehr liebte und der sie immer aufs Wort gehorchte. Alice war so freundlich, lebhaft und herzensgut, dass alle, die sie kannten, sie von Herzen gernhatten.

Nun lebte der Vater von Alice im fernen Boston. Eines Tages im Winter beschloss dieser Mr Green, Boston zu verlassen und per Schiff nach England zu fahren, wo er weiterhin leben wollte. Das Schiff, mit dem er segeln wollte, sollte schon in wenigen Tagen den Anker lichten. Er konnte die Reise nicht aufschieben, und da er seine kleine Tochter mit sich nehmen wollte, war es unumgänglich, dass diese sofort nach Boston gebracht werden musste. Folglich gab Mr Green jemandem, der gerade auf dem Weg nach Norwich war, ein Schreiben für die Tante mit; darin stand, sie sollte die kleine Alice so schnell und so gut wie möglich nach Boston kommen lassen.

Wie schon gesagt: damals gab es noch keine Postkutschen; die Wege waren sehr schlecht, wenn es überhaupt welche gab. Es war jetzt Dezember, und es lag schon eine Menge Schnee über dem ganzen Land. Mit irgendeiner Art von Wagen zu fahren, war unmöglich; und das kleine Kind eine so weite Strecke auf dem Rücken eines Pferdes zu transportieren, war schwierig und zugleich auch gefährlich. Wie sollte man es also anfangen?

Nun kannte Alices Tante einen starken Indianer, der ihr vollstes Vertrauen genoss. Er war aus dem Stamm der Mohikaner und sein Name war Unkas. Ihm gab sie den Auftrag, zu Fuß nach Boston zu gehen und die kleine Alice auf seinen Schultern dahin zu tragen.

So wurde denn das kleine Mädchen sorgsam in eine Menge warmer Kleider gesteckt und zugepackt. Auf ihrem Kopf trug sie eine Pelzkappe, die bis zu ihren Wangen hinabging. Auch hatte sie einen Umhang aus Bärenfell. So gekleidet und umhüllt machte sich Unkas auf den Weg mit der kleinen Reisenden, die auf seine Schultern gestiegen war. Das herzensgute Kind vergoss viele Tränen, als es von der Tante Abschied nahm; und auch die gute Frau weinte, als sie dem liebevollen Kind, das sie so ins Herz geschlossen hatte, Lebewohl sagen musste.

Der starke Indianer machte sich also auf den Weg. Aber er folgte nicht der offenen Straße, sondern streifte querfeldein durch das Land, über die Hügel und Täler und Wälder. Die kleine Alice ritt sehr vergnügt auf seinem Rücken und es machte ihr lange Freude, all das anzuschauen, was ihr auf dem Weg begegnete; aber nach und nach wurde sie müde und schlief schließlich ein. Unkas aber streifte weiter über den Schnee und kam nachts zu zwei oder drei Indianerwigwams. Nachdem Alice dann etwas zu Abend gegessen hatte, was die Indianerfrauen für sie gekocht hatten, legte man sie in ein Bett mit Bärenfellen, worin sie ruhig und sanft einschlief. Schon früh am Morgen dann weckte Unkas sie, setzte sie sich auf die Schulter, und weiter ging die Reise.

Er war noch nicht weit vorangekommen, als es wieder zu schneien begann; erst fiel der Schnee in kleinen lockeren Flocken, doch nach und nach kam er immer dichter runter. Mehrere Stunden lang wütete der Sturm, und zuletzt lag der Schnee mehrere Fuß hoch auf der Erde. Der tapfere Indianer ging jedoch unentwegt weiter, und er konnte in der Tat auch nichts anderes tun, denn er war nun weit weg von jeglicher Behausung. So stiefelte er denn Stunde um Stunde weiter; der Schnee ging ihm bis zur Mitte des Körpers, und der Sturm hörte nicht auf, mit der gleichen Macht wie zuvor weiter zu heulen und zu toben.

Schon begann die Nacht herabzusinken, und Unkas war in einem tiefen Wald; er und seine kleine Last waren voll mit Schnee bedeckt. Sie waren in einer furchtbaren Lage, doch Alice weinte nicht, noch hörte man Klagen von Unkas. Weiter und weiter schritt er, grub sich seinen Weg durch den dichten Schnee und war sorgsam darauf bedacht, die kleine Alice vor dem scharfen kalten Wind zu schützen. Bald war es stockfinstere Nacht und noch immer waren sie zu keiner Behausung gekommen. Doch Unkas wusste genau, wo er war. Er bog nun etwas zur Seite ab und begann einige steile Felsen hochzuklettern. Ziemlich bald schon gelangte er dann zu einer Höhle, die war ganz trocken und es lag da kein Schnee. Hier setzte er die kleine Alice von seinen Schultern ab und streifte sorgsam den Schnee von ihren Kleidern. Dann schlug er mit einem Feuerstein Funken und entfachte mit etwas Laub und trockenem Kleinholz ein helles Feuer. Darauf gab er Alice etwas zu essen, was er mitgebracht hatte. Er packte sie alsdann sorgfältig warm ein, und sie ging ruhig in die Höhle schlafen. Wachsam saß dann der Indianer bis zum nächsten Morgen an ihrer Seite und machte kein Auge zu. Dann legte er sich für eine kurze Zeit selbst neben sie und schlief etwas.

Am Morgen hatte der Sturm ganz aufgehört, und die Sonne strahlte hell und klar vom Himmel. Aber es lagen mindestens vier Fuß Schnee auf der Erde; doch das hielt Unkas nicht ab. Schon früh am Morgen nahm er Alice auf seine Schultern und begann, sich geradezu seinen Weg durch den Schnee zu pflügen. An diesem Tag kam er nicht weit voran und für die Nacht fand er eine Unterkunft in dem Haus eines weißen Mannes, der ihm und der kleinen Alice freundlicherweise Obdach gewährte; dort konnten die beiden auch so viel essen, wie sie wollten.

Am fünften Tag nach ihrem Aufbruch von Norwich erreichte der treue Indianer Boston. Leicht fand er auch die Wohnung von Mr Green und übergab das kleine Mädchen sicher in ihres Vaters Arme. Alice erzählte ihrem Vater die ganze Geschichte ihrer Reise und vergaß auch nicht zu erwähnen, wie freundlich und fürsorglich der Indianer ihr gegenüber war. Mr Green belohnte Unkas reichlich und reiste dann ab. Und oft dachte Unkas noch an das geduldige und feine Mädchen, das die Wildnis durchquert hatte, die Arme um seinen Hals geschlungen; auch Alice vergaß die Treue des gutherzigen Indianers nicht so bald. Nicht viel später kam sie mit ihrem Vater in England an, wo sie den Rest ihres Lebens verbrachte.

(Peter Parley)

Boquena, der Magier mit dem Buckel

Boquena und sein Bruder wurden von allen benachbarten Indianern für große Magier gehalten, die nur zu ihrem Vergnügen menschliche Gestalt angenommen hätten. Boquena war der Stärkere, doch auch der Hässlichere, da er durch einen fürchterlichen Buckel verunstaltet war. Er ging nie vor die Tür, sondern ließ seinen schöneren Bruder allein in den Wäldern jagen und verrichtete während dieser Zeit die häuslichen Arbeiten.

Seinem Bruder schien jedoch dieses einsame Leben nicht besonders zu behagen, denn er äußerte eines Tages, dass er fortgehen und die menschlichen Wohnungen aufsuchen wolle, um sich eine Frau zu holen. Boquena machte zwar ein saures Gesicht dazu, gab sich aber bald zufrieden und ließ ihn ruhig gehen.

Es war Winter, und es lag tiefer Schnee, in dem er zahlreiche Fußstapfen erblickte, die zu einem nahen Totengerüst führten, auf dem eine schöne Jungfrau lag.

»Sie muss mein Weib werden«, sagte der schöne Magier, packte sie kurzerhand auf seine Schultern, trug sie nach Hause und bat Boquena, sie wieder lebendig zu machen.

Dieser wandte seine besten Medizinkräfte an, und die junge Squaw atmete auch wirklich bald wieder.

Als sich kurz darauf der verheiratete Bruder einmal auf der Jagd befand, kam ein junger, schöner Mann ins Zelt und schleppte die Frau weg. Boquena wollte ihr schnell zu Hilfe eilen, aber er stieß dabei mit seinem Buckel so sehr gegen einen im Weg liegenden Stein, dass er vor Schmerzen niederfiel.

Der Bruder Boquenas war vor Wut ganz außer sich, als er nach Hause kam und diese Geschichte erfuhr. Der Störer seines Glücks musste bestraft werden, und wenn er ihn am Ende der Welt aufsuchen sollte.

»Ich glaube«, sagte Boquena darauf, »es wird unnütz sein, dir von deinem Vorhaben abzuraten; drum höre auf meine Worte. Du hast einen weiten Weg vor dir, der mit allerlei Fallstricken, Genüssen und Lustbarkeiten verknüpft ist, sodass ich glaube, du wirst unterwegs den eigentlichen Zweck deiner Reise gänzlich vergessen und bei jenen lachenden Menschen bleiben, die ihren Lebenszweck in ewigem Scherzetreiben erblicken. Du wirst erstens auf deinem Weg eine große saftige Weintraube liegen sehen, die du um Himmels willen nicht anrühren darfst, denn sie ist eine verzauberte Klapperschlange; dann wirst du zu einer flackernden, durchsichtigen Masse kommen, die wie Bärenfett aussieht, aber eigentlich nur aus faulen Froscheiern besteht, weshalb du ebenfalls nichts davon essen darfst!«

Darauf reiste der Bruder ab. Bald sah er die einladende Weintraube vor sich liegen, und da er den Rat seines Bruders längst vergessen hatte, setzte er sich gemütlich dazu und aß sich dick und satt. Dann kam er zum vermeintlichen Bärenfett und ließ es sich ebenfalls recht gut schmecken.

Gegen Sonnenuntergang führte ihn sein Weg auf eine große Ebene, auf der das freundlichste Dorf stand, das er je in seinem Leben gesehen hatte. Es war stark bevölkert, und die Bewohner schienen alle in sehr glücklichen Verhältnissen zu leben. Die Weiber saßen vor den Häusern und stampften Korn in silbernen Mörsern.

Als sie den Fremden kommen sahen, riefen sie: »Seht, dort kommt Boquenas Bruder, um uns einen Besuch abzustatten.« Sie gingen ihm nun alle entgegen und sagten ihm Schmeicheleien tausenderlei Art, was ihm so sehr gefiel, dass er an ein Weitergehen gar nicht mehr dachte.

Der alte Boquena hatte bereits verschiedene Jahre auf seinen Bruder gewartet und sich endlich, da dieser gar nicht mehr zurückzukommen schien, entschlossen, ihn zu suchen. Er begegnete denselben Süßigkeiten, ließ sie aber unangetastet und war bald bei seinem Bruder, der das Jagdhandwerk vollständig an die Zeltstange gehängt hatte und seine Zeit mit liebenswürdigen Weibern verscherzte. Auch fand Boquena gleich dessen Frau und machte die Stelle am Fluss ausfindig, wo sie gewöhnlich Wasser holte.

Nun verwandelte er sich in eine kleine Wasserschlange und ließ sich in ihrem Topf mit nach Hause tragen. Ihr Mann schien einen gewaltigen Durst zu haben, denn er trank den großen Topf auf einmal leer und verschluckte auch die Schlange. Bald darauf starb er.

Nun kroch Boquena aus dem toten Körper heraus, nahm seine natürliche Gestalt wieder an und ging zu seinem Bruder, der aber von der süßen Unterhaltung mit jenen liebenswürdigen Weibern noch so sehr in Anspruch genommen war, dass ihn seine Erzählung nicht im Geringsten interessierte und dass es schien, als wisse er überhaupt nicht, dass er verheiratet gewesen war.

Mit den Augen voller Tränen entfernte sich Boquena darauf und ließ nie wieder etwas von sich hören.

Der kleine Geist

In einer einsamen Hütte, die weit im Norden am Ufer eines von hohen Felsen umgebenen Sees stand, lebten zwei arme Waisenkinder, ein Mädchen und ein Knabe, der nicht höher als ein Grashalm war. Eines prächtigen Wintertages sagte er zu seiner Schwester: »Mach mir einen kleinen Ball, damit ich mir auf dem glatten, hellen Eis die Zeit verkürzen kann!«

Die Schwester tat es auch, bat ihn aber, ja nicht weit von ihrer Wohnung zu gehen, damit ihm nicht ein Unglück zustoße. Der Zwerg hörte nicht darauf, stieß in kindischer Freude den Ball rasch vor sich her und eilte ihm ebenso schnell wieder nach.

Als er so ungefähr eine halbe Stunde lang immer nach einer Richtung hin gelaufen war, sah er auf einmal vier große Männer vor sich, die auf dem Eis lagen und Fische speerten. Der eine davon drehte sich spöttisch um und rief: »Seht doch, was da für ein winziger Knirps herumhüpft!« Doch die anderen kümmerten sich nicht darum und fischten ruhig weiter.

Diese Nichtbeachtung ärgerte aber den Kleinen so fürchterlich, dass er, um sich zu rächen, dem einen seinen größten Fisch stahl und eilends damit nach Hause lief. Seine Schwester kochte den Fisch, und beide hatten nun ein treffliches Essen für den ganzen Tag.

Am folgenden Morgen ließ der Kleine seinen Ball wieder auf dem Eis tanzen und sah auch wieder die vier Fischer. Da er nun das Unglück hatte, dass sein Spielzeug in eins dieser Fischlöcher flog, so bat er den einen freundlichst, ihm den Ball doch wieder zuzuwerfen; der stieß den aber erst recht unter das Eis. Als dies der Zwerg sah, hüpfte er flink herbei und brach dem Fischer den linken Arm. Nun erhielt er seinen Ball wieder und lief damit eilends nach Hause.

Die Fischer konnten ihn trotz der größten Anstrengungen nicht einholen und beschlossen daher, das Unglück ihres Bruders am nächsten Morgen blutig zu rächen. Ihre Mutter riet ihnen aber, von ihrem Vorhaben abzustehen, denn der kleine Kerl sei sicherlich ein verkappter Manitu, der sie noch alle vernichten würde. Doch die Fischer hörten nicht auf ihre Warnung und gingen am anderen Tag mit ihrem verwundeten Bruder vor die Hütte des Zwergs.

Als dessen Schwester die Männer kommen sah, lief sie in Todesangst zu ihrem Bruder und fragte ihn um Rat; er antwortete ihr aber kaltblütig: »Was kümmert dich das? Geh hin und hol mir etwas Gutes zum Essen!«

»Aber wie kann man in einem solchen Augenblick noch Appetit haben?«, erwiderte sie verwundert.

»Tu, wie ich dir sage, und lass mich für das Übrige sorgen!«

Nun gab sie ihm eine riesige Muschel mit mannshoher Schale, und als er eben anfangen wollte, sich's recht gut schmecken zu lassen, hoben die vier Fischer gerade die Türdecke auf, um hereinzukommen. Als er das sah, warf er schnell seine große Muschel in die Türöffnung, und da seine Hütte eigentlich aus einer Felsenhöhle bestand, so war diese nun uneinnehmbar.

Die vier zerbrachen alle ihre Werkzeuge und mühten sich zum Sterben ab; aber alles, was sie fertig brachten, war ein winzig kleines Loch, an dem sie einen halben Tag gemeißelt hatten. Der Erste, der nun seinen Kopf hindurchzustecken suchte, wurde so mit einem Pfeil begrüßt, dass sein Gehirn im ganzen Zimmer herumspritzte. Den anderen dreien ging es ebenso.

Da die Schwester des Kleinen sie nicht für ganz tot hielt, so getraute sie sich nicht eher hinauszugehen, als bis sie ihr Bruder in kleine Stücke zerhauen hatte, die die großen Raubvögel gierig aufpickten.

Im nächsten Frühjahr machte sich der Zwerg einen großen Bogen und mehrere Pfeile, welch Letztere er zum größten Ärger seiner Schwester alle in den See schoss. Dann schwamm er ihnen nach und tat dabei, als ob er am Ertrinken wäre, damit seine am Ufer stehende Schwester recht um ihn weine und klage. Auch rief er noch ständig: »Mämis kwonschegonä benowä-konschischin!«

Das heißt: »Großer Fischkönig, komm und verschlucke mich!«

Der große Fischkönig ließ auch nicht lange auf sich warten; er schwamm herbei und verschluckte ihn. Ehe er nun im Maul jenes Fisches verschwand, glaubte seine Schwester noch das Wort »Mesuschkisinens« zu hören, das sie aber nicht sofort zu deuten wusste. Nach längerem Nachdenken meinte sie, er wünsche vielleicht einen alten Mokassin. Sie suchte also einen hervor, band ihn an ein Seil, warf ihn ins Wasser und befestigte das Seil an einem nahe stehenden Baum.

Der Fischkönig war ungeheuer neugierig, was das für ein kurioser Gegenstand sei, der dort herumschwimme, und er bat den Knaben in seinem Bauch deshalb um Auskunft.

»Schwimm schnell hin und friss es!«, raunte ihm dieser in die Ohren, und der alte Fisch, der als König mehr Klugheit hätte besitzen sollen, schluckte den alten Schuh auch wirklich hinunter. Da lächelte denn der Kleine recht schalkhaft, ergriff mit beiden Händen das Seil und zog sich so mitsamt seinem Fresser an Land.

Die Schwester erstaunte ob der ungeheuren Größe dieses Fisches, nahm aber beherzt ihr Messer und stach ihn tot. Darauf kroch ihr Bruder wohlbehalten aus dem Bauch und befahl seiner Schwester, das Fleisch zu trocknen und fortan nie mehr an seinen außerordentlichen Fähigkeiten zu zweifeln.

Das hat sie denn auch nicht mehr getan, und damit endet die Geschichte.

Odschig Annang oder Der Sommermacher

Am südlichen Ufer des Oberen Sees lebte ein berühmter Jäger namens Odschig, den alle seine Nachbarn für einen mächtigen Manitu hielten, da ihm nämlich alles gelang, was er unternahm.

Auch sein Sohn schien viel für die Zukunft zu versprechen, denn obgleich er erst dreizehn Jahre alt war, machte er doch schon auf die stärksten Tiere Jagd, und selten flog sein Pfeil am Ziel vorbei. Das Einzige nun, was diesem in der Welt nicht gefiel, war der kalte, lange Winter alljährlich; denn da erfror er sich stets die Finger so sehr, dass er den Bogen nicht mehr spannen und folglich auch nichts mehr schießen konnte. Dann saß er oft tagelang zu Hause und weinte über den tiefen Schnee, über die anhaltende Kälte und über die Seltenheit des Wildes in den unwegsamen Wäldern.

Eines Tages, als er sich wieder einmal vergebens auf der Jagd müde gelaufen hatte und sich nun niedergeschlagenen Herzens an einen Baumstamm lehnte, bemerkte er ein rotes Eichhörnchen vor sich, das begierig an einem Tannenzapfen nagte.

»Mein Enkel«, sagte das Tierchen zu ihm, »töte mich nicht, sondern merke auf meine Worte. Ich habe deine Klagen gehört und deine Tränen gesehen und kenne auch deinen heißesten Wunsch: Du sehnst dich nämlich nach dem Sommer. Wohlan denn! Wenn du meinem Rat folgst, so wirst du dich des ewigen Sommers erfreuen und Vögel und Tiere in Hülle und Fülle zu schießen haben; auch ich, der ich nahe am Verhungern bin, werde mich dann stets satt essen können. Höre also: Sobald du nach Hause kommst, wirfst du Pfeil und Bogen unwillig weg, legst dich weinend in eine Ecke und weist jede Speise und jeden Trank mürrisch zurück. Wenn dich deine Mutter fragt, so antwortest du ihr nicht. Dann wird dich dein Vater bitten, ihm doch mitzuteilen, was dir fehle, und dir auch zugleich sagen, dass er dir sicherlich helfen könne, da er ein mächtiger Geist sei. Darauf erzählst du ihm in gebrochenen Worten, dass du deshalb so traurig seist, weil die Kälte so anhalte und der Schnee nicht wegschmelze, und bittest ihn dann um den ewigen Sommer. Dann wird er dir sagen, dass er, obgleich dies eine harte Arbeit sei, sein Möglichstes zur Erfüllung deines Wunsches tun wolle.«

Hier hielt das Eichhörnchen inne. Der Knabe versprach, seinen Rat zu befolgen, und er tat es auch. »Du verlangst viel von mir, mein Sohn«, sagte Odschig. »Aber bei meiner großen Liebe zu dir kann ich dir nichts abschlagen, obwohl ich wegen des Erfolgs im Zweifel bin.«

Am folgenden Tag veranstaltete Odschig ein großes Fest und lud alle seine Freunde dazu ein. Sie erschienen auch alle recht pünktlich, taten sich am fetten Hirsch- und Bärenfleisch gütlich und versprachen ihm, an seiner Reise teilzunehmen – ein Versprechen, das sie auch nach drei Tagen wirklich erfüllten.

Als sie sich nun zwanzig Tage auf der Wanderschaft befanden, kamen sie an den Fuß eines Berges und erblickten dort die Fußstapfen eines Menschen und die Blutstropfen eines frisch getöteten Wildes. Da sie sehr hungrig und erschöpft waren, so folgten sie jenen Spuren in der Hoffnung, irgendeine mitleidige Menschenseele zu finden, die sie zur Fortsetzung ihrer Reise stärken sollte. Bald sahen sie auch eine lustig anzuschauende Hütte vor sich, und Odschig riet seinen Begleitern, sich beim Hineingehen ja recht ernst zu verhalten und beileibe nicht zu lachen.

Diese Ermahnung war übrigens auch sehr nötig, denn an der Tür stand ein Mensch von so merkwürdiger Figur, dass sie im Zweifel waren, ob sie ihn überhaupt zur Menschenrasse rechnen sollten. Sein Kopf war ganz abscheulich groß und hässlich, die Zähne standen ihm nach auswärts, die Augen waren viereckig, und Arme hatte er gar keine. Alle wunderten sich, wie dieser Mensch Tiere töten könnte. Doch dieses Geheimnis klärte sich bald auf.

Der Alte lud darauf alle freundlichst ein, bei ihm zu übernachten, und kochte ihnen ein vorzügliches Mahl in seinem hölzernen Topf. Doch beim Herumreichen des Fleisches machte er solche possierliche Bewegungen, dass sich einer namens Otter des Lachens nicht enthalten konnte und laut damit herausplatzte.

Der Alte sah ihn wütend an, sprang mit einem Satz auf und suchte ihm den Kopf einzutreten. Aber Otter war auch sehr flink, schüttelte den bösen Manitu ab und entfloh durch die offene Tür. Die anderen verbrachten die Nacht in angenehmster Unterhaltung, und der Alte versicherte Odschig, dass er ihm zur Erreichung seines Zweckes behilflich sein wolle, obgleich es ihn unzweifelhaft das Leben kosten würde.

Am anderen Morgen zeigte er ihnen den Weg, auf dem sie auch bald den unglücklichen Otter wieder antrafen, der beinahe verhungert war. Odschig hatte aber glücklicherweise heimlich ein Stück Fleisch eingesteckt, sodass er nun seinem Freund doppelt willkommen war.

Nun reisten sie abermals zwanzig Tage lang weiter und ließen sich dann auf einem hohen Berg nieder, von dem ihnen der Alte vorher erzählt hatte. Sie stopften sich gemütlich ihre Pfeifen, verneigten sich der Sitte gemäß gegen alle vier Himmelsgegenden sowie gegen die Erde und den Himmel und baten dabei inbrünstig den Großen Geist um Erfolg. Dann fingen sie an zu rauchen.

Der Himmel schien auf dieser hohen Bergspitze so nahe zu sein, dass es ihnen vorkam, als könnten sie mit Leichtigkeit hineinspringen. »Odschig«, sagte Otter, »lass uns doch einmal versuchen, ob wir kein Loch hineinmachen können.«

Odschig nickte und bat ihn, gleich den Anfang zu machen. Otter sprang also hinauf, konnte aber oben unglücklicherweise keinen Halt fassen und fiel besinnungslos den Berg hinunter. Als er seine Lebensgeister wieder gesammelt hatte, dachte er: Das ist das letzte Mal, dass ich einen solchen Todessprung unternehme, und er begab sich allein auf den Heimweg.

Nun kam die Reihe an Biber, dem ging's aber ebenso, und Luchs und Dachs erlitten dasselbe Schicksal.

»Vielfraß«, sagte darauf Odschig, »ich verlasse mich auf deine Geschicklichkeit und Behändigkeit; springe du nun.«

Vielfraß tat's, aber sein Sprung war erfolglos; doch verlor er den Mut nicht und sprang zum zweiten Mal, und die Himmelsdecke gab ein wenig nach. Dann sammelte er alle seine Kräfte zum letzten Sprung, der vollständig gelang; der Himmel bekam ein Loch, und beide marschierten mutig hinein.

Dort fanden sie sich auf einer großen, weiten Ebene, die so weit, wie ihre Augen reichten, über und über mit den herrlichsten Blumen bedeckt war. Die Ströme enthielten das klarste Wasser; ihre Ufer wimmelten von allerlei prächtigen Tieren, und von den hohen Bäumen ertönten die anmutigsten Lieder lieblicher Singvögel. Aber die allerschönsten Vögel flogen nicht frei umher, sondern waren in große Käfige gesperrt, die vor den Häusern der Himmelsbewohner hingen. Als Odschig dies bemerkte, wurde er so ärgerlich, dass er jeden Käfig ohne Weiteres öffnete und die Vögel durch das himmlische Loch entfliehen ließ. Auch die warme Himmelsluft verflüchtigte sich allmählich durch jene Öffnung; es fing an, oben empfindlich kalt zu werden, und die Leute flüchteten ängstlich in ihre warmen Wohnungen. Doch das half gerade so viel, als wenn der verfolgte Strauß seinen Kopf in den Sand steckt, und einige klügere Leute liefen so schnell wie möglich zu jenem Loch, um es zuzustopfen und zu retten, was noch zu retten sei. Aber es war damit beinahe zu spät; Frühlings-, Herbst- und Sommerluft waren schon entwichen, ja sogar die Hälfte des ewigen Sommers war schon weg, ehe sie das Unglücksloch erreichten.

Vielfraß, der die wütenden Leute noch zur rechten Minute kommen sah, gewann in aller Eile so viel Zeit, um glücklich durchzubrennen. Odschig aber war nicht so glücklich; das Öffnen der vielen Vogelkäfige hatte ihn so in Anspruch genommen, dass er weder hörte noch sah, was um ihn vorging, und als er zur Öffnung kam, war diese bereits verstopft.

Wie ein gehetztes Wild rannte er nun über die endlosen Ebenen des Himmels und musste zuletzt, da ihn seine Feinde zu hart bedrängten, auf einem dicken Baum Schutz suchen. Die Pfeile der Angreifer pfiffen ihm zu Hunderten um die Ohren; viele trafen ihn auch, verwundeten ihn aber nicht, da sein Körper, mit Ausnahme der Schwanzspitze, unverwundbar war.

Doch gegen Abend hatte er das große Unglück, an der bezeichneten Stelle getroffen zu werden. Er sah herunter, und da er zufällig einige Leute seines Totems – des Fischtotems nämlich – bemerkte, so bat er sie kläglich, doch von der Verfolgung abzulassen, was sie denn auch mit Anbruch der Nacht taten.

Odschig kletterte nun herab und suchte nach einem besseren Zufluchtsort, fand aber leider keinen. Seine Schwanzwunde schmerzte ihn unsäglich, denn sie war tödlich, weshalb er sich zum Sterben bereit hinlegte und seufzte: »Mein Sohn, ich habe mein Versprechen erfüllt, aber es hat mein Leben gekostet. Doch ich bin zufrieden und sterbe gelassen, denn ich habe nicht allein dir, sondern allen Menschen und Tieren der Erde Gutes gestiftet, und diese werden sich jährlich nur noch wenige Monate über Schnee und Kälte zu beklagen haben.«

Am anderen Morgen fand man ihn tot mit einem Pfeil im Schwanz, und seit jener Zeit erblickt man das Zeichen des Fisches am Sternenhimmel.

Schinschibiss und der Nordwind

Der Wigwam von Schinschibiss stand am Ufer des Eriesees. Es war ein grimmig kalter Winter, doch da sich Schinschibiss vier große Baumstämme herbeigeschleppt hatte, von denen jeder wenigstens einen Monat brannte, so war er immer guten Mutes und unbesorgt und er pfiff und sang den ganzen lieben Tag. Wenn er Hunger hatte, hackte er das Eis des Sees auf, tauchte unter und fing sich Fische, so viele er nur brauchte. Ob das Wasser kalt oder warm war, kümmerte ihn wenig.

Dies ärgerte nun Kabibonocca, den Nordwind, ganz gewaltig, und er sprach: »Dieser Schinschibiss ist doch ein Teufelskerl; das kälteste Wetter, das ich auf ihn herabschicke, stört ihn nicht im Geringsten, und er ist immer so vergnügt und zufrieden dabei, als ob es ewig Sommer bei ihm wäre. Versuchen will ich's aber doch noch einmal, ob ich nicht Herr über ihn werden kann.« Und damit schickte er den kältesten Sturmwind zu ihm, den er je über die Erde sausen ließ.

Doch das Feuer von Schinschibiss erlosch nicht, und obwohl seine ganze Kleidung nur aus einem einzigen dünnen Fell bestand, das ihm notdürftig die Lenden bedeckte, ging er nach wie vor aus und fing sich seine Fische.

Da beschloss denn Kabibonocca, ihm einen Besuch abzustatten, und er kam am Abend zum ihm. Schinschibiss lag neben einem brennenden Baumstamm und sang:

> »Blase, Windgott, immerzu,
> Bist ja doch nur meinesgleichen!
> Dass du mich erfrieren machst,
> Wirst du nimmermehr erreichen;
> Vor Hunger, Wind und Schlangenbiss
> Da fürchtet sich kein Schinschibiss.«

Schinschibiss wusste, dass Kabibonocca an seiner Tür war, denn er merkte es an seinem kalten Atem; aber er sang ruhig weiter. Nun trat Kabibonocca herein in die Hütte und setzte sich ihm gegenüber; Schinschibiss tat, als sähe er ihn nicht, schürte lustig sein Feuer und sang: »Bist ja doch nur meinesgleichen!«

Da wurde es Kabibonocca zuletzt doch ein wenig zu langweilig; grimmig verließ er die Hütte wieder und schickte darauf eine solche Kälte, dass das Eis auf dem See noch dreimal so dick gefror. Schinschibiss wusste sich aber immer wieder zu helfen, sodass Kabibonocca zuletzt den Kampf aufgab und sagte: »Schinschibiss ist ein seltsamer Mensch; ich kann ihn weder erfrieren machen noch ihn aushungern; er muss von einem gewaltigen Manitu beschützt sein, und es ist wohl das Beste, ich lasse ihn in Ruhe!«

Wie der Tod auf die Welt kam

Diese rätselhafte Geschichte der kalifornischen Indianer ist ein Todesursprungsmärchen mit dem Streit zweier mythischer Wesen als Ausgangspunkt. Wenn es zu sehr schneite, pflegte man die Toten provisorisch im Schwitzhaus zu bestatten.

Die Menschen waren so zahlreich wie die Drosseln; keiner starb, es gab keinen Tod durch Zauberei, und niemand wusste, was Weinen ist. Die Menschen wurden zwar alt, aber sie starben nicht, Männer so wenig wie Frauen.

Einst regnete es, und alle Menschen gingen zusammen ins Schwitzhaus; dann kam der Schnee. Der Kojote, der einen Sohn hatte, sprach zu den drei Männern, die auf der Südseite des Schwitzhauses saßen: »Wir wollen die Menschen sterben lassen.« Die Eidechse ließ den Kopf hängen; bei ihr saßen das Waldkaninchen und das Graueichhörnchen, und alle drei waren traurig, als der Kojote weiter sagte: »Es ist gut, wenn die Menschen sterben.« – »Die Menschen sollen nicht sterben«, erwiderte die Eidechse, »wir wollen nicht weinen, wenn die Menschen sterben. Meinetwegen mögen die Menschen auch sterben, aber sie sollen wieder zum Leben erwachen. Wir wollen sie, wenn sie tot sind, in der Erde begraben, aber sie sollen wieder auferstehen, und deshalb wollen wir sie auch nicht zu tief begraben.« – »Warum sollen denn die Menschen wieder zum Leben zurückkehren?«, fragte der Kojote. »Lass sie nur wirklich tot sein, wenn sie sterben; wenn einer stirbt, wollen wir weinen: Hu-u-u! Und so sollen es die Menschen künftig auch machen. Und dann sollen sie sich Pech auf die Augen schmieren und weiße Tonerde auflegen und dadurch ihre Trauer zeigen.« Was konnte die Eidechse dagegen sagen? Sie war geschlagen.

Es schneite, und die Bäume waren ganz mit Schnee bedeckt. Die Eidechse, das Graueichhörnchen und das Waldkaninchen flüsterten miteinander. Die Menschen gingen nicht aus dem Hause hinaus, weil sie sich vor dem Schnee fürchteten, und drängten sich dicht im Schwitzhaus zusammen. Da wurde ein Mann krank – die Eidechse hatte es bewirkt – und starb. Der Kojote sagte nichts, und niemand weinte um den Toten. »Was sollen wir mit dem Leichnam anfangen?«, fragte das Waldkaninchen. »Wir wollen ihn begraben.« – »Wo sollen wir ihn begraben? Draußen liegt zuviel Schnee.« – »Begrabt ihn hier im Schwitzhaus, auf der Südseite.«

Sie gruben ein Loch und legten ihn hinein, aber nicht sehr tief; dann bedeckten sie ihn mit Erde, während der Schnee draußen noch immer fiel. Bald danach begann sich die Erde über dem Grab leicht zu bewegen. Der Kojote saß da und schaute hin. Es war der Tote, der sich in seinem Grabe rührte; er versuchte auf diese Weise wieder ins Leben zurückzukehren. Der Kojote ließ das Grab nicht aus den Augen. Schon richtete sich der Tote halb im Grabe auf, da sprang der Kojote mit einem Satz empor, stürzte sich auf den Toten und stieß ihn wieder ins Grab hinein. »Stirb!«, schrie er, hob seinen Fuß und trampelte den Toten nieder. »Warum willst du zurück ins Leben? Stirb! Stirb!« Niemand sagte ein Wort. Der Kojote kehrte dahin zurück, wo er gesessen hatte, und ließ sich wieder auf der Südseite des Schwitzhauses nieder. Noch immer behielt er das Grab in den Augen, aber nichts regte sich mehr darin; nun war der Mann wirklich tot. »Auf! Weint und schreit!«, rief der Kojote. »Der Mann da ist tot. Wir werden ihn nie wieder sehen. Vorwärts! Trauerpech her! Vorwärts! Schmiert euch Pech aufs Gesicht!«

Die Menschen hatten die Totentrauer beendet. »Lasst uns nun Hirsche jagen gehen!«, sagten sie. Ein junger Mann, der Sohn des Kojoten, ging mit ihnen auf die Jagd. »Was fangen wir mit ihm an? Lasst uns auch einmal den Kojoten zum Weinen bringen!«, sagten die Leute. Ein Pfad war da, der nach Osten führte. In einiger Entfernung stand eine Gelbfichte, und der Pfad lief dicht an ihr vorüber. »Was tun wir? Lasst uns eine Klapperschlange machen!« So geschah es, und eine Klapperschlange ringelte sich sogleich um einen Baum. Sie schärften der Klapperschlange ein, was sie zu tun habe, und legten sie an der Gelbfichte nieder. Jung-Kojote kam auf dem Pfad von Westen daher; als er der Klapperschlange nahe war, sprang diese plötzlich auf ihn und ringelte sich um seine Beine. Er schrie, aber die Schlange zog ihn nieder und biss ihn, dass er starb. »Dein Sohn ist tot«, sagten die Menschen zum Kojoten. »Wo?« – »Er liegt im Osten, getötet durch den Biss einer Klapperschlange.« Der Kojote rief: »Es kann nicht sein!«, und brach in Tränen aus. Er sprang umher, streute Staub auf sein Gesicht und benahm sich wie ein Wahnsinniger, während die Menschen Jung-Kojote nach Hause brachten. Der Kojote sprach zur Eidechse, während er seinen Trauertanz tanzte: »Wehe, wehe, wehe! Freund, du sagtest, du wolltest die Menschen wieder aufleben lassen, nachdem sie gestorben seien. Gib meinem Sohn das Leben wieder!« – »Hm, hm!«, machte das Waldkaninchen. »Weine nur, weine! Du prahltest ja damit, dass du so gern weinen würdest! Lass nur deine Tränen fließen! Tu weiße Tonerde auf dein Antlitz! Sagtest du nicht, du würdest weinen, wenn dein Bruder stürbe? Weine nur, weine!«

Auf der Fährte nach Fleisch

Dunkler Tannenwald lag finster zu beiden Seiten des zugefrorenen Wasserlaufs. Der Wind hatte unlängst die weiße Frostdecke von den Bäumen gestreift, und sie sahen aus, als drängten sie sich im schwindenden Tageslicht schwarz und unheimlich aneinander. Tiefe Stille beherrschte die Landschaft. Eine Landschaft voller Trostlosigkeit, ohne Leben, ohne Bewegung, so einsam und kalt, dass man ihre Atmosphäre nicht einmal traurig nennen konnte. Ein Hauch von Gelächter lag über allem, doch ein Gelächter, das schrecklicher war als jede

Schwermut – ein Gelächter so freudlos wie das Lächeln der Sphinx, eisig wie der Frost und an die grimmige Härte der Unfehlbarkeit gemahnend. Es war die herrische, nicht mitteilbare Weisheit der Ewigkeit, die sich über die Nutzlosigkeit des Lebens und seine Mühen lustig machte. Es war die Wildnis, die ungezähmte, kaltherzige Wildnis des Nordens.

Und doch gab es Leben in diesem Land, herausforderndes Leben. Eine Reihe wolfsähnlicher Hunde quälte sich den zugefrorenen Wasserlauf hinunter. Ihr struppiges Fell war von Raureif überzogen. Ihr Atem gefror in der Luft, sobald er ihre Mäuler verließ, und quoll in dichten Dampfwolken daraus hervor, die auf ihren Fellen niedersanken und sich in Frostkristalle verwandelten. Die Hunde trugen Ledergeschirre und lederne Riemen verbanden sie mit einem Schlitten, den sie hinter sich herschleiften. Der Schlitten hatte keine Kufen. Er war aus dicker Birkenrinde gefertigt und ruhte mit seiner gesamten Unterfläche auf dem Schnee. Das vordere Ende war schneckenförmig aufwärts gebogen, um den weichen Schnee, der sich wie eine Welle vor ihm auftürmte, niederzuzwingen und aus der Bahn zu schieben. Auf dem Schlitten war ein langer, schmaler, rechteckiger Kasten sorgfältig festgebunden. Außerdem befanden sich dort Decken, eine Axt, eine Kaffeekanne und eine Bratpfanne. Ins Auge aber fiel der lange, schmale, rechteckige Kasten, der den größten Raum einnahm.

Vor den Hunden ging mühsam ein Mann auf breiten Schneeschuhen. Hinter dem Schlitten kämpfte sich ein zweiter durch den Schnee. Auf dem Schlitten lag in dem Kasten ein dritter Mann, dessen Mühsal vorbei war – ein Mann, den die Wildnis besiegt und überwältigt hatte, bis er sich niemals wieder rührte oder regte. Die Wildnis mag keine Bewegung. Das Leben ist für sie Beleidigung, denn Leben bedeutet Bewegung, und die Wildnis ist immer bestrebt, Bewegung zu verhindern. Sie lässt das Wasser gefrieren, damit es nicht ins Meer fließen kann; sie treibt den Saft aus den Bäumen, bis sie bis in ihr mächtiges Mark erstarren; aber am grausamsten und schrecklichsten hetzt sie den Menschen und zwingt ihn, sich zu unterwerfen. Den Menschen, das ruheloseste aller Wesen, das in ständiger Auflehnung gegen den Grundsatz lebt, dass am Ende jede Bewegung zum Stillstand kommen muss.

Vor und hinter dem Schlitten schleppten sich dennoch unablässig und unerschrocken die beiden Männer voran, die noch nicht tot waren. Ihre Körper waren in dicke Pelze und weichgegerbtes Leder gehüllt. Ihre Wimpern, Wangen und Lippen waren so vollständig mit den Eiskristallen ihres gefrorenen Atems bedeckt, dass ihre Gesichter unkenntlich waren. Sie sahen aus wie gespenstische Masken, wie Leichenbestatter aus einer geisterhaften Welt beim Begräbnis einer Spukgestalt. Trotzdem waren es Menschen, die eindrangen in das Land der Trostlosigkeit, des Hohns und der Stille; erbärmliche Glücksritter, die auf ein gigantisches Abenteuer erpicht waren und die sich gegen die Macht einer Welt stellten, die so fern und fremd und leblos war wie die Abgründe im Weltraum.

Sie wanderten schweigend und sparten sich ihren Atem für die Anstrengung ihrer Körper. Rings um sie herrschte Stille, deren fühlbare Präsenz sie niederdrückte. Sie lastete auf ihren Seelen wie die gewaltigen Wassermassen auf einem Taucher am Meeresgrund. Sie warf sie nieder mit dem Gewicht unendlicher Weite und eines unabänderlichen Gebotes. Sie drängte sie zurück in die tiefsten Winkel ihrer Seele und presste – wie den Saft aus der Traube – allen unechten Überschwang, alle falsche Begeisterung, alle übertriebene Wertschätzung menschlicher Belange aus ihnen heraus, bis sie sich klein und endlich vorkamen wie Staubkörner, die ahnungslos und unwissend mitten im Kräftespiel der mächtigen, dunklen Elemente herumwirbelten.

Eine Stunde verging, dann eine zweite. Das fahle Licht des kurzen, sonnenlosen Tages begann soeben zu verblassen, als in der Stille ein schwacher Schrei aus der Ferne ertönte. Er schraubte sich rasch in die Höhe bis er seinen höchsten Ton erreichte, dort hielt er sich gespannt und zitternd und erstarb dann langsam. Es hätte der klagende Ruf einer verlorenen Seele sein können, doch ihm haftete eine bestimmte schwermütige Wildheit und eine hungrige Gier an. Der Vordermann wandte den Kopf zurück, bis seine Augen denen seines Gefährten begegneten. Dann nickten sie einander über den schmalen, länglichen Kasten zu.

Ein zweites Heulen erklang, wie eine spitze Nadel durchdrang es die Stille. Beide Männer wussten, woher es kam. Es ertönte hinter ihnen, irgendwo in der unendlichen Schneeweite, die sie gerade durchquert hatten. Ein dritter Ruf stieg empor, aus derselben Richtung und links neben dem zweiten.

»Sie sind hinter uns her, Bill«, sagte der Vordermann.

Seine Stimme klang heiser und unwirklich, es hatte ihn offenbar Mühe gekostet zu sprechen.

»Fleisch ist knapp«, entgegnete sein Gefährte. »Hab seit Tagen keine Kaninchenspur gesehen.«

Dann sagten sie nichts mehr, lauschten aber aufmerksam dem Jagdgeheul, das weiter hinter ihnen ertönte.

Bei Einbruch der Dunkelheit lenkten sie die Hunde in ein Tannenwäldchen am Rand des Wasserlaufs und schlugen ein Lager auf. Der Sarg neben dem Feuer diente als Sitz und Tisch. Die Wolfshunde drängten sich auf der anderen Seite des Feuers zusammen, knurrten und zankten sich, machten jedoch keinerlei Anstalten, sich in die Dunkelheit davonzustehlen.

»Mir scheint, sie bleiben heute merkwürdig dicht beim Lager, Henry«, meinte Bill.

Henry, der am Feuer kauerte und mit einem Klumpen Eis den Kaffeetopf aufstellte, nickte. Er antwortete nicht, bis er seinen Platz auf dem Sarg wieder eingenommen hatte und zu essen begann.

»Sie wissen, wo ihr Fell am sichersten ist«, sagte er. »Sie fressen lieber, bevor sie sich selbst fressen lassen. Sind ziemlich klug, diese Hunde.«

Nordamerika

Bill schüttelte den Kopf. »Ach, ich weiß nicht.«

Sein Gefährte sah ihn verwundert an. »Das ist das erste Mal, dass ich dich sagen höre, sie seien nicht klug.«

»Henry«, entgegnete der andere und kaute dabei bedächtig Bohnen, »hast du gehört, was für einen Krawall die Hunde gemacht haben, als ich sie gefüttert hab?«

»Ja, heute waren sie lauter als sonst«, bestätigte Henry.

»Wie viele Hunde haben wir, Henry?«

»Sechs.«

»Hör mal, Henry ...« Bill hielt einen Augenblick inne, um seinen Worten mehr Nachdruck zu verleihen. »Wir haben sechs Hunde, wie du gesagt hast. Ich nahm sechs Fische aus dem Sack. Ich gab jedem Hund einen Fisch. Aber, Henry, ich hatte einen zu wenig.«

»Du hast dich verzählt.«

»Wir haben sechs Hunde«, wiederholte Bill ungerührt. »Ich hab sechs Fische rausgeholt. Einohr bekam aber keinen. Ich ging danach an den Sack und gab ihm seinen.«

»Wir haben nur sechs Hunde«, beharrte Henry.

»Henry«, fuhr Bill fort, »ich sag ja nicht, dass es alles Hunde waren, aber sieben haben Fisch bekommen.«

Henry unterbrach seine Mahlzeit, blickte über das Feuer und zählte die Hunde.

»Jetzt sind es jedenfalls sechs«, sagte er.

»Ich sah den andern über den Schnee weglaufen«, verkündete Bill mit kühler Bestimmtheit. »Es waren sieben.«

Henry blickte ihn mitleidig an. »Werde mächtig froh sein, wenn wir diese Tour hinter uns haben.«

»Wie meinst'n das?«, fragte Bill.

»Ich mein, dass unsere Fracht dir an die Nerven geht und dass du anfängst, Gespenster zu sehen.«

»Das hab ich auch gedacht«, antwortete Bill ernsthaft. »Deswegen hab ich den Schnee untersucht, als ich das Vieh weglaufen sah. Ich hab seine Spuren gesehen. Dann hab ich die Hunde gezählt und es warn sechs. Die Spuren sind noch im Schnee. Willst du sie sehen? Ich zeig sie dir.«

Henry erwiderte nichts, sondern kaute schweigend weiter, bis er den Rest seiner Mahlzeit mit einer Tasse Kaffee hinuntergespült hatte. Dann wischte er sich mit dem Handrücken über den Mund und sagte:

»Du glaubst also, es war ...«

Er wurde von einem lang gezogenen, tieftraurigen Geheul unterbrochen, das irgendwo in der Dunkelheit ertönte. Er hielt inne, um zu lauschen, und beendete den Satz mit einer Handbewegung in Richtung des Geheuls, »... einer von denen?«

Bill nickte. »Ich würd lieber was anderes glauben, aber du hast ja selber gehört, wie sich die Hunde aufgeführt haben.«

Ein Geheul nach dem anderen, das jeweils vom nächsten beantwortet wurde, verwandelte die Stille in den Lärm eines Tollhauses. Die Rufe ertönten von allen Seiten, die Hunde drängten sich angstvoll aneinander und so dicht ans Feuer, dass ihr Fell von der Hitze versengt wurde. Bill legte mehr Holz nach, bevor er sich die Pfeife anzündete.

»Ich glaube, du lässt den Kopf hängen«, meinte Henry.

»Henry ...« Bill sog eine Weile nachdenklich an der Pfeife, bevor er weitersprach. »Weißt du, Henry, ich hab gerade gedacht, wie viel tausend Mal glücklicher als du und ich es jemals sein werden, ist doch der da dran.«

Dabei deutete er mit dem Daumen nach unten auf den dritten Mann in der Kiste, auf der sie saßen.

»Du und ich, Henry, wenn wir sterben, dann können wir von Glück reden, falls genug Steine über unsere Kadaver gelegt werden, dass die Hunde von uns fernbleiben.«

»Wir haben auch keine Verwandten wie der, mit Geld und all so was«, stimmte Henry zu. »Langstreckentransport als Leiche ist, was du und ich uns schwerlich leisten können.«

»Was mich wundert, Henry, ist, wie so'n Kerl wie der, der in seinem Land ein Lord oder so was war und der sich nie um Essen oder warme Decken sorgen musste, was den an dieses gottverlassene Ende der Welt verschlagen hat: Das versteh ich nicht.«

»Er hätte ein hübsches Alter erreichen können, wenn er zu Hause geblieben wär«, pflichtete Henry ihm bei.

Bill öffnete den Mund, um etwas zu erwidern, besann sich jedoch eines anderen. Stattdessen deutete er in das Dunkel hinein, das sie wie eine Mauer von allen Seiten umgab. In der pechschwarzen Finsternis waren keine Umrisse zu erkennen, das Einzige, was sie sahen, war ein Augenpaar, das wie glühende Kohlen daraus hervorleuchtete. Henry deutete mit dem Kopf auf ein zweites Augenpaar, dann auf ein drittes. Ein Kreis aus glühenden Augen hatte sich um ihr Lager gebildet. Hin und wieder bewegte sich ein Augenpaar, verschwand und tauchte einen Augenblick später wieder auf.

Die Ruhelosigkeit der Hunde war stärker geworden und in einem Ausbruch plötzlicher Angst stürmten sie panisch zu den Männern ans Feuer, drängten sich an sie und krochen zwischen ihren Beinen umher. Ein Hund war bei dem Gedrängel dicht an den Flammen zu Fall gekommen und winselte vor Schmerz und Schrecken, als der Geruch seines versengten Fells die Luft erfüllte. Der Tumult bewirkte, dass sich der Kreis glühender Augen kurz unruhig hin und her bewegte, für kurze Zeit sogar etwas zurückwich, doch als die Hunde verstummten, formierte er sich von Neuem.

»Verdammtes Pech, Henry, dass wir keine Munition mehr haben.«

Bill hatte seine Pfeife ausgeraucht und half dem Gefährten, das Nachtlager aus Pelzen und Decken auf die Tannenzweige zu breiten, die er vor dem Abendessen auf den Schnee gelegt hatte. Henry brummte zustimmend und fing an, seine Mokassins aufzuschnüren.

»Wie viele Patronen haben wir noch, sagtest du?«, fragte er.

»Drei«, lautete die Antwort. »Und ich wünschte, es wären dreihundert, dann würde ich es den Biestern schon zeigen!«

Bill schwang zornig die Faust nach den glühenden Augen und befestigte seine Mokassins sorgfältig vor dem Feuer. »Und ich wünschte, diese Kälte ließe endlich nach«, fuhr er fort. »Wir haben jetzt seit zwei Wochen fünfzig Grad unter null. Und ich wünschte, ich hätte diese Reise nie angetreten, Henry. Gefällt mir nicht. Mir ist nicht wohl dabei, und wenn ich schon beim Wünschen bin, dann wünsch ich mir, die Fahrt wär vorbei, und du und ich, wir sitzen jetzt am Feuer in Fort McGurry und spielen Karten. Ja, das wünsch ich.«

Henry kroch brummend unter die Decken. Er döste gerade ein, da weckte ihn die Stimme seines Gefährten.

»Sag mal, Henry, dieser andere, der dazukam und einen Fisch abkriegte – warum haben ihn die Hunde nicht weggebissen? Das beunruhigt mich.«

»Du machst dir zu viele Gedanken, Bill«, kam schläfrig die Antwort. »Früher warst du nie so. Jetzt sei still und schlaf, dann bist du morgen wieder frisch. Dein Magen ist sauer, das ist es, was dich quält.«

Die Männer schliefen schwer atmend nebeneinander unter derselben Decke. Das Feuer erstarb, und der Kreis glühender Augen zog sich immer enger um das Lager. Die Hunde drängten sich angstvoll aneinander und knurrten jedes Mal drohend, wenn ihnen ein Augenpaar zu nahe kam. Einmal veranstalteten sie einen derartigen Lärm, dass Bill aufwachte. Er kroch vorsichtig aus dem Bett, um den Schlaf seines Gefährten nicht zu stören, und warf mehr Holz aufs Feuer. Als es aufflammte, zog sich der Augenkreis zurück. Bill sah beiläufig zu den kauernden Hunden hinüber. Er rieb sich die Augen und sah genauer hin. Dann kroch er wieder unter die Decke.

»Henry«, sagte er, »du Henry, hör mal.«

Henry knurrte, als er aus dem Schlaf gerissen wurde. »Was denn jetzt wieder?«, wollte er wissen.

»Nichts«, erwiderte Bill, »nur, dass es jetzt wieder sieben sind. Ich hab sie gerade gezählt.«

Henry reagierte auf die Mitteilung mit einem Grunzen, das in Schnarchen überging, als er wieder einschlief.

Am Morgen erwachte Henry zuerst und jagte seinen Gefährten vom Lager. Obwohl es bereits sechs Uhr war, fehlten bis zum Tageslicht noch drei Stunden, also machte Henry das Frühstück im Dunkeln, während Bill die Decken zusammenrollte und den Schlitten zur Abfahrt bereitmachte.

»Henry«, rief er plötzlich, »wie viele Hunde, sagtest du, hatten wir?«

»Sechs.«

»Falsch!«, verkündete Bill triumphierend.

»Wieder sieben?«, wollte Henry wissen.

»Nein, fünf, einer ist weg.«

»Zum Teufel!«, rief Henry wütend, überließ das Frühstück sich selbst und zählte die Hunde.

»Du hast recht, Bill«, schloss er, »Fatty ist weg.«

»Schoss davon wie ein geölter Blitz, sobald er einmal losgelaufen war. Löste sich praktisch in Rauch auf.«

»Nein, er hatte keine Chance, sie haben ihn schlicht bei lebendigem Leib verschlungen. Ich wette, er jaulte noch, als er in ihren Rachen verschwand, verdammte Biester!«, erwiderte Henry.

»Er war ja immer ein bisschen dämlich«, versetzte Bill.

»Aber kein dämlicher Hund ist so dämlich, dass er wegläuft und damit Selbstmord begeht.« Henry ließ den Blick prüfend über die übrig gebliebenen Hunde gleiten, als wolle er sich die besonderen Eigenarten jedes Einzelnen vergegenwärtigen.

»Ich wette, von den anderen würde das keiner tun.«

»Die könnte man nicht mal mit 'nem Knüppel vom Feuer vertreiben«, stimmte Bill zu. »Ich hab immer gedacht, dass mit Fatty irgendwas nicht stimmt.«

So lautete die Grabrede auf einen toten Hund auf dem Nordland-Treck – nicht dürftiger als die so manchen anderen Hunds und so mancher Männer.

(Jack London)

Wie in Alaska

Am Morgen sagen zwei Männer, dass sie das nicht mehr sehen können, wie der Weg hinter dem Hof verschneit ist. Der Postbote versinkt, wenn er herüberkommt. Der Zeitungsbursche kommt sowieso auf Skiern. Aber man muss doch einmal etwas besorgen, und Besuch kommt auch im Winter. Sie wollen den Weg frei schaufeln. Es sind nur hundert Meter bis zum Anschluss an den schmalen Pfad, der ein wenig festgestampft ist, denn im Tag gehen acht oder zehn Menschen auf diesem Pfad zum Dorf hinüber und vielleicht noch weiter bis hinunter zur Brücke, wo die Kramerei ist und der Bahnhof.

Die beiden Männer haben Gamaschen bis über die Knie. Sie holen sich Schaufeln aus der Tenne, und dann stehen sie bis an den Leib im Schnee und fahren mit der Schaufel in das nachgiebige Weiß hinein. Der eine arbeitet voraus. Er wirft den Schnee beiseite. Der andere kommt nach, klatscht an die Wände des Weges, ebnet den Boden und festigt das Gewonnene. Dabei wird den beiden warm. Sie ziehen die Mäntel aus und arbeiten mit roten, bloßen Händen an ihrem Weg. »Wie in Alaska«, sagt der eine. »Ja, wie bei Jack London«, sagt der andere. »Bloß liest es sich aufregender, wenn es in der Ferne passiert«, sagt der eine.

Und sie schaufeln weiter.

In der Nacht wacht der Wind auf, hält sich mit einer Hand am Haus fest und läuft im Übrigen im Kreis um das Haus herum. Auf einem Plateau ist es herrlich für den Wind. Man stößt sich nirgends an. Man tanzt frei dahin. Der Schnee ist leicht und willig. Er tut mit. Er fliegt auf wie Sand. Der Wind legt sich mit dem Mund an den Rand des Plateaus. Dann bläst er über das Plateau hin. Und der Schnee rieselt und weht wie eine Schleppe im Walzer, wie Kielwasser auf der See, wie Sand in der Düne. Das geht alles im Dunkel vor. Drüben schläft das Dorf, hier schläft das Haus. Nur der Wind und der Schnee haben ihr Spiel miteinander. Der Schnee läuft vor dem Wind davon. Es sieht aus, als würden zarte Schleier aufstehen und wie Segel über die Fläche fahren, um schließlich an ihrer eigenen Leichtigkeit zusammenzubrechen. Es sieht wie Spiel aus. Aber drunten im Wald werden in der Nacht auch junge Bäume geknickt.

Der Wind schneidet wie mit Messern. Menschen, die unterwegs sind, spüren den Wind durch Pelz, Haut, Fleisch hindurch an den Knochen.

Es ist wieder Morgen. Der Wind schläft. Die Sonne leuchtet über das Plateau hin und der Schnee grüßt sie, indem er mit allen seinen Kristallen blinkt. Die zwei Männer treten aus dem Haus. Wo ist ihr Weg? Sie lassen die Köpfe hängen. Der Wind hat ihn sacht zugeweht. Wo der Weg war, ist ein kleiner Strich, als ob durch ein Mehlmus vor einer halben Stunde ein Kochlöffel durchgefahren wäre, aber alles hat sich schon wieder gesetzt und ist eben. »Es war umsonst«, sagt der eine. »Wie in Alaska«, sagt der andere. »Es hat wenig Reiz, Literatur am eigenen Leib zu spüren«, sagt der eine.

(Ernst Kammerer)

Eskimos – Inuits

Alorûtaq – Der Eskimojunge, der Böses nicht mit Bösem vergalt

Beim »Kleinen Kap«, Kangârssuk, in der Nähe von Kap Dan, wohnte ein Großfänger, der einen armen, elternlosen Knaben als Pflegesohn hatte. Der Knabe hieß Alorûtaq, »Barfuß«, und es ging ihm schlecht, weil sein Pflegevater ihn hungern und in Lumpen gehen ließ und ihm kein Spielzeug gab.

Mitten im Winter trat einst eine Zeit mit schlechtem Fang ein; Großeis machte alle Jagd unmöglich, und die Menschen beim »Kleinen Kap« mussten hungern. In ihrer Not gingen sie zu den Leuten, die bei Siorartôq, dem »Großen Sand« wohnten, und aßen sich satt, denn dort lagen noch große Seehunde in den Fleischgruben.

Es war ein weiter Weg bis zum »Großen Sand«, und wenn die Leute vom »Kleinen Kap« über Land gingen, pflegte Barfuß mitzulaufen. Er hatte aber weder Kleidung noch Fußzeug und musste halb nackt und auf bloßen Füßen gehen, obgleich es mitten im Winter und bitterlich kalt war. So jämmerlich fror ihn im Schnee an seinen nackten Beinen, dass er bei jedem Schritt stehen bleiben und den einen Fuß an dem anderen wärmen musste. Wenn er schließlich angelangt war, halb tot vor Hunger und Kälte, und von dem Seehund zu essen begann, der für die Hungrigen bereit gelegt war, pflegte der böse Pflegevater ihn bei der Schulter zu fassen und zu sagen: »Nicht so gierig, Barfuß! Iss den Erwachsenen nicht alles weg.« Und dann musste Barfuß dabei stehen und durfte nicht weiter essen.

Bisweilen brachte man den Hungernden auch Fleisch, und dann war immer eine Portion für Barfuß berechnet, zwei Rippen mit sehr viel Fleisch dran. Der böse Pflegevater aber schnitt die eine Rippe ab und von der anderen das Fleisch, und für Barfuß blieb dann nur ein Knochen zu benagen.

Eines Tages kam wie gewöhnlich eine Einladung von den Bewohnern vom »Großen Sand«, und alle Hungernden machten sich zum Aufbruch bereit. Barfuß wusste zwar, dass es zwecklos sei, mitzugehen, aber sein Magen war leer und seine Gedärme schmerzten vor Hunger. Und so humpelte er denn auf seinen bloßen Beinen durch den Schnee hinter den anderen her, indem er wie sonst bei jedem Schritt den einen Fuß am anderen wärmte. Als er beim »Großen Sand« angelangt war, wo man gerade einen Seehund aus der Fleischgrube herbeigebracht hatte, begann er zu essen. Gleich aber fiel sein Pflegevater über ihn her und schalt, er dürfe den Erwachsenen nicht alles wegessen.

Der Hausherr, der diese Worte hörte, sagte: »Lass den armen Barfuß doch essen; hier ist genug für alle da.« Barfuß aber fürchtete seinen bösen Pflegevater so sehr, dass er es trotzdem nicht wagte. Der Hausherr sieht es, tritt ganz nahe an Barfuß heran und sagt:

»Hör mal, kleiner Barfuß, willst du mir draußen bei meiner Fleischgrube behilflich sein?«

»Ja«, sagt Barfuß und macht sich zum Gehen bereit. Da aber sieht der Mann seine Kleidung und sagt:

»Du kannst doch nicht ohne Stiefel gehen, du kannst doch nicht barfuß in den Schnee hinaus!«

»Kann ich nicht mit dir vors Haus gehen, wenn ich den ganzen Weg vom »Kleinen Kap« bis hierher ohne Stiefel durch den Schnee gegangen bin?«

Der Hausherr hatte Mitleid mit dem Knaben und sagte zu seiner Frau:

»Gib Barfuß meine alten Kleider und Stiefel!«

Aber in dem warmen Zeug begann Barfuß gleich furchtbar zu schwitzen und zu dampfen.

Einen ganzen Seehund hatte man ins Haus geschleppt, und als die Leute sich satt gegessen hatten, bekam noch jeder ein Fleischstück mit auf den Weg. Den Rest trug der Hausherr wieder zur Fleischgrube hinaus und Barfuß half ihm dabei. Als sie fertig waren, gab der Mann ihm ein ganzes Schulterblatt mit

Fleisch daran; das sollte ihm ganz allein gehören. Barfuß wollte seinen Augen nicht trauen und versteckte das Fleisch.

Bald darauf brachen seine Wohnplatzgenossen auf; der Hausherr aber hielt Barfuß zurück und sagte zu ihm:

»Du gefällst mir, Barfuß. Willst du nicht hierbleiben und mein Pflegesohn sein?«

Barfuß antwortete: »Gern möchte ich bei dir bleiben, weil du gut zu mir bist; aber ich wage es nicht, denn mein Pflegevater wird sich an mir rächen, wenn ich ihn verlasse und ihm nicht mehr helfe.«

»Lass dich das nicht kümmern, Barfuß, ich bin stärker als dein Pflegevater und fürchte ihn nicht.«

Als Barfuß das hörte, blieb er bei dem freundlichen Mann. Jetzt hatte er gute Tage, bekam so viel zu essen als er wollte und neue Kleider, die ihm passten. Und darum dauerte es nicht lange, da wuchs er heran und wurde ein tüchtiger junger Fänger und nahm sich ein hübsches Weib.

Da aber geschah es eines Winters, dass wieder eine furchtbare, andauernde Kälte kam und das Meer zufror. Nirgends waren Waken, wo man Seehunde fangen konnte. Und es kam Hungersnot. Eines Tages aber ging Barfuß zu seinem Pflegevater und sagte:

»Jetzt müsste man Hunde haben, mit denen man eine weite Fahrt übers Eis machen und ein Fangtier überraschen könnte!«

»Nimm meine Hunde«, sagte der Pflegevater.

Da wurde Barfuß froh, denn sein Pflegevater hatte große, kräftige Hunde, die zur Bärenjagd tauglich waren. Die spannte er vor seinen Schlitten und fuhr nordwärts übers Eis. Er war noch nicht lange gefahren, als er zu einer Spalte gelangte, der er weiter nordwärts folgte, bis etwas Dunkles vor ihm auftauchte. Er fuhr näher heran und siehe! Es war ein großes Walross, das aufs Eis hinaufgekrochen war und schlief, während seine gewaltigen Stoßzähne in der Sonne blitzten.

Barfuß hielt seine Hunde an und dachte nach, wie es wohl zu erlegen sei, denn es war so groß, dass er es nicht mit seiner Fangleine halten konnte, wenn es harpuniert war. So saß er klopfenden Herzens und wusste weder aus noch ein. Da erblickte er einen alten Bären, der sich langsam und vorsichtig auf dem Eis auf das Walross heranschlich. Der Bär, der durch das Packeis gedeckt war, kroch lautlos und behände heran und näherte sich seiner Beute, ohne sie zu wecken. Das Walross kratzte sich hin und wieder behaglich im Schlaf, fegte Läuse mit den Vorderflossen weg und bohrte die großen Flossen mit grunzendem Behagen in den Schnee.

Als der Bär aber näher kam und sah, wie riesengroß das Walross war, blieb er ratlos stehen und versteckte sich hinter einem Eisberg. Dort bemächtigte er sich eines Blockes schimmernd harten Eises und begann ihn zu benagen, bald von der einen, bald von der anderen Seite. Kurz darauf hob er den Eisblock mit seinen Vordertatzen, richtete sich auf den Hinterbeinen auf und ging mit der großen Eiskugel, die er sich zurecht genagt hatte, ein Stück weiter vor, um sie auf das Walross zu werfen; aber sie war ihm noch immer zu schwer. Darum legte er sich wieder hin und nagte geduldig weiter. Als sie schließlich passend geworden war, erhob der Bär sich wieder auf den Hinterbeinen und schlich behände an das schlafende Walross heran.

Dort richtete er sich in seiner ganzen Größe auf, beugte sich ein wenig vor, richtete sich von Neuem auf und schleuderte mit aller Kraft das Eisstück gegen den Kopf des Walrosses. Das geschah mit solcher Gewalt, dass der Eisklumpen wie Schnee zerbarst. Im selben Augenblick warf er sich über das Walross und schlug mit seinen schweren Vordertatzen so schnell auf dessen Kopf ein, dass das verstörte Walross sich gar nicht wehren konnte. Danach setzte der Bär sich einen Augenblick hin, um zu verschnaufen. Das Walross aber hatte nur noch Kraft, sich halb auf seinen Vorderflossen aufzurichten. Ihm stürzte das Blut aus Nase und Mund, und durch seinen Körper ging ein Zucken, das den Schnee rings herum aufwirbelte. Dann hob es den Kopf, jagte seine Stoßzähne in das Eis, streckte sich in seiner ganzen Länge, zappelte wie ein Fisch, der aufs Eis geworfen ist, und war tot.

Der Bär blieb einen Augenblick sitzen, füllte darauf seinen Rachen mit kühlendem Schnee und erhob sich, um mit dem Fressgelage zu beginnen. Da aber löste Barfuß seine Hunde und gab ihnen das Bärensignal. Kläffend flogen sie übers Eis und umringten den Bären, noch ehe er aus dem Rausch seiner Fressorgie erwacht war. Barfuß hatte ihm den Speer ins Herz gerammt. Die Hunde, die den erloschenen Ausdruck im Auge des Bären sahen, gruben ihre Zähne tief in seinen Körper. Noch einmal füllte der Bär sein Maul mit kühlendem Schnee und starrte den Menschen, der von Neuem seinen Speer in sein blutendes Herz jagte, ganz gleichgültig an. Dann sank er langsam in eine Schneewehe und hauchte hustend sein eigenes Blut aus.

Barfuß stand einen Augenblick sprachlos da und war nahe daran, in Tränen der Erregung auszubrechen, als er die beiden großen Tiere tot liegen sah. Dann jagte er sein Schlachtmesser noch einmal in das Herz des Bären und begann ihm das Fell abzuziehen. Als er fertig war, schnitt er ein Stück zarten Fleisches aus dem Walross, lud es auf seinen Schlitten und fuhr nach Hause.

Inzwischen war seine Frau wieder und wieder vors Haus gegangen, um nach ihrem Mann auszuspähen, da sie fürchtete, dass ihm etwas zugestoßen sei. Endlich bekam sie den Schlitten in Sicht, und Barfuß, der in voller Fahrt ankam, rief mit freudiger Stimme: »Ich habe Fleisch beschafft, ich habe Fleisch für dich!«

»Hast du einen Bären erlegt?«, rief die Frau. »Ich kann an deiner Fuhre sehen, dass du einen großen Bären hast.«

»Ja«, sagte Barfuß, »und außerdem habe ich noch ein großes Walross erlegt.«

Jetzt war große Freude, und gleich wurden Boten in alle umliegenden Wohnplätze geschickt. Tags darauf strömten die Gäste herbei, zu Schlitten und zu Fuß. Man sammelte alle Hunde und fuhr zu der Stelle, wo der Bär und das Walross lagen.

Unter den Gästen aber war auch der böse Pflegevater von Barfuß.

Sie erreichten bald die Fangstelle, und als man die Tiere zerlegt hatte, verteilte Barfuß Fleischportionen an alle, die gekommen waren. Alle erhielten reichlich, denn ein jeder sollte satt und froh sein in dieser strengen Zeit. Barfuß ging von Mann zu Mann, von Speck glänzend und von Blut triefend. Als er aber zu seinem bösen Pflegevater kam, nahm er zwei magere Walrossrippen und gab sie ihm, indem er sagte: »Du hast nie bedacht, dass ein Hungernder eine Fleischgabe zu klein finden kann; darum ist nun dies dein Anteil.«

Nachdem er es aber gesagt und ihm die Rippen gegeben hatte, ging Barfuß wieder zu seinem eigenen Fleischvorrat und gab ihm dann dieselbe Portion wie den anderen. So rächte Barfuß sich an seinem bösen Pflegevater – aber nur mit Worten.

Das Mädchen und der Mond

Die Bezeichnung Eskimo *ist ein Oberbegriff und eine Fremdbezeichnung für die indigenen Völker in der nördlichen Polarzone, die ihre Siedlungsgebiete von Nordostsibirien über die Beringstraße, die Aleuten, Alaska, das arktische Kanada bis hin nach Grönland haben. Die Hauptgruppe im Norden Kanadas und in Grönland nennt sich in ihrer eigenen Sprache* Inuit, *was so viel wie Mensch bedeutet; eine andere Gruppe sind die* Yupik, *die auf beiden Seiten der Beringstraße leben; zu ihnen gehören auch die* Tschukten *auf der nach ihnen benannten Halbinsel im äußersten Nordosten Sibiriens. Die Paläo-Eskimos (Alteskimos) sind von dieser sibirischen Seite her über die Beringstraße nach Nordamerika eingewandert. Das Mädchen und der Mond ist ein tschuktisches Märchen aus Sibirien*

Unter den Tschuktschen lebte einst ein Mann, der eine einzige Tochter besaß. Dieses Mädchen war des Vaters beste Stütze und Hilfe. Sommer für Sommer hütete sie die Rene weit fort vom Nomadenlager, Winter für Winter zog sie noch weiter fort mit der Herde. Nur selten einmal fuhr sie mit ihrem Rentiergefährt ins Nomadenlager, um ein wenig Essen zu holen.

Eines Nachts hob der Renbock vor ihrem Schlitten das Haupt, blickte zum Himmel auf und rief:

»Schau, schau nur!«

Das Mädchen hob den Blick und sah, wie der Mond in einem Schlitten, vor den zwei Rene gespannt waren, vom Himmel niederkam.

»Wohin will er? Weshalb?«, fragte das Mädchen.

»Er will dich entführen!«, sprach der Renbock.

Ängstlich fragte das Mädchen: »Was soll ich tun? Er holt mich gewiss zu sich!«

Der Renbock warf mit einem Huf den Schnee auf, bis sich eine Grube gebildet hatte, und gebot: »Schlüpf rasch hinein!«

Das Mädchen gehorchte. Der Renbock deckte das Mädchen mit Schnee zu, bis es nicht mehr zu sehen war – nur ein kleiner Schneehügel zeichnete sich vom Boden ab.

Indessen war der Mond vom Himmel herabgeglitten, hielt seine Rene an und kletterte vom Schlitten. Er ging auf und ab und schaute sich aufmerksam nach allen Seiten um – er suchte das Mädchen. Doch er vermochte es nicht zu finden! Er ging auch zu dem Schneehügel, doch er erriet nicht, was da vor ihm lag.

»Wie seltsam«, sprach der Mond, »wohin ist nur das Mädchen verschwunden? Ich kann es nicht finden! Will mich lieber auf den Heimweg machen und ein andermal wiederkommen. Dann werde ich das schöne Kind ganz gewiss sehen und mit mir nehmen!«

Er stieg in seinen Schlitten, und die Rene brachten ihn in den Himmel zurück.

Kaum war der Mond verschwunden, da scharrte der Renbock den Schnee beiseite. Das Mädchen sprang aus der Grube und bat:

»Lass uns so rasch wie möglich zum Nomadenlager fahren! Sonst erblickt mich der Mond und kommt abermals zu uns herab. Diesmal werde ich mich nicht mehr verstecken können.«

Das Mädchen stieg in den Schlitten, und das Ren jagte davon, so schnell es seine Kräfte zuließen. Sie langten am Nomadenlager an. Das Mädchen lief in den Tschum*, doch der Vater war nicht da. Wer würde ihm nun helfen?

Der Renbock warnte das holde Kind:

»Du musst dich verstecken, sonst kommt der Mond auf unsere Spur!«

»Wo soll ich mich nur verstecken?«

»Ich will dich verwandeln! Vielleicht in einen Steinklotz?«

»Er wird mich erkennen!«

»Dann will ich dich in einen Hammer verwandeln!«

»Er wird mich erkennen!«

»Dann mache ich dich zu einer Stange im Tschum.«

»Er wird mich erkennen!«

»Ich mache dich zu einem Härchen im Bettvorhang!«

»Er wird mich erkennen, er wird mich erkennen!«

»Was wollen wir nur tun? Will dich in einen Leuchter verwandeln!«

»Oh ja, das ist schön!«

»Setz dich!«

Das Mädchen gehorchte. Der Renbock pochte mit dem Huf auf den Boden, und alsbald verwandelte sich die Maid in einen Leuchter. Er brannte hell und erleuchtete das Zelt.

* Tschum = Nomadenzelt.

Kaum hatte sich das Mädchen in einen Leuchter verwandelt, da hatte der Mond abermals die Herde der Jungfrau entdeckt und jagte ins Nomadenlager.

Er band seine Rene fest und trat in den Tschum. Alsogleich hub er zu suchen an. Lange suchte er, vermochte jedoch nichts zu finden. Er schaute zwischen den Stangen hindurch, durchwühlte alle Gerätschaften, untersuchte jedes Härchen in den Fellen, jedes Würzelchen unter den Betten, fühlte jeden Handbreit Erde im Zelt ab, doch das Mädchen blieb verschwunden!

Den Leuchter aber bemerkte er nicht, denn der leuchtete nämlich genauso hell wie der Mond selbst.

»Seltsam!«, sprach der Mond. »Wo steckt sie nur? Ich muss mich wohl doch auf den Heimweg machen.«

Er verließ den Tschum, band die Rene los und stieg in seinen Schlitten. Als er gerade davonfahren wollte, kam das Mädchen gerannt, lugte unter dem Vorhang hervor, lachte und rief dem Mond zu:

»Hier bin ich doch! Hier bin ich doch!«

Der Mond ließ die Rene stehen und kehrte in den Tschum zurück. Das Mädchen aber hatte sich schon wieder in einen Leuchter verwandelt.

Abermals hub der Mond zu suchen an. Er suchte zwischen Wurzeln und Blättern, zwischen Wollfäden und Erdkrumen, doch das Mädchen blieb verschwunden!

»Was für ein Wunder! Wo steckte sie nur? Wohin ist sie verschwunden? Muss wohl unverrichteter Dinge zurückkehren!«

Kaum hatte er den Tschum verlassen und begann seine Rene loszubinden, da lugte das lose Mädchen unter dem Vorhang hervor, lachte und rief:

»Hier bin ich doch! Hier bin ich doch!«

Der Mond stürzte zurück in den Tschum und hub zu suchen an. Er suchte lange, er durchwühlte alles, stülpte alles um, vermochte aber nichts zu finden ...

Vom vielen Suchen wurde er müde, dünn und schwach. Er konnte nur noch mit größter Mühe seine Füße setzen und die Arme heben.

Da verging des Mädchens Angst. Es nahm seine frühere Gestalt an, sprang aus dem Tschum, warf den Mond auf den Rücken und fesselte ihn an Händen und Füßen.

»Oho!«, sprach der Mond. »Willst mich töten! Immerzu, töte mich, hab ja selber Schuld, wollte dich von der Erde entführen. Aber wickle mich, bevor ich sterben muss, in den Vorhang ein, damit ich mich erwärmen kann, denn mich friert ...«

Diese Worte erstaunten das Mädchen zutiefst:

»Wieso frierst du? Du lebst immer in der Freiheit, besitzest kein Zelt und kein Haus. Drum bleib auch fürderhin draußen! Was willst du mit einem Vorhang?«

Flehte der Mond das Mädchen an:

»Da ich auf ewig ein Heimatloser bin, entlass mich ins Freie. Will deinem Volk zur Freude dienen. Lass mich frei, will deinem Volk die Wege weisen! Lass mich frei, will die Nacht zum Tag euch machen! Lass mich frei, will deinem Volke das Jahr messen! Will erst der Mond des alten Stiers sein, alsdann der Mond der Kälber, der Mond der Gewässer, der Mond der Blätter, der Mond der Wärme, der Mond des Verlustes der Geweihe, der Mond der Liebe der wilden Rene, der Mond des ersten Winters, der Mond der kürzesten Tage …«

»Wenn ich dich nun freilasse, wenn du zu Kräften kommst, wenn deine Hände und Füße erstarken, versprichst du selbst dann, mich nicht mehr zu holen?«

»Ja, ich verspreche es! Will es nie wieder tun! Du bist zu klug für mich! Will niemals mehr von meinem Wege abweichen! Lass mich frei, will euch in der Finsternis leuchten!«

Das Mädchen ließ ihn frei. Seither leuchtet der Mond in der Finsternis.

Der Herr über die Winde

In einem Nomadenlager lebte ein alter Mann. Er besaß drei Töchter, von denen die Jüngste die Schönste und auch die Klügste war.

Der alte Mann lebte in großer Armut. Sein Tschum* war durchlöchert und arg verschlissen. Und auch an warmen Kleidern mangelte es ihm. Bei grimmigem Frost saß er mit seinen Töchtern an der Feuerstelle und wärmte sich. Des Nachts löschten sie das Feuer aus, streckten sich zur Ruhe aus und froren, bis der Morgen graute.

Einmal setzte mitten im Winter ein verheerender Schneesturm in der Tundra ein. Er tobte einen Tag, zwei Tage, drei Tage – er drohte gar, die Nomadenzelte hinwegzufegen. Die Menschen konnten ihre Behausungen nicht mehr verlassen und mussten argen Hunger leiden.

Auch der alte Mann saß mit seinen drei Töchtern im Tschum, lauschte, wie der Schneesturm heulte, und sprach:

»Wir werden den Schneesturm wohl kaum überleben. Kotura, der Herr über die Winde, hat ihn uns gesandt. Er ist, will mir scheinen, erzürnt und verlangt, dass wir ihm ein schönes Mädchen zum Weibe schicken. Meine älteste Tochter, mach dich auf den Weg zu Kotura, sonst ist unser Volk dem Untergang geweiht. Bitte ihn, dass er dem Schneesturm Einhalt gebiete!«

»Wie soll ich ihn finden?«, fragte das Mädchen. »Ich kenne doch gar nicht den Weg.«

»Will dir einen kleinen Schlitten geben. Stoße ihn an, schiebe ihn dem Wind entgegen und folge ihm. Der Wind wird die Schnürung an deinen Kleidern aufreißen. Doch bleibe nicht stehen, um sie zuzuknüpfen. Der Schnee wird dir ins

---

* Nomadenzelt

Schuhwerk dringen. Doch schütte ihn nicht aus, bleibe nicht stehen. Wenn du zu einem hohen Berg gelangst, so besteige ihn. Alsdann bleib stehen, schütte den Schnee aus deinem Schuhwerk und verknüpfe die Schnürung. Wenn du auf dem Bergesgipfel stehst, wird ein kleines Vöglein geflogen kommen. Es wird sich auf deiner Schulter niederlassen. Verjage es nicht, sondern streichle es. Dann setze dich in deinen Schlitten und rodle den Berg hinab. Der Schlitten wird dich geradewegs an den Eingang von Koturas Tschum bringen. Tritt ein in sein Zelt, rühre aber nichts an, sondern setze dich und warte ab. Wenn Kotura kommt, mache alles, was er dir aufträgt.«

Die älteste Tochter kleidete sich an, stellte sich auf die Hinterkufen des Schlittens und schob ihn dem Wind entgegen.

Nach einer Weile löste sich die Schnürung an ihren Kleidern, und sie begann zu frieren. Da vergaß sie des Vaters Gebot und knüpfte die Schnürung zu. Alsdann fiel Schnee in ihre Stiefel. Sie verhielt abermals in ihrer Fahrt und schüttete den Schnee aus. Dann setzte sie ihren Weg fort, dem Schneesturm entgegen. Lange währte dieser Weg. Als sie den Berg erblickte, erklomm sie ihn. Da flog ein kleines Vöglein herbei und wollte sich auf der Schulter des Mädchens niederlassen. Doch die Jungfrau verjagte das Vöglein, dann setzte sie sich auf den Schlitten und rodelte den Berg hinab. Vor einem großen Tschum blieb der Schlitten stehen.

Das Mädchen trat in das Zelt. Es schaute sich suchend um und erblickte gesottenes Rentierfleisch. Es entfachte das Feuer, wärmte sich, begann das Fett vom Fleisch zu lösen und zu verspeisen. Das Mädchen verzehrte viel, bis es seinen Hunger gestillt hatte. Plötzlich vernahm es, wie jemand zum Tschum kam. Es war Kotura. Er betrachtete das Mädchen und fragte:

»Von woher bist du gekommen? Was willst du hier?«

»Mein Vater hat mich zu dir geschickt.«

»Warum?«

»Auf dass du mich zum Weibe nimmst.«

»Steh auf und koche das Fleisch, dass ich von der Jagd mitgebracht habe.«

Das Mädchen kochte das Fleisch.

Kotura gebot ihm, es in zwei Hälften zu teilen.

»Die eine Hälfte wollen wir selbst verzehren«, sagte er, »die andere leg in die Mulde und trage sie in den nächsten Tschum zu den Nachbarn. Tritt jedoch nicht ein, sondern bleib am Eingang stehen. Eine alte Frau wird zu dir herauskommen. Reiche ihr das Fleisch und warte, bis sie dir die Mulde zurückgibt.«

Das Mädchen nahm das Fleisch und trat aus dem Tschum. Der Schneesturm heulte, und der Schnee fiel so dicht, dass man weit und breit nichts sah. Das Mädchen tat ein paar Schritte und warf das Fleisch in den Schnee. Alsdann kehrte es mit der leeren Mulde zurück.

Kotura schaute es an und fragte:

»Hast du das Fleisch abgegeben?«
»Ja.«
»Zeig mir die Mulde, will sehen, was du für das Fleisch bekommen hast.«
Es wies ihm die leere Mulde. Kotura sagte nichts.
Morgens erhob er sich, trug frische Renfelle in den Tschum und sprach:
»Während ich auf Jagd ziehe, gerbe diese Felle und nähe mir neue Kleider, Unten* und Fausthandschuhe. Wenn ich heimkomme, will ich sehen, was du für eine geschickte Meisterin bist.«

Kotura begab sich in die Tundra, die Tochter des Alten aber machte sich ans Werk. Miteins hob sich das Rentierfell am Eingang, und ein grauhaariges altes Weiblein trat ein.

»Liebes Kind«, sagte es, »mir ist ein Staubkörnchen ins Auge geflogen, wisch es mir aus!«

»Störe mich nicht bei der Arbeit!«, erwiderte die Maid. »Ich hab keine Zeit.«

Ohne ein Wort der Erwiderung wandte sich die Greisin ab und verschwand. Die Tochter des alten Mannes blieb allein im Tschum. Sie gerbte die Felle, schnitt sie mit einem Messer zu und sputete sich, für Kotura die Kleider zu nähen. Sie nähte recht und schlecht, denn sie hatte es eilig. An einem einzigen Tag lässt sich ja gar nicht alles sorgfältig nähen! Sie hatte ja auch nicht einmal Nähzeug!

Abends kehrte Kotura von der Jagd heim. Er fragte:
»Sind die Kleider fertig?«
»Ja.«

Kotura befühlte die Kleider, die Felle waren hart und schlecht gegerbt. Er schaute sich die Arbeit an, die Nähte waren schief und krumm, und nichts passte ihm. Da erzürnte Kotura sich und warf die Tochter des alten Mannes aus dem Tschum. Er schleuderte sie weit fort, in eine Schneewehe. Dort erfror sie jämmerlich …

Der Schneesturm aber heulte noch wilder …

Der alte Mann saß in seinem Tschum, lauschte, wie der Schneesturm heulte bei Tag und Nacht, und sprach:

»Meine älteste Tochter hat meine Worte nicht befolgt! Hat nicht gehandelt, wie ich es ihr geraten hatte! Drum legt sich auch der Schneesturm nicht: Kotura zürnt uns. Mach du dich auf den Weg zu ihm, meine mittlere Tochter!«

Der alte Mann baute einen kleinen Schlitten, unterwies die mittlere Tochter ebenso wie die älteste und schickte sie zu Kotura.

Die mittlere Tochter schob ihren Schlitten dem Wind entgegen. Unterwegs löste sich die Schnürung an ihren Kleidern, und der Schnee drang ihr ins Schuhzeug. Sie begann zu frieren. Da vergaß sie des Vaters Rat, schüttete zu früh den Schnee aus den Stiefeln und verknüpfte zu früh die Schnürung an ihren Kleidern.

---

* Unten = hohe Stiefel aus Rentierfellen.

Als sie den Bergesgipfel erklommen hatte, erblickte sie ein Vöglein. Sie schlug mit den Händen um sich und vertrieb es. Alsdann setzte sie sich in den Schlitten und rodelte den Berg hinab zum Tschum von Kotura.

Sie trat ein, entfachte das Feuer im Herd, stillte ihren Hunger am Rentierfleisch und erwartete Kotura.

Als Kotura von der Jagd heimkehrte und das Mädchen erblickte, fragte er:
»Weshalb bist du zu mir gekommen?«
»Vater hat mich zu dir geschickt.«
»Warum?«
»Auf dass du mich zum Weibe nimmst.«
»Was sitzt du dann herum? Ich bin hungrig, koche das Fleisch!«

Als das Fleisch gar war, trug Kotura dem Mädchen auf, es in zwei Hälften zu teilen.

»Die eine Hälfte wollen wir verspeisen«, sagte Kotura, »die andere lege in die Mulde und trage sie in den nächsten Tschum zu den Nachbarn. Tritt nicht ein in das Zelt, sondern warte davor, bis sie dir die leere Mulde zurückgeben.«

Das Mädchen nahm das Fleisch und trat aus dem Tschum. Der Schneesturm heulte, und der Schnee fiel so dicht, dass man weit und breit nichts sah … Das Mädchen verspürte keine Lust, weiterzugehen. Es warf das Fleisch in den Schnee und kehrte zu Kotura zurück.

»Hast du das Fleisch abgegeben?«, fragte Kotura.
»Ja.«
»Du bist sehr schnell zurückgekommen! Zeig mir die Mulde, will sehen, was die Nachbarn dir für das Fleisch gegeben haben.«

Kotura blickte in die leere Mulde, sagte jedoch kein Wort. Er legte sich schlafen. Morgens brachte er feuchte Rentierfelle in den Tschum und trug dem Mädchen, ebenso wie zuvor deren Schwester, auf, ihm neue Kleider zu nähen:

»Mach dich ans Werk! Heute Abend will ich deine Arbeit prüfen.«

Kotura zog auf die Jagd, das Mädchen aber machte sich ans Werk. Es sputete sich, weil es alles bis zum Einbruch der Nacht vollenden wollte. Plötzlich trat ein grauhaariges altes Weiblein in den Tschum.

»Liebes Kind«, sagte die Alte, »mir ist ein Staubkorn ins Auge geflogen. Wisch es mir aus. Ich bringe es selbst nicht zuwege.«

»Hab keine Zeit, dir ein Staubkorn aus dem Auge zu wischen! Hab auch ohne dich viel zu tun! Geh und störe mich nicht bei der Arbeit!«

Ohne ein Wort der Erwiderung ging die alte Frau fort. Als die Nacht anbrach, kehrte Kotura von der Jagd heim und fragte:
»Sind meine neuen Kleider bereit?«
»Ja.«
»Zeig her, ich will sie anprobieren.«

Eskimos – Inuits

Er probierte sie an. Alles war schief und krumm genäht und passte nicht. Kotura erzürnte sich und warf die mittlere Tochter des alten Mannes in eine Schneewehe. Auch sie erfror jämmerlich.

Der alte Mann aber saß in seinem Tschum mit der jüngsten Tochter. Das Unwetter legte sich nicht. Der Schneesturm tobte noch wilder als zuvor.

»Meine Töchter haben nicht meine Worte befolgt«, sagte der alte Mann. »Sie haben alles nur noch schlimmer gemacht und Kotura erzürnt. Du bist mein letztes Kind, doch nun muss ich dich zu ihm schicken, auf dass er dich zum Weibe nimmt. Wenn ich dich nicht ausschicke, so muss unser Volk elendiglich hungers sterben. Rüste dich auf den Weg und ziehe aus.«

Der alte Mann unterwies die jüngste Tochter, wie sie gehen und was sie tun müsse.

Das Mädchen trat aus dem Tschum, stellte sich auf die Hinterkufen des Schlittens und fuhr dem Schneesturm entgegen. Der aber heulte und tobte, warf das Mädchen fast um, blendete ihm die Augen, sodass es nichts mehr sah!

Es bahnte sich durch den Schneesturm seinen Weg und bewegte jedes Wort des Vaters in seinem Herzen. Es tat alles, wie er es geheißen. Als sich die Schnürung an seinen Kleidern löste, verknüpfte es sie nicht. Als der Schnee in sein Schuhzeug drang, schüttete es ihn nicht aus. Es war grimmig kalt, dem schönen Kind fiel es schwer, gegen den Schneesturm anzukämpfen, doch es blieb nicht stehen, sondern setzte seinen Weg fort. Endlich gelangte die Jungfrau an den Berg und erklomm ihn alsbald. Sie blieb stehen, schüttete den Schnee aus den Stiefeln und verknüpfte die Schnürung an ihren Kleidern. Kam ein Vöglein geflogen und setzte sich auf ihre Schulter. Die Jungfrau verscheuchte das Vöglein nicht, vielmehr strich sie seine Federn glatt und liebkoste es. Das Vöglein flog davon. Da setzte sich das Mädchen in den Schlitten und rodelte den Berg hinab, geradewegs bis vor Koturas Tschum.

Sie trat in das Nomadenzelt und wartete. Miteins wurde das Fell am Eingang zurückgeschlagen, und ein junger Recke trat ein. Es war Kotura. Als er das Mägdelein erblickte, lachte er und fragte:

»Weshalb bist du zu mir gekommen?«

»Vater hat mich geschickt.«

»Warum?«

»Soll dich bitten, dem Schneesturm Einhalt zu gebieten. Sonst müssen alle Menschen in unserem Nomadenlager den Tod leiden.«

»Weshalb sitzt du herum, entfachst nicht das Feuer im Herd und bereitest kein Fleisch! Mich hungert, und auch du hast, wie ich sehe, nichts gegessen, seit du hier weilst.«

Die Maid kochte rasch das Fleisch, nahm es aus dem Topf und reichte es Kotura. Er aß und trug ihr auf, die andere Hälfte in den nächsten Tschum zu tragen.

Das Mädchen nahm die Mulde mit dem Fleisch und verließ den Tschum. Draußen aber heulte der Schneesturm, und die Flocken wirbelten immer dichter. Wohin sich wenden? Wo das Nomadenzelt finden? Das Mädchen stand ein Weilchen, sann nach und machte sich alsdann auf den Weg.

Wohin die Jungfrau ging, sie wusste es nicht ... Miteins erschien vor ihr das Vöglein, das sich auf dem Berg auf ihrer Schulter niedergelassen hatte. Es flatterte vor ihr her. Das Mädchen folgte dem Vöglein. Wohin das Vöglein flog, dorthin lenkte auch das Mädchen seine Schritte. Miteins sprühte vor ihm ein Funke. Da freute sich das Mädchen von Herzen und ging dem Funken nach, denn es glaubte, es habe den Tschum gefunden. Im Näherkommen bemerkte es jedoch, dass dort kein Nomadenzelt stand, sondern nur ein kleiner Erdhaufen aufragte. Aus dem Erdhügel ringelte sich ein Rauchfaden. Das Mädchen ging um den Erdhügel herum und stieß mit der Fußspitze daran, da tat sich ein Eingang auf. Ein grauhaariges altes Weiblein schaute heraus und fragte:

»Wer bist du? Weshalb bist du gekommen?«

»Großmutter, ich habe dir Fleisch gebracht. Kotura hat mir aufgetragen, es dir zu geben.«

»Kotura? Gib nur her. Du aber bleib draußen stehn.«

Das Mädchen gehorchte. Es musste recht lange warten. Endlich öffnete sich wieder der Eingang. Die alte Frau schaute heraus und reichte dem Mädchen die Mulde.

Sie war gefüllt. Das Mädchen kehrte zu Kotura zurück.

»Weshalb bist du so lange ausgeblieben?«, fragte Kotura. »Hast du den Tschum gefunden?«

»Ja.«

»Hast das Fleisch abgegeben?«

»Ja.«

»Gib mir die Mulde, will sehen, was darinnen liegt.«

Kotura erblickte in der Mulde Messer, Schaber und Walken, um Felle zu gerben, und stählerne Nadeln. Da lachte Kotura:

»Hast viel praktisches Gerät erhalten! Das wird dir alles von Nutzen sein!«

Morgens erhob sich Kotura, brachte feuchte Rentierfelle in den Tschum und trug dem Mädchen auf, bis zum Abend neue Kleider, Unten und Fausthandschuhe für ihn zu nähen:

»Wenn du dein Werk gut verrichtest, so will ich dich zum Weibe nehmen!«

Kotura zog von dannen. Das Mädchen aber machte sich ans Werk. Da kam ihr der Greisin Geschenk zustatten: Sie hatte alles, was sie zum Nähen brauchte. Aber schafft man schon viel an einem einzigen Tag? Das Mädchen sann darüber nicht lange nach, sondern arbeitete emsig: Es gerbte die Felle, schabte sie, schnitt sie zu und begann zu nähen. Miteins hob sich das Fell am Eingang, und ein grauhaariges altes Weiblein trat in den Tschum. Das Mädchen erkannte sie alsogleich: Es war jene Greisin, der es das Fleisch gebracht.

»Hilf mir, gutes Kind«, sagte die alte Frau. »Wisch mir ein Staubkorn aus dem Auge. Es will mir allein nicht gelingen!«

Das Mädchen legte die Arbeit beiseite und begann ohne Widerrede der alten Frau das Staubkorn aus dem Auge zu wischen.

»Ach schön«, sagte die Greisin erleichtert. »Nun schmerzt mein Auge nicht mehr. Schau mir doch jetzt noch ins rechte Ohr!«

Das Mädchen schaute der alten Frau ins rechte Ohr und erschrak.

»Was siehst du dort?«, fragte die Greisin.

»In deinem Ohr sitzt ein Mägdelein.«

»Weshalb rufst du es nicht? Rufe es! Es wird dir helfen, für Kotura die Kleider zu nähen.«

Da freute sich das Töchterlein des alten Mannes von Herzen und rief das Mädchen an. Alsbald sprang nicht nur ein Mädchen aus dem Ohr der Greisin. Es waren gleich vier! Hurtig machten sie sich ans Werk: Sie gerbten die Felle, schabten sie, schnitten sie zu und begannen zu nähen. Rasch war das Werk vollendet. Alsdann schob die alte Frau die Mädchen in ihr Ohr zurück und ging ihrer Wege.

Abends kehrte Kotura von der Jagd zurück und fragte:

»Hast du alles getan, was ich dir aufgetragen habe?«

»Ja.«

»Dann zeig her, ich will die Sachen anprobieren.«

Kotura nahm die Kleider und befühlte sie – die Felle waren weich gewalkt. Er legte die Kleidung an – sie war nicht zu eng, nicht zu weit, war nach Maß geschneidert und fest und schön genäht. Da lächelte Kotura und sprach:

»Du gefällst mir! Meiner Mutter und meinen vier Schwestern hast du auch gefallen. Du arbeitest tüchtig und bist mutig. Bist dem verheerenden Schneesturm entgegengezogen, auf dass dein Volk nicht untergehe. Werde mein Weib und bleibe in meinem Tschum bei mir.«

Kaum hatte er die Worte ausgesprochen, da legte sich der Schneesturm in der Tundra. Die Menschen brauchten sich nicht länger vor ihm zu verstecken, sie froren nicht mehr und verließen ihre Nomadenzelte!

Der Mann im Monde

Vor langer Zeit lebte einmal ein Mann, der seine Frau wenig gut behandelte. Eines Tages schlug er sie wieder, obwohl sie schwanger war. Spät am Tag ging er dann Seehunde jagen. Es war eine klare Nacht, Sterne und Mond schienen hell. Da rief die Frau den Mann im Mond an und bat ihn herunterzukommen. Gegen

Morgen hörte sie jemand mit Hunden sprechen und sah einen von zwei Hunden gezogenen Schlitten. Es war der Mann vom Mond und seine beiden Hunde Terii-tiaq und Kanageak. Der Mann vom Mond rief ihr zu: »Komm heraus!« Sie folgte und er hieß sie sich auf seinen Schlitten setzen. Dann befahl er ihr die Augen zu schließen und sie nicht früher zu öffnen, als bis sie an ihrem Bestimmungsort angekommen wären. Sie schloss die Augen und dann schwebten sie aufwärts durch die Luft.

Nach geraumer Zeit sagte der Mann vom Mond: »Mach jetzt deine Augen auf!« Sie antwortete: »Ich glaube, wir sind angekommen.« Sie sah sich um und bemerkte ein Schneehaus. Die beiden traten ein. Innen war alles sehr hübsch. Der Mann lud sie ein, bei ihm zu bleiben, und sagte: »Du sollst auf der linken Seite gegenüber der Haustüre sitzen.« Er selbst setzte sich auf die rechte Seite, der Lampe gegenüber. Nach einiger Zeit bat er sie, zu ihm herüberzukommen, und zeigte ihr dicht bei seinem Sitzplatz ein Loch, durch welches sie auf die Erde hinuntersehen konnte. Sie konnte ihren Mann in Kleidern voll Schnee und Eis vor seiner Haustür sitzen sehen. Er war gerade vom Seehundsfang zurückgekehrt und hatte die Abwesenheit seiner Frau entdeckt. Sie war sehr erstaunt, trotz der großen Entfernung, alles so klar zu sehen.

Da sagte der Mann im Mond zu ihr: »Es wird jetzt bald eine Frau namens Ululiernang hereinkommen. Lache über nichts, was sie tun wird, sonst schneidet sie dir die Eingeweide heraus; sie ist ganz versessen auf solche Speise. Wenn du merkst, dass du dir das Lachen nicht verbeißen kannst, steck deine linke Hand unters Knie und streck sie dann aus mit allen Fingern, vom zweiten Glied an abgebogen, nur den Mittelfinger musst du ausstrecken.«

Kaum hatte er das gesagt, als auch schon Ululiernang hereinkam. Sie trug eine flache Schüssel und ein Frauenmesser. Sie stellte beides hin und fing eine Menge Possen an. Sie nahm den Vorderlatz ihrer Jacke, rollte ihn zusammen und hielt ihn vor, als wollte sie sagen: »Weiche ja nicht von diesem Weg ab!« Und sie machte viele Luftsprünge, um die Frau zum Lachen zu bringen. Als die Besucherin sich schon nah daran fühlte, herauszulachen, zog sie die Hand unter dem Knie hervor und streckte sie gegen Ululiernang. Da sagte diese: »Ich habe große Angst vor diesem Bären.« Sie glaubte die Hand der Frau sehe genau wie eine Bärenpratze aus. Dann aßen der Mann und die Frau zu Mittag. Nach einiger Zeit sagte der Mann im Mond zur Frau, es wäre jetzt Zeit, auf die Erde zurückzugehen, »und sobald dein Kind geboren sein wird, wirst du ein Geräusch hören, als ob etwas heruntergefallen wäre. Du musst dann hinausgehen und nachsehen, was es ist.« Dann brachte er sie zurück auf die Erde, zur Hütte ihres Mannes.

Ihr Mann erzählte ihr, wie unglücklich er sich gefühlt hatte, als er bemerkt hatte, dass sie weggegangen war. Er hatte sie schon tot geglaubt. Dann erzählte sie ihrem Mann, was sich alles zugetragen hatte.

Eskimos – Inuits

Nach einiger Zeit gebar sie das Kind. Es war ein Knabe. Ihr Gatte war wieder beim Seehundsfang und sie war allein. Da hörte sie etwas fallen und ging hinaus, um zu sehen, was es sei. Sie fand einen Rentier-Schinken, den sie in die Hütte nahm. Am Abend kam ihr Gatte zurück und als er das Rentierfleisch sah, fragte er, woher sie das bekommen hätte. Sie erzählte, dass es vom Himmel gefallen sei: »Es ist vom Mann im Mond, der versprochen hat, mir etwas zu schicken.«

Als nach einiger Zeit alles Fleisch aufgegessen war, ging der Mann wieder auf Seehunde aus. Die Frau hatte kein Fett für ihre Lampe. Auf einmal sah sie Fett heruntertropfen, zuerst in die eine, dann in die andere Lampe. Als die Lampen voll waren, rief sie: »Das ist genug!« Sie wusste, dass auch das ein Geschenk vom Mann im Mond war. Abends kam ihr Mann zurück. Er war erstaunt, als er das Öl sah, und fragte, woher es komme. Sie erzählte: »Die Lampen haben sich selbst gefüllt und wie ich sah, dass genug Fett da war, sagte ich ›halt‹!«

Den nächsten Tag ging der Gatte wieder hinaus, um Seehunde zu jagen. In seiner Abwesenheit hörte die Frau wieder etwas fallen, und als sie hinausging, fand sie wieder einen Rentierschinken. Am Abend kam der Mann zurück und hatte einen Seehund erlegt. Er fragte: »Hast du noch Rentierfleisch?« – »Ja!«, erwiderte sie, »der Mann im Mond hat mir wieder welches gegeben.« Abends sah dann der Mann, wie sich die Lampen mit Öl füllten.

Als er am nächsten Tag wieder auf der Seehundsjagd war, erbeutete er einen anderen Seehund und brachte ihn nach Hause. Während er ihn zerlegte, sagte er zu seiner Frau: »Hier ist doch genug Seehundsfleisch, warum isst du nicht davon? Ich selbst habe es ja erlegt.« Die Frau hatte bisher nur Rentierfleisch gegessen, das ihr der Mann vom Mond gegeben hatte; jetzt verzehrte sie etwas vom Seehund ihres Mannes. Von dieser Zeit an fiel nie mehr Rentierfleisch vom Himmel, und ihre Lampen füllten sich nicht mehr mit Fett. Bald wurde sie auch krank. Das Rentierfleisch war aus und sie starb. Auch ihr Kind starb. Der Übergang von Rentierfleisch zu Seehundsfleisch, während das Kind noch so klein war, war so schädlich gewesen, dass er den Tod des Kindes verursacht hatte.

Der Riese

In einer dunklen Winternacht lief eine Frau durch das Dorf Nikh-tua und hinaus in die verschneite Tundra. Sie floh vor ihrem Mann, dessen Grausamkeit ihr unerträglich geworden war. Die ganze Nacht hindurch und noch viele Tage wanderte sie nordwärts und machte um die Dörfer, in deren Nähe sie kam, einen Bogen, aus Furcht, entdeckt zu werden. Schließlich hatte sie schon alle Anzeichen menschlichen Lebens hinter sich und die Kälte wurde ärger und ärger.

Ihr geringer Mundvorrat war verbraucht, und um den Hunger zu stillen, begann sie, Schnee zu essen.

Eines Tags, als es schon Nacht wurde, war sie an einen so windigen Ort gekommen, dass sie gezwungen war weiterzugehen. Schließlich sah sie etwas wie einen Hügel mit fünf Buckeln auf seinem Rücken vor sich, und als sie näher kam, sah sie, dass er einem sehr großen Menschenfuß ähnelte. Nachdem sie den Schnee zwischen zwei Erhöhungen, die wie ungeheure Zehen aussahen, weggefegt hatte, fand sie es warm und bequem da und schlief bis zum Morgen, wo sie dann aufbrach und bis zu einer vereinzelten Erhebung, die in der verschneiten Ebene erschien, weiterging. Diese erreichte sie bei Einbruch der Nacht und bemerkte, dass sie wie ein großes Knie geformt war. Sie fand einen geschützten Platz und blieb da, bis sie morgens weiterging. Diesen Abend schützte sie für die Nacht ein Hügel, der einem großen Schenkel glich. Die nächste Nacht fand sie Schutz in einer runden, grubenartigen Vertiefung, um die herum verstreut Sträucher wuchsen; als sie morgens diesen Ort verließ, erschien er ihr wie ein großer Nabel.

Die nächste Nacht schlief sie in der Nähe zweier Hügel, die wie enorme Brustmuskeln aussahen; die folgende Nacht fand sie eine geschützte, geräumige Höhlung, in der sie schlief. Als sie morgens gerade daran war, von hier aufzubrechen, glaubte sie aus der Gegend, wo sie ihre Füße hatte, eine mächtige Stimme zu vernehmen: »Wer bist du? Was hat dich zu mir getrieben, zu dem menschliche Wesen niemals kommen?« Sie war sehr erschrocken, brachte es aber doch zustande, ihre traurige Geschichte zu erzählen und daraufhin sprach die Stimme wieder: »Gut, du kannst hierbleiben, aber du darfst nicht mehr in der Nähe meines Mundes oder meiner Lippen schlafen, denn wenn ich dich anhauchte, so würde ich dich wegblasen. Du musst hungrig sein. Ich will dir etwas zu essen verschaffen.«

Während sie wartete, fiel ihr plötzlich ein, dass sie fünf Tage über den Körper des Riesen Kin-äk gewandert war. Nun wurde der Himmel plötzlich finster und eine große schwarze Wolke kam langsam auf sie zu; wie sie näher war, sah sie, dass es die Hand des Riesen war, welche sich öffnete und ein frisch getötetes Rentier fallen ließ, und die Stimme sagte ihr, sie solle davon essen. Rasch brach sie einiges Strauchholz, das überall herum wuchs, machte Feuer und aß gierig das gebratene Fleisch. Der Riese sagte wieder: »Ich weiß, du willst einen Platz, wo du bleiben kannst, und da ist es am besten für dich, in meinen Bart zu gehen, dort, wo er am dichtesten wächst, weil ich jetzt Atem holen will, um den angesammelten Reif, der mich quält, aus meinen Lungen zu bringen; geh also schnell!«

Sie hatte gerade noch Zeit in den Bart des Riesen hinunterzusteigen, als ein fürchterlicher Sturmwind über ihren Kopf dahin brauste, begleitet von einem blendenden Schneesturm, der aber, nachdem er sich über die Tundra ausgebreitet hatte, so rasch aufhörte, als er begonnen hatte, und mit einem Mal wurde der Himmel wieder hell.

Den anderen Tag sagte ihr Kin-äk, sie solle sich einen guten Platz suchen und aus seinen Barthaaren eine Hütte bauen. Sie sah sich um und wählte unweit seines Nasenloches, auf der linken Seite der Nase, eine Stelle und baute aus seinen Schnurrbarthaaren ihre Hütte. Hier lebte sie lange Zeit; der Riese half ihren Nöten ab, indem er seine große Hand ausstreckte und Rentiere und Seehunde oder was sie sonst immer zur Nahrung wollte, erbeutete. Aus Wolfsfellen, Fellen von braunen Vielfraßen und anderen befellten Tieren, die er für sie fing, machte sie sich selbst nette Kleider und bald hatte sie einen großen Vorrat von Fellen und Pelzen zurückgelegt.

Kin-äk fand mit der Zeit, dass sein Schnurrbart schütter wurde, da sie die Haare als Feuerholz verwandte, und er verbot ihr, fürderhin welche zu nehmen, aber er sagte, sie könne von den Haaren nehmen, die an der Seite des Gesichts wuchsen, wenn sie noch welche brauche. Lange Zeit verging so.

Eines Tages fragte sie Kin-äk, ob sie nicht nach Hause gehen wolle. »Ja«, sagte sie, »nur fürchte ich, mein Mann wird mich wieder schlagen und ich werde niemand haben, der mich beschützen wird.«

»Ich will dich beschützen«, sagte er. »Geh, schneide die Ohrspitzen von allen Fellen, die du hast, ab und gib sie in einen Korb. Dann setz dich selbst vor meinen Mund, und wenn du einmal in Gefahr sein solltest, vergiss nicht zu rufen: »Kin-äk, Kin-äk, komm zu mir« und ich werde dich beschützen. Geh jetzt und tu, wie ich dir gesagt habe. Es ist Zeit. Ich bin schon müde, so lange an einem Platz zu liegen, und will mich umdrehen, und wenn du dann hier wärest, würdest du zerquetscht werden.« Dann tat die Frau, wie ihr gesagt worden war, und kauerte sich vor seinen Mund.

Auf einmal erhob sich ein Wind mit Schneewehen, und die Frau fühlte sich davon gehoben, bis sie schläfrig wurde und die Augen schloss; als sie erwachte, war sie in der Gegend der Häuser von Nikh-tua, konnte aber nicht glauben, dass dem so sei, bis sie das gewohnte Geheul der Hunde hörte. Sie wartete den Abend ab und ging dann, nachdem sie den Korb mit den Ohrspitzen ins Vorhaus gestellt, in das Haus des Gatten. Der hatte sie schon lange als tot betrauert und seine Freude über ihre Rückkehr war sehr groß. Dann erzählte sie ihre Geschichte, und ihr Mann versprach, sie nie mehr schlecht zu behandeln. Als er den nächsten Tag durch sein Vorhaus ging, war er sehr erstaunt, es mit wertvollen Pelzen angefüllt zu finden; es hatte sich jede Ohrspitze, die seine Frau gebracht hatte, über Nacht in ein ganzes Fell verwandelt. Diese Felle machten ihn sehr reich und er wurde infolgedessen einer der Häuptlinge des Dorfes.

Nach einiger Zeit aber fühlte er sich unglücklich, denn er hatte keine Kinder und sprach daher zu seiner Frau: »Was wird mit uns sein, wenn wir alt und schwach sind und niemand haben, der für uns sorgt? Ja, wenn wir nur einen

Sohn hätten!« Eines Tages hieß er seine Frau sich sorgfältig zu baden; dann tauchte er eine Feder in Öl und zeichnete damit die Gestalt eines Knaben auf ihren Bauch. Nach der bestimmten Zeit gebar sie einen Sohn und sie waren sehr glücklich. Der Knabe wuchs rasch auf und zeichnete sich vor allen Kameraden durch Stärke, Gewandtheit und als guter Schütze aus. Zur Erinnerung an den Riesen wurde er Kin-äk genannt. Schließlich wurde der Gatte dann aber doch wieder unfreundlich und mürrisch wie früher und eines Tages gar so aufgebracht, dass er einen Stock nahm, um seine Frau zu schlagen. Sie lief aus Angst aus dem Haus, glitt aber draußen aus und fiel; und wie ihr Mann dicht an ihr war, erinnerte sie sich des Riesen und rief: »Kin-äk! Kin-äk! Komm zu mir.« Sie hatte diese Worte kaum gesprochen, als ein fürchterlicher Windstoß über sie hinwegblies und den Mann wegfegte, dass er nie mehr gesehen wurde.

Jahre vergingen und Jung-Kin-äk wuchs zu einem schönen, starken jungen Mann heran, wurde ein sehr erfolgreicher Jäger, hatte aber ein wildes und grausames Temperament. Eines Abends kam er nach Hause und erzählte seiner Mutter, dass er mit zweien seiner Gefährten Streit gehabt und beide getötet habe. Seine Mutter machte ihm Vorwürfe, indem sie ihn an die Gefahren der Blutrache seitens der Verwandten der Ermordeten erinnerte. Einige Zeit verstrich und die Sache schien vergessen.

Wieder einmal kam Kin-äk damit nach Hause, dass er einen Genossen getötet habe. Seither hatte er alle paar Tage mit jemandem Streit, was immer damit endete, dass er ihn erschlug. Schließlich hatte er so viele Leute erschlagen, dass seine Mutter ihm nicht länger erlauben wollte, mit ihr zu leben. Er schien aber darüber sehr erstaunt und sagte: »Bist du denn nicht meine Mutter? Wie kannst du mich so behandeln?«

»Ja«, sagte sie, »ich bin deine Mutter, aber dein Ungestüm hat es so weit gebracht alle unsere Freunde umzubringen oder zu vertreiben. Jeder hasst und fürchtet dich, und bald wird niemand mehr außer alten Weibern und Kindern im Dorf leben. Geh weg! Verlass diesen Ort, das wird für uns alle besser sein.«

Kin-äk sagte nichts, sondern jagte eine Zeit lang ohne Unterlass, bis er das Vorhaus seiner Mutter mit Fleisch und Pelzen angefüllt hatte. Dann ging er zu ihr und sagte: »Jetzt habe ich dich mit Nahrung und Pelzen versehen, wie es meine Pflicht war; ich bin bereit, dich zu verlassen« und ging weg.

Zufällig schlug er die gleiche Richtung ein, die seine Mutter auf ihrer Flucht gegangen war, und kam schließlich zum Kopf des Riesen. Als der Riese erfuhr, dass er der Sohn jener Frau sei, die bei ihm gewesen war, erlaubte er dem jungen Mann dazubleiben, sagte ihm aber, er solle ja nie an seine Lippen kommen, denn wenn er das wage, werde ihm etwas Böses zustoßen. Einige Zeit lebte Kin-äk da ganz ruhig, aber zuletzt fiel ihm doch ein, zu den Lippen des Riesen zu gehen und zu sehen, was denn dort wäre. Nach einem guten Stück harter Arbeit durch das Bartdickicht auf des Riesen Kinn, erreichte er den Mund. Im Augenblick, da er über die Lippen schritt und zur Öffnung zwischen ihnen gelangte, blies ein mächtiger Windstoß heraus, wirbelte ihn in die Luft und er ward nicht mehr gesehen.

Der Riese lebt noch immer im Norden, obwohl bis auf den heutigen Tag seit jener Zeit niemand dort war. Aber wenn er atmet, geben die wilden, schneeigen Nordstürme des Winters von seinem Dasein Kunde.

Die Entstehung der Winde

In einem Dorf am unteren Yukon lebte ein Mann mit seiner Frau; sie hatten aber keine Kinder. Nach langer Zeit sprach eines Tages die Frau zu ihrem Mann: »Ich kann nicht verstehen, wieso wir keine Kinder haben. Kannst du es?« Darauf antwortete der Mann, er könne es auch nicht verstehen. Sie bat dann ihren Mann in die Tundra zu gehen und ein Stück vom Stamm eines einsamen Baumes, der dort stehe, zu bringen und daraus eine Puppe zu machen. Der Mann ging aus dem Haus und sah einen langen Lichtstreifen, wie Mondschein am Schnee, über die Tundra in der Richtung scheinen, die er einschlagen musste. Diesem Lichtschein folgend wanderte er lange, bis er vor sich in hellem Licht einen glänzenden Gegenstand sah. Als er auf ihn zuging, bemerkte er, dass es der Baum war, nach dem er ausgegangen war. Da der Baum dünn war, nahm er sein Jagdmesser, schnitt ein Stück seines Stammes ab und brachte es nach Hause.

Zu Hause angekommen setzte er sich nieder und schnitzte aus dem Holz einen kleinen Knaben; seine Frau machte für ihn Pelzkleider und kleidete damit die Puppe an. Auf Geheiß seiner Frau schnitzte der Mann dann noch eine Anzahl ganz kleiner Schüsseln aus dem Holz, sagte aber, er könne in all dem keinen Nutzen sehen, denn es werde sie nicht glücklicher machen, als sie es früher gewesen waren. Darauf erwiderte die Frau, dass die Puppe sie zerstreuen und ihnen Gesprächsstoff geben werde, wenn sie einmal von nichts anderem als sich selbst zu reden wüssten. Dann setzte sie die Puppe auf den Ehrenplatz gegenüber dem Eingang und stellte die Spielzeugschüsseln voll Essen davor.

Als das Paar diese Nacht zu Bett gegangen und es im Raum ganz finster war, hörten sie verschiedene leise pfeifende Laute. Die Frau rüttelte ihren Mann auf und sagte: »Hörst du das? Das war die Puppe!«, und er stimmte dem bei. Sie standen sofort auf, machten Licht und sahen, dass die Puppe die Speisen gegessen und das Wasser getrunken hatte, und konnten noch bemerken, dass sie die Augen bewegte. Die Frau nahm sie zärtlich auf, liebkoste sie und spielte lange Zeit mit ihr. Als sie dessen überdrüssig wurde, setzte sie sie wieder zurück auf die Bank und sie gingen wieder zu Bett.

Wie Mann und Frau am Morgen erwachten, bemerkten sie, dass die Puppe weg war. Sie suchten sie im ganzen Haus, konnten aber keine Spur von ihr finden, und als sie hinausgingen, sahen sie Spuren, die von der Tür wegführten. Von der Tür gingen diese Spuren den Strand einer kleinen Bucht entlang bis etwas außerhalb des Dorfes, wo sie aufhörten, da die Puppe von dieser Stelle aus dem Lichtschein entlang gegangen war, dem der Mann gefolgt war, um den Baum zu finden. Der Mann und die Frau verfolgten die Puppe nicht weiter, sondern gingen nach Hause.

Die Puppe war den glänzenden Pfad entlang gegangen, bis dorthin, wo der Himmel zur Erde herabreicht und das Licht einschließt. Hart an der Stelle, wo sie war – im Osten – sah sie eine Öffnung in der Himmelswand, dicht verschlossen mit einer Haut, die augenscheinlich infolge irgendeiner starken Kraft von der anderen Seite her hervorgewölbt war. Die Puppe blieb stehen und sagte: »Es ist hier sehr ruhig. Ich glaube, ein kleiner Wind wird gut sein.« Darauf zog sie ein Messer und schnitt den Verschluss der Öffnung auf, und ein starker Wind blies durch, allerlei mit sich führend, unter anderem auch ein lebendes Rentier. Als die Puppe durch das Loch sah, erblickte sie dahinter eine andere Welt, genau so wie die Erde. Sie zog dann den Deckel wieder über die Öffnung und bat den Wind, nicht zu stark zu blasen und sagte ihm: »Manchmal blase stark, manchmal schwach und manchmal gar nicht.«

Dann wanderte sie den Himmelsrand entlang, bis sie im Südosten zu einer anderen Öffnung kam, die auch verschlossen war und deren Deckel ausgebaucht war wie bei der ersten. Als sie diesen Verschluss löste, strich ein starker Wind herein, der Rentiere und Sträucher und Bäume hereinwirbelte. Sie schloss dann die Öffnung wieder und bat den Wind so zu tun, wie sie dem ersten gesagt hatte, und ging weiter. Bald kam sie zu einer Öffnung im Süden. Als da der Verschluss geöffnet war, strich ein warmer Wind herein, der Regen und Spritzwasser vom Meer, das auf dieser Seite hinter dem Himmel liegt, hereinführte.

Die Puppe schloss diese Öffnung und trug ihr auf wie früher und ging weiter nach Westen. Dort war wieder eine Öffnung, durch die, sobald sie geöffnet war, der Wind einen starken Regensturm und Gischt vom Meer hereinpeitschte. Auch diese Öffnung wurde mit den gleichen Anweisungen geschlossen, und die Puppe ging weiter nach Nordwesten, wo sie eine andere Öffnung fand. Als der Verschluss von dieser aufgeschnitten war, kam ein kalter Windstoß, der Schnee und Eis mit sich führte, herein, sodass die Puppe bis aufs Bein erstarrt und halberfroren sich beeilte, auch diese Öffnung wie die anderen zu schließen.

Weiter ging sie am Himmelsrand entlang nach Norden. Die Kälte wurde so arg, dass sie ihn verlassen und einen Umweg machen musste, um erst wieder dort, wo sie die Öffnung sah, zu ihm zurückzugehen. Dort war die Kälte so streng, dass sie einige Zeit zögerte, aber schließlich doch auch diesen Verschluss aufschnitt. Sofort blies ein fürchterlicher, große Schnee- und Eismassen mit sich führender Sturm herein und wehte diese über die Erdoberfläche hin. Die Puppe schloss sehr bald die Öffnung, und nachdem sie den Wind wie früher ermahnt hatte, wanderte sie weiter bis zum Mittelpunkt der Erdoberfläche.

Dort angekommen, sah sie auf, und der Himmel wölbte sich oben, gestützt von langen, schlanken Stützen, die wie die eines kegelförmigen Zeltes angeordnet, aber aus einem unbekannten schönen Material gemacht waren. Die Puppe wandte sich dann wieder von hier weg und wanderte weit, bis sie das Dorf erreichte, von dem sie ausgegangen war. Dort ging sie zuerst um den ganzen Ort herum und dann in ein Haus nach dem anderen, zuletzt in ihr eigenes. Das tat sie, damit die Leute ihre Freunde werden sollten, und für den Fall, dass ihre Eltern stürben, für sie sorgten.

Dann lebte die Puppe lange Zeit in dem Ort. Nachdem ihre Pflegeeltern gestorben waren, wurde sie von anderen Leuten aufgenommen und lebte so durch viele Generationen, bis sie schließlich selbst starb. Von ihr lernten die Leute den Gebrauch von Kleidermasken, und seit ihrem Tod haben die Eltern die Gewohnheit, ihren Kindern Puppen zu machen nach dem Vorbild der Leute, die diese, von der ich erzählt habe, angefertigt hatten.

Die Liebe einer Eskimo-Maid

»Ja, Herr Twain, ich will Ihnen von meinem Leben alles erzählen, was Sie gerne hören möchten«, sagte sie mit ihrer sanften Stimme und dabei sah sie mir mit ihren unschuldigen Augen ruhig ins Gesicht, »denn es ist lieb und nett von Ihnen, dass Sie mich leiden mögen und etwas über mich wissen wollen.«

Sie hatte, in Gedanken versunken, mit einem beinernen Messerchen Walfischfett von ihren Wangen geschabt und es an ihrem Pelzärmel abgewischt und dabei auf das Nordlicht am Himmel geblickt, das seine flammenden Strahlen in reichen Regenbogenfarben über die einsame Schneeebene und die Dome der Eisberge ergoss – ein Schauspiel von fast unerträglich glänzender Schönheit. Aber jetzt schüttelte sie die träumerische Stimmung von sich ab und schickte sich an, mir die einfache kleine Geschichte zu erzählen, um die ich sie gebeten hatte. Sie setzte sich bequem auf dem Eisblock zurecht, der uns als Sofa diente, und ich nahm die Haltung eines aufmerksamen Zuhörers an.

Sie war ein schönes Geschöpf. Ich spreche vom Eskimostandpunkt. Andere hätten sie für ein bisschen reichlich fett halten mögen. Sie war gerade zwanzig Jahre alt und galt für das weitaus bezauberndste Mädchen ihres Stammes. Sogar hier in der freien Luft, in ihren schwerfälligen und unförmlichen Pelzröcken, Pelzhosen und Pelzstiefeln und unter der großen Kapuze war wenigstens die Schönheit ihres Gesichtes erkennbar; die Schönheit ihrer Gestalt musste man allerdings auf Treu und Glauben annehmen. Unter allen aus- und eingehenden Gästen hatte ich an ihres Vaters gastlichem Esstrog kein Mädchen gesehen, das man ihrer ebenbürtig hätte nennen können. Und dabei war sie unverdorben! Sie war lieblich und natürlich und aufrichtig, und wenn sie wusste, dass sie eine Schönheit war, so ließ doch nichts in ihrem Gehaben darauf schließen, dass sie diese Kenntnis besaß.

Sie war nun seit einer Woche meine tägliche Kameradin gewesen, und je besser ich sie kennen lernte, desto besser gefiel sie mir. Sie war zärtlich und sorgfältig aufgezogen worden, in einer Lebensluft, die in den Polargegenden als eine außerordentlich verfeinerte gelten konnte, denn ihr Vater war der einflussreichste Mann seines Stammes und stand auf der Höhe der Eskimokultur. Ich machte mit Lasca – so hieß sie – lange Spazierfahrten im Hundeschlitten über die mächtigen Eisfelder und fand ihre Gesellschaft stets liebenswürdig und ihre Unterhaltung angenehm. Ich ging mit ihr auf den Fischfang, aber nicht in ihrem lebensgefährlich schwachen Boot, sondern ich spazierte bloß am Eisrand entlang und sah zu, wie sie mit ihrem unfehlbar treffenden Speer ihr Wild erlegte. Wir segelten miteinander; mehrere Male stand ich dabei, wenn sie und ihre Familie von einem gestrandeten Wal den Speck ernteten, und einmal begleitete ich sie ein Stück Weges auf die Bärenjagd; ich kehrte aber um, ehe es zum Schuss kam, denn im Grunde habe ich Angst vor Bären.

Nun, wie gesagt, sie wollte mir ihre Geschichte erzählen. Hier ist sie:

»Unser Stamm war nach uraltem Brauch wie die anderen Stämme über das gefrorene Meer von Ort zu Ort gewandert, aber vor zwei Jahren wurde mein Vater des Wanderns müde und baute sich dieses große Schloss aus Schneeblöcken – sehen Sie es nur an! Es ist sieben Fuß hoch und drei- oder viermal so lang wie irgendein anderes Haus. Hier haben wir seither immer gewohnt. Er war sehr stolz auf sein Haus und das mit Recht; denn wenn Sie es sich aufmerksam ansahen, so müssen Sie bemerkt haben, wieviel schöner und vollständiger es ist als die üblichen Wohnungen. Haben Sie noch nicht darauf geachtet, so müssen Sie es unbedingt tun, denn Sie werden darin eine luxuriöse Ausstattung finden, die sich hoch über das Gewöhnliche erhebt. Zum Beispiel, an dem Ende, das Sie den ›Empfangssalon‹ genannt haben, da ist die erhöhte Plattform, woran meine Familie und ihre Gäste es sich beim Essen bequem machen. Diese Plattform ist die größte, die Sie je in einem Hause gesehen haben – nicht wahr?«

»Ja, Sie haben vollkommen Recht, Lasca; es ist die größte. Wir haben selbst in den schönsten Häusern der Vereinigten Staaten nichts Ähnliches.«

Bei dieser Anerkennung funkelten ihre Augen voll Stolz. Ich bemerkte es und schrieb es mir hinter die Ohren.

»Ich dachte es mir, dass die Plattform Sie überrascht hätte«, sagte sie. »Und noch eins: Der Boden ist viel dicker mit Pelzen belegt als sonst üblich ist. Alle

Arten Pelzwerk – vom Seehund, Seeotter, Silberfuchs, Bär, Marder, Zobel – alle Arten Pelzwerk sind im Überfluss vorhanden. Dasselbe gilt von den Eisblockschlafbänken an der Wand, die Sie ›Betten‹ nennen. Sind bei Ihnen zu Hause Plattformen und Schlafbänke besser ausgestattet?«

»Das sind sie wirklich nicht, Lasca – man denkt noch gar nicht mal daran.« Das gefiel ihr wieder. Sie dachte bloß an die Zahl der Pelze, die ihr feinsinniger Vater sich die Mühe nahm aufzubewahren, nicht an deren Wert. Ich hätte ihr sagen können, dass diese Massen von kostbarem Pelzwerk ein Vermögen bedeuteten – oder wenigstens in meiner Heimat bedeuten würden – aber sie hätte das nicht verstanden; solche Sachen galten bei ihrem Volk nicht als Reichtümer. Ich hätte ihr sagen können, dass die Kleider, die sie anhatte, oder die Alltagskleider der gewöhnlichsten Person ihrer Umgebung, zwölf- oder fünfzehnhundert Dollar wert seien, und dass ich bei uns zu Hause keine Dame kenne, die in einer Zwölfhundert-Dollar-Garderobe fischen ginge. Aber auch dies hätte sie nicht verstanden. Deshalb sagte ich nichts. Sie fuhr fort:

»Und dann die Spülzuber! Wir haben zwei im Empfangssalon und außerdem noch zwei andere im Hause. Es kommt sehr selten vor, dass jemand zwei im Empfangssalon hat. Haben Sie zwei in Ihrem Salon daheim?«

Der bloße Gedanke an diese Spülzuber benahm mir den Atem; ich sammelte mich aber wieder, bevor sie etwas merkte, und sagte voll Wärme:

»Hören Sie, Lasca, es ist schlecht von mir, dass ich meine Heimat bloßstelle, und Sie dürfen es nicht weitersagen, denn ich spreche zu Ihnen im Vertrauen – ich gebe Ihnen mein Ehrenwort, dass nicht mal der reichste Mann in der Stadt New York zwei Spülzuber in seinem Salon hat.«

Sie schlug in unschuldigem Entzücken ihre pelzbekleideten Hände zusammen und rief:

»O, das kann doch nicht Ihr Ernst sein, das kann nicht Ihr Ernst sein!«

»Ja, es ist wirklich mein Ernst, Liebste! Da ist Vanderbilt. Vanderbilt ist ungefähr der reichste Mann auf der ganzen Welt. Nun, und wenn ich auf dem Totenbett läge, so könnte ich Ihnen sagen, dass nicht mal er zwei in seinem Salon hat. Ja, nicht mal einen hat er – ich will auf der Stelle sterben, wenn's nicht wahr ist!«

Ihre lieblichen Augen standen vor Erstaunen weit aufgerissen, und sie sagte langsam, mit einem gewissen Beben in der Stimme: »Wie seltsam – wie unglaublich – man kann es sich gar nicht vorstellen. Ist er geizig?«

»Nein – das ist er nicht. Auf die Ausgabe kommt es ihm nicht an, aber – hm – wissen Sie, es würde protzig aussehen. Ja, das ist es – so denkt er. Er ist ein einfacher Mann auf seine Art und hat eine Abneigung gegen Entfaltung von Pomp und Prunk.«

»Nun, solche Demut ist ja recht anerkennenswert«, sagte Lasca, »wenn man sie nicht zu weit treibt – aber wie sieht denn nun der Salon aus?«

»Na, natürlich ziemlich kahl und unvollständig, aber ...«

»Das kann ich mir denken. So was habe ich noch nie gehört! Ist es ein schönes Haus – ich meine, abgesehen davon?«

»Ziemlich schön, ja. Man hat eine sehr gute Meinung davon.«

Das Mädchen saß eine Weile schweigend da und knabberte träumerisch an einem Lichtstumpf. Augenscheinlich versuchte sie sich auf das Gehörte einen Vers zu machen. Zuletzt schüttelte sie leise den Kopf und sprach frank und frei ihre Meinung aus:

»Nun, nach meiner Ansicht gibt es eine Art von Demut, die, wenn man ihr auf den Grund geht, doch nur eine Prahlerei ist. Und wenn ein Mann, der sich zwei Spülzuber in seinem Salon leisten kann, es nicht tut, so ist er vielleicht wirklich demütig, aber hundertmal wahrscheinlicher ist es, dass er gerade die Blicke der Welt dadurch auf sich lenken will. Nach meiner Meinung weiß Herr Vanderbilt genau, was er damit bezweckt.«

Ich versuchte diesen Urteilsspruch zu mildern, denn ich fühlte, dass der Besitz von zwei Spülzubern nicht für jedermann der richtige Prüfstein sei, obgleich man in der Eskimogegend nichts dagegen einwenden kann. Aber das Mädchen hatte seinen eigenen Kopf und ließ sich nichts einreden. Plötzlich fragte sie: »Haben die reichen Leute bei Ihnen auch so gute Schlafbänke wie wir, aus so hübschen breiten Eisblöcken gemacht?«

»Na, sie sind ziemlich gut – gut genug – aber aus Eisblöcken sind sie nicht gemacht.«

»Ach gar! Warum sind sie denn nicht aus Eisblöcken?«

Ich erklärte ihr die Schwierigkeiten und machte sie darauf aufmerksam, wie teuer das Eis in einem Lande ist, wo man auf seinen Eismann scharf aufpassen muss, damit die Eisrechnung nicht schwerer wird als das Eis selber. Da rief sie:

»Herrje! Kaufen Sie Ihr Eis?«

»Ganz gewiss, mein liebes Kind.«

Sie brach in ein stürmisches, harmloses Lachen aus und sagte: »O, so was Albernes habe ich noch nie gehört! Es ist ja doch massenhaft vorhanden, ist kein kleinstes bisschen wert! Ich gäbe keine Fischblase für das Ganze!«

»Nun, Sie wissen eben den Wert nicht zu beurteilen, Sie kleine Provinzpflanze Sie! Wenn Sie das Eis hier im Hochsommer in New York hätten, so könnten Sie alle Walfische dafür kaufen, die am Markt sind.«

Sie sah mich zweifelnd an und sagte:

»Sprechen Sie die Wahrheit?«

»Die reinste! Ich leiste meinen Eid darauf.«

Das machte sie nachdenklich. Auf einmal sagte sie mit einem kleinen Seufzer:

»Ich wollte, da könnte ich wohnen!«

Ich hatte ihr nur zum Vergleich Werte nennen wollen, von denen sie sich einen Begriff machen konnte; aber meine Meinung war falsch gedeutet worden.

Ich hatte ihr damit nur den Eindruck erweckt, dass in New York Walfische reichlich vorhanden und billig seien, und hatte ihr den Mund wässrig gemacht. Es schien am besten zu sein, wenn ich den begangenen Fehler zu mildern versuchte; so sagte ich denn:

»Aber Sie würden sich aus Walfischfleisch nichts machen, wenn Sie in New York wohnten. Kein Mensch dort fragt etwas danach.«

»Was?!«

»Nein, wirklich nicht.«

»Aber warum denn nicht?«

»T–scha, das weiß ich nicht recht. Es ist ein Vorurteil, denke ich. Ja, das ist es – einfach ein Vorurteil. Wahrscheinlich hat mal irgendwo und irgendwann irgendeiner, der nichts Besseres zu tun hatte, ein Vorurteil dagegen aufgebracht, und Sie wissen ja, wenn so eine Einbildung mal eingewurzelt ist, so dauert es eine endlose Zeit, bis sie wieder ausgetrieben wird.«

»Das stimmt – das stimmt vollkommen!«, sagte das Mädchen nachdenklich. »Gerade so war es hier mit unserem Vorurteil gegen Seife – wissen Sie, unsere Stämme hatten anfangs ein Vorurteil gegen Seife.«

Ich sah sie an. Sprach sie im Ernst? Augenscheinlich ja. Ich zögerte einen Augenblick, dann fragte ich vorsichtig, mit einer gewissen Betonung:

»Entschuldigen Sie: Sie hatten ein Vorurteil gegen Seife? Hatten?«

»Ja. Aber das war bloß im Anfang. Kein Mensch wollte sie essen.«

»Ach so, ich verstehe. Ich wusste nur nicht gleich, was Sie meinten.«

Sie fuhr fort: »Es war einfach ein Vorurteil. Als zum ersten Mal Seife von den Fremdländischen hierhergebracht wurde, da mochte keiner sie. Sobald sie aber in Mode kam, hatte jeder sie gern und jetzt hat jeder welche, der es sich nur leisten kann. Lieben Sie Seife?«

»O ja, gewiss! Ich würde umkommen, wenn ich keine haben könnte – besonders hier. Haben Sie sie gerne?«

»Ich bete sie geradezu an. Mögen Sie Kerzen?«

»Ich betrachte sie als unentbehrliche Notwendigkeit. Lieben Sie sie?«

Ihre Augen tanzten geradezu und sie rief:

»O, sprechen Sie nicht davon! ... Kerzen! ... und Seife!«

»Und Fischeingeweide ...!«

»Und Lebertran ...!«

»Und Bratenfett ...!«

»Und Walfischspeck ...!«

»Und recht altes Fleisch von gestrandetem Wal! und Sauerkraut! und Bienenwachs! und Teer! und Terpentin! und Sirup! und ...«

»O bitte, nicht mehr! Halten Sie ein! Mir bleibt die Luft weg vor Wonne ...«

»Und dann alles zusammen in einem Trankübel angerichtet und die Nachbarn dazu eingeladen und dann ...«

Aber dieses Zauberbild eines idealen Festes war zu viel für sie, und sie fiel in Ohnmacht, das arme Ding. Ich rieb ihr das Gesicht mit Schnee und brachte sie wieder zu sich, und nach einer Weile kühlte ihre Erregung sich ab. Allmählich kam sie wieder so weit, dass sie in ihrer Geschichte fortfahren konnte:

»So begannen wir also hier in dem schönen Haus zu wohnen. Aber ich war nicht glücklich. Der Grund war dieser: Ich war zur Liebe geschaffen; ohne Liebe konnte es für mich kein wahres Glück geben. Ich wollte um meiner selbst willen geliebt sein. Ich wollte anbeten und wollte von meinem Angebeteten angebetet werden; nichts Geringeres als gegenseitige Anbetung konnte meine glühende Natur befriedigen. Ich hatte Freier genug – ja übergenug – aber in allem und jedem Fall hatten sie einen verhängnisvollen Mangel; früher oder später entdeckte ich diesen Mangel – kein Einziger von ihnen vermochte ihn vor mir zu verhehlen: sie wollten nicht mich, sondern meinen Reichtum!«

»Ihren Reichtum?«

»Ja; mein Vater ist der allerreichste Mann in unserem Stamm – und überhaupt unter allen Stämmen dieser Gegend.«

Ich fragte mich neugierig, worin wohl ihres Vaters Reichtum bestehen möchte. Das Haus konnte es nicht sein – ein jeder konnte sich so eins bauen. Die Pelze waren's auch nicht – denn die waren hier nichts wert. Der Schlitten, die Hunde, die Harpunen, das Boot, die beinernen Fischhaken, Nadeln usw., das alles konnte es nicht sein – nein, das war alles kein Reichtum. Was konnte es denn also sein, das diesen Mann so reich machte und den Schwarm von habgierigen Freiern in sein Haus brachte? Schließlich dünkte mich, es wäre, um dies herauszufinden, am besten, wenn ich sie fragte. Ich tat es. Das Mädchen war durch diese Frage so augenscheinlich geschmeichelt, dass ich sah, sie hatte sich schmerzlich danach gesehnt. Ihr Mitteilungsbedürfnis brannte sie ebenso sehr wie mich meine Neugier. Sie schmiegte sich traulich an mich an und sagte:

»Raten Sie, wie schwerreich er ist – Sie kriegen es niemals heraus!«

Ich tat, als dächte ich tief über die Sache nach, und sie beobachtete den Ausdruck meiner Denkanstrengungen auf meinem Gesicht mit atemlosem und entzücktem Interesse. Und als ich es endlich aufgab und sie bat, meine Sehnsucht zu stillen und zu mir selbst zu sagen, wie viel dieser Vanderbilt des Nordpols wert sei, da legte sie ihren Mund dicht an mein Ohr und wisperte eindrucksvoll:

»Zweiundzwanzig Angelhaken – keine beinernen, sondern fremdländische – aus echtem Eisen!«

Dann sprang sie mit dramatischer Gebärde zurück, um die Wirkung zu beobachten. Ich gab mir die allergrößte Mühe, sie nicht zu enttäuschen. Ich erbleichte und murmelte:

»Gott Strambach!«

»Es ist so wahr, wie Sie leben, Herr Twain!«

»Lasca, Sie machen mir was weis – Sie können es nicht im Ernst meinen!«

Sie wurde furchtsam und verwirrt und rief aus:
»Herr Twain, jedes Wort davon ist wahr – jedes Wort. Sie glauben mir – Sie glauben mir doch, bitte, nicht wahr? Sagen Sie, dass Sie mir glauben – bitte, bitte, sagen Sie, dass Sie es glauben.«
»Ich ... hm ... na ja, ich glaube – ich bemühe mich, es zu glauben. Aber es kam gar so plötzlich. So plötzlich und so verblüffend. Sie sollten so was nicht so mit einem Mal machen. Es ...«
»O, es tut mir so leid! Hätte ich nur gedacht ...«
»Nun, es ist schon gut ... und ich mache Ihnen keine Vorwürfe mehr, denn Sie sind jung und gedankenlos, und natürlich konnten Sie nicht voraussehen, was für eine Wirkung ...«
»Ach ja. Bester, ich hätte ganz gewiss besser daran denken sollen. Aber wie ...«
»Sehen Sie, Lasca, wenn Sie mit fünf oder sechs Angelhaken angefangen hätten und dann allmählich ...«
»O, ich verstehe, ich verstehe ... dann allmählich einen hinzufügen, und dann zwei und dann ... Ach, warum habe ich denn auch nicht daran gedacht!«
»Nun, gleichviel, Kind; es ist schon recht. Ich fühle mich jetzt besser ... binnen Kurzem werde ich darüber weg sein. Aber ... einem unvorbereiteten und gar nicht sehr kräftigen Menschen mit sämtlichen zweiundzwanzig auf einmal ins Gesicht springen ...!«
»O ... es war eine Sünde! Aber Sie verzeihen mir – sagen Sie, dass Sie mir verzeihen! Bitte!«
Nachdem ich einen Großteil sehr niedlichen Streichelns und Hätschelns und Zuredens eingeheimst hatte, vergab ich ihr, und sie war wieder glücklich und kam nach und nach wieder in ihre Geschichte hinein. Auf einmal entdeckte ich, dass der Familienschatz noch irgendwas anderes Ausgezeichnetes enthalten musste – augenscheinlich irgendein Kleinod – und dass sie versuchte in Andeutungen davon zu sprechen, damit es mich nicht abermals umwürfe. Doch ich wünschte auch von diesen Dingen genau Bescheid zu wissen und drang in sie, mir zu sagen, was es sei. Sie hatte Angst. Aber ich bestand darauf und sagte, diesmal würde ich mich zusammennehmen und den Stoß aushalten. Sie war voll böser Ahnungen, aber die Versuchung, mir das Wunder zu enthüllen und sich an meinem Erstaunen und meiner Bewunderung zu weiden, war zu stark für sie, und sie gestand mir, sie trüge es bei sich, und sagte, wenn sie sicher wäre, dass ich gefasst sei – usw. usw. – und damit griff sie in ihren Busen und brachte ein verbeultes viereckiges Messingstück zum Vorschein, wobei ihr Blick erwartungsvoll an meinem Auge hing. Ich sank an ihren Busen in einer ganz vorzüglich gespielten Ohnmacht, die ihr Herz entzückte und zugleich in höchsten Schrecken versetzte. Als ich wieder zu mir kam, erkundigte sie sich begierig, was ich zu ihrem Kleinod sagte.
»Was ich dazu sage? Ich denke, es ist das köstlichste Ding, das ich jemals sah.«

»Denken Sie das wirklich? Wie nett von Ihnen, dass Sie das sagen. Aber es ist auch herzig – ist es nicht?«

»Gewiss, das will ich meinen! Ich wollte es lieber mein Eigen nennen als den ganzen Äquator!«

»Ich dachte es mir, dass Sie es bewundern würden«, sagte sie. »Ich meine, es ist so herzig! Und es gibt kein Zweites in diesen ganzen Gegenden! – Es sind Leute ganz vom offenen Polarmeer hierhergereist, um es sich anzusehen. Sahen Sie jemals früher so was?«

Ich sagte nein; es wäre das erste derartige Juwel, das ich je gesehen hätte. Es gab mir einen schmerzlichen Knacks, diese großmütige Lüge zu sagen, denn ich hatte in meinem Leben eine Million solcher Dinger gesehen – da ihr Kleinod nichts anderes war, als eine verbogene alte New Yorker Bahnhofsgepäckmarke.

»Alle Wetter!«, sagte ich. »Sie gehen doch nicht mit diesem Juwel auf Ihrem Leibe so allein und ohne Schutz herum, und ohne auch nur einen Hund mitzunehmen?«

»Pst! Nicht so laut!«, sagte sie. »Niemand weiß, dass ich es bei mir habe. Sie denken, es liegt bei Papas Schatz. Und da liegt es auch für gewöhnlich.«

»Wo ist der Schatz?«

Das war eine plumpe Frage, und einen Augenblick lang sah sie verdutzt und ein wenig misstrauisch drein; aber ich sagte:

»O, o! Haben Sie doch keine Angst vor mir. Zu Hause sind wir siebzig Millionen Menschen, und – ich sollte es eigentlich nicht selber von mir sagen, aber da ist kein Einziger unter ihnen allen, der mir nicht unzählbare Angelhaken anvertrauen würde.«

Dies beruhigte sie wieder und sie erzählte mir, wo die Angelhaken im Hause versteckt lägen. Dann machte sie eine kleine Abschweifung, um ein bisschen mit der Größe der durchscheinenden Eisplatten zu renommieren, die die Fenster ihres Schlosses bildeten, und fragte mich, ob ich zu Hause je ihresgleichen gesehen, und ich bekannte frei und offen, das hätte ich nicht, und das machte ihr solche Freude, dass sie keine Worte finden konnte, ihre Dankbarkeit darin zu kleiden. Es war so leicht ihr Freude zu machen, und eine solche Freude, dies zu tun, dass ich fortfuhr und sagte:

»O, Lasca, Sie sind wirklich ein glückliches Mädchen! Dieses schöne Haus, dies köstliche Juwel, der reiche Schatz, all dieser elegante Schnee und die prachtvollen Eisberge und die grenzenlose Wüste, und die jagdfreien Bären und Walrosse, und edle Freiheit und weite Natur! Und jedermanns Augen ruhen bewundernd auf Ihnen, und jedermanns Ehrfurcht steht Ihnen ungesucht zu Gebote! Jung, reich, schön, umworben, gefeiert, beneidet – von jedem Luxus sind Sie umgeben, jeder Wunsch wird Ihnen erfüllt, ja es gibt nicht einmal etwas, was Sie wünschen könnten – was für ein unermessliches Glück! Ich habe Myriaden von Mädchen gesehen, aber keine, der man alle diese außerordentlichen Dinge mit Recht nachsagen konnte, außer Ihnen. Und Sie sind ihrer würdig, – sind ihrer aller würdig, Lasca – das glaube ich in meines Herzens Grunde!«

Es machte sie unendlich stolz und glücklich, mich dies sagen zu hören und sie dankte mir immer und immer wieder für die Schlussbemerkung, und an ihrer Stimme und ihren Augen merkte ich, dass sie wirklich gerührt war. Aber plötzlich sagte sie:

»Und doch, es ist nicht alles Sonnenschein – es sind auch düstere Wolken vorhanden. Die Bürde des Reichtums ist schwer zu tragen. Oftmals habe ich zweifelnd bei mir gedacht, ob es nicht besser wäre, arm zu sein – oder wenigstens nicht so über alle Maßen reich. Es schmerzt mich, wenn Leute von Nachbarstämmen mich anstarren, wenn sie bei mir vorüber kommen, und wenn ich sie ehrfurchtsvoll zu einander sagen höre: ›Da! Das ist sie – die Millionärstochter!‹ Und manchmal sagt einer kummervoll: ›Sie wälzt sich in Angelhaken, und ich – ich habe nichts!‹ Das bricht mir das Herz. Als ich ein Kind war und wir arm waren, da schliefen wir bei offener Tür, wenn wir wollten, aber jetzt – jetzt müssen wir einen Nachtwächter haben. Früher war mein Vater freundlich und höflich zu allen; aber jetzt ist er streng und hochfahrend und kann's nicht leiden, wenn ihm einer vertraulich kommt. Einst war seine Familie sein einziger Gedanke, aber jetzt denkt er, wo er geht und steht, an seine Angelhaken. Und sein Reichtum macht, dass ein jeder untertänigst vor ihm katzbuckelt. Früher lachte niemand über seine Späße, denn sie sind immer fade und weit hergeholt und armselig und mangeln des einzigen Elements, das wirklich einen Spaß rechtfertigen kann – des Humors. Aber nun lacht und kichert ein jeder über diese gräulichen Dinger, und wenn's einer mal nicht tut, so ärgert mein Vater sich tief und lässt es sich merken. Früher fragte kein Mensch nach seiner Meinung, und sie taugte auch wirklich nichts, wenn er sie mal ungefragt abgab; diesen Fehler haben seine Meinungen auch jetzt noch, trotzdem wollen alle sie hören und geben ihren Beifall dazu – und er selbst stimmt in den Beifall ein, denn echtes Zartgefühl hat er gar nicht, dafür aber eine große Masse Taktlosigkeit. Er hat den Ton unseres ganzen Stammes heruntergebracht. Einst war es ein freimütiges, mannhaftes Geschlecht, jetzt sind sie jämmerliche Heuchler und aufgedunsene Liebediener. Von ganzem Herzensgrunde hasse ich all dies Millionärsgetue. Unsere Stammesgenossen waren einst schlichtes, einfaches Volk, zufrieden mit den beinernen Angelhaken ihrer Väter; jetzt sind sie von Habsucht zerfressen und würden jedes Gefühl von Ehre und Würde opfern, um des Fremdlings entwürdigende eiserne Angelhaken zu erlangen. Aber ich darf bei diesen traurigen Geschichten nicht verweilen … Wie ich gesagt, es war mein Traum, um meiner selbst willen geliebt zu werden.

Endlich schien dieser Traum in Erfüllung gehen zu sollen. Eines Tages kam ein Fremder durch, der sagte, sein Name sei Kalula. Ich nannte ihm meinen Namen, und er sagte, er liebe mich. Mein Herz hüpfte hoch vor Dankbarkeit und Glück, denn ich hatte ihn auf den ersten Blick geliebt, und nun sagte ich ihm das. Er zog mich an seine Brust und sagte, er wünschte niemals glücklicher zu sein als in dem Augenblick. Wir lustwandelten miteinander weit über die Eisfelder, sprachen immerfort von uns selber und planten, ach, die lieblichste Zukunft. Als wir endlich müde wurden, setzten wir uns nieder und aßen, denn er hatte Seife und Kerzen bei sich, und ich hatte ein bisschen Walfischtran mitgenommen. Wir waren hungrig und niemals schmeckte uns etwas so gut.

Er gehörte zu einem Stamm, dessen Jagdgründe fern im Norden lagen, und ich fand heraus, dass er niemals was von meinem Vater gehört hatte, und das machte mich über alle Maßen froh. Das heißt, er hatte wohl von dem Millionär gehört, kannte aber dessen Namen nicht – so konnte er also, verstehen Sie, nicht wissen, dass ich die Erbin war. Sie können sich denken, dass ich ihm nichts davon sagte. Endlich war ich um meiner selbst willen geliebt, und wie zufrieden machte mich das! Ich war so glücklich – o, glücklicher, als Sie sich vorstellen können.

Allmählich wurde es Zeit zum Abendessen, und ich führte ihn nach unserem Hause. Als wir in dessen Nähe kamen, war er erstaunt und rief:

›Wie prachtvoll! Ist das deines Vaters Haus?‹

Es gab mir einen Stich durchs Herz, als ich diesen Ton hörte und den bewundernden Glanz in seinem Auge sah, aber dies Gefühl schwand bald hinweg, denn ich liebte ihn so sehr, und er sah so schmuck und vornehm aus. Meiner ganzen Familie, Tanten, Onkeln, Vettern und Cousinen gefiel er gut, viele Gäste wurden eingeladen, das Haus wurde dicht verschlossen, die Tranlampen angezündet, und als alles heiß und recht zum Ersticken gemütlich war, da begannen wir ein fröhliches Festmahl zur Feier meiner Verlobung.

Als der Schmaus vorüber war, da erlag mein Vater seiner Eitelkeit und konnte der Versuchung nicht widerstehen, mit seinen Reichtümern zu protzen und Kalula sehen zu lassen, in was für ein großes Glück er hineingetappt wäre – und vor allem natürlich wollte er sich an des armen Mannes Erstaunen weiden. Ich hätte weinen mögen – aber es hätte nichts genützt, wenn ich versucht hätte, meinem Vater abzureden; so sagte ich denn nichts, sondern saß nur da und litt schweigend.

Mein Vater ging im Angesicht aller Leute geradeswegs auf das Versteck los und holte die Angelhaken hervor und brachte sie herbei und warf sie streuend über meinen Kopf weg, sodass sie in glitzerndem Durcheinander vor meines Liebsten Knien auf die Plattform niederfielen. Natürlich stand bei dem erstaunlichen Schauspiel dem armen Burschen der Atem still. Er konnte nur in stumpfsinniger Verblüfftheit auf die Angelhaken starren und sich wundern, wie ein einzelner Mensch so unglaubliche Reichtümer besitzen könne. Dann auf einmal leuchtete sein Antlitz auf und er rief aus:

›Ah, so bist du der berühmte Millionär!‹

Mein Vater und alle Übrigen brachen lärmend in ein glückliches Gelächter aus, und als mein Vater nachlässig den Schatz zusammenkehrte, als wäre es ein gewöhnlicher Plunder ohne alle Bedeutung, und ihn wieder an seinen Platz trug, da war Kalulas Überraschung zum Malen. Er sagte:

›Ist es möglich, dass du solche Sachen forträumst, ohne sie zu zählen?‹

Mein Vater ließ ein prahlerisch wieherndes Lachen erschallen und sagte:

›Gewiss und wahrhaftig, da kann ein Toter sehen, dass du niemals reich gewesen bist, wenn eine Lappalie von einem oder zwei Angelhaken in deinen Augen ein so mächtiges Ding ist!‹

Kalula war verwirrt und senkte den Kopf; dann sagte er:

›Ach, in der Tat, Herr, ich besaß niemals auch nur so viel, wie der Widerhaken an einer solchen kostbaren Angel wert ist, und ich habe niemals einen Mann gesehen, der so reich war, dass es sich verlohnt hätte, seinen Hort zu zählen, denn der Wohlhabendste, den ich bis jetzt gekannt, besaß nur drei.‹

Mein törichter Vater brüllte wieder in albernem Entzücken und musste dadurch den Eindruck noch vertiefen, dass er nicht gewöhnt sei, seine Angelhaken zu zählen und scharf zu bewachen. Sehen Sie, das war reine Prahlerei. Ob er sie zählte? Ei ja, er zählte sie jeden Tag!

Ich hatte meinen Liebling in der ersten Morgendämmerung getroffen und kennen gelernt; nach unserem Hause gebracht hatte ich ihn genau drei Stunden später, bei Einbruch der Nacht – denn die Tage waren kurz, da wir uns damals der sechsmonatlichen Nacht näherten. Viele Stunden dauerte unser festliches Gelage; endlich gingen die Gäste fort, und wir Zurückbleibenden verteilten uns die Wände entlang auf die Schlafbänke und bald waren alle in Träume versunken – außer mir. Ich war zu glücklich, zu erregt, um schlafen zu können. Nachdem ich lange, lange Zeit still dagelegen hatte, kam bei mir eine undeutliche Gestalt vorbei, die in dem Dunst am anderen Ende des Raumes verschwand. Ich konnte nicht unterscheiden, wer es war und ob es ein Mann oder eine Frau sein mochte. Plötzlich kam dieselbe Figur oder eine andere in der entgegengesetzten Richtung an mir vorüber. Ich grübelte in mir darüber nach, was wohl dies alles bedeuten könnte; aber das Grübeln half mir nichts, und während ich noch grübelte, schlief ich ein.

Ich weiß nicht, wie lange ich schlief – aber plötzlich war ich hell wach und hörte meinen Vater mit schrecklicher Stimme rufen: ›Beim großen Schneegott! Es fehlt ein Angelhaken!‹ Eine innere Stimme sagte mir, dies bedeute Kummer und Sorge für mich – und das Blut in meinen Adern erstarrte vor Kälte. Mein Vorgefühl fand sich im selben Augenblick bestätigt; mein Vater schrie: ›Auf, ihr alle miteinander und packt mir den Fremden!‹ Dann ein Ausbruch von Geschrei und Flüchen auf allen Seiten und ein wildes Rennen schattenhafter Gestalten durch die Dunkelheit. Ich eilte meinem Geliebten zu Hilfe, aber was konnte ich anders tun als warten und die Hände ringen?

Er war bereits durch einen lebenden Wall von mir getrennt, und man war dabei, ihm Hände und Füße zu binden. Erst als sie sich seiner bemächtigt hatten, ließen sie mich zu ihm. Ich warf mich auf seine arme misshandelte Gestalt und weinte meinen Schmerz an seiner Brust aus, während mein Vater und meine ganze Familie auf mich schalten und ihn mit Drohungen und schmählichen Schimpfworten überhäuften. Er ertrug diese schnöde Behandlung mit einer ruhigen Würde, die ihn mir teurer denn je machte und mich mit glücklichem Stolz erfüllte, dass ich mit ihm und für ihn leiden durfte. Ich hörte, wie mein Vater befahl, die Ältesten des Stammes sollten zusammengerufen werden, um über Kalula auf Leben und Tod zu richten.

›Was?!‹, rief ich. ›Bevor überhaupt nach dem verlorenen Haken gesucht worden ist?‹

›Nach dem verlorenen Haken!‹, riefen sie alle höhnisch, und mein Vater fügte spöttisch hinzu: ›Tretet alle beiseite und seid recht ernst, wie es sich gehört – sie geht auf die Jagd nach dem ›verlorenen‹ Haken! O, ohne Zweifel wird sie ihn finden!‹ – worauf sie wieder alle lachten.

Auf mich machte dies keinen Eindruck – ich hatte keine Befürchtungen, keine Zweifel. Ich sagte:

›Jetzt seid ihr daran zu lachen; aber wir kommen auch noch an die Reihe. Wartet ab und seht!‹

Ich ergriff eine Tranlampe. Ich dachte, ich würde das elende kleine Ding in einem Augenblick finden; und ich begab mich mit solcher Zuversicht auf die Suche, dass meine Leute ernst wurden. Es dämmerte ihnen der Gedanke, sie wären doch vielleicht zu voreilig gewesen. Aber ach und je! O, wie bitter war dieses Suchen. Eine Zeit lang, während welcher man zehn- oder zwölfmal seine Finger hätte zählen können, herrschte tiefes Schweigen, dann begann mir das Herz zu sinken, und um mich herum fingen wieder die Spottreden an und wurden immer lauter, bis zuletzt, als ich es aufgab, Salve auf Salve von grausamem Gelächter erscholl.

Kein Mensch kann jemals ahnen, was ich da litt. Aber meine Liebe war mir Stütze und gab mir Kraft, ich stellte mich auf den mir zukommenden Platz an meines Kalula Seite, schlang meinen Arm um seinen Nacken und flüsterte ihm ins Ohr:

›Du bist unschuldig, mein Herzlieb – das weiß ich. Aber sage es selber mir zum Trost. Dann kann ich alles tragen, was immer uns beschieden sein mag.‹

Er antwortete:

›So gewiss ich in diesem Augenblick auf der Schwelle des Todes stehe: ich bin unschuldig. Tröste dich also, o zertretenes Herz. Sei im Frieden, o du Atemzug meiner Nüstern, Leben meines Lebens!‹

›Nun, so lasst die Ältesten kommen!‹ Und als ich diese Worte sprach, da kam von draußen ein verworrenes Geräusch von knirschendem Schnee, und dann huschten wie Geister gebeugte Gestalten zur Tür herein – die Ältesten!

Mein Vater klagte den Fremden in aller Form an und schilderte die Vorgänge der Nacht in allen ihren Einzelheiten. Er sagte, der Nachtwächter habe vor der Tür gestanden und drinnen sei kein Mensch gewesen außer der Familie und dem Fremden. ›Würde die Familie ihr eigenes Eigentum stehlen?‹ Er hielt inne. Die Ältesten sahen viele Minuten lang schweigend da; zuletzt sagte einer nach dem andern zu seinem Nachbarn: ›Das sieht schlimm aus für den Fremden.‹ Kummer bringende Worte für mich zu hören! Dann setzte mein Vater sich hin. O, ich Elende – Elende ich! In demselben Augenblick hätte ich meines Lieblings Unschuld beweisen können – aber ich wusste es nicht!

Der Vorsitzende des Gerichtes fragte:

›Ist hier jemand, der den Angeklagten verteidigen will?‹

Ich stand auf und sagte:

›Warum sollte er denn den Haken stehlen – einen einzelnen oder sie alle zusammen? Einen Tag darauf wäre er ja der Erbe des ganzen Schatzes gewesen!‹

Ich stand und wartete. Es trat ein langes Schweigen ein; der Atemdampf von den vielen Menschen umwallte mich wie ein Nebel. Endlich nickte ein Ältester nach dem anderen mehrere Male langsam mit dem Kopf und murmelte: ›Es liegt Beweiskraft in dem, was das Kind gesagt hat.‹ O was für eine Herzerleichterung lag in diesen Worten! Wenn auch flüchtig – wie köstlich war sie doch. Ich setzte mich.

›Wenn einer noch etwas zu sagen wünscht, so möge er jetzt sprechen – später aber schweige er‹, sagte der Vorsitzende.

Mein Vater stand auf und sprach:

›Während der Nacht kam in dem trüben Schein eine Gestalt bei mir vorüber, ging zum Schatz und kam plötzlich wieder zurück. Ich glaube jetzt, es war der Fremde.‹

O, ich war einer Ohnmacht nahe! Ich hatte gedacht, es sei mein Geheimnis; nicht der große Eisgott selber hätte es mir aus dem Herzen reißen sollen. Der Vorsitzende Richter sagte ernst zu meinem armen Kalula:

›Sprich!‹

Kalula zauderte, dann antwortete er:

›Ich war es! Die Gedanken an die schönen Angelhaken ließen mich nicht schlafen. Ich ging hin und küsste sie und streichelte sie, um meinen Geist zu beruhigen und mit einer harmlosen Freude einzulullen. Dann legte ich mich wieder hin. Ich habe vielleicht einen fallen lassen, aber gestohlen habe ich keinen!‹

O, was für ein verhängnisvolles Eingeständnis an solchem Ort! Schauerliches Schweigen herrschte! Ich wusste, er hatte sein eigenes Urteil gesprochen, und es war alles vorüber. Auf jedem Antlitz konnte man die Worte eingegraben lesen: ›Es ist ein Geständnis – und ein armseliges, schwächliches!‹

Ich sah und hielt meine schwachen Atemzüge an – und wartete. Auf einmal hörte ich die feierlichen Worte, die, wie ich wusste, kommen mussten. Und jedes Wort, wie es ertönte, fuhr mir wie ein Messer ins Herz:

›Es ist der Befehl des Gerichtshofes, dass der Angeklagte der ›Wasserprobe‹ unterworfen werde.‹

O, Fluch auf das Haupt des Menschen, der die Wasserprobe in unser Land brachte! Sie kam vor Menschenaltern aus irgendeinem fernen Lande – wo es liegt, weiß keine Seele. Vorher benutzten unsere Väter Zeichendeutung und andere unsichere Beweismittel, und ohne Zweifel kam dann und wann ein armes Geschöpf trotz seiner Schuld mit dem Leben davon. Nicht so ist es mit der Wasserprobe; denn diese ist von weiseren Männern erfunden worden, als wir armen unwissenden Wilden es sind. Durch sie werden die Unschuldigen zweifellos und fraglos für unschuldig befunden, denn sie ertrinken; die Schuldigen aber werden mit derselben Sicherheit als schuldig erkannt, denn sie gehen nicht unter. Das Herz brach mir im Busen, denn ich sagte mir: ›Er ist unschuldig und er wird in die Wogen versinken und ich werde ihn niemals wiedersehen.‹

Von diesem Augenblick an wich ich nicht mehr von seiner Seite. Ich trauerte in seinen Armen all die kostbaren Stunden lang, und er übergoss mich mit dem tiefen Strom seiner Liebe. Zuletzt rissen sie ihn von mir und ich folgte ihnen schluchzend und sah sie ihn in die See schleudern – dann verhüllte ich mein Antlitz mit den Händen. Todesqual? O, ich kenne die tiefsten Tiefen dieses Wortes!

Im nächsten Augenblick brachen die Leute in ein hämisches Freudengeschrei aus; vor Schreck zusammenfahrend nahm ich meine Hände vom Gesicht. O bitterer Anblick: er schwamm! Augenblicklich wurde mein Herz zu Stein, zu Eis. Ich sagte: ›Er war schuldig – und er hat mich belogen!‹ Voll Verachtung wandte ich meinen Rücken und ging meines Weges – nach Hause.

Sie fuhren mit ihm weit hinaus in die See und setzten ihn auf einen Eisberg, der nach Süden trieb – nach Süden zu den großen Gewässern. Dann kam meine Familie heim und mein Vater sprach zu mir:

›Dein Dieb sendet dir seine Todesbotschaft. Er sagt: »Sage ihr, ich bin unschuldig und alle Tage und alle Stunden und alle Minuten, während ich verhungere und verkomme, werde ich sie lieben und an sie denken und den Tag segnen, da ich ihr süßes Antlitz zuerst erblickte.« – Ganz reizend, geradezu poetisch!‹

Ich sagte: ›Pfui, wie schmutzig – lass mich niemals wieder ihn nennen hören.‹ Und ach – jetzt muss ich mir ein Gewissen machen: Er war unschuldig!

Neun Monate – neun öde traurige Monate gingen dahin und endlich kam der Tag des großen Jahresopfers, wo alle Jungfrauen des Stammes ihr Antlitz waschen und ihr Haar kämmen. Mit dem ersten Strich meines Kammes kam zum Vorschein der verhängnisvolle Angelhaken, kam heraus aus seinem Versteck, wo er diese ganzen neun Monate genistet hatte – und ich fiel ohnmächtig in die Arme meines von Reue gequälten Vaters! Stöhnend sagte er: ›Wir mordeten ihn, und ich werde niemals wieder lächeln.‹ Er hat sein Wort gehalten ... Höre: von diesem Tage bis heute verging kein Monat, dass ich nicht mein Haar kämmte! Aber ach, was nützt das alles jetzt! ...«

So endete der armen Jungfrau bescheidene kleine Geschichte – und wir lernen daraus: Wenn schon hundert Millionen Dollar in New York und zweiundzwanzig Angelhaken am Rande der arktischen Zone dieselbe finanzielle Übermacht darstellen, so ist ein Mann in bedrängten Verhältnissen ein Narr, wenn er in New York bleibt, da er doch nur für zehn Cents Angelhaken zu kaufen und auszuwandern braucht.

(Mark Twain)

Quiquern, der Geisterhund

Die religiösen Vorstellungen der Inuit werden von einem Animismus geprägt, der besagt, dass alle Kräfte der Natur eine Seele besitzen. Viele Tiere und auch Phänomene der Umwelt, die die Inuit sich nicht rational erklären können, werden mit bestimmten Geistern in Verbindung gebracht. Der Vermittler zwischen der Geisterwelt und den Menschen, der auch in Kontakt zu diesen überirdischen Wesen treten kann, ist der Angekok; er ist ein Schamane, eine Art Zauberer und Medizinmann, der sich durch Trance auch in Bewusstseinszustände wie die Ekstase versetzen kann.

Die wichtigste mythische Gestalt bei den Inuit ist die Meeresgöttin Sedna. Sie ist die Beherrscherin aller Meerestiere, aber auch die Herrin der Unterwelt. Nur wenn sie günstig gestimmt ist, hat der Inuit Glück bei der Jagd auf die Meerestiere.

Das Volk vom östlichen Eise,
es schmilzt wie der Schnee vom Dach,
Sie betteln um Kaffee und Zucker,
sie zieh'n dem weißen Mann nach.
Das Volk vom westlichen Eise,
es lernte schon fechten und stehlen,
Es verkauft seine Felle den Händlern,
dem weißen Mann seine Seelen.

Das Volk von dem südlichen Eise
mit den Walfischfängern es hält,
Ihr Weibvolk schmückt sich mit Bändern,
aber nackt und zerfetzt ist das Zelt.
Doch das Volk vom ältesten Eise
– der weiße Mann sah es nie –
Von Narwalhorn sind ihre Speere,
und die letzten Männer sind sie.

»Sieh doch, er hat die Augen geöffnet!«
»Zurück wieder ins Fell mit ihm. Ein starker Hund wird es einmal werden. Im vierten Monat werden wir ihm einen Namen geben.«
»Welchen?«, fragte Amoraq.
Kadlu schaute in dem fellgefütterten Schneehaus umher, bis sein Blick auf den vierzehnjährigen Kotuko fiel, der auf der Schlafpritsche hockte und einen Knopf aus Walrosszahn schnitzte.
»Nenne ihn nach mir«, sagte Kotuko grinsend. »Ich werde ihn eines Tages brauchen können.«
Auch Kadlu grinste, bis seine Augen beinahe im Fett seiner flachen Backen verschwanden, und nickte Amoraq zu. Die scharfe Hundemutter winselte beleidigt, weil sie ihr Junges nicht erreichen konnte, das hoch über dem warmen Hauch der Tranlampe in einem kleinen Sack aus Seehundfell baumelte. Kotuko nahm wieder seine Schnitzarbeit auf; Kadlu warf ein zusammengerolltes Bündel lederner Hundegeschirre in einen kleinen Nebenraum, der an der Seite des Hauses lag, zog sich den schweren Jagdanzug aus Rentierfell vom Leib, legte ihn in ein Fischbeinnetz, das über der zweiten Tranlampe hing, ließ sich auf der Pritsche nieder und begann an einem Stück gefrorenen Seehundfleisch zu kauen, bis Amoraq, seine Frau, das übliche Mittagsmahl aus gekochtem Fleisch

und Blutsuppe auftrug. Schon seit Morgengrauen war er draußen gewesen bei den Seehundslöchern, acht Meilen entfernt, und hatte drei starke Seehunde mit zurückgebracht. Halbwegs in dem niedrigen Schneegang oder Tunnel, der zur Innentür des Hauses führte, hörte man das Bellen, Schnappen und Winseln eines Schlittengespanns, das sich nach vollbrachtem Tagewerk um die warmen Plätze balgte.

Als das Gejaule zu laut wurde, rollte sich Kotuko träge von der Schlafpritsche herunter und griff sich eine Peitsche mit einem achtzehn Zoll langen Griff aus elastischem Walfischbein und einem fünfundzwanzig Fuß langen hartgeflochtenen Riemen. Er verschwand in dem dunklen Schneegang, und von dort erhob sich ein Getobe, als ob die Hunde ihn bei lebendigem Leibe auffressen wollten; aber es war nur ihr tägliches Tischgebet. Am anderen Ende des Ganges kroch Kotuko ins Freie, und ein halbes Dutzend zottiger Köpfe folgte ihm mit den Augen, während er einem Gestell aus Walfischkinnladenknochen zuschritt, an dem das Fleisch für die Hunde hing. Mit einem breitblattigen Speer schnitt er große Klumpen des gefrorenen Fleisches ab und stellte sich dann bereit, die Peitsche in der einen, das Fleisch in der anderen Hand. Jedes Tier rief er bei Namen, das schwächste zuerst. Und wehe dem Hund, der sich vorzudrängen wagte! Sofort fuhr die Peitschenschnur wie ein züngelnder Blitz auf ihn nieder und zwickte ihm etwa einen Zoll Haut und Haar aus dem Fell. Jedes Tier schnappte knurrend nach seiner Portion, würgte sie hastig hinunter und flüchtete dann eilends wieder in die schützende Wärme des Ganges, während der Knabe im Schnee unter dem funkelnden Nordlicht stand und Gerechtigkeit austeilte. Als Letzter kam der große schwarze Leithund des Gespanns an die Reihe, der Ordnung hielt, wenn die Hunde im Geschirr liefen; ihm gab Kotuko eine doppelte Ration Fleisch und einen Extraschlag mit der Peitsche.

»Ja, ja«, sagte Kotuko, die Peitsche einrollend, »da drinnen habe ich noch ein Kleines über der Lampe hängen, das großmächtiges Gejaule anstellen wird. Marsch, hinein, Sarbok!«

Über das Gehudel der Hunde hinweg kroch er wieder in das Haus zurück, staubte sich den trockenen Schnee aus dem Pelzwams mit dem Fischbeinklopfer, den Amoraq hinter der Tür aufbewahrte, klopfte dann von dem tierhautüberzogenen Dach des Hauses die Eiszapfen herunter, die von dem Schneedom oben niedergefallen waren, und kroch wieder auf die Schlafbank. Draußen im Schneegang schnarchten die Hunde und winselten im Traum; der Jüngste der Familie, eingehüllt in Amoraqs dicke Pelzjacke, strampelte, lutschte und gurgelte; die Mutter des jungen Hundes lag an Kotukos Seite, die Augen fest auf das Bündel aus Seehundsfell gerichtet, das über der breiten gelben Flamme der Lampe warm und sicher hing.

Das alles ereignete sich weit weg in den weißen Fernen des Nordens, hinter Labrador und noch hinter der Hudsonstraße, wo die gewaltigen Sturmfluten das Packeis knirschend schieben und türmen; nördlich der Halbinsel Melville – weiter nach Norden noch, nördlich sogar von den schmalen Meerengen von Fury und Hecla – an der Nordküste von Baffinland, wo die Insel Beylot über dem Eis des Lancastersunds steht gleich einer umgestülpten Puddingform. Vom Lancastersund nordwärts dehnt sich ein Land, unerforscht, wenig wissen wir davon – außer von Norddevon und Ellesmereland; aber auch dort hausen nur dünn verstreut einige Menschenkinder Tür an Tür gleichsam mit dem Nordpol.

Kadlu war Inuit-Eskimo – und sein Stamm, dreißig Seelen insgesamt, gehörte zu Tununirmiut, »dem Lande, das hinter irgendetwas liegt«. Auf den Landkarten ist diese öde Küste als Navy-Board-Bucht bezeichnet; aber der Name in der Sprache der Inuit passt besser dafür, weil diese Gegend hinter dem Rücken aller Länder liegt – wirklich am Ende der Welt. Dort ist neun Monate im Jahre Schnee und Eis; Sturmwind auf Sturmwind fährt fauchend daher mit einer Kälte, von der man sich kaum eine Vorstellung machen kann. Sechs von den neun Monaten herrscht tiefe Nacht, und das macht das Land so schauerlich. In den drei Sommermonaten friert es nur einen um den anderen Tag und jede Nacht. Dann beginnt von den südlichen Hängen der Schnee hinwegzutropfen; ärmliche Krüppelweiden treiben wollige Knospen, und hier und da versucht dünnes Fetthennenkraut Blüten anzusetzen. Strandflächen mit feinem Kies und rund geschliffenen Steinen sind plötzlich freigelegt und führen hinab zum offenen Meer, glatte Blöcke und streifige Felsen treten aus der körnigen Schneedecke hervor. Aber das alles ist in wenigen Wochen wieder verschwunden, und von Neuem umklammert der wilde Winter mit ehernen Banden das Land. Wieder kracht und stößt auf dem offenen Meer das Treibeis, stampft und rammt und stößt und splittert, bis es zuletzt zur festen Fläche zusammen friert, zehn Fuß dick über die Küste hin und hinaus in die tieferen Gewässer.

Im Winter pflegte Kadlu den Robben bis an die Grenze des Küsteneises zu folgen und spießte sie, wenn sie zu den Luftlöchern aufgestiegen kamen, um Atem zu holen. Der Seehund bedarf des offenen Wassers, um Fische zu fangen; im tiefen Winter aber erstreckt sich mitunter das Eis von der Küste aus über achtzig Meilen weit ohne Spalt oder Loch.

Im Frühling zog sich Kadlu mit seiner Sippe vor dem tauenden Eis zurück nach dem felsigen Festland; dort errichteten sie Hütten aus Tierfellen, legten Schlingen für Seevögel oder stachen junge Robben, die sich am Gestade sonnten. Später zogen sie wohl südlich nach Baffinland, dem Ren nach und ergänzten ihren jährlichen Vorrat an Lachs aus den Hunderten von Strömen und Seen des Innern. Im September oder Oktober wanderten sie wieder nordwärts, um Moschusochsen zu jagen und den jährlichen Winterseehundfang zu betreiben. Sie reisten dabei mit Hundeschlitten, oft zwanzig und dreißig Meilen am Tag; manchmal fuhren sie auch an der Küste entlang in geräumigen Fellbooten – Frauenboote genannt. Die kleinen Kinder und Hunde stimmten die alten Ge-

Eskimos – Inuits

sänge an, indes sie dahinglitten in den bauchigen Booten von Kap zu Kap in den gläsernen, eisigen Fluten.

Aller Luxus, von dem der Tununirmiut wusste, kam aus dem Süden – Treibholz für Schlittenkufen, Stabeisen für Harpunenspitzen, stählerne Messer, Blechtöpfe, in denen sich weit besser kochen ließ als mit den alten Specksteingeräten. Feuerstein, Stahl, sogar Streichhölzer kamen vom Süden, farbige Bänder zum Kopfputz für die Frauen, billige kleine Spiegel und rotes Tuch zum Einfassen von Jacken aus Rentierhaut. Kadlu handelte mit dem kostbaren gewundenen Narwalhorn und Moschusochsenzähnen, die höher im Werte stehen als Perlen. Seine Abnehmer waren die Inuit des Südens, und diese wieder handelten mit den Walfischfängern und Missionsstationen von Exeter- und Cumberlandsund. So greift die Kette ineinander, und wohl denkbar wäre es, dass ein Schiffskoch in Bhendy-Basar sich einen Wasserkessel erstände, der dann seine Laufbahn über einer Tranlampe irgendwo jenseits des Polarkreises beendet.

Kadlu war ein großer Jäger und reich an Eisenharpunen, Schneemessern, Vogelpfeifen und all den Dingen, die das Leben da droben in der gewaltigen Kälte erleichtern. Er war das Haupt seines Stammes oder, wie sie dort sagen, »Der Mann, der alles aus Erfahrung kennt«; das aber gab ihm weiter keine Autorität, außer dass er mitunter seinen Genossen raten konnte, ihre Jagdgründe zu verlegen. Kotuko jedoch benutzte gern die Stellung des Vaters, um in der fetten, faulen Art der Inuit über die anderen Knaben zu herrschen, wenn sie sich nachts im Mondlicht zusammenfanden, um Ball zu spielen oder ihre Kinderlieder dem Nordlicht vorzusingen.

Ein Inuit fühlt sich mit dem vierzehnten Jahr seines Lebens als Mann; und Kotuko hatte es gründlich satt, immer nur Schlingen für Wildhühner und Blaufüchse anzufertigen oder – was ihm noch mehr zuwider war – mit den Frauen tagaus, tagein Seehund- und Rentierhäute zu kauen, um sie geschmeidig zu machen, während draußen die Männer jagten. Es zog ihn in das Quaggi, das Singhaus, allwo die Männer zusammenkamen zu ihren Mysterien und der Angekok (der Zauberer) sie in höchst angenehmen Gruselzustand versetzte, wenn er die Lampe gelöscht hatte und sie dann das gespenstische Ren auf dem Dache herumtappen hörten; oder wenn der Angekok einen Speer in die gähnende schwarze Nacht hinausschleuderte, der dann aus dem Nichts mit blutdampfender Spitze zurückgeflogen kam. Gern hätte er mit der großartig müden Geste des Familienhaupts seine dicken Stiefel ins Netz geworfen; gern wäre er dabei gewesen, wenn die Jäger sich abends zusammenfanden und eine Art hausgemachtes Roulette spielten, hergestellt aus einem Blechtopf und einem Nagel. Hunderterlei hätte er gern getan, aber die Männer lachten über ihn und sagten: »Warte, Kotuko, bis du einmal die Hunde geführt hast. Jagen allein macht noch nicht den Fang.«

Nun aber hatte ihm der Vater einen jungen Rüden zugesprochen, und die Dinge standen für ihn hoffnungsvoller. Kein Inuit verschwendet einen guten Hund an seinen Sohn, bis der Knabe etwas vom Hundeschlittenfahren versteht und ein richtiger Musher wird; Kotuko aber war überzeugt, dass er alles und noch viel mehr verstünde.

Hätte der junge Hund nicht eine eiserne Konstitution gehabt, so wäre er bald an Überfütterung und allzu rauer Behandlung eingegangen. Kotuko machte ihm ein kleines Geschirr mit einer Leine daran und trieb und hetzte ihn durch den Hausgang mit den Rufen: »aua! ja aua!« (Gehe rechts!) »Choi-achoi! Ja choi-achoi!« (Gehe links!) »Ohaha!« (Halt!) Der junge Rüde schätzte das sehr wenig, doch war das alles nur Kinderspiel gegen das erste Einspannen vor den richtigen Schlitten. Nichts Böses ahnend, setzte er sich in den Schnee und spielte mit der Trosse aus Seehundshaut, die sein Geschirr mit dem Pitu, dem schweren Leitseil am vorderen Ende des Schlittens, verband. Die Meute zog an, und der schwere, zehn Fuß lange Schlitten ging über ihn hinweg und zerrte ihn hinter sich her, wobei Kotuko lachte, dass ihm die Tränen über die Backen liefen. Dann kam Tag für Tag die grausame Peitsche an die Reihe, die zischt und pfeift wie der Nordwind über dem Eis; die anderen Schlittenhunde bissen und schnappten nach ihm, weil er sich auf die Arbeit noch nicht verstand, das harte Geschirr scheuerte ihn wund, auch durfte er nicht mehr bei Kotuko schlafen und musste sich mit dem kältesten Platz im Hausgang begnügen – wahrlich eine harte Lehrzeit für den jungen Hund.

Der Knabe lernte ebenso schnell wie der Rüde, obwohl es ungeheuer schwer ist, einen Hundeschlitten zu lenken. Jedes Tier, das schwächste dem Lenker zunächst, wird angeschirrt mit einer besonderen Leine, die unter dem linken Vorderlauf durchführend nach der Hauptleine läuft, an der sie mit einer Art Knopf oder Schlinge befestigt ist. Von da kann sie mit einer Drehung des Handgelenks losgestreift werden, wenn der einzelne Hund frei gemacht werden soll. Das ist oft notwendig, weil dem jungen Hund leicht die Halteleine zwischen die Hinterläufe gerät und dann bis auf den Knochen einschneidet. Alle aber, wie sie da sind, wollen durchaus beim Laufen ihren näheren Freunden einen Besuch abstatten und springen dabei ein und aus zwischen den Leinen. Dann geht ein Gebalge los, und das Ergebnis ist ein Verheddern, schlimmer als nasse Fischleinen am Morgen nach dem Fang. Viel Unheil wird vermieden durch weisen Gebrauch der langen Peitsche, und es ist der Stolz jedes Inuitjungen, Meister in deren Handhabung zu sein. Leicht ist es wohl, ein festes Ziel am Boden zu treffen, aber äußerst schwer ist es, bei voller Fahrt des Schlittens einem der Hunde, der seinen Platz verlassen will, genau zwischen den Schultern eins zu versetzen. Straft man einen Hund wegen Ungehorsams und trifft aus Versehen mit der Peitsche einen anderen, dann fallen die beiden sofort übereinander her, und alle anderen müssen halten. Fährt man zum Beispiel allein und singt sich eins zum

Zeitvertreib oder hat einen Freund neben sich und unterhält sich mit ihm, so halten die Hunde plötzlich, drehen sich um und setzen sich, um zu hören, was da gesprochen wird. Mehrmals waren Kotuko die Hunde davongegangen, weil er vergessen hatte, beim Halten den Schlitten anzublocken; manche Peitsche zerbrach er, zerriss eine Anzahl Riemen, bevor man ihm ein volles Gespann von acht Hunden mit dem leichten Schlitten anvertrauen konnte. Dann aber fühlte er sich als ein Mann von Bedeutung. Mit kühlem Herzen und ruhiger Hand glitt er über die dunklen Eisflächen dahin, schnell wie eine Meute in vollem Geläut. Zehn Meilen weit stürmte er dahin bis zu den Seehundslöchern; auf dem Jagdgrund angelangt, warf er die Leine des großen schwarzen Leithundes, des Klügsten im Gespann, von dem Pitu los. Sobald der Hund ein Atemloch im Eis witterte, stürzte Kotuko den Schlitten um und trieb ein gekapptes Geweih in den Schnee, um daran das Gespann zu verankern. Dann kroch er Zoll um Zoll an das Luftloch heran und lauerte, bis der Seehund zum Atemholen aufstieg; rasch stieß er den Speer mit der Laufleine daran in die Tiefe und zog wenig später den Seehund zur Eiskante hinauf; dort stand der Leithund bereit und half, den toten Körper über das Eis nach dem Schlitten zu schleppen. Die angeschirrten Hunde begannen nun vor Aufregung zu heulen und zu schäumen; aber Kotuko brachte sie mit einem rotheißen Peitschenhieb quer über die Schnauzen zur Ruhe und wartete, bis der tote Körper des Seehunds steif gefroren war. Schwere Arbeit war die Heimfahrt. Der beladene Schlitten musste mühsam über das holprige Eis bugsiert werden, die Hunde aber, anstatt zu ziehen, setzten sich alle Augenblicke nieder und blickten hungrig nach dem Seehund hin. Endlich aber kamen sie auf den ausgefahrenen Schlittenpfad, der nach dem Dorfe führte, und zockelten, die Köpfe gesenkt, die Ruten hoch gerichtet, über das klingende Eis dahin; Kotuko aber stimmte glücklich das Lied des heimkehrenden Jägers an: »Anguti–vaun tai–na tau–na–ne taina« – und von Haus zu Haus grüßten ihn Stimmen, als er dahinfuhr unter dem dunklen, mit fahlen Sternen besäten Himmel der Arktis.

Als Kotuko, der Hund, seine volle Größe erreichte, packte ihn der Ehrgeiz. Stetig kämpfte er seinen Weg im Gespann aufwärts, focht Kampf um Kampf aus, bis er eines schönen Abends beim Futtern über den großen schwarzen Leithund herfiel und ihn, wie man das nennt, zum zweiten Hund degradierte. So wurde Kotuko, der Hund, zum langen Riemen des Leithundes befördert und lief fünf Fuß vor allen anderen im Gespann. Seine Pflicht war von jetzt ab, allen Streit zu schlichten, innerhalb wie außerhalb des Geschirrs, und stolz trug er nun das schwere dicke Halsband aus Kupferdraht. Bei besonderen Gelegenheiten bekam er drinnen im Hause gekochtes Futter und durfte zuweilen neben Kotuko auf der Bank schlafen. Er wurde ein guter Robbenjagdhund und stellte den Moschusochsen, indem er ihn umkreiste und ihm nach den Läufen schnappte. Er nahm es selbst – und das ist für einen Schlittenhund der größte

Beweis von Tapferkeit – mit dem hageren Polarwolf auf, den die Hunde im Norden in der Regel mehr fürchten als alles, was sonst über den Schnee läuft. Er und sein Herr – die übrigen Hunde des Gespanns sahen sie nicht als ebenbürtige Gesellschaft an – jagten zusammen Tag um Tag, Nacht um Nacht: der in Pelze gehüllte Knabe und das wilde, langhaarige, schmaläugige, weißzahnige, gelbe Tier.

Der Inuit hat Nahrung und Felle für sich und seine Familie zu schaffen, das ist seine Hauptarbeit. Die Frauen nähen aus den Fellen die Kleidung und helfen gelegentlich, kleines Wild in Fallen zu fangen. Aber die Masse der Nahrung – und die Inuit verzehren außerordentlich viel – müssen die Männer beschaffen. Gehen ihnen die Vorräte aus, so haben sie dort oben keinen, bei dem sie kaufen, borgen oder betteln können, dann müssen sie sterben.

Aber daran denkt der Inuit nicht, bis ihn die Gefahr dazu zwingt. Glücklich und sorglos lebten Kadlu, Kotuko, Amoraq und das Baby, das in Mutters warmem Pelzrock strampelte und den ganzen Tag an einem Stückchen Fischlunge lutschte. Sie stammten von einem sanftmütigen Geschlecht – selten verliert der Inuit die Geduld und schlägt fast nie ein Kind –, wussten kaum, was lügen hieß, und stehlen war ihnen fremd. Sie waren es zufrieden, ihr tägliches Brot der bitteren, hoffnungslosen Kälte abzuringen; sie lächelten ölig, erzählten sich an den Abenden seltsame Märchen und Geistergeschichten, aßen, bis sie nicht mehr konnten, und sangen den endlosen Frauengesang: »Amna aya, aya amna, ah! ah!«, den ganzen lampenerhellten Tag durch beim Flicken ihrer Kleider und Jagdgeräte.

Aber dann kam ein besonders schrecklicher Winter, und alles ließ sie im Stich. Die Tununirmiuten kehrten von dem jährlichen Lachsfang heim und bauten ihre Häuser auf dem frühen Eis nördlich der Insel Beylot, um den Seehunden nachzustellen, sobald das Meer zugefroren war. Doch ein früher und wilder Herbst brach herein. Den ganzen September hindurch heulten ununterbrochen heftige Stürme, rissen das glatte Robbeneis auf, als es erst vier oder fünf Fuß stark war, schoben die treibenden Massen auf das Festland und türmten einen mächtigen Wall auf von klumpigem, zerrissenem und nadelspitzem Eis, über den kein Hundeschlitten hinwegkonnte. Die Eiskante, an der im Winter die Seehunde die Fische jagten, lag vielleicht zwanzig Meilen jenseits dieser Eisbarriere – unerreichbar für die Tununirmiuten.

Dennoch wären sie wohl über den Winter hinweggekommen mit dem Vorrat an gefrorenem Lachs, angesammeltem Tran und dem, was die Fallen hergaben. Aber im Dezember stieß einer ihrer Jäger auf ein Tupik (Felljurte), in dem Sterbende lagen – drei Frauen und ein Mädchen. Ihre Männer waren in den Fellbooten durch die auflaufenden Massen des Packeises zermalmt worden, als sie vom hohen Norden herabgekommen waren, um den langgehörnten Narwal zu jagen. Kadlu musste wohl oder übel die Frauen in die Hütten des Winterdorfes verteilen, denn kein Inuit wagt, einem Fremdling den Herd zu versagen, weiß er doch niemals, wie bald an ihn selbst die Reihe, Hilfe zu erbitten, kommen mag. Amoraq nahm das etwa vierzehnjährige Mädchen in ihrem Hause als eine Art Dienerin auf. Nach dem Schnitt der spitzen Haube und dem Rautenmuster auf ihren Rentierhosen hielt man sie für eine aus Ellesmereland. Noch nie zuvor hatte sie Blechkochtöpfe gesehen oder Schlitten mit hölzernen Kufen – aber Kotuko, der Knabe, und Kotuko, der Hund, hatten das Mädchen gern.

Bald verschwanden alle Füchse südwärts, und selbst der Vielfraß, der knurrende, stumpfnasige kleine Dieb des Schneegebiets, gab sich nicht mehr die Mühe, die leeren Fallen abzusuchen, die Kotuko gestellt hatte. Der Stamm verlor einige seiner besten Jäger, die im Kampf mit dem Moschusochsen schwer verwundet wurden; und dadurch lastete auf den Übrigen noch mehr Arbeit. Tag für Tag zog Kotuko aus mit leichtem Jagdschlitten und sechs bis sieben der stärksten Hunde und spähte und spähte, bis ihm die Augen übergingen, nach einem Fleckchen klaren Eises, wo vielleicht ein Seehund ein Luftloch gekratzt haben könnte. Kotuko, der Hund, schweifte umher durch die tote Stille der Arktis, und Kotuko, der Knabe, vernahm das vor Erregung halberstickte Gewinsel des Tieres beim Verbellen eines gefundenen Seehundloches – vernahm es so deutlich über drei Meilen hin, als wäre der Hund ihm zur Seite. Neben dem aufgespürten Loch richtete der Knabe eine kleine Schneewand auf, um den schärfsten Wind abzuhalten, und dann lauerte er, zehn, zwölf und oft zwanzig Stunden hintereinander, auf den Augenblick, da der Seehund zum Luftschöpfen hochsteigen würde, starrte unausgesetzt nach dem Zeichen hin, das er sich über dem Loch eingeritzt hatte, um den Tiefenstoß seiner Harpune sicher führen zu können. Unter den Füßen hatte er eine kleine Matte aus Seehundfell ausgebreitet, und die Beine steckten zusammengebunden in dem Tutareang, dem Sack, von dem die alten Jäger gesprochen. Der soll verhindern, dass die Beine ausrutschen bei dem endlosen Warten und Warten auf den hellhörigen Seehund. Aufregung ist wohl mit der Sache nicht verbunden; aber man kann sich vorstellen, dass dieses regungslose Stillsitzen im Sack bei vielleicht vierzig Grad unter null für den Inuit die härteste Arbeit ist, die er kennt. Gelang es, einen Seehund zu spießen, dann sprang Kotuko, der Hund, vor und half, den Körper nach dem Schlitten hinzuziehen, wo die hungrigen müden Hunde, hinter ragenden Blöcken grün schimmernden Eises vom Winde geschützt, trübselig beieinanderlagen.

Aber so ein Seehund reicht nicht weit, da jeder Mund im kleinen Dorf das Recht hatte, gefüllt zu werden; weder Knochen, Haut noch Sehnen wurden verschwendet. Das für die Hunde bestimmte Fleisch musste für die Menschen bleiben. Amoraq fütterte die Meute mit Stücken alter Sommerfellzelte, die sie unter der Schlafbank hervorklaubte, die Tiere aber heulten, heulten im Schlaf und erwachten, um abermals hungrig zu heulen. An den Specksteinlampen in den

Hütten konnte man erkennen, dass die Hungersnot herannahte. In guten Jahren, wenn Tran reichlich vorhanden war, brannte das Licht in den schiffsförmigen Lampen oft sechs Fuß hoch, fröhlich, ölig und gelb. Jetzt aber flackerte es kaum sechs Zoll hoch, und sorgsam drückte Amoraq den Moosdocht wieder hinunter, wenn etwa das Licht heller aufflammen wollte, wobei die Blicke der ganzen Familie besorgt ihrer Hand folgten. Schrecklich ist der Hungertod dort oben; aber das Schrecklichste für den Inuit ist es, im trostlosen arktischen Dunkel dahinscheiden zu müssen. Er fürchtet die Nacht, die jedes Jahr sechs Monate ununterbrochen auf ihm lastet; und wenn die Lampen in den Hütten niedrig zu brennen anfangen, dann werden die Gemüter der Menschen wirr und erschüttert. Aber noch Schlimmeres war im Anzug.

Die unterernährten Hunde schnappten und heulten wilder und wilder im Schneegang der Hütten, glotzten nach den frostigen Sternen und schnüffelten nächtens in den schneidenden Wind. Verstummte ihr Klagegeheul, dann fiel das gewaltige Schweigen wieder herab, so wuchtig und schwer wie der Druck einer Schneewehe gegen das Haustor – dann hörten die Menschen das Brausen des eigenen Bluts in den dünnen Adern der Ohren und das Pochen ihrer Herzen so laut wie das Dröhnen von Zaubertrommeln über der Eisfläche.

Schon seit Tagen war Kotuko, der Hund, ungewöhnlich schlecht im Geschirr gegangen. Eines Abends nun sprang er hoch und stieß mit dem Kopf gegen Kotukos Knie. Dieser streichelte ihn, aber der Hund stieß und drängte immer weiter, wie von einer Unruhe befallen. Davon erwachte Kadlu, packte den schweren, wohlfsähnlichen Kopf und starrte in die glasigen Augen. Der Hund winselte und schauderte zwischen Kadlus Knien. Das Nackenhaar sträubte sich, und er knurrte, als stände ein Fremder vor der Tür; dann wieder bellte er freudig auf, wälzte sich auf dem Boden und schnappte nach Kotukos Stiefeln, wie junge Hunde es machen.

»Was ist mit ihm?«, fragte Kotuko in aufsteigender Angst.

»Die Krankheit ist es, die Hundekrankheit«, erwiderte Kadlu. Kotuko, der Hund, hob die Schnauze, heulte und heulte.

»Das habe ich noch nie gesehen. Was wird mit ihm?«, fragte Kotuko.

Kadlu zuckte ein wenig mit der Schulter, ging quer durch die Hütte und suchte seine kurze Stoßharpune. Der große Hund blickte ihm aus irren Lichtern nach, heulte auf und schlich davon, in den Schneegang, wo sich die anderen Hunde rechts und links zur Seite drückten, um ihm Platz zu machen. Als er draußen im Schnee war, schlug er wütend an, als wäre er einem Moschusochsen auf der Spur, sprang in die Luft und verschwand in der Dunkelheit. Nicht Tollwut war seine Krankheit, sondern einfach Wahnsinn. Kälte, Hunger und vor allem die Nacht hatten ihm die Sinne verwirrt. Wenn aber die furchtbare Hundekrankheit in einem Gespann ausbricht, dann frisst sie wie Wildfeuer um sich. Am nächsten Jagdtag erkrankte wieder ein Hund, biss wütend um sich, zerrte in den Trossen und wurde von Kotuko auf der Stelle getötet. Der schwarze zweite Hund, einst der Führer des Gespanns, war der Nächste; er begann wie rasend zu bellen, als wäre er auf einer Rentierfährte, und als man ihn schnell von dem Leitseil frei machte, rannte er davon, wie sein Vorgänger, mit dem Geschirr noch auf dem Rücken. Von da ab wollte keiner mehr mit den Hunden fahren; man brauchte sie auch zu etwas anderem – und die Hunde wussten es. Fest angepflockt lagen sie, wurden aus der Hand gefüttert, dennoch sprachen Verzweiflung und Angst aus ihren Augen. Um die Sache noch schlimmer zu machen, begannen die alten Weiber Geistergeschichten zu erzählen und sagten, dass ihnen die Geister der im letzten Herbst umgekommenen Jäger erschienen wären und alles erdenkliche Unheil prophezeit hätten.

Kotuko grämte sich mehr um den Verlust seines Hundes als um die bittere Not. Obwohl ein Inuit ungeheuer stark isst und essen muss, kann er doch auch Hunger ertragen. Aber Kälte, Nacht und Entbehrung zehrten an Kotukos Kräften, und er begann, in seinem Innern Stimmen zu hören und Erscheinungen zu haben. In einer Nacht, nachdem er zehn Stunden lang über einem »blinden« Seehundloch gesessen hatte, kam er schwach und schwindlig dem Dorfe zugewankt. Um auszuruhen, lehnte er sich gegen einen Eisblock, der zufällig nur locker auflag; der Block kam aus dem Gleichgewicht und überschlug sich polternd. Kotuko sprang zur Seite, um ihm zu entgehen, aber der Block kam zischend und raschelnd den Hang hinab hinter ihm hergerollt.

Das war genug für Kotuko! Er war aufgewachsen in dem Glauben an Geister; in jedem Fels, in jedem Eisblock lebte ein Bewohner (Inua), den man sich gewöhnlich als eine Art einäugiges weibliches Wesen, Tornaq genannt, vorstellte. Wollte eine Tornaq dem Menschen beistehen, so rollte sie, glaubte man, hinter einem her im Innern ihres Steinhauses und bot sich als Schutzgeist an. (Eisumschlossene Felsen beginnen im Sommer, wenn die Hülle taut, über das Land dahinzurollen und zu tanzen – daher der Glaube an lebendige Steine.) Wie an allen Tagen hörte auch jetzt Kotuko das Blut in den Ohren pulsen und rauschen; aber nun meinte er, dass es die Stimme der Tornaq im Stein war, die zu ihm redete. Als er sein Haus erreicht hatte, stand für ihn fest, dass der Steingeist geheimnisvoll zu ihm gesprochen hatte. Die anderen glaubten ihm ebenfalls, und keiner widersprach ihm.

»Die Tornaq raunte mir zu: ›Ich springe herab, ich springe herab von meinem Platz im Schnee‹«, rief Kotuko, der vorgebeugt, mit hohlen brennenden Augen in der schwach erhellten Hütte stand. »Sie sagte: ›Ich will dir Führer sein‹; sie sagte: ›Zu den großen Robbenlöchern führe ich dich, folge mir‹; und morgen ziehe ich aus, denn die Tornaq wird mich führen.«

Der Angekok, der Dorfzauberer, trat nun herbei; und Kotuko erzählte zum zweiten Mal die Geschichte. »Folge den Tornait, den Geistern der Steine«, sagte der Zauberer, »sie werden uns wieder Nahrung zuwenden.«

Schon seit Tagen hatte das Mädchen aus dem Norden in der Nähe der Lampe gelegen, wenig gegessen und noch weniger gesprochen. Als aber am nächsten Morgen Amoraq und Kadlu einen kleinen Handschlitten hervorzogen, ihn mit Kotukos Jagdgerät und mit so viel gefrorenem Seehundfleisch und Tran beluden, als sie entbehren konnten, da ergriff das Mädchen aus Ellesmereland wacker die Zugleine und stellte sich an die Seite des Knaben.

»Dein Haus ist mein Haus«, sagte sie, indes der kleine knochenkufige Schlitten hinter ihnen knirschte und durch die grauenvolle Dunkelheit der Polarnacht rumpelte.

»Mein Haus, dein Haus«, sagte Kotuko. »Wir beide zusammen, scheint mir, sind auf dem Wege zu Sedna.«

Sedna ist die Herrin der Unterwelt; und der Inuit glaubt, dass jeder nach seinem Tod ein Jahr in ihrem finsteren Reiche wohnen muss, bis er nach Quadliparmiut eingehen kann, dem glückseligen Land, wo es niemals friert und fette Rentiere angetrottet kommen, wenn man nach ihnen ruft.

Im Dorf aber riefen die Leute: »Die Tornait haben zu Kotuko gesprochen. Offenes Eis werden sie ihm weisen. Seehunde wird er uns heimbringen zu den Hütten.« Die Stimmen waren aber bald von der kalten, leeren Finsternis aufgeschluckt; und Kotuko und das Mädchen zogen Schulter an Schulter an dem Zugstrick oder schoben den Schlitten durch das Eis in Richtung auf das Polarmeer. Kotuko bestand darauf, die Tornaq im Stein habe ihm befohlen, nordwärts zu ziehen, und so wanderten sie nach Norden unter Tuktuqdjung dem Rentier – jenem Sternbild, das wir den großen Bären nennen.

Ein Europäer hätte über den Eisschutt und das scharfkantige Geschiebe kaum fünf Meilen am Tag zurücklegen können; diese zwei aber kannten aus alter Erfahrung jede Drehung des Handgelenks, mit der man den Schlitten über den Eishügel hinwegbringt, jeden geschickten Ruck, der ihn aus einer Eisspalte herauszerrt, kannten, wenn der Weg hoffnungslos blockiert schien, das Maß der einzusetzenden Kraft, um mit ein paar Speerschlägen einen Pfad zu bahnen.

Das Mädchen sprach kein Wort, hielt den Kopf gesenkt, und die langen Fransen aus Vielfraßfell an ihrer Hermelinkapuze wehten über ihr breites dunkles Gesicht. Der Himmel über ihnen war wie tiefschwarzer Samt, erhellt gegen den Horizont hin von düsterroten Streifen – dort, wo die mächtigen Sterne glommen wie Straßenlaternen. Zuweilen zuckten grünliche Wogen des Nordlichts über das Gewölbe des hohen Firmaments wie flatternde Fahnen und erloschen wieder; oder ein Meteor zog sprühend vorüber auf seiner Bahn aus der Nacht in die Nacht und zog einen Schauer glühender Funken hinter sich her. Später erstrahlten vor den beiden Wandernden die Rippen und Furchen der Oberfläche des Eisfeldes in seltsamen Farben – verbrämt und betupft in Rot, Kupfer und Blau; bald aber wandelte das Sternenlicht alles wieder in froststarres Grau. Die Eisdecke war durch die Herbststürme zerspalten und zerpflügt worden und glich nun im Frost des Winters einem erstarrten Erdbeben. Risse, Spalten und Löcher klafften im Eis wie tiefe Schründe; Klumpen und Bruchstücke klebten festgefroren auf dem ursprünglichen Boden der Eisfläche; alte schwarze Eispusteln, vom Sturm unter die Eisdecke getrieben, stiegen wie Blasen wieder empor; große Blöcke ragten auf mit scharfen Kanten und Graten, vom Schnee geschliffen, der vor dem Winde her fliegt; eingesunkene Gründe erstreckten sich dreißig und vierzig Morgen weit, tief unter der Ebene der Eisfelder.

Aus der Entfernung konnte man die Klumpen und Blöcke für Seehunde oder Walrosse halten, für umgekippte Schlitten oder Menschen auf der Jagd; ja, selbst der weiße Gespensterbär, mit den zehn Läufen, erstand aus den Umrissen eines gewaltigen Eisblocks. Aber wenn auch die fantastischen Formen wie von spukhaftem Leben erfüllt schienen, so war doch kein Laut, nicht der leiseste Widerhall eines Geräusches zu vernehmen. Und durch dieses allgegenwärtige Schweigen, durch diese Einöde, wo fahle Lichter flackernd aufzuckten und dahinstarben, kroch der winzige Schlitten mit den beiden dahin, die ihn zogen. Nachtalben schienen sie zu sein, die den Menschen im Schlafe schrecken – Phantome vom Ende der Welt, am Ende der Welt.

Wenn sie müde wurden, machte Kotuko ein Halbhaus, wie die Jäger es nennen, eine kleine Schneehütte, in die sie krochen, und wo sie über der Reiselampe das gefrorene Seehundsfleisch aufzutauen versuchten. Wenn sie geschlafen hatten, begannen sie wieder ihre Wanderung – dreißig Meilen Marsch am Tage, um fünf Meilen nordwärts zu gelangen. Das Mädchen war immer sehr schweigsam; Kotuko aber führte Selbstgespräche oder stimmte Gesänge an, die er im Singhause gelernt hatte, Sommerlieder, Ren- und Lachslieder – alle in schreiendem Widerspruch zu ihrer Lage. Dann glaubte er wieder die Tornaq zu ihm reden zu hören, und er rannte wild und wirr einen Eishügel hinan, fuchtelte mit den Armen und sprach in lautem, drohendem Ton. In Wahrheit war Kotuko zu jener Zeit dem Wahnsinn nahe; das Mädchen aber glaubte sicher, dass ein Schutzgott ihn führte und alles gut werden würde. So erstaunte sie nicht, als am Ende des vierten Tagesmarsches Kotuko ihr mit glühenden Augen erzählte, dass seine Tornaq ihm über den Schnee folge in Gestalt eines zweiköpfigen Hundes. Das Mädchen wandte sich um, wohin Kotuko zeigte, und irgendetwas schien in einer Eisspalte zu verschwinden. Es war gewiss nichts Menschliches, aber jedem war es bekannt, dass die Tornaq gern Gestalten von Bären, Robben und dergleichen annahmen.

Es mochte ebenso gut der weiße, zehnbeinige Gespensterbär als sonst irgendetwas sein; denn Kotuko und das Mädchen waren so ausgehungert, dass ihre Augen versagten. Seitdem sie das Dorf verließen, hatten sie nichts gefangen, noch auch nur eine einzige Wildfährte gesehen. Ihr Vorrat reichte noch knapp eine Woche, und ein Sturm war im Anzug. Zehn Tage hintereinander tobt manchmal der Polarsturm, ohne nachzulassen, und jedem bringt er sicheren Tod, der sich während der Zeit im Freien befindet. Kotuko baute ein Schneehaus, groß genug, um auch den Schlitten mit hineinzunehmen (denn niemals soll man sich von seinem Fleischvorrat trennen), und als er den letzten Eisblock zurechthackte, der den Schlussstein des Daches bilden sollte, sah er auf einer niedrigen Eisklippe eine halbe Meile entfernt etwas kauern, das zu ihm herüberblickte. Diesig war die Luft; das, was dort kauerte, schien vierzig Fuß lang zu sein und zehn Fuß hoch, mit einem zwanzig Fuß langen Schwanz hinter sich, und die Umrisse der Gestalt schienen sich fortwährend zu ändern. Auch das Mädchen sah das Phantom, aber anstatt vor Schreck aufzuschreien, sagte sie gelassen: »Das ist Quiquern. Was wird nun kommen?«

»Es wird zu mir reden«, erwiderte Kotuko; aber das Schneemesser zitterte in seiner Hand, als er sprach, denn so gern auch ein Mann glauben mag, mit fremdartigen hässlichen Geistern gut Freund zu sein, so ungern lässt er sich beim Worte nehmen. Quiquern nun gar ist das Gespenst eines gigantischen zahnlosen Hundes ohne ein Haar. Hoch im Norden soll er leben und erscheint immer im Lande am Vortag großer Ereignisse, seien sie nun froher oder trauriger Art. Aber selbst der Zauberer hütete sich, von Quiquern zu sprechen, der die Hunde toll macht. Gleich dem Gespensterbären hat er eine große Anzahl von Beinpaaren – sechs oder acht –, und das Etwas, das da in der diesigen Luft hin und her sprang, besaß entschieden mehr Beine, als ein wirklicher Hund bestenfalls brauchen könnte.

Kotuko und das Mädchen verkrochen sich schnell in die schützende Hütte. Natürlich konnte der Quiquern, wenn er die beiden haben wollte, das Haus über ihren Köpfen zusammenschlagen, aber es war doch ein tröstlicher Gedanke, durch einen fußdicken Schneewall von der tückischen Dunkelheit draußen getrennt zu sein. Der Sturm brach los mit einem Schrei des Windes wie der gellende Pfiff einer Lokomotive und hielt drei Tage und drei Nächte mit gleicher Stärke an, ohne auch nur einen Augenblick nachzulassen. Sie hielten die steinerne Lampe zwischen den Knien, gossen Tran nach, nagten an halbwarmem Robbenfleisch und sahen den schwarzen Ruß sich an der Decke festsetzen – zweiundsiebzig lange Stunden. Das Mädchen überprüfte den Fleischvorrat im Schlitten, er reichte gerade noch für zwei Tage; Kotuko untersuchte die eiserne Spitze und die Tiersehnenleine seiner Harpune, seine Seehundlanze und seine Vogelpfeife. Nichts weiter gab es zu tun.

»Bald werden wir bei Sedna sein – sehr bald«, flüsterte das Mädchen. »Drei Tage noch, dann legen wir uns nieder und gehen von dannen. Schweigt deine Tornaq? Singe ihr doch ein starkes Zauberlied und locke sie her.«

Er hob zu singen an, heulte in den hohen Tönen der Zaubergesänge und – der Sturm ließ allmählich nach. Mitten im Gesang stutzte das Mädchen plötzlich, legte ihre im Fausthandschuh steckende Hand und dann ihren Kopf auf den Eisboden der Hütte. Kotuko folgte ihrem Beispiel, und die beiden knieten nebeneinander, starrten sich an und horchten mit jeder Fiber ihres Leibes. Kotuko schnitt einen Span vom Fischbeinrand einer Vogelschlinge ab, bog ihn zurecht und steckte ihn aufrecht ins Eis. So fein wie die Kompassnadel steckte die dünne Rute im Eis; und sie horchten nicht mehr, sondern beobachteten sie. Leise zitterte die Rute ein wenig, kaum bemerkbar; nun vibrierte sie gleichmäßig sekundenlang, kam zur Ruhe und vibrierte wieder, dieses Mal nach einer anderen Richtung der Windrose.

»Zu früh!«, sagte Kotuko. »Irgendeine große Eisdecke brach auf, weit draußen.«

Das Mädchen zeigte auf die Rute und schüttelte den Kopf. »Der große Eisbruch ist es«, sagte sie, »hör doch, wie das Grundeis pocht.«

Wieder knieten sie hin, und nun vernahmen sie seltsames Stöhnen und Pochen, scheinbar unter ihren Füßen. Zuweilen klang es, als ob ein neugeborenes Hündchen über der Lampe hängend quiekte; dann als ob ein Stein auf hartem Eis geschoben würde und dann wieder wie dumpfer Trommelwirbel. Aber alles klang lang gezogen und gedämpft, als ob die Laute wie durch ein Horn von weit, weit her aus der Ferne herüber drangen.

»Liegend werden wir nicht zu Sedna gehen«, sagte Kotuko. »Der Eisbruch ist es! Die Tornaq hat uns betrogen. Sterben müssen wir.«

Das mag seltsam genug klingen, aber die beiden standen unmittelbar vor einer ernsten Gefahr. Der dreitägige Sturm hatte das tiefe Wasser an der Baffinbucht südwärts getrieben und an der Grenze des weitreichenden Landeises, das von der Insel Beylot nach Westen sich erstreckt, aufgestaut. Die starke Strömung außerdem, die von Lancester-Sund ausgeht, führte Meile auf Meile von Packeis mit sich, raues, welliges Eis, das nicht zu Feldern zusammenfror. Und dieses schwimmende Packeis bombardierte die Kante der mächtigen Eisfelder, während das Schwellen und Wogen der sturmgepeitschten See sie gleichzeitig untergrub. Was Kotuko und das Mädchen gehört hatten, war das matte Echo des Kampfes, der dreißig oder vierzig Meilen entfernt raste; und die kleine verräterische Rute hatte gebebt unter den Stößen.

Aber, wie der Inuit sagt, wenn das Eis einmal erwacht nach langem Winterschlaf, weiß niemand, was geschehen mag, denn die schwere Eisdecke ändert ihre Gestalt fast so schnell wie Gewölk. Vorzeitiger Frühlingssturm war augenscheinlich über die Eisnacht gekommen, und alles Mögliche konnte daraus entstehen.

Dennoch fühlten sich die beiden jetzt ruhiger und zuversichtlicher. Brach die Eisdecke, dann gab es kein Warten mehr und kein Leiden. Geister, Kobolde und Hexenvolk trieben sich umher auf dem krachenden Eise, und sie würden vielleicht, fiebernd vor Erregung, Seite an Seite mit all dem wilden Gezücht eingehen in Sednas unterirdisches Reich. Als sie nach Abflauen des Sturms aus der Hütte traten, wuchs das Donnern am Horizont noch ständig, und um sie her ächzte und stöhnte das See-Eis.

»Es lauert immer noch«, sagte Kotuko.

Auf dem Gipfel eines Hügels kauerte oder saß noch das achtbeinige Ding, das sie drei Tage zuvor gesehen hatten, und heulte fürchterlich.

»Folgen wir«, sagte das Mädchen. »Vielleicht kennt es einen Weg, der nicht zu Sedna führt.« Aber sie taumelte vor Schwäche, als sie die Zugleine des Schlittens ergriff.

Das gespenstische Wesen bewegte sich langsam und schwerfällig über die Spalten, immer westwärts, dem Land zu; und sie folgten ihm, indes der grollende Donner von der Eisgrenze näher und näher rollte.

Gespalten lag das Feld, geplatzt nach allen Richtungen hin, bis zu vier Meilen landeinwärts! Mächtige Schollen, zehn Fuß dick, von wenigen bis zu vielen Ellen Durchmesser, rüttelten und stießen und prallten gegen die noch ungebrochene Eisdecke, getrieben von der schweren Dünung des Meeres. Dieser Sturmbock war sozusagen die Vorhut der Heere, die der Ozean gegen die Eisfläche schleuderte. Das ununterbrochene Reiben und Krachen der schweren Schollen übertönte fast den Lärm der Packeisschichten, die unter die Eisdecke geschoben wurden, wie man Spielkarten rasch unter das Tischtuch schiebt. An seichten Stellen des Wassers türmten die Schichten sich übereinander, bis die unterste Schicht fünfzig Fuß tief auf Schlamm stieß und die verfärbte See hinter dem Eis eingedämmt wurde; erst der wachsende Druck trieb zuletzt das Ganze wieder vorwärts. Zu alledem brachten Sturm und Strömung noch die wirklichen Eisberge heran, segelnde Gebirge zackigen Geklüfts, losgelöst von der Grönländer Seite des Wassers oder der Nordküste von der Melvillebucht. Feierlich kamen sie herangezogen, umspült und umzischt von weißschäumenden Wellen, und rückten gegen die Eisdecke vor wie eine altertümliche Flotte unter vollen Segeln. Da kam ein Eisberg an, so hoch und gewaltig, als könnte er eine Welt vor sich hertreiben; plötzlich aber neigte er sich, kippte über, sank hilflos in die Tiefe und wälzte sich in einer Gischt von Schlamm und hoch aufspritzendem Wasser. Ein viel kleinerer Berg hingegen schlitzte die Eisdecke auf, ganze Tonnen von Eis nach beiden Seiten werfend, und schnitt eine kilometerlange Spalte, bevor er zum Stillstand kam. Manche fielen wie ein Schwert nieder und hieben raukantige Kanäle; andere wieder zersplitterten in Schauern von Blöcken, die weit dahinrollten. Wieder andere standen buchstäblich aus dem Wasser auf, kollerten und wanden sich wie in Schmerzen, plumpsten schwer auf die Seite, und die See raste über sie hinweg. Das Schieben und Drängen, Treiben und Stoßen der Eismassen in allen denkbaren Formen und Gestalten erstreckte sich längs der Nordseite der Eisdecke, so weit das Auge reichte. Von der Stelle aus, wo Kotuko und das Mädchen standen, erschien der Eisbruch nur wie eine unruhige, schiebende, kriechende Bewegung am Horizont; aber sie kam ihnen mit jedem Augenblick näher und näher. Vom Lande her vernahmen sie schweres Dröhnen aus weiter Ferne, wie das Donnern von Artillerie im Nebel. Das zeigte an, dass die Eisdecke an die erzenen Klippen der Insel Beylot und das Land hinter ihnen gerammt wurde.

»So war es noch niemals«, sagte Kotuko und stierte wie blöd in die Luft. »Es ist nicht die Zeit. Wie kann das Eis jetzt schon brechen.«

»Folge dem da!«, rief das Mädchen, auf das halb hinkende, halb laufende Wesen weisend, das sich vor ihnen bewegte. Sie gingen ihm nach, den Handschlitten hinter sich herziehend, indes der brüllende Eisgang näher und näher kam. Zuletzt krachten und klafften die Eisfelder rings um sie her; Spalten taten sich auf und schnappten wie Zähne der Wölfe. Das unheimliche Wesen aber lagerte nun auf einem wohl fünfzig Fuß hohen Damm von verstreuten Eisblöcken, dort war keinerlei Bewegung. Kotuko sprang rasch vorwärts, zog das Mädchen hinter sich her und kroch bis an den Fuß des Dammes. Lauter und lauter wurde das Toben des Eises, aber der Damm stand fest. Das Mädchen blickte zu Kotuko auf und sah, wie er den rechten Ellbogen erhob und ihn auswärts streckte: er gab das Inuitzeichen für Inselland. Und Land war es, wohin das achtbeinige hinkende Wesen sie geführt hatte – eine kleine Küsteninsel mit Granitfelsen und sandigem Gestade, ganz von Eis umpanzert, sodass man sie nicht von der übrigen Eisdecke unterscheiden konnte; doch auf dem Grunde war fester Boden, kein trügerisches Eisgeschiebe. Der An- und Rückprall der Eisfelder, die auf den festen Grund stießen und splitterten, zeichnete die Umrisse der Insel; nordwärts lief eine freundliche Untiefe und trieb das schlimmste Eisgeschiebe beiseite wie eine Pflugschar, die Schollen teilt. Noch immer bestand Gefahr, denn leicht konnte sich ein Eisfeld unter starkem Druck über den Rand der Insel schieben und den Gipfel des Dammes kappen. Aber das kümmerte Kotuko und das Mädchen nicht. Sie bauten ein Schneehaus und begannen zu essen, indes sie draußen über den kleinen Strand das Eis hämmern und toben hörten. Das seltsame Wesen war verschwunden; bei der Lampe kauernd, redete Kotuko lebhaft erregt von seiner großen Macht über die Geister. Unaufhaltsam floss der Strom seiner wilden Rede – da aber hub das Mädchen zu lachen an und begann sich in den Hüften zu wiegen.

Hinter ihr, Schritt für Schritt sich vorschiebend, erschienen zwei Köpfe in der engen Öffnung des Schneehauses, ein gelber und ein schwarzer, die zu zwei überaus verschämten und betrübten Hunden gehörten, offenbar mit einem sehr schlechten Gewissen: Kotuko, der Hund, und der schwarze Führer. Beide, fett geworden, in gutem Futterzustand und von dem Irrsinn geheilt, standen sie da, in der seltsamsten Art und Weise aneinandergekoppelt. Der schwarze Führer war, wie man sich erinnern wird, mit dem Geschirr auf dem Rücken geflüchtet. Bald darauf muss er auf Kotuko, den Hund, gestoßen sein, hatte mit ihm gespielt oder vielleicht auch gekämpft, denn seine Schulterlasche war in Kotukos kupferdrahtenem Halsband festgehakt, sodass keiner den Riemen durchbeißen konnte, der ihn mit dem Hals des Nachbarn verband. Dieser Zustand und dazu die Freiheit, nach Belieben zu jagen, hatte wohl ihre Tollheit geheilt. Jetzt waren beide sehr ernst und vernünftig.

Das Mädchen schob die zwei verschämten Geschöpfe zu Kotuko hin und rief unter Tränen lachend: »Das ist Quiquern; Quiquern, der uns auf feste Erde rettete. Sieh, er hat acht Beine und einen doppelten Kopf!«

Kotuko durchschnitt die Fesseln; beide Hunde, gelb und schwarz, stürzten sich in seine weit geöffneten Arme, jaulten, maunzten und winselten, um zu erzählen, wie sie wieder zu Verstand gekommen. Kotuko befühlte ihnen die Rippen und fand, dass sie rund und gut gepolstert waren. »Sie haben Futter gefunden«, sagte er grinsend. »Ich glaube nicht, dass wir so rasch zu Sedna gehen werden. Meine Tornaq hat sie uns gesendet. Der Wahnsinn ist von ihnen gewichen.«

Nachdem Kotuko sie begrüßt hatte, fuhren sich die beiden, die zwei Wochen lang miteinander fressen, jagen und schlafen mussten, an die Kehlen, und in dem Schneehaus entwickelte sich die prächtigste Balgerei. »Hungrige Hunde kämpfen nicht«, sagte Kotuko. »Sie haben die Robben gefunden. Lass uns schlafen. Auch uns wird es nicht an Nahrung fehlen.«

Als sie erwachten, war am Nordstrand der Insel offenes Wasser, und all das gelockerte Eis war von den Fluten landwärts getrieben. Das erste Aufrauschen der Brandung ist der herrlichste Klang, den der Inuit kennt, denn er verkündet den nahenden Frühling. Kotuko und das Mädchen hielten sich bei der Hand und lächelten versonnen; bei dem vollen Rauschen und Brausen der Brandung dachten sie an die Lachs- und Rentierzeiten und den Duft blühender Zwergweiden. Aber so scharf biss noch die Kälte, dass die See zwischen den Schollen zu frieren begann; doch am Horizont zeigte sich ein breites rotes Glühen, und das war das Licht der gesunkenen Sonne. Mehr einem Gähnen des schlummernden Sonnengottes schien der rosige Schimmer zu gleichen, und auch nur wenige Minuten blieb das Leuchten am Himmel sichtbar. Aber das war die Jahreswende! Sie wussten es, und nichts mehr war daran zu ändern.

Vor der Hütte fand Kotuko die Hunde im Kampf um einen frisch gerissenen Seehund, der den vom Sturm angetriebenen Fischen gefolgt war. Er war der Erste von einer Herde von zwanzig oder dreißig Seehunden; und solange die See noch offen war, spielten Hunderte eifriger, schwarz glänzender Köpfe in dem freien seichten Gewässer, schwammen und tauchten zwischen den treibenden Eisschollen.

Eine gute Sache war es, wieder Seehundleber zu essen, die Lampe üppig mit Tran zu füllen und zu sehen, wie die Flamme drei Fuß hoch in die Luft schlug. Aber sobald das Neueis fest genug war, beluden Kotuko und das Mädchen den Schlitten und ließen die Hunde ziehen, wie sie noch nie gezogen hatten, denn sie hatten Sorge, dass dem Dorf ein Unglück zugestoßen sein könnte. Das Wetter war so unbarmherzig wie immer; aber leichter ist es, einen gut mit Vorrat beladenen Schlitten zu lenken, als verschmachtend des Weges zu ziehen. Sie ließen fünfundzwanzig Robbenleiber gebrauchsfertig zurück, vergraben im Eis des Strandes. Dann brachen sie eilig auf, um schnell zur hungernden Sippe zu gelangen. Die Hunde wiesen ihnen den Weg, sobald Kotuko ihnen erklärt hatte, was man von ihnen erwartete. Kein Grenzstein weit und breit bezeichnete die Richtung, aber schon nach zwei Tagen bellten die Hunde in Kadlus Dorf. Nur drei Hunde antworteten ihnen, die anderen hatte man verzehrt, und fast völlig finster lagen die Hütten. Kotuko aber rief: »Ojo!«, (gekochtes Fleisch); da antworteten schwache Stimmen; und als er mit dem Weckruf des Dorfes Namen nach Namen aufrief, blieb keine Lücke.

Eine Stunde danach brannten die Lampen hell in Kadlus Haus. Schneewasser wurde heiß gemacht, in den Töpfen begann es zu brodeln, und der Schnee tropfte vom Dach, als Amoraq das Mahl für das ganze Dorf bereitete. Das Baby in der Felljacke lutschte an einem Streifen nusssüßen fetten Transpecks, und die Jäger füllten sich langsam und sorgsam bis zum Rand mit Robbenfleisch. Kotuko und das Mädchen erzählten ihre Geschichte. Zwischen ihnen saßen die beiden Hunde, und jedes Mal, wenn ihre Namen genannt wurden, spitzten sie jäh ein Ohr und sahen höchst beschämt drein. Ein Hund, der einmal toll und wieder gesund geworden, ist, wie der Inuit sagt, vor weiteren Anfällen sicher.

»Also hat uns die Tornaq nicht vergessen«, endete Kotuko seine Erzählung. »Der Sturm blies, das Eis brach, und der Seehund schwamm hinter den Fischen drein, die vor dem Sturm her trieben. Die neuen Seehundlöcher sind nicht zwei Tagesreisen von hier entfernt. Morgen sollen die guten Jäger ausziehen und die Robben holen, die ich gespießt habe – fünfundzwanzig Leiber im Eis vergraben. Wenn wir diese aufgezehrt haben, dann wollen wir alle dem Seehund nachstellen an der Kante des Eises.«

»Was wirst du tun?«, wandte sich der Zauberer an Kadlu in dem Ton, in dem er immer den Reichsten der Tununirmiuten anredete.

Kadlu blickte auf das Mädchen aus dem Norden und sagte ruhig: »Wir bauen ein Haus.« Dabei wies er auf die Nordwestseite seines Hauses, denn das ist die Seite, wo der verheiratete Sohn oder die verheiratete Tochter wohnt. Das Mädchen schüttelte traurig den dunklen Kopf und kehrte die Innenflächen ihrer Hände nach oben. Eine Fremde war sie, halb verhungert hatte man sie aufgelesen, nichts konnte sie mitbringen in den Haushalt.

Da aber sprang Amoraq auf von der Schlafbank und begann allerlei Gegenstände in den Schoß des Mädchens zu werfen – Steinlampen, eiserne Hautkratzer, Blechkessel, Rehhäute, mit Moschusochsenzähnen verziert, und echte Segeltuchnadeln, wie die Seeleute sie gebrauchen. Das war die reichste Aussteuer, die man jemals an der fernen Grenze des Polarkreises mit in die Ehe gebracht hatte; und das Mädchen aus dem Norden senkte den Kopf bis zur Erde.

»Diese auch«, rief Kotuko lachend und deutete auf die beiden Hunde, die ihre kalten Schnauzen an des Mädchens Gesicht legten.

»Ahem«, machte der Angekok mit bedeutsamem Hüsteln, als ob er allein das alles bedacht hätte. »Sobald Kotuko das Dorf verlassen hatte, ging ich in das Singhaus und sang dort Zauberlieder. Die langen einsamen Nächte hindurch sang ich und beschwor den Geist des Rentiers. Mein Gesang aber erregte den Sturm, der das Eis aufbrach, und zog die zwei Hunde in Kotukos Nähe, sonst hätte das Eis seine Knochen zermalmt. Weiter sang ich, bis die Seehunde, vom Gesang gelockt, herzogen hinter dem geborstenen Eis. Still lag mein Leib im Quaggi, doch mein Geist schweifte umher auf dem Eise, führte Kotuko und leitete die Hunde. Ich tat alles.«

Jeder hatte sich voll gegessen und war schläfrig. So widersprach ihm keiner. Kraft seines Amtes verhalf sich der Angekok noch zu einem fetten Stück gekochten Fleisches, sank dann zurück und schlief mit den anderen in der warmen, wohl erleuchteten, mit Tran durchdufteten Stube.

Kotuko war ein Meister der Zeichenkunst nach Inuitart, und er ritzte Bilder der überstandenen Abenteuer in ein flaches Stück Narwalhorn, mit einem Loch am Ende. Als er dann mit dem Mädchen nordwärts wanderte, in dem Jahre des wunderbaren offenen Winters, ließ er die Bildergeschichte bei Kadlu zurück; dieser aber verlor sie im Steingeröll am Strande des Netillingsees zu Nikosiring, als sein Hundeschlitten zusammenbrach. Ein Seeinuit fand das Stück Narwalhorn im nächsten Frühjahr und verkaufte es einem Manne zu Imigen, der Dolmetscher war an Bord eines Walfischfängers in Cumberland-Sund. Dieser wieder überließ es Hans Olsen, der später Quartiermeister wurde auf einem großen Dampfer, mit dem die Touristen zum Nordkap in Norwegen fuhren. Nach Schluss der Touristensaison verkehrte der Dampfer zwischen Australien und London. Unterwegs legte er in Ceylon an, und dort verkaufte Olsen das Narwalhorn an einen singalesischen Goldschmied und erhielt dafür zwei unechte Safire.

Ich selbst fand das Stück in einem Hause in Colombo unter altem Gerümpel und habe Kotukos Bericht von Anfang bis Ende übertragen.

(Rudyard Kipling)

Wie der Rabe das Licht brachte

In den ersten Tagen der Welt spendeten, wie es jetzt ist, Sonne und Mond das Licht. Dann aber wurden Sonne und Mond weggenommen, und die Menschen blieben auf Erden lange Zeit ohne jedes andere Licht als den Schimmer der Sterne. Ohne jeden Erfolg machten die Zauberer ihre größten Kunststücke, die Finsternis hielt an.

In einem Dorf am unteren Yukon lebte einmal ein Waisenknabe, der immer mit den Dienstleuten auf der Bank beim Hauseingang saß. Die anderen Leute hielten ihn für närrisch, und jeder verachtete ihn und behandelte ihn schlecht. Nachdem sich die Zauberer furchtbar, aber ohne Erfolg, angestrengt hatten, Sonne und Mond zurückzuschaffen, verspottete sie der Knabe und sagte: »Was für feine Zauberer müsst ihr doch sein, da ihr nicht einmal imstande seid, das Licht wieder herbeizuschaffen, wenn sogar ich das tun kann.«

Darauf wurden die Zauberer sehr ärgerlich, prügelten ihn und warfen ihn aus dem Haus heraus. Dieser arme Waisenknabe war nun wie jeder andere Knabe auch, aber wenn er ein schwarzes Kleid, das er hatte, anzog, wurde er in einen Raben verwandelt und blieb ein solcher, bis er das Kleid wieder auszog.

Nachdem die Zauberer den Knaben aus dem Haus geworfen hatten, ging er im selben Dorf ins Haus seiner Tante und erzählte ihr, was er ihnen gesagt und wie sie ihn geschlagen und hinausgeworfen hätten. Dann bat er sie, ihm doch zu sagen, wo die Sonne und der Mond hingekommen seien, denn er wolle ihnen nachgehen.

Sie behauptete, nicht zu wissen, wo sie versteckt wären, aber der Knabe sagte: »Nach deinem fein genähten Kleid zu schließen, weißt du sicher, wo sie sind, denn du hättest nie genug sehen können, es so zu nähen, wenn du nicht wüsstest, wo das Licht ist.« Nach langem Hin und Her überredete er endlich seine Tante, und sie sagte ihm: »Gut, wenn du das Licht finden willst, musst du deine Schneeschuhe nehmen und weit nach Süden gehen zu einem Platz, den du schon erkennen wirst, wenn du dort bist.«

Der Rabenknabe nahm sofort seine Schneeschuhe und brach nach Süden auf. Viele Tage wanderte er, und die Finsternis blieb immer gleich. Nachdem er schon einen weiten Weg zurückgelegt hatte, sah er weit vor sich einen Lichtblitz, was ihn sehr ermutigte. Als er weitereilte, leuchtete das Licht wieder heller auf als vorher, und dann verschwand und erschien es abwechselnd. Schließlich kam er an einen großen Hügel, dessen eine Seite in vollem Licht stand, während die andere in finstere Nacht getaucht schien. Vor sich, hart am Hügel, bemerkte der Knabe eine Hütte und in ihrer Nähe einen Mann, der von ihrer Vorderseite Schnee wegschaufelte.

Der Mann warf den Schnee hoch in die Luft, und so oft er das tat, verdunkelte sich das Licht, und so entstand der Wechsel von Licht und Dunkelheit, den der Knabe beim Herannahen gesehen hatte. Dicht hinter dem Haus sah er das Licht, das zu suchen er ausgegangen war, wie einen großen Feuerball. Dann blieb der Knabe stehen und überlegte, wie er das Licht und die Schaufel des Mannes bekommen könnte.

Nach einiger Zeit ging er dann zu dem Mann hin und sagte: »Warum wirfst du den Schnee in die Luft und entziehst unserem Dorf das Licht?« Der Mann hielt inne, sah auf und sagte: »Ich räume nur den Schnee vor meiner Türe weg und ich entziehe kein Licht. Aber wer bist du und von wo kommst du?« – »Es ist so finster in unserem Dorf, dass ich dort nicht leben will, und so bin ich gekommen, um bei dir zu bleiben«, sagte der Knabe. »Was? Für immer?«, fragte der Mann. »Ja!«, antwortete der Knabe. Darauf der Mann: »Also gut; komm mit mir ins Haus.« Und er steckte die Schaufel in den Boden und gebückt ging er durch den unterirdischen Eingang voran ins Haus und ließ, nachdem er hindurchgegangen war, in der Meinung, der Knabe sei hinter ihm, den Vorhang vor der Tür herunterfallen.

Im Augenblick, als hinter dem Mann, der eingetreten war, die Türklappe herunterfiel, packte der Knabe den Feuerball und steckte ihn in die Außenfalte seines Pelzes; dann nahm er noch die Schaufel in die Hand und lief nach Norden weg und rannte so lange, bis seine Füße müde waren. Dann erinnerte er sich seines Zaubergewandes, verwandelte sich in einen Raben und flog, so rasch ihn seine Flügel nur trugen, davon. Hinter sich hörte er das entsetzliche Gekeife und Geschrei des Mannes, der ihm rasch folgte. Als der alte Mann merkte, dass er den Raben nicht einholen konnte, schrie er: »Zum Donnerwetter! Behalte meinetwegen das Licht, aber gib mir meine Schaufel wieder!«

Darauf antwortete der Knabe: »Nein, du hast unser Dorf ganz verfinstert und sollst daher auch deine Schaufel nicht haben.« Und der Rabe flog weiter und ließ ihn zurück. Auf seinem Heimweg brach der Rabe ein Stück vom Licht ab und warf es aus, und so wurde es wieder Tag. Dann zog er wieder lange Zeit im Dunkeln weiter, warf dann wieder ein Stück Licht weg, es wurde wieder Tag. So tat er abwechselnd, bis er in seinem Heimatdorf vor dem Haus anlangte, wo er das letzte Stück wegwarf. Dann betrat er das Haus und sagte: »Also, ihr unnützen Zauberer, ihr seht jetzt, dass ich das Licht zurückgebracht habe, und es wird von nun an hell sein und dann wieder dunkel: Tag und Nacht.« Und die Zauberer konnten ihm nichts antworten.

Daraufhin ging er hinaus aufs Eis, denn sein Haus lag an der Küste. Da kam ein großer Wind auf und trieb ihn mit dem Eis über die See zum Land an der jenseitigen Küste. Dort fand er ein Dorf, nahm aus seiner Bewohnerschaft eine Frau und lebte mit ihren Leuten, bis er drei Töchter und vier Söhne hatte. Mit der Zeit wurde er sehr alt und erzählte seinen Kindern, wie er ins Land gekommen war, und nachdem er ihnen aufgetragen hatte, wieder in jenes Land zu ziehen, woher er gekommen war, starb er.

Die Kinder des Raben zogen dann fort, wie er es ihnen aufgetragen hatte, und gelangten schließlich in ihres Vaters Land. Dort wurden sie in Raben verwandelt und ihre Nachkömmlinge verlernten, wie sie sich in Menschen verwandeln könnten, und so gibt es bis zum heutigen Tag Raben.

Im Dorf des Raben folgten nun Tag und Nacht einander, wie er gesagt hatte, dass es geschehen werde, und die Länge der Einzelnen blieb ungleich, da der Rabe manchmal lange Zeit ohne Licht auszuwerfen gewandert war und dann wieder in kürzeren Zwischenräumen das Licht ausgeworfen hatte, sodass die Nächte sehr kurz waren, und dementsprechend ist es auch geblieben.

Island

Das Sätermädchen

Einmal wohnte auf dem Nordland ein Pfarrer, der ein Mädchen erzogen hatte. Hoch oben zwischen den Bergen lag die Säterwirtschaft* des Pfarrhofs, auf die der Pfarrer gern im Sommer seine Kühe und Schafe unter Aufsicht eines Sätermädchens und eines Hirten schickte. Als seine Pflegetochter älter geworden war, musste sie der Haushaltung auf dem Säter vorstehen, und sie erledigte das so gut wie jede andere Arbeit; denn sie war ein kluges Frauenzimmer, hübsch anzusehen und flink in vielen Dingen. In diesem Teil des Landes hatte sie nicht ihresgleichen. Darum warben viele reiche Männer um ihre Hand; sie aber gab ihnen allen miteinander einen Korb. Der Pfarrer sprach einmal mit seiner Pflegetochter über dieses Kapitel und riet ihr, sich zu verheiraten, denn, sagte er, er wäre nun ein alter Mann und könnte ihr daher nicht immer eine Stütze sein. Sie aber wollte nichts davon hören; ihr Sinn sei weit von solchen Dingen entfernt, sagte sie; sie wäre sehr zufrieden, wie es sei, und nicht jeder hole sein Glück in der Ehe. Darüber wurde also vorläufig weiter nichts gesprochen.

Als ein Teil des Winters verstrichen war, schien es den Leuten, als beginne das Sätermädchen etwas rundlich unter dem Gürtel zu werden, und je weiter es auf den Frühling zuging, desto runder wurde sie. Im Frühjahr sprach ihr Pflegevater wieder mit ihr; er bat sie jetzt, ihm offen und ehrlich zu sagen, wie es eigentlich mit ihr bestellt wäre; sie erwarte sicher ein Kind, meinte er, und darum wäre es am besten, dass sie in diesem Sommer nicht nach dem Säter zöge. Sie bestritt aber, dass sie ein Kind erwarte, es fehle ihr nichts, und ihre Arbeit auf dem Säter würde sie in diesem Sommer genauso tun, wie sie es früher getan hätte. Der Pfarrer sah, dass er nichts aus ihr herausbekommen könnte und ließ ihr daher ihren Willen; er beauftragte aber die Männer, die sie nach dem Säter begleiteten, sie nicht allein zu lassen, und das versprachen sie ihm hoch und heilig.

Oben auf dem Säter war das Mädchen lustig und froh, und es verstrich eine Zeit, ohne dass etwas geschah. Die Leute beobachteten sie sehr genau und ließen sie nie allein.

Da geschah es eines Abends, dass der Hirt alle Schafe und Kühe vermisste, und jeder, der seine Beine gebrauchen konnte, musste den Säter verlassen, nur das Sätermädchen blieb allein zurück. Es ging langsam mit dem Suchen der Leute, ein dichter Nebel senkte sich herab, und deshalb fanden sie das Vieh erst gegen Morgen. Als sie wieder nach Hause kamen, war das Sätermädchen auf

---

* Säter = Alm.

und ungewöhnlich flink und leicht auf den Füßen. Als eine Zeit vergangen war, sah man dann auch, dass sie nicht mehr so rund wie früher war; aber wie es zugegangen war, das wusste man nicht, auch fand man jetzt nicht, dass ihre Rundlichkeit so gewesen war, als wenn eine Frau ein Kind erwartet.

Im Herbst zogen sie wieder nach Hause von dem Säter, Männer und Vieh, und da sah der Pfarrer, dass das Mädchen eine schlankere Gestalt hatte, als sie im Winter zuvor gehabt hatte. Er drang in die übrigen Säterleute und fragte sie, ob sie wider seinen Befehl gehandelt und das Sätermädchen allein gelassen hätten. Sie aber erzählten ihm, wie es gewesen wäre, dass sie es nur ein einziges Mal verlassen hätten, um das fehlende Milchvieh zu suchen. Da wurde der Pfarrer zornig und wünschte ihnen die schwere Not, weil sie gegen seinen Befehl gehandelt hätten; im Übrigen hätte er das im Frühjahr geahnt, als das Sätermädchen nach dem Säter zog.

Im nächsten Winter kam ein Mann, der um die Pflegetochter des Pfarrers freien wollte; sie aber wollte nichts von seinem Freien wissen; der Pfarrer jedoch sagte, dass sie nichts abhielte, ihn zu heiraten; denn alle wären darin einig, ihn zu loben, und er sei aus gutem Geschlecht. Er hätte im letzten Frühjahr den Hof seines Vaters übernommen, und seine Mutter hätte ihr Altenteil bei ihm. Dieser Freier bekam also keinen Korb, gleichviel, ob mit dem Willen des Mädchens oder ohne ihn. Ihre Hochzeit wurde im Frühjahr beim Pfarrer gefeiert. Aber ehe der Braut ihr Brautkleid angezogen wurde, sagte sie zu ihrem Bräutigam: »Da du mich gegen meinen Willen heiratest, nehme ich dir jetzt das Versprechen ab, dass du niemals einen Wintergast beherbergst, ohne mich vorher davon benachrichtigt zu haben, denn sonst ergeht es dir übel!« Das versprach ihr der Mann.

Dann wurde also die Hochzeit gefeiert, und sie zog mit ihrem Gebieter nach Hause und übernahm den Hausstand, aber ohne besondere Lust; denn sie war niemals froh, und ihr Gesicht war stets finster, obgleich sie der Mann auf Händen trug und kaum zuließ, dass sie die Hand in kaltes Wasser steckte. Jeden Sommer saß sie zu Hause, während die andern mit dem Heu auf der Wiese beschäftigt waren, und immer blieb ihre Schwiegermutter bei ihr, um sie zu erheitern und ihr beim Essenbereiten behilflich zu sein. Manchmal saßen sie und strickten und spannen, und die Alte erzählte dann Sagen, um ihre Schwiegertochter zu unterhalten.

Einmal, als sie mit ihrer Erzählung fertig war, sagte die Alte zu ihrer Schwiegertochter, dass sie jetzt etwas erzählen müsse. Die andere aber erwiderte, dass sie keine Sagen kenne; als die Alte jedoch weiter in sie drang, versprach sie schließlich, die einzige Sage, die sie kenne, zu erzählen, und sie begann folgendermaßen:

»Auf einem Hof lebte einmal ein Sätermädchen. Unweit des Säters lagen große Felsen, an denen sie oft vorbeiging. Darinnen wohnte ein schöner junger

Huldremann, den sie bald kennen lernte, und es entstand Liebe zwischen den beiden. Er war so gut und lieb zu dem Mädchen, dass er ihr nie etwas abschlug und sich ihrem Willen stets in allem fügte. Das Ende vom Liede war, dass das Sätermädchen, als eine Zeit vergangen war, ein Kind erwartete. Als sie im nächsten Sommer nach dem Säter sollte, drang ihr Brotherr in sie, um zu erfahren, ob sie in gesegneten Umständen wäre; das aber bestritt sie und zog hinauf nach dem Säter, wie sie es zu tun pflegte. Ihr Herr bat aber diejenigen, die mit auf dem Säter waren, sie nie allein zu lassen, und das versprachen sie ihm. Trotzdem verließen sie sie einmal, um das Vieh zu suchen, und da fühlte sie Geburtswehen. Da kam ihr Liebhaber zu ihr, saß bei ihr und half ihr bei der Geburt, und darauf wusch und wickelte er das Kind. Ehe er aber mit dem Knaben fortging, ließ er sie aus einem Glas trinken, und das war der süßeste Trank, den ich je ...«, hier fiel ihr das Knäuel, mit dem sie strickte, aus der Hand; sie bückte sich danach und verbesserte sich – »den sie je gekostet hatte, wollte ich sagen, und da wurde sie gesund und frei von allen Folgen. Von da an sahen sich der Huldremann und das Mädchen nicht wieder; gegen ihren Willen wurde sie mit einem anderen Manne verheiratet; ihr Sinn aber stand immer nach ihrem ersten Liebsten, und von dieser Zeit an sah sie nie einen frohen Tag. Und jetzt ist die Erzählung aus.«

Ihre Schwiegermutter dankte ihr für die Erzählung und bewahrte sie im Gedächtnis. So verging wieder eine Zeit, ohne dass etwas geschah; die Frau ging wie immer umher und trug ihren Kummer, immer jedoch war sie gut und liebevoll gegen ihren Gebieter.

Eines Sommers, als es schon weit in der Heuernte war, kamen zwei Männer, ein größerer und ein kleinerer, zu dem Bauern auf das Feld. Sie hatten beide breitkrempige Hüte auf dem Kopf, sodass man ihnen nur undeutlich ins Gesicht sehen konnte. Der Größere nahm das Wort und bat den Bauern um Obdach für den Winter. Der Bauer antwortete, dass er niemand aufnehme, ohne dass seine Frau davon wisse, und sagte, dass er erst mit ihr über diese Angelegenheit sprechen wollte. Der Mann bat ihn, doch nicht so ungeschickt zu sprechen, als wenn ein so resoluter Mann derartig unter dem Pantoffel seiner Frau stände, dass er in solchen Kleinigkeiten wie die, zwei Menschen einen Winter lang in Kost zu nehmen, nicht selbst bestimmen dürfte. Das Ende war, dass der Bauer ihnen Winterobdach versprach, ohne dass er seine Frau erst darum befragt hatte.

Abends kamen die Fremden mit dem Bauern nach Hause; er ließ sie in eine Kammer eintreten und bat sie, dort zu bleiben. Dann ging er zu seiner Frau und erzählte ihr, wie die Dinge standen. Die Frau wurde darüber sehr unwillig und sagte, dass das ihre erste Bitte gewesen wäre und wahrscheinlich auch die letzte sein würde. Da er die Fremden nun aber allein aufgenommen hätte, müsste es auch seine Sache sein, was aus ihrem Aufenthalt im Winter folgte; und dann wurde nicht mehr über die Sache gesprochen.

Nun war alles ruhig, bis die Eheleute im Herbst zum Abendmahl gehen wollten. Es war damals Sitte, wie es heute noch in verschiedenen Gegenden auf Island der Fall ist, dass diejenigen, die zum Tische des Herrn wollen, zu allen Leuten auf dem Hof gehen, sie küssen und sie um Verzeihung für ihre Vergehen ihnen gegenüber bitten. Die Hausfrau war den Wintergästen bis zu diesem Tage ausgewichen und hatte sich nie vor ihnen sehen lassen, und auch diesmal ging sie nicht zu ihnen, um Abschied zu nehmen.

Die Eheleute gingen fort. Als sie aber außerhalb der Einzäunung des Heimackers waren, fragte der Bauer seine Frau: »Du hast doch unseren Wintergästen auch Lebewohl gesagt?« Sie erwiderte: »Nein.« Er bat sie, doch nicht so gottlos zu handeln, fortzugehen, ohne sich vorher von ihnen verabschiedet zu haben. »In den meisten Dingen zeigst du, dass du mich wenig achtest, erstens darin, dass du diese Männer empfangen hast, ohne mich danach zu fragen, und nun darin, dass du mich zwingen willst, sie zu küssen. Jedoch will ich dir gehorchen, aber du musst selbst die Folgen auf dich nehmen; denn es gilt mein Leben und aller Wahrscheinlichkeit nach auch deins.«

Sie kehrte nun nach Hause zurück, und weil es so lange dauerte, bis sie wiederkam, kehrte der Bauer auch um und ging dorthin, wo er seine Wintergäste zu finden erwartete, und fand sie auch in ihrer Kammer.

Da sah er, wie der größere Wintergast seine Frau umschlungen hatte und mit ihr auf dem Boden lag; und beider Herzen waren vor Gram gebrochen. Der andere Gast aber stand weinend neben ihnen, als der Bauer eintrat; gleich darauf verschwand er, ohne dass jemand wusste, wohin er gegangen war.

Alle aber wussten jetzt von dem, was die Frau ihrer Schwiegermutter erzählt hatte, dass der größere Fremde der Huldremann gewesen war, den sie auf dem Säter kennen gelernt hatte, dass der andere aber, der verschwunden war, ihr Sohn gewesen war.

Der Huldrekönig auf Selö

Eines Sommers waren einige Leute, wie sie zu tun pflegten, zum Fischen auf Selö im Reydarfjord. Und es traf sich, als der getrocknete Fisch ans Land gebracht wurde, dass ein großer Teil der Fische des Pfarrers von Holme in der Fischbude zurückblieb. Das Wetter verschlechterte sich in dem Maße, dass man an die Fische nicht herankonnte, bis im Herbst wieder gutes Seewetter wurde. Da zogen sie hinaus, um sie zu holen und begannen sofort, die Fische aus der Hütte ins Boot zu tragen. Die Bootsleute sagten, sie würden gern nach der anderen Seite der Insel gehen, um nachzusehen, ob etwas ans Land getrieben sei. Einer von ihnen erklärte sich bereit zu gehen, während die anderen die

Fische hinuntertrugen. Er ging also, und die anderen trugen die Beute in das Boot. Plötzlich stieg das Wasser so gewaltig, dass es ihnen nur mit knapper Not gelang, die Fische in das Boot zu schleppen. Sie schifften sich alle ein und warteten eine Weile auf den Abwesenden; als er aber kam, war es der Brandung wegen unmöglich, ihn ins Boot zu ziehen; da riefen sie ihm zu, dass er nun dableiben müsste, sie würden ihn aber am nächsten Tag holen, wenn Seewetter wäre. Sie glaubten wohl, dass es am besten sei, an ihr eigenes Leben zu denken, und steuerten dem Lande zu; er aber blieb hilflos zurück.

Es stellten sich Tauschnee und Windstille ein, und der Mann ging deshalb nach der Fischerhütte, ohne einen Ausweg zu wissen, und dort blieb er bis zum Abend. Da begann er zu verzweifeln und dachte, es läge ihm näher, sich das Leben zu nehmen, als dort hungers zu sterben, und er lief aus der Hütte hinaus. Da entdeckte er einen freundlichen Stern; er glaubte aber, dass es in dieser wolkenschwarzen Nacht kein Himmelsstern sein könnte, und als er anfing, genauer hinzusehen, schien er ihm einem Licht in einem Fenster zu ähneln. Er lief eine kleine Weile, bis er an ein Haus kam, das so prächtig war, dass es einer Königshalle glich. Er hörte, wie drinnen gesagt wurde:

»Ja, Mädchen, kein andrer als der unglückliche Mensch, der heute auf der Insel zurückgelassen worden ist, ist an das Haus gekommen; gehe hinaus und hole ihn; denn ich will nicht, dass er vor meiner Tür stirbt.«

In demselben Augenblick trat ein junges Mädchen zu ihm; sie führte ihn hinein und sagte ihm, dass er seine Schneekleider ablegen solle. Dann führte sie ihn eine sehr hohe Treppe hinauf, in einen sehr schönen Saal, der mit Gold und Edelgestein geschmückt war. Da sah er viele Frauen, und eine unter ihnen war die Schönste von allen. Er begrüßte sie mit Anstand, und sie erwiderten seinen Gruß. Da erhob sich die schöne Jungfrau und geleitete ihn in eine kleine, aber hübsche Kammer, setzte ihm Wein und Nahrung vor und ging dann wieder fort. Es wird nicht erzählt, wo ihm abends sein Schlaflager angewiesen wurde. Die Nacht verging also; aber am nächsten Morgen kam die Jungfrau zu ihm und sagte, dass sie nicht zu seinem Vergnügen dort bleiben dürfe, gab ihm aber sonst alles, was zu seinem Zeitvertreib dienen konnte.

So verging der Winter bis Weihnachten. Am Heiligabend kam die schöne Jungfrau zu ihm und sagte, wenn er glaube, dass sie ihm etwas Gutes erwiesen hätte, dann müsste er ihr eine Bitte gewähren und sie ihr nicht abschlagen, nämlich dass er, wenn am nächsten Tage eine Tanzbelustigung abgehalten würde und ihr Vater sie rufen ließe, um sich das Spiel anzusehen, nicht neugierig sein und zum Fenster hinaussehen dürfe; denn sie würde ihm genug bringen, damit er sich hier drin zerstreuen könne. Er versprach ihr, dass er nicht neugierig sein würde. Am ersten Feiertag morgens brachte sie ihm Wein und was sonst zu seiner Nahrung dienen konnte, bot ihm Lebewohl und ging ihres Weges.

Aber gleich darauf hörte er Gesang und Saitenspiel. Da dachte er bei sich, was für eine große Freude dort wohl herrsche, und dass es gewiss nichts schaden könnte, wenn er einen Augenblick hinauslugte; es brauchte ja niemand zu sehen.

Da kletterte er in die Höhe, um den Tanz sehen zu können, und als er hinausblickte, sah er eine große Menge Menschen; einige tanzten, andere führten allerlei Saitenspiel aus, und mitten im Gedränge sah er einen königlichen Mann sitzen, eine Krone auf dem Haupt und eine Frau zu jeder Seite. Er dachte, das müssten die Königin und die Tochter des Königs sein; diese aber erkannte er wieder. Er wagte nun nicht länger, hinauszusehen und ging vom Fenster fort. Der Tanz dauerte bis zum Abend.

Als die Jungfrau aber dann zu ihm hereinkam, war sie wider ihre Gewohnheit schweigsam; jedoch sagte sie ihm, dass er sein Versprechen, nicht hinauszusehen, schlecht gehalten habe, obgleich sie es so habe einrichten können, dass ihr Vater es diesmal nicht gemerkt habe.

Es ging nun auf Neujahr, ohne dass etwas geschah.

In der Silvesternacht kam die Jungfrau zu ihm und sagte, dass sie am nächsten Tage mit ihrem Vater hinginge, um sich den Tanz anzusehen, und dass er ihr gegenüber sein Wort besser halten müsste, als er es zu Weihnachten getan habe, und nicht neugierig sein dürfe. Er versprach nun bei allem, was ihm heilig war, dass er diesmal nicht hinausblicken würde. Sie brachte ihm wieder Wein und Nahrung und allerlei Zeitvertreib und ging fort.

Als es aber Morgen geworden war, hörte er noch mehr Lärm und Freude draußen als zu Weihnachten. Da sagte er sich, dass er jetzt nicht hinaussehen wolle, denn es wäre ja dasselbe wie zu Weihnachten, und viel verstrich vom Tage, während er ruhig dasaß. Da begann ihn aber die Neugierde zu quälen – so gar nichts von der großen Freude zu erfahren – und er spähte hinaus und sah, dass der Tanz viel reizvoller als das vorige Mal war, denn es tanzten viele strahlende Ritter vor der Königin und dem König. Da zog er sich eiligst vom Fenster zurück, sah aber, dass niemand das Auge nach seinem Fenster wandte, und so ging es bis zum Abend. Als die Jungfrau aber am Abend zu ihm kam, war sie aufgebracht und machte ihm Vorwürfe, dass er sie abermals getäuscht hätte. Trotzdem trübte dies das Verhältnis zwischen ihnen nicht; denn sie war ihm genauso gut wie vordem.

Der Winter verstrich, und so ging es auf Ostern. Am Osterheiligabend kam die Jungfrau zu ihm, sprach ihn freundlich an und bat ihn, am nächsten Tag ja nicht neugierig zu sein, auch wenn er hören sollte, dass die Freude groß wäre; denn wenn ihr Vater merke, dass sie ein männliches Wesen bei sich hätte, dann würde es sie das Leben kosten. Am Ostermorgen kam sie zu ihm und brachte ihm alles, was er sich nur hätte wünschen können, bot ihm Lebewohl und verließ ihn dann. Die Belustigung begann wieder wie zuvor. Aber als der Tag verging, begann die Einsamkeit ihn zu langweilen, und er ging aus seiner Kammer in die daneben liegende hinein; denn er dachte, die Jungfrau würde es nicht merken, wenn er von dort aus hinauslugte. Einen Augenblick spähte er hinaus und sah dasselbe wie zu Neujahr. Dann ging er in seine Kammer und blieb dort, bis die Jungfrau abends hereinkam. Da war sie unwillig gegen ihn und sagte, dass er sie heute im Stich gelassen hätte wie das vorige Mal; sie wüsste nicht, ob ihr Vater Wind von seinem Aufenthalt bekommen hätte, aber kühler wäre er gegen sie gewesen als er zu sein pflegte; sie hätte nicht erwartet, dass er ihr so untreu sein würde, und er werde es wohl später in anderen Dingen auch sein. Der Frühling näherte sich, und am letzten Winterabend kam die Jungfrau zu ihm und sagte, dass morgen der erste Sommertag wäre, und dass dann Leute vom Festland kämen, um ihn zu holen, weshalb er in der Frühe nach der Fischerhütte gehen sollte; aber um eins wollte sie ihn bitten, wenn er Wert darauf lege, dass sie ihm das Leben während des Winters erhalten hätte; und das sei, dass er das Kind anerkennen solle, das sie jetzt durch ihn erwarte; denn es gehe um ihr Leben, und wenn sie den Vater nicht angeben könne, dann würde ihr Vater sie töten. Aber wenn sie den Vater nennen könne, dann würde er sie nicht töten, und sie bitte ihn nun um weiter nichts, als dass er sich ihr gegenüber in dieser Angelegenheit treu erweisen solle. Das versprach er ihr, und er sagte, es werde nie geschehen, dass er leugne, der Vater des Kindes zu sein. Es koste ihn ja nichts, da er keine Ungelegenheit davon hätte. Er sagte ihr dann Lebewohl und dankte ihr für alle ihre Wohltaten gegen ihn während des Winters, und früh am nächsten Morgen machte er sich auf den Weg, und als er ein kleines Stück gegangen war, wollte er sich nach der Halle umsehen, aber er sah weiter nichts als steinige Hügel und Felsen am südlichen Teil der Insel; dann ging er nach der Fischerhütte.

An diesem Tage war mildes Wetter und die See ruhig, und als der Tag etwas verstrichen war, sah er ein Boot vom Lande herkommen; als die Bootsleute aber an die Insel gekommen waren, ging er ihnen entgegen. Als sie ihn erblickten, fürchteten sie sich, denn er war sehr dick und fett, und sie glaubten deshalb, dass es sein Geist sei; denn sie dachten nicht anders, als dass er im Winter gestorben wäre; und niemand wagte, ihn anzusprechen, viel weniger, zu ihm ans Land zu kommen. Schließlich aber stieg der Bootsführer doch ans Land und fragte ihn, ob er ein lebendiger Mensch sei oder ein Geist, oder ob er derselbe sei, der im Herbst auf der Insel zurückgeblieben wäre. Er sagte, dass er derselbe Mann wie im Herbst sei, als sie ihn dort zurückgelassen hätten. Der andere aber sagte, dass er nicht verstehen könne, wie er so lange ohne Nahrung hätte leben können. Der Inselmann sagte, dass der Seetang auf Selö keine schlechtere Nahrung sei als die Wassergrütze auf Holme. Mehr wollte er ihnen nicht erzählen; er stieg aber zu ihnen in das Boot, und sie ruderten ihn zurück nach Holme. Die meisten wunderten sich, ihn lebendig zurückkommen zu sehen, und viele

Fragen wurden ihm gestellt, wie er den Winter über hätte leben können, niemand aber bekam mehr von ihm zu wissen als jene auf der Insel von ihm erfahren hatten.

Spät im Sommer war es eines Sonntags schönes Wetter, und es kamen viele Leute zur Kirche, und an diesem Tage wollte auch der Knecht dorthin. Als aber der Pfarrer und die ganze Gemeinde in die Kirche gekommen waren, stand eine Kinderwiege neben dem Altar, ehe man es sich versah, und eine golddurchwirkte Decke war über das Kind gebreitet, aber kein Mensch war zu sehen, nur sah man, dass eine schöne Frauenhand auf dem Rand der Wiege ruhte; alle wunderten sich hierüber und sahen sich an; der Pfarrer aber nahm das Wort und sagte, dass dies Kind getauft werden wolle, und dass es wohl nicht irrig wäre, dass irgendjemand in der Kirche in Beziehung zu ihm stehe, und am ehesten glaube er von seinem Knecht, dass er es im Frühjahr auf Selö zurückgelassen habe; der Knecht aber bestritt, etwas davon zu wissen. Da sagte der Pfarrer, er wolle es mit dem Namen des Knechts taufen, der aber leugnete wieder und sagte, dass er nichts mit der Sache zu tun hätte. Der Pfarrer erwiderte, dass er doch nicht ohne Menschenhilfe auf der Insel hätte leben können; der Knecht aber sagte, dass er das Kind nie anerkennen würde und verbot dem Pfarrer, es mit seinem Namen zu taufen.

Da wurde die Wiege fortgerissen und verschwand in demselben Augenblick, und zugleich ertönte heftiges Weinen, das sich allmählich aus der Kirche verlor. Der Pfarrer und die anderen gingen ihm aus der Kirche nach. Da hörten sie das Weinen und das Schluchzen in der Richtung nach dem See verschwinden, die Decke aber lag auf dem Boden der Kirche und wurde auf Holme noch lange nach dieser Zeit benutzt.

Alle wunderten sich über das Geschehene, am tiefsten jedoch war der Pfarrer davon ergriffen. Der Knecht aber verfiel später in Tiefsinn. Der Pfarrer fragte ihn, wie das denn käme, und dann erzählte er ihm alles, dass er den Winter über bei einem König und seiner Tochter gewohnt hätte, und dass es ihn sein Leben lang gereuen würde, dass er das Kind nicht anerkannt habe.

Der Knecht war von diesem Tage an nicht mehr derselbe, und hiermit endet die Erzählung von dem Huldrekönig auf Selö.

Der Küster von Mörkaa

Es lebte in alten Tagen ein Küster auf Mörkaa im Oefjord; sein Name wird nicht genannt, er war aber gut Freund mit einem Mädchen, das Gudrun hieß und nach der Aussage einiger Leute auf Baegisaa jenseits des Hörgbaches zu Hause war, wo sie bei dem Pfarrer im Dienst war.

Der Küster hatte ein Pferd mit grauer Mähne, das er Faxe nannte und das er immer ritt. Es geschah einmal kurz vor Weihnachten, dass er nach Baegisaa kam, um Gudrun zum Weihnachtsfest nach Mörkaa einzuladen, und er versprach, sie zu einer bestimmten Zeit abzuholen und sie zu dem Schmaus am Tage vor Heiligabend zu begleiten. In den Tagen, bevor der Küster hinritt, um Gudrun einzuladen, war viel Schnee gefallen, und Eis hatte sich auf dem Wasser gebildet; aber an dem Tage, an dem er nach Baegisaa ritt, war Tauwetter, und im Laufe des Tages wurde der Bach durch Treibeis und starke Strömung unpassierbar. Er zog von zu Hause fort, ohne daran zu denken, was sich tagsüber geändert haben könnte, und glaubte, der Bach wäre noch derselbe wie am Morgen. Über den Öxnedalsbach führte eine Brücke; als er aber an den Hörgbach kam, war dieser gestiegen und hatte das Eis gesprengt. Er ritt daher an dem Bach entlang, bis er gegenüber von Saurbör war, dem nächsten Hof von Mörkaa, wo eine Brücke über den Bach führt. Der Küster ritt auf die Brücke hinunter, kaum aber hatte er ihre Mitte erreicht, als sie zerbrach und er in den Bach fiel.

Als der Bauer auf Tuevold am nächsten Morgen aus seinem Bett stieg, sah er ein gesatteltes Pferd auf seinem Heimacker stehen, und es war ihm, als ob er des Küsters Faxe wiedererkenne. Dabei wurde ihm etwas eigen zumute, denn er hatte den Küster am vorhergehenden Tag dort vorbeireiten sehen, aber nicht bemerkt, dass er zurückgekehrt war, und er ahnte bald, was vorgefallen war. Er ging nun auf den Acker hinaus, und es war richtig Faxe, der da stand, triefend nass und arg mitgenommen. Dann ging er an den Bach hinunter nach der sogenannten Tuevoldsnaes; dort fand er den Küster gleich vorn an der Landzunge, an die er als Leiche angetrieben war. Der Bauer zog sogleich nach Mörkaa und erzählte diese Neuigkeit. Als man den Küster fand, war sein Hinterkopf sehr von den treibenden Eisschollen beschädigt worden. Er wurde nach Mörkaa gebracht und in der Woche vor Weihnachten beerdigt.

Seitdem der Küster von Baegisaa fortgezogen war und bis zu dem Tage vor Heiligabend war keine Nachricht über das Vorgefallene von Mörkaa gekommen, des ununterbrochenen Tauwetters und der starken Strömung wegen. Aber am Tage vor dem Fest hatte sich das Wetter geändert, und nachts war das Wasser im Bach gesunken, sodass Gudrun Hoffnung hatte, zum Weihnachtsfest nach Mörkaa zu kommen. Gegen Abend begann sie sich zu putzen, und als sie sich fast fertig geschmückt hatte, hörte sie jemand an die Tür klopfen; ein anderes Mädchen, das bei ihr stand, öffnete, sah aber niemand draußen; draußen war es weder hell noch dunkel; denn der Mond segelte hinter Wolken, die unaufhörlich an ihm vorbeiglitten.

Das Mädchen kam herein und sagte, dass sie nichts gesehen hätte, Gudrun aber meinte: »Dann wird es wohl mir gelten, nun werde ich hinausgehen.« Sie war inzwischen fertig geworden mit Putzen, und sie brauchte sich nur noch den Mantel anzuziehen. Sie nahm den Mantel und zog den einen Ärmel an, den andern aber warf sie über die Schulter und hielt ihn fest. Draußen sah sie Faxe vor der Tür stehen und daneben einen Mann, den sie für den Küster hielt. Ob sie miteinander sprachen, weiß man nicht, der Mann aber hob Gudrun aufs Pferd, bestieg es dann selbst und setzte sich vor sie.

Sie ritten nun eine Weile, ohne miteinander zu reden und kamen an den Hörgbach, an dessen Ufer hohe Eisblöcke aufgeschichtet lagen. Als das Pferd über einen solchen Eisblock sprang, wurde der Hut des Küsters hinten aufgehoben, und da erblickte Gudrun den bloßgelegten Schädel. In diesem Augenblick verzogen sich die Wolken vor dem Mond; da sagte er:

»Der Mond gleitet,
Der Tod reitet,
Siehst du nicht den weißen Fleck
Im Genick,
Garun, Garun?«*

Sie entsetzte sich darüber, schwieg aber. Andere dagegen sagen, dass Gudrun selbst seinen Hut aufhob und dabei den weißen Schädel entdeckte und dass sie dann gesagt habe: »Ich weiß nun, woher das kommt.«

Nun wird nichts mehr über ihre Gespräche oder ihren Ritt berichtet, bis sie nach Mörkaa gekommen waren, wo sie vor der Seelenpforte** vom Pferde stiegen; da sagte er zu Gudrun:

»Hier nun warte, Garun, Garun,
Bis geführt ich Faxe, Faxe,
Weiter an die Mauer, Mauer.«

Er ging dann fort mit dem Pferd, sie aber blickte zufällig in den Kirchhof hinein und erschrak, als sie ein offenes Grab entdeckte. Da kam ihr der Gedanke, den Glockenstrang zu ziehen; plötzlich aber packte sie jemand von hinten, und es wurde nun ihr Glück, dass sie keine Zeit gehabt hatte, beide Mantelärmel anzuziehen; denn er zog so stark, dass der Mantel an der Schulternaht des Ärmels, den sie angezogen hatte, entzweiriss. Das Letzte aber, was sie von dem Küster sah, war, dass er sich, mit dem Mantelfetzen in der Hand, in das offene Grab warf, worauf die Erde von beiden Seiten über ihn herabgefegt wurde.

Gudrun fuhr fort zu läuten, bis die Hofleute von Mörkaa herauskamen und sie holten, denn ihr war bei alledem so angst geworden, dass sie weder zu gehen noch

---

* Garun = Gudrun. Gespenster können nämlich nicht »Gud«, Gottes Namen, oder ein Wort, das Gottes Namen enthält, aussprechen.
** Isl. »sàluhlid« = die Pforte, durch die die Leichen in die Kirche gebracht werden.

mit dem Läuten aufzuhören wagte; sie konnte sich wohl denken, dass sie hier mit dem Geist des Küsters zu tun hatte, obgleich sie vorher keine Kunde von seinem Tode erhalten hatte. Darüber erhielt sie Gewissheit, als sie ins Gespräch mit den Leuten von Mörkaa kam, die ihr die ganze Geschichte von dem Tode des Küsters erzählten, während sie ihnen dagegen von ihrem Ritt berichtete.

In derselben Nacht, als alle zu Bett gegangen und die Lichter gelöscht waren, kam der Küster und stürmte mit solchem Ungestüm auf Gudrun ein, dass die Leute aufstehen mussten, und niemand konnte ein Auge in dieser Nacht zutun. Noch einen halben Monat danach konnte sie nie allein sein, und jede Nacht musste jemand bei ihr wachen. Ja, einige sagen sogar, dass der Pfarrer selber auf dem Bettrand bei ihr sitzen und im Gesangbuch lesen musste. Schließlich wurde ein Zauberer westlich vom Skagefjord geholt. Als er kam, ließ er einen großen Stein, der oberhalb des Heimackers lag, ausgraben und ihn an den Giebel des Schlafhauses wälzen. Abends, als es zu dunkeln begann, kam der Küster und wollte in das Haus hinein, der Zauberer aber erwischte ihn südlich vom Giebel, zwang ihn dort mit vielen Beschwörungen in die Erde und wälzte dann den Stein über ihn; und dort soll der Küster heute noch liegen.

Nach dieser Zeit hörte der Spuk auf Mörkaa auf, und Gudrun erholte sich wieder. Etwas später zog sie wieder heim nach Baegisaa, aber man sagte, dass sie nie wieder dieselbe wurde, die sie früher gewesen war.

König Oddur und der Wintergast

Einst lebte ein alter König, der weder Frau noch Kinder besaß. Seinem Volke machte das großen Kummer, denn man wusste nicht, wer nach ihm die Regierung übernehmen sollte.

Eines Tages nun wurde der alte König von einem fremden König namens Oddur mit einem großen Heere überfallen, und es kam zu einer Schlacht, in welcher der alte König getötet wurde. König Oddur nahm darauf sein Reich in Besitz, und da er gerecht und milde regierte, gewann das Volk auch ihn bald lieb.

Im ersten Herbst seiner Regierung geschah es, dass ein Mann zu ihm kam, der ihn um Aufnahme für den Winter bat. Der König ging auf seinen Wunsch unter der Bedingung ein, dass er bis zum ersten Sommertage ihm etwas über ihn, den König, sagen könne, was sonst niemand von den Untertanen wisse. Könne er das nicht, so müsse er sterben. Der Mann ging auf diese Bedingung ein. Als jedoch am ersten Sommertage König Oddur seinen Gast fragte, erklärte dieser, über den König nicht mehr zu wissen als alle Übrigen. Darauf ließ Oddur, so schwer es ihm auch schien, den Mann sofort töten. So geschah es nun jedes Jahr sechs Jahre hintereinander. Und jedes Mal wurde der Wintergast auf Befehl des Königs am ersten Sommertage hingerichtet.

Im siebenten Jahre nun kam wieder ein Fremder und ersuchte um Aufnahme für den Winter. Wie er die Bedingung hörte, bat er sich aus, während seines Aufenthaltes im gleichen Zimmer mit dem Könige schlafen zu dürfen. Das wurde ihm auch zugestanden, und immer beobachtete er den König Tag und Nacht, ohne irgendetwas Auffälliges zu entdecken.

So kam denn die Weihnachtsnacht heran. Wie gewöhnlich stellte der Gast sich schlafend, um ungestört den König beobachten zu können. Als dieser glaubte, dass sein Gefährte fest eingeschlafen sei, schlich er sich zum Zimmer hinaus. Flugs zog sich auch der Wintergast die Kleider an und folgte ihm, und da sah er nun, wie der König zu einem Sumpf eilte, sich hineinstürzte und untertauchte. Der Fremde folgte, ohne sich zu besinnen, seinem Beispiel. Fast zu gleicher Zeit mit dem König gelangte er auf den Boden des Sumpfes in ein schönes, blühendes Gefilde, wo eine große Volksmenge ein lustiges Treiben abhielt. Sowie die Leute König Oddur erblickten, eilten sie ihm alle ehrerbietig zu seiner Begrüßung entgegen. Der Prächtigste von allen, augenscheinlich der König der unteren Welt, umarmte und küsste sogar Oddur lange und innig mit besonderer Zärtlichkeit. Nun wanderten alle dem Schlosse zu, in dem König Oddur mit dem fremden König für eine Weile verschwand. Wie er zurückkehrte, war er in prächtige Frauenkleider gehüllt und wandelte nun mit dem Herrscher des Reichs und dessen Hofstaat wie eine Königin zur Kirche. Auf den Gottesdienst folgte im Schloss ein Festmahl, bei welchem König Oddur im Hochsitz neben dem fremden Könige Platz genommen hatte. Aber er schien in dem festlichen Kreis trübe gestimmt. Auf Befragen erzählte er, dass er auch dieses Jahr wieder einen Wintergast angenommen habe. Dieser achte freilich sehr auf sein Tun und Treiben, aber wenn auch dieser am ersten Sommertag nicht erkenne, dass Oddur eine Frau sei, und er ihn dann töten müsse, dann sei auch die letzte Frist verstrichen, dann dürfe er nimmer zum Gatten in die Unterwelt zurückkehren.

Alles dieses sah und hörte der Wintergast unbemerkt an. Und als Oddur sich anschickte fortzugehen, eilte der Wintergast vor ihm ins Schloss zurück und lag bei der Heimkehr des Königs wieder scheinbar im tiefsten Schlafe.

In den nächsten Monaten wurde König Oddur so niedergeschlagen und trübe gestimmt, dass ihn nichts mehr zu erfreuen vermochte, und sogar die Regierung des Landes ihm gleichgültig war. Er überließ alles dem Wintergast. Das Volk und die Edelleute waren mit dessen Leitung auch so zufrieden, dass sie beschlossen, ihn zu schützen, falls König Oddur ihn wie die anderen töten lassen wolle.

So kam der erste Sommertag herbei. König Oddur richtete nun wie gewöhnlich die Frage an den Wintergast, ob er etwas über ihn wisse, das den Übrigen verborgen sei. Nicht viel, meinte dieser, aber es wolle ihm nur scheinen, als wenn ihm eine andere Art von Kleidung besser stünde als die, welcher er auf der Oberwelt zu tragen pflege. Sowie Oddur dies hörte, umarmte er seinen Gast und dankte ihm innig für diese Rede, denn er war erlöst. Dann berief er eine Volksversammlung und übertrug hier dem Wintergast die Regierung, da er selbst beabsichtigte, für immer seine alte Heimat aufzusuchen.

Europäischer Norden

Das Kätzchen auf Dovre

Es war einmal ein Mann oben in Finnmarken, der hatte einen großen weißen Bären gefangen, den wollte er dem König von Dänemark bringen. Nun traf es sich so, dass er gerade am Weihnachtsabend zum Dovrefjeld kam, und da ging er in ein Haus, wo ein Mann wohnte, der Halvor hieß; den bat er um Nachtquartier für sich und seinen Bären.

»Ach, Gott hilf mir!«, sagte der Mann, »wie sollte ich wohl jemandem Nachtquartier geben können! Jeden Weihnachtsabend kommen hier so viele Trolle hin, dass ich mit den Meinen ausziehen muss und selber nicht einmal ein Dach über dem Kopf habe.«

»O, Ihr könnt mich deswegen doch beherbergen«, sagte der Mann, »denn mein Bär kann hier hinter dem Ofen liegen, und ich lege mich in den Bettverschlag.«

Halvor hatte nichts dagegen, zog aber selbst mit seinen Leuten aus, nachdem er zuvor gehörig für die Trolle hatte auftischen lassen: die Tische waren besetzt mit Reisbrei, Stockfischen, Wurst und was sonst zu einem herrlichen Gastschmaus gehört.

Bald darauf kamen die Trolle an; einige waren groß, andere klein; einige mit langen Schwänzen, andere wiederum ohne Schwanz, und einige hatten ungeheuer lange Nasen, und alle aßen und tranken und waren guter Dinge. Da erblickte einer von den jungen Trollen den Bären, der unter dem Ofen lag, steckte ein Stückchen Wurst an die Gabel und hielt es dem Bären vor die Nase. »Kätzchen, magst auch Wurst?«, sagte er. Da fuhr der Bär auf, fing fürchterlich an zu brummen und jagte sie alle, Groß und Klein, aus dem Haus.

Das Jahr darauf war Halvor eines Nachmittags so gegen Weihnachten hin im Wald und haute Holz für das Fest; denn er erwartete wieder die Trolle. Da hörte er es plötzlich im Wald rufen:

»Halvor! Halvor!«

»Ja!«, sagte Halvor.

»Hast Du noch die große Katze?«, rief es.

»Ja«, sagte Halvor, »jetzt hat sie sieben Jungen bekommen, die sind noch weit größer und böser als sie.«

»So kommen wir niemals wieder zu dir!«, rief der Troll im Wald.

Und von der Zeit an haben die Trolle nie wieder den Weihnachtsbrei bei Halvor auf Dovre gegessen.

Die Reise im Braukessel

Es war einmal eine Frau auf einem Hof auf Dovre, die war eine Hexe. Es war an einem Julabend. Ihre Magd war gerade dabei, einen Braukessel zu waschen. Inzwischen nahm die Frau ein Horn hervor und rieb den Besen ein, und sogleich fuhr sie durch den Schornstein davon. Das Mädchen fand, das sei eine leichte Kunst, und rieb ein wenig von der Salbe an den Kessel. Nun fuhr sie auch davon, und es gab kein Anhalten, bis sie an die Blaukuppe kam. Da fand sie eine ganze Menge Trollhexen und auch Herrn Urian selbst, und er hielt ihnen eine Predigt, und als sie damit fertig waren, wollte Herr Urian sie zählen, ob sie alle da seien. Da erblickte er das Mädchen, das im Braukessel saß. Die kannte er nicht, denn sie hatte sich nicht bei ihm eingeschrieben. Und er fragte die Frau, mit der sie gekommen war, ob sie sich einschreiben wolle. Die Frau war dafür, und Herr Urian gab dem Mädchen ein Buch und hieß sie ihren Namen einschreiben. Aber sie schrieb, was die Schulkinder auf dem Lande gewöhnlich schreiben, wenn sie Federn ausprobieren: »Gott ist mein Vater, in Jesu Namen!« Deshalb durfte sie das Buch behalten, denn der Teufel wagte nicht, es wieder zurückzunehmen.

Aber nun gab es Lärm und Getöse auf dem Berg, könnt ihr euch denken. Die Hexen nahmen Peitschen und schlugen auf die Sachen, die ihre Pferde vorstellen mussten, und auf einmal fuhren sie auf und davon in die Luft hinauf. Das Mädchen war auch nicht faul, nahm auch eine Peitsche und hieb auf den Braukessel ein und flog hinter ihnen drein. Einmal kamen sie aus der Luft herunter und machten auf einem hohen Berge halt. Unten war ein breites Tal mit einem großen Wasser, und auf der anderen Seite war wiederum ein hoher Berg. Als die Trollhexen ausgeruht hatten, schlugen sie wieder mit den Peitschen und ritten weiter. Das Mädchen fragte sich, ob sie wohl auch hinüberkommen werde. Schließlich hieb sie auch auf den Braukessel ein und kam gut und richtig auf die andere Seite hinüber.

»Das war ein ganz verteufelter Sprung für einen Braukessel«, sagte sie, aber in diesem Augenblick verlor sie das Buch und fiel zur Erde und kam nicht weiter, weil sie vom Teufel gesprochen und ihn genannt hatte und doch nicht im Buche eingeschrieben war. Den Rest des Weges musste sie gehen und im Schnee waten, denn freie Fahrt hatte sie auch nicht mehr, und der Weg war noch viele Meilen weit.

Der Köhlernils und die Trollfrau

Auf einer Landzunge, die in der Nordwestecke des Rasvalsees in der Bergwerksgegend von Linde liegt, wohnte in alten Zeiten ein Kohlenbrenner, der hieß Nils, und wurde deshalb der Köhlernils genannt. Sein bisschen Ackerland ließ er durch einen Knecht besorgen; er selber hauste immer im Wald, im Sommer hieb er das Holz und im Winter brannte er es zu Kohlen. Aber wie sehr er sich auch bemühte, so war doch kein Segen auf seiner Arbeit, und überall sprach man nur von dem armen Köhlernils.

Eines Tages, als er sich auf der anderen Seite des Sees, in der Nähe des düsteren Harsberges befand, kam eine fremde Frau zu ihm und fragte, ob er keine Hilfe beim Kohlenbrennen brauchen könne.

»Ja freilich, das wäre gar nicht übel«, meinte der Köhlernils. Da begann sie Blöcke und Baumstämme herbeizutragen, viel mehr als der Köhlernils mit seinem Pferd hätte schleppen können, und um die Mittagszeit war genug Holz für einen neuen Meiler da. Als es Abend wurde, fragte sie den Köhlernils, ob er mit ihrem Tagewerk zufrieden sei und ob sie morgen wiederkommen solle.

Das war dem Kohlenbrenner sehr recht, und sie kam am nächsten Tag wieder und auch alle anderen Tage. Als der Meiler ausgebrannt war, half sie ihm beim Ausräumen, und noch nie hatte Nils so viel und so prächtige Kohlen gehabt als dieses Mal.

So blieb sie drei Jahre lang bei ihm im Wald und bekam drei Kinder. Aber das kümmerte den Köhlernils wenig, denn sie sorgte für die Kleinen, und er hatte gar keine Beschwer davon.

Als es nun in das vierte Jahr ging, wurde sie anspruchsvoller und wollte durchaus mit ihm heimziehen und seine Frau werden. Nils wollte nichts davon wissen; aber weil sie ihm beim Kohlenbrennen so nützlich war, ließ er sich nichts anmerken und sagte, er wolle sich die Sache überlegen.

Eines Sonntags traf es sich, dass er in die Kirche ging, wo er schon jahrelang nicht gewesen war, und was er dort zu hören bekam, brachte ihn auf Gedanken, die er nicht mehr gehabt hatte seit der Zeit, als er noch ein unschuldiges Kind war. Er begann zu überlegen, ob das wohl mit rechten Dingen zugegangen sei, und ob es nicht am Ende die Waldfrau sei, die ihm mit so großer Bereitwilligkeit beim Kohlenbrennen half.

Ganz vertieft in diese und ähnliche Gedanken, vergaß er bei seiner Rückkehr zum Meiler, dass er mit der Fremden übereingekommen war, schon am Anfang, als sie in seinen Dienst trat, dass er, wenn er zu Hause gewesen war und wieder auf den Meiler kam, mit der Axt drei Schläge gegen eine alte Kiefer tun sollte, die in der Nähe des Meilers stand. Diesmal vergaß er, wie gesagt, das Zeichen, und nun bekam er etwas zu sehen, das ihm fast den Verstand stillstehen ließ.

Als er sich dem Meiler näherte, sah er ihn in hellen Flammen stehen, und darum herum stand die Mutter mit den drei Kindern, und sie waren am Ausräumen.

Sie rissen und löschten, dass Feuer, Rauch und Asche himmelhoch aufwirbelten, aber an Stelle der Fichtenzweige, die man sonst zum Löschen braucht, hatten sie buschige Schwänze, die sie in den Schnee tauchten.

Als der Köhlernils das eine Weile angesehen hatte, schlich er wieder zurück zu der Kiefer, und mit den drei Hammerschlägen ließ er ihren Stamm erdröhnen, dass man es weit im Harsberg hörte. Darauf ging er zu dem Meiler, als ob er nichts gesehen hätte, und nun war wieder alles wie sonst. Der Meiler glimmte gleichmäßig und schön, und die große Frau ging herum und arbeitete wie gewöhnlich.

Als sie den Köhlernils erblickte, kam sie wieder mit ihrem dringenden Anliegen, ob sie nicht mit ihm in seinem Häuschen wohnen und seine Frau werden dürfe.

»Ja, das wird schon kommen«, tröstete Nils sie und wandte sich nach Hause, um das Pferd zu holen. Aber stattdessen ging er auf die Landzunge von Kallernäs, am östlichen Strand des Rasvalsees; dort wohnte ein weiser Mann, und den fragte er, was er tun solle.

Der Alte riet ihm, heimzugehen und das Pferd an den Kohlenwagen zu spannen, er solle das Pferd aber so anschirren, dass keine Schlinge am Geschirr und an den Strängen zu finden sei. Dann solle er sich auf das Pferd setzen und übers Eis fahren und zu dem Meiler, ohne anzuhalten, die Trollfrau und die Kinder in den Wagen steigen lassen und sogleich wieder aufs Eis hinausfahren.

Der Köhler tat, wie ihm der Mann gesagt hatte, sattelte sein Pferd und gab genau acht, dass am Zaum und Sattel keine Schlinge war, fuhr übers Eis und durch den Wald zum Meiler und hieß die Trollfrau und die Kleinen aufsitzen.

Dann wandte er rasch durch den Wald wieder aufs Eis hinaus, und da ließ er sein Pferd laufen, was es nur vermochte. Als er mitten auf dem See war, sah er von Abodaland am Nordende des Sees ein Rudel Wölfe daher streichen und ihre Richtung aufs Eis zu nehmen. Da riss er das Sattelzeug von den Strängen, dass der Wagen mit dem Trollvolk auf dem blanken Eis stehen blieb, und ritt, was das Pferd laufen konnte, auf das andere Ufer zu. Als die Trolle die Wölfe erblickten, fingen sie an zu schreien.

»Kehr um, kehr um«, schrie die Mutter, »willst du nicht um meinetwillen, so tu es wenigstens deiner jüngsten Tochter Vipa zu lieb.«

Aber der Köhlernils ritt ohne umzusehen nach dem Ufer. Da hörte er, wie die Trollfrau andere zu Hilfe rief:

»Bruder im Harsberg, Schwester in Stripa, Vetter im Ringfels, packt die Schlinge und zieht!«

»Es ist keine Schlinge da«, antwortete es tief im Harsberg.

»Dann fasst ihn bei Härkällarn ab!«

»Er reitet nicht nach dieser Richtung«, klang es vom Ringfelsen her.

Und der Köhlernils ritt auch nicht dorthin, sondern über Stock und Stein geraden Wegs nach Hause. Aber als er seinen Hof erreichte, stürzte das Pferd, und ein Trollschuss riss die Ecke des Stalles weg. Nils wurde kurz darauf krank und musste viele Wochen im Bett liegen. Als er wieder gesund war, verkaufte er sein Waldland und bestellte den Acker bei seiner Hütte bis zu seinem Tod.

So zog das Trollgeschöpf diesmal den Kürzeren.

Das goldene Beil

In einem Bauernhof saß einmal eine junge Magd spät abends beim Kienspanlicht und spann. Die Hofbäuerin und ihre Tochter – der Bauer war schon seit drei Jahren tot – schliefen bereits, denn sie waren sehr bequem und faul, spielten gern die großen Damen und luden der Magd alle häusliche Arbeit auf, sodass diese von Sonnenaufgang bis Mitternacht die Hände regen musste, ohne doch die Zufriedenheit ihrer Brotgeberinnen zu erlangen. Wenn sie etwas gut und richtig ausgeführt hatte, so hieß es bloß: »Na ja, das geht an; aber nun tummle dich, dass du das Übrige fertig bringst!« Beim geringsten Versehen aber setzte es Schelte und Schläge.

Was tun? Ilse, so hieß das Mädchen, war elternlos und arm; so musste sie wohl oder übel auf ihrer Stelle aushalten. Und das war noch aus einem anderen Grunde nicht leicht: Ans, der Sohn des Nachbarbauern, ein braver, hübscher Bursche, hätte sie gern zum Weibe genommen, wenn die Eltern nicht dagegen gewesen wären. In ihren Augen schickte es sich nicht, dass der Erbe eines Bauernhofes eine arme Magd freite; er durfte nur eine Bauerntochter heimführen und diese war bereits gefunden. Keine andere als die Tochter von Ilses Herrin sollte es sein. Das war vor drei Tagen alles abgemacht und ins Reine gebracht, die Hochzeit aber auf Ostern festgesetzt worden.

Ilse liebte den guten Ans von ganzem Herzen, musste aber ihre Gefühle vor den Augen und Ohren der Welt streng in ihrem Herzen verschließen. Sie war ja nur eine arme, elternlose Magd; wer fragte viel nach ihrem Wohl oder Wehe! So saß sie in stummem Brüten am Spinnrad, indes der eisige Nordwind ums Haus herum heulte und brauste und der Schnee in wildem Flockenwirbel draußen auf dem Hofe kreiste. Manch bittere Träne fiel auf den Flachs herab, manch schwerer Seufzer stieg zur niedrigen, rauchgeschwärzten Bohlendecke hinauf, und oft wurde aus Seufzern und Tränen ein wehmütiges Lied.

Da grollte im Nebenzimmer die heisere Stimme ihrer Bäuerin: »Zum Teufel mit dem Singsang! Dein Gekrähe kann Tote aus dem Grabe scheuchen.« Die Tochter aber schalt: »Wenn du plärren willst, so gehe auf den Hof hinaus und heule mit dem Nordwind um die Wette!« Ilse schwieg und versuchte wieder zu spinnen, aber diesmal versagten Augen und Hände den Dienst. Müde lehnte sie ihren goldblonden Kopf an die harte Wand und schloss die Augen. Der herabgebrannte Kienspan erlosch und es ward finster in der Stube. Draußen aber heulte und brauste der Nordwind.

Es mochte gegen sechs Uhr morgens sein, als die Magd durch ein Klopfen am kleinen Fenster aus ihrem wenig erquicklichen Schlummer gescheucht wurde. Sie ging hinaus und konnte in der Dunkelheit des Wintermorgens niemand gewahren. Eine zitternde Stimme wie die eines alten Bettlers schlug an ihr Ohr: »Erbarme dich, liebes Mädchen, eines verirrten und verhungerten, schier erfrorenen Greises!«

Ilse dachte einen Augenblick nach. Sie wusste wohl, dass die Bäuerin keinem Bettler etwas gab, sondern jeden mit Schimpf und Spott vom Hofe jagte. Aber sie und die Tochter schliefen noch und würden vor sieben Uhr gewiss nicht aufstehen. »Komm mit in den Kuhstall, alter Mann«, sagte die Mitleidige, »dort kannst du dich ein Stündchen erwärmen, ich aber will dir Milch und Brot bringen.«

Sie führte den Erstarrten in den Stall, hieß ihn sich auf einen umgestürzten Kübel setzen, melkte Milch in ein Trinkgefäß und holte aus dem Haus ein Stück Brot, das sie in ihrer großen Betrübnis am Abend vorher nicht hatte herunterwürgen können. Der Bettler labte und erwärmte sich, so gut es eben gehen wollte, und sprach dann, aber nicht mehr mit zitternder, sondern mit voller, wohlklingender Stimme zu Ilse: »Hab Dank für dein Mitleid und deine Wohltat! Ich bin nicht der, für den du mich ansiehst – wer ich aber bin, brauchst du nicht zu wissen. Nur so viel sei gesagt: ich kenne dich und alles, was dein Kopf denkt und dein Herz fühlt; und ich will, dass du glücklich wirst. Merk also auf meine Worte. Hast du niemals etwas vom Lauskis und seinem goldnen Beil gehört?« Als Ilse das verneinte, fuhr der alte Mann fort: »Nun, damit hat es folgende Bewandtnis: der Lauskis ist ein Geist der Kälte, welcher zur Zeit starken Frostes mit einem goldenen Beil die Erde zu spalten pflegt. Wenn nun ein junges unschuldiges Mädchen um Mitternacht, gerade zwischen dem ersten und zwölften Schlage der Uhr, dreimal ums Haus herumläuft, so geschieht es, dass der Frostgeist sein Beil verliert. Dieses Beil aber ist aus schwerem Gold gefertigt, und wer es findet, kann viele tausend Rubel dafür bekommen. Nur Unschuld, Mut und Behändigkeit gehören dazu!« So sprach der alte Mann.

Ilse sah ihn verwundert an; aber wo war er denn geblieben? Der Kübel, auf dem er bislang gesessen hatte, war leer, und das trüb hereindämmernde Morgenlicht ließ keine Spur von ihm sehen. Die junge Magd überlief es; sie sprach unwillkürlich ein kurzes Gebet und ging nachdenklich ins Haus zurück. Da war auch schon die Hofbäuerin auf den Beinen, und das alltägliche Elend fing wieder an. So vergingen Wochen.

Dem stürmischen Januar war ein bitterkalter, aber klarer Februar gefolgt. Des Nachts fror es oft so stark, dass die Erde krachte und das Eis auf dem Teiche barst. Eines Tages fuhren Mutter und Tochter zur Stadt, um noch einiges für die Aussteuer zu besorgen, und wollten erst am nächsten Nachmittag wieder zurückkehren. Ilse blieb nun allein im ganzen Haus. Am Abend beim Spinnen fiel ihr plötzlich die schon halb vergessene Erzählung jenes seltsamen Greises ein, und je länger sie über dessen Worte nachsann, umso unwiderstehlicher fühlte sie in ihrem Herzen den Drang, einen Versuch mit dem Lauskis zu wagen.

Die Stunden bis Mitternacht vergingen ihr wie im Traum. Als die alte Wanduhr in der Schlafstube der Bäuerin, deren Tür jetzt offen stand, zum ersten Schlage ausholte, stürzte das Mädchen zur Tür hinaus und eilte wie der Wind dreimal ums Haus herum. Da brach ein furchtbarer Krach los, sodass Haus, Stall und Kleete* erbebten und zu schwanken begannen. Ilse selbst hielt sich nur mit Mühe am Türpfosten aufrecht.

Da war aber auch schon alles vorüber. Der Mond schien hell und klar, wie er es nur in nordischen Winternächten tut, vom Himmel herab auf ein prächtiges goldenes Beil, das gerade zu Füßen des Mädchens lag.

Zu Ostern feierte Nachbars Ans Hochzeit, aber nicht mit der Tochter der Hofbäuerin, sondern mit ihrer so lange verachteten Magd, dem armen Waisenkind, nun dem reichsten Mädchen in der Umgegend, und glücklich und zufrieden gingen für die beiden, die nun endlich vereint waren, die Jahre hin.

*Der Lappenkönig und die russischen Tschuden***

Der König der Lappen oder Samen befand sich einmal – es war in der sogenannten »vainoi aige« oder Kriegszeit – auf der Wanderung in den Bergen um Koutokäino. Da stieß er plötzlich auf einen Trupp russischer Tschuden. Sie kannten ihn jedoch nicht, sondern fragten:

»Kennst du den Lappenkönig und weißt du, wo er sich aufhält?«

---

* Eine *Kleete* ist in Lettland ein Vorratshaus für Korn, Fleisch und andere landwirtschaftliche Erzeugnisse; sie ist neben dem Stall ein separates Nebengebäude, das in der Nähe des Hofes steht.
** Die Tschuden waren ein finno-ugrischer Volksstamm, der im heutigen Estland und im nordwestlichen Russland siedelte.

»O ja«, antwortete der Lappenkönig, »ich kenne ihn sehr gut und kann euch auch Bescheid über ihn geben!«

Bei sich selbst aber dachte er, dass sie den Lappenkönig schon zur rechten Zeit kennen lernen sollten.

»Na«, sagten die Tschuden, »wenn du ihn kennst und weißt, wo er zu finden ist, so führe uns zu ihm!«

»Das würde gefährlich sein«, sagte der Lappenkönig, »denn er hat viele Leute bei sich! Aber das ist einerlei; was gebt ihr mir, wenn ich ihn zu euch bringe?«

Umso besser, dachten die Tschuden und versprachen ihm Gold und Gut, wenn er den Lappenkönig ihrer Gewalt überliefern würde. Es wurde nun mit den Tschuden die bestimmte Abrede getroffen, dass sie auf einem See, der sich in der Nähe befand, zusammentreffen sollten. Es war aber Winter und der See war mit blankem Eise bedeckt.

»Wenn ihr nun«, sagte der König, »den Lappenkönig mit seinen Leuten auf der anderen Seite des Sees ans Ufer kommen seht, so könnt ihr von dieser Seite kommen und trefft dann mitten auf dem Eise zusammen.«

So zog denn der König seines Weges, und die Tschuden schlugen auf dem Platz, wo sie sich befanden, ihr Lager auf, um die Ankunft des Lappenkönigs abzuwarten. Der König aber eilte zu seinen Zelten, sammelte seine Leute und hieß sie alle ihre »Skalkomagar« anziehen – es ist das eine Art lappischer Schuhe, an denen die haarige Seite nach auswärts gekehrt ist; mit diesen Schuhen liefen sie nicht Gefahr auszugleiten und konnten schneller auf dem Glatteise laufen als die Tschuden, welche gewöhnliche Schuhe trugen; ebenso befahl er ihnen, sich lange Knüppel zuzuhauen, um sich zu verteidigen. Endlich wählte er sich einen langen Baumstamm, dem er die Zweige abstutzen und die Rinde abschälen ließ. So brachen sie denn mit den Knüppeln und dem langen Baumstamm auf, um den Feinden entgegen zu ziehen.

Als der Lappenkönig mit seinen Leuten an das Ufer des Sees kam, wo die Tschuden bereits warteten, begaben diese sich sogleich von der entgegengesetzten Seite auf das Eis hinaus.

Als sie sich aber der Seite näherten, wo noch der Lappenkönig mit seinen Leuten stand, rollten diese plötzlich den Baumstamm mit großer Schnelligkeit auf das Glatteis hinaus, und zwar gerade gegen die Füße der Tschuden. Die Tschuden purzelten infolgedessen übereinander, und der König und seine Leute fielen rasch mit ihren Knüppeln über diese her. Einige Tschuden versuchten wohl an das Ufer zu entfliehen, aber die Lappen rollten ihnen den Baumstamm nach, sodass sie wieder übereinander purzelten, und schlugen sie hierauf mit ihren Knüppeln tot.

Auf diese Weise vernichtete der Lappenkönig damals einen Trupp Tschuden.

Sampo Lappelill

Es waren einmal ein Lappe und eine Lappin. Sie wohnten weit oben in Lappland an einer Stelle, die Aimio heißt und an dem großen Fluss Tenojoki oder Tanaelf liegt. Das kannst du ganz oben auf der Karte von Finnland sehen, wo Lappmark wie eine große weiße Nachtmütze auf Finnlands Kopf sitzt. Die Gegend ist doch öde und wild, aber der Lappenvater und die Lappenmutter glauben felsenfest, dass man nirgends auf der ganzen Erde so weißen Schnee und so klare Sterne und so prachtvolles Nordlicht sehen könnte wie dort in Aimio. Hier hatten sie sich ein Zelt gebaut, so wie man es dort zu tun pflegt. Bäume wachsen in dieser Gegend nicht mehr, nur kleine, schmächtige Birken, die mehr Büschen ähnlich sind als Bäumen; woher sollten sie da Bauholz zu einem Häuschen bekommen? Deshalb nahmen sie schmale, lange Stöcke, steckten sie in den Schnee und banden die oberen Enden zusammen. Dann hingen sie Rentierfelle über die Stöcke, sodass das Ganze wie ein großer Zuckerhut aussah, und nun war das Zelt fertig. In der Spitze des Zuckerhutes hatten sie aber ein Loch gelassen, durch das der Rauch hinaus sollte, wenn sie im Zelte Feuer anzündeten, und an der Südseite befand sich ein zweites Loch, durch das man ein- und auskriechen konnte. So sah das Lappenzelt aus, und die Lappen fanden es prächtig und warm und fühlten sich wohl darin, obwohl sie kein anderes Bett und keinen anderen Fußboden hatten als den weißen Schnee.

Der Lappe und sein Weib hatten einen kleinen Jungen, der hieß Sampo, und das bedeutet Glück in Lappland. Und Sampo war so reich, dass er zwei Namen hatte, einer war nicht genug.

Einst waren fremde Herren in großen Pelzen gekommen und hatten im Zelte übernachtet. Sie hatten harte, weiße Schneestücke bei sich, wie sie die Lappenmutter niemals vorher gesehen hatte, die man Zucker nannte. Von dem süßen Schnee gaben sie Sampo ein paar Stücke und streichelten ihm die Wange und sagten: »Lappelill! Lappelill!« Etwas anderes konnten sie nicht sagen, da niemand von ihnen lappländisch sprechen konnte. Und dann reisten sie weiter nach Norden an das Eismeer, zu der nördlichsten Spitze von Europa, die das Nordkap heißt. Der Lappenmutter aber gefielen die fremden Herren und ihr süßer Schnee, darum nannte sie von da an ihren Jungen »Lappelill«.

»Ich finde, Sampo ist ein viel besserer Name«, sagte der Lappe unwillig. »Sampo bedeutet Glück, und ich sage dir, Mutter, achte den Namen nicht gering! Unser Sampo soll noch einmal der König der Lappen werden und Herr über tausend Rentiere und fünfzig Lappenzelte. Du sollst sehen, Mutter, du sollst sehen!«

»Ja, aber Lappelill klingt so hübsch«, sagte die Lappin. Und so nannte sie den Jungen Lappelill und der Mann nannte ihn Sampo. Doch muss man wissen, dass der Junge noch nicht getauft war, denn damals gab es im Umkreise von zwanzig Meilen keinen Pfarrer.

»Nächstes Jahr fahren wir zum Pfarrer und lassen den Jungen taufen«, pflegte der Vater zu sagen. Doch nächstes Jahr kam etwas dazwischen, es wurde nichts aus der Reise, und der Junge blieb ungetauft.

Sampo Lappelill war jetzt ein kleiner Bursche von sieben oder acht Jahren, dick und rund mit schwarzen Haaren, braunen Augen, Stupsnase und breitem Munde, ganz wie der Papa, aber in Lappland hielt man das für schön. Sampo war kein schwacher Kerl für seine Jahre: er hatte seine eigenen kleinen Skier, mit denen er die hohen Abhänge am Tanaelf heruntersauste, und sein eigenes kleines Rentier, das er vor seinen eigenen Schlitten spannte. Hei, du solltest sehen, wie der Schnee stob, wenn es über das Eis ging und durch die hohen Schneewehen, sodass von dem ganzen Jungen nichts mehr zu sehen war als ein kleiner Büschel seiner schwarzen Haartolle!

»Ich kann nie so recht froh werden, bevor der Junge getauft ist«, sagte die Lappenmutter. »Die Wölfe können ihn eines schönen Tages im Gebirge holen. Oder er hat das Unglück, Hiisis Rentier mit dem vergoldeten Horn in die Quere zu kommen, und Gnade Gott dem Armen, der dann nicht getauft ist!«

Sampo hörte diese Worte und begann darüber nachzudenken, was das wohl für ein Rentier sein könne, das vergoldete Hörner habe.

»Es muss ein prächtiges Rentier sein«, sagte er. »Mit dem möchte ich einmal nach dem Rastekais fahren!« – Rastekais ist ein sehr hoher und einsamer Berg, der auf fünf oder sechs Meilen Entfernung von Aimio aus zu sehen ist.

»Untersteh dich, so dummes Zeug zu schwatzen, du vorwitziger Junge!«, schalt die Mutter. »Der Rastekais ist ein rechtes Trollnest, und da haust Hiisi.«

»Hiisi? Wer ist das?«, fragte Sampo.

Die Lappin wurde verlegen. »Was der Junge für Ohren hat«, dachte sie im Stillen. »Warum rede ich auch von so etwas in seiner Gegenwart? Doch vielleicht ist es gut, damit er Angst vor dem Rastekais bekommt.« Und dann sagte sie: »Lieber Lappelill, fahr nie nach dem Rastekais, denn dort haust Hiisi, der große Bergkönig, der mit jedem Bissen ein Rentier verschlingt und kleine Jungen wie Mücken schluckt!« Sampo schaute bei diesen Worten sehr nachdenklich drein, schwieg aber still. Im Innern dachte er: »Das müsste doch wirklich merkwürdig sein, einmal ein solches Ungeheuer wie den Bergkönig zu sehen, aber nur aus weiter Entfernung!« Es war nun schon drei oder vier Wochen nach Weihnachten, und noch immer war es vollkommen dunkel in Lappmark. Es gab weder Morgen noch Mittag noch Abend, nur immer Nacht, und der Mond schien, und das Nordlicht leuchtete, und hell funkelten die Sterne den ganzen Tag. Sampo wurde es langweilig. Es war so lange her, seit er die Sonne gesehen, dass er fast vergessen hatte, wie sie aussah, und wenn einer vom Sommer sprach, wusste Sampo weiter nichts davon als: es war damals, als es so viele böse Mücken gab, die ihn auffressen wollten. Deshalb meinte Sampo, der Sommer könnte gern für immer wegbleiben, wenn es nur so hell würde, dass man gut Ski laufen könnte.

Eines Tages, als es trotz der Mittagszeit noch dunkel war, sagte der Lappenvater:»»Komm her, dann sollst du etwas sehen!«

Sampo kam aus dem Zelt herausgekrochen und sah starr nach Süden, wohin der Vater zeigte. Da erblickte er einen schmalen roten Streifen ganz unten am Himmel.

»Weißt du, was das ist?«, fragte der Lappenvater.

»Das ist das Südlicht«, sagte der Junge. Er wusste genau Bescheid mit den Himmelsrichtungen und wusste wohl, dass man das Nordlicht nicht im Süden sehen konnte.

»Nein«, sagte der Lappe. »Das ist der Vorbote der Sonne. Morgen oder übermorgen können wir vielleicht die Sonne selber sehen. Sieh nur, wie seltsam der rote Schein die Spitze des Rastekais beleuchtet!«

Sampo wandte sich nach Westen und sah, wie in weiter Ferne auf dem dunklen Gipfel des Rastekais sich der Schnee rosa färbte. Da kam ihm wieder in den Sinn, wie schauerlich schön es doch sein müsse, den Bergkönig einmal ganz von Weitem zu sehen.

Sampo überlegte die Sache den ganzen Tag und die halbe Nacht. Er sollte schlafen, aber er konnte es nicht.

»Nein«, dachte er, »es müsste doch zu merkwürdig sein, einmal den Bergkönig zu sehen!«

Und während er dachte und dachte, kroch er schließlich ganz leise aus dem Rentierfell, in dem er lag, und glitt durch das Türloch hinaus. Es war so kalt, dass die Sterne glitzerten und der Schnee unter den Füßen knirschte. Aber Sampo Lappelill war kein verweichlichter Junge, und so etwas kümmerte ihn nicht im Geringsten. Außerdem hatte er eine Felljacke, Fellhosen, Lappenstiefel, Fellmütze und Fellhandschuhe. So ausgerüstet sah er die Sterne an und hätte selbst gern gewusst, was er nun anfangen sollte.

Da hörte er ganz in seiner Nähe sein kleines Rentier im Schnee scharren.

»Wie wär's, wenn ich ein bisschen ausführe?«, dachte Sampo.

Gesagt, getan. Sampo spannte das Rentier vor den Schlitten, wie er es zu tun pflegte, und fuhr schnell wie der Wind in das große einsame Schneefeld hinaus.

»Ich will ein Stückchen nach dem Rastekais zufahren, nur ein kleines Stückchen«, dachte er.

Und fort ging es, über den zugefrorenen Fluss und wieder hinauf ans andere Ufer des Tana, nun war Sampo im Königreich Norwegen, denn der Tanaelf bildet die Grenze. Doch das wusste Sampo nicht.

Der du dieses Märchen von Sampo Lappelill liest, hast du schon einmal gesungen: »Lauf, Rentier, lauf?« Kennst du das hübsche Lied von dem guten, treuen Bischof Franzen, den ganz Schweden und ganz Finnland liebt? Und hast du das Titelblatt auf dem vierten Bande seiner schönen Lieder gesehen? Da sieht man einen Lappenjungen mit seinem Rentier über den Schnee fahren, und das ist eben Sampo Lappelill. Geradeso saß auch er und sang vor sich hin:

>»Der Weg ist so lang
>Der Tag hört bald auf
>Lauf, Rentier, lauf,
>Zu meinem Gesang!
>Schnell lass uns fliehen,
>Wo Wölfe ziehen!«

Und während Sampo sang, sah er im Dunkeln die Wölfe wie graue Hunde um den Schlitten springen und nach dem Rentier schnappen. Doch Sampo kümmerte sich nicht darum. Er wusste genau, dass kein Wolf so flinke Füße hatte wie sein schnelles Rentier. Hei, wie es über Stock und Stein ging. dass es um die Ohren sauste! Sampo Lappelill ließ es gehen, wie es wollte. Klapp, klapp machten die Hufe des Rentieres, und der Mond am Himmel lief mit dem Rentier um die Wette, und die hohen Berge schienen zurückzulaufen, doch Sampo Lappelill ließ es gehen, wie es wollte. Es war herrlich zu fahren, das war das Einzige, was er dachte.

Da geschah es bei einer scharfen Kurve an einem Abhange, dass der Schlitten umkippte und Sampo herausfiel und im Schnee liegen blieb. Das Rentier aber merkte nichts davon, sondern glaubte, Sampo säße noch im Schlitten, und so lief das Rentier weiter, denn Sampo hatte den Mund voll Schnee bekommen und konnte nicht rufen. Da lag er nun mitten in der Nacht in der großen unendlichen Einöde, wo in meilenweiter Runde kein Mensch wohnte.

Sampo war anfangs etwas erschrocken, das ist kein Wunder. Er kroch aus dem Schnee heraus und hatte sich nicht das Geringste getan, aber was half ihm das? So weit er bei dem schwachen Mondschein sehen konnte, erblickte er rund um sich her nur Schneewehen, Schneefelder und hohe Berge.

Ein Berg aber ragte hoch über alle anderen Berge empor, und Sampo merkte, dass er jetzt am Rastekais sei. Mit einem Male kam es ihm in den Sinn, dass hier der grimmige Bergkönig wohnte, der Rentiere in einem Bissen verschlang und kleine Jungen wie Mücken schluckte. Da wurde Sampo Lappelill bange. Ach, wie gern wäre er nun wieder daheim im warmen Zelt gewesen bei Vater und Mutter! Aber wie sollte er dahin gelangen? Würde der Bergkönig ihn nicht vorher in der Schneewehe finden und mit Hosen und Handschuhen verschlingen wie eine armselige Mücke?

Ja, nun saß Sampo Lappelill allein in Nacht und Schnee auf dem öden Lapplandberge. Und es war so unheimlich und gruselig, wie er den hohen schwarzen

Schatten des Rastekais, wo der Bergkönig wohnte, vor sich sah. Es half aber alles nichts, dass er da saß und weinte, denn alle seine Tränen froren sofort zu Eis und rollten wie Erbsen auf sein kleines zottiges Rentierwams. Deshalb meinte Sampo, es sei unnötig zu weinen und stieg aus der Schneewehe, um sich warm zu laufen.

»Bleib ich hier stehen, so erfriere ich«, sagte er. »Nein, da geh ich lieber zum Bergkönig. Frisst er mich auf, so frisst er mich auf. Doch ich will ihm sagen, dass er lieber die Wölfe hier im Schneegebirge auffressen soll, das sind fettere Braten als ich, und er hat weniger Mühe mit dem Pelz.«

Darauf begann Sampo, den hohen Berg hinaufzuklettern. Er war noch nicht lange gestiegen, da hörte er etwas im Schnee schleichen und sah einen großen zottigen Wolf neben sich herlaufen. Sampos kleines Lappenherz klopfte, doch er beschloss, so zu tun, als sei er nicht die Spur bange.

»Lauf mir gefälligst nicht in den Weg!«, schrie er den Wolf an. »Ich habe einen Auftrag an den Bergkönig, und wehe deinem Pelz, wenn du mir zu nahe kommst!«

»Na, na, nicht so hitzig«, sagte der Wolf, denn auf dem Rastekais können alle Tiere sprechen. »Wer bist du, kleiner Knirps? Was kriechst du da im Schnee herum?«

»Ich heiße Sampo Lappelill«, antwortete der Junge. »Und wer bist du?«

»Ich bin des Bergkönigs oberster Meisterwolf«, sagte das Untier, »und ich bin im Gebirge herumgelaufen, um sein Volk zu dem großen Sonnenfeste zusammenzurufen. Da du denselben Weg hast wie ich, darfst du dich auf meinen Rücken setzen, dann kannst du den Berg hinaufreiten.«

Sampo besann sich nicht lange, sondern kletterte auf das zottige Fell des Wolfes, und so ging es im Galopp dahin über Abgründe und Klüfte.

»Was heißt das: Sonnenfest?«, fragte Sampo.

»Weißt du das nicht?«, sagte der Wolf. »Wenn es hier in Lappland den ganzen Winter dunkel gewesen ist, und die Sonne zum ersten Male wieder am Himmel aufsteigt, dann feiern wir das hohe Fest der Sonne. Dann versammeln sich alle Tiere und alle Trolle des ganzen Nordens auf dem Rastekais, und an diesem Tage darf keiner dem anderen etwas zuleide tun. Das ist dein Glück, Sampo Lappelill, denn sieh, sonst hätte ich dich längst aufgefressen.«

»Gilt dieses Gesetz auch für den Bergkönig?«, fragte Sampo. »Natürlich«, sagte der Wolf. »Eine Stunde vor Sonnenaufgang wagt selbst der Bergkönig nicht, dir ein Haar zu krümmen. Doch hüte dich, wenn die Stunde um ist, treibst du dich dann noch auf dem Berge herum, so stürzen sich hunderttausend Wölfe und tausend Bären auf dich, und der Bergkönig ergreift den, welchen er zuerst zu fassen bekommt, und dann ist es um Sampo Lappelill geschehen.«

»Vielleicht bist du so freundlich und hilfst mir zurück, wenn es hier gefährlich wird?«, fragte Sampo mit klopfendem Herzen.

Der Wolf fing an zu lachen (denn auf dem Rastekais können die Wölfe lachen). »Bilde dir das nur nicht ein, lieber Sampo«, meinte er. »Im Gegenteil, ich werde der Erste sein, der dich zu fassen kriegt. Du bist ein strammer dicker Junge, ich merke, dass du dich mit Rentiermilch und Käse gemästet hast. Du wirst mir herrlich zum Morgenfrühstück schmecken.« Sampo überlegte, ob es nicht schlauer sei, gleich vom Rücken des Wolfes herunterzuspringen, aber dazu war es schon zu spät. Sie waren schon auf die Spitze des Berges gekommen, und da sah man etwas Wunderbares.

Da saß der große Bergkönig auf einem Thron von wolkenhohen Felsen und schaute durch die Nacht weit über Berg und Tal hinaus. Auf dem Haupte trug er eine Mütze von weißen Schneewolken, seine Augen waren wie der Vollmond, wenn er über dem Walde aufgeht, seine Nase war wie eine Bergspitze, sein Mund war eine Bergschlucht, seine Bartsträhne wie Eiszapfen, seine Arme waren so dick wie die stärksten Tannen im Gebirge, seine Hände waren wie Tannenzweige, seine Beine und Füße waren wie zwei Rodelbahnen und sein weiter Pelz wie ein Schneeberg. Doch fragst du, wie man hier mitten in der Nacht den Schneekönig und sein Volk sehen konnte, so musst du wissen, dass der Schnee rund herum schimmerte und am weiten Himmelsbogen der herrlichste Mondschein die ganze Gegend erhellte.

Rings um den Bergkönig saßen Millionen von Bergtrollen und Kobolden, grau und so klein, dass die Spuren, die sie auf dem hartgefrorenen Schnee hinterließen, nicht größer als die eines Einchhörnchens waren. Sie waren hier von allen Enden der Welt zusammengekommen, von Nowaja-Semlja und Spitzbergen und Grönland und Island, ja selbst vom Nordpol, um die Sonne anzubeten, so wie die Wilden aus Furcht den bösen Geist anbeten, denn die Kobolde mögen die Sonne nicht leiden und möchten am liebsten, dass sie nie mehr aufginge, wenn sie einmal hinter dem öden Gebirge untergegangen ist.

In einiger Entfernung von den Trollen standen alle kleinen und großen Tiere Lapplands in langen dichten Reihen, zu Tausenden und Abertausenden, von den Bären, Wölfen und Vielfraßen an bis herab zu den frommen Rentieren, den kleinen Bergmäusen und den flinken Rentierflöhen –, aber die Mücken waren verhindert zu kommen, weil sie erfroren waren.

Alles dies sah Sampo Lappelill mit großer Verwunderung, kletterte unbemerkt vom Rücken des Meisterwolfes hinunter und versteckte sich hinter einem großen Stein, um zu sehen, was nun weiter daraus würde.

Der Bergkönig erhob sein Haupt, dass der Schnee es umwirbelte, und siehe, da leuchtete das herrliche Nordlicht wie ein Heiligenschein um seine Stirn. Es zog in langem, strahlenförmigem, mattrotem Schein über den blauen Nachthimmel, es sprühte und flammte, wie das Feuer im Walde an den Kronen der Fichten heraufzüngelt, es breitete sich aus und zog sich wieder zusammen, bald stärker, bald blasser, sodass ein Lichtstrahl nach dem anderen blitzschnell wie ein Windstoß über die Schneeberge zuckte.

Das ergötzte den Bergkönig. Er klatschte in seine Eis-Hände, dass es wie das Echo eines Donners in den Bergen dröhnte. Die Trolle quietschten vor Vergnügen, aber die Tiere ringsumher schrien vor Schreck.

Doch das ergötzte den Bergkönig nur noch mehr, sodass er laut durch die Stille rief: »So soll es sein! So soll es sein! Ewiger Winter und ewige Nacht! So mag ich es leiden!«

»Ja, so soll es sein! So soll es sein!«, schrien die Trolle aus vollem Halse, denn alle mochten Nacht und Winter lieber als Sommer und Sonnenschein. Doch unter den Tieren entstand ein großes Gemurmel, denn alle Raubtiere so wie auch die Bergmäuse mochten die Trolle gern, aber die Rentiere und auch die übrigen Vierfüßler hätten nichts gegen den Sommer gehabt, wenn sie dabei nicht gleich an die lappländischen Mücken gedacht hätten. Nur der kleine Rentierfloh wollte den Sommer haben ohne Vorbehalt, darum piepste er, so laut er nur konnte:

»Herr König, wir sind ja hierhergekommen, um die Sonne zu erwarten!«

»Willst du schweigen, elender Wurm!«, brummte der Eisbär neben ihm. »Es ist nur eine alte Sitte, dass wir uns hier versammeln. Dieses Jahr aber wird es lustig, dieses Jahr bleibt die Sonne für immer fern, die Sonne hat ausgeglüht, die Sonne ist tot!«

»Die Sonne hat ausgeglüht! Die Sonne ist tot!«, murmelten alle Tiere, und es ging ein Schauer durch die ganze Natur.

Aber die Trolle vom Nordpol lachten so, dass ihnen die Mützen abflogen. Und der große Bergkönig erhob seine Donnerstimme und rief von Neuem über das öde Land:

»So soll es sein! So soll es sein! Die Sonne ist tot. Die ganze Welt soll auf die Knie fallen und mich anbeten, den König des ewigen Winters und der ewigen Nacht!«

Dies ärgerte Sampo Lappelill, der hinter dem Steine saß. Er trat vor und rief naseweis: »Du lügst, Bergkönig, du lügst, so lang du bist! Gestern sah ich den Vorboten der Sonne in den Wolken, und die Sonne ist nicht tot. Dein Bart wird noch schmelzen, wenn es gegen Mittsommer geht.«

Bei diesen Worten verfinsterte sich die Stirn des Bergkönigs wie eine schwarze Wolke, und er vergaß das Gesetz und erhob seinen schrecklich langen Arm, um Sampo Lappelill zu zermalmen. Doch im selben Augenblicke verblasste das Nordlicht, und ein roter Streifen lief den Himmel hinauf und leuchtete dem Bergkönig mitten in sein Eis-Gesicht, sodass er geblendet den Arm sinken ließ. Und dann sah man die goldene Sonnenscheibe sich langsam und majestätisch über den Rand des Horizontes erheben, und sie leuchtete über Berge, Einöden, Schneewehen, Schluchten, über Trolle und Tiere und über den kleinen, beherzten Sampo Lappelill. Und auf einmal entstand ein Glitzern im Schnee, als wären viele Millionen Rosen darauf herniedergeregnet, und die Sonne schien in aller Augen und tief hinein in alle Herzen. Auch die, welche sich am meisten über den Tod der Sonne gefreut hätten, waren jetzt von Herzen froh, dass sie sie wieder sehen durften. Zu komisch war die Verwunderung der Trolle. Sie glotzten die Sonne an mit ihren kleinen grauen Augen unter den roten Nachtmützen und wurden gegen ihren Willen von solchem Entzücken ergriffen, dass sie sich im Schnee auf den Kopf stellten. Und der schreckliche Bart des Bergkönigs begann zu schmelzen und floss wie ein rieselnder Bach an seiner Jacke herunter.

Als aber alle eine Zeit lang mit geteilter Freude die Sonne angesehen hatten, war die erste Stunde fast vergangen, und Sampo Lappelill hörte eins von den Rentieren zu seinem Kälbchen sagen:

»Komm, komm, liebes Kind, jetzt müssen wir fort, sonst werden wir von den Wölfen gefressen!«

Da dachte auch Sampo daran, was ihm bevorstand, wenn er noch länger zögerte. Und da er neben sich ein prächtiges Rentier mit prachtvoll vergoldeten Hörnern sah, besann er sich nicht lange, sondern sprang auf den Rücken des Tieres, und nun ging es, hast du nicht gesehen, die Berghänge hinunter.

»Was ist das für ein sonderbares Sausen, das hinter uns zu hören ist?«, fragte Sampo nach einer Weile, als er nach dem heftigen Ritt ein wenig verschnaufte. –

»Das sind die tausend Bären, die hinter uns herstapfen, um uns zu verschlingen«, antwortete das Rentier. »Aber sei unbesorgt. Ich bin des Bergkönigs eigenes verzaubertes Rentier, und noch kein Bär hat mich in die Ferse gebissen.« So ritten sie wieder, eine Weile. Da fragte Sampo:

»Was ist das für ein sonderbares Schnaufen, das hinter uns zu hören ist?«

Das Rentier antwortete: »Das sind die hunderttausend Wölfe, die uns im vollen Galopp nachsetzen, um uns in Stücke zu reißen. Aber sei unbesorgt: noch kein Wolf ist mit mir um die Wette gelaufen in den Einöden des Gebirges.«

Wieder ritten sie eine Weile, da sagte Sampo Lappelill:

»Ist das der Donner, der da in den Bergen dröhnt?«

»Nein«, sagte das Rentier und begann an allen Gliedern zu zittern. »Das ist der Bergkönig selber, der uns mit Riesenschritten nachkommt, jetzt ist es um uns beide geschehen, denn ihm kann keiner entrinnen.«

»Gibt es denn keinen Rat?«, fragte Sampo.

»Nein«, sagte das Rentier, »das Einzige ist, dass wir versuchen, den Pfarrhof dahinten am Enaresee zu erreichen. Kommen wir hin, dann sind wir gerettet, denn der Bergkönig hat keine Macht über Christen.«

»Ja«, sagte Sampo, »lauf, mein gutes Rentier, über Berge und Felder, ich will dir auch goldenen Hafer zu fressen geben aus silberner Krippe.«

Und das Rentier lief und lief aus Leibeskräften, und gerade als sie im Hause des Pfarrers anlangten, war auch der Bergkönig schon da auf dem Hofe und bollerte so laut an die Tür, dass alle glaubten, das Haus würde in Stücke zerspringen.

Europäischer Norden

»Wer ist da?«, fragte der Pfarrer.

»Ich bin's!«, antwortete die Donnerstimme auf dem Hofe. »Mach dem Bergkönig auf! Hier ist ein ungetauftes Kind, und alle Heiden gehören mir.«

»Warte einen Augenblick, bis ich mir Talar und Krause umgetan habe, um einen so vornehmen Herren würdig zu empfangen!«, sagte der Pfarrer von innen.

»Meinetwegen«, brüllte der Bergkönig, »aber schnell, sonst trete ich die Wand des Hauses mit meinem Fuße entzwei.«

»Gleich, gleich, gnädiger Herr«, antwortete der Pfarrer.

Doch gleichzeitig nahm er eine Schale Wasser und taufte Sampo Lappelill im Namen des Vaters, des Sohnes und des Heiligen Geistes.

»Nun, bist du noch nicht so weit?«, brüllte der Bergkönig und erhob schon seinen schrecklichen Fuß, um das Haus zu zertreten.

Aber da öffnete der Pfarrer selber die Tür und sagte: »Weiche von hinnen, du König der Nacht und des Winters, denn mit diesem Kinde hast du nichts mehr zu schaffen! Gottes Gnadensonne scheint jetzt über Sampo Lappelill, und er gehört nicht mehr dir, sondern dem Reiche Gottes!«

Da ergrimmte der Bergkönig so übermäßig, dass er sich auf der Stelle in ein schreckliches Schneegestöber auflöste, und es begann so dicht zu schneien, dass der Schnee bis über das Dach des Pfarrhauses ging, und alle glaubten, ihr Grab im Schnee zu finden. Nur, der Pfarrer war ruhig und las seine Gebete aus dem heiligen Buche und erwartete die Morgenstunde. Und als der Morgen kam, schien die Sonne auf den Schnee, und der Schnee schmolz, und der Pfarrhof war gerettet. Der Bergkönig aber war verschwunden, und was aus ihm geworden ist, weiß niemand sicher, doch alle meinen, dass er noch lebt und auf dem Rastekais regiert.

Sampo Lappelill dankte dem guten Pfarrer und bekam von ihm einen Schlitten geliehen. Dann spannte Sampo das Rentier mit den goldenen Hörnern vor den Schlitten des Pfarrers und fuhr so nach Hause zurück zu Vater und Mutter nach Aimio. Und dort entstand große Freude, als Sampo Lappelill so unvermutet wiederkam.

Aber wie Sampo später ein großer Herr wurde, der sein Rentier mit goldenem Hafer aus silberner Krippe fütterte, das ist eine Geschichte für sich, die zu erzählen zu lang ist. Man sagt, dass die Lappen es seit dieser Zeit nicht mehr wie sonst von Jahr zu Jahr aufschieben, ihre kleinen Kinder zur Taufe zu bringen, denn wer will gern seine Kinder vom Bergkönig auffressen lassen. Sampo Lappelill weiß, was das bedeutet. Er weiß, was es heißt, wenn der Donner in den Bergen dröhnt.

Sonstwo auf der Welt

Januar und Februar

Der Januar wollte einmal recht lieb sein und den immer über ihn brummenden Menschen eine Freude machen. Deshalb ließ er es sich einst während seiner – damals dreißigtägigen – Regierungszeit angelegen sein, einen Tag immer schöner und wärmer zu gestalten als den anderen; er hoffte sich auf diese Weise die Dankbarkeit der Menschen zu erwerben und sich wieder bei ihnen einzuschmeicheln. Aber er rechnete nicht mit der Undankbarkeit der Menschen.

Am letzten Tage dieser Regierungszeit des Januar trieb ein Schäfer seine Herde in ihre Hürden und sah daselbst auch den Januar stehen. »Nun, Herr Januar, du Einfaltspinsel! Willst du uns mit dem schönen Wetter eigentlich ärgern? Wie kannst du es wagen, die alten Gesetze und Regeln unbeachtet zu lassen? Lass es doch regnen und stürmen!«

Da lief der Januar wutschnaubend zum Februar und sprach zu ihm: »Lieber Bruder Februar, leih mir doch zwei Tage! Ich muss sie haben! Wenn ich sie nicht beide verwenden kann, gebe ich dir einen zurück! Heuer werde ich aber wohl zwei brauchen!«

Der gute Februar war gerade damit beschäftigt, sich dreißig Kutten umzuhängen, von denen er während seiner am nächsten Tage beginnenden Regierungszeit täglich allemal eine wieder ablegte. Bereitwillig übergab er zwei Kutten, und zwar die dicksten, dem Januar und sprach dazu: »Da, nimm meine stärksten Mäntel! Du kannst mit diesen so viel donnern, blitzen und regnen lassen, als du nur willst!«

»Ja, ich will die Menschen schon züchtigen!«, erwiderte der Januar und schlüpfte in die beiden Kutten hinein. Er schnürte sie mit Donnerseilen zu, die einen prächtigen Gürtel abgaben, und rief dem Bruder Februar zu: »Bleib hier! Du kommst ja auch gleich an die Reihe! Denn meine Regierungszeit ist bald abgelaufen!«

Nun regierte der Januar noch zwei Tage länger. Und wie! Die Menschen und Tiere krochen in schützende Höhlen; aber viele von ihnen ertranken, da das unbändige, gurgelnde Wasser immer höher stieg. Der Schäfer, der vorher dem Januar solche Grobheiten gesagt hatte, stand gerade am Ufer des Meeres, als er den wildtrotzigen Monat heranstürmen sah! »Jetzt entrinnst du mir nicht!«, schrie ihn der Januar an. Der Schäfer rief seine Schafe zusammen und wollte mit ihnen nach einer Höhle eilen; aber zu spät! Eine Flutwelle erhob sich aus dem grollenden Meer, das sich vor Ärger grün gefärbt hatte und eine Menge Algen und Seegras auf das abschüssige Land ausspie und Schäfer und Schafe in seine Brandung hineinzog. Dreimal spie die Brandung den Schäfer wieder aus, und dreimal leckte sie ihn wieder auf; dreimal warf sie ihn auf die scharfen Felsenklippen, dreimal leckte sie sein Blut auf! Erst dann gab sich der Januar zufrieden und ging fort, um noch andere Menschen zu züchtigen.

Seitdem hat der Januar den Schwur getan, nie mehr lieb und mild gegen die Menschheit zu sein, und er hat ihn auch gehalten. Dem Februar entleiht er manchmal zwei Tage, manchmal bloß einen Tag; aber nur selten tut er das Letztere und lässt nur selten dem Februar neunundzwanzig Kutten – gewöhnlich lässt er ihm nur achtundzwanzig.

(Malta)

Der König, der sein Wort brach

Vor langer Zeit lebte einmal ein König, der eine sehr schöne Tochter sein Eigen nannte. Einst ließ er durch Ausrufer im ganzen Land verkünden: »Wer eine ganze Nacht im Winter ohne jegliche Kleidung auf der Dachterrasse meines Palastes auf und ab zu wandern vermag, der soll meine Tochter heiraten!«

Viele junge Männer unterzogen sich dieser Bedingung, aber alle erfroren. Zuletzt hörten auch drei Brüder von dieser sonderbaren Aufforderung und beschlossen hinzugehen. Zunächst begab sich der Älteste zum König, und dieser sprach zu ihm: »Mein Sohn, bis jetzt hat noch niemand bis zum nächsten Morgen ausgehalten. Willst du die Sache trotzdem wagen?« – »Ja, ich will!«, antwortete der Jüngling und unternahm das Wagnis. Die Kälte war grimmig. Er schlug immer kräftig mit den Händen um sich, er schlug sich mit den Fäusten an den Körper, die Beine, die Füße, den Kopf, und er wurde schließlich so blau wie eine Maulbeere und stürzte hin und starb.

Man warf seinen Körper hinunter zu den Leichen der vor ihm Erfrorenen. Hierauf versuchte der zweite Bruder sein Glück. Aber soviel er sich auch an den Körper schlug und auf dem Boden hin und her kugelte, alles war vergeblich, und er erfror gleichfalls.

Schließlich unternahm der Jüngste das Wagnis. Er fing an, mit kräftigen Schritten auf und ab zu gehen. Es war grimmig kalt und dabei stockfinster. In der Ferne erblickte er einen schwachen Lichtschein, der von einem kleinen roten Laternchen herrührte. Das Licht tat seinen Augen wohl in seiner Verlassenheit, und er trennte seine Augen nicht von ihm, sondern blickte es ununterbrochen an. Das hielt ihn wach und bei Kräften, und er erlebte den nächsten Morgen, obwohl er schließlich kaum mehr stehen konnte vor Kälte.

Als er dann vor den König trat, fragte ihn dieser verwundert: »Mein Sohn, auf welche Weise erhieltest du dich am Leben?« Der Jüngling antwortete: »Majestät, ganz in der Ferne erblickte ich das Licht einer Laterne, dies schaute ich immer an und hielt mich auf diese Weise aufrecht und wach.« Da rief der König: »Du Betrüger, du Schurke! Darum also bist du am Leben geblieben! Am Feuer jener Laterne hast du dich gewärmt und mich hintergangen! Jetzt gebe ich dir meine Tochter nicht.« Und damit jagte er den armen Burschen aus dem Palast.

Einige Zeit später sollte ein großes Fest bei diesem König gefeiert werden. Der Oberkoch hatte sehr viel Arbeit und große Angst, dass er die schwierig zu bereitenden Gerichte, mit denen der König ihn beauftragt hatte, nicht ordentlich herstellen möchte. Da trat auf einmal ein hübscher junger Mann zu ihm in die Küche und erklärte, er werde die Zubereitung des Mahles ganz allein übernehmen. Dem Koch war nichts lieber als dies, und er überließ dem jungen Menschen alles und verließ die Küche. Da stellte der Jüngling auf alle Herde der großen Hofküche Töpfe und Pfannen mit den zu kochenden Speisen; Feuer zündete er aber in keinem Herd an, sondern bloß in einem kleinen Steinherd in der Mitte der Küche, den er dort hingestellt hatte.

Kurz vor der Mahlzeit stieg der König in die Küche hinunter; denn er wollte sich überzeugen, ob die Speisen auch richtig zubereitet würden. Als er nun in die einzelnen Töpfe und Pfannen sah, fand er, dass sich in ihnen bloß rohe, ungekochte Speisen befanden. Nur in der Mitte, auf einem kleinen Steinherd, kochte ein Topf; sonst waren alle Herde ohne Feuer. Der König fuhr auf den jungen Mann los und fragte ihn, was das bedeuten solle, dass er die Speisen nicht koche. Jener erwiderte, sie kochten ja: das Feuer des kleinen Herdes in der Mitte koche alle. »Wie kann auf eine solche Entfernung hin Feuer wärmen?«, schrie jetzt der König. Der Jüngling aber gab zurück: »Du hast ja neulich selbst gesagt, dass ich mich am Licht einer ganz entfernten kleinen Laterne gewärmt habe.«

»Du hast jetzt ein wahres Wort gesprochen!«, rief der König aus und gab ihm seine Tochter zur Frau.

(Malta)

Der Einsiedler auf dem Berge Liákoura

Ein Mönch vom Kloster des heiligen Lukas fasste einst den Entschluss, einen ganzen Winter auf dem Gipfel des Berges Liákoura[*] zuzubringen, denn er wünschte zu erfahren, wie streng der Winter dort oben sei und wie die Geister dieses Berges miteinander streiten. Er richtete sich also auf dem Berg in einer Höhle eine feste Wohnung her, versah sich mit Nahrungsmitteln und den übrigen Lebensbedürfnissen für den ganzen Winter und schloss sich, ehe dieser begann, in die Höhle ein.

[*] Der Berg Liákoura liegt in der Gegend des Berges Parnass in Zentralgriechenland.

Der Schnee verschüttete ihn vollständig in seiner Wohnung, und den ganzen Winter über sah er weder Himmel noch Erde. Er hielt aus bis zur Mitte des März. Da fühlte er das Ende seines Lebens herannahen und schrieb folgende Worte an die Wand der Höhle: ›Ich habe den ganzen Winter hier oben zugebracht, habe den Kampf der Winde und der Geister dieses Berges vernommen und bis zur Mitte des März gelebt; länger vermochte ich's nicht auszuhalten und ich sah mein Ende kommen, denn der Frost des März und das Toben und Brüllen der Geister und Winde waren fürchterlich; der Berg schwankte hin und her, und es schien mir, als wolle er zusammenstürzen. Ich habe diese Worte aufgeschrieben, damit keiner wieder es wage, gleich mir den Winter auf dem Berge Liákoura kennen zu lernen.‹

Lange Zeit zeigte man die Höhle, in welcher der Mönch gelebt hatte, und die Worte, die er an die Wand derselben angeschrieben waren.

(Griechenland)

Bauer Ginster, Bauer Laub und Bauer Eisen

Es waren einmal drei Bauern, die lebten im selben Wald. Der Erste hatte eine Hütte, die war aus Ginster gemacht, der Zweite eine Hütte aus Laub und der Dritte eine Hütte aus Eisen. Deshalb waren sie überall als Bauer Ginster, Bauer Laub und Bauer Eisen bekannt.

Einmal an einem kalten Winternachmittag hatte sich ein Wolf in die Lichtung geschlichen, in der die drei Bauern ihre Hütten errichtet hatten. Er versteckte sich hinter einem dichten Busch und beobachtete hungrig die Schlittschuhläufer, die über eine glatte Eisfläche glitten. Als der Abend dämmerte und Bauer Ginster gerade mit einem Bündel Holz aus dem Wald zurückgekehrt war, klopfte der Wolf an seine Tür und rief: »Bauer Ginster, Bauer Ginster, mach die Tür auf, mein Freund! Meine Händchen sind so kalt, und meine Füßchen sind erfroren.«

»Ich mach dir die Tür nicht auf«, antwortete Bauer Ginster in barschem Ton.

»Dann breche ich die Tür auf«, kam es zurück, und der Wolf warf sich mit solcher Kraft gegen die Tür, dass diese aufbarst; dann ging er in die Hütte und setzte sich zum Feuer. Bauer Ginster war gerade dabei, Kartoffeln zu schälen, und der Wolf begann mit einer heiseren Stimme: »Warm im Bauch wie fette Schweinchen! Warm im Bauch wie fette Schweinchen!«

»Was brummelst du da?«, fragte Bauer Ginster ihn arglos.

»Nun«, erwiderte der Wolf, »du wirst der Erste sein! Aber gib mir sofort eine Kartoffel. Ich bin so hungrig, wie einer nur sein kann.«

Und Bauer Ginster steckt eine Kartoffel auf die Spitze des Messers und streckte den Arm der Länge nach zum Wolf aus, aber der verschlang die Kartoffel, das Messer und den Bauern in einem Schluck.

Sonstwo auf der Welt

Am nächsten Tag klopfte der Wolf an die Tür von Bauer Laub, gerade als dieser mit einem Korb voll dürrem Laub zurückgekommen war, das er unter der Schneedecke gesammelt hatte.

»Bauer Laub, Bauer Laub, mach die Tür auf, mein Freund! Meine Füßchen sind so kalt, und meine Händchen erfroren.«

»Ich mache sie dir nicht auf!«, hörte er zur Antwort.

»Dann werde ich sie aufbrechen«, sagte der Wolf, und alsdann warf er sich mit seinem ganzen Gewicht gegen die Tür und brach sie auf, ging hinein und setzte sich ans Feuer. Bauer Laub war dabei, Kartoffeln zu schälen, und der Wolf sagte mit tiefer Stimme:

»Warm im Bauch wie fette Schweinchen! Warm im Bauch wie fette Schweinchen!«

»Was grummelst du da?«, wollte Bauer Laub wissen.

»Nun«, sagte der Wolf, »ich habe eben ein kleines Gebet für dich aufgesagt, aber schnell, gib mir eine Kartoffel, ich sterbe vor Hunger.«

Bauer Laub streckte sein Messer mit einer Kartoffel auf der Spitze zum Wolf hin, aber wiederum verschlang dieser die Kartoffel, das Messer und den Bauern in einem Schluck.

Am dritten Tag ging der Wolf zum Bauern Eisen. Dieser hatte ihn schon von Weitem kommen sehen, als er seine Hütte mit einem Eimer voll Wasser aus dem Brunnen betrat. Er stellte gerade einen großen Kessel voll getrockneter Erbsen auf den Speicher, als der Wolf anklopfte und rief: »Bauer Eisen, Bauer Eisen, mach die Tür auf mein Freund! Meine Füßchen sind so kalt, und meine Händchen sind erfroren.«

»Ich mache sie nicht auf!«, war die Antwort.

»Dann werde ich sie aufbrechen.«

»Na gut! Brich sie auf!«, sagte da Bauer Eisen.

Der Wolf machte einen Satz, knallte an die Tür und hämmerte gegen sie, bis seine Pfoten zerfetzt und blutig waren. Dabei verlor er so viel Blut, dass Bauer Eisen schließlich Erbarmen mit ihm hatte und die Tür aufmachte. Da kam der Wolf hinein und setzte sich neben Bauer Eisen zum Feuer. Sehr bald schon begann er mit einer Grabesstimme zu sprechen: »Warm im Bauch wie fette Schweinchen! Warm im Bauch wie fette Schweinchen!«

»Was für einen Unsinn redest du da in einem fort?«, fragte Bauer Eisen in einem entschlossenen Ton.

»Nun«, sagte der Wolf, »es ist ein kleines Gebet für dich. Aber gib mir eine Kartoffel, mein Magen ist ganz hohl und leer.«

Bauer Eisen holte die Kartoffel schon raus; der Wolf wollte sie gerade verschlingen, als Bauer Eisen plötzlich an einer Schnur zog und den Kessel mit den trockenen Erbsen umwarf, was einen großen Lärm erzeugte, als sie auf dem Dachgeschoss ausliefen.

»Was ist das denn nur? Was ist denn das nur?«, rief der Wolf erschrocken. »Die Polizei, die dich da verfolgt«, antwortete der Bauer und lachte. »Sie wollen dich hängen, weil du Bauer Ginster und Bauer Laub aufgefressen hast.« »Um Himmels willen, Bauer Eisen, mein Freund! Sag mir, wo ich mich verstecken kann!«, bettelte der Wolf.

»Schnell, schnell, klettere auf den Speicher«, sagte Bauer Eisen, »ich werde dich schon nicht verraten.«

Der Wolf stürzte zur Leiter. Da nahm Bauer Eisen einen großen Topf mit kochendem Wasser vom Feuer und stellte ihn unten an den Fuß der Leiter. Der Wolf war derart in Eile, dass er ausrutschte und in den Topf fiel, und er verbrühte sich fürchterlich. Bauer Eisen zog ihn heraus und schnitt ihm den Bauch auf, und oh, was für eine Freude! Bauer Ginster und Bauer Laub kamen lebendig daraus hervor, und jeder von ihnen hatte sein Messer mit einer Kartoffel darauf in der Hand.

Alle drei hoben den Wolf auf und warfen ihn zur Tür hinaus; dann kehrte jeder in seine eigene Hütte zurück.

Das hat sich alles in dem wundervollen Land zugetragen, in dem du nach deinem Tod für immer glücklich leben wirst.

(Flandern)

Belohnte Kindesliebe

Vor ungefähr zweihundert Jahren lebte in der zwischen Inaba und Harima gelegenen Provinz Mino nahe beim Städtchen Tarni ein Holzhacker, der nur einen Sohn hatte. Beide waren sehr arm und mussten täglich ins Gebirge, um durch Holzhauen ihr Brot mühsam und spärlich zu verdienen. Solange beide gesund und kräftig waren, gelang es ihnen auch, ihren Lebensunterhalt zu gewinnen. Aber der Vater wurde immer älter und immer steifer und ungelenkiger wurden seine Glieder, sodass schließlich der Sohn allein in den Wald gehen musste, während der Alte daheim blieb. Dem jungen Mann machte dies keine große Sorge; kräftig und rüstig, wie er war, arbeitete er umso fleißiger und war glücklich, wenn er außer der täglichen Nahrung noch einige Sen* mehr verdient hatte, um seinem alten Vater ein Fläschchen Sake** kaufen zu können, den dieser leidenschaftlich gern trank und der ihm auch wohltat und ihn kräftigte.

Nun kam aber einmal ein sehr kalter Winter und der Schnee bedeckte bis spät in den Frühling Feld und Flur und machte die Wege ungangbar, sodass der

* Japanische Kupfermünze.
** Reiswein.

junge Holzhauer nur einen kärglichen Verdienst fand und daher oftmals seinem Vater nicht den gewohnten Sake kaufen konnte. Darüber war er natürlich sehr traurig und betete oft zu den Göttern, sie möchten doch dem harten Winter ein Ende machen oder ihm anderweit Hilfe senden. Eines Tages hatte er wieder nur eine ganz kleine Last Holz in die Stadt bringen können, und der Erlös reichte nicht einmal zu dem Nötigsten, geschweige denn zu einem Fläschchen Sake für den Vater. Obgleich ihm der Sakehändler gern auf Borg gegeben hätte, wollte der junge Mann davon nichts wissen, denn er gedachte des Sprichworts: »Schulden sind schlimmer als Motten im Pelz!«

So ging er denn betrübt heim und dachte während seines Weges nur darüber nach, wie er seinem Vater eine Stärkung verschaffen könnte. Am Fuße des Tagiyama angekommen, hockte er sich nieder, um ein Weilchen auszuruhen, aber auch hier fand er keine Ruhe vor seinen Sorgen und so wandte er sich wieder in inbrünstigem Gebet zu den Göttern.

Da hörte er plötzlich ein seltsames Rauschen, Dampf stieg an der Seite des Berges auf und ein eigentümlicher Geruch, fast wie erwärmter Sake, erfüllte die Luft. Schnell war die Müdigkeit des jungen Mannes verschwunden, er sprang auf und eilte zur Stelle, wo der leichte Dampf aufstieg.

Was erblickte er da? Welches Wunder sahen seine Augen?

Dort, wo stets eine kahle Felsenstelle war, sprang jetzt ein munterer Quell hervor und hüpfte in lustigen Sprüngen dem Tal zu. Der junge Mann schöpfte in der hohlen Hand etwas Wasser, das warm war, und kostete es. Welch eigentümlicher Geschmack! So etwas hatte er noch nie getrunken. »Das ist ein Geschenk von Euch, o Götter!«, rief er aus und füllte, nachdem er ein Dankgebet verrichtet hatte, seine Reiseflasche mit dem kostbaren Nass.

Frohgemut und seiner Sorge ledig, eilte er nun seinem Heime zu, wo er seinem Vater den wundervollen Trank verabreichte. Es war aber auch wirklich ein Wundertrank, denn der alte Mann fühlte neue Kräfte in seinen Körper einziehen; ja, am nächsten Tage fühlte er sich schon so weit gekräftigt, dass er aufstehen und, auf seinen Sohn gestützt, zur Quelle wandern konnte. »Sollte diese Gabe der Götter nur zum Trinken sein?«, fragte sich der Sohn und riet seinem Vater in dem warmen Wasser ein Bad zu nehmen, was dieser auch tat. Er merkte, dass nach dem Bade seine Gliederschmerzen nachließen.

Tagtäglich wanderten nun beide zu dem wunderbaren Quell, und nach kurzer Zeit war der Alte so weit hergestellt, dass er seinen Sohn wieder in den Wald begleiten und bei seinem Tagwerke helfen konnte; infolgedessen waren beide von aller Sorge befreit und konnten zufrieden und glücklich leben.

Die Kunde von dieser wunderbaren Heilung verbreitete sich natürlich schnell und von fern und nah eilten Kranke und Gebrechliche herbei, um Heilung ihrer Leiden zu suchen und zu finden. Selbst dem Kaiser wurde von dieser

Heilquelle berichtet, der, nachdem er sich von der Richtigkeit überzeugt hatte, ihr den Namen Yoro* geben ließ, ja, er nannte sogar die Zeitepoche von der Entstehung der Quelle »Yoro-Zeit.«

Die Quelle – eine Mineralquelle – hat ihre Heilkraft bis auf den heutigen Tag behalten**.

(Japan)

Oschoo

Oschoo war der Sohn frommer und fleißiger Fischersleute, die ihn zu einem braven Mann und tüchtigen Arbeiter in ihrem Gewerbe aufzogen. Als seine Eltern alt und schwach wurden, war er ihre einzige Stütze und wusste sie durch unverdrossenen Eifer vor jeglichem Mangel zu schützen. Seine Ehrlichkeit und sein freundliches Wesen machten ihn bei jedermann beliebt, und niemand war in der ganzen Umgegend, der nicht am liebsten von Oschoo seinen Bedarf an Fischen gekauft hätte. So war es ihm denn gelungen, sein Geschäft aufs Beste einzurichten, und besonders hatte er einige Teiche im Gebirge in seinen Besitz gebracht, in denen sich die herrlichsten Karpfen befanden.

Einstmals war der Winter ungewöhnlich hart, die Teiche froren fest zu und waren mit so dickem Eise bedeckt, dass Oschoo oft mit Sorge an seine Karpfen dachte. Noch mehr bekümmerte es ihn aber, dass auf diese Weise seine beste Nahrungsquelle versagte, als gerade jetzt seine Mutter sehr krank ward und ihre Pflege stete Sorgfalt und mancherlei Kosten verursachte. So schwer es aber auch dem braven Oschoo wurde, er schaffte getreulich nicht nur das herbei, was für die Kranke nötig war, sondern auch alles und jedes, was seine Mutter irgend wünschte.

Eines Tages lag sie recht schwach und hinfällig auf ihrem Krankenlager und sagte zu Oschoo: »Hätte ich doch nur etwas von den schönen Karpfen aus deinen Teichen. Ich glaube, wenn ich davon äße, wäre ich bald geheilt.« Oschoo war sehr betroffen; fast hätten ihm diese Worte seiner Mutter Tränen entlockt, allein er beherrschte sich und sprach mit anscheinend heiterem Sinn: »Wohl denn, liebe Mutter, ich gehe, Euch sofort diese Speise zu holen.«

Die Alte segnete ihren Sohn und er trat aus der Hütte. Aber hätte er auch nur die geringste Hoffnung gehabt, dass ein milder Tauwind das Eis seiner Teiche mürbe machen und ihm so das Durchhauen ermöglichen könnte, so sah er sogleich ein, dass dies vergeblich war; der kalte Wind strich nach wie vor über

---

* Yo = Kraft, Stärke, Pflege, ro = das Alter, Yoro = Kräftigung oder Pflege des Alters.
** Der vollständige Name der Quelle ist: Yoronotaki auch Yorogataki, taki = Wasserfall.

Berg und Tal, und die starre Spiegelfläche des Eises war so spröde, dass die Arbeit gar manchen Tages nicht hingereicht hätte, um zu den Karpfen unten im Wasser zu gelangen. Verzweifelnd warf sich Oschoo auf das Eis; er rang die Hände und bat den Himmel um Hilfe.

Und die Götter erhörten ihn in der Tat. Er fühlte, wie plötzlich eine gar wunderbare Wärme seinen Leib durchdrang, und von einem Strahl der Hoffnung belebt, streifte er sein Gewand ab und blieb ausgestreckt auf dem Eis liegen. Und siehe da, so weit sein Körper reichte, taute das Eis so rasch, dass er bald wieder aufsprang, um durch wenige Hiebe mit seiner Hacke die Eisdecke vollends zu entfernen. Kaum war dies geschehen, so schwammen auch schon von allen Seiten große Karpfen herbei, unter denen Oschoo die besten für seine Mutter auswählte.

Mit reichem Ertrag beladen, machte er sich auf den Heimweg. Als er nun die Fische zubereitet und seine Mutter davon gegessen hatte, da fühlte sie sich, wie sie vorhergesagt, wunderbar gekräftigt, und als sie dann vernahm, wie die Götter ihrem Sohne geholfen und ihn für seine kindliche Liebe belohnt hatten, da fasste sie noch besseren Mut. Noch ehe der böse Winter zu Ende ging, war sie völlig genesen, und bis an ihren Tod ward sie nicht müde, den getreuen Sohn Oschoo als ihren Retter zu preisen.

(Japan)

Wintergeister – hold und unhold

Der Klaubauf

Der heilige Nikolaus wird als Gabenbringer meist von einer Schreckgestalt begleitet, die als bewusste Negativfigur den Kindern Angst machen soll. Zur Ausrüstung dieses pädagogisch gedachten Popanz gehören Rute und Sack oder Kiepe. Dieser oft geschwärzte Höllengeist stellt das Böse dar, das allerdings von Nikolaus gezähmt ist und nun selbst das Böse bestraft und so in der Hand des Guten ist. Sein Name variiert: Im gesamten deutschsprachigen Raum ist er als Knecht Ruprecht oder Hans Muff bekannt, mancherorts auch als Pelznickel; in den Niederlanden ist es der Swarte Piet, in Frankreich der Père Fouettard, in der Schweiz der Schmutzli, und in Bayern und Österreich der Krampus oder Klaubauf.

Irgendwo im Tiroler Paznauntal, den Ort nennt die Sage nicht, lebte ein unglückliches Ehepaar, das unter anderem auch ein Kind hatte, welches ihnen sehr viel Verdruss machte und durchaus nicht gehorchen wollte. Oft drohte die Mutter dem Kind: »Wenn du gar nicht folgsam sein willst, so übergebe ich dich ganz gewiss einmal dem Klaubauf!« Aber die Drohungen nützten wenig oder gar nichts; das Kind blieb böswillig, halsstarrig und unfolgsam und schlug Mahnungen und Drohungen der Eltern in den Wind.

Als nun der Sankt-Nikolaus-Tag herankam, welcher den guten Kindern schöne Geschenke bringt, da stellte sich am Vorabend desselben in der Stube, wo sich das ungeratene Kind mit den Eltern befand, ein furchtbar hässlicher Klaubauf ein, mit langen Hörnern und glühenden Augen. Dieser fragte die Eltern mit hohler Stimme: »Darf ich das schlimme Kind da mitnehmen?«

Die Eltern hatten zwar keinen Klaubauf bestellt, meinten aber, dass ein Nachbar sich den Spaß gemacht habe, das Kind zu erschrecken und auf bessere Bahn zu lenken, und sagten: »Ja!«

Der Klaubauf fragte zum zweiten Male: »Darf ich es wohl gewiss mitnehmen?« Und abermals erlaubten es die Eltern. Nun fragte der Klaubauf zum dritten Male: »Und darf ich es im vollen Ernst mitnehmen?« Und die Gefragten bejahten es zum dritten Male. Der Klaubauf nahm es nun auf und trug es zur Türe hinaus. Draußen hörte man von den Lüften herab einen herzzerreißenden

Schrei vom Kinde und weiter nichts mehr. Wie die Eltern sich nun hinausbegaben, um nachzusehen, wohin der Klaubauf mit dem Kinde gegangen sei, fand sich nirgends eine Spur, kein Tritt vor dem Hause, der frisch gefallene Schnee überdeckte alles rundherum rein und sauber, und das Kind war für immer verloren; der Klaubauf war kein Maskenscherz, es war der Böse. Die Mutter ist an Gewissensskrupeln siech geworden und bald gestorben.

Das Venedigermandl macht Räuber g'froren

Die Venedigermännlein, deren Name vielleicht auf venezianische Bergleute in den Alpen zurückgeht, sind zwergenartige Sagengestalten. Sie sind zauberkundig und können sich, wie es bei Zwergen häufig der Fall ist, durch eine Tarnkappe unsichtbar machen. Ursprünglich waren die Venedigermännlein reale Erzsucher, die über die Alpen kamen; erst im 17. Jahrhundert wurden sie zu dämonischen Gestalten. Wie alle Zwerge sind sie eng mit dem Bergbau verbunden, meistens treten sie gegenüber den Menschen hilfreich auf.

Unterm Schlosse von Wangen in Südtirol, auf der Abdachung gegen die Talfer zu, lag einst ein einsamer Hof in einer unheimlichen und unsicheren Gegend.

Es war Christabend, und die Bewohner des Gehöftes wollten die heilige Christnachtmette in der Kirche zu Wangen nicht versäumen; bevor sie aber gingen, suchten sie alles Wertvolle zu verbergen, teils in den Keller, teils unters Holz, und das Beste trugen sie mit sich. Über diesem Bemühen traf sie ein alter, armer Mann, der bat flehentlich um Herberge über Nacht, denn er könne nicht weiter, aber ihm wurde erwidert: »Mandl, hier kannst heit nit bleiben, denn allemal in der Christnacht führt der Teufel Spitzbuben ins Haus, die alles ausrauben, und dich täten sie gleich totschlagen, wie sie es schon einmal einem getan haben, der dablieb, das Haus zu bewohnen.« – »Oh, mir nehmen sie nix, lasst mich doch bleiben!«, entgegnete das graue Mandl, und da gaben ihm die Leute zu essen und zu trinken, ließen ihm ein Licht, wiesen ihm die Schlafstätte über dem Ofen an und wünschten ihm eine geruhsame Nacht, worauf sie das Haus verließen und mit brennenden Fackeln den Kirchgang einschlugen.

Das alte Männlein aß, trank und legte sich schlafen. Um Mitternacht lärmten Fäuste an Tür und Fensterladen, und raue Stimmen brüllten: »Auf! Auf!« –

»Erwartet es!«, rief der alte Bettler, stieg von seiner Lagerstatt herab, nahm das Licht in die Hand und öffnete; da drangen finstere bewaffnete Gesellen herein, aber warnend und schweigend hob der Alte den Zeigefinger und schritt in die Stube zurück. Jene folgten, vom Blick des Alten wunderbar befangen, und als alle in der Stube waren, erhob jener wieder den Finger, beschrieb ein Zeichen in der Luft und rief: »Achtung! Stellt euch! Richtet euch! Augen grad aus!« – wie ein Heerführer, und siehe, sie gehorchten, mussten gehorchen, lautlos, Maschinen gleich. »Geruhsame Nacht!«, sprach spottend das Männlein, kletterte wieder auf seinen Ofen hinauf, legte sich, streckte sich, schlief ein und schnarchte, während jene lebend und doch wie versteinert standen. Das Venedigermandl, denn ein solches war der Alte, hatte sie mit seiner Kunst g'fror'n gemacht.

Als der Morgen graute, kehrten die Bewohner des Hauses zurück, erschraken nicht wenig, als sie die Reihe der Räuber sahen, aber das Mandl stieg vom Ofen herab, bot guten Morgen und sprach: »Da habt ihr die Spitzbuben, tut nun mit ihnen, was ihr wollt, bindet sie und überliefert sie dem Gericht und dem Strang oder lasst sie laufen; wiederkommen werden sie nicht.«

Die Leute berieten sich, was sie tun sollten, und entschieden sich endlich dahin, diese Räuber für große Diebe anzusehen und sie folglich laufen zu lassen nach dem häufig wahren Sprichwort. Heilfroh enteilten die Losgesprochenen und kamen in der Tat niemals wieder. Sie hatten so viel Angst erlitten, dass sie schon bebten, wenn sie nur an die Gegend von Wangen dachten.

Das Venedigermandl aber wurde erst noch herrlich bewirtet und dann mit Dank und Segenswünschen entlassen.

Berchta und der wilde Mann

In der Dreikönigsnacht ging ein Alkuser Bauer nach Hause. Es lag aber so viel Schnee, dass er nur mühsam fortkam. Um auszurasten lehnte er sich an einen Baumstamm. Da kam plötzlich ein riesiger Kerl mit einer eisernen Stange, die ihm als Wanderstock diente. Der Bauer, dem in der Berchtennacht nicht geheuer war, wollte, konnte aber nicht entfliehen. Der wilde Mann ging aber freundlich auf ihn zu und sagte:

»Ich bin heute so weit gegangen, dass ich müde bin und schlafen möchte. Sei so gut und bleibe auch bei mir. Wenn du aber ein Glöcklein klingen hörst, dann kommt die wilde Berchta, wecke mich sogleich mit der Stange, die ich dir gebe. Damit schlag mir auf die Nase, damit ich aufwache, denn ich habe einen knietiefen Schlaf.«

Er schlief alsbald ein. Nach einiger Zeit hörte der Bauer ein Glöcklein, sprang auf und rüttelte den Schläfer. Es wollte aber nicht helfen. Da schlug er mit der Eisenstange dem wilden Manne auf die Nase und schnell sprang er empor und rief:

»Viel zu spat. Ich kann dir als Dank nicht mehr sagen als: Säe viel Roggen und Weizen, Magen und Bohnen!«

Mit diesen Worten lief er fort. Der Bauer folgte seinem Rat und er hat es nicht bereut.

Das Berchtenlaufen

Alle Jahre um Dreikönig laufen die Berchten; diese sind gekleidet wie recht hässliche Tiere und haben Bockshörner auf und große Schellen an. So sind auch einmal vor langer Zeit die Berchten – es waren ihrer zwölf – über den Hüttenbrunnen hin und her gesprungen vor lauter Übermut. Da war auf einmal eine dreizehnte, noch viel abscheulichere, unter ihnen, welche viel höher sprang als alle anderen. Wie nun die anderen diese sahen, liefen sie alle bis auf einen davon; denn dieser meinte, er würde wohl fertig werden mit jener und fing zu raufen an. Aber sie sprang auf ihn los und warf ihn auf den Boden, dass er sich einen Fuß brach. Die andere Berchta lief aber dann davon, und als sie den Fuß aufhob, sah er, dass sie Bockfüße hatte. Der Mann aber, der sich den Fuß gebrochen hatte, starb am zweiten Tage darauf. Er bereute noch seinen Frevel, dass er dort mit jener Berchta zu raufen angefangen hatte. Noch jetzt haben die Bauern den Glauben, dass je mehr Berchten laufen, desto besser auch das Jahr würde. Deshalb bewirtet man sie auch mit Schnaps und Kletzenbrot. Auch am Sebastianstag laufen die Berchten.

Die fliegende Frau

Bevor das Christentum sich über das nördliche Deutschland verbreitete, da war es die gute Frau Hare (oder Harke, Hertha), welche den Menschen alles, was sie brauchten, gewährte. Zwölf Nächte nach dem kürzesten Tage flog sie über das waldige, schneebedeckte Land, und wo sie in den Häusern fleißige und geschickte Arbeiter fand, da zog sie ein durch irgendeine Öffnung und segnete die Wohnung mit Glück und Freude für das nächste Jahr; wo sie aber Unreinlichkeit und Versäumnis sah, da bestrafte sie die Nachlässigen. Am großen Jul- oder Weihnachtsfeste opferte man ihr fette Schweine, überall ertönte der Ruf: »Frow Hare da vlughet« und lud die fliegende Frau zum Besuch ein. Als nun die christlichen Priester die heidnischen Götter vertrieben und die Tempel derselben brachen, blieb doch die gute Frau Hare oder Holle, wie man sie später nannte, im Lande und flog in den zwölf Nächten vom Heiligen Abend bis zum hohen Neujahr oder Dreikönigstag nach wie vor durch die Lüfte und besuchte die Häuser, namentlich auf dem Lande.

Nun lebte damals zu Grubow ein alter Schäfer, der hatte einen Sohn, der bei ihm als Knecht diente, aber schon verheiratet war und ein einziges Kind besaß. Zu diesem trat er am Heiligen Abend, wie gerade die junge Frau vor der Wiege ihres Kindes saß, und ermahnte ihn, in diesen mit heute beginnenden zwölf Nächten ja recht achtsam auf die Herde zu sein und den Pferch wohl verschlossen zu halten, auch ihn (d. h. den Wolf) nicht zu nennen, damit er, da er umgehe, nicht böse werde; er solle den Keil für den Wagen der Frau Hare hauen und ihn auf die Schwelle legen, dass sie ihn finde, wenn sie ihn brauche, wo nicht, so solle er ihn später in den Wagen stecken; die Frau und die Magd sollten aber bis Groß-Neujahr den dicken Flachsknoten abspinnen, damit sie nicht von der Hare gekratzt und besudelt würden; die Frau solle keine Hülsenfrüchte kochen oder berühren, vor allem aber das Kind hüten.

Der Sohn blieb nun bei den Schafen und die Frau vor der Wiege, der Alte aber ging hinaus auf den Vossberg vor dem Dorfe, sah sich nach allen Seiten um und hielt den nass gemachten Finger empor, um zu fühlen, woher der Wind wehe, denn Frau Hare machte die Witterung für das ganze Jahr in den zwölf Nächten, und jeder Monat ist ganz so, wie sein Tag zwischen Weihnachten und Groß-Neujahr. Der Ostwind wehte aber eisig von den Bergen, und darum hielt sich der Alte nicht lange auf und eilte seiner Wohnung zu. Nun war aber sein Haus das erste im Dorfe; als er bald an dasselbe herankam, sah er ein großes zottiges Tier quer über den Acker nach dem Walde eilen, und als er an die Haustüre kam, fand er dieselbe offen stehen. Er eilte in die Stube, doch sah er niemand, die Kammer der Magd war verschlossen, das Kind in der Wiege aber fort. Seine Schwiegertochter hatte nämlich, sobald er fortgegangen war, der Magd aufgetragen, an ihrer statt sich an die Wiege zu setzen und war in den Garten gegangen, um frischen Kohl bei dem Nachbarn zu stehlen, denn man glaubte, dass, wenn man dem Rindvieh in der Christnacht frisch gestohlenen Kohl zu fressen gebe, erkranke dasselbe in diesem Jahre nicht. Die Magd war aber auch nicht in der Stube geblieben, sondern war in ihre Kammer gegangen, hatte sich ganz nackt ausgezogen und so stillschweigend alles, was darin war, gescheuert, denn wenn sie dies tue, hatte man ihr versichert, käme in dem Jahre ein Freier.

Der alte Schäfer stand verzweifelt und die Hände ringend in der Stube, denn er war überzeugt, dass der Werwolf das Kind geraubt habe. Plötzlich aber stürzte seine Schwiegertochter leichenblass ins Zimmer, in der einen Hand den Korb mit dem gestohlenen Kohl, im andern Arm aber mit dem in seine Windeln gehüllten Kinde. Sie erzählte, als sie über die Hecke des Nachbargartens gestiegen, habe sie einen großen Wolf auf sich zu rennen gesehen. Sie habe darüber einen lauten Schrei getan und in demselben Augenblick habe sie gewaltiges Rauschen in den dürren Blättern der Bäume über sich gehört und einen dunkeln Schatten über sich hinschweben sehen; der Wolf habe dann das Kind aus seinem Rachen zu ihren Füßen fallen lassen und sei über den Acker dem Walde zu gelaufen. Da faltete der Schäfer andächtig die Hände und sagte: das war die gute Frau Hare.

Die Hollerfrau

Es ist einmal ein Mann gewesen. Dem ist die Frau gestorben, und er ist mit seinem Mädchen, dem Mariele, allein zurückgeblieben. Das Mariele war so schön, dass sich alle Burschen nach ihm umgedreht haben. Und es ist so flink und fleißig gewesen, es ist ihm alles so gut von der Hand gegangen, dass alles im Haus immer wie ein Spiegel so hell gewesen ist und dass man hätte vom Boden essen können. Bis spät in die Nacht hinein hat man die Spindel von seinem Spinnrad schnurren hören.

Neben dem Witmann hat eine Witfrau gewohnt. Die hat ein Mädchen gleichen Alters gehabt, und es hat auch Marie geheißen. Wiewohl die beiden Mädchen ganz anders geartet waren, gingen sie doch oft zusammen den gleichen Weg in die Kirche und in die Schule. Sonntags ist die Witfrau mit ihnen gegangen. Der Witmann ist Kohlenbrenner gewesen und ist nur hie und da in die Messe gekommen.

Eines schönen Tages sagt die Witfrau: »Mariele, dein Vater ist Witmann, und weil er Kohlenbrenner ist, muss er dich oft alleine lassen. Und ich bin Witfrau und lebe auch allein. Ihr zwei seid gleichalterig. Sag deinem Vater, wir könnten viel sparen an Licht und Brand, wenn wir zusammen hausen würden.«

Das Mädchen hat seinem Vater die Kommission ausgerichtet. Der kratzt sich hinter dem Ohr, denn er ist ein bedächtiger Mann gewesen. Dann sagt er: »Guter Sprech! Was ich gehabt habe, das weiß ich; was ich bekomme, das weiß ich halt nicht! Ich will mir aber bis morgen überlegen und will auf ein Zeichen gehen. Wenn morgen früh der Hollerbuschen vor unserem Haus Blüten treibt, dann soll mir das ein gutes Zeichen sein, und ich will ›Ja‹ sagen. Das kannst du der Witfrau ausrichten.«

Und wie der Mann am anderen Morgen den Fensterladen aufschlägt, da steht der Hollerbuschen in voller Blüt'. Da ist er zuerst erschrocken, denn Heiraten ist kein Pferdekauf! Aber, weil er auf dieses Zeichen, das er angefordert hat, gehen wollte, sagte er zu seinem Mädchen: »Geh hinüber und sag der Witfrau, der Hollerbuschen hat mir das Zeichen gegeben und hat Blüten getrieben, und ich will dem Zeichen treu bleiben und will sie heiraten.« Da ist die Witfrau herübergelaufen gekommen, und sie haben lang und breit überlegt, und sie hat dem Mann versprochen, sein Mädchen zu halten, als wenn es ihre eigene Tochter wäre, und noch viel besser, denn das hatte der Witmann zur ersten Bedingung gemacht. Und die Witfrau hat es ihm bei Gott und allen Heiligen versprochen. Da haben sie sich einander zugesagt und bald darauf geheiratet.

Wie sie jetzt zusammen gehaust haben, ging es zuerst ganz gut und schön. Die Witfrau hat dem Mariele alles Liebe und Gute angetan und hat es spinnen lassen von morgens früh bis abends spät. Und spinnen konnte das Mariele, Fäden, als wie ein Haar so fein! Aber bald ist der Neid über die Frau gekommen.

Sie hat gemerkt, dass der Mann mehr an seinem Mädchen als an ihr hing. Und wenn sie die Mädchen miteinander verglichen hat, da hat sie sich sagen müssen, dass ihr Mädchen dem anderen das Wasser nicht reichen konnte an Schönheit und Fleiß. Ihr Mädchen war rund wie eine Ofenkugel, und das andere war gewachsen wie eine Gerte, so rank und fein! Das Mädchen vom Mann hat Haare gehabt wie aus Gold gesponnen und Haut wie Milch und Blut. Ihr Mädchen hat eine gelbliche Haut gehabt und Haare, pechrabenschwarz, wie ein Zigeuner! Und weil das Mariele von dem Mann so fleißig war und ihm alles so gut von der Hand gegangen ist, hat's immer noch Zeit gehabt zu spinnen und hat schon eine ganze Lade voll Leinen zusammengesponnen gehabt. Weil aber ihre eigene Tochter so faul war und keinen rechten Faden zuwege gebracht hat, war ihre Lade noch ganz leer. Der Mann hat wohl gesehen, dass er einen Fehlgriff getan hatte. Aber was konnte er noch daran ändern? Nichts! Am Abend, wenn die Burschen die Dorfstraße hinauf und hinunter spaziert sind und gesungen haben und die Mädchen im Hof am Brunnen gesessen haben oder auf der Bank vor dem Haus, da hat das schöne Mädchen immer gesponnen, Fäden wie Seide so fein, und das faule hat dagesessen und hat nur ein Geknuttel zuwege gebracht. Die Burschen hatten nur ein Auge für das schöne Mädchen und zwinkerten ihm zu, und das schwarze – sie sagten die schwarze Hexe – haben sie nicht einmal angeschaut. Da wurde auch die neidisch und böse und stieß so gegen das Spinnrad, dass das Mariele sich gestochen hat und die Kunkel rot war von Blut. Und wie es sie abwaschen will, da ist die Kunkel in den Brunnen gefallen. Dann hat es geschrien, dass die Mutter herausgelaufen kam und die auch über das arme Mariele hergefallen ist und gesagt hat: »Du holst die Kunkel aus dem Brunnen, und wenn du sie nicht reichen kannst mit der Hand, setzt du dich in den Schöpfeimer, und ich lasse dich an der Kette hinunter.« Da hat das Mariele in den tiefen Brunnen geschaut, und da hat es auf dem Wasserspiegel die Sterne so hell glitzern sehen, wie sie am Himmel stehen, und es hat keine Angst mehr gehabt und hat sich in den Schöpfeimer gesetzt, und die böse Frau und die böse Tochter haben die Kette vom Wellenbaum hinuntergelassen, und auf einmal ist ihnen der Griff aus der Hand gefahren, und der Schöpfeimer ist tiefer und tiefer in den Brunnen hinuntergefahren bis auf den Grund. Da sieht das Mädchen auf einmal ein breites Tor vor sich. Es steigt aus, geht durch das Tor, das aus lauter roten Felsen gewesen ist, und steht auf einer Wiese mit vielen wunderschönen Blumen. Das Mädchen ist weitergelaufen, und es hat sich ihm ein dicker, alter Apfelbaum in den Weg gestellt. Da haben die schönsten rotbackigen Äpfel drauf gehangen, und sie haben gerufen: »Schüttel uns, schüttel uns ab. Wir sind schon überzeitig!« Unser Mariele, nicht faul, stemmt sich gegen den Apfelbaum, krabbelt auf den ersten Ast, stellt sich in die Gabel und schüttelt, schüttelt aus Leibeskräften, bis alle Äpfel heruntergefallen sind. Dann hat es sie im Gras zusammengesucht und hat sie auf einen Haufen gelegt. Dann ist das Mariele weitergegangen. Da steht eine rotscheckige Kuh vor ihm und brüllt: »Melk mich! Melk mich! Ich kann meine Milch nicht mehr halten.« Das Mariele nimmt den Eimer, der da steht, schürzt sich seinen Rock auf, setzt sich unter die Kuh und melkt sie. Wie es jetzt noch ein Stück weitergekommen ist, da steht mitten auf der Wiese ein Backofen vor ihm, und das Brot schreit: »Zieh uns heraus, zieh uns heraus, sonst verbrenn ich!« Und das Mariele nimmt die Ofensließ, die da vor dem Backofen liegt, und hantiert damit wie ein Bäcker und nimmt einen Laib Brot nach dem anderen heraus und stellt sie nebeneinander auf und geht weiter.

Jetzt gewahrt das Mariele ein kleines Haus, geht drauf zu und sieht eine alte Frau davor sitzen, die spinnt goldene Fäden, wie Spinngewebe so fein, wie das Mariele noch keine gesehen hat. Da bleibt es stehen und kann kein Auge mehr von dem Gespinst wenden, und die Alte sagt zu ihm: »Du kommst mir gerade recht! Willst du bei mir bleiben? Es soll dich dein Lebtag nicht gereuen! Ich will dir zeigen, wie man alles profitlich macht, und zu essen sollst du haben, Herz, was begehrst du? Nur eines musst du machen, sooft ich es dir auftrag'! Die Betten musst du schütteln, dass die Daunen wie Schneeflocken fliegen! Dann schneit es auf der Welt!« Das Mariele sagt: »Ich will alles gerne machen, wie Ihr es haben wollt. Aber wie heißt Ihr denn, und wie muss ich Euch nennen?« – »Ich bin die Hollerfrau«, hat sie gesagt und hat das Mariele ins Haus geführt.

Das Mariele war anstellig und fleißig, sodass die Hollerfrau ihre Freude an ihm gehabt hat. So ist ein Jahr herumgegangen. Da hat das Mariele Heimweh bekommen und hat sich Sorgen gemacht um seinen Vater und ist oft mit roten Augen herumgegangen. Das hat die Hollerfrau gesehen, und weil sie ein gutes Herz gehabt hat, sagte sie zu dem Mariele: »Du hast mir treu und ehrlich gedient. Du sollst deinen Lohn dafür haben. Zuerst nimm hier das Säckchen voll Flachssamen und säe ihn auf den Acker an deines Vaters Haus. Der Samen wird zu Goldkörnern, wenn du das tust und fleißig weiterspinnst.«

Das Mariele bedankte sich, schnürte sein Bündel und ging heimwärts, so wie es herwärts gekommen war. Es kam wieder auf die Wiese mit den vielen Blumen und an das große Felsentor. Da schaute es sich noch mal nach dem Häuschen und der guten alten Hollerfrau um. Und wie das Mariele unter dem Felsentor steht, da fällt ein warmer Regen auf es nieder, und wie es an sich herunterlugt, da sind seine Kleider, seine Schuhe, seine Strümpfe aus lauterem Gold und auch sein Haar, das wie ein goldener Mantel um es lag. Das Mädchen kam aus dem Staunen nicht heraus! Schon war es auf dem Brunnengrund, und da rasselte die Kette mit dem Schöpfeimer herunter. Mein Mariele hinein und der Schöpfeimer mit ihm in die Höhe, es springt auf den Brunnenrand, hüpft hinunter, springt gegen das Haus, und wie es am Misthaufen vorbeikommt, da ruft der Hahn und schlägt mit seinen Flügeln: »Kikeriki, Kikeriki, unsere Goldmarie ist wieder hie!« Das Mariele stürmt in das Haus, am Hollerbuschen vorbei, in

Wintergeister – hold und unhold

die Küche und findet dort den Vater und die Vatersfrau und die schwarze Marie. Die schlagen die Hände überm Kopf zusammen und wissen nicht, was sie sagen sollen, und es muss alles erzählen und sein Säckchen mit den Flachssamen zeigen.

Jetzt sagt die schwarze Marie, dass sie es auch so machen will. Sie wirft ihre Spindel in den Brunnen und springt ihr nach, und alles geht, wie es der Goldmarie ergangen ist. Aber das Mädchen melkt die Kuh nicht und schüttelt die Äpfel nicht und zieht das Brot nicht aus dem Backofen, und alle rufen ihm nach: »Sollst Glück haben!« Es kommt vor das Häuschen. Dort sitzt die Hollerfrau und spinnt einen Faden, aber einen dicken und schwarzen. Das Mädchen verdingt sich ihr. Alles geht gut in den ersten Tagen, aber dann war ihm das Bettenschütteln zu viel, dann hat es keine Stube auskehren wollen, und ganz bald hat die Hollerfrau zu ihm gesagt: »Du kannst wieder heimgehen, dein Lohn soll sein wie deine Arbeit.« Und die Hollerfrau gab ihm ein Säckchen mit Distelsamen und hat zu ihm gesagt: »Säe den auf den Acker, den deine Mutter dir hinterlässt.«

Das Mädchen ist den gleichen Weg heimgegangen, wie es gekommen ist, und wie es unter dem Tor steht, da fällt ein schwerer heißer Regen auf es, und wie es an sich hinunterschaut, da war es über und über mit Pech bedeckt. Es hat geglaubt, im Brunnen könnt' es das Pech wieder abwaschen. Aber nein! Wie das Mädchen am Mist vorbeikommt, da kräht der Hahn: »Kikeriki, Kikeriki, unsere schwarze Pechmarie ist wieder hie!« Und wie es am Hollerbuschen vorbeigeht, da fallen alle Blätter herunter; wie es in die Küche tritt, da ist die Mutter so erschrocken, dass sie kreideweiß geworden ist wie die Wand und aufgeschrien hat und umgefallen ist und tot war.

Die Goldmarie hat Mitleid gehabt mit der Pechmarie und hat sie bei sich behalten und ihr eine Kammer angewiesen, die auf den Garten zu ging hinter dem Haus. Da hat nun die Pechmarie gesessen bis an ihr Lebensende, denn unter die Leute konnte sie ja nicht mehr gehen. Und wie sie ihren Samen gesät hat, da war alles voller Disteln, und der Goldmarie ihr Samen, der hat in heller, himmelblauer Blüte gestanden, und es hat einen Flachs gegeben, wie weit und breit kein Flachsacker zu sehen war. Die Goldmarie hat aus dem Flachs den feinsten Faden gesponnen und hat sich eine große Lade voll Linnen zusammengesponnen, und wie eines Tages der reichste Bauer gekommen ist und um die Hand der Goldmarie angehalten hat, da hat der alte Kohlenbrenner seinen Segen dazu gegeben. Und wie der Hollerbusch wieder Blüten getrieben hat, da ist die Hochzeit gewesen, und es war das schönste Paar, das man weit und breit eh und je gesehen hat. Die Goldmarie ist auf den großen Bauernhof gezogen, hat weiter ihren Flachs angebaut und hat an den Winterabenden weitergesponnen. Den Vater haben sie mitgenommen und haben der Pechmarie das Häuschen gelassen. Und wenn die Pechmarie einmal aus dem Fenster gelugt hat, da sind die Kinder fortgelaufen aus Angst vor der schwarzen Hexe. Rund um das Häuschen sind die Disteln gewachsen, und die Pechmarie hat nie mehr Herr werden können darüber bis an ihr Lebensende. Den Hollerbuschen hat der Kohlenbrenner ausgegraben und mitgenommen, und wie die Goldmarie Kinder bekommen hat, da haben die darunter gespielt, und die Goldmarie und ihr Mann, die Kinder und der Vater haben glücklich zusammen gelebt, und wenn sie nicht gestorben sind, dann leben sie halt heutigentags noch!

Frau Holla und der treue Eckart

In Thüringen liegt ein Dorf namens Schwarza, da zog Weihnachten Frau Holla vorüber, und vorn im Haufen ging der treue Eckart und warnte die begegneten Leute, aus dem Wege zu weichen, dass ihnen kein Leid widerfahre. Ein paar Bauernknaben hatten gerade Bier in der Schenke geholt, das sie nach Haus tragen wollten, als der Zug erschien, dem sie zusahen. Die Gespenster nahmen aber die ganze breite Straße ein, da wichen die Dorfjungen mit ihren Kannen abseits in eine Ecke; bald nahten sich unterschiedene Weiber aus der Rotte, nahmen die Kannen und tranken. Die Knaben schwiegen aus Furcht stille, wussten doch nicht, wie sie ihnen zu Haus tun sollten, wenn sie mit leeren Krügen kommen würden. Endlich trat der treue Eckart herbei und sagte: »Das riet euch Gott, dass ihr kein Wörtchen gesprochen habt, sonst wären euch eure Hälse umgedreht worden; gehet nun flugs heim und sagt keinem Menschen etwas von der Geschichte, so werden eure Kannen immer voll Bier sein und wird ihnen nie gebrechen.« Dieses taten die Knaben, und es war so, die Kannen wurden niemals leer, und drei Tage nahmen sie das Wort in acht. Endlich aber konnten sie's nicht länger bergen, sondern erzählten ihren Eltern von der Sache, da war es aus, und die Krüglein versiegten. Andere sagten, es sei dies nicht eben zu Weihnacht geschehen, sondern auf eine andere Zeit.

(Jacob und Wilhelm Grimm)

Frau Holla zieht umher

In der Weihnacht fängt Frau Holla an herumzuziehen, da legen die Mägde ihren Spinnrocken aufs Neue an, winden viel Werg oder Flachs darum und lassen ihn über Nacht stehen. Sieht das nun Frau Holla, so freut sie sich und sagt:

»So manches Haar,
so manches gutes Jahr.«

Diesen Umgang hält sie bis zum großen Neujahr, das heißt den heiligen Dreikönigstag, wo sie wieder umkehren muss nach ihrem Horselberg; trifft sie dann unterwegs Flachs auf dem Rocken, zürnt sie und spricht:

> »So manches Haar,
> so manches böses Jahr.«

Daher reißen feierabends vorher alle Mägde sorgfältig von ihren Rocken ab, was sie nicht abgesponnen haben, damit nichts dran bleibe und ihnen übel ausschlage. Noch besser ist's aber, wenn es ihnen gelingt, alles angelegte Werg vorher im Abspinnen herunterzubringen.

(Jacob und Wilhelm Grimm)

Fru Gauden oder Goden

Es war einmal eine reiche und vornehme Frau, die hieß Fru Gauden; dieselbe liebte so heftig die Jagd, dass sie das sündliche Wort sprach, die Jagd sei besser als der Himmel, und wenn sie nur immerfort jagen solle, so wolle sie nie zum Himmel ein. Nun hatte sie auch vierundzwanzig Töchter, die hatten gleichen Sinn und gleiches Verlangen.

Als nun einmal Mutter und Töchter nach gewohnter Weise in wilder Freude durch Wälder und Felder jagten, erreichte ihre Lust den höchsten Gipfel, und wieder erscholl das ruchlose Wort von aller Lippen: »Die Jagd ist besser als der Himmel, und wenn wir nur immerfort jagen dürfen, so wollen wir nie zum Himmel ein.« Siehe, da wandeln sich plötzlich vor den Augen der Mutter die köstlichen Kleider der Töchter in zottige Haare, die Arme in Beine, und vierundzwanzig Hündinnen umklaffen den Jagdwagen der Mutter; vier von ihnen übernehmen den Dienst der Rosse, die übrigen umkreisen als Jagdhunde den Wagen, und fort geht der wilde Zug zu den Wolken hinauf, um dort zwischen Himmel und Erde, wie sie gewünscht hatten, unaufhörlich zu jagen, von einem Tage zum andern, von einem Jahre zum andern. Doch längst schon sind sie des wilden Treibens überdrüssig geworden und schmerzvoll beklagen sie jetzt den frevelhaften Wunsch, insbesondere die Mutter, die nicht nur über ihr eigenes Schicksal, sondern mehr noch über das ihrer unglücklichen Töchter bekümmert ist; aber sie alle müssen die Folgen ihrer Schuld tragen, bis die Stunde ihrer Erlösung kommt. Kommen wird diese Stunde einmal, doch niemand weiß, wann das geschieht, und bis dahin ist ihnen nur vergönnt, ihre Klagen vor den Ohren der Menschenkinder laut werden zu lassen, um auf solche Weise Linderung für ihre Schmerzen zu suchen und zu finden.

In den Twölven, denn zu andern Zeiten können wir Menschenkinder sie nicht wahrnehmen, lenkt Frau Gauden ihren Jagdzug zu den Wohnungen der Menschen hin; am liebsten fährt sie in der Christnacht oder in der Altjahrsnacht über die Straßen des Dorfes, und wo sie dann die Tür eines Hauses geöffnet findet, da sendet sie eine von ihren Begleiterinnen hinein. Ein kleiner Hund wedelt nun am andern Morgen die Bewohner des Hauses an und fügt niemandem ein anderes Leid zu, als dass er durch klagendes Gewinsel die Ruhe der Nacht stört. Beschwichtigen lässt er sich nicht, auch nicht verjagen; tötet man ihn, so verwandelt er sich am Tage in einen Stein, der, wenn auch weggeworfen, durch unsichtbare Gewalt ins Haus zurückkehrt und zur Nachtzeit wieder zum Hunde wird. Der lebendig gewordene Hund aber rächt sich nun, wimmert und winselt zum Entsetzen der Menschen das ganze Jahr hindurch, bringt Krankheit und Sterben über Menschen und Vieh, wie Feuersgefahr über das Haus, und erst mit der Wiederkehr der Twölven kehrt die Ruhe des Hauses zurück, wenn es bis dahin vor völligem Untergang bewahrt blieb. Jeder achtet deshalb mit Fleiß darauf, dass während der Abend- und Nachtzeit in den Twölven die große Tür des Hauses wohl verschlossen gehalten werde; unvorsichtige Leute versäumen das zuweilen und sind dann selbst schuld daran, dass Frau Gauden bei ihnen einzieht.

So geschah dies auch einmal den Großeltern jetziger Hauswirtsleute zu Bresegardt. Die waren noch obendrein so töricht, Frau Gaudens Hündlein zu töten; aber dafür war auch von Stund an kein »Säg und Däg«, d. i. kein Segen und Gedeihen mehr im Hause, bis zuletzt das Haus sogar in Flammen unterging.

Glücklicher aber waren diejenigen daran, die der Frau Gauden einen Dienst erwiesen. Es begegnet ihr zuweilen, dass sie in der Dunkelheit der Nacht des Weges verfehlt und auf einen Kreuzweg gerät. Kreuzwege aber sind der guten Frau ein Stein des Anstoßes, und so oft sie sich auf einen solchen verirrt, zerbricht sie irgendetwas an ihrem Wagen, das sie selbst nicht wieder herzustellen versteht. In solcher Verlegenheit kam sie auch einmal zu nachtschlafender Zeit, als stattliche Dame gekleidet, einem Knechte zu Boeck vor sein Bett, weckte ihn auf und bat ihn flehentlich um Hilfe in ihrer Not. Der Knecht ließ sich erbitten, folgte ihr zum Kreuzwege und fand allda, dass das eine Rad von ihrem Wagen abgelaufen war. Er machte das Fuhrwerk wieder gangbar, und zum Dank für seine Mühe befahl sie ihm, die sämtlichen Häuflein in seine Tasche zu sammeln, die ihre Begleiterinnen beim Verweilen auf dem Kreuzwege zurückgelassen hatten, wir können nicht sagen, ob als Zeichen großer Angst oder guter Verdauung. Der Knecht ward unwillig über solch ein Anmuten, ließ sich indes doch einigermaßen beschwichtigen durch die Versicherung, dass das Geschenk so wertlos, wie er wohl meine, für ihn nicht sein werde, und nahm, wenn auch ungläubig, doch neugierig einige Häuflein mit sich. Und siehe, zu seinem nicht geringen Erstaunen begann das Mitgenommene mit Tagesanbruch zu glänzen wie blankes Gold und war auch wirklich Gold. Da war es ihm denn sehr leid, statt einiger Häuflein nicht alle mitgenommen zu haben; denn von den zurückgelassenen Kostbarkeiten war am Tage auch nicht die Spur mehr aufzufinden.

Ein andermal beschenkte Frau Gauden einen Mann zu Conow, der eine neue Deichsel in ihren Wagen setzte, und noch ein andermal beschenkte sie eine Frau zu Göhren, die ihr den hölzernen Stecken in die Deichsel schnitt, über welchem die Wage hängt. Beide erhielten für ihre Mühe, dass die sämtlichen Späne, die von der Deichsel wie von dem Wagenhalter abfielen, sich in schieres, prächtiges Gold verwandelten.

Insbesondere liebt Frau Gauden kleine Kinder und beschenkt sie zuweilen mit allerlei guten Gaben; darum singen die Kinder auch, wenn sie »Fru Gauden« spielen:

>»Fru Gauden hett mi 'n Lämmken geven,
>Dormit sall ick in Freuden leven.«

Doch hat sie sich allmählich aus der Gegend weg gewandt, und das hängt so zusammen. Fahrlässige Leute zu Semmerin hatten in einer Silvesternacht ihre Haustür sperrweit offen gelassen. Dafür fanden sie am Neujahrsmorgen ein schwarzes Hündlein auf ihrem Feuerherde liegen, das in nächster Nacht mit unausstehlichem Gewinsel den Leuten die Ohren voll schrie. Da war guter Rat teuer, was anzufangen sei, um den ungebetenen Gast aus dem Hause loszuwerden. Und wirklich fand man Rat bei einer klugen Frau, die in geheimen Künsten wohl bewandert war. Diese gebot nämlich, es solle das sämtliche Hausbier durch einen »Eierdopp« gebraut werden. Gesagt, getan. Eine Eierschale ward in das Zapfloch des Braukübels gesteckt, und kaum, dass das »Wörp«, das ungegorene Bier, hindurchgelaufen war, da erhob sich Frau Gaudens Hündlein und redete mit vernehmlicher und klarer Stimme:

>»Ick bün so olt
>As Böhmengold;
>Äwerst dat heff ick minleder nich truht,
>Wenn man 't Bier dörch 'n Eierdopp bruht!«

Und als es das gesagt hatte, verschwand es, und seither hat niemand hier so wenig Frau Gauden als ihre Hündlein gesehen.

Der Wode

Den Wode haben viele Leute in den Zwölften und namentlich am Weihnachtsabend ziehen sehen. Er reitet ein großes weißes Ross; ein Jäger zu Fuß und vierundzwanzig wilde Hunde folgen ihm. Wo er durchzieht, da stürzen die Zäune krachend zusammen und der Weg ebnet sich ihm; gegen Morgen aber richten sie sich wieder auf. Einige behaupten, dass sein Pferd nur drei Beine habe. Er reitet stets gewisse Wege an den Türen der Häuser vorbei und so schnell, dass seine Hunde ihm nicht immer folgen können; man hört sie keuchen und heulen. Bisweilen ist einer von ihnen liegen geblieben. So fand man einmal einen von ihnen in einem Hause in Wulfsdorf, einen andern in Fuhlenhagen auf dem Feuerherde, wo er liegen blieb, beständig heulend und schnaufend, bis in der folgenden Weihnachtsnacht der Wode ihn wieder mitnahm. Man darf in der Weihnachtsnacht keine Wäsche draußen lassen, denn die Hunde zerreißen sie. Man darf auch nicht backen, denn sonst wird eine wilde Jagd daraus. Alle müssen still zu Hause sein; lässt man die Tür auf, so zieht der Wode hindurch und seine Hunde verzehren alles, was im Hause ist, sonderlich den Brotteig, wenn gebacken wird.

Einst war der Wode auch in das Haus eines armen Bauern geraten und die Hunde hatten alles ausgezehrt. Der Arme jammerte und fragte den Wode, was er für den Schaden bekäme, den er ihm angerichtet. Der Wode antwortete, dass er es bezahlen wolle. Bald nachher kam er mit einem toten Hund angeschleppt und sagte dem Bauern, er solle den in den Schornstein werfen. Als der Bauer das getan, zersprang der Balg und es fielen viele blanke Goldstücke heraus.

Der Wode hat einen bestimmten Weg, den er alle Nacht in den Zwölften reitet. Der geht rings um Krumesse herum über das Moor nach Beidendorf zu. Wenn er kommt, so müssen die Unterirdischen vor ihm flüchten, denn er will sie von der Erde vertilgen. Ein alter Bauer kam einmal spät von Beidendorf und wollte noch nach Krumesse; da sah er, wie die Unterirdischen daher gelaufen kamen. Sie waren aber gar nicht bange und riefen: »Hüt kann he uns nich krigen, he sall uns wol gaan laten, he hett sik hüt morgen nich woschen.« Als der Bauer nun etwas weiter kam, begegnete ihm der Wode, und der fragte ihn: »Wat repen se?« Der Bauer antwortete: »Se seggt, du hest di van morgen nich woschen, du sast se wol gaan laten.« Da hielt der Wode sein Pferd an, ließ es stallen, saß ab und wusch sich damit. Nun stieg er wieder auf und jagte den Unterirdischen nach. Nicht lange darauf sah ihn der Bauer zurückkommen; da hatte er sie mit ihren langen gelben Haaren zusammengebunden und zu jeder Seite mehrere vom Pferde herabgehangen. So hat er die Unterirdischen verfolgt, bis sie jetzt alle verschwunden sind. Deshalb jagt er auch nicht mehr auf der Erde, sondern oben in der Luft.

So erzählte dies ein alter achtzigjähriger Mann in Krumesse. Der Wode ist in ganz Lauenburg bekannt und überall schließt man vor ihm die Türen in der Weihnachtszeit.

Der Spielmann und die wilde Jagd

An einem Silvesterabend hatte einmal ein Spielmann in einem Dorfe bei Templin zum Tanze aufgespielt und ging um Mitternacht nach Hause; wie er aber in den Wald kam, da hörte er die wilde Jagd daherbrausen und weil er ein furchtsamer Gesell war, versteckte er sich hinter einem Eichstamm. Das half ihm aber nichts, denn die wilde Jagd zog an der Erde hin, kam immer näher und näher, und im Nu stürzte einer der Jäger auf den Baum los und rief: »Hier will ich mein Beil hineinhauen.« Im selben Augenblick bekam der Spielmann einen gewaltigen Schlag auf den Rücken und fühlte auch eine große Last auf demselben, sodass er eiligst und in Angst davonlief. Erst in seinem Hause machte er Halt und ward nun zu seinem Schrecken inne, dass er einen großen Buckel bekommen hatte. Da war er gar betrübt und am andern Morgen lief die ganze Nachbarschaft zusammen, um das Wunder zu sehen. Da kam zuletzt auch einer, der riet ihm, er solle übers Jahr um dieselbe Stunde sich wieder hinter denselben Eichbaum stellen, da werde ihm geholfen sein. Das beschloss denn der Spielmann auch zu tun und konnte die Zeit kaum erwarten.

Endlich war's wieder Silvester und er ging hinaus in den Wald zu derselben Eiche; da kam um Mitternacht auch wieder die wilde Jagd und derselbe Jäger stürzte auf den Baum zu und rief: »Hier hab ich vor einem Jahr mein Beil hineingehauen, hier will ich's auch wieder herausziehen.« Und im selben Augenblick gibt es im Rücken des Spielmanns einen gewaltigen Ruck und fort war der Buckel.

Raunacht-Abenteuer

Nahe am Fuße der hohen Kampenwand, die so breitbogig über den Chiemsee schaut, steht ein Bauernhof, von dessen Besitzer mir einst eine abenteuerliche Geschichte erzählt wurde, welche Licht auf Brauch und Meinungen des Volkes in den Bergen wirft.

Am heiligen Christabend saß der Bauer, das heißt der Großvater des Genannten, in seiner Stube und unterhielt sich mit den Knechten über Dinge, welche an Winterabenden gern besprochen werden, über Geister und Hexen, Teufel und Gespenster. Dabei war auch die Rede von Begegnungen, welche man zur Nachtzeit mit Unbekannten haben könne und wie gefährlich es mitunter sei, sich mit Gestalten einzulassen, welche plötzlich irgendwo auf rätselhafte Weise auftauchen. Insbesondere ging die Rede davon, wie bedenklich es sei, in der heiligen Nacht auf die Jagd zu gehen. Denn in dieser Nacht, in welcher Milch und Honig fließt und auch die Tiere reden können, liegt eine Weihe über allem Geschaffenen, welche eine Verletzung des Lebendigen zum Frevel macht. Wer dergleichen aber dennoch unternahm, der ist schlecht weggekommen oder hat gar über seinem Tun das Leben verloren. So habe einstmals, erzählte der Bauer seinen Knechten, einer in der heiligen Nacht, während die anderen Hausgenossen in der Mette waren, zum Fenster hinausgeschaut. Es lag Schnee, und der Mond schien so licht auf dem weißen Felde, dass man weithin alles wie bei Tage sehen konnte. Da erblickte er einen Hasen, der ganz nahe vor dem Haus herumlief. An der hölzernen Wand neben der Uhr hing das geladene Gewehr – was war also natürlicher, als dass der Bursche das Gewehr packte, sich ganz leise zum Hause hinausschlich und den Hasen anpürschen wollte.

Er war kaum aus dem Haus, so erblickte er vor sich einen zweiten, gleich darauf einen dritten, im nämlichen Augenblick einen vierten, fünften Hasen und so fort, bis mit einem Male alles, so weit das Auge reichte, von Hasen bedeckt war.

Wie der Bursche das sah, standen ihm die Haare zu Berge. Halb lahm vor Entsetzen begab er sich ins Haus zurück, ohne daran zu denken, das Gewehr abzuschießen. Bei diesem Rückzug verlor er im Schnee einen Schuh, und dieser Schuh war die einzige Spur, welche von dem Abenteuer übrig blieb. Denn als er den aus der Kirche Zurückgekehrten die Geschichte erzählte, glaubten diese nichts davon bis zum Morgen, an welchem sie im Schnee den Schuh entdeckten, doch keine einzige Fährte von Hasen.

Der Knecht, welchem der Bauer diese absonderliche Hasengeschichte erzählte, fühlte sich dadurch nicht sehr erbaut. Er schüttelte den Kopf schon während der Berichterstattung, und als sie vollendet war, platzte er mit folgender Bemerkung heraus: »Der Mensch muss recht arg betrunken oder schlafsüchtig gewesen sein, wenn er sich solche Sachen hat träumen lassen. Am Ende war er gar von der Mondsucht befallen. Mir leuchtet das nicht ein, was da geschehen sein soll.«

»Glaubst du auch nichts von den Hexenstühlen und wie die Hexen einen zurichten können in der heiligen Nacht?«, sagte der Bauer, ein wenig verärgert über den Widerspruch des Knechtes.

Dieser aber antwortete: »Ich hab auf solche Dummheiten nie aufgepasst. Überhaupt glaub ich an gar nichts, was ich nicht selber sehen oder mit der Hand greifen kann.«

»Was ist denn das eigentlich mit den Hexenstühlen?«, fragte ein anderer Knecht, der bisher mit offenem Munde zugehört hatte. »Erzählt uns etwas davon, denn zum Kirchengehen ist es ohnehin noch viel zu früh.«

Der Bauer, der einmal im Zuge war, besann sich nicht lange, stopfte sich eine frische Pfeife und zündete sie an. Dann nahm er einen Schluck Schnaps, der für das Gesinde auf dem Tisch stand, und begann folgendermaßen: »Ihr wisst ja doch alle, dass die Leute, die sich mit den Hexen einlassen wollen, sich zuerst einen Stuhl verschaffen müssen, der aus neunerlei Gattungen von Nadelholz zusammengesetzt ist. Auch habt ihr schon davon gehört, dass dieser Stuhl gemacht werden muss, während am Sonnwendtag die Feierabendglocke geläutet wird. Weil es bekannt geworden ist, dass mit Hexengeschichten so viel Unfug getrieben wird und dass so viele Leute durch ihren Fürwitz ins Unglück kommen, so hat man auch jenes Feierabendgeläut abgekürzt, sodass am Sonnwendtag weniger lange geläutet wird als an anderen Tagen. Und wie rachsüchtig die Hexen sind, davon habt ihr gehört?«

Anstatt der Antwort lachte ihm der Knecht ins Gesicht. Den Bauern aber wurmte es, dass dieser Knecht in Gegenwart der anderen Dienstboten sich so über das Gesagte lustig machte. Etwas barsch entgegnete er: »Mir sind schon viele untergekommen, die auch getan haben, als wenn sie nichts glaubten und sich vor nichts fürchteten. Wenn aber Gespenstergeschichten erzählt wurden, so haben sie sich doch kaum getraut, die Füße unter die Bank zu halten. Große und baumstarke Burschen habe ich schon gesehen, mit denen es so beschaffen war.«

Diese offene Anspielung stachelte den Knecht auf. Rasch erhob er sich von der Bank und rief dem Bauern zu: »So stell mich halt auf die Probe! Da müsste sich doch mein Vater noch im Grabe umdrehen, wenn ich nicht mehr Schneid hätte, als du mir zumutest.«

»Es gilt«, sagte der Bauer, »du kriegst von mir die beste Kuh im Stall, das Resei, das Blümei oder das Scheckei, welche du nur willst, wenn du heute Nacht das tust, was ich dir sage. Aber ich bitte mir aus, dass es heute Nacht geschieht, heimkommen kannst du, wann du magst.«

»Ich tu's ohne Weiteres«, sagte der Knecht. »Mag's sein was nur immer, ich vollbring's.«

Der Bauer antwortete ihm in feierlichem und langsamem Ton: »Ich sag dir's noch einmal, du kannst dir die Kuh aussuchen, wie du willst, wenn du mir von der Voralpe den Milchseiher heute Nacht herabbringst.«

»Gut Bauer, ich hol dir deinen Milchseiher«, sagte der Knecht. Darauf wurde nicht viel mehr gesprochen.

Ganz unverzagt schritt der Knecht in die winterliche Nacht hinaus, durch welche aus verschiedenen Höfen Lichter glänzten, denn selbst der Ärmste ehrt diesen Festabend wenigstens durch eine Talgkerze.

Nicht gerade schnell, aber gleichmäßigen Schrittes, wie es bei Gebirgsleuten der Brauch ist, schritt er gegen den Berg hinan und hatte in kurzer Zeit eine ziemliche Höhe erreicht. Da begegnete ihm plötzlich ein Mann, der als Jäger gekleidet war, ihn begrüßte und mit offenbarer Neugier fragte, wohin er denn heute Abend noch gehe. Der Knecht hielt es nicht für notwendig, ihm den eigentlichen Zweck seines Nachtwandelns auseinanderzusetzen, sondern sagte kurzweg, er müsse noch auf die Alpe gehen. Der Jäger bat um einen Gefallen. In einer am Bergwald liegenden Hütte solle er die geschichteten Wildhäute wenden; der Lohn dafür läge hinter der Tür. Der Knecht versprach das zu besorgen und setzte seinen Weg fort. Er selbst stieg bergauf, der Jäger aber wandte sich dem Tal zu. Während der Knecht so im Schnee weiterschritt, kam ihm das Abenteuer nach und nach überaus seltsam vor. Er war in der Gegend aufgewachsen, kannte alle Wege und Stege auf den Bergen, vermochte sich aber doch nicht an eine Hütte zu erinnern, die an der Stelle stehen sollte, welche der Fremde beschrieben latte.

Die Nacht war ziemlich kalt, und in der Schnee-Einsamkeit der Berge wurde kein Laut vernehmbar als die Tritte seiner Füße, unter welchen der Schnee kreischte. Die Wälder ragten als weiße Mauern am Gesichtskreis, die Sterne flimmerten in vielfarbigem Licht.

Er war bereits ungefähr drei Stunden auf dem Weg, als er den Rand des Waldes erreichte. Hier nun steigerte er seine Aufmerksamkeit, um die Hütte und den Baum vor ihr nicht zu übersehen. Da stand richtig alles, wie es ihm beschrieben worden war. Er wendete die Rehdecken und suchte dann nach dem versprochenen Lohn, fand aber nichts als einen Haufen Tannenzapfen, deren einen er einsteckte, um ihn den Kindern des Bauern mitzubringen. Er verschloss die Hütte, hing den Schlüssel an den Baum und ging weiter.

Endlich sah er die Almhütte vor sich. Diese war beleuchtet und bewohnt, welch ersteres durch die obere Tür zu erkennen war, die geöffnet stand – etwa eine halbe Mannshöhe über dem Boden, wie man es im Sommer an den Sennhütten sieht, aus welchen durch diese Öffnung der Rauch herausgelassen wird. Unerschrocken und keineswegs durch die Unerhörtheit dieses Schauspiels einer in der Weihnachtsnacht beleuchteten Alphütte zurückgescheucht, wollte der Bursche eben die untere Tür öffnen, als ihm die Sennerin wie eine Wildkatze entgegensprang.

Sie grinste ihn an und fragte in höhnischem Tone: »Hast du die Kuh schon?«

»Ja, wenn ich den Milchseiher herunterbringe, dann habe ich die Kuh«, entgegnete der Bursche ruhig. Darauf packte die Sennerin den Knecht und warf ihn in einem Nu den Abhang hinunter, auf welchem die Hütte stand. Es verging eine Weile, bis er sich aufraffen und den Schnee aus den Augen reiben konnte. Aber einmal ist keinmal, und so machte er sich noch einmal auf den Weg zur ingrimmigen Sennerin. Wenige Augenblicke nachdem er sich den Schnee von den Kleidern abgeschüttelt hatte, begann der vorige Auftritt von Neuem. Die Sennerin tat die nämliche Frage; der Bursche gab die nämliche Antwort und flog auch richtig wieder gerade so über die Berglehne hinab. Aller guten Dinge sind drei, dachte er bei sich, klopfte den Schnee von seinem Wams und versuchte es zum dritten Male.

Diesmal aber kam es anders. Die Nachtsennerin war zahm geworden und übergab ihm den Milchseiher ohne Weiteres, ja bedankte sich noch bei ihm, zog ihn ans Feuer und erzählte ihm ihre Geschichte. Aus dieser aber war Folgendes zu entnehmen. Sie befand sich dermalen als Gespenst in der Sennhütte, und zwar als ein solches, welches dorthin seit dem Tod des lebendigen Körpers zur Pein und Strafe gebannt worden war. Wahrend ihrer Lebzeit hatte sie ihre Arbeit als Sennerin sehr liederlich verrichtet und mit der Milch und anderem Erzeugnis der Alpe gewissenlos und verschwenderisch gewirtschaftet. Sie vernachlässigte das Vieh, beeinträchtigte den Eigentümer und beherbergte ihre Liebhaber. Für diese Verbrechen wurde sie nach ihrem Tode in eine Nachtsennerin verwandelt, das heißt in ein Gespenst, welches sich während der Winterzeit auf der Alpe aufhalten und alle Dienste verrichten muss, welche früher schon hätten geleistet werden sollen. Nunmehr aber war sie durch den Burschen erlöst.

Nach dieser Aufklärung verschwand die unheimliche Gestalt. Die Hüttentür, die soeben noch offen gewesen war und das Feuer des Herdes auf den Schnee hatte hinausleuchten lassen, war mit einem Male gesperrt, das Feuer selbst erloschen, und überhaupt schaute die Alphütte so aus wie jede andere während der Winterzeit. Der Knecht kehrte nach Hause zurück, lieferte das Milchsieb ab und berichtete beim Frühstück von seinen Erlebnissen. Kein Mensch kannte die Hütte, in welcher die Wildhäute gelegen sein sollten. Als der Knecht aber zur Bestätigung den Tannenzapfen hervorziehen wollte, den er mitgenommen hatte, da fand es sich, dass es ein Zapfen von Gold war. Eine Viertelstunde später waren weder Bauer noch Knechte mehr im Hause, sondern alle miteinander fortgegangen, um die Hütte mit dem goldenen Schatz zu finden. Der Wind hatte die Spuren ihres Vorgängers im Schnee noch nicht verweht. Andere Spuren aber wurden nicht angetroffen trotz aller Fragen, mit denen sie den Gewinner der Kuh bestürmten. Man fand weder die Fußstapfen des fremden Jägers noch die Hütte. Und damit schließt das Abenteuer, welches dem Bauern in der Nähe der Kampenwand sein Großvater erzählt hatte.

Wie Rübezahl sich in seinem Geisterreiche die Zeit vertreibt

Oben im Gebirge schrie jetzt der Nordsturm.

Noch am Vormittag hatte die Dezembersonne blass geschienen und die kleinen Fenster der Hütten am Hange mit ihren matten Strahlen dünn vergoldet.

Aber gegen die Vesperstunde begannen Huschen Schnee mit wildem Hörnerschall auch durch die Hohlen unten hinaufzufahren. Und oben höher auf den freien Steinhalden des Kammes jagten die schneeweißen Bergfrauen in feinen Glitzerschleiern im Wirbeltanz, Hunderte und Tausende die abschüssigen, reinen Flächen hinab.

Da blieb keine Stätte hoch oben, wo nicht in sinnverwirrendem Zuge die unkenntlichen, vermummten alten Rauzen und Knieholzzwerge in den menschenleeren Einsamkeiten umfegt und umgellt waren.

Tausende von Windsbräuten mit gierigen Herzen und gierigen Mündern, die ihre Buhlen im Fluge suchen gingen, waren in Gründen und Schluchten zugleich aufgewacht. Und die verdorrten und abgestorbenen Forstherrlichkeiten alle, die noch eben in der herbstlichen Sonne sanft geleuchtet hatten, begannen unter jähem Bellen und lautem Gekläff der tollen Meute mit flatternden Graukleidern hangauf hangab im Kreise zu jagen.

Heere waren überall aufgestanden und in die Lüfte geflohen.

Heere, wie sie der große Schwedenkönig nicht zahlreicher gegeneinander durch Deutschland und Böhmen gejagt.

Undurchdringliche Wirbelheere.

Sodass das Auge des kleinen Dorfschmiedes in der umheulten Wohnhütte in der Schlucht durch die verfrorene Scheibe hinaufsah, wo kein Himmel mehr sich zeigte.

Heere, deren Gejohl und freches Gewieher den dicken Schankwirt mit flatternder Schürze von dem kleinen Scheunentore wieder jach in den Hausflur zurücktrieb.

Denn die kleinste Ritze am Scheunentore in diesem Augenblicke aufzutun, hätte nur heißen können, die beiden Torflügel auseinanderzureißen, damit die lechzenden, von hudligen Silbergespinsten umflogenen Gesichter der Bergfrauen zu Scharen auch noch auf die glatte Tenne stürmten und die kleine Tenne samt Körnerresten und Strohpuppen zum Tanzsaale machten.

Da war für den Menschen in den kleinen Bergdörfern keine Rettung vor Wintergewalten.

Die Armseligen innen saßen in ihren Holzhütten und starrten in den langen, trüben Stubendämmer.

Welche auch saßen und schnitzten Rübezahle, wie die Leute an heiligen Wallfahrtsstätten Muttergottesbilder und den Christ am Kreuze schnitzen.

Da waren Rübezahls Atemhauche auch vom Sturmheer gefasst.

Da war auch er einer aus einer anderen Welt. Und durchraste die Räume einsam wie der Sturm selber.

Blieb ungestalt.

Weil er jetzt mit Menschen nicht mehr handeln brauchte, die nur ihresgleichen mit ihren kleinen Tieräuglein begreifen können.

Ging mit den wesenlosen Nebelfrauen wesenlos im Zuge, die Winterhirsche und Winterrehe in die Täler treiben.

Da jauchzte auch sein Herz.
Da lag die Welt der Menschentäler tief unten.
Da wuchs auch er schemenhaft in die Lüfte wie der Gewaltigste unter Gewaltigen.
Da fuhr er wie ein wahnsinniger Luftgeist einher, den tausend Tänzerinnen wie ihren Götzen umtanzten. Oder vor dem tausend Beterinnen sich in den wirbelnden Schneestaub beugten.
Da konnte das Menschenauge hoch oben nur unheimliche Visionen entdecken, die sich im Fluge zerlösten, wenn es einen Blick hoch hinauf geworfen, sobald eine unsichtbare Riesenhand ein Loch in die treibenden Nebelschleier gerissen und das Tal bis hinauf zum Kamme einen Augenblick freigemacht.
Da ahnte man wohl, wie ein kühnster Führer seine Geisterscharen in wilden Haufen in die Schluchten trieb, sie in der Tiefe plötzlich verbergend. Um sie im nächsten Augenblicke neu emporzutreiben, dass sie kühn und dröhnend die Höhe hinanmarschierten, bald im tollsten Handgemenge miteinander.
Da stand Rübezahl mitten inne. Hochgerichtet im Luftkreise. Ein kühnes Gespinst. Umheult und umbrüllt wie ein Fels im Meere.
Nur Wahnsinn und Gier um ihn und hartes Gelechz.
Nicht anders auch, als wäre er ein kühner Hexenmeister am Sabbattage der Hölle.
Als wollten die allertollsten Hexenweiber den Herrn der Feuer und Stürme selber zu ihrem Buhlen machen. Und mit ihm durch alle Hohlen jagen und um alle verschneiten Gebirgsriffe teuflische Tänze im Fluge tanzen.
Das waren Tage, wo Rübezahl nichts mehr vom Meilenschreiter oder vom grünbeschirmten Laboranten wusste. Sich niemals erinnerte, als Rad in Sommersonne von den Grenzbauden nach Schmiedeberg getorkelt und getanzt zu sein. Vielleicht noch eher daran, dass er auch einmal als Baumfalke mit Tausenden schwirrender Kohlweißlinge auf einer Sommerwiese um die Wette geflattert und getändelt.
Das waren Tage, wo man die innerste Gewalt seiner Lüste ausspürte. Wo man begreifen konnte, dass ein solcher wie er mochte ein Verwandter von Geistern aus dem kalten Weltenraume sein, der von wer weiß woher einst seine Reise aus Ferne und Sternenlicht auf die steinige Erde gemacht, um hier des Riesengebirges Herr und Meister zu sein. Wer auch sollte jetzt wissen, welche der tausend Buhlerinnen, deren Gieren über die Berghalden schrien und gellten, ihm seine Gnadenlaune am jähesten abstahl. In welchen Tanzwirbeln sich seine Süchte am kühnsten erletzten.
Wer hätte es wagen dürfen, heimlich zuzusehen, wie die tobsüchtigen Flockenweiber ihn umringten. Ihm auf Kopf und Nacken sprangen. In tollem Hintreiben auf seinem Rücken hockten, sodass er sich ihrer kaum erwehren konnte.

Wie er mit seiner Sturmpeitsche den Scharen um die silberglitzernden Geschmeide schlug, dass es hundertfach klirrte. Weil sonst vor ihren Umarmungen und Erstickungen keine Hilfe gewesen.

Oft stand Rübezahl wie ein weißer, gewaltiger Hirsch kühn auf der Höhe, Machttöne voll Brunst die Hänge niederbrüllend. Die gestauten Nebelheere in trotzendem Lachen rings um ihn.

Wer könnte je die einsamen Leidenschaftsspiele begreifen, wenn alle eisigen Wintereinsamkeiten den gewaltigen Berggeist aus seinen Schlupfen emporgelockt, um sich selber genug zu tun und seiner irdischen Herrschaft froh zu werden.

Da waren viele Tage und Nächte, die unheimlicher und erschütterlicher waren wie die ersten Schöpfungstage, wo die Engel die Ecksteine der Welt in die Räume geworfen unter dem Jauchzen der Morgensterne.

Da war kein Sehen mit Menschenaugen. Und das Ohr der Menschen wäre nicht fähig gewesen, das Brausen aufzunehmen, das wie ein Brüllen von Orkanen wild durcheinanderging.

Da wurde jeder begreifliche Laut wie ein Tropfen im Meer verschlungen.

Das waren nicht Finsternisse für ein kleines enges, irdisches Leben.

Nur Finsternisse, dreimal so tief wie die dunkelsten Nächte.

Und sinnloseste Verwirrungen, als wenn es gälte, noch einmal die Urlust des Chaos auszukosten.

Da wollte der Geist der Berge unter den entflatterten tausend Gieren Herr und Genießer sein.

Das waren keine Menschenfreuden.

Das waren Dämonentumulte im Blute des unbarmherzigen Bergriesen, dessen Gelüste aufzischten wie Schlangen aus Eiskristallen, die um Berghäupter herum wuchsen, um sich als wilder Drachen mit unzähligen Mäulern bis zum Himmel auszudehnen.

Hu! Schneestürme hoch und fern, dem Wolkenzuge nahe. Darein die gierigen Bergfeen jauchzend springen, um endlich selbst die lieblichen Goldengel zu ihren Liebesspielen zu greifen und herunterzuholen.

Oder daraus sündige Engel, von flüchtigen Sonnenschimmern beglüht, gierig herabstürzen, von der Frechheit der irdischen Schneeschatten verlockt, um in dem freien Treiben über die Hänge einmal Lust und Wahn des Erdglückes auszukosten.

Und dann ewig zu stürzen und zu stürzen. Wie ein Wasserfall stürzt. Stufe um Stufe in die Dämmer der Abgründe.

Das war Rübezahls Geisterreich.

Wenn die Sonne ihren kurzen Weg um die Erde nahm, sodass an dem Steinleibe der Erde Wonne und Wachstum und die Glückseligkeit von Blüte und Baum und Vogelsang ganz verarmte, saßen die Menschen unten im Tale heimlich in ihren Hütten und warteten, dass sie endlich den heiligen Lichterbaum neu entzünden könnten, um darunter zu singen, dass doch wieder der Frühling kommt.

Tage um Tage, Wochen um Wochen ging es so in den einsamen Winterbergen ...

Aber eines Tages konnte der mächtige Berggeist dann auch einmal von den wilden Sturm- und Eisfesten hoch oben verschnaufen.

Da lag er hingedehnt wie ein Schemen am Rande einer weißen Winterwiese und tändelte hin im Erinnern und Hoffen wie der Mensch selber.

Denn Sehnsucht nach Frühling mag wohl in allen Geistern wohnen.

Da spielte er lose damit, die stillen Schneewiesen auf allen Gebirgshängen zu überhauchen, dass sie bald glitzernd unter dem tiefen Blau des Himmels lagen. Versuchte über sie gleichsam hinzuträumen, als wenn schon wieder der Frühling wäre. Und so im Träumen, die handtellergroßen Eisblätter reichlich eins in das andere geschachtelt, Rose an Rose aus diamantenen Scheibchen über die Wiese hinzubilden.

Und schien dann wohl auch, kaum wie das glitzernde Schemen eines Tänzers, über die tausend Wunderblumen hinzuwehen.

Horchte im Schauen tief versunken lange in die Waldeinsamkeiten hinein. Dort wo unter schneelastenden Hochstämmen ein Bergwasserlauf sich unter Eise staute und dumpf brauste.

Saß wieder am Bachrande im Schnee, wo die tiefschwarze Wasserstarre spiegelt.

Hauchte auch hier im Erinnern, gleichsam als wenn es schon wieder Frühling wäre, stille Scharen großer, weißer Falter über den dunklen Wassergrund. Die feinsten, diamantenen Flügel wie zum Fluge gebreitet. Als wenn sich Rübezahl auch noch zugetraut, mit dem leisesten Atemhauche das silbereisige Sommergaukelspiel als Hunderte weißer Schmetterlinge in die Lüfte aufzutauchen.

Auch heute war ein solcher ruhiger, eiskalter, eisklarer Wintertag gewesen.

Rübezahl war allenthalben unten über Wiesen und in Schluchten lose umgegangen, leiser wie eine Husche gestörter Schneekristalle von einem Tannenwipfel herabstäubt.

Und nun war er achtlos schon wieder hinauf, quirlte zwischen den Eispalästen der gebeugten Kammknorren, wo verwunschen glitzernde Gestalten ihn um und um wie ein müdes Heer umgaben. Skythe an Skythe auf mageren Pferden. Kanonengefährte und Fußvolk in diamantenen und goldenen Lappen und Lumpen. Alles im Tode erstarrt. Auch dazwischen schlafende Adler und erstarrte Beterinnen. Alles aus Eiskristallen flüchtig und unbegreiflich hingebildet.

Hinter dem Hochstein schien die Sonne wie ein Feuer zu brennen. Die Täler lagen ganz unter schneeweißen Nebelbetten verborgen. Der Reifträger erstrahlte wie aus Golde. Und von der Tiefe wogten die Talnebel dünn und lose dem obersten Bannwaldgürtel zu, dessen urweltliche Eisbehänge im eisfarbigen Lichte hundertfältig flimmerten.

Wie Rübezahl lose so hintrieb, begann er gleichsam in einem erhabenen Weltentraum sich zu verlieren. Und Wunder in die Abendluft träumend, mit seinem leisesten Bergatem in die Waldflächen hineinzuwehen.

Da deuchte es, als wenn die tausend und tausend schneeverwunschenen Waldgebilde plötzlich nicht mehr starre, eisverhangene Bäume wären.

Als wenn nur Scharen stummer, grauer, langschopfiger Riesenvögel hockend in dem weiten Bergkessel säßen, darein sie mit ihren trägen, schwerfälligen Flügellasten Zuflucht suchend sich dicht ineinander gedrängt.

Und es schien auch, als wenn unter dem erzenen, rauchsilbernen Gefieder ein feierliches Schwanken und hartes, klirrendes Vibrieren jetzt anhob, das metallene Töne wesenlos auftrieb. Ein weiter, unbegreiflicher Chor war aus den eisbehangenen Bergwäldern plötzlich aufgewacht.

Ein sagenhaftes, unirdisches Tönen. Steinhart und klar, als ob allenthalben hellste Diamanten und Saphire wie zufällig sanft aneinanderschlügen und feinste, spröde und durchdringende Glockentöne gäben.

Nicht wie aus je erdachten menschlichen Instrumenten.

Die Töne schienen unbegreiflich frei in den Lüften zu hängen. Als wären die Lüfte selber entfesselt ohne Ursprung und Grenzen.

Es klang nicht wie Sehnsuchten der Menschenseele.

Nicht wie Zerrissenheiten oder Klagen.

Es klang wie ein selig gebundenes Schöpferlied.

Schlaf oder Tod gebunden.

In silberner Schönheit und Klarheit erstarrt. Und wie Traumschemen noch wieder sich regend.

So schwoll es geheimnisvoll auf und ebbte jäh ins Nichts, ohne dass je von dem tiefen Himmel und den glitzernden Bergwänden eine Antwort erwachte.

Auch Weideglocken einer freien Herde schienen für Augenblicke darein zu klingen. Und auch wieder Harfen und Geigen in den Lüften dazwischen zu singen und zu zerklirren.

Das war kein irdisches Tönen, das die Scharen rauchsilberner Zaubervögel mit dem Zittern und Schwanken ihrer müde atmenden Riesenflügel in die verglühende Sonne sangen. Das war Rübezahls Wintermusik, die den eisklaren Bergeinsamkeiten und dem bleichenden Ätherhimmel, als das Sonnenfeuer verglommen war, immer noch zuschwoll wie von einem Unsichtbaren geläutet.

(Carl Hauptmann)

Die Unterirdischen

Die estnischen Unterirdischen, »die geheimen Schmiede Allvaters«, schaffen während der Nacht und ruhen am Tage. Legt man zwischen Weihnacht und Neujahr um Mitternacht das Ohr an die Erde, so hört man das Schmieden der als Zwerge gedachten Unterirdischen – ja man unterscheidet, ob Eisen, Silber oder Gold bearbeitet wird. In der Neujahrsnacht werden sie sichtbar und treiben mit dem nächtlichen Wanderer Schabernack. Da die Unterirdischen in der Weihnachts- und Neujahrsnacht auch in menschlicher Gestalt erscheinen, so ist man gastfrei gegen jeden Unbekannten, lässt auch den Tisch mit Speisen besetzt stehen und verschließt die Speisekammer nicht.

In einer stürmischen Nacht zwischen Weihnacht und Neujahr war ein Mann vom Wege abgekommen; während er sich durch die tiefen Schneetriften durchzuarbeiten suchte, erlahmte seine Kraft, sodass er von Glück sagen konnte, als er unter einem dichten Wacholderbusch Schutz vor dem Winde fand. Hier wollte er übernachten, in der Hoffnung, am hellen Morgen den Weg leichter zu finden. Er zog seine Glieder zusammen wie ein Igel, wickelte sich in seinen warmen Pelz und schlief bald ein. Ich weiß nicht, wie lange er so gelegen hatte, als er fühlte, dass jemand ihn rüttelte.

Als er aus dem Schlafe auffuhr, schlug eine fremde Stimme an sein Ohr: »Bauer, he! Steh auf! Sonst begräbt dich der Schnee, und du kommst nicht wieder heraus.« Der Schläfer steckte den Kopf aus dem Pelz hervor und sperrte die noch schlaftrunkenen Augen weit auf. Da sah er einen Mann von langem schlanken Wuchs vor sich; der Mann trug als Stock einen jungen Tannenbaum, der doppelt so hoch war wie sein Träger. »Komm mit mir«, sagte der Mann mit dem Tannenstock, »für uns ist im Wald unter Bäumen ein Feuer gemacht, wo sich's besser ruht als hier auf freiem Felde.«

Ein so freundliches Anerbieten mochte der Mann nicht ausschlagen, vielmehr stand er sogleich auf und schritt rüstig mit dem fremden Mann vorwärts. Der Schneesturm tobte so heftig, dass man auf drei Schritt nicht sehen konnte, aber wenn der fremde Mann seinen Tannenstock aufhob und mit strenger Stimme rief: »Hoho! Stürmemutter! Mach' Platz!«, so bildete sich vor ihnen ein breiter Pfad, wohin auch kein Schneeflöckchen drang. Zu beiden Seiten und im Rücken tobte wildes Schneegestöber, aber die Wanderer focht es nicht an. Es war, als ob auf beiden Seiten eine unsichtbare Wand das Gestürme abwehrte.

Bald kamen die Männer an den Wald, aus dem schon von fern der Schein eines Feuers ihnen entgegen leuchtete. »Wie heißt du?«, fragte der Mann mit dem Tannenstock, und der Bauer erwiderte: »Des langen Hans Sohn Hans.«

Am Feuer saßen drei Männer mit weißen leinenen Kleidern angetan, als wäre es mitten im Sommer. Auch sah man in einem Umkreis von dreißig oder mehr

Schritten nur Sommerschöne: das Moos war trocken, die Pflanzen grün, und der Rasen wimmelte von Ameisen und Käferchen. Von fern aber hörte des langen Hans Sohn den Wind sausen und den Schnee brausen. Noch verwunderlicher war das brennende Feuer, welches hellen Glanz verbreitete, ohne dass ein Rauchwölkchen aufstieg. »Was meinst du, Sohn des langen Hans, ist dies nicht ein besserer Ruheplatz für die Nacht als da auf freiem Feld unter dem Wacholderbusch?« Hans musste dies zugeben und dem fremden Mann dafür danken, dass er ihn so gut geführt hatte. Dann warf er seinen Pelz ab, wickelte ihn zu einem Kopfkissen zusammen und legte sich im Schein des Feuers nieder. Der Mann mit dem Tannenstock nahm sein Fässchen aus einem Busch und bot Hans einen Trunk an; der schmeckte vortrefflich und erfreute ihm das Herz. Der Mann mit dem Tannenstock streckte sich nun auch auf den Boden hin und redete mit seinen Genossen in einer fremden Sprache, von der unser Hans kein Wörtchen verstand; er schlief darum bald ein.

Als er aufwachte, fand er sich allein an einem fremden Ort, wo weder Wald noch Feuer mehr war. Er rieb sich die Augen und rief sich das Erlebnis der Nacht zurück, meinte aber geträumt zu haben; doch konnte er nicht begreifen, wie er denn hierher an einen ganz fremden Ort geraten war. Aus der Ferne drang ein starkes Geräusch an sein Ohr, und er fühlte den Boden unter seinen Füßen zittern. Hans horchte eine Zeit lang, von wo der Lärm komme, und beschloss dann, dem Schall nachzugehen, weil er hoffte, auf Menschen zu treffen. So kam er an die Mündung einer Felsengrotte, aus welcher der Lärm erscholl und ein Feuer hervor schien.

Als er in die Grotte trat, sah er eine ungeheure Schmiede vor sich mit einer Menge von Blasebälgen und Ambossen; an jedem Amboss standen sieben Arbeiter. Närrischere Schmiede konnten auf der Welt nicht zu finden sein! Die einem Mann bis zum Knie reichenden Männlein hatten Köpfe, die größer waren als ihre winzigen Leiber, und führten Hämmer, die mehr als doppelt so groß waren als ihre Träger. Aber sie hämmerten mit ihren schweren Eisenkeulen so wacker auf den Amboss los, dass die kräftigsten Männer keine wuchtigeren Schläge hätten führen können. Bekleidet waren die kleinen Schmiede nur mit Lederschürzen, die vom Hals bis zu den Füßen reichten; auf der Rückseite waren die Körper nackend, wie Gott sie geschaffen hatte. Im Hintergrunde an der Wand saß der unserem Hans wohlbekannte Mann mit dem Tannenstock auf einem hohen Block und gab scharf Acht auf die Arbeit der kleinen Gesellen. Zu seinen Füßen stand eine große Kanne, aus welcher die Arbeiter ab und zu einen Trunk taten. Der Herr der Schmiede hatte nicht mehr die weißen Kleider von gestern an, sondern trug einen schwarzen rußigen Rock und um die Hüften einen Ledergürtel mit großer Schnalle; mit seinem Tannenstock gab er den Gesellen von Zeit zu Zeit einen Wink, denn das Menschenwort wäre bei dem Getöse unvernehmlich gewesen. Ob jemand Hans bemerkt hatte, blieb diesem unklar, sintemal Meister und Gesellen ihre Arbeit hurtig förderten, ohne den fremden Mann zu beachten.

Nach einigen Stunden wurde den kleinen Schmieden eine Rast gegönnt; die Bälge wurden angehalten und die schweren Hämmer zu Boden geworfen. Jetzt, da die Arbeiter die Grotte verließen, erhob sich der Wirt vom Block und rief Hans zu sich: »Ich habe deine Ankunft wohl bemerkt«, sagte er, »aber da die Arbeit drängte, konnte ich nicht früher mit dir reden. Heute musst du mein Gast sein, um meine Lebensweise und Haushaltung kennen zu lernen. Verweile hier so lange, bis ich die schwarzen Kleider ablege.« Mit diesen Worten zog er einen Schlüssel aus der Tasche, schloss eine Tür in der Grottenwand auf und ließ Hans hineintreten.

Oh, was für Schätze und Reichtümer Hans hier erblickte! Ringsum lagen Gold- und Silberbarren aufgestapelt und schimmerten und flimmerten ihm vor den Augen. Hans wollte zum Spaße die Goldbarren eines Haufens überzählen und war gerade bis fünfhundertsiebzig gekommen, als der Wirt zurückkehrte und lachend rief: »Lass nur das Zählen, es würde dir zu viel Zeit kosten! Nimm dir lieber einige Barren vom Haufen, ich will sie dir zum Andenken verehren.« Natürlich ließ sich Hans so etwas nicht zweimal sagen; mit beiden Händen erfasste er einen Goldbarren, konnte ihn aber nicht einmal von der Stelle rühren, geschweige denn aufheben. Der Wirt lachte und sagte: »Du winziger Floh vermagst nicht das kleinste meiner Geschenke fortzubringen, begnüge dich denn mit der Augenweide.« Mit diesen Worten führte er Hans in eine andere Kammer, von da in eine dritte, vierte und so fort, bis sie endlich in die siebente Grottenkammer kamen, die von der Größe einer großen Kirche und gleich den anderen vom Fußboden bis zur Decke mit Gold- und Silberhaufen angefüllt war. Hans wunderte sich über die unermesslichen Schätze, womit man sämtliche Königreiche der Welt hätte zu erb und eigen kaufen können und die hier nutzlos unter der Erde lagen. Er fragte den Wirt: »Weswegen häuft ihr hier einen so ungeheuren Schatz an, wenn doch kein lebendes Wesen von dem Gold und Silber Vorteil zieht? Käme dieser Schatz in die Hände der Menschen, so würden sie alle reich werden, und niemand brauchte zu arbeiten oder Not zu leiden.« – »Gerade deshalb«, erwiderte der Wirt, »darf ich den Schatz nicht an die Menschen überliefern; die ganze Welt würde vor Faulheit zugrunde gehen, wenn niemand mehr für das tägliche Brot zu sorgen brauchte. Der Mensch ist dazu geschaffen, dass er sich durch Arbeit und Sorgfalt erhalten soll.«

Hans wollte das durchaus nicht wahrhaben und bestritt nachdrücklich die Ansicht des Wirts. Endlich bat er, ihm doch zu erklären, zu was es nütze, dass hier all das Gold und Silber als Besitz eines Mannes lagere und schimmele und dass der Herr des Goldes unablässig bemüht sei, seinen Schatz zu vergrößern, da er schon einen so überschwänglichen Überfluss habe?

Der Wirt gab zur Antwort: »Ich bin kein Mensch, wenngleich ich Gestalt und Gesicht eines solchen habe, sondern eines jener höheren Geschöpfe, welche nach der Anordnung des Allvaters geschaffen sind, der Welt zu walten. Nach seinem Gebot muss ich mit meinen kleinen Gesellen ohne Unterlass hier unter der Erde Gold und Silber bereiten, von welchem alljährlich ein kleiner Teil zum Bedarf der Menschen herausgegeben wird, nur knapp so viel als sie brauchen, um ihre Angelegenheiten zu betreiben. Aber niemand soll sich die Gabe ohne Mühe zueignen. Wir müssen deshalb das Gold erst fein stampfen, und dann die Körnchen mit Erde, Lehm und Sand vermischen; später werden sie, wo das Glück will, in diesem Grund gefunden und müssen mühsam herausgesucht werden. Aber, Freund, wir müssen unsere Unterhaltung abbrechen, denn die Mittagsstunde naht heran. Hast du Lust, meinen Schatz noch länger zu betrachten, so bleib hier, erfreue dein Herz an dem Glanz des Goldes, bis ich komme und dich zum Essen rufe.« Damit trennte er sich von Hans.

Hans schlenderte nun wieder aus einer Schatzkammer in die andere, und versuchte hie und da ein kleineres Stück Gold aufzuheben, aber es war ihm ganz unmöglich. Er hatte zwar schon früher von klugen Leuten sagen hören, wie schwer Gold sei, aber er hatte es niemals glauben wollen – jetzt lehrten es ihn seine eigenen Versuche. Nach einer Weile kam der Wirt zurück, aber so verwandelt, dass Hans ihn im ersten Augenblick nicht erkannte. Er trug rote feuerfarbene Seidengewänder, reich verziert mit goldenen Tressen und goldenen Fransen, ein breiter goldener Gürtel umschloss seine Hüften und auf seinem Kopfe schimmerte eine goldene Krone, aus welcher Edelsteine funkelten wie Sterne in einer klaren Winternacht. Statt des Tannenstockes hielt er ein kleines aus feinem Gold gearbeitetes Stäbchen in der Hand, an welchem sich Verästelungen befanden, sodass das Stäbchen aussah wie ein Spross des großen Tannenstockes.

Nachdem der königliche Besitzer des Schatzes die Türen der Schatzkammern verschlossen und die Schlüssel in die Tasche gesteckt hatte, nahm er Hans bei der Hand und führte ihn aus der Schmiedewerkstatt in ein anderes Gemach, wo für sie das Mittagsmahl angerichtet war. Tische und Sitze waren von Silber; in der Mitte der Stube stand ein prächtiger Esstisch, zu beiden Seiten desselben ein silberner Stuhl. Ess- und Trinkgeschirr, als da sind Schalen, Schüsseln, Teller, Kannen und Becher, waren von Gold. Nachdem sich der Wirt mit seinem Gast am Tisch niedergelassen hatte, wurden zwölf Gerichte nacheinander aufgetragen; die Diener waren ganz wie die Männlein in der Schmiede, nur dass sie nicht nackt gingen sondern helle reine Kleider trugen. Sehr wunderbar kam Hans ihre Behändigkeit und Geschicklichkeit vor; denn obgleich man keine Flügel an ihnen wahrnahm, so bewegten sie sich doch so leicht, als wären sie gefiedert. Da sie nämlich nicht bis zur Höhe des Tisches hinanreichten, so mussten sie wie die Flöhe immer vom Boden auf den Tisch hüpfen. Dabei hielten sie die großen mit Speisen angefüllten Schalen und Schüsseln in der Hand und wussten sich doch so in Acht zu nehmen, dass nicht ein Tropfen verschüttet ward.

Während des Essens gossen die kleinen Diener Met und köstlichen Wein aus den Kannen in die Becher und reichten diese den Speisenden. Der Wirt unterhielt sich freundlich und erläuterte Hans mancherlei Geheimnisse. So sagte er, als auf sein nächtliches Zusammentreffen mit Hans die Rede kam: »Zwischen Weihnacht und Neujahr streife ich oft zum Vergnügen auf der Erde umher, um das Treiben der Menschen zu beobachten und einige von ihnen kennen zu lernen. Von dem, was ich bis jetzt gesehen und erfahren habe, kann ich nicht viel Rühmens machen. Die Mehrzahl der Menschen lebt einander zum Schaden und zum Verdruss. Jeder klagt mehr oder weniger über den anderen, niemand sieht seine eigene Schuld und Verfehlung, sondern wälzt auf andere, was er sich selbst zugezogen hat.« Hans suchte nach Möglichkeit die Wahrheit dieser Worte abzuleugnen, aber der freundliche Wirt ließ ihm reichlich einschenken, sodass ihm endlich die Zunge so schwer wurde, dass er kein Wort mehr entgegnen und auch nicht verstehen konnte, was der Hausherr sagte. Binnen Kurzem schlief er auf seinem Stuhl ein und wusste nicht mehr, was mit ihm vorging.

In seinem schlaftrunkenen Zustand hatte er wunderbare bunte Träume, in welchen ihm unaufhörlich die Goldbarren vorschwebten. Da er sich im Traum viel stärker fühlte, nahm er ein paar Goldbarren auf den Rücken und trug sie mit Leichtigkeit davon. Endlich ging ihm aber doch unter der schweren Last die Kraft aus, er musste sich niedersetzen und Atem schöpfen. Da hörte er schäkernde Stimmen, er hielt es für den Gesang der kleinen Schmiede; auch das helle Feuer von ihren Blasebälgen traf sein Auge. Als er blinzelnd aufschaute, sah er um sich herum grünen Wald. Er lag auf blumigem Rasen und kein Feuer von Blasebälgen, sondern der Sonnenstrahl war es, was ihm freundlich ins Gesicht schien. Er riss sich nun vollends aus den Banden des Schlafes los, aber es dauerte eine Zeit lang, ehe er sich auf das besinnen konnte, was ihm in der Zwischenzeit begegnet war.

Als endlich seine Erinnerungen wieder wach wurden, schien ihm alles so seltsam und so wunderbar, dass er es mit dem natürlichen Lauf der Dinge nicht zu reimen wusste. Hans besann sich, wie er im Winter einige Tage nach Weihnacht in einer stürmischen Nacht vom Wege abgekommen war, und auch was sich später zugetragen hatte, tauchte wieder in seiner Erinnerung auf. Er hatte die Nacht mit einem fremden Mann an einem Feuer geschlafen, war am anderen Tag zu diesem Mann, der einen Tannenstock führte, zu Gast gegangen, hatte dort zu Mittag gegessen und sehr viel getrunken – kurz, er hatte ein paar Tage in Saus und Braus verlebt. Aber jetzt war doch rings um ihn her vollständiger Sommer, es konnte also nur Zauberei im Spiele sein. Als er sich erhob, fand er ganz in der Nähe eine alte Feuerstelle, welche in der Sonne wunderbar glänzte. Als er die Stätte schärfer ins Auge fasste, sah er, dass der vermeintliche Aschenhaufen feiner Silberstaub und die übrig gebliebenen Brände lichtes Gold waren. Oh dieses Glück! Woher nun einen Sack nehmen, um den Schatz nach Hause zu tragen? Die Not macht erfinderisch. Hans zog seinen Winterpelz aus, fegte die Silberasche zusammen, dass auch kein Stäubchen übrig blieb, tat die Goldbrände und das Zusammengefegte in den Pelz und band dann dessen Zipfel mit seinem Gürtel zusammen, sodass nichts herausfallen konnte. Obwohl die Bürde nicht groß war, so wurde sie ihm doch gehörig schwer, sodass er wie ein Mann zu schleppen hatte, ehe er einen passenden Platz fand, um seinen Schatz zu verstecken.

Auf diese Weise war Hans durch ein unverhofftes Glück plötzlich zum reichen Manne geworden, der sich wohl ein Landgut hätte kaufen können. Als er aber mit sich zurate ging, hielt er es zuletzt für das Beste, seinen alten Wohnort zu verlassen und sich weiter weg einen neuen aufzusuchen, wo die Leute ihn nicht kannten. Dort kaufte er sich denn ein hübsches Grundstück, und es blieb ihm noch ein gut Stück Geld übrig. Dann nahm er eine Frau und lebte als reicher Mann glücklich bis an sein Ende. Vor seinem Tode hatte er seinen Kindern das Geheimnis entdeckt, dass es der Wirt der Unterirdischen gewesen war, der ihn reich gemacht hatte. Aus dem Munde der Kinder und Kindeskinder verbreitete sich dann diese Geschichte weiter.

Das graue Männchen

Es war einmal ein kleines liebes Mädchen, das hatte eine böse, böse Stiefmutter und musste alle Tage ins Holz, um dürre Zweige zu suchen, und brachte es einmal ein kleines Bündel heim, so bekam es viele Schläge und wenig Brot.

Einmal hatte es ein Stück Brot mitbekommen, das war nach einem blanken Taler zugeschnitten, und war gerade ebenso groß und dick, und das Kind dachte bei sich: »Sollst erst suchen und sammeln und das Essen aufsparen bis auf den Heimweg«; und es suchte und sammelte, und der kalte Wind wehte ihm durch die dünnen und zerrissenen Kleider. Als es da nun stand und in die Händchen blies und sie rieb und bitterlich dabei weinte, denn es war Wintertag, kam ein graues Männchen daher und sagte: »Ich bin hungrig; gib mir ein bisschen Brot!« Das graue Männchen aber sah so kläglich aus, dass das Mädchen sich nicht lange besann und ihm sein Stück Brot gab, welches so groß und so dick war wie ein Taler; und das Männchen bedankte sich nicht und verschwand. Weil aber dem Mädchen die dünnen Finger so steif waren, konnte es nur wenig dürre Zweiglein brechen, und abgefallene fand es gar nicht mehr, da es heftig schneite und der Schnee alles bedeckte; so bekam es denn des Abends Schläge und musste hungrig ins leere Bett.

Am folgenden Tage gab ihm die Stiefmutter ein Stück Brot, das war nach einem blanken Gulden zugeschnitten und war gerade ebenso groß und dick, und das Kind dachte: »Sollst erst Zweige brechen und alsdann essen«, und es brach, so viel es nur vermochte. Es schaffte jedoch nicht viel, denn die Händchen waren ihm von der Kälte gelähmt; und auf der Erde fand es gar nichts, denn der Schnee lag hoch und war oben hart gefroren. Als es da nun stand und bitterlich weinte, kam wieder das graue Männchen daher und sagte: »Ich bin hungrig; gib mir ein bisschen Brot!« Es sah aber wieder so kläglich aus, dass ihm das Mädchen ohne Zaudern sein Stück Brot gab, welches so groß und so dick war wie ein Gulden; und das Männchen bedankte sich nicht und verschwand. Diesmal brachte das Kind nur ganz wenige Reiser heim, erhielt eine fürchterliche Strafe und musste hungrig ins leere Bett.

Den dritten Tag bekam es ein Stück Brot, das war nach einem blanken Groschen zugeschnitten und war gerade ebenso groß und dick; es war aber grimmig kalt, der Schnee knirschte unter den Füßen, und die Wölfe heulten vor Frost und vor Hunger; und das Mädchen dachte: »Sollst erst Zweige brechen und alsdann essen.« Es konnte indes nicht ein einziges Zweiglein brechen, so matt war es und so starr vor Kälte; und als es da nun stand und bitterlich weinte, kam wieder das graue Männchen und sagte: »Ich bin hungrig; gib mir ein bisschen Brot.« Und das Mädchen gab ihm sein Stück, welches so groß und so dick war wie ein Groschen. Da bedankte sich das graue Männchen, holte aus dem Busch einen warmen Mantel und hängte ihn dem Mädchen um, brachte ihm in einer goldenen Schale eine warme Suppe und gab ihm einen goldenen Löffel in die Hand. Und das Mädchen weinte und aß sich satt. Hierauf sprach das graue Männchen: »Weil du so gut gewesen bist, will ich dir jemanden schicken, über den du dich freuen sollst;« und es verschwand.

Das Mädchen aber ging nach Hause; und die Stiefmutter nahm den Mantel und die goldenen Sachen und gab sie ihrer rechten Tochter, und als sich da alles in schlechte Dinge verwandelte, erhielt die Stieftochter noch schlimmere Strafe und musste ins leere Bett; und sie betete zum lieben Gott und schlief ein.

Sie hatte aber kaum die Augen zugetan, so sprang eine weiße Katze in die Kammer und aufs Bett; und als das Mädchen erwachte und sich erschrak, sprach die Katze: »Fürchte dich nicht; ich tue dir nichts.« Und weil sie so warm war, nahm das Mädchen sie in den Arm und freute sich; denn seit dem Tode der Mutter hatte es immer allein schlafen müssen, und da war es im Winter immer so kalt im leeren Bett gewesen. Und das Mädchen streichelte die weiße Katze, und jedes Mal leuchtete sie hell auf, und jedes Mal sprang ein blankes Goldstück auf das zerrissene Brautkleid der seligen Mutter, mit dem es zugedeckt war. So ging es eine volle Stunde, da sprach die Katze: »Ich muss nun fort; sammle das Gold und verwahre es.« Damit verschwand sie.

Am anderen Morgen sammelte das Mädchen alle Goldstücke und verwahrte sie; und als es ins Holz kam, um Zweige zu holen, lag ein gutes Bündel da, und daneben stand eine goldene Schale voll warmer Suppe, und in der Schale befand sich ein goldener Löffel. Es aß sich satt, nahm Holz und Gerät mit, und als sich in den Händen der Stiefschwester das Gold wieder in schlechte Sachen verwandelte, bekam es wieder Strafe und wurde ins leere Bett geworfen. In der zweiten und in der dritten Nacht war es wieder so wie in der ersten und am zweiten Tage wie am ersten; als aber die weiße Katze in der dritten Nacht fort wollte, sprach sie: »Morgen früh sammle alle Goldstücke, sag keinem etwas davon und geh heimlich weg; so wird alles gut.« Das Mädchen sammelte am anderen Morgen die Goldstücke und wollte fort; da indes dachte es: »Musst doch von Mutter und Schwester Abschied nehmen!« Als diese aber das viele Gold sahen, nahmen sie es für sich, und plötzlich waren es lauter schlechte Sachen; da stieß die Stiefmutter das arme Mädchen aus dem Hause, trat es mit Füßen und jagte es hinaus in den Schnee und in den Sturm.

Jammernd irrte es draußen umher und ging in den Wald und ging immer weiter und stieg zuletzt auf einen Berg, der im Walde lag. Hier schlief es ein. Und als es erwachte, konnte es nicht aufstehen; denn es befand sich auf dem Berge, in welchem die Zwerge wohnten. Und es schlief wieder ein. Da war es ihm, als ob ein schöner Knabe käme und trüge es auf seinen feinen weißen Händchen den Berg hinab. Als es die Augen auftat, da schien es ihm wie ein Traum gewesen zu sein und noch zu sein; es irrte sich aber: ein schöner Zwerg hatte es wirklich in den Berg geholt. Da war es nun in einem großen goldenen Saal, hatte viele kleine Kinder um sich, und auf einem goldenen Throne saß das graue Männchen und war freundlich gegen alle. Und als sie gegessen und getrunken hatten, gingen sie auf eine große Wiese und spielten und tanzten; das graue Männchen jedoch sah nicht zu: das ging aus dem Berge in die Welt, um andere gute Kinder aufzusuchen, die viel Leiden hatten, und sie in das goldene Schloss zu holen oder ihnen sonst behilflich zu sein.

Das Bergmännlein

Einst war zu Ernen im Schweizer Kanton Wallis ein alter Mann. Der besaß auf Eggel in der Hochfluh ein kleines, abseits gelegenes Gut, worauf ein Stall und ein braunes Häuschen standen. Jedes Jahr, wenn es einwinterte, brachte er sein Vieh dorthin. Aber das war nun für den alten Mann gar mühselig. Jeden Abend musste er den weiten Weg von Ernen in das kleine Gütchen hinauf machen, und wenn er dann müde und matt oben ankam, hatte er vollauf Arbeit mit seinem Vieh und es war weit und breit kein Mensch, der dem armen Alten geholfen hätte. Das stimmte ihn gar traurig, denn er fürchtete oft, dass er nach der schweren Arbeit am andern Morgen den strengen Heimweg durch den Schnee einmal nicht mehr machen könnte.

Eines Abends, als er wieder ganz erschöpft und schwer atmend von Ernen zu seinem kleinen Gütchen hinaufgestiegen war, setzte er sich keuchend auf den vereisten Brunnentrog vor dem niedrigen Häuschen und seufzte: »Ach, hätte ich doch jemand, der mir wenigstens den Ofen heizte, dass ich mich daran nach der schweren Arbeit allemal ein Weilchen wärmen könnte!« Niedergeschlagen trat er ins Häuschen, um ein Feuer im Ofen anzumachen. Aber wie staunte er! Im Ofen knatterte und knisterte ein mächtiger Holzklotz. Auf dem Herd brannte ein munteres Feuer, und unter den zwei Ladsteinen lag wohl gepresst der frisch zubereitete Käse. Und ringsum war alles in bester Ordnung, also dass er in der Küche rein gar nichts mehr zu tun fand.

Rasch machte sich der alte Mann in die Stube, denn er dachte, da drin werde er wohl den antreffen, der ihm unerwartete Hilfe in der Küche geleistet habe. Er ging in Gedanken geschwind alle seine Bekannten durch, die ihm solch einen Gefallen hätten tun können, aber er fand keinen, dem er so viel Herz zugetraut hätte. Wie er nun in die Stube trat, fand er sie völlig verlassen und menschenleer. Aber es sah doch aus, als ob eben jemand drin tätig gewesen wäre. Auf dem Butterstock war die frisch aus dem Butterfässchen genommene goldgelbe Butter aufgeschlagen. Die Stube war sauber gekehrt, und alles sah so aufgeputzt aus wie noch nie.

Jetzt ging der Mann hurtig in den Stall hinüber, denn es kam ihm das alles gar wunderlich vor. Vielleicht steckte irgendein hilfreicher Mann aus Ernen im Stall. Doch wie er sich auch im Stall umschaute, kein Mensch ließ sich finden. Wohl aber war zu seiner Verwunderung auch im Stall bis auf den Heustock hinauf alles in bester Ordnung. Die paar Kühe waren gefüttert und sauber gestriegelt wie Herrenrosse, sodass sie glänzten. Friedlich wiederkäuend lagen sie auf ihrer frischen Streu. Auch fand er sie gemolken, und als er in den Milchkeller trat, fand er die Milch in Kupfergeschirr auf den Wasserkänneln, und schon hatte sie eine goldgelbe Nidel (Rahm). Glücklich darüber, dass alle Arbeit schon getan war, machte er sich in die warme Stube zurück. Dort setzte er sich an den Ofen und dachte von Neuem darüber nach, wer ihm das wohl zu Gefallen getan haben könnte. Doch er kam zu keinem Ende. Und so legte er sich denn getrost zu Bett.

Als er sich am nächsten Morgen mit frischem Mut an die Arbeit machen wollte, fand er zu seinem Erstaunen auch jetzt wieder alles schon getan. Da merkte er, dass es da nicht mit gewöhnlichen Dingen zugehe und dass ihm irgendeine geheime gütige Macht behilflich sei. Er dankte von Herzen Gott dafür und machte sich gegen Mittag durch den hohen Schnee nach Ernen zurück.

Wie er am Abend wieder in sein Gütchen hinaufkam, war alles und jedes gerade so wie am Tage zuvor schon getan. Er brauchte sich nur hinzusetzen und die Vorbruchmilch zu trinken, die noch dampfend auf dem Tische stand. Er fragte aber jetzt nicht mehr, wer ihm dies alles schaffte; er nahm es freudig hin, und bald, als er's alle Tage in Haus und Stall so wohlgetan fand, betrachtete er's als etwas Selbstverständliches. Nun konnte er immer gemütlich sein Pfeifchen anzünden und zum Fenster hinaus nach Wind und Wolken sehen, wenn er auf sein Gütchen kam, der unsichtbare Geist hatte doch schon alle Arbeit vollendet, und zwar so gründlich und gut, dass die Kühe immer fetter, die Käse und die Butterstöcke im Laufe des Winters immer umfangreicher wurden. Und was ihn am meisten freute, war, dass auch der Heustock nie auch nur um einen Halm abzunehmen schien.

Jedoch so nach und nach wurde der alte Mann neugierig. Gar zu gern hätte er gewusst, was für ein Aussehen das Wesen wohl haben mochte, das ihm seine Sachen so schön besorgte und alles am Nutzen hielt. Doch wie er auch aufpasste, er konnte nichts bemerken.

Gegen das Ende des Winters hielt er's vor Neugierde schier nicht mehr aus. Er guckte durch alle Wandritzen in Stube, Küche und Stall, doch nie bekam er etwas zu sehen. Schon meinte er, er werde dem geheimnisvollen Treiben nie auf die Spur kommen, da hörte er eines Morgens die Butterliere in der Stube arbeiten. Leise hob er die Bettdecke und guckte hinein. Jetzt erblickte er zu seiner Verwunderung ein winziges Männlein mit Gänsefüßen, das eben daran war, die frisch gemachte Butter aus dem Fässchen zu nehmen. Leise zog er die Bettdecke wieder über den Kopf, denn nun wusste er genug: ein Bergmännlein hatte ihm den ganzen Winter über die Arbeit getan. Das freute ihn sehr, und er nahm sich vor, das Zwerglein, so gut er eben vermöge, zu belohnen.

Am andern Tage begab er sich nach Ernen und ließ dem Bergmännlein ein hübsches neues Röcklein machen. Und wie er dann wieder hinaufkam auf die Hochfluh in sein Häuschen, legte er ihm's vor dem Zubettgehen auf den Tisch. Er war sehr darauf gespannt, was das Zwerglein nun tun würde, wenn es das neue Gewand finde. Deshalb wollte er am Morgen zeitig wach sein und scharf aufpassen. Allein er verschlief sich, und als er endlich aufwachte und nach dem Stubentisch schaute, war das hübsche Röcklein weg. Vor dem Fenster aber hörte er eine Stimme singen:

> »Nun bin ich gar ein schöner Mann,
> der nun nicht mehr hirten kann.«

Danach verschwand das hilfreiche Zwerglein auf Nimmerwiedersehen.

Der wandernde Zwerg

Es war tiefer Winter, der Schnee lag hoch auf Häusern und Feldern, und die Vögel kamen bis vor die Türen der Häuser, um Nahrung zu suchen. In den Stuben aber saßen die Leute schon am Ofen, denn es ward nachgerade dunkel und die Sterne blinkten schon vom Firmament herab. Da kam ein kleiner Zwerg herein in ein Nassauisches Dorf, nahe bei Heidesheim, welches Letztere in Rheinhessen liegt. Er war ganz erfroren, seine Kleider waren durch und durch nass von Schnee und seine Hände ganz steif vor Kälte. Er ging an ein Fenster und klopfte, aber vergebens, dann wieder an eins, aber niemand ließ ihn ein, sondern überall jagte man ihn fort. Nun stand aber am Ende des Dorfes ein kleines Haus, da wohnten zwei alte Leute drin. Das Mütterchen war eben vom Beten aufgestanden und setzte sich ans Spinnrad, um noch ein Stück Leinwand, wie sie sagte, für zwei Totenhemden zu spinnen. Wenn sie fertig wären, wolle sie gern mit ihrem Alten sterben, denn sie wären jetzt fünfzig Jahre verheiratet. Der alte Vater aber saß am Tisch, sein Pelzkäppchen auf und sein Pfeifchen im Munde und las in einem frommen Buche.

Auf einmal klopfte es ans Fenster und rief herein in die Stube: »Macht auf, Gott wird's Euch lohnen!« Der Alte eilt hinaus und lässt den kleinen Zwerg herein und das Mütterchen stellt ihr Spinnrad beiseite, um für ihren kleinen Gast etwas zu essen zu holen. Sie bringt ihm einige Kartoffeln, ein Butterbrot und einen Teller voll süßer Milch, und als das Essen aufgetragen ist, da sagt der Zwerg, der sich inzwischen am Ofen gewärmt hat: »Ich esse zwar sonst keine grobe Kost, allein jetzt will ich die Milch trinken und dann meinen Weg fortsetzen, ich danke Euch von Herzen für Eure freundliche Aufnahme.« – »Da sei Gott vor, dass wir Euch in der Nacht und noch dazu in so stürmischer Nacht fortlassen. Ihr müsst bei uns bleiben, morgen könnt Ihr weiter reisen.« Der Zwerg aber wollte durchaus nicht bleiben und sagte: »Ich habe auf dem Berg noch allerhand zu besorgen, gehabt Euch wohl, Ihr werdet bald von mir hören!«

Kaum war die Nacht vorüber, da bricht ein gewaltiges Gewitter los, es donnerte und blitzte in einem fort, der Wind riss Bäume um, warf die Ziegel von den Dächern, die Fenster klirrten und man dachte, der Jüngste Tag sei gekommen. Vom Himmel aber stürzte das Wasser wie mit Kannen und die Leute kreischten vor Angst und Furcht und riefen alle Heiligen um Hilfe an. Mitten in der Flut aber, die schon die ganze Gasse anfüllte, kam auf einmal ein großer Stein geschwommen, darauf stand der Zwerg und lenkte ihn mit einer Stange und trieb ihn vor das Haus, wo er so gut aufgenommen worden war. Dadurch wendete sich aber die Strömung und das Häuschen der guten Leute blieb verschont, der Zwerg aber ward immer größer und größer, reichte endlich bis hinauf an die Wolken und verschwand. Die guten alten Leute fielen aber auf die Knie und dankten Gott, denn der Zwerg war ein Bote Gottes gewesen, gesandt, um die Menschen zu prüfen.

Die drei Männlein im Walde

Es war ein Mann, dem starb seine Frau, und eine Frau, der starb ihr Mann; und der Mann hatte eine Tochter, und die Frau hatte auch eine Tochter. Die Mädchen waren miteinander bekannt und gingen zusammen spazieren und kamen hernach zu der Frau ins Haus. Da sprach sie zu des Mannes Tochter: »Hör, sage deinem Vater, ich wollt' ihn heiraten; dann sollst du jeden Morgen dich in Milch waschen und Wein trinken, meine Tochter aber soll sich in Wasser waschen und Wasser trinken.« Das Mädchen ging nach Haus und erzählte seinem Vater, was die Frau gesagt hatte. Der Mann sprach: »Was soll ich tun? Das Heiraten ist eine Freude und ist auch eine Qual.« Endlich, weil er keinen Entschluss fassen konnte, zog er seinen Stiefel aus und sagte: »Nimm diesen Stiefel, der hat in der Sohle ein Loch, geh damit auf den Boden, häng ihn an den großen Nagel und gieß dann Wasser hinein. Hält er das Wasser, so will ich wieder eine Frau nehmen, läuft's aber durch, so will ich nicht.« Das Mädchen tat, wie ihm geheißen war: aber das Wasser zog das Loch zusammen, und der Stiefel ward voll bis obenhin. Es verkündigte seinem Vater, wie's ausgefallen war. Da stieg er selbst hinauf, und als er sah, dass es seine Richtigkeit hatte, ging er zu der Witwe und freite sie, und die Hochzeit ward gehalten.

Am andern Morgen, als die beiden Mädchen sich aufmachten, da stand vor des Mannes Tochter Milch zum Waschen und Wein zum Trinken, vor der Frau Tochter aber stand Wasser zum Waschen und Wasser zum Trinken. Am zweiten Morgen stand Wasser zum Waschen und Wasser zum Trinken so gut vor des Mannes Tochter als vor der Frau Tochter. Und am dritten Morgen stand Wasser zum Waschen und Wasser zum Trinken vor des Mannes Tochter, und Milch zum Waschen und Wein zum Trinken vor der Frau Tochter, und dabei blieb's. Die Frau ward ihrer Stieftochter spinnefeind und wusste nicht, wie sie es ihr von einem Tag zum andern schlimmer machen sollte. Auch war sie neidisch, weil ihre Stieftochter schön und lieblich war, ihre rechte Tochter aber hässlich und widerlich.

Einmal im Winter, als es steinhart gefroren hatte, und Berg und Tal vollgeschneit lag, machte die Frau ein Kleid von Papier, rief das Mädchen und sprach: »Da, zieh das Kleid an, geh hinaus in den Wald und hol mir ein Körbchen voll Erdbeeren; ich habe Verlangen danach.« – »Du lieber Gott«, sagte das Mädchen, »im Winter wachsen ja keine Erdbeeren, die Erde ist gefroren, und der Schnee hat auch alles zugedeckt. Und warum soll ich in dem Papierkleide gehen? Es ist draußen so kalt, dass einem der Atem friert: da weht ja der Wind hindurch, und die Dornen reißen mir's vom Leib.« – »Willst du mir noch widersprechen?«, sagte die Stiefmutter, »mach, dass du fortkommst, und lass dich nicht eher wieder sehen, als bis du das Körbchen voll Erdbeeren hast.« – Dann gab sie ihm noch ein Stückchen hartes Brot und sprach: »Davon kannst du den

Tag über essen«, und dachte: »draußen wird's erfrieren und verhungern und mir nimmermehr wieder vor die Augen kommen.«

Nun war das Mädchen gehorsam, tat das Papierkleid an und ging mit dem Körbchen hinaus. Da war nichts als Schnee die Weite und Breite, und war kein grünes Hälmchen zu merken. Als es in den Wald kam, sah es ein kleines Häuschen; daraus guckten drei kleine Haulemännerchen. Es wünschte ihnen die Tageszeit und klopfte bescheidenlich an die Tür. Sie riefen »herein«, und es trat in die Stube und setzte sich auf die Bank am Ofen; da wollte es sich wärmen und sein Frühstück essen. Die Haulemännerchen sprachen: »Gib uns auch etwas davon.« – »Gerne«, sprach es, teilte sein Stückchen Brot entzwei und gab ihnen die Hälfte. Sie fragten: »Was willst du zur Winterzeit in deinem dünnen Kleidchen hier im Wald?« – »Ach«, antwortete es, »ich soll ein Körbchen voll Erdbeeren suchen und darf nicht eher nach Hause kommen, als bis ich es mitbringe.« Als es sein Brot gegessen hatte, gaben sie ihm einen Besen und sprachen: »Kehre damit an der Hintertüre den Schnee weg.« Wie es aber draußen war, sprachen die drei Männerchen untereinander: »Was sollen wir ihm schenken, weil es so artig und gut ist und sein Brot mit uns geteilt hat?« – Da sagte der Erste: »Ich schenk' ihm, dass es jeden Tag schöner wird.« – Der Zweite sprach: »Ich schenk' ihm, dass Goldstücke ihm aus dem Mund fallen, sooft es ein Wort spricht.« – Der Dritte sprach: »Ich schenk' ihm, dass ein König kommt und es zu seiner Gemahlin nimmt.«

Das Mädchen aber tat, wie die Haulemännerchen gesagt hatten, kehrte mit dem Besen den Schnee hinter dem kleinen Hause weg, und was glaubt ihr wohl, dass es gefunden hat? lauter reife Erdbeeren, die ganz dunkelrot aus dem Schnee hervorkamen. Da raffte es in seiner Freude sein Körbchen voll, dankte den kleinen Männern, gab jedem die Hand und lief nach Haus und wollte der Stiefmutter das Verlangte bringen. Wie es eintrat und »guten Abend« sagte, fiel ihm gleich ein Goldstück aus dem Mund. Darauf erzählte es, was ihm im Walde begegnet war, aber bei jedem Worte, das es sprach, fielen ihm die Goldstücke aus dem Mund, sodass bald die ganze Stube damit bedeckt ward. »Nun sehe einer den Übermut«, rief die Stiefschwester, »das Geld so hinzuwerfen«, aber heimlich war sie neidisch darüber und wollte auch hinaus in den Wald und Erdbeeren suchen. Die Mutter: »Nein, mein liebes Töchterchen, es ist zu kalt, du könntest mir erfrieren.« Weil sie ihr aber keine Ruhe ließ, gab sie endlich nach, nähte ihm einen prächtigen Pelzrock, den es anziehen musste, und gab ihm Butterbrot und Kuchen mit auf den Weg.

Das Mädchen ging in den Wald und gerade auf das kleine Häuschen zu. Die drei kleinen Haulemänner guckten wieder, aber es grüßte sie nicht, und, ohne sich nach ihnen umzusehen und ohne sie zu grüßen, stolperte es in die Stube hinein, setzte sich an den Ofen und fing an, sein Butterbrot und seinen Kuchen zu essen. »Gib uns etwas davon«, riefen die Kleinen, aber es antwor-

tete: »Es schickt mir selber nicht, wie kann ich andern noch davon abgeben?« Als es nun fertig war mit dem Essen, sprachen sie: »Da hast du einen Besen, kehr uns draußen vor der Hintertür rein.« – »Ei, kehrt euch selber«, antwortete es, »ich bin eure Magd nicht.« Wie es sah, dass sie ihm nichts schenken wollten, ging es zur Türe hinaus. Da sprachen die kleinen Männer untereinander: »Was sollen wir ihm schenken, weil es so unartig ist und ein böses neidisches Herz hat, das niemand etwas gönnt?« – Der Erste sprach: »Ich schenk' ihm, dass es jeden Tag hässlicher wird.« – Der Zweite sprach: »Ich schenk' ihm, dass ihm bei jedem Wort, das es spricht, eine Kröte aus dem Munde springt.« – Der Dritte sprach: »Ich schenk' ihm, dass es eines unglücklichen Todes stirbt.« Das Mädchen suchte draußen nach Erdbeeren; als es aber keine fand, ging es verdrießlich nach Haus. Und wie es den Mund auftat und seiner Mutter erzählen wollte, was ihm im Walde begegnet war, da sprang ihm bei jedem Wort eine Kröte aus dem Mund, sodass alle einen Abscheu vor ihm bekamen.

Nun ärgerte sich die Stiefmutter noch viel mehr und dachte nur darauf, wie sie der Tochter des Mannes alles Herzeleid antun wollte, deren Schönheit doch alle Tage größer ward. Endlich nahm sie einen Kessel, setzte ihn zum Feuer und sott Garn darin. Als es gesotten war, hing sie es dem armen Mädchen auf die Schulter und gab ihm eine Axt dazu; damit sollte es auf den gefrornen Fluss gehen, ein Eisloch hauen und das Garn schlittern. Es war gehorsam, ging hin und hackte ein Loch in das Eis, und als es mitten im Hacken war, kam ein prächtiger Wagen hergefahren, worin der König saß. Der Wagen hielt still, und der König fragte: »Mein Kind, wer bist du und was machst du da?« – »Ich bin ein armes Mädchen und schlittere Garn.« Da fühlte der König Mitleiden, und als er sah, wie es so gar schön war, sprach er: »Willst du mit mir fahren?« – »Ach ja, von Herzen gern«, antwortete es; denn es war froh, dass es der Mutter und Schwester aus den Augen kommen sollte.

Also stieg es in den Wagen und fuhr mit dem König fort, und als sie auf sein Schloss gekommen waren, ward die Hochzeit mit großer Pracht gefeiert, wie es die kleinen Männlein dem Mädchen geschenkt hatten. Über ein Jahr gebar die junge Königin einen Sohn, und als die Stiefmutter von dem großen Glücke gehört hatte, so kam sie mit ihrer Tochter in das Schloss und tat, als wollte sie einen Besuch machen. Als aber der König einmal hinausgegangen und sonst niemand zugegen war, packte das böse Weib die Königin am Kopf, und ihre Tochter packte sie an den Füßen, hoben sie aus dem Bett und warfen sie zum Fenster hinaus in den vorbeifließenden Strom. Darauf legte sich ihre hässliche Tochter ins Bett, und die Alte deckte sie zu bis über den Kopf. Als der König wieder zurückkam und mit seiner Frau sprechen wollte, rief die Alte: »Still, still, jetzt geht das nicht, sie liegt in starkem Schweiß, Ihr müsst sie heute ruhen lassen.« Der König dachte nichts Böses dabei und kam erst den andern Morgen wieder, und wie er mit seiner Frau sprach, und sie ihm Antwort gab, sprang bei jedem Wort eine Kröte hervor, während sonst ein Goldstück herausgefallen war. Da fragte er, was das wäre, aber die Alte sprach, das hätte sie von dem starken Schweiß gekriegt, und würde sich schon wieder verlieren. In der Nacht aber sah der Küchenjunge, wie eine Ente durch die Gosse geschwommen kam, die sprach:

»König, was machst du?
schläfst du, oder wachst du?«
Und als er keine Antwort gab, sprach sie:
»Was machen meine Gäste?«
Da antwortete der Küchenjunge:
»Sie schlafen feste.«
Fragte sie weiter:
»Was macht mein Kindelein?«
Antwortete er:
»Es schläft in der Wiege fein.«

Da ging sie in der Königin Gestalt hinauf, gab ihm zu trinken, schüttelte ihm sein Bettchen, deckte es zu und schwamm als Ente wieder durch die Gosse fort. So kam sie zwei Nächte, in der dritten sprach sie zu dem Küchenjungen: »Geh und sage dem König, dass er sein Schwert nimmt und auf der Schwelle dreimal über mir schwingt.« Da lief der Küchenjunge und sagte es dem König, der kam mit seinem Schwert und schwang es dreimal über dem Geist, und beim dritten Mal stand seine Gemahlin vor ihm, frisch, lebendig und gesund, wie sie vorher gewesen war.

Nun war der König in großer Freude, er hielt aber die Königin in einer Kammer verborgen bis auf den Sonntag, wo das Kind getauft werden sollte. Und als es getauft war, sprach er: »Was gehört einem Menschen, der den andern aus dem Bett trägt und ins Wasser wirft?« – »Nichts Besseres«, antwortete die Alte, »als dass man den Bösewicht in ein Fass steckt, das mit Nägeln ausgeschlagen ist, und den Berg hinab ins Wasser rollt.« – Da sagte der König: »Du hast dein Urteil gesprochen«, ließ ein solches Fass holen und die Alte mit ihrer Tochter hineinstecken; dann ward der Boden zugehämmert und das Fass bergab gekullert, bis es in den Fluss rollte.

(Jacob und Wilhelm Grimm)

Winterspuk und Wintergrusel

Der Gespensterbräutigam

Vor langer, langer Zeit lebte in Boscean ein Bauer namens Lenine. Er hatte nur einen Sohn, Frank Lenine, und beide Eltern ließen dem Jungen jeden Willen. Neben anderen Knechten und Mägden gab es auf dem Hof auch ein junges Mädchen, Nancy Trenoweth; sie half Frau Lenine bei verschiedenen Arbeiten im Haushalt. Nancy war ein hübsches Mädchen, und wenn sie auch keine großartige Bildung genossen hatte, so besaß sie doch bei ihrer natürlichen Anmut Gaben, die sie zur Führung eines kleinen Hofes befähigten. Kurzum: Nancy lebte auf dem kleinen Hof wie eine Tochter des Hauses, und Frank und sie wie Bruder und Schwester. Und es kam so, wie es kommen musste.

Bald empfand Frank eine tiefe Zuneigung zu Nancy, und auch sie teilte sein Gefühl. Und obwohl bald die ganze Pfarrei wusste, dass die beiden füreinander bestimmt waren, hatten die Eltern des jungen Mannes keine Ahnung davon. Umso überraschter waren sie, als Frank eines Tages zu ihnen kam und um die Erlaubnis bat, Nancy heiraten zu dürfen. Franks Eltern hatten ihrem Sohn zwar von Kindheit an seinen eigenen Willen gelassen, sodass er tun konnte, was er wollte. Jetzt aber in einer Lage, in der das größte aller menschlichen Gefühle im Spiel war, blieben sie hart: Sie verweigerten ihre Zustimmung. Der alte Lenine hielt es nicht für standeswürdig, dass sein Sohn eine Trenoweth heirate, und nie würde er dazu seine Zustimmung geben. So entließ man kurzerhand Nancy aus dem Dienst und schickte sie zu ihren Eltern zurück. Und obendrein verboten die Eltern Frank strengstens, das Mädchen je wiederzusehen.

Die Gebote der Alten sind im Allgemeinen wirkungslos für die Jungen, wenn es um Herzensangelegenheiten geht, und das war auch bei Frank der Fall. Er, der abends selten das Anwesen um den Hof verlassen hatte, war nun fast dauernd weg, und die Stimmung zu Hause, die früher so angenehm war, änderte sich schlagartig. Es gab Streitereien, und man ging sich aus dem Weg.

Kaum verging ein Abend, da sich Nancy und Frank nicht heimlich an einem abgelegenen Ort trafen. Die »Heilige Quelle« war solch ein Lieblingsplatz, und hier machten beide die feierlichsten Schwüre. Sie tauschten Haarlocken, sie nahmen einer Leiche den Ehering vom Finger, brachen ihn, wobei sie schworen, für immer vereint zu bleiben, tot oder lebendig. Sie kletterten sogar nachts auf die Granitfelsen von Treryn und taten beim Logan Rock denselben Schwur.

Die Zeit ging dahin, und Liebe und Leidenschaft wuchsen bei beiden. Und Nancys Eltern merkten bald, dass die Treffen zweier ungestümer Liebender beim Mondenschein nicht ohne Folgen geblieben waren und drangen auf eine Heirat der beiden. Doch der alte Lenine war dazu auf keinen Fall zu bewegen und beschloss, seinen Sohn ganz aus der von ihm so gehassten Nähe der Trenoweths zu entfernen. Um dem Liebeswahnsinn, wie er es nannte, ein Ende zu machen, fuhr er mit Frank nach Plymouth. Hatte der arme Junge auch die beste Absicht, er war zu schwach, sich auf die Dauer seinem strengen Vater zu widersetzen. So heuerte er denn auf einem Schiff an, das nach Indien in See stach, und sagte seiner Heimat Lebewohl.

Auf See konnte Frank ihr nicht schreiben, und damals ging es mit der Beförderung der Post auch nicht so schnell: also hörte Nancy nie mehr etwas von ihrem Liebsten. Inzwischen wurde Nancys Kind in diese trübe Welt geboren, und es war der ganze Trost der jungen Mutter. Sie lebte für ihr Kind und in der Erinnerung an seinen Vater. Wo auch immer Frank sein mochte, da war sie bei ihm, das gab ihr Stärke und Hoffnung. Sie fühlte, dass keine Entfernung ihre Seelen trennen konnte und dass keine Zeit lang genug sein konnte, das Band zwischen ihnen zu zerschneiden.

Bald darauf aber geriet ihre Familie in große Not, und Nancy musste das Haus wieder verlassen und in Dienst auf einen Hof gehen. Ihre Mutter übernahm die Sorge für das Kindchen. In ihrer neuen Stellung machte Nancy die Bekanntschaft mit mehreren Töchtern von Kleinbauern der Umgebung, und diese Mädchen waren noch voller Aberglaube.

Der Winter kam näher, und es waren fast drei Jahre ins Land gezogen, seit Frank Lenine seine Heimat verlassen hatte. Und noch immer gab es kein Lebenszeichen von ihm. Auch die Lenines machten sich Sorgen um ihn. Sie wünschten jetzt sogar, Nancys Kind bei sich zu haben, aber die Trenoweths wollten sich nicht von ihm trennen. Die Lenines wollten sogar Nancy wieder bei sich aufnehmen, nur um das Kind um sich zu haben. Nancy wollte dies indes nicht.

Es war Halloween, der Vorabend von Allerheiligen, an dem nach altem Glauben die Geister der Toten zurückkehren. Da überredeten zwei der Mägde Nancy, und das war für sie nicht schwer, mit ihnen zu kommen und Hanfsamen zu säen. Um Mitternacht stahlen sich die drei Mädchen unbemerkt aus dem Haus und gingen auf den Marktplatz von Kimyall, um dort ihre Beschwörung vorzunehmen. Nancy, die Mutigste der drei, trat als Erste vor, streute den Samen aus und sprach dabei:

> »Hanfsamen, ich säe dich,
> Nun wachse und mehre dich,
> Und wer mein Liebster will sein,
> Komme hinter mir drein,
> Er nun mir erschein!«

Das wurde dreimal wiederholt, und als sie hinter sich über ihre linke Schulter blickte, sah sie Frank Lenine. Aber er sah so erzürnt aus, dass sie vor Angst aufschrie und den Zauber brach. Eines der anderen Mädchen beschloss, den Zauber nochmals zu bannen – und da wurde plötzlich ein weißer Sarg sichtbar. Große Furcht überkam nun die drei Mädchen, sie gingen bekümmert nach Hause und verbrachten alle eine schlaflose Nacht.

Der November kam mit seinen Stürmen, und in einer solch sturmumtobten Nacht wurde ein mächtiges Schiff gegen die Klippen geworfen; von den gewaltigen Wellen getroffen, war es bald zerbrochen. Unter den Seeleuten, die an Land gespült wurden, war auch Frank, einer der Wenigen, die noch nicht tot waren. Man fand ihn, und seine einzigen Worte waren die Bitte, nach Nancy Trenoweth zu schicken, auf dass sie noch vor seinem Tod ihm angetraut würde. Seine Freunde trugen ihn, dem es zusehends schlechter ging, auf einer Bahre nach dem heimatlichen Boscean, aber er starb, als man den Marktplatz erreichte. Seine Eltern waren so von den eigenen Sorgen überwältigt, dass sie nicht daran dachten, Nancy Bescheid zu geben, und so wurde Frank auf dem Friedhof von Burian zur letzten Ruhe getragen, ohne dass sie von seiner Rückkehr wusste.

In der Nacht nach der Beerdigung ging Nancy wie gewöhnlich die Haustür verriegeln und schaute noch einmal in die Nacht hinaus. In dem Augenblick trabte in wilder Hast ein Reiter vorbei und rief sie mit einer solchen Stimme beim Namen, dass ihr das Blut in den Adern gerann. Es war Frank Lenines Stimme, die sie nie hatte vergessen können. Und das Pferd, das sie nun sah, war sein Lieblingsfüllen, auf dem er so oft nach Alsia, dem Haus ihrer Eltern, geritten kam. Der Reiter war nicht deutlich zu erkennen, aber er sah sehr bekümmert und totenblass aus, trotzdem erkannte Nancy, dass es ihr Frank war. Er erzählte ihr, dass er gerade erst nach Hause zurückgekehrt sei und den ersten freien Augenblick genutzt habe, seine Liebste abzuholen, um sie zu seiner Braut zu machen. Nancys Erregung war so groß, dass sie sich leicht überreden ließ, hinter ihm aufzusitzen, damit sie sein Heim noch vor Morgengrauen erreichten.

Als sie aber Franks Hand ergriff, überlief sie ein kalter Schauer, und als sie um seine Hüfte griff, um fester zu sitzen, wurde ihr Arm so starr wie Eis. Sie verlor ihre Sprache und litt gewaltige Angst, ohne dass sie selbst wusste warum. Der Mond war inzwischen aufgegangen und brach nun mit heller Lichtflut durch die schweren Wolken, die ihn bis jetzt verfinstert hatten. Das Pferd setzte seinen Ritt mit voller Geschwindigkeit fort, und wenn es vor Müdigkeit langsamer wurde, spornte die eigentümliche Stimme seines Reiters es zu neuen Kräften an. Davon abgesehen wurde kein Wort gesprochen, seit Nancy hinter ihrem Liebsten aufgestiegen war. Sie kamen nun zu dem Trove Bottom, über den damals noch keine Brücke führte, und platschten hinein in den Fluss. Voll schien der Mond auf ihre Gesichter. Nancy schaute in den Fluss und sah, dass der Reiter in ein Leichentuch und andere Grabgewänder gehüllt war. Nun wusste sie, dass sie mit einem Gespenst davonritt, doch hatte sie keine Kraft, sich zu retten, ja sie wollte es nicht einmal.

Weiter ging der Ritt in wildem Galopp, bis sie zu der Schmiede von Burian kamen, und Nancy erkannte am Licht in der Schmiede, dass der Meister noch an der Arbeit war. Nun gewann sie ihre Sprache wieder. »Rette mich, rette mich!«, schrie sie aus allen Leibeskräften. Der Schmied sprang vor die Tür, ein rotglühendes Eisen in den Händen, und als das Pferd vorbeibrauste, ergriff er Nancys Gewand und zog sie vom Pferd auf den Boden. Aber auch das Gespenst ergriff Nancys Kleid mit einer Hand, und sein Griff war so fest wie ein Schraubstock. Das Pferd sauste dahin wie der Wind, und Nancy und der Schmied wurden bis zu den alten Armenhäusern am Friedhof mitgerissen. Hier hielt das Pferd einen Augenblick, und der Schmied nutzte das aus und trennte mit seinem glühenden Eisen den Kleiderfetzen durch, den der Reiter ergriffen hatte. Nancy war gerettet, mehr tot als lebendig. Der Reiter aber war inzwischen auf seinem Pferd über die Friedhofsmauer gesprungen und in dem Grab verschwunden, in dem Frank erst vor wenigen Stunden beigesetzt worden war.

Der Schmied nahm Nancy mit sich in sein Haus und weckte bald einige Nachbarn, die das arme Mädchen nach Alsia zu ihren Eltern brachten, die sie auf ihr Lager betteten. Nancy sprach kein Wort, außer dass sie nach ihrem Kind fragte und ihre Mutter bat, es zu den Lenines zu bringen und sie selbst neben Frank zu begraben. Und bevor der Morgen graute, hatte Nancy ihren letzten Atemzug getan.

In jener Nacht sah man ein Pferd pfeilschnell durch St. Burian galoppieren, und am nächsten Morgen fand man Franks Füllen tot an den Bernowhall-Klippen. Es stand ihm Schaum vor dem Maul, die Augen waren ihm aus dem Kopf gequollen, und geschwollen hing ihm die Zunge aus dem Hals heraus. Auf Franks Grab fand man den Fetzen von Nancys Kleid, den das Gespenst noch in seiner Hand behielt, als der Schmied sie mit seinem Eisen vom Gespenst getrennt hatte.

Man erzählt sich auch, ein oder zwei Seemänner, die den Schiffbruch überlebt hatten, hätten nach dem Begräbnis berichtet, dass sich Frank Lenine in jener Nacht vor Allerheiligen wie verrückt gebärdet habe. Sie hätten ihn kaum noch auf dem Schiff halten können. Er schien mehr im Traum als wach, und nach einer heftigen Erregung sei er wie tot auf Deck gesunken und stundenlang dort liegen geblieben. Als er wieder zu sich kam, soll er erzählt haben, er sei in das Dorf Kimyall geholt worden, und wenn er je die Frau heiraten werde, die den Zauber ausgeführt habe, würde er sie hart dafür büßen lassen, dass sie ihm die Seele aus dem Körper gezogen habe.

Die arme Nancy wurde in Franks Grab beigesetzt, und ihre Gefährtin beim Hanfsäen, die den weißen Sarg gesehen hatte, ruhte binnen eines Jahres an ihrer Seite.

Andreasnacht

Es ist Glaube, dass ein Mädchen in der Andreasnacht, Thomasnacht, Christnacht und Neujahrsnacht seinen zukünftigen Liebsten einladen und sehen kann. Es muss einen Tisch für zwei decken, es dürfen aber keine Gabeln dabei sein. Was der Liebhaber beim Weggehen zurücklässt, muss sorgfältig aufgehoben werden, er kommt dann zu derjenigen, die es besitzt, und liebt sie heftig. Es darf ihm aber nie wieder zu Gesicht kommen, weil er sonst der Qual gedenkt, die er in jener Nacht von übermenschlicher Gewalt gelitten, und er des Zaubers sich bewusst wird, wodurch großes Unglück entsteht.

Ein schönes Mädchen in Österreich begehrte einmal um Mitternacht, unter den nötigen Gebräuchen, seinen Liebsten zu sehen, worauf ein Schuster mit einem Dolche dahertrat, ihr denselben zuwarf und schnell wieder verschwand. Sie hob den nach ihr geworfenen Dolch auf und schloss ihn in eine Truhe. Bald kam der Schuster und hielt um sie an. Etliche Jahre nach ihrer Verheiratung ging sie einstmals sonntags, als die Vesper vorbei war, zu ihrer Truhe, etwas hervorzusuchen, das sie folgenden Tag zur Arbeit vornehmen wollte. Als sie die Truhe geöffnet, kommt ihr Mann zu ihr und will hineinschauen; sie hält ihn ab, aber er stößt sie mit Gewalt weg, sieht in die Truhe und erblickt seinen verlornen Dolch. Alsbald ergreift er ihn und begehrt kurz zu wissen, wie sie solchen bekommen, weil er ihn zu einer gewissen Zeit verloren hätte. Sie weiß in der Bestürzung und Angst sich auf keine Ausrede zu besinnen, sondern bekennet frei, es sei derselbe Dolch, den er ihr in jener Nacht hinterlassen, wo sie ihn zu sehen begehrt. Da ergrimmte der Mann und sprach mit einem fürchterlichen Fluch: »Hur! So bist du die Dirne, die mich in jener Nacht so unmenschlich geängstiget hat!«, und stößt ihr damit den Dolch mitten durchs Herz.

Diese Sage wird an verschiedenen Orten von andern Menschen erzählt. Mündlich: Von einem Jäger, der seinen Hirschfänger zurücklässt; in dem ersten Wochenbett schickt ihn die Frau über ihren Kasten, Weißzeug zu holen, und denkt nicht, dass dort das Zaubergerät liegt, das er findet und womit er sie tötet.

(Jacob und Wilhelm Grimm)

Der Teufel als Bräutigam

Vor langen, langen Jahren, saßen Base und Nichte am Andreasabend beim Kamin und spannen fleißig einen Rocken nach dem andern ab, da sagte die Nichte: »Base, 's ist heute Andreas, ich möchte wohl auf den Kreuzweg gehen und schauen, wen ich erblicken würde.«

Da sprach die Base: »Törichtes Kind, zum Freien bist du noch viel zu jung, auch heißt es Gott versuchen, wenn man in die Zukunft schauen will, die uns zu unserm Heil verborgen bleiben soll!«

Darauf sprach die Nichte: »Base, Ihr habt recht, ich will fein zu Hause bleiben, meinen Rocken abspinnen und mich dann zu Bett legen.«

Das tat sie auch; aber um Mitternacht, als die Base fest schlief, stand sie leise auf, kleidete sich hastig an und ging auf den Zehen aus dem Zimmer, die Treppe hinab und auf den nächsten Kreuzweg.

Alles war still auf den Straßen, nur hier und da aus den Fenstern schimmerte ein Nachtlämpchen, und verdrießlich sagte das Mädchen: »Ach, niemand lässt sich mehr blicken, daran ist die Base schuld, ich bekomme also dieses Jahr noch keinen Mann. Wie kränkt mich dies, ich wollte nicht in den Himmel kommen, wenn ich den Triumph hätte, unter allen Jungfern meiner Verwandtschaft und Bekanntschaft die Erste zu sein, die einen reichen, stattlichen Freier bekäme. Wie würde dies die andern ärgern!«

Inzwischen schlug die Glocke zwölf; da sauste ein prachtvoller Wagen mit schwarzen Rossen bespannt vorbei, und in dem Wagen saß ein reichgeputzter Herr mit einer Feder auf dem Hute.

Er grüßte das staunende Mädchen freundlich, und Röschen ging voll stolzer Hoffnungen, voll Jubel nach Hause. Seit dem Andreasabend hielt sie sich schon für eine reiche, vornehme Frau, den ganzen Tag stand sie vor dem Spiegel, den Spinnrocken berührte sie nicht mehr, und die frommen Ermahnungen der Base verlachte sie. Einen jungen Handwerker, der um sie freite, wies sie schnöde ab, auf einen reicheren hoffend, und jedermann, der Röschen sonst wohlgewollt, erklärt sie für eine eitle, hochmütige Närrin.

So vergingen einige Monate, als Röschen eines Tages wieder neben der Muhme saß und spann.

Da rollte eine stattliche Kutsche, bespannt mit sechs schwarzen Rossen, vor das Haus, ein kostbar gekleideter Herr stieg aus, ging die Treppe hinauf und trat in der Base Zimmer. Dort warb er mit höflichen Worten bei ihr um Röschens Hand, und die Base sprach: »Herr, so glänzend auch Euer Antrag ist, so kann ich mich seiner doch nicht recht freuen, meine Nichte ist arm und von geringem Stande, und Gott befiehlt, dass keiner sich überhebe.«

Da wurde der Freier blass und sprach zu Röschen: »Und Ihr, mein schönes Kind?« Sie erwiderte: »Ich bin Euer, mag die Base mich segnen oder fluchen, ich bin nicht deshalb schön und jung, dass ich ungesehen in einem Winkelgässchen verblühen soll.«

»Wohl gesprochen«, sagte der Freier, »so muss ein junges Mädchen denken, wenn es ihr Glück machen will.«

Darauf steckte er ihr einen Ring an, der wie Feuer funkelte und im Dunkeln hell leuchtete wie eine Kerze. Zum Gegengeschenk gab ihm Röschen das silberne Kreuzchen, was sie am Halse trug und um das er sie gebeten.

Dann kamen Diener, welche kostbaren Schmuck und seidne Stoffe für sie brachten; endlich schied der Freier, nachdem er seiner Braut das Versprechen gegeben hatte, sie den neunten Abend nach seinem ersten Besuche abzuholen und feierlich als Braut heimzuführen.

Als die Base sich mit der Nichte allein sah, sprach sie zu ihr mit bewegter Stimme: »Schon oft hast du in der letzten Zeit meine Warnungen überhört, ich bitte dich, schlage sie nur diesmal nicht in den Wind, denke, dass deine Mutter zu dir spricht. Mir ist, als ich den Freier sah, gar unheimlich geworden, die Pracht, die reichen Geschenke blenden mich nicht, man weiß nicht, wie er heißt, noch wo er herstammt und von wannen er kommt, es kann wohl gar ein böser Geist sein.«

»Warum nicht gar«, fuhr Röschen auf, »Ihr gönnt mir wohl mein Glück nicht, weil ich eine vornehme und reiche Dame werde, und Ihr – doch lasst mich schweigen und bekümmert Euch nicht um mich, ich bin schon selbst klug genug.«

Nach diesen Worten wendete sie der Base den Rücken zu und schmückte sich mit den Edelsteinen, welche ihr der reiche Freier geschenkt. Aus den schönen, seidenen Stoffen ließ sie sich Kleider machen und schritt nun in Schleppkleidern stolz umher, sich ihrer armen Base schämend. Vergebens beschwor die Base das Mädchen, an ihr Seelenheil zu denken, ja sie vergaß es nicht, Röschen darauf aufmerksam zu machen, dass der neunte Tag, an welchem sie der Freier abholen wollte, der letzte April sei.

Röschen lachte dazu. »Warum nicht?«, sagte sie übermütig, »bei einem so reichen, galanten Teufel, wie dieser ist, muss es sich gar nicht übel leben lassen.«

Das war freilich nur ein Scherz, denn Röschen hielt den Freier für einen reichen Edelmann und hatte Furcht vor einer Verbindung mit dem Teufel, aber wenn sie des Teufels Hilfe zu einem Triumph für Eitelkeit bedurft hätte, würde sie dieselbe ohne Bedenken angenommen haben.

So verstrichen acht Tage, und der neunte, an welchem ihr Freier kommen wollte, um sie zu holen, erschien. Schon früh eilte die Base in die Messe, Röschen aber hatte keine Lust, sie zu begleiten, und stellte sich vor den Spiegel, sich heute auf das köstlichste zu schmücken, damit sie dem reichen Freier gefallen möge und er sein Wort nicht zurücknehme. Still und ängstlich ging die Base den ganzen Tag umher, während Röschen voll Stolz und Eitelkeit im Gemach auf und ab schritt, bald sich in dem Spiegel zunickend, damit ihre Ohrgehänge umso schöner funkelten, bald auf ihre lange Schleppe schauend.

Als der Abend hereinbrach, wollte die Base Röschen ein Kreuz um den Hals binden, das Mädchen riss es aber ab und sprach: »Das dumme Kreuz würde schön zu meinen Brillanten passen.«

Jetzt rollte wieder der prachtvolle Wagen mit den sechs Rossen heran, der Herr stieg aus und kam, die Braut zu holen.

Vergebens beschwor die Base das Mädchen zurückzubleiben, sie entzog ihr die Hand und eilte blitzschnell die Treppe hinab. Alle Nachbarn schauten zu ihrer Freude aus den Fenstern und bewunderten die Pracht. Sie stiegen ein. Im Galopp fuhr der Wagen fort, dass die Funken stoben.

Da wurde Röschen bange, und sie schrie: »Wohin bringt Ihr mich?«

Und er sprach: »In mein Schloss, wo du großen Hofstaat finden wirst.«

Und wieder fragte Röschen: »Und wer seid Ihr denn?«

»Der Fürst der Hölle!«, rief er aus. Da sank das Mädchen zusammen und fing an zu beten, was ihr nur einfiel. Und im Nu verschwand die Kutsche mit den Rossen und ihrem Herrn. Röschen lag auf ihrem Bett, totenblass, sterbend, und unter den frommen Gebeten der Base verschied sie.

Die Christmesse in der Wildermänner Kirche

Am ersten Weihnachtsmorgen früh vier Uhr wurde sonst hier auf dem Harze in allen Kirchen heilige Christmesse gehalten, und scharenweise strömten dann in der Dunkelheit die frommen Christen zum Gotteshause, das heilige Christfest damit anzufangen. So war auch der Gebrauch in Wildemann.

Eine Frau daselbst, eine fromme und gute Christin, hatte sich am Heiligen Abend vorgenommen, am andern Morgen auch in die Christmesse zu gehen.

Früh war sie schon zu Bett gegangen, um früh genug wieder aufzustehen und nicht zu spät zu kommen. Da wacht sie denn mitten in der Nacht auf, meint, es sei schon gegen drei, denn eine Uhr hat sie noch nicht gehabt, und Uhren hat's überhaupt damals noch wenig gegeben. Sie steht also auf, zieht sich an und geht zur Kirche; doch wundert sie sich so vor sich hin, dass noch nicht mehr Leute auf den Beinen sind, die auch nach der Kirche gehen. In ihren Sinne denkt sie, ist gut, bist du die Erste.

Als sie auf den Kirchhof kommt, sieht sie die Kirche hell erleuchtet; es ist aber noch alles totenstill darin und davor. Sie geht hinein: Die Kirche ist leer, kein Mensch darin zu hören noch zu sehen. Da schlägt es Elf, und als es ausgeschlagen hat, beginnt das Festgeläute so feierlich in die Nacht hinein zu tönen, dass der Frau dabei schon die Augen übergehen. Dann strömen die Leute herein, aber nicht die, welche damals noch gelebt haben, sondern alles solche, die schon lang tot gewesen sind und im Grabe geruht haben, die aber alle die Frau gekannt hat; also Leute aus Gräbern füllen die Priechen, die Stühle, und die Anverwandten der Frau setzen sich rechts und links neben sie. Nachdem ausgeläutet ist, beginnt ein feierlicher Totengesang mit Orgelbegleitung, so herzergreifend, dass die Frau fast in Tränen zerfließt. Hierauf tritt der Prediger, der erst vor zwei Jahren gestorben war und auf dem Wildemänner Kirchhof beerdigt war, auf die Kanzel und predigt so klar und so wahr, wie die Frau noch nie gehört hat, erteilt dann den Segen, und bei dem Worte Amen schlägt es zwölf. Da ist alles verschwunden, die Kirche ist finster und leer, und die Frau muss im Dunkeln hinaustappen und nach Hause gehen.

Zu Hause angekommen, sinkt sie zum Tode erschöpft auf einen Stuhl nieder und kann kaum noch ihre Leute rufen, die ihr gleich ein Lager auf der Ofenbank zurechtmachen müssen. Hier liegt sie fast zwei Stunden in totenähnlichem Schlafe, rührt und regt sich nicht; dann tut sie die Augen auf, sieht um sich, erblickt alle die Ihrigen um ihr Lager versammelt, die da denken, dass sie nicht wieder erwacht und deshalb herzlich weinen. Denen erzählt sie dann mit schwacher Stimme, was sie in der verflossenen Nacht erlebt hat, und als sie eben mit der Erzählung fertig ist, da läutet es zur wirklichen Christmesse. Jetzt gehen die Lebendigen dahin, aber die Frau stirbt in dem Augenblick und geht zum lieben Gott in den Himmel.

Die Totenmesse zu Wesenberg

Vor alten Zeiten ist Wesenberg katholisch gewesen; da ist sonntags und mittwochs immer eine Frühmesse gehalten worden. Zu der Zeit hat auch eine Frau gelebt, die wachte eines Morgens im Winter, als es noch finster war, auf, und da war ihr, als höre sie läuten, glaubte drum, sie habe die Zeit verschlafen, zog sich eilig an und ging zur Kirche. Als sie dahin kommt, stehen auch die Türen weit offen, die Kerzen sind angezündet und die ganze Kirche ist gedrängt voll von Leuten. Vor dem Altar aber stehen zwei Prediger, die teilen das Abendmahl aus, und wie die Frau näher tritt, ist ihr der eine ganz fremd, den andern aber kennt sie noch wohl, der war wohl schon länger als zwanzig Jahre tot. Darob wird ihr ganz unheimlich und still geht sie in ihren Stuhl, kniet nieder, verrichtet ihr Gebet und will eben wieder heim, da tritt eine Frau an sie heran, die sie auch noch gekannt hatte, die aber auch schon längst tot war, und sagt zu ihr: »Wir Toten lassen euch den Tag, so lasst uns denn auch die Nacht; geh ruhig heim, aber sieh dich nicht um.« Da kam die Frau ein Grauen an, dass sie sich kaum aufrecht zu halten vermochte, aber sie kam doch glücklich hinaus und eilte nach Hause; als sie jedoch an ihrer Haustür war, konnte sie nicht unterlassen, noch einmal umzuschauen, und da war am andern Tag das Stück ihres Mantels, welches in dem Augenblick noch außerhalb gewesen war, wie weg gebrannt.

Geisterkirche

Um das Jahr 1516 hat sich eine wunderbare, doch wahrhaftige Geschichte in St. Lorenz Kirche und auf desselben Kirchhof zugetragen. Als eine andächtige, alte, fromme Frau, ihrer Gewohnheit nach, einstmals früh Morgens vor Tag hinaus gen St. Lorenz in die Engelmesse gehen wollen, in der Meinung, es sei die rechte Zeit, kommt sie um Mitternacht vor das obere Tor, findet es offen und geht also hinaus in die Kirche, wo sie dann einen alten, unbekannten Pfaffen die Messe vor dem Altar verrichten sieht. Viele Leut, mehrsteils unbekannte, sitzen hin und wieder in den Stühlen zu beiden Seiten, einesteils ohne Köpf, auch unter denselben etliche, die unlängst verstorben waren und die sie in ihrem Leben wohl gekannt hatte.

Das Weib setzt sich mit großer Furcht und Schrecken in der Stühle einen und, weil sie nichts denn verstorbene Leute, bekannte und unbekannte, siehet, vermeint, es wären der Verstorbenen Seelen; weiß auch nicht, ob sie wieder aus der Kirche gehen oder drinnen bleiben soll, weil sie viel zu früh kommen wär, und Haut und Haar ihr zu Berge steigen. Da geht eine aus dem Haufen, welche bei Leben, wie sie meinte, ihre Gevatterin gewesen und vor dreien Wochen gestorben war, ohne Zweifel ein guter Engel Gottes, hin zu ihr, zupfet sie bei der Kursen (Mantel), bietet ihr einen guten Morgen und spricht: »Ei! liebe Gevatterin, behüt uns der allmächtige Gott, wie kommt ihr daher? Ich bitte euch um Gottes und seiner lieben Mutter willen, habt eben acht auf, wann der Priester wandelt oder segnet, so laufet, wie ihr laufen könnt und sehet euch nur nicht um, es kostet euch sonst euer Leben.« Darauf sie, als der Priester wandeln will, aus der Kirche geeilet, so sehr sie gekonnt, und hat hinter ihr ein gewaltig Prasseln, als wann die ganze Kirche einfiele, gehöret, ist ihr auch alles Gespenst aus der Kirche nachgelaufen und hat sie noch auf dem Kirchhof erwischt, ihr auch die Kursen (wie die Weiber damals trugen) vom Hals gerissen, welche sie dann hinter sich gelassen und ist sie also unversehret davonkommen und entronnen. Da sie nun wiederum zum obern Tor kommt und herein in die Stadt gehen will, findet sie es noch verschlossen, dann es etwa um ein Uhr nach Mitternacht gewesen: musst derowegen wohl bei dreien Stunden in einem Haus verharren, bis das Thor geöffnet wird, und kann hieraus vermerken, dass kein guter Geist ihr zuvor durch das Tor geholfen habe und dass die Schweine, die sie anfangs vor dem Tor gesehen und gehört, gleich als wenn es Zeit wäre, das Vieh auszutreiben, nichts anders, dann der leidige Teufel gewesen. Doch, weil es ein beherztes Weib ohne das gewesen und sie dem Unglück entgangen, hat sie sich des Dings nicht mehr angenommen, sondern ist zu Haus gegangen und am Leben unbeschädigt blieben, obwohl sie wegen des eingenommenen Schreckens zwei Tag zu Bett hat liegen müssen. Denselben Morgen aber, da ihr solches zuhanden gestoßen, hat sie, als es nun Tag worden, auf den Kirchhof hinausgeschicket und nach ihrer Kursen, ob dieselbe noch vorhanden, umsehen und suchen lassen; da ist dieselbe zu kleinen Stücklein zerrissen gefunden worden, also dass auf jedem Grabe ein kleines Flecklein gelegen, darob sich die Leut, die haufenweis derohalben hinaus auf den Kirchhof liefen, nicht wenig wunderten.

Diese Geschichte ist unsern Eltern sehr wohl bekannt gewesen, da man nicht allein hie in der Stadt, sondern auch auf dem Land in den benachbarten Orten und Flecken davon zu sagen gewusst, wie dann noch heutiges Tags Leute gefunden werden, die es vor der Zeit von ihren Eltern gehört und vernommen haben. –

Nach mündlichen Erzählungen hat es sich in der Nacht vor dem Allerseelentag zugetragen, an welchem die Kirche feierlich das Gedächtnis der abgeschiedenen Seelen begeht. Als die Messe zu Ende ist, verschwindet plötzlich alles Volk aus der Kirche, so voll sie vorher war, und sie wird ganz leer und finster. Sie sucht ängstlich den Weg zur Kirchtüre und wie sie heraustritt, schlägt die Glocke im Turm ein Uhr und die Türe fährt mit solcher Gewalt gleich hinter ihr zu, dass ihr schwarzer Regenmantel eingeklemmt wird. Sie lässt ihn, eilt fort und als sie am Morgen kommt, ihn zu holen, ist er zerrissen und auf jedem Grabhügel liegt ein Stücklein davon.

(Jacob und Wilhelm Grimm)

Die Geistermesse

Eine fromme Frau in Bamberg ging jeden Tag, wie Gott ihn gab, zur Frühmesse in die Oberpfarrkirche und ließ sich von dieser Gewohnheit ihrer Jugendtage auch im Winter nicht abbringen, wenn sie zu nachtschlafender Zeit mit ihrem Laternchen durch den Schnee stapfen musste.

Einmal im Dezember erwachte sie jäh aus einem bösen Traum. Da hörte sie das Frühmessglöcklein, das sie sonst nie im Bett überraschte, sprang schnell heraus, kleidete sich hastig an und entzündete ihr Licht. Im Fortgehen raffte sie noch ihr kostbares Fuchspelzlein von der Wand und hing es sich um. Dann trat sie vor die Haustür.

Große Schneeflocken fielen langsam und dicht und sie sank bei jedem Tritt fast bis an die Knöchel ein. Als sie die Kirchentür öffnete, strömte ihr ein unge-

wöhnlicher Lichterglanz entgegen. Auch waren alle Stühle mit Betern besetzt, wie sonst kaum beim Hochamt an Feiertagen. Die Frau fiel von einem Erstaunen ins andere. Als sie eilfertig ihrem gewohnten Platz zustrebte, sah sie ihn mitten unter den Knienden noch frei. Die heilige Handlung hatte schon begonnen. Aber der Frau schien es, als ob die Stimme des Frühmessners heute dumpfer klinge denn sonst. Auch die Gemeinde antwortete so seltsam hohl, dass die Frau zu keiner rechten Andacht kommen konnte, sondern bald links, bald rechts nach ihren Nachbarinnen sah, die in eigentümlichen grauen Tüchern tief verhüllt knieten. Als der Priester die Gemeinde entlassen hatte, erhob sich die Frau wirklich erleichterten Herzens. Wie sie sich aber zum Gehen wandte und noch einmal einen Blick auf die seltsamen Gestalten neben sich warf, fiel der einen das dunkle Tuch vom Kopf, und die Frau erkannte zu ihrem Entsetzen ihre alte Base, die schon länger als zehn Jahre verstorben war. Da lief es der Frau eiskalt über den Rücken und ihre Haare begannen sich zu sträuben. Mit wankenden Knien suchte sie den Ausgang zu erreichen. Doch fühlte sie, wie hinter ihr die ganze Schar nachdrängte. Einer plötzlichen Eingebung folgend, riss sie noch kurz vor der Tür ihr Pelzlein herunter und warf es hinter sich. Dann stürzte sie mit einem erlösenden Aufschrei hinaus.

In diesem Augenblick schlug es vom Turme zwölf Uhr. Da wusste die Frau, dass sie in der Geistermesse gewesen war und dass ihr Leben an einem Haar gehangen hatte. Zu Hause fiel sie in einen bleiernen Schlaf, aus dem sie erst erwachte, als ihr Mann sie rüttelte, weil sie überlaut geschrien hatte. Der Mann, dem sie darauf die ganze Geschichte erzählte, glaubte zuerst an einen lebhaften Traum.

Doch als er sich überzeugt hatte, dass das wertvolle Pelzwerk wirklich nicht mehr an seinem Platz hing, zog er sich eilig an und wollte es holen. Auf dem Kirchhof aber überlief den beherzten Mann selbst ein Schauer. Da lagen im Schnee wohl tausend Fetzen über alle die Gräber verstreut. Von Fußtritten aber war nicht eine Spur zu sehen.

Die Gespenstermesse

In Lectoure in der Gascogne hinter dem Kloster lebte einmal eine Witwe, die ihr Brot damit verdiente, Flachs zu spinnen. Sie war sehr fromm und versäumte es nie, vor Tagesanbruch schon in die Frühmesse in der Kathedrale Saint-Gervais zu gehen.

Eines Nachts im Winter konnte die Witwe keinen Schlaf finden und glaubte durch das Heulen des Windes hindurch die Glocken zu hören, die zur Frühmesse läuteten. Sogleich zog sie sich an und lief schnell zur Kirche; niemand war auf der Straße, und die Nacht war schwarz wie Pech, und dennoch standen die Pforten von Saint-Gervais schon weit offen, der Altar war schon gerichtet und die Kerzen brannten. Drinnen im Kirchenschiff waren viele Gläubige versammelt, und alle waren so gekleidet, wie es ganz früher mal die Mode war. Sie bewegten sich, aber kein Laut war dabei zu hören. Die Witwe kannte keinen der Messbesucher, sie kannte auch nicht den Priester, der die Messe las, noch den anderen Geistlichen, der ihm als Ministrant auf seine Gebete antwortete. Sie sah wohl, wie der Priester seine Lippen bewegte, und bei der Wandlung sah sie auch, wie der Ministrant die Klingel bimmeln ließ, aber sie hörte weder die Gebete noch das Klingeln.

Es kam der Augenblick der Kollekte, und ein Domherr, den die Witwe noch nie gesehen hatte, kam vorbei mit einem großen Teller aus Kupfer. Alle Kirchgänger warfen Taler, Dukaten und Louis d'or hinein, alles Münzen, die es früher einmal gab, die aber heute nicht mehr in Umlauf sind. Diese Silber- und Goldmünzen fielen auf den Teller, ohne dass man das Geringste hörte. Als aber der Domherr zu der Witwe kam, zog die arme Frau, die keinen roten Heller in der Tasche hatte, ihren Ehering vom Finger und ließ ihn auf den Kupferteller fallen. Und beim Klang des Ringes erlöschten plötzlich alle Kerzen auf einmal. Der Priester, die anderen Geistlichen und die Kirchgänger entschwanden ohne auch nur das leiseste Geräusch wie Rauch, und die Witwe blieb alleine da in der Nacht, mitten in der Kathedrale von Saint-Gervais.

Am nächsten Morgen fanden die Nachbarn sie tot im Gotteshaus vor, und die Domherren von Saint-Gervais wunderten sich, als sie auf dem Kollektenteller einen Goldring fanden, denn sie wussten nicht, wer ihn dahin gelegt hatte.

Die Messe des Gespenstes

In einer Allerseelennacht schlief eine Frau in der Kirche von Plévenon in der Bretagne ein, und der Küster, der sie nicht gesehen hatte, versperrte die Türen. Als sie erwachte, war sie sehr erstaunt, sich um diese Zeit in der Kirche zu finden. Aber eine noch größere Überraschung stand ihr bevor. Um Mitternacht erblickte sie einen Priester, der in seinen Messgewändern zum Altar trat, dessen Kerzen sich von selbst entzündeten. Nachdem er sich vor dem Altar verneigt hatte, wandte er sich gegen das Schiff der Kirche und sagte dreimal: »Ist hier jemand, der mir zur Messe dienen will?« Die Frau konnte vor Angst kein Wort herausbringen und der Priester kehrte in die Sakristei zurück, während die Kerzen verlöschten. Sobald die Kirche geöffnet wurde, lief die Frau ins Pfarrhaus und erzählte dem Geistlichen, was sie gesehen und gehört habe. »Seid Ihr dessen ganz sicher?«, sagte der Pfarrer. »Wenn das wahr ist, was Ihr da sagt, so könnt Ihr einer armen Seele einen hervorragenden Dienst erweisen. Geht wieder in die Kirche und nehmt Euren Knaben mit, der noch keine zehn Jahre zählt, dieser soll ihm zur Messe dienen, und wenn sie aus ist, wird ihn der Priester fragen, was er für seine Mühe verlange. Dann müsst Ihr ihm raten, dass er sagt: ›Ich verlange das Himmelreich!‹«

In der folgenden Nacht wurde die Frau samt ihrem Knaben in der Kirche eingeschlossen. Um Mitternacht kam der Priester wieder wie in der Nacht zuvor und fragte mit langsamer und tiefer Stimme: »Ist hier jemand, der mir zur Messe dienen will?« – »Ich will es!«, erwiderte der Knabe und trat näher. »Du, mein Kind? So komm her!« Der kleine Knabe diente zur Messe, und als sie beendet war, wandte sich der Priester um und sprach: »Du hast mir einen großen Dienst erwiesen, denn seit fünfundzwanzig Jahren komme ich jede Nacht hierher; nun aber bin ich mit deiner Hilfe erlöst. Was verlangst du zum Lohn, mein Kind?« – »Das Himmelreich!«, antwortete der Knabe. »In drei Tagen sollst du darinnen sein«, erhielt er zur Antwort. Und am dritten Tage starb der Knabe.

Die Messe der Wölfe

Die Wölfe sind Tiere wie alle anderen. Sie haben keine Seele; für sie endet alles genau im Augenblick des Todes. Einmal jedes Jahr jedoch versammeln sich die Wölfe des gleichen Landes, um die Messe zu hören. Diese Messe wird von einem Wolfspfarrer gehalten, der seinen Beruf ich weiß nicht wo gelernt hat. Der Wolfspfarrer steigt genau zu Mitternacht des letzten Tages des Jahres an den Altar, am Fest des heiligen Silvester. Man erzählt sich, dass es auch Wolfsbischöfe, Wolfserzbischöfe und einen Wolfspapst gibt, doch hat niemand sie noch je gesehen. Mit den Wolfspfarrern ist das eine andere Sache, ihr werdet bald den Beweis dafür bekommen.

Einst lebte in der Stadt Mauvezin in der Gascogne ein braver Mann, der das Handwerk eines Wagners betrieb; einer seiner Söhne arbeitete als Lehrling bei ihm.

Eines Abends nach dem Abendessen sagte der Vater zu seinem Sohn:

»Mein Freund, du bist heute auf den Tag einundzwanzig Jahre alt. Alles, was ich dir beibringen konnte, kannst du jetzt genauso gut wie ich. Es ist nun an der Zeit, dass du dich auf deine eigenen Beine stellst. Halt die Augen offen und versuche dir genau auszuwählen, wo du dich niederlassen willst. Wenn du einmal genug Kunden hast, dann hast du keine Mühe, eine Frau für dich zu finden.«

»Vater, Ihr habt recht«, antwortete da der Sohn. »Es ist nun an der Zeit, dass ich mich selbstständig mache. Und was das Heiraten betrifft, daran habe ich schon lange gedacht. Meine Liebste wohnt in Monfort, es ist ein Mädchen, wie man es schöner nirgends findet, und grundanständig obendrein. Ich werde mich also als Wagner in Monfort niederlassen.«

Sieben Tage später hatte der junge Mann getan, wie er es gesagt hatte, und es mangelte ihm nicht an Arbeit. Sieben Monate später heiratete er seine Braut und beide lebten glücklich und ruhig wie die Fische im Wasser.

Eines Abends im Winter, sieben Tage vor Silvester, saßen der Wagner und seine Frau gerade beim Abendessen, als sie draußen ein Pferd in vollem Galopp dahin reiten hörten. Das Pferd blieb vor der Tür ihres Hauses stehen.

»He! Wagner! He! Wagner!«, rief der Reiter.

Der Wagner öffnete das Fenster und erkannte einen seiner Freunde aus Mauvezin.

»Was willst du von mir, mein Freund?«

»Wagner, ich bringe dir eine schlechte Nachricht. Dein Vater ist krank, schwer krank.

Wenn du ihn noch einmal lebend sehen willst, dann mach dich flugs auf nach Mauvezin.«

»Danke, mein Freund! Ich werde mich sofort auf den Weg machen. Steig du aber mal ab und trink einen Schluck.«

»Danke, Wagner, ich habe aber anderswo noch dringende Geschäfte.«

Der Reiter machte sich sogleich in vollem Galopp wieder davon, und unser Wagner ging sofort zum Wahrsager des Ortes.

»Guten Abend, Wahrsager.«

»Guten Abend, Wagner. Ich weiß schon, warum du hier bist. Dein Vater ist schwer krank, sehr schwer krank. Sei aber beruhigt, er wird nicht sterben. Aber er wird leiden wie eine verdammte Seele in der Hölle, bis dass er das Heilmittel zu sich genommen hat, das er braucht. Dieses Heilmittel ist der Schwanz eines Wolfspfarrers, den dein Vater ganz und gar mit Haut und Haar, mit Fleisch, Knochen und dem Mark essen muss. Willst du alles tun, was nötig ist, um diesen Schwanz eines Wolfspfarrers zu bekommen?«

»Das will ich gern, Wahrsager, und ich werde dir bezahlen, was du willst.«

»Wenn dein Vater wieder fast gesund ist, werde ich meinen Lohn, deine Ohren nämlich, mit meinen eigenen Händen holen.«

Als er das gesagt hatte, verwandelte der Wahrsager den Wagner in einen Wolf, und der lief auf der Stelle in vollem Galopp in den Wald von Boucone. Die Wölfe nahmen ihn in ihr Rudel auf. Sechs Tage und sechs Nächte lang half er ihnen dabei, Kälber und Schafe zu rauben.

Am letzten Tag des Jahres, am Fest des heiligen Silvester, mussten die Wölfe sich einen Ministranten besorgen, um die Mitternachtsmette zu dienen, die ein Wolfspfarrer genau mitten im Wald von Boucone lesen sollte. Also sagten sich die Wölfe die einen zum anderen:

»Wer von uns kann die Messe dienen?«
»Ich«, antwortete unser Wagner.
»Nun gut, Bruder, dann tust du den Dienst.«
Eine Stunde vor Mitternacht hatte der Wagner mitten im Wald von Boucone einen schönen Altar hergerichtet und die Kerzen angezündet. Vor dem Altar warteten die Wölfe auf den Wolfspfarrer, der in vollem Messgewand Schlag Mitternacht erschien. Die Messe begann, und der Wagner diente sie bis zum letzten Evangelium. Dann rasten die Wölfe in vollem Galopp davon, sodass nur noch der Wolfspfarrer und sein Ministrant übrig blieben.

»Warte nur, Wolfspfarrer«, sprach da unser Wagner, »ich helfe dir, die Messgewänder abzulegen.« Dann trat er hinter den Wolfspfarrer, und mit einem gewaltigen Biss trennte er ihm den Schwanz vom Hintern ab. Laut heulend rannte der Wolfspfarrer davon. Und sogleich fand sich der Wagner, ohne zu wissen warum, in das Haus des Wahrsagers von Monfort versetzt.

»Bist du es, Wagner, betrachte dich mal im Spiegel!«
Der Wagner betrachtete sich im Spiegel; er war wieder zum Mensch geworden, aber er hatte noch die Ohren eines Wolfes und hielt fest zwischen seinen Zähnen den Schwanz des Wolfspfarrers.

»Wagner, jetzt heißt es, mich für meine Dienste zu bezahlen, und zwar mit deinen Ohren.« Und er riss dem Wagner die beiden Wolfsohren ab und an deren Stelle wuchsen sogleich zwei Christenohren nach.

»Und jetzt hast du etwas, womit du deinen Vater gesund machen kannst.«
»Danke, Wahrsager!« Sprachs, machte sich rasch auf den Weg nach Mauvezin und hieß seinen Vater den ganzen Schwanz des Wolfspfarrers mit Haut und Haaren und mit Fleisch, Knochen und Mark verzehren. Sogleich war der Kranke wieder gesund und lebte noch ganz, ganz lange.

Der Tanz des Teufels

Es war einmal eine Witwe, die hatte eine Tochter und eine Stieftochter; alle drei mussten harte Arbeiten verrichten, um ihren Lebensunterhalt zu verdienen. Jedes Frühjahr und jeden Sommer gingen sie in die Gärten, um dort beim Spaten zu helfen, und auf die Felder, um die Ernte einzubringen. Die übrige Zeit des Jahres saßen sie am Spinnrad.

Zu Beginn des Winters einmal hatte die Mutter eine große Menge Flachs bekommen, die sie spinnen sollte. Zu dieser Zeit gingen die jungen Mädchen des Dorfes abwechselnd abends zu jedem von sich in die Stube und verkürzten sich die Arbeitsstunden dadurch, dass sie zusammen sangen oder sich Geschichten erzählten. Aber da unsere beiden Arbeiterinnen keine leiblichen Schwestern waren, gingen sie nie zum gleichen Abendtreffen. Die eine ging nach rechts, die andere nach links.

An dem einen Ende des Dorfes stand eine verlassene Strohhütte. Eines Abends sah die Stiefschwester, als sie zu ihrer Spinnrunde ging, dass Licht in dieser Hütte brannte, und neugierig wie sie war, ging sie hinein. Kaum hatte sie die Schwelle überschritten, als ein junger Herr, sehr elegant gekleidet, sie um die Hüfte nahm und mit ihr tanzen wollte. Da bekam sie eine solche Angst, dass sie das Kreuzeszeichen machte. Auf der Stelle ließ sie der schöne Tänzer los und bat sie sehr höflich, sich doch zu setzen und mit dem Spinnen zu beginnen. Er würde ihr helfen, so sagte er, und das so geschickt, dass noch kein Mädchen vor Mitternacht soviel gesponnen hätte. Und wirklich, sie begann mit dem Spinnen und noch weit vor Mitternacht war ihre Arbeit getan.

»Du bist fertig, schönes Mädchen«, sagte ihr der feine Herr, »komm, tanzen wir ein wenig!«

»Nein, ich werde nicht tanzen, bevor ich nicht geruht und etwas gegessen habe«, war ihre Antwort.

Der junge Kavalier machte sich schnell auf und brachte von irgendwo alle Arten von Leckerbissen. Als sie gegessen hatte, sagte er zum Mädchen: »Du hast gesponnen und gegessen, jetzt lass uns tanzen!«

»Danke«, erwiderte sie, »ich habe gesponnen und gegessen. Aber ich tanze nicht, bevor ich nicht auch etwas getrunken habe.«

Da stürzte de Kavalier flugs los und holte ihr von einer Quelle das reinste Wasser, das es auf der Erde gibt. Als sie es getrunken hatte, sagte er zu ihr: »Du hast gesponnen, du hast dich ausgeruht, du hast gegessen und getrunken. Nun wollen wir tanzen!«

»Nein, ich tanze nicht, bevor nicht ein Feuer im Kamin angezündet ist und es dadurch heller wird«, kam jetzt die Antwort.

Im selben Augenblick krähte der Hahn und der schöne Kavalier entschwand. Das junge Mädchen aber ging nach Hause zurück und brachte der Stiefmutter dreimal mehr gesponnenen Flachs als ihre Schwester.

Und sie kehrte nun jeden Abend in die verlassene Hütte zurück. Der galante Kavalier half ihr immer; aber er lud sie stets vergeblich zum Tanzen ein: sie hielt ihn immer bis zum ersten Hahnenschrei hin und brachte dann ihrer Stiefmutter dreimal soviel gesponnenen Flachs zurück als ihre Schwester. Schließlich fragte die Stiefmutter sie, wohin sie denn zum Spinnen gehe und wer ihr dabei helfe. Da erzählte sie ihr alles.

Am nächsten Tag schon schickte die Stiefmutter schleunigst ihre eigene Tochter zu der verlassenen Hütte; sogleich erschien auch schon der galante Kavalier.

»Nun, meine Schöne, tanzen wir!«

»Bring mir zuerst etwas zu essen und zu trinken und zünde ein helles Feuer im Kamin an!«, gab sie ihm zur Antwort. Aber sie hatte gar nicht daran gedacht, sich zu bekreuzigen. Der schöne Kavalier tat ihr dann auch den Willen, nahm sie um die Hüfte und begann seinen Tanz. Zwei Walzerschritte hatten sie gemacht, da erdrosselte er sie, nahm ihr die Seele und trug diese mit sich fort.

Der Totengräber und die Gespenster

In einer alten Klosterstadt in diesem Teile unsrer Grafschaft wirkte vor langer, langer Zeit – vor so langer Zeit, dass die Geschichte wahr sein muss, weil unsere Urahnen schon unbedingt daran glaubten – ein gewisser Gabriel Grub als Totengräber auf dem Kirchhof. Daraus, dass ein Mann ein Totengräber und beständig von Sinnbildern der Sterblichkeit umgeben ist, folgt noch keineswegs, dass er ein mürrischer und melancholischer Mann sein muss. Die Leichenbestatter zum Beispiel sind die fröhlichsten Leute von der Welt, und ich hatte einmal die Ehre, mit einem sogenannten »Stummen«, einem Gehilfen eines Begräbnisunternehmers, befreundet zu sein, der in seinem Privatleben und außer seinem Berufe ein so spaßhafter und jovialer Junge war, wie nur je einer ein lustiges Liedchen sang oder ein gutes, bis an den Rand gefülltes Glas Grog leerte, ohne den Atem zu verlieren. Allein Gabriel Grub war ein verdrießlicher, mürrischer, grämlicher Geselle – ein trübsinniger, menschenscheuer Kerl, der mit niemand als mit sich selbst und einer alten korbumflochtenen Flasche, die genau in seine große, tiefe Westentasche passte, Umgang pflog und jedes fröhliche Gesicht mit einem solch bösartigen und verdrießlichen Blick ansah, dass man ihm nicht begegnen konnte, ohne sich verstimmt zu fühlen.

An einem Weihnachtsabend, als es eben zu dämmern begann, schulterte Gabriel seinen Spaten, zündete seine Laterne an und begab sich nach dem alten Kirchhof, denn er musste bis zum nächsten Morgen ein Grab geschaufelt haben. Als er die gewohnte Straße entlangging, sah er durch die alten Fenster den Glanz des Feuers lustig schimmern und hörte lauten Jubel und fröhliches Lachen. Er gewahrte die geschäftigen Vorbereitungen für den folgenden Tag und roch die vielen herrlichen Düfte, die ihm aus den Küchenfenstern entgegenwogten. All das war seinem Herzen Galle und Wermut, und wenn hie und da eine Kinderschar aus den Häusern heraushüpfte, über die Straße sprang und, ehe sie noch an der gegenüberstehenden Tür anklopfen konnte, von einem Halbdutzend kleiner Lockenköpfe empfangen und zum gemeinsamen Spiel und Fest eingeladen wurde, lächelte er grimmig, fasste seinen Spaten fester und dachte an Masern, Scharlach, Halsentzündung, Keuchhusten und andre Trostquellen.

In solch glücklicher Gemütsverfassung schritt Gabriel seines Weges, die freundlichen Grüße der Nachbarn, die dann und wann an ihm vorüberkamen, mit einem kurzen mürrischen Knurren erwidernd, bis er in das dunkle Gässchen einbog, das auf den Kirchhof führte. Er hatte sich bereits danach gesehnt, denn es war ein düsteres, trauriges Stück Weg, das die Leute aus der Stadt nur am hellen Mittag besuchten, wenn die Sonne schien. Er war daher nicht wenig entrüstet, als er mitten in diesem Heiligtum, das seit den Tagen des alten Klosters und der geschorenen Mönche das Sarggässchen genannt wurde, eine Kinderstimme ein lustiges Weihnachtslied singen hörte. Als er weiterging und die Stimme näher kam, bemerkte er, dass sie einem kleinen Jungen angehörte, der mit schnellen Schritten das Gässchen herabeilte, um eine von den kleinen Gesellschaften in der alten Straße zu treffen, und teils zur Unterhaltung, teils zur Vorbereitung auf die bevorstehende Feier aus vollem Halse sang. Gabriel wartete, bis der Junge vorbeikam, drückte ihn dann in eine Ecke und schlug ihm fünf- bis sechsmal die Laterne um die Ohren, nur um ihm das Modulieren zu lehren, und als der Knabe die Hand an den Kopf hielt und eine ganz andre Weise anstimmte, lachte Gabriel herzlich, trat in den Kirchhof und schloss das Tor hinter sich.

Er legte seinen Rock ab, stellte seine Laterne auf den Boden, stieg in das angefangene Grab und arbeitete wohl eine Stunde lang mit regem Eifer. Aber die Erde war hart gefroren, und es ging nicht so leicht, die Schollen aufzubrechen und hinauszuschaufeln, und wenn auch der Mond am Himmel stand, so war er kaum erst sichelförmig und warf nur einen matten Schein auf das Grab, das überdies noch im Schatten der Kirche lag. Zu jeder andern Zeit hätten diese Hindernisse Gabriel Grub sehr verdrießlich und mürrisch gemacht, aber es freute ihn so sehr, dem Jungen das Singen vertrieben zu haben, dass er sich über den langsamen Fortgang der Arbeit wenig grämte, und nachdem er sie für diesen Abend vollendet hatte, sah er mit grimmiger Lust in das Grab hinunter und brummte, sein Handwerkszeug zusammenraffend:

> Billige Wohnung für jung und alt,
> Schwarze Erde nass und kalt;
> Ein Stein zu Häupten, ein Stein zu Fuß,
> Und für die Würmer ein Hochgenuss.

»Ho! ho!«, lachte er, setzte sich auf den niedrigen Grabstein, auf dem er gewöhnlich ausruhte, und zog seine Weidenflasche hervor. »Ein Sarg um Weihnachten – auch ein Weihnachtsgeschenk. Ho! ho! ho!«

»Ho! ho! ho!«, wiederholte eine Stimme dicht neben ihm. Gabriel hielt erschrocken in seinem Geschäft, die Flasche an die Lippen zu setzen, inne und sah sich rings um. Der Grund des ältesten Grabes konnte nicht stiller und ruhiger sein als der Kirchhof im blassen Mondlicht. Der Raureif funkelte auf den Grabsteinen und blitzte gleich Diamanten auf dem steinernen Bildwerk der alten Kirche. Der Schnee lag hart und krustig wie eine weiße, glatte Decke über den Grabhügeln, als hätten die Leichen ihre Sterbetücher ausgebreitet Nicht das geringste Geräusch unterbrach die tiefe, feierliche Stille. Der Schall selbst schien erfroren zu sein, so kalt und ruhig war alles.

»Es war der Widerhall«, sagte Gabriel Grub und setzte die Flasche wieder an seine Lippen.

»Er war es *nicht*«, antwortete eine tiefe Stimme.

Gabriel sprang auf und blieb vor Bestürzung und Schrecken wie angewurzelt stehen, denn seine Augen ruhten auf einer Gestalt, deren Anblick ihm das Blut erstarren machte.

Auf einem aufrecht stehenden Grabstein dicht neben ihm saß ein seltsames, überirdisches Wesen, und Gabriel fühlte sogleich, dass es nicht von dieser Welt sein konnte. Die langen fantastischen Beine, die den Boden leicht hätten erreichen können, waren hinaufgezogen und kreuzten sich auf eine seltsame Weise; die nervigen Arme waren nackt, und die Hände ruhten auf den Knien. Auf dem kurzen runden Leib trug die Gestalt ein eng anschließendes Gewand, mit kleinen Litzen verziert, und auf dem Rücken hing ihr ein kurzer Mantel. Der Kragen war in seltsame Spitzen ausgeschnitten, die dem Gespenst als Krause oder Halstuch dienten, und die Schuhe liefen an den Zehen in lange Hörner aus. Auf dem Kopf trug es einen breitkrempigen Zuckerhut mit einer einzigen Feder. Das Gespenst, ganz mit Reif überzogen, sah aus, als säße es schon ein paar Jahrhunderte lang ganz behaglich auf dem Grabstein. Es saß vollkommen still, bleckte wie zum Hohn die Zunge heraus und sah Gabriel Grub mit einem Grinsen an, wie es eben nur ein Gespenst zuwege zu bringen vermag.

»Es war *nicht* der Widerhall«, wiederholte das Phantom.

Gabriel Grub war wie gelähmt und konnte kein Wort hervorbringen.

»Was hast du hier am Heiligen Abend zu schaffen?«, fragte das Gespenst mit strengem Ton.

»Ich musste ein Grab schaufeln, Sir«, stammelte Gabriel.

»Welcher Sterbliche wandelt in einer Nacht wie diese auf Gräbern und Kirchhöfen?«

»Gabriel Grub! Gabriel Grub!«, schrie ein Chor wilder Stimmen, dass der Kirchhof widerhallte. Gabriel sah sich erschrocken rings um, konnte aber nichts entdecken.

»Was hast du in der Flasche da?«, fragte das Gespenst.

»Wacholder, Sir«, erwiderte der Totengräber und zitterte noch heftiger, denn er hatte den Schnaps von Schmugglern gekauft und dachte, das Gespenst könne vielleicht Beziehungen zum Zollamt haben.

»Wer wird auch in einer Nacht, wie diese ist, allein und auf dem Kirchhof Wacholder trinken?«, fragte das Gespenst.

»Gabriel Grub! Gabriel Grub!«, riefen die wilden Stimmen wieder. Das Gespenst warf einen boshaften Blick auf den erschrockenen Totengräber und fragte weiter mit erhobener Stimme:

»Und wer ist also unser gesetzmäßiges und rechtmäßiges Eigentum?«

Auf diese Frage antwortete der unsichtbare Chor mit einem Gesang wie von einer großen Menschenmenge bei vollem Spiel der alten Kirchenorgel – eine Weise, die wie auf Windesflügeln zu den Ohren des Totengräbers getragen wurde und wie ein leichtes vorüberschwebendes Lüftchen dahin starb. Aber der Refrain war immer der gleiche: »Gabriel Grub! Gabriel Grub!«

Noch unheimlicher als zuvor grinste das Gespenst und sagte:

»Nun, Gabriel, was meinst du dazu?«

Der Totengräber rang nach Atem.

»Was meinst du hierzu, Gabriel?«, wiederholte das Phantom, zog seine Beine an beiden Seiten des Grabsteines hinauf und betrachtete die Hörner seiner Schuhe mit einem Wohlgefallen, als hätte es das modernste Paar Wellington-Stiefel von der ganzen Bondstreet an.

»'s ist – 's ist – ganz kurios, Sir«, stammelte der Totengräber, halb tot vor Schrecken. »Ganz kurios und sehr hübsch; aber ich denke, ich könnte wieder ans Geschäft gehen und meine Arbeit vollenden, wenn Sie erlauben.«

»Arbeit?«, sagte das Gespenst. »Was für eine Arbeit?«

»Das Grab, Sir, das Grab«, stotterte der Totengräber.

»So, so, das Grab. Wer wird auch Gräber schaufeln und eine Freude daran finden, wenn alle übrigen Menschenkinder fröhlich sind!«

Und wieder riefen die geheimnisvollen Stimmen: »Gabriel Grub! Gabriel Grub!«

»Ich fürchte, Gabriel, meine Freunde begehren dein«, sagte das Gespenst und bleckte die Zunge noch weiter heraus, und es war eine fürchterliche Zunge. »Ich fürchte, Gabriel, meine Freunde begehren dein.«

»Mit Verlaub, Sir«, erwiderte der Totengräber schreckensbleich, »das ist nicht gut möglich, Sir; sie kennen mich nicht, Sir, und ich glaube nicht, dass mich die Herren je gesehen haben, Sir.«

»Da irrst du dich aber gründlich«, versetzte der Kobold. »Man kennt den Mann mit dem grämlichen, finsteren Gesicht gar wohl, der diesen Abend die Straße heraufkam und seine boshaften Blicke auf die Kinder warf und dabei sein Grabscheit fester an sich drückte. Man kennt doch den Mann, der in der Missgunst seines Herzens den Jungen schlug, bloß weil dieser heiter sein konnte und er nicht. Man kennt ihn, man kennt ihn.« Und das Gespenst schlug ein lautes, gellendes Gelächter an, das das Echo zwanzigfältig zurückgab, zog seine Beine hinauf, stellte sich auf dem schmalen Rand des Grabsteines auf den Kopf oder vielmehr auf die Spitze seines Zuckerhutes und schoss mit außerordentlicher Gewandtheit einen Purzelbaum, der es gerade vor die Füße des Totengräbers brachte, wo es sich dann in der Stellung niederließ, die gewöhnlich die Schneider auf ihrem Arbeitstisch einnehmen.

»Es – es – tut mir wirklich leid, dass ich Sie verlassen muss, Sir«, begann der Totengräber und machte eine Bewegung, sich zu entfernen.

»Uns verlassen?«, rief das Gespenst. »Gabriel Grub will uns verlassen! Ho! ho! ho!«

In diesem Augenblick flammten die Kirchenfenster auf, als ob das ganze Gebäude in Brand stünde, dann erloschen die Lichter, die Orgel ertönte, und ganze Trupps von Kobolden, dem ersten wie aus dem Gesicht geschnitten, wogten in den Kirchhof herein und begannen über die Grabsteine Bock zu springen, immer einer hinter dem andern, ohne Atem zu schöpfen. Das erste Gespenst war ein ausgezeichneter Springer und mit ihm konnte sich keins von den andern messen; sogar in seiner außerordentlichen Angst bemerkte der Totengräber unwillkürlich, dass es im Gegensatz zu seinen Freunden, die sich damit begnügten, über gewöhnliche Grabsteine wegzusetzen, Familiengewölbe samt eisernen Gittern und allem Dazugehörigen mit Leichtigkeit übersprang, als wären es Meilensteine.

Endlich erreichte das Spiel eine betäubende Geschwindigkeit; die Orgel spielte schneller und schneller, und die Gespenster sprangen höher und höher, ballten sich wie Kugeln zusammen, rollten über den Boden hin und schnellten gleich Federbällen über die Grabsteine weg. Dem Totengräber wirbelte der Kopf und seine Beine wankten unter ihm, da schoss plötzlich der Gespensterkönig auf ihn zu, packte ihn am Kragen und fuhr mit ihm in die Erde hinab.

Als Gabriel Grub wieder Atem schöpfen konnte, sah er sich in einer Art großer Höhle, auf allen Seiten von einer Menge hässlicher, grimmig aussehender Kobolde umringt. In der Mitte saß auf einem erhöhten Sitz sein Freund vom Kirchhof, und neben ihm stand er selbst, der Fähigkeit, sich zu bewegen, gänzlich beraubt.

»Eine kalte Nacht«, sagte der König der Gespenster. »Eine sehr kalte Nacht. Holt uns ein Gläschen Warmen.«

Sofort verschwanden ein halbes Dutzend dienstbare Geister, auf deren Gesichtern ein beständiges Lächeln lag, was Gabriel vermuten ließ, dass es Höflinge seien, und kehrten sogleich mit einem Becher flüssigen Feuers zurück, den sie dem König kredenzten.

»Ah«, sagte das Gespenst, dessen Wangen und Kehle ganz durchsichtig wurden, als es die Flamme in sich sog, »das wärmt. Reicht Mr Grub auch einen Becher.«

Vergebens wendete der unglückliche Totengräber ein, es sei ganz gegen seine Gewohnheit, bei Nacht etwas Warmes zu sich zu nehmen. Eins von den Gespenstern hielt ihn fest und ein anderes goss ihm die lodernde Flüssigkeit in die Kehle. Die ganze Gesellschaft brach in ein schallendes Gelächter aus, als er hustete und keuchte und sich die Tränen abwischte, die der brennende Trank seinen Augen entlockt hatte.

»Und nun«, sagte der König, bohrte das spitzige Ende seines Zuckerhutes auf höchst fantastische Art dem Totengräber ins Auge und verursachte ihm dadurch die fürchterlichsten Schmerzen, »und nun zeigt dem Mann der mürrischen Sinnesart einige von den Gemälden aus unsrer großen Galerie!«

Eine dichte Wolke, die den Hintergrund der Höhle in Dunkel gehüllt hatte, wich allmählich zurück, und in weiter Ferne wurde ein ärmliches, aber reinliches Zimmer sichtbar. Eine Schar kleiner Kinder war um ein helles Feuer versammelt, zerrte die Mutter am Kleide und tanzte um ihren Stuhl herum. Von Zeit zu Zeit erhob sich die Frau und zog den Fenstervorhang zurück und schaute hinaus, als ob sie jemand erwarte. Auf dem Tisch stand ein frugales Abendessen bereit, und ein Armstuhl war an den Kamin gerückt. Dann hörte man ein Pochen an der Tür, die Mutter öffnete, und die Kinder umringten sie und klatschten vor Freude in die Hände, als ihr Vater eintrat. Er war nass und müde und schüttelte den Schnee von seinen Kleidern, und als er sich vor dem Feuer zum Mahle niedersetzte, kletterten die Kinder auf seine Knie, und die Mutter setzte sich neben ihn, und alle waren voll Lust und Freude.

Aber fast unmerklich änderte sich die Szene. Das Zimmer verwandelte sich in ein kleines Schlafgemach, in dem das hübscheste und jüngste Kind im Sterben lag. Die Rosen seiner Wangen waren verblichen und der Glanz seines Auges erstorben. Und sogar der Totengräber betrachtete es mit einer vorher nie gefühlten Teilnahme, als es verschied. Die jungen Brüder und Schwestern versammelten sich um das Bettchen und ergriffen die abgezehrte kleine Hand. Sie war so kalt und schwer, dass sie erschreckt zurückfuhren und mit Schauder in das Gesicht des Kindes sahen, das so ruhig und still dalag und friedlich zu schlummern schien. Sie fühlten, dass es tot war und jetzt als Engel aus einem Himmel voll Glanz und Seligkeit auf sie hernieder blickte.

Wieder zog sich die leichte Wolke über das Gemälde, und abermals änderte sich die Szene. Vater und Mutter waren jetzt alt und hilflos, und die Zahl der Ihrigen hatte sich um mehr als die Hälfte vermindert. Aber Zufriedenheit und Heiterkeit lagen auf jedem Gesicht und strahlten aus jedem Auge, als sie sich um das Feuer scharten und einander alte Geschichten aus längst vergangenen Tagen erzählten. Langsam und still sank der Vater ins Grab, und bald darauf folgte ihm die Gefährtin seiner Sorgen und Mühen an die Stätte der Ruhe und des Friedens. Die Überlebenden knieten an ihrem Grabe und benetzten den Rasen, der es bedeckte, mit ihren Tränen, standen dann auf und entfernten sich traurig und niedergeschlagen, aber nicht mit bitterem Jammer oder verzweiflungsvollem Wehklagen, denn sie wussten, dass sie sich dereinst wiederfinden würden. Sie gingen an ihr Tagwerk und erlangten wieder die frühere Zufriedenheit und Heiterkeit.

Dann senkte sich eine Wolke auf das Gemälde und entzog es den Blicken des Totengräbers.

»Was sagst du jetzt?«, fragte das Gespenst und wandte sein breites Gesicht Gabriel Grub zu.

Gabriel murmelte so etwas wie: Es sei recht hübsch, und schlug beschämt die Augen vor den feurigen Blicken des Gespenstes nieder.

»Du bist mir ein jämmerlicher Mensch!«, sagte der Kobold im Tone grenzenloser Verachtung. »Du!« Er schien noch mehr hinzufügen zu wollen, aber der Unwille erstickte seine Stimme. Er hob eins seiner gelenkigen Beine, schwenkte es über dem Kopf hin und her, als ob er damit zielen wolle, und versetzte dann Gabriel Grub einen derben Fußtritt, worauf sogleich die ganze Gespensterschar den unglücklichen Totengräber umringte und schonungslos mit den Füßen misshandelte, ganz wie die Höflinge auf Erden, die auch treten, wen ihr Herr tritt, und in den Himmel heben, wen ihr Herr in den Himmel hebt.

»Zeigt ihm noch einige Gemälde«, befahl der König der Kobolde.

Die Wolke verschwand, und eine reiche, schöne Landschaft wurde sichtbar. Noch heutzutage sieht man eine solche eine halbe Meile von der alten Klosterstadt entfernt. Die Sonne leuchtete am reinen blauen Himmelszelt, das Wasser funkelte unter ihren Strahlen, und die Bäume sahen grüner und die Blumen heiterer unter ihrem belebenden Einfluss aus. Die Wellen schlugen plätschernd ans Ufer, die Bäume rauschten im leichten Winde, der durch ihr Laubwerk säuselte, die Vögel sangen auf den Zweigen, und die Lerche trillerte hoch in den Lüften ihr Morgenlied. Es war Frühe, ein schöner, duftender Sommermorgen; das kleinste Blatt, der dünnste Grashalm atmete Leben, die Ameise eilte an ihr Tagwerk; der Schmetterling flatterte spielend in den wärmenden Strahlen des Lichtes; Myriaden von Insekten entfalteten ihre durchsichtigen Flügel und freuten sich ihres kurzen glücklichen Daseins, und der Mensch weidete sein Auge an der blühenden Schöpfung, und alles war voll Glanz und Herrlichkeit.

»Du bist mir ein erbärmlicher Mensch!«, sagte der König der Gespenster noch verächtlicher als zuvor. Und wieder zielte er mit seinem Fuß, und wieder ließ er ihn auf die Schultern des Totengräbers niederfallen, und wieder ahmten die untergebenen Kobolde das Beispiel ihres Oberhauptes nach. Noch viele Male verschwand und erschien die Wolke, und manche Lehre erhielt Gabriel Grub, der mit einer Teilnahme zusah, die nichts zu vermindern imstande war, so sehr ihn auch seine Schultern von den Fußtritten der Kobolde schmerzten. Er sah, dass Menschen, die durch saure Arbeit ihr spärliches Brot im Schweiße ihres Angesichts erwarben, heiter und glücklich sein konnten und dass für die Unwissendsten und Ärmsten das freundliche Gesicht der Natur ein nie versiegender Quell der Freude war. Er sah andre, die in Luxus und Reichtum erzogen worden, unter Entbehrungen heiter sein und über Leiden erhaben, die manchen aus festerem Holz niedergebeugt haben würden, denn sie trugen die Bedingungen ihres Glücks, ihrer Zufriedenheit und Ruhe in der eignen Brust. Er sah, dass Frauen, die zartesten und gebrechlichsten von allen Geschöpfen Gottes, oft mehr Kummer, Widerwärtigkeiten und Missgeschick überwandten als stärkere, weil ihr Herz von Liebe und Hingebung überfloss. Und er erkannte, dass Menschen, wie er, die ob des Frohsinns anderer neidisch grollten, das schlechteste Unkraut auf der schönen Erde waren. Und wie er das Gute in der Welt mit dem Bösen verglich, kam er zu dem Schluss, dass es nach allem eine recht erträgliche und achtbare Welt sei. Und kaum hatte er sich dieses Urteil gebildet, als sich die Wolke, die das letzte Gemälde verhüllt hatte, auf seine Sinne niedersenkte. Ein Gespenst nach dem andern zerfloss vor seinen Augen, und als das letzte verschwunden war, sank er in tiefen Schlaf.

Der Tag war angebrochen, als Gabriel Grub erwachte und einer ganzen Länge nach auf einer Grabplatte im Kirchhof lag, und neben ihm die leere Weidenflasche und Rock, Spaten und Laterne, alles vom nächtlichen Reif überzogen. Der Stein, auf dem er das Gespenst hatte sitzen sehen, stand bolzengerade vor ihm, und nicht weit von ihm war das Grab, das er am Abend zuvor geschaufelt. Anfangs zweifelte er an der Wirklichkeit dessen, was er erlebt hatte; aber der stechende Schmerz in seinen Schultern, wenn er aufzustehen versuchte, brachte ihn zur Überzeugung, dass die Fußtritte der Gespenster keine Fantasiebilder gewesen. Er wurde zwar wieder wankend in seinem Glauben, als er keine Fußstapfen im Schnee fand, in dem die Kobolde mit den Grabsteinen *Bocksprung* gespielt hatten, aber schnell erinnerte er sich, dass Geister ja keine sichtbaren Eindrücke hinterlassen konnten. So erhob er sich denn, so gut es ihm seine Rückenschmerzen erlaubten, schüttelte den Reif von seinem Rock, zog sich an und wendete seine Schritte der Stadt zu.

Aber er war jetzt ein anderer Mensch und konnte den Gedanken nicht ertragen, an einen Ort zurückzukehren, wo man seiner Reue gespottet und seiner Bekehrung misstraut hätte. Er schwankte einen Augenblick, dann aber schlug er den nächsten besten Weg ein, um sein Brot anderwärts zu suchen.

Laterne, Spaten und Weidenflasche wurden am nämlichen Tag auf dem Kirchhof gefunden. Anfangs stellte man allerlei Vermutungen über das Schicksal des Totengräbers an, aber bald setzte sich der Glaube fest, er sei von Kobolden entführt worden. Und es fehlte nicht an glaubwürdigen Zeugen, die ihn auf dem Rücken eines kastanienbraunen einäugigen Rosses mit dem Hinterteil eines Löwen und dem Schwanz eines Bären deutlich hatten durch die Luft reiten sehen. So wurde das Gerücht zur festen Annahme, und der neue Totengräber pflegte den Neugierigen gegen ein geringes Trinkgeld ein ziemlich großes Stück von dem Wetterhahn der Kirche zu zeigen, das, von dem besagten Pferde auf seiner Luftfahrt zufälligerweise abgestoßen, ein oder zwei Jahre nachher auf dem Kirchhof gefunden worden war.

Leider wurde der Glaube an diese Geschichte durch die unerwartete Erscheinung Gabriel Grubs selbst erschüttert. Er war wohl zehn Jahre älter, ein von der Gicht geplagter und heimgesuchter, aber zufriedener Greis und erzählte seine Geschichte dem Pfarrer und auch dem Bürgermeister, und im Laufe der Zeit wurde sie zur historischen Tatsache erhoben, als die sie noch bis auf den heutigen Tag gilt. Diejenigen, die zuerst an die Wetterhahngeschichte geglaubt und sich so getäuscht sahen, waren nicht so leicht wieder zu bewegen, ihren Glauben ein zweites Mal aufs Spiel zu setzen, und so taten sie denn, so weise sie konnten, zuckten die Achseln, schüttelten die Köpfe und murmelten so etwas, wie wenn Gabriel Grub den Wacholder ganz ausgetrunken hätte und dann auf der Grabplatte eingeschlafen wäre, und erklärten das, was er in der Gespensterhöhle gesehen haben wollte, dadurch, dass sie sagten, er habe inzwischen die Welt gesehen und sei durch Erfahrung klüger geworden. Aber diese Ansicht, die zu keiner Zeit viele Anhänger zählte, verlor sich allmählich, und die Sache mag sich nun so oder so abgespielt haben, da Gabriel Grub bis ans Ende seiner Tage von der Gicht heimgesucht wurde, so enthält diese Geschichte wenigstens eine Moral, und wenn sie auch nichts Besseres lehrt, so lehrt sie doch so viel: Wenn ein Mann um Weihnachten trübsinnig ist und allein trinkt, so wird dadurch sein Befinden nicht im Geringsten verbessert, das Getränk mag so gut sein, wie es will, oder sogar noch um vieles besser und feuriger als das, das Gabriel Grub in der Gespensterhöhle trank oder getrunken zu haben glaubte.

(Charles Dickens)

Die nächtlichen Kirchgänger

Mein Großoheim lebte in seinen Jünglingsjahren auf einem Bauernhof in der Nachbarschaft einer Kirche, wohin es im Winter, wenn der Weg über den gefrorenen Morast führte, kaum zwei Werst weit weg war*. An einem Weihnachtsabend begab sich das Hausgesinde zeitig zu Bett, da es sich am Morgen des ersten Festtages früh aufmachen und zur Kirche gehen wollte, wo an diesem Tag der Gottesdienst bei Kerzenlicht gehalten wurde. Der Hofbauer erwachte zuerst, trat aus der Tür, um nach dem Wetter auszuschauen, und nahm wahr, dass die Fenster der Kirche schon im Kerzenschein strahlten. Er kehrte in die Stube zurück und weckte eilig das Gesinde:

---

* Ein Werst war im alten Russland ein Längenmaß von 1066,78 Metern.

»Steht auf, wir haben uns verspätet; die Kerzen in der Kirche sind schon angezündet.«

Nun hatten die Leute es eilig. Alle sprangen auf, wuschen und kleideten sich, und die Jüngeren machten sich sogleich zu Fuß auf den Weg, während die anderen die Pferde anspannten und ihnen nachfuhren. Die Kirche im Kerzenschein wies ihnen wie eine geschmückte Jungfrau den Weg, den die Sterne nur mit geringem Licht erhellten, da es Nebelwetter war.

Als sie näher kamen, scholl der Gesang der Gemeinde ihnen entgegen, aber das Lied klang ihnen etwas fremdartig. Die Tore der Kirche standen weit offen, und sie schien gedrängt voll von Menschen zu sein; doch vor der Kirche sahen sie kein einziges Gefährt. Die Männer gingen voraus und hofften, wenn sie sich durchdrängten, noch irgendwo Platz zu finden; die Frauen aber folgten ihnen. Als nun die Männer gerade vor das Tor gelangt waren und eben den Fuß über die Schwelle setzen wollten, verstummte der Gesang und die Kerzen erloschen plötzlich, sodass die Kirche auf einmal stockfinster war. Ein fremder Mann trat ihnen an der Tür entgegen und sprach: »Ihr mit heiligem Wasser getauften Leute habt hier an diesem Ort nichts verloren. Das ist die Zeit unseres Gottesdienstes. Der Eure beginnt erst am Morgen!«

Die Leute sahen einander an und wussten nicht, was sie von dem wunderlichen Ding halten sollten. Da ward das Tor von innen zugeworfen, und so blieb den Männern nichts anderes übrig, als nach Hause zurückzukehren, da auf dem Pfarrhof und beim Kirchner noch alles dunkel war. Der fremde Mann aber nahm meinen Großoheim bei der Hand, führte ihn etliche Schritte von den Übrigen abseits hinter die Kirche und sprach heimlich zu ihm: »Komm drei Tage vor dem Johannisabend um Mitternacht her, so will ich dir den Weg zum Glück weisen! Sage aber niemandem von meiner Einladung auch nur ein Wort, sonst könnte dir Übles widerfahren!« Bei diesen Worten war er verschwunden.

Während ihres Heimwegs fiel der Nebel, der Himmel ward heiter und die Sterne blickten klar hernieder. An deren Stand aber erkannten die Männer, dass es gerade Mitternacht war, wie es ihnen auch der Haushahn auf dem Bauernhof von fern entgegen krähte. Die älteren Leute begaben sich wiederum zur Ruhe, während das junge Volk wachend den Morgen erwartete. Erst nach mehreren Stunden war es die richtige Kirchgangzeit, und so machten sie sich von Neuem auf den Weg. Später aber erzählten sie den Nachbarn von ihrem Kirchgang in der Christnacht. So kam die Rede davon unter die Leute und auch dem Pfarrer zu Ohren. Der beschied die Männer zu sich, forschte sie über die Gegebenheit genau aus und hieß sie ferner darüber zu schweigen, da ihr vermeintlicher Kirchgang in der Christnacht nichts anderes als ein lebhafter Traum gewesen sein könnte. Die Leute wussten aber freilich ihrerseits sicher, dass sie wirklich zur Kirche gegangen und den Vorfall wachen Auges erlebt hatten, mochten aber nicht weiter gegen den Pfarrer streiten und gelobten so Stillschweigen. Was konnte das aber noch helfen, da das Gerede schon überall herumging und sich von Tag zu Tag weiter verbreitete. Fange doch einer den Wind oder ein Gerede wieder ein, wenn es einmal in der Leute Mund ist!

Mein Großoheim hatte anfänglich fest beschlossen, den Pfad des Glückes aufzusuchen, der ihm gewiesen worden war. Je näher aber wieder die Zeit heranrückte, desto tiefer sank ihm der Mut. Wer ihn eingeladen hatte oder wer die nächtlichen Kirchgänger gewesen waren und wieweit ein Christenmensch ihnen Vertrauen schenken könnte, das wusste er sich nicht klarzumachen. Hätte er sich darüber mit einem anderen verlässlichen Manne beraten können, so wären seine Bedenken vielleicht geschwunden. Das aber beschwerte sein Herz am meisten, dass ihn der Fremde geheißen hatte, die Sache geheim zu halten. Schon hatte er sich mit dem Gedanken vertraut gemacht, den Versuch nicht zu wagen, als sich zwei Wochen vor Johannis etwas zutrug, was ihn wieder anderen Sinnes machte.

Als er nämlich eines Abends nach Sonnenuntergang nach Hause ging, fand er ein fremdes altes Mütterchen am Wege sitzen. Er grüßte es und wollte vorüber, aber die Alte hub an und fragte ihn, warum er so tief in Gedanken sei, dass er fast wie im Traum einhergehe. Der Mann getraute sich keine Antwort auf des Mütterchens Frage, da er die Wahrheit nicht sagen konnte und auch nicht lügen mochte. Die Alte erriet wohl seine Gedanken, denn sie sprach: »Willst du mir nicht deine Hand zeigen, mein Sohn, aus der ich vielleicht ersehe, was dein Herz beschwert. Dann kann ich dir womöglich einen guten Rat geben.«

Der Großoheim stand unschlüssig da und wusste nicht, ob er nach dem Wunsch der Alten tun oder es lassen sollte. Da sprach sie freundlich: »Fürchte nichts! Nicht in böser Absicht will ich deine Hand sehen. Ich wünsche dein Glück, welches du wahrlich gebrauchen kannst, da du noch jung und unerfahren bist und des Lebens größere Hälfte noch vor dir liegt. Weissagen kann auch bisweilen von Nutzen sein. Sollte ich aber etwas in deiner Hand finden, was besser verborgen bliebe, so will ich dir nichts davon sagen!« – »Nein, nein, liebes Mütterchen!«, rief mein Großoheim. »Verkünde mir alles, ob es gut oder schlimm sei. Ich fürchte nichts, was mir auferlegt ist.« Mit diesen Worten streckte er ihr die Hand hin. Die Alte schob die Brille auf die Nase und begann, in seiner Hand zu forschen. Da mögen die Züge wohl kraus durcheinandergelaufen sein, denn erst nach einer geraumen Weile gab die Alte dem Wartenden folgenden Bescheid: »Du bist ein seltenes Glückskind, und großes Heil steht dir nahe bevor, wenn du nur klug genug bist und das unverhoffte Glück so zu fassen weißt, dass es dir nicht entschlüpft. Deine Bedenken wegen des fremden Mannes sind eitel, du kannst ihm getrost vertrauen, da er dein Glück sucht, sich selbst aber keinen Vorteil. Geh ohne Furcht, wohin man dich ruft; daher hast du nichts Böses zu erwarten. Nur dein eigenes Herz kann Fehler begehen. Hüte dich vor dem Zweifel und erfülle treu, wozu Weisere dich leiten! Gedenkst du aber einmal eine Frau zu freien, so gib wohl Acht und sieh dich vor, sonst gerätst du ins Unglück. Ein glattes Ei hat bisweilen einen mageren Inhalt, und die Ehestandslinien in deiner Hand sind ein wenig verworren. Mit Vorsicht aber kannst du allen Nachstellungen entgehen. Mehr darf ich dir jetzt nicht verkünden. Sollten wir aber einmal zufällig wieder zusammentreffen, wirst du mir sicherlich für meine heutige Unterweisung Dank wissen.«

Der Mann langte mit der Hand in die Tasche nach einigem Geld, um die Alte für ihren Dienst zu entlohnen, aber sie verstand seine Bewegung und rief: »Biete mir nicht Geld an, das ich von niemandem nehme. Ich verkündige dem Volk alle Wahrsagung umsonst, denn sein Glück ist mir höchster Lohn.« Damit erhob sie sich, nahm Abschied und ging leichten Schrittes wie ein junges Mädchen blitzschnell von dannen.

Wenn nun auch mein Großoheim dieses zufällige Ereignis mehr für Scherz als für Ernst nahm, fand er doch, dass es ihm viel leichter ums Herz geworden war, wie wenn eine schwere Last von ihm genommen wäre, weshalb er auch zu dem festen Entschluss kam, den Pfad des Glücks aufzusuchen, auf den er gewiesen worden war.

Drei Tage vor dem Johannisabend machte er sich spät abends auf den Weg zur Kirche, um dort vor Mitternacht einzutreffen. Je näher er kam, desto banger wurde es ihm ums Herz, gleich als riefe ihm jemand ins Ohr: »Du bist nicht auf rechten Wegen!« Auch hätte nicht viel gefehlt, so wäre er wieder nach Hause umgekehrt. Da erhob sich plötzlich in den Lüften eine lieblich klingende Stimme, und er vernahm die Worte:

»Weiche doch von deinem Glück
zagen Sinnes nicht zurück!
Dich beschützen die Behüter,
dich erwarten große Güter,
weiche doch von deinem Glück
zagen Sinnes nicht zurück!«

Dieser Gesang ließ seinen Mut wachsen, er schritt rascher vorwärts und gelangte bald vor das Tor der Kirche, welches geschlossen war. Links hinter der Kirche trat aber der fremde Mann hervor und sprach:

»Das ist recht, dass du meiner Einladung gefolgt bist. Ich wartete hier schon eine Weile und musste schon fürchten, du kämest nicht mehr und ich würde nicht weiter mit dir reden können. Unser Kirchgang in der Christnacht findet immer nach je sieben Jahren einmal statt und wohl immer zu einer Stunde, wo alle Menschen schlafen. Deshalb habe ich auch bisher niemanden gefunden, dem ich zu seinem Glück hätte helfen können. Meine Zeit ist kurz, das Käuzchen ruft mich beim ersten Hahnenschrei nach Hause. Gib also wohl darauf Acht, was ich dich lehre. Merk dir jedes Wort und tu nach meiner Weisung. Auf eurer Wiese steht ein Hügel, den das Volk die Grabstätte nennt. Auf diesem Hügel wachsen drei Wacholderbüsche, und unter dem mittleren ruht ein unermesslicher Schatz aus uralter Zeit. Diesen kannst du heben, wenn du die Hüter des Schatzes zu versöhnen weißt und meine Vorschrift genau erfüllst. Verschaffe dir drei schwarze Tiere, ein gefiedertes und zwei behaarte, schlachte sie den Hütern der Stätte, wo der vergrabene Schatz ruht, und trage Sorge, dass von dem Opferblut auch nicht der kleinste Tropfen verloren geht, sondern alles zu den Hütern herab rinnt und so ihr Herz gegen dich erweicht. Dann schabe von deiner Spange einige Flöckchen Silber auf das Blut, damit der Glanz des irdischen Silbers dem unterirdischen entgegen leuchtet und es auf den Weg führt. Darauf schneide von dem Wacholderbusch eine Rute, drei Spannen lang, neige sie mit der Spitze dreimal gegen den Rasen, wo du das Blut geopfert hast, und wandle neunmal von Abend gegen Morgen* um den Wacholderbusch herum. Auf jedem Umgang aber schlage dreimal mit der Rute unter den Busch auf den Rasen und ruf bei jedem Schlag: »Igrek!«** Auf dem achten Gang wirst du ein unterirdisches Geklimper von Geld vernehmen, und nach dem neunten Gang wird dir Silberglanz entgegen schimmern. Dann fall nieder auf deine Knie, neige dein Gesicht zur Erde und rufe neunmal: »Igrek!«, so wird die Truhe aufsteigen. Warte in Ruhe, bis sie aufsteigt. Vorher werden dir zwar manch unheimliche Spukgestalten erscheinen; die brauchst du aber nicht zu fürchten, denn sie können dir nichts antun, wenn du furchtlos bist. Sie haben weder Körper noch Seele, sondern sind leere Schattenbilder, die nur den Mut eines Mannes auf die Probe stellen sollen, ob er so großen Glückes wert ist, dass der Schatz ihm zuteilwerden kann. Wenn du bei ihrem Anblick auch nur die geringste Furcht zeigst, so musst du mit leeren Händen abziehen. Du sollst aber am Johannisabend, wenn ringsum die Feuer brennen und das Volk bei ihrem Schein lustig ist, mit den drei schwarzen Tieren zur Schatzgrube gehen. Den dritten Teil des gefundenen Reichtums sollst du den Armen austeilen, denn an dem, was noch übrig bleibt, wirst du noch die Fülle haben.«

Diese Weisung wiederholte der Fremde Wort für Wort dreimal, damit der Mann sie behalte und kein Versehen vorkomme. Als er beim dritten Mal das letzte Wort gesprochen hatte, kündete der Hahn des Kirchners die Mitternachtsstunde, und alsbald war der Fremde den Blicken meines Großoheims entschwunden. Ob er nach oben in die Luft gefahren oder in die Erde versunken war, hätte der Jüngling zuverlässig niemandem sagen können.

---

* Das heißt: von Westen gegen Osten.
** Das ist der lautlich umgedrehte estnische Imperativ von *kergi* = erhebe dich!

Anderen Tages zog mein Großoheim aus, um die drei schwarzen Tiere zu suchen, und fand auch glücklich im Nachbardorf einen schwarzen Hahn und einen schwarzen Hund. Dazu fing er in der Nacht einen Maulwurf und hegte und pflegte nun die drei Tiere bei sich, bis es Zeit war, zur Schatzgrube aufzubrechen. Am Johannisabend, als nach Sonnenuntergang alle Leute aus dem Dorf zum Johannisfeuer gegangen waren, steckte er den Maulwurf in den Sack, nahm den schwarzen Hahn unter den Arm, band dem schwarzen Hund einen Strick um den Hals, damit er ihm nicht davonläuft, und machte sich dann heimlich auf den Glücksweg nach dem Schatz.

In der hellen Sommernacht war die ganze Gegend sichtbar. Um Mitternacht begann er sein Werk nach der Unterweisung des Fremden, schlachtete zuerst den Hahn, dann den Maulwurf und schließlich den Hund, trug Sorge, dass jeder Blutstropfen an dem bezeichneten Ort auf den Rasen nieder floss, schabte dann von seiner Spange Silber auf das Blut und schnitt aus dem Busch eine Wacholderrute, die drei Spannen lang war. Die neigte er dreimal mit der Spitze gegen den blutigen Rasen und begann darauf gegen Morgen den neunfachen Umgang, schlug auch auf jedem Gang dreimal gegen den Rasen unter dem Busch und rief bei jedem Schlag: »Igrek!«. Auf dem achten Gang vernahm er deutlich ein Geldgeklimper und auf dem neunten Gang schimmerte ihm Silberglanz entgegen. Da fiel er nach dem neunten Gang nieder auf die Knie und rief neunmal nach unten: »Igrek!« Plötzlich stieg unter dem Wacholderbusch ein feuerroter Hahn mit goldenem Kamm auf, schlug mit den Flügeln, krähte und flog davon. Hinter dem Hahn her warf die Erde einen Scheffel Silbergeld vor die Füße des Mannes. Nun stieg eine feuerrote Katze mit langen goldenen Krallen unter dem Wacholderbusch auf, miaute einmal und sprang davon.

Danach tat sich die Erde abermals auf und warf einen Scheffel Silber vor den Mann, was sein Herz mit Freuden erfüllte. Dann erschien aus dem Busch ein großer feuerroter Hund mit goldenem Kopf und Schwanz, bellte auf und lief davon; hinter ihm her flogen aus der Erde etliche Scheffel Rubelstücke dem Mann vor die Füße. In derselben Weise kamen der Reihe nach aus dem Busch hervor ein feuerroter Fuchs mit einem goldenem Schwanz, ein feuerroter Wolf mit zwei goldenen Köpfen und ein feuerroter Bär mit drei goldenen Köpfen. Hinter jedem Tier flog eine Menge Geld auf den Rasen, hinter dem Bär aber nach der Schätzung des Mannes wohl eine Tonne Silber. Danach mochte der ganze Haufen so hoch wie ein Heuschober sein. Als der Bär verschwunden war, stieg ein Rauschen und Brausen aus dem Busch hervor, als wenn fünfzig Schmiede den Blasebalg rührten. Danach aber erschien aus dem Wacholderbusch ein ungeheurer Kopf, halb Mensch, halb Tier, mit goldenen Hörnern, die waren neun Fuß lang, und mit goldenen Hauern im Rachen, die waren zwei Ellen lang. Schrecklicher aber noch als sein Anblick waren die Feuerfunken, die ihm wie kochendes Eisen aus Mund und Nüstern hervorsprühten und die Ursache für das gehörte Brausen waren. Mein Großoheim glaubte schon, im nächsten Augenblick von den Funken verbrannt zu werden; und als das Ungeheuer sich jetzt höher reckte und ihm den Kopf zuwandte, da ergriff ihn doch die Angst. Er dachte nicht mehr an die mahnenden Worte des fremden Mannes und floh mit gesträubtem Haar davon. Auf der Flucht spürte er noch eine ganze Weile den feurigen Atem des Gespensts im Nacken und dankte seinem Schicksal, dass ihn die Beine noch weiter trugen. Auch hatte er nicht die Zeit, zurückzuschauen, da ihm der Feind ohne Unterlass auf den Fersen war und ihn jeden Augenblick umbringen konnte. Aus allen Leibeskräften rannte er weiter, sodass ihm die Brust schier zu zerspringen drohte, bis er endlich auf seinen Hof gelangte, wo er wie tot nieder fiel.

Erst gegen Morgen weckten ihn die Sonnenstrahlen aus seinem Schlaf oder aus der Ohnmacht. Der Kopf war ihm dumpf und schwer, und es dauerte lange, bis er sich auf die Vorgänge der Nacht klar besinnen konnte. Da war es denn sein Erstes, dass er aus der Scheune drei große Säcke holte und mit denen zum Hügel lief, um sie mit dem Schatz, den die Erde bei Nacht ausgespien hatte, zu füllen, ehe ihm fremde Leute zuvorkämen. Auf dem Hügel fand er die drei Wacholderbüsche an ihrem alten Platz; auch die drei geschlachteten Tiere und die Wacholderrute lagen noch da, aber von dem Geld zeigte sich nicht die geringste Spur. Und auch auf dem Rasen um den Busch herum, wo der Silberhaufen gelegen hatte, war nicht das kleinste Merkmal davon zu sehen, noch war ein Zeichen von dem Ort wahrzunehmen, wo sich die Erde aufgetan hatte, um die gespenstischen Tiere und das Geld auszuwerfen. Darum hätte man wohl glauben mögen, dass alles nur ein Traum war, wenn nicht die Körper der getöteten Tiere die Wirklichkeit der nächtlichen Ereignisse bezeugt hätten. Der Schatz aber, den der Mann gesehen hatte, war wohl wieder in die Erde zurückgesunken, wo er vielleicht noch heute auf einen mutigeren Mann wartet, der vor spukhaften Schattenbildern nicht davonläuft wie mein Großoheim, sondern den Schatz ans Licht bringt.

Ob sich allerdings die zweite Prophezeiung des alten Mütterchens vom Eheschicksal meines Großoheims später erfüllt hat oder nicht, davon weiß ich nichts zu erzählen. Wenngleich mein Großoheim oftmals von seiner Grabung nach dem Schatz sprach, ließ er doch nie ein Wort über seine Herzensangelegenheiten fallen. Vielleicht ist es ihm auch in diesem Stück schlimm gegangen – er hat aber anderen nichts davon verraten wollen und lieber in aller Stille sein Kreuz getragen.

Die Nordlichtgeister

Nach dem alten estnischen Mythos repräsentieren die Nordlichtgeister miteinander kämpfende Dämonen, von deren glänzenden und Funken sprühenden Schwertern der Himmel erstrahlt.

Ein Edelmann pflegte in strengen Wintern an jedem Donnerstag, sobald die Nacht anbrach, vom Hof zu fahren und erst gegen Morgen heimzukehren. Er hatte aber all seinen Leuten strengstens verboten, dass jemand ihn begleite oder ihn bei seiner Rückkehr empfange. Er selbst spannte immer das Pferd vor den Schlitten und er spannte es auch wieder aus. Pferd und Geschirr durften aber niemand vor Augen kommen, und er bedrohte sogar jeden mit dem Tod, der es wagen sollte, abends in seinen geheimen Stall zu kommen. Tagsüber trug er den Stallschlüssel immer bei sich und nachts verwahrte er ihn unter seinem Kissen.

Aber der Kutscher des Edelmanns kümmerte sich nicht um den strengen Befehl seines Gebieters, denn er wollte doch gar zu gern erfahren, wohin die Fahrt seines Herrn an jedem Donnerstag ginge. Auch wollte er wissen, wie Pferd und Geschirr beschaffen wären. Daher wusste der Wagehals es so einzurichten, dass er an einem Donnerstag beizeiten in den Stall gelangte, wo er sich bei der Tür in einem finsteren Winkel verbarg.

Und es währte nicht lange, da kam auch schon der Herr und öffnete die Tür. Auf einmal ward es in dem großen Stall so hell, als wären viele Kerzen angezündet. Der Kutscher zog sich in seiner Ecke wie ein Igel zusammen, denn hätte sein Herr ihn entdeckt, so wäre ihm unweigerlich die angedrohte Strafe zuteilgeworden.

Jetzt stieß der Herr den Schlitten hervor, und der erglänzte wie sprühendes Feuer. Während aber der Edelmann an sein Pferd heranging, schlüpfte der Kutscher unbemerkt unter den Schlitten. Der Edelmann schirrte nun unverzüglich das Pferd und warf Decken über das Tier und den Schlitten, damit die Leute auf dem Hof nichts von dem wunderbaren Glanz bemerkten. Da kroch der Kutscher leise unter dem Schlitten hervor und verbarg sich hinten auf dem Schlittensohlen, wo ihn auch der Herr zum Glück nicht bemerkte. Als alles fertig war, sprang der Edelmann in den Schlitten, und fort ging es, dass die Sohlen des Schlittens tönten – immer weiter hinauf gegen Norden.

Nach etlichen Stunden nahm der Kutscher wahr, dass die Decken vom Pferd und vom Schlitten verschwunden waren und dass Pferd und Geschirr wieder im Feuer erstrahlten. Jetzt bemerkte er auch, wie von allen Seiten Männer und Frauen mit gleichen Schlitten und Pferden näher heranjagten. Das war ein Sausen und Brausen!

Die Fahrer rannten durcheinander und aneinander vorbei, als gelte es die höchste Wette oder als wären sie gar auf einer Hochzeitsfahrt. Endlich begriff der Kutscher, dass die Fahrt hoch über die Wolken führte, die wie glatte Seen unter ihnen erglänzten.

Nach einer Weile verloren sich die Renner mehr und mehr und der Herr des Kutschers sagte zu seinem Nachbarn: »Bruder, die anderen Nordlichtgeister scheiden. So lass uns auch gehen!« Und so stürmten Herr und Kutscher wieder heimwärts.

Anderentags sprachen die Leute, sie hätten noch nie ein so starkes Nordlicht erlebt wie in der vorigen Nacht. Der Kutscher aber hielt seinen Mund und vertraute niemandem etwas von seiner nächtlichen Fahrt an. Als er aber alt und grau geworden war, hat er die Geschichte doch seinem Enkel erzählt, und so ist sie unter die Leute gekommen. Noch heute soll es solche Nordlichtgeister geben, und wenn im Winter das Nordlicht über den Himmel flammt, dann halten sie da oben Hochzeit.

Die Spinnerin im Mond

In einem Dorfe bei Salzwedel, es könnte Wiebelitz gewesen sein, lebte ein altes armes Weiblein, hatte eine einzige Tochter, die hieß Marie, und das war gar ein geschicktes Kind und half der Mutter leichtlich über die Armut hinweg. Marie konnte täglich beinahe zwei Zahlen Garn spinnen, und ihr Faden war unvergleichlich gleich und fein. Aber so fleißig die Marie war, so lebensfroh war sie und in der Spinnenkoppel (Spinnstube) stetig die Lustigste, zumal wenn die Rädlein beiseitegesetzt wurden und der Tanz anging, der spät genug aufhörte. Der Mutter war das gar nicht lieb, dass das Töchterlein des Öfteren bis nach Mitternacht umhertollte und ihre Ermahnungen sich so gar wenig zu Herzen nahm.

Nun war wieder ein Winter fast zu Ende, und Marie war der Fleiß selbst gewesen, und es kam der Abend von Mariä Lichtmess, wo noch einmal Spinnekoppel sein sollte, den Winter zu beschließen, denn: »Lichtmess muss man die Wurst bei Tag ess«, lautet das Sprichwort, und die Mutter sprach zur Tochter, als diese ihr Rädchen aufnahm, um fortzugehen: »Liebes Kind, heute ist ein Marientag, heute darf kein Kind ungehorsam gegen die Eltern sein, sonst straft es der Himmel alsgleich. Darum versprich mir, dass du heute nicht wieder bis nach Mitternacht ausbleibst, sondern vor Mitternacht heimkommst, und dass du heute nicht zum Tanze gehst; ich verlasse mich darauf.« Marie versprach mit nassen Augen, was ihre Mutter verlangte, und nahm ihr Rad und ging.

Es wurde sehr fleißig gesponnen, aber nun kamen die jungen Burschen und hatten im Wirtshause ein paar Prager Musikanten gefunden, das war etwas Neues, die mussten mit, und nun ging das Tanzen los. Marie wollte fort, wollte der alten Mutter Wort halten, allein die Burschen und die Mädchen ließen sie nicht fort, sie musste mit an den Reigen, die Spielleute pfiffen und fiedelten auch gar zu schön. Und als die Marie einmal im Tanzen war, da ging sie nimmer davon, da konnte die Alte lange warten, denn Tanzen war Mariens Wonne und ihr Glück.

Und da ging die Mitternachtsstunde vorüber, ehe sie es nur dachte, und als der lustige Kreis das Haus verließ, wurden die Mädchen mit Musik nach Hause gebracht und bekamen schöne Ständchen, das hallte gar lieblich durch die helle Mondnacht und die tiefe Stille. Da kamen sie auch am Kirchhof vorbei, dessen Tor offen stand, und stand eine alte Linde darauf, darunter war ein freier ebener Raum, und dahinein gingen die Tänzer und die Spielleute und begannen von Neuem den Tanz. Erst schauerten und scheuten die Dirnen, dann folgten sie doch, halb gezwungen, und endlich auch Marie.

Die alte Mutter aber wartete daheim und weinte über ihr Kind, und da sie von Weitem den Freudenschall hörte, dachte sie gleich, dabei werde die Marie nicht fehlen, und machte sich auf und kroch aus dem Häuschen, ihr Kind zu holen. Da sah sie nun zu ihrem Schreck und Zorn ihre Marie unter den Kirchhofspringern und rief ihr zu mit strengem Gebot, sogleich nach Hause zu folgen. Aber die Maid rief: »Ei Mutter, der Mond scheint ja noch so hell und schön! Geh nur hin, ich komme bald!« Da hob die Alte ihre beiden dürren Hände zum Himmel auf und schüttelte ihre grauen Haare, die ihr wild um das Haupt hingen, und schrie im wilden Grimme: »Ei dass du Rabenkind im hellen Monde säßest fort und fort und hättest immer und ewig deine verfluchte Spinnekoppel droben oder beim Teufel und seiner Großmutter!«

Und wie die Alte diesen Fluch gesprochen, schlug sie hin und war tot. Marie aber behielt nicht Zeit zum Jammern und Klagen, samt ihrem Rädchen ward sie schnell entrückt hinauf in den Mond, da sitzt sie, da sinnt sie, da spinnt sie – wenn der Mond recht hell scheint, kann man sie gar deutlich sehen, und all ihr wunderzartes überfeines Gespinst, das streut sie vom Mond herab, zum Frühlingsbeginn, wann die Spinnekoppeln enden, und im Herbst, wann sie beginnen und die Abende sich längern, da führt es der Wind an hellen Tagen dahin und dorthin, und schwimmt weiß durch die Luft und zieht regenbogenfarbig glänzend von Strauch zu Strauch, von Blume zu Blume, und die Leute nennen es Marienfäden, Marienseide, fliegenden Sommer.

(Ludwig Bechstein)

Albertus Magnus und Kaiser Wilhelm

Albertus Magnus, ein sehr berühmter und gelehrter Mönch, hat den Kaiser Wilhelm von Holland, als er im Jahr 1248 zu Köln auf den Tag der Drei Könige angelangt, in einen Garten, beim Predigerkloster gelegen, mit seinem ganzen Hof zu Gast gebeten, dem der Kaiser gern willfahrt. Es ist aber auf berührten Tag nicht allein große, unleidliche Kälte, sondern auch ein tiefer Schnee gefallen; deshalb die kaiserlichen Räte und Diener beschwerliches Missfallen an des Mönchs unordentlicher Ladung getragen und dem Kaiser, außer dem Kloster zu so strenger winterlicher Zeit Mahl zu halten, widerraten; haben aber doch denselben von seiner Zusag nicht wenden können, sondern hat sich samt den Seinen zu rechter Zeit eingestellt. Albert der Mönch hat etliche Tafeln samt aller Bereitschaft in den Klostergarten, darin Bäume, Laub und Gras alles mit Schnee bedeckt gewesen, mit großem Befremden eines jeden über die seltsame und widersinnige Anstalt lassen stellen und zum Aufwarten eine gute Anzahl von Gestalt des Leibes überaus schöne, ansehnliche Gesellen zur Hand bracht. Indem nun der Kaiser samt Fürsten und Herren zur Tafel gesessen und die Speisen vorgetragen und aufgestellt sind, ist der Tag obenrab unversehens heiter und schön worden, aller Schnee zusehends abgegangen und gleich in einem Augenblick ein lustiger, lieblicher Sommertag erschienen. Laub und Gras sind augenscheinlich, desgleichen allerhand schöne Blumen aus dem Boden hervorgebrochen, die Bäume haben anfahen, zu blühen und gleich nach der Blüt ein jeder feine Frucht zu tragen; darauf allerhand Gevögel niedergefallen und den ganzen Ort mit lieblichem Gesang erfüllet; und hat die Hitze dermaßen überhand genommen, dass fast männiglich der winterlichen Kleider zum Teil sich entblößen müssen. Es hat aber niemand gesehen, wo die Speisen gekocht und zubereitet worden; auch niemand die zierlichen und willfährigen Diener gekannt oder Wissenschaft gehabt, wer und wannen sie seien, und jedermann voll großer Verwunderung über all die Anstellung und Bereitschaft gewesen. Demnach aber die Zeit des Mahls herum, sind erstlich die wunderbar köstlichen Diener des Mönchs, bald die lieblichen Vögel samt Laub und Gras auf Bäumen und Boden verschwunden, und ist alles wieder mit Schnee und Kälte dem anfänglichen Winter ähnlich worden – also dass man die abgelegten Kleider wieder angelegt und die strenge Kälte dermaßen empfunden, dass männiglich davon und zum Feuer und warmen Stube geeilet.

Um solcher abenteuerlichen Kurzweil halben hat Kaiser Wilhelm den Albertus Magnus und sein Konvent, Predigerordens, mit etlichen Gütern reichlich begabt und denselben wegen seiner großen Geschicklichkeit in großem Ansehen und Wert gehalten.

(Jacob und Wilhelm Grimm)

Der Wintergarten

Wittenberg war zu Dr. Fausts Zeit eine sehr berühmte und stark besuchte Universität, an welcher zumal sehr viele Edelleute zu studieren pflegten. In den Tagen um Weihnachten kamen nun häufig deren Verwandte, Mütter und Schwestern dahin zum Besuch, um mit ihnen die Festzeit vom Christabend bis Neujahr in Gemeinschaft zuzubringen. Einst hatten sich auch wieder manche adelige Familien bei ihren dort studierenden Junkern eingefunden, und da gab es denn viele Festlichkeiten, welche die Studenten ihren Verwandten zu Ehren, oder die Verwandten den Söhnen veranstalteten. Die Studierenden versäumten dabei niemals, auch den berühmten Dr. Faust zu ihren Festmahlen einzuladen; denn alle waren ihm in Freundschaft und Verehrung, viele sogar in guter Kameradschaft zugetan. Er war ja auch immer ein guter und sehr unterhaltender Gesellschafter und ergötzte die Fremden manchmal gern durch eine wundervolle Überraschung.

Nachdem er nun schon vielmals ihre Gastfreundschaft genossen hatte, hielt er es für schicklich, dass auch er sie einmal auf einen Nachmittag zu sich einladen ließ. Alle Geladenen hatten die Aufforderung gern angenommen, denn sie hofften mit Zuversicht darauf, dass er ihnen bei dieser Gelegenheit irgendeines seiner wundergleichen und weitgerühmten Kunststücke zum Besten geben werde.

Als sich die Gesellschaft versammelte, war auf den Straßen sehr unfreundliche Witterung. Der Schnee lag schon einen Fuß hoch und aus den schwarzgrauen Wolken, die den Himmel bedeckten, fiel noch immer ein dichtes Gewimmel kleiner Flocken herab, die der kalte Nordostwind den Vorübergehenden schneidend ins Gesicht wehte.

Jeder der Geladenen beklagte sich darüber bei seinem Eintritte in Fausts Zimmer: »Keinen Hund sollte man bei solchem Wetter auf die Straße jagen!«, sagte eine der Frauen. »Da können Sie sehen, wie gern wir Ihrer Einladung folgen, dass wir bei solchem Wetter nicht lieber zu Hause bleiben!«, setzte eine andere hinzu. Alle stimmten darin überein, dass Herr Dr. Faust es als offenbaren Beweis der Verehrung ansehen müsse, welche man für seinen geistreichen Umgang hege, dass man heute doch gekommen sei.

»Ich erkenne das allerdings als einen großen Beweis Ihrer Güte gegen mich, dass Sie es überhaupt nicht verschmäht haben, mein armes Haus zu besuchen, und bedaure unendlich, dass sich meine Macht nicht so weit über die Elemente erstreckte, um für Ihren Gang eine freundlichere Witterung hervorzuzaubern«, antwortete er; dann fuhr er mit Achselzucken fort: »Aber noch mehr beklage ich es, dass ich mich diesmal mit meiner Wetterprophezeiung so total geirrt haben sollte. Alle meine Wetterzeichen hatten mir auf heute den schönsten Frühlingsnachmittag angedeutet, und ich habe in dem Vertrauen auf die Sicherheit meiner Witterungsbeobachtungen meine Diener angewiesen, uns in meiner geräumigen Gartenlaube den Tisch zu bereiten, um dort bei dem Genusse frischer Früchte und in freundlichen Gesprächen einige Stunden angenehm hinzubringen.«

»Huh! Im Garten! Im Freien! Mitten im Winter und bei solchem Wetter!«, rief da ein Fräulein und schüttelte sich dabei recht frostig. – »Lieber Doktor«, wendete sich eine alte Mama zu ihm, »Sie leben in Ihrer Wissenschaft gleichsam in einer andern Welt und vergessen darüber, dass es bei uns hier im Winter unmöglich ein Vergnügen gewähren kann, in einer luftigen, blätterlosen Laube kalte Früchte zu genießen.« Von allen Seiten gab es nun noch Einwendungen gegen den Ort, wo man sich gewiss Husten und Schnupfen holen würde. Da versetzte Faust endlich verlegen: »Wenn ich nur wüßte, wie ich's schnell abändern könnte. Aber es geht in der Tat nicht. Im Hause hier habe ich leider kein so geräumiges Zimmer, um eine größere Gesellschaft darin anständig unterzubringen.« – »Ei, wenn Sie uns nur unterbringen, anständig oder nicht anständig, darauf kommt's ja nicht an, wenn wir nur nicht frieren müssen!«, fiel ihm ein junges, etwas vorlautes Mädchen ins Wort.

»Es kommt ja nur auf den Versuch an«, wandte Dr. Faust ein. »Mein Garten ist sonst ein ganz warmes Plätzchen. Entschließen Sie sich und folgen Sie mir. Sie können ja gleich wieder hineingehen, wenn Sie frieren sollten.« – »Du lieber Gott, wer friert denn nicht im Winter?«, flüsterte ein älteres Fräulein ihrer Nachbarin zu. Diese erwiderte ihr ebenfalls flüsternd: »Er hat schon wieder vergessen, dass wir jetzt Weihnachten haben, und glaubt, es sei Ostern. So sind eben die Gelehrten.«

Inzwischen ging er hinaus, und die Gesellschaft folgte, nachdem die Frauen und Fräulein ihre Mäntel und Kapuzen wieder angetan oder doch ein warmes Tuch über den Kopf genommen hatten. Die Unzufriedenen trippelten langsam und verdrießlich hinten nach. Er führte sie durch den Hausgang nach der Hintertür, öffnete diese und forderte sie auf, gefälligst einzutreten. Aber wie änderten sich sogleich alle Mienen, sobald man den Fuß in den Garten gesetzt hatte. Da war vom Winter keine Spur zu sehen, da war kein Schnee, da wehte kein Nordost, da war keine blätterlose Laube. Auf einem schönen reinen Kiesweg wandelten sie zwischen reich blühenden Sträuchern gegen einen Rasenplatz, der in frischem Grün prangte und von Rosenbäumchen umgeben war, die mit Hunderten der schönsten Rosen gleichsam überschüttet schienen. Mitten auf dem Rasen stand ein großer Apfelbaum, dessen rote Blüten sich wunderlich mit dem zarten Grün der jungen Blätter vermischten. Weiterhin stand eine geräumige Gartenlaube, reich umrankt von üppigen Weinreben, die mit dem Duft ihrer Blüten die ganze Luft durchwürzten. Über den reizenden Garten wölbte sich ein heiterer, blauer Himmel, und warme Sonnenstrahlen fielen auf die blühenden Sträucher und erhöhten den Glanz ihrer Blüten.

Vor Staunen über dieses unbegreifliche Wunder waren alle anfänglich starr und stumm. Dann aber ergossen sie sich in lauter Bewunderung und freudigem Lob. Man war jetzt sehr zufrieden mit dem Aufenthalt, den er für seine Gesellschaft gewählt, und er hatte mancher neugierigen Frage auszuweichen; denn alle wünschten zu erfahren, wie das möglich sei und wie er es angefangen habe, das zuwege zu bringen. So schöne warme Luft, so heiterer Sonnenschein, so viele Rosen und andere Blüten – und das alles mitten im Winter, an einem so stürmischen und garstigen Tag. – Das war freilich unbegreiflich, wenn man nicht wusste, in welch übernatürlicher Verbindung er stand und wie teuer er solche Wundermacht bezahlen musste.

In der Laube war ein langer Tisch gedeckt, an dem er seine Gäste Platz nehmen ließ. Da prangten in schönen Fruchtkörben aus venezianischem Glas und auf silbernen Tellern die trefflichsten Trauben und Pfirsiche, Kirschen und Pflaumen und allerlei Beeren, auch andere Leckerbissen in großer Auswahl. Aus großen silbernen Kannen wurde den Gästen der rötliche Wein in goldenen Bechern kredenzt. Damit auch eine Tafelmusik nicht fehlte, hatte sich in den Zweigen des blühenden Apfelbaumes ein zahlreiches Heer der lieblichsten Singvögel niedergelassen, und diese ließen bald einzeln, bald in gemeinschaftlichem Chor ihre Stimmen erschallen.

Die Gesellschaft schmauste, scherzte und lachte bis zum Abend. Vor dem Abschied reichte Dr. Faust noch jeder der Frauen und Fräulein eine schöne Rose zum Andenken an ihren Besuch in seinem »Wintergarten«. Alle Gäste entfernten sich sehr zufrieden mit dem vergnügten Nachmittag, den sie bei dem so »interessanten« Mann zugebracht hatten, und schwärmten schon im Vorgenuss der Bewunderung, die sie bei ihren Bekannten in der Heimat erregen würden, wenn sie von dem berühmten Dr. Faust und seinen Wundern erzählten, von welchen sie eins doch nun selbst gesehen hatten.

Von dem Sommer- und Wintergarten

Ein Kaufmann wollte auf die Messe gehen, da fragte er seine drei Töchter, was er ihnen mitbringen sollte. Die Älteste sprach: »Ein schönes Kleid;« die Zweite: »Ein paar hübsche Schuhe;« die Dritte: »Eine Rose.« Aber die Rose zu verschaffen, war etwas Schweres, weil es mitten im Winter war. Doch weil die Jüngste die Schönste war und sie eine so große Freude an den Blumen hatte, sagte der Vater, er wolle zusehen, ob er sie bekommen könne, und sich rechte Mühe darum geben.

Als der Kaufmann wieder auf der Rückreise war, hatte er ein prächtiges Kleid für die Älteste und ein paar schöne Schuhe für die Zweite, aber die Rose für die Dritte hatte er nicht bekommen können. Wenn er in einen Garten gegangen war und nach Rosen gefragt, hatten die Leute ihn ausgelacht: »Ob er denn glaube, dass die Rosen im Schnee wüchsen.« Das war ihm aber gar leid, und wie er darüber sann, ob er gar nichts für sein liebstes Kind mitbringen könne, kam er vor ein Schloss, und dabei war ein Garten, in dem war es halb Sommer und halb Winter, und auf der einen Seite blühten die schönsten Blumen groß und klein, und auf der andern war alles kahl und lag ein tiefer Schnee. Der Mann stieg vom Pferd herab, und wie er eine ganze Hecke voll Rosen auf der Sommerseite erblickte, war er froh, ging hinzu und brach eine ab, dann ritt er wieder fort. Er war schon ein Stück Wegs geritten, da hörte er etwas hinter sich herlaufen und schnaufen. Er drehte sich um und sah ein großes schwarzes Tier, das rief: »Du gibst mir meine Rose wieder, oder ich mache dich tot, du gibst mir meine Rose wieder, oder ich mach dich tot!« Da sprach der Mann: »Ich bitt dich, lass mir die Rose, ich soll sie meiner Tochter mitbringen, die ist die Schönste auf der Welt.« – »Meinetwegen, aber gib mir die schöne Tochter dafür zur Frau?« Der Mann, um das Tier loszuwerden, sagt Ja und denkt, das wird doch nicht kommen und sie fordern. Das Tier aber rief noch hinter ihm drein: »In acht Tagen komm ich und hol meine Braut.«

Der Kaufmann brachte nun einer jeden Tochter mit, was sie gewünscht hatten; sie freuten sich auch alle darüber, am meisten aber die Jüngste über die Rose. Nach acht Tagen saßen die drei Schwestern beisammen am Tisch, da kam etwas mit schwerem Gang die Treppe herauf und an die Türe und rief: »Macht auf! Macht auf!« Da machten sie auf, aber sie erschraken recht, als ein großes schwarzes Tier hereintrat: »Weil meine Braut nicht gekommen und die Zeit herum ist, will ich mir sie selber holen.« Damit ging es auf die jüngste Tochter zu und packte sie an. Sie fing an zu schreien, das half aber alles nichts, sie musste mit fort, und als der Vater nach Haus kam, war sein liebstes Kind geraubt. Das schwarze Tier aber trug die schöne Jungfrau in sein Schloss, da war's gar wunderbar und schön, und Musikanten waren darin, die spielten auf, und unten war der Garten halb Sommer und halb Winter, und das Tier tat ihr alles zu Liebe, was es ihr nur an den Augen absehen konnte. Sie aßen zusammen und sie musste ihm aufschöpfen, sonst wollte es nicht essen. Da ward sie dem Tier hold, und endlich hatte sie es recht lieb.

Einmal sagte sie zu ihm: »Mir ist so Angst, ich weiß nicht recht warum, aber mir ist, als wär mein Vater krank, oder eine von meinen Schwestern, könnte ich sie nur ein einziges Mal sehen!« Da führte sie das Tier zu einem Spiegel und sagte: »Da schau hinein«, und wie sie hineinschaute, war es recht, als wäre sie zu Haus; sie sah ihre Stube und ihren Vater, der war wirklich krank, aus Herzeleid, weil er sich Schuld gab, dass sein liebstes Kind von einem wilden Tier geraubt und gar von ihm aufgefressen sei. Hätt' er gewusst, wie gut es ihm ging, so hätte er sich nicht betrübt. Auch ihre zwei Schwestern sah sie am Bett sitzen, die weinten. Von dem allen war ihr Herz ganz schwer, und sie bat das Tier, es sollte sie nur ein paar Tage wieder heimgehen lassen. Das Tier wollte lange nicht; endlich aber, wie sie so jammerte, hatte es Mitleiden mit ihr und sagte: »Geh hin zu deinem Vater, aber versprich mir, dass du in acht Tagen wieder da sein willst.« Sie versprach es ihm, und als sie fortging, rief es noch: »Bleib aber ja nicht länger als acht Tage aus.«

Wie sie heimkam, freute sich ihr Vater, dass er sie noch einmal sähe, aber die Krankheit und das Leid hatten schon zu sehr an seinem Herzen gefressen, dass er nicht wieder gesund werden konnte, und nach ein paar Tagen starb er. Da konnte sie an nichts anders denken vor Traurigkeit, und hernach ward ihr Vater begraben. Da ging sie mit zur Leiche, und dann weinten die Schwestern zusammen und trösteten sich, und als sie endlich wieder an ihr liebes Tier dachte, da waren schon längst die acht Tage herum. Da ward ihr recht angst, und es war ihr, als sei das auch krank, und sie machte sich gleich auf, und ging wieder hin zu seinem Schloss. Wie sie aber wieder ankam, war's ganz still und traurig darin, die Musikanten spielten nicht, und alles war mit schwarzem Flor behangen; der Garten aber war ganz Winter und von Schnee bedeckt. Und wie sie das Tier selber suchte, war es fort, und sie suchte aller Orten, aber sie konnte es nicht finden. Da war sie doppelt traurig, und wusste sich nicht zu trösten. Und einmal ging sie so traurig im Garten und sah einen Haufen Kohlhäupter, die waren oben schon alt und faul. Da legte sie die herum, und wie sie ein paar umgedreht hatte, sah sie ihr liebes Tier, das lag darunter und war tot. Geschwind holte sie Wasser und begoss es damit unaufhörlich; da sprang es auf und war auf einmal verwandelt und ein schöner Prinz. Da ward Hochzeit gehalten und die Musikanten spielten gleich wieder, die Sommerseite im Garten kam prächtig hervor, und der schwarze Flor ward abgerissen, und sie lebten vergnügt miteinander immerdar.

(Jacob und Wilhelm Grimm)

Allerlei Schneemänner und Schneefrauen

Das kleine Schneemädchen

Eines Nachmittags an einem eisig kalten Wintertag, als die Sonne nach einem langen Sturm mit einer kalten Helligkeit erstrahlte, baten zwei Kinder ihre Mutter um Erlaubnis, herauslaufen und im frisch gefallenen Schnee spielen zu dürfen. Das ältere dieser Kinder war ein kleines Mädchen, das seine Eltern und alle, die es gut kannten, Violet, Veilchen, nannten, weil es ein so zartes und bescheidenes Wesen besaß und sehr schön zu werden versprach. Ihr Bruder aber wurde von allen Peony, Pfingstrose, genannt, weil die Farbe seines breiten und runden kleinen Gesichts jeden an diese großen scharlachroten Blumen denken ließ, die in der Sonne leuchten. Der Vater dieser zwei Kinder, ein gewisser Mr Lindsey, war, das muss man sagen, ein zwar trefflicher Mensch, aber doch einer, der auf dem Boden der Tatsachen stand. Er war Eisenwarenhändler von Beruf und pflegte üblicherweise alle Dinge, die ihm unter die Augen kamen, nach dem zu beurteilen, was man den gesunden Menschenverstand nennt. Neben einem Herz, das nicht weniger gütig war als das anderer Leute, hatte er aber auch einen Kopf, der war so hart und vielleicht genauso leer wie die Eisentöpfe, die in seinem Laden standen. Andererseits besaß die Mutter indes ein etwas poetisches Wesen, eine gewisse überirdische Schönheit wie eine zarte, mit Tau überzogene Blume. Diese poetische Blume hatte ihre fantasiereiche Jugend überlebt und auch inmitten der prosaischen Wirklichkeit der Ehe und der Mutterschaft hatte sie nicht aufgehört, zu blühen.

Violet und Peony baten also, wie ich es zu Anfang schon gesagt hatte, baten also ihre Mutter, herauslaufen und im frisch gefallenen Schnee spielen zu dürfen. Obwohl dieser, als er von einem grauen Himmel fiel, düster und öde ausgesehen hatte, war er jetzt, wo er in der Sonne glänzte, fröhlich und heiter anzuschauen. Die Kinder wohnten in der Stadt und hatten als Spielplatz nur einen kleinen Garten vor dem Haus, der durch einen großen weißen Lattenzaun von der Straße getrennt war. Ein Birnbaum und zwei oder drei Pflaumenbäume warfen ihren Schatten darauf, und es standen auch einige Rosensträucher vor den Fenstern des Esszimmers. Aber Bäume und Sträucher hatten jetzt keine Blätter mehr, und eine leichte Schneeschicht lag nun auf ihren Zweigen wie eine Art Winterlaub, und hie und da hing auch ein kleiner Eiszapfen als Frucht herab.

»Ja, Violet! Ja, mein kleiner Peony!«, sagte ihre gute Mutter, »ihr dürft in den frischen Schnee spielen gehen.«

Und die gute Frau wickelte ihre lieben Kleinen in Wollwesten und mit Watte gefütterte Kleider und um den Hals legte sie ihnen warme Schals und über jedes Beinchen zog sie gestreifte Gamaschen und Wollhandschuhe auf ihre Hände und gab noch jedem einen festen Kuss als Zaubermittel, um Väterchen Frost von ihnen fernzuhalten. Fröhlich sprangen jetzt die Kinder hinaus, und ihre Freudensprünge trugen sie bis mitten in einen großen Schneehaufen hinein, aus dem Violett dann weiß wie eine Schneeammer wieder auftauchte, während sich der kleine Peony mit seinem runden roten Blumengesicht darin wälzte. Was für einen Spaß machte ihnen das! Wenn man sie so im Garten herumtollen sah, hätte man glauben können, der liebe Gott hätte diesen heftigen und unbarmherzigen Schneefall nur herabgeschickt, um Violet und Peoney ein neues Vergnügen zu bereiten, und diese beiden Kinder seien eigens nur dazu erschaffen worden wie die Schneeammern, um sich auf diesem weißen Mantel zu vergnügen, mit dem der Schneesturm die Erde bedeckt hatte.

Als sie sich schließlich gegenseitig derart mit Schnee beworfen hatten und Violet beim Anblick von Peonys Gesicht in schallendes Gelächter ausbrach, verfiel das Mädchen auf eine neue Idee.

»Du siehst ganz genauso aus wie ein Schneemann«, sagte sie, »wenn nur deine Wangen nicht so rot wären. Das hat mich auf eine neue Idee gebracht. Wir wollen einen Schneemann bauen, aber keinen Mann, sondern ein kleines Mädchen. Das wird dann unsere Schwester, die wird den ganzen Winter mit uns tollen und spielen. Wäre das nicht wunderschön?«

»Oh, ja, ja!«, antwortete Peony so deutlich er konnte, denn er war ja noch ein kleiner Junge. »Das wäre wirklich nett; und Mama soll es sehen.«

»Ja«, sagte Violet, »Mama soll das kleine Mädchen sehen. Aber sie soll es nicht in das warme Wohnzimmer lassen, denn du weißt, unsere kleine Schneeschwester mag die Wärme nicht.«

Und auf der Stelle fingen die Kinder mit ihrer großen Aufgabe an, ein Schneekind zu bauen, das mit ihnen herumtollen und spielen konnte. Ihre Mutter, die am Fenster saß und ab und zu einige Brocken ihrer Unterhaltung aufschnappte, musste einfach über die Ernsthaftigkeit schmunzeln, mit der die Kinder ans Werk gingen. Sie schienen offenbar zu glauben, dass es das Leichteste auf der Welt sei, ein kleines, lebendes Mädchen aus Schnee zu schaffen. Und um die Wahrheit zu sagen, wenn es uns je gelingt, Wunder zu vollbringen, dann nur, wenn wir mit der gleichen schlichten und vertrauensvollen Gemütsart wie Violet und Peony vorgehen, sogar ohne zu wissen, dass es sich um ein Wunder handelt. Das ging ihrer Mutter durch den Kopf, und sie dachte auch, dass der frisch gefallene Schnee ein ausgezeichneter Stoff zur Schaffung neuer Wesen sei, wenn er nur nicht so kalt wäre. Noch einen Augenblick ruhten ihre Blicke auf den Kindern, und sie sah mit großer Freude Violet, die für ihr Alter schon groß war. Ihre Tochter war anmutig und behend und ihr Gesicht war von einer so zarten Farbe, dass sie eher einem fröhlichen Gedanken als der handfesten Wirklichkeit glich. Peony jedoch, der fast breiter als hoch war, trottete mit seinen kleinen, dicken Beinen so wirklichkeitsnah, wenn auch nicht so dick, wie ein Elefant daher. Dann fuhr die Mutter mit ihrer Beschäftigung fort; was es war, weiß ich nicht mehr. Aber sicher machte sie einen seidenen Hut für Violet zurecht oder stopfte ein Paar Strümpfe für die kurzen Beinchen des kleinen Peony. Aber sie konnte nicht umhin, sehr häufig den Blick zum Fenster zu wenden, um zu sehen, ob es mit der Schneegestalt voranging.

Und es war wirklich ein äußerst zauberhafter Anblick, diese aufgeweckten kleinen Wesen bei der Arbeit! Es war wirklich wunderbar, zu sehen, mit welcher Geschicklichkeit und Fertigkeit sie ans Werk gingen. Violet leitete die Arbeiten; sie sagte Peony, was er machen sollte, während sie selbst die schwierigsten Teile der Schneegestalt mit ihren zarten Händen formte. Und diese Gestalt schien nicht so sehr von den Kindern gemacht zu werden, als von selbst unter ihren Fingern zu wachsen, während sie spielten und über sie plapperten. Ihre Mutter war darüber sehr überrascht. Je mehr sie hinschaute, umso größer war ihre Überraschung, die Gestalt wachsen zu sehen.

»Was habe ich doch für eigenartige Kinder«, dachte sie und lächelte dabei in ihrem Mutterstolz, und dann lächelte sie über sich selbst, weil sie so stolz auf sie war. »Was für andere Kinder könnten auf Anhieb aus Schnee etwas machen, was einem kleinen Mädchen gleicht? Aber jetzt muss ich erst mal Peonys neues Kinderröckchen fertig machen; sein Großvater kommt morgen, und ich will, dass der kleine Fratz dann nett aussieht.

Sie nahm also das Röckchen und war mit ihrer Nadel bald genauso beschäftigt wie die beiden Kinder mit ihrer Schneegestalt. Doch während die Nadel durch den Saum des Stoffes hin- und herging, machte die Mutter ihre Arbeit leichter, dadurch dass sie den lebhaften Stimmen von Violet und Peony zuhörte; die plapperten unentwegt miteinander. Ihre Zungen waren genauso rastlos tätig wie ihre Füße und Hände. Was sie sagten, verstand die Mutter nicht immer, aber sie hatte den Eindruck, dass sie froh und zufrieden waren und dass die Gestalt riesige Fortschritte machte. Und wenn Violet und Peony ab und zu lauter redeten, kamen ihre Stimmen der Mutter so deutlich zu Ohren, als wären sie im Zimmer, wo sie saß. Was für eine Freude verbreiteten diese Stimmen in ihrem Herzen, auch wenn das, was sie sagten, letztlich nicht besonders weise oder wundervoll war!

Aber ihr müsst wissen: Eine Mutter hört mit ihrem Herzen viel mehr als mit ihren Ohren, und so genießt sie oft Töne einer himmlischen Musik, dort wo andere nur ein unbedeutendes Geplapper vernehmen.

»Peony, Peony«, sagte Violet zu ihrem Bruder, der in einen anderen Teil des Gartens gegangen war, »bring mir ein bisschen von diesem frischen Schnee mit. Schau da in dieser Ecke, wo wir noch nicht hingetreten sind. Ich brauche welchen, um die Brust unserer kleinen Schneefenster zu formen. Weißt du, der Schnee in der Ecke da ist ganz rein wie in dem Augenblick, wo er vom Himmel fällt.«

»Da hast du welchen, Violet«, erwiderte Peony mit seiner etwas derben, aber doch auch angenehmen Stimme, und er kam quer durch den schon halb niedergetretenen Schneehaufen herausgetrottet. Hier ist Schnee für ihr Brüstchen. Oh, Violet, sie sieht schon ganz hübsch aus.«

»Ja«, sagte Violet ruhig und wie im Traum versunken; unsere Schneeschwester ist sehr schön. Ich hätte nicht geglaubt, dass wir ein so schönes Schneemädchen fertigbekommen.«

Die Mutter, die ihnen lauschte, dachte, wie zauberhaft es doch wäre, wenn Feen oder besser noch Engelchen vom Himmel herabkämen und unsichtbar am Spiel ihrer beiden Lieblinge teilnähmen und ihnen dabei hülfen, die Gestalt zu formen, und ihr dabei die Züge himmlischer Kindheit schenkten. Violet und Peony aber würden nichts von der Gegenwart ihrer unsterblichen Spielgefährten wahrnehmen, und während die Figur unter ihren Händen für sie immer schöner werde, würden sie glauben, alles ganz allein selbst zustande gebracht zu haben.

»Meine kleine Tochter und mein kleiner Junge verdienen solche Gefährten, wenn je Kinder solche verdient haben«, dachte die Mutter und lächelte dann wieder in ihrem Mutterstolz.

Diese Idee bemächtigte sich dennoch ihrer Fantasie, und von Zeit zu Zeit schaute sie kurz aus dem Fenster und träumte schon halb davon, die goldhaarigen Himmelskinder mit ihrer eigenen goldhaarigen Violet und ihrem kleinen, rotwangigen Peony spielen zu sehen.

Einige Augenblicke lang hörte man jetzt ein geschäftiges und ernstes, aber undeutliches Gemurmel der beiden Kinderstimmen, doch arbeiteten beide in glücklichem Einklang weiter. Dabei schien Violet immer der führende Geist zu sein, während Peony eher als Handlanger arbeitete und ihr von Nah und Fern den Schnee beibrachte. Und doch hatte auch der kleine Bengel offensichtlich für die Sache vollstes Verständnis!

»Peony, Peony!«, rief Violet, denn ihr kleiner Bruder war wieder im anderen Ende des Gartens. »Bring mir diese schönen, leichten Schneegirlanden, die auf den unteren Zweigen des Kirschbaums liegen. Du kannst sie leicht erreichen, wenn du auf den Schneehaufen steigst. Ich brauche die, um auf dem Kopf unserer kleinen Schneeschwester einige Haarlocken zu machen.«

»Hier sind sie schon, Violet«, antwortete der kleine Junge. »Aber sei vorsichtig, dass du sie nicht zerbrichst. Sehr gut! Sehr gut! Wie hübsch!«

Allerlei Schneemänner und Schneefrauen

»Sieht unsere kleine Schwester nicht süß aus?«, sagte Violet äußerst zufrieden. »Und nun brauchen wir einige glitzernde Eisstückchen, um ihr leuchtende Augen zu machen. Sie ist noch nicht ganz fertig. Mama wird sehen, wie schön sie ist. Aber Papa wird sagen: ›Ach Unsinn, kommt rein, sonst werdet ihr euch erkälten.‹«

»Lass uns doch Mama rufen, dass sie rausschaut«, sagte Peony und fing dann an, fröhlich zu schreien: »Mam-ma! Mam-ma! Schau raus, du kannst dann sehen, was für ein schönes kleines Mädchen wir machen!«

Die Mutter ließ einen Augenblick von ihrer Arbeit ab und schaute zum Fenster hinaus. Aber es traf sich eben, dass die Sonne – es war nämlich gerade einer der kürzesten Tage des ganzen Jahres – so nah zum Erdrand gesunken war, dass ihr abendlicher Schein schräg in die Augen der Dame fiel. So wurde diese geblendet, müsst ihr wissen, und konnte nicht genau sehen, was da im Garten war. Doch trotz des blendenden Scheins der Sonne und des neuen Schnees gewahrte sie im Garten eine kleine weiße Figur, die auf wunderbare Weise einem menschlichen Wesen glich. Und sie sah Violet und Peony – denn auf die beiden schaute sie mehr als auf die Figur –, sie sah die beiden Kinder immer noch an der Arbeit: Peony brachte Schnee und Violet legte ihn der Figur so sachkundig auf, wie ein Bildhauer seinem Modell Ton auflegt. Die Mutter sah das kleine Schneemädchen aber nur undeutlich und sie dachte bei sich, dass es noch nie eine so kunstvolle Schneefigur und noch nie ein so gutes kleines Mädchen und einen so lieben kleinen Jungen gegeben hat, die eine solche gebaut haben.

»Alles, was sie tun, machen sie besser als andere Kinder«, sagte sie zufrieden zu sich selbst. »Es nimmt also nicht wunder, dass sie die Schneefigur so schön hinbekommen haben.«

Dann setzte sie sich und machte sich wieder an ihre Arbeit, aber jetzt stopfte sie schneller, so gut es ging, denn es wurde allmählich dunkler und das Kinderröckchen für Peony war noch nicht fertig, und der Großvater sollte am nächsten Morgen schon sehr früh mit der Eisenbahn kommen. So flogen ihre Finger schneller und schneller hin und her. Auch die Kinder waren noch im Garten an der Arbeit, und die Mutter schnappte alles auf, was sie von ihren Worten hören konnte. Sie fand ihre Freude daran, wie sehr die kleinen Fantasien ihrer Kinder sich in dieser ihrer Arbeit zeigten und wie sie davon hingerissen waren. Sie schienen wirklich zu glauben, das Schneemädchen werde zu laufen beginnen, und mit ihnen spielen.

»Was für eine nette Spielkameradin wird sie uns den ganzen Winter über abgeben!«, sagte Violet. »Ich hoffe, dass Papa keine Angst hat, wir könnten uns wegen ihr erkälten. Hast du sie nicht auch richtig lieb, Peony?«

»Aber ja, ja!«, schrie Peony. »Ich werde sie in meine Arme drücken, ich werde sie neben mir sitzen lassen und ihr von meiner warmen Milch zu trinken geben.«

»Oh nein!«, antwortete da Violet ernst und weise. »Das geht nicht. Warme Milch wird unserer kleinen Schwester nicht gut tun. Schneekinder wie sie essen nichts anderes als Eiszapfen. Nein, nein, Peony, wird dürfen ihr auf keinen Fall etwas Warmes zu trinken geben.«

Dann war es ein oder zwei Minuten still, denn Peony, dessen kurze Beine nie müde wurden, war wieder auf Wanderschaft auf die andere Seite des Gartens gegangen. Plötzlich schrie Violet froh:

»Schau doch, Peony! Komm mal schnell! Aus dieser rosa Wolke ist Licht auf ihre Wangen gefallen, und die Farbe geht nicht mehr weg. Ist das nicht wunderschön!«

»Oh ja, das ist wun-der-schön!«, antwortete Peony und sprach diese drei Silben mit Absicht so genau, er konnte, aus. »Oh, Violet! Schau doch ihr Haar! Es leuchtet wie Gold.«

»Na klar«, sagte Violet in aller Ruhe, als ob das die natürlichste Sache der Welt wäre. »Diese Farbe, musst du wissen, kommt von diesen Goldwolken, die wir über uns am Himmel sehen. Jetzt ist das kleine Mädchen fast fertig, nur ihre Lippen müssen wir noch rot machen, viel röter als ihre Wangen. Vielleicht werden sie rot, wenn wir beide sie küssen, Peony?«

Und schon hörte die Mutter das Geräusch von zwei dicken Schmatzern, die die Kinder auf den eiskalten Mund der Schneegestalt drückten. Weil das nun zweifelsohne den Lippen nicht genug Farbe gegeben hatte, machte Violet den Vorschlag, das Schneekind dazu aufzufordern, Peonys scharlachrote Wangen zu küssen.

»Komm, Schneeschwesterchen, komm, küss mich!«, rief Peony.

»Da, sie hat dich jetzt geküsst«, fügte Violet hinzu, »und nun sind auch ihre Lippen rot geworden; und sie selbst ist auch ein wenig im Gesicht rot geworden.«

»Oh, was für ein eiskalter Kuss!«, schrie Peony.

Im gleichen Augenblick kam eine Brise kalten Westwinds auf, fegte durch den Garten und ließ das Glas der Wohnzimmerfenster leicht rasseln. Dieser Wind hörte sich so eisig an, dass die Mutter gerade mit ihrem Fingerhut an der Hand an die Scheibe klopfen wollte, um die Kinder hereinzurufen, als beide zusammen schrien, sie solle doch rauskommen. Ihre Stimmen klangen nicht überrascht, aber doch sehr aufgeregt. Sie schienen sich eher sehr über ein großes Ereignis zu freuen, das eben eingetroffen war und das sie in festem Vertrauen erhofft hatten.

»Mama, Mama! Wir haben unsere kleine Schneeschwester fertig, und sie läuft jetzt schon mit uns durch den Garten.«

»Mit was für einer Fantasie doch die Kinder begabt sind!«, dachte die Mutter, während sie die letzten Stiche am Kinderröckchen von Peony machte. »Es ist seltsam, dass sie mich dabei zu einem Kind wie sie selbst machen, denn ich kann mich kaum gegen den Glauben wehren, dass das Schneemädchen wirklich zum Leben erwacht ist.«

»Liebe Mama!«, schrie da Violet, »schau doch bitte raus und sieh, was für eine nette Spielkameradin wir haben!«

Da musste die Mutter einfach aus dem Fenster schauen. Die Sonne war hinter dem Horizont untergegangen, hatte jedoch auf den purpurnen und goldenen Wolken ein reiches Erbe an Helligkeit hinterlassen, was die winterlichen Sonnenuntergänge so prächtig macht. Aber weder in den Fensterscheiben noch auf dem Schnee entstand irgendeine Blendung, sodass die gute Frau ihre Blicke durch den ganzen Garten wandern lassen und alles sehen konnte, was darin war. Und was glaubt ihr, hat sie da gesehen? Natürlich Violet und Peony, ihre heiß geliebten Kinder, das ist klar. Aber was oder wen sah sie noch neben ihnen? Nun, das müsst ihr mir glauben, da war noch ein kleines Mädchen, das war ganz in Weiß gekleidet, hatte rosarote Wangen und goldene Löckchen und spielte mit den beiden Kindern im Garten. Obgleich sie eine Fremde sein musste, schien sie mit Violet und Peony vertraut zu sein und die auch mit ihr, als ob alle drei schon ihr ganzes kurzes Leben lang Spielkameraden wären. Die Mutter dachte sich, das sei die Tochter irgendeines Nachbarn und das Kind sei über die Straße gekommen, um mit ihren Kindern zu spielen, als es die im Garten gesehen hatte. Daher ging die gute Frau zur Haustür und wollte die kleine Ausreißerin hereinbitten, um sich im gemütlichen Wohnzimmer etwas zu wärmen. Die Sonne war nämlich jetzt nicht mehr zu sehen, und draußen herrschte zunehmend eine stechende Kälte.

Aber nachdem sie die Haustür aufgemacht hatte, blieb sie einen Augenblick lang auf der Schwelle stehen, da sie nicht wusste, ob sie das Kind hereinbitten sollte. Sie zögerte sogar, es anzusprechen, denn sie wusste nicht, ob es ein Kind aus Fleisch und Blut war oder nur eine Wehe von Neuschnee, die der eisigkalte Westwind im Garten hierhin und dahin geweht hatte. Es umgab die kleine Fremde sicherlich ein Hauch des Seltsamen und Einzigartigen. Unter allen Kindern der Nachbarschaft hatte die Mutter ihrer Erinnerung nach noch nie ein Mädchen gesehen, das ein so reines weißes und mit zartem Rosa getöntes Gesicht hatte und so schöne goldene Locken, die ihr über Stirn und Wangen fielen. Und was ihr weißes Kleidchen anging, das in der Brise hin und her flatterte, keine vernünftige Mutter hätte so eines ihrer Tochter angezogen, um sie mitten im kalten Winter nach draußen zum Spielen zu schicken.

Schon beim Anblick der kleinen Füße, die nur in dünnen weißen Pantoffeln steckten, lief es dieser fürsorglichen Mutter kalt über den Rücken. Aber so leicht das Mädchen auch bekleidet war, sie schien keineswegs unter der Kälte zu leiden, und sprang so leichtfüßig über den Schnee, dass sie dort kaum irgendwelche Spuren hinterließ. Violet hatte Mühe, ihr nachzukommen, und seine kurzen Beine zwangen Peony, ganz weit zurückzubleiben.

Einmal stellte sich das seltsame Mädchen beim Spiel zwischen Violet und Peony, nahm jeden an der Hand und sprang fröhlich mit ihnen voran und sie mit ihr. Doch fast gleich danach zog Peony seine Hand plötzlich zurück und begann, sie zu reiben, als ob es in seinen Händen vor Kälte prickelte. Auch Violet ließ die Hand los, wenn auch nicht so plötzlich, und bemerkte ernst, es wäre besser, sich nicht an den Händen zu halten. Das weiß gekleidete Fräulein sagte kein Wort, sondern fuhr fort, so fröhlich wie vorher zu springen und zu tanzen. Auch wenn Violet und Peony nicht mit ihr spielen wollten, konnte sie auch genauso gut allein mit dem stechenden, eisigen Westwind ihren Spaß haben, der sie durch den ganzen Garten blies und sich mit ihr so viel Freiheiten erlaubte, als seien sie zwei alte Freunde.

Die Mutter stand indes immer noch auf der Türschwelle und wunderte sich, dass ein Mädchen derart einer herumwirbelnden Schneewehe oder eine herumwirbelnde Schneewehe einem kleinen Mädchen gleichen konnte. Sie rief Violet und flüsterte ihr ins Ohr:

»Violet, mein Liebling, wie heißt dieses Kind? Ist es ein Nachbarmädchen?«

»Aber, liebe Mama«, antwortete Violet und lachte, weil ihre Mutter eine so einfache Sache nicht verstand, »das ist unsere kleine Schneeschwester, die wir eben gemacht haben.«

»Ja, liebe Mama«, schrie auch Peony, lief auf sie zu und schaute ihr unbefangen ins Gesicht, »das ist unsere Schneefigur. Ist sie nicht ein hübsches kleines Mädchen?«

Im gleichen Augenblick kam eine Schar Schneeammern durch die Luft angeflattert; wie es in ihrer Natur liegt, mieden sie Violet und Peony, aber seltsamerweise flogen sie direkt zu dem weiß gekleideten Mädchen, flatterten um ihren Kopf und setzten sich auf ihre Schulter. Es sah so aus, als hätten sie eine alte Bekannte wiedergetroffen.

Auch das Mädchen war ihrerseits sichtlich froh, diese Vögel zu sehen, diese kleinen Enkel des alten Winters, und streckte ihre Arme aus, um sie willkommen zu heißen.

Dann ging es darum, wer sich am schnellsten auf ihre Hände und ihre zehn Finger setzen würde; die Ammern stürzten sich einer über den anderen und flatterten heftig mit ihren Flügeln. Einer dieser niedlichen, kleinen Vögel ließ sich auf ihrer Brust nieder, ein anderer setzte seinen Schnabel an ihre Lippen; alle waren sie froh und schienen ganz in ihrem Element zu sein, so wie man sie sehen kann, wenn sie mitten in einem Schneesturm spielen.

Bei diesem Anblick begannen Violet und Peony, zu lachen; sie waren froh, dass sich ihre neue Freundin so über ihre kleinen, gefiederten Gäste freute, fast genauso froh, als wenn sie selbst daran teilgenommen hätten.

»Violet«, sagte die Mutter ganz verwirrt, »sag mir ganz ohne Spaß die Wahrheit, wer ist dieses Mädchen?«

»Liebe Mama«, antwortete Violet und schaute dabei ihre Mutter ernst an, ganz überrascht, dass sie es ihr noch erklären musste, »ich habe dir doch schon ganz wahrheitsgetreu gesagt, wer sie ist. Sie ist unsere kleine Schneefigur, die Peony und ich gemacht haben. Peony wird es dir genauso sagen wie ich.«

»Ja, Mama«, wiederholte Peony mit ganzem Ernst in seinem kleinen knallroten Gesicht, »das ist das kleine Schneemädchen. Ist sie nicht hübsch? Aber ihre kleine Hand ist so kalt, so eiskalt, Mama.«

Während die Mutter noch nicht wusste, was sie glauben und machen sollte, wurde das Gartentor aufgestoßen, und herein kam der Vater von Violet und Peony; er war eingehüllt in eine Lotsenjacke, die Ohren waren unter einer Fellmütze versteckt und die Hände steckten in den dicksten Handschuhen, die es nur geben mag. Mr Lindsey war ein Mann im mittleren Alter; sein Gesicht, vom Wind gerötet und vor Kälte zusammengekniffen, schien müde und glücklich zugleich. Müde, weil er den ganzen Tag gearbeitet hatte, und glücklich, weil er endlich in sein friedliches Heim zurückkehren konnte. Als er Frau und Kinder sah, erstrahlten seine Augen vor Freude, aber er konnte nicht anders, als ein paar Worte der Überraschung zu äußern, als er die ganze Familie bei einem so eisigen Wetter und schon nach Sonnenuntergang im Freien antraf. Bald hatte er auch die kleine Fremde erblickt, die im Garten wie ein Schneewirbel herumtobte, und auch den Schwarm der Schneeammern, die um ihren Kopf herumschwirrten.

»Bei Gott, was ist das für ein kleines Mädchen?«, fragte dieser sehr empfindsame Mann. »Ihre Mutter muss sicher verrückt sein, dass sie sie bei so einem eisigen Wetter ausgehen lässt, ohne andere Kleidung als dieses leichte Kleidchen und diese dünnen Pantoffel.«

»Mein lieber Mann«, sagte da die Frau zu ihm, »ich weiß über dieses kleine Ding auch nicht mehr als du. Vermutlich ist es das Kind irgendeines Nachbarn. Violet und Peony behaupten, dass es nur eine Schneefigur sei, die sie heute Nachmittag so zum Spaß gebaut hätten.«

Dann warf sie einen Blick zu der Stelle, wo die Kinder ihre Schneefigur gebaut hatten. Wie groß aber war ihre Überraschung, als sie an dieser Stelle nicht mehr die geringste Spur von einer solchen Arbeit erblickte. Keine Schneefigur, kein Schneehaufen, nichts als die Abdrücke kleiner Füße um einen leeren Platz herum.

»Das ist aber seltsam«, sagte sie sich.

»Was ist seltsam, liebe Mama?«, fragte Violet. »Lieber Papa, siehst du denn nicht, wie es ist? Es ist unser Schneemädchen, das wir gemacht haben, Peony und ich, weil wir eine kleine Freundin wollten, mit der wir spielen können. Ist es nicht so, Peony?«

»Ja, Papa«, erwiderte der rotwangige, kleine Peony, »es ist unsere kleine Schneeschwester. Ist sie nicht schön? Aber sie hat mir einen so eisig kalten Kuss gegeben!«

»Was für ein Unsinn, Kinder!«, rief da ihr guter und ehrlicher Vater, der alle Dinge nach dem Gesichtspunkt des gesunden Menschenverstandes betrachtete, wie wir bereits gehört haben.»Erzähl mir doch nicht, dass man aus Schnee kleine lebendige Mädchen machen kann. Komm, Frau, diese kleine Fremde darf keinen Augenblick länger draußen in der eisigen Luft bleiben. Wir wollen sie hinein ins warme Wohnzimmer bringen und du gibst ihr Brot und warme Milch zum Abendessen und machst es ihr so behaglich wie möglich. Inzwischen frage ich bei den Nachbarn nach, und, wenn nötig, schicke ich den öffentlichen Ausrufer durch die Straßen, um ein kleines, verloren gegangenes Mädchen zu suchen.«

Und dieser empfindsame und ehrliche Mensch ging mit den besten Absichten der Welt auf das kleine weiße Fräulein zu. Aber Violet und Peony schnappten sich jeder eine Hand ihres Vaters und baten ihn inständig, das Mädchen doch nicht ins Haus zu bringen.

»Lieber Vater«, rief Violet und stellte sich vor ihn, »was ich dir gesagt habe, ist die reine Wahrheit. Es ist unsere kleine Schneeschwester, und sie kann nicht länger leben, wenn sie nicht den eisigen Westwind atmet. Bring sie bitte nicht ins warme Zimmer!«

»Ja, Vater«, schrie Peony und stampfte mit seinem kleinen Fuß auf den Boden, so ernst war es ihm, »sie ist wirklich niemand anderes als unsere kleine Schneeschwester, und das heiße Feuer mag sie nicht.«

»Aber Unsinn! Unsinn, Kinder!«, sprach da der Vater, halb war er im Zorn und halb lächelte er über das, was seiner Meinung nach törichter Eigensinn war. Lauft jetzt ins Haus! Es ist schon zu spät, um noch länger draußen zu spielen. Ich muss mich um das kleine Mädchen kümmern, und das sofort, sonst erkältet sie sich noch zu Tode.«

»Mein lieber Mann«, sagte da die Frau mit leiser Stimme – sie hatte nämlich das Schneemädchen von Nahem genau betrachtet und war jetzt verwirrter denn je –, »es gibt da in allem etwas sehr Seltsames. Ihr werdet mich vielleicht für verrückt halten, aber kann es nicht sein, dass irgendein unsichtbarer Engel von der Schlichtheit und dem reinen Glauben angezogen wurde, mit dem unsere Kinder ans Werk gegangen sind? Könnte dieser Engel nicht eine Stunde seiner Unsterblichkeit damit verbracht haben, mit unseren lieben kleinen Seelen zu spielen? Das Ergebnis davon wäre das, was wir ein Wunder nennen. Nein, nein! Lach mich nicht aus! Ich weiß selbst, wie töricht diese Vermutung ist.«

»Meine liebe Frau«, antwortete ihr Mann und lachte aus ganzem Herzen. Du bist genauso ein Kind wie Violet und Peony.«

Und das stimmte in einer Beziehung, denn sie hatte ihr ganzes Leben lang ein Herz bewahrt, das voll war von Schlichtheit und kindlichem Vertrauen, und dieses Herz war so rein und so klar wie ein Kristall. Und da sie alle Dinge durch dieses transparente Medium sah, hatte sie manchmal verborgene Wahrheiten entdeckt, worüber die anderen Leute nur lachten, weil sie sie für reinen Unsinn hielten.

Aber jetzt war der gute Mr Lindsey in den Garten gegangen und hatte sich von seinen beiden Kindern losgemacht; die schrien immer noch schrill hinter ihm her und baten ihn flehentlich, er solle doch das kleine Schneemädchen sich im eisigen Westwind herumtollen lassen. Als er näher kam, ergriffen die Schneeammern die Flucht. Und auch das kleine Schneemädchen flüchtete nach hinten und schüttelte den Kopf, als wollte es sagen: »Bitte, rühr mich nicht an!«, und es zog ihn, so sah es aus, schelmisch dorthin, wo der Schnee am tiefsten lag. Auf einmal stolperte der gute Mann und fiel mit dem Gesicht auf den Boden, sodass der Schnee, der auf dem rauen Lotsenmantel hängen geblieben war, ihn so aussehen ließ wie ein riesengroßer Schneemann, als er wieder aufgestanden war. Als einige Nachbarn jedoch all das aus ihren Fenstern sahen, fragten sie sich, was den armen Mr Lindsey in seinem Garten wohl dazu bringen würde, derart einer Schneewehe nachzujagen, die der Wind von einer Seite zur anderen trieb. Endlich hatte er nicht ohne große Mühe die kleine Fremde in eine Ecke gedrängt, von wo sie ihm nicht mehr entkommen konnte.

Der Tag hatte dem Zwielicht der Dämmerung inzwischen Platz gemacht, und Mr Lindseys Frau hatte die ganze Szene mit ihren Blicken verfolgt und wunderte sich, dass das Schneemädchen glänzte und glitzerte und um sich herum einen leuchtenden Schein verbreitete. Und als es sich in die Ecke gedrängt sah, funkelte das Mädchen wie ein Stern; es war ein kalter Glanz, ähnlich dem eines Eiszapfens im Mondschein. Die Frau fand es merkwürdig, dass ihr Mann in der Erscheinung des Schneemädchens nichts Außergewöhnliches erkannte.

»Los, du kleines, merkwürdiges Ding«, schrie der gute Mann und fasste das Mädchen bei der Hand, »jetzt hab ich dich endlich und ich werde es dir gemütlich machen, auch ohne dass du es willst. Wir ziehen deinen erfrorenen Füßchen ein schönes Paar Wollstrümpfe an und wickeln dich in einen großen, warmen Schal. Dein weißes Näschen ist schon ganz erfroren, fürchte ich; aber wir werden alles wieder heil machen. Komm mit mir ins Haus!«

Und mit einem wohlwollenden Lächeln auf seinem klugen und vor Kälte roten Gesicht, nahm der gute Mann das Schneemädchen bei der Hand und führte es zum Haus. Das Kind folgte ihm mit hängendem Kopf und widerwillig; schon war aller Glanz und Schimmern um es herum nicht mehr zu sehen. Während es eben noch einem funkelnden, sternenübersäten, eisigen Abend mit einem roten Band am Horizont geglichen hatte, sah es jetzt so matt und schlaff aus wie Tauwetter. Als der gute Mr Lindsey mit dem Mädchen die Türstufen hochging, schauten Violet und Peony ihm ins Gesicht. Ihre Augen waren voller Tränen, die schon gefroren, ehe sie auf ihren Wangen herunterlaufen konnten. Abermals baten sie ihren Vater flehentlich, ihr kleines Schneemädchen doch nicht ins Haus zu bringen.

»Es nicht hineinbringen!«, schrie da der Mann mit dem empfindsamen Herzen. »Ihr seid wohl verrückt geworden, ihr zwei! Die Kleine ist schon so kalt, dass ihre Hand meine fast zu Eis gemacht hat trotz der dicken Handschuhe, die ich anhabe. Wollt ihr, dass sie sich zu Tode erfriert?«

Als er die Treppe hinaufstieg, warf seine Frau einen langen, ernsten und fast ehrfurchtsvollen Blick auf das kleine Schneemädchen. Sie wusste kaum, ob sie träumte oder wach war, doch glaubte sie, auf dem Hals des Mädchens den Abdruck von Violets feinen Fingern zu sehen. Es sah so aus, als ob Violet, als sie die Kleine formte, ihr einen sanften Klaps gegeben und dann vergessen habe, die eingedrückte Stelle wieder zu glätten.

»Aber schließlich, lieber Mann«, sagte die Mutter und kam auf ihren Gedanken zurück, dass die kleinen Engel genauso viel Freude hätten, mit Violet und Peony zu spielen wie sie selbst, »schließlich gleicht das Mädchen sonderbarerweise der Schneefigur! Ich glaube, sie ist aus Schnee gemacht.«

Da kam eine Bö von Westwind und blies gegen das Kind, und wieder funkelte dieses wie ein Stern.

»Aus Schnee!«, wiederholte der gute Mr Lindsey und zog den sich wehrenden Gast über die Schwelle seines gastlichen Hauses. »Kein Wunder, dass sie dem Schnee gleicht! Das arme kleine Ding ist ja schon halb eingefroren; aber ein schönes, gutes Feuer wird alles wieder richten.«

Und ohne ein weiteres Wort und immer mit den besten Absichten der Welt zog dieser wohlwollende und vernünftige Mann das kleine Fräulein aus der eisigen Luft immer weiter, immer weiter hinein in das gemütliche Wohnzimmer. Ein Kaminofen, randvoll gefüllt mit glühenden Anthrazitkohlen, warf seinen hellen Schein durch die Verglasung seiner Tür und ließ das Wasser in einem Gefäß darauf dampfen und gluckern. Die Hitze in der Wohnung war schier erdrückend. Der Mann mit dem gesunden Menschenverstand ließ sich das Schneemädchen auf den Teppich vor den dampfenden und zischenden Kaminofen stellen.

»Hier wird sie es ganz gut haben!«, sagte Mr Lindsey, rieb sich die Hände und schaute um sich mit dem liebevollsten Lächeln, das er hatte. »Mach es dir bequem wie zu Hause, mein Kind!«

Traurig, so traurig sah das kleine weiße Mädchen da aus, wie sie auf dem Teppich stand und den Kopf hängen ließ und der glühende Hauch durch sie drang wie die Pest. Sie warf einen sehnsuchtsvollen Blick auf das Fenster und erblickte zwischen den roten Vorhängen die schneebedeckten Dächer draußen und die funkelnden Sterne am Firmament und die ganze Köstlichkeit einer eisigen Winternacht. Der raue Wind ratterte an den Fensterläden, als wollte er die Kleine einladen, nach draußen zu kommen. Aber das kleine Schneemädchen blieb mit gesenktem Haupt und untröstlich vor dem heißen Ofen stehen. Der Mann mit dem gesunden Menschenverstand merkte jedoch von alldem nichts.

»Komm, Frau«, sagte er, »hol ihr ein Paar guter Wollstrümpfe und einen schönen, warmen Schal oder eine Decke und sag Dora, sie soll ihr ein Abendessen geben, sobald die Milch heiß ist. Und ihr, Violet und Peony, unterhaltet eure kleine Freundin. Ihr seht doch, wie verwirrt sie ist an diesem fremden Ort. Ich selbst werde jetzt zu den Nachbarn gehen und schauen, wo sie hingehört.«

Inzwischen hatte sich die Mutter auf die Suche nach einem Schal und Strümpfen gemacht, denn ihre Sicht der Dinge, so zart und feinsinnig sie auch war, hatte wie immer dem halsstarrigen Materialismus ihres Gatten Platz gemacht. Ohne sich um die Einwände seiner beiden Kinder zu kümmern, die immer noch murmelten, dass ihre kleine Schneeschwester keine Hitze mag, ging der gute Mr Lindsey aus dem Zimmer und machte die Tür sorgfältig hinter sich zu. Er zog den Kragen seines Mantels hoch bis zu den Ohren und ging zur Haustür. Aber kaum hatte er die erreicht, da wurde er von den Schreien Violets und Peonys zurückgerufen, und auch von seiner lieben Gattin, die mit einem Fingerhut an der Hand an die Fensterscheibe klopfte.

»Lindsey! Lindsey!«, rief sie und zeigte durch das Fenster ihr entsetztes Gesicht, »du brauchst dich bei den Nachbarn nicht mehr nach den Eltern des Kindes zu erkundigen.«

»Wir haben es dir ja gleich gesagt«, schrien auch Violet und Peony, als der Vater ins Zimmer kam. »Du hast sie ja unbedingt ins Haus bringen müssen, und nun ist unsere arme, liebe, wunderbare kleine Schneeschwester geschmolzen!«

Und ihre süßen, kleinen Gesichter waren in Tränen aufgelöst. Als ihr Vater sah, was für seltsame Dinge sich manchmal auf dieser Welt zutragen können, fürchtete er, dass auch seine Kinder schmelzen könnten. In höchster Verwirrung forderte er von seiner Frau eine Erklärung. Aber sie konnte ihm nichts anderes sagen, als dass sie, durch die Schreie von Violet und Peony aufgeschreckt, zurückgegangen sei und weiter keine anderen Spuren mehr vom kleinen weißen Mädchen gefunden habe als einen kleinen Schneehaufen, der unter ihren Augen schnell dahinschmolz.

»Und da siehst du alles, was übrig geblieben ist«, sagte sie und zeigte ihm eine kleine Wasserpfütze vor dem Ofen.

»Ja, Vater«, sagte Violet und schaute ihn durch ihre Tränen vorwurfsvoll an. »Das ist alles, was von unserer lieben kleinen Schneeschwester übrig geblieben ist.«

»Böser Vater!«, schrie da Peony und stampfte mit dem Fuß auf den Boden und – es schaudert mich, es zu sagen – drohte mit seiner kleinen Faust dem Mann, der so viel gesunden Menschenverstand hatte. »Wir haben dir ja gleich gesagt, was passieren würde. Warum hast du sie ins Haus geholt?«

Und wie ein Dämon mit einem roten Auge schien der Ofen durch die Verglasung in seiner Tür im Triumph über seine böse Tat den guten Mr Lindsey zu beäugen.

Das war, wie ihr seht, einer jener seltenen Fälle, die indes aber manchmal doch vorkommen, in denen sich der gesunde Menschenverstand irrt. Die erstaunliche Geschichte vom kleinen Schneemädchen, die gescheiten Menschen wie Mr Lindsey nur als kindische Angelegenheit erscheinen mag, ist trotzdem dazu geeignet, zur Erbauung eine nützliche Moral beizusteuern. Zum Beispiel: Es geziemt sich für Menschen, und vor allem für wohlwollende Menschen, reiflich darüber nachzudenken, was sie tun, und sich vor allem zu vergewissern, ob sie überhaupt wissen, was sie tun und was dabei herauskommt, ehe sie ihre menschenfreundlichen Werke vollbringen. Was für den einen gut ist, kann für den anderen schädlich sein. Die Wärme in einem Zimmer – auch wenn sie immer etwas ungesund ist, wenn man übertreibt – kann für Kinder aus Fleisch und Blut wie Violet und Peony verträglich sein, während sie dem armen Schneekind nur Tod und Vernichtung bringt.

Aber so weisen Männern wie dem guten Mr Lindsey kann man nichts mehr beibringen. Sie wissen alles oder, um sicherzugehen, alles, was schon geschehen ist, alles, was ist, und alles, was je geschehen wird. Und wenn irgendeine Naturerscheinung oder auch die Vorsehung ihren festgelegten Ansichten zuwiderlaufen sollte, dann werden sie das nicht glauben, selbst wenn es dicht vor ihren Nasen geschieht.

»Frau«, sagte Mr Lindsey nach einem Augenblick des Schweigens, »schau mal, wie viel Schnee die Kinder mit ihren Schuhen hineingetragen haben. Der ist da vor dem Ofen zu einer richtigen Pfütze geschmolzen. Sag doch bitte unserer Dora, sie soll Lappen bringen, um das aufzuwischen.«

(Nathaniel Hawthorne)

Der kleine Schneejunge

Zwei gute, alte Bauersleute hatten keine Kinder, und Gott weiß, wie sehr sie sich welche gewünscht hatten. Sie hatten schon alle Wallfahrten im Umkreis von zehn Meilen hinter sich gebracht, hatten sich ohne jeden Erfolg an alle Liebfrauen und alle Heiligen gewandt, wovon es im Limousin ja nicht wenige gibt. Und da sie nun in ein Alter gekommen waren, in dem kein Kindersegen mehr zu erwarten war, hatten sie schließlich jede Hoffung aufgegeben.

Eines Tages nun – es war schon spät im Jahr – war der alte Bauer aus dem Haus gegangen, um bei einem Nachbarn ein Pfeifchen zu rauchen. Da begann es auf einmal zu schneien; der Schnee fiel in großen Flocken vom Himmel und legte eine dicke weiße Schicht auf die Dächer, in die Gärten und auf die Straße. Als unser Bauer dann heimging, sah er, wie die Kinder des Dorfes große Schneekugeln rollten, sie auftürmten, ihnen irgendwie einen Kopf formten und daraus Schneemänner bauten. Schnell lief er zu seiner Frau nach Hause und sprach zu ihr:

»Frau! Frau! Komm rasch auf die Straße raus, Schnee sammeln wie die Kinder. Wir machen uns daraus einen kleinen Jungen aus Schnee. Wenn wir schon kein lebendiges Kind aus Fleisch und Blut haben, so haben wir dennoch die Freude, den für ein paar Tage bei uns zu haben.«

»Du hast recht«, entgegnete die, »machen wir uns doch einen kleinen Jungen aus Schnee.«

So gingen denn der Bauer und seine Frau auf die Straße, sammelten einen Schneehaufen zusammen und begannen, daraus einen kleinen Jungen zu formen. Alle Kinder hatten in ihrem Spiel innegehalten und betrachteten in aller Ruhe die beiden Alten, und auch die Nachbarn waren aus ihren Häusern gekommen und fragten sich, ob der Mann und die Frau jetzt vollends den Verstand verloren hätten.

Schon bald war der kleine Schneejunge fertig und er sah ganz entzückend aus. Die Kinder standen staunend da und lachten nicht mehr, und die Nachbarn waren baff, als sie sahen, dass der Schneejunge sich auf einmal regte, die Arme und die Beine bewegte und den Alten und seine Frau umarmte: Der liebe Gott hatte endlich den Wunsch der armen Leute erfüllt und ihnen ein Kind geschenkt, das war so weiß wie der Schnee.

Das wurde im ganzen Land als ein Wunder angesehen, und von allen Ecken kamen die Leute herbeigeströmt, um sich den Jungen anzusehen, der auf so außerordentliche Weise geboren worden war. Und man war sich einmütig einig, dass sein Wesen und sein Liebreiz sondergleichen waren. Nur habe er kein Blut, so erzählte man sich, und sein Körper sei so kalt wie Eis und er könne die große Hitze drinnen am Herd nicht aushalten.

Den ganzen Winter über blieb der kleine Schneejunge fröhlich, vergnügt und war immer guter Laune. Doch sobald die Frühlingssonne nach und nach wiederkehrte, wurde das Antlitz des Kleinen traurig, und man sah ihn immer weniger lachen. Dann gegen Ende des Frühlings suchte er das Innere der Wälder und alle möglichen schattigen Orte auf. Seine Traurigkeit war immer größer geworden, und er war fast immer am Weinen, was seine alten Eltern und seine Gefährten im Dorf sehr betrübte.

Am Johannistag dann schichteten die Kinder Holz und Strohballen auf, zündeten ein großes Freudenfeuer an und begannen, rings um es herum zu tanzen. Der kleine Schneejunge indes war nicht unter ihnen. Seine Freunde gingen ihn suchen, fanden ihn und schlossen ihn in ihren Reigen um das Feuer ein, das sie zu Ehren des heiligen Johannes entfacht hatten. Auch der Schneejunge war voller Freude und tanzte ausgelassen mit. Aber als das Feuer halb erloschen war und alle nun darüber sprangen, war er auf einmal plötzlich verschwunden: Er war von der Glut der Flamme verzehrt und geschmolzen, und es blieb von ihm nur ein bisschen Wasser in den Händen seiner kleinen Freunde zurück.

Die Schneetochter und der Feuersohn

Es waren einmal ein Mann und eine Frau, die hatten lange Zeit keine Kinder, und das bekümmerte sie sehr. Einmal zur Winterszeit schien die Sonne hell und freundlich und lockte die Eheleute hinaus ins Freie. Da stand die Frau unter dem Dachfirst und betrachtete die vielen Eiszapfen, die davon herabhingen. Sie seufzte tief auf und sprach zu ihrem Gatten: »Ich würde mir nichts daraus machen, wenn ich auch so viele Kinder hätte, als da Eiszapfen herabhängen!« – »Ich würde mich dessen auch freuen!«, versetzte der Mann. Da löste sich ein kleiner Eiszapfen los und fiel gerade in den Mund der Frau, die ihn lächelnd hinabschluckte und sprach: »Vielleicht werde ich ein Schneekind gebären!« Der Mann lachte auch über den sonderbaren Gedanken seiner Frau, und sie gingen zurück ins Haus.

Nach einiger Zeit fühlte sich die Frau krank und brachte ein Mädchen zur Welt, das weiß wie Schnee und kalt wie Eis war. Brachte man dieses Kind in die Nähe des Feuers, so schrie es aus Leibeskräften so lange, bis man es wieder an einen kühlen Ort brachte. Das Mädchen gedieh sehr rasch und konnte schon nach einigen Monaten umherlaufen und sprechen. Aber die Eltern hatten ihre liebe Not mit dem Mädchen, das überall Hitze und Feuer mied und den ganzen Sommer über im Keller wohnte, im Winter aber draußen im Schnee schlief; und je kälter es war, desto wohler fühlte es sich. Die Eltern nannten ihr Kind einfach »Unsere Schneetochter«, und dieser Name blieb ihr für ihr ganzes Leben.

Einmal saßen die Eltern vor dem Herd und sprachen über das sonderbare Benehmen ihrer Tochter, die gerade jetzt, wo es stürmte und schneite, sich draußen umhertrieb. Da seufzte die Frau tief auf und sprach: »Ich wollte, ich hätte einen Feuersohn geboren!« Bei diesen Worten sprang vom Herdfeuer ein Funke in den Schoß der Frau, die lächelnd sprach: »Vielleicht werde ich jetzt einen Feuersohn gebären!« Der Mann lachte auch über die Worte seiner Frau, erschrak aber sehr, als seine Frau plötzlich einen Knaben zur Welt brachte, der stets so lange aus Leibeskräften schrie, bis man ihn in die nächste Nähe des Feuers brachte; und nahte sich dem Kind die Schneetochter, so schrie es so lange, bis sich diese aus seiner Nähe entfernte. Die Schneetochter selbst mied das Kind und zog sich aus seiner Nähe in den entferntesten Winkel zurück; da erst merkten die Eltern, dass der ganze Körper des Knaben wie Feuer so rot und heiß war. Das bekümmerte sie sehr, und sie nannten das Kind einfach »Unser Feuersohn«, welcher Name ihm für das ganze Leben blieb.

Die Eltern hatten nun auch mit ihrem Feuersohn ihre liebe Not und Plage. Er gedieh und wuchs rasch heran, sodass er schon nach einem Jahr umherlaufen und sprechen konnte. Stets saß er am Herd, in der nächsten Nähe des Feuers, und klagte doch immerzu über Kälte; besonders wenn seine Schwester in der Stube war, kroch er beinahe in die Flammen hinein, während das Mädchen stets in seiner Anwesenheit über große Hitze klagte. Im Sommer lag der Knabe dauernd draußen in der Sonne, während seine Schwester sich in den Keller verkroch; daher kam es, dass die beiden Geschwister miteinander nur wenig in Berührung kamen, ja sich – wo sie nur konnten – mieden.

Als das Mädchen zu einer schönen Jungfrau herangewachsen war, starben Vater und Mutter rasch hintereinander. Da sprach einmal der Feuersohn, der zu einem kräftigen Jünglinge herangewachsen war, zu seiner Schwester:

»Ich gehe in die Welt! Was sollte ich auch hier beginnen?«

»Ich gehe mit dir!«, versetzte die Schwester, »ich habe ja außer dir niemanden mehr auf der Welt, und ich weiß, dass, wenn wir zusammen in die Welt gehen, wir noch irgendwo unser Glück finden werden!«

»Ich habe dich zwar von Herzen lieb«, entgegnete da der Feuersohn, »aber in deiner Nähe friere ich immer, während du in meiner Nähe stets über Hitze klagst! Wie sollen wir also miteinander wandern können, ohne einander zur Last zu fallen?«

»Lass das nur meine Sorge sein«, sprach die Jungfrau, »ich habe schon daran gedacht, und wir werden uns auf der Wanderung ganz gut vertragen! Sieh her, ich habe uns Pelzkleider machen lassen, und wenn wir diese anziehen, so fühle ich die Hitze nicht so sehr, und du wirst die Kälte nicht so spüren.«

Die Geschwister zogen sich also die Pelzkleider an und machten sich vergnügt auf den Weg, denn sie waren einander nicht mehr lästig.

Lange wanderten der Feuersohn und die Schneetochter in der Welt umher, und als sie zur Winterszeit in einen großen Wald kamen, da beschlossen sie, bis zum Frühling dort zu bleiben. Der Feuersohn baute sich eine Hütte, wo er stets ein großes Feuer unterhielt und sich in der größten Hitze am wohlsten fühlte, während seine Schwester, beinahe halbnackt, Tag und Nacht draußen weilte und sich in der größten Kälte am wohlsten fühlte.

Da begab es sich einmal, dass der junge König des Landes in den Wald kam, um zu jagen. Die Schneetochter tummelte sich wieder im Freien umher und begegnete dem König, der verwundert die leicht bekleidete, schöne Jungfrau betrachtete. Er kam mit ihr ins Gespräch und erfuhr, dass sie die Wärme nicht aushalten könne, während ihr Bruder gerade die Hitze liebe. Dem König gefiel die schöne Jungfrau so sehr, dass er sie bat, seine Gattin zu werden. Die Jungfrau willigte ein, und so wurde denn die Hochzeit mit großer Pracht gefeiert.

Der König ließ seiner Gemahlin ein großes Haus aus Eis erbauen, das unter der Erde gelegen war und deshalb auch im Sommer nicht schmolz. Für seinen Schwager aber ließ er ein Gebäude errichten, in welchem sich viele Backöfen befanden, die Tag und Nacht geheizt wurden. Da fühlte sich der Feuersohn

sehr wohl; durch die fortwährende Hitze aber wurde sein Körper so glühend, dass niemand ohne Gefahr in seiner Nähe weilen konnte.

Da traf es sich einmal, dass der König ein großes Fest gab und dazu auch seinen Schwager einlud. Als schon alle Gäste versammelt waren, erschien der Feuersohn. Da wurde es allen Leuten so heiß, dass sie eiligst ins Freie hinausliefen. Der König aber war darüber erzürnt und sprach zu seinem Schwager: »Hätte ich gewusst, dass du mir so viele Unannehmlichkeiten bereitest, so hätte ich dich nicht in mein Haus aufgenommen!« Da versetzte der Feuersohn lachend: »Sei nicht böse, Schwager! Ich liebe die Hitze und meine Schwester die Kälte! Komm her, lass dich umarmen und sei nicht böse; ich gehe sogleich zurück in mein Haus!« Und ehe sichs der König versah, so hatte ihn der Feuersohn schon umarmt. In wildem Schmerz schrie der König auf, und als seine Gattin, die Schneetochter, aus dem Nebenzimmer, wohin sie sich vor ihrem heißen Bruder geflüchtet hatte, herbeieilte, lag schon der König verkohlt und tot am Boden. Als dies die Schneetochter sah, warf sie sich wütend auf ihren Bruder, und ein Ringkampf begann, wie ihn die Welt noch nicht gesehen hatte. Als die Leute auf den Lärm hin herbeieilten, sahen sie, wie die Schneetochter zu Wasser schmolz und der Feuersohn zu Asche wurde. So endeten diese unglücklichen Geschwister.

Die zwei Brüder und der Frost

Es waren einmal zwei Brüder, davon war der eine reich und der andere arm. Der reiche hatte viele Äcker und Vieh die Fülle, aber der arme nur ein einzig Stücklein Feld, worauf er Roggen säte.

Da kam der Frost und verdarb ihm auch die geringe Saat. Es blieb dem armen Bruder nichts anderes, er machte sich auf und zog dem Frost nach. Wie er nun eine Strecke Weges gegangen war, traf er auf ein Häuschen und trat ein. Drinnen saß eine alte Frau, die fragte ihn nach seinem Begehr. Der Mann sagte: »Ich hatte ein Äckerchen bestellt, da kam der Frost und nahm mir auch das Geringe. Nun bin ich ihm nachgegangen und will ihn fragen, warum er mir das getan hat.« Die Alte antwortete: »Die Fröste sind meine Söhne, die bringen alles um; gerade sind sie aber nicht zu Hause. Wenn sie heimkommen und finden dich hier unten, werden sie auch dich umbringen. Mach dich auf den Ofen da oben hinauf, da magst du bleiben.«

Der Mann kroch hinauf, da trat gerade der Frost ein. »Sohn«, sprach die Alte zu ihm, »warum hast du den Acker eines armen Mannes verdorben, dem es auch sonst schon knapp ging?« – »Ach«, sprach der Sohn, »ich probierte nur mal, ob meine Kälte beißen könnte.« Da sagte der arme Mann auf dem Ofen:

»Gib mir nur so viel wieder, dass ich mich kümmerlich behelfen kann, sonst muss ich über kurz Hungers sterben, denn ich habe nichts zu brechen und zu beißen.« Der Frost antwortete: »Wir wollen ihm geben, dass er genug hat für sein Lebtag.« Sie gaben ihm dann einen Schnappsack und sagten: »Wenn es dich hungert, so sprich nur ›Säckchen auf‹, so wirst du Speise und Trank vollauf haben. Wenn du aber satt bist, so sprich ›Säckchen zu‹, alsbald fährt alles zurück und der Sack wird sich schließen.«

Der Mann dankte herzlich für die Gabe und zog seiner Wege. Wie er nun eine Strecke Weges gegangen war, sprach er: »Säckchen auf«, und alsbald tat sich das Säckchen auf und gab Essen im Überfluss. Wie er satt war, sprach er: »Säckchen zu«, und das Essen sprang in den Sack, der Sack aber schloss sich von selbst. Auch daheim tat er so nach der Weisung des Frostes.

Wie er so eine Zeit mit seiner Frau gelebt hatte, begann es den reichen Bauern nach dem Sack zu gelüsten, und er wollte ihn kaufen. So gab er denn dem armen hundert Ochsen und Kühe und ebenso viele Pferde und Schafe dafür. Also ward nun der arme Bruder reich. Es half ihm aber wenig, denn er hatte den Tieren kein Futter zu geben. Sie kamen ihm alle um, und nun war er so arm wie zuvor. Da wusste er sich nicht anders zu helfen, ging abermals zum Frost und bat ihn um einen neuen Sack. Der Frost sprach: »Wie warst du so einfältig, einen solchen Sack wegzugeben, nun bist du doch so arm wie zuvor!« Endlich gab er ihm aber einen schönen Sack, der war noch weit stattlicher als der erste. Der arme Bruder dankte abermals und ging frohen Sinnes davon, denn er vermeinte, einen Sack zu haben wie den ersten.

Als ihn nun hungerte, sprach er wie zuvor: »Säckchen auf!« Alsbald tat sich der Sack auf und es sprangen zwei Leute heraus, die hielten Prügel in der Hand, damit klopften sie ihn, dass es eine Art hatte. In seiner Bedrängnis konnte der Mann kaum das Wort hervorbringen: »Säckchen zu!« Da fuhren die beiden zurück und das Säckchen fiel zu. Da dachte der Mann bei sich: »Nur Geduld, jetzt will ich mit dem Bruder tauschen.« Daheim merkte der Bruder bald, wie der neue Sack so schön sei, und begehrte zu tauschen. Der andere wandte nichts ein und so war der Tausch geschehen, und der arme Bruder erhielt das erste Säckchen zurück. Nun rief der reiche Bruder alle Verwandten und Vornehmen herbei, denn er gedachte, aus dem neuen Sack zuerst ein prächtiges Fest auszurichten.

Sobald sie alle beisammen waren, rief der Gastgeber: »Säckchen auf!« Da tat sich der Sack auf, aber die beiden mit den Prügeln sprangen heraus unter die Leute und schlugen so wacker zu, dass sie alle auseinander stoben, und einige trugen kaum das Leben davon. So bekamen sie da vollauf, der Gastgeber und die Gäste. Als der Gastgeber endlich in der Not »Säckchen zu!« rief, sprangen die beiden zurück, und der Sack tat sich zu. Nun schlugen aber noch die wackeren Gäste auf den Gastgeber ein, ehe sie gingen, dann erst zogen sie ab.

So geriet es denn jetzt dem reichen Bruder so übel wie zuvor dem armen. Den schönen Sack behielt er wohl, aber auch die Prügelknechte darin, und gedachte er einmal aus dem Sack zu essen, saß ihm der Knüppel gleich auf dem Rücken. Aber der arme Bruder hatte für sich und seine Frau aus dem getauschten Sack genug, solange er lebte.

Der Frost

Es war einmal ein alter Mann und eine alte Frau, die hatten drei Töchter. Die Frau konnte die älteste nicht leiden, denn sie war ihre Stieftochter. Sie zankte mit ihr, weckte sie früh und lastete ihr alle Arbeit auf. Das Mädchen musste das Vieh tränken und füttern, Holz und Wasser tragen, den Ofen heizen und Kleider nähen. Sie musste die Hütte stets vor Tagesanbruch fegen und in Ordnung bringen. Die Alte war aber trotzdem immer unzufrieden und brummte: »Wie faul und unordentlich, der Besen steht nicht an seinem Platz, dies fehlt und jenes und die Hütte ist schmutzig.«

Das Mädchen weinte und schwieg dazu, sie versuchte alles, um die Stiefmutter zufriedenzustellen und ihren Töchtern behilflich zu sein. Die Töchter machten es aber wie die Mutter, sie kränkten Marfuschka, stritten mit ihr, und wenn sie darüber weinte, so war es ihnen recht. Sie selbst standen spät auf, wuschen sich in dem vorbereiteten Wasser, trockneten sich mit reinen Handtüchern ab und machten sich erst an die Arbeit, wenn es zum Essen ging.

So wuchsen die Mädchen heran und wurden reif zur Ehe. – Rasch erzählt man, langsam erlebt man. – Dem Alten tat seine Tochter leid; er liebte sie, weil sie gehorsam war und arbeitsam: Niemals war sie eigensinnig, immer tat sie, was man ihr auftrug, ohne ein Wort der Widerrede. Der Alte konnte aber dem Jammer nicht abhelfen, er war schwächlich, die Alte zänkisch und die Töchter faul und störrisch.

Die Alten überlegten: er, wie die Töchter zu verheiraten seien, und sie, wie man die älteste loswerden könnte. Eines Tages sagte die Alte zu ihm: »Alter! verheiraten wir Marfuschka!«

»Gut!«, sagte er und stieg auf den Herd.

Die Alte folgte ihm nach und sprach: »Steh morgen früh auf, spanne das Pferd vor den Holzschlitten und fahre mit Marfuschka fort. Du, Marfuschka, sammle dein Hab und Gut in ein Körbchen, ziehe ein reines Hemd an, morgen fährst du auf Besuch.«

Die gute Marfuschka war froh über das Glück und schlief die ganze Nacht süß. Frühmorgens stand sie auf, wusch sich, betete, packte alles ordentlich ein und schmückte sich. Das Mädchen war so schön wie man noch kein Bräutchen gesehen.

Es war Winter und es herrschte ein grimmiger Frost. Vor Morgengrauen stand der Alte auf, spannte das Pferd vor den Schlitten und führte es vor das Haus. Er selbst ging hinein, setzte sich auf die Bank und sagte: »Nun habe ich alles vorbereitet.«

»Setzt euch an den Tisch und esst«, sagte die Alte.

Der Brotkorb stand auf dem Tisch und er nahm ein Brot heraus, das er mit seiner Tochter teilte. Die Stiefmutter brachte mittlerweile alte Suppe und sagte: »Nun, Liebchen, iß und fort mit dir, ich musste dich lange genug ansehen! Alter, führe Marfuschka zu ihrem Bräutigam, aber gib auf den Weg acht, alter Narr, fahre erst die gerade Straße hinunter und dann biege rechts in den Wald ein – weißt du, gerade bei der großen Fichte, die auf dem Hügel steht, dort übergib Marfuschka dem Frost.«

Der Alte riss die Augen auf, sperrte den Mund auf, hörte auf, zu kauen, und das Mädchen heulte.

»Was gibt es da zu jammern! Der Bräutigam ist ja schön und reich! Seht nur, wie viel Gut er hat: Alle Tannen und Fichten glitzern und die Birken sind voll Flaum. Ein herrlicheres Leben gibt es kaum und er selber ist ein starker Held.«

Der Alte sammelte schweigend alle Habseligkeiten zusammen, befahl der Tochter, ihr Schafpelzchen anzuziehen, und machte sich auf den Weg. Ob die Reise kurz war oder lang, ist mir wirklich nicht bekannt. – Rasch erzählt man, langsam erlebt man. – Endlich erreichten sie die Fichte, bogen vom Weg ab – da stürmte gerade der Schnee. In der Einöde machte der Alte halt, befahl der Tochter, auszusteigen, setzte ihr Körbchen unter eine ungeheure Fichte und sagte: »Setze dich hierher, erwarte den Bräutigam und empfange ihn nur ja freundlich.«

Daraufhin wandte er sein Pferd um und fuhr nach Hause.

Das Mädchen saß da und zitterte. Kälte durchschauerte sie. Sie wollte weinen, doch ihr fehlte die Kraft, nur die Zähne schlugen zusammen. Plötzlich hörte sie von Ferne den Frost auf einer Tanne knarren, er sprang von Tanne zu Tanne und pfiff. Endlich war er hoch oben auf der Fichte, unter der das Mädchen saß, und er fragte: »Mädchen ist dir warm?«

»Ach ja, Väterchen Frost!«

Der Frost ließ sich tiefer herab, knarrte und pfiff noch mehr als vorher: »Mädchen, sag, schönes Mädchen, ist dir warm?«

Dem Mädchen verging fast der Atem, aber sie sagte noch: »Warm ist mir, Väterchen Frost.«

Da knirschte der Frost noch mehr und pfiff: »Ist dir warm, Mädchen, ist dir warm, schönes Kind, ist dir warm mein Herzchen?«

Das Mädchen war fast erstarrt und sagte kaum hörbar: »Warm, Väterchen.«

Da hatte der Frost Erbarmen und hüllte das Mädchen in Pelze und wärmende Decken ein.

Am nächsten Morgen sagte die Alte zu ihrem Mann: »Geh, alter Narr, und wecke das junge Paar.«

Der Alte spannte sein Pferd vor den Schlitten und fuhr zu seiner Tochter. Er fand sie am Leben, eingehüllt in einen schönen Pelz und in ein seidenes Tuch, und schöne Geschenke lagen in ihrem Körbchen. Ohne ein Wort zu sagen, legte der Alte alles in seinen Schlitten, stieg mit der Tochter ein und fuhr nach Hause. Dort fiel das Mädchen der Stiefmutter zu Füßen.

Die Alte wunderte sich sehr, als sie das Mädchen am Leben sah und den neuen Pelz und den Korb voll Wäsche. »Eh, mich betrügst du nicht!«, sagte sie.

Nach einigen Tagen sagte die Alte: »Führe meine Töchter zum Bräutigam, er wird sie noch ganz anders beschenken.«

Langsam erlebt man, schnell erzählt man! Am Morgen weckte die Alte ihre Töchter, schmückte sie, wie es sich zur Hochzeit schickt, und ließ sie ziehen.

Der Alte fuhr denselben Weg und ließ die Mädchen bei derselben Fichte zurück.

Die Mädchen saßen und lachten. »Was fällt Mütterchen ein, uns plötzlich beide zu verheiraten? Als wären bei uns im Dorf nicht Burschen genug! Wer weiß, was hier für ein Teufel kommt!«

Die Mädchen hatten große Pelze an, aber trotzdem nagte die Kälte an ihnen.

»Paracha, mir läuft der Frost über die Haut, wenn die Erwählten nicht bald kommen, erfrieren wir.«

»Unsinn, Mascha, seit wann kommt ein Bräutigam so früh, jetzt ist erst Essenszeit[*].«

»Paracha, wenn nur einer kommt, wen wird er da nehmen?«

»Dich nicht, du Gans.«

»Dich etwa?«

»Gewiss.«

»Lass dich nicht auslachen!«

Der Frost nagte den Mädchen an den Händen. Sie versteckten ihre Hände im Pelz und begannen neuerdings: »Du verschlafener Fratz, du böse Pest, du Lästermaul. Spinnen kannst du nicht und ans Beten denkst du gar nicht.«

»Oh du Prahlerin, was kannst denn du? In den Spinnstuben herumlaufen und tratschen. Warten wir es ab, wen er nimmt.«

So stritten die Mädchen und froren ernstlich. »Ei bist du blau geworden!«, sagten sie einstimmig.

Weit weg knarrte der Frost, sprang von Tanne zu Tanne und pfiff. Den Mädchen schien, als käme jemand gefahren.

[*] Mittag

»Hui, Paracha, er kommt mit Glöckchen gefahren!«
»Geh weg, Närrin, mich schüttelt der Frost.«
»Aber heiraten willst du doch?«
Sie bliesen auf ihre Finger. Der Frost kam näher und näher, endlich ließ er sich auf der Fichte über den Mädchen nieder. »Ist euch warm, Mädchen, ist euch warm, schöne Täubchen?«
»Ach, Frost, uns ist so kalt, wir sind fast erfroren. Wir erwarten den Bräutigam und der Teufel kommt nicht!«
Der Frost ließ sich tiefer herab und knarrte und pfiff noch mehr: »Ist euch warm, Mädchen, ist euch warm, meine Schönen?«
»Geh zum Teufel! Bist du blind, Hände und Füße sind uns schon abgefroren.«
Da ließ sich der Frost noch näher herab, schlug fest zu und fragte: »Mädchen, ist euch warm?«
»Geh zu allen Teufeln ins Wasser und faule, Verfluchter!«
Da waren die Mädchen erstarrt.
Am Morgen sagte die Alte zu ihrem Mann: »Spanne ein, nimm Heu in den Schlitten und warme Decken, den Mädchen wird kalt sein. Ein starker Wind ist draußen! Mach flink, alter Narr!«
Der Alte ließ sich kaum Zeit zum Frühstück, und fuhr fort. Als er zu den Töchtern kam, waren sie tot. Er lud sie auf den Schlitten, schlug sie in die Decken ein, legte das Heu darüber und kehrte heim.
Die Alte sah ihn von Weitem kommen und lief ihm entgegen: »Wo sind die Kinder?«
»Im Schlitten.«
Die Alte stieß das Heu beiseite, hob die Decken auf und fand die Kinder tot. Da ging sie wie ein Gewitter über den Alten nieder und schimpfte: »Was hast du, alter Hund, getan? Mit meinen Töchterchen, meinen eigenen, süßen Sprösslingen, meinen Beerchen? Ich erschlage dich mit dem Besenstiel, mit dem Feuerhacken, erschlage ich dich!«
»Ruhig, alte Hexe, dich lockte der Reichtum, aber deine Töchter waren widerspenstig. Ich bin nicht schuld, du wolltest es selbst!«
Die Alte war zornig und zankte noch lange, versöhnte sich aber später mit der Stieftochter, und so lebten sie gut und mit Bedacht, an das Böse wurde nicht mehr gedacht. Ein Nachbar kam und freite und hielt mit Marfuschka Hochzeit. Es ging ihr gut. Der Alte nahm die Enkel in seine Hut, schüchterte mit dem Frost sie ein und hieß sie willig und fleißig sein. Ich war bei der Hochzeit, trank Honigbier. Es kam mir nicht in den Mund, nur über den Schnurrbart floss es mir.

(Alexander Nikolaevi Afanasjew)

Snegurotschka – Schneeflöckchen

Snegurotschka, das Schneeflöckchen, ist eine russische Märchengestalt, die in vielen verschiedenen Varianten auftritt und auch als Vorlage diente für ein Theaterstück von A. Ostrowski, das Peter Tschaikowsky vertonte, und für eine Oper von Rimski-Korsakow. Heute ist Snegurotschka vor allem als Begleiterin von Väterchen Frost bekannt, die beide den russischen Kindern in der Neujahrsnacht Geschenke bringen. Ursprünglich brachte im zaristischen Russland der Heilige Nikolaus die Geschenke. Als nach der Revolution 1917 aber die Kommunisten die Macht errangen, waren denen die christlichen Volksbräuche zuwider und sie ersetzten den Gabenbringer Nikolaus durch die alten mythischen Gestalten der Snegurotschka und des Väterchen Frost (russisch: Ded Moros), der ursprünglich so etwas wie die sagenhafte Personifizierung des Winters war. Daneben wurde das Jolka-Fest neu geschaffen, in dem ein großer Tannenbaum in die Mitte des Geschehens gestellt wird. Gleichzeitig damit wurde statt des bis dahin üblichen julianischen Kalenders der gregorianische eingeführt, sodass sich die weihnachtlichen Festlichkeiten auf Silvester verschoben. Dies hat sich durchgesetzt und ist weitgehend auch heute noch so. So wurden Schneeflöckchen und Väterchen Frost beliebter als alle anderen Märchenfiguren und sind jedem russischen Kind ein Begriff.

Es war einmal ein Bauer, der hieß Iwan; er hatte eine Frau, und die hieß Maria. Beide waren schon alt und lebten ganz glücklich miteinander. Nur eines betrübte sie: Sie hatten nämlich keine Kinder und trösteten sich damit, den Kindern anderer Leute beim Spielen zuzuschauen. Aber was sollten sie tun? Der liebe Gott wollte es so, und die Dinge im Leben gehen halt nicht, wie wir sie wollen, sondern nach Gottes Willen.

Eines Tages hatte es im Winter derart geschneit, dass der Schnee den Leuten bis an die Knie ging. Als es zu schneien aufgehört hatte und die Sonne wieder zum Vorschein kam, rannten die Kinder hinaus ins Freie, und unsere beiden Alten saßen am Fenster und blickten hinaus. Die Kinder begannen, einen Schneemann zu bauen, während Iwan und Maria ihnen in Gedanken versunken zusahen. Plötzlich lächelte der Alte und sagte zu seiner Frau: »Frau, warum sollten wir beide nicht auch einen schönen Schneemann bauen?« Maria war guter Dinge und ihr gefiel diese Idee.

»Warum nicht?«, entgegnete sie. »Wir können ja auch ein bisschen Spaß haben. Aber warum sollten wir einen Schneemann machen? Lass uns doch lieber ein Schneemädchen bauen, wenn Gott uns schon kein lebendiges geschenkt hat!« Damit war Iwan einverstanden; er nahm seine Mütze und ging mit seiner Frau hinaus. Und in der Tat! Sie begannen, eine Schneepuppe zu formen: Sie bildeten einen kleinen Leib, zwei kleine Hände und zwei kleine Füße, und obendrauf setzten sie eine Schneekugel und machten daraus einen Kopf.

»Was in aller Welt macht ihr denn da?«, fragte ein Mann, der gerade vorbeiging.
»Kannst du das nicht erraten?«, fragte ihn Iwan zurück.
»Wir machen ein Schneemädchen«, versetzte lachend Maria.
Sie hatten schon die Nase und das Kinn fertig; zwei Löcher wurden auch für die Augen gelassen, und Iwan formte sorgfältig den Mund und die Lippen. Kaum aber hatte er diese herausgebildet, als ihm ein warmer Hauch daraus entgegen kam. Überrascht nahm Iwan schnell die Hände weg und schaute hin: Die Augen des Schneemädchens öffneten sich und beider Blicke trafen sich, und ihre Lippen, die so rot wie Himbeeren waren, lächelten den Alten an.
»Was ist das denn, Herr im Himmel? Führst du mich in Versuchung?«, rief Iwan und machte das Kreuzeszeichen.
Da neigte das Schneemädchen seinen Kopf wie ein lebendes Wesen. Es bewegte seine kleinen Beine und Hände im Schnee wie die anderen Kinder, die draußen spielten.
»Oh, Iwan, Iwan!«, rief Maria, die vor Freude zitterte. »Der liebe Gott hat uns nun endlich doch ein Kind geschenkt!« Und sie warf sich auf Schneeflöckchen – denn das war der Name des Schneekindes – und bedeckte es mit Küssen. Da fiel auf einmal der Schnee vom Körper des Kindes ab wie eine Eierschale, und Maria hielt ein lebendes Mädchen in ihren Armen.
»Oh, Schneeflöckchen, mein Liebling!«, rief die alte Frau und umarmte unentwegt das Kind, das sie sich so sehr gewünscht hatte und das jetzt so unerwartet gekommen war. Und dann führte sie es in ihre Hütte. Iwan konnte das Ganze noch gar nicht recht glauben, Maria indes ward vor Freude schier verrückt.
So lebte denn fortan Schneeflöckchen bei ihnen und sie wuchs schnell, und das nicht von Tag zu Tag, sondern von Stunde zu Stunde. Jeden Tag wurde sie schöner, und Iwan und Maria konnten sich vor Freude kaum kriegen und dachten an nichts anderes mehr als an sie. Ab jetzt lebte das Glück in der kleinen Hütte; diese war immer voll mit den anderen Dorfkindern. Die machten Schneeflöckchen viel Freude und dafür hätten sie alles in der Welt getan. Sie zogen ihr wie einer Puppe Kleider an, plauderten mit ihr, sangen Lieder vor, machten mit ihr alle nur möglichen Spiele und brachten ihr alles bei, was sie selbst wussten. Und wie klug Schneeflöckchen war! Sie nahm alles wahr, merkte es sich und lernte schnell. Im Laufe des Winters wurde sie schon so wie ein dreizehnjähriges Mädchen: Sie verstand alles und sprach über alles, und das mit einer so sanften und angenehmen Stimme, dass man nicht müde wurde, ihr zuzuhören. Und dazu war sie noch von Herzen gut, artig und hilfsbereit. Und wie hübsch sie war! Ihre Haut war so weiß wie Schnee, ihre Augen strahlten blau wie Vergissmeinnicht und ihre langen goldenen Haare gingen ihr bis zum Gürtel hinab. Nur in ihren Wangen war keine Farbe, sodass man hätte meinen können, es wäre kein Blut in ihr. Aber sie war so gut und schön, dass alle sie gernhatten.

»Sieh nur«, sagte die alte Maria zu ihrem Mann, »Gott hat uns statt Sorge Freude geschenkt. Unsere Sorgen haben ein Ende.«

»Gott sei gedankt!«, erwiderte ihr Iwan. »Nichts hier unten auf der Erde ist ewig, weder Freude noch Leid.«

So verging der Winter. Die Frühlingssonne schien fröhlich am Himmel und machte die Erde wärmer. Erstes Gras ergrünte auf den Wiesen und hoch oben in den Lüften zwitscherten die Lerchen ihr Lied; die jungen Mädchen aus dem Dorf sammelten sich, tanzten im Reigen und sangen: »Schöner Frühling, sag, woher bist du gekommen? Kamst du auf einem Pflug? Kamst du auf einer Egge?«

Nur Schneeflöckchen machte nicht mit. Traurig saß sie am Fenster ihrer Hütte. »Was hast du denn, mein Liebling?«, fragte die Mutter und zog sie an sich. »Bist du krank? Du bist ja so traurig. Hat dir jemand etwas zuleide getan?« Und Schneeflöckchen antwortete ihr jedes Mal: »Es ist nichts, Mutter. Niemand hat mir was getan. Mir geht es gut.«

Die Frühlingssonne hatte den letzten Schnee dahinschmelzen lassen; in den Gärten und den Wiesen sprossen die Blumen, die Nachtigall und andere Vögel ließen ihr heiteres Gezwitscher hören und alles war voller Leben und froh. Nur Schneeflöckchen wurde immer trauriger; sie versteckte sich vor ihren Spielkameradinnen und verkroch sich dahin, wo es am meisten Schatten gab, wie es die Maiglöckchen unter Bäumen tun. Ihre größte Freude fand sie darin, unter den grünen Weiden nahe einer kühlenden Quelle zu liegen; nur die kühlen Plätze und den Regen mochte sie und war nur richtig glücklich, wenn es dämmrig war. Wenn ein ordentliches Gewitter losbrach und der Hagel nur so vom Himmel prasselte, dann freute sie sich darüber, als wenn es Perlen wären. Aber wenn die Sonne wieder zum Vorschein kam und die Hagelkörner geschmolzen waren, dann weinte Schneeflöckchen so bitterlich wie eine Schwester um den Bruder.

So ging der Frühling vorbei und der Johannistag war da, das Mittsommerfest. Dann versammelten sich immer die jungen Mädchen im Wald, um dort zu spielen und zu tanzen. Sie gingen auch zu Schneeflöckchen und baten ihre Mutter Maria, sie doch mit ihnen kommen zu lassen. Aber da war Maria plötzlich erschrocken und wusste nicht recht warum; sie wollte sie nicht mit den Mädchen mitgehen lassen, und auch Schneeflöckchen selber wollte nicht mit; aber es gab nun keine Ausrede mehr, das konnten sie den Mädchen nicht abschlagen. Maria dachte auch, dass das Fest im Wald Schneeflöckchen gut tun würde.

Sie machte sie also hübsch zurecht, küsste sie und sagte: »Geh nur, mein Kind, amüsiere dich mit deinen Freundinnen! Und ihr Mädchen, passt gut auf Schneeflöckchen auf! Ihr wisst ja, ich liebe sie wie meinen Augapfel.«

»Ja, ja, natürlich!«, riefen da die Mädchen fröhlich und alle rannten sie dann in den Wald. Dort flochten sie sich Kränze, fertigten sich Blumensträuße und sangen traurige wie auch fröhliche Lieder. Schneeflöckchen blieb die ganze Zeit bei ihnen und machte mit. Als es Abend wurde, zündeten sie sich aus trockenem Gras ein Feuer an und stellten sich in einer Reihe hintereinander auf, jede hatte einen Kranz auf dem Kopf; Schneeflöckchen war die letzte in der Reihe.

»Schau gut zu, wie wir laufen«, sagten die Mädchen zu ihr, »und lauf dann so wie wir!«

Da begannen alle, zu singen, und sprangen eine nach der anderen über das lodernde Feuer. Plötzlich hörten sie hinter sich einen Seufzer, dann ein Stöhnen. »Ach, ach!« Erschrocken schauten die Mädchen hinter sich. Da war nichts. Sie schauten wieder. Wo war Schneeflöckchen? Sie hat sich vielleicht aus Spaß versteckt! Sie suchten sie überall, konnten sie aber nirgends finden. Sie schrien, riefen nach ihr, keine Antwort. »Wo kann sie nur sein? Vielleicht ist sie nach Hause gelaufen?« Und die Mädchen liefen ins Dorf zurück; aber da war Schneeflöckchen auch nicht.

Man suchte sie am nächsten Tag, am übernächsten. Jeder Busch im Wald, jede Hecke wurde abgesucht; keine Spur von Schneeflöckchen wurde gefunden.

Lange weinten Iwan und Maria um Schneeflöckchen, lange streifte die unglückliche Mutter durch die Wälder und rief nach ihr: »Schneeflöckchen, mein Liebling, komm zurück, komm zurück!« Und mehr als einmal glaubte sie, jemanden zurückrufen zu hören. Aber nein! Es war nicht Schneeflöckchen.

Aber was war nun mit Schneeflöckchen geschehen? Hatte ein wildes Tier sie in den dunklen Wald geschleppt oder ein Raubvogel sie über das weite Meer getragen und entführt?

Nein, es war kein wildes Tier, das sie in den finsteren Wald geschleppt, und kein Raubvogel, der sie über das weite Meer entführt hatte. Als Schneeflöckchen nach ihren Freundinnen über das Feuer gesprungen war, hatte sie sich plötzlich bei der ersten Flamme schon wie ein leichter Dampf verflüchtigt, war geschmolzen und war in ein dünnes Wölkchen verwandelt hoch in den Himmel gestiegen.

Juki-onna – Die Schneefrau

Es waren einmal zwei Holzhauer: Der eine hieß Nishikaze, dieser war ein älterer Mann, während der andere Teramichi hieß und noch ein Jüngling war. Beide wohnten im gleichen Dorf und gingen jeden Tag zusammen in den Wald, um Holz zu schlagen. Um in den Wald zu gelangen, mussten sie einen großen Fluss passieren, über den eine Fähre eingerichtet war.

Als sie eines Tages spät mit ihrer Arbeit fertig waren, wurden sie von einem furchtbaren Schneesturm überrascht; sie eilten zur Fähre, mussten aber zu ihrem großen Schrecken sehen, dass der Fährmann soeben übergesetzt war und sich auf der anderen Seite des reißenden Flusses befand, von der er des rasenden Sturmes wegen vorläufig nicht zurückkonnte. Da die beiden im Freien das Ende des Sturmes nicht abwarten konnten, beschlossen sie, in das nahebei befindliche Haus des Fährmanns zu gehen und dort dessen Rückkehr abzuwarten. Gesagt, getan! Im Hause angekommen, warfen sie sich zur Erde, nachdem sie Tür und Fenster wohl verwahrt hatten, und lauschten dem Tosen des Sturmes. Der Ältere, ermüdet von des Tages Last und Arbeit, war bald in Schlaf verfallen; aber der Jüngere konnte kein Auge schließen, denn das Heulen, Brausen, Rauschen und Krachen war unheimlich und das Häuschen erzitterte in allen Fugen.

Plötzlich gab es einen fürchterlichen Schlag, als wollte der Sturm das Haus zertrümmern; die Tür sprang auf und ein eisiger Wind mit einer riesigen Schneewolke drang herein. Entsetzt starrte Teramichi auf die Wolke, denn diese bewegte sich auf und ab und nahm endlich menschliche Gestalt an, die Gestalt einer Frau in weißem Gewand, und wandte sich zu der Stelle, wo Nishikaze schlief; dort beugte sie sich zu dem Schläfer nieder, ihrem Munde entströmte ein weißer Nebel, der sich auf das Gesicht des Mannes ausbreitete. Dann richtete sie sich auf und kam auf Teramichi zu, der, unfähig ein Glied zu rühren, die Augen angstvoll weit geöffnet hielt. Dicht vor ihm angekommen neigte sie sich nahe auf sein Gesicht und sah ihn ein Weilchen ruhig an; dann sprach sie leise, ihre Stimme war wie ein Hauch und ihr Gesicht nahm freundlichere Züge an: »Deinen Kameraden habe ich getötet wie alles, das in meinen Bereich kommt. Auch du solltest sein Los teilen, doch bist du noch kein Mann und hast noch nicht gelebt. Darum sei verschont! Doch diese Schonung wird dir nur so lange Zeit gewährt, als du schweigen kannst. Kommt auch nur ein Wort von dem über deine Lippen, was du hier erlebt hast – sei es, zu wem es wolle, nicht Vater, nicht Mutter, nicht Weib noch Kind, niemand, hörst du, niemand darf erfahren, was hier geschah –, so treffe ich dich, wo es auch sei! Denke daran!«

Nach diesen Worten schwebte sie langsam empor und verschwand durch die Tür.

Jetzt wich der Bann von dem jungen Mann, er sprang auf, eilte zur Tür und verschloss sie fest. Dann wandte er sich zu seinem Kameraden und rief ihn an; doch dieser rührte sich nicht, er war steif und starr, er war tot, sein Gesicht verklärte ein glückliches Lächeln. Endlich ließ der Sturm nach und der Morgen brach an und der Fährmann, der nun zurückkehrte, fand beide Männer in seinem Häuschen und hielt sie für tot, für erfroren; doch als er sie aufhob, tat Teramichi einen tiefen Seufzer, schlug die Augen auf und kam bald wieder zu sich, während Nishikaze tot blieb und begraben wurde.

Der junge Mann aber ging wieder seinem Beruf nach und wanderte tagtäglich in den Wald, erzählte niemand sein Abenteuer, das er mit der Schneefrau, denn eine solche war es, wie ihm zur Gewissheit wurde, hatte. So gingen zwei Jahre dahin.

Als er eines Abends nach vollbrachtem Tagewerk wieder heimwärts wanderte, begegnete ihm ein junges, hübsches Mädchen, das ihm so gefiel, dass er sich in ein Gespräch einließ. Das Mädchen erzählte ihm, dass es Waise sei und zu entfernt wohnenden Verwandten wandern wolle, wo es hoffe, aufgenommen zu werden.

Als beide nahe dem Dorfe waren, in dem Teramichi wohnte, sprach dieser zu dem Mädchen:

»Es ist jetzt Abend und kalt und die Wege sind unsicher; komm mit in meine armselige Hütte und nimm teil an dem bescheidenen Mahl, das meine Mutter bereitet hat! Ruhe dich dann aus und, so du willst, kannst du morgen früh deine Wanderung fortsetzen!«

Das Mädchen, das sich »Juki« nannte, nahm dies Anerbieten an und begleitete den jungen Mann in sein Haus, wo die Mutter ihm eine freundliche Aufnahme bereitete. Als es sich ausgeruht hatte und sich am anderen Morgen wieder auf den Weg machen wollte, bat die Mutter, es möge doch noch einige Tage bleiben, und wenn es niemanden in der Welt habe, der es erwarte, so möge es bleiben, so lange es wolle, und ihr etwas zur Hand gehen, da sie selbst schon alt sei und sich schon längst eine Stütze im Hause gewünscht habe. Da auch Teramichi, der zu dem Mädchen in heißer Liebe entbrannt war, sich den Bitten seiner Mutter anschloss, so schlug es ein und blieb im Hause.

Wie es nun so geht, wenn ein Mann einem Mädchen mit reiner Liebe zugetan, dass das Mädchen schließlich auch Liebe empfindet, so war es auch hier, und es dauerte nicht lange Zeit, so hatten sich beide ihre Liebe erklärt und Teramichi und Juki wurden ein Paar.

Juki war stets eine brave Frau und verehrte ihre Schwiegermutter in kindlicher Liebe, bis diese starb; dann widmete sie sich nur ihrem Mann und ihren Kindern, von denen sie im Laufe der Jahre ihrem Gatten zehn geschenkt hatte. Die Kinder blühten und gediehen und wuchsen heran; keine Krankheit, kein Unglück störte den Frieden und das Glück dieser Ehe, die jedermann als die beste im ganzen Lande pries. Als ganz besonderes Wunder aber wurde erwähnt, dass Juki immer jung aussah, immer blühend und in voller Kraft war und man keinerlei Spuren des Alterns bei ihr wahrnehmen konnte.

So vergingen die Jahre, als eines Abends im Winter, als das Paar im traulichen Zwiegespräch beisammensaß, wieder einmal ein furchtbarer Schneesturm losbrach. Der Mann erschauerte, indem er seines Erlebnisses in der Hütte des Fährmannes gedachte, und sinnend betrachtete er seine Frau, die ihm schöner als je erschien, und plötzlich glaubte er, in ihrem Gesicht eine Ähnlichkeit mit der Schneefrau zu entdecken, die ihm damals vor vielen Jahren das Leben schenkte. Diese Ähnlichkeit trat immer deutlicher hervor, sodass er den Ausruf nicht zurückhalten konnte: »Nein, du bist schöner!«

Juki wurde aufmerksam und fragte, was diese Worte bedeuten sollten; ohne zu zögern, halb im Traum, erzählte er ihr nun sein Abenteuer, das er mit der Schneefrau hatte, und schloss seine Erzählung mit den Worten: »Sie war schön, aber geisterhaft schön; du aber bist menschlich, natürlich schön!«

Da erhob sich Juki und erschreckt sah der Mann, wie sie größer und größer wurde, wie ihr Gesicht sich verklärte, die Kleidung sich in lichtes Weiß verwandelte und sie endlich so vor ihm stand, wie damals die Schneefrau. Er stürzte zu Boden, streckte die Arme aus und rief: »Ja, du bist es doch, verzeih, verzeih!«

Sie aber schüttelte das Haupt und herrschte ihn an:

»Ja, ich bin es! Konntest du den Mund nicht halten, nachdem du so lange geschwiegen hast? Ich könnte dich jetzt töten; ein Hauch aus meinem Munde würde deine Glieder erstarren lassen, das wäre die gerechte Strafe, dass du nicht nur dein, sondern auch mein Glück zerstört hast! Denn sieh!« – hier nahm ihre Stimme einen milden Klang an – »als ich dich damals in jener Hütte als blühenden, hübschen Jüngling so hilflos vor mir sah, da tatest du mir leid, aber nicht nur leid; ich fühlte den Wunsch in mir, auch einmal Menschenglück zu genießen, statt stets zu zerstören. Ja, ich liebte dich und nahte mich dir in menschlicher Gestalt, ich genoss an deiner Seite Jahre ungetrübten Glücks. Jetzt hast du es selbst zerstört und ich muss zurück in mein kaltes Reich. Und du? – Ich gedenke des Glücks, das ich genossen habe, und der armen dort ruhenden Kinder, denen ich neben der Mutter nicht auch den Vater rauben will. Mögest du drum leben; bleibe den Kindern ein guter Vater und suche dadurch, dein heutiges Unrecht zu sühnen!«

Damit drückte sie ihm einen Kuss auf die Stirn, der, obgleich eiskalt, wie Feuer brannte; die Tür sprang auf, ein wirbelnder Schneeschauer durchtobte das Haus und entführte Juki-onna, den Mann einsam zurücklassend.

Von diesem Tage an blieb er, der sonst stets heiter und guter Dinge war, ernst, und kein fröhliches Wort kam mehr über seine Lippen; er lebte nur seinen Kindern, zog sie zu tüchtigen, braven Menschen auf, und als nach vielen Jahren wieder einmal ein Schneesturm brauste, nahm dieser die Seele des Mannes mit und führte sie seiner »Juki-onna« zu.

Die Leute aber sagten, als sie ihn am andern Morgen tot fanden, er sei erfroren.

Von dem Mädchen, das schneller als ein Pferd ist

Es war einmal ein Mädchen, das war nicht von Vater und Mutter gezeugt, sondern die Vilen* hatten es aus Schnee gebildet, den sie am Eliastag im hohen Sommer aus einer bodenlosen Grube heraufholten; der Wind hatte ihm Leben eingehaucht und der Tau hatte es genährt. Vom Wald ward es mit seinen Blättern gekleidet, die Wiese hatte es mit ihren schönsten Blumen geschmückt. Es war weißer als der Schnee, rosiger als die Rosen, glänzender als die Sonne, so schön, wie noch nie ein Mädchen zur Welt gekommen ist, noch eines je auf ihr geboren werden wird.

Diese Jungfrau nun ließ weithin durch die Welt verkünden, dass an dem und dem Tag, an dem und dem Ort ein Wettrennen stattfinden werde, und welcher Jüngling sie zu Pferde im Wettlauf überholen könne, dem wolle sie angehören. Diese Kunde verbreitete sich in wenigen Tagen über die ganze Welt, und Tausende von Freiern versammelten sich alsbald. Alle ritten sie prächtige Pferde, dass man nicht zu sagen gewusst hätte, welches von ihnen besser als das andere war. Selbst des Kaisers Sohn kam auf die Rennbahn. Die Freier stellten sich nun zu Pferd der Reihe nach nebeneinander auf, die Jungfrau aber nahm ohne Pferd auf ihren eigenen Füßen in ihrer Mitte ihren Platz ein, worauf sie zu ihnen sprach: »Dort am Ziel habe ich einen goldenen Apfel aufgesteckt. Wer von euch zuerst hinkommt und ihn nimmt, dem will ich angehören. Erreiche ich aber vor euch das Ziel und nehme den Apfel, so wisset, dass ihr dann alle tot zur Erde hinsinken werdet. Bedenkt daher wohl, was ihr tut.«

Die Reiter aber waren alle wie verblendet; jeder hoffte bei sich, das Mädchen zu gewinnen, und sie sprachen untereinander: »Wir sind von vornerherein überzeugt, dass das Mädchen zu Fuß keinem von uns entrinnen kann, sondern einer aus unserer Mitte es heimführen wird, und zwar der, dem Gott und das Glück heute wohl wollen.« Hierauf sprengten sie alle, nachdem das Mädchen in die Hände geklatscht hatte, die Bahn entlang. Als sie den halben Weg zurückgelegt hatten, war ihnen das Mädchen schon weit vorausgeeilt, denn unter ihren Achseln hatte es kleine Flügel entfaltet. Da schalt ein Reiter den anderen, und sie spornten und peitschten die Pferde und erreichten das Mädchen. Als diese das sah, zog sie sich schnell ein Haar aus ihrem Scheitel und warf es von sich. In dem Augenblick erhob sich ein gewaltiger Wald, dass die Freier nicht wissen konnten, wohin und wo aus, bis sie ihr hin- und herirrend endlich wieder auf der Spur waren. Das Mädchen gewann zwar bald wieder weiten Vorsprung,

---

* Die Vilen sind in der Mythologie der Südslawen weibliche feenartige Geister, die in der Wildnis, aber auch in den Wolken leben. Sie sollen die ruhelosen Geister von Frauen sein, die zu ihren Lebzeiten ein frivoles Leben geführt hatten. Die Vilen sind meist den Menschen gegenüber wohlwollend und erscheinen ihnen als wunderschöne Mädchen nackt oder in durchsichtigen, prächtigen Gewändern.

aber die Reiter spornten und peitschten die Pferde, sodass sie es auch dieses Mal einholten. Und wie das Mädchen sich in noch größerer Bedrängnis sah, weinte es eine Träne, die bald zu einem brausenden Strom ward, in welchem alle beinahe ertrunken wären, und nur des Kaisers Sohn mit seinem Pferd schwimmend, setzte dem Mädchen nach. Als er aber sah, dass das Mädchen ihm weit voraus enteilt war, beschwor er es dreimal, im Namen Gottes stillzustehen; da blieb es an dem Ort, wo es gerade war, stehen. Nun fasste er es, hob es hinter sich aufs Pferd, schwamm zurück aufs Trockene und kehrte durch ein Gebirge heim. Als er aber dessen höchsten Gipfel erreicht hatte und sich umwandte, war das Mädchen verschwunden.

Die Schneekönigin

Der Teufel hatte einmal vor langer Zeit einen Spiegel gebaut, in dem alles verzerrt war. In ihm verschwand alles Schöne und Gute, was sich darin spiegelte, fast zu einem Nichts, das Böse und Gemeine aber wurde durch ihn hervorgehoben, erschien riesengroß und wurde noch schlimmer. Die herrlichsten Landschaften sahen darin wie gekochter Spinat aus und die besten Menschen wurden widerlich und standen auf dem Kopf ohne Rumpf. Hatte mal ein Mensch einen guten und frommen Gedanken, dann zeigte sich ein Grinsen im Spiegel. Der Teufel und die Teufelchen aus seiner Schule liefen mit dem Spiegel auf der ganzen Welt umher, sodass es schließlich kein Land und keinen Menschen mehr gab, der nicht verdreht darin erschienen wäre. Sie wollten gar in den Himmel fliegen, um sich über die Engel und den lieben Gott lustig zu machen. Aber je höher sie flogen, desto mehr grinste der Spiegel, bis er schließlich dem Teufel und seinen Gesellen aus den Händen fiel und in Abermillionen von kleinen Stücken zersprang. Diese Splitter, von denen einige nicht größer als ein Sandkorn waren, flogen in die weite Welt hinaus; und wenn jemand einen in die Augen bekam, blieb dieser Splitter da sitzen, und der Mensch sah dann alles verkehrt; einige Menschen bekamen sogar ein Spiegelstückchen ins Herz, das dann wie ein Klumpen Eis wurde. Traf einen ein Splitter ins Auge, dann war für diesen Menschen alles um ihn herum böse und hässlich. Überall draußen in der Welt also flogen die kleinen Glasscherben in der Luft umher und verteilten sich.

Viele, viele Jahre später lebten in einer großen Stadt zwei Kinder, Kay und Gerda. Sie waren nicht Bruder und Schwester, waren aber einander so zugetan, als wenn sie es wären. Sie wohnten in zwei Häusern, deren Dachkammern so aneinander lagen, dass man oben an der Dachrinne von einem Haus ins andere gelangen konnte. Für beide gab es im Sommer nichts Schöneres, als unter dem Rosenbusch, der in einem Holzkasten auf der gemeinsamen Dachrinne stand, zu spielen und zu träumen. Wenn es aber Winter wurde, konnten sie sich dort nicht mehr treffen; dann besuchten sich beide drinnen im Hause.

Als es einmal dicke Flocken vom Himmel schneite, saßen die beiden bei Kays Großmutter, die ihnen von der Schneekönigin erzählte, welche wie eine Bienenkönigin ausschwärmt, Eis und Kälte mit sich trägt und Eisblumen an die Fenster zaubert. Am gleichen Abend, als Kay aus dem Fenster hinausschaute, sah er eine Schneeflocke, die immer größer wurde, bis sie zu einer wunderschönen Frau gewachsen war, die in ein feines weißes Gewand gekleidet war und vor Eis und Frost nur so glitzerte. Sie winkte dem kleinen Jungen freundlich zu; der aber war zutiefst von ihrem Anblick erschrocken und lief schnell vom Fenster weg.

Es wurde Frühling und dann Sommer, und wie immer spielten die beiden Kinder draußen bei ihrem Rosenbusch auf dem Dach; an einem solch strahlenden Sonnentag fühlte Kay plötzlich, dass es ihm ins Herz stach und ihm auch etwas in die Augen gefallen war. Es war aber einer jener Glassplitter, in die der Zauberspiegel des Teufels zersprungen war, der alles Große und Schöne klein und hässlich machte, das Böse aber zutage treten ließ; auch ein Splitterchen davon war in Kays Herz gedrungen, das bald zu einem Eisklumpen werden sollte. Der Junge begann schon sogleich, die schönen Rosen abzureißen, die er nun alle für wurmstichig hielt, verspottete Gerda, und zu allen, die es gut mit ihm meinten, war er gemein. Und auch seine Spiele waren nicht mehr wie früher; in allem war er nun so verständig und kühl.

Und wieder wurde es Winter, und Kay war nicht mehr für die echten Blumen, sondern nur noch für die Eisblumen zu begeistern, für ihn waren die fehlerlos und ein Abbild der Vollkommenheit. Als er eines Tages mit seinem Schlitten draußen war, fand er auch Spaß daran, wie die anderen Jungen seinen Rodel an eine vorbeifahrende Kutsche anzuhängen. Auf einmal kam ein prächtiger weißer Kutschenschlitten daher gefahren und drinnen saß eine Gestalt, die in einen rauen weißen Pelz gehüllt war. Flugs band Kay seinen Schlitten an die Kutsche, um ein Stückchen mitgezogen zu werden. Rascher und rascher ging jetzt die Fahrt lustig fort. Als es aber immer nur noch so weiter ging, wollte Kay seinen Schlitten losbinden; der hing aber so fest, dass er ihn nicht freimachen konnte; er schrie und schrie, doch niemand hörte ihn; es ging nun in Windeseile weiter zum Stadttor hinaus, und die Hände und Ohren schmerzten ihm vor Kälte. Immer größer wurden die Schneeflocken, bis diese auf einmal zur Seite sprangen. Der prächtige Kutschenschlitten hielt, und der Fahrer erhob sich: Es war eine Dame, groß, schlank und weiß vor lauter Schnee: die leibhaftige Schneekönigin. Sie setzte Kay neben sich in ihren Schlitten und hüllte ihn in einen warmen weißen Pelz ein. Als sie ihn auf die Stirn küsste, war das kälter als Eis, aber nur für einen Augenblick, dann spürte er nichts mehr von der Kälte, die ihn umfing. Dann küsste die Schneekönigin Kay noch einmal, und da hatte er auf der Stelle die Großmutter, die kleine Gerda und alles daheim vergessen. Einen dritten Kuss gab sie ihm nicht; der hätte Kay getötet.

So fuhren sie die ganze Nacht hindurch, flogen hoch hinauf auf die schwarze Wolke, über Wälder und Seen. Unter ihnen sauste der kalte Wind, die Wölfe heulten und der Schnee knisterte; über ihnen schien groß und klar der Mond, und Kay betrachtete, ganz der eisigen Schönheit verfallen, die lange Winternacht; am Tage schlief er zu den Füßen der Schneekönigin. Es ging weit hinauf nach Norden zu ihrem Eispalast am Rande der Welt.

Als Kay nicht mehr wiederkam und verschwunden blieb, weinte Gerda sehr. Sie meinte, er sei vielleicht im nahen Fluss ertrunken; den ganzen langen Winter kreisten ihre Gedanken nur um den verlorenen Freund. Als Kay aber im Frühling immer noch nicht zurück war, beschloss Gerda, sich nach ihm auf die Suche zu machen. Und sie fragte jeden, Menschen, Tiere und auch Blumen, ob sie Kay nicht irgendwo gesehen hätten. Nachdem sie dem Fluss ihre schönen roten Schuhe als Austausch für Kay angeboten hatte, gab der diese zurück und ließ sie so verstehen, dass Kay nicht ertrunken sei. Und weiter ging die Suche, bis sie zu einer Hexe gelangte, die einen wunderschönen Garten voller herrlicher Blumen hatte, in dem immer Sommer herrschte. Diese war allein und einsam und wollte, dass Gerda für immer bei ihr blieb. Durch einen Zauber ließ sie das unglückliche Mädchen dann alles vergessen, sie ließ sogar ihre Rosen sich tief unter der Erde versenken, denn die könnten ja Gerda an Kay erinnern. Doch Gerdas heiße Tränen machten, dass ein Rosenstrauch aus der Erde hervortauchte, und der rüttelte ihre Erinnerungen wach und erzählte ihr, er könnte alle Toten unter der Erde sehen, Kay wäre aber nicht unter ihnen. Da verließ Gerda fluchtartig den Zaubergarten der Alten.

Es war inzwischen schon Herbst geworden und sie musste sich sputen, denn die Natur gab nicht mehr viel zu essen her. Immer weiter suchte sie, ihre Füße wurden ihr ohne die Schuhe, die sie im Fluss gelassen hatte, wund. Da traf sie auf eine Krähe und fragte auch diese. Der schwarze Vogel meinte, einen solchen Jungen gesehen zu haben; der wohne jetzt als Gemahl bei einer schönen Prinzessin im Schloss. Und das gute Tier führte die angstvolle Gerda ins Schloss zu der Prinzessin und ihrem Gemahl. Doch der war nicht Kay, er ähnelte ihm nur. Und er und die Prinzessin erwiesen sich als gute Menschen. Als Gerda ihnen ihr Unglück erzählt hatte, gaben sie ihr eine schöne goldene Kutsche mit prächtigen Pferden mit auf die Suche; und sie statteten sie auch mit schönen, warmen Kleidern und mit viel Vorrat an Essen aus. Traurig über den Abschied von der Krähe und dem Prinzenpaar machte sich Gerda wieder auf ihre Suche.

In einem dunklen Wald aber, durch den sie fahren musste, hausten Räuber, und die überfielen die goldene Kutsche und trugen das Mädchen mit sich fort. Die alte Räuberfrau, die eine Menschenfresserin war, wollte das Mädchen gleich schlachten und aufessen, doch im selben Moment biss ihre Tochter sie ins Ohr; das Räubermädchen wollte nämlich endlich mal eine Freundin haben, und so stieg es mit Gerda in dessen Kutsche und ab ging's zum Schloss der Räuber, das ganz verfallen und verräuchert war. Viele Tiere gab es da: Tauben, andere Vögel, aber auch ein Rentier, das Bae mit Namen hieß. In der Nacht, als die Räuber betrunken im Schloss lärmten, hörte Gerda plötzlich, wie die Tauben zu ihr redeten: »Wir haben deinen Kay gesehen, die Schneekönigin hat ihn nach Lappland entführt, wo es immer Schnee und Eis gibt.« Und das gute Rentier fügte noch hinzu: »Die Schneekönigin hat in Lappland nur ihr Sommerzelt. Ihr fest erbautes Schloss steht hoch oben auf der Insel Spitzbergen nahe am Nordpol.«

Nun ergriff wiederum ein Schrecken die arme Gerda und sie erzählte ihrer neuen Freundin von dem Gespräch mit den Tieren, und die versprach ihr Hilfe: Als die Räuber am nächsten Tag in den Wald gegangen waren und die Räuberfrau noch betrunken dalag, gab das Räubermädchen ihrer neuen Freundin Schinken und Brot, zog ihr warme Sachen an und setzte sie aufs Rentier. Und los ging es von Neuem auf die Suche; das gute Tier flog mit ihr über Wälder, Sümpfe und Steppen dahin, bis sie auf einmal das Nordlicht leuchten sahen: Nun waren sie in Lappland.

Bei einem kleinen Haus hielten sie zuerst an. Da drinnen wohnte eine alte Lappin, eine weise Frau, die sich die traurige Geschichte anhörte; doch zuerst musste sich das ganz durchgefrorene Mädchen aufwärmen und essen und trinken. »Da habt ihr noch weit zu laufen«, sprach sie dann hilfsbereit. »Hundert Meilen weit von hier in Finnmarken, da wohnt die Schneekönigin auf dem Lande.« Und dann gab sie Gerda eine Nachricht für eine Finnin mit, die sie auf einen trockenen Stockfisch schrieb. Weiter ging der Ritt, höher in den Norden, und überall brannten blau die Polarlichter am Himmel. Die zauberkundige Finnin, die in einem seltsamen, ganz heißen Haus wohnte, las die Nachricht auf dem Stockfisch und wusste Rat: »Ich kann Gerda keine größere Macht geben, als sie sie selber schon hat, denn die besitzt sie in ihrem reinen und unschuldigen Herzen. Erst müssen der Glassplitter aus Kays Herz und das kleine Glaskörnchen aus seinem Auge heraus, sonst wird er nie wieder ein Mensch und die Schneekönigin wird für immer Macht über ihn haben. Kann sie nicht selbst zur Schneekönigin hineingelangen und das Glas aus dem kleinen Kay bringen, können wir ihr nicht helfen.« So sprach die weise Finnin zum Rentier, setzte Gerda wieder auf seinen Rücken und das treue Tier brachte sie zu dem Busch mit den roten Beeren, wo nach den Worten der Finnin der Garten der Schneekönigin beginnen sollte. Dort setzte das gute Tier das Mädchen ab und nahm traurig Abschied von ihr.

Gerda war nun am Ende der Reise, allein und aller Kräfte beraubt in der eisigen Polarnacht. Schneeflocken, die immer größer wurden und wie Monster erschienen, trieben auf sie zu. Sie betete ihr Vaterunser, und die eisige Kälte ließ ihren Atem beim Gebet wie ein Hauch aus dem Munde wehen; ihr Atem gefror und verdichtete sich in der Luft zu immer mehr kleinen Engeln, die ihr gegen die fürchterlichen Schneeflocken halfen und sie wärmten.

So gelangte sie zum Schloss der Schneekönigin, wo eine unendliche Einsamkeit und Weite herrschte, und inmitten der riesigen eisigkalten Säle war ein zugefrorener See, der war wie Puzzlesteine in tausend Stücke auseinandergebrochen. Dort saß der kleine Kay still und gelangweilt und versuchte, aus den Eisschollen das Wort »Ewigkeit« zu legen. Wenn ihm das gelänge, so hatte es ihm die Schneekönigin versprochen, dann würde sie ihn aus ihrer Macht entlassen und ihm obendrein noch ein Paar Schlittschuhe schenken. Dann war sie in südliche Gefilde abgereist, um dort auch ein bisschen Winter zu machen.

Als Gerda eintrat, bemerkte Kay sie nicht einmal; doch sie fiel ihm weinend um den Hals: »Kay, Kay, hab ich dich endlich gefunden!«, schluchzte sie und ihre Tränen rannen ihm auf die Brust und drangen ein in sein eisiges Herz. Da musste er weinen und der kleine Glassplitter schwamm aus dem Herz davon, und als Gerda ihm noch das Lied von den Rosen vorsang, da schwamm auch das zweite Spiegelsplitterchen aus seinem Auge heraus und er erkannte seine Gerda. Beide sprangen voller Freude umher und tanzten so froh um den See herum, dass die Eisschollen mittanzten und wie von selbst das Wort »Ewigkeit« bildeten. Nun waren die beiden Kinder frei und konnten sich auf den Weg nach Hause machen.

Auf ihrem Rückweg trafen sie das Rentier wieder und noch ein weiteres, das ihnen Milch gab; die beiden guten Tiere trugen sie zur Finnin, die zeigte ihnen den Heimweg; da trafen sie auch die Lappin wieder, die gab ihnen neue Kleider und ihren Schlitten, den sie instand gesetzt hatte. Auch trafen sie das Räubermädchen, dem sie ihre ganze Geschichte erzählten.

Uns als sie endlich zu Hause angekommen waren, merkten sie, dass sich dort nichts verändert hatte, alles war noch beim Alten, alles außer sie selbst: Sie waren beide erwachsen geworden und doch im Herzen Kinder geblieben. Und es war Sommer, ein wunderbar warmer Sommer.

(Hans Christian Andersen)

Die Schneekönigin

Es waren einmal Eltern, die hatten zwei Kinder, den Karl und das Gretel. Es war hoher Winter und es schneite. Große Flocken fielen, und die Kinder hatten ihre Pläsier und schrien: »Mutter, schau, Sterne!« Gegen Abend kam eine große Flocke ans Fenster geflogen, schaute herein und lachte die Kinder an. Da sagte die Mutter:

»Das ist die Schneekönigin, ihr Kinder, nehmt euch in Acht vor ihr!«

Unten auf der Straße spielten die anderen Kinder, warfen Schneebälle, fuhren Schlitten und riefen: »Kommt, spielt auch mit uns!« Karl wäre gern auf die Straße gegangen. Die Mutter aber sagte: »Nein, bleib da, denn es geht schon auf die Nacht zu. Dass mir keines fortgeht!« Und die Flocken tanzten wieder vor dem Fenster und die Schneekönigin war dabei, lachte und winkte, sie sollten kommen. Die Mutter war in der Küche, und Karl sagte zu der Schwester: »Ich gehe doch!« Das Gretel aber sagte: »Geh nicht, bleib da!« Und Karl, die Pelzkappe auf dem Kopf, den Cachenez* um sich herumgewickelt, und hinunter zu den anderen Kindern und Schneeball geworfen und immer dem Gretel gewinkt: »Komm, komm auch!« Das Gretel, den Kopf geschüttelt, es käme nicht.

Nun spielten und lachten die Kinder und machten so fort bis in die Nacht hinein. Karl dachte, er wolle noch nicht heimgehen. Er nahm seinen Schlitten, ging oben zur Stadt hinaus, und es schneite immer noch. Nun dachte er: »Ich will jetzt aber doch heimgehen!« Und wie er heimgehen will, kommt eine große Frau, weißer Pelz, weißer Mantel, weiße Pelzkappe, und lacht: »Komm, setz dich in meinen Schlitten, ich fahre dich heim.«

Karl setzte sich auf den Schlitten und sie fuhr los, zur Stadt hinaus. Karl gefiel es gut auf dem Schlitten, und sie fuhr übers Feld in den Wald! Dann sagte Karl:

»Ja, wo geht Ihr denn hin? Ich will ja heim!« Da antwortete sie: »Komm nur mit; ich führe dich in mein Schloss, es wird dir gefallen!« Karl wurde es kalt; er fror und war hungrig. Sie aber ging fort mit ihm.

Nun, zu Hause: Karl ist fort! Das Gretel fing an, zu heulen, und die Mutter sagte: »Karl ist fort. Er kam noch nicht wieder.« Dann fing auch die Mutter an, zu weinen: »Gelt, er ging fort, er folgte mir nicht.** Den hat die Schneekönigin geholt.« Sie suchten nach ihm, sie fanden ihn nicht mehr. Verschwunden!

Das Gretel sagte: »Mutter, ich gehe fort, ihn zu suchen.« – »Um Gottes willen, Kind, du findest ihn nicht. Die Schneekönigin hat ihn geholt!«

Das Gretel, den anderen Morgen aufgestanden, zu Morgen gegessen, die Schuhe angezogen, ein Halstuch um sich herum: »Mutter, ich gehe fort, den Karl zu suchen, und ich komme nicht, oder ich habe ihn!« Da sagte die Mutter: »Geh und bring mir ihn heim!«

Das Gretel ging fort, zur Stadt hinaus. Der Wind ging schneidig kalt. Es aber ging tapfer drauflos, übers Feld, in den Wald und ging und ging, brach im Schnee unter, bekam kalte Hände, Tränen liefen ihm aus den Augen und immer rief es: »Karl, Karl!« Die Nacht kam, und es wurde müde und schläfrig und

---

* Ein *Cachenez* nennen die Lothringer ein großes Halstuch.
** *Er folgte mir nicht* bedeutet im Lothringer Moselfränkisch: *Er gehorchte mir nicht.*

hungrig. Es aß ein Stück trockenes Brot, setzte sich hinter einen Tannenbaum und dachte, da wolle es schlafen. Dann betete es ein Nachtgebetchen und dachte, den anderen Morgen wolle es den Bruder weitersuchen und wolle nicht ruhen und nicht rasten, bis es ihn gefunden hätte. »Und ich suche und ich finde ihn!« So schlief das Gretel ein.

Am nächsten Morgen erwachte es und suchte ihn weiter. Es fürchtete sich mitunter im Wald, denn da räusperte sich etwas und dort. Dann schaute es und rief und ging so immerfort, drei Tage lang.

Am dritten Tag sah es abends ein helles Glitzern und war an dem Schloss der Schneekönigin. Da rief es: »Karl, Karl! Wo bist du? Das Gretel ist da!« Da kam die Schneekönigin: »Gelt, du bist es, Gretel«, sagte sie, »du kommst, Karl zu holen? Komm herein, du kannst auch dableiben. Karl gefällt es gut.« Das Gretel fror, war ganz blau im Gesicht, und in dem Schloss war eine Eiseskälte. Die Eiskönigin sagte: »Komm, ich will dir deinen Bruder zeigen. Er liegt im Bett.« Da führte sie das Gretel an ein Schneebett, in dem Karl lag, halb tot, mit ganz blauem Gesicht. Es hauchte ihn an, es rief ihn: »Karl, Karl, ich bin da, das Gretel, deine Schwester, wach auf, wir gehen nach Hause.« Es schüttelte ihn, er wollte aber nicht aufwachen. Endlich machte er die Augen auf und sagte: »Gretel, mir ist es kalt, ich will heim.« – »Ja, warum bist du fort zu der bösen Schneekönigin?« Die Schneekönigin kam und sagte: »Wollt ihr nicht dableiben bei mir? Es ist doch so schön!« Da antwortete das Gretel:

»Nein, wir wollen fort von dir, wir wollen zu unserer Mutter, denn du bist ja böse.« Daraufhin lachte sie und sagte: »Ja, ich hole alle bösen Kinder. Aber weil's Gretel so brav war, dürft ihr nun doch heim; nur müsst ihr weit, weit laufen! Wenn ihr nun heim geht, dann nicht herüber- und hinüberschauen und euch bei nichts aufhalten!«

Die Kinder nahmen sich bei der Hand, und sie winkte ihnen zu: »Adieu, ihr Kinder, auf Wiedersehn!« Das Gretel schaute noch einmal herum. Da sah es, wie das Eisschloss verging. Es wurde immer kleiner, wurde zu Wasser, und der Schneekönigin flossen Tränen aus den Augen. Endlich war alles verschwunden. Die Kinder gingen drei Tage lang durch den Wald, und als sie gegen den Heimatort kamen, war schon der Frühling da. Blümchen und grünes Gras kamen aus dem Boden. Sie sahen ihre Heimatstadt, liefen, was sie konnten, liefen durch die Gassen, nichts als heim, die Treppe hinauf, die Türe auf: »Mutter, Mutter, da sind wir!« Da hatte die Mutter ein Plaisier! »O, mein Karl, mein Karl!« Und Karl sagte: »Niemals mehr lasse ich mich locken von dieser bösen Königin.«

(Lothringen)

Der Schneemann

»Es knackt förmlich in mir, so herrlich kalt ist es!«, sagte der Schneemann. »Der Wind kann einem wirklich Leben eintreiben! Und wie die Glühende da oben glotzt!« Damit meinte er die Sonne; sie war gerade im Begriff, unterzugehen. »Sie soll mich nicht zum Blinzeln bringen, ich werde meine Krumen schon festhalten!«

Er hatte nämlich statt der Augen zwei große, dreieckige Dachsteinblocken; der Mund bestand aus einem Stück von einem alten Rechen, folglich hatte er auch Zähne.

Er war geboren unter den Jubelrufen der Knaben, war begrüßt von dem Schellengeläute und dem Peitschengeknall der Schlitten.

Die Sonne ging unter, der Vollmond ging auf, rund und groß, klar und schön in der blauen Luft.

»Da ist sie schon wieder von einer andern Seite!«, sagte der Schneemann. Er glaubte, es sei die Sonne, die sich wieder blicken ließ. »Ich habe ihr das Glotzen abgewöhnt! Nun kann sie da hängen und leuchten, sodass ich mich selbst sehen kann. Wenn ich nur wüsste, wie man es anfängt, dass man sich von der Stelle bewegt! Ich würde mich so gern bewegen! Wenn ich das könnte, würde ich jetzt da unten auf dem Eise gleiten, wie ich es die Knaben habe tun sehen; aber ich verstehe mich nicht aufs Laufen.«

»Weg! Weg!«, kläffte der alte Kettenhund; er war ein wenig heiser, das hatte er sich geholt, als er noch Stubenhund war und unterm Ofen lag. »Die Sonne wird dich das Laufen schon lehren! Das habe ich im vergangenen Jahr an deinem Vorgänger und an dessen Vorgänger gesehen; weg! Weg! Weg sind sie alle!«

»Ich verstehe dich nicht, Kamerad!«, sagte der Schneemann, »die da oben soll mich laufen lehren?« Er meinte den Mond. »Ja, sie selbst lief freilich vorhin, als ich sie fest ansah; jetzt schleicht sie von einer andern Seite herbei!«

»Du weißt gar nichts!«, sagte der Kettenhund, »du bist aber auch eben erst zusammengekleckst! Der, den du jetzt siehst, heißt der Mond; die, die vorhin wegging, war die Sonne, sie kommt morgen wieder, sie wird dich schon lehren, in den Wallgraben hinabzulaufen. Wir kriegen bald anderes Wetter, das kann ich an meinem linken Hinterbein merken, darin reißt es. Das Wetter schlägt um.«

»Ich verstehe ihn nicht!«, sagte der Schneemann, »aber ich habe ein Gefühl, als wenn er mir etwas Unangenehmes sagt. Die, die glotzte und sich dann davonmachte, und die er die Sonne nennt, ist auch nicht meine Freundin, das hab ich im Gefühl.«

»Weg! Weg!«, kläffte der Kettenhund, ging dreimal um sich selbst herum, und legte sich dann in seine Hütte, um zu schlafen.

Das Wetter schlug wirklich um. Ein dichter, nasskalter Nebel legte sich gegen Morgen über die ganze Gegend; als es dämmerte, kam ein eisiger Wind auf, der Frost packte einen ordentlich, aber welch ein Anblick war es, als die Sonne aufging! Alle Bäume und Büsche standen im Reifschmuck da; es sah aus wie ein ganzer Wald aus weißen Korallen, alle Zweige waren gleichsam mit schimmernd weißen Blüten übersät. Die unendlich vielen und feinen Verzweigungen, die man im Sommer vor allen den Blättern gar nicht sehen kann, kamen nun sämtlich zum Vorschein; es war ein so glänzend weißes Spitzengewebe, dass jeder Zweig förmlich einen weißen Glanz ausströmte. Die Hängebirken bewegten sich im Winde, es war Leben darin wie zur Sommerzeit; es war eine unvergleichliche Pracht! Und als dann die Sonne schien, nein, wie funkelte dann das Ganze, als sei es mit Diamantstaub überzuckert, und aus dem Schneeteppich, der über die Erde ausgebreitet war, glitzerten die großen Diamanten, oder man konnte sich auch vorstellen, dass da unzählige, winzig kleine Lichter brannten, die noch weißer waren als der weiße Schnee.

»Das ist wunderbar schön!«, sagte ein junges Mädchen, das mit einem jungen Mann in den Garten hinaustrat. Sie blieben dicht neben dem Schneemann stehen und betrachteten von hier aus die flimmernden Bäume. »Einen schönern Anblick kann man selbst im Sommer nicht haben!«, sagte sie, und ihre Augen strahlten.

»Und so einen Burschen, wie den da, hat man im Sommer überhaupt nicht!«, sagte der junge Mann und zeigte auf den Schneemann. »Der ist ganz famos!«

Das junge Mädchen lachte, nickte dem Schneemann zu und tanzte dann mit ihrem Freund über den Schnee hin, der unter ihnen knirschte, als gingen sie auf Stärkemehl.

»Wer waren die beiden?«, fragte der Schneemann den Kettenhund. »Du bist hier länger am Hause als ich, kennst du sie?«

»Freilich kenne ich sie!«, sagte der Kettenhund. »Sie hat mich gestreichelt, und er hat mir einen Knochen geschenkt; die beiße ich nicht!«

»Aber was stellen sie hier vor?«, fragte der Schneemann.

»Ein Liebespaar!«, sagte der Kettenhund. »Sie werden in eine Hütte ziehen und zusammen an einem Knochen nagen! Weg! Weg!«

»Haben die beiden ebenso viel zu bedeuten wie du und ich?«, fragte der Schneemann.

»Sie gehören ja zur Herrschaft!«, sagte der Kettenhund. »Man weiß ja freilich nur sehr wenig, wenn man gestern erst geboren ist, das merke ich an dir! Ich habe Alter und Kenntnisse, ich kenne alle hier im Hause, und ich habe eine Zeit gekannt, wo ich hier nicht in Kälte und an der Kette stand. Weg! Weg!«

»Die Kälte ist herrlich!«, sagte der Schneemann. »Erzähle, erzähle! Aber du musst nicht mit der Kette rasseln, denn dann knackt es in mir!«

»Weg! Weg!«, kläffte der Kettenhund. »Ein junger Hund bin ich gewesen, klein und niedlich, sagten sie; damals lag ich auf einem Plüschstuhl, drinnen im Hause, lag auf dem Schoß der obersten Herrschaft, ward auf die Schnauze geküsst, und die Pfoten wurden mir mit einem gestickten Taschentuch abgewischt. Ich hieß Cheri, Cherissemäuße, aber dann wurde ich ihnen zu groß, sie verschenkten mich an die Haushälterin; ich kam in die Kelleretage! Du kannst von dort, wo du stehst, da hineinsehen; du kannst in die Kammer hineinsehen, wo ich Herrschaft gewesen bin; denn das war ich bei der Haushälterin. Es war zwar ein geringerer Ort als oben, aber es war hier gemütlicher; ich wurde nicht von den Kindern herumgeschleppt und gezerrt wie oben. Ich hatte ebenso gutes Futter wie früher und noch viel mehr! Ich hatte mein eignes Kissen, und dann war da ein Ofen, und das ist um diese Zeit das Schönste auf der Welt! Ich kroch ganz unter den Ofen, und dann war ich verschwunden. Ach, von dem Ofen träume ich noch oft! Weg! Weg!«

»Sieht denn ein Ofen so schön aus?«, fragte der Schneemann. »Hat er Ähnlichkeit mit mir?«

»Er ist gerade das Gegenteil von dir! Kohlschwarz ist er, er hat einen langen Hals und eine Messingtrommel. Er frisst Brennholz, dass ihm das Feuer aus dem Mund heraussteht. Man muss sich an seiner Seite halten, dicht neben ihm, ganz unter ihm, das ist eine unendliche Annehmlichkeit! Durch das Fenster musst du ihn sehen können, von dort aus, wo du stehst!«

Und der Schneemann lugte in das Kellerfenster hinein und gewahrte wirklich einen schwarzen, blankpolierten Gegenstand mit einer Messingtrommel; das Feuer leuchtete unten daraus hervor. Dem Schneemann wurde ganz wunderlich zumute, er hatte ein Gefühl, über das er sich selbst nicht recht klar war; es kam etwas über ihn, was er nicht kannte, das aber alle Menschen kennen, wenn sie keine Schneemänner sind.

»Und warum hast du sie verlassen?«, fragte der Schneemann. Er hatte eine Empfindung, dass der Ofen ein weibliches Wesen sein müsse. »Wie konntest du nur einen solchen Ort verlassen!«

»Das musste ich wohl!«, sagte der Kettenhund, »sie warfen mich hinaus und legten mich hier an die Kette. Ich hatte den jüngsten Junker ins Bein gebissen, weil er mir den Knochen wegstieß, an dem ich nagte; und Knochen um Knochen, dachte ich. Aber das nahmen sie übel, und seit der Zeit habe ich an der Kette gelegen, und habe meine klare Stimme verloren, höre nur, wie heiser ich bin: Weg! Weg! Das war das Ende vom Liede!«

Der Schneemann hörte nicht mehr zu, er sah beständig in die Kelleretage der Haushälterin, in ihre Stube hinunter, wo der Ofen auf seinen vier eisernen Beinen stand und sich in derselben Größe präsentierte, wie der Schneemann selbst.

»Es knackt so sonderbar in mir!«, sagte er. »Werde ich nie da hineinkommen? Das ist doch ein unschuldiger Wunsch, und unsere unschuldigen Wünsche werden doch sicher in Erfüllung gehen. Es ist mein innigster Wunsch, mein einziger Wunsch, und es würde doch fast ungerecht sein, wenn der nicht erfüllt würde. Ich muss da hinein, ich muss mich an sie anschmiegen, und wenn ich auch ein Fenster einschlagen sollte!«

»Da hinein kommst du niemals!«, sagte der Kettenhund. »Und wenn du an den Ofen herankommst, so bist du weg! Weg!«

»Ich bin so gut wie weg!«, sagte der Schneemann. »Ich glaube, ich breche durch.«

Den ganzen Tag stand der Schneemann da und sah zum Fenster hinein; in der Dämmerung erschien die Stube noch einladender; aus dem Ofen leuchtete es so mild, wie weder der Mond noch die Sonne leuchten können, ja, wie nur ein Ofen leuchten kann, wenn etwas darin ist; es flammte ordentlich rot auf in dem weißen Gesicht des Schneemanns, es leuchtete förmlich rot aus seiner Brust heraus.

»Ich halte es nicht aus!«, sagte er. »Wie es ihr steht, wenn sie so die Zunge heraussteckt!«

Die Nacht war sehr lang, aber dem Schneemann wurde sie nicht lang, er stand da in seine eignen, schönen Gedanken versunken, und die froren, sodass es knackte.

Am Morgen waren die Fenster der Kellerwohnung zugefroren, sie trugen die schönsten Eisblumen, die nur ein Schneemann verlangen kann, aber sie entzogen den Ofen seinen Blicken. Die Fensterscheiben wollten nicht auftauen, er konnte »sie« nicht sehen. Es knackte und krachte in ihm und um ihn, es war ein Frostwetter, wie es sich ein Schneemann nur wünschen kann, aber er war nicht zufrieden; er hätte so glücklich sein können und müssen, aber er war nicht glücklich, er hatte Ofensehnsucht.

»Das ist eine schlimme Krankheit für einen Schneemann«, sagte der Kettenhund. »Ich habe auch an der Krankheit gelitten, aber ich habe sie überstanden. Weg! Weg! – Jetzt schlägt das Wetter um!«

Und das Wetter schlug um; es wurde Tauwetter.

Das Tauwetter nahm zu, der Schneemann nahm ab. Er sagte nichts, er klagte nicht, und das ist das sicherste Anzeichen.

Eines Morgens brach er zusammen. Etwas wie ein Besenstiel ragte empor, wo er gestanden hatte, um den herum hatten die Knaben ihn auch gebaut.

»Jetzt kann ich seine Sehnsucht verstehen!«, sagte der Kettenhund. »Der Schneemann hat einen Ofenhaken im Leibe gehabt; der hat sich in ihm geregt! Jetzt ist das überstanden; weg! Weg!«

Und bald war auch der Winter überstanden.

»Weg! Weg!«, kläffte der Kettenhund; aber die kleinen Mädchen auf der Straße sangen:

»Waldmeister grün! Hervor aus dem Haus!
Weide, hänge die wollenen Fausthandschuh heraus!
Kommt, Kuckuck und Lerche! Singt hell und klar.
Der Lenz ist da! Ade Februar!
Ich singe mit euch: Kuckuck! Tirili!
Komm liebe Sonne, scheine so warm wie noch nie!«

Und dann denkt niemand mehr an den Schneemann.

(Hans Christian Andersen)

Der schmelzende Koch

Es war im Monat Januar; tagelang war ein dichter Schnee gefallen und lag nun fast ellenhoch im Hofe und auf den Dächern, so weiß und rein, so zart und glänzend, dass, wenn man darauf hinsah, einen die größte Lust ankam, sich hineinzulegen, hätte man nicht gewusst, dass es sich eben nicht sehr behaglich darin liegt.

Endlich teilten sich die Wolken, der blaue Himmel schaute freundlich wieder hervor und lockte auch gleich drei lustige Kinder, zwei Knaben und ein Mädchen, aus der engen Stube in den Hof hinaus. Die waten nun munter in dem tiefen Schnee, warfen sich mit Schneebällen, fuhren einander auf dem Schlitten und bekamen vor Vergnügen und Kälte die frischesten roten Backen und fast ebenso rote Hände. »Seht«, rief der Älteste, »der Schnee lässt sich herrlich kneten, jetzt ist gerade die rechte Zeit, einen Schneemann zu machen.«

»Ja, ja, einen Schneemann!«, riefen die andern und machten sich gleich daran, einen aufzubauen.

»Soll's ein Koch oder eine Köchin werden?«, fragte das Mädchen.

»Ein Koch, ein Koch!«, war die Antwort. »Ein Schneemann ist viel hübscher als eine Schneefrau, die ist plump und hat keine zwei Beine.«

So ward denn die Statue eines Kochs aufgerichtet und stand in wenigen Stunden da, viel weißer und stattlicher als der magere Koch, den der Gutsbesitzer sich kürzlich aus Paris mitgebracht hatte; der ging zwar auch immer in Weiß gekleidet, aber sah doch oft recht schmutzig aus.

Nun will ich euch einmal den schönen Schneemann beschreiben, den die Kinder sich aufbauten: Seine Beine bestanden aus zwei plumpen Säulen, die eher einem Paar Elefantenbeinen als menschlichen Gliedmaßen ähnlich sahen. Darauf ruhte der Leib, ein großer, dicker Schneeklumpen. Wo seine Brust aufhörte und der Bauch anfing, wäre schwer zu erkennen gewesen, hätte nicht das Mädchen ihm ihre Schürze umgebunden; denn ein Koch ohne

Schürze ist kein rechter Koch. Nun sollte er aber auch noch ein paar alte hölzerne Löffel im Gürtel haben. Doch weil diese ihm immer wieder herunterfielen, wurden sie ihm unbarmherzig in den Bauch hineingebohrt, wo sie denn auch recht fest steckten.

Ganz vorzüglich war der Kopf des Schneemannes geraten, obgleich man die Nase nicht wohl erkennen konnte, weil sie nicht hatte ankleben wollen. Dafür aber hatte der Mann große, kohlrabenschwarze Augen (denn es waren wirkliche Kohlen) und schöne, ziegelrote Lippen (denn sie waren aus einem Paar wirklichen Ziegelscherben zusammengesetzt). In diesen Lippen steckte eine wirkliche, schwarzgerauchte irdene Pfeife, die der Hausknecht erst vor einer Stunde auf den Kehricht geworfen, weil sie keine Luft mehr zog. Endlich ward der Statue noch als Mütze ein alter Kochtopf gerade auf den Kopf gestülpt, der ihr denn ein äußerst ehrwürdiges Ansehen gab. Über die Arme und Hände wollen wir aber nicht viel sprechen, die waren weniger gelungen und bröckelten immer ab.

Das gab einen prächtigen Anblick, wie der dicke, weiße Kerl fix und fertig in dem hellen Sonnenscheine glänzend dastand. Aber trotz seiner kohlschwarzen Augen, trotz seiner ziegelroten Lippen, trotz Pfeife und Kochtopf machte der Schneemann noch immer ein sehr unzufriedenes, zerrissenes Gesicht, soviel die Kinder auch daran herumgeknetet hatten. Ein geheimer Kummer schien an seinem Inneren zu nagen.

»Schneemann, bist du denn nicht zufrieden?«, rief das Mädchen, nachdem sie sein Gesicht längere Zeit betrachtet hatte.

Der Schneemann schwieg und sah nach wie vor verdrießlich aus.

»Ich weiß, was ihm fehlt«, sprach der älteste Knabe. »Er ist ein Koch und hat keinen Herd. Kommt her, den müssen wir noch bauen!« Und rasch trugen sie Steine zusammen und bauten vor dem Schneemann einen Herd.

»Schneemann, bist du nun zufrieden?«, riefen die Kinder; aber der schwieg und sah brummig aus, nach wie vor.

»Aha, auf den Herd gehören Töpfe; die sollst du haben«, sprach das Mädchen und holte dann rasch einige Scherben vom Kehrichthaufen und stellte sie auf die Steine; aber der Schneemann sah unzufrieden aus, nach wie vor.

»Jetzt will ich euch sagen, was ihm fehlt«, sprach der jüngere Knabe. »Er will kochen und hat kein Feuer und dazu friert ihn auch. Kommt, lasst uns Feuer holen.«

Rasch brachten sie nun Späne aus der Küche herbei, steckten sie an, und bald brannte ein großmächtiges Feuer vor dem Schneemann auf dem Herd.

»Nun, Alter«, riefen die Kinder, »ist dir doch endlich wohl, nicht wahr?« Und siehe da, die zerrissenen Gesichtszüge des Schneemannes veränderten sich wirklich, seine Miene wurde milde und weich, die Lippen gingen ihm auseinander, die Pfeife fiel ihm aus dem Munde.

»Seht, seht, endlich ist er zufrieden!«, jubelten die Kinder.
»Seht wie gerührt er ist, wie ihm die Tränen über die Backen laufen!«

Und so war es auch wirklich, der gute Schneemann war so gerührt, wie kein Mensch es jemals werden kann! Nicht nur die Tränen liefen ihm über die Backen, er troff auch am ganzen Leibe; die Augen fielen ihm aus dem Kopf, die Lippen aus dem Gesicht, die Kochlöffel aus der Brust, mit einem Worte, der ganze Koch zerschmolz in Wasser.

In kurzer Zeit war von ihm nicht mehr übrig als ein nasser Fleck, zwei schwarze Kohlen, einige Scherben und die alte, schmutzige Tabakspfeife. Das war das rührende Ende des Schneemannes.

Ob die Kinder wohl auch vor Rührung darüber Tränen vergossen haben?

Nein, auch nicht eine einzige; im Gegenteil, sie lachten aus vollem Halse darüber, denn sie hatten sich einen lustigen Spaß gemacht und sich königlich daran vergnügt.

(Robert Reinick)

Harte Winter

Der harte Winter

Es war einmal ein unvernünftig kalter Winter, da gingen zwei gute Kameraden miteinander auf das Eis zum Schlittschuhlaufen. Nun waren aber hin und wieder Löcher in das Eis geschlagen, der Fische wegen; und als die beiden Schlittschuhläufer nun im vollen Zuge waren, versah's der eine, rutschte in ein Loch und traf so heftig mit dem Halse vor die scharfe Eiskante, dass der Kopf auf das Eis hinglitschte und der Rumpf ins Wasser fiel. Der andere, schnell entschlossen, wollte seinen Kameraden nicht im Stiche lassen, zog ihn heraus, holte den Kopf und setzte ihn wieder gehörig auf, und weil es eine solch barbarische Kälte in dem Winter war, so fror der Kopf auch gleich wieder fest. Da freute sich der, dem das geschah, dass die Sache noch so glücklich abgelaufen war. Seine Kleider waren aber alle ganz nass geworden; darum ging er mit seinem Kameraden in ein Wirtshaus, setzte sich neben den warmen Ofen, seine Kleider zu trocknen, und ließ sich von dem Wirt einen Bittern geben. »Prost, Kamerad!«, sprach er und trank dem andern zu, »auf den Schreck können wir wohl einen nehmen.«

Nun hatte er sich durch das kalte Bad aber doch einen starken Schnupfen geholt, dass ihm die Nase lief. Da er sie nun zwischen die Finger klemmte, sich zu schnäuzen, behielt er seinen Kopf in der Hand, denn der war in der warmen Stube wieder losgetaut. Das war nun freilich für den armen Menschen recht fatal, und er meinte schon, dass er nun in der Welt nichts Rechts mehr beginnen könnte; aber er wusste doch Rat zu schaffen, ging hin und ließ sich anstellen als Dielenträger, und war das eine gar schöne Arbeit für ihn, weil ihm dabei niemals der Kopf im Wege saß, wie andern Leuten, die auch Dielen tragen müssen.

(Wilhelm Busch)

Schreckliche Unglücksfälle in der Schweiz

Hat jede Gegend ihr Liebes, so hat sie auch ihr Leides, und wer manchmal erfährt, was an andern Orten geschieht, findet wohl Ursache, zufrieden zu sein mit seiner Heimat. Hat z. B. die Schweiz viel herdenreiche Alpen, Käse und Butter und Freiheit, so hat sie auch Lawinen.

Der zwölfte Dezember des vergangenen Winters brachte für die hohen Bergtäler der Schweiz eine fürchterliche Nacht und lehrt uns, wie ein Mensch wohl täglich Ursache hat, an das Sprüchlein zu denken »Mitten wir im Leben sind mit dem Tod umfangen.« Auf allen hohen Bergen lag ein tiefer, frisch gefallener Schnee. Der zwölfte Dezember brachte Tauwind und Sturm. Da dachte jedermann an großes Unglück und betete. Wer sich und seine Wohnung für sicher hielt, schwebte in Betrübnis und Angst für die Armen, die es treffen wird, und wer sich nicht für sicher hielt, sagte zu seinen Kindern: »Morgen geht uns die Sonne nimmer auf«, und bereitete sich zu einem seligen Ende. Da rissen sich auf einmal und an allen Orten von den Firsten der höchsten Berge die Lawinen oder Schneefälle los, stürzten mit entsetzlichem Tosen und Krachen über die langen Halden herab, wurden immer größer und größer, schossen immer schneller, tosten und krachten immer fürchterlicher und jagten die Luft vor sich her so durcheinander, dass im Sturm, noch ehe die Lawine ankam, ganze Wälder zusammenkrachten, und Ställe, Scheuern und Waldungen wie Spreu davonflogen, und wo die Lawinen sich in den Tälern niederstürzten, da wurden stundenlange Strecken mit allen Wohngebäuden, die darauf standen, und mit allem Lebendigen, was darin atmete, erdrückt und zerschmettert, wer nicht wie durch ein göttliches Wunder gerettet wurde.

Einer von zwei Brüdern in Uri, die miteinander hausten, war auf dem Dach, das hinten an den Berg anstößt, und dachte: Ich will den Zwischenraum zwischen dem Berg und dem Dächlein mit Schnee ausfüllen und alles eben machen, auf dass, wenn die Lawine kommt, so fahrt sie über das Häuslein weg, dass wir vielleicht – und als er sagen wollte: dass wir vielleicht mit dem Leben davonkommen, da führte ihn der plötzliche Windbraus der vor der Lawine hergeht, vom Dach hinweg und hob ihn schwebend in der Luft, wie einen Vogel über einem entsetzlichen Abgrund. Und als er eben in Gefahr war, in die unermessliche Tiefe hinabzustürzen, und wäre seines Gebeins nimmer gefunden worden, da streifte die Lawine an ihm vorbei und warf ihn seitwärts an eine Halde. Er sagt, es habe ihm nicht wohlgetan, aber in der Betäubung umklammerte er noch einen Baum, an dem er sich festhielt, bis alles vorüber war, und kam glücklich davon und ging wieder heim zu seinem Bruder, der auch noch lebte, obgleich der Stall neben dem Häuslein wie mit einem Besen weggewischt war. Da konnte man wohl auch sagen: »Der Herr hat seinen Engeln befohlen über dir, dass sie dich auf den Händen tragen. Denn er macht Sturmwinde zu seinen Booten und die Lawinen, dass sie seine Befehle ausrichten.«

Anders erging es im Sturnen, ebenfalls im Kanton Uri. Nach dem Abendsegen sagte der Vater zu der Frau und den drei Kindern: »Wir wollen doch auch noch ein Gebet verrichten für die armen Leute, die in dieser Nacht in Gefahr sind.« Und während sie beteten, donnerte schon aus allen Tälern der ferne Widerhall der Lawinen, und während sie noch beteten, stürzte plötzlich der Stall und das Haus zusammen. Der Vater wurde vom Sturmwind hinweggeführt, hinaus in die fürchterliche Nacht, und unten am Berg abgesetzt und von dem nachwehenden Schnee begraben. Noch lebte er; als er aber den andern Morgen mit unmenschlicher Anstrengung sich hervorgegraben und die Stätte seiner Wohnung wieder erreicht hatte und sehen wollte, was aus den Seinigen geworden sei, barmherziger Himmel! Da war nur Schnee und Schnee und kein Zeichen einer Wohnung, keine Spur des Lebens mehr wahrzunehmen. Doch vernahm er nach langem, ängstlichem Rufen, wie aus einem tiefen Grab, die Stimme seines Weibes unter dem Schnee herauf. Und als er sie glücklich und unbeschädigt hervorgegraben hatte, da hörten sie plötzlich noch eine bekannte und liebe Stimme: »Mutter, ich wäre auch noch am Leben«, rief ein Kind, »aber ich kann nicht heraus.« Nun arbeiteten Vater und Mutter noch einmal und brachten auch das Kind hervor, und ein Arm war ihm gebrochen. Da ward ihr Herz mit Freude und Schmerzen erfüllt, und von ihren Augen flossen Tränen des Dankes und der Wehmut. Denn die zwei andern Kinder wurden auch noch herausgegraben, aber tot.

In Pilzeig, ebenfalls im Kanton Uri, wurde eine Mutter mit zwei Kindern fortgerissen und unten in der Tiefe vom Schnee verschüttet. Ein Mann, ihr Nachbar, den die Lawine ebenfalls dahin geworfen hatte, hörte ihr Wimmern und grub sie hervor. Vergeblich war das Lächeln der Hoffnung in ihrem Antlitz. Als die Mutter halb nackt umherschaute, kannte sie die Gegend nicht mehr, in der sie war. Ihr Retter selbst war ohnmächtig niedergesunken. Neue Hügel und Berge von Schnee und ein entsetzlicher Wirbel von Schneeflocken füllten die Luft. Da sagte die Mutter: »Kinder, hier ist keine Rettung möglich; wir wollen beten und uns dem Willen Gottes überlassen.« Und als sie beteten, sank die siebenjährige Tochter sterbend in die Arme der Mutter, und als die Mutter mit gebrochenem Herzen ihr zusprach und ihr Kind der Barmherzigkeit Gottes empfahl, da verließen sie ihre Kräfte auch. Sie war eine 14-tägige Kindbetterin, und sie sank mit dem teuern Leichnam ihres Kindes im Schoß ebenfalls leblos darnieder. Die andere, elfjährige Tochter hielt weinend und händeringend bei der Mutter und Schwester aus, bis sie tot waren, drückte ihnen alsdann, eh' sie auf eigene Rettung bedacht war, mit stummem Schmerz die Augen zu und arbeitete sich mit unsäglicher Mühe und Gefahr erst zu einem Baum, dann zu einem Felsen herauf und kam gegen Mitternacht endlich an ein Haus, wo sie zum Fenster hinein aufgenommen und mit den Bewohnern des Hauses erhalten wurde.

Kurz, in allen Bergkantonen der Schweiz, in Bern, Glarus, Uri, Schwyz, Graubünden, sind in einer Nacht und fast in der nämlichen Stunde durch die Lawinen ganze Familien erdrückt, ganze Viehherden mit ihren Stallungen zerschmettert, Matten und Gartenland bis auf den nackten Felsen hinab aufgeschürft und weggeführt und ganze Wälder zerstört worden, also dass sie ins Tal gestürzt sind; oder die Bäume liegen übereinander, zerschmettert und zerknickt wie die Halmen auf einem Acker nach dem Hagelschlag. Sind ja in dem einzigen kleinen Kanton Uri fast mit einem Schlag 11 Personen unter dem Schnee begraben worden und sind nimmer auferstanden, gegen 30 Häuser und mehr als 150 Heuställe zerstört und 359 Häuptlein Vieh umgekommen, und man weiß gar nicht, auf wievielmal hunderttausend Gulden soll man den Schaden berechnen, ohne die verlornen Menschen. Denn das Leben eines Vaters oder einer Mutter oder frommen Gemahls oder Kindes ist nicht mit Gold zu schätzen.

(Johann Peter Hebel)

Die Herberge im Gebirge

Eine Geschichte aus den Schweizer Alpen

Die Herberge von Schwarenbach sieht so aus wie alle hölzernen Unterkunftshäuser, die in den Hochalpen droben stehen am Fuße der Gletscher in den felsigen, nackten Hochtälern, die zwischen den weißen Gipfeln der Berge liegen. Sie ist die Unterkunftshütte für die Reisenden, die über den Gemmipass wollen.

Sechs Monate hindurch ist dieses Haus in den Berner Alpen offen und wird in dieser Zeit von der Familie Johann Hauser bewohnt; sobald der Schnee sich türmt, das Tal füllt und den Abstieg nach Leuk unpassierbar macht, brechen die Frauen, der Vater und die drei Söhne auf und lassen nur als Wächter im Hause zurück den alten Kaspar Hari und den jungen Führer Ulrich Kunsi mit dem mächtigen Berghund Sam.

Die beiden Männer und das Tier bleiben bis zum Frühjahr in dem Schneekerker dort oben, nichts weiter vor Augen als den riesigen Abhang des weißen Balmhorns, um das herum leuchtend bleiche Gipfel ragen, eingeschlossen und begraben vom Schnee, der sich um sie herum häuft, sie einhüllt und umfängt, das kleine Haus fast erdrückt, sich auf dem Dache türmt, sich gegen die Scheiben legt und die Türen verbarrikadiert.

Es war an dem Tag, wo die Familie Hauser nach Leuk zurückkehrte, weil der Winter nahe war und der Abstieg gefährlich zu werden drohte.

Drei Maulesel gingen voraus, mit Kleidern und Gepäck beladen, von den drei Söhnen geführt. Dann bestiegen die Mutter Johanna Hauser und ihre Tochter Louise ein viertes Maultier und setzten sich ihrerseits in Bewegung.

Der Vater folgte ihnen und die beiden Hüter des Hauses gaben ihnen das Geleit. Sie wollten die Familie bis an den Weg bringen, der an der Felswand herabführt.

Zuerst zogen sie um den kleinen See herum, der nun gefroren dalag in dem Hochtal, das sich vor der Herberge dehnt. Dann schritten sie das Tal hinab, das weiß war wie ein Tischtuch, von allen Seiten von Schneegipfeln überragt.

Die Sonne strahlte herab auf diese weiße, glitzernde Eiswüste, überschüttete sie mit ihrem blendenden kalten Licht. In der unendlichen Weite der Berge schien alles Leben erstorben. Nichts rührte sich in der riesigen Einsamkeit, kein Ton unterbrach die tiefe Stille.

Allmählich schritt der junge Führer Ulrich Kunsi, ein großer Schweizer, schärfer aus und ließ bald den alten Hauser und den alten Kaspar Hari hinter sich, um das Maultier einzuholen, das die beiden Frauen trug.

Die Jüngere sah ihn kommen und schien ihn mit ihrem traurigen Blick zu rufen. Es war ein kleines, blondes Ding, dessen heller Teint und blondes Haar gebleicht schienen durch den langen Aufenthalt in der Gletscherwelt.

Als er sie eingeholt hatte, legte er die Hand auf die Kruppe des Maultieres, das sie trug, und verkürzte seinen Schritt. Frau Hauser fing an, mit ihm zu sprechen, indem sie ihm noch einmal genau alles einschärfte, was die Überwinterung betraf. Er blieb zum ersten Mal dort oben, während der alte Hari schon vierzehn Winter bei Eis und Schnee in der Herberge von Schwarenbach zugebracht hatte.

Ulrich Kunsi hörte zu, aber er schien ihren Worten nicht zu folgen und blickte unausgesetzt das junge Mädchen an. Ab und zu sagte er einmal: »Jawohl, Frau Hauser!«, aber seine Gedanken schienen weit entfernt zu sein und seine ruhigen Züge verrieten keine Bewegung.

Sie kamen an den Daubensee, dessen lange, gefrorene Oberfläche glatt und eben im Talgrund lag. Rechts türmten sich die schwarzen Felsen des Daubenhorns zur Spitze empor neben den riesigen Moränen des Lämmerengletschers, den der Wildstrubel überragte.

Als sie sich dem Gemmipass näherten, wo der Abstieg nach Leuk beginnt, tat sich plötzlich vor ihnen die riesige Kette der Walliser Alpen auf, von denen sie das tiefe, breite Rhonetal trennte.

Dort in der Ferne erhob sich ein ganzes Herr von weißen Gipfeln, verschieden hoch, breit oder spitz, die alle in der Sonne glitzerten: die Mischabelhörner, das mächtige Massiv des Weißhorns, das plumpe Brunnegghorn und die hohe, furchtbare Pyramide des Matterhorns, das so viele Menschenleben schon gekostet hat, endlich die gewaltige Kokette, die Dent-Blanche. Dann erblickten sie unter sich wie in einem riesigen Loch, Leuk, dessen Häuser aussahen gleich Sandkörnern, die man in den gewaltigen Schlund hinuntergeschüttet, zu dem die Gemmi der Schlüssel ist und der sich dort unten zur Rhone öffnet.

Das Maultier blieb stehen am Rande des Weges, der in Schlangenlinien hinabführt, unausgesetzt in Kehren gehend, längs der senkrechten Felswand und einen fantastischen, ganz wundersamen Eindruck macht. Er führt hinab bis zu dem beinahe unsichtbaren Dorf unten an seinem Fuß. Die Frauen sprangen in den Schnee.

Die beiden Alten hatten sie eingeholt.

»Na«, sagte der alte Hauser, »nun lebt wohl und seid guten Mutes. Bis nächstes Jahr und auf Wiedersehen, liebe Freunde!«

Der alte Hari gab zurück:

»Bis nächstes Jahr.«

Sie umarmten sich, dann hielt ihm Frau Hauser ihrerseits die Wange entgegen und darauf das junge Mädchen.

Als Ulrich Kunsi an der Reihe war, flüsterte er Louise ins Ohr:

»Vergesst nicht uns da oben.«

Sie antwortete so leise »nein«, dass er es nicht hören, sondern nur erraten konnte.

»Na, nun lebt wohl!«, wiederholte Johann Hauser, »und bleibt hübsch gesund.«

Dann ging er voraus an den Frauen vorüber und begann den Abstieg.

Bald verschwanden sie alle drei bei der ersten Biegung des Weges.

Und die beiden Männer kehrten zur Hereberge von Schwarenbach zurück.

Sie gingen langsam nebeneinander her, ohne zu sprechen. Jetzt war es aus, jetzt würden die beiden zusammen allein bleiben, vier oder fünf Monate.

Dann fing Kaspar Hari an, vom Leben zu erzählen in früheren Wintern. Er war damals mit Michel Canol oben gewesen, der nun dazu zu alt geworden; denn während dieser langen Einsamkeit kann irgendein Unglück geschehen. Übrigens hatten sie sich nicht weiter gelangweilt, man musste sich eben vom ersten Tage ab darein finden. Und endlich waren sie auf allerlei Zerstreuungen gekommen, Spiele und manchen Zeitvertreib.

Ulrich Kunsi hörte ihm zu mit gesenkten Blicken. Seine Gedanken waren bei denen, die zum Dorfe hinabstiegen auf dem Zickzackweg der Gemmi.

Bald erblickten sie die Herberge, die aber noch kaum zu erkennen war, so klein sah sie aus, als schwarzer Punkt mitten auf der gewaltigen Schneefläche.

Als sie die Tür öffneten, umsprang sie Sam, der große Hund mit dem krausen Fell.

»Na, mein Sohn«, sagte der alte Kaspar, »jetzt haben wir kein Frauenzimmer mehr hier oben, jetzt musst du das Essen machen. Nu schäl mal Kartoffeln.«

Beide setzten sich auf Holzschemel und begannen, die Suppe aufzugießen.

Der folgende Tag schien Ulrich Kunsi lang. Der alte Hari rauchte und spuckte ins Feuer, während der junge Mann durch das Fenster die Schneeberge dem Hause gegenüber betrachtete.

Nachmittags ging er aus und verfolgte denselben Weg wie am Tage vorher. Er suchte auf dem Boden die Hufspuren des Maultieres, das die beiden Frauen getragen hatte. Als er dann am Gemmipass war, legte er sich an den Rand des Abgrundes und blickte nach Leuk hinab.

Das Dorf dort unten in seinem Felsenloch war noch nicht unter der Schneedecke begraben, obgleich sie ihm schon ganz nahe gerückt war. Aber die Nadelholzwälder in der Nähe beschützten es noch. Von oben sahen die niedrigen Häuschen aus wie Pflastersteine auf einer Wiese.

Da unten war nun die kleine Hauser in einem dieser grauen Steinwürfel. In welchem? Die Entfernung war zu groß, als dass Ulrich Kunsi ein einzelnes Gebäude hätte unterscheiden können. Ach, er wäre zu gern hinuntergegangen, jetzt, wo es noch möglich war.

Aber die Sonne war hinter dem großen Gipfel des Wildstrubels verschwunden und der junge Mann kehrte heim. Der alte Hari rauchte. Als er seinen Begleiter wiederkommen sah, schlug er ihm eine Partie Karten vor, und sie setzten sich einander gegenüber an den Tisch.

Sie spielten lange Zeit ein einfaches Spiel, Zehner und Ass genannt. Dann aßen sie zu Abend und legten sich zu Bett.

Die folgenden Tage waren wie der erste, klar und kalt, kein Neuschnee fiel. Der alte Kaspar spähte nachmittags immer nach Adlern aus oder nach den wenigen Vögeln, die sich in die Eiswüsten hier hinauf verirren, während Ulrich regelmäßig zum Gemmipass ging, um das Dorf zu betrachten. Dann spielten sie Karten, Würfel, Domino, gewannen und verloren kleine Gegenstände, um ihrer Partie einen gewissen Reiz zu geben.

Eines Tages rief Hari, der zuerst aufgestanden war, seinen Gefährten. Eine bewegliche dicke, leichte Wolke aus weißem Schaum sank auf sie nieder, um sie herum, lautlos, und begrub sie allmählich unter einer dichten stummen Decke. Das dauerte vier Tage und vier Nächte. Sie mussten Türen und Fenster freimachen, einen Gang in den Schnee graben und Stufen herstellen, um auf die Schneedecke hinaufzugelangen, die zwölf Stunden währender Frost härter gemacht hatte als die Steine auf den Moränen.

Nun lebten sie wie Gefangene und wagten sich kaum mehr aus ihrer Wohnung heraus. Sie hatten sich die anfallenden Arbeiten geteilt und besorgten sie regelmäßig. Ulrich Kunsi hatte das Putzen übernommen, die Wäsche, kurz alles, was die Reinlichkeit betraf. Er musste auch Holz klein machen, während Kaspar Hari kochte und das Feuer unterhielt. Ihre regelmäßige, eintönige Tätigkeit unterbrachen sie nur durch lange Partien Karten oder Würfel. Sie stritten sich nie, beide waren ruhige, vernünftige Leute. Sie wurden sogar niemals ungeduldig, nie schlechter Laune, nie fielen böse Worte.

Manchmal nahm der alte Kaspar sein Gewehr von der Wand und ging davon, auf die Gämsjagd. Ab und zu schoss er eine, dann gab es großen Jubel in der Herberge von Schwarenbach und ein Festessen von frischem Fleisch.

So ging er eines Morgens davon. Der Thermometer draußen zeigte 18 Grad Kälte. Die Sonne war noch nicht aufgegangen. Der Jäger hoffte, sich an die Tiere an den Hängen des Wildstrubels anzupirschen.

Ulrich, der allein geblieben war, blieb bis zehn Uhr liegen. Er war ein Langschläfer, nur in Gegenwart des alten Bergführers, der immer zeitig aufstand und tätig war, wagte er nicht, sich seiner Neigung hinzugeben.

Er frühstückte bedächtig mit Sam, der auch Tag und Nacht am Feuer schlief. Dann kam Traurigkeit über ihn, die Einsamkeit schreckte ihn und das Bedürfnis nach der täglichen Partie Karten regte sich, wie es einem geht, wenn man eine unüberwindliche Gewohnheit hat.

Da ging er hinaus, seinem Gefährten entgegen, der gegen vier Uhr heimkehren musste.

Der Schnee hatte die ganze Tiefe des Hochtals ausgefüllt, alle Unebenheiten ausgeglichen, die beiden Seen zugeschüttet und die Felsen eingehüllt. Zwischen den mächtigen Gipfeln dehnte sich ein einziges regelmäßiges, weißes, eisiges Schneefeld aus, das die Augen blendete.

Seit drei Wochen war Ulrich nicht mehr an den Rand des Abgrunds gegangen, von wo aus er das Dorf sehen konnte. Ehe er die Hänge erklomm, die sich zum Wildstrubel hinanzogen, wollte er dorthin gehen. Jetzt lag Leuk auch unter dem Schnee begraben und die unter dem bleichen Mantel verborgenen Häuser waren gar nicht mehr zu erkennen.

Dann wandte er sich nach rechts zum Lämmerengletscher. Er ging mit dem langen, langsamen Schritt des Bergsteigers und sein eisenbeschlagener Stock traf auf den Schnee, der hart war wie Stein, und mit seinem scharfen Auge suchte er den kleinen, schwarzen, beweglichen Punkt in der Weite auf dem mächtigen, weißen Tuch.

Als er den Gletscher erreicht hatte, blieb er stehen und fragte sich, ob der Alte wohl diesen Weg genommen hatte. Dann ging er die Moräne entlang mit eiligen Schritten, etwas Unruhe im Herzen.

Es fing an, dunkel zu werden. Der Schnee färbte sich rosa. Ein trockener, eisiger Wind blies in Stößen über die kristallene Oberfläche. Ulrich stieß einen scharfen, lang gedehnten Schrei aus. Im Todesschweigen der Berge verhallte sein Ruf. Er ging in die Weite über die starren, gewaltigen Wellen des eisigen

Schaumes wie ein Vogelschrei auf den Wogen des Meeres. Dann verklang er, und kein Echo gab ihm Antwort.

Er setzte sich wieder in Gang. Die Sonne war drüben hinter den Bergspitzen untergegangen, die noch im Widerschein leuchteten. Aber in der Tiefe wurde das Tal schon dunkel. Und plötzlich empfand der junge Mann Angst. Es war ihm, als dränge das Schweigen, die Kälte, die Einsamkeit, der winterliche Tod dieser Berge in ihn hinein, als ließe er sein Blut stocken und zu Eis werden, als erstarrte er seine Glieder und lähmte ihn.

Und er begann, zu laufen, und floh dem Hause zu. Er meinte, der Alte müsse während seiner Abwesenheit zurückgekehrt sein. Er würde wohl einen anderen Weg eingeschlagen haben und säße jetzt vor dem Feuer, die erlegte Gämse zu Füßen.

Bald sah er die Herberge. Kein Rauch stieg daraus auf. Ulrich lief schnell und öffnete die Tür. Sam sprang ihm entgegen und umwedelte ihn, aber Kaspar Hari war nicht zurückgekehrt.

Kunsi drehte sich erschrocken im Kreise herum, als erwartete er, irgendwo in einer Ecke seinen Begleiter versteckt zu finden. Dann zündete er das Feuer wieder an, machte Suppe, immer in der Hoffnung, der Greis möchte zurückkehren.

Ab und zu trat er hinaus, um nachzusehen, ob er denn nicht käme. Die Nacht war eingefallen, die fahle Nacht der Berge, die bleiche, matte Nacht, die nur am Rande des Horizontes durch den gelben Halbmond erhellt ward, der nahe daran war, hinter den Gipfeln zu verschwinden.

Dann kehrte der junge Mann zurück, setzte sich, wärmte sich Füße und Hände und dachte an alle möglichen Unglücksfälle, die etwa eingetreten sein konnten.

Vielleicht hatte sich Kaspar den Fuß gebrochen, war in ein Loch gefallen, hatte einen Fehltritt getan, und sich dabei den Knöchel verrenkt. Und nun lag er dort wahrscheinlich auf dem Schnee, erstarrt vor Kälte mit Verzweiflung in der Seele, verloren, vielleicht um Hilfe rufend mit aller Kraft seiner Lungen im Schweigen der Nacht.

Aber wo? Das Bergrevier war so weit, so steil, so gefährlich ringsum, vor allem zu dieser Jahreszeit, dass man wenigstens zehn oder zwanzig Führer hätte aufbieten und acht Tage lang nach allen Richtungen suchen müssen, um in dieser unendlichen Natur den Verunglückten zu finden.

Aber Ulrich Kunsi fasste den Entschluss, dennoch mit Sam aufzubrechen, wenn etwa Hari zwischen Mitternacht und ein Uhr morgens noch nicht zurückgekehrt wäre.

Er traf seine Vorbereitungen.

Er steckte in den Rucksack für zwei Tage Lebensmittel, band die Steigeisen darauf, legte das lange, starke Seil um und prüfte noch einmal seinen Eispickel, der dazu diente, Stufen in das Eis zu schlagen. Dann wartete er. Das Feuer glimmte im Kamin, der mächtige Hund schnarchte beim Scheine der Flammen. Die Wanduhr in ihrem hohlen Holzkasten tickte regelmäßig wie ein Herz.

Er wartete, aufmerksam in die Weite lauschend, und schauderte zusammen, wenn ein leiser Wind um Dach und Mauern blies.

Es schlug Mitternacht. Er zitterte. Und da ihn die Angst erschauern ließ, stellte er einen Topf mit Wasser auf das Feuer, um recht heißen Kaffee zu trinken noch vor dem Aufbruch.

Als die Uhr eins schlug, erhob er sich, weckte Sam, öffnete die Tür und ging davon in der Richtung nach dem Wildstrubel.

Fünf Stunden lang stieg er hinauf über die Felsen mithilfe seiner Steigeisen, schlug Stufen ins Eis und musste öfters den Hund am Seil mit Gewalt nach sich ziehen, weil derselbe bei zu steilen Hängen ängstlich unten bleiben wollte. Es war gegen sechs Uhr, da erreichte er einen der Gipfel, den der alte Kaspar gewöhnlich bestieg, um nach Gämsen auszuspähen.

Er wartete, bis es Tag wurde. Der Himmel über seinem Kopf wurde blass und plötzlich erhellte ein seltsames Licht, man wusste nicht, woher es kam, die weite Fernsicht der bleichen Gipfel, die sich im Kreise um ihn erhoben. Es war, als ob der Schnee selbst dies unbestimmte Licht ausstrahlte, das die Landschaft beleuchtete. Plötzlich färbten sich die entfernteren höchsten Gipfel mit zartem Rosa und die rote Sonne tauchte hinter den massiven Riesen der Berner Alpen auf.

Ulrich Kunsi setzte sich wieder in Marsch. Gekrümmt ging er dahin wie ein Jäger und suchte Spuren im Schnee zu finden, indem er den Hund antrieb: »Such! Such! Such! Sam! Such!«

Nun stieg er den Berg wieder hinab, spähte in die Abgründe hinunter und rief ab und zu mit lang gezogenem Schrei, der aber bald in der stummen Unendlichkeit erstarb. Da legte er das Ohr an die Erde, um zu lauschen. Es war ihm, als hörte er eine Stimme. Dann begann er seine Wanderung von Neuem, rief wieder, aber er hörte nichts mehr und setzte sich erschöpft und verzweifelt nieder. Gegen Mittag aß er etwas und gab Sam zu fressen, der ebenso müde war wie er selbst. Dann fing er wieder an, zu suchen.

Als der Abend hereinbrach, lief er noch immer. Er hatte schon fünfzig Kilometer Weges in den Bergen zurückgelegt. Da er zu weit vom Hause entfernt war, um noch dorthin zu gelangen, und zu müde war, um sich weiterschleppen zu können, höhlte er ein Loch in den Schnee, legte sich mit seinem Hunde hinein und wickelte sich in eine Decke, die er mitgenommen hatte. Sie schmiegten sich einer gegen den andern, der Mensch und das Tier, um gegenseitig den bis zu den Knochen erstarrten Leib zu erwärmen.

Ulrich schlief kaum. Allerhand Geschichten quälten ihn und er zitterte vor Kälte.

Als es Tag zu werden begann, erhob er sich. Die Beine waren ihm steif geworden wie Eisenstangen, und sein Mut war gesunken, dass er vor Angst hätte schreien können. Sein Herz klopfte heftig, und wenn er in der Ferne nur den leisesten Ton zu hören glaubte, ward er aufgeregt, dass er hätte hinfallen können.

Plötzlich dachte er, er müsse auch sterben in dieser Einsamkeit, und das Entsetzen vor dem Tode stachelte seine Tatkraft an und weckte seine Kräfte.

Er stieg jetzt wieder zur Herberge hinab, fiel, erhob sich wieder und von Weitem folgte ihm der Hund, hinkend auf drei Beinen.

Erst gegen drei Uhr nachmittags kamen sie nach Schwarenbach. Das Haus war leer. Der junge Mann machte Feuer, aß und schlief ein. Er war so erschöpft, dass er an nichts mehr denken konnte.

Er schlief lange, lange in einem unwiderstehlichen Schlaf. Aber plötzlich riss ihn eine Stimme, ein Schrei, der Name »Ulrich!« aus seiner Erstarrung, dass er auffuhr. Hatte er geträumt? War es einer jener seltsamen Rufe, die furchtsame Menschen manchmal im Schlaf zu hören glauben? Nein, er hörte den zitternden Schrei noch, der ihm ins Ohr gedrungen war und ihn nun nicht wieder losließ. Ja gewiss, man hatte geschrien, man hatte seinen Namen gerufen. Es musste jemand da sein beim Hause. Er konnte nicht daran zweifeln. Er öffnete also die Tür und brüllte:

»Bist du es, Kaspar?« – mit aller Kraft der Lungen.

Nichts antwortete, kein Ton, kein Murmeln, kein Stöhnen, nichts. Es war Nacht. Fahl glänzte der Schnee.

Der Wind hatte sich erhoben, ein eisiger Wind, der Steine brechen kann und auf diesen einsamen Höhen nichts am Leben lässt. Er kam in jähen Stößen dahergeweht, die austrocknender und tödlicher sind als der Feuerwind der Wüste. Ulrich rief von Neuem:

»Kaspar! Kaspar! Kaspar!«

Dann wartete er. Alles blieb stumm in den Bergen. Da lief ihm ein Schauer über den Leib und er erstarrte bis ins Mark hinein. Mit einem Satz floh er wieder ins Haus, schloss die Tür und schob den Riegel vor. Dann fiel er zitternd auf einen Stuhl, fest überzeugt, dass ihn sein Kamerad in der Ferne gerufen hatte im selben Augenblick, als er den Geist aufgab.

Dessen war er gewiss, so gewiss, wie man weiß, dass man lebt oder isst. Der alte Kaspar Hari mochte zwei Tage und drei Nächte irgendwo im Sterben gelegen haben, in irgendeinem Loch, in irgendeiner nie betretenen Gletscherspalte, deren Weiß trauriger ist als die schwarze Finsternis im tiefsten Schacht. Zwei Tage und drei Nächte hatte er im Sterben gelegen und eben musste er den Geist aufgegeben haben mit dem Gedanken an den Gefährten. Und als seine Seele kaum frei geworden war, war sie zur Herberge geflogen, wo Ulrich schlief, und hatte ihn vermöge der geheimnisvollen, fürchterlichen Kraft gerufen, die die

Seelen der Toten haben, um die Lebendigen zu quälen. Diese Seele ohne Stimme hatte in der müden Seele des Schläfers getönt, sie hatte ihr letztes Lebewohl oder ihren Vorwurf oder ihren Fluch dem Manne zugerufen, der nicht emsig genug gesucht.

Und Ulrich meinte, sie ganz nahe zu fühlen hinter der Mauer, hinter der Tür, die er eben geschlossen hatte. Jetzt irrte sie wie ein Nachtvogel umher, der mit seinem Gefieder an das erleuchtete Fenster schlägt. Und der junge Mann hätte beinahe vor Schreck laut gebrüllt. Er wollte entfliehen und wagte doch nicht hinauszugehen. Er wagte es nicht und würde es nie wieder wagen, denn das Gespenst blieb dort draußen Tag und Nacht, irrte um das Haus herum, solange der Leichnam des alten Bergführers nicht gefunden und in der geweihten Erde eines Kirchhofs beigesetzt war.

Der Tag brach an, und Kunsi gewann ein wenig Mut beim Strahlen der Sonne. Er bereitete das Frühstück, machte Suppe für den Hund und dann blieb er unbeweglich in qualvollen Gedanken im Stuhl sitzen, immer den Alten vor dem geistigen Auge, wie er draußen auf dem Schnee lag.

Sobald die Nacht wieder auf die Berge sank, überfielen ihn neue Schrecken. Jetzt lief er in der dunklen Küche, die kaum die Flamme eines Lichtes erhellte, auf und ab von einem Ende des Raumes zum anderen mit großen Schritten, lauschte hinaus, horchte, ob der fürchterliche Schrei, der die verflossene Nacht ertönt war, nicht wieder dort draußen die Todesstille unterbräche. Und der Unglückliche fühlte sich allein, allein wie noch nie ein Mensch gewesen war. Er war allein in dieser unendlichen Schneewüste, allein zweitausend Meter über der bewohnten Erde, über Heimstätten, über dem Leben, das dort unten wogt, lärmt und zittert, allein unter dem eisigen Himmel. Eine fürchterliche Angst packte ihn, zu entfliehen, irgendwohin, ganz gleich wie, hinunter zu eilen nach Leuk, indem er sich in den Abgrund stürzte. Er wagte aber nicht einmal, die Tür zu öffnen, er war gewiss, dass der andere, der Tote, sich auf ihn stürzen würde, ihm den Weg zur Rückkehr abzuschneiden, um auch nicht allein zu bleiben dort oben.

Endlich warf er sich gegen Mitternacht, als er müde war vom Hin- und Herlaufen und ermattet von Angst und Furcht, in einen Stuhl, denn er fürchtete sich vor seinem Bett, wie man sich fürchtet vor einem Ort, wo es spukt.

Und plötzlich zerriss ihm der gellende Schrei von neulich wieder das Ohr, so spitz und scharf, dass Ulrich die Arme ausstreckte, um das Gespenst zu verscheuchen, und er fiel mit seinem Stuhl rücklings um.

Sam, den der Lärm geweckt hatte, fing an zu heulen, wie es plötzlich aufgeschreckte Hunde tun, und lief in dem großen Zimmer umher, um zu wittern, woher Gefahr drohe. Als er an die Tür kam, schnupperte er darunter, prustete und schnaubte mit aller Kraft, mit gesträubten Haaren, mit ausgestrecktem Schwanz und lautem Knurren.

Kunsi war erschrocken aufgestanden, fasste den Stuhl bei einem Bein und rief: »Bleib draußen! Bleib draußen! Wenn du reinkommst, schlage ich dich tot!« Und der Hund, den diese Drohung noch mehr erregte, bellte wütend gegen den unsichtbaren Feind, den die Stimme seines Herrn herausforderte.

Sam beruhigte sich allmählich, kam zurück, und streckte sich neben dem Herd hin. Aber er blieb unruhig, hielt den Kopf erhoben, blickte mit leuchtenden Augen um sich und knurrte zwischen den Zähnen.

Ulrich seinerseits war wieder seiner Sinne mächtig. Aber da er fühlte, wie er ganz schwach geworden war vor Schreck, holte er die Schnapsflasche aus dem Speiseschrank und trank schnell hintereinander ein paar Gläser. Seine Gedanken verwirrten sich, er gewann wieder Mut. Feurige Glut lief ihm durch die Adern.

Den anderen Tag aß er kaum und beschränkte sich darauf, Alkohol zu sich zu nehmen. Und mehrere Tage lebte er so dahin in steter Trunkenheit. Sobald er an Kaspar Hari dachte, fing er wieder an, zu trinken, so lange, bis er zu Boden fiel, seiner Sinne nicht mehr mächtig. Und da blieb er auf dem Gesicht liegen, sinnlos betrunken, die Glieder wie zerschlagen, laut schnarchend, die Stirn am Boden. Aber kaum hatte er die Wirkung der brennenden, trunken machenden Flüssigkeit überwunden, so weckte ihn wieder derselbe Ruf: »Ulrich!« Wie eine Kugel, die ihn in den Kopf getroffen hatte. Schwankend richtete er sich auf, tastete mit den Händen umher, um nicht zu fallen, und rief Sam zu Hilfe. Und der Hund, der ganz verrückt zu werden schien wie sein Herr, stürzte zur Tür, kratzte mit den Krallen und nagte mit den langen, weißen Zähnen daran, während der junge Mann mit zurückgebogenem Kopf in tiefen Zügen, wie frisches Wasser nach einem wilden Lauf, den Schnaps hinuntergoss, der ihn bald wieder betäubte und ihm die Erinnerung an den fürchterlichen Schreck und das Entsetzen nahm.

In drei Wochen verbrauchte er den ganzen Vorrat an Alkohol. Aber diese fortwährende Trunkenheit hatte nur sein Entsetzen eingeschläfert, das nun, wo er es nicht mehr betäuben konnte, fürchterlicher zum Ausbruch kam denn je vorher. Diese fixe Idee, die noch stärker geworden war durch fortgesetztes Trinken und nun immer mehr in der vollständigen Einsamkeit wuchs, grub sich in ihn hinein wie ein Bohrer. Jetzt lief er in dem Zimmer wie ein wildes Tier im Käfig umher, legte das Ohr an die Tür, um zu lauschen, ob der andere da sei, und um ihn durch die Mauer hindurch zu erspähen.

Wenn die Müdigkeit ihn übermannte, hörte er die Stimme wieder tönen, dass er aufsprang.

Endlich stürzte er sich eines Nachts wie ein Feigling, der einen jähen Entschluss fasst, auf die Tür und öffnete sie, um den zu erblicken, der ihn rief, und um ihn zum Schweigen zu zwingen.

Der eisige Wind blies ihm ins Gesicht und erstarrte ihn bis auf die Knochen. Er machte die Tür wieder zu, schob den Riegel vor, aber er hatte nicht bemerkt, dass Sam hinausgelaufen war. Dann warf er zitternd Holz ins Feuer und setzte sich davor, um sich zu wärmen. Aber plötzlich fuhr er zusammen. Etwas kratzte und heulte an der Mauer.

Er rief verzweifelt:

»Fort!«

Ein langes, klagendes Geheul antwortete.

Da nahm ihm das Entsetzen alle Vernunft.

Und er rief wieder:

»Fort! Fort!« – und lief im Kreise herum, um irgendeine Ecke zu suchen, wo er sich verstecken könnte. Der andere heulte fortwährend und rannte um das ganze Haus und kratzte an der Mauer. Ulrich stürzte an den Eichenschrank, der voll Schüsseln und Gläsern und Vorräten war, hob ihn mit übermenschlicher Kraft empor, schleppte ihn bis zur Tür, um sie zu verbarrikadieren. Dann türmte er alles, was es an Möbeln gab, übereinander, Matratzen, Strohsäcke, Stühle, und verstopfte die Fenster wie gegen einen Feind, der das Haus belagert.

Aber jetzt fing der da draußen an, fürchterlich zu klagen und zu heulen, und der junge Mann antwortete mit demselben Schrei.

Tage und Nächte vergingen und beide schrien und brüllten. Der draußen lief fortwährend um das Haus herum, kratzte an der Mauer mit den Krallen, mit solcher Gewalt, als wollte er sie einreißen, und der andere da drinnen folgte allen seinen Bewegungen, schlich, das Ohr an die Wand gelegt, gebückt umher und antwortete auf das Klagen draußen mit fürchterlichem Gebrüll.

Eines Abends hörte Ulrich nichts mehr und er setzte sich nieder, so gebrochen von Müdigkeit, dass er sofort einschlief.

Als er aufwachte, wusste er von nichts, hatte keine klaren Gedanken, als ob sein Kopf leer geworden wäre während dieses lähmenden Schlafes. Er hatte Hunger und aß.

Der Winter war zu Ende. Der Gemmipass ward wieder frei. Und die Familie Hauser machte sich bereit, zur Herberge hinaufzugehen.

Sobald sie oben auf der Höhe waren, bestiegen die Frauen das Maultier und sprachen von den beiden Männern, die sie jetzt wiedersehen sollten.

Sie wunderten sich, dass ein paar Tage vorher nicht einer von ihnen heruntergekommen war, sobald nur die Straße passierbar geworden war, um Nachricht zu geben von der langen Überwinterung.

Endlich sah man die Herberge liegen. Sie war noch von Schnee bedeckt und umgeben. Fenster und Tür waren verschlossen. Aus der Esse stieg ein wenig Rauch. Das beruhigte den alten Hauser. Aber als er herankam, sah er an der Schwelle ein großes, auf der Seite liegendes Tierskelett, das die Adler zerfleischt und abgenagt hatten.

Alle betrachteten es.

»Das muss Sam sein«, sagte die Mutter. Und sie rief:

»He, Kaspar!«
Von drinnen antwortete ein Schrei, ein schriller Ruf wie der eines Tieres. Der alte Hauser rief noch einmal:
»He, Kaspar!«
Wieder klang derselbe Laut zurück.

Da versuchten die drei Männer, der Vater und die beiden Söhne, die Tür zu öffnen. Sie widerstand. Sie nahmen aus dem leeren Stall einen langen Balken als Mauerbrecher und rannten mit aller Gewalt dagegen. Das Holz krachte, gab nach und die Bretter flogen in Stücken heraus. Dann klang ein mächtiger Lärm durch das ganze Haus, und sie sahen hinter dem zusammengebrochenen Schrank einen Mann stehen, dessen Haare ihm bis auf die Schultern fielen, mit einem Bart bis auf die Brust. Seine Augen leuchteten, seine Kleider waren in Fetzen.

Sie erkannten ihn nicht. Aber Louise Hauser rief:
»Mutter, das ist ja Ulrich!«
Und die Mutter bestätigte es, dass es Ulrich sei, obgleich seine Haare weiß geworden.

Er ließ sie eintreten, er ließ sich berühren, aber er antwortete auf keine Frage, die man an ihn richtete. Man musste ihn nach Leuk bringen, wo die Ärzte feststellten, dass er wahnsinnig geworden war.

Und nie hat jemand erfahren, was aus seinem Kameraden geworden war.

Die kleine Hauser wäre den folgenden Sommer beinahe an einer Art Auszehrung gestorben, die man der Kälte des Gebirges zuschrieb.

(Guy de Maupassant)

Der böse Winter

Mancher, der nicht gern die Stube und den Ofen hütet, zumal wenn kein Feuer darin ist, denkt noch an den langen Winter von 1812 auf 1813. Mancher aber denkt auch nimmer daran und weiß nichts mehr davon. Ist nicht der Boden und alles, was noch darin ist, eingefroren schon im frühen November und verschlossen geblieben, wie der Himmel zur Zeit Eliä, bis hinaus in den Februar?

Der Hausfreund aber erinnert sich jetzt wieder, was die Alten von dem Winter des Jahrs 1740 erzählt und geschrieben haben, und wie es aussah, nicht nur in Moskau oder Smolensko, nicht nur am Fluss Borysthenes oder an der Düna, nicht nur an der Weichsel, sondern auch am Rheinstrom und an dem Neckar. Die Stuben waren nicht zur Wärme zu bringen. Während der Ofen glühte, gefror zu gleicher Zeit das Wasser an den Fenstern zu Eis, sodass jedes Stüblein, auch noch so klein, gleich der Erde eine heiße Weltgegend hatte und auch eine kalte, nur keine gemäßigte. Wenn man langsam Wasser von einem hohen Fenster herabgoss, es kam kein Wasser auf den Boden, sondern Eis. Nicht immer war es gleich. Aber in den kältesten Tagen, wenn einer aus dem warmen Zimmer gegen den Wind ging, er kam nicht tausend Schritte weit, so bekam er Beulen im Gesicht, und die Haut an den Händen sprang ihm auf. Die Erde war drei Ellen tief gefroren. Wollte der Totengräber einem sein Grab auf dem Kirchhof zurechtmachen, er musste zuerst einen Holzhaufen auf dem Platz anzünden und abbrennen lassen, damit er mit der Schaufel in die Erde kommen könnte. Das Wild erfror in dem Walde, die Vögel in der Luft, das arme Vieh in den Ställen.

In Schweden kamen 300 Menschen um das Leben, die doch dort daheim und der Kälte von Kindesbeinen an gewohnt und nicht auf dem Heimweg aus einem russischen Feldzug waren. In Ungarn aber erfroren achtzigtausend Ochsen.

Aber das kühne und mutwillige Menschengeschlecht weiß fast alle Schwierigkeiten und Anfechtungen zu besiegen, welche die Natur seinem Beginnen entgegenstellt. Es hat sich nicht zweimal sagen lassen: »Machet sie euch untertan.« Denn die Küfer in Mainz verfertigten damals zum Andenken mitten auf dem Rhein ein Fass von sieben Fuder und zwei Ohm, trotz der Kälte. Aber die Heidelberger Bäcker meinten, das sei noch nicht das Höchste, was man tun könne. Denn der Pfälzer will alles noch ein wenig weiterbringen als andere Leute. Also setzten sie mitten auf dem Neckar, wo nach wenigen Monaten wieder die Schiffe fuhren, einen Backofen auf, und es ist manches Laiblein Weißbrot und Schwarzbrot aus demselben gezogen und zum Wunder und Andenken gegessen worden.

Dies ist geschehen im Winter des Jahrs 1740.

(Johann Peter Hebel)

Das Posthorn

Es war einmal ein sehr kalter Winter, da fuhr ein Postillion auf dem Schwarzwalde in einem Hohlwege und sah einen Wagen auf sich zukommen, nahm sein Horn und wollte dem Fuhrmann ein Zeichen geben, dass er stillhalte und ihn erst vorbeilasse; allein der Postillion mochte sich anstrengen wie er wollte, er konnte doch keinen einzigen Ton aus dem Horne hervorbringen. Deshalb kam der andre Wagen immer tiefer in den Hohlweg hinein, und da keiner von beiden mehr ausweichen konnte, so fuhr der Postillion geradeswegs über den andern Wagen hinweg. Damit aber dergleichen Unbequemlichkeiten nicht noch einmal vorkommen möchten, so nahm er alsbald wieder sein Horn zur Hand und blies alle Lieder hinein, die er nur wusste; denn er meinte, das Horn sei zugefroren, und er wollte es durch seinen warmen Atem wieder auftauen. Allein es half alles nichts; es war so kalt, dass kein Ton wieder herauskam.

Endlich gegen Abend kam der Postillion in das Dorf, wo ausgespannt wurde und wo ein andrer Knecht ihn ablöste. Da ließ er sich einen Schoppen Wein geben, um sich zu erwärmen; weil aber in dem Wirtshause grade eine Hochzeit gefeiert wurde und die Stube von Gästen ganz voll war, so begab er sich mit seinem Wein in die Küche, setzte sich auf den warmen Feuerherd, hing sein Horn auf einen Nagel an die Wand und unterhielt sich mit der Köchin. Auf einmal aber erschrak er ordentlich, als das Posthorn von selbst zu blasen anfing; da blies es zuerst einige Male das Zeichen, das die Postillione gewöhnlich geben, wenn jemand ausweichen soll; dann aber auch alle Lieder, die er unterwegs hineingehaucht hatte und die darin festgefroren waren und die jetzt an der warmen Wand alle nacheinander wieder auftauten und herauskamen, z. B. »Schier dreißig Jahre bist du alt u.s.w.« – »Du, du liegst mir am Herzen« – »Mädle, ruck ruck ruck« und andere Schelmenlieder. Zuletzt auch noch der Choral: »Nun ruhen alle Wälder«, denn dies war das letzte Lied, welches der Postillion hineingeblasen hatte.

Der große Schneefall im Bayrischen Walde

In der Nacht von Sonntag auf Montag erhob sich ein Wind, der morgens zum Sturme wuchs. Als es graute, sah ich, dass die Gegend mit Schnee bedeckt sei, und als die Tageshelle gekommen war, sah ich auch, dass es heftig schneite. Das Thermometer zeigte Null Grad. Ich hoffte daher, dass unter Tags Regen kommen werde, aber es blieb bei Null, und das Schneien wurde stärker. Ich fasste Besorgnisse. Um zwölf Uhr kam der Wagen. Der Kutscher sagte zu mir: »Sie können nicht fahren. Es sind schon Schneeverwehungen. Auf dem Rosenberger Wege herauf brauchte ich Männer, die mir den Wagen hielten, dass er nicht stürze, und die Pferde sanken oft bis an den Bauch. Ich werde nach Schwarzenberg trachten. Von dort ist die Straße fahrbarer, vielleicht komme ich nach Aigen. Wenn es nicht geht, warte ich in Schwarzenberg auf das Weitere.« Alle Männer, der Pächter, der Wirt und die im Gasthause waren, sagten, ich dürfe mich der Gefahr nicht aussetzen, auf freiem Felde mit dem Wagen liegen bleiben zu müssen. Wie hier die Gegend und wie jetzt die Jahreszeit ist, wird es sich bald ändern. Der Schnee ist ganz nass, morgen regnet es, und alles ist gut. Ich sagte also zu dem Kutscher, er möge wieder mit Männern den Wagen nach Schwarzenberg bringen und dort tun, wie er für gut finde. Sei er morgen in Schwarzenberg, und es trete Regen ein, und man könne fahren, so möge er wieder um mich kommen. Er sagte es zu, und in einer Stunde fuhr er fort.
 Und von nun an erlebte ich ein Naturereignis, das ich nie gesehen hatte, das ich nicht für möglich gehalten hätte und das ich nicht vergessen werde,

solange ich lebe. Es wurde ein Schneesturm, wie ich ihn nie ahnte, und es wurden Wirkungen, die weit über mein Wissen gingen. Und zweiundsiebzig Stunden dauerte die Erscheinung bei ihrem ersten Auftreten ununterbrochen fort.

Als sich der Kutscher entfernt hatte, stand ich an dem Fenster und betrachtete, was draußen geschah. Anna, meine Haushälterin, erzählte mir Geschichten, wie Menschen an Orten eingeschneit worden seien und lange nicht fortgekonnt hatten. Da ich selber in einem Schneelande geboren und mit Winterstürmen vertraut bin und weiß, wie das ausläuft, achtete ich nicht auf sie. Ich kehrte meine Aufmerksamkeit nach außen. Die Gestaltungen der Gegend waren nicht mehr sichtbar. Es war ein Gemisch da von undurchdringlichem Grau und Weiß, von Licht und Dämmerung, von Tag und Nacht, das sich unaufhörlich regte und durcheinander tobte, alles verschlang, unendlich groß zu sein schien, in sich selber bald weiße, fliegende Streifen gebar, bald ganz weiße Flächen, bald Ballen und andere Gebilde und sogar in der nächsten Nähe nicht die geringste Linie oder Grenze eines festen Körpers erblicken ließ. Selbst die Oberfläche des Schnees war nicht klar zu erkennen. Die Erscheinung hatte etwas Furchtbares und großartig Erhabenes. Die Erhabenheit wirkte auf mich mit Gewalt, und ich konnte mich von dem Fenster nicht trennen. Nur war ich des Kutschers wegen, der jetzt zwischen mir und Schwarzenberg sein musste, besorgt. Das Thermometer stand unbeweglich auf Null.

Da ich einen Spaziergang im Freien nicht machen konnte, nahm ich meinen Mantel um und ging in dem Gange des Hauptgebäudes im ersten Stockwerk hin und wieder. Ich blickte auch hier mit Staunen durch die Fenster der beiden Ebenen des Ganges hinaus. Es war immer dasselbe, das Außerordentliche. Überall im Hause war Schnee, weil er durch die feinsten Ritzen eindrang.

Gegen die Dämmerung ließ ich meinen Boten Joseph aus dem Nebenhäuschen des Rosenberger Hauses holen und fragte ihn, ob er sich nach Schwarzenberg zu gehen getraue.

»Mit einer Laterne schon«, sagte er, »es ist nicht so schreckhaft.«

Ich gab ihm einen Brief an meine Gattin, worin ich ihr meldete, dass ich wegen zu starken Schneiens nicht abreise, dass ich aber den ersten bessern Tag zur Abreise benützen werde; ich trug ihm auf, dass er auf die Post warten und mir den Brief, der aus Linz kommt, bringen möge.

Er ging später mit einer Laterne fort.

Ich packte aus meinem Koffer wieder einiges Notwendiges aus und saß dann mit Anna bei unserm Lichte an dem Tische. Wie es draußen sei, konnten wir nicht erkennen, da alles völlig schwarz geworden war; aber den Sturm hörten wir rütteln, und das sahen wir, dass die Fenster unserer Küche und der Kammer daneben, die keine Außenfenster hatten, schon ganz zugeschneit waren.

Da wir unsere Abendsuppe gegessen hatten, schickte ich Anna in ihre Schlafkammer im Hauptgebäude und wartete auf meinen Boten. Er kam eine halbe Stunde nach zehn Uhr bis auf die Brust hinauf mit Schnee überhüllt.
»Morgen kann niemand mehr ausgehen«, sagte er und gab mir den Brief.
Auf mein Befragen erzählte er mir, dass der Kutscher aus Aigen nicht in Schwarzenberg geblieben, sondern nach Aigen fort sei. Die Post, die in einem Schlitten gekommen sei, habe ihn in Ulrichsberg gesehen, von wo er bis Aigen keine Gefahr mehr habe. Ich reichte ihm seinen Lohn, ließ ihn durch meine untere Treppentür ins Freie und versperrte mich dann in meiner Wohnung. Mariens, unserer Magd, Brief sagte mir, es gehe immer besser, und meine Gattin freue sich schon, dass ich bald nach Linz kommen werde.
Ich suchte nun meine Ruhestätte, in welche wenig Schlaf gelangte.
Es erschien nun der Dienstag, und bei dem ersten Tagesschimmer sahen wir, dass es draußen gedauert habe wie gestern, und dass es noch dauere. An den Mauern des Hauptgebäudes sahen wir jetzt das Emporwachsen des Schnees. Vor unseren Fenstern war ein Berg desselben, aus dem Garten dämmerte einer herüber, der schon höher war als das Gartenhaus, die Tür des Hauptgebäudes war verschneit, sodass, als eine Magd sie von innen öffnete, der Schnee auf sie hereinfiel, dass sie mit hölzernen Schaufeln ausgeschaufelt werden musste. Die Mauern waren weiß, und von allen Vorsprüngen und Dächern hingen die vielgestaltigsten Schneeungetüme nieder. Ich konnte nichts tun, als immer in das Wirrsal schauen. Das war kein Schneien wie sonst, kein Flockenwerfen, nicht eine einzige Flocke war zu sehen, sondern wie wenn Mehl von dem Himmel geleert würde, strömte ein weißer Fall nieder, er strömte aber auch wieder gerade empor, er strömte von links gegen rechts, von rechts gegen links, von allen Seiten gegen alle Seiten, und dieses Flimmern und Flirren und Wirbeln dauerte fort und fort und fort, wie Stunde an Stunde verrann. Und wenn man von dem Fenster wegging, sah man es im Geiste, und man ging lieber wieder zum Fenster. Der Sturm tobte, dass man zu fühlen meinte, wie das ganze Haus bebe. Wir waren abgeschlossen, die ersten Bäume der Allee, zwanzig Schritte entfernt, waren nicht mehr sichtbar. Zum nächsten Hause geht man sonst in einigen Minuten. Sie konnten nicht zu uns, wir nicht zu ihnen. Von Ausschaufeln, selbst zu dem einige Schritte entfernten Gasthause, war bei diesem Sturm keine Rede. Man konnte nur das Toben anschauen und hatte keine Ahnung, wohin das führen werde.
Von meiner Gattin konnte ich keine Nachricht erhalten. Nach Schwarzenberg war nicht zu gelangen, und die Post konnte bei diesem Wetter nicht gehen. Wenn sie nun von mir, der ich täglich geschrieben hatte, kein Schreiben mehr erhält, wenn sie aus der Zeitung erführe, dass die Posten aus dem Walde ausgeblieben sind, wenn sie rückfällig würde! Aber mit allen Gedanken konnte man nichts als nur harren. Der Barometerstand und der Thermometerstand waren

wie gestern, es konnte jeden Augenblick regnen; aber es regnete nicht und regnete nicht.

Es wurde Mittag, es wurde Nachmittag, es wurde Abend. Immer das Gleiche. In der Finsternis, da man das Flirren nicht sah, musste man es sich vorstellen und stellte es sich ärger vor, als man es bei Tage gesehen hätte. Und zuletzt wusste man auch nicht, ob es nicht ärger sei. Ich legte mich ins Bett, der Sturm tönte, als wollte er den Dachstuhl des Hauses zertrümmern.

Es kam Mittwoch.

Das Tageslicht zeigte die gleiche Erscheinung. Der Gipfel des Schneeberges, der einige Schritte entfernt vor meinen Fenstern stand, reichte bis zu mir herauf. Der Schneewulst im Garten war emporgewachsen, dass er in gleicher Höhe mit den Fenstern des ersten Stockwerkes stand, und die Tür am untern Ende der Treppe zu meiner Wohnung, die nach außen aufging, konnte nicht mehr geöffnet werden. Und immer noch dauerte das Schneeflirren fort.

Was anfangs furchtbar und großartig erhaben gewesen war, zeigte sich jetzt anders. Es war nur mehr furchtbar. Ein Bangen kam in die Seele. Die Starrheit des Wirbelns wirkte fast sinnbestrickend, und man konnte dem Zauber nicht entrinnen. Dazu der Gedanke, wenn etwa, wie die Knechte fahrlässig sind, in den Scheuern des Hauses Feuer ausbräche, was dann? Wir hatten an diesem Tage auch nur mehr das letzte Stückchen Fleisch; ich aß aber keins.

Nachmittags stieg das Barometer sehr rasch und hoch, und es kam wie ein Lichtschein in mein Gemüt. Gegen den Morgen hörte der Wind auf, und es ward still. Später sah ich Sterne durch die Fenster hereinscheinen.

Am nächsten Tage, Donnerstag, war an dem tiefblauen Himmel kein Wölklein, und die Sonne strahlte auf das unermessliche Weiß blendend hernieder. Der Pächter ließ einen Weg in das Gasthaus schaufeln. Menschen kamen hoch auf dem Schnee mit Schneereifen zu uns und in das Gasthaus. Ich ging auch in dasselbe. Dort sahen die Angekommenen verstört aus, und achtzigjährige Männer sagten, dass sie das nie erlebt haben. Ich ließ bei dem Bürgermeister der Lakerhäuser anfragen, wann er schaufeln lassen werde. Er antwortete, morgen werde er einsagen lassen. Das war mir zu spät. Ich bestellte nun durch Joseph eine Zahl Männer und trug ihnen auf, sie mögen einen Weg schaufeln, dass ein Schlitten durchkommen könne. Sie machten sich ans Werk.

Später kam Joseph zurück und sagte, alles sei in Ordnung. Ich hatte nun eine ruhigere Nacht.

Der nächste Tag, Freitag, war still und sanft bewölkt. Mittags stand ich am Fenster und erwartete den Schlitten. Alles war gepackt. Ich in Reisekleidern. Aber der Schlitten kam nicht, und es kam keine Nachricht. Ich war in unbeschreiblicher Unruhe. Nachmittags fiel das Barometer ebenso rasch, als es mittags gestiegen war. Abends legte ich mich zu Bett, konnte aber nicht schlafen.

Es war mir immer, ich höre ein schwaches Sausen. Das Sausen war auch wirklich, es wuchs, und noch vor Mitternacht war Sturm.

Morgens, Samstag, war der Schneesturm wieder so stark wie in den frühern Tagen, mein geschaufelter Weg war wieder zu. Alles war vergeblich gewesen. Das Thermometer zeigte Null. Wie lange wird nun der Sturm dauern und was

wird werden, wenn die neuen Schneemassen zu den alten kommen und wenn sie so hoch sind wie die alten und wenn sie höher sind? Mir klebte die Zunge an dem Gaumen, ich aß nichts mehr, sondern träufelte nur Liebigs Fleischextrakt in warmes Wasser und trank die Brühe. Das Flirren war nun geradezu entsetzlich, und es riss die Augen an sich, wenn man auch nicht wollte. Nachmittags stieg das Barometer wieder rasch. Die Nacht war ohne Schlaf.

Der folgende Tag, Sonntag, war still, aber trüb. Die Leute traten, da sie zu uns kamen und von uns gingen, mit Schneereifen auf dem feuchten Schnee so feste Fußstapfen, dass man auf ihnen gehen konnte. Jeder Tritt aber seitwärts hätte unberechenbares Einsinken zur Folge gehabt. Nachmittags ging ich, auf diese Fußstapfen tretend, die Allee entlang und weiter fort. Ich ging Schneestiegen hinan und Schneestiegen hinab. Alleebäume sahen mit ihren Kronen wie Gesträuche aus dem Schnee. Alles war anders. Wo ein Tal sein sollte, war ein Hügel, wo ein Hügel sein sollte, war ein Tal, und wo der Weg unter dem Schnee gehe, wusste ich nicht; denn man hatte die Ruten zur Bezeichnung desselben noch nicht gesteckt. Der erhabene Wald, obwohl ganz beschneit, war doch dunkler als all das Weiß und sah wie ein riesiger Fleck fürchterlich und drohend herunter. Bekannte Gestaltungen der Ferne vermochte ich nicht zu finden. Neben der Kapelle war ein Schneerücken, von dessen Schneide man auf das Kapellendach nieder sah. Ich brauchte zu einem Wege von Minuten eine Stunde.

Am Montag war leichtes Schneien mit etwas Wind. Es fielen zum ersten Male wieder Flocken.

Ich hielt mich für krank, weil ich schon den dritten Tag nichts gegessen hatte. Ich sandte Joseph um den Arzt nach Schwarzenberg. Dieser kam mit Schneereifen, in Schweiß gebadet, und hatte drei Stunden gebraucht. Er untersuchte mich und sagte dann, ich sei nicht krank, könne es aber werden. Mein Entschluss war nun gefasst. Ich ließ Joseph holen und beauftragte ihn, er möge mir Männer bestellen, die mit Schneereifen morgen beim Tagesgrauen zu mir kommen sollen. Ich werde nach Schwarzenberg gehen, und weil ich es mit Schneereifen nicht kann, so sollen sie mit ihren Schneereifen mir einen Pfad auf dem Schnee niedertreten, der mich trägt. Einer soll mein Gepäck mit einem Handschlitten ziehen. Joseph versprach, alles zu besorgen.

So kam die Nacht. Mein Wunsch war nur der einzige: nur morgen kein Sturm.

Die Nacht war ruhig. Der Tag brach an und hatte grauen Himmel und leichtes Gestöber. Da kamen die Männer und Joseph. Ich sagte ihnen noch einmal mein Anliegen, und sie antworteten, so gehe es. Anna rang die Hände. Ich bat sie aber, meine Habschaften, die da bereitlägen, dem Manne auf den Schlitten packen zu helfen, ich gehe gleich fort, ich könne nicht mehr warten. Dann dankte ich ihr, da sie bitterlich weinte, für alle Sorgfalt und Treue und nahm Abschied. Ich ging nun, in meinen Oberrock geknöpft, die Treppe hinunter, verabschiedete mich unten von dem Pächter und seiner Frau und trat meinen Weg an. Die Männer stampften, Fuß neben Fuß setzend, vor mir einen Pfad. Es ging so langsam, dass ich kaum in jeder Sekunde einen Schritt machen konnte; aber der Pfad trug mich. Gegen die stechenden Nadeln, die waagerecht in der Luft daherflogen, spannte ich den Regenschirm auf. So kamen wir weiter. Wir überwanden Schneehügel, Schneewülste, Schneefelder. Um und über uns war dichtes Grau, unter uns das Weiß. Ich hätte allein die Richtung nicht gefunden. Ich fand mich erleichtert. Der Mann mit dem Schlitten kam uns nach und war erfreut; denn der Wind verwehte in kurzer Strecke hinter uns den Pfad wieder. Ich glaubte, wir kommen nie mehr zu dem Aufseherhause. Endlich erkannte ich in der dichten Luft die Umrisse des Hauses, und wir kamen bald zu demselben. Dort auf der Waldkirchner Straße wurde es besser. Auch das war besser, dass wir gegen Osten gingen und den Wind im Rücken hatten. Im Zollhause konnten die Schneereifen abgelegt werden, und wir vermochten nun, auf der österreichischen Straße in gewöhnlichem Schritte fortzugehen. Und so kamen wir nach einer Wanderung von mehreren Stunden in das Gasthaus von Schwarzenberg.

In einer Stunde waren die Pferde und der Schlitten in Bereitschaft. Meine Sachen wurden aufgepackt, ich stieg mittels eines Schemels über die Leiter in den Schlitten, machte mir aus Werg Überschuhe, hüllte mich in meinen Pelz, breitete noch meinen Mantel und Plaid über die Füße und war in Ordnung. Meine Schneereifenmänner und die anderen Leute umringten den Schlitten, um von mir Abschied zu nehmen. Ich sagte ihnen ein herzliches Lebewohl, und Martin führte mich von dannen ...

Meine Gattin hatte mich nicht erwartet. Das Wiedersehen war freudig und schmerzlich. Ich fand sie außer dem Bett, aber noch schwach und angegriffen. Jedoch die Krankheit war völlig behoben. Wir saßen nun beieinander und erzählten uns unsere Erlebnisse. Sie war sichtlich gesünder, weil ich nur da war, und ich war es, weil ich sie doch außer aller Gefahr fand. Die freundlichen, warmen, vor jedem Unwetter geschützten Räume meiner Wohnung waren mir wie ein Paradies.

Jedoch monatelang, wenn ich an die prachtvolle Waldgegend dachte, hatte ich, statt des grün und rötlich und violett und blau und grau schimmernden Bandes, nur das Bild des weißen Ungeheuers vor mir. Endlich entfernte sich auch das, und das lange eingebürgerte, edle Bild trat wieder an seine Stelle.

Das Unwetter wurde aber nach meiner Abreise noch ärger. Martin brauchte vier Tage zur Rückfahrt, und die Verbindung für Schlitten war zwischen den Lakerhäusern und Schwarzenberg noch drei Wochen lang unterbrochen.

(Adalbert Stifter)

Der Reiter und der Bodensee

Gustav Schwabs Ballade vom Reiter, der im tiefen Winter den Bodensee mit einem Kahn überqueren will, aber das Ufer verfehlt und, ohne es zu wissen, weiterreitet und den gefrorenen und tief eingeschneiten Bodensee überquert, fußt auf einer schwäbischen Sage. Hierher rührt die Redensart vom »Ritt über den Bodensee«: Sie bedeutet ein gefährliches Unternehmen, das jemand eingeht, ohne das Risiko vorab zu kennen, von dem er erst im Nachhinein erfährt.

Der Reiter reitet durchs helle Tal,
Auf Schneefeld schimmert der Sonne Strahl.

Er trabet im Schweiß durch den kalten Schnee,
Er will noch heut an den Bodensee;

Noch heut mit dem Pferd in den sichern Kahn,
Will drüben landen vor Nacht noch an.

Auf schlimmem Weg, über Dorn und Stein,
Er braust auf rüstigem Ross feldein.

Aus den Bergen heraus, ins ebene Land,
Da sieht er den Schnee sich dehnen wie Sand.

Weit hinter ihm schwinden Dorf und Stadt,
Der Weg wird eben, die Bahn wird glatt.

In weiter Fläche kein Bühl, kein Haus,
Die Bäume gingen, die Felsen aus;

So flieget er hin eine Meil, und zwei,
Er hört in den Lüften der Schneegans Schrei;

Es flattert das Wasserhuhn empor,
Nicht anderen Laut vernimmt sein Ohr;

Keinen Wandersmann sein Auge schaut,
Der ihm den rechten Pfad vertraut.

Fort geht's, wie auf Samt, auf dem weichen Schnee,
Wann rauscht das Wasser, wann glänzt der See?

Da bricht der Abend, der frühe, herein:
Von Lichtern blinket ein ferner Schein.

Es hebt aus dem Nebel sich Baum an Baum,
Und Hügel schließen den weiten Raum.

Er spürt auf dem Boden Stein und Dorn,
Dem Rosse gibt er den scharfen Sporn.

Und Hunde bellen empor am Pferd,
Und es winkt im Dorf ihm der warme Herd.

»Willkommen am Fenster, Mägdelein,
An den See, an den See, wie weit mag's sein?«

Die Maid, sie staunet den Reiter an:
»Der See liegt hinter dir und der Kahn.

Und deckt' ihn die Rinde von Eis nicht zu,
Ich spräch, aus dem Nachen stiegest du.«

Der Fremde schaudert, er atmet schwer:
»Dort hinten die Ebne, die ritt ich her!«

Da recket die Magd die Arm in die Höh:
»Herr Gott! so rittest du über den See!

An den Schlund, an die Tiefe bodenlos,
Hat gepocht des rasenden Hufes Stoß!

Und unter dir zürnten die Wasser nicht?
Nicht krachte hinunter die Rinde dicht?

Und du wardst nicht die Speise der stummen Brut,
Der hungrigen Hecht in der kalten Flut?«

Sie rufet das Dorf herbei zu der Mär,
Es stellen die Knaben sich um ihn her.

Die Mütter, die Greise, sie sammeln sich:
»Glückseliger Mann, ja, segne du dich!

Harte Winter

Herein, zum Ofen, zum dampfenden Tisch,
Brich mit uns das Brot und iss vom Fisch!«

Der Reiter erstarrt auf seinem Pferd,
Er hat nur das erste Wort gehört.

Es stocket sein Herz, es sträubt sich sein Haar,
Dicht hinter ihm grinst noch die grause Gefahr.

Es siehet sein Blick nur den grässlichen Schlund,
Sein Geist versinkt in den schwarzen Grund.

Im Ohr ihm donnert's, wie krachend Eis,
Wie die Well umrieselt ihn kalter Schweiß.

Da seufzt er, da sinkt er vom Ross herab,
Da ward ihm am Ufer ein trocken Grab.

(Gustav Schwab)

Das brave Mütterchen

Es war im Winter, und das Eis stand. Da beschlossen die Husumer, ein großes Fest zu feiern; sie schlugen Zelte auf, und Alt und Jung, die ganze Stadt versammelte sich draußen. Die einen liefen Schlittschuh, die andern fuhren in Schlitten; in den Zelten erscholl Musik, und Tänzer und Tänzerinnen schwenkten sich herum, und die Alten saßen an den Tischen und tranken eins. So verging der ganze Tag, und der helle Mond ging auf; aber der Jubel schien nun erst recht anzufangen.

Nur ein altes Mütterchen war von allen Leuten allein in der Stadt zurückgeblieben. Sie war krank und gebrechlich und konnte ihre Füße nicht mehr gebrauchen; aber da ihr Häuschen auf dem Deiche stand, konnte sie von ihrem Bette aus aufs Eis hinaussehen und die Freude betrachten. Wie es nun gegen den Abend kam, da gewahrte sie, indem sie auf die See hinaussah, im Westen ein kleines, weißes Wölkchen, das eben am fernen Horizonte aufstieg. Gleich befiel sie eine unendliche Angst; sie war in früheren Jahren mit ihrem Manne zur See gewesen und verstand sich wohl auf Wind und Wetter. Sie rechnete nach: In einer kleinen Stunde wird die Flut da sein, dann wird ein Sturm losbrechen, und alle sind verloren. Da rief und jammerte sie, so laut als sie konnte; aber niemand war in ihrem Hause, und die Nachbarn waren alle auf dem Eise;

keiner hörte sie. Immer größer ward unterdes die Wolke und allmählich immer schwärzer; noch einige Minuten, und die Flut musste da sein, der Sturm losbrechen. Da rafft sie alle ihre Kraft zusammen und kriecht auf den Händen und Füßen aus dem Bette zum Ofen. Glücklich findet sie noch einen Brand, schleudert ihn in das Stroh ihres Bettes und eilt, so schnell sie kann, hinaus, sich in Sicherheit zu bringen. Das Häuschen stand nun augenblicklich in Flammen, und wie der Feuerschein vom Eise aus gesehen ward, stürzte alles in wilder Hast dem Strande zu. Schon sprang der Wind auf und fegte den Staub auf dem Eise vor ihnen her; der Himmel ward dunkel, das Eis fing an, zu knarren und zu schwanken; der Wind wuchs zum Sturm, und als eben die letzten den Fuß aufs feste Land setzten, brach die Decke, und die Flut wogte an den Strand. So rettete die arme Frau die ganze Stadt und gab ihr Hab und Gut daran zu deren Heil und Rettung.

Auf dem Grunde des Schneemeeres

Gleich einer tobenden Brandung steht der scharfe Atem des Eismeers mit seiner zu Eisflocken erstarrten Feuchte gegen das Tal. Wie wild aufschäumendes Wasser überschwemmt es die steinhart gefrorene Erde, auf der sich das rauhfüßige Schneehuhn duckt und einschneien lässt, in seinem Schneeloch sein Leben mit der Wärme des eigenen Blutes zu fristen. Wie Wahnsinnsausbrüche zügelloser Naturmächte umheult der schäumende Schnee jeden Stein, jeden Hügel, jedes Haus, jede Klippe. Heute Nacht gibt's keine Gnade. Alles, was heute draußen ist, muss sterben.

Die kleinen Hütten in Grundarkot erzittern unter den grimmigen Pranken des Sturmes. Wie ein Ungeheuer, das ausgeht, alles Leben zu vernichten, brüllt er draußen vor den Fenstern seinen wahnwitzigen Gesang. Die Kinder sind aus ihrem Bett in das der Mutter gekrochen und drücken sich dicht an sie. Dumpfes Schweigen liegt über der kleinen Stube.

In einer solchen Nacht gibt es am ganzen Hedingsfjord nicht viel Schlaf – an diesem Fjord, der nach Norden offen liegt, offen für die Geister des Winters, an diesem Fjord, der zur Mittsommerzeit den blutigen Schein der Mitternachtssonne auf seinen Wellen wiegt. Der Wintersonnwend-Sturm, der draußen rast – er kann einmal früher kommen und einmal später, nie aber bleibt er aus –, fährt hin über nackte, zitternde Herzen unter den Dächern der Hütten, fährt hin über Seelen, deren Saiten bis zum Springen gespannt sind.

Die bitteren Erfahrungen von Jahrhunderten haben es diesen Menschen eingeprägt: In einer solchen Nacht geschieht etwas. Morgen – oder vielleicht in einer Woche, vielleicht auch erst in vierzehn Tagen – wird es sich zeigen, wen es diesmal getroffen hat und wie hart. Nur das steht fest: Etwas Böses ist geschehen. Ein noch unbekanntes Unheil wird aus diesen gnadenlosen Nächten erwachsen. Das Wissen liegt jedem im Blut, ererbt, immer wieder aufgefrischt, unausrottbar. Wenn man von einem Hausgenossen spricht, der nicht daheim ist, geschieht es in leichtem Ton, aber – mit unheilverkündenden Pausen. Vielleicht wird man weinen, wenn er glücklich und heil heimkehrt. Dann löst sich das Herz in Freude. Dann fällt eine Träne. Solange aber offene Gefahr besteht, wird ungern von dem gesprochen, der nicht da ist.

Selbst Klein-Gudny sitzt dies im Blut – erst spät in der Nacht wagt sie, zu fragen: »Mutter, glaubst du, dass der Vater noch vor dem Sturm hereingekommen ist?« Dann bricht sie in Tränen aus.

Es ist Arni, der spricht: »Die müssen mächtig guten Wind gehabt haben, draußen vorm Fjord, gerade bevor der Sturm losbrach! Wenn sie zur rechten Zeit draußen waren, dann …«

Arni spricht damit der Mutter einzige Hoffnung aus: Das Boot mit ihrem Mann musste eigentlich schon aus dem Hedingsfjord gewesen sein, bevor der Sturm ernstlich losbrach!

»Vater hat sich bestimmt auch heute Abend durchgeschlagen«, wagt Arni schließlich, zu prophezeien – aber der Ton seiner Stimme straft die Bestimmtheit seiner Worte Lügen.

Ähnliche Gedanken hatte übrigens auch die Mutter. Fröskuld war ein Mann ohne Furcht. Und ein Mann ohne Furcht hat zehn Auswege, wo andere nur einen haben – oder gar keinen.

Aber freilich – auch einem Mann ohne Furcht kann ein Unglück zustoßen. Gudny trug im Blut ein teuer erkauftes Wissen um die Härte des Lebens hier in den rauhesten Strichen des Landes. Sie hoffte. Aber sie war auf alles gefasst.

Es war draußen still geworden. Sonderbar still. Unwahrscheinlich still …

Bei der Heftigkeit des Unwetters schien es fast undenkbar, dass es schon vorüber sein sollte. Gudny lauscht – – hören kann sie nichts.

Gudny steht noch im nächtlichen Dunkel auf und versorgt die Kuh und die Schafe. Dann geht sie wieder zu den zwei Kindern zurück. Nein – die Kinder schlafen nicht. Zwei strahlende Augenpaare begegneten dem roten Schein der Tranlampe, als die Mutter über das Bett hinleuchtete. Und mit äußerst wacher Stimme fragte Arni: »Warum wird es heute gar nicht hell, Mutter?«

Gudny stutzte. Aber das währte nur einen Augenblick, sie blieb unschlüssig stehen und lauschte, dann sagte sie ruhig: »Gleich geh' ich hinaus und versuche, den Schnee von den Scheiben zu kratzen, Kinderchen!«

Arni war im Nu aus dem Bett: »Das kann ich ja tun, Mutter!«

Wie die Mutter und Arni versuchen, den Schnee zu entfernen, merken sie, dass er viel zu dicht ist und sie nicht durchkommen. Selbst der Weg zum Torfschuppen ist verschneit.

Gudny blieb eine Weile im Dunkeln stehen und suchte sich an den Gedanken zu gewöhnen, dass sie ernstlich eingeschneit waren.

Solange das Unwetter dauerte, würde kein Mensch am Hof vorüberkommen – so viel war sicher. Und wenn das Wetter sich legte – ob man dann wohl versuchen würde, sich bis zu ihnen hinunterzugraben?

Unter dem Schnee einen Hof suchen, dünkte sie nicht anders, als ein gesunkenes Schiff in der unsichtbaren Meerestiefe suchen. Nein, noch schwieriger und hoffnungsloser ... Sie und die Kinder waren also in einer Lage, wie sie nicht schlimmer sein konnte – einsam auf dem Grunde dieser dunklen, weißen Tiefe des Todes. Doch da es ihr und den Kindern so schlecht ging, musste Höskuld noch leben! Dessen war sie mit einem Mal gewiss.

Gudny ging festen Schrittes wieder zu Arni hinaus, der unbeweglich an der gleichen Stelle stand, wo sie ihn verlassen hatte, und in das Dunkel des Schneeloches starrte. Sie nahm ihm die Lampe ab und strich ihm über den Kopf. »Wir sind wirklich eingeschneit, Arnichen. Und das ist schlimm genug«, sagte sie mit ruhiger, fester Stimme.

»Aber jetzt weiß ich, dass Vater lebt – hörst du? Mutter weiß es! Und wir beide werden uns schon durch die Wächten hinaufgraben – und wenn wir von heute bis Neujahr schaufeln müssen!«

Eines Tages bemerkte sie, dass sich die Wohnstubenecke zu senken begann ...

Einen Augenblick lang saß sie auf der Bettkante, und ihr Herz erstarb. Sie gab alle Hoffnung auf. Dann aber fiel ihr der Dachboden über dem Schuppen ein. Dort gab es Bretter ... Und Gudny riss in fieberhafter Eile diesen Boden los und spaltete die Bretter, um Versteifungen für die sinkende Decke des Wohnhauses daraus zu machen.

Auch andere Decken verlangten allmählich Stützen. Die schweren Sparren krümmten sich wie gespannte Bogen. Langsam sank der Tod über das kleine Haus, sank immer schwerer herab, kalt und schauerlich. Wie warnende Vorzeichen klang das Tropfen des Schnees, der allmählich durch die Wärme der Haustiere schmolz.

Gudny aber ergab sich nicht. Höskuld lebte! Diese Überzeugung blieb ihr. Ihre vom Tode bedrohte Lage weckte eine Findigkeit in ihr, die bisher niemand von ihr geahnt hatte. Aus den dünnen Stützbrettern fertigte sie ein ganzes Netzwerk, um deren Tragkraft zu mehren – war immer und überall in Bewegung. Ihr blieb nicht viel Zeit zum Schlaf. Aber wenn sie schlief, dann schlief sie wie eine Tote.

Die Tranlampe brannte Tag und Nacht. Wenn sie ausginge, wären sie unrettbar zu Finsternis verdammt. Denn das Herdfeuer war längst erloschen. Bebenden Herzens dämpfte Gudny jeden Abend die kleine Flamme – zog den Docht so tief in den Tranbehälter hinunter, dass gerade noch ein kleiner, roter Lichtkern in blauer Schale lebendig blieb. Es zehrte unheimlich am Tranvorrat. Sie wagte kaum, zu schlafen, aus Furcht, das Licht könne erlöschen. Nur ein kleines Missgeschick – und sie waren erbarmungslos zu Finsternis und Untätigkeit verdammt.

Der Weihnachtsabend kam. Gudny und die Kinder setzten sich zur Kuh, um nicht allein zu sein. Sie krochen in ihrem Stand eng zusammen. Und dort saßen sie und sangen Weihnachtslieder, zuletzt Volkslieder und Kinderverse, und schufen ihren Herzen Ruhe in Betrübnis und stärkendem Ausharren. Die Kuh lag still und zufrieden wiederkäuend da, legte ihr Maul in Gudnys Schoß und ließ sich krauen. Und als sie abends die Schafe fütterten, mussten sie vergessen haben, die Tür zu schließen; denn plötzlich füllte sich der kleine Stall mit blökenden Lämmern, die sich, scheu anfangs, zusammendrängten und in den Ecken durcheinanderstolperten, dann aber so zutraulich wurden, dass sie die Krippe der Kuh untersuchten und Gudny und den Kindern die Hände beschnupperten, ob sie nicht nach Brot oder anderen Leckerbissen röchen.

Von Tag zu Tag wurde die Nahrung knapper. Das Wasser versiegte fast ganz. Das Brennmaterial war ausgegangen. Die Mutter und Arni arbeiteten unermüdlich an den Stufen, die aus dem Schneegrab ins Freie und zur Sonne führen sollten!

Sie waren zehn Stufen hoch und schon ein gutes Stück über den Dächern der Hütten, doch immer noch war kein Lichtschimmer durch den Schnee zu erspähen. Keine Botschaft des Tages. Es überfiel Gudny der Gedanke, die Welt möchte untergegangen sein – alle Siedlungen, alles Land von berghohem Schnee überlagert.

Sie schob diesen Gedanken grimmig von sich.

Irgendwo über ihrem Kopf mussten Licht und Tag und Luft sein – wie einst. Anders konnte es ja nicht sein. Das Schneemeer, auf dessen Grunde sie arbeiteten, musste doch eine Oberfläche haben!

Am Neujahrstag brachen sie durch. Neujahrstag! Sie meinten, bisher nie gewusst zu haben, was Neujahr war. Neujahr war also frische Luft in den Lungen, Neujahr war Sonne und hartblauer Himmel!

Als sie dreizehn Stufen hoch waren, hatte der Schnee begonnen, Licht durchzulassen. Da das Gudny klar wurde, brach sie zusammen – sie musste sich setzen und sich ans Herz greifen. Es drohte, ihr die Brust zu sprengen. Aber nur einen Augenblick blieb sie sitzen.

Als dieser Schwächeanfall, der einzige in der ganzen Zeit, überwunden war, griff sie wieder zu und arbeitete wie eine Rasende. Arbeitete wie am ersten Tag, schüttete den Schnee nur so hinunter und redete hart und kurz mit Arni, der alle Mühe hatte, ihn beiseitezuschaffen.

Plötzlich standen sie in einer Flut von Licht, die aus einem blauen, klaren Himmel niederströmte! Fünfzehn hohe Stufen führten zu einer Schneefläche hinaus, die sich unter dem perlenden Himmelsblau in feingerippten Wellen weithin dehnte, bis zu der schneeblauen Hochheide auf der einen, zu dem tagblauen Fjord auf der anderen Seite, und unmerklich verschwimmend in glatte Berghänge überging.

Gudny stürzte hinunter und holte Klein-Gudny, wickelte sie in einen Wollschal, presste sie an sich und sprang mit ihr die steilen, glatten Stufen hinauf. Arni stand oben – von Licht überflutet – und starrte, die halbblinden Augen mit der Hand überschattend, nach einem sich dunkler in die Landschaft zeichnenden Strich hinüber, hinter dem viele Menschen zum Vorschein kamen. Eine ganze Schar! Einer dieser Männer begann plötzlich, zu rennen, löste sich von den anderen und kam in schwerem Trab über die verharschte Schneefläche heran. Schon bevor sie ihn erkannte, wusste Gudny, dass es Höskuld sein musste.

– Höskuld!

Da quoll es in ihr auf, sie presste Klein-Gudny fest an sich – ein kurzes, schluchzendes Weinen. Doch noch bevor Höskuld sie erreicht hatte, hatte sie sich die Augen getrocknet, stand lächelnd in ein ganz klein wenig verschämtem Stolz da und empfing verlegen seinen Kuss. Höskuld starrte unbeweglich in den Schneeschacht hinunter. Lange stand er abgewendet, mit feuchtschimmernden Augen. Gudny ließ ihn in Frieden.

Als Arni fand, das Schweigen habe nun lange genug gedauert, sagte er – und seine Stimme schwankte wie ein Vogel im Flug vor einem Sturmstoß –: »Wir haben uns mächtig plagen müssen, Vater!«

Höskuld legte ihm die Hand auf den Kopf. Dann wendete er sich mit niedergeschlagenen Augen zu seiner Frau: »Erst gestern hat man vor die Tür können. Ich ... ich bin heute Morgen erst hergekommen ... Wir hätten euch niemals gefunden, fürchte ich.«

Höskuld räusperte sich: »Wann seid ihr ganz eingeschneit?«

»In der Nacht, nachdem du fort bist.«

Höskuld streicht sich über die Stirn und sagt mit weltfernem Blick: »Achtzehn Tage ...«

(Gunnar Gunnarsson)

Der barmherzige Reiche und der dankbare Arme

Der arme Taglöhner Thomas betrachtete an einem kalten Wintermorgen das wenige Holz, das er unter dem Vordache seiner Hütte aufgeschichtet hatte. »Ach, mein Gott!«, sprach er schmerzlich zum Himmel blickend. »Die Kälte nimmt immer zu, und mein Holz immer mehr ab. Ich werde damit nicht ausreichen. Erbarme dich doch meiner, lieber Gott!«

Von diesem Tage an nahm das Holz nicht mehr ab, und Thomas dankte Gott für diesen wunderbaren Segen. – Gott hatte es so gefügt, dass Andreas, der Sohn der Nachbarin, einer reichen Witwe, den Kummer und den Blick des guten Thomas bemerkt hatte. Von dieser Zeit legte Andreas, mit Gutheißen seiner Mutter, zur Nacht immer so viele Scheiter auf den Holzstoß, als Thomas bei Tage weggenommen hatte. Thomas sah dieses einmal in einer mondhellen Nacht.

Andreas trat im nächsten Frühlinge seine Wanderschaft an. Als er nach etlichen Jahren im Herbste zurückkam, besah er seinen großen Baumgarten, den er nicht im besten Zustande verlassen hatte, indem zwar viele Bäume darin standen, aber nur schlechtes, ganz gemeines Obst trugen. Allein jetzt prangten alle Bäume mit den auserlesensten Äpfeln, Birnen und Pflaumen. »Wie kommt das?«, rief Andreas erstaunt, »mich dünkt es sehr wunderbar.« Die Mutter erzählte ihm, dass der arme Nachbar für die Holzscheite, die ihm so heimlich mitgeteilt worden, edle Zweige auf die Obstbäume gepfropft habe. Andreas eilte sogleich zu ihm, bezeigte ihm seine Freude über die Veredelung der Bäume und forderte ihn auf, in jeder künftigen Not sich an ihn zu wenden. Denn, sagte er, gegen einen so dankbaren Mann kann man nicht wohltätig genug sein.

>   Ihr Reichen, habt mit Dürftigen Erbarmen;
>   Seid dankbar, ihr erquickten Armen.

(Christoph von Schmid)

Idyllische und anheimelnde Winter

Anheimelnde Winterabende mit Märchen und Gespenstern

Der Winter verkürzte und versüßte die Lernstunden. In der langen Dämmerung ging der Vater auf und ab, und die Kinder trabten unter seinem Schlafrock nach Vermögen an seinen Händen. Unter dem Gebetläuten stellten sich alle in einen Kreis und beteten das Lied einstimmig ab: »Die finstre Nacht bricht stark herein.« Nur in Dörfern – nicht in der Stadt, wo es eigentlich mehr Nacht- als Tagarbeiten und Freuden gibt – hat das Abendläuten Sinn und Wert und ist der Schwanengesang des Tags; die Abendglocke ist gleichsam der Dämpfer der überlauten Herzen und ruft wie der Kuhreigen der Ebene die Menschen von ihren Läufen und Mühen in das Land der Stille und des Traums.

Nach dem süßen Warten auf den Mondaufgang des Talglichtes unter der Türe des Gesindestübchens, wurde die weite Wohnstube zu gleicher Zeit erleuchtet und verschanzt; nämlich die Fensterladen wurden zugeschlossen und eingeriegelt, und das Kind fühlte nun hinter diesen Fensterbasteien und Brustwehren sich traulich eingehegt und hinlänglich gedeckt gegen die verdammten Spitzbuben, und auch gegen den Knecht Ruprecht, der draußen nicht hereinkam, sondern nur vergeblich brummte.

Um dieselbe Zeit geschah es dann, dass wir Kinder uns auskleiden und in bloßen langen Schlepphemden herumhüpfen durften. Idyllenfreuden verschiedener Arten wechselten. Entweder trug der Vater in eine mit leeren Folioblättern durchschossene Quartbibel bei jedem Verse die Nachweisung auf das Buch ein, worin er über ihn etwas gelesen; oder er hatte gewöhnlicher sein rastriertes Folioschreibbuch vor sich, worauf er eine vollständige Kirchenmusik mit der ganzen Partitur mitten unter dem Kinderlärmen setzte: In beiden Fällen, in letztem aber am liebsten, sah ich dem Schreiben zu und freute mich besonders, wenn durch Pausen mancher Instrumente schnell ganze Viertelseiten sich füllten. Er dichtete seine innere Musik ohne alle äußere Hilfstöne – was auch Reichardt den Tonsetzern anriet – und unverstimmt von Kinderlärm. Wir saßen spielend alle am langen Schreib- und Esstisch, ja sogar auch unter ihm. Unter die Freuden, welche auf immer der schönen Kinderzeit nachsinken, gehört auch die, dass zuweilen ein so grimmiges Frostwetter eintrat, dass der lange Tisch der

Wärme wegen an die Ofenbank geschoben wurde – und wir hofften in jedem Winter auf dieses frohe Ereignis. Um den Kutschkasten von unförmlichem Ofen liefen nämlich zwei Holzbänke; und unser Gewinn bestand darin, dass wir auf ihnen sitzen und laufen konnten und dass wir Ofensommer nah an der Haut sogar unter der Mahlzeit hatten.

Wie stieg wöchentlich mehrmals der Winterabend an Wert, wenn die alte Botenfrau mit Schnee überzogen mit ihrem Frucht- und Fleisch- und Warenkorbe aus der Stadt in der Gesindestube einlief und wir alle im Stübchen die ferne Stadt im Kleinen und Auszuge vor uns hatten und vor der Nase wegen einiger Butterwecken!

In den früheren, kindischeren Zeiten wurde vom Vater nach dem frühen Abendessen noch ein Lustnachtisch des Winterabends erlaubt, welchen die Viehmagd am Spinnrocken in der Gesindestube bei aller der Beleuchtung auftrug, welche die Kienspäne geben konnten, die man wie in Westfalen von Zeit zu Zeit in den Kienstock angezündet steckte. Auf diesem Nachtisch stand nun – außer mehreren Konfekttellern und Eistassen mit Volksmärchen wie der Aschenbrödel – die von der Magd selber erzeugte Ananas von Geschichte eines Schäfers und seiner Tiergefechte mit Wölfen, wie zur einen Zeit die Gefahr immer größer wurde, und zur anderen seine Verproviantierung. Noch fühl' ich das Glückssteigen des Schäfers als ein eigenes nach; und merke dabei nur aus eigner Erfahrung an, dass Kinder in Erzählungen von den Steigerungen des Glücks weit mehr als von denen des Unglücks ergriffen werden und dass sie die Himmelfahrten ins Unendliche hinauf-, aber die Höllenfahrten nur so tief hinabgetrieben wünschen, als zur Verherrlichung und Erhöhung des Himmelthrones nötig ist. Diese Kinderwünsche werden Männerwünsche; und man würde deren Erfüllung auch vom Dichter öfter fordern, wäre nur ein neuer Himmel so leicht zu schaffen als eine neue Hölle. Aber jeder Tyrann kann unerhörte Schmerzen geben; aber unerhörte Freuden zu erfinden, muss er selber Preise aussetzen. Die Grundlage davon ist die Haut; auf ihr können hundert Höllen von Zoll zu Zoll ihr Lager aufschlagen; aber die fünf Sinnenhimmel schweben luftig und einfarbig über uns.

Nur das Ende der Winterabende streckte für den Helden eine verdrüssliche Wespenstachelscheide oder Vampyrenzunge aus. Wir Kinder mussten uns nämlich um 9 Uhr in die Gaststube des zweiten Stocks zu Bett begeben, meine Brüder in ein gemeinschaftliches in der Kammer und ich in eines in der Stube, das ich mit meinem Vater teilte. Bis er nun unten sein zweistündiges Nachtlesen vollendet hatte, lag ich oben mit dem Kopfe unter dem Deckbette im Schweiße der Gespensterfurcht und sah im Finstern das Wetterleuchten des bewölkten Geisterhimmels, und mir war, als würde der Mensch selber eingesponnen von Geisterraupen. So litt ich nächtlich hilflos zwei Stunden lang, bis endlich mein Vater heraufkam und gleich einer Morgensonne Gespenster wie Träume verjagte. Am andern Morgen waren die geisterhaften Ängste rein vergessen wie träumerische; obgleich beide abends wieder erschienen. Jedoch hab' ich nie jemand anderem etwas davon gesagt als der Welt heute.

Dieser Geisterscheu wurde allerdings durch meinen Vater selber – erzeugt nicht sowohl als – ernährt. Er verschonte uns mit keiner von allen Geistererscheinungen und Geisterspielen, wovon er gehört, ja selber einige erfahren zu haben glaubte; aber er verband, wie die alten Theologen, zugleich mit dem festen Glauben daran den festen Mut davor, und Gott oder das Kreuz war ihr Schild gegen das Geisterall.

(Jean Paul)

Als ich das Ofenbückerl war

Warum es so frostig wird heutzutage? Warum wir gefroren sind? Weil wir keinen ordentlichen Ofen mehr bauen können. Allen Respekt vor den schwedischen und russischen Öfen, gar zierlich sind sie und ein Zimmerschmuck und alles Mögliche, aber so recht gemütlich? So recht gemütlich ist nur der große, breite, behäbige Kachelofen mit seinen grünen oder braunen Augenreihen, mit seinem Holzgeländer und seiner Ofenbank. Die Ofenbank, wo die Kindheit und das Alter hocken, das Enkelein und die Großmutter – und die alten Märchen!

Daheim in meinem Vaterhaus, da stand so einer! Ganz hinten in der linken Stubenecke, wo es immer etwas dunkel war. Über der breiten Ofenbank, die sich um ihn herumzog, war eine Reihe viereckiger Plattkacheln und darüber in weißen Lehm eingefügt die runden Kacheln mit hervorquellenden Bäuchen, in welchen sich die lichten Stubenfenster mit ihren Kreuzen spiegelten. Der Ofen strebte breit auf und wölbte sich oben in Kacheln sachte zusammen. Wenn man fragte, wie alt er sei, so antwortete der Vater: »Mein Ahndl wird ihn haben setzen lassen, oder der Urähndl.« Freilich wurde jeder kleine Schaden an ihm sofort verkleistert und mit weißem Lehm übertüncht, freilich wurden ihm fast alle Samstage die großen Augen gewaschen, sodass er immer jung und frisch in die Stube schaute. Umfriedet war er von dem leiterartigen Geländer, an das die Mutter unsere frisch gewaschenen Hemden zum Trocknen hing. Denn warm war es bei diesem Ofen immer, selbst im Sommer, wo sonst der Brunnentrog warm und der Ofen kalt zu sein pflegt. Er wurde überhaupt nie kalt, und es mochte sein, wie es wollte, es mochte regnen oder schneien oder winden – auf der Ofenbank war's immer gut. Und wenn draußen der Sturm toste in den alten Fichten und der hölzerne Hirsch an der Wand klapperte, und wenn die Blitze bleckten, dass die Berge über dem Graben drüben grün und gelb waren, und wenn der Donner schmetterte, als breche schon der Dachstuhl nieder mitsamt dem Giebel und seinen Schwalbennestern, da dünkte mich die Ofenbank der sicherste Ort, wohin das Verderben so leicht nicht reichen könne. Kurz, die Ofenbank war mir der trautsamste Mittelpunkt des heimatlichen Nestes. Lange Zeit hatte ich mein Bett auf derselben. Ich lag auf der Ofenbank, als ich so klein war, dass im Munde noch der »Zuzel« und zwischen den Beinen noch die Windel stak; ich lag auf der Ofenbank, als ich so krank war, dass die Mutter mich dem Himmel gelobte, wenn er mich nicht zu zeitig nähme (das wurde später rückgängig, weil das Geistlichwerden Geld kostete). Ich lag auf der Ofenbank, als ich so dumm war, allmorgendlich die Oberlippe mit Seife einzureiben, damit der Schnurrbart endlich wachse. Ich lag auf der Ofenbank viel später, als der Bruder Jakob mir den Bart wegkratzte, weil er mir zuwider war. Und wenn ich in früheren Zeiten dort so lag, da hörte ich manchmal hinter den Kacheln drin leise das Feuer knistern, wenn die Mutter morgens eingeheizt hatte; es wurde wärmer, aber es wurde nicht schwül um mich. Es wurde nie kalt, und es wurde nie heiß, und wenn mir einer so einen alten Kachelofen plump und unförmig schimpft, so stelle ich seinem Leben nach. Denn über den besten Freund unseres Hauses lasse ich nichts kommen.

Er gab uns nicht allein Wärme, er gab uns auch Brot. Alle zwei Wochen einmal war Backtag. Man kennt die Stattlichkeit der Brotlaibe bäuerlicher Abkunft; solcher Laibe ihrer vierzehn hatten nebeneinander Raum auf dem glühend heißen Steinboden drinnen.

Während der Ofen also das Brot buk, hatte unsere Mutter ein besonderes Heil mit ihm. Da durfte kein feuchter Lappen in seiner Nähe hängen, da durfte in der Stube keine Tür und kein Fenster aufgemacht werden, damit kein ungeschaffenes Lüftchen den braven Ofen anwehe und seine Frucht etwa beeinträchtige. Zwei Stunden lang dauerte die Backzeit, und da war es in der Stube allerdings so, dass nicht bloß die Heiligen auf dem Hausaltar schwitzten, sondern auch alle Fenster – selbst im hohen Sommer. Die Fenster sind sonst nicht so wie unsereiner, der im Sommer schwitzt; die Fenster schwitzen im Winter, wenn's drinnen wärmer ist als draußen. Aber beim Backen gab's eine Ausnahme. Einmal stieß in solch heikler Stunde des Backens der Wind ein Fenster auf: was geschah? Die Brotlaibe, die schon angefangen hatten, aufzuschwellen, fielen in sich zusammen und blieben speckig wie ein Klumpen Schmer (Fett, Schmalz). Nicht *ein* so großes Löchelchen im Innern des Laibes, dass man ein Haferkorn, geschweige eine Erbse drin hätte verstecken können! Damals hat die Mutter geweint. Wir aßen das Brot in der Suppe wie sonst. »Wenn's den Laib im Ofen nicht auftreibt, so treibt's den Magen auf«, heißt es, und so war's auch.

Am Backtag gab's für mich kleinen Buben allemal eine säuerliche Freude. Denn bevor das Brot in den Ofen kam, musste ich hinein. Aber zum Glück nicht nach dem Feuer, sondern vor demselben. Da war's etwas staubig drinnen und rußig und ganz finster. Mit einem Besen aus Tannenreisig hatte ich den Steinboden des Ofens auszufegen, Kohlen, Asche fortzuschaffen und dann die großen Holzscheiter übereinanderzuschichten, die mir die Magd zum Ofenloch hineinsteckte. Ich weiß nicht, ob die Spanier im Mittelalter auch so geschichtet haben: zuerst eine Brücke geradeaus, darüber eine Brücke in die Quere, dann wieder eine geradeaus und eine in die Quere und so weiter. So baute ich den Scheiterhaufen, und so brennt's am besten. Die Scheiter waren anderthalb Ellen lang, und als das Gebäude aufgeführt war bis fast zur Wölbung, da engte es sich arg, und da kroch ich ringsherum, zu sehen oder vielmehr zu tasten, ob es gut war – und dann zum Loch hinaus.

Zum Lohn für solch finstere Taten bekamen wir Kinder jedes ein frisch gebackenes Brotstriezlein, welches wir gleich in noch dampfendem Zustand verzehrten.

Wie die Scheiter gebaut wurden, ist schon gesagt worden. Alsdann den Stoß anzünden, brennen lassen, ausgluten lassen, die Glut mit einem Krückel auseinanderstieren, dann herauskratzen und mit der Ofenschüssel, einer lang bestielten Holzscheibe, die kugelrunden Teigklumpen einschießen.

»Einschießen«, ja, das war der Ausdruck dafür. Ich vermute, die Mutter hat während des Einschießens allemal ein heiliges Gelöbnis gemacht: einen Rosenkranz extra will sie beten, oder einem Bettler will sie ein besonders großes Stück Brot schenken, wenn's gelingt. Denn wie ich schon angedeutet – allemal gelang es nicht.

Einige Male lieferte uns der Ofen etwas besonders Gutes. Ein strudelartig breit und dünn ausgewalzter Teig wurde in den heißen Ofen geschossen; nach einiger Zeit kam die Platte heraus, hatte eine bräunliche Farbe und war hart und spröde wie Glas. Schon das war fein zu knuspern. Nun kam aber die Mutter, zerkleinerte mit dem Nudelwalker knatternd diese Scheibe aus Mehl, tat die Splitter in eine Pfanne, wo sie geschmort und geschmälzt wurden. Das war hernach ein Essen! Scharlbrot wurde es genannt. Ich habe diese ganz eigenartig wohlschmeckende Speise sonst nirgends wiedergefunden, möchte aber gerne ihren und ihres Namens Ursprung wissen.

Der Ofen hatte auch noch andere Verpflichtungen: Er dörrte das Korn, bevor es in die Mühle kam. Denn da oben im Gebirge will's nicht recht trocknen, und so musste das Korn auf den heißen Boden hinein, wo es mit dem langstieligen Krücklein fortwährend umgerührt ward. Desgleichen dörrten wir im Ofen auch das »Hablam« (trockene Blüten- und Samenabfälle des Heues), aus welchem ein sehr geschätztes Mehl für Mastvieh bereitet wurde. Auch Kirschen, Heidelbeeren und Schwämme machte uns die Ofenhitze solchermaßen tauglich zum Aufbewahren für den Winter. »Die ausgetrockneten Früchte halten länger als die vollsaftigen!«, sagte das steinalte und spindeldürre Everl, als die junge Martel auf der Bahre lag. Das Everl dachte dabei vielleicht an die schwere, heiße Lebenszeit, die es ausgetrocknet und gedörrt hatte wie der Ofen die Pflaume.

Einmal – und das ist's, was ich eigentlich erzählen will – spielte es sich, als sollte in unserem großen Ofen auch Fleisch gebraten werden.

So um Allerheiligen herum war ein junger, schlank gewachsener Vagabund zu uns gekommen. Ich weiß nur noch, dass er sehr lange Beine hatte und im Gesicht eine platte Nase und darunter eine Hasenscharte. Er schien soviel als erwachsen, hatte aber das Stimmlein wie ein Knabe. Und mit diesem Stimmlein fragte er ganz hell und grell meinen Vater, ob er über den Winter dableiben dürfe?

»Das ledige Herumzigeunern ist halt nur im Sommer lustig«, antwortete ihm mein Vater. »Nun, wenn du dreschen willst, so kannst bleiben. Kost und Liegestatt wirst dir doch verdienen.« Der Bursche war nicht blöde, tat gleich, als ob er bei uns zu Hause wäre, und beim Nachtmahl erzählte er laut, dass er vor Kurzem in einer Gegend gewesen sei, wo es ein sehr gutes Essen gab: Das Kraut wäre gezuckert gewesen, der Sterz mit Wein geschmalzen, und die Knödel wären durch und durch schwarz gewesen vor lauter Weinbeerln.

Darob wurde der Junge ausgelacht, und unser Stallknecht sagte: Die Sachen wären ja nicht zuwider, aber anders gemischt müssten sie sein: zum Sterz die Weinbeerln, zum Wein der Zucker und zu den Knödeln das Kraut. Hernach sagte der Kaunigl – so nannte sich der Bursche mit seinem Kinderstimmlein –, er habe auch schon Schwabenkäfer in zerlassener Butter gegessen, die seien sehr gut, worauf ihm mein Vater den Rat gab, er solle still sein.

Nach dem Essen, als kaum das letzte Kreuz gemacht war, zog der Kaunigl ein Büschel Spielkarten aus der Hosentasche, mischte es mit kundiger Hand, warf für drei Personen ein Spiel aus und blickte erstaunt umher, ob denn keiner mittun wolle? Ich lugte hin nach den leicht geschweiften Karten mit dem geeichelten Rücken und den bunten Figuren, die der Kaunigl so glatt abzulegen und so schön pfauenradförmig in der Hand zu halten wusste. Ich wollte schon anbeißen, da fuhr der Vater drein: »Weg mit den Karten! Morgen ist der Armenseeltag! Denkts aufs Beten!«

Am nächsten Tag, während der Vater in der Kirche war, saßen wir, der Kaunigl und ich, in der Flachskammer und spielten Karten. Ich musste erst die Blätter kennenlernen, aber merkwürdigerweise wurde ich mit den zweiunddreißig Kartenfiguren viel leichter vertraut als ein Jahr vorher mit den vierundzwanzig Buchstaben. Leider kam die Mutter um einen Rocken für ihr Spinnrad, sie verdarb alles. »Aber, Buben!«, sagte sie, »erbarmen euch die armen Seelen nicht, dass ihr so was treibt am heutigen Tag?« Wir verzogen uns. Aber der Hasenschartige hatte mir's schon angetan. Er wusste und konnte allzu viele merkwürdige Sachen, die noch dazu verboten waren!

An einem der nächsten Tage hockten wir im Heustadl auf einem Futterhaufen und spielten wieder Karten. Ich hatte solche Fortschritte gemacht, dass mir nicht bloß die Figuren, sondern auch schon sehr viele Spiele bekannt waren. So taten wir »zwicken«, »brandeln«, »mauscheln«, »bettlerstrafen«, »königrufen«, »grün' Buben suchen«, »pechmandeln«, »mariaschen« und anderes. Weil kein Tisch war, so legten wir die Karten aufs Knie, zwickten sie zwischen die Beine, und der Kaunigl steckte seine Trümpfe sogar einmal in die Hasenscharte. Da keuchte jählings das alte Everl die Leiter herauf. Wir verhielten uns im dunklen Raum mäuschenstill, aber sie hatte uns doch bemerkt. »Buben!«, rief sie, »was tuts denn, Buben?«

»Beten«, gab der Kaunigl zur Antwort.

»Ja, beten! Mit des Teufels Gebetbuch, gelt?«, rief das Weiblein. »Wisst ihr es nit, dass der Vater das Kartenspielen nit leiden mag? Wird euch schön sauber der Schwarze bei den Füßen packen und in die Höll hinabschleifen.« Somit war's mit dem Spiel wieder aus. In die Höll hinabschleifen, das wär so etwas!

Am nächsten Sonntag machte der Kaunigl den Vorschlag, dass ich mit ihm in den Schachen* hinausginge, damit wir bei unserer Unterhaltung endlich einmal Ruh hätten. Aber es regnete, und es schneite, und es ging ein kalter Wind, also dass ich der Einladung nicht nachkam. Ob ich aus Papier wäre?, piepste hierauf der Kaunigl, dass ich fürchten müsse, vom bisserl Regen aufgeweicht zu werden und auseinanderzufallen! Im Wassergraben habe er seiner Tage am besten geschlafen, und so wie er schwarze Erde mit Brennnesseln esse, wenn er sonst nichts habe, so wolle er sich in Ermangelung eines Bettzeuges nackend in den Schnee einwickeln, und ich solle lieber in der Mutter ihren Kittel hineinschliefen. Aber schon an demselben Nachmittag kam der Kaunigl mit etwas anderem, was ich in der Lage war, anzunehmen. Die Stube war besetzt vom Vater, der an der Wanduhr etwas zu basteln hatte, und von den Knechten, die ihre Schuhe nagelten. In den übrigen Winkeln des Hauses war es auch nicht sicher, also in den Ofen hinein! In demselben war ein Holzstößlein geschichtet, wir krochen hinter das Stößlein. Nachdem der Kaunigl den Deckel des Ofenloches zugezogen hatte, zündete er die mitgebrachte Kerze an, tat die Karten hervor, und wir huben an. Gemütlicheres gibt's gar nicht auf der Welt, als in einem großen Kachelofen bei Kerzenbeleuchtung »brandeln« oder »zwicken« oder »mariaschen«. Die rötlich gebrannte Mauer, die schwarzen Kachelhöhlen um und über uns bargen und hüteten uns, und nun waren wir doch einmal sicher und konnten »farbeln« und »mauscheln« oder was wir wollten, bis in die späte Nacht hinein. Durch die Kacheln von der Stube her hörten wir ein Surren; sie taten Rosenkranz beten, der Kaunigl warf die Blätter auf ein »Brandeln«. Wir spielten um Geld. Gewann er, so blieb ich schuldig, gewann ich, so blieb er schuldig. Es soll keine größere Ehrlosigkeit geben, als Spielschulden nicht zahlen. Lieber Leser,

---

* Der Schachen ist ein Waldstück.

so einer bin ich! – Just hatte ich wieder ein schönes Blatt in der Hand: zwei Könige und drei Säue und den Schellenschneider, der Trumpf war –, da klirrte plötzlich der blecherne Ofentürdeckel. Das Licht war sofort ausgeblasen, und wir verhielten uns still wie zwei tote Maulwürfe. Jetzt geschah etwas Unvorhergesehenes, etwas Schreckliches. Vor dem Ofenloch stand das gedörrte Everl und fuhr mit einer Spanlunte herein in den Holzstoß, der zwischen uns und dem Ausgang war. Die Flammen leckten an den Scheiten hinauf. Ich zwischen durch und mit einem kreischenden Schrei hinaus, dass das alte Everl vor Schreck in den Herdwinkel fiel. Dem Kaunigl ging's nicht so gut, dem spießten sich die langen Beine, er konnte zwischen Wand und Scheiterstoß nicht sofort heraus, der Rauch verschlug ihm den Atem, und schon hörte man nichts von ihm.

»Der Kaunigl ist drinnen!«, schrie ich wie verzweifelt; da wurde mit dem Sterkrampen der brennende Holzstoß, Scheit um Scheit, herausgerissen auf den Herd, und schließlich wurde mit demselben Krampen ein Häuflein Mensch herausgezogen, das ganz zusammengekauert war wie eine versengte Raupe und dessen Kleider bereits an mehreren Stellen rauchten.

Zwei Schöpfwannen Wasser goss ihm das Everl ins Gesicht, da wurde der Kaunigl wieder lebendig.

Als jetzt auch einige Spielkarten zum Vorschein kamen, so kannte sich das Everl gleich aus. »Was hab ich denn gesagt, Buben!«, so redete sie, »hab ich nicht gesagt, ihr kommts mit dem verflixten Teufelszeug in die Höll? Im Fegefeuer seids nun schon gewesen.«

Mein Vater wollte den Burschen davonjagen, tat's aber nicht, weil der Bursche nicht darauf gewartet hat. Wo der Kaunigl anders zugesprochen, das weiß ich nicht; jedenfalls konnte er eine neue Erfahrung zum Besten geben: Er hatte nicht allein Schwabenkäfer in zerlassener Butter gegessen, in Wassergräben geschlafen, sich nackend in Schnee gewickelt, er hatte auch im Feuerofen Karten gespielt.

Mir war von diesem Tag an der alte, große Ofen auf lange nicht geheuer; mit seinen grünen Augen schaute er mich drohend an: Bübel, wirst noch einmal Karten spielen, während die anderen beten?!

Erst als ich wieder brav geworden war, ganz ordentlich und fleißig, blickte mich der Ofen neuerdings freundlich an, und es war wieder so heimlich bei ihm wie früher. Später sind seine guten Augen erblindet, dann ist er in sich zusammengesunken wie ein Urgroßmütterlein, und heute geht's ihm, wie es bald allen ergehen wird – nichts mehr übrig als ein Häufchen Lehm.

(Peter Rosegger)

Das Dörfchen in den Bergen

Zu Beginn seiner Erzählung Bergkristall *beschreibt Adalbert Stifter das Bergdörfchen Gschaid, in dem die beiden Kinder Konrad und Sanna leben, die sich in der Heiligen Nacht bei dichtem Schneefall im Gebirge verirren und am Weihnachtsmorgen unversehrt aufgefunden werden.*

In den hohen Gebirgen unsers Vaterlandes steht ein Dörfchen mit einem kleinen, aber sehr spitzigen Kirchturme, der mit seiner roten Farbe, mit welcher die Schindeln bemalt sind, aus dem Grün vieler Obstbäume hervorragt, und wegen derselben roten Farbe in dem duftigen und blauen Dämmern der Berge weithin ersichtlich ist. Das Dörfchen liegt gerade mitten in einem ziemlich weiten Tale, das fast wie ein länglicher Kreis gestaltet ist. Es enthält außer der Kirche eine Schule, ein Gemeindehaus und noch mehrere stattliche Häuser, die einen Platz gestalten, auf welchem vier Linden stehen, die ein steinernes Kreuz in ihrer Mitte haben. Diese Häuser sind nicht bloße Landwirtschaftshäuser, sondern sie bergen auch noch diejenigen Handwerke in ihrem Schoße, die dem menschlichen Geschlechte unentbehrlich sind, und die bestimmt sind, den Gebirgsbewohnern ihren einzigen Bedarf an Kunsterzeugnissen zu decken. Im Tale und an den Bergen herum sind noch sehr viele zerstreute Hütten, wie das in Gebirgsgegenden sehr oft der Fall ist, welche alle nicht nur zur Kirche und Schule gehören, sondern auch jenen Handwerken, von denen gesprochen wurde, durch Abnahme der Erzeugnisse ihren Zoll entrichten. Es gehören sogar noch weitere Hütten zu dem Dörfchen, die man von dem Tale aus gar nicht sehen kann, die noch tiefer in den Gebirgen stecken, deren Bewohner selten zu ihren Gemeindemitbrüdern herauskommen, und die im Winter oft ihre Toten aufbewahren müssen, um sie nach dem Wegschmelzen des Schnees zum Begräbnisse bringen zu können. Der größte Herr, den die Dörfler im Laufe des Jahres zu sehen bekommen, ist der Pfarrer. Sie verehren ihn sehr, und es geschieht gewöhnlich, dass derselbe durch längeren Aufenthalt im Dörfchen ein der Einsamkeit gewöhnter Mann wird, dass er nicht ungerne bleibt und einfach fortlebt. Wenigstens hat man seit Menschengedenken nicht erlebt, dass der Pfarrer des Dörfchens ein auswärtssüchtiger oder seines Standes unwürdiger Mann gewesen wäre.

Es gehen keine Straßen durch das Tal, sie haben ihre zweigleisigen Wege, auf denen sie ihre Felderzeugnisse mit einspännigen Wäglein nach Hause bringen, es kommen daher wenig Menschen in das Tal, unter diesen manchmal ein einsamer Fußreisender, der ein Liebhaber der Natur ist, eine Weile in der bemalten Oberstube des Wirtes wohnt, und die Berge betrachtet, oder gar ein Maler, der den kleinen spitzen Kirchturm und die schönen Gipfel der Felsen in seine Mappe zeichnet.

Daher bilden die Bewohner eine eigene Welt, sie kennen einander alle mit Namen und mit den einzelnen Geschichten von Großvater und Urgroßvater her, trauern alle, wenn einer stirbt, wissen, wie er heißt, wenn einer geboren wird, haben eine Sprache, die von der der Ebene draußen abweicht, haben ihre Streitigkeiten, die sie schlichten, stehen einander bei, und laufen zusammen, wenn sich etwas Außerordentliches begibt.

Sie sind sehr stetig, und es bleibt immer beim Alten. Wenn ein Stein aus einer Mauer fällt, wird derselbe wieder hineingesetzt, die neuen Häuser werden wie die alten gebaut, die schadhaften Dächer werden mit gleichen Schindeln ausgebessert, und wenn in einem Hause scheckige Kühe sind, so werden immer solche Kälber aufgezogen, und die Farbe bleibt bei dem Hause.

Gegen Mittag sieht man von dem Dorfe einen Schneeberg, der mit seinen glänzenden Hörnern fast oberhalb der Hausdächer zu sein scheint, aber in der Tat doch nicht so nahe ist. Er sieht das ganze Jahr, Sommer und Winter, mit seinen vorstehenden Felsen und mit seinen weißen Flächen in das Tal herab. Als das Auffallendste, was sie in ihrer Umgebung haben, ist der Berg der Gegenstand der Betrachtung der Bewohner, und er ist der Mittelpunkt vieler Geschichten geworden. Es lebt kein Mann und Greis in dem Dorfe, der nicht von den Zacken und Spitzen des Berges, von seinen Eisspalten und Höhlen, von seinen Wässern und Geröllströmen etwas zu erzählen wüsste, was er entweder selbst erfahren oder von andern erzählen gehört hat. Dieser Berg ist auch der Stolz des Dorfes, als hätten sie ihn selber gemacht, und es ist nicht so ganz entschieden, wenn man auch die Biederkeit und Wahrheitsliebe der Talbewohner hoch anschlägt, ob sie nicht zuweilen zur Ehre und zum Ruhme des Berges lügen. Der Berg gibt den Bewohnern außerdem, dass er ihre Merkwürdigkeit ist, auch wirklichen Nutzen; denn wenn eine Gesellschaft von Gebirgsreisenden hereinkommt, um von dem Tale aus den Berg zu besteigen, so dienen die Bewohner des Dorfes als Führer, und einmal Führer gewesen zu sein, dieses und jenes erlebt zu haben, diese und jene Stelle zu kennen, ist eine Auszeichnung, die jeder gerne von sich darlegt. Sie reden oft davon, wenn sie in der Wirtsstube beieinandersitzen, und erzählen ihre Wagnisse und ihre wunderbaren Erfahrungen, und versäumen aber auch nie, zu sagen, was dieser oder jener Reisende gesprochen habe, und was sie von ihm als Lohn für ihre Bemühungen empfangen hätten. Dann sendet der Berg von seinen Schneeflächen die Wasser ab, welche einen See in seinen Hochwäldern speisen und den Bach erzeugen, der lustig durch das Tal strömt, die Brettersäge, die Mahlmühle und andere kleine Werke treibt, das Dorf reinigt, und das Vieh tränkt. Von den Wäldern des Berges kömmt das Holz, und sie halten die Lawinen auf. Durch die innern Gänge und Lockerheiten der Höhen sinken die Wasser durch, die dann in Adern durch das Tal gehen und in Brünnlein und Quellen hervorkommen, daraus die Menschen trinken und ihr herrliches, oft belobtes Wasser dem Fremden reichen. Allein an letzteren Nutzen denken sie nicht und meinen, das sei immer so gewesen.

Wenn man auf die Jahresgeschichte des Berges sieht, so sind im Winter die zwei Zacken seines Gipfels, die sie Hörner heißen, schneeweiß, und stehen, wenn sie an hellen Tagen sichtbar sind, blendend in der finstern Bläue der Luft; alle Bergfelder, die um diese Gipfel herumlagern, sind dann weiß; alle Abhänge sind so; selbst die steilrechten Wände, die die Bewohner Mauern heißen, sind

mit einem angeflogenen weißen Reife bedeckt, und mit zartem Eise wie mit einem Firnisse belegt, sodass die ganze Masse wie ein Zauberpalast aus dem bereiften Grau der Wälderlast emporragt, welche schwer um ihre Füße herum ausgebreitet ist. Im Sommer, wo Sonne und warmer Wind den Schnee von den Steilseiten wegnimmt, ragen die Hörner nach dem Ausdrucke der Bewohner schwarz in den Himmel, und haben nur schöne weiße Äderchen und Sprenkeln auf ihrem Rücken, in der Tat aber sind sie zart fernblau, und was sie Äderchen und Sprenkeln heißen, das ist nicht weiß, sondern hat das schöne Milchblau des fernen Schnees gegen das dunklere der Felsen. Die Bergfelder um die Hörner aber verlieren, wenn es recht heiß ist, an ihren höheren Teilen wohl den Firn nicht, der gerade dann recht weiß auf das Grün der Talbäume herabsieht, aber es weicht von ihren unteren Teilen der Winterschnee, der nur einen Flaum machte, und es wird das unbestimmte Schillern von Bläulich und Grünlich sichtbar, das das Geschiebe von Eis ist, das dann bloß liegt, und auf die Bewohner unten hinabgrüßt. Am Rande dieses Schillerns, wo es von ferne wie ein Saum von Edelsteinsplittern aussieht, ist es in der Nähe ein Gemenge wilder riesenhafter Blöcke, Platten und Trümmer, die sich drängen, und verwirrt ineinander geschoben sind. Wenn ein Sommer gar heiß und lang ist, werden die Eisfelder weit hinauf entblößt, und dann schaut eine viel größere Fläche von Grün und Blau in das Tal, manche Kuppen und Räume werden entkleidet, die man sonst nur weiß erblickt hatte, der schmutzige Saum des Eises wird sichtbar, wo es Felsen, Erde und Schlamm schiebt, und viel reichlichere Wasser als sonst fließen in das Tal. Dies geht fort, bis es nach und nach wieder Herbst wird, das Wasser sich verringert, zu einer Zeit einmal ein grauer Landregen die ganze Ebene des Tales bedeckt, worauf, wenn sich die Nebel von den Höhen wieder lösen, der Berg seine weiche Hülle abermals umgetan hat, und alle Felsen, Kegel und Zacken in weißem Kleide dastehen. So spinnt es sich ein Jahr um das andere mit geringen Abwechslungen ab, und wird sich fortspinnen, solange die Natur so bleibt, und auf den Bergen Schnee und in den Tälern Menschen sind. Die Bewohner des Tales heißen die geringen Veränderungen große, bemerken sie wohl, und berechnen an ihnen den Fortschritt des Jahres. Sie bezeichnen an den Entblößungen die Hitze und die Ausnahmen der Sommer.

Was nun noch die Besteigung des Berges betrifft, so geschieht dieselbe von dem Tale aus. Man geht nach der Mittagsrichtung zu auf einem guten, schönen Wege, der über einen sogenannten Hals in ein anderes Tal führt. Hals heißen sie einen mäßig hohen Bergrücken, der zwei größere und bedeutendere Gebirge miteinander verbindet, und über den man zwischen den Gebirgen von einem Tale in ein anderes gelangen kann. Auf dem Halse, der den Schneeberg mit einem gegenüberliegenden großen Gebirgszuge verbindet, ist lauter Tannenwald. Etwa auf der größten Erhöhung desselben, wo nach und nach sich der Weg in das jenseitige Tal hinabzusenken beginnt, steht eine sogenannte Unglücksäule. Es ist einmal ein Bäcker, welcher Brot in seinem Korbe über den Hals trug, an jener Stelle tot gefunden worden. Man hat den toten Bäcker mit dem Korbe und mit den umringenden Tannenbäumen auf ein Bild gemalt, darunter eine Erklärung und eine Bitte um ein Gebet geschrieben, das Bild auf eine rot angestrichene hölzerne Säule getan, und die Säule an der Stelle des Unglückes aufgerichtet. Bei dieser Säule biegt man von dem Wege ab, und geht auf der Länge des Halses fort, statt über seine Breite in das jenseitige Tal hinüberzuwandern. Die Tannen bilden dort einen Durchlass, als ob eine Straße zwischen ihnen hinginge. Es führt auch manchmal ein Weg in dieser Richtung hin, der dazu dient, das Holz von den höheren Gegenden zu der Unglücksäule herabzubringen, der aber dann wieder mit Gras verwächst.

Wenn man auf diesem Wege fortgeht, der sachte bergan führt, so gelangt man endlich auf eine freie von Bäumen entblößte Stelle. Dieselbe ist dürrer Heideboden, hat nicht einmal einen Strauch, sondern ist mit schwachem Heidekraute, mit trockenen Moosen und mit Dürrbodenpflanzen bewachsen. Die Stelle wird immer steiler, und man geht lange hinan; man geht aber immer in einer Rinne gleichsam wie in einem ausgerundeten Graben hinan, was den Nutzen hat, dass man auf der großen, baumlosen und überall gleichen Stelle nicht leicht irren kann. Nach einer Zeit erscheinen Felsen, die wie Kirchen gerade aus dem Grasboden aufsteigen, und zwischen deren Mauern man längere Zeit hinangehen kann. Dann erscheinen wieder kahle, fast pflanzenlose Rücken, die bereits in die Lufträume der höhern Gegenden ragen, und gerade zu dem Eise führen. Zu beiden Seiten dieses Weges sind steile Wände, und durch diesen Damm hängt der Schneeberg mit dem Halse zusammen. Um das Eis zu überwinden, geht man eine geraume Zeit an der Grenze desselben, wo es von den Felsen umstanden ist, dahin, bis man zu dem ältern Firn gelangt, der die Eisspalten überbaut, und in den meisten Zeiten des Jahres den Wanderer trägt. An der höchsten Stelle des Firns erheben sich die zwei Hörner aus dem Schnee, wovon eines das höhere mithin die Spitze des Berges ist. Diese Kuppen sind sehr schwer zu erklimmen; da sie mit einem oft breiteren oft engeren Schneegraben – dem Firnschrunde – umgeben sind, der übersprungen werden muss, und da ihre steilrechten Wände nur kleine Absätze haben, in welche der Fuß eingesetzt werden muss, so begnügen sich die meisten Besteiger des Berges damit, bis zu dem Firnschrunde gelangt zu sein, und dort die Rundsicht, soweit sie nicht durch das Horn verdeckt ist, zu genießen. Die den Gipfel besteigen wollen, müssen dies mithilfe von Steigeisen, Stricken und Klammern tun.

Außer diesem Berge stehen an derselben Mittagseite noch andere, aber keiner ist so hoch, wenn sie sich auch früh im Herbste mit Schnee bedecken, und ihn bis tief in den Frühling hinein behalten. Der Sommer aber nimmt denselben immer weg, und die Felsen glänzen freundlich im Sonnenscheine, und die tiefer gelegenen Wälder zeigen ihr sanftes Grün von breiten blauen Schatten durchschnitten, die so schön sind, dass man sich in seinem Leben nicht satt daran sehen kann.

An den andern Seiten des Tales nämlich von Mitternacht, Morgen und Abend her sind die Berge langgestreckt und niederer, manche Felder und Wiesen steigen ziemlich hoch hinauf, und oberhalb ihrer sieht man verschiedene Waldblößen, Alpenhütten und dergleichen, bis sie an ihrem Rande mit feingezacktem Walde am Himmel hingehen, welche Auszackung eben ihre geringe Höhe anzeigt, während die mittäglichen Berge, obwohl sie noch großartigere Wälder hegen, doch mit einem ganz glatten Rande an dem glänzenden Himmel hinstreichen.

Wenn man so ziemlich mitten in dem Tale steht, so hat man die Empfindung, als ginge nirgends ein Weg in dieses Becken herein und keiner daraus hinaus; allein diejenigen, welche öfter im Gebirge gewesen sind, kennen diese Täuschung gar wohl: In der Tat führen nicht nur verschiedene Wege, und darunter sogar manche durch die Verschiebungen der Berge, fast auf ebenem Boden in die nördlichen Flächen hinaus, sondern gegen Mittag, wo das Tal durch steilrechte Mauern fast geschlossen scheint, geht sogar ein Weg über den obbenannten Hals.

Das Dörflein heißt Gschaid, und der Schneeberg, der auf seine Häuser herabschaut, heißt Gars.

Jenseits des Halses liegt ein viel schöneres und blühenderes Tal, als das von Gschaid ist, und es führt von der Unglücksäule der gebahnte Weg hinab. Es hat an seinem Eingange einen stattlichen Marktflecken Millsdorf, der sehr groß ist, verschiedene Werke hat, und in manchen Häusern städtische Gewerbe und Nahrung treibt. Die Bewohner sind viel wohlhabender als die in Gschaid, und obwohl nur drei Wegstunden zwischen den beiden Tälern liegen, was für die an große Entfernungen gewöhnten und Mühseligkeiten liebenden Gebirgsbewohner eine unbedeutende Kleinigkeit ist, so sind doch Sitten und Gewohnheiten in den beiden Tälern so verschieden, selbst der äußere Anblick derselben ist so ungleich, als ob eine große Anzahl Meilen zwischen ihnen läge. Das ist in Gebirgen sehr oft der Fall, und hängt nicht nur von der verschiedenen Lage der Täler gegen die Sonne ab, die sie oft mehr oder weniger begünstigt, sondern auch von dem Geiste der Bewohner, der durch gewisse Beschäftigungen nach dieser oder jener Richtung gezogen wird. Darin stimmen aber alle überein, dass sie an Herkömmlichkeiten und Väterweise hängen, großen Verkehr leicht entbehren, ihr Tal außerordentlich lieben, und ohne dasselbe kaum leben können.

Es vergehen oft Monate oft fast ein Jahr, ehe ein Bewohner von Gschaid in das jenseitige Tal hinüberkömmt, und den großen Marktflecken Millsdorf besucht. Die Millsdorfer halten es ebenso, obwohl sie ihrerseits doch Verkehr mit dem Lande draußen pflegen, und daher nicht so abgeschieden sind wie die Gschaider. Es geht sogar ein Weg, der eine Straße heißen könnte, längs ihres Tales, und mancher Reisende und mancher Wanderer geht hindurch, ohne nur im Geringsten zu ahnen, dass mitternachtwärts seines Weges jenseits des hohen herabblickenden Schneebergs noch ein Tal sei, in dem viele Häuser zerstreut sind, und in dem das Dörflein mit dem spitzigen Kirchturme steht.

(Adalbert Stifter)

Waldwinter

Wie fast alle seine Werke spielt auch der Roman Waldwinter *von Paul Keller (1873–1932) in der schlesischen Heimat des Dichters. Paul Keller, der zu Beginn des 20. Jahrhunderts zu den meistgelesenen Autoren Deutschlands gehörte, ist von einem konservativem Idealismus und einer tiefen, in der Frömmigkeit wurzelnden Heimatliebe geprägt. Immer wieder beschreibt er schwärmerisch und geradezu romantisch-idyllisch die Naturschönheiten Schlesiens, vor allem im Winter. –* Waldwinter *(1902) beschreibt den mehrmonatigen Winteraufenthalt eines Städters auf einer Burg in der Waldeinsamkeit eines schlesischen Dorfes, an dessen Leben er regen Anteil nimmt.*

Wintersport

Der kleine See im Wolfsgrunde bot eine vorzügliche Eisbahn. Baumann, der Unermüdliche, der überall Tätige, hielt ihn schneefrei. Er sorgte auch dafür, dass die wenigen Uferbänke immer gebrauchsfähig waren.

Es ist eines der unseligsten Vorurteile, dass die Menschen die Natur im Winter fliehen. Da sitzen sie in ihren überheizten Stuben und schlucken eine jämmerliche Luft monatelang, von keinem frischen Hauch berührt, von keinem Sonnenstrahl geküsst, immer bei der anstrengenden Arbeit oder bei den noch anstrengenderen Vergnügungen. Draußen verwehen indes ungenutzt Milliarden Kubikmeilen gesündester Atmosphäre, draußen liegen Diamantenfelder, draußen wartet der Winterwald mit tausend Wundern. Es kommt niemand. Die Menschen haben keine Zeit.

Manchmal tritt ein Naturfreund als Prediger in der Wüste in die winterlichen Wohnstätten und Tanzsäle, hält eine Bußermahnung und ruft und lockt hinaus in den kristallenen Dom. Einige wenige hören ihn, und die sind glücklich. –

Zurück zu Baumann! Er tat seine Pflicht. Wir auch! Er fegte den Schnee vom Teiche, und wir fuhren Schlittschuh auf dem blanken Eise. Das war gesund für beide Teile. Ich glaube allerdings, dass Baumann, dieser Egoist, den gesundheitlichen Löwenanteil für sich in Anspruch nahm. Und missgünstig, wie ich geartet bin, habe ich ihm ein paar Mal beim Kehren geholfen. Sehr zu seinem Verdruss! »Wenn der Herr Doktor den Besen nicht besser anpacken, dann kriegen der Herr Doktor noch viel mehr Blasen an die Handteller.«

»Aber Muskeln krieg' ich auch, lieber Baumann!«

Er schüttelte sein Haupt.

»Das passt sich gar nicht für den Herrn Doktor.«

»Die Muskeln? Oho, Herr Ober – da, fühlen Sie mal!«

Ich zog den Rock zur Hälfte aus und streifte vom rechten Arm das Hemd zurück.

»Na los, fühlen Sie mal!« Er tippte vorsichtig auf meinen Oberarm.

»Es fängt schon ein bisschen an«, sagte er, »aber ziehen sich nur der Herr Doktor wieder an; denn erstens können sich der Herr Doktor leicht verkälten und zweitens kommt dort drüben das gnädige Fräulein.«

Ich hatte den Rock eher in Ordnung wie ein Rekrut, der's verschlafen hat. Mit der Schneeschaufel in der Hand eilte ich ans Ufer.

Marianne war guter Laune.

»Es war wohl Schneeschaufler-Musterung?«, fragte sie.

»Ja«, erwiderte ich lachend, »leider bin ich zur Reserve zurückgestellt, 8a, §1! Allgemeine Körperschwäche!«

»Nun, als Einjährig-Freiwilliger könnten Sie bei den Schneeschauflern ja sowieso nicht eingestellt werden«, sagte sie und kam herunter auf den Teich. Gleich darauf kam der Assessor mit Ingeborg. Ich begrüßte das Brautpaar und wandte mich dann wieder an Marianne.

Sie war freundlich.

»Ich bin glücklich, dass Sie lustig sind und so lachen können«, sagte sie. »Sie können *doch* mein Freund sein.« Ich nickte fröhlich.

»Das ist ganz selbstverständlich«, sagte ich, und sie war zufrieden.

Ein Gefühl der Freude lohte mir im Herzen auf. Ich würde siegen! Jawohl, siegen über das starke, schöne Mädchen, deshalb, weil ich sie verstand.

Nachdem ich nach dem Weihnachtsabend all das getan hatte, was vermutlich meine meisten Altersgenossen unter solchen Umständen tun würden: meiner inneren Qual Ausdruck verliehen durch tausend verzweiflungsvolle, einsame Gebärden, saß ich müde in einem meiner großen Stühle und schaute hinauf zur Decke nach dem Gralstempel, ob wohl von da eine Erleuchtung kommen würde.

Sie kam! Sie kam in ruhiger, reiflicher Überlegung.

Marianne hatte meine Liebe erraten. Sie war davor so erschrocken, dass sie mir sogar die Freundschaft kündigte, die sie doch selbst gesucht hatte. Sie fürchtete sich vor mir und vor ihrem eigenen Herzen. Sie ahnte, dass eine Resonanz in ihrer Brust entstehen könnte für meine Gefühle. Und sie wollte aus irgendeinem Grunde der Liebe nie im Leben eine Macht einräumen über ihr Herz, sie hasste, sie fürchtete die Liebe. Deshalb rang sie sich los von mir.

In Eis und Schnee

Das sonnig-klare Wetter des Vortages hatte sich gewandelt. Der Himmel war bewölkt, und ein Wind wehte, den die Gebirgler als ganz mäßig bezeichneten, der uns Leuten aus der Ebene aber immerhin recht frisch vorkam.

Trotzdem brachen wir alle auf. Der Oberförster wurde zeitig von dem Forstmann abgeholt, bekam Schneereifen an die Füße gebunden, die das tiefe Einsinken in den Schnee verhindern, und stampfte mit seinem Begleiter davon. Waldhofer, Ingeborg und der Assessor traten ihre Kammwanderung ebenfalls in Begleitung eines Führers an; nur Marianne und ich beschlossen, unseren Skilauf allein zu wagen. Die Luft war klar, und die Wegemarkierung ist dank der rastlosen Tätigkeit des Riesengebirgsvereins so vorzüglich, dass wir schon auszukommen hofften. Es wurde verabredet, uns abends in der Prinz-Heinrich-Baude wieder zu treffen.

Es wunderte mich im geheimen, dass Marianne nicht auf der Mitnahme eines Führers bestand, trotzdem unsere Wirtsleute in der Peterbaude und auch unsere Reisegefährten uns diese Vorsichtsmaßregel dringend anempfahlen.

Die Schneeschuhe waren an die Füße geschnallt, und nun ging es auf diesen Riesenholzsohlen in rascher Fahrt hinab zu der Spindlerbaude. Das Gefälle bis dahin beträgt nur knapp zweihundert Meter, aber der Schnee war glatt, und ich hatte seit fast einem Jahre das Ski nicht mehr unter den Füßen gehabt, kurz, ich war unsicherer als Marianne.

Das Thermometer in der Spindlerbaude zeigte sechs Grad Kälte; trotzdem wurde uns außerordentlich warm, denn der Aufstieg zur Sturmhaube, den wir wegen des viel zu glatten Abhangs zu Fuß zurücklegen mussten, ist steil, und der Wind machte ihn nicht bequemer. Oben ging es dann auf Schneeschuhen weiter, immer geführt von den Holzstangen, die als Wegemarkierung aus dem Schnee herausragten. Sie geleiteten uns auch sicher um die Teichränder herum, an deren Abgründen ein Fehltritt den Tod bedeuten würde.

Ohne Rast liefen wir weiter. Der Koppenplan tauchte auf, ein endlos weites Schneefeld. Drüben ragten die Kuppen des Brunnenberges und der lang gestreckte »Hintere Wiesenberg« auf; vor uns lag die leuchtende Pyramide der Schneekoppe, dieses höchsten Berges im Königreich Preußen.

Die Bauden, das meteorologische Observatorium und die Kapelle hoben sich deutlich in der Luft ab. Ich wusste, dass wir von dieser Seite aus auf den Gipfel mit unseren Schneeschuhen nicht gelangen könnten; wir schnallten sie also los, und so bemühten wir uns, vom Winde gepeitscht, die verschneiten Serpentinen emporzuklimmen.

Angestrengt und erhitzt kamen wir auf dem Kegel an. Von den Koppenbauden ist eine auch im Winter bewohnt, nämlich die böhmische. Der Koppenwärter begrüßte uns freundlich, und eine Wirtschafterin erschien, um uns ein Mahl zu bereiten. Ein eiserner Ofen machte die Stube behaglich.

Bisher hatten Marianne und ich wenig miteinander gesprochen, wenigstens nichts anderes, als was sich auf den Skilauf und auf unsere Schneebahn bezog. Auch jetzt waren wir schweigsam. Und doch tobte ein heftigerer Sturm in mir als der, der draußen um den alten Koppenkegel brauste. Was hat der zu verjagen? Wenn er verweht ist, kommt die Sonne, kommt der Frühling einmal wieder; wenn der andere vertobt ist, kann er eine ewige Leere, einen trostlosen Winter zurücklassen.

Idyllische und anheimelnde Winter

Wie schön sie war! Die Wangen blühten ihr wie die Rosen, und um die schneeweiße Stirn legte sich ihr nachtschwarzes Haar. Sie war doch ein seltsames Menschenkind! Mutig wie eine Heldin und zag wie ein Kind, vertrauend auf ihre Kraft, und dann wieder furchtsam vor einer unbekannten, großen Gefahr, freundlich im äußeren Verkehr, und leicht erschreckt, übermäßig vorsichtig, wo sie die Liebe witterte.

Wir hatten uns ein wenig erholt und gingen hinaus, um die winterliche Aussicht zu genießen.

Hinter der einsam liegenden deutschen Baude fanden wir eine Stelle, an welcher uns der Wind weniger erreichte. Dort schauten wir hinab ins Tal.

Das wunderschöne Schlesierland lag vor uns im jungfräulich-weißen Brautgewande. Wie verstreute Myrtenzweiglein blitzten hie und da grüne Tannenäste aus dem faltigen Kleide. Menschenhäuser lagen drunten wie schimmernde Perlen, und feiner Nebel flatterte über allem wie ein duftiger Schleier. Dazu sang im hohen Orgelton der Wind sein ewiges Lied, jetzt aufjauchzend und himmelstürmend in brausenden Tönen und dann wieder feierlich-ernst in tiefen Akkorden, ganz so wie das keusche Mädchen sein Brautlied hört, das ihm Lust und Weh verkündigt. Wir einsamen Menschenkinder standen mitten in Eis und Schnee, und unser Blut war so heiß. Leise fing ich an, zu reden, von der Schönheit ringsum, von dieser bräutlichen Erde. Ich schaute sie an. Da – mit elementarer Gewalt, die keinen Willen, keine Überlegung mehr gönnt, stieg ein glühend heißer Wunsch in mir auf, ein brennendes Begehren, und ich sprach mit zitternder Stimme: »Was wäre diese Erde – diese Schönheit – dieses Glück – mir – mir – Marianne, wenn Sie die Braut wären, und Sie als Braut neben mir ständen.«

Sie wurde bleich, sie fing heftig an, zu zittern, sie klammerte sich mit beiden Händen fest an meinen Arm.

Da riss ich sie in meine Arme.

»Marianne, ich liebe dich! Ich liebe dich heute und ewig! Ich liebe dich mit meiner ganzen Seele!«

»Was – was – was ist – lassen Sie mich los – frei – nein – nein, nicht! O Gott!«

»Marianne, du musst!«

»Ich muss nicht, ich will nicht, in Ewigkeit will ich nicht!« Eine Lähmung ergriff mich.

»Sie stoßen mich zurück, Marianne, mich und meine Liebe?«

Sie wollte sich aufrichten, aber sie taumelte zurück und lehnte sich kraftlos gegen das Haus. Dort schlug sie beide Hände vors Gesicht.

»Ich kann nicht – ich kann nicht – o, mein Gott!«

Ich wandte mich ab. Ich wollte denken, mich sammeln, etwas sagen, ich konnte es nicht. Nur in den Schnee sah ich, ohne Gefühl, so, als ob mir plötzlich das Herz erfroren wäre. Ich hörte kaum, wie sie weinte. Ich hatte auch kein Mitgefühl für sie. Aus allen Himmeln war ich gestürzt, es war mir, als ob ich ihr all das Meine hätte schenken wollen und wäre dafür geschlagen worden. Namenloser Groll erfasste mich.

Da hing sie plötzlich wieder an meinem Arm mit beiden Händen, und ihre Blicke gruben sich wieder in lodernder, verzehrender Angst in die meinigen.

»Sie grollen mir so sehr?«

Ich antwortete nicht.

»Halten Sie mich für herzlos?«

»Für herzlos, für grausam, für – für verbildet – für krankhaft – für alles!«

Sie war nicht beleidigt. Ganz milde sagte sie: »Armer Freund!«

»Ich will nicht Ihr Freund sein. Ich kann nicht nur Ihr Freund sein!«

»Und wollen Sie mich auch nicht anhören? Ich bitte Sie darum.«

»Nein! Ich weiß alles, was Sie mir sagen könnten. Von der Untreue, von schlechten Erfahrungen aus Ihrer Familie – ich weiß es, aber das ist alles Unsinn, deswegen haben Sie kein Recht, mich so unglücklich zu machen!«

»Wollen Sie mich nicht lieber hören?«

»Nein! Es gibt keine Erklärung im Himmel und auf Erden, die mir klarmachen könnte, dass meine Liebe so zertrümmert werden muss.«

Da ließ sie mich los und ging fort. Ich sah ihr nicht nach. Auf keinen Fall hätte ich jetzt in die Baude zurückgehen können. So blieb ich stehen. Ich kann mich meiner Gefühle von damals nur undeutlich erinnern. Ich weiß nur, dass Trotz und trostlose Verbitterung in mir waren; dazwischen zuckte der heiße Schmerz auf. Ich versuchte, zu lachen, das war eine Grimasse. Der Kopf brannte mir. Ich nahm ein wenig Schnee und drückte ihn gegen die heiße Stirn ...

Nach dem langen Winter sind allerdings alle Schwierigkeiten hinweggeräumt, und es kommt an Ostern zum langersehnten Happy End:

Im Walde standen wir, ganz allein. Es war wieder jene Stelle, die einen so schönen Blick nach dem Tale bot, jene Stelle, wo wir Freundschaft geschlossen hatten im Winter.

Ich blieb stehen. Sie lehnte sich fest an mich an.

»Weißt du noch?«

»Ich weiß es noch, Geliebte!«

»Damals bist du mein Freund geworden!«

»Mehr als dein Freund! Damals wusste ich zuerst, dass ich dich liebe!«

»Mir ist so wohl! Es ist alles vorüber, was mich krank, elend, schlecht gemacht hat. – Siehst du, wie alles grün und schön ist? – Jetzt ist Ostern!«

»Ostern und Auferstehung, Geliebte!«

Sie blickte träumend vor sich hin.

»Ich werde gesund werden und glücklich. Nur Winter darf's nicht mehr werden, und ich darf nicht mehr fort von dir!«

»Wie ist das möglich, Marianne?«

Ich zitterte heftig. Sie sah mir tief in die Augen.

»Im Winter wolltest du mich zu deinem Weibe. Ich wies dich ab. Da gabst du dein Wort, du würdest mich nie mehr darum bitten. Das musst du halten. Liebster! Aber ich – ich kann dich doch bitten. Und ich bitte dich heute: Nimm mich zu deinem Weibe, wenn ich es wert bin!«

»Marianne!«

Wenn jetzt die Welt in tausend Rosen um mich erblüht und der Himmel in rotem Feuer entbrannt wäre, ich hätte es nicht gesehen; und wenn alle Nachtigallen der Welt und alle frohen Menschen dieser Erde gejubelt hätten, ich hätte es nicht gehört. Meine Sinne waren gestorben, nur das Gefühl lebte noch; das Gefühl, dass ich die in den Armen hielt, die mein Weib sein wollte. Wir wanderten schon wieder, wir waren weit hinaufgestiegen, da sprach ich das erste Wort: »Hast du denn Vertrauen?«

»Vertrauen zu dir?«

Sie lachte selig. Die Knospen sprangen im Walde, und in der Luft lag Lerchenlaut.

(Paul Keller)

Walden – Besuch in der winterlichen Einsamkeit von Massachusetts

Der amerikanische Schriftsteller und Philosoph Henry David Thoreau (1817–1862) entwickelte, nachdem er einige Zeit als Lehrer tätig war, unter dem Einfluss des Dichters Emerson reformerische Ideen in der Pädagogik und zog sich dann in eine selbst gebaute Blockhütte am entlegenen Walden-See in Massachusetts zurück. Dort lebte er zwei Jahre lang allein und autonom. In seinem Werk Walden oder das Leben in den Wäldern *beschreibt er das einfache Leben am See mitten in einer urtümlichen Natur. Thoreau wollte der industrialisierten Massengesellschaft den Rücken kehren und einen anderen, der Natur angemessenen Lebensstil finden, bewusst leben und nur noch das Wesentliche des Daseins berücksichtigen. Sein* Walden *ist eine Art Utopie und inspirierte die Naturschutzbewegung und die alternative Bewegung der 68er-Generation im 20. Jahrhundert.*

Ich überstand einige lustige Schneestürme und brachte manch behaglichen Abend an meinem Kamin zu, während draußen die Schneeflocken wild herumstoben und selbst der Eule Schrei verstummte. Wochenlang traf ich auf meinen Spaziergängen nur ab und zu einen jener Menschen, die in den Wald gekommen waren, um Holz zu fällen und es im Schlitten zur Stadt zu bringen. Mithilfe der Elemente gelang es mir übrigens, in den tiefsten Schnee einen Pfad zu machen. Der Wind blies nämlich in meine ersten Fußstapfen Eichenblätter hinein, die dort liegen blieben, Sonnenstrahlen absorbierten und dadurch den Schnee zum Schmelzen brachten. Auf diese Weise erhielt ich nicht nur einen trockenen Weg für meine Füße, sondern auch – durch die dunkle Linie – einen Führer in der Nacht. Wollte ich Menschen um mich sehen, so musste ich schon die früheren Bewohner dieser Wälder heraufbeschwören. In der Erinnerung vieler meiner Mitbürger klingt noch das Lachen und Geplauder nach, das von den Anwohnern jener Landstraße, in deren Nähe sich mein Haus befand, herüberschallte. Die Wälder, die diese Straße einfassten, waren hier und da durch kleine Gärten und Häuschen getüpfelt und eingekerbt, obwohl sie damals noch mehr durch den Wald verborgen wurde wie heute. Ich kann mich selbst noch an Stellen erinnern, wo die Tannen zu gleicher Zeit beide Seiten des Wagens streiften, weiß auch noch, dass Frauen und Kinder, wenn sie allein und zu Fuß nach Lincoln gehen mussten, sich fürchteten und oft einen großen Teil der Entfernung laufend zurücklegten. Obwohl dieser meistens von Holzfällern befahrene Weg, der die benachbarten Dörfer verband, im Großen und Ganzen nur recht primitiv war, so erfreute er doch einst den Wanderer mehr als jetzt durch seine Mannigfaltigkeit und blieb länger in der Erinnerung haften. Wo jetzt wohlbegrenzte und offene Felder vom Dorf zum Walde sich erstrecken, lief die Straße damals durch einen Ahornsumpf; ihr Fundament wurde durch Stämme gebildet, deren Überreste zweifellos noch jetzt unter der staubigen Landstraße zwischen der Strattenfarm – jetzt ist diese zum Armenhaus umgewandelt – und dem Bristerhügel liegen ...

Ach, wie wenig trägt die Erinnerung an die menschlichen Bewohner, die vorher hier lebten, dazu bei, die Schönheit der Landschaft zu steigern! Vielleicht will die Natur mit mir als ersten Ansiedler einen neuen Versuch machen. Vielleicht will sie mein Haus, das ich im letzten Frühjahr baute, zum ältesten im Dörfchen machen ...

Kein Anzeichen scheint mir dafür zu sprechen, dass je ein Mensch auf dem Fleckchen Erde, das ich bewohne, gebaut hat. Ich möchte wahrlich nicht in einer Stadt wohnen, die über einer älteren Stadt erbaut wurde, deren Material Ruinen, deren Gärten Kirchhöfe sind. Der Boden ist dort gebleicht und verflucht. Ehe man aber wirklich zu solchem Mittel greifen muss, wird die Erde selbst schon zerstört sein. Mit solchen Erinnerungen bevölkerte ich aufs Neue den Wald und sang mich in Schlummer.

Um diese Zeit erhielt ich selten Besuch. Wenn der Schnee sehr hoch lag, wagte sich oft acht bis vierzehn Tage lang kein Wanderer in die Nähe meines Hauses. Ich lebte indessen dort so still versteckt wie eine Feldmaus, oder wie Haustiere und Geflügel, wie jene Tiere, die selbst ohne Futter oft lange Zeit im Schnee vergraben sind und doch, wie man sagt, am Leben bleiben. Oder wie die Familie eines der ersten Ansiedler in der Stadt Sutton in Massachusetts, dessen Hütte im Jahre 1717 während seiner Abwesenheit durch den starken Schneefall völlig bedeckt wurde, sodass ein Indianer sie nur an dem Loch, welches der Atem des Kamins sich in den Schnee gemacht hatte, entdeckte und die Rettung der Familie herbeiführen konnte. Kein freundlicher Indianer kümmerte sich indessen um mich. Es war auch nicht nötig – der Hausherr war daheim. Das große Schneetreiben! Wie lustig das klingt! Die Farmer konnten mit ihren Pferden nicht in die Wälder und zum Moor kommen, und mussten die schattenspendenden Bäume vor ihren Häusern fällen. Doch als die Schneekruste fest genug war, fällten sie Bäume im Moor – zehn Fuß über dem Erdboden, wie sich im nächsten Frühjahr herausstellte.

Im tiefsten Schnee sah der etwa eine halbe Meile lange Pfad, den ich benutzte, um von der Landstraße nach meinem Häuschen zu gelangen, wie eine ganz unregelmäßig gewundene und besprenkelte Linie aus, zwischen deren Tüpfeln sich große Zwischenräume befanden. Eine ganze Woche lang machte ich bei dem gleichen Wetter genau die gleiche Anzahl Schritte beim Hin- und Rückweg, indem ich bedachtsam und mit der Präzision eines Zirkels in meine eigenen, tiefen Fußstapfen trat. Zu solchem Schlendrian verlockt uns der Winter. Oft waren sie jedoch mit des Himmels eigenem Blau bedeckt. Durch kein Wetter ließ ich mich je von meinen Spaziergängen oder vielmehr von meinen Streifzügen abschrecken, denn oft stampfte ich acht bis zehn Meilen weit durch den tiefsten Schnee, um eine Verabredung mit einer Buche, mit einer Gelbbirke oder mit einer alten Bekannten unter den Tannen einzuhalten. Die Tannen aber wandelten sich in Kiefern, wenn Eis und Schnee ihre Glieder niederbeugten und ihre Spitzen schärften. Auch zu den Spitzen der höchsten Hügel watete ich empor, wenn der Schnee fast zwei Fuß tief war. Bei jedem Schritt schüttelte ich dabei einen zweiten Schneefall auf mein Haupt herab. Oft kroch und glitt ich auf allen Vieren dorthin, wenn die Jäger ihre Winterquartiere bezogen hatten. Eines Nachmittags belustigte ich mich damit, eine gestreifte Eule *(Strix nebulosa)* zu beobachten, die auf dem niederen, abgestorbenen Ast einer Weißtanne nahe am Stamm im halben Tageslicht saß, während ich ungefähr fünfzehn Fuß von ihr entfernt war. Sie konnte hören, wenn ich mich bewegte, wenn der Schnee unter meinen Füßen knirschte, konnte mich aber nicht genau sehen. Wenn ich stärkeren Lärm machte, streckte sie den Hals heraus, sträubte die Halsfedern und öffnete die Augen weit. Doch bald schlossen sich die Lider aufs Neue und sie begann, einzunicken. Auch ich fühlte einen einschläfernden Einfluss, als ich sie, die geflügelte Schwester der Katze, die katzengleich mit halbgeschlossenen Augen dasaß, etwa eine halbe Stunde lang beobachtet hatte. Nur ein kleiner Spalt blieb zwischen den Lidern frei, wodurch sie einen halbinselförmigen Zusammenhang mit mir behielt. So spähte sie aus ihrem Traumland mit halbgeschlossenen Augen heraus und bemühte sich, mich – das verschwommene Objekt oder das Stäubchen, welches ihre Träume störte – zu erkennen. Als ich schließlich noch mehr Lärm machte, wurde sie unruhig und drehte sich träge auf ihrem Ruheplatz herum, als ob sie es nun satt sei, sich in ihren Träumen noch weiter stören zu lassen. Als sie sich dann erhob und durch die Tannen dahinflog, wobei sie ihre Flügel zu überraschender Breite ausspannte, konnte ich auch nicht das leiseste Geräusch vernehmen. Bei ihrem Flug durch die Tannenzweige wurde sie mehr durch das zarte Gefühl, mit welchem sie ihre Umgebung erkannte, als durch die Sehkraft geleitet. Mit ihren sensitiven Schwingen tastete sie sich durch das Dämmerlicht dahin nach einem neuen Ruheplatz, wo sie in Frieden den Anbruch ihres Tages erwarten konnte.

Wenn ich an dem langen und hohen Damm, der in den Niederungen für die Eisenbahn hergestellt war, hinging, blies mir manch stürmischer, schneidender Wind entgegen, denn nirgends kann er sich besser austoben. Und wenn er mir seine eisigen Streiche auf die eine Wange verabfolgt hatte, dann hielt ich Heide, der ich war – ihm auch die andere hin. Auch auf der Fahrstraße nahe bei Bristers Hügel war es nicht besser. Ich ging nämlich, wie ein freundlicher Indianer, selbst dann noch zur Stadt, wenn der auf den offenen, weiten Feldern liegende Schnee in großen Massen zwischen die Steinmauern der Waldenstraße geweht war, wenn eine halbe Stunde genügte, um die Spuren des letzten Wanderers zu verwischen. Kam ich zurück, so hatten sich namentlich dort, wo der zudringliche Nordwestwind bei einer scharfen Straßenbiegung den staubartigen Schnee zusammen geblasen hatte, neue Schneeverwehungen gebildet. Ich stampfte munter hindurch und suchte vergeblich nach einer Kaninchenspur oder nach der feinen Fährte, dem kleinen Abdruck einer Feldmaus. Doch selbst mitten im Winter gelang es mir fast immer, irgendein warmes, quellenreiches Moor aufzufinden, wo Gras und Zehrwurz ihr immerfrisches Grün zeigten und ein widerstandsfähiger Vogel bisweilen den Frühling erwartete.

Bisweilen sah ich, wenn ich abends von meinem Spaziergang heimkehrte, im Schnee die tiefen Fußstapfen eines Holzhauers, die aus meiner Hütte herausführten. Dann fand ich ein Häuflein feinster Holzschnitzel auf meinem Herde und das Haus vom Duft seiner Pfeife erfüllt. Oder ich hörte am Sonntagnachmittag, wenn ich zufällig zu Hause war, den Schnee unter den Schritten eines intelligenten Farmers knirschen, der von weither durch die Wälder nach meinem Haus gewandert war, um mit mir gemütlich zu »plauschen«. Er gehörte zu den wenigen seines Berufes, welche »Herren ihrer Güter« sind, der statt des Professorentalars den Kittel angezogen hatte, und der ebenso geschwind die Moral aus Kirche und Staat zog, wie er eine Ladung Mist aus seinem Stallhof schleppte. Wir sprachen von der biederen, einfachen Zeit, wo die Menschen bei kaltem, stärkendem Wetter mit klaren Köpfen an großen Feuern saßen. Und wenn wir keinen anderen Nachtisch zu verzehren hatten, dann erprobten wir unsere Zähne an mancher Nuss, die von den klugen Eichhörnchen längst beiseitegeworfen war. Denn die mit der dicksten Schale sind meistens hohl. Ein Dichter war es, der im tiefsten Schnee und beim schrecklichsten Sturm den weitesten Weg zurücklegte, um zu meiner Hütte zu gelangen. Farmer, Jäger, Soldaten, Berichterstatter für Zeitungen, ja sogar Professoren lassen sich abschrecken. Nichts schreckt jedoch einen Dichter zurück: Ihn treibt die Liebe. Wer kann sein Kommen und Gehen voraussagen? Sein Beruf ruft ihn zu jeder Zeit hinaus, selbst dann, wenn die Ärzte schlafen. Wir ließen lärmenden Frohsinn in dieser kleinen Hütte widerhallen, gar vielen ernsthaften Gesprächen konnten die Wände lauschen, und das Waldental ward für seine lang dauernde Stille entschädigt. Mit meinem Haus verglichen erschien der Broadway dann ruhig und öde. In schicklichen Zwischenräumen gab es regelrechte Lachsalven, die man geradeso gut auf den soeben gemachten wie auf den jetzt kommenden Scherz beziehen konnte. Wir bauten manche »funkelnagelneue« Theorie des Lebens auf bei einer Schüssel mit dünnem Haferschleim, welche die Vorzüge des fröhlichen Schmauses mit jener Klarheit des Denkvermögens vereint, welche die Philosophie verlangt.

Ich möchte auch nicht vergessen, dass während des letzten Winters, den ich am Teich zubrachte, ein anderer willkommener Besucher kam, der einmal durch das Dorf bei Schnee, Regen und Finsternis wanderte, bis er meine Lampe durch die Bäume schimmern sah. Er verbrachte einige lange Winterabende mit mir. Er war einer der letzten Philosophen – Connecticut hat ihn der Welt geschenkt –, der anfangs mit den Waren seiner Heimat hausieren ging, hernach mit seinem Gehirn. Damit hausiert er noch immer, singt Gottes Lob, obwohl die Menschen von dem Sänger nichts wissen wollen, und trägt keine andere Frucht wie sein Gehirn, wie die Nuss ihren Kern. Er ist meiner Ansicht nach von allen lebenden Menschen am stärksten im Glauben. Seine Worte und Gebärden verraten stets, dass er alle Dinge von einem besseren Gesichtspunkt aus betrachtet als andere Menschen. Er wird der letzte sein, der sich durch den Wandel der Zeiten enttäuscht fühlt. Von der Gegenwart ist er äußerlich nicht berührt. Mag er auch jetzt verhältnismäßig wenig gelten: Dereinst, wenn seine Zeit herannaht, werden Gesetze, die den meisten Menschen unbekannt sind, zur Anwendung kommen und Familienväter und Staatsmänner ihn zurate ziehen ...

Auch hier, wie überall, erwartete ich bisweilen einen Gast, der niemals kommt. Die Vishnu Purana* sagt: »Der Hausherr soll um die Abendzeit so lange in seinem Hofe bleiben, als man braucht, um eine Kuh zu melken, oder auch noch länger, wenn ihm der Sinn danach steht, und die Ankunft eines Gastes erwarten.« Ich kam dieser Pflicht der Gastfreundschaft oft getreulich nach, wartete so lange, dass eine ganze Kuhherde hätte gemolken werden können. Doch den Mann, der sich von der Stadt aus genähert hätte, sah ich nicht.

(Henry David Thoreau)

---

* Die *Vishnu Purana*, um 300 nach Christus geschrieben, ist ein religiöser Text und gehört zu den wichtigsten heiligen Schriften des Hinduismus. Vishnu stellt die höchste Gottheit im Universum dar.

Wo ist die Winterlandschaft zu suchen?

Nehmen wir an, ein Westeuropäer, versehen mit den Augen eines Malers oder eines natursinnigen Dilettanten, reise anfangs Februar, wo im Norden strenge Kälte und fast beständiger Sonnenschein herrscht, gegen den 60. Breitegrad oder darüber hinaus und präge sich die dortige Winterlandschaft ein.

Da wird ihm zunächst gegenüber den heimischen Erinnerungen die Blässe und Eintönigkeit der Farbe auffallen. Der Himmel zeigt sich beim hellsten Sonnenschein nicht blau, sondern weißlich, wie mit Nebel bedeckt, sodass es oft schwerfällt, zu unterscheiden, ob eine freie oder eine umwölkte Atmosphäre vorliegt. Unten auf der Erde ist alles ununterbrochen weiß, von der Sonne verglastet, aber nicht gemalt. Da gibt es kein Fleckchen braunen Ackers oder gelben Weges, keine Saat, kein dürres Blatt, keinen sprudelnden Brunnen, keinen laufenden Fluss; sogar der Wald färbt nicht, sondern liefert nur dunkle Flecken; ein Büschel Unkraut am Wegesrande würde wie eine Garteninsel sehnsüchtig bestaunt werden. – Außer der Farbe wird ferner unserem Beobachter etwas fehlen, wovon er sich zunächst kaum Rechenschaft geben wird, was ihm aber, sobald er es ins Bewusstsein gefasst, für sich allein schon die Landschaft verleiden muss: Es gibt im nordischen Winter keine deutlichen Schatten, vor allem keine Schlagschatten. Beim gleißendsten Sonnenschein wandeln die Menschen umher wie die Peter Schlemihl, indem ihre Dichtigkeit auf dem Schnee bloß eine hellgraue, kaum merkliche und schlecht abgegrenzte Trübung hinterlässt; ein gleichmäßiges Blendlicht umspielt die Gegenstände rundherum. Meine Beobachtungen in dieser Beziehung sind mir von einem hervorragenden Physiker wissenschaftlich bestätigt und erklärt worden; das zerstreute Licht, so lautete seine Erklärung, die ich hier einfach wiedergebe, erreiche im Norden gegenüber dem direkten Sonnenlicht eine überwiegende Bedeutung. Was für einen Verlust aber das heißen will, eine Landschaft ohne markige Schatten, errät jeder Naturfreund.

Indessen haben wir es überhaupt mit Landschaften zu tun? Selbst das ließe sich für einen großen Teil des Nordens, nämlich für die sarmatische Ebene, bestreiten. Ohne uns in eine Erörterung des schwierigen Begriffs einer Landschaft im ästhetischen Sinn des Wortes einzulassen, dürfen doch Gruppierung und Einheitlichkeit als wesentliche Grundbedingungen einer »Landschaft« gelten. Davon kann jedoch in vollkommen flachen Strichen, zumal bei unordentlicher Abgrenzung von Feld und Wald, nur ausnahmsweise die Rede sein. Und zwar werden die Ausnahmen am ehesten im Sommer stattfinden, wo Farben und Düfte scheiden und vereinigen, und das mannigfache Himmelsbild mit den irdischen Flächen und Wellen Stimmungsverwandtschaften eingeht. Selbst die Poesie winterlicher Einsamkeit und Trübseligkeit verlangt die Anwesenheit irgendeines wärmeren Motivs, das wir in südlichen Schneelandschaften auf Schritt und Tritt, in nördlichen nur ausnahmsweise finden. – Endlich lässt auch noch die Zeichnung der Einzelheiten zu wünschen übrig. Unsere winterlichen Wälder bieten uns, abgesehen von ihrer Farbenpracht, schon durch die bloße Form ihrer entlaubten Äste eine Fülle von herrlichen Abwechslungen. Die gewaltigen Fichten und Edeltannen, die schlanken Pappeln, die mächtigen Stämme der Eichen und Buchen, dann wieder die unendlich verschiedenen Formen der Obstbäume, das alles erscheint demjenigen, der von Norden kommt, mitten im Winter wie ein Paradies. Dort bestimmen nur zwei ewig wiederkehrende Hauptgestalten den Wald: die traurige Birke, deren weißer Stamm in der allgemeinen Blässe der Umgebung natürlich nicht jene prächtige Kontrastwirkung hervorbringt wie in unseren mitternächtigen Parkgängen, und die kümmerliche sibirische Tanne, deren Armseligkeit schon aus der nordischen Redensart hervorgeht, dass Tannenwälder keinen Schatten gäben. Kiefern, denen man auf sandigem Boden am ehesten in der Nähe von Wohnungen begegnet, sind schon erfreuliche Oasen und ein entlaubter Apfelbaum mutet uns wie eine Zierpflanze an.

Und nun vergleiche man damit unsere mitteleuropäische Schneelandschaft, zumal in Gebirgsgegenden! Der Schnee mag noch so tief liegen, an den Abhängen der Hügel und Berge leuchtet es von den Äckern in allen Tönen des Braun bis zum Gelb und Schwarz, grüne Saaten blicken hervor, die Buchen- und Eichenwälder prangen im wunderbarsten Rot, ein azurblauer Himmel schaut auf uns herab, blau sprudeln die Quellen und rinnen die Flüsse, während trägere Wasser in tausend herrlichen Motiven, unter welchen ein plötzlich erstarrter Wasserfall mit seinen Nadeln und Zapfen wohl das entzückendste sein mag, für einige Stunden oder Tage Brücken bilden. Die im grimmigsten Winter noch kräftige Mittagsonne malt die Landschaft mit Silber und Gold und tuscht die Schatten mit samtenem Schwarz; sie erweist sich stark genug, nach den strengsten Nächten die obersten Schneedecken zu schmelzen und von den stattlichen Linden und Buchen den kristallenen Schneeduft wie Blütenregen herunterzufegen, untermischt mit wuchtigen Bescherungen, die uns oft plötzlich von sämtlichen Zweigen gleichzeitig zugedacht werden, den Atem vor kühler Wonne und diamantenem Glanz benehmend. Dazu endlich noch der majestätische Hintergrund der Alpen und das klassische Profil der zunächst gelegenen Hügelkette, die durch den Schnee sich noch gewaltiger zu heben scheint.

Von dem Reichtum an Schönheiten, welche eine Schneelandschaft in den österreichischen oder schweizerischen Voralpen dem Auge bietet, hat der Nordländer keine Ahnung, der Norweger nicht ausgenommen. Wer deshalb davon träumt, einen Winter im Norden zuzubringen, möge es eiligst tun, damit er die unabsehbaren ästhetischen Genüsse unseres Winters schätzen lerne; es sei denn, dass er im Norden dasjenige antreffe, was zwar in Wirklichkeit nicht dort ist, was jedoch sein Glaube mit hingebracht hat: ein keineswegs schwieriges, sondern recht gewöhnliches Kunststück. Der ästhetische Genuss einer Winterlandschaft, so lautet also meine Überzeugung, gerät am höchsten an der südlichen Schneegrenze, in den bewohnten Alpen.

(Carl Spitteler)

Allerlei Reisen in den Winter

James Cook und das ewige Eis

Das ewige Eis im Süden – Die Antarktis

Der britische Seefahrer und Entdecker James Cook (1728–1779) erlangte mit seinen drei Fahrten in die Südsee einen weltweiten Ruhm. Diese Reisen erschlossen zum großen Teil eine bis dahin neue Welt im Süden der Halbkugel und trugen maßgeblich zu einer neuen Sicht der Erde bei, denn Cook vermaß und kartografierte die meisten seiner Entdeckungen. Diente Cooks erste Reise noch primär der astronomischen Beobachtung des Venustransits in Tahiti, so zeigte seine zweite Südseereise aber schon das eigentliche Ziel auf, das die Royal Navy ihm schon bei der ersten Reise als Geheimauftrag vorgegeben hatte: Er sollte den legendären Südkontinent suchen, die terra australis. Cook führte diese seine zweite Reise mit zwei Schiffen durch, der »Resolution« und der »Adventure«. In den drei Jahren dieser Expedition machte er viele Vorstöße, um immer weiter in den Süden vorzudringen, wobei er auf Stürme, gewaltige Wellen und äußerste Kälte stieß; häufige Nebel und gewaltige Eisberge hemmten immer wieder die Fahrt. Auf dieser Reise war Cook so weit nach Süden vorgedrungen wie noch kein Mensch vor ihm.

6. Februar 1775
Wir hielten weiter Kurs gen Süd und Südosten bis mittags am nächsten Tag, wo wir uns auf 58° 15′ südlicher Breite und 21° 34′ westlicher Länge befanden, und da wir weder Land noch sonst welche Anzeichen davon sahen, schloss ich, dass das, was wir erblickt und was ich das Sandwich-Land genannt hatte, entweder eine Gruppe von Inseln oder sogar ein herausragender Punkt eines Kontinents war. Ich glaube nämlich fest, dass es in der Nähe des Südpols ein Stück Land geben muss, das der Ursprung des meisten Eises ist, das sich über diesen riesigen südlichen Ozean ausbreitet. Ich halte es auch für wahrscheinlich, dass es sich am weitesten nach Norden auf der entgegengesetzten Seite des südlichen Atlantik und des Indischen Ozeans erstreckt; zumal das Eis von uns immer in diesen Ozeanen weiter nördlich vorgefunden worden war als irgendwo sonst, und das kann nach meinem Urteil nicht sein,

wenn es kein festes Land im Süden gäbe; ich meine damit ein Land von einer beträchtlichen Ausdehnung. Wenn ich nämlich annehme, dass ein solches Land nicht existiert und dass sich das Eis ohne es bildet, dann müsste man daraus natürlich folgern, dass die Kälte um den Pol herum annähernd dieselbe ist auf allen Breitengraden, ob 70° oder 60° Breite, soweit nicht einer der bekannten Kontinente Einfluss auf die Witterung hat. Wir hätten also eigentlich Eis überall auf derselben Parallele oder in ihrer Nähe sehen müssen; aber gerade das Gegenteil stellte sich heraus. Nur wenige Schiffe gibt es, die bei ihrer Fahrt um Kap Hoorn auf Eis stießen, und wir sahen auch nur weniges unterhalb des 60. Breitengrades im südlichen Pazifischen Ozean. Zwischen den Meridianen 40° West und 50° oder 60° Ost indessen fanden wir in diesem Ozean Eis bis 51° Nord. *Bouvet** fand sogar einiges Eis in 48°, und andere haben es sogar noch in niedrigeren Breiten gesehen.

Auf jeden Fall ist es richtig, dass der größte Teil jenes südlichen Kontinent, so er denn existiert, innerhalb des Polarkreises liegen muss, wo die See derart mit dickem Eis zugepackt ist, dass das Land dabei unzugänglich ist. Das Risiko für jemanden, der in diesen unbekannten und vereisten Meeren eine Küste erforscht, ist so riesig groß, dass ich so dreist sein kann, zu sagen, niemand könne sich jemals weiter vorwagen, als ich es getan habe, und dass diejenigen Länder, die im Süden liegen mögen, niemals erforscht werden. Dichte Nebel, Schneestürme, unermessliche Kälte und alles andere, was die Seefahrt gefährlich machen kann, kann man da erwarten; und diese Schwierigkeiten werden noch weit übertroffen durch den unaussprechlich schaurigen Anblick jenes Landes, das von der Natur dazu verdammt ist, niemals die wärmenden Strahlen der Sonne fühlen zu dürfen, sondern stattdessen für immer unter ewigem Eis und Schnee begraben zu liegen. Die Häfen, die an der Küste liegen mögen, sind in gewisser Weise ganz mit gefrorenem Schnee in einer erheblichen Dicke zugepackt, und sollte einer einmal so weit offen sein, dass er einem Schiff die Einfahrt erlaubt, so ist es dennoch höchst gefährlich für das Schiff, dort für immer eingeschlossen zu werden oder aber in eine Eisinsel herausgestoßen zu werden. Die Inseln und Eisfelder an der Küste, die großen Abspaltungen von Eiswänden in den Häfen

---

* Jean-Baptiste Charles Bouvet de Lozier (1705–1786) war ein französischer Seefahrer und Forscher, der vor allem die Gewässer im Südatlantik nahe der Antarktis befuhr. 1739 traf er dort auf ein schneebedecktes Land, das er für ein Vorgebirge des Südkontinents hielt, der *terra australis*, die schon der antike Geograf Ptolemäus im 2. Jahrhundert nach Christi im Indischen Ozean vermutet hatte. Als James Cook 1772 dann südlich daran vorbeisegelte, widerlegte er damit Bouvets These eines Kontinents und vermutete, Bouvet habe einen Eisberg gesehen. Auch Cook fand allerdings 1775 die Insel nicht, die erst im 19. Jahrhundert wiederentdeckt und zu Ehren des großen französischen Seefahrers *Bouvet-Insel* genannt wurde. Seit 1930 gehört diese schwer erreichbare Vulkaninsel, die 2500 Kilometer südwestlich des Kaps der guten Hoffnung liegt, als abhängiges Gebiet zu Norwegen.

oder aber auch ein heftiger Schneesturm, begleitet mit scharfem Frost, wären ebenso fatal.

Nach einer solchen Erläuterung wie dieser darf der Leser mich eigentlich nicht noch weiter südlich erwarten. Ich beschloss also, den Kurs auf Osten zu ändern bei starkem Sturm aus Nord, begleitet von heftigstem Schneefall. Die Menge von Schnee, die in unseren Segeln hängen blieb, war so groß, dass wir ständig das Schiff in den Wind drehen mussten, damit dieser den Schnee aus den Segeln ausschüttelte, sonst hätten weder diese noch auch das Schiff selbst die weiße Last ausgehalten. Am Abend hörte es dann auf, zu schneien, und das Wetter klärte auf.

Das ewige Eis im Norden – Die Arktis

Nachdem James Cook im Auftrag der Royal Navy entdeckt zu haben glaubte, dass es kein großes Südland im südlichen Pazifik gibt und dass dort nur eine große Inselwelt existiert, die von Südamerika, der Antarktis und Neuseeland begrenzt wird, steht ihm eine weitere Aufgabe bevor: Er soll das große Rätsel erkunden, ob es möglich ist, Nordamerika im Norden zu umschiffen. Diese Nordwestpassage, nach der man schon gesucht hatte, seit der portugiesische Weltumsegler Magellan 1520 den Seeweg um Südamerika nach Asien entdeckt hatte, sollte vor allem die Handelswege des britischen Königsreiches mit dem Fernen Osten verkürzen.

In seiner 3. Südseereise (1776–1779) machte sich Cook mit zwei Schiffen, der »Resolution« und der »Discovery«, auf den Weg. Über das Kap der Guten Hoffnung, Neuseeland und Tahiti gelangte er schließlich zum eigentlichen Ziel seiner Reise. Er segelte zur nordamerikanischen Küste, kreuzte an der Küste Alaskas entlang und untersuchte beide Küsten der Beringstraße. Obwohl er weit in die Beringstraße eingedrungen war, erwies diese sich aber als unpassierbar. Bei 70° 44' der Breite scheiterte die Exkursion an Packeis. Da es schon Ende August zu kalt geworden war, kehrte Cook um und segelte Richtung Süden, zunächst zu den Aleuten, dann weiter hinunter in die Südsee. Das Schicksal wollte es, dass er auf dieser Heimreise am 14. Februar 1779 auf Hawaii von Eingeborenen umgebracht wurde. Nach Cooks Tod versuchte es Charles Clerke, der das Kommando der Expedition übernommen hatte, nochmals, scheiterte aber ebenfalls an einem noch dickeren Packeis als im Jahr zuvor. Die Expedition musste ohne Clerke, der auf der Rückreise an Tuberkulose starb, unverrichteter Dinge nach England zurückkehren.

August 1778

Kurz vor Mittag bemerkten wir am nördlichen Horizont einen hellen Schein, gleich dem, der durch den Abglanz des Eises zu entstehen pflegt und welchen die Schiffleute das Eisblinken nennen. Da es uns aber nicht in den Sinn kam, so bald schon Eis anzutreffen, achteten wir wenig darauf, obgleich uns der trübe

Himmel und der scharfe Wind schon seit zwei bis drei Tagen eine schleunige Veränderung des Wetters ankündigte. Eine Stunde später ließ uns der Anblick eines großen Eisfeldes über diese Erscheinung nicht länger im Zweifel, und wir mussten um halb drei dicht an einer Eiszunge in einer Tiefe von 22 Faden im 70° 41' umlegen, weil nicht mehr weiter fortzukommen war. Das Eis war schlechterdings undurchdringlich und erstreckte sich von West gen Süd bis Ost gen Nord, so weit das Auge reichte. Hier gab es eine Menge Walrosse, die sich zum Teil im Wasser, größtenteils aber auf dem Eis aufhielten. Ich wollte schon Boote aussetzen lassen, um einige zu erlegen; allein da der Wind aber stärker wurde, musste ich davon absehen. Ich hielt mich noch immer süd- oder vielmehr westwärts, und zwar dicht am Wind, der aus diesem Viertel kam. Aber damit war nichts ausgerichtet, denn am 18. mittags betrug unsere Breite nicht mehr als 70° 44', und wir befanden uns fast fünf Seemeilen ostwärts und hart am Rande der Eisbank. Sie war dicht und fest wie eine Mauer und schien wenigstens 10 bis 12 Fuß hoch, weiter gegen Norden aber noch höher zu sein. Ihre Oberfläche war sehr rau und voller Höcker, und hin und wieder wurden wir Wasserlachen darauf gewahr. Wir richteten nunmehr unseren Kurs südwärts. Der Himmel, der bisher immer trüb und neblig war, klärte sich nunmehr auf und wir konnten, etwa auf drei bis vier Meilen weit, im Süden bis an Südost gen Osten hin Land entdecken. Das östliche Ende davon läuft in eine Spitze aus, die stark mit Eis umgeben ist und welche wir deshalb Eiskap nannten. Sie liegt im 70° 29' der Breite und 198° 20' der Länge. Das andere Ende verlor sich im Horizont, und wir nahmen es ohne Zweifel als eine Fortsetzung des festen Landes von Amerika an. Die »Discovery«, die etwa eine Meile weit zurück und unter dem Winde war, hatte noch weniger Wassertiefe als wir. Unsere Lage wurde nun immer bedenklicher. Wir befanden uns in einem seichten Gewässer; vor uns sahen wir die Küste unter dem Winde und über uns das große Eisfeld, welches gegen uns hertrieb. Blieben wir noch länger zwischen dieser Masse und dem festen Land, so würde sie uns zweifelsohne an die Küste drängen, wenn sie anders nicht eher als wir an das Land kam. Unter dem Winde schien sie es wirklich schon erreicht zu haben, und der einzige Ausweg, der für uns offen blieb, war in Südwesten. Nach einem kurzen Schlage nach Norden gab ich der »Discovery« ein Zeichen, umzulegen, und ich tat es zur gleichen Zeit. Der Wind schien nunmehr etwas günstiger zu werden und wir hielten also Südwest und Südwest gegen Westen. Am 19. August morgens um acht Uhr wich der Wind wieder nach Westen ab und ich drehte mich nordwärts. Mittags war unsere Breite 70° 6' und die Länge 196° 42'. Hier hatten wir viel Treibeis um uns her; das große Eisfeld aber zeigte sich auf etwa zwei Seemeilen weit im Norden. Um halb zwei erreichten wir dessen Rand; es war nicht so fest wie jenes, so wir nordwärts gesehen hatten, aber die Schollen waren zu groß und zu dicht aneinander, als dass wir es wagen durften, mit unseren Schiffen hindurchzukommen. Auf diesem Eis lagen unzählige Herden von Walrossen. Da es uns an frischen Lebensmitteln fehlte, so wurden von beiden Schiffen Boote abgefertigt, um deren einige habhaft zu werden. Bis sieben Uhr abends hatten wir neun von diesen Tieren an Bord der »Resolution«. Wir hatten diese Tiere bisher immer für Seekühe gehalten und waren nicht wenig betroffen, als wir unseren Irrtum wahrnahmen. Dessen ungeachtet wurden sie alle aufgezehrt, und es befanden sich unserer wenige an Bord, die diese Kost nicht unserem eingesalzenem Fleisch vorgezogen hätten …

Während wir unsere Walrosse an Bord brachten, hatte uns das Eis fast auf allen Seiten umringt, und es blieb uns kein anderer Ausweg übrig, als uns nach Süden zu wenden. Ich hielt diese Richtung bei einem leichten Westwind und bei häufigem dicken Nebel bis anderen Morgens um drei Uhr. Nachmittags um zwei Uhr kamen wir an das große Eisfeld, an dessen Rande wir hinsegelten und wobei uns das Gebrüll der Walrosse gewissermaßen als Wegweiser diente, denn bei dem dicken Nebel konnten wir nichts sehen. Gegen Mitternacht kamen wir mitten in das Treibeis und hörten den Schwall der Wogen an der großen Eismasse. Weil das Wetter noch immer neblig und der Wind östlich war, wendete ich das Schiff südwärts. Anderen Morgens um zehn Uhr verzog sich der Nebel und wir sahen das feste Land von Amerika. Da das große Eisfeld nicht weit von uns weg war, so war es augenscheinlich, dass es nunmehr einen großen Teil der See bedeckte, die einige Tage zuvor noch ganz frei davon war, und dass es sich jetzt ungleich weiter gegen Süden erstreckte, als da wir es zuerst im Wege fanden. Ich war davon überzeugt, dass das Ganze eine hin und her treibende Masse sein müsse …

Am 29. August des Morgens lag uns das große Eisfeld im Norden. Nicht lange hiernach erblickten wir in Südwest gegen Westen Land, und darauf noch mehr im Westen. Es zeigte sich anfänglich in zwei Hügeln, die ein Inselpaar zu sein schienen; nachher aber sahen wir ganz deutlich, dass es zusammenhing. Je näher wir kamen, desto mehr verminderte sich die Wassertiefe, sodass wir um Mittag umlegen mussten, weil wir nicht mehr als acht Faden hatten. Das Wetter klärte sich nunmehr auf, sodass wir die Küste bald sehr deutlich erkennen konnten. Sie gleicht in jeder Hinsicht der gegenüberliegenden amerikanischen Küste; an der See ist nämlich das Land ganz flach und niedrig und es erhebt sich erst weiter hinein. Es war nicht nur von aller Waldung, sondern auch von Schnee entblößt und schien von einer moosartigen Decke überzogen zu sein, die ihm ein bräunliches Ansehen gab. In der Niederung zwischen dem hohen Land und dem Meer lag ein See, der sich gegen Südosten hin, weiter als das Auge reichen konnte, ausdehnte. Nachdem wir umgelegt und uns mehr in offene See begeben hatten, lag uns der westlichste der beiden Hügel im Nordwesten. Er schien wirklich eine Insel zu sein, mochte aber gleichwohl mit jener durch niedriges Land zusammenhängen, wenn wir es auch nicht sehen konnten. Ist dies wirklich der Fall, so ist hier eine doppelte Spitze, zwischen denen eine Bai sein musste. Diese steile und sehr felsige Spitze ward *Cap North* genannt. Ihre Lage ist nahe hin im 68° 56' der Breite und 180° 51' der Länge. Ich hatte große Lust, von dieser Küste und ihrer Richtung etwas mehr in Augenschein zu nehmen, und ließ daher gegen zwei Uhr nachmittags umwenden und wollte *Cap North* umsegeln. Ich fand aber, dass es nicht tunlich war, denn nicht nur der Wind wurde sehr heftig und wir bekamen starken Nebel mit Schneegestöber, sondern es war auch zu befürchten, dass das Eis gegen uns vorrückte. Ich gab also diesen westlichen Kurs auf und ließ wieder in breite See stechen.

Die Jahreszeit war nunmehr so weit vorgerückt und Frost und raue Witterung waren so nahe an der Tür, dass es unklug gewesen wäre, wenn ich mich noch in diesem Jahre mit der Suche nach einer Durchfahrt im atlantischen Meer hätte abgeben wollen. Ich sah für diesmal in keiner Hinsicht den mindesten Anschein eines glücklichen Erfolgs und hielt es für das Beste, nun einen Platz aufzusuchen, wo wir uns mit Holz und Wasser versehen konnten, sodann aber, wie wir den Winter zum Besten der Erdkunde und Schifffahrt anwenden und uns dabei in eine so bequeme Lage setzen sollten, dass wir im künftigen Sommer nach Norden zurückkehren und die beabsichtigte Erforschung einer Durchfahrt unternehmen könnten.

(James Cook)

Robert Scotts letzte Fahrt

Der britische Marineoffizier Robert Falcon Scott (1886–1912) wurde vor allem durch seinen Wettlauf gegen Roald Amundsen um die erste Erreichung des Südpols berühmt. Als erster erreichte Roald Amundsen mit seiner Gruppe am 14. Dezember 1911 den Südpol und nannte das den Pol umgebende Plateau Haakon den Syvendes Vidde (Haakon-VII-Plateau), *zu Ehren seines norwegischen Königs. Amundsens Konkurrent Scott erreichte mit seiner Mannschaft den Pol erst fünf Wochen nach dem Norweger am 18. Januar 1912, wo sie verzweifelt feststellten, dass sie den Wettlauf verloren hatte. Enttäuscht notierte Scott in seinem Tagebuch:*

Dienstag, 16. Jan. 1912. Das Furchtbare ist eingetreten – das Schlimmste, was uns widerfahren konnte! –

Wir machten am Vormittag 14 Kilometer. Am Nachmittag brachen wir in gehobener Stimmung auf, denn wir hatten das sichere Hochgefühl, morgen unser Ziel zu erreichen. Nach der zweiten Marschstunde entdeckten Bowers' scharfe Augen etwas, das er für ein Wegzeichen hielt. In wortloser Spannung hasteten wir weiter – uns alle hatte der gleiche furchtbare Verdacht durchzuckt, und mir klopfte das Herz zum Zerspringen. Eine weitere halbe Stunde verging – da erblickte Bowers vor uns einen schwarzen Fleck! Ein Schneegebilde war das nicht – konnte es nicht sein! Geradeswegs marschierten wir darauf los, und was fanden wir? Eine schwarze, an einem Schlittenständer befestigte Flagge! In der Nähe ein verlassener Lagerplatz – Schlittengleise und Schneeschuhspuren kommend und gehend – und die deutlich erkennbaren Eindrücke von Hundepfoten – vieler Hundepfoten – das sagte alles. Die Norweger sind uns zuvorgekommen – Amundsen ist der erste am Pol!

Eine furchtbare Enttäuschung! Aber nichts tut mir dabei so weh, als der Anblick meiner armen, treuen Gefährten! All die Mühsal, all die Entbehrungen, all die Qual – wofür? Für nichts als Träume – Träume über Tag, die jetzt zu Ende sind. –

An Ruhe war in dieser Nacht nicht zu denken! Schon die Aufregung ließ uns nicht schlafen, die Aufregung über diese Entdeckung des schon entdeckten Pols! Alle Gedanken, die in uns aufstiegen, alle Worte, die fielen, alles endete mit dem einen Furchtbaren: zu spät! Und als es dann still wurde im Zelt – da brüteten wir gewiss alle über der einen finstern Vorstellung: Mir graut vor dem Rückweg! –

17. Jan. Der Südpol. Unter wie anderen Umständen hatten wir diesen Augenblick seit Monaten herbeigesehnt! Ein grauenhafter Tag liegt hinter uns – einmal die Enttäuschung, dann ein Wind, der bei 30° Kälte uns grade entgegenwehte. Wir brachen um 7 Uhr 30 auf, denn keiner hatte in dieser schauderhaften Nacht geschlafen, und wir folgten den Schlittengleisen der Norweger. Auf einer Strecke von 5 Kilometer kamen wir an 2 kleinen Wegmalen vorüber. Dann trübte sich plötzlich das Wetter, und da die Spuren zu weit westwärts führten, beschloss ich, meinen Berechnungen gemäß direkt nach dem Pol zu ziehen. Aber gegen Mittag hatte Evans so eiskalte Hände, dass wir das Lager aufschlagen mussten, um zu frühstücken. Dann zogen wir weiter und legten 12 Kilometer in südlicher Richtung zurück. Es ging etwas abwärts, wie mir scheint; aber vor uns geht es offenbar von Neuem bergan. Sonst ist hier nichts zu sehen – nichts, was sich von der schauerlichen Eintönigkeit der letzten Tage unterschiede. Großer Gott! Und an diesen entsetzlichen Ort haben wir uns mühsam hergeschleppt und erhalten als Lohn nicht einmal das Bewusstsein, die Ersten gewesen zu sein!

Doch – es ist immerhin etwas, so weit vorgedrungen zu sein, und der Wind mag sich morgen als unser Freund erweisen. Trotz Ingrimm und Kummer haben wir ein fettes Polarragout verspeist und fühlen uns innerlich ganz behaglich – als Extraspeise gab es eine Tafel Schokolade und den ungewohnten Genuss einer Zigarette, die Wilson bis hierher mitgebracht hatte. Jetzt handelt es sich nur um schleunigsten Rückmarsch! Es gilt einen verzweifelten Kampf!

18. Jan. Wir stellten fest, dass wir noch ungefähr 6 Kilometer vom Pol entfernt waren. Ziemlich genau in dieser Richtung erblickte Bowers ein Zelt. Dieses Zelt haben wir eben erreicht. Es ist 2 ¾ Kilometer vom Pol entfernt und enthielt einen kurzen Bericht über die Anwesenheit der Norweger, die schon am 16. Dezember 5 Mann hoch hier waren. Das Zelt ist hübsch – ein kleines, kräftiges Ding, das nur von einer einzigen Bambusstange gestützt wird. Ein Zettel Amundsens bittet mich, einen Brief an König Haakon von Norwegen zu befördern! Ich steckte ihn zu mir und hinterließ einen Zettel mit der Mitteilung, dass ich mit meinen Gefährten hier gewesen sei. Mittags waren wir nur 1 oder 1 ½ Kilometer vom Pol entfernt; daher nannten wir dieses Lager das Pollager, errichteten hier ein Wegzeichen, steckten unsere Flagge, den armen, zu spät gekommenen »Union Jack«, auf und fotografierten uns – alles eine mächtig kalte Arbeit. Dann sahen wir nicht ganz 1 Kilometer südwärts eine abgenutzte Schlittenkufe aufrecht im Schnee stecken; sie wurde als Stange für ein Wachstuchsegel benutzt; sie sollte jedenfalls die genaue Stelle des Pols bezeichnen, so gut wie die Norweger ihn bestimmen konnten. Ich glaube, sagen zu können: Der Südpol liegt ungefähr 2900 Meter hoch; merkwürdig genug, wenn man bedenkt, dass wir uns auf dem 88. Breitengrad etwa 3200 Meter hoch befunden haben. –

Wir aber haben jetzt dem treulosen Ziel unseres Ehrgeizes den Rücken gekehrt. Vor uns liegt eine Strecke von 1500 Kilometer mühsamer Wanderung – 1500 Kilometer trostlosen Schlittenziehens – 1500 Kilometer Entbehrung, Hunger und Kälte! Traum meiner Tage – leb wohl!

Enttäuscht über die herbe Niederlage machten sich die Männer am nächsten Tag auf den 1500 Kilometer langen Rückmarsch zum Basislager, während dem er und seine vier Begleiter an extremer Kälte und Unterernährung starben. Scotts Einträge ins Tagebuch enden am 29. März 1912, man kann wohl vermuten, dass Scott noch am gleichen Tage oder kurz danach gestorben ist. Ein Suchtrupp fand im November des gleichen Jahres seine Leiche und die seiner zwei letzten Begleiter und errichtete einen Schneehügel über ihnen. Diese seine letzte Ruhestätte ist in ihrer Position heute nur ungefähr bekannt. Nach Amundsen und Scott sollte es noch fast 45 Jahre dauern, bis wieder ein Mensch seinen Fuß auf den Südpol setzte.

Über diesen verzweifelten Rückmarsch schreibt Scott in seinem Tagebuch:

Donnerstag, 8. Febr. 1912. Wir zogen ziemlich spät vom obern Gletscherdepot fort, denn wir mussten Schiffszwieback und anderes abwiegen. Der Morgen war gräulich; der Wind wehte heftig und kalt. Gleichviel gingen wir bis zum Darwinberg, um das Gestein zu untersuchen. Dann sausten wir ziemlich schnell bergab, Bowers und ich als Führer in Schneeschuhen, Oates und Wilson zu Fuß neben dem Schlitten, und Evans wie er eben fortkommen konnte. Um 2 Uhr frühstückten wir weiter abwärts nach dem Mount Buckley zu.

Nachmittags steuerten wir nach der Moräne unterhalb des Mount Buckley hin und mussten mithilfe der Steigeisen über einige schroffe Abhänge mit großen Spalten hinwegklettern und nach der Bergseite hinunterrutschen. Diese Moräne war so interessant, dass ich beschloss, den Rest des Tages zu geologischen Untersuchungen zu benutzen. Welche Freude, wieder den Fuß auf eisfreies Gestein zu setzen, nachdem man 7 Wochen lang nichts anderes als Eis und Schnee gesehen hat!

9. Febr. Wir zogen bis an das Ende des Mount Buckley längs des Moränenrandes, ungefähr 24 Kilometer. Aber heute fühlen wir uns alle sehr, sehr schlaff. Wir hätten eigentlich nach dem Gletscher im Norden des Buckleyberges hinziehen müssen, aber in dem schlechten Licht sah uns der Abstieg gar zu schroff aus. Schließlich gerieten wir zwischen böse Eistrümmer und mussten über einen Eisfall hinunter. Die Spalten waren viel bedeutender, als wir erwartet hatten, und der Abstieg machte uns einige Mühe, aber dann stießen wir auf unser Nachtlager vom 20. Dezember.

10. Febr. War das ein herrlicher Schlaf diese Nacht! Unsere Gesichter hatten heute früh einen ganz andern Ausdruck! Leider kamen wir infolge unserer Schläfrigkeit nicht vor 10 Uhr fort. Trotzdem wir zu weit ostwärts gingen und in schwieriges Eis gerieten, machten wir doch einen guten Morgenmarsch. Nachher begann das Land, sich zu verdunkeln. Wir hielten noch 2 ½ Stunden mit großer Mühe Kurs, dann aber verschwand die Sonne, und Nordwind trieb uns Schnee ins Gesicht; da es sehr warm und Richtung zu halten unmöglich war, bauten wir unser Zelt auf.

Wir haben noch 2 volle Tagesrationen, wissen aber nicht, wo wir sind – bis zum mittleren Gletscherdepot können es gewiss nicht mehr 2 Tage sein. Wenn sich jedoch das Wetter morgen nicht aufklärt, müssen wir entweder blind darauflos marschieren oder unsere Mahlzeiten einschränken. Doch erst schlafen – schlafen! Wir haben an Schlaf noch viel nachzuholen!

Sonntag, 11. Febr. Der furchtbarste Tag, den wir auf der ganzen Reise erlebten. Und hauptsächlich durch eigene Schuld! Wir zogen auf scheußlicher Oberfläche mit leichtem Südwestwind, aufgesetztem Segel und Schneeschuhen ab – bei trostloser Beleuchtung, die alles verzerrt erscheinen ließ. Plötzlich sahen wir uns zwischen Eistrümmern und fassten den verhängnisvollen Entschluss, ostwärts zu gehen. 6 Stunden marschierten wir in der Hoffnung, eine stattliche Entfernung zurückzulegen, was wir auch jedenfalls getan haben, aber die beiden letzten Stunden führten uns in eine regelrechte Falle. Da wir schließlich doch noch auf gute Oberfläche kamen, dachten wir, es werde so bleiben, und schränkten unser zweites Frühstück nicht ein. Eine halbe Stunde später steckten wir in dem größten Eistrümmergebiet, das mir je vorgekommen ist. 3 Stunden lang suchten wir auf Schneeschuhen vergebens einen Ausweg und glaubten schließlich, einen Weg gefunden zu haben. Aber das Eis wurde immer härter, unwegsamer und rissiger, und wir gaben schon alle Hoffnung auf, je aus diesem Eislabyrinth hinauszukommen. Die Schneeschuhe mussten wir ablegen, wir konnten uns kaum mehr auf den Füßen halten; alle Augenblicke fiel einer von uns in eine Spalte hinein. Zuletzt erblickten wir nach dem Lande zu eine glattere Fläche – also dorthin! Wenn es auch noch so weit ist! Das Trümmerfeld veränderte jetzt seinen Charakter; statt der zerfetzten Oberfläche umgaben uns riesige Schlünde, kaum noch zu überschreiten. Aber eine andere Rettung gab es nicht – also vorwärts! Die Verzweiflung lieh uns Mut und Kraft, und um 10 Uhr abends waren wir in Sicherheit.

Ich schreibe dies nach zwölfstündigem, furchtbarem Marsch. Ich glaube, dass wir jetzt auf dem richtigen Wege sind, oder doch ungefähr; aber das Depot ist noch viele Kilometer entfernt! Wir haben deshalb heute Abend unsere Ration verringert. Morgen müssen wir etwas für übermorgen aufsparen, wenn wir nicht sehr große Fortschritte machen. Die heutige Probe zeigte uns, was wir immer noch aushalten können. Wenn nur der Wind morgen so bleibt! – Eine kurze Nacht nur! So früh wie möglich müssen wir fort!

12. Febr. Unsere Lage ist bedenklich! Am Morgen ging alles gut, und gegen Mittag erheiterte uns der Anblick unseres Nachtlagers vom 18. Dezember: Wir waren also auf dem richtigen Weg und nur noch einen Tag vom Depot entfernt. In fröhlichster Zuversicht zogen wir weiter. Aber ein verhängnisvoller Zufall brachte uns zu weit nach links bergauf, in ein gräuliches Gewirr großer Spalten und langer Risse. Von nun an machten geteilte Ansichten unsere Marschrichtung unsicher, und schließlich strandeten wir um 9 Uhr abends an der allerschlimmsten Stelle. Da sitzen wir nun nach kärglichem Abendbrot mit nur noch einer Mahlzeit im Proviantsack! Die Lage des Depots ist uns völlig unklar! Einstweilen betäuben wir uns durch krampfhafte Lustigkeit.

13. Febr. Trotz unserer Sorgen schliefen wir die Nacht über gut; selbst ich, obgleich mich die Unruhe oft aus dem Zelt trieb und ich daher wusste, dass sich der Himmel immer mehr bewölkte und es schließlich zu schneien begann. Erst um ½ 9 Uhr trat das Land beim Wolkenmacher undeutlich hervor. Um 9 tranken wir Tee, aber nur mit Schiffszwieback, um den Rest des Pemmikans* noch zu einem dürftigen Mahl für den Notfall aufzusparen. Dann hasteten wir weiter durch das furchtbare Gewirr von zertrümmertem Eis und stießen nach einer Stunde auf die schmutzigbraunen Reste einer alten Moräne; von hier an wurde die Oberfläche besser. Der Nebel hing noch überall. Ein Ruf von Evans weckte unsere Lebensgeister: Er glaubte, das Depot zu sehen, aber

---

* Pemmikan ist eine haltbare Mischung aus Dörrfleischpulver und Fett. Vor allem die Indianer Nordamerikas führten dieses nahrhafte Gericht als Notration mit sich.

es war nur ein Schatten auf dem Eis! Dann aber entdeckte Wilson die wirkliche Depotfahne!

Der gestrige Tag brachte uns die schlimmste Erfahrung der ganzen Reise, und uns alle hatte ein schauerliches Gefühl der Unsicherheit gepackt. Jetzt sind wir wieder obenauf. Aber wir müssen künftig mit den Vorräten so haushalten, dass wir nicht wieder in solche Notlage geraten, auch wenn das Wetter uns aufhalten sollte. – Bowers hat einen schweren Anfall von Schneeblindheit gehabt, Wilson auch! Evans ist zu schwach, um bei der Lagerarbeit zu helfen.

14. Febr. Eine furchtbare Tatsache, aber unleugbar: Wir können nicht mehr gut marschieren. Wahrscheinlich keiner von uns! Wilsons Bein schmerzt noch, und er wagt sich nicht mehr auf die Schneeschuhe. Am schlimmsten steht es mit Evans. Heute Morgen entdeckte er plötzlich eine riesige Beule an seinem Fuß, und auf dem Marsch mussten wir ihm die Steigeisen immer wieder zurechtschieben – lange, kostbare Minuten, die wir nicht wieder einbringen können! Er ist hungrig, und Wilson auch. Aber wir dürfen es nicht wagen, mehr Lebensmittel zu verbrauchen, und ich, gegenwärtig Koch, bringe immer etwas weniger als die ganze Ration auf den Tisch. Wir sind schlaff und langsam bei der Lagerarbeit – das gibt neue Verzögerungen! Ich habe heute Abend den anderen eindringlich zugesprochen – hoffentlich wird es nun besser damit. Das untere Gletscherdepot ist noch 55 Kilometer entfernt; und unsere Lebensmittel reichen etwa 3 Tage.

15. Febr. Ein schwerer Marsch von 26 Kilometer heute, aber wir wissen nicht genau, wie weit es noch bis zum nächsten Depot ist. Heute Nachmittag war das Land lange Zeit unsichtbar. Wir haben die Mahlzeiten verringert, die Schlafenszeit gekürzt und fühlen uns ziemlich kraftlos. In spätestens 2 Tagen werden wir das Depot erreichen, hoffe ich bestimmt – wir haben nichts anderes mehr im Sinn – wir können keinen andern Gedanken mehr fassen.

16. Febr. Wir sind in entsetzlicher Aufregung: Evans scheint geistesgestört! Der sonst so selbstbewusste Mann ist ganz verändert; heute ließ er zweimal unter lächerlichen Vorwänden halt machen! Wir leben von knappsten Rationen, und bis morgen Abend müssen unsere Lebensmittel reichen! Mehr als 18 oder 22 Kilometer können es nicht mehr bis zum Depot sein. Aber das Wetter ist uns in jeder Weise feindlich. Nach dem zweiten Frühstück waren wir wie in Schneelaken eingehüllt, das Land war nur noch eben undeutlich in der Ferne sichtbar. Ereignisse wie die heutigen werden wir zeitlebens nicht vergessen! Vielleicht wird alles noch gut, wenn wir unser Depot morgen ziemlich früh erreichen! Aber mit dem kranken Mann unter uns – ? – Die Minuten zum Schlaf sind uns abgezählt – ich kann nicht mehr schreiben.

17. Febr. Ein grauenvoller Tag! Evans sah, nachdem er gut geschlafen hatte, ein wenig wohler aus und versicherte wie immer, dass es ihm sehr gut gehe. Er marschierte, vor den Schlitten gespannt, mit uns ab, verlor aber nach einer halben

Stunde den Halt auf den Schneeschuhen und musste abgeschirrt werden. Die Oberfläche war scheußlich, der kürzlich gefallene weiche Schnee blieb in großen Klumpen an Schuhen und Schlittenkufen hängen, der Himmel war bedeckt und das Land verschwommen. Nach etwa einer Stunde machten wir halt, und Evans holte uns ein, aber sehr, sehr langsam. Nach einer halben Stunde blieb er wieder zurück und bat Bowers noch, ihm ein Ende Bindfaden zu leihen. Ich riet ihm, uns möglichst schnell nachzukommen, und er versprach es in einem, wie mir schien, heitern Tone. Als wir dem Monumentfelsen gegenüber waren, sahen wir Evans noch sehr weit zurück; ich ließ deshalb das Lager aufschlagen.

Anfangs waren wir gar nicht unruhig, kochten Tee und setzten uns zum Essen. Als sich dann aber Evans immer noch nicht einstellte, packte uns die Aufregung, und wir liefen alle vier auf Schneeschuhen zu ihm hin. Ich langte zuerst bei ihm an und war entsetzt über sein Aussehen: Mit aufgerissenem Anzug lag er auf den Knien, die Hände nackt und erfroren, und in seinen Augen war ein wilder Blick! Als ich ihn fragte, was ihm fehle, antwortete er in schleppendem Ton, er wisse nicht, was ihm sei, aber er habe wohl einen Ohnmachtsanfall gehabt. Wir richteten ihn auf, aber nach 2 oder 3 Schritten sank er wieder auf den Schnee und zeigte alle Symptome vollständigen Zusammenbruchs. Wilson, Bowers und ich liefen zurück, um den Schlitten zu holen, während Oates bei ihm blieb. Als wir zurückkehrten, war er ohne Bewusstsein, und als wir ihn ins Zelt gebracht hatten, schien er vollkommen schlafsüchtig.

Er erwachte nicht wieder: Um ½ 1 Uhr in der Nacht ist er gestorben. Furchtbar, einen Kameraden so verlieren zu müssen! Aber bei ruhigem Nachdenken mussten wir uns sagen: Immer noch ein Glück, dass die entsetzlichen Aufregungen der letzten Woche so endeten. Mit einem Schwerkranken reisen zu müssen, hätte für uns alle den Tod bedeutet. –

Nach 1 Uhr nachts packten wir zusammen, zogen über die Presseisrücken abwärts und fanden das untere Gletscherdepot ohne Mühe.

Sonntag, 18. Febr. 1912. Nach der entsetzlichen Nacht gönnten wir uns beim untern Gletscherdepot 5 Stunden Schlaf und kamen heute gegen 3 Uhr im Schlachthauslager an. Der reichliche Pferdefleischvorrat hier bot uns ein gutes Abendessen; von jetzt an brauchen wir nicht mehr so sparsam zu sein – vorausgesetzt, dass wir dauernd gute Märsche machen. Mit der reichlicheren Nahrung kehrte auch fast augenblicklich neues Leben in uns zurück; aber die Oberfläche der Barriere macht mir Sorge.

19. Febr. Es war schon über Mittag, als wir uns heute in Bewegung setzten; wir mussten den Schlitten umtauschen, den neuen, den wir im Depot gefunden, mit einem Mast usw. versehen, dazu Pferdefleisch und allerlei persönliche Habe einpacken. Die Oberfläche war so schlecht, wie ich gefürchtet hatte: weicher, sandiger Schnee, auf den die Sonne hell brannte. Nach kurzer Zeit stießen wir auf unsere alte Spur.

Aber mehr als 9 Kilometer brachten wir nicht fertig! Es war ein Ziehen wie über Wüstensand – nicht ein bisschen Gleiten. Wenn das nur nicht so weitergeht! Im Übrigen haben sich unsere Verhältnisse gebessert. Unsere Schlafsäcke fangen schon an, in der Sonne zu trocknen, vor allem aber: Wir haben wieder unsere vollen Rationen. Heute Abend gab es eine Art Schmorbraten von Pemmikan und Pferdefleisch, das uns als das beste warme Essen auf der ganzen Schlittenreise erschien.

20. Febr. Dieselbe entsetzliche Oberfläche; 4 Stunden mühsamen Trabens während des ganzen Morgens brachten uns nach unserm Trübsallager, wo wir auf dem Hinweg den 4-tägigen Aufenthalt hatten. Wir sahen uns nach mehr Ponyfleisch um, fanden aber nichts! Die Gesamtkilometerzahl des Tages ist 13, und wir haben wieder ein Wegmal hinter uns – aber es geht schrecklich langsam! Wir sind nicht mehr so leistungsfähig wie früher, und die Jahreszeit schreitet immer weiter fort.

21. Febr. Es war finster und bewölkt, als wir uns auf den Weg machten, aber sehr viel wärmer. Schreckliche Plackerei den ganzen Tag, und zeitweise verfielen wir in trübe Gedanken. Es waren Trostblicke, wenn wir auf alte Fährten und Wegmale stießen.

Hier ist nun eine kritische Stelle mit weitem Abstand zwischen den Wegmalen! Wenn wir uns auf ihr zurechtfinden, kommen wir wieder auf die regelrecht bezeichnete Straße und werden mit einem bisschen Glück auch auf ihr bleiben; aber alles hängt vom Wetter ab. Noch auf keinem Marsch haben wir 16 Kilometer mit größerer Schwierigkeit zurückgelegt als heute! So darf es nicht weitergehen!

22. Febr. Es ist eine verwünscht unglückliche Zeit, in der wir heimwärts ziehen! Der nahende Winter kann unsern Rückmarsch noch ernstlich gefährden! Heute früh wehte ein frischer Südost den Schnee vor sich her, und wir verloren sofort die schwache Spur. Ein Wegmal wollte sich auch nicht zeigen. Nachmittags änderte Bowers die Marschrichtung, weil wir zu weit nach Westen geraten seien. Die Karte zeigt, dass wir viel zu weit östlich sind! Bei klarem Wetter wäre der Fehler schnell bemerkt worden. Kann sich dasselbe Versehen nicht jeden Tag wiederholen? Eine düstere Lage!

23. Febr. Wir brachen bei Sonnenschein auf, der Wind hatte sich fast gelegt. Glücklicherweise entdeckte plötzlich Bowers mit seinen wunderbar scharfen Augen ein altes Wegmal. Am Nachmittag fanden wir ein zweites, gingen darüber hinaus und schlugen das Lager nur 4 ½ Kilometer vor dem Depot auf. Wir können es zwar noch nicht sehen, aber – gutes Wetter vorausgesetzt – es auch nicht mehr verfehlen. Daher fühlen wir uns alle ungeheuer erleichtert. Wir legten in 7 Stunden 15 Kilometer zurück, könnten also auf dieser Oberfläche 18 bis 22 marschieren. Die Aussichten sind wieder heller: Von hier bis nach Hause wird keine Lücke mehr zwischen den Wegmalen sein.

24. Febr. Wunderschöner Tag – zu schön – eine Stunde nach dem Abmarsch verdarb loser Schnee die Oberfläche gänzlich! Wir erreichten das Depot am Vormittag und fanden die Vorräte in guter Ordnung, nur zu wenig Öl – wir werden sehr sparsam mit dem Brennstoff umgehen müssen. Im Übrigen haben wir heute Abend Proviant auf 10 Tage für weniger als 130 Kilometer bis zum nächsten Depot. Alle Besorgnis darf also schwinden. Der arme Wilson hat einen fürchterlichen Anfall von Schneeblindheit. Wenn wir nur mehr Öl hätten!

Abends. Bin wieder ein wenig mutlos. Das war heute Nachmittag eine wirklich gräuliche Oberfläche, und wir legten nur 7 ½ Kilometer auf unserer Spur zurück. Wir können dies anstrengende Ziehen unmöglich fortsetzen! Das schnelle Zuendegehen dieses Sommers ist ein böses Omen! Es wird ein Wettrennen zwischen Jahreszeit und schlechtem Wetter einerseits, und unserer Leistungsfähigkeit und guten Ernährung andererseits.

26. Febr. Beim Abmarsch bedeckter Himmel; trotzdem konnten wir die Spuren und das nächste Wegmal in weiter Ferne deutlich erkennen. Es ging heute ein wenig besser, wir sind 22 Kilometer vorwärtsgekommen. Bowers und Wilson waren Vorspann. Es ist geradezu eine Erholung, im zweiten Glied zu ziehen und nicht auf die Spur achten zu müssen. Wir haben jetzt sehr kalte Nächte und morgens zu Anfang des Marsches immer kalte Füße, weil unsere Schuhe nachts nicht trocknen. Wir müssten noch reichlicher zu essen haben, besonders Fett! Hoffentlich finden wir 80 Kilometer weiter im nächsten Depot so viel Vorrat, dass wir mehr verbrauchen können. Und der knappe Ölvorrat macht mich auch besorgt!

27. Febr. Die letzte Nacht war verzweifelt kalt: 36°, als wir aufstanden. Wir müssen uns unbedingt reichlicher ernähren. Wir sprechen kaum noch von etwas anderem als vom Essen, nur nicht unmittelbar nach den Mahlzeiten.

Das Land verschwindet uns endlich aus dem Gesicht! Wollte Gott, dass wir keine Rückschläge mehr hätten! Wir sprechen natürlich immer über die Möglichkeit, die Hundeabteilung zu treffen. Beim nächsten Lager sind wir vielleicht schon in Sicherheit!? Bis zum Depot noch 57 Kilometer – zur Not noch 3 Tage Brennstoff und auf 6 Tage Proviant. Die Dinge fangen an, ein bisschen besser auszusehen; von morgen Abend an werden wir wohl etwas mehr essen können.

28. Febr. Bei leichtem Nordwestwind traten wir heute unseren Marsch an – und bei lähmender Kälte von 35 ½. Viel kalte Füße heute Morgen; aber wir sind früher aufgebrochen und werden früher das Lager aufschlagen, sodass uns wenigstens die Möglichkeit einer guten Nachtruhe winkt. Solange wir aber das Depot nicht erreicht haben, steht es bedenklich, und je mehr ich darüber nachdenke, desto deutlicher wird mir, dass es auch nach dem Eintreffen dort wohl noch so bleiben wird! Eins steht fest: Der mittlere Teil der Barriere ist ein grauenvoller Ort!

29. Febr. Entsetzliche Kälte beim Aufbrechen. Wir hatten uns auf einen schauderhaften Marsch gefasst gemacht, und anfangs wurde er auch so. Dann ging es besser, und wir kampierten nach 5 ½ Stunden dicht neben einem alten Frühstückslager. Das nächste Lager ist unser Depot, es liegt genau 24 Kilometer von hier. Nur noch *ein* schöner Tag! Das Öl wird eben bis dahin reichen, und wir werden dort noch mit Lebensmitteln für 3 Tage eintreffen. Die Vergrößerung unserer Ration hat eine außerordentlich wohltätige Wirkung gehabt.

1. März. Wir machten uns um 8 auf den Weg und sind bis zu einer Stelle marschiert, von wo aus wir die Depotfahne schon flattern sehen können. Gestern war es ein mörderisches Ziehen und heute noch mehr! Sonst ist das Wetter wunderbar schön, wolkenlose Tage und Nächte und unbedeutender Wind. Nur ist es unser Pech, dass dieser Wind grade aus Norden kommt und uns gräulich durchkältet.

2. März. Ein Unglück kommt selten allein. Wir marschierten gestern Nachmittag ziemlich bequem zum Depot, und nun haben uns drei furchtbare Schläge getroffen, die alle meine Hoffnungen über den Haufen werfen. Erstens fanden wir zu wenig Öl vor, selbst bei strengster Sparsamkeit reicht es kaum für die 131 Kilometer bis zum nächsten Depot! Dann zeigte uns Oates seine Füße: Seine Zehen sind augenscheinlich erfroren. Der dritte Schlag kam in der Nacht: Das Thermometer ging unter 40° hinunter, und heute Morgen brauchten wir zum Wechseln unserer Fußbekleidung 1 ½ Stunden! Trotzdem machten wir uns vor 8 Uhr auf den Weg, aber wir verloren Wegmale und Spuren aus dem Gesicht. Und das Schlimmste von allem: Die Oberfläche ist einfach grauenhaft! Trotz des starken Windes und des gefüllten Segels haben wir nur 10 Kilometer zurückgelegt. Wir können die unbedingt nötigen Märsche nicht mehr ausführen und leiden entsetzlich unter der Kälte!

Sonntag, 3. März 1912. Wir fanden gestern die Gleise wieder und legten fast 18 Kilometer zurück. Aber heute ist es geradezu zum Verzweifeln! Nach der ersten Stunde, die uns mit günstigem Wind schnell vorwärts brachte, spottete die Oberfläche jeder Beschreibung. Wind und alles drehte sich uns entgegen – nach 4 ½ Stunden mussten wir haltmachen; nur 8 ½ Kilometer weiter! Wir haben keine Schuld daran – wir haben getan, was wir konnten –, die Oberfläche mit ihrem klebrigen Schnee hielt uns zu fest, und oft war der Sturm so heftig, dass wir den Schlitten nicht von der Stelle bringen konnten. Gott steh' uns bei! Aber diesen Anstrengungen sind wir nicht gewachsen! Keiner von uns kann das noch glauben; keiner zwar spricht ein Wort davon, und zueinander sind wir immer unendlich heiter – aber was jeder in seinem Herzen fühlt, ist nicht schwer zu erraten.

4. März. Wie stets vergaßen wir gestern Abend unsere Sorgen, krochen in die Säcke, schliefen nach gutem Essen vorzüglich, wachten auf, aßen wieder

und traten dann unseren Marsch an. Den ganzen Morgen haben wir mit Aufbietung all unserer Kräfte nur 6 ½ Kilometer zurückgelegt! Unsere einzige Hoffnung ist starker, trockner Wind – aber um diese Zeit des Jahres?! Das nächste Depot ist 78 Kilometer entfernt – wir haben Lebensmittel auf eine Woche, aber Öl nur noch auf 3 bis 4 Tage! – Uns täglich eine warme Mahlzeit entziehen, hieße, uns töten! Eine Möglichkeit der Rettung besteht: Es könnte im nächsten Depot vielleicht noch Extravorrat an Öl liegen! Aber wenn wir dort wieder zu wenig vorfinden? – Und ob wir überhaupt hinkommen? Ich wäre längst verzweifelt, wenn nicht Wilson und Bowers so tapfern Mutes wären!

5. März. Oates' Füße sind jämmerlich, der Ärmste hinkt sehr. Heute Morgen marschierten wir 5 Stunden auf etwas besserer Oberfläche, die mit hohen hügelartigen Schneefahnen bedeckt war. Der Schlitten schlug zweimal um; wir zogen ihn zu Fuß und legten ungefähr 10 Kilometer zurück. Noch 2 Ponymärsche und etwa 7 Kilometer bis zu unserm Depot! Unser Brennmaterial wird schrecklich knapp, und der arme Oates ist fast ganz entkräftet. Und gar nichts können wir für ihn tun! Von uns andern leidet Wilson am meisten, hauptsächlich infolge der aufopfernden Hingabe, womit er Oates' kranke Füße behandelt. Wir können einander nicht helfen – jeder hat genug mit sich allein zu tun. »Gott helfe uns!«, kann man nur sagen und sich dann frierend und niedergeschlagen auf seinem Wege weiterschleppen mit dem furchtbaren Bewusstsein, dass wir ja doch viel, viel zu langsam vorwärts kommen. Aber wenn wir im Zelt beisammen sind, scheinen wir noch alle heiter und guten Mutes und reden von allem Möglichen; vom Essen jetzt weniger, seit wir uns entschlossen haben, volle Rationen zu wagen; wir konnten einfach nicht länger hungrig umherlaufen. Es ist ein gefährliches Spiel, aber wir werden es mit Mut zu Ende führen.

6. März. Heute Morgen war es unerträglich! Über Nacht wurde es warm, und zum ersten Mal auf der ganzen Reise habe ich mich um mehr als eine Stunde verschlafen. Dann zogen wir mit Aufbietung all unserer Kräfte um unser Leben und kamen doch kaum 2 Kilometer in der Stunde vorwärts! Dreimal mussten wir uns abspannen, um die alten Gleise zu suchen. Unterdes saß der arme Oates auf dem Schlitten; Zugarbeit kann er nicht mehr leisten; seine Füße müssen ihn entsetzlich schmerzen, und doch ist er wunderbar mutig. Er klagt nie, aber sein heiterer Sinn tritt jetzt nur noch auf dem Marsch hervor; im Zelt wird er immer schweigsamer. Hätten wir 16 ½ Kilometer täglich fertigbringen können – vielleicht wären wir noch vor dem Ausgehen des Öles bis ans Depot gelangt. Jetzt kann uns nichts mehr helfen als starker Wind und gute Oberfläche. Wenn wir alle gesund wären, könnte man noch hoffen, aber der arme Oates ist uns ein schreckliches Hemmnis geworden.

7. März. Oates geht es sehr schlecht; ich kann seinen Heldenmut nicht genug bewundern. Wir unterhalten uns noch darüber, was wir alles vornehmen wollen, wenn wir erst wieder zu Hause sind.

Gestern nur 12 Kilometer – heute Morgen in 4 ½ Stunden ein wenig über 7 ½ Kilometer – noch 30 Kilometer bis zum Depot! Wenn wir dort reichliche Vorräte finden und die Oberfläche so bleibt, dann können wir uns noch bis zum nächsten Depot durchschlagen, aber zum Ein-Tonnen-Lager nicht mehr! Bei dem armen Oates steht die Krisis nahe bevor. Die Sonne strahlt – Spur und Wegmale sind weithin sichtbar – wer sie doch bis ans Ende verfolgen könnte!

8. März. Ich muss jetzt am Morgen fast eine Stunde in den Nachtstiefeln warten, ehe ich mit dem Wechseln der Fußbekleidung beginnen kann, und bin doch gewöhnlich zuerst fertig. Auch Wilsons Füße fangen an, zu schmerzen, da er nachts so oft umherläuft, um den anderen zu helfen. Wir sind noch 16 Kilometer vor dem Depot – ein lächerlich kleiner Abstand! Aber um nur die Hälfte unserer früheren Märsche zu erreichen, müssen wir unsere Energie verdoppeln. Und es fragt sich vor allem: Was werden wir im Depot finden? Wenn die Hunde Öl dorthin gebracht haben, können wir noch eine Strecke weiterkommen – aber wenn wir dort wieder zu wenig Brennstoff finden, dann sei Gott uns gnädig!

Sonntag, 10. März. Oates fragte heute Morgen Wilson, ob es für ihn noch eine Möglichkeit der Genesung gebe; natürlich musste Wilson sagen, dass er das glaube. In Wahrheit gibt es keine mehr. Und ob wir anderen durchkommen? Im besten Fall können wir noch eine Weile ein Hundeleben führen, aber mehr auch nicht, unsere Kleider sind so vereist, dass wir sie kaum noch an- und ausziehen können, und der arme Oates hält uns des Morgens so lange auf, dass der wärmende Einfluss des Frühstücks sich schon verloren hat, ehe wir uns auf den Weg machen. Der arme Mensch! Es ist zu traurig mit ihm; und doch muss man immer wieder versuchen, ihn aufzuheitern.

Gestern haben wir das Depot am Mount Hooper erreicht. Kalter Trost! Von allem zu wenig vorhanden! Doch wüsste ich nicht, dass irgendjemand deswegen Tadel verdiente. Die Hunde hätten unsere Rettung sein können – sie sind offenbar ausgeblieben. Meares wird eine schlechte Heimreise gehabt haben. Es ist alles ein erbärmlicher Wirrwarr! – Heute konnten wir nur eine halbe Stunde marschieren. Ein Orkan zwang uns, schnell wieder das Lager aufzuschlagen.

11. März. Oates ist seinem Ende nahe. Was wir tun werden – was er tun wird, weiß Gott allein. Er ist ein tapferer, guter Mensch und klar über seine Lage, aber er fragte uns um Rat. Was konnten wir ihm anderes sagen, als ihn dringend bitten, so weit mitzumarschieren, wie er irgend könne! Eine gute Folge aber hatte die Beratung: Ich befahl Wilson, uns die Mittel zur Beendigung unserer Qual auszuhändigen, damit jeder wisse, was er im Notfall zu tun habe. Wir haben jeder 30 Opiumtabletten, Wilson selbst eine Tube Morphium, unser Spiel geht tragisch aus.

11 Kilometer sind jetzt die Grenze unserer Leistungsfähigkeit. Wir haben Proviant auf 7 Tage und müssen heute Abend ungefähr 102 Kilometer vom Ein-Tonnen-Lager entfernt sein. 11 x 7 = 77 – also bleiben immer noch 25 Kilometer Abstand.

12. März. Gestern legten wir 11 Kilometer, heute Morgen 7 ½ Kilometer zurück; heute Nachmittag müssen wir auf weitere 5 ½ hoffen – 13 x 6 = 78. Die Oberfläche bleibt schauderhaft, die Kälte unbeschreiblich streng, und mit unserer Gesundheit geht es bergab, Gott helfe uns!

14. März. Aber auch alles geht schief! Gestern erwachten wir bei starkem Nordwind mit 38° und mussten daher bis 2 Uhr im Lager bleiben. Dann legten wir noch 9 ½ Kilometer zurück, und hätten uns gern noch weitergeschleppt, aber da der Wind nicht aussetzte, litten wir zu sehr unter der Kälte. Und wie lange das dauerte, ehe wir im Dunkeln unser Abendessen fertig hatten!

Heute Morgen zogen wir bei südlicher Brise mit aufgezogenem Segel ab und mit guter Geschwindigkeit wieder an einem Wegmal vorüber; als wir ungefähr die halbe Marschzeit hinter uns hatten, veränderte sich der Wind in eine scharfe Brise aus Westen, die durch die Windanzüge hindurch- und in die Fausthandschuhe hineinwehte. Der arme Wilson war so erstarrt, dass er eine ganze Weile seine Schneeschuhe gar nicht abschnallen konnte. Bowers und ich schlugen das Lager allein auf, und als wir schließlich im Zelt waren, zitterten wir alle vor Kälte. Die Mittagstemperatur ist 42°. Das Ende ist nahe – es soll ein recht gnädiges Ende werden. Der arme Oates hat sich wieder den Fuß erfroren; mir graut, wenn ich daran denke, wie er morgen aussehen wird.

Sonnabend, 16. oder Sonntag, 17. März. Ich bin mir über das Datum nicht ganz klar, glaube aber, das letztere wird richtig sein.

Die Tragödie ist in vollem Gang. Vorgestern erklärte der arme Oates, er könne nicht mehr weiter, und machte uns den Vorschlag, ihn in seinem Schlafsack zurückzulassen. Davon konnte natürlich keine Rede sein, und wir bewogen ihn, uns noch auf dem Nachmittagsmarsch zu begleiten. Es muss eine entsetzliche Qual für ihn gewesen sein! In der Nacht wurde es mit ihm schlechter, und wir sahen, dass es zu Ende ging.

Sollte dies Tagebuch gefunden werden, so bitte ich um die Bekanntgabe folgender Tatsachen: Oates' letzte Gedanken galten seiner Mutter; unmittelbar vorher sprach er mit Stolz davon, dass sein Regiment sich über den Mut freuen werde, mit dem er dem Tod entgegengehe. Wir drei können seine Tapferkeit bezeugen. Wochenlang hat er unaussprechliche Schmerzen klaglos ertragen und war tätig und hilfsbereit bis zum letzten Augenblick. Bis zum Schluss hat er die Hoffnung nicht aufgegeben – nicht aufgeben wollen. Er war eine tapfere Seele, und dies war sein Ende: Er schlief die vorletzte Nacht ein in der Hoffnung, nicht wieder zu erwachen; aber er erwachte doch am Morgen – gestern! Draußen tobte ein Orkan.

»Ich will einmal hinausgehen«, sagte er, »und bleibe vielleicht eine Weile draußen.« Dann ging er in den Orkan hinaus – und wir haben ihn nicht wiedergesehen.

Sonntag, 17. März 1912. Ich kann nur absatzweise schreiben. Die Kälte ist ungeheuer, mittags 40°. Meine Kameraden sind heiter, aber wir sind drauf und dran, zu erfrieren, und obwohl wir beständig davon reden, dass wir uns doch noch durchschlagen werden, glaubt es im Herzen keiner mehr. Gestern mussten wir des Orkans wegen still liegen, und heute geht es furchtbar langsam. Wir sind nur 2 Ponymärsche vom Ein-Tonnen-Lager entfernt. Hier lassen wir unsern Theodoliten**, eine Kamera und Oates' Schlafsäcke zurück. Die Tagebücher sowie die auf Wilsons speziellen Wunsch mitgenommenen Gesteinproben wird man bei uns oder auf unserm Schlitten finden.

18. März. Heute beim zweiten Frühstück sind wir 39 Kilometer vom Depot entfernt. Das Unglück schreitet weiter. Gestern hatten wir wieder Gegenwind, und der Schnee trieb uns ins Gesicht; wir mussten den Marsch unterbrechen; Temperatur 37°. Kein menschliches Wesen brächte es fertig, solch einem Wetter zu trotzen, und unsere Kraft ist fast ganz erschöpft. Wir brechen allmählich alle zusammen. Ich Esel rührte mir einen kleinen Teelöffel voll Currypulver in meinen Pemmikan – er verursachte mir heftige Beschwerden. Die ganze Nacht lag ich mit Schmerzen wach, und auf dem Marsch fühlte ich mich kraftlos; mein rechter Fuß erfror, und ich merkte es gar nicht. Ein Augenblick Nachlässigkeit – und man hat einen Fuß, den man gar nicht ansehen mag. Bowers ist, was seine Gesundheit anlangt, Nummer eins. Die anderen glauben noch, dass wir durchkommen – oder stellen sich wohl nur so! Wir haben den Primuskocher*** noch einmal halb voll gegossen, das letzte Mal – dann müssen wir verdursten. Der Wind ist augenblicklich günstig – vielleicht hilft er uns. Die Entfernung bis zum nächsten Depot wäre uns auf der Hinreise lächerlich klein erschienen.

19. März. Gestern Abend waren wir fast erstarrt, bis wir unser Abendessen verzehrt hatten: Es bestand aus Schiffszwieback, kaltem Pemmikan und einem halben Kännchen Kakao. Dann wurden wir wider Erwarten ganz warm und haben alle gut geschlafen. Heute brachen wir in der gewöhnlichen, schleppend langsamen Weise auf. Wir sind 29 Kilometer vom Depot entfernt und könnten in 3 Tagen hinkommen. Wir haben noch auf 2 Tage Lebensmittel, aber nur noch auf 1 Tag Brennmaterial. Wilsons Füße sind noch am besten, mein rechter am schlechtesten, nur mein linker ist ganz in Ordnung. Aber wie sollen wir unsere

---

* Ein Theodolit ist ein Winkelmessgerät, das bei der Vermessung von Horizontalrichtungen und Vertikalwinkeln eingesetzt wird.

** Zwei Schweden, Lindqvist und Svenson, bauten schon 1892 den ersten rußfreien Kerosinbrenner, den sie deshalb *Primus* nannten. Auch Amundsen führte auf seiner Südpolexpedition einen solchen Kocher mit. Die schwedische Traditionsmarke Primus besteht noch heute.

Füße schonen, ehe wir das Depot erreicht haben und uns wieder mit warmem Essen pflegen können?

21. März. Montag Abend waren wir noch 20 Kilometer vom Depot entfernt; gestern konnten wir eines wütenden Orkans wegen nicht weiter. Heute wieder eine verlorene Hoffnung – Wilson und Bowers wollen zum Depot gehen, um Brennstoff zu holen.

22. und 23. März. Der Orkan wütet fort – Wilson und Bowers konnten sich nicht hinauswagen – morgen ist die letzte Möglichkeit – kein Brennstoff mehr und nur noch auf 1, höchstens 2 Tage Nahrung – das Ende ist da. Wir haben beschlossen, eines natürlichen Todes zu sterben – wir wollen mit unsern Sachen oder auch ohne sie zum Depot marschieren und auf unserer Spur zusammenbrechen.

Freitag, 29. März. Seit dem 21. hat es unaufhörlich aus Südwest gestürmt. Jeden Tag waren wir bereit, nach unserm nur noch 20 Kilometer entfernten Depot zu marschieren, aber draußen vor der Zelttür ist die ganze Landschaft ein wirbelndes Schneegestöber. Wir können jetzt nicht mehr auf Besserung hoffen. Aber wir werden bis zum Ende aushalten; der Tod kann nicht mehr fern sein. Es ist ein Jammer, aber ich glaube nicht, dass ich noch weiter schreiben kann. R. Scott.

Um Gottes willen – sorgt für unsere Hinterbliebenen!

* * *

Acht Monate später wurden die Verunglückten gefunden. Wilson und Bowers lagen in ihren Schlafsäcken, die sie über dem Kopf geschlossen hatten.

Scott war offenbar zuletzt gestorben. Er hatte die Klappen seines Schlafsacks zurückgeworfen und seinen Rock geöffnet. Die kleine Tasche mit seinen Tagebüchern lag unter Schultern und Kopf, und sein Arm umschlang Dr. Wilson.

Bei den Tagebüchern fanden sich mehrere Briefe, rührende Abschiedsbriefe an seine Frau und an mehrere Freunde und ergreifende Trostbriefe an die Witwen der mit ihm umgekommenen Kameraden.

Auf der ersten Seite des letzten Tagebuchheftes steht die Bitte:

»Schickt dieses Tagebuch meiner Frau! R. Scott.«

Das Wort »Frau« ist ausgestrichen und »Witwe« darübergeschrieben.

(Robert Falcon Scott)

Auf dem St. Gotthard

Den 13. November 1779, oben auf dem Gipfel des Gotthards bei den Kapuzinern. Morgens um Zehn

Endlich sind wir auf dem Gipfel unserer Reise glücklich angelangt! Hier, ist's beschlossen, wollen wir stille stehen und uns wieder nach dem Vaterlande zuwenden.

Ich komme mir sehr wunderbar hier oben vor; wo ich mich vor vier Jahren mit ganz andern Sorgen, Gesinnungen, Plänen und Hoffnungen, in einer andern Jahrszeit, einige Tage aufhielt, und mein künftiges Schicksal unvorahnend, ich weiß nicht, durch was bewegt, Italien den Rücken zukehrte und meiner jetzigen Bestimmung unwissend entgegenging. Ich erkannte das Haus nicht wieder. Vor einiger Zeit ist es durch eine Schneelawine stark beschädigt worden; die Patres haben diese Gelegenheit ergriffen, und eine Beisteuer im Lande eingesammelt, um ihre Wohnung zu erweitern und bequemer zu machen. Beide Patres, die hier oben wohnen, sind nicht zu Hause, doch, wie ich höre, noch eben dieselben, die ich vor vier Jahren antraf. Pater Seraphim, der schon dreizehn Jahre auf diesem Posten aushält, ist gegenwärtig in Mailand, den andern erwarten sie noch heute von Airolo herauf. In dieser reinen Luft ist eine ganz grimmige Kälte. Sobald wir gegessen haben, will ich weiter fortfahren, denn vor die Türe, merk' ich schon, werden wir nicht viel kommen.

Nach Tische

Es wird immer kälter, man mag gar nicht von dem Ofen weg. Ja es ist die größte Lust, sich obendrauf zu setzen, welches in diesen Gegenden, wo die Öfen von steinernen Platten zusammengesetzt sind, gar wohl angeht. Zuvörderst also wollen wir an den Abschied von Realp und unsern Weg hierher. Noch gestern Abend, ehe wir zu Bette gingen, führte uns der Pater in sein Schlafzimmer, wo alles auf einen sehr kleinen Platz zusammengestellt war. Sein Bett, das aus einem Strohsack und einer wollenen Decke bestand, schien uns, die wir uns an ein gleiches Lager gewöhnt, nichts Verdienstliches zu haben. Er zeigte uns allen mit großem Vergnügen und innerer Zufriedenheit seinen Bücherschrank und andere Dinge. Wir lobten ihm alles und schieden sehr zufrieden voneinander, um zu Bette zu gehen. Bei der Einrichtung des Zimmers hatte man, um zwei Betten an eine Wand anzubringen, beide kleiner als gehörig gemacht. Diese Unbequemlichkeit hielt mich vom Schlaf ab, bis ich mir durch zusammengestellte Stühle zu helfen suchte. Erst heute früh bei hellem Tage erwachten wir wieder und gingen hinunter, da wir denn durchaus vergnügte und freundliche Gesichter antrafen. Unsere Führer, im Begriff den lieblichen gestrigen Weg wieder zurückzumachen, schienen es als Epoche anzusehen und als Geschichte, mit der sie sich in der Folge gegen andere Fremde was zugutetun könnten; und da sie gut bezahlt wurden, schien bei ihnen der Begriff von Abenteuer vollkommen zu werden. Wir nahmen noch ein starkes Frühstück zu uns und schieden. Unser Weg ging nunmehr durchs Ursener Tal, das merkwürdig ist, weil es in so großer Höhe schöne Matten und Viehzucht hat. Es werden hier Käse gemacht, denen ich einen besondern Vorzug gebe. Hier wachsen keine Bäume; Büsche von Saalweiden fassen den Bach ein, und an den Gebirgen flechten sich kleine Sträucher durcheinander. Mir ist's unter allen Gegenden, die ich kenne, die liebste und interessanteste; es sei nun, dass alte Erinnerungen sie wert machen, oder dass mir das Gefühl von so viel zusammengeketteten Wundern der Natur ein heimliches und unnennbares Vergnügen erregt. Ich setze zum Voraus, die ganze Gegend, durch die ich Sie führe, ist mit Schnee bedeckt, Fels und Matte und Weg sind alle überein verschneit. Der Himmel war ganz klar ohne irgendeine Wolke, das Blau viel tiefer, als man es in dem platten Lande gewohnt ist, die Rücken der Berge, die sich weiß davon abschnitten, teils hell im Sonnenlicht, teils bläulich im Schatten. In anderthalb Stunden waren wir in Hospital; ein Örtchen das noch im Ursener Tal am Weg auf den Gotthard liegt. Hier betrat ich zum ersten Mal wieder die Bahn meiner vorigen Reise. Wir kehrten ein, bestellten uns auf Morgen ein Mittagessen und stiegen den Berg hinauf. Ein großer Zug von Mauleseln machte mit seinen Glocken die ganze Gegend lebendig. Es ist ein Ton, der alle Bergerinnerungen rege macht. Der größte Teil war schon vor uns aufgestiegen, und hatte den glatten Weg mit den scharfen Eisen schon ziemlich aufgehauen. Wir fanden auch einige Wegeknechte, die bestellt sind, das Glatteis mit Erde zu überfahren, um den Weg praktikabel zu erhalten. Der Wunsch, den ich in vorigen Zeiten getan hatte, diese Gegend einmal im Schnee zu sehen, ist mir nun auch gewährt. Der Weg geht an der über Felsen sich immer hinabstürzenden Reuss hinauf, und die Wasserfälle bilden hier die schönsten Formen. Wir verweilten lange bei der Schönheit des einen, der über schwarze Felsen in ziemlicher Breite herunterkam. Hier und da hatten sich in den Ritzen und auf den Flächen Eismassen angesetzt, und das Wasser schien über schwarz und weiß gesprengten Marmor herzulaufen. Das Eis blinkte wie Kristalladern und Strahlen in der Sonne, und das Wasser lief rein und frisch dazwischen hinunter. Auf den Gebirgen ist keine beschwerlichere Reisegesellschaft als Maultiere. Sie halten einen ungleichen Schritt, indem sie, durch einen sonderbaren Instinkt, unten an einem steilen Orte erst stehen bleiben, dann denselben schnell hinaufschreiten und oben wieder ausruhen. Sie halten auch auf geraden Flächen, die hier und da vorkommen, manchmal inne, bis sie durch den Treiber oder durch die nachfolgenden Tiere vom Platze bewegt werden. Und so, indem man einen gleichen Schritt hält, drängt man sich an ihnen auf dem schmalen Wege vorbei und gewinnt über solche ganze Reihen den Vorteil. Steht man still, um etwas zu betrachten, so kommen sie einem wieder zuvor, und man ist von dem betäubenden Laut ihrer Klingeln und von ihrer breit auf die Seiten stehenden Bürde beschwert. So langten wir endlich auf dem Gipfel des Berges an, den Sie sich wie einen kahlen Scheitel, mit einer Krone umgeben, denken müssen. Man ist hier auf einer Fläche, ringsum wieder von Gipfeln umgeben, und die Aussicht wird in der Nähe und Ferne von kahlen und auch meistens mit Schnee bedeckten Rippen und Klippen eingeschränkt. Man kann sich kaum erwärmen, besonders da sie nur mit Reisig heizen können und auch dieses sparen müssen, weil sie es fast drei Stunden heraufzuschleppen haben, und oberwärts, wie gesagt, fast gar kein Holz wächst. Der Pater ist von Airolo heraufgekommen, so erfroren, dass er bei seiner Ankunft kein Wort hervorbringen konnte. Ob sie gleich hier oben sich bequemer als die Übrigen vom Orden tragen dürfen, so ist es doch immer ein Anzug, der für dieses Klima nicht gemacht ist. Er war von Airolo herauf den sehr glatten Weg gegen den Wind gestiegen; der Bart war ihm eingefroren, und es währte eine ganze Weile, bis er sich besinnen konnte. Wir unterhielten uns von der Beschwerlichkeit dieses Aufenthalts; er erzählte, wie es ihnen das Jahr über zu gehen pflege, ihre Bemühungen und häuslichen Umstände. Er sprach nichts als Italienisch, und wir fanden hier Gelegenheit, von den Übungen, die wir uns das Frühjahr in dieser Sprache gegeben, Gebrauch zu machen. Gegen Abend traten wir einen Augenblick vor die Haustüre heraus, um uns vom Pater denjenigen Gipfel zeigen zu lassen, den man für den höchsten des Gotthards hält; wir konnten aber kaum einige Minuten dauern, so durchdringend und angreifend kalt ist es. Wir bleiben also wohl für diesmal in dem Hause eingeschlossen, bis wir morgen fortgehen, und haben Zeit genug, das Merkwürdige dieser Gegend in Gedanken zu durchreisen.

Aus einer kleinen geografischen Beschreibung werden Sie sehen, wie merkwürdig der Punkt ist, auf dem wir uns jetzt befinden. Der Gotthard ist zwar nicht das höchste Gebirg der Schweiz, und in Savoyen übertrifft ihn der Montblanc an Höhe um sehr vieles; doch behauptet er den Rang eines königlichen Gebirges über alle andere, weil die größten Gebirgsketten bei ihm zusammen laufen und sich an ihn lehnen. Ja, wenn ich mich nicht irre, so hat mir Herr Wyttenbach zu Bern, der von dem höchsten Gipfel die Spitzen der übrigen Gebirge gesehen, erzählt, dass sich diese alle gleichsam gegen ihn zu neigen schienen. Die Gebirge von Schweiz und Unterwalden, gekettet an die von Uri, steigen von Mitternacht, von Morgen die Gebirge des Graubündter Landes, von Mittag die der italienischen Vogteien herauf, und von Abend drängt sich durch die Furka das doppelte Gebirg, welches Wallis einschließt, an ihn heran. Nicht weit vom Hause hier sind zwei kleine Seen, davon der eine den Tessin durch Schluchten und Täler nach Italien, der andere gleicherweise die Reuss nach dem Vierwaldstättersee ausgießt. Nicht fern von hier entspringt der Rhein und läuft gegen Morgen, und wenn man alsdann die Rhone dazunimmt, die an einem Fuß der Furka entspringt und nach Abend durch das Wallis läuft, so befindet man sich hier auf einem Kreuzpunkte, von dem aus Gebirge und Flüsse in alle vier Himmelsgegenden auslaufen.

(Johann Wolfgang von Goethe)

Am äußersten Meer

Ein paar große Schiffe waren bis zum Nordpol hinaufgesandt, um die Grenzen des Landes nach dem Meere aufzufinden und zu versuchen, wie weit die Menschen dort oben vorzudringen vermöchten. Schon seit Jahr und Tag waren sie durch Nebel und Eis hindurchgesteuert und hatten große Mühseligkeiten ausgestanden; jetzt war der Winter gekommen, die Sonne war untergegangen; viele, viele Wochen hindurch würde hier eine lange Nacht herrschen; alles ringsumher war ein einziges Stück Eis, an das die Schiffe fest vertäut lagen. Hoch türmte sich der Schnee auf, und aus Schnee hatte man bienenkorbähnliche Häuser errichtet, einige so groß wie die alten Hünengräber, andere so bescheiden, dass sie nur zwei oder vier Männer beherbergen konnten, aber dunkel war es nicht, die Nordlichter flammten rot und blau, es war ein ewiges, großartiges Feuerwerk, und der Schnee leuchtete, die Nacht hier oben war eine einzige lange, flammende Dämmerung; zur hellsten Zeit kamen Scharen von Eingeborenen herbei, wunderlich zu sehen in ihren zottigen Fellkleidern und auf ihren aus Eisstücken gezimmerten Schlitten; sie brachten Felle in großen Bündeln, und dadurch bekamen die Schneehäuser warme Teppiche. Die Felle wurden zu Teppichen und Decken verwendet, aus denen die Matrosen ihre Betten unter der Schneekuppel herrichteten, während es draußen fror, dass es knisterte, so wie wir es selbst im strengsten Winter nicht kennen. Bei uns war noch Herbst, und daran dachten die dort oben; sie dachten an die Sonnenstrahlen daheim und an das rotgelbe Laub, das an den Bäumen hing. Die Uhr zeigte, dass es Abend und Schlafenszeit war, und in einem der Schneehäuser streckten sich bereits zweie aus, um zu ruhen; der Jüngste hatte seinen besten, teuersten Schatz von daheim mitgenommen, die Bibel, die ihm die Großmutter bei der Abreise geschenkt hatte. Jede Nacht lag sie unter seinem Kopfkissen, er wusste von Kindheit an, was darin stand; jeden Tag las er ein Stück daraus, und wenn er auf seinem Lager ausgestreckt lag, kamen ihm oft gar tröstlich die heiligen Worte in den Sinn: »Und nähme ich Flügel der Morgenröte und bliebe am äußersten Meer, so würde mich doch deine Hand daselbst führen und deine Rechte mich halten!« – Und unter den Worten der Wahrheit und im Glauben schloss er die Augen, der

Schlaf kam, und der Traum kam und die Offenbarung des Geistes in Gott. Die Seele lebte, während der Körper ruhte; er spürte das, es war ihm, als klängen alte, liebe, bekannte Melodien, als umgaukelten ihn milde, sommerwarme Lüfte, und von seinem Lager aus sah er es um sich her schimmern, als werde die Schneekuppel von außen her durchstrahlt; er richtete den Kopf auf, das strahlende Weiß waren aber nicht die Wände und auch nicht die Decke, es waren die großen Fittiche an der Schulter eines Engels, und er schaute auf in sein mildes, strahlendes Antlitz. Aus den Blättern der Bibel stieg der Engel auf wie aus dem Kelch einer Lilie, breitete seine Arme weit aus, und die Wände der Schneehütte versanken ringsumher wie ein luftiger, leichter Nebelflor; die grünen Felder und Hügel der Heimat mit den rotbraunen Wäldern lagen ringsumher in dem stillen Sonnenschein eines schönen Herbsttages; das Storchennest stand leer, aber noch hingen Äpfel an dem wilden Apfelbaum, obwohl die Blätter bereits abgefallen waren, die roten Hagebutten schimmerten, und der Star pfiff in dem kleinen, grünen Käfig über dem Fenster des Bauernhäuschens, das sein Heim war; der Star pfiff, als habe er die Melodie gelernt, und die Großmutter behängte den Käfig mit grüner Vogelmiere, wie es der Enkel immer getan hatte; und die Tochter des Schmiedes stand, jung und schön, am Dorfbrunnen und schöpfte Wasser und nickte der Großmutter zu, und die Großmutter winkte und zeigte ihr einen Brief aus weiter Ferne; heute Morgen war er aus den kalten Ländern, hoch oben vom Nordpol hergekommen, wo der Enkel war – in Gottes Hut. – Und sie lachten und sie weinten, und er dort oben unter Eis und Schnee, der in der Welt des Geistes, unter den Fittichen des Engels das alles sah und hörte, lachte mit ihnen und weinte mit ihnen. Und es wurde laut aus dem Briefe vorgelesen, selbst die Worte der Bibel: »Am äußersten Meer wird seine Hand mich führen und seine Rechte mich halten!« Wie schöner Gesang geistlicher Lieder klang es um ihn, und der Engel ließ seine Fittiche gleich einem Schleier über den Schlafenden herab – der Traum war aus – es war dunkel in der Schneehütte, aber die Bibel lag unter seinem Kopf, der Glaube und die Hoffnung lagen in seinem Herzen. Gott war bei ihm und die Heimat war bei ihm – »am äußersten Meer!«

(Hans Christian Andersen)

Der Schneesturm

Gegen sieben Uhr abends verließ ich, nachdem ich Tee getrunken, die Poststation, deren Name mir entfallen ist; ich weiß nur, dass es im Gebiete der Donkosaken, irgendwo in der Nähe von Nowotscherkask war. Als ich mich, in Pelz und Wagendecke gehüllt, neben Aljoschka in den Schlitten setzte, war es schon dunkel. Hinter dem Stationsgebäude schien es warm und windstill. Obwohl es gar nicht schneite, war kein einziger Stern zu sehen, und der Himmel schien im Vergleich mit der weißen Schneefläche, die vor uns lag, ungewöhnlich tief und schwarz. Als wir die dunklen Silhouetten der Windmühlen, von denen die eine unbeholfen ihre großen Flügel bewegte, und das Dorf hinter uns hatten, bemerkte ich, dass der Weg beschwerlicher und schneereicher wurde; der Wind begann, mir heftiger in die linke Seite zu blasen, die Mähnen und die Schweife der Pferde auf die Seite zu wehen und den von den Kufen und Hufen aufgewühlten Schnee trotzig emporzuwirbeln und davonzutragen. Das Schellengeläute klang leiser, ein kalter Luftstrom drang mir durch irgendeine Öffnung im Ärmel in den Rücken, und ich musste an den Rat des Stationsaufsehers denken, die Reise lieber aufzugeben, um nicht die ganze Nacht ohne Weg umherzuirren und vielleicht noch zu erfrieren.

»Dass wir uns nur nicht verirren!«, sagte ich zum Fuhrknecht. Da er mir aber keine Antwort gab, stellte ich meine Frage deutlicher: »Werden wir die Station erreichen, Kutscher? Werden wir uns nicht verirren?«

»Gott weiß!«, gab er mir zur Antwort, ohne den Kopf zu wenden. »Sie sehen ja selbst, was für ein Gestöber aufsteigt: Vom Wege ist nichts zu sehen. Herrgott!«

»Sage mir doch lieber, ob du mich zur nächsten Station zu bringen hoffst oder nicht«, fragte ich weiter. »Werden wir hinkommen?«

»Wir werden wohl hinkommen müssen«, sagte der Fuhrknecht; er sprach noch weiter, ich konnte ihn aber im Winde nicht verstehen.

Ich hatte keine Lust, umzukehren; doch auch die Aussicht, die ganze Nacht bei Frost und Schneesturm in diesem Teil des Donkosakenlandes, einer völlig nackten Steppe, umherzuirren, schien mir wenig verlockend. Außerdem gefiel mir mein Kutscher nicht recht, obwohl ich ihn im Finstern nicht genau sehen konnte, und ich hatte zu ihm kein Vertrauen. Er saß genau in der Mitte des Bockes und nicht seitwärts, wie Kutscher sonst zu sitzen pflegen; er war von übermäßigem Wuchs, seine Stimme klang träge, und auf dem Kopf hatte er keine richtige Kutschermütze, sondern eine ihm viel zu große, die immer hin und her rutschte; auch kutschierte er nicht auf die richtige Art: Er hielt die Zügel mit beiden Händen wie ein Lakai, der aushilfsweise die Stelle des Kutschers vertritt; doch der Hauptgrund meines Misstrauens war, dass er sich ein Tuch um die Ohren gebunden hatte. Mit einem Wort: Der ernste, gekrümmte Rücken, der vor mir ragte, wollte mir nicht gefallen und verhieß mir nichts Gutes …

In diesem Augenblick erklang hinter uns das Schellengeläute mehrerer Troikas, die uns rasch einholen.

»Es ist die Glocke der Kuriertroika« sagte mein Kutscher, »es gibt auf der ganzen Station nur ein solches Geläute.«

Das Geläute der vorderen Troika, das im Winde deutlich wahrnehmbar war, klang wirklich außerordentlich schön: Es war ein reiner, tiefer, etwas klirrender

Ton. Wie ich später erfuhr, war dieses Geläute eine besondere Liebhaberei des Posthalters: Es waren im Ganzen drei Glocken – die größte in der Mitte mit dem sogenannten tiefroten Ton, und zwei kleinere, die auf eine Terz abgestimmt waren. Der Klang dieser Terz und der klirrenden Quinte klang in der wüsten, leeren Steppe wunderbar schön.

»Es ist die Post«, sagte mein Kutscher, als die erste der drei Troikas uns eingeholt hatte. »Wie ist der Weg? Kann man fahren?«, rief er dem Fuhrknecht in der letzten Troika zu; jener schrie aber nur auf seine Pferde ein und gab meinem Kutscher keine Antwort.

Kaum hatte uns die Post überholt, als auch schon das Schellengeläute schnell im Winde verhallte.

Mein Kutscher schämte sich wohl ein wenig.

»Wollen wir doch weiterfahren, Herr!«, sagte er. »Die Leute sind eben vorbeigefahren, und ihre Spur ist noch frisch.«

Ich stimmte zu; wir wendeten wieder gegen den Wind und schleppten uns durch den tiefen Schnee weiter. Ich blickte immer von der Seite auf den Weg, um die Spuren der Troikas nicht zu verlieren. Etwa zwei Werst waren die Spuren gut sichtbar; dann konnte ich nur eine leichte Unebenheit unter den Kufen wahrnehmen; schließlich konnte ich nicht mehr unterscheiden, ob ich die Spur oder eine vom Wind aufgewühlte Schneefurche vor mir hatte. Die Augen wurden bald so müde, dass sie die unaufhörlich unter den Kufen dahingleitende Schneefläche nicht weiter verfolgen konnten, und ich begann, geradeaus zu schauen. Den dritten Werstpfahl sahen wir noch, doch den vierten konnten wir unmöglich finden; wir fuhren wie vorhin bald mit dem Wind, bald gegen den Wind, bald nach rechts, bald nach links, und waren endlich so weit, dass der Kutscher behauptete, wir seien vom richtigen Wege nach rechts abgeschweift, ich erklärte, nach links, und Aljoschka meinte, dass wir überhaupt zurückführen. Wir blieben wieder einige Male stehen, der Kutscher streckte seine großen Beine aus dem Schlitten heraus und machte sich auf die Suche nach dem Wege; doch alles war umsonst. Ich stieg auch einmal aus, um festzustellen, ob dort, wo es mir schien, nicht doch der Weg liege; aber kaum war ich mit großer Mühe etwa sechs Schritt gegen den Wind gegangen und hatte mich überzeugt, dass überall die gleiche eintönige weiße Schneefläche lag und dass der Weg nur in meiner Einbildung existierte, als ich plötzlich den Schlitten aus den Augen verlor. Ich schrie: »Kutscher! Aljoschka!«, doch ich fühlte, wie der Wind mir meine Stimme direkt vom Munde wegriss und sie in einem Augenblick weit von mir davontrug. Ich ging zu der Stelle, wo eben erst der Schlitten gestanden hatte, doch der Schlitten stand nicht mehr da; ich ging nach rechts und fand ihn wieder nicht. Ich schäme mich noch heute, wenn ich daran denke, wie durchdringend, laut, beinahe verzweifelt ich dann geschrien habe: »Kutscher!«, während er zwei Schritt vor mir stand. Seine dunkle Gestalt mit der Peitsche in der Hand und der auf die Seite gerutschten großen Mütze war ganz plötzlich vor mir aufgetaucht. Er geleitete mich zum Schlitten.

»Es ist noch ein Glück, dass es warm ist«, sagte er zu mir. »Wenn ein richtiger Frost kommt, sind wir verloren! ... Gütiger Gott im Himmel!«

»Lass die Zügel los, mögen uns die Pferde wieder zurückführen«, sagte ich, nachdem ich wieder im Schlitten Platz genommen. »Werden sie uns auch zurückführen? Was meinst du, Kutscher?«

»Sie müssen es wohl.«

Er ließ die Zügel locker, hieb das Gabelpferd einige Male mit der Peitsche auf den Rücken, und wir fuhren wieder irgendwohin. Wir fuhren etwa eine halbe Stunde. Plötzlich erklang vor uns wieder das mir bekannte Liebhabergeläute, daneben bimmelten noch zwei andere Glocken; jetzt kamen sie uns aber entgegen. Es waren die gleichen drei Troikas, die ihre Post bereits abgeliefert hatten und nun mit den Retourpferden, die hinten angebunden waren, auf ihre Station zurückkehrten. Die mit kräftigen, großen Pferden bespannte Kuriertroika mit dem Liebhabergeläute fuhr schnell vor den andern her. Auf dem Bock saß ein Fuhrknecht und trieb die Pferde mit lauten Schreien an. In den beiden andern Schlitten saßen je zwei Fuhrknechte; ich hörte sie laut und lustig miteinander sprechen. Einer von ihnen rauchte eine Pfeife; ein Funke, der im Winde aufflog, beleuchtete einen Teil seines Gesichts.

Der Schneesturm wütete immer schlimmer, und von oben fiel feiner, trockener Schnee; es begann anscheinend, zu frieren: Nase und Wangen schmerzten mir immer mehr vor Kälte, und immer öfter kam mir ein kalter Luftstrom unter den Pelz, den ich vorn fest zusammenhalten musste. Zuweilen klapperten die Kufen auf dem nackten, hart gefrorenen Boden, von dem der Schnee weggeweht war. Da ich schon beinahe sechshundert Werst zurückgelegt hatte, ohne irgendwo Nachtquartier zu nehmen, schloss ich, obwohl mich der Ausgang unserer Irrfahrt aufs höchste interessierte, zeitweise die Augen und schlummerte ein. Als ich einmal wieder die Augen öffnete, war ich ganz erstaunt: Die weiße Ebene war, wie es mir im ersten Augenblick schien, von einem grellen Licht überflutet; der Horizont hatte sich bedeutend erweitert, der niedrige schwarze Himmel war verschwunden, von allen Seiten sah man die weißen, schrägen Linien des fallenden Schnees, die Umrisse der vorderen Troikas waren deutlicher sichtbar, und als ich die Augen hob, schien mir im ersten Augenblick, dass die Wolken sich verzogen hätten und der Himmel nur vom fallenden Schnee verdeckt sei. Während ich geschlafen hatte, war der Mond aufgegangen; nun warf er sein kaltes, grelles Licht durch die undichten Wolken auf den fallenden Schnee. Alles, was ich deutlich sehen konnte, war mein Schlitten mit den Pferden und dem Fuhrknecht und die drei Troikas vor uns: Zuerst kam der Kurierschlitten, auf dessen Bock noch immer der eine Kutscher saß, der die Pferde zu scharfem Trab antrieb; im zweiten

Schlitten saßen zwei Fuhrknechte, die, die Zügel locker gelassen, sich aus einem Mantel einen Windschutz gemacht hatten und unaufhörlich ihre Pfeifchen rauchten, was man an den Funken, die ab und zu aufflackerten, erkennen konnte; im dritten Schlitten war aber niemand zu sehen: Der Fuhrknecht schlief wohl mitten im Schlitten. Seitdem ich wach war, hielt der erste Fuhrknecht ab und zu seine Pferde an und sah sich nach dem Wege um. Wenn wir stehen blieben, hörten wir deutlicher den Wind heulen und sahen die erstaunlichen Schneemassen, die durch die Luft wirbelten. Ich konnte im Mondlicht, das vom Schneegestöber getrübt war, sehen, wie der kleine Fuhrknecht sich im Lichtnebel hin und her bewegte, mit dem Peitschenstiel den Schnee vor sich betastete, dann wieder zum Schlitten zurückkehrte und von der Seite auf den Bock sprang; ich hörte durch das eintönige Pfeifen des Windes das helle und laute Klingen und Bimmeln der Schellen. Sooft der erste Fuhrknecht aus dem Schlitten stieg, um sich nach dem Wege oder nach Heuschobern umzuschauen, hörte ich aus dem zweiten Schlitten die muntere und selbstbewusste Stimme eines der Fuhrknechte, der dem vorderen zurief:

»Hör doch, Ignaschka! Wir sind ja zu weit nach links abgekommen! Such doch mehr nach rechts, mit dem Winde zu kommen!« – Oder: »Was drehst du dich so dumm im Kreise herum? Richte dich nach dem Schnee, wie er gerade liegt, dann kommst du sicher auf den Weg!« – Oder: »Nach rechts, nach rechts, Bruder! Siehst du, dort steht etwas Schwarzes, ich glaube, es ist ein Pfahl.« – Oder: »Was drehst du dich wieder im Kreise? Um Gottes willen! Spann doch den Schecken aus und lass ihn vorauslaufen: Er wird dich schnell und sicher auf den Weg bringen. So muss es besser gehen!«

Der Mann, der diese Ratschläge erteilte, war nicht nur zu faul, das Nebenpferd auszuspannen oder den Weg im Schnee zu suchen, sondern auch, die Nase aus seinem Mantelkragen herauszustecken: Ignaschka rief ihm auf einen seiner Ratschläge zu, er möchte doch selbst vorausfahren, wenn er so gut wisse, wohin man fahren solle; der Ratgeber gab zur Antwort, dass er gern vorausfahren und leicht den richtigen Weg finden würde, wenn er nur die Kurierpferde hätte. »Meine Pferde werden bei diesem Sturm nicht vorauslaufen wollen«, schrie er, »denn es sind nicht solche Pferde.«

»Dann rede auch nichts drein!«, antwortete ihm Ignaschka und pfiff munter seinen Pferden zu.

Der andere Fuhrknecht, der mit dem Ratgeber im gleichen Schlitten saß, sagte nichts zu Ignaschka und mischte sich überhaupt nicht in diese Sache, obgleich er gar nicht schlief: Sein Pfeifchen glomm ununterbrochen, und sooft wir hielten, hörte ich seine eintönige Stimme. Er erzählte ein Märchen. Einmal nur, als Ignaschka zum sechsten oder siebenten Male hielt, ärgerte er sich wohl darüber, dass die Fahrt, die ihm solches Vergnügen machte, unterbrochen wurde, und schrie ihm zu:

»Nun, was stehst du schon wieder? Er will, scheint es, wirklich den Weg finden! Man sagt dir ja: Es ist der Schneesturm! Selbst der Feldmesser würde jetzt den Weg nicht finden; du solltest lieber vorwärtsfahren, solange die Pferde noch ziehen. So Gott will, werden wir wohl nicht erfrieren ... Vorwärts!«

»Warum nicht gar! Im vorigen Jahre ist ja ein Postillion erfroren!«, mischte sich mein Kutscher ein.

Der Fuhrknecht in der dritten Troika hatte die ganze Zeit über geschlafen. Als wir einmal hielten, rief ihm der Ratgeber zu:

»Philipp! He, Philipp!« Und als er keine Antwort bekam, bemerkte er: »Ob er nicht erfroren ist? Geh doch hin, Ignaschka, und schau nach!«

Ignaschka, der alles tun musste, ging auf den hinteren Schlitten zu und begann, den Schlafenden zu rütteln.

»Sieh einer, von einem Viertel Schnaps ist er schon umgefallen! Wenn du erfroren bist, so sage es!«, redete er auf ihn ein, indem er ihn hin und her rüttelte.

Der Schläfer brummte etwas in den Bart und begann, zu schimpfen.

»Er lebt noch, Brüder!«, sagte Ignaschka und lief wieder voraus. Wir fuhren weiter und sogar so schnell, dass das kleine, braune Nebenpferd, das mein Kutscher ununterbrochen mit der Peitsche schlug, zuweilen in einen ungeschickten Galopp verfiel.

Es wird Mitternacht gewesen sein, als der alte Fuhrknecht und Wassili, die den davongelaufenen Pferden nachgeeilt waren, zu uns zurückkamen. Sie hatten die Pferde eingefangen und uns eingeholt; wie sie uns aber im finstern, blinden Schneesturm in der kahlen Steppe gefunden hatten, blieb mir für immer ein Rätsel. Der Alte ritt, mit den Ellbogen und Beinen schlenkernd, auf dem Gabelpferde (die beiden andern Pferde waren an dem Kummet angebunden: Im Schneesturm darf man die Pferde nicht frei laufen lassen). Als er meinen Schlitten erreichte, begann er von Neuem, auf meinen Kutscher zu schimpfen:

»Das nenn ich einen schieläugigen Teufel! Wirklich ...«

»Seht doch: Da ist ja Onkel Mitritsch!«, rief der Märchenerzähler aus dem zweiten Schlitten. »Lebst du noch? Komm zu uns herein!«

Der Alte gab ihm aber keine Antwort und fuhr fort, zu fluchen. Als er glaubte, es sei genug, ritt er an den zweiten Schlitten heran.

»Hast du alle eingefangen?«, fragte man ihn aus dem Schlitten.

»Was denn sonst?«

Und seine gedrungene Gestalt legte sich während des Trabes auf den Rücken des Pferdes, sprang dann in den Schnee, lief, ohne auch nur einen Augenblick stehen zu bleiben, um den Schlitten herum und schwang sich von hinten hinein, wobei die Beine über den hintern Schlittenrand hoch in die Luft ragten. Der große Wassili setzte sich schweigend auf seinen früheren Platz im vorderen Schlitten zu Ignaschka und begann, mit ihm zusammen den Weg zu suchen.

»Wie er nur so fluchen kann ... Herrgott im Himmel!«, murmelte mein Kutscher vor sich hin.

Dann fuhren wir lange, ohne Halt zu machen, über die weiße Wüste, im kalten, durchsichtigen und schwankenden Lichtschein des Schneesturmes. Wenn ich die Augen öffne, sehe ich immer dieselbe plumpe Mütze und denselben beschneiten Rücken vor mir ragen, denselben Kopf des Gabelpferdes mit der schwarzen, vom Winde gleichmäßig zur Seite gewehten Mähne unter dem niedrigen Krummholz zwischen den straff gespannten Zugriemen auf und nieder wippen; hinter dem Kutscherrücken sehe ich dasselbe braune rechte Nebenpferd mit dem kurz aufgebundenen Schweif und dem Strangholz, das ab und zu gegen die Vorderwand des Schlittens klopft. Blicke ich nach unten, so sehe ich denselben Pulverschnee; die Kufen wühlen ihn auf, und der Wind wirbelt ihn unaufhörlich empor und trägt ihn immer in der gleichen Richtung fort. Vor mir gleiten immer im gleichen Abstand voneinander die drei andern Troikas; rechts und links flimmert es weiß. Vergeblich sucht das Auge nach einem neuen Gegenstand: Weder Pfahl noch Heuschober noch Zaun – nichts ist zu sehen. Ringsum ist alles weiß, weiß und beweglich: Bald erscheint der Horizont unendlich weit, bald von allen Seiten eingeengt und kaum zwei Schritt breit; bald türmt sich zur Rechten eine hohe weiße Mauer auf und läuft mit uns mit, dann verschwindet sie und taucht nach einer Weile vor uns auf, um eine Zeit lang vor uns herzulaufen und dann wieder zu verschwinden. Wenn ich hinaufschaue, erscheint mir der Himmel im ersten Augenblick ganz hell, und ich sehe durch den Nebel die Sterne; die Sterne fliehen aber vor meinem Blick in die Höhe und entschwinden, und ich sehe nichts als den Schnee, der an meinen Augen vorüber auf mein Gesicht und meinen Pelzkragen fällt; der Himmel ist überall gleichmäßig hell, gleichmäßig weiß, farblos, eintönig und in steter Bewegung. Der Wind scheint jeden Augenblick seine Richtung zu wechseln: Bald bläst er mir ins Gesicht und verklebt mir die Augen mit Schnee, bald wirft er mir, um mich zu ärgern, den Pelzkragen von der Seite über den Kopf und tätschelt mir mit ihm neckisch das Gesicht, bald brummt er von hinten durch irgendein Loch. Ich höre das leise, doch unaufhörliche Knirschen der Kufen und Hufe im Schnee und das Klingen der Schellen; es verhallt, sooft wir in tiefen Schnee geraten. Nur ganz selten, wenn wir über Eiskrusten und gegen den Wind fahren, dringt das energische Pfeifen Ignats und das muntere Läuten des Glöckchens mit der widerhallenden, zitternden Quinte an mein Ohr; diese Töne stören so unerwartet und so angenehm die düstere Stimmung der Wüste; dann klingt wieder eintönig, mit unerträglicher Genauigkeit immer dieselbe Weise, die ich in das Schellengeläute hineinlege. Mir beginnt, der eine Fuß zu frieren, und wenn ich mich umwende, um mich besser einzuhüllen, gleitet mir der Schnee, der sich auf Kragen und Mütze angesammelt hat, in den Hals und lässt mich erschauern; im Allgemeinen aber fühle ich mich in meinem erwärmten Pelz recht wohlig, und mich überkommt der Schlummer.

›Erfriere ich denn schon?‹, dachte ich im Einschlafen. ›Es heißt, das Erfrieren beginne immer damit, dass man einschläft. Ich möchte schon lieber ertrinken als erfrieren – mag man mich dann mit dem Netz herausziehen; übrigens ist es mir einerlei, ob ich erfriere oder ertrinke, wenn mich nur nicht dieser Stock, oder was es ist, im Rücken drückte, und wenn ich sanft einschlummern könnte.‹

Ich schlummere für einen Augenblick ein.

›Doch wie wird das alles enden?‹, sage ich mir plötzlich, für eine Minute die Augen öffnend und in den weißen Raum hinausblickend. ›Wie wird das alles enden? Wenn wir keine Heuschober finden und wenn die Pferde stehen bleiben, was anscheinend bald geschehen wird, werden wir wohl alle erfrieren.‹ Ich muss gestehen, obgleich ich mich auch etwas fürchtete, war doch der Wunsch, etwas Außergewöhnliches und einigermaßen Tragisches zu erleben, in mir noch stärker als die nicht allzu große Furcht. Es schien mir gar nicht so übel, wenn die Pferde uns erst gegen Morgen von selbst in irgendein fernes, unbekanntes Dorf in halberfrorenem Zustand hinbrächten und wenn einige von uns sogar gänzlich erfroren wären. Ähnliche Gedanken gingen mir mit ungewöhnlicher Klarheit und Schnelligkeit durch den Kopf. Die Pferde bleiben stehen, der Wind häuft immer mehr und mehr Schnee an, und nun kann man von den Pferden nur die Ohren und die Krummhölzer sehen. Plötzlich erscheint irgendwo oben Ignaschka mit seiner Troika und fährt an uns vorüber. Wir flehen ihn an und schreien, dass er uns mitnehmen möchte, doch der Wind trägt unsere Stimmen fort, und sie verhallen ungehört. Ignaschka lacht, schreit etwas seinen Pferden zu, pfeift und entschwindet unseren Blicken in einem tiefen, schneeverwehten Graben. Der Alte springt auf ein Pferd, schlenkert mit den Ellenbogen und will davon sprengen, kann sich aber nicht von der Stelle rühren; mein früherer Fuhrknecht mit der großen Mütze fällt über ihn her, zerrt ihn vom Pferde herunter und tritt ihn in den Schnee. »Du bist ein Hexenmeister!«, schreit er ihm zu: »Du kannst gotteslästerlich fluchen! Lass uns zusammen herumirren!« Doch der Alte arbeitet sich mit dem Kopfe aus dem Schneehaufen heraus; es ist nun aber nicht mehr der Alte, sondern ein Hase, und er rennt von uns weg. Alle Hunde rennen ihm nach. Der Ratgeber, der eigentlich Fjodor Filipytsch ist, sagt, wir möchten uns alle im Kreise herumsetzen; es mache nichts, wenn wir vom Schnee verweht würden: Wir würden es dann wärmer haben. Es ist uns wirklich warm und gemütlich, nur haben wir Durst. Ich hole meine Reisetasche hervor, gebe allen Rum mit Zucker zu trinken und trinke auch selbst mit großem Behagen. Der Märchenerzähler erzählt irgendein Märchen vom Regenbogen, und da wölbt sich schon über uns eine Decke aus Schnee und ein Regenbogen. »Jetzt soll sich ein jeder im Schnee eine Kammer bauen, und dann wollen wir schlafen!«, sage ich. Der Schnee ist weich und warm wie Pelzwerk. Ich baue mir eine Kammer und will hineingehen; doch Fjodor Filipytsch, der in der Reisetasche mein Geld bemerkt hat, sagt: »Wart! Gib dein Geld her! Musst ja sowieso sterben!«, und mit diesen Worten packt er mich am Bein. Ich gebe ihm mein ganzes Geld und bitte nur, man möchte mich loslassen; sie glauben mir aber nicht, dass dies mein ganzes Geld sei, und wollen mich töten. Ich ergreife die Hand des Alten und beginne, sie mit unsagbarer Wonne zu küssen: Die Hand ist zart und süß. Er will sie mir zuerst entreißen, überlässt sie mir aber dann und beginnt sogar, mich mit der andern Hand zu liebkosen. Doch da naht schon Fjodor Filipytsch und droht mir. Ich laufe in mein Zimmer; es ist aber kein Zimmer, sondern ein langer, weißer Korridor, und jemand hält mich an den Beinen fest. Ich reiße mich los. In der Hand dessen, der mich festhält, bleibt meine Kleidung und ein Teil meiner Haut zurück; doch ich empfinde nur Kälte und Scham – ich schäme mich umso mehr, als mir meine Tante mit dem Sonnenschirm und ihrer homöopathischen Apotheke, Arm in Arm mit dem Ertrunkenen, entgegenkommt. Sie lachen und verstehen die Zeichen nicht, die ich ihnen mache. Ich werfe mich in den Schlitten, meine Beine schleifen im Schnee nach, doch der Alte rennt, mit den Ellenbogen schlenkernd, hinterher. Er hat mich schon beinahe erreicht; da höre ich aber vor mir zwei Glocken läuten, und ich weiß, dass ich gerettet bin, wenn ich sie erreiche. Die Glocken tönen immer lauter und lauter; doch der Alte hat mich bereits eingeholt und ist mit dem Bauch über mein Gesicht gefallen, sodass ich das Glockengeläut kaum noch hören kann. Ich ergreife wieder seine Hand und beginne, sie zu küssen; doch der Alte ist nicht mehr der Alte, sondern der Ertrunkene, und er schreit: »Ignaschka! Halt! Da sind schon, scheint mir, die Heuschober von Achmetka! Geh mal hin und schau nach!« Das ist schon zu schrecklich. Nein, ich will lieber erwachen …

Ich öffne die Augen. Der Wind hat mir den Zipfel von Aljoschkas Mantel übers Gesicht geworfen, und eines meiner Knie ist unbedeckt; wir fahren über eine nackte Eiskruste, und die Terz der Schellen mit der klirrenden Quinte tönt ungemein hell durch die Luft.

Ich schaue nach den Heuschobern; doch statt ihrer sehe ich, schon im Wachen, ein Haus mit einem Balkon und eine zackige Festungsmauer. Das Haus und die Festung interessieren mich recht wenig: Ich möchte viel lieber wieder den weißen Korridor, durch den ich gelaufen bin, sehen, die Kirchenglocken hören und die Hand des Alten küssen. Ich schließe wieder die Augen und schlafe ein.

Ich schlief fest; doch ich hörte die ganze Zeit hindurch die Terz der Schellen, und sie erschien mir im Schlafe bald als ein Hund, der sich bellend auf mich stürzte, bald als eine Orgel, in der ich eine der Pfeifen war, bald als ein französisches Gedicht, das ich verfasste. Bald erschien sie mir als ein Marterwerkzeug, mit dem mir jemand unaufhörlich die rechte Ferse zusammenpresste. Der Schmerz war so stark, dass ich erwachte, die Augen öffnete und mir den Fuß rieb. Er begann bereits, zu erfrieren. Um mich her war noch immer dieselbe helle, trübe, weiße Nacht. Der Schlitten rüttelte noch immer im selben Takt; derselbe Ignaschka saß seitwärts auf dem Bock und schlug die Beine aneinander; dasselbe Nebenpferd lief mit gestrecktem Hals, mit Mühe die Beine hebend, im

Trabe durch den tiefen Schnee; die Quaste am Schwanzriemen sprang auf und nieder und schlug an den Bauch des Pferdes. Der Kopf des Gabelpferdes mit der im Winde flatternden Mähne wippte gleichmäßig auf und nieder, die an das Krummholz gebundenen Zügel bald spannend und bald locker lassend. Doch alles das war noch mehr als früher vom Schnee verweht. Der Schnee wirbelte vorn, verschüttete rechts und links die Schlittenkufen und die Pferdebeine bis an die Knie und fiel von oben auf unsere Kragen und Mützen. Der Wind kam bald von rechts, bald von links, spielte mit meinem Kragen, mit den Schößen von Ignaschkas Mantel, mit der Mähne des Nebenpferdes und fuhr heulend durch das Krummholz und zwischen die Gabeldeichsel.

Es war entsetzlich kalt geworden; kaum steckte ich den Kopf aus dem Mantelkragen hervor, als der trockene, eisige Schnee mir wirbelnd auf Augenwimpern, Mund und Nase fiel und hinter den Kragen drang; ringsumher war alles weiß, hell und schneeig, nichts als nebeliges Licht und Schnee. Ich bekam ernstlich Angst. Aljoschka schlief zu meinen Füßen auf dem Boden des Schlittens; sein ganzer Rücken war von einer dicken Schneeschicht bedeckt. Ignaschka ließ den Mut nicht sinken: Er zog jeden Augenblick die Zügel an, stieß kurze Schreie aus und schlug die Beine aneinander. Die Schellen klangen noch immer wundervoll. Die Pferde schnaubten; sie stolperten immer öfter, liefen aber weiter, wenn auch etwas langsamer. Ignaschka sprang wieder auf, fuchtelte mit einem Handschuh herum und stimmte mit seiner dünnen Fistelstimme ein Lied an. Ohne das Lied zu Ende zu singen, hielt er plötzlich die Troika an, warf die Zügel über den Vorderteil des Schlittens und stieg aus. Der Wind heulte wütend; der Schnee fiel in unglaublichen Mengen auf unsere Mäntel. Ich blickte zurück: Die dritte Troika war nicht mehr hinter uns (sie war irgendwo zurückgeblieben). Ich konnte durch den Schneenebel sehen, wie der Alte am zweiten Schlitten von einem Fuß auf den andern hüpfte. Ignaschka ging etwa drei Schritt zur Seite, setzte sich in den Schnee, löste seinen Gürtel und begann, sich die Stiefel auszuziehen.

»Was machst du da?«, fragte ich ihn.

»Ich muss die Fußlappen wechseln, denn mir sind beinahe die Füße abgefroren«, antwortete er mir, in seiner Beschäftigung fortfahrend.

Es war mir zu kalt, den Hals aus dem Kragen hervorzustecken, um zu sehen, wie er das machte. Ich saß gerade da und sah auf das Seitenpferd, das, ein Bein zurückgesetzt, müde den aufgebundenen, schneebedeckten Schweif bewegte. Der Stoß, den Ignat dem Schlitten versetzte, als er auf den Bock sprang, weckte mich.

»Was gibts, wo sind wir jetzt?«, fragte ich. »Werden wir noch vor Tagesanbruch am Ziel sein?«

»Machen Sie sich keine Sorgen, wir werden Sie schon hinbringen«, gab er mir zur Antwort. »Jetzt, da ich die Fußlappen gewechselt habe, habe ich wunderbar warme Füße bekommen.«

Er fuhr los, die Schellen erklangen, der Schlitten begann wieder, zu schwanken, und der Wind pfiff unter den Kufen hin. Und wir segelten weiter über das endlose Schneemeer.

Ich war fest eingeschlafen. Als Aljoschka mich weckte, indem er mich mit dem Fuße anstieß, und ich die Augen öffnete, war es schon Morgen. Der Frost schien noch stärker als in der Nacht. Von oben schneite es nicht mehr, doch der heftige, trockene Wind wirbelte noch immer den Schneestaub im Felde empor, besonders aber unter den Hufen der Pferde und den Schlittenkufen. Der Himmel war rechts im Osten von einer bleiernen, graublauen Farbe; doch immer heller und heller traten auf ihm grelle, rotgelbe, schräge Streifen hervor. Über dem Kopf sah ich hinter den dahineilenden weißen, von der Morgenröte kaum gefärbten Wolken ein blasses Blau hervorschimmern; links waren die Wolken hell, leicht und beweglich. Ringsumher, so weit das Auge reichte, lag in der Steppe weißer, in scharf begrenzten Schichten aufgewehter, tiefer Schnee. Hier und da ragte ein grauer Erdhügel, über den unaufhörlich ein trockener Schneestaub dahinwirbelte. Nirgends war eine Spur zu sehen, weder die eines Schlittens noch eines Menschen noch eines Tieres. Die Umrisse und die Farben des Kutscherrückens und der Pferde waren selbst auf weißem Hintergrund deutlich zu sehen … Der Rand von Ignaschkas dunkelblauer Mütze, sein Kragen, seine Haare und sogar seine Stiefel waren weiß. Der Schlitten war gänzlich verweht. Beim grauen Gabelpferd war die ganze rechte Hälfte des Kopfes und der Mähne mit einer Schneekruste bedeckt; bei meinem Nebenpferd waren die Füße bis an die Knie verschneit und das ganze schweißige Hinterteil zottig geworden und rechts mit Schnee beklebt. Die Quaste hüpfte auf und nieder im Takte jeder Melodie, die mir gerade einfiel, und auch das Nebenpferd lief im gleichen Takt; man konnte nur an seinem eingefallenen Bauch, der sich oft hob und senkte, und an den herabhängenden Ohren erkennen, wie sehr es abgehetzt war. Ein einziger neuer Gegenstand lenkte meine Aufmerksamkeit auf sich: ein Werstpfahl, von dem der Schnee auf die Erde herabfiel; der Wind hatte an seiner rechten Seite einen ganzen Berg angehäuft und warf noch immer den Pulverschnee von der einen Seite auf die andere. Es wunderte mich sehr, dass wir eine ganze Nacht, volle zwölf Stunden lang, mit denselben Pferden gefahren waren, ohne zu wissen, wohin, mit mehrmaligen Pausen, und schließlich doch irgendwo angelangt waren. Unsere Schellen schienen lustiger zu klingen. Ignat schlug jeden Augenblick seinen Mantel vorn zusammen und schrie die Pferde an; hinter uns schnaubten die Pferde und tönten die Schellen der Troika des Alten und des Ratgebers; doch den Fuhrknecht, der geschlafen hatte, hatten wir endgültig hinter uns verloren. Nachdem wir noch eine halbe Werst weitergefahren waren, gerieten wir auf eine frische, noch kaum verwehte Spur einer Troika; hier und da waren auf dem Schnee hellrote Blutflecken zu sehen, wahrscheinlich von einem Pferde, das sich in die Eisen gehauen hatte.

»Das muss Philipp sein! Sieh mal an, er ist doch noch früher angekommen als wir!«, sagte Ignaschka.

Da steht auch schon am Wege mitten im Schnee ein einsames Häuschen mit einem Schild; es ist fast bis an das Dach und an die Fenster verweht. Vor der Schenke steht ein Dreigespann von Grauschimmeln; sie sind von Schweiß zottig geworden und stehen mit gespreizten Beinen und traurig gesenkten Köpfen da. Vor der Tür ist gefegt; auch eine Schaufel steht da; doch der heulende Wind weht und wirbelt vom Dach immer neuen Schnee herab.

Auf unser Schellengeläut erscheint vor der Tür ein großer, rothaariger Fuhrknecht mit einem Glas Branntwein in der Hand und ruft uns etwas entgegen. Ignaschka wendet sich zu mir um und bittet um Erlaubnis, zu halten. Da sehe ich zum ersten Male seine gutmütige Fratze.

Sein Gesicht war gar nicht dunkel, trocken und gradnasig, wie ich es nach seinem Haar und seiner Figur erwartet hatte. Es war eine runde, lustige, stumpfnasige Fratze mit großem Mund und hellblauen, runden Augen. Die Wangen und der Hals waren rot, wie mit einem Tuchlappen abgerieben; die Augenbrauen, die langen Wimpern und der Flaum, der gleichmäßig den unteren Teil seines Gesichts bedeckte, waren mit Schnee verklebt und über und über weiß. Wir hatten bis zur Station nur noch eine halbe Werst zu fahren; wir hielten an.

»Mach schnell!«, sagte ich.

»In einer Minute«, antwortete Ignaschka, vom Bocke springend und auf Philipp zugehend.

»Gib her, Bruder!«, sagte er, den rechten Handschuh und die Peitsche in den Schnee werfend. Dann warf er den Kopf zurück und stürzte in einem Zuge das Glas Schnaps hinunter, das ihm Philipp gereicht hatte.

Aus der Tür trat der Schankwirt, anscheinend ein gedienter Kosak, mit einer Schnapsflasche in der Hand.

»Wem soll ich einschenken?«, fragte er.

Der lange Wassili, ein hagerer, blonder Kerl mit einem Ziegenbart, und der Ratgeber, ein dicker, mit weißen Wimpern und Augenbrauen und dichtem weißem Vollbart, der sein rotes Gesicht umrahmte, traten vor und tranken jeder ein Glas. Auch der Alte ging auf die Trinkenden zu, man schenkte ihm aber nicht ein; er ging zu seinen hinter dem Schlitten angebundenen Pferden und streichelte eines von ihnen über Rücken und Hinterteil.

Der Alte sah genauso aus, wie ich ihn mir vorgestellt hatte: klein, hager, mit einem zusammengeschrumpften, blau angelaufenen Gesicht, einem dünnen Bärtchen, einer spitzen Nase und stumpfen, gelben Zähnen. Er trug eine nagelneue Kutschermütze und dabei einen abgeschabten, mit Teer beschmierten und auf den Schultern und in den Schößen zerrissenen Halbpelz, der nicht einmal seine Knie und die hanfleinenen Unterhosen bedeckte, die in den riesengroßen

Filzstiefeln steckten. Er war ganz zusammengeschrumpft, hielt sich gekrümmt und machte sich, an allen Gliedern zitternd, am Schlitten zu schaffen, anscheinend, um sich zu erwärmen.

»Nun, Mitritsch, kauf dir doch ein Viertel! Das wird dich ordentlich erwärmen«, sagte der Ratgeber zu ihm.

Mitritsch zuckte zusammen. Er rückte den Schwanzriemen seines Pferdes und das Krummholz zurecht und ging auf mich zu.

»Nun, wie war es, Herr?«, sagte er zu mir, die Mütze von seinem grauen Haar ziehend und sich verbeugend. »Wir sind ja die ganze Nacht zusammen umhergeirrt, haben den Weg gesucht – ein Viertel könnten Sie schon spendieren. Wirklich, Väterchen, Durchlaucht! Ich habe ja nichts, um mich zu erwärmen«, fügte er mit sklavischem Lächeln hinzu.

Ich schenkte ihm fünfundzwanzig Kopeken. Der Wirt brachte ein Viertel Schnaps und reichte es dem Alten. Er zog sich einen Handschuh aus, legte die Peitsche weg und streckte seine kleine, dunkle, raue, etwas blau angelaufene Hand nach dem Glase aus; doch sein Daumen wollte ihm nicht gehorchen: Er konnte das Glas nicht halten, ließ es in den Schnee fallen und verschüttete den ganzen Schnaps.

Alle Fuhrknechte brachen in schallendes Lachen aus.

»Seht doch, der Mitritsch ist so erfroren, dass er nicht einmal den Schnaps halten kann!«

Mitritsch war aber sehr traurig darüber, dass er den Schnaps verschüttet hatte.

Man schenkte ihm jedoch ein zweites Glas ein und goss es ihm in den Mund. Er wurde sofort lustig, machte einen Sprung in die Schenke, zündete sich die Pfeife an und begann, mit seinen gelben, stumpfen Zähnen zu grinsen und bei jedem Wort, das er sprach, unflätig zu schimpfen. Nachdem das letzte Viertel Schnaps ausgetrunken war, gingen die Fuhrknechte zu ihren Troikas, und wir fuhren weiter.

Der Schnee wurde immer weißer und blendender, sodass es den Augen wehtat, ihn anzusehen. Die orangefarbenen und roten Streifen am Himmel zogen immer höher und höher und wurden immer greller und greller; da kam auch schon am Horizont hinter den graublauen Wolken die rote Sonnenscheibe zum Vorschein, und das Blau wurde leuchtender und dunkler. Vor dem Dorfe waren auf der Landstraße deutliche, gelbliche Schlittenspuren zu sehen; stellenweise war der Weg ausgefahren und schlecht. In der frostigen, herben Luft spürte ich eine eigentümliche, angenehme Leichtigkeit und Frische.

Meine Troika lief sehr schnell. Der Kopf und der Hals des Gabelpferdes mit der um das Krummholz flatternden Mähne wippte schnell, fast immer genau an der gleichen Stelle, unterhalb der Liebhaberschellen, deren Zünglein an den Wandungen nicht mehr anschlugen, sondern nur schabten. Die kräftigen Nebenpferde hatten die hart gefrorenen schiefen Stränge angezogen und liefen energisch vorwärts; die Riemenquaste schlug gegen Bauch und Schwanzriemen. Zuweilen geriet eines der Nebenpferde von der eingefahrenen Straße in einen Schneehaufen und arbeitete sich geschickt heraus, uns die Augen mit Schnee verschüttend. Ignaschka schrie mit seiner lustigen Tenorstimme die Pferde an; der trockene Frost knirschte unter den Kufen; hinter uns klangen hell und festlich die Schellen und die trunkenen Rufe der Fuhrknechte der beiden anderen Schlitten. Ich blickte mich um: Die grauen, zottigen Nebenpferde sprangen mit gestrecktem Halse, den Atem gleichmäßig verhaltend, mit verhängten Zügeln durch den Schnee. Philipp schwang die Peitsche und rückte seine Mütze zurecht; der Alte lag noch immer mit hochgezogenen Beinen mitten im Schlitten.

Nach zwei Minuten knirschte der Schlitten über die vom Schnee gesäuberten Bretter der Stationsauffahrt; Ignaschka wandte mir sein schneeverwehtes, Frost atmendes, lustiges Gesicht zu und sagte:

»Nun haben wir Sie doch an Ort und Stelle gebracht, Herr!«

(Leo Tolstoi)

Der Schneesturm

Ende des Jahres 1811, in der uns allen denkwürdigen Zeit, lebte auf seinem Landgute Neparadowo der wackere Gawrila Gawrilowitsch R. Er war durch seine Gastfreundlichkeit und Gutmütigkeit in der ganzen Gegend bekannt. Die Nachbarn kamen jeden Tag zu ihm auf Besuch, um zu essen und zu trinken oder mit seiner Gattin, Praskowja Petrowna, um fünf Kopeken Boston zu spielen; viele auch, um ihre Tochter, Marja Gawrilowna, ein schlankes, bleiches siebzehnjähriges Mädchen zu sehen. Sie galt als reiche Partie, und viele ersehnten sie für sich oder für ihre Söhne.

Marja Gawrilowna war mit französischen Romanen erzogen worden und folglich verliebt. Ihr Auserwählter war ein armer Fähnrich von der Linie, der sich auf Urlaub auf dem Lande aufhielt. Es versteht sich von selbst, dass im Busen des jungen Mannes die gleiche Leidenschaft loderte, und dass die Eltern seiner Geliebten, als sie ihre gegenseitige Zuneigung merkten, der Tochter untersagten, an ihn nur zu denken, und ihn bei seinen Besuchen noch unfreundlicher aufnahmen als irgendeinen Assessor im Ruhestand.

Unsere Verliebten tauschten häufig Briefe aus und sahen sich täglich unter vier Augen im Fichtengehölz oder bei der alten Kapelle. Dort schworen sie einander ewige Liebe, beklagten ihr Los und schmiedeten allerlei Pläne. Nach den vielen Gesprächen und Briefen gelangten sie (was ja sehr natürlich ist) zu folgendem Schluss: »Da wir ohne einander nicht atmen können und der Wille der grausamen Eltern unserm Glücke im Wege steht, könnten wir uns da nicht auch ohne ihre Einwilligung behelfen?« Es versteht sich, dass dieser glückliche Gedanke zuerst dem jungen Mann gekommen war und der romantischen Fantasie Marja Gawrilownas außerordentlich zusagte.

Der eingetretene Winter machte ihren Zusammenkünften ein Ende; ihr Briefwechsel wurde aber umso lebhafter. Wladimir Nikolajewitsch beschwor sie in einem jeden seiner Briefe, die Seinige zu werden: sich mit ihm heimlich trauen zu lassen, eine Zeit lang in einem Versteck zu leben und dann den Eltern zu Füßen zu stürzen; die Eltern aber würden sich von der heroischen Treue und dem Unglück der Liebenden rühren lassen und sicherlich sagen: »Kinder! Kommt in unsere Arme.«

Marja Gawrilowna schwankte; viele Fluchtpläne wurden von ihr nacheinander verworfen. Endlich willigte sie ein: An dem für die Entführung bestimmten Tage sollte sie nicht zu Abend essen und sich, Kopfweh vorschützend, in ihr Zimmer zurückziehen. Dann sollte sie mit ihrer Zofe, die in die Verschwörung eingeweiht war, durch den Hinterflur in den Garten gehen, hinter dem Garten einen angespannten Schlitten vorfinden, in diesen einsteigen und etwa fünf Werst weit nach dem Dorf Schadrino direkt zur Kirche fahren, wo Wladimir sie schon erwarten würde.

Die Nacht vor dem entscheidenden Tage konnte Marja Gawrilowna keinen Schlaf finden; sie packte ihre Sachen, band Wäsche und Kleider zu einem Bündel zusammen und schrieb einen langen Brief an ihre Freundin, ein sehr empfindsames junges Mädchen, und einen zweiten an ihre Eltern. Sie nahm von ihnen in den rührendsten Ausdrücken Abschied, entschuldigte ihren Schritt mit der unüberwindlichen Macht der Leidenschaft und schloss mit den Worten, dass sie den Augenblick, in dem sie ihren teuren Eltern zu Füßen fallen dürfte, für den glücklichsten ihres Lebens betrachten würde. Nachdem sie beide mit einem in Tula verfertigten Petschaft, auf dem zwei flammende Herzen, von einer entsprechenden Inschrift umgeben, dargestellt waren, versiegelt hatte, warf sie sich beim Tagesgrauen auf ihr Lager und schlummerte ein, wurde aber fortwährend von furchtbaren Traumbildern aufgeschreckt. Bald schien es ihr, dass ihr Vater gerade in dem Augenblick, da sie in den Schlitten stieg, um zur Trauung zu fahren, sie überraschte, mit schmerzvoller Schnelligkeit über den Schnee schleifte und in ein finsteres, fensterloses Verließ stieße … Sie stürzte kopfüber hinab, während ihr Herz sich unaussprechlich zusammenkrampfte; bald sah sie Wladimir blass und verblutend im Grase liegen; im Sterben beschwor er sie mit herzzerreißender Stimme, sich sofort mit ihm trauen zu lassen. Noch viele andere gestaltlose und sinnlose Schreckbilder schwebten eines nach dem andern vor ihren Blicken. Als sie endlich aufstand, war sie blasser als sonst und hatte wirkliches Kopfweh. Vater und

Mutter merkten sofort ihre Unruhe; die zärtliche Besorgtheit der Eltern und ihre unaufhörlichen Fragen: »Was hast du, Mascha? Bist du nicht wohl, Mascha?«, schnitten sie ins Herz. Sie versuchte, sich zu beruhigen und sorglos zu erscheinen, brachte es aber nicht fertig. Indessen wurde es Abend. Der Gedanke, dass sie den scheidenden Tag zum allerletzten Mal inmitten der Ihrigen begleite, bedrückte sie schwer. Sie war mehr tot als lebendig; im Geiste verabschiedete sie sich schon von allen Personen und Gegenständen, die sie umgaben. Das Abendessen wurde aufgetragen; ihr Herz begann, heftig zu pochen. Mit bebender Stimme erklärte sie, dass sie heute nicht zu Abend essen würde, und wünschte den Eltern gute Nacht. Diese küssten sie und gaben ihr, wie jeden Abend, ihren Segen; sie fing dabei beinahe zu weinen an. Als sie in ihr Zimmer kam, ließ sie sich in einen Sessel fallen und brach in Tränen aus. Die Zofe beschwor sie, sich zu beruhigen und Mut zu fassen. Alles war schon bereit. In einer halben Stunde schon sollte Mascha dem Elternhause, ihrem Zimmer und dem stillen Mädchendasein für immer Lebewohl sagen ...

Draußen tobte ein Schneesturm; der Wind heulte, die Fensterläden bebten und klopften; alles erschien ihr drohend und unheilkündend. Bald war es im Hause still; alle schliefen. Mascha hüllte sich in ihren Schal, zog sich einen warmen Mantel an, nahm ihr Köfferchen in die Hand und trat auf den Hinterflur. Die Zofe folgte ihr mit zwei Bündeln. Sie gingen in den Garten hinunter. Der Schneesturm wütete noch immer; der Wind blies Mascha ins Gesicht, wie wenn er die junge Missetäterin aufhalten wollte. Mit großer Mühe gelangten sie an das Ende des Gartens. Auf der Straße wartete schon der Schlitten. Die durchfrorenen Pferde wollten nicht mehr ruhig stehen; Wladimirs Kutscher ging vor den Deichselstangen auf und ab und bemühte sich, die Ungeduldigen zu halten. Er half dem Fräulein und der Zofe, in den Schlitten zu steigen und die Bündel und das Köfferchen unterzubringen, ergriff die Zügel, und die Pferde rasten dahin. Wir wollen aber das Fräulein der Sorge des Schicksals und der Kunst des Kutschers Terjoschka anvertrauen und uns zu unserm jungen Liebhaber wenden.

Wladimir war den ganzen Tag unterwegs. Am Morgen besuchte er den Priester von Schadrino und einigte sich mit ihm nicht ohne Mühe. Dann begab er sich auf die Suche nach Trauzeugen zu den benachbarten Gutsbesitzern. Der erste, den er aufsuchte, der vierzigjährige ehemalige Kornett Drawin, willigte mit Freuden ein. Dieses Abenteuer, behauptete er, erinnere ihn an die Husarenstreiche seiner Jugend. Er bewog Wladimir, bei ihm zu Mittag zu essen, und versicherte ihm, dass die zwei noch fehlenden Zeugen sich unschwer finden lassen würden. Gleich nach dem Essen erschienen tatsächlich der Geometer Schmidt, der einen Schnurrbart und Sporen trug, und der Sohn des Landpolizeihauptmanns, ein etwa sechzehnjähriger Junge, der vor Kurzem bei den Ulanen eingetreten war. Sie nahmen Wladimirs Vorschlag nicht nur an, sondern erklärten sich auch bereit, für ihn ihr Leben aufs Spiel zu setzen. Wladimir schloss sie entzückt in seine Arme und fuhr nach Hause, um die letzten Vorbereitungen zu treffen.

Es dämmerte schon seit geraumer Zeit. Wladimir schickte seinen verlässlichen Terjoschka mit einer Troika und genauer und ausführlicher Instruktion nach Neparadowo, ließ sich den kleinen einspännigen Schlitten geben und fuhr allein ohne Kutscher nach Schadrino, wo nach etwa zwei Stunden auch Marja Gawrilowna eintreffen sollte. Der Weg war ihm gut bekannt, und die Fahrt dauerte gewöhnlich nur zwanzig Minuten.

Kaum hatte aber Wladimir das Dorf verlassen, als sich ein Wind erhob und ein solcher Schneesturm losbrach, dass er nichts mehr sehen konnte. Die Straße war in einem Augenblick unter den Schneemassen verschwunden; ein trüber, gelblicher Nebel, durch den die weißen Schneeflocken flogen, verdeckte den Ausblick; der Himmel floss mit der Erde in eins zusammen; Wladimir sah sich plötzlich mitten im freien Feld und machte vergebliche Versuche, wieder auf die Straße zu gelangen. Das Pferd lief aufs Geratewohl; bald fuhr es in einen Schneehaufen hinein, bald versank es in einen Graben; der Schlitten kippte jeden Augenblick um. Wladimir war nur auf das eine bedacht: die Richtung nicht zu verlieren. Es war aber schon, wie ihm schien, mehr als eine halbe Stunde vergangen, und er hatte das Gehölz von Schadrino noch immer nicht erreicht.

Es vergingen noch zehn Minuten – vom Gehölz war noch immer nichts zu sehen. Wladimir fuhr über ein Feld, das von tiefen Gräben durchzogen war. Der Schneesturm wollte sich nicht legen und der Himmel sich nicht aufklären.

Das Pferd begann, müde zu werden, und er selbst kam in Schweiß, obwohl er jeden Augenblick bis an den Gürtel in den Schnee versank.

Bald merkte er, dass er in falscher Richtung fuhr. Wladimir hielt an, überlegte sich seine Lage und kam zur Überzeugung, dass er etwas mehr nach rechts fahren müsse. Er fuhr nach rechts. Das Pferd bewegte vor Müdigkeit kaum die Beine. Er war schon mehr als eine Stunde unterwegs. Schadrino musste ganz in der Nähe sein. Er fuhr aber immer weiter, und das Feld nahm kein Ende. Immer neue Schneehaufen und Gräben; der Schlitten kippte immer wieder um, und er musste ihn immer wieder aufrichten. Die Zeit verging; Wladimir wurde nun ernsthaft unruhig.

Endlich zeigte sich seitwärts etwas Dunkles. Wladimir lenkte das Pferd in diese Richtung. Als er näher kam, sah er, dass es ein Gehölz war. »Gott sei Dank«, sagte er sich: »Jetzt ist es nicht mehr weit.« Er fuhr am Gehölz entlang, denn er hoffte, entweder auf die ihm wohlbekannte Landstraße zu kommen oder das Gehölz zu umbiegen; Schadrino musste ja gleich dahinter liegen. Bald fand er den Weg und fuhr in das Dunkel der Bäume, die der Winter ihres Laubes beraubt hatte. Der Wind konnte hier nicht mehr so furchtbar wüten; die Straße war eben, das Pferd fasste neuen Mut, und Wladimir beruhigte sich. Er fuhr aber und fuhr, doch von Schadrino war immer noch nichts zu sehen, das Gehölz wollte kein Ende nehmen. Wladimir merkte mit Schrecken, dass er in einen ihm unbekannten Wald geraten war. Verzweiflung bemächtigte sich seiner. Er gab dem Pferd die Peitsche; das arme Tier versuchte, Trab zu laufen, wurde aber bald müde und ging schon nach einer Viertelstunde, trotz aller Bemühungen des unglücklichen Wladimirs, wieder im Schritt.

Allmählich lichtete sich das Dickicht, und Wladimir fuhr aus dem Walde heraus. Von Schadrino war nichts zu sehen. Es mochte gegen Mitternacht sein. Tränen traten ihm in die Augen; er fuhr aufs Geratewohl weiter. Der Sturm hatte sich gelegt, die Wolken verzogen sich; vor ihm lag ein von einem weißen, welligen Teppich bedecktes Tal. Die Nacht war ziemlich hell. Er entdeckte in der Nähe ein Dörfchen, das aus vier oder fünf Höfen bestand. Wladimir fuhr auf das Dörfchen zu. Beim ersten Bauernhause sprang er aus dem Schlitten, lief auf ein Fenster zu und begann, zu klopfen. Nach einigen Minuten ging der hölzerne Laden auf, und ein alter Mann streckte seinen grauen Bart heraus. »Was willst du?« – »Ist es weit bis Schadrino?« – »Ob es bis Schadrino weit ist?« – »Ja, ja. Ist es weit?« – »Gar nicht weit: an die zehn Werst.« Als Wladimir diese Antwort hörte, fuhr er sich in die Haare und erstarrte wie ein zum Tode Verurteilter. »Und wo kommst du her?«, fuhr der Alte fort. Wladimir hatte aber nicht den Mut, seine Frage zu beantworten. »Alter«, wandte er sich an ihn, »kannst du mir Pferde nach Schadrino verschaffen?« – »Woher sollen wir Pferde haben?«, antwortete der Bauer. »Kann ich vielleicht einen Führer bekommen, der den Weg nach Schadrino kennt. Ich will ihm bezahlen, soviel er verlangt.« – »Wart' einmal«, sagte der Alte, den Fensterladen schließend, »ich will dir meinen Sohn schicken; er wird dich begleiten.« Wladimir begann, zu warten. Es war aber noch keine halbe Minute vergangen, als er wieder zu klopfen anfing. Der Laden ging auf, und der graue Bart zeigte sich wieder. »Was willst du?« – »Wo bleibt denn dein Sohn?« – »Gleich kommt er: Er zieht sich die Stiefel an. Friert es dich vielleicht? Komm nur herein und wärme dich.« – »Ich danke. Schicke nur schnell deinen Sohn heraus.«

Bald knarrte das Tor. Ein Bursche, mit einem dicken Knüttel in der Hand, kam heraus und ging vor dem Schlitten her, den schneeverwehten Weg bald zeigend und bald suchend. »Wie spät ist es?«, fragte ihn Wladimir. »Es wird wohl bald tagen«, antwortete der junge Bauer. Wladimir sprach nun kein Wort mehr. Die Hähne krähten, und es war schon hell, als sie Schadrino erreichten. Die Kirche war geschlossen. Wladimir bezahlte seinen Führer und fuhr zum Geistlichen. Auf dessen Hofe war aber keine Troika zu sehen. Was für eine Nachricht erwartete ihn da!

Kehren wir aber zu den braven Gutsbesitzern von Neparadowo zurück und sehen wir, was bei ihnen vorgeht.

Nichts Besonderes.

Die Alten standen wie jeden Morgen auf und kamen in die gute Stube: Gawrila Gawrilowitsch in Nachtmütze und Flausjacke, Praskowja Petrowna in wattiertem Schlafrock. Als der Samowar aufgetragen war, schickte Gawrila Gawrilowitsch ein Mädchen zu Marja Gawrilowna, sie zu fragen, wie es ihr heute ginge und wie sie geschlafen habe. Das Mädchen kam zurück und meldete, dass das gnädige Fräulein sehr schlecht geschlafen habe, sich aber jetzt schon etwas besser fühle und bald kommen werde. Die Tür ging tatsächlich auf, und Marja Gawrilowna trat ein, um Papa und Mama zu begrüßen.

»Wie ist es mit deinem Kopfweh, Mascha?«, fragte Gawrila Gawrilowitsch. – »Es geht schon besser, Papachen«, antwortete Mascha. – »Es kommt wohl vom Ofengas«, meinte Praskowja Petrowna. – »Ja, wahrscheinlich, Mamachen«, erwiderte Mascha.

Der Tag verlief glücklich, aber gegen Abend wurde Mascha krank. Man schickte in die Stadt nach einem Arzt. Dieser kam sehr spät und traf die Kranke im Delirium an. Sie hatte heftiges Fieber, und die Ärmste schwebte zwei Wochen lang zwischen Leben und Tod. Niemand im Hause wusste etwas von der geplanten Flucht. Die Briefe, die Mascha am Vorabend geschrieben, hatte sie verbrannt; die Zofe sagte aus Furcht vor dem Zorn der Herrschaft niemand ein Wort. Der Geistliche, der ehemalige Kornett, der Geometer mit dem Schnurrbart und der kleine Ulan waren diskret und hatten wohl ihre Gründe dafür. Der Kutscher Terjoschka verschnappte sich selbst im Rausche nicht. So wurde das Geheimnis von dem halben Dutzend Mitverschworener treu behütet. Doch Marja Gawrilowna selbst verriet es in ihrem fortwährenden Delirium. Ihre Worte waren aber so wirr, dass die Mutter, die das Krankenzimmer für keinen Augenblick verließ, aus ihnen nur das eine verstehen konnte, dass ihre Tochter unsterblich in Wladimir Nikolajewitsch verliebt sei und dass die Erkrankung wahrscheinlich mit dieser Liebe zusammenhänge. Sie beriet sich mit ihrem Gatten und einigen Nachbarn, und alle kamen überein, dass es dem jungen Mädchen wohl vom Schicksal so beschieden sei, dass niemand dem ihm vom Himmel vorausbestimmten Ehegenossen entrinnen könne, dass Armut keine Schande sei, dass man nicht das Geld, sondern den Menschen heirate und so weiter. Moralische Sprichwörter pflegen ungemein nützlich in solchen Fällen zu sein, wo man selbst keinerlei Rechtfertigung zu ersinnen vermag. Das junge Mädchen erholte sich indessen wieder. Wladimir hatte sich schon lange nicht mehr in Gawrila Gawrilowitschs Hause blicken lassen. Die Behandlung, die ihm hier immer zuteil wurde, schreckte ihn wohl ab. Es wurde beschlossen, ihn kommen zu lassen, um ihm das unerwartete Glück: die Einwilligung auf die Ehe, zu verkünden. Wie groß war aber das Erstaunen der

Gutsbesitzer von Neparadowo, als sie von ihm als Antwort auf die Einladung einen halbverrückten Brief erhielten. Er teilte ihnen mit, dass er seinen Fuß nie wieder über ihre Schwelle setzen würde, und bat sie, den Unglücklichen, für den der Tod nun die einzige Hoffnung sei, zu vergessen. Nach einigen Tagen erfuhren sie, dass Wladimir wieder in sein Regiment eingerückt war. Das geschah im Jahre 1812. Man konnte sich lange nicht entschließen, dies der genesenden Mascha zu melden. Sie sprach nie mehr von Wladimir. Als sie einige Monate später seinen Namen unter denen, die sich bei Borodino ausgezeichnet hatten und schwer verwundet waren, las, fiel sie in Ohnmacht, und man fürchtete schon, dass ihre Krankheit zurückkehren würde. Der Ohnmachtsanfall hatte aber, Gott sei Dank, keine ernsten Folgen.

Sie wurde von einem andern Kummer heimgesucht: Gawrila Gawrilowitsch verschied und ließ sie als Erbin seines ganzen Besitzes zurück. Die Erbschaft gab ihr aber keinen Trost; sie teilte aufrichtig die Trauer Praskowja Petrownas und schwor, sich niemals von ihr trennen zu wollen. Die beiden verließen Neparadowo, die Stätte trauriger Erinnerungen, und zogen auf ihr ***sches Gut. Die Freier umschwirrten auch hier das hübsche und reiche Mädchen; sie gab aber niemandem auch nur die leiseste Hoffnung. Die Mutter redete ihr manchmal zu, sich einen Ehegenossen zu wählen. Marja Gawrilowna schüttelte aber nur den Kopf und wurde nachdenklich. Wladimir weilte nicht mehr unter den Lebenden: Er war zu Moskau, am Vorabend des Einzuges der Franzosen, gestorben. Sein Andenken schien Mascha heilig zu sein; jedenfalls bewahrte sie alles, was an ihn erinnerte, treulich auf: die Bücher, die er einst gelesen, seine Zeichnungen, Noten und die Verse, die er für sie abgeschrieben. Die Nachbarn, die solches hörten, bewunderten ihre Standhaftigkeit und erwarteten mit Neugier den Helden, der über die rührende Treue der jugendlichen Artemis triumphieren würde.

Der Krieg war indessen ruhmvoll beendet. Unsere Heere kehrten aus dem Auslande zurück. Das Volk eilte ihnen entgegen. Die Regimentskapellen spielten die im Feldzuge eroberten Weisen: Vive Henri-Quatre, Tiroler Walzer und Arien aus der »Joconde«. Die Offiziere, die als halbe Knaben ins Feld gezogen waren, kehrten, im Pulverdampf der Schlachten zu Männern geworden, mit Ehrenkreuzen geschmückt heim. Die Soldaten plauderten lustig miteinander, fortwährend deutsche und französische Worte in ihre Rede mischend. Unvergessliche Zeit! Die Zeit des Ruhmes und der Begeisterung! Wie stark pochte das russische Herz beim Klange des Wortes »Vaterland«! Wie süß waren die Freudentränen des Wiedersehens! Wie einmütig verbanden wir das Gefühl des nationalen Stolzes mit der Liebe zum Herrscher! Und für diesen selbst – welche Augenblicke!

Die Frauen, die russischen Frauen waren damals unvergleichlich. Ihre gewöhnliche Kühle war verschwunden. Ihr Entzücken war wahrlich berauschend, als sie die Sieger mit »Hurra!« begrüßten »und in die Luft die Häubchen warfen ...«

Wer von den damaligen Offizieren wird nicht zugeben, dass er von der russischen Frau den besten, den kostbarsten Lohn empfingt ... Marja Gawrilowna lebte um diese glanzvolle Zeit mit ihrer Mutter im ***schen Gouvernement und sah gar nicht, wie die beiden Residenzen die zurückgekehrten Truppen feierten. In der Provinz und auf dem flachen Lande war die allgemeine Begeisterung vielleicht noch stärker. Das Erscheinen eines Offiziers in solchen Gegenden war ein wahrer Triumph, und ein Liebhaber in Zivilfrack konnte neben ihm gar nicht aufkommen. Wie gesagt, war Marja Gawrilowna trotz ihrer Kälte nach wie vor von Bewerbern umgeben. Alle mussten aber weichen, als der verwundete Husarenhauptmann Burmin mit dem Georgskreuz im Knopfloch und der »interessanten Blässe«, wie sich die damaligen jungen Damen ausdrückten, im Gesicht auf ihrem Schlosse erschien. Er war an die sechsundzwanzig Jahre alt. Er verbrachte den Urlaub auf seinen Besitzungen, die in der Nähe des Gutes Marja Gawrilownas lagen. Marja Gawrilowna zeichnete ihn vor allen anderen aus. In seiner Gegenwart wich ihre gewöhnliche Nachdenklichkeit einem lebhafteren Gemütszustand. Man kann nicht behaupten, dass sie mit ihm kokettierte, aber ein Dichter, der ihr Benehmen sähe, würde gesagt haben:

»Se amor non é, che dunche?«

Burmin war in der Tat ein liebenswürdiger junger Mann. Er besaß gerade jenen Geist, der den Damen so gut gefällt: den Geist des Anstandes und der Aufmerksamkeit ganz ohne Anmaßung, doch mit gutmütigem Humor. Sein Benehmen Marja Gawrilowna gegenüber war einfach und ungezwungen; doch was sie auch sagen oder tun mochte, seine Seele und seine Blicke folgten ihr. Er schien einen stillen und bescheidenen Charakter zu haben, aber es wurde behauptet, dass er einst ein schlimmer Taugenichts gewesen sei, was ihm übrigens in Marja Gawrilownas Augen durchaus nicht zu schaden vermochte, da sie (wie alle jungen Damen) gern alle Streiche verzieh, die Kühnheit und feuriges Temperament verrieten.

Doch mehr als alles andere ... (mehr als seine zärtliche Veranlagung, mehr als seine angenehme Unterhaltungsgabe, als seine interessante Blässe, als sein verwundeter Arm), mehr als das alles war es das Schweigen des jungen Husaren, das ihre Neugier und Fantasie reizte. Sie konnte sich nicht verhehlen, dass sie ihm sehr gefiel; wahrscheinlich hatte auch er bei seinem Geist und seiner Erfahrung schon bemerkt, dass sie ihn vor den andern auszeichnete; wie war es nun zu erklären, dass sie ihn noch immer nicht zu ihren Füßen gesehen und sein Geständnis nicht zu hören bekommen? Was hielt ihn zurück? Schüchternheit, die von wahrer Liebe unzertrennlich ist, Stolz oder die Koketterie eines schlauen Schürzenjägers? Das war ihr ein Rätsel. Als sie sich das alles ordentlich überlegt hatte, sagte sie sich, dass Schüchternheit der einzige Grund seiner Zurückhaltung sein müsse, und sie entschloss sich, ihn durch erhöhte Aufmerksamkeit und, wenn es die Umstände verlangten, selbst durch Zärtlichkeit zu ermutigen. Sie war auf eine höchst unerwartete Lösung gefasst und erwartete mit Ungeduld den Augenblick der romantischen Liebeserklärung. Jedes Geheimnis, ganz gleich welcher Natur, ist den Frauenherzen unerträglich. Ihre strategischen Maßnahmen führten zum erwünschten Erfolg; Burmin versank jedenfalls in so tiefe Nachdenklichkeit, und seine schwarzen Augen blickten mit solchem Feuer auf Marja Gawrilowna, dass der entscheidende Moment ganz nahe zu sein schien. Die Nachbarn sprachen von der Hochzeit als von einer beschlossenen Tatsache, und die gute Praskowja Petrowna freute sich, dass ihre Tochter endlich einen würdigen Bräutigam gefunden habe. Die alte Dame saß einmal im Wohnzimmer, mit einer Grande-Patience beschäftigt, als Burmin ins Zimmer trat und sich sofort nach Marja Gawrilowna erkundigte. »Sie ist im Garten«, antwortete die Mutter, »gehen Sie zu ihr, ich werde Sie hier erwarten.« Burmin ging hinaus, und die alte Dame bekreuzigte sich und dachte: Vielleicht wird die Sache heute zur Entscheidung kommen!

Burmin traf Marja Gawrilowna am Teiche, unter einer Weide, mit einem Buche in der Hand – als echte Romanheldin. Nachdem die ersten Fragen ausgetauscht waren ließ Marja Gawrilowna das Gespräch absichtlich stocken, die beiderseitige Verlegenheit auf diese Weise dermaßen vergrößernd, dass nur eine plötzliche und entscheidende Erklärung befreiend wirken könnte. So kam es auch: Als Burmin die Schwierigkeit seiner Lage merkte, erklärte er, dass er schon längst eine Gelegenheit gesucht habe, vor ihr sein Herz zu enthüllen, und bat sie um eine Minute Gehör. Marja Gawrilowna machte das Buch zu und senkte zum Zeichen des Einverständnisses die Augen. »Ich liebe Sie«, begann Burmin, »ich liebe Sie leidenschaftlich …« (Marja Gawrilowna errötete und ließ den Kopf noch tiefer sinken.) »Ich handelte leichtsinnig, als ich mich der süßen Gewohnheit, Sie alltäglich zu sehen und zu hören, hingab …« (Marja Gawrilowna musste an den ersten Brief des Saint-Preux[*] denken.) »Nun ist es zu spät, mich meinem Schicksale zu widersetzen: Die Erinnerung an Sie, Ihr liebes, unvergleichliches Bild wird nun die ewige Qual und die ewige Wonne meines Lebens sein; eine schwere Pflicht ist aber noch zu erfüllen: Ich muss Ihnen ein schreckliches Geheimnis enthüllen und damit eine unüberwindliche Schranke zwischen uns errichten …« – »Diese Schranke hat schon immer bestanden«, unterbrach ihn Marja Gawrilowna lebhaft, »niemals konnte ich die

---

[*] Saint-Preux ist eine Gestalt aus dem Briefroman von Jean-Jacques Rousseau *Julie oder die neue Héloïse* (1761). In diesem Roman verliebt sich der junge, bürgerliche Hauslehrer Saint-Preux in die adlige Julie d'Étanges. Seine Liebe wird erwidert.

Ihre werden.« – »Ich weiß es«, antwortete er leise, »ich weiß, dass Sie schon einmal geliebt haben; aber der Tod und die drei Jahre der Trauer ... Liebe, gute Marja Gawrilorowa, versuchen Sie nicht, mir meinen letzten Trost zu rauben: Den Gedanken, dass Sie bereit wären, mein ganzes Glück zu sein, wenn ...« – »Schweigen Sie, um Gottes willen, schweigen Sie. Sie quälen mich.« – »Ja, ich weiß, ich fühle es, dass Sie die Meinige werden würden, aber ich, ich unseligstes Geschöpf – ich bin schon verheiratet.«

Marja Gawrilowna blickte ihn erstaunt an. »Ich bin verheiratet«, fuhr Burmin fort, »seit vier Jahren schon, und ich weiß nicht, wer meine Frau ist, wo sie weilt und ob es mir beschieden ist, sie je wiederzusehen.« – »Was sagen Sie?!«, rief Marja Gawrilowna aus: »Wie seltsam. Fahren Sie fort; ich will Ihnen später erzählen, aber fahren Sie um Gottes willen fort.«

»Zu Beginn des Jahres 1812«, erzählte Burmin, »eilte ich nach Wilna, wo sich unser Regiment befand. Als ich eines Abends zur späten Stunde auf eine Station kam und sofort anzuspannen begann, erhob sich ein furchtbarer Schneesturm, und der Stationsaufseher und die Kutscher rieten mir, abzuwarten. Ich folgte ihnen, aber eine unbegreifliche Unruhe bemächtigte sich meiner; mir war es, als ob mich jemand fortwährend stieße. Der Schneesturm wollte sich nicht legen. Ich hielt es nicht länger aus, gab wieder den Befehl, anzuspannen, und setzte trotz des Sturmes meine Reise fort. Der Kutscher hatte den Einfall, über den Fluss zu fahren, was die Reise um drei Werst abkürzen sollte. Die Flussufer waren vom Schnee verweht. Der Kutscher verpasste die Stelle, wo man wieder auf die Landstraße kommen konnte, und so gerieten wir in eine gänzlich unbekannte Gegend. Der Sturm wütete noch immer. Ich sah einen Lichtschein und ließ auf dieses Ziel fahren. Wir kamen in ein Dorf; in der hölzernen Kirche brannte Licht. Die Kirchentür stand offen; hinter der Kirchenmauer warteten einige Schlitten, und vor dem Eingang gingen Menschen auf und ab. ›Hierher, hierher‹, riefen einige Stimmen. Ich befahl dem Kutscher, vor der Kirche zu halten. ›Mein Gott, wo bliebst du so lange?‹, sagte mir jemand: ›Die Braut ist ohnmächtig; der Pope weiß nicht, was er tun soll; wir wollten schon nach Hause fahren. Komm aber schnell her!‹ Ich sprang schweigend aus dem Schlitten und trat in die Kirche, die von zwei oder drei Kerzen schwach erleuchtet war. Ein Mädchen saß auf einer Bank in einer finsteren Ecke; ein anderes rieb ihr die Schläfen. ›Gott sei Dank‹, sagte das letztere. ›Wir haben Sie kaum erwarten können. Sie haben das Fräulein beinahe getötet.‹ Der alte Geistliche ging auf mich zu und fragte: ›Sollen wir beginnen?‹ –›Ja, beginnen Sie, Hochwürden, beginnen Sie‹, antwortete ich zerstreut. Man hob das Mädchen auf. Es erschien mir recht hübsch ... Ein unerklärlicher, unverzeihlicher Leichtsinn ... Ich stellte mich neben sie vor den Altar; der Priester hatte große Eile; die drei Männer und die Zofe stützten die Braut und waren mit ihr allein beschäftigt. So traute man uns. ›Küsst euch‹, sagte man uns. Meine Frau wandte mir ihr blasses Gesicht zu. Ich wollte sie schon küssen ... Sie schrie aber auf: ›Ach, er ist's nicht, er ist's nicht!‹, und fiel wieder in Ohnmacht. Die Zeugen richteten auf mich ihre erstaunten Blicke. Ich wandte mich um, verließ ungehindert die Kirche, stürzte in den Schlitten und schrie: ›Losfahren!‹«

»Mein Gott«, rief Marja Gawrilowna aus. »Und Sie wissen gar nicht, was aus Ihrer armen Frau geworden ist?« – »Ich weiß es nicht«, antwortete Burmin, »ich weiß nicht, wie das Dorf heißt, in dem ich getraut wurde, und von welcher Station ich hingekommen war. Damals legte ich meinem verbrecherischen Streich so wenig Bedeutung bei, dass ich gleich, nachdem ich die Kirche verlassen, einschlief und erst am nächsten Morgen auf der dritten Station erwachte. Mein Diener, der mich damals begleitete, starb während des Feldzuges, und so habe ich gar keine Hoffnung, diejenige zu finden, mit der ich den grausamen Streich gespielt habe und die nun so grausam gerächt ist.« – »Mein Gott, mein Gott!«, sagte Marja Gawrilowna, seine Hand ergreifend: »Also Sie waren es! Und Sie erkennen mich nicht?«

Burmin erbleichte und warf sich ihr zu Füßen ...

(Alexander Puschkin)

Münchhausens Reise nach Russland

Einmal hatten die Freunde wieder durch fußhohen Schnee ihren Weg zum Münchhausenschen Schloss gefunden; jeder schimpfte über die Hundekälte und meinte, so kalt sei es noch nie gewesen wie heute.

»Ach was«, meinte der Hausherr, der Freiherr von Münchhausen, »das ist noch gar nichts, da solltet ihr mit mir in Russland gewesen sein, gegen die russische Kälte haben wir heute das reinste Frühlingswetter.«

Die Gäste schauten einander verständnisinnig an, und dann ging es los mit Bitten und Auffordern: »Erzählen, Baron, erzählen!«

Der Alte war dafür bekannt, dass er sich nicht lange bitten ließ, und so begann er auch heute ohne Umschweife und hub an, zu erzählen:

Ich trat meine Reise nach Russland mitten im Winter an, weil ich ganz richtig schloss, dass Frost und Schnee die Wege in den Gegenden von Norddeutschland, durch Polen, Kur- und Livland ausbessern müssten. Nach der Beschreibung aller Reisenden sind diese dort überall gleich elend, weil die hochzupreisenden, wohl fürsorgenden Landesregierungen die Kosten zu ihrer Herstellung scheuen.

Ich reise zu Pferde; denn wenn es dabei nur gut um Gaul und Leute steht, so ist dies die bequemste Art, zu reisen. Man kommt weder in Gefahr, mit ir-

gendeinem höflichen deutschen Postmeister zusammenzustoßen, noch von seinem durstigen Postknecht vor jede Schenke geschleppt zu werden.

Ich war nur leicht bekleidet, was ich ziemlich übel empfand, je weiter ich gegen Nordosten vordrang. Wie musste es aber erst bei einem so strengen Winter unter dem rauesten Himmelsstrich einem armen alten Mann zumute sein, der in Polen auf einem öden Anger, über den der Nordostwind hinschnitt, hilflos und schauernd dalag und kaum so viel anhatte, damit er seine Blöße bedecken konnte!

Der arme Teufel dauerte mich von ganzer Seele; ob mir gleich selbst das Herz im Leibe fror, warf ich dennoch meinen Reisemantel über ihn her. Plötzlich erscholl eine Stimme wie vom Himmel herab, die, gerührt über dieses Liebeswerk, mir zurief: »Das war brav gehandelt, mein Sohn, das soll dir nicht unvergolten bleiben!«

Ich ließ das gut sein und ritt weiter, bis mich Nacht und Dunkelheit überfielen. Nirgends war etwas von einem Dorfe zu hören noch zu sehen. Das ganze Land lag gleichförmig mit Schnee bedeckt vor mir, und ich konnte weder Weg noch Steg erkennen.

Des Reitens müde, stieg ich endlich ab und band mein Pferd an einen Gegenstand, den ich für einen Baumstumpf hielt, der aus dem Schnee hervorragte. Zur Sicherheit nahm ich meine Pistolen unter den Arm und legte mich nicht weit von dem Pferde in den Schnee nieder. Dann tat ich ein so gesundes Schläfchen, dass mir die Augen nicht eher wieder aufgingen, als bis es heller, lichter Tag war.

Wie groß war aber mein Erstaunen, als ich fand, dass ich mitten in einem Dorfe auf dem Kirchhof lag! Mein Pferd war anfänglich nirgends zu sehen; doch hörte ich es bald darauf irgendwo über mir wiehern. Als ich nun emporsah, wurde ich gewahr, dass es an den Wetterhahn des Kirchturms gebunden war und von da herunterhing.

Nun wusste ich sogleich, wie dies zugegangen war. Das Dorf war nämlich die Nacht über so tief zugeschneit gewesen, dass der Schnee selbst die höchsten Häuser und alle Bäume zudeckte, und was ich in der Dunkelheit für den Stumpf eines Bäumchens, der über den Schnee hervorragte, gehalten und daran mein Pferd gebunden hatte, das war das Kreuz oder der Wetterhahn des Kirchturms gewesen.

Bei Nacht hatte nun das Wetter auf einmal umgeschlagen, es begann, zu tauen, und ich war im Schlaf nach und nach, so wie der Schnee zusammengeschmolzen war, ganz sanft herabgesunken.

Wie sollte ich aber wieder zu meinem Pferde gelangen, das an der Turmspitze baumelte und zum Glück die Hinterbeine am Rande des Daches aufgesetzt hatte? Ohne mich lange zu besinnen, nahm ich meine Pistolen, schoss nach dem Halfter, mit dem das Pferd angebunden war, und traf so geschickt, dass das Tier los wurde und ich auf diese Art wieder glücklich zu meinem Pferde kam.

Hierauf setzte ich meine Reise fort. Es ging alles gut, bis ich nach Russland kam, wo es aber nicht gebräuchlich ist, im Winter zu Pferde zu reisen. Wie es nun immer mein Grundsatz war, dass ich mich nach dem richtete, was Landessitte ist, so nahm ich dort einen kleinen Rennschlitten, der mit einem einzelnen Pferd bespannt war, und fuhr wohlgemut auf Sankt Petersburg los.

Ob es nun in Estland oder in Ingermanland* war, weiß ich nicht mehr gewiss, so viel aber besinne ich mich noch wohl, dass es mitten in einem fürchterlichen Walde war, wo ich einen entsetzlichen Wolf mit aller Schnelligkeit des gefräßigsten Winterhungers hinter mir herlaufen sah. Er holte mich bald ein, und es war schlechterdings unmöglich, ihm zu entkommen.

Mechanisch legte ich mich platt in den Schlitten nieder und ließ mein Pferd zu unserem beiderseitigen Besten ganz allein sorgen. Was ich zwar vermutete, aber kaum zu hoffen und zu erwarten wagte, das geschah gleich nachher. Der Wolf bekümmerte sich nicht im Mindesten um meine Wenigkeit, sondern sprang über mich hinweg, fiel wütend auf das Pferd, riss ab und verschlang auf einmal den ganzen Hinterteil des armen Tieres, welches vor Schrecken und Schmerz nur desto schneller lief.

Wie ich nun auf diese Art selbst so unbemerkt und gut davongekommen war, so erhob ich ganz verstohlen mein Gesicht und nahm mit Entsetzen wahr, dass der Wolf sich beinahe über und über in das Pferd hineingefressen hatte. Kaum aber hatte er sich so hübsch hineingezwängt, so nahm ich meinen Vorteil wahr und fiel ihm tüchtig mit meiner Peitsche auf das Fell.

Solch ein unerwarteter Überfall in diesem Futteral verursachte ihm keinen geringen Schrecken; er strebte mit aller Macht vorwärts, der Leichnam des Pferdes fiel zu Boden, und siehe! – an seiner statt steckte mein Wolf in dem Geschirr!

Ich meinerseits hörte nun noch weniger auf, zu peitschen, und wir langten in vollem Galopp gesund und wohlbehalten in Sankt Petersburg an, ganz gegen unsere beiderseitigen Erwartungen und zu nicht geringem Erstaunen aller Zuschauer.

(Gottfried August Bürger)

---

* Ingermanland ist eine alte historische Provinz rund um Sankt Petersburg.

Eine Winterreise durch Sibirien

Der amerikanische Forschungsreisende George Kennan (1845–1924), einer der Mitbegründer der National Geographic Society, unternahm 1885/86 mit dem Maler George Albert Frost eine Reise durch Sibirien, vor allem um das russische Verbannungssystem kennenzulernen. Da Kennan anfangs ein Anhänger des zaristischen Russlands und seines Polizeisystems war, wurde seine Reise von oberster Stelle unterstützt und er durfte viele Gefangenenlager besuchen. Nach vielen Gesprächen mit zaristischen Dissidenten aber änderte er seine Meinung und wurde zum erbitterten Gegner der russischen Autokratie.

Freitag, am 8. Januar 1886, verließen Frost und ich Irkutsk, die Hauptstadt Sibiriens, um eine Reise von ungefähr viertausend Meilen nach St. Petersburg vorzunehmen. Die Route, die wir einzuschlagen beabsichtigten, unterschied sich ein wenig von der, die wir bei unserer Reise nach Sibirien verfolgten; sie führte über zwei wichtige Städte, die wir noch nicht besucht hatten: über Minusinsk und über Tobolsk. Die erstere glaubten wir zu erreichen, indem wir einen Umweg von ungefähr vierhundert Meilen von Krasnojarsk nach Süden machten; und die letztere, indem wir eine nördlichere Route zwischen Omsk und Tjumen wählten, als die war, die wir auf unserer Fahrt gegen Osten benutzten. Unsere Ausrüstung für diese lange und schwierige Fahrt bestand aus einer stark gebauten Pawoska, einem Reiseschlitten ohne Sitzbank, mit niedrigen Läufern, breiten Spreizen und einer Art Wagendach, das bei schlechtem Wetter mit einem Ledervorhang geschlossen werden konnte; aus einem sehr schweren Schaffellsack von sechs Fuß Breite und neun Fuß Länge, in dem wir hart aneinander der ganzen Länge nach liegen konnten; aus acht oder zehn Polstern und Kissen verschiedener Größen, um die Zwischenräume des Gepäcks auszufüllen und die Kraft der Stöße auf unebener Straße zu mildern; aus drei Überröcken für jeden, aus weichem, langflockigem Schafpelz, in Größe und Gewicht derart abgestuft, dass wir uns jeder Temperatur anpassen konnten, vom Gefrierpunkt bis zu achtzig Grad Fahrenheit; aus langen, schweren Filzstiefeln, deren Art in Sibirien unter dem Namen Wallinki bekannt ist; aus Pelzmützen, Fäustlingen und aus einer geringen Menge Proviants, hauptsächlich aus Tee, Zucker, Brot, kondensierter Milch, gekochten Schinken, Suppentafeln und einigen gebratenen Birkhühnern.

Nachdem wir unser schweres Gepäck so sorgsam wie nur möglich auf dem Boden der Pawoska verpackt hatten, um eine glatte und gleichmäßige Unterlage herzustellen, stopften wir in die Zwischenräume die Polstern und Kissen, bedeckten die etwas raue Oberfläche mit einer Strohschicht von ungefähr zwölf Zoll Höhe, legten unsere unbenutzten Überröcke, Decken und den großen Pelzsack darüber und brachten das Brot, den gekochten Schinken, die gebratenen Birkhühner derart im Stroh unter, dass wir darauf sitzen und sie vor der intensiven Kälte schützen konnten, und schließlich versahen wir noch die Rückwand des Schlittens mit Polstern. Freitag um zehn Uhr morgens war alles zur Abfahrt bereit, und als der Kutscher mit den Pferden von der Poststation kam, sangen wir »Home, sweet Home« als Vorspiel zum nächsten Akt, wickelten dann den Banjo behutsam zu einer weichen Rolle zusammen, den wir hinter unsere Kissen legten, setzten uns in die Pawoska, die Beine in dem umfangreichen Schafpelzsack bergend, und fuhren vom Hotel Danko ab, begleitet von einem Chorus »Leben Sie wohl!« und »Gott gebe Ihnen glückliche Fahrt!«, der versammelten Menge von Dienern und Beamten.

In einem früheren Kapitel, »Abenteuer in Ostsibirien«, habe ich bereits unsere Erlebnisse der ersten vier Tage nach unserer Abfahrt von Irkutsk beschrieben, einschließlich unseres Besuches in dem Zentralgefängnis Alexandrofski und der beschwerlichen Reise längs der halbgefrorenen Angara bis zu der kleinen Ansiedlung Kamenka. Nahe diesem Orte überschritten wir den Fluss auf einer Eisstauung, gelangten an das westliche Ufer und verblieben die Nacht in der Poststation Cheromka, an der großen sibirischen Heerstraße. Es ist in Sibirien üblich, wenn man mit der Post fährt, Tag und Nacht, ohne längeren Aufenthalt zu fahren. Ich litt jedoch noch an den Folgen der Anstrengungen der vorhergegangenen Nächte, in denen wir Sturm und Kälte im Gebirge an der Angara preisgegeben waren, und bei jedem Atemzug wurde ich durch einen heftigen, stechenden Schmerz in einem der Lungenflügel daran erinnert, dass es klüger wäre, Obdach zu nehmen und mich warm zu halten, bis ich fähig sein würde, freier zu atmen. Aber es war sehr schwierig, sich in dieser Poststation warm zu halten. Während der ganzen Nacht hielten beinahe jede Stunde Reisende dort an, um die Pferde zu wechseln oder Tee zu trinken; und bei jedem Öffnen der Türe blies der kalte Wind über den kahlen Fußboden, auf dem wir lagen, sodass sich die Feuchtigkeit der Atmosphäre zu eisigen Dunstwolken verdichtete und die Temperatur der Stube von zwanzig auf dreißig Grad in ebenso vielen Minuten sinken ließ. Ich war so vorsichtig, unseren großen Pelzsack mit hineinzunehmen, und indem ich mich in dessen Tiefe vergrub, entging ich nicht nur der Erkältung, sondern kam sogar unter Anwendung von Arzneimitteln in einen reichlichen Schweiß. Dies bannte meinen Lungenschmerz, und am Morgen fühlte ich mich fähig, die Fahrt fortzusetzen. Wir beide konnten nicht zu Schlaf kommen; indes, für einen erprobten Sibirien-Reisenden bildet die Entbehrung des Schlafes einer oder zweier Nächte nur eine geringe Beschwerde. Ich glaube nicht, dass Frost während der ganzen Woche, die wir auf der Reise zwischen dem Zentralgefängnis Alexandrofski und Krasnojarsk verbrachten, auch nur zwei Stunden ununterbrochen zu Schlaf kam. Als wir jedoch diesen Ort erreichten, legte er sich sofort angekleidet nieder und schlief ununterbrochen sechzehn Stunden.

In verschiedenen Dörfern, die wir zwischen Cheromka und Nischnibinsk passierten, waren die Etappengefängnisse zweifellos von Verbannten besetzt.

Doch wir bekamen keine dieser Abteilungen zu Gesicht, bis Mittwoch, wo wir eine während ihres Marsches plötzlich und unerwartet erblickten.

 Der Tag war kalt und stürmisch, heftiger Wind und Schneegestöber, und wir lagen in unserem Pelzsack halbvergraben und fuhren der nächsten Werst-Post zu. Die Luft war so dicht mit Schneeflocken gefüllt, dass wir die Straße kaum noch auf eine Entfernung von achtzig bis hundert Meter überblicken konnten; und die Abteilung Verbannter befand sich dicht vor uns, als wir erst merkten, dass es nicht ein Zug »Obozes« (Frachtschlitten) war, wie wir erst vermuteten. Genau erkannten wir die Sache erst, als die Spitze des Zuges uns so nahe war, dass wir die Flinten des Kosakenvortrabs erkennen konnten und das bekannte Kettenklirren der Gefangenen vernehmen mochten. Nun befahl ich unserem Jamschick, dass er nach dem tiefen Schnee am Straßenrand ablenke und dort anhalte. Der allgemeine Anblick den diese Abteilung bot, war sehr verschieden von dem anderer Abteilungen, deren Abgang von Tomsk wir im August beobachtet hatten. Diese Sträflinge trugen damals alle leichte Sommergewänder und ihre Gesichter waren sonnengebräunt; sie waren von einer gelben Staubwolke umhüllt, die sich unter ihren schlürfenden, mit Pantoffeln umhüllten Füßen auf der staubigen Landstraße erhob. Jedoch die Verschickten, die nun vor uns waren, waren alle mit rötlichen »Pulu-Schuba« (kurzen Schafpelzen) bekleidet und hatten »Brodnia« (hohe Lederstiefel) an den Füßen. Ihre Gesichter waren von dem langen Aufenthalt in dem Gefängnis zu Tomsk bleich geworden, und so schritten sie langsam und mühevoll über den frisch gefallenen Schnee. Die Marschorder war dieselbe wie im Sommer, nur schien mir, dass zufolge des Sturmes und der Beschaffenheit des Weges die Disziplin ein wenig gelockert war; es herrschte Unordnung und es gab auch viele Nachzügler. Die Kleidung der marschierenden Häftlinge bestand aus der gewöhnlichen grauen Tam-Shantermütze mit einem darüber gebundenen Taschentuch, einem zerlumpten Pelzkragen oder einem alten Strumpf zum Schutz der Ohren, einer Polu-Schuba mit der rötlichen Gerbseite nach außen, langen, weiten Lederstiefeln, die um die Füße der Wärme wegen mit Heu ausgestopft waren, wollenen Hosen, Fußlappen oder kurzen Wollstrümpfen und dicken ledernen Fäustlingen. Die Fußketten wurden meistens unter den Stiefelschäften getragen, und die Verbindungskette war in der Mitte durch einen an dem ledernen Leibgurt befestigten Riemen gezogen. Von diesem Unterstützungspunkt aus hing sie an jeder Seite zwischen dem umgeschlagenen Hosenbein und dem Stiefel bis zum Knöchel hinab. Mit einigen geringen Veränderungen – eine Pelzmütze statt der dünnen Kappe zum Beispiel – konnte die Bekleidung, wie mir schien, bei gewöhnlichem Winterwetter Leute, deren Blut durch die Bewegung in lebhafte Zirkulation versetzt wurde, genügend warm halten; doch sie war keineswegs ausreichend zum Schutz kranker oder siecher Sträflinge, die ununterbrochen acht oder zehn Stunden lang im offenen Fuhrwerk aller Unbill der Witterung ausgesetzt waren. Ich bemerkte eine Anzahl solcher, die in den engen, unbequemen, einspännigen Schlitten lagen, die des Zuges Nachtrab bildeten. Zusammengedrängt und gekrümmt lagen sie da, als ob sie sich durch gegenseitige Berührung erwärmen wollten. Sie alle schienen halb erfroren.

Als der ungeordnete Zug an uns vorüberkam, verließ da und dort ein Sträfling die Reihen, wahrscheinlich mit Erlaubnis der Wache, trat auf uns zu und bat uns barhaupt mit vorgehaltener Mütze in einem eigenartigen halbjammernden Sang um »Christi Willen Erbarmen mit den Eingesperrten.« Ich wusste, dass das ihnen gegebene Geld wahrscheinlich verspielt werde oder an den »Maidanschtschick« als Bezahlung für Wodka gelangen werde. Der »Maidanschtschick« nimmt bei einer Abteilung Sträflinge ungefähr dieselbe Stellung ein wie der Marketender bei den Soldaten. Er ist zwar Gefangener, doch ist es ihm nach althergebrachtem Brauch gestattet, ein kleines Lager Luxussachen zu unterhalten, wie Tee, Zucker und Weißbrot, und es an die Gefangenen zu verkaufen. Nebenbei handelt er auch unter Beistand der von ihm bestochenen Soldaten mit Tabak, Spielkarten und Wodka. Aber die armen Unglücklichen sahen so durchfroren, ermüdet, hungrig und elend aus, als sie durch den hohen Schnee auf dem Weg nach den fernen Minen von Transbaikalien an uns vorüberstampften, dass das Gefühl die Raison überwältigte und ich in jede der mir vorgehaltenen grauen Mütze einige Kopeken warf. Die Sträflinge starrten uns neugierig an, als sie vorüberzogen; einige grüßten freundlich, etliche lüfteten die Mütze und in fünf Minuten waren sie alle vorüber, und eine lange, dunkle, verworren sich bewegende Linie war alles, was ich sehen konnte, als ich ihnen durch das weiße Schneegestöber nachblickte.

Nachdem wir die Sträflingsabteilung passiert hatten, wurde unser monotones Leben der Tag und Nacht währenden Reise durch kein einziges bemerkenswertes Ereignis unterbrochen. Hie und da begegneten wir einem reichen Kaufmann oder einem Offizier der Armee, die mit Postpferden in rasender Hast nach Irkutsk fuhren, oder passierten eine lange Reihe roher, einspänniger Schlitten, die mit hell überzogenen Teekisten für die Messe in Nischni-Nowgorod beladen waren, doch wir sahen keine Verbannten mehr. Die Gegend, durch die wir kamen, war dünn besiedelt und uninteressant. Die elenden Dörfchen, in denen wir anhielten, um die Pferde zu wechseln oder uns mit Tee zu erfrischen, waren wörtlich zu nehmen im Schnee begraben. An der Poststation Kamischatskaja, 530 Werst von Irkutsk, holten wir zwei politische Verbrecher namens Schamarin und Peterson ein, die selbst die Zeit ihrer »Verschickung auf administrativem Weg« nach Ostsibirien vollendet hatten und auf der Rückkehr nach dem europäischen Russland waren. Einige Wochen früher hatten wir ihre Bekanntschaft in Irkutsk gemacht und verabredet, mit ihnen, wenn es möglich sein würde, nach Krasnojarsk zu fahren. Unsere Route jedoch wich anfangs von ihrer etwas ab, und zufolge unseres Aufenthaltes im Zentralgefängnis Ale-

Allerlei Reisen in den Winter

xandrofski und verschiedener Unfälle auf dem Angara blieben wir hinter ihnen zurück. Sie begrüßten uns freudigst, teilten ihr Abendbrot mit uns, und nachdem wir ein, zwei Stündchen in lebhafter Konversation verbracht hatten, wobei wir einander unsere verschiedenen Abenteuer und Erlebnisse mitgeteilt hatten, legten wir die schweren Schubas an, erkletterten unsere Pawoska und fuhren mit zwei Troikas zusammen ab.

Als wir uns Donnerstag, am 14. Januar, der Stadt Kamsk näherten, klärte sich der Himmel auf und das Wetter wurde plötzlich kälter. Das Thermometer sank nachts bis auf dreißig Grad unter Null, in der folgenden Nacht sogar bis auf vierzig. Wir setzten unsere Reise ununterbrochen fort, hatten aber sehr unter der Kälte zu leiden, besonders in der langen Zeit zwischen Mitternacht und Dämmerung, wo es unmöglich war, auf den Poststationen etwas Warmes zu bekommen, und unsere Lebenskraft ihren niedrigsten Punkt erreichte. Trotz der Schwere und Wärme unserer Kleidung wurden wir zwischen den einzelnen Stationen vor Kälte so steif, dass wir kaum unsere Pawoska verlassen konnten. Vom Schlaf konnte da natürlich nicht die Rede sein. Selbst wenn es die Temperatur nicht gefährlich gemacht hätte, so würde es der holperige Weg unmöglich gemacht haben. Durch die vereinte Wirkung eines Dutzend arktischer Schneestürme und vier- bis fünftausend schwerer Frachtschlitten war der tiefe Schnee, der auf diesem Straßenteil lag, zu einer Reihe gewaltiger Querriegel zusammengetrieben und befestigt worden, die den Reisenden in Sibirien als Ukhabi bekannt sind. Diese verhärteten Schneemengen waren etwa fünf Fuß hoch und gegen zwanzig Fuß breit. Das Rütteln und Schütteln unserer schweren Pawoska, wenn sie einen dieser Schneehügel erstieg, um gleich darauf wieder hinabzusinken, durchrüttelte uns alle Glieder und zerrte an jeder einzelnen Nervenfaser. Infolge der Kälte, der Schlaflosigkeit und der Stöße wurde ich schließlich so erschöpft, dass ich mich auf jeder Poststation, besonders in der Nacht, auf den Fußboden ohne Decke und Kissen hätte hinwerfen mögen, um nur die wenigen Minuten, während die Pferde umgespannt wurden, zu schlafen. Auf der einsamen Poststation Kuskunskaja legte ich mich eines Nachts gegen elf Uhr derart auf eine schmale Holzbank in der Gaststube, schlief ein und träumte, ich wäre just aufgefordert worden, in der Sonntagsschule eine Rede aus dem Stegreif zu halten.

Als mein Gedächtnis allmählich zurückkehrte, erkannte ich meinen Reisegenossen, den Verbannten Peterson.

»Ich hatte einen bösen Traum«, antwortete ich. »Wie lange hab ich geschlafen?«

»Wir sind erst zehn Minuten hier«, bemerkte Peterson, auf seine Uhr blickend. »Und ich glaube nicht, dass Sie länger als fünf Minuten geschlafen haben. Die Pferde stehen bereit.«

Mit steifen, schmerzenden Gliedern hinkte ich zur Pawoska hinaus, kroch zu Frost in den Schlafrock und setzte die lange, kalte, trübe Nachtfahrt fort.

Zwischen Kuskuskaja und Krasnojarsk erlebten wir die niedrigste Temperatur dieses Winters: fünfundvierzig Grad unter Null, und hatten die Gelegenheit, wieder die Erscheinungen zu beobachten, die bei äußerster Kälte sich einstellen. Während der ganzen Zeit entstiegen Dampfwolken den Leibern unserer Pferde. Die Karawanen der Frachtwagen waren stets in Nebel gehüllt; und oft nachdem wir eine passiert hatten, konnten wir die Straße eine Viertelmeile lang mit gefrorenen Dunstniederschlägen dicht bedeckt finden. Wenn wir die Türe eines Stationshauses öffneten, so schien vor uns eine große Menge Dampf hineinzudringen. Kleine Dunstwölkchen spielten in den Höhlungen und Ritzen der Fenster und Türen, und in einer warmen Stube sammelte sich an den inneren Enden der eisernen Bolzen, die durch die Fensterverkleidung nach außen gingen, ein weißer, beinahe halbzölliger Reif.

Die ganzen Tage, Freitag und Samstag, den 15. und 16. Januar, hielten wir fast an jeder Poststation, die wir passierten, um Tee zu trinken, und doch konnten wir uns nicht erwärmen. Dies kam von der besonders strengen Kälte und teilweise auch daher, dass wir jede fünf bis zehn Meilen genötigt waren, aus der Pawoska zu steigen und zu helfen, die Pferde durch den tiefen, weichen Schnee des Straßenrandes zu ziehen, wohin wir ausweichen mussten, um eine lange Reihe Frachtschlitten vorüberfahren zu lassen. Sonntag, am 17. Januar, neun Tage nach unserer Abfahrt von Irkutsk, gelangten wir nach der Provinzialstadt Krasnojarsk, nachdem wir mit dreiundvierzig Relais eine Fahrt von mehr als siebenhundert Kilometer zurückgelegt hatten. Frost und ich kehrten wieder in demselben Hotel ein, wo wir im vergangenen Sommer während unserer Hinfahrt gewohnt hatten, während Schamarin und Peterson im Hause eines Bekannten Unterkunft fanden.

Während unseres dreitägigen Aufenthalts in Krasnojarsk erneuten wir unsere Bekanntschaft mit Herrn Innokenti Kusnethoff, dem reichen Minenbesitzer, in dessen Haus wir vor fünf Monaten, während unserer Reise gegen Osten, so gastfreundlich aufgenommen wurden, und nahmen ein Frühstück bei Herrn Sawenkoff, dem Direktor der Normalschule des Städtchens. Seine Sammlung archäologischer Gegenstände und Kalksteinabdrücke interessierte uns sehr. Einen Nachmittag verbrachten wir bei Oberst Zagarin, dem Inspektor des Verbanntentransports nach Ostsibirien. Mit seiner Erlaubnis besichtigten wir Mittwoch genau das dortige Stadtgefängnis, das Transportgefängnis und das Gefängnishospital; und es freut mich, von alle diesem nur Gutes sagen zu können.

Die Gefängnisse waren natürlich weit davon entfernt, als Muster dienen zu können, und ich zweifle nicht, dass sie zu gewissen Jahreszeiten mehr oder minder schmutzig und überfüllt sind; aber als wir sie besichtigten, waren sie in einem besseren Zustand als alle andern Gefängnisse, die wir in Sibirien zu Gesicht bekommen hatten, das Militärgefängnis in Ust-Kamenogorsk und das Zentralgefängnis Alexandrofski bei Irkutsk ausgenommen.

(George Kennan)

Eine Weihnachtsreise ins altpreußische Land

Da es in meiner Erinnerung Winter ist, so kommen mir Bilder von einer Winterreise, die ich vielleicht in meinem sechsten oder siebenten Jahre mit meinen Eltern zu den Großeltern mütterlicher Seite nach Altpreußen gemacht. Es waren wohlstehende, aber schlichte Bürgersleute, die ihre alten Tage mit einer unverheiratet gebliebenen Tochter in einem Landstädtchen verlebten. Man muss so ein ostpreußisches Städtchen im Winter gesehen haben und an einem trüben Abende, nach weiter Reise durch eingeschneite Felder, Wälder und über gefrorene Seen; man muss da in eine Herberge hineingefahren und über Nacht geblieben sein, um in der Seele zu begreifen, was es mit dem nordischen Kleinbürgerleben und mit der winterlichen Symbolik bereits in Ostpreußen so gut wie in Grönland zu bedeuten hat.

Von den Zurüstungen der Reise hab' ich nichts weiter behalten, als dass ich in ein altes Umschlagetuch der Mutter vom Kopf bis zu den Beinen und bis zum Ersticken fest gewickelt worden bin.

Um mich in der Stube stehen Kisten und Kasten; da nimmt mich eine polnische Magd in die Arme, um mich in den Schlitten zu tragen. Jählings abgerufen, wirft sie mich aber mitsamt meiner Emballage wieder zu dem übrigen Gepäck, sodass ich umfalle und mir bei der Arbeit des Aufrichtens das über den Kopf gezogene dicke Tuch auch über das Gesicht herabschlägt. Da mir nun beide Arme wie einem Wickelkinde beschnürt sind, sodass ich mir schlechterdings nicht helfen und nicht mal ein heiles Geschrei ausstoßen kann, so ist es mir fast Matthäi am letzten, als meine liebe Mama erscheint und mich befreit.

Unterwegs finde ich mich im Rücken der Eltern, unter einem fabelhaften Verdeck, und zwar mehr liegend als sitzend verpackt. Die liebe Mutter sagt dann von Zeit zu Zeit zum Vater:

»Wenn der arme Junge nur gut Luft holen kann!«

Und dann fragt sie mich laut und ängstlich:

»Jungchen, lebst du auch noch, mein Kind?«

»I nein, nur ein bisschen.«

»Na, wickle dich nur recht fest ein und rühr' dich nicht viel, mein Kind.«

Dann sagt wieder der Vater:

»Na, na, ängstige dich nur nicht, liebe Frau, der ist ein knorriger Bengel und ein Unkraut obendrein; so eins verdirbt so bald nicht; wenn dir das Maul zugefroren ist, Junge, dann meld' es der Mama.«

Dann wieder fahren wir bei einbrechendem Abend über einen großen, gefrorenen See. Der Kutscher und der Vater gehen neben dem Schlitten her, und mich hat die Mama von hinten fort und auf den Schoß hervorgeholt, um mich, falls der Schlitten einbrechen möchte, gleich weit aufs feste Eis zu werfen, so denk ich es mir jetzt, und so hab' ich's wohl damals gefühlt.

Es geht alles ganz glücklich bis zum Ufer; da ist das Eis mürber, die Pferde brechen ein, der Schlitten sinkt einen Augenblick ins Wasser, aber wir kommen doch mit vielem Geschrei und Antreiben aufs Land und gleich darauf in einen »Krug« (Herberge). Die Mama und ich selbst, wir sind trocken; der Kutscher aber und der arme alte Papa sind pfütznass und die liebe Mama so erschrocken, dass sie dem Vater mit Tränen um den Hals fällt, der sie lachend beruhigt und mit lauter Stimme eine ganze Kasserolle voll Warmbier kommandiert.

Dann muss der Wirt dem Vater die nassen Stiefel abziehen, und da dies nicht auf die gewöhnliche Weise gehen will, so hat sich der Mann mit dem Gesicht vom Vater abgekehrt und dieser ihm einen Fuß fest gegen den Rücken gestemmt, der Wirt aber den einen Stiefel fest in den Händen gehalten, bis er ihn richtig mit Gelächter herunterkriegt.

Am andern Tage fahren wir bei ganz gelindem Wetter und indem der Schnee wie in ganzen Lämmerfliesen herunterflockt, durch einen unermesslichen Föhrenwald, der in Ostpreußen eine Heide genannt ist. Ich sitze, da weiter keine Gefahr mit Erfrieren vorhanden, ganz wohlgemut und munter zwischen den lieben Eltern.

Zwischen den Schneemassen blickt überall das herzerfrischende Weihnachtsgrün der Kiefern und Fichten hervor, die wie große, heilige Christbäume zuhauf stehen. Ich empfinde und denke nichts weiter als die gleichmäßige, stille und schnelle Bewegung des Schlittens; mir ist so reinlich, so säuberlich und dann wieder so mystisch, so verwandlungsvoll, so feierlich und weihnachtlich bis in die innerste Seele hinein, dass ich lauter Weihnachtsstimmung, also gar nicht bei ordinärem Menschenverstande bin. Mir ist vielmehr so märchenhaft, wie wenn die ganze Welt zu lauter Schnee und Weihnachten werden will; als wenn ich selbst ein warmes und leibhaftiges Schneewetter und Weihnachtswunder bin, in dessen heilige Stille das Schlittengeläute feierlich und wundersam hineintönt wie die Glocken des heiligen Christes, der die großen Menschenkinder im eingeschneiten Walddome zur Weihnachtsbescherung ruft. Damit sie nun nichts anderes hören, sehen und empfinden, so wird mit der jungfräulichen Unschuld der Mutter Maria und des Christkindes die schwarze, harte Menschensünde so zugedeckt, verwandelt, gereinigt und verträumt, wie der schwarze, hart gefrorene, von jedem Tritt widerhallende Erdboden weich und weiß mit Schnee überdeckt wird.

Und in solcher dicken Weihnachtsstimmung kommen wir zu dem Städtchen der Großeltern und durch das betürmte, in Ritterzeiten gebaute Tor.

Aber wenn das auch nicht gewesen wäre, so mussten wir doch alle von mancherlei Gefühlen bestürmt sein. Meiner Mutter Heimat und ihre Geburtsstätte umfingen uns hier. Der Vater hatte hier um seine Lebensgefährtin gefreit, er hatte in diesem Städtchen viele Jahre in Garnison gestanden und hier seine Jugendzeit verlebt; ich selbst aber fuhr zum ersten Mal mit vollem Bewusstsein in die Stadt.

Wir schwiegen also alle mitsammen stille, aber die Eltern hielten sich bei den Händen, die Mutter brachte das Taschentuch an die Augen, und ich hatte nicht Augen und Sinne genug, um das zu bewältigen, was jeden Augenblick an Wundern zum Vorschein kommen oder vielmehr auf uns losstürmen musste. So stand's mit uns. Mein Vater suchte wohl seine Rührung hinter den Versen eines alten Soldatenliedes zu verbergen, von denen ich nur zwei Strophen behalten hatte, die er allemal rezitiert hat, wenn ihm so recht behaglich oder wundersam zumute war. Mit tremolierender Stimme und halblaut sang der alte Herr vor sich hin:

»O wunderbares Glück,
kehr' noch einmal zurück!«

Aber ich habe die Ankunft und den Empfang im großelterlichen Hause vergessen. Ich war wohl zu schläfrig oder von der Ofenwärme wie von den großelterlichen Liebkosungen zu benommen, um heute noch was Rechtes davon zu wissen.

Man hatte mich in einem Oberstübchen zu Bette gebracht, und es geschah zum ersten Mal, dass ich unter dem frommen Gesange des Nachtwächters einschlief, dessen zehnmaliges Pfeifen mir noch viel mehr zu schaffen gemacht hätte, wenn ich nicht so todmüde gewesen wäre.

Am andern Morgen aber weckte mich die Reveille des Trompeters auf, den ich schon im Traume gehört. Es waren mir entzückende und unbegreifliche Töne, wie eines ungeheuren messingenen Hahns, und als sie unter dem Fenster erschallten, war es mir durchaus so, als kämen sie geradewegs zur Stube herein und als schmetterten und krähten sie mir das Weihnachtswunder in den Kopf.

Nachdem es wieder still geworden war, fühlte ich mich einen Augenblick wie berauscht und verwirrt.

Als ich mich aber ein wenig in meinen Bewussthaftigkeiten examiniert und zur süßen Gewohnheit des Daseins orientiert hatte, brachte ich zu meiner dreifachen Wonne ordentlich heraus: dass heute der erste heilige Christfeiertag, dass ich bei den Großeltern einlogiert und in einer wirklichen Stadt angelangt sei.

Als ich nun so mit urdeutscher Gründlichkeit innegeworden war, wo ich denn eigentlich befindlich und was mir alles in die nächste Aussicht gestellt sei, da zappelte mir mein armes Herzlein wie ein Lämmerschwänzlein in der Brust.

Die obwaltenden Finsternisse disharmonierten allzu dusterlich mit den hellen Lichtern in meiner Weihnacht feiernden Seele. Ich musste notwendig auch von draußen Licht haben, um die altpreußische Wunderstadt oder doch die großelterliche Schlafgelegenheit zu besehen. Ich musste mit der goldenen, herzigen Mama vom Trompeter plaudern und in der Geschwindigkeit so ein paar Dutzend Fragezeichen und Wunder vom Herzen loskriegen, bevor vielleicht der Papa und die halbe Welt dazwischenkam; denn lange ließ mich mein Erzeuger mit der all zu gütigen und zärtlichen Mama nie allein. Und doch wollte ich die liebe, gewiss auch müde gemachte Mutter nicht aus ihrem süßen Schlummer aufstören, darum hüstelte und rabastelte ich nur ein ganz klein wenig in meinem weichen Lagerchen, bis denn doch die wankelmütigen Bettpfosten so laut ächzten und meine redelüsternen Lippen so vernehmlich wisperten, dass die liebe Mama mit ihrer so sanften, zum Herzen schleichenden Stimme respondierte: »Na, mein Jungchen, du kannst wohl schon vor Freuden nicht länger schlafen.«

Die Großeltern hielten einen Gewürz- und Kramladen von den Trümmern eines bedeutenden Geschäfts, das von Hause aus in Königsberg betrieben worden war. Aus jener goldnen oder silbernen Zeit hingen da noch im Laden einige Raritäten: eine Kokosnuss, ein Straußenei, vor allen Dingen aber ein Seeschiff und, was mir für das Fabelhafteste galt, ein Krokodil. Die Mutter hatte an langen Herbstabenden von diesen Wundern in ihrer Eltern Laden mit derselben Miene wie von Märchenabenteuer erzählt, und jetzt stand ich auf einmal mitten unter diesen Herrlichkeiten, das heißt mitten im Kram.

Denn als wir zum Frühstück die Treppe herabkamen, wurden eben aus dem verschlossen gehaltenen Laden Rosinen und Mandeln und was sonst noch geholt. Sodann sah ich mit stieren Augen und mit allen meinen Sinnen in Wirklichkeit, was bis dahin nur in der Einbildungskraft gelebt.

Die Mutter wie der Ladenbursche vergnügten sich wohl an meiner Verwunderung und beleuchteten zunächst auf mein leises Befragen das viel besprochene Krokodil. Es hing schauerlich-schön überfirnisst und bestaubt von der Decke herab. Der halbgeöffnete Rachen zeigte die furchtbaren Zähne, und so fehlte es mir keineswegs an dem heiligen Respekt, mit welchem man Altertümer und Ungeheuer in Augenschein nehmen soll. Es waren, genau gezählt, nur die vier Raritäten; meine Sinne aber waren so berauscht und Wunder gebärend, dass ich in allen Schiebladen nichts als Krokodileier, Straußeneier, Kokosnüsse und kleine Seeschiffe sah.

Aus dem Wunderladen ging es nun zu den Großeltern in die große Putzstube mit einem kolossalen Fenster auf das Gehöft hinaus.

Auf dem großen Eichentische mit gewundenen Füßen stand nicht nur Kuchen und Kaffee bereit, sondern in einer blaugemusterten, hohen Porzellankanne duftete eine Schokolade, von der die Mama noch aus dem Vaterhause her eine große Liebhaberin war. Mein Sinn und Geschmack aber schwamm in lauter Weihnachten und blieb demnach auf die Tür des letzten Hinterstübchens gerichtet, wo die liebe Großmama unter dem Beistand der alten Ladenjungfer mit Beschickung des heiligen Christes beschäftigt war.

Weihnachten hatte damals für alle Christenmenschen, gläubige wie ungläubige, in der Seele denselben Klang und Sang, denselben Schimmer und heiligen Schein. Kinderweihnachten zu beschreiben, ist so unmöglich und so überflüssig, wie wenn einer seine Seele und sein Christentum oder seine Eingeweide wie einen Handschuh herauswenden wollte. Ich mag also nur sagen, was eben die altpreußische Weihnacht Absonderliches mit sich geführt hat, und das war hauptsächlich ein Tannenbaum mitten aus der Heide, in eine große Bütte mit nassem Sande gepflanzt, sodass der goldenen Apfel auf der Spitze beinahe die Zimmerdecke anstieß. Dann ein neuer Zinnteller, so gleißend wie eitel Silber, auf dem die Thorner Pfefferkuchen, die Marzipanstücke, die Nüsse, die Rosinen und Mandeln und die roten Stettiner Äpfel lagen, und endlich eine Schachtel mit gedrechselten »Heiligenbeiler Spielsachen« von Wacholder, welches ein Geäder wie Zedernholz hat und dessen starker und ganz eigentümlicher Geruch mich heute noch, wo ich auf ihn treffe, ganz tiefsinnig und schwermütig macht.

Während nun Eltern und Großeltern zu ihrem Herrn und Heiland in der Kirche beteten und Buße taten, habe ich traum- und glückselig mit meiner Christbescherung gespielt. Und so geschah und geschieht es von Schrift wegen; denn der Heiland ist der älteste und echteste Kinderfreund, und da die Kinder nach seinem Ausspruche vom Christentume lebendig beseelt sind, so soll ihnen der Ernst und die Arbeit des Christentums noch ein Spiel und eine Glückseligkeit, ein Weihnachtshimmel auf dieser Erde sein.

(Bogumil Goltz)

Tiere im Winter

Der Mann von Grimsö und der Bär

Es geschah einmal auf Grimsö, dass das Feuer im Winter erlosch, sodass auf keinem Hof Feuer oder Licht angezündet werden konnte. Es war damals ruhiges Wetter, und der Frost war so scharf, dass der Grimsös zugefroren war und man glaubte, dass das Eis tragen könne. Da entschlossen sich die Bewohner von Grimsö, ein paar Leute auf das Festland zu senden, die Feuer holen sollten, und wählten dazu drei von den tüchtigsten Männern der Insel.

Sie zogen frühmorgens bei hellem Wetter davon, und eine Menge Bewohner begleiteten sie auf das Eis hinaus und wünschten ihnen einen glücklichen Weg und baldige Heimkunft. Es wird nichts von der Wanderung der Ausgesandten berichtet, bis sie mitten im Sund an eine Wake kamen, die so lang war, dass sie ihr Ende nicht sehen konnten, und so breit, dass nur zwei mit knapper Not hinüberzuspringen vermochten, während der dritte sich nicht dazu imstande glaubte. Die anderen rieten ihm deshalb, nach der Insel zurückzukehren, und setzten ihre Wanderung fort; er aber blieb am Rande der Wake zurück und verfolgte sie mit den Augen. Er wollte ungern unverrichteter Sache zurückkehren und entschloss sich daher, an der Wake entlangzugehen, um zu versuchen, ob sie vielleicht an einer anderen Stelle schmaler wäre. Im Laufe des Tages wurde das Wetter trübe, und es zogen von Süden Sturm und Regen auf. Das Eis löste sich, und schließlich stand der Mann auf einer Eisscholle, die dem Meere zutrieb. Am Abend stieß die Scholle gegen einen großen Eisberg, den der Mann bestieg. Da entdeckte er unweit von sich einen Bären, der auf seinen Jungen lag. Er aber war verklammt und hungrig, und ihm graute jetzt vor dem Leben. Als der Bär den Mann erblickte, betrachtete er ihn eine Weile, erhob sich dann, ging auf ihn zu, umkreiste ihn und gab ihm ein Zeichen, dass er sich auf das Lager zu den Jungen legen sollte. Er tat das mit Furcht im Herzen. Dann legte sich das Tier selbst bei ihm nieder, breitete sich über ihn und säugte ihn mit seinen Jungen zugleich. Die Nacht verstrich; am nächsten Tage stand das Tier auf, entfernte sich ein kleines Stück vom Lager und winkte dem Manne, nachzukommen. Als er auf das Eis hinausgekommen war, legte sich der Bär vor seine Füße nieder und gab ihm ein Zeichen, sich auf seinen Rücken zu setzen. Als er den Rücken des Bären bestiegen hatte, erhob sich dieser, rüttelte und schüttelte sich, bis der Mann von ihm heruntergefallen war. Mit dieser Probe war er für diesmal zufrieden, der Mann aber wunderte sich darüber. Es vergingen nun drei Tage; nachts lag der Mann auf dem Lager des Bären und saugte seine Milch, jeden Morgen aber hieß ihn der Bär sich auf seinen Rücken setzen, und dann schüttelte er sich, bis der Mann sich nicht mehr festhalten konnte. Am vierten Morgen konnte sich der Mann auf dem Rücken des Tieres halten, so viel es sich auch schüttelte. Gegen Abend ging es aufs Eis hinunter, den Mann auf dem Rücken, und schwamm mit ihm nach der Insel.

Als der Mann an Land gekommen war, ging er auf die Insel hinauf und gab dem Bären ein Zeichen, ihm zu folgen. Er ging voran nach seinem Heim und ließ sogleich die beste Kuh im Stall melken und ihn so viel frisch gemolkene Milch trinken, wie er nur konnte; dann ging er vor dem Bären in seinen Schafstall, ließ die beiden besten Schafe aus seiner Herde herausnehmen und schlachten, band sie an den Hörnern zusammen und legte sie quer über den Rücken des Bären. Dieser kehrte nach dem Meere zurück und schwamm zu seinen Jungen hinaus.

Und nun war viel Freude auf Grimsö; denn während die Inselbewohner mit Erstaunen dem Bären nachschauten, sahen sie ein Boot vom Festland kommen und mit gutem Wind nach der Insel segeln. Darin hofften sie, die beiden anderen Abgesandten mit dem Feuer zu sehen.

Der Schwarzfußindianer und der Bär

Es war in einem Sommer vor langer Zeit, als die Schwarzfußindianer frei und ungezwungen auf den kanadischen Ebenen umherstreiften. Damals beschloss der Sohn eines der Häuptlinge, alleine loszuziehen und das Abenteuer zu suchen. Er wollte nämlich wie sein Vater ein großer Mann werden und meinte, nie groß werden zu können, wenn er immer nur zu Hause bliebe. Also sagte er zu seinem Vater: »Ich gehe weit weg in den Westen jenseits über die Berge, denn ich habe gehört, dass unsere Feinde, die Indianer, die dort leben, viele schöne Pferde haben. Einige von ihren Pferden werde ich dir mitbringen.« Der Vater liebte seinen Sohn sehr, denn es war sein einziges Kind. Er wusste wohl, dass es eine sehr gefährliche Reise für ihn würde, und versuchte, ihn zu überreden, doch nicht loszuziehen. Doch der Junge sagte ihm: »Hab keine Angst um mich. Wenn ich nicht zurückkomme, bevor der Frost in die Prärie einzieht, dann sorge dich nicht um mich. Aber wenn ich nicht zurückkomme, bevor der Schnee tief in den Ebenen liegt, dann sollst du wissen, dass ich für immer davongegangen bin und nie mehr zurückkommen werde.«

Der Vater wusste wohl, dass sein Sohn nur groß werden könne, wenn er gefährliche Heldentaten vollbringen und harte Aufgaben auf sich nehmen würde.

Doch obwohl er ihn nicht gern wegziehen sah, sagte er ihm Lebewohl und wünschte ihm viel Glück auf seinem Weg.

Es war Sommer in den Nordlanden, als der Junge sich auf den Weg machte. Er nahm eine Menge Gefährten mit, und sie zogen in Richtung des Großen Wassers im Westen und hatten in wenigen Tagen zuerst die Hügel und dann die hohen Berge dahinter überquert. Bald kamen sie zu einem großen Fluss und an dessen Ufer entlang entdeckten sie die Spuren von Indianern. Diesen Spuren folgten sie viele Tage lang und sahen schließlich in der Ferne das Lager ihrer Feinde. Dann hielten sie an einer Stelle inne, wo sie von ihren Feinden nicht gesichtet werden konnten. In dieser Nacht schien ein Sommerneumond vom Himmel, und in seinem Licht konnten sie viele Pferde rund ums weit entfernte Lager sehen. Der Mond verschwand schon früh vom Himmel; als er untergegangen und die Nacht finster und schwarz war, schlich sich der junge Mann zum Lager, um die Pferde zu bekommen. Er war allein gegangen und hatte seinen Gefährten gesagt, sie sollten auf ihn warten. Und schon bald war er zurück und trieb viele Pferde mit sich. Aber die Feinde hatten gehört, wie er die Pferde weggetrieben hatte, und sich an seine Fersen geheftet. Als der junge Mann sein eigenes Lager erreichte, rief er seinen Kameraden zu, sie sollten um ihr Leben reiten, und sie ritten die ganze Nacht lang.

Als der Morgen anbrach, konnten die fliehenden Schwarzfußindianer schon den Staub sehen, den ihre Verfolger weit hinter ihnen aufwirbelten. Tagelang ritten sie so, und ihre Verfolger kamen immer näher; schließlich überquerten sie die hohen Berge und dann die davorliegenden Hügel; die weiten Ebenen lagen nun vor ihnen, und schon konnten sie den Wind der Prärie spüren. Nun wären sie in Sicherheit, so dachten sie.

Aber ihre Verfolger kamen ihnen langsam, aber sicher immer näher. Schon bald waren sie ganz nahe an sie herangekommen, und ein wahrer Regen von Pfeilen machte den Schwarzfußindianern klar, dass sie nun zu kämpfen hatten. Der junge Schwarzfußindianer sah auf dem Pfad vor sich eine einsam stehende Kiefer, die von struppigen Sträuchern und Gebüsch umgeben war; dorthin floh er mit seinen Gefährten. Sie hoben eine Grube aus und versuchten, sich zu verteidigen; ihre Verfolger aber umzingelten diese Stelle und schossen Pfeile auf sie herab; bald waren alle Kameraden des jungen Häuptlings tot, und als die Nacht hereinbrach, war nur er allein noch am Leben. Er war verwundet und müde, aber er lag still in der Grube. Da entfachten die Verfolger Feuer rund um die Stelle, wo er lag, um ihn am Entkommen zu hindern und ihn aus seinem Versteck zu treiben. Als die Feuer immer näher kamen, glaubte der junge Mann schon sicher, sterben zu müssen. Und er betete zum großen Geist des Sturmes, er möge doch Regen vom Himmel schicken, und wandte all die Zaubermittel an, die er bei sich hatte, um zu versuchen, Regen zu machen. Bald prasselte auch ein heftiger Regenguss vom Himmel und löschte alle Feuer. Es brach eine stockfinstere Nacht herein, denn der Himmel war bedeckt mit schweren Sturmwolken, und in der Finsternis kroch der junge Mann durch das Gebüsch und die Bäume und hatte bald die offene Ebene erreicht. Er kroch nordwärts in die Hügel davor und versteckte sich da in einer Höhle. Den Eingang der Höhle bedeckte er mit Gras und Zweigen und lag so versteckt und von allen unentdeckt.

Viele Tage und Nächte lag er so und wartete, bis seine Wunden geheilt wären. Nachts kroch er aus der Höhle und sammelte Beeren und Wurzeln als Nahrung. Doch seine Wunden heilten nicht so rasch; er wurde schwächer und schwächer, und schließlich konnte er gar nicht mehr aus der Höhle kriechen. Schon wartete er auf den Tod; er dachte an seine Heimat weit entfernt im Südosten, und auch daran, dass seine Familie sich um ihn sorgte und bangte, denn schon bald würde der Schnee tief in den Ebenen liegen.

Eines Tages, als es Schnee fiel und er wusste, dass der Winter nun gekommen war, hörte der junge Indianer Schritte draußen vor der Höhle und dachte schon, ein Feind hätte ihn doch gefunden. Die Schritte kamen immer näher, und bald erschien eine riesige Gestalt am Eingang. Es war kein Indianer, sondern ein Bär, und der junge Mann wusste nun, dass die Höhle das Winterquartier des Bären war. Er dachte schon, dass der Bär ihn fressen würde, aber das Tier roch nur an ihm herum und schnüffelte. Da sagte er: »Willst du mich töten oder mir helfen?« Und der Bär antwortete: »Ich will dir helfen. Ich werde dich zu deinem Volk zurückbringen. In ein paar Tagen machen wir uns auf den Weg.« Dann leckte der Bär die Wunden des jungen Indianers. Der sagte, er sei sehr hungrig, und der Bär entgegnete, er werde rausgehen und Nahrung suchen. So ging er denn hinaus und kam bald mit einem Schneehuhn in der Schnauze zurück. Nachdem der junge Mann das Huhn gegessen hatte, fühlte er sich schon besser.

Jeden Tag brachte der Bär ihm nun Nahrung und leckte seine Wunden, sodass diese bald heilten. Schließlich sagte der Bär ihm eines Morgens: »Heute muss ich dich heimbringen, setz dich auf meinen Rücken und halte dich fest; ich werde dich bald zu deinem Volk bringen.« So kletterte der junge Mann denn auf den Rücken des Bären und hielt sich an seinem langhaarigen Fell fest; und der Bär trottete Richtung Heimat des jungen Indianers. Viele Tage lang lief er über die Ebenen, und jede Nacht rastete er und suchte Nahrung für sich und seinen Schützling. Schließlich kamen sie eines Nachts auf den Gipfel eines Berges, der in der Ebene aufragte. Von hier aus konnte der junge Mann nicht weit weg das Lager seines Volkes sehen, das an einer breiten Flusswindung lag. Da sagte der Bär: »Nun siehst du deine Heimat. Wir werden heute Nacht hier lagern. Morgen musst du alleine gehen, ich werde zurückkehren zu den Hügeln.«

Und am Morgen machte sich der Bär für seinen Rückweg bereit und sagte: »Der Schnee liegt schon tief in den Hügeln. Ich muss mich beeilen und eine Höhle für den Winter suchen.« Dem jungen Indianer tat es leid, dass er von dem Tier Abschied nehmen musste. »Du warst sehr gut zu mir«, sagte er zu ihm, »kann ich als Dank auch etwas für dich tun?« Und der Bär antwortete: »Eines kannst du für mich tun: Erzähl deinem Volk, was ich für dich getan habe. Und sage ihnen auch, sie sollen nie einen Bären töten, der im Winter in seine Höhle gegangen ist. Sag ihnen auch, sie sollen einem Bären eine Chance geben, zu kämpfen oder um sein Leben zu laufen.«

Dann sagte der Bär ihm Lebewohl und trottete davon in Richtung zu seinem Winterquartier in den fernen Hügeln, und der junge Mann machte sich auf den Weg zu seinem Volk in der Ebene. Dort erzählte er den Seinen von seinen Abenteuern und auch von dem, was der Bär für ihn getan hatte.

Und seit diesem Tag töten die Schwarzfußindianer aus den kanadischen Ebenen keinen Bären, der in seine Winterhöhle gegangen ist. Sie erinnern sich immer noch an die Bitte des Bären, die er als Dank für seine Güte in früherer Zeit zu einem ihrer Vorfahren geäußert hatte.

Der gute Meister Petz

Es war einmal ein Bauer, der fuhr im Winter weit hinauf ins Gebirge, um eine Fuhre Laubstreu für sein Vieh zu holen. Als er an den Schuppen kam, schob er den Schlitten mit dem Pferde rückwärts ganz dicht an den Schuppen heran; dann ging er hinein und fing an, Laubbündel auf den Schlitten zu wälzen. In dem Schuppen aber lag ein Bär, der da seinen Winterschlaf hielt. Als der Bär den Mann in dem Schuppen herumhantieren hörte, sprang er heraus und gerade auf den Schlitten hinunter. Als aber das Pferd den Meister Petz witterte, wurde es scheu und rannte davon, als wenn es den Schlitten mitsamt dem Bären gestohlen hätte; und nun ging es denselben Weg viel schneller hinunter, als es heraufgegangen war. Meister Petz steht allerdings in dem Rufe, nicht feige zu sein; aber diese Fahrt war gar nicht nach seinem Geschmack; er hielt sich fest, so gut er konnte, und spähte ängstlich nach allen Seiten umher, ob er nicht irgendwo abspringen könnte; aber er war an das Fahren doch nicht recht gewohnt, und so fand er keine Gelegenheit zum Sprunge.

Nachdem er eine weite Strecke gefahren war, begegnete er einem Krämer. »Um alles in der Welt, wohin will denn der Herr Vogt heute?«, rief der Krämer. »Er hat gewiss wenig Zeit und einen weiten Weg vor sich, dass er so schnell fährt!«

Der Bär erwiderte kein Wort; denn er hatte genug zu tun, sich festzuhalten. Nach einer Weile begegnete er einer armen Frau. Sie grüßte und nickte mit dem Kopfe und bat um ein Almosen. Der Bär sagte kein Wort, er hielt sich nur fest und fuhr wie der Blitz vorüber.

Nachdem er wieder eine Strecke gefahren war, begegnete er Reineke dem Fuchs.

»Ei, ei!«, rief der Fuchs. »Fährst du spazieren? Wart ein wenig und lass mich als Kutscher hinten aufsitzen!«

Meister Petz sagte kein Wort; er hielt sich nur fest und fuhr zu, was das Pferd laufen konnte.

»Nun, wenn du mich nicht mitnehmen willst, dann kann ich dir etwas prophezeien: Heute fährst im Pelze fein, morgen wirst geschunden sein!«, schrie er dem Bären nach.

Der Bär verstand kein Wort von dem, was Reineke gesagt hatte; er fuhr immer gleich schnell davon. Als aber das Pferd auf den Hof kam, lief es in vollem Galopp zur Stalltüre hinein, die Stränge rissen, der Schlitten flog zurück, der Bär aber schlug sich den Schädel an dem Türbalken ein, dass er auf der Stelle tot war.

Indessen schaffte der Bauer in dem Schuppen und wälzte ein Laubbündel nach dem anderen hinunter, bis er glaubte, nun sei eine ordentliche Fuhre auf dem Schlitten; als er aber die Fuhre festbinden wollte, hatte er weder Pferd noch Schlitten. Da musste er denn hinterherlaufen, um sein Pferd wiederzufinden. Nach einer Weile begegnete er dem Krämer.

»Bist du einem Pferd mit einem Schlitten begegnet?«, fragte er den Krämer.

»Nein«, antwortete der Krämer. »Aber vor einer Weile begegnete mir der Vogt; der fuhr wie der Wind, gewiss wollte er jemand pfänden.«

Nach einer Weile begegnete der Bauer dem Bettelweib.

»Bist du einem Pferd mit einem Schlitten begegnet?«, fragte er.

»Nein«, antwortete das Weib. »Aber weiter unten begegnete ich dem Pfarrer. Er war gewiss zu einem Todkranken unterwegs, denn er fuhr sehr schnell und hatte einen Bauernschlitten.«

Nach einer Weile begegnete der Bauer dem Fuchs.

»Bist du einem Pferd mit einem Schlitten begegnet?«, frage er.

»Ja«, antwortete Reineke Fuchs. »Aber Meister Petz saß darauf, und er fuhr drauflos, als hätte er Pferd und Schlitten gestohlen.«

»Da soll doch der Teufel dreinschlagen!«, rief der Bauer. »Er jagt mir sicherlich mein Pferd zuschanden.«

»Dann zieh ihm den Pelz ab und brat ihn auf glühenden Kohlen«, sagte der Fuchs. »Wenn du aber dein Pferd wiederbekommst, könntest du mich wohl übers Gebirge fahren lassen; denn ich kann sehr gut fahren«, sagte der Fuchs, »und ich hätte Lust, auch einmal zu probieren, wie das ist, wenn man vier Beine vor sich hat.«

»Was gibst du mir für die Fahrt?«, fragte der Bauer.

»Nasses und Trockenes, was du willst«, sagte der Fuchs. »Jedenfalls bekommst du von mir ebenso viel wie von Meister Petz, denn der pflegt schlecht zu bezahlen, wenn er einen Wagen wegnimmt und sich dem Pferd auf den Rücken hängt.«

»Ja, ich will dich übers Gebirge fahren«, sagte der Bauer, »wenn du mich morgen um diese Zeit hier erwarten willst.« Er merkte, dass ihn der Fuchs zum Besten haben wollte und einen seiner schlechten Streiche vorhatte. Deshalb nahm er eine geladene Flinte mit auf den Weg, und als Reineke Fuchs daherkam und meinte, er werde freie Fahrt bekommen, bekam er eine Schrotladung in den Leib; dann zog ihm der Bauer den Balg ab, und nun hatte er die Bärenhaut und den Fuchsbalg obendrein.

Die Stadtmaus und die Feldmaus

Es waren einmal eine Stadtmaus und eine Feldmaus, die begegneten einander am Waldessaum; die Feldmaus saß in einem Haselnussstrauch und pflückte Haselnüsse.

»Gott segne deine Arbeit!«, sagte die Stadtmaus. »Treffe ich hier so weit draußen Verwandte?«

»Ja, so ist es«, sagte die Feldmaus.

»Du sammelst hier wohl Wintervorrat?«, fragte die Stadtmaus.

»Ich muss wohl, wenn wir im Winter was zum Leben haben sollen.«

»Dein Vorrat ist ja recht groß, und die Haselnüsse sind auch gut geraten; die werden deinem leeren Magen wohltun«, sagte die Stadtmaus.

»Ja, so ist es«, erwiderte die Feldmaus; und dann rühmte sie, wie gut es ihr gehe und wie reichlich sie zu leben habe. Die Stadtmaus meinte, ihr gehe es doch noch besser. Die Feldmaus blieb aber bei ihrem Ausspruch und sagte, es lasse sich nirgends so gut leben wie im Wald und auf dem Feld, und ihr gehe es doch am besten.

Die Stadtmaus behauptete indessen ebenfalls, ihr gehe es am besten, und die beiden konnten durchaus nicht einig darüber werden, welcher es wirklich am besten gehe. Schließlich wurde ausgemacht, sie sollten sich gegenseitig um Weihnachten einen Besuch abstatten, damit jede selbst sehen und beurteilen könne, wie es sich in Wirklichkeit verhalte.

Die Stadtmaus sollte sich zuerst zum Weihnachtsschmaus einstellen. Sie lief durch große Wälder und tiefe Täler, denn obgleich die Feldmaus ihre Winterwohnung bezogen hatte, war es doch ein weiter und schwieriger Weg; es ging durch tiefen, weichen Schnee hindurch, und die gute Stadtmaus war sehr müde und hungrig, als sie endlich bei der Feldmaus ankam.

»Jetzt wird mir eine ordentliche Mahlzeit wohltun«, dachte sie, als sie ihr Ziel erreicht hatte. Die Feldmaus hatte auch tüchtig aufgetischt: Nusskerne, verschiedene süße Wurzeln und viele andere gute Sachen, die im Wald und auf der Flur wachsen. Sie bewahrte alles in einem Loch tief unter der Erde auf, wo es nicht gefror, und dicht daneben war eine Quelle, die den ganzen Winter offen war; da konnte man Wasser trinken, so viel man wollte. Es war auch reichlich von allem da, und die beiden schmausten nach Herzenslust; die Stadtmaus meinte freilich, das alles sei doch nur eben recht zum Hungerstillen.

»Dies hier genügt allerdings zum Leben«, sagte sie, »aber es schmeckt nicht besonders gut. Nun musst du so gut sein und zu mir kommen, dann sollst du sehen, wie es bei uns hergeht.«

Ja, das wollte die Feldmaus gerne, und schon nach kurzer Zeit kam sie angetrippelt. Die Stadtmaus hatte während der Weihnachtszeit, wo es im Hause mit Essen und Trinken hoch herging, viele gute Reste gesammelt: Käserinden, Butterstückchen, Speck, Brot, Kuchen und viele andere Herrlichkeiten waren da aufgeschichtet. Im Napf unter dem Fasshahn gab es genug zu trinken, und die ganze Stube war voll von leckeren, guten Sachen. Die beiden Mäuschen schmausten und tranken, und die Feldmaus konnte fast nicht genug bekommen: So gute Sachen hatte sie noch nie gegessen. Dann wurde sie durstig; sie sagte, das Essen sei schwer und fett, und sie möchte jetzt auch etwas trinken.

»Ja, komm, wir wollen trinken, das Bier ist nicht weit weg!«, rief die Stadtmaus und hüpfte auf den Rand des Napfes und löschte ihren Durst; sie trank aber keinen Tropfen mehr, als eben zum Durstlöschen nötig war, denn sie kannte das Weihnachtsbier und wusste, dass es stark war. Aber die Feldmaus, die noch nie etwas anderes getrunken hatte als Wasser, lobte den herrlichen Trunk sehr; sie nahm einen Schluck nach dem anderen, konnte aber das starke Getränk nicht vertragen und war ein wenig beduselt, schon bevor sie wieder von dem Napf heruntersprang; gleich darauf wurde ihr ganz seltsam im Kopf und in den Beinen; sie hüpfte und tanzte, sprang von einem Bierfass aufs andere hinüber, gaukelte und tollte zwischen den Tassen und Krügen auf den Wandbrettern umher, pfiff und sang, als wenn sie verrückt und betrunken wäre, und betrunken war sie ja auch.

»Führ dich doch nicht so auf! Man meint ja, du seiest ganz aus dem Häuschen!«, sagte die Stadtmaus. »Mach doch keinen solchen Lärm und Spektakel; wir haben einen gestrengen Vogt hier!«

Die Feldmaus sagte, sie schere sich den Teufel um einen Vogt oder um sonst irgendeinen Landstreicher.

Aber die Katze saß auf dem Kellerladen und hörte das Geschwätz und den Spektakel. Jetzt kam auch die Frau und ging in den Keller, um einen Krug Bier zu holen, und als sie die Tür aufmachte, schlüpfte die Katze mit in den Keller hinein. Sie schlug auch gleich ihre Krallen in die Feldmaus, und jetzt gab es einen andern Tanz! Die Stadtmaus schlüpfte hurtig in ihr Loch hinein, da saß sie sicher; und von hier aus sah sie, dass die Feldmaus sofort wieder nüchtern wurde, denn sie kannte die Katzenkrallen.

»Ach, mein lieber Vogt, mein lieber Vogt, sei gnädig und verschone mein Leben!«, bat die Feldmaus. »Ich will dir dafür auch ein schönes Märchen erzählen.«

»Heraus damit!«, rief die Katze.

»Es waren einmal zwei Mäuschen«, begann die Feldmaus ganz langsam und mit kläglicher Stimme, denn sie wollte ihr Märchen so lange hinausziehen, wie nur möglich.

»Dann waren sie doch nicht allein«, sagte die Katze kurz und scharf.

»Wir hatten ein Stück Fleisch, das wollten wir braten.«

»Dann habt ihr doch nicht hungern müssen«, sagte die Katze.

»Zum Abkühlen stellten wir den Braten aufs Dach hinaus«, sagte die Feldmaus.

»Dann hast du dich doch nicht gebrannt«, sagte die Katze.

»Da kam der Rabe und die Krähe und fraßen ihn auf«, fuhr die Feldmaus fort.

»Und jetzt fresse ich dich auf«, sagte die Katze.

Aber in diesem Augenblick warf die Frau den Kellerladen zu; die Katze erschrak und ließ ihre Beute los. Und hast du nicht gesehen! – da war die Feldmaus in dem Loch bei der Stadtmaus drinnen. Von da führte ein Gang in den Schnee hinaus, und die Feldmaus war nicht faul, den Heimweg anzutreten.

»Das nennst du, es sich gut gehen lassen, und du sagst, du hättest das bessere Leben von uns beiden?«, sagte sie zu der Stadtmaus. »Dann danke ich meinem Schöpfer, dass ich keinen so großen Hof, aber auch keinen solchen Unhold als Vogt über mir habe; ich bin ja kaum mit dem Leben davongekommen!«

Katze und Maus in Gesellschaft

Eine Katze hatte Bekanntschaft mit einer Maus gemacht und ihr so viel von der großen Liebe und Freundschaft vorgesagt, die sie zu ihr trüge, dass die Maus endlich einwilligte, mit ihr zusammen in einem Hause zu wohnen und gemeinschaftliche Wirtschaft zu führen. »Aber für den Winter müssen wir Vorsorge tragen, sonst leiden wir Hunger«, sagte die Katze, »du, Mäuschen, kannst dich nicht überall hinwagen und gerätst mir am Ende in eine Falle.« Der gute Rat ward also befolgt und ein Töpfchen mit Fett angekauft. Sie wussten aber nicht, wo sie es hinstellen sollten; endlich nach langer Überlegung sprach die Katze: »Ich weiß keinen Ort, wo es besser aufgehoben wäre, als die Kirche, da getraut sich niemand, etwas wegzunehmen: Wir stellen es unter den Altar und rühren es nicht eher an, als bis wir es nötig haben.« Das Töpfchen ward also in Sicherheit gebracht; aber es dauerte nicht lange, so trug die Katze Gelüsten danach und sprach zur Maus: »Was ich dir sagen wollte, Mäuschen, ich bin von meiner Base zu Gevatter gebeten: Sie hat ein Söhnchen zur Welt gebracht, weiß mit braunen Flecken, das soll ich über die Taufe halten. Lass mich heute ausgehen und besorge du das Haus allein.« – »Ja, ja«, antwortete die Maus, »geh in Gottes Namen; wenn du was Gutes issest, so denk an mich: Von dem süßen roten Kindbetterwein tränk' ich auch gerne ein Tröpfchen.« Es war aber alles nicht wahr; die Katze hatte keine Base und war nicht zu Gevatter gebeten. Sie ging geradeswegs nach der Kirche, schlich zu dem Fetttöpfchen, fing an, zu lecken, und leckte die fette Haut ab. Dann machte sie einen Spaziergang auf den Dächern der Stadt, besah sich die Gelegenheit, streckte sich hernach in der Sonne aus und wischte sich den Bart, so oft sie an das Fetttöpfchen dachte. Erst als es Abend war, kam sie wieder nach Haus. »Nun, da bist du ja wieder«, sagte die Maus, »du hast gewiss einen lustigen Tag gehabt.« – »Es ging wohl an«, antwortete die Katze. »Was hat denn das Kind für einen Namen bekommen?«, fragte die Maus. »*Hautab*«, sagte die Katze ganz trocken. »Hautab«, rief die Maus, »das ist ja ein wunderlicher und seltsamer Name, ist der in eurer Familie gebräuchlich?« – »Was ist da weiter«, sagte die Katze, »er ist nicht schlechter als Bröseldieb, wie deine Paten heißen.«

Nicht lange danach überkam die Katze wieder ein Gelüsten. Sie sprach zur Maus: »Du musst mir den Gefallen tun und nochmals das Hauswesen allein besorgen, ich bin zum zweiten Mal zu Gevatter gebeten, und da das Kind einen weißen Ring um den Hals hat, so kann ich's nicht absagen.« Die gute Maus willigte ein, die Katze aber schlich hinter der Stadtmauer zu der Kirche und fraß den Fetttopf halb aus. »Es schmeckt nichts besser«, sagte sie, »als was man selber isst«, und war mit ihrem Tagewerk ganz zufrieden. Als sie heimkam, fragte die Maus: »Wie ist denn dieses Kind getauft worden?« – »*Halbaus*«, antwortete die Katze. »Halbaus! Was du sagst! Den Namen habe ich mein Lebtag noch nicht gehört, ich wette, der steht nicht in dem Kalender.«

Der Katze wässerte das Maul bald wieder nach dem Leckerwerk. »Aller guten Dinge sind drei«, sprach sie zu der Maus, »da soll ich wieder Gevatter stehen, das Kind ist ganz schwarz und hat bloß weiße Pfoten, sonst kein weißes Haar am ganzen Leib, das trifft sich alle paar Jahr nur einmal: Du lässest mich doch ausgehen?« – »Hautab! Halbaus!«, antwortete die Maus, »es sind so kuriose Namen, die machen mich so nachdenksam.« – »Da sitzest du daheim in deinem dunkelgrauen Flausrock und deinem langen Haarzopf«, sprach die Katze, »und fängst Grillen: Das kommt davon, wenn man bei Tage nicht ausgeht.« Die Maus räumte während der Abwesenheit der Katze auf und brachte das Haus in Ordnung, die naschhafte Katze aber fraß den Fetttopf rein aus. »Wenn erst alles aufgezehrt ist, so hat man Ruhe«, sagte sie zu sich selbst und kam satt und dick erst in der Nacht nach Haus. Die Maus fragte gleich nach dem Namen, den das dritte Kind bekommen hätte. »Er wird dir wohl auch nicht gefallen«, sagte die Katze, »er heißt *Ganzaus*.« – »Ganzaus!«, rief die Maus, »das ist der allerbedenklichste Namen, gedruckt ist er mir noch nicht vorgekommen. Ganzaus! – was soll das bedeuten?« Sie schüttelte den Kopf, rollte sich zusammen und legte sich schlafen.

Von nun an wollte niemand mehr die Katze zu Gevatter bitten; als aber der Winter herangekommen und draußen nichts mehr zu finden war, gedachte die Maus ihres Vorrats und sprach: »Komm, Katze, wir wollen zu unserm Fetttopfe gehen, den wir uns aufgespart haben, der wird uns schmecken.« – »Jawohl«, antwortete die Katze, »der wird dir schmecken, als wenn du deine feine Zunge zum Fenster hinausstreckst.« Sie machten sich auf den Weg, und als sie anlangten, stand zwar der Fetttopf noch an seinem Platz, er war aber leer. »Ach«, sagte die Maus, »jetzt merke ich, was geschehen ist, jetzt kommt's an den Tag, du bist mir die wahre Freundin! Aufgefressen hast du alles, wie du zu Gevatter gestanden hast: erst Haut ab, dann halb aus, dann …« – »Willst du schweigen«, rief die Katze, »noch ein Wort, und ich fresse dich auf.« – »Ganz aus«, hatte die arme Maus schon auf der Zunge, kaum war es heraus, so tat die Katze einen Satz nach ihr, packte sie und schluckte sie hinunter. Siehst du, so geht's in der Welt.

(Jacob und Wilhelm Grimm)

Isegrims Fischfang

Es war um jene Zeit, da der Sommer zu Ende geht, um dem rauen Winter Platz zu machen. Reinhart der Fuchs war in seinem Bau; er hatte nichts zum Beißen und zum Brechen und wusste nicht, woher er etwas nehmen sollte. Der Not gehorchend machte er sich also auf den Weg und strich durch ein Binsengestrüpp zwischen dem Wald und dem Fluss, bis er die Landstraße erreichte. Dort angekommen duckte er sich hinter eine Hecke und wartete auf Abenteuer.

Siehe, da kamen Kaufleute, welche Fische vom Meere herbrachten. Sie hatten eine Ladung frischer Heringe, denn letzte Woche war der Wind zum Fischfang günstig gewesen, und auch andere Arten guter Fische: Von Neunaugen und Aalen waren ihre Körbe voll. Reinhart war noch einen Bogenschuss weit von ihnen entfernt. Als er den mit Fischen beladenen Wagen erblickte, lief er ein wenig voraus, doch so, dass die Kaufleute ihn nicht bemerkten, denn er wollte sie täuschen. Dann legte er sich mitten auf den Weg und stellte sich tot: Er kniff die Augen zu, biss die Zähne zusammen und hielt den Atem an. Der eine Kaufmann sah ihn und rief seinem Gefährten zu: »Sieh, ist das ein Fuchs oder ein Köter?« – »Es ist ein Fuchs«, entgegnete jener, »pack ihn geschwind, den Hurensohn, damit er uns nicht entwischt, denn er ist schlau. Er soll uns seinen Pelz lassen!« Die Kaufleute liefen – der eine hinter dem anderen her – auf Reinhart zu. Sie fanden ihn am Boden hingestreckt und drehten und wendeten ihn nach allen Seiten, ohne Furcht, dass er sie beißen möchte. Sie schätzten den Rücken und den Hals, der eine sagte, er sei drei Sous* wert, doch der andere erwiderte: »Bei Gott, er ist mindestens viere wert und das ist noch billig! Wir haben nicht viel geladen; werfen wir ihn auf unseren Karren! Seht nur, was für eine saubere, weiße Kehle er hat!« Mit diesen Worten warfen sie ihn auf das Wägelchen und fuhren weiter.

Reinhart aber machte sich über die Körbe her. Mit den Zähnen öffnete er den einen und entnahm ihm mehr als dreißig Heringe: Da war der Korb leer. Er fraß sie mit Genuss ohne Salz und Salbei, dann öffnete er den anderen Korb. Er steckte seine Schnauze hinein und zog drei Netze voll Aale hervor. Der Schlaumeier packte die Stricke mit den Zähnen, warf sich die Netze auf den Rücken und überlegte sich nun, wie er wieder vom Wagen herunterkommen sollte. Erst kniete er und spähte, dann schnellte er sich los und sprang mit einem Satz vom Wagen herab auf die Straße, während er um den Hals geschlungen seine Beute trug. Nachdem er seinen Sprung getan hatte, rief er den Kaufleuten zu: »Gott behüte euch! Dieser Haufen Aale ist mein, den Rest könnt ihr behalten.« Als die Kaufleute solches hörten, erschraken sie und riefen: »Seht den Fuchs!« Sie sprangen vom Wagen herab und hofften, Reinhart noch zu erwischen, aber umsonst. »Wehe!«, sagten sie und rangen die Hände, »das ist ein schöner Schaden! Wir Toren haben Reinhart geglaubt! Nun hat er uns die Körbe aufgebunden, hat sich satt gefressen und nimmt uns noch drei Netze voll Aale mit. Möge er daran platzen!« – »Ihr Herren! Wozu der Lärm? Ihr könnt reden, was ihr wollt. Ich bin Reinhart und werde schweigen.«

Als die Kaufleute die Verfolgung aufgegeben hatten, ging Reinhart geradeswegs in seine Burg, wo ihn seine Angehörigen, die der Hunger quälte, mit Un-

---

* Ein *sou* ist eine alte französische Münze, die in etwa einem halben deutschen Groschen entsprach.

geduld erwarteten. Hermeline, seine treffliche Gattin, sprang ihm entgegen, und die Brüder Percehaie und Malebranche eilten auf ihren Vater zu, welcher in kurzem Trab, dick, vollgefressen und heiter daherkam, die Aale um seinen Hals geschlungen. Reinhart trat in seinen Bau und sperrte vorsorglich die Türe ab von wegen der Aale. Seine Kinder putzten ihm indes die Stiefel ab und häuteten die Fische, dann schnitten sie dieselben in Stücke und steckten diese auf kleine Bratspieße aus Haselgerten. Hierauf wurden die Kohlen angeblasen und die Fische auf die Glut gelegt.

Während die Aale brieten, siehe, da kam Herr Isegrim, der Wolf, des Weges, welcher schon seit dem frühen Morgen umhergelaufen war, ohne nur das Geringste gefangen zu haben. Hungrig schlich er sich durch das Holz auf Reinharts Bau los; denn er sah aus der Küche, in welcher die Aale am Spieße gedreht wurden, Rauch aufsteigen. Isegrim witterte den Duft, der ihm fremd war: Er kräuselte die Nase und leckte sich den Bart; darauf trat er zu einem Fenster, um zu erspähen, was es da gäbe. Die Frage war nur, wie er dahinein gelangen könne, denn gegen Bitten pflegte Reinhart unempfänglich zu sein. Der Wolf lief unstet umher, hier und da einen sehnsüchtigen Blick nach der Burg werfend, welche ihm unzugänglich blieb. Schließlich beschloss er, seinen Gevatter zu bitten, er möge ihm um Gottes willen ein wenig von seinem Fleisch abgeben.

Er rief also durch ein Loch:

»Herr Gevatter, öffnet mir die Tür! Ich bringe Euch gute Nachricht!«

Reinhart hörte und erkannte ihn wohl, dennoch hatte er taube Ohren für ihn. Isegrim stand betrübt draußen und sprach:

»Öffnet, lieber Herr!«

»Wer seid Ihr?«, fragte Reinhart lächelnd.

»Ich bin es!«, versetzte jener.

»Wer ich?«

»Euer Gevatter!«

»Ach so, wir glaubten, Ihr wäret ein Landstreicher.«

»Nein«, sprach Isegrim, »öffnet!«

»Ihr werdet Euch einen Augenblick gedulden müssen«, sagte Reinhart, »bis die Mönche gespeist haben, die sich gerade zum Essen niedersetzen!«

»Wie? Sind das Mönche?«

»Vielmehr«, entgegnete jener, »eher Canonici. Sie sind vom Orden St. Benedikts und ich habe mich ihnen angeschlossen.«

»Um Gottes willen«, sprach der Wolf, »redet Ihr die Wahrheit?«

»Bei der heiligen Barmherzigkeit!«

»Aber, sagt mir, esst Ihr Fleisch?«

»Das ist verpönt«, sagte Reinhart.

»Was essen denn die Mönche?«

»Sie essen Weichkäse und Fische. So empfiehlt es St. Benedikt!«

»Davon wusste ich nichts«, sprach Isegrim. »Aber gewährt mir Gastfreundschaft. Es ist spät und ich weiß nicht, wohin ich mich noch wenden soll.«

»Gastfreundschaft?«, sagte Reinhart, »redet nicht davon! Nur ein Mönch oder ein Eremit kann bei mir Unterkunft finden. Geht anderswo hin!«

Isegrim sah ein, dass er unter keinen Umständen eingelassen werden würde; trotzdem fing er wieder an:

»Fische? Ist das gutes Fleisch? Gebt mir doch einen Brocken, nur um zu verkosten!« Der schlaue Fuchs nahm drei Stücke Aal, die auf den Kohlen brieten und inzwischen gar geworden waren. Ein Stück aß er selbst, die anderen brachte er dem Wolf und sprach zu ihm:

»Gevatter, tretet ein wenig näher und empfangt aus Nächstenliebe von unserer Speise. Aber wir erwarten, dass Ihr auch in unseren Orden eintreten werdet!«

»Ich weiß es noch nicht, aber es ist möglich!«, versetzte Isegrim. »Jedoch, lieber, guter Meister, gebt mir geschwind das Essen!«

Isegrim erhielt es und verschlang es in einem Happ.

»Und was sagt Ihr dazu?«, fragte Reinhart.

Der Feinschmecker zitterte und brannte vor Gier.

»Es möge Euch tausendmal vergolten werden, Herr Reinhart!«, sprach er. »Aber gebt mir nur noch ein einziges Stück, süßer, lieber Gevatter, nur zum Anbeißen; dann will ich auch Eurem Orden beitreten.«

»Ich rate Euch sehr, Mönch zu werden«, antwortete der listige Reinhart, »denn bei Euren Anlagen werdet Ihr es noch vor Pfingsten zum Prior oder Abt bringen.« – »Hätte ich dann Fische genug?«

»So viel Ihr essen wollt; aber zuvor müsst Ihr Euch Haar und Bart scheren lassen.« Isegrim begann zu brummen, als er vom Scheren reden hörte.

»Wenn es sein muss, Gevatter, so schert mich geschwind!«

Reinhart erwiderte:

»Sogleich werdet Ihr eine große und breite Tonsur haben, nur muss erst das Wasser warm sein.«

Der Fuchs stellte Wasser aufs Feuer und ließ es kochen; dann kam er wieder und hieß den Wolf, seinen Kopf durch ein Loch neben der Türe stecken. Isegrim reckte den Hals vor und Reinhart goss ihm das kochende Wasser über den Schädel. Der Wolf biss die Zähne zusammen und fuhr zurück:

»Reinhart!«, schrie er. »Ich bin hin. Das war ein schlechter Streich, Ihr habt mir eine zu große Tonsur geschoren.«

Reinhart streckte ihm die Zunge einen halben Fuß weit aus dem Maul:

»Herr, so ist es im Kloster der Brauch«, sagte er, dann fuhr er fort:

»Der heilige Orden verlangt es, dass wir in der ersten Nacht eine Probe bestehen. Wir wollen fischen gehen.«

Isegrim entgegnete:

»Gern werde ich alles tun, was die Regel verlangt.«

Reinhart schlüpfte durch einen Spalt und trat zu Isegrim, der noch immer über seinen verbrannten Schädel stöhnte, auf dem keine Haut und kein Fell mehr geblieben waren. Beide gingen von dannen, Reinhart voraus und der andere hinterher, bis sie zu einem Weiher gelangten.

Es war kurz vor Weihnachten, um die Zeit, da man die Schinken in Salz legt. Der Himmel war klar und sternenhell, und der Teich, in welchem Isegrim fischen sollte, war fest zugefroren. Nur ein Loch war offen geblieben, welches die Bauern geschlagen hatten, um ihr Vieh zu tränken, und neben dem Loch war ein Eimer stehen geblieben. Reinhart ging vergnügt auf den Eimer zu, sah seinen Gevatter an und sprach:

»Herr, diesen nehmt! Hier gibt es eine Menge Fische, und auf diese Weise pflegen wir sie, zu fangen.«

»Bruder Reinhart!«, erwiderte Isegrim, »bindet mir diesen Eimer fest an den Schwanz!«

Der andere nahm ihn und band ihn, so fest er konnte.

»Bruder«, sagte er dann, »jetzt haltet Euch ruhig, damit die Fische kommen.«

Dann drückte er sich unter ein Gebüsch und steckte die Schnauze zwischen die Füße, um zu beobachten, was jener anstellen würde. Das Wasser begann, zu gefrieren, und der Eimer an Isegrims Schwanze fror mit ein, sodass der Schwanz fest an das Eis geheftet wurde. Nach einer Weile glaubte der Wolf, es sei nun genug, und er versuchte, den Eimer herauszuziehen. Lange zerrte er vergebens, dann rief er nach Reinhart, denn der Tag begann schon, zu dämmern. Reinhart erhob den Kopf, öffnete die Augen und blickte sich um:

»Bruder«, sprach er, »lasst Eure Arbeit stehen, gehen wir heim, lieber Freund! Wir haben genug Fische gefangen.«

»Reinhart, es sind zu viel!«, rief ihm Isegrim zu. »Ich habe so viel gefangen, dass ich den Eimer gar nicht wieder herausziehen kann!«

Reinhart antwortete lachend:

»Wer zu viel begehrt, verliert alles.«

Die Nacht war vorüber, der Tag brach an, und die Sonne erhob sich im Osten. Alle Wege waren weiß vom Schnee. Monseigneur Constant des Granches, ein Ritter, hatte in der Nähe des Teiches genächtigt und sich nun samt seinem Jagdgefolge zufriedenen Gemütes erhoben. Er nahm sein Horn, rief nach den Hunden und ließ sich seinen Sattel bringen, während der Jagdtross lärmte und schrie. Reinhart hörte es und floh, bis er seinen Bau erreicht hatte. Isegrim hingegen musste bleiben, er zog und zerrte mit solcher Wut, dass ihm fast die Haut barst. Während der Wolf sich so abquälte, kam ein Bursche des Weges, der zwei Hunde an der Leine führte. Er erblickte Isegrim, der mitsamt seinem Glatzkopf auf dem Eise angefroren war, und schrie: »Hoho! Der Wolf! Herbei, herbei!« Die Jäger sprangen samt den Hunden aus dem Haus. Monseigneur

Constant sprengte auf seinem Rosse hinterdrein und rief: »Lasst los, lasst die Hunde los!« Die Hundeführer koppelten die Hunde ab, und diese stürzten sich auf den Wolf, der sich nach Kräften wehrte. Monseigneur Constant zog sein Schwert und schickte sich an, den Wolf gut zu treffen. Deshalb stieg er vom Pferd und ging über das Eis hinüber auf ihn los. Von hinten wollte er ihn treffen, aber er verfehlte ihn, kam durch den Schwung ins Gleiten und fiel so heftig hin, dass ihm der Kopf blutete. Mit Mühe erhob er sich und ging zornig wieder auf den Wolf los. Er gedachte ihn auf den Kopf zu treffen, aber der Schlag ging daneben: Das Schwert traf nur den Schweif und schnitt ihn da, wo er angewachsen war, ratzeputz ab. Isegrim fühlte sich frei, er sprang davon, von den Hunden verfolgt und gebissen, den Schwanz jedoch musste er zu seinem Schmerz als Pfand zurücklassen. Er floh einen Abhang hinauf, und als er droben war, blieben die Hunde ermüdet stehen und kehrten um. Isegrim aber eilte weiter, bis er den schützenden Wald erreicht hatte. Dort hielt er inne und schwor, er wolle sich an Reinhart blutig rächen.

Der Berglappe und der Fuchs

Ein Fuchs war einmal auf der Wanderung und kam zu einem Weg, wo kurz zuvor ein Berglappe mit einer Raide* gefahren war. Er setzte sich an den Rand des Weges und sprach zu sich selbst:

»Wie wär's, wenn ich mich tot stellte und hier auf dem Wege so lange liegen bliebe, bis die nächste Berglappenraide vorüberkommt?« Gesagt, getan; der Fuchs legte sich auf den Weg, streckte die Beine aus und lag nun da, ganz so, als ob er tot und steif wäre.

Es dauerte auch nicht lange, so kam wieder ein Berglappe mit seiner Raide gefahren. Da dieser einen toten Fuchs auf dem Wege liegen sah, warf er ihn ohne Zaudern auf einen Kerris** und schob ihn unter die Stricke, womit die Ladung festgebunden war. Der Fuchs rührte sich nicht und der Lappe fuhr weiter; es dauerte aber nicht lange, so fiel der Fuchs von dem Schlitten herab und der Lappe, der ihn für mausetot hielt, warf ihn auf einen andern Schlitten. Indes auch von diesem purzelte der Fuchs herab, weshalb der Lappe ihn endlich auf den hintersten Kerris warf, dessen Ladung aus Fischen bestand. Nun war der Fuchs gekommen, wohin er wollte, und fing alsbald an, wieder aufzuleben. Demnächst schob er sich ein wenig vorwärts und biss den Zugstrang durch, daher der Schlitten mitten auf dem Wege stehen blieb.

* Eine Raide ist eine Reihe hintereinander festgebundener Schlitten.
** Ein Kerris ist ein Rentierschlitten.

Da es eine sehr lange Raide war, merkte der Lappe anfangs nichts; nachdem er aber eine gute Strecke gefahren war, fing es heftig zu schneien an und nun erst blickte er auf die Raide zurück und sah den hintersten Kerris verschwunden. Er spannte daher ein Rentier ab und machte sich mit diesem auf den Weg, um den zurückgebliebenen Schlitten zu suchen; allein dieser war nicht mehr sichtbar und bei dem heftigen Schneefall war keine Möglichkeit, ihn wiederzufinden.

Der Fuchs hatte sich inzwischen mit einem Fisch davongemacht und unterwegs einen Bären angetroffen. Als nun dieser bemerkte, dass der Fuchs einen Fisch trug, so fragte er ihn:

»Wo hast du den Fisch her, Fuchs?«

»Ja«, sagte dieser, »ich habe meinen Schwanz in einen Brunnen gesteckt, an dem Leute wohnen, und der Fisch hat sich daran festgehängt«.

»Kannst du mir nicht raten, wie ich die Fische dazu bringe, sich auch an meinen Schwanz zu hängen?«, fragte der Bär weiter.

»Du erträgst das nicht, was ich ertragen habe«, meinte der Fuchs.

»Oho!«, brummte der Bär, »sollte ich das nicht ertragen können, was du, alter Bursche, erträgst?«

»Nun gut, Großväterchen«, erwiderte der Fuchs, »dann kannst du es versuchen und deinen Schwanz in den Brunnen tauchen; ich will dir den Weg weisen.«

Er führte ihn also zu einem Brunnen hin und sprach:

»Schau, hier ist der Brunnen, wo ich meinen Fisch fing.«

Da steckte der Bär seinen Schwanz ins Wasser, und der Fuchs spazierte inzwischen eine Zeit lang dort in der Nähe umher, damit der Schwanz des Bären in dem Eise gehörig festfrieren könne. Als er dann meinte, dass dies geschehen sein müsse, fing er an, laut zu rufen:

»Kommet herbei, ihr braven Leute, mit Bogen und Spießen, hier sitzt ein Bär und macht in euren Brunnen!«

Da kamen die Leute mit Bogen und Spießen herbeigelaufen und stürzten auf den Bären los; dieser aber fuhr empor und riss in der Hast seinen Schwanz glatt ab, während der Fuchs nach dem Walde lief und sich unter einer Föhrenwurzel verkroch. Dort sprach er zu seinem Fuß so:

»Was willst du tun, lieber Fuß, wenn ich verraten werde?«

»Ich will hurtig springen!«

»Was willst du tun, liebes Ohr, wenn ich verraten werde?«

»Ich will genau aufhorchen!«

»Was willst du tun, liebe Nase, wenn ich verraten werde?«

»Ich will weithin wittern!«

»Was willst du tun, lieber Schwanz, wenn ich verraten werde?«

»Ich will den Kurs steuern; lauf zu, lauf zu!«

Er war aber noch nicht fort, als der Bär bereits anlangte und an der Föhrenwurzel zu reißen und zu zerren anfing. Endlich erwischte er den Schwanz des Fuchses, zog ihn daran hervor und warf ihn sich auf den Rücken, worauf er mit ihm davontrabte. Unterwegs kam er bei einem alten Baumstumpf vorüber, auf welchem ein kleiner, bunter Specht in die Rinde hackte.

»Das waren bessere Zeiten«, klagte der Fuchs vor sich hin, »als ich die kleinen Vögelein bunt malte«.

»Was sagst du da, alter Bursche?«, fragte der Bär.

»Ich! Ich sage gar nichts«, antwortete der Fuchs, »trage mich nur immer nach deinem Lager und friss mich auf«.

Sie zogen weiter, aber es dauerte nicht lange, so kamen sie wieder bei einem Specht vorbei.

»Das waren bessere Zeiten, als ich die kleinen Vögelein bunt malte«, sprach wieder der Fuchs.

»Kannst du mich nicht auch bunt malen?«, fragte der Bär.

»Du erträgst die Schmerzen nicht und kannst die Arbeit alle nicht verrichten, die dazu erforderlich ist«, versetzte der Fuchs. »Dazu muss man eine Grube graben, Weidenbänder drehen, Pfähle einschlagen, Pech in die Grube tun und über dem allen Feuer anzünden.«

»Das hilft nichts«, erwiderte der Bär, »wie groß die Arbeit auch sein mag, ich will sie samt und sonders zustande bringen«, und alsbald machte er sich daran, die Grube zu graben.

Als er fertig war, band der Fuchs ihn am äußersten Rande der Grube fest, zündete dann Feuer an und, als es gehörig brannte, sprang er dem Bären auf den Rücken, worauf er die Weiden, mit denen dieser festgebunden ward, durchzubeißen anfing. Der Bär glaubte, dass der Fuchs damit beschäftigt wäre, seinen Rücken bunt zu malen, und sprach:

»Haitis, haitis rieppo gales! Heiß, Heiß, alter Junge!«

»Ich dachte es mir gleich, dass du das bisschen Schmerz nicht ertragen würdest, welches jenes kleine Vögelchen ertrug«, sagte der Fuchs.

»Doch, doch!«, rief der Bär; aber seine Haare fingen bereits zu sengen an, und in demselben Augenblick gab ihm der Fuchs, der eben die letzte Weide durchgebissen hatte, einen solchen Puff, dass er in die Grube hinunterstürzte, während er selbst zum Wald lief. Dort nun blieb er so lange, bis seiner Meinung nach alles verbrannt und verloschen war; worauf er mit einem Sack nach der Grube zurückkehrte, die verbrannten Knochen darin sammelte und ihn auf dem Rücken tragend davonzog.

Unterwegs begegnete er wieder einem Lappen mit einer Raide, und der Fuchs schüttelte den Sack, sodass die Knochen darin klapperten und der Lappe, als er dies hörte, bei sich dachte: Klang es da nicht gerade wie Silber und Gold?

»Was hast du da?«, fragte er dann den Fuchs.

»Mein elterliches Erbteil«, antwortete dieser. »Wollen wir handeln?«

»Jawohl!«, sprach der Lappe, »doch zeige mir erst das Geld, womit du mich bezahlen willst!«

»Das kann ich nicht«, versetzte der Fuchs, »denn es ist mein Erbe von Vater und Mutter; wenn du mir aber das Zugtier da geben willst und den Zweijährling da und den Dreijährling dort, dann sollst du den Sack bekommen und alles miteinander, was darin ist.«

Der Lappe ging darauf ein, nahm den Sack und der Fuchs bekam die Rentiere.

»Aber«, sagte der Fuchs, »du darfst nicht eher in den Sack gucken, als bis du ein gutes Stück Weg fort bist; so über fünf oder sechs kleine Berge weg. Siehst du früher hinein, so wird alles Silber und Gold zu lauter verbrannten Knochen.«

So zog denn jeder seines Weges, der Lappe mit dem Geldsack und der Fuchs mit den Rentieren. Jener aber konnte sich gleichwohl nicht enthalten, noch ehe er so über fünf oder sechs kleine Berge weg war, in den Sack zu gucken, und fand bloß verbrannte Knochen darin. Er sah nun, dass der Fuchs ihn geprellt hatte, und lief ihm deshalb auf Schneeschuhen nach. Als der Fuchs merkte, dass er verfolgt wurde, so wünschte er: »Quer durch, quer durch mit des Mannes Schneeschuhen!«, und in dem nämlichen Augenblick brachen des Lappen Schneeschuhe mitten entzwei. Da nahm er ein Zugrentier und jagte wieder dem Fuchs nach. Als nun dieser die neue Verfolgung merkte, so wünschte er: »Quer durch, quer durch mit des Rentiers Fuß!« Und sogleich knackte der eine Fuß des Rentiers mitten entzwei, und der Lappe musste die Verfolgung aufgeben.

Nun zog der Fuchs in Frieden weiter bis zu der Stelle, wo er seine Mahlzeiten zu halten pflegte. Dort suchte er sich Leute zu verschaffen, die ihm beim Schlachten der Rentiere Hilfe leisten konnten, und er rief deshalb allerlei Raubtiere zusammen: den Bären, den Wolf, den Vielfraß, das Hermelin, die Maus, den Weißfuchs, die Schlange, die Natter und den Frosch; sie sollten seine Diener sein und ihm beim Schlachten helfen. Sie machten sich also daran, jedes auf seine Weise den Rentieren das Leben zu nehmen. Der Bär schoss in die Kinnlade, deshalb findet sich in der Kinnlade des Rentieres ein Mark, welches noch heutzutage »der Bärenpfeil« heißt. Der Wolf schoss in den Hinterschenkel, deshalb findet sich da ein Zeichen wie ein Pfeil, welches »der Wolfspfeil« genannt wird; der Vielfraß schoss in den Nacken, weshalb das Rentier dort ein Zeichen von dem Pfeile des Vielfraßes behalten hat; das Hermelin schoss in die Kehle, deshalb findet sich an der Wurzel derselben ein Zeichen von diesem Pfeil; die Maus schoss in die Hufspalte, deshalb findet sich dort das Zeichen »der Mäusepfeil«; die Natter schoss in den After, wo sich deshalb das Zeichen »der Natterpfeil« findet; der Weißfuchs schoss in die Ohrwurzel, weshalb sich auf der

Hinterseite des Ohres ein ganz kleines Knöchelchen befindet, das »der Weißfuchspfeil« heißt; die Schlange schoss in das Darmfett, weshalb sich zwischen diesem und dem Darm ein Zeichen, genannt »der Schlangenpfeil«, findet; der Frosch schoss in das Herzfett, und deshalb befindet sich zwischen diesem und dem Herzen ein kleiner Knorpel, welcher »der Froschpfeil« heißt. Auf diese Weise brachten sie alle Rentiere ums Leben.

»Nun gehe ich zum Bach, um den Unrat aus den Rentiermägen auszuspülen«, sprach der Fuchs und ging mit diesen hinter einen Stein, wo er heftig zu schreien und zu jammern anfing, und zwar derart, als ob ihn jemand gepackt hätte und ihm den Garaus machen wollte, sodass die Raubtiere, als sie das klägliche Geschrei vernahmen, Angst bekamen und nach allen Seiten davonliefen; bloß das Hermelin und die Maus blieben zurück. Der Fuchs behielt also das ganze Fleisch für sich allein und wollte gerade zu kochen anfangen, als ein Berglappe herbeikam, und zwar eben der, welchen er so stark geprellt.

»Was machst du da?«, fragte der Lappe. »Warum hast du mich belogen und mir verbrannte Knochen verkauft? Und warum hast du alle Rentiere geschlachtet?«

»Lieber Bruder«, sprach der Fuchs mit kläglicher Stimme, »glaube ja nicht, dass ich das gewesen bin; meine Kameraden haben es getan und die Tiere geschlachtet.«

In demselben Augenblicke wurde der Lappe das Hermelin und die Maus gewahr, welche, mit Fett um das Maul beschmiert, zwischen den Steinen umherschlichen. Er ergriff daher den Haken, an dem der Kochtopf über dem Feuer hing, und schlug damit nach dem Hermelin; allein er traf es bloß an der Schwanzspitze und deshalb ist nur diese schwarz geblieben; die Maus jedoch traf er mit einem Brande dermaßen, dass sie über und über am ganzen Körper schwarz geworden ist. Inzwischen aber sprang der Fuchs in den Wald und kam an einen Fluss, wo eben ein Mann seinen Kahn ausbesserte.

»Ich wollte, ich hätte auch einen Kahn, den ich ausbessern müsste!«, rief der Fuchs aus.

»Oho!«, sprach der Mann, »lass dergleichen dummes Geschwätz unterwegs, sonst schmeiß ich dich in den Fluss«.

»Ich wollte, ich hätte auch einen Kahn, den ich ausbessern müsste!«, wiederholte der Fuchs. Da erwischte ihn der Mann und schleuderte ihn in den Fluss hinaus, wo er jedoch auf einen Stein hinaufkroch und zu rufen anfing:

»Kommet herbei, ihr Fische und setzet mich hinüber ans andere Ufer!«

So kamen denn die Fische herangeschwommen, und zwar zuerst der Hecht.

»Nein«, sprach aber der Fuchs, »auf deinen flachen Rücken setze ich mich nicht.«

Da kam die Quappe.

»Nein«, sprach wiederum der Fuchs, »auf deine schleimige Haut setze ich mich nicht.«

Dann kam der Barsch.

»Nein, auf deinen rauen Rücken setze ich mich nicht.«

Dann kam die Bergforelle.

»Der Tausend!«, rief der Fuchs. »Bist du auch hier? Aber auch du taugst nicht für mich.«

Dann kam der Lachs.

»Nun ja«, meinte der Fuchs, »mit dir ginge es wohl; aber du musst ein bisschen näher herankommen, damit ich dir auf den Rücken steigen kann, ohne mir die Füße nass zu machen.«

Als daher der Lachs ganz nahe an den Stein heranschwamm, packte ihn der Fuchs hurtig am Nacken, warf ihn ans Land und steckte ihn, nachdem er ein Feuer angezündet hatte, an den Bratspieß. Sobald aber das Feuer loderte und die Haut des Lachses zu bersten und zu knistern anfing, sprach der Fuchs:

»Schau, da kommen nun wieder Leute!« Denn er glaubte, es wären die dürren Zweige, welche unter den Füßen der sich nahenden Personen so knackten. Kaum jedoch hatte er dies gesagt, so fiel ihm der Lachs ins Auge und er rief nun aus:

»Das ist ja mein kleiner Fisch, der so knistert!«

Zugleich ergriff er einen Stein und schlug damit den Lachs dermaßen, dass das Fett ihm in die Augen spritzte und sie ihm tüchtig verbrannte. Er zog daher blindlings seines Weges und traf zuerst die Birke, die er fragte:

»Hast du nicht ein Paar Augen übrig?«

»Nein«, antwortete die Birke, »ich habe keine Augen übrig.«

Dann kam er zur Föhre und versuchte, von dieser ein Paar Augen zu erhalten.

»Hast du nicht ein Paar Augen übrig?«, fragte er.

»Nein, ich habe keine Augen«, versetzte die Föhre.

Dann kam er zur Espe.

»Hast du nicht ein Paar Augen übrig?«

»Ja, die habe ich wohl«, sprach die Espe, »doch leihe ich sie nicht auf lange fort; auf kurze Zeit jedoch kannst du sie geliehen erhalten.«

»Ich brauche sie nicht lange«, sagte der Fuchs, »hinter dem Hügel dort habe ich ein Paar andere Augen.«

Er bekam also die Augen und indem er mit ihnen fortlief, rief er aus:

»Von Geschlecht zu Geschlecht sollen die Augen der Espe mir verbleiben!«

Daher kommt es denn auch, dass die Espe wegen des eingegangenen Tausches gleichsam verbrannte Augen hat. Sie wurde darüber sehr aufgebracht und schlug nach dem Fuchs, traf aber nur die Spitze des Schwanzes, sodass bloß diese weiß geblieben ist.

Vom Kranich, der dem Fuchs das Fliegen beibrachte

Einmal, als der Kranich zum Winter dageblieben war, begegnete ihm der Fuchs und sagte zu ihm: »Nun, Kranich, wie lebst du denn?« Dieser antwortete: »Je nun, wie soll ich denn leben? Viel zu fressen gibt es nicht.« Da sagte der Fuchs: »Willst du mich fliegen lehren, so will ich dich den ganzen Winter durchfüttern.«

Der Kranich war mit diesem Vorschlag zufrieden, und der Fuchs ernährte ihn den Winter über; doch als es Sommer wurde, verlangte der Fuchs den ausbedungenen Lohn.

»Gut«, sagte der Kranich, »setz dich auf meinen Rücken.«

Darauf erhob sich der Kranich mit dem Fuchs in die Lüfte und flog und flog hoch hinauf. Plötzlich ließ er jedoch den Fuchs von seinem Rücken hinabfallen, sodass der Arme auf die Erde aufstieß und sich ein Bein brach. Dann ließ sich auch der Kranich aus den Lüften nieder und fragte:

»Nun, Fuchs, wie gefällt dir das Fliegen?«

»Ach«, sagte der Fuchs, »hübsch ist es schon, nur hab ich mir dabei das Bein gebrochen.«

»Nun, hast du's gebrochen, so mag es gebrochen sein!«, meinte der Kranich.

Der Wolf und der Fuchs

Ein armer Mann hatte einmal drei Ziegen; den Sommer und den Herbst über führte er sie durch die Felder und Lichtungen der Wälder, und die Tiere konnten mehr schlecht als recht was zu fressen finden. Als aber der Winter kam, musste der Bauer zwei von ihnen verkaufen; die kleinste behielt er und band sie in seinem Garten fest. Jeden Tag brachte er ihr ein klein bisschen Brot, um sie so vor Hunger nicht sterben zu lassen.

Die Ziege aber wollte gerne frei sein und durch den nahen Wald laufen; sie gewahrte die grünen Tannen im Wald und stellte sich schon das zarte Gras vor, das dort wohl wachsen müsste. So nahm sie sich denn vor, Reißaus zu nehmen. Sie zernagte den Strick, an dem sie angebunden war, und eines schönen Nachmittags sprang sie über die Hecke, die das Haus von den Feldern trennte. Unsere Ziege war sehr glücklich, so frei umherlaufen zu können, wie sie wollte, und die wenigen Pflanzen abzuweiden, die der frühzeitige Frost noch übrig gelassen hatte. Zu allem Unglück aber bemerkte Gevatter Fuchs sie und lief flugs zum Wolf und sprach:

»Die Ziege von Vater Mathieu ist ausgebrochen. Willst du sie fressen?«

»Aber gerne. Seit zwei Tagen habe ich nichts zwischen die Zähne bekommen. Wo ist sie? Ich laufe gleich hin.«

»Sollen wir das gute Stück unter uns teilen?«

»Ja, ja! Abgemacht!«

Und Gevatter Fuchs und Gevatter Wolf stürzten sich auf die Ziege und töteten sie.

»Wir werden sie sofort fressen!«, sagte der Wolf.

»Nein!«, antwortete der Fuchs. »Wir kochen sie zuerst bei dir zu Hause, das ist viel besser; wir machen eine gute Suppe aus ihr.«

»Du hast Recht, Gevatter Fuchs!«, gab der ihm zurück.

So nahmen denn der Wolf und der Fuchs die Ziege und brachten sie zum Haus des Wolfs. Sogleich zündete man ein großes Feuer im Kamin an, und Gevatter Wolf zog Wasser aus dem Brunnen, füllte das in einen großen Topf und kochte darin die Ziege von Vater Mathieu. Als die Suppe fein gekocht hatte, musste man den Topf auf dem Feuer abschöpfen.

»Nimm den Schöpflöffel, Gevatter Fuchs, und schöpfe die Suppe ab!«

»Nimm du ihn doch«, erwiderte der Fuchs, »denn ich kann das nicht so gut.«

So nahm der Wolf den Löffel und schöpfte damit den Schaum im Topf ab. Im gleichen Augenblick aber fasste Gevatter Fuchs den Wolf am Schwanz und warf ihn in die kochende Suppe. Dann ging er frohgemut von dannen, denn er glaubte, der Wolf sei tot. Aber so war es mitnichten. Der Wolf kroch aus dem Topf und war nach acht Tagen wieder geheilt.

»Ah!«, sagte er sich. »Ich werde mir diesen gemeinen Fuchs schnappen, und dann wird ihn das teuer zu stehen kommen!«

Und tatsächlich, der Fuchs kam bald nahe am Haus des Wolfs vorbei.

»Jetzt aber Halt, Freund Fuchs! Du hast mich in den Topf gestoßen, und jetzt werde ich dich fressen.«

»Aber warum denn? Ich hatte ja gar keinen Hunger und wollte dir die Suppe ganz allein überlassen.«

»Oh dann vielmals Verzeihung! Gib mir deine Pfote darauf!«

»Gerne! Und um dir meine Freundschaft zu zeigen, sage ich dir, dass es da hinten noch eine andere Ziege gibt. Die ist viel fetter als die erste. Laufen wir schnell hin, sie holen, und dann zurück zu dir, um sie zu kochen!«

»Aber dass du mich nicht mehr in die Suppe stößt!«

»Nein! Das verspreche ich dir.«

So ergriffen sie das arme Tier, legten es in den Topf und kochten es. Und auch diesmal wurde Meister Wolf in den Topf geworfen und konnte herauskommen.

Vierzehn Tage später traf der Wolf wieder auf den Fuchs.

»Dieses Mal werde ich dich fressen, Gevatter Fuchs!«

»Aber warum denn, Freund Wolf?«

»Weil du mich in den Topf geworfen hast!«

»Es war doch nur, weil ich an meine Frau dachte, die krank war, und vergessen hatte, dass du ihr gute Genesung gewünscht hattest.«

»Sprichst du die Wahrheit? Komm, lass uns schnell Frieden schließen!«

»Ja, und umso mehr, weil da drüben eine schöne Ziege spaziert!«

Auch die dritte Ziege wurde geschnappt, gekocht, und wieder landete der Wolf im Topf.

Als aber der Fuchs dieses Mal wieder auf den Wolf traf, wurde er von großer Furcht erfasst. Er wollte fliehen, aber sein Gevatter schnappte ihn sich und schickte sich an, ihn aufzufressen.

»Ich habe nichts dagegen, dass du mich frisst, Gevatter Wolf, aber zuvor möchte ich noch einmal in die Messe gehen.«

»Und was willst du in der Messe machen?«

»Zum Lieben Gott beten, dass er mir die Tür zum Paradies aufmacht!«

»Nun, das kann ich dir nicht abschlagen.«

So liefen der Wolf und der Fuchs zum Dorf und gingen in die Kirche.

»Ach, Gevatter Wolf, es ist keiner da, der die Glocken läutet, um zu verkünden, dass ich Reue tue. Willst du nicht die Glocken läuten?«

»Meinetwegen! Aber ich weiß nicht, wie man an den Seilen zieht.«

»Das ist leicht! Ich werde dir das Seil an den Schwanz binden und du ziehst von vorne und von hinten, wie ich es dir jetzt zeige.«

Der Fuchs machte das Seil am Schwanz des Wolfs fest, dann zog er und brachte die Glocken zum Schwingen und ließ das Ganze los. Der arme Wolf wurde vom Seil jedes Mal fast fünfzehn Fuß hochgezogen und fiel dann immer wieder ganz zerschlagen auf den harten Boden zurück. Das Ganze dauerte fünf Minuten. Danach kamen die Glocken zum Stehen, und es gelang dem Wolf, das Seil durchzunagen und dem Fuchs nachzujagen, der schleunigst das Weite gesucht hatte. Der Gevatter hatte sich unter einem Busch versteckt.

»Ah, da hab ich dich ja, Gevatter Fuchs! Komm, ich will dich fressen!«

»Könntest du nicht warten, bis ich zu Hause bin, damit ich mein Testament machen und meine Frau und meine Kinder ein letztes Mal in meine Arme nehmen kann?«

»Meinetwegen! Aber machen wir schnell!«

Und sie kamen zum Haus des Fuchses.

»Komm nicht mit rein. Meine Frau liegt im Sterben, und du würdest ihr eine solche Angst einjagen, dass sie sofort stirbt.«

»Gerne, wie du willst. Ich warte dann hier an der Tür.«

Gevatter Fuchs verriegelte dann seine Haustür und glaubte sich gerettet. Aber der Wolf stieg aufs Dach und warf Ziegelsteine durch den Kamin.

»Vielen Dank, Freund Wolf, dass du mir Ziegelsteine schickst; ich werde daraus am Garten eine Mauer bauen.«

Dann schöpfte der Wolf an einem Fluss Wasser und goss dieses auch durch den Kamin hinab.

»Vielen Dank, Freund Wolf, dass du mir Wasser schickst. Ich bin viel herumgelaufen und sterbe fast vor Durst.«

Als Nächstes wollte der Wolf das Haus in Brand stecken und warf viel Feuer auf den Fuchs. Doch dieser schrie immerzu:

»Vielen Dank, Freund Wolf, dass du mir Feuer schickst. Hu, hu! Mir war kalt, und im Haus ist kein Holz mehr. Du würdest besser durch den Kamin nach unten kommen.«

Das tat denn Gevatter Wolf auch. Er stieg durch den Kamin hinunter und wurde schwups! – vom schlauen und listigen Fuchs mit einer Gabel aufgespießt. Der briet ihn dann am Spieß und aß ihn auf.

Der Wolf will sich einen Wintervorrat anlegen

Im Spätherbst kommt der Wolf zum Fuchs und fragt ihn, ob er nicht Rat wisse, wie man zu einem Fleischvorrat für den Winter kommen könne.

»För de starke Wulf, is 't ja man 'n Bigahn, an 'n fette Oss to raken«, höhnt der Fuchs, »man för mi hollt dat wat sturder.‹ Wenn ich deine Stärke besäße, würde ich mich nicht ›bi dit kolle natte Weer‹ auf dem Felde herumtreiben, sondern mich längst in meine Höhle zurückgezogen haben ›un an mien Fettpoten sugen.‹ Heute morgen, auf einer kleinen Jagdpartie habe ich auf den Meeden nicht weniger als sieben krepierte Pferde angetroffen, und wenn man die bei der Höhle hätte, so könnte man im nächsten Frühjahr den Schmerbauch lüften. Hier hinter dem Wall, zum Beispiel, liegt auch so 'n alter Gaul.«

Der Wolf springt mit einem Satz auf den Wall und sieht die Angabe des Fuchses bestätigt. »Bevor du aber ›bi 't Anslepen geihst‹«, bemerkte der Fuchs, »will ich dir noch einen guten Rat geben, wie du den Fleischklumpen am bequemsten fortschaffen kannst: Du bindest deinen Schwanz an den Schweif des Pferdes und ziehst es dann so langsam fort.«

Der Wolf geht auf den Vorschlag ein, und der Fuchs schlingt aus beiden Schwänzen einen kunstgerechten Knoten.

Der Gaul aber hat nur geruht, und als der Wolf den ersten Zug tut, springt er plötzlich auf und zieht den armen Sünder im Galopp mit sich fort.

Der Fuchs, der natürlich wusste, wie es um das Pferd bestellt war, steht auf dem Wall und ruft dem Wolf zu: »Oll! Oll! slaa Klauen in d' Grund!«

»De Düvel mag Klauen in d' Grund slaan«, brüllt der Wolf verzweifelt, »wenn 'n neet Himmel noch Eer mehr sehn kann!«

Der Wolf

Noch nie war in den französischen Bergen ein so unheimlich kalter und langer Winter gewesen. Seit Wochen stand die Luft klar, spröde und kalt. Bei Tage lagen die großen, schiefen Schneefelder mattweiß und endlos unter dem grellblauen Himmel, nachts ging klar und klein der Mond über sie hinweg, ein grimmiger Frostmond von gelbem Glanz, dessen starkes Licht auf dem Schnee blau und dumpf wurde und wie der leibhaftige Frost aussah. Die Menschen mieden alle Wege und namentlich die Höhen, sie saßen träge und schimpfend in den Dorfhütten, deren rote Fenster nachts neben dem blauen Mondlicht rauchig trüb erschienen und bald erloschen.

Das war eine schwere Zeit für die Tiere der Gegend. Die kleineren erfroren in Menge, auch Vögel erlagen dem Frost, und die hageren Leichname fielen den Habichten und Wölfen zur Beute. Aber auch diese litten furchtbar an Frost und Hunger. Es lebten nur wenige Wolfsfamilien dort, und die Not trieb sie zu festerem Verband. Tagsüber gingen sie einzeln aus. Da und dort strich einer über den Schnee, mager, hungrig und wachsam, lautlos und scheu wie ein Gespenst. Sein schmaler Schatten glitt neben ihm über die Schneefläche. Spürend reckte er die spitze Schnauze in den Wind und ließ zuweilen ein trockenes, gequältes Geheul vernehmen. Abends aber zogen sie vollzählig aus und drängten sich mit heiserem Heulen um die Dörfer. Dort war Vieh und Geflügel wohlverwahrt, und hinter festen Fensterladen lagen Flinten angelegt. Nur selten fiel eine kleine Beute, etwa ein Hund, ihnen zu, und zwei aus der Schar waren schon erschossen worden.

Der Frost hielt immer noch an. Oft lagen die Wölfe still und brütend beisammen, einer am andern sich wärmend, und lauschten beklommen in die tote Öde hinaus, bis einer, von den grausamen Qualen des Hungers gefoltert, plötzlich mit schauerlichem Gebrüll aufsprang. Dann wandten alle anderen ihm die Schnauze zu, zitterten und brachen miteinander in ein furchtbares, drohendes und klagendes Heulen aus. Endlich entschloß sich der kleinere Teil der Schar, zu wandern. Früh am Tage verließen sie ihre Löcher, sammelten sich und schnoben erregt und angstvoll in die frostkalte Luft. Dann trabten sie rasch und gleichmäßig davon. Die Zurückgebliebenen sahen ihnen mit weiten, glasigen Augen nach, trabten ein paar Dutzend Schritte hinterher, blieben unschlüssig und ratlos stehen und kehrten langsam in ihre leeren Höhlen zurück.

Die Auswanderer trennten sich am Mittag voneinander. Drei von ihnen wandten sich östlich dem Schweizer Jura zu, die anderen zogen südlich weiter. Die drei waren schöne, starke Tiere, aber entsetzlich abgemagert. Der eingezogene helle Bauch war schmal wie ein Riemen, auf der Brust standen die Rippen jämmerlich heraus, die Mäuler waren trocken und die Augen weit und verzweifelt. Zu dreien kamen sie weit in den Jura hinein, erbeuteten am zweiten Tag einen Hammel, am dritten einen Hund und ein Füllen und wurden von allen Seiten her wütend vom Landvolk verfolgt. In der Gegend, welche reich an Dörfern und Städtchen ist, verbreitete sich Schrecken und Scheu vor den ungewohnten Eindringlingen. Die Postschlitten wurden bewaffnet, ohne Schießgewehr ging niemand von einem Dorf zum anderen. In der fremden Gegend, nach so guter Beute, fühlten sich die drei Tiere zugleich scheu und wohl; sie wurden tollkühner als je zu Hause und brachen am hellen Tage in den Stall eines Meierhofes. Gebrüll von Kühen, Geknatter splitternder Holzschranken, Hufegetrampel und heißer, lechzender Atem erfüllten den engen, warmen Raum. Aber diesmal kamen Menschen dazwischen. Es war ein Preis auf die Wölfe gesetzt, das verdoppelte den Mut der Bauern. Und sie erlegten zwei von ihnen, dem einen ging ein

Flintenschuß durch den Hals, der andere wurde mit einem Beil erschlagen. Der dritte entkam und rannte so lange, bis er halbtot auf den Schnee fiel. Er war der jüngste und schönste von den Wölfen, ein stolzes Tier von mächtiger Kraft und gelenken Formen. Lange blieb er keuchend liegen. Blutig rote Kreise wirbelten vor seinen Augen, und zuweilen stieß er ein pfeifendes, schmerzliches Stöhnen aus. Ein Beilwurf hatte ihm den Rücken getroffen. Doch erholte er sich und konnte sich wieder erheben. Erst jetzt sah er, wie weit er gelaufen war. Nirgends waren Menschen oder Häuser zu sehen. Dicht vor ihm lag ein verschneiter, mächtiger Berg. Es war der Chasseral. Er beschloß, ihn zu umgehen. Da ihn Durst quälte, fraß er kleine Bissen von der gefrorenen, harten Kruste der Schneefläche.

Jenseits des Berges traf er sogleich auf ein Dorf. Es ging gegen Abend. Er wartete in einem dichten Tannenforst. Dann schlich er vorsichtig um die Gartenzäune, dem Geruch warmer Ställe folgend. Niemand war auf der Straße.

Scheu und lüstern blinzelte er zwischen den Häusern hindurch. Da fiel ein Schuß. Er warf den Kopf in die Höhe und griff zum Laufen aus, als schon ein zweiter Schuß knallte. Er war getroffen. Sein weißlicher Unterleib war an der Seite mit Blut befleckt, das in dicken Tropfen zäh herabrieselte. Dennoch gelang es ihm, mit großen Sätzen zu entkommen und den jenseitigen Bergwald zu erreichen. Dort wartete er horchend einen Augenblick und hörte von zwei Seiten Stimmen und Schritte. Angstvoll blickte er am Berg empor. Er war steil, bewaldet und mühselig zu ersteigen. Doch blieb ihm keine Wahl. Mit keuchendem Atem klomm er die steile Bergwand hinan, während unten ein Gewirre von Flüchen, Befehlen und Laternenlichtern sich den Berg entlang zog. Zitternd kletterte der verwundete Wolf durch den halbdunkeln Tannenwald, während aus seiner Seite langsam das braune Blut hinabrann.

Die Kälte hatte nachgelassen. Der westliche Himmel war dunstig und schien Schneefall zu versprechen.

Endlich hatte der Erschöpfte die Höhe erreicht. Er stand nun auf einem leicht geneigten, großen Schneefelde, nahe bei Mont Crosin, hoch über dem Dorfe, dem er entronnen war. Hunger fühlte er nicht, aber einen trüben, klammernden Schmerz von der Wunde. Ein leises, krankes Gebell kam aus seinem hängenden Maul, sein Herz schlug schwer und schmerzhaft und fühlte die Hand des Todes wie eine unsäglich schwere Last auf sich drücken. Eine einzeln stehende breitästige Tanne lockte ihn; dort setzte er sich und starrte trübe in die graue Schneenacht. Eine halbe Stunde verging. Nun fiel ein mattrotes Licht auf den Schnee, sonderbar und weich. Der Wolf erhob sich stöhnend und wandte den schönen Kopf dem Licht entgegen. Es war der Mond, der im Südost riesig und blutrot sich erhob und langsam am trüben Himmel höher stieg. Seit vielen Wochen war er nie so rot und groß gewesen. Traurig hing das Auge des sterbenden Tieres an der matten Mondscheibe, und wieder röchelte ein schwaches Heulen schmerzlich und tonlos in die Nacht.

Da kamen Lichter und Schritte nach. Bauern in dicken Mänteln, Jäger und junge Burschen in Pelzmützen und mit plumpen Gamaschen stapften durch den Schnee. Gejauchze erscholl. Man hatte den verendenden Wolf entdeckt, zwei Schüsse wurden auf ihn abgedrückt und beide fehlten. Dann sahen sie, daß er schon im Sterben lag, und fielen mit Stöcken und Knütteln über ihn her. Er fühlte es nicht mehr.

Mit zerbrochenen Gliedern schleppten sie ihn nach St. Immer hinab. Sie lachten, sie prahlten, sie freuten sich auf Schnaps und Kaffee, sie sangen, sie fluchten. Keiner sah die Schönheit des verschneiten Forstes, noch den Glanz der Hochebene, noch den roten Mond, der über dem Chasseral hing und dessen schwaches Licht in ihren Flintenläufen, in den Schneekristallen und in den gebrochenen Augen des erschlagenen Wolfes sich brach.

(Hermann Hesse)

Der Wolf

Es war gegen Ende des Hubertus-Diners beim Baron des Ravels. Da erzählte uns der alte Marquis d'Arville eine Geschichte.

Man hatte an dem Tage gerade einen Hirsch gehetzt, und der Marquis war der einzige von allen Gästen, der nicht daran teilgenommen hatte, denn er ging nie auf die Jagd.

Während des ganzen Diners hatte man nur vom Erlegen verschiedener Tiere gesprochen; sogar die Damen interessierten die blutdürstigen und oft recht unwahrscheinlichen Jagdgeschichten. Die Erzähler führten, während sie sprachen, anschaulich ihre Kämpfe mit den Tieren vor, indem sie mit den Armen gestikulierten und mit erhobener Stimme sprachen.

Der Marquis erzählte sehr gut, in einer etwas hochtrabenden, poetischen, aber effektvollen Art und Weise. Er mochte diese Geschichte schon oft zum Besten gegeben haben, denn er konnte sie ohne Anstoß und zögerte bei den Worten nicht, die geschickt gewählt waren, um Eindruck zu machen.

›Meine Herren, ich bin nie auf die Jagd gegangen, mein Vater auch nicht, ebenso wenig mein Großvater und auch nicht mein Urgroßvater. Dieser war der Sohn eines Mannes, der öfter auf der Jagd war als Sie alle zusammen. Er starb 1764, und ich will Ihnen erzählen wie.

Er hieß Jean, war verheiratet und der Vater jenes Kindes, das mein Urgroßvater wurde. Mit seinem jüngeren Bruder François d'Arville wohnte er auf unserem mitten im Walde gelegenen Schloss in Lothringen.

François d'Arville war der Jagd zuliebe Junggeselle geblieben.

Die Brüder jagten beide vom ersten Tage des Jahres bis zum letzten, ohne Ruhe und Rast, unausgesetzt. Sie hatten nur dafür Sinn, begriffen andere Dinge gar nicht, sprachen nur von der Jagd und lebten nur für sie.

Im Herzen trugen sie jene fürchterliche, unerbittliche Leidenschaft, sie zehrte an ihnen, da sie sie ganz zu Sklaven gemacht hatte, und ließ für nichts anderes Raum.

Sie hatten verboten, dass man sie jemals in der Jagd störe. Um keinen Preis durfte das geschehen. Mein Urgroßvater ward geboren, während sein Vater einen Fuchs hetzte. Und Jean d'Arville unterbrach die Jagd keinen Augenblick, sondern fluchte:

›Himmelsakrament, der Bengel hätte doch bis nach dem Halali warten können.‹

Sein Bruder François liebte die Jagd beinahe noch leidenschaftlicher als er. Sofort nach dem Aufstehen gingen sie in den Hundezwinger, dann in den Stall, und darauf erlegten sie Vögel in der Nähe des Schlosses, bis sie zur Jagd auf Hochwild gingen.

Sie hießen in der Gegend der ›Herr Marquis‹ und ›Der Jüngere‹, denn der Adel der damaligen Zeit hielt es nicht wie unsere neugebackene Aristokratie, welche die Titel auf ihre ganze Nachkommenschaft vererben will. Denn der Sohn eines Marquis ist ebenso wenig Graf, oder der Sohn eines Vicomte ebenso wenig Baron, wie der Sohn eines Generals etwa als Oberst geboren wird. Aber die kleinliche Eitelkeit von heutzutage macht sich diese Mode zunutze.

Ich komme auf meine Ahnherren zurück.

Sie waren riesengroß, knochig, behaart und hatten Bärenkräfte. Der jüngere war noch größer als der ältere Bruder, und seine Stimme klang so laut, dass, wie die Sage ging, auf die er stolz war, die Blätter der Bäume zitterten, wenn er schrie.

Es muss ein wundervolles Schauspiel gewesen sein, die beiden Riesen auf ihren Pferden zur Jagd reiten zu sehen.

Da ward gegen Mitte des Winters 1764 die Kälte ganz besonders streng, sodass die hungernden Wölfe gefährlich wurden.

Sie griffen sogar ein paar verspätete Bauern an, umkreisten nachts die Häuser, heulten von Sonnenuntergang bis an den Morgen und brachen in die Viehställe ein.

Bald ging ein Gerücht um: Ein riesiger Wolf mit grauem, fast weißem Fell sollte sich gezeigt haben. Er hatte zwei Kinder gefressen, einer Frau den Arm abgebissen, alle Jagdhunde der Gegend zerrissen und war nachts ganz frech in die verschlossenen Gehöfte gedrungen, um an den Türen auf Beute zu wittern. Die Leute behaupteten alle, seinen Atem verspürt zu haben, von dem die Flammen der Lichter geflackert hätten. Und bald ergriff die ganze Gegend eine Panik. Kein Mensch wagte mehr, nach Sonnenuntergang auszugehen, als spuke in der Dunkelheit überall dieses Tier.

Die Brüder d'Arville beschlossen, es aufzuspüren und zu erlegen. Und sie luden alle Edelleute der Umgegend zum großen Jagen ein.

Jedoch vergebens. Man durchsuchte die Wälder, durchstöberte das Unterholz, man fand ihn nie. Man erlegte Wölfe, aber diesen nicht. Und immer nachts, nach der Jagd, griff das Tier, als hätte es sich rächen wollen, irgendeinen Wanderer an oder verschlang ein Haustier, jedes Mal weit von der Stelle entfernt, wo man es gesucht.

Endlich drang der Wolf eines Nachts in den Schweinestall des Schlosses von Arville und erbeutete zwei der schönsten Tiere.

Die beiden Brüder waren wütend, denn sie betrachteten diesen Angriff als eine Herausforderung des Ungeheuers, als persönliche Beleidigung. Sie nahmen alle ihre Leithunde mit sich, die in der Jagd auf gefährliche Tiere groß geworden waren, und ritten davon, kochende Wut im Herzen.

Vom Anbruch des Tages, bis die Sonne in glutrotem Schein hinter den großen, kahlen Bäumen unterging, durchsuchten sie alle Dickungen; aber sie fanden nichts.

Endlich ritten beide wütend und verzweifelt im Schritt durch eine Allee, die von dichtem Gebüsch umgeben war, nach Hause. Sie wunderten sich über die

Possen, die ihnen der Wolf gespielt hatte, und eine Art geheimnisvoller Besorgnis überkam sie. Der Älteste sagte:

›Das kann kein gewöhnliches Tier sein, es denkt nach wie ein Mensch.‹

Der Jüngere antwortete:

›Unser Vetter, der Bischof, müsste über eine Kugel den Segen sprechen. Oder wir sollten irgendeinen Priester darum bitten!‹

Dann schwiegen sie. Jean meinte nach einiger Zeit:

›Sieh mal, wie die Sonne rot ist. Der große Wolf wird sicher diese Nacht wieder Unheil anrichten.‹

Er hatte kaum ausgeredet, als sich sein Pferd bäumte, während das von François hinten ausschlug. Aus tiefem Dickicht, wo trockenes Laub lag, brach vor ihren Augen ein mächtiges graues Tier hervor und ward flüchtig, quer durch den Wald.

Sie stießen beide eine Art Freudengeheul aus, legten sich vornüber auf den Hals ihrer Pferde und warfen sie mit einem Ruck des ganzen Körpers nach vorn. Sie setzten sie so in Gang, feuerten sie an, trieben sie vorwärts, machten sie wild mit Rufen, mit Peitsche und Sporen, dass es war, als trügen die gewaltigen Reiter ihre schweren Tiere zwischen den Schenkeln und flögen mit ihnen dahin.

So ging es in rasender Jagd. Sie durchbrachen das Dickicht, sprangen über Hohlwege, kletterten Hänge hinan, rasten in die Schluchten hinunter und bliesen dabei das Jagdhorn mit vollen Lungen, um ihre Leute und Hunde herbeizulocken.

Da stieß plötzlich mein Ahne bei diesem tollen Ritt mit der Stirn gegen einen herunterhängenden, mächtigen Zweig. Der zerschmetterte ihm den Schädel, und er stürzte tot aus dem Sattel, während sein wild gewordenes Pferd durchging und im Schatten des Waldes verschwand.

Der jüngere d'Arville hielt sofort, sprang zur Erde, versuchte, seinen Bruder aufzurichten, und sah, dass ihm das Gehirn mit dem Blut zugleich aus der furchtbaren Wunde quoll.

Da setzte er sich neben die Leiche, legte den blutigen, entstellten Kopf auf seine Knie und blieb so starr sitzen, den Blick auf das unbewegliche Gesicht des Bruders geheftet. Allmählich überkam ihn die Angst, eine wundersame Angst, wie er sie noch niemals empfunden hatte: die Angst vor der Dunkelheit, vor der Einsamkeit, vor der Stille des Waldes und auch die Angst vor dem geheimnisvollen Wolf, der eben seinen Bruder getötet hatte, um sich an ihnen beiden zu rächen.

Es ward immer finsterer, und die Äste krachten in der bitteren Kälte. François stand zitternd auf, unfähig, noch länger hier zu bleiben. Er fühlte sich fast einer Ohnmacht nahe. Man hörte nichts mehr, weder das Geläut der Hunde noch den Ton des Hifthorns. Alles schwieg in der dunklen Weite. Und diese einsame Stille an diesem eisigen Abend hatte etwas Schreckliches und Seltsames.

Er nahm den gewaltigen Körper Jeans in seine mächtigen Arme, hob ihn auf und legte ihn quer über den Sattel, um ihn zum Schloss zurückzubringen. Dann setzte er sein Pferd langsam in Gang, ganz verstört, als hätte er zu viel getrunken, und fürchterliche Bilder und Gesichte verfolgten ihn.

Plötzlich überschritt den Weg, den die Nacht einhüllte, eine große Gestalt. Es war das Raubtier. Entsetzen packte den Jäger. Etwas Kaltes wie ein Wassertropfen glitt ihm den Rücken hinab und er schlug ein Kreuz wie ein Mönch, dem der Teufel erscheint; so erschrocken war er über die plötzliche Rückkehr des entsetzlichen Tieres. Aber seine Augen fielen wieder auf den starren Leichnam, der vor ihm lag. Und plötzlich verwandelte sich seine Furcht in Wut, und er zitterte an allen Gliedern.

Da gab er seinem Pferd die Sporen und jagte dem Wolf nach. Er verfolgte ihn durch Unterholz, Hohlwege und Hochwald, quer durch den Forst, dessen Bäume er nicht mehr erkannte, immer das Auge auf den hellen Fleck gerichtet, der vor ihm in die Nacht hinausfloh.

Auch über sein Pferd schien ungeahnte Kraft und Kühnheit gekommen zu sein. Es stürmte mit langem Hals gerade vor sich hin, während Kopf und Füße des Toten, der quer über dem Sattel lag, an die Bäume und an die Felsen stießen. Die Dornen zausten ihm das Haar, und von der Stirn, die an die mächtigen Stämme schlug, wurden sie blutbespritzt. Die Sporen rissen Fetzen aus der Rinde.

Plötzlich kamen Tier und Reiter aus dem Walde heraus und stürzten sich in ein Tal, gerade als der Mond über den Höhen aufging. Das Tal war steinig, mächtige Felsen schlossen es ab. Kein Ausgang war zu sehen. Und der in die Enge getriebene Wolf wandte sich um.

Da stieß François ein Freudengeheul aus, das wie Donner von den Seiten widerklang, sprang vom Pferd, den Hirschfänger in der Hand.

Das Tier erwartete ihn mit gesträubten Borsten und gekrümmtem Rücken. Seine Augen funkelten wie Sterne. Aber ehe der gewaltige Jäger zum Angriff überging, packte er seinen Bruder, setzte ihn an einen Felsen, stützte seinen Kopf, der nur noch ein großer blutender Stumpf war, mit Steinen und brüllte ihn an, als spräche er mit einem Tauben:

›Jetzt pass mal auf, Jean! Jetzt pass mal auf!‹

Dann stürzte er sich auf das Ungetüm. Er fühlte Kräfte in sich, um einen Berg umzustürzen, um Steine mit der bloßen Hand zu zermalmen. Das Tier wollte ihn beißen und suchte ihm den Leib aufzureißen, aber er hatte es am Halse gepackt und drückte ihm, ohne sich einer Waffe zu bedienen, ganz allmählich die Kehle zu, sodass es erstickte. Er hörte, wie sein Atem schwächer ward und der Herzschlag aussetzte. Und er lachte voll unbändiger Freude, während er immer weiter zudrückte, und rief in heller Wonne:

›Siehst du, Jean? Siehst du?‹

Das Tier wehrte sich nicht mehr, der Körper des Wolfes wurde schlaff. Er war tot.

Da hob ihn François auf, schleppte ihn fort und warf ihn dem älteren Bruder vor die Füße, während er mit zärtlicher Stimme sprach:

›Sieh mal an, sieh mal an, mein lieber Jean. Da liegt der Kerl.‹

Dann legte er die beiden Körper einen über den anderen vorsichtig über das Widerrist und ritt davon.

Er kehrte ins Schloss zurück, lachend und weinend zugleich wie einst Gargantua bei der Geburt des Pantagruel. Mit triumphierender Stimme, vor freudiger Erregung am ganzen Körper zitternd, erzählte er den Tod der Bestie; unter heißem Schluchzen, Haar und Bart raufend in wildem Schmerz – den des Bruders.

Und wenn er später wieder von diesem Tage sprach, sagte er oft mit Tränen in den Augen:

›Wenn der arme Jean es hätte sehen können, wie ich das Vieh erwürgt habe, dann wäre er gern gestorben, des bin ich gewiss.‹

Die Witwe meines Ahnherrn erzog ihren vaterlosen Sohn in einem glühenden Hass gegen die Jagd, und der hat sich von Vater auf Sohn, bis auf mich vererbt.«

Der Marquis d'Arville schwieg. Jemand fragte:

»Das ist eine Sage, nicht wahr?«

Der Erzähler antwortete:

»Ich kann schwören, dass die Geschichte von A bis Z wahr ist.«

Da erklärte eine der Damen mit leiser, weicher Stimme:

»Das ist ganz gleich, es ist doch was Schönes um so eine Leidenschaft.«

(Guy de Maupassant)

Der Weißstirnige

Die hungrige Wölfin erhob sich, um auf die Jagd zu gehen. Ihre drei Wolfsjungen schliefen aufeinandergepresst noch fest und wärmten einander. Sie schleckte sie ab und lief fort.

War auch bereits der Frühlingsmonat März angebrochen, so knackten doch nachts die Bäume vor Frost genauso, als wäre es noch Dezember, und kaum streckte man die Zunge heraus, da brannte sie schon heftig. Die Wölfin war von schwacher Gesundheit und sehr argwöhnisch; das geringste Geräusch machte, dass sie zusammenfuhr, und sie musste immerfort daran denken, ob nicht am Ende, während sie fort war, jemand ihre drei zu Hause gebliebenen Wolfsjungen beleidigen würde. Der Geruch der Menschen- und der Pferdespuren erschreckte sie, aber ebenso auch jeder Baumstumpf, zusammengeschichtetes Holz und die dunkle Straße mit ihrem reichlichen Pferdedünger; ihr schien, als ob im Dunklen Menschen hinter den Bäumen stünden, und sie glaubte, irgendwo hinter dem Walde Hundegebell zu vernehmen.

Sie war nicht mehr jung, und auch ihr Spürsinn war schon bedeutend geschwächt, sodass sie jetzt zuweilen eine Fuchsspur für eine Hundespur ansah und manchmal sogar von ihrem Instinkt getäuscht ganz und gar vom Wege abkam, was ihr früher in ihrer Jugend nie geschehen war. Da ihre Gesundheit es nicht mehr zuließ, jagte sie nicht mehr auf Rinder oder größere Hammel, wie sie es vormals getan hatte, und umging die Pferde mit ihren Füllen in weitem Bogen, sie nährte sich jetzt nurmehr von Aas; frisches Fleisch bekam sie nur noch sehr selten zu fressen und auch das nur im Frühling, wenn sie, zufällig auf eine Häsin stoßend, dieser ihre Jungen abjagen konnte, oder wenn es ihr gelang, in den Stall eines Bauern einzubrechen, wo die jungen Lämmer waren.

Vier Werst von ihrem Lager entfernt befand sich an der Poststraße ein Winterquartier. Dort hauste der Wächter Ignat, ein siebzigjähriger Greis, der ewig hustete und sich mit sich selber unterhielt; nachts schlief er meist, tags aber strich er mit seinem einläufigen Gewehr durch den Wald und pfiff den Hasen. Es war anzunehmen, dass er früher einen Mechaniker-Posten gehabt hatte, denn jedes Mal, bevor er stehenblieb, schrie er sich selber zu: »Maschine, stopp!«, und wenn er dann weitergehen wollte, rief er: »Vollen Gang!« Mit ihm war immer ein großer, schwarzer Hund, der Arapka hieß und von unbestimmter Abstammung war. Wenn dieser zu weit vorgelaufen war, rief er ihm zu: »Rücklauf einstellen!« Manchmal sang er auch und schwankte dabei heftig, und häufig fiel er zu Boden (vom Wind, dachte die Wölfin) und schrie dabei: »Von den Schienen gesprungen!«

Die Wölfin erinnerte sich, dass sie im Sommer sowohl wie im Herbst einen Hammel und zwei Schafe in der Nähe des Winterquartiers weiden gesehen hatte und dass es ihr noch kürzlich, als sie dort vorüberlief, so vorgekommen war, als hätte sie im Stall blöken gehört. Und da sie sich jetzt dem Winterquartier näherte, überlegte sie, dass es bereits März sei und dass es der Zeit nach unbedingt wahrscheinlich sein dürfe, dass sich im Stall junge Lämmer befänden. Der Hunger quälte sie sehr, und sie dachte daran, mit welcher Gier sie ein Lamm verzehren würde; bei diesem Gedanken fletschte sie unwillkürlich die Zähne und leuchteten ihre Augen wie zwei Feuer durchs Dunkel.

Hohe Schneewächten umgaben Ignats Hütte, seine Scheuer, den Stall und den Brunnen. Es war sehr still, Arapka schlief offenbar unter der Scheuer.

Die Wölfin drang über einen Schneehaufen bis zum Stall vor und begann, mit Pfoten und Schnauze das Strohdach aufzuwühlen. Das Stroh war verfault und locker, sodass die Wölfin fast hindurchfiel; plötzlich aber wehte es warm um ihre Schnauze, ein Dampf, in dem der Dunst von Mist und Schafmilch war. Ein junges Lämmchen, das offenbar den kalten Hauch spürte, blökte leise. Die Wölfin sprang durch die Öffnung und fiel mit ihren Vorderpfoten und der Brust auf etwas Weiches und Warmes, das allem Anschein nach ein Hammel war, gleichzeitig aber erhob sich ein Gebell im Stall, ein Gewinsel und eine dünne, heulende Stimme, die Schafe stürzten ängstlich an die Wand, sodass die Wölfin erschrak und das Erste, was sie packen konnte, in die Zähne nahm und damit hinaussprang ...

Sie lief aus allen Kräften, doch hatte Arapka unterdessen bereits den Wolf gewittert und heulte wütend, im Winterquartier gackerten die aufgeregten Hühner und Ignat erschien vor dem Hause und schrie:

»Vollen Gang! Signal geben!«

Und pfiff dazu, wie eine Maschine pfeift, und gleich darauf – ho-ho-ho-ho! ... Und all diesen Lärm wiederholte im Walde das Echo.

Als dies alles nach und nach stiller geworden war, beruhigte sich die Wölfin ein wenig und machte die Bemerkung, dass ihre Beute, die sie noch immer in den Zähnen hatte und im Schnee nachschleifte, schwerer war und offenbar auch zäher, als es die Lämmer um die Zeit sind, außerdem roch sie scheinbar anders und gab eigentümliche Laute von sich ... Die Wölfin machte halt und legte ihre Last auf den Schnee, um auszuruhen, und sprang plötzlich mit Abscheu beiseite. Denn das war ja gar kein Lamm, sondern ein junger Hund, schwarz war er, einen großen Kopf hatte er und lange Beine und schien zu einer großen Hunderasse zu gehören, außerdem lief über seine ganze Stirn genau solch ein weißer Flecken, wie ihn Arapka hatte. Nach seinen Umgangsformen zu schließen, war er ein rechter Dummkopf, ein ganz gewöhnlicher Dorfhund. Er leckte seinen arg mitgenommenen verwundeten Rücken und wedelte, als wäre nichts Besonders geschehen, mit dem Schwanz und bellte die Wölfin an. Sie knurrte wie ein Hund und lief fort. Er ihr nach. Sie schaute sich um und fletschte die Zähne; er blieb ein wenig erstaunt stehen, streckte aber darauf, gleichsam als hätte er entschieden, dass sie nur mit ihm spielen wolle, seine Schnauze in der Richtung nach dem Winterquartier und ließ ein helles, freudiges Gebell ertönen, ganz so, als fordere er Arapka, seine Mutter, auf, an seinem Spiel mit der Wölfin teilzunehmen.

Es dämmerte schon, und als die Wölfin durch das dichte Espengehölz heimkehrte, war ein jedes Espenstämmchen bereits mit der größten Genauigkeit wahrzunehmen, die Birkhühner erwachten, und die schönen Hähne flatterten auf, da die unvorsichtigen Sprünge und das Gebell des jungen Hundes sie beunruhigten.

»Warum läuft er mir eigentlich nach?«, dachte die Wolfin ärgerlich: »Er will offenbar, dass ich ihn auffresse.«

Sie hauste mit ihrer Wolfsbrut in einer wenig tiefen Höhle; drei Jahre waren es her, da hatte ein heftiger Sturm die hohe alte Fichte mit den Wurzeln herausgehoben und diese Grube entstehen lassen. Jetzt lagen alte Blätter und Moos auf ihrem Grunde, aber auch Knochen und Stierhörner, mit denen die jungen Wölfe spielten. Sie waren bereits erwacht und standen alle drei, einander zum Verwechseln ähnlich, in einer Reihe auf dem Rande der Grube, sie schauten der heimkehrenden Mutter zu und wedelten mit den Schwänzen. Als der junge

Hund sie erblickte, blieb er in einiger Entfernung stehen und schaute sie lange an; als er bemerkte, dass auch sie ihn aufmerksam anschauten, bellte er sie wütend an, als wären sie Fremde.

Es wurde hell, die Sonne ging auf und der Schnee glitzerte im weiten Umkreise, er aber stand noch immer in der Entfernung und bellte. Die jungen Wölfe saugten an den Brüsten ihrer Mutter, wobei sie mit den Pfoten in den dürren Leib stießen, sie selber hingegen nagte derweilen an einem weißen und trockenen Pferdeknochen; der Hunger quälte sie sehr, ihr schmerzte der Kopf von dem ewigen Hundegebell, und sie empfand nur den einzigen Wunsch, sich auf den ungebetenen Gast zu stürzen und ihn zu zerreißen.

Endlich wurde der junge Hund müde und heiser; da er sah, dass man ihn nicht fürchtete und dass man ihn nicht einmal besonders beachtete, näherte er sich schüchtern den Wölfen, wobei er sich bald hinduckte, bald wieder aufsprang. Jetzt beim Tageslicht war es leicht, ihn genau zu betrachten … Seine weiße Stirn war breit und hoch, und ein Höcker war auf ihr, wie ihn nur die ganz dummen Hunde haben; seine Augen waren klein, blau und trüb, und der ganze Ausdruck seiner Schnauze war außerordentlich töricht. Als er ganz in die Nähe der Wölfe gekommen war, streckte er seine breiten Vorderpfoten aus, legte den Kopf darauf und begann:

»Mnja, mnja … nga-nga-nga! …«

Die jungen Wölfe verstanden es zwar nicht, aber sie wedelten trotzdem mit den Schwänzen. Darauf versetzte der junge Hund dem einen Wölfchen mit der Pfote eins über den großen Kopf. Der junge Wolf fuhr ihm ebenfalls mit der Pfote über den Kopf. Der Hund stellte sich seitlings zu ihm und sah schräg zu ihm herüber, wobei er unablässig wedelte, plötzlich aber sprang er auf und zog rasend einige Kreise. Die Wölfin jagte ihm nach, er fiel auf den Rücken, streckte die Beine nach oben, und sie fielen ihn zu dritt an und begannen ihn, voll Entzücken winselnd, zu beißen, aber nicht etwa schmerzhaft, sondern nur zum Spiel. Auf einer hohen Fichte daneben saßen Krähen, sie schauten dem Kampf von oben zu und waren sehr beunruhigt. Unten ging es lärmend und lustig zu. Die Sonne wärmte bereits fast frühlingsmäßig, und die Hähne, die unentwegt über die vom Sturm gefällte Fichte flogen, waren beim Schein der Sonne wie ein smaragdenes Glänzen.

Meist unterweisen die Wölfinnen ihre Jungen in der Jagdkunst, indem sie sie mit der Beute spielen lassen; so ähnlich war es auch jetzt, denn als die Wölfin sah, wie ihre Brut draußen mit dem jungen Hunde spielte und kämpfte, dachte sie: »Mögen sie es nur lernen.«

Als sie genug gespielt hatten, kehrten die Wölfe wieder in ihre Grube zurück und legten sich schlafen. Der junge Hund heulte ein wenig, da er hungrig war, und streckte sich dann ebenfalls in der Sonne aus. Doch kaum waren sie wieder erwacht, begann das Spiel von Neuem.

Den ganzen Tag über und abends musste die Wölfin immer daran denken, wie in der vorigen Nacht im Stall das Lämmchen geblökt hatte und wie gut es nach Schafmilch gerochen, und sie biss vor Appetit die Zähne aufeinander und nagte gierig und ohne Unterlass auf ihrem alten Knochen, indem sie sich vorstellte, er wäre das Lamm. Die Wolfsbrut saugte, der junge Hund aber, der fressen wollte, lief im Kreise um die Höhle und beschnupperte den Schnee.

»Ich werde ihn auffressen«, beschloss die Wölfin.

Sie näherte sich ihm, er aber schleckte ihre Schnauze ab und lachte, denn er dachte, dass sie mit ihm spielen wollte. In früheren Zeiten hatte sie zuweilen Hundefleisch gefressen, dieser junge Hund aber hatte einen so durchdringenden Hundegeruch, dass sie ihn ihrer schwachen Gesundheit wegen nicht länger mehr ertragen konnte; es ekelte ihr davor, und sie ließ ihn stehen ...

Nachts fror es wieder. Der Hund langweilte sich und zog nach Hause ab.

Als die jungen Wölfe fest eingeschlafen waren, begab sich die Wölfin aufs Neue auf die Jagd. Und genauso wie in der vorigen Nacht hütete sie sich vor jedem Geräusch und erschrak genauso vor jedem Baumstumpf, vor den Holzstößen und vor den einsam stehenden Wacholderbüschen, die in der Ferne eine gewisse Ähnlichkeit mit Menschen haben. Sie nahm ihren Weg abseits von der Straße. Plötzlich erblickte sie vorn auf der Straße etwas Dunkles ... Sie spitzte ihr Gehör und strengte ihr Gesicht an: In der Tat, dort vorne bewegte sich etwas, ja, sie konnte sogar die abgemessenen Schritte hören. Am Ende gar ein Dachs? Vorsichtig, kaum atmend überholte sie, immer auf der Seite bleibend, den dunklen Fleck und blickte sich dann um und erkannte ihn. Dort kehrte, ohne zu eilen, der junge Hund mit der weißen Stirn im Schritt in das Winterquartier zurück.

»Wenn er mich nur nicht wieder stören wollte«, fuhr es der Wölfin durch den Kopf, und sie beschleunigte ihren Lauf.

Aber das Winterhaus war schon ganz in der Nähe. Wieder stieg sie über die Schneewächte aufs Stalldach. Das Loch von gestern war bereits zugestopft, und auf dem Dach lagen zwei neue Latten. Die Wölfin arbeitete eifrig mit Pfoten und mit der Schnauze und schaute sich immer wieder um, ob nicht der junge Hund schon käme, aber kaum wehte der warme Duft von Mist und Stall aufs Neue um ihre Nase, da ertönte hinter ihrem Rücken ein freudiges langgezogenes Gebell. Der junge Hund war heimgekehrt. Er sprang zur Wölfin aufs Dach und darauf durch die Lücke, und da er sich wieder zu Hause fühlte, in der vertrauten Wärme, und seine Schafe wiedererkannte, bellte er nur noch lauter ... Arapka erwachte unter dem Speicher und heulte auf, da sie den Wolf witterte, die Hühner krähten, und als Ignat mit seinem einläufigen Gewehr vor dem Hause erschien, war die erschrockene Wölfin schon weit von dem Winterquartier.

»Fuit!«, pfiff Ignat: »Pfui! Volldampf voraus!«

Er drückte ab – die Flinte versagte; er drückte zum zweiten Male ab – wieder ein Versager; er drückte zum dritten Male ab – und nun flog ein ungeheurer

Feuerstrahl aus dem Lauf, und es erschallte ein betäubendes »bu! bu!«. Er erhielt einen schmerzhaften Rückstoß gegen die Schulter und ging darauf, in der einen Hand das Gewehr, in der andern ein Beil schwingend, nachschauen, von wo der Lärm gekommen war ...

Kurze Zeit darauf kehrte er wieder in die Hütte zurück.

»Was gab's?«, fragte mit heiserer Stimme ein Wanderer, der die Nacht hier zubrachte und den der Lärm aufgeweckt hatte.

»Nichts Besonderes ...«, entgegnete Ignat: »Nichts von Belang. Unser Weißstirniger hat sich daran gewöhnt, bei den Schafen im Warmen zu schlafen. Aber ihm fehlt noch der rechte Begriff, dass er durch die Tür gehen muss, er will stattdessen immer durchs Dach. Vorige Nacht hat er das Dach aufgekratzt und ist streunen gegangen, der Lump, und jetzt ist er wieder zurückgekommen und hat wieder das Dach kaputt gemacht.«

»Ein Dummkopf.«

»Ja, bei ihm scheint eine Schraube im Kopf zu wackeln. Ich kann auf den Tod keine Dummköpfe ausstehen!«, seufzte Ignat und kroch auf die Ofenbank: »Nun, Mann Gottes, morgen heißt es früh heraus, lass uns jetzt mit vollem Gang schlafen ...«

(Anton Tschechow)

Der arme Schneider von Gloucester

In der alten Zeit, als es noch Schwerter und Perücken und weite Mäntel mit Blümchenschößen gab, und als die Gentlemen noch Krausen und goldgeschnürte Westen aus Paduaseide und Taft trugen, da lebte auch ein Schneider in der englischen Stadt Gloucester.

Vom frühen Morgen bis zur Abenddämmerung saß er im Schneidersitz auf einem Tisch am Fenster einer kleinen Werkstatt in der Westgate Street. Den ganzen lieben Tag lang, solange es noch hell war, nähte er, schnippelte und schnitt seine Seide, sein Pompadoursatin und sein Atlasgewebe zurecht. Die Stoffe hatten damals zu Lebzeiten des Schneiders von Gloucester schon seltsame Namen und waren auch noch sehr teuer. Aber obwohl er für seine Nachbarn Kleider von feiner Seide nähte, war er selbst sehr, sehr arm, ein kleiner alter Mann mit Brille, zusammengekniffenem Gesicht, mit Fingern, die das Alter gekrümmt hatte, und in einem Anzug, aus dem alle Fäden schon herausschienen. Wenn er die Stoffe zusammenschnitt, vergeudete er nichts, passte alles der Kleidung an, die schon im Stoff vorgestickt war, und so lagen auf seinem Tisch nur ganz kleinen Stoffreste und Schnipsel. »Zu schmal und zu winzig für alles, außer für eine Mäuseweste«, sagte der Schneider immer.

An einem bitterkalten Tag vor Weihnachten begann unser Schneider einen Rock für den Bürgermeister von Gloucester. Es sollte ein Rock werden aus kirschfarbener gerippter Seide bestickt mit Stiefmütterchen und Rosen, für darunter eine cremefarbene Seidenweste, mit Gaze und grünem Chenillesamt gesäumt.

Der Schneider arbeitete und arbeitete und hielt Selbstgespräche. Er maß die Seide ab, drehte sie immer wieder um und schnitt sie mit seiner Schere zurecht. Auf dem Schneidertisch lagen überall kirschfarbene Seideschnipsel herum, die man nicht mehr gebrauchen konnte. »Das ist ja vorne und hinten zu klein«, sagte da der Schneider, »alles viel zu klein und schief geschnitten. Alles viel zu klein! Umhänge für Mäuse und Bänder für Hauben, aber nur für Mäusehauben.«

Als die Schneeflocken gegen die kleinen bleiverglasten Fensterscheiben fielen und das Licht nicht mehr reinließen, hatte der Schneider sein Tageswerk abgeschlossen. Alle Seide- und Satinstoffe lagen fein zugeschnitten auf dem Tisch. Es waren zwölf Stücke für den Rock und vier für die Weste. Auch die Klappen für die Taschen und Ärmelstulpen und Knöpfe lagen fein aufgereiht da. Für das Innenfutter des Rocks lag da ein feiner gelber Taftstoff, für die Knopflöcher der Weste ein kirschrotes Garn. All das lag fix und fertig bereit, dass es am nächsten Morgen nur noch zusammengenäht zu werden brauchte, alles schon gemessen und hinreichend – nicht ganz, es fehlte nur noch ein einziger kleiner Strang Nähfaden von der kirschroten Seide.

Als es dunkel war, kam der Schneider aus seiner Werkstatt, denn nachts schlief er nicht dort. Er schloss das Fenster fest zu, sperrte die Tür ab und nahm den Schlüssel mit sich. In der Werkstatt lebte nachts niemand außer einigen niedlichen braunen Mäusen, und die kommen ohne Schlüssel rein und raus. Hinter den Holzverkleidungen von allen alten Häuser von Gloucester sind nämlich kleine Mäusetreppen und geheime Falltüren, und die Mäuse rennen durch diese langen und engen Gänge von Haus zu Haus; sie können so durch die ganze Stadt rennen und brauchen gar nicht auf die Straße hinaus.

Der Schneider kam also aus seiner Werkstatt heraus und schlurfte durch den Schnee nach Hause. Er lebte ganz nahe beim Schulcollege, neben dem Eingang zum Schulrasen. Und obwohl es kein großes Haus war, war unser Schneider so bettelarm, dass er nur die Küche gemietet hatte. Und dort lebte er allein mit seinem Kater; der hieß Simpkin.

Während der Schneider den ganzen Tag bei seiner Arbeit außer Haus war, hütete Simpkin allein das Haus, und er war auch sehr froh über die Mäuse, wenn er ihnen auch keine Seide für Jacken gab!

»Miau?«, schnurrte fragend der Kater, als der Schneider die Tür zu seiner Küche aufmachte. »Miau?«

Und der Schneider erwiderte: »Wir werden bald unser Glück machen, Simpkin. Aber für den Moment bin ich fix und fertig; nimm diesen Silberling, es ist unser letztes Vierpence-Stück, und dann Simpkin, nimm einen Porzellankrug und kaufe für einen Penny ein Brot, für einen Penny Milch und für einen Penny Würste. Und ja, Simpkin, für den letzten Penny kaufst du mir kirschrote Seide zum Nähen. Aber verlier nur nicht den letzten Penny, Simpkin, denn sonst bin ich am Ende und am Boden: Ich habe nämlich kein Garn mehr.

Da sagte Simpkin wieder »Miau?«, nahm den Silberling und den Krug und ging ins Dunkel hinaus.

Der Schneider war todmüde und spürte, dass er bald krank werden würde. Er setzte sich an den Kamin und führte über diesen wunderbaren Rock Selbstgespräche.

»Ich werde mein Glück schon machen. Der Bürgermeister von Gloucester heiratet am Weihnachtsmorgen und hat dafür bei mir einen Rock und eine bestickte Weste bestellt, die mit gelbem Taft gefüttert sein soll. Mit dem Taft komme ich so eben hin; da bleiben nur noch ein paar Schnipsel übrig, aus denen man Mäusewestchen machen kann.«

Auf einmal fuhr der Schneider erschrocken hoch und seine Gedanken wurden unterbrochen, denn plötzlich kamen aus der Anrichte an der anderen Wand der Küche viele kleine Geräusche.

Tipp Tapp! Tipp Tapp! Tipp Tapp! machte es.

»Was kann das nur sein?«, fragte sich der Schneider von Gloucester und sprang von seinem Stuhl auf. Auf der Anrichte standen Geschirr und Krüge, Teller mit Weidenmustern, Teetassen und Becher. Der Schneider ging zur anderen Seite der Küche und stellte sich ganz still vor die Anrichte; dort spitzte er die Ohren und lugte durch seine Brille. Und wieder, unter einer Teetasse heraus hörte er jetzt diese lustigen kleinen Geräusche. Tipp Tapp! Tipp Tapp! Tipp Tapp!

»Das ist aber sehr sonderbar«, sagte sich der Schneider und er hob leicht die Tasse hoch, die umgekehrt herum auf der Anrichte stand. Und heraus hüpfte eine kleine, quirlige Mäuselady und machte vor dem Schneider einen artigen Knicks. Dann hüpfte sie von der Anrichte und verschwand hinter der Holzverkleidung. Nun setzte sich der Schneider wieder ans Feuer, wärmte sich seine armen kalten Hände und murmelte vor sich hin: »Die Weste ist zugeschnitten aus pfirsichfarbenem Satin mit Tambourstickerei und Rosenknospen in wunderbarer Florettseide. War es wirklich klug von mir, meinen letzten Silberling Simpkin anzuvertrauen? Einundzwanzig Knopflöcher aus kirschrotem Garn!«

Aber von der Anrichte kamen ganz plötzlich wieder andere kleine Geräusche.

Tipp Tapp! Tipp Tapp! Tipp Tapp!

»Das geht aber hier sonderbar zu!«, sagte der Schneider von Gloucester und drehte die nächste Teetasse um, die umgekehrt dastand. Und es kam ein kleiner Mäuse-Gentleman hervor und machte vor dem Schneider eine Verbeugung. Und dann hörte man von überall auf der Anrichte einen Chor von kleinen Tapsgeräuschen, alle klangen sie zusammen und eines antwortete dem anderen wie kleine Käfer in einem alten wurmstichigen Fensterladen.

Tipp Tapp! Tipp Tapp! Tipp Tapp!

Und unter den Teetassen, Schalen und Schüsseln hervor kamen immer weitere kleine Mäuse, die hüpften von der Anrichte hinunter und schwupps! waren sie unter der Holzvertäfelung verschwunden.

Unser Schneider setzte sich wieder nahe an den Kamin und jammerte:

»Einundzwanzig Knopflöcher aus kirschrotem Garn! Abgabetermin Samstagmittag, und heute haben wir schon Dienstagabend. War es von mir richtig, diese Mäuse loszulassen, die doch bestimmt Simpkin gehören, der sie für sich als Speise aufgehoben hat? Oh je, ich bin erledigt, denn ich habe kein Garn mehr.«

Da kamen die kleinen Mäuse wieder hervor und lauschten auf die Worte des Schneiders. Als sie das Muster des wunderschönen Rocks bemerkten, flüsterten sie sich gegenseitig etwas zu über das Taftfutter und über Mäusejäckchen. Und dann rannten sie plötzlich alle zusammen weg in den Gang hinter der Holzvertäfelung, sie quiekten und piepten untereinander, als sie so von einem Haus ins andere liefen, und als Simpkin mit dem Milchkrug zurückkam, war keine einzige Maus mehr in der Küche des Schneiders.

Simpkin machte die Tür auf und stürmte herein mit einem wütenden »G-r-r-miau!«, wie eine verärgerte Katze es so tut. Er hasste nämlich Schnee, und es war Schnee in seinen Ohren und auch hinten im Kragen an seinem Nacken. Er legte das Brot und die Würste auf die Anrichte und schnüffelte.

»Simpkin«, sagte da der Schneider, »wo ist mein GARN?«

Aber Simpkin stellte auch den Milchkrug auf die Anrichte und schaute argwöhnisch auf die Teetassen. Er wollte eine kleine, fette Maus zum Abendessen.

»Simpkin!«, wiederholte der Schneider. »Wo ist mein GARN?«

Aber Simpkin versteckte heimlich ein kleines Päckchen in der Teekanne und knurrte und fauchte den Schneider an. Und hätte er reden können, so hätte er bestimmt gefragt: »Wo ist meine MAUS?«

»Oh je, ich bin erledigt«, sagte der Schneider von Gloucester und ging dann traurig zu Bett.

Die ganze Nacht über stöberte und suchte Simpkin in der Küche umher, linste in die Küchenschränke und unter die Vertäfelung und in die Teekanne, wohin er das Garn versteckt hatte. Aber eine Maus fand er nirgends. Und immer wenn der Schneider im Schlaf brummelte und vor sich hinredete, fauchte Simpkin »Miau-gr-w-s-s-sch!«, und gab dabei seltsame, schauerliche Töne von sich, wie es Katzen nachts halt so tun. Der arme alte Schneider aber war sehr krank; er hatte Fieber und wälzte sich in seinem Bett mit den vier Pfosten hin und her, und noch in seinen Träumen grummelte er:

»Das Garn ist alle! Das Garn ist alle!«

Den ganzen Tag war er krank, und auch am nächsten Tag und noch am übernächsten. Und was sollte aus dem kirschroten Rock werden? In der Werkstatt des Schneiders in der Westgate Street lagen die bestickte Seide und der Samt fertig zugeschnitten auf dem Tisch – einundzwanzig Knopflöcher – und wer sollte kommen, um die zusammenzunähen, wenn das Fenster verriegelt war und die Tür fest verschlossen?

Aber kleine braune Mäuse kann so was nicht abhalten! Die gingen nämlich auch ohne jeden Schlüssel in allen alten Häusern von Gloucester ein und aus!

Draußen stapften die Marktbesucher durch den Schnee, um ihre Gänse und Truthähne zu kaufen, und all das, was sie brauchten, um ihre Weihnachtspasteten zu backen; für Simpkin aber und den armen alten Schneider würde es kein Weihnachtsmahl geben.

Drei Tage und drei Nächte lang lag der Schneider krank danieder, und dann war es Heiligabend und schon sehr spät in der Nacht. Der Mond stieg über die Dächer und Kamine empor und schaute hernieder über den Torweg in den Hof des College. Es leuchtete nirgends ein Licht in den Fenstern, und in den Häusern war kein Laut zu hören, überall Stille: Die ganze Stadt Gloucester schlief fest unter der Schneedecke. Immer noch wollte Simpkin jedoch seine Mäuse haben und er miaute, als er neben dem vierpfostigen Himmelbett stand.

Aber in alten Geschichten wird erzählt, dass in der Heiligen Christnacht die Tiere bis zum Morgen des Weihnachtstages sprechen können; nur sehr wenige Leute können sie allerdings hören oder gar verstehen, was sie sich sagen.

Als die Glocke der Kathedrale zwölfe schlug, da gab es wie ein Echo auf den Glockenschlag eine Antwort, und Simpkin hörte es. Er ging dann durch die Tür hinaus ins Freie und lief im Schnee umher. Von allen Dächern und Giebeln und alten Holzhäusern in Gloucester erklangen Tausende von fröhlichen Stimmen, die die alten Weihnachtslieder sangen, all die alten Weisen, die ich je gehört hatte, und auch einige, die ich nicht kenne.

Zuerst und am lautesten schrien die Hähne: »Jetzt aber auf, Lady, und back deinen Weihnachtskuchen!«

»Ding, dang, dong!«, seufzte Simpkin.

Und nun sah man in einer Dachkammer Lichter und man hörte Laute, als ob jemand tanzte, und es kamen von überall her Katzen herbei.

»He, didel, didel, die Katze und die Fiedel. Alle Katzen aus Gloucester – außer mir«, sagte Simpkin.

Unter den hölzernen Regenrinnen sangen die Stare und Spatzen von Weihnachtspasteten; die Dohlen im Turm der Kathedrale wurden wach, und obwohl es mitten in der Nacht war, sangen die Drosseln und Rotkehlchen. Die Luft war ganz erfüllt von leisen zwitschernden Tönen. Aber das alles reizte den armen hungrigen Simpkin nur noch mehr. Besonders ärgerte er sich über kleine, schrille Töne, die hinter einem hölzernen Lattengitter herauskamen. Ich glaube, es waren Fledermäuse, denn die haben immer so kleine Stimmchen, besonders in der Eiseskälte, wenn sie im Schlaf sprechen wie der Schneider von Gloucester. Sie sagten etwas Geheimnisvolles vom Summen und Brummen von Bienen und Hummeln.

Und Simpkin schlich davon und schüttelte die Ohren, als hätte er Bienen drin.

Aus der Werkstatt des Schneiders in der Westgate Street fiel ein Lichtschimmer, und als Simpkin sich ans Fenster heranschlich, um hineinzuschauen, sah er, wie alles voll mit Kerzen stand. Da war ein Schnipsen von Scheren zu hören, und ein Knipsen von Fäden, und man hörte kleine Mäusestimmen laut und fröhlich hübsche Kinderreime singen.

> Vierundzwanzig Schneider
> Gingen eine Schneck zu fangen,
> Doch der Beste unter allen
> Traut sich nicht, sie zu berühren.
> Sie streckte ihm die Hörner zu,
> wie eine kleine Highland Kuh.
> rennt, Schneider, rennt!

»Miau, miau!«, unterbrach Simpkin und kratzte an der Tür. Er konnte aber nicht reinkommen, denn der Schlüssel lag unter dem Kissen des Schneiders. Die kleinen Mäuse lachten nur und versuchten ein anderes Lied. »Miau, miau!«, rief Simpkin wieder, und »Diddel daddel dum« war die Antwort der Mäuse darauf; sie klickten mit ihren Fingerhüten, um den Rhythmus anzugeben, aber keiner ihrer Reime gefiel Simpkin. Er schnupperte an der Werkstatttür. »Miau! Kratz, kratz!«, machte er und scharrte an der Fensterbank, während die kleinen Mäuse drinnen auf ihre Füßchen sprangen und alle gleichzeitig mit ihren dünnen, schnatternden Stimmchen zu rufen begannen: »Das Garn ist alle! Das Garn ist alle!« Dann machten sie die Fensterläden zu und sperrten Simpkin aus. Aber der konnte immer noch durch die Scharten in den Fensterläden das Klappern ihrer Fingerhüte hören, und auch wie sie sangen: »Das Garn ist alle! Das Garn ist alle!«

Simpkin wandte sich von der Werkstatt ab und machte sich auf den Heimweg, und all das ging ihm im Kopf herum. Zu Hause fand er den Schneider ohne Fieber vor, wie er friedlich in seinem Himmelbett schlummerte. Da ging Simpkin sachte auf seinen Pfotenspitzen zu der Teekanne und nahm das kleine Päckchen mit Nähseide heraus; im Mondschein betrachtete er es und schämte sich gewaltig über seine Bosheit, wenn er sich mit diesen guten Mäuschen verglich.

Als der Schneider am Morgen wach wurde, war das Erste, was er auf seiner aus allen möglichen Flicken zusammengenähten Bettdecke sah, ein Strang von kirschrotem Nähgarn, und neben seinem Bett sah er den reumütigen Simpkin.

»Oh je, ich bin verloren«, sagte der Schneider, »aber ich habe mein Garn.«

Die Sonne fiel auf den Schnee, als der Schneider aufstand und sich anzog. Dann trat er aus dem Haus auf die Straße, und Simpkin lief vor ihm her. Die Stare zwitscherten auf den Schornsteinen und die Drosseln und Rotkehlchen sangen, aber es waren ihre eigenen kleinen Laute, wie sie sie immer von sich gaben, und nicht mehr die Lieder, die sie in der Nacht gesungen hatten.

»Oh je«, sagte da der Schneider, »jetzt habe ich mein Garn; aber mir fehlt die Kraft und auch die Zeit, die ich brauche, um auch nur ein einziges Knopfloch zu nähen, denn wir haben ja schon Weihnachtsmorgen. Die Hochzeit des Bürgermeisters soll am Mittag stattfinden, und wo ist aber sein kirschroter Rock?« Er schloss die Tür seiner kleinen Werkstatt in der Westgate Street auf, und Simpkin rannte schon vor ihm rein, so wie Katzen, wenn sie auf etwas Bestimmtes gespannt sind. Aber niemand war drinnen, nicht mal ein winziges braunes Mäuschen. Die Diele war sauber gefegt; die kleinen Fadenreste und Seidenschnipsel waren alle weggeräumt, und auch der Fußboden war rein geputzt. Aber da stieß der Schneider einen Freudenschrei aus: Auf dem Tisch, wo er die vielen zugeschnittenen Seidenstücke hatte liegen lassen, da lag jetzt der wunderbarste Rock und die herrlichste bestickte Seidenweste, die ein Bürgermeister von Gloucester je getragen hatte. Da waren Rosen und Stiefmütterchen auf dem Besatz des

Rocks zu sehen, und die Weste war mit Klatschmohn und Kornblumen bestickt. Alles war fertig gearbeitet außer einem einzigen kleinen kirschroten Knopfloch, und wo das Knopfloch fehlte, da war ein ganz kleines Papierschnitzel angeheftet, auf dem stand in winzig kleinen Buchstaben zu lesen:

»Das Garn ist alle!«

Von da an begann das Glück des Schneiders; er wurde ganz beleibt und auch ganz reich. Er machte die herrlichsten Westen für all die reichen Kaufleute von Gloucester und auch für all die feinen Gentlemen in der ganzen Gegend. Nirgends sonst sah man solche Krausen und so wunderschön bestickte Manschetten und Rockschöße. Aber sein größter Triumph, das waren seine Knopflöcher!

Die Stiche am Saum dieser Knopflöcher waren so sauber und akkurat, dass ich gern wissen möchte, wie ein alter Mann mit Brille und vom Alter gekrümmten Fingern und mit einem Fingerhut so was fertigbringen konnte.

Die Stiche an diesen Knopflöchern waren so winzig und fein, dass es aussah, als hätten kleine Mäuse sie gemacht!

(Beatrix Potter)

Trautes Heim, Glück allein

In dem Kinderbuchklassiker Der Wind in den Weiden *des Schotten Kenneth Grahame (1859–1932) geht es um die Freundschaft von vier Tieren, die alle mit den ihnen eigenen menschlichen Eigenschaften ausgestattet sind. Die ungleichen Helden Maulwurf, Ratte, Kröterich und Dachs bestehen bei ihren gemeinsamen Ausflügen manch ein Abenteuer und bieten mit ihrer Freundschaft ein anrührendes Beispiel tiefer Menschlichkeit. Auch schildert Grahame den engen Lebenskreis der vier Kameraden am Fluss mit einer tiefen Liebe zur Natur und deren Bewahrung und webt in sie hinein eine Schilderung der Schönheit der vier Jahreszeiten.*

Mit Beatrix Potter (Peter Hase, Der arme Schneider u. v. a.) und Alan Milne (Der Bär Winnie Pu) gehört Kenneth Grahame zu den herausragenden Vertretern der literarischen Tierfantasy.

Im folgenden Textauszug machen sich Ratte und Maulwurf auf, um gemeinsam das alte Heim des Maulwurfs aufzusuchen. Es ist Winter und kurz vor Weihnachten, als sie in der Abenddämmerung durch ein Dorf kommen.

Die Schatten des kurzen Wintertages rückten allmählich näher und die beiden Tiere hatten noch ein gutes Stück Weg vor sich. Während sie aufs Geratewohl über die Felder gestapft waren, hatten sie die Schafe gehört und waren in ihre Richtung gegangen. Jetzt entdeckten sie einen Trampelpfad, der von dem Schafspferch wegführte, auf dem es sich leichter marschierte und der in ihnen jenes kleine suchende Etwas zum Klingen brachte, das allen Tieren innewohnt und das unmissverständlich ruft: »Ja, ganz genau. Hier geht es nach Hause!«

»Sieht aus, als ob wir gleich in ein Dorf kommen«, sagte der Maulwurf argwöhnisch und ging langsamer, als der Trampelpfad, aus dem inzwischen ein Fußweg, dann ein Feldweg geworden war, sie schließlich der Obhut einer befestigten Schotterstraße übergab. Die Tiere mochten Dörfer nicht; sie hatten eigene Hauptstraßen, auf denen immer viel Verkehr war und die weder an Kirchen noch an Postämtern oder Wirtshäusern vorbeiführten.

»Keine Sorge«, sagte die Ratte. »Im Winter sitzen sie zu dieser Uhrzeit alle wohlbehütet zu Hause vor dem Kamin; Männer, Frauen, Kinder, Hunde, Katzen – allesamt. Wir können uns also problemlos durch das Dorf schleichen, es wird keinen Ärger oder Unannehmlichkeiten geben. Wenn du möchtest, können wir sogar durch die Fenster hineinspähen und uns ansehen, was die Leute so treiben.«

Die rasch hereinbrechende Mittwinterdämmerung hatte das kleine Dorf schon fest im Griff, als die beiden Tiere mit bedächtigen Schritten über eine dünne Decke pulvrigen Neuschnees darauf zugingen. Es war kaum etwas zu sehen außer den schwach schimmernden, orangeroten Rechtecken zu beiden Seiten der Straße, wo aus jedem Haus der Schein von Feuer oder Lampen durch die Fensterscheiben in die dunkle Welt nach draußen trat. Die meisten der niedrigen vergitterten Fenster waren nicht verhängt und so konnten die Beobachter an den Hausbewohnern, die in Handarbeit vertieft um den Teetisch saßen oder sich lachend und gestikulierend unterhielten, jene glückselige Anmut erkennen, die einzufangen höchstes Ziel jedes berufenen Schauspielers ist – jene natürliche Anmut, die entsteht, wenn man sich ganz und gar unbeobachtet glaubt. Die beiden Zuschauer, selbst vom eigenen Zuhause weit entfernt, gingen nach Belieben von einer Bühne zur nächsten und sahen mit wehmütigem Blick, wie eine Katze gestreichelt wurde, wie ein schläfriges Kind in den Arm genommen und sanft ins Bett gebracht wurde oder wie ein Mann seine müden Glieder streckte und seine Pfeife an einem glimmenden Holzscheit ausklopfte.

Ein kleines Fenster jedoch, dessen zugezogener Vorhang sich hell und durchscheinend von der Dunkelheit abhob, verströmte ein besonders starkes Gefühl von Zuhause sowie die Ahnung einer beschaulichen Welt hinter Mauern und Gardinen, die die große, hektische Welt dort draußen ausgesperrt und längst vergessen hat. Direkt hinter dem weißen Vorhang hing ein Vogelkäfig, der mit jedem Draht, jeder Stange und allem Zubehör deutlich zu erkennen war, bis hin zum Zuckerstück vom Vortag mit seinen abgeknabberten Kanten. Auf der mittleren Stange saß sein flauschiger Bewohner, den Kopf tief in die Federn gesteckt, und schien den beiden so nahe, als könnten sie ihn streicheln, wenn sie es nur versucht hätten. Sogar die zarten Spitzen seines leicht ausgebreiteten Federkleides zeichneten sich klar auf dem erleuchteten Schirm ab. Während sie den schlafenden kleinen Burschen betrachteten, wurde er unruhig, wachte auf, schüttelte sich und hob den Kopf. Sie sahen, wie er gelangweilt gähnte, dabei den schmalen Schnabel aufsperrte, sich umblickte und den Kopf dann wieder in den Rücken schob, während die aufgeplusterten Federn allmählich in völlige Ruhe zurücksanken. Plötzlich fuhr ihnen ein heftiger Windstoß ins Genick und das feine Stechen von Graupelregen auf ihrer Haut ließ sie hochfahren, als erwachten sie aus einem Traum. Da wurde ihnen bewusst, wie kalt ihre Zehen und wie müde ihre Beine waren und was für ein beschwerlicher Weg sie noch von ihrem Zuhause trennte.

Als die Häuserreihen mit einem Mal endeten und sie das Dorf hinter sich gelassen hatten, witterten sie in der Finsternis zu beiden Seiten der Straße abermals die vertrauten Felder und machten sich bereit für das letzte lange Wegstück, für den Weg nach Hause, den Weg, von dem wir wissen, dass er früher oder später mit einem Klacken des Türschlosses enden wird, mit dem plötzlichen Aufscheinen des Kaminfeuers und dem Anblick vertrauter Dinge, die uns Reisende willkommen heißen, wenn wir nach langer Abwesenheit aus weiter Ferne zurückkehren. (...)

Nachdem die beiden das alte verlassene Heim des Maulwurfs gefunden haben, bereiten sie gerade ein provisorisches Abendessen vor, als sie draußen das Schlurfen kleiner Füße im Kies und Gemurmel hören.

»Was ist denn da los?«, fragte die Ratte und hielt mitten im Dosenöffnen inne.

»Das sind bestimmt die Feldmäuse«, antwortete der Maulwurf mit einem Anflug von Stolz. »Um diese Jahreszeit machen sie immer ihre Runde und singen Weihnachtslieder. Hier in der Gegend sind sie so etwas wie eine Institution. Und sie vergessen mich nie – ganz zum Schluss kommen sie immer nach Maulwurfsburg. Ich habe ihnen meistens etwas Heißes zu trinken gegeben und manchmal auch ein Abendessen, wenn ich es mir leisten konnte. Es wird sein wie in alten Zeiten, sie wieder singen zu hören.«

»Dann sehen wir sie uns an!«, rief die Ratte, sprang auf und lief zum Eingang.

Als sie die Tür öffneten, bot sich ihnen ein reizender, winterlich-weihnachtlicher Anblick. Im Vorhof standen, vom schwachen Schein einer Handlaterne beleuchtet, acht oder zehn kleine Feldmäuse im Halbkreis, hatten ihre Schals aus rotem Kammgarn um den Hals gewickelt, die Vorderpfoten tief in den Taschen vergraben und hüpften von einem Fuß auf den anderen, um sich warm zu halten. Mit wachen, glänzenden Augen schauten sie sich schüchtern an, kicherten leise, schnieften und machten dabei ausgiebig von ihren Jackenärmeln Gebrauch. Gerade als die Tür sich öffnete, sagte eine der älteren, die die Laterne hielt: »Los geht's ... eins, zwei, drei!« Im nächsten Moment erfüllten ihre hellen, dünnen Stimmen die Luft und sie sangen eines jener alten Lieder, die ihre Vorfahren gedichtet hatten, wenn die Felder brach und froststarr dalagen, oder wenn sie eingeschneit rund um das Kaminfeuer saßen, und die weitergegeben worden waren und nun zur Weihnachtszeit auf den morastigen Straßen vor lampenbeschienenen Fenstern gesungen wurden.

Weihnachtslied

Ihr Leute all, in kalter Zeit,
Öffnet eure Türen weit,
Weht auch Schnee ins Haus hinein,
Ach, lasst uns in die Stube ein,
Und Freude sei euch am Morgen!

Hier stehen wir im eisigen Wind,
Die Füß' uns fast erfroren sind,
Der Weg war weit, den wir mussten zieh'n –
Wir vor der Tür und ihr beim Kamin –
Wir wünschen euch Freude am Morgen!

Des Tages Dämm'rung lag noch fern,
Da führte uns ein heller Stern,
Bracht' Segen und Glückseligkeit
Für morgen und für alle Zeit.
Freude für jeden Morgen!

Auch Josef in der Dunkelheit,
Ihm gab der Stern zum Stall Geleit;
Maria konnt' keinen Schritt mehr tun,
Und musst' auf Stroh und Erde ruh'n –
Doch Freude war ihr am Morgen!

Die Engel frohlockten in der Runde:
»Wer sang als Erstes der Weihnacht Kunde?
Es waren die Tier' in jener Nacht,
Die dort im Stall bei der Krippe gewacht!
Und Freude sei ihnen am Morgen!«

Die Stimmen verklangen, die Sänger blickten einander schüchtern lächelnd aus den Augenwinkeln an und Stille trat ein – jedoch nur für einen Augenblick. Dann war von oben und weit her, durch den Tunnel, dem der kleine Chor so spät noch gefolgt war, in einem leisen, harmonischen Summen der entfernte Klang jubelnder Glocken zu hören.

»Ihr seid ja richtig tolle Sänger, Jungs«, rief die Ratte entzückt. »Und jetzt herein mit euch, alle miteinander, dann könnt ihr euch am Feuer wärmen und bekommt etwas Heißes zu trinken.«

»Ja, herein mit euch, ihr Feldmäuse«, rief der Maulwurf begeistert. »Das ist ja ganz wie früher! Jetzt macht noch die Tür zu und schiebt diese Bank da vor den Kamin. Und dann wartet noch einen Augenblick, bis wir ... ach Rattchen!«, rief er voller Verzweiflung und ließ sich, den Tränen nahe, in einen Sessel fallen. »Was machen wir denn jetzt bloß? Wir haben ja gar nichts für sie!«

»Das lass nur meine Sorge sein«, sagte die Ratte bestimmt. »He, du mit der Laterne! Komm her, ich muss mit dir reden. Weißt du, ob so spät am Abend noch irgendwelche Läden offen haben?«

»Aber natürlich, Sir«, antwortete die Feldmaus ehrfürchtig. »Um diese Zeit des Jahres haben die Läden zu allen möglichen Zeiten geöffnet.«

»Dann pass auf«, sagte die Ratte. »Du machst dich sofort auf den Weg, zusammen mit deiner Laterne, und besorgst mir ...«

Es folgte eine gedämpfte Unterhaltung, von der der Maulwurf nur Bruchstücke verstehen konnte: »Frische, um Gottes willen! ... Nein, ein Pfund dürfte genügen ... sieh zu, dass du die von Buggins bekommst, andere kommen mir nicht ins Haus ... nein, nur die Besten ... wenn sie es dort nicht haben, dann versuch es woanders ... ja sicher, nur hausgemacht, nichts aus der Dose ... dann mal los, jetzt zeig, was du kannst!« Schließlich war das Klimpern von Münzen zu hören, die von einer Pfote in die andere fielen, dann bekam die Feldmaus einen großen Korb für ihre Einkäufe und sauste los, zusammen mit ihrer Laterne.

Die anderen Feldmäuse saßen dicht aneinandergedrängt auf der Bank, ließen ihre kurzen Beine baumeln, freuten sich königlich über das Feuer und wärmten ihre halb erfrorenen Hände, bis sie anfingen, zu kribbeln. Der Maulwurf seinerseits, dem es nicht so recht gelingen wollte, ein lockeres Gespräch in Gang zu bringen, erkundigte sich nach der Familiengeschichte einer jeden und ließ sie alle die Namen ihrer zahlreichen Brüder aufzählen, die dieses Jahr zum Sternsingen noch zu klein waren, aber hoffen konnten, schon bald die elterliche Erlaubnis zu bekommen.

(Kenneth Grahame)

Der dankbare Rabe

In einem Dorf im ehemaligen Königreich Polen, nicht weit von der Hauptstadt entfernt, lebte ein Bauer mit einer zahlreichen Familie von dem Ertrag seines Gütchens zwar sehr eingeschränkt und kärglich, aber zufrieden. Gesundheit, Eintracht und Frömmigkeit wohnte unter seinem niedrigen Strohdach und schmückte seine kleine Stube mit jenem wahren Glück des Lebens aus, das oft in den Häusern der Reichen und Vornehmen fehlt.

Wenn Vater Dobry, so hieß der Bauer, die Frucht seiner kleinen Äcker unversehrt in seine Scheuer bringen, alle Jahre ein paar Stiere verkaufen und den Honig, den ihm seine Waldbienen eintrugen, um einen guten Preis verkaufen konnte, so blieb ihm zwar nach Abzug seiner Abgaben an den Edelmann und seiner übrigen notwendigen Ausgaben beim Schluss seiner Rechnung nichts übrig, aber sein Vater und sein Großvater, den er noch gekannt, hatten auch nie etwas übrig gehabt und hatten trotzdem ihre Tage vergnügt verlebt und geendigt, und Dobry, der nebst ihren Tugenden auch ihren heiteren Sinn und ihr festes Vertrauen auf Gott geerbt hatte, zweifelte nicht daran, dass auch sein Leben immer ruhig dahinfließen, wenigstens durch keine Stürme je allzu sehr erschüttert werde. In heiterer Ruhe sah er die Jahre kommen und scheiden und freute sich herzlich, wenn er am Ende eines jeden sich und die Seinigen gesund, seine Kinder wieder um ein Merkliches größer und verständiger sah.

Alle Winter, wenn der erste tiefe Schnee gefallen, besuchte ihn ein alter, guter Bekannter, auf dessen Ankunft sich jedes Mal die ganze Familie herzlich zu freuen gewohnt war; besonders konnten die Kinder es kaum erwarten, bis sie ihn wieder in dem kleinen Hof, auch wohl vor dem verschneiten Fenster erblickten. Es war dieses ein alter Rabe, den Dobrys Großvater noch als Knabe aus dem Nest genommen, zahm gemacht und dann wieder in Freiheit gesetzt hatte. Das gute Tier fand sich von jener Zeit an in jedem Winter, wenn draußen nicht mehr viel zu haben war, auf dem Hof seines Wohltäters ein, brachte auch wohl bisweilen einige von seiner zahlreichen Nachkommenschaft mit und durfte sicher sein, jedes Mal mit allerhand Abgängen aus der Küche und vom Tisch seines Herrn wohl bewirtet zu werden.

Der Sohn setzte, als der Vater gestorben war, diese Gastfreundschaft gegen den schwarzen Hausfreund fort, und es war ein Glaube in der Familie geworden, dass die Freundschaft dieses Vogels heilbringend für das Haus sei. Es hätte aber dieser Sage nicht bedurft, um unsern Dobry, als er nach seines Vaters Tode das Gütchen übernahm, die wohlwollenden Gesinnungen seiner Väter gegen den Raben einzuflößen, den er schon als Kind gekannt und geliebt hatte.

Nie fehlte es dem alten Krabbenhans, so nannte man den Raben, so oft er sich auf dem Hof einfand, an Brosamen, Schwarten und Gemüseüberbleibseln, und die Sorge der Kinder mit Anfang jeden Winters war die, ob wohl Krabbenhans auch heuer wiederkommen werde. Der Vogel stellte sich aber auch jedes Mal richtig ein, und war gegen seine Gönner so zutraulich, dass er sich gerne anfassen und streicheln ließ, auch öfters aus freien Stücken durch das geöffnete Fenster in die Stube kam und auf Tisch und Bänken ernst und stolz herumspazierte.

Indes schien sich die Sage, als ob Krabbenhans dem Hause Glück brächte, an Vater Dobrys Familie eben nicht zu bestätigen. Besonders war ein Jahrgang einmal für die guten Leute reich an Unglücksfällen und Widerwärtigkeiten mancher Art. Der Hagel verwüstete Dobrys Felder, sodass er kaum den vierten Teil ihres sonstigen Ertrages erntete; dazu fiel ihm im Herbst seine beste Kuh, und auch seine Bienen gewährten ihm diesmal nur eine sehr kärgliche Ausbeute. Er sah sich genötigt, ein Stück Acker zu verkaufen, um nur die nötigsten Ausgaben zu bestreiten, und da auch dieses noch nicht hinreichte, Schulden zu machen, die zwar nicht groß, aber doch größer waren, als dass er hätte hoffen können, sie bei seinem nunmehr verringerten Einkommen wieder zu bezahlen. Sein Gläubiger war noch dazu ein hartherziger Wucherer, der hohe Zinsen forderte und ihm das Geld nur in der Hoffnung vorgestreckt hatte, bald das ganze Eigentum des armen Mannes dafür zu bekommen. Das nächste Jahr war nicht günstiger, indem nun durch Misswuchs auch die letzte Hoffnung des sorgenvollen Dobry vereitelt wurde.

Mit Anfang des Winters war der letzte Termin, den ihm sein Gläubiger gesetzt hatte, verfallen und der hässliche Geizhals drang nunmehr ungestüm auf Bezahlung. Vergebens bat und flehte Dobry und verlangte nur noch Frist bis zum nächsten Frühjahr, wo er sein kleines Häuschen zu verkaufen und mit den Seinigen in die neuen Kolonien, welche Rußland in verschiedenen Gegenden seines unermesslichen Reiches anlegte, auszuwandern gedachte. Seinem gierigen Gläubiger war dieser Aufschub für seine Habsucht zu lang. Eines Tages brach er mit einigen Gerichtsdienern in Dobrys Wohnung ein, nahm seine letzte Kuh, sein Holz, seine und seiner Kinder Betten weg und kündigte ihm an, nach vierzehn Tagen, wenn er ihn unterdessen nicht vollends befriedigt haben würde, wiederzukommen, ihn ins Gefängnis werfen zu lassen und seine übrige Habe zu verkaufen willens sei, um sich bezahlt zu machen.

Groß war der Jammer in der kleinen Hütte, die sonst eine Wohnung des ungestörten Friedens gewesen war. Vater Dobry hatte nun kein Holz, kein Geld mehr, nur noch auf einige Tage Brot für die Seinigen und die schreckliche Aussicht, mitten im strengen Winter seine Hütte verlassen zu müssen, und sich, sein Weib und seine Kinder dem bittersten Elend preisgegeben zu sehen. Und weit und breit kein Mittel, seine Lage zu verbessern, seine Lieben nur vor dem Erfrieren oder vor dem noch traurigeren Hungertod zu schützen. Wer, der nie die härtesten Schläge des Schicksals empfunden hat, vermag es, sich so recht in die fürchterliche Not des bedauernswürdigen Mannes hineinzudenken und zu fühlen! Mit düsteren Augen betrachtete er seine geliebte Gattin, seine guten Kleinen, die die Sorgen ihrer Eltern lange nicht in ihrem ganzen Umfang verstanden, und nur über das traurige Gesicht des Vaters und der Mutter, über das Fortführen ihrer Kuh und über den Verlust ihrer Bettchen weinten.

Inzwischen war die Kälte heftig, und Dobry brach mit schwerem Herzen die Bank ab und warf sie selbst nebst den Stühlen in den Ofen, nun für diese Nacht eine warme Stube zu haben, denn für heute war es zu spät, sich dürres Holz aus dem Wald zu holen, und ohne Betten mussten sie fürchten, die Nacht über zu erfrieren. Es fiel diesen Abend ein tiefer Schnee, und eins von den Kindern sagte: »Morgen wird gewiss der alte Krabbenhans wiederkommen.«

»Ach«, sagte Dobry, »er wird wohl schwerlich wiederkommen, er wird gestorben sein, weil es uns dieses Jahr so gar schlecht geht. Und käme er auch, so könnte ich jetzt nicht einmal diesem alten Freund mehr etwas geben, denn ich habe für euch selbst nur noch wenig Brot, und der Himmel weiß, wo wir wieder anderes hernehmen, wenn dieses verzehrt ist.«

Die Kinder waren mehr wegen der Vermutung des Vaters, dass Krabbenhans tot sei, betrübt, als über den bestehenden Mangel, und erklärten einmütig, dass jedes von seinem Teil Brot gerne dem guten Vogel ein bisschen abgeben wolle, auch meinten sie, man könne ja den Nachbar um solche Überbleibsel von Speise ansprechen, die er selbst nicht weiter zu brauchen wüßte und die doch für Krabbenhans ein trefflicher Schmaus seien. Der Vater ließ ihnen gerne diese Hoffnung und freute sich, dass seine betrübten Kleinen sich mit dem Gespräch von dem treuen Vogel den trüben Abend aufheiterten und über den Wunsch, ihn morgen zu sehen und zu füttern, ihre eigene hilflose Lage vergaßen.

Kaum begann der nächste Morgen zu grauen, als schon die Kinder von ihrem Nachtlager aufsprangen und das vereiste Fenster öffneten, um zu sehen, ob Krabbenhans da sei. Und wirklich saß der Rabe schon auf dem großen Nussbaum vor der Hütte, flog, als er das Fenster aufgehen sah, vertraulich herab auf das Gesims und begrüßte seine kleinen Gönner mit fröhlichem Flügelschlagen und Krächzen. Mit lautem Freudengeschrei erwiderten diese seine Höflichkeiten und weckten beide Eltern mit dem Jubel, Krabbenhans sei wieder da. Auch Dobry freute sich darüber, weil er sich doch des alten Glaubens seines Vaters und Großvaters noch nicht ganz entschlagen konnte, dass dieser Vogel glückbringend für sein Haus sei, und weil er wenigstens der einzige Freund war, der ihn auch in seinem Unglück wie in seinen ehemaligen frohen Tagen besuchte.

»Komm herein, Krabbenhans!«, rief er, indem er an das Fenster trat und den gefiederten Gast liebkosend streichelte – »du findest es zwar bei uns sehr verändert und siehst nicht mehr so fröhliche Gesichter wie ehedem; aber wir haben dich alle noch ebenso lieb wie sonst, und solange wir noch selbst einen Bissen Brot haben, sollst auch du deinen Anteil bekommen. Komm herein, alter Kamerad! Du erinnerst mich durch deine Erscheinung an vergangene bessere Tage!«

»Ach, sie werden wohl nie wiederkommen, und wer weiß, ob der, welcher nach uns diese Hütte bewohnen wird, dir je wieder etwas schenkt! Wer weiß, wer uns Arme selbst, wenn wir bald hungrig und verlassen umherirren werden, speist und beherbergt!«

Dobrys Weib und Kinder schluchzten laut bei diesen traurigen Worten des Vaters, und ihm selbst standen die Augen voll Tränen. Der Rabe sah bald ihn, bald die Seinigen voll Verwunderung, wie es schien, und mit wahrer Teilnahme an und konnte anfangs nicht recht begreifen, was seine Freunde auf einmal so traurig machen müsse. Er flog durch das Fenster auf den Tisch, sah sich neugierig in der ganzen wohlbekannten Stube um, und nun, als er die Verwüstung darin wahrnahm, die abgebrochene Bank, das fehlende Hausgerät, das Strohlager um den Ofen statt der Betten – nun konnte man ihm wohl ansehen, dass er die unterdessen eingetretene Dürftigkeit der Familie und die Ursache ihrer Tränen merkte. Er stellte sich ganz betrübt an, ging mit aufmerksamen Blicken in der Stube umher und krächzte auf eine klägliche Weise. Von dem Brot, welches ihm Dobry und seine Kinder gaben, fraß er nur wenig, und nach kurzem Aufenthalt verlangte er, wieder durch das Fenster hinausgelassen zu werden. Man willfahrte ihm, und er flog mit großer Eilfertigkeit davon. Es vergingen nun mehrere Tage, und Krabbenhans ließ sich nicht wieder sehen.

»Es wird ihm bei uns nicht mehr gefallen haben, weil alles in der Stube anders ist als sonst. Er war neulich gar nicht mehr vergnügt und hat auch nur wenig gefressen«, sagten die Kinder.

Unterdessen rückte der Tag, den der harte Gläubiger zu seiner Wiederkunft bestimmt hatte, immer näher heran; Dobrys Bemühungen, das Herz des Wucherers zu rühren und die gegebene Frist zu verlängern, waren umsonst, auch wollte es ihm nicht gelingen, ein anderes Unterkommen zu finden oder irgendetwas zu ersinnen, wodurch das bevorstehende traurige Schicksal seiner unglücklichen Familie erleichtert werden konnte. Schwer bekümmert sah er die verstattete kurze Frist zu Ende gehen und den Winter täglich härter, den Schnee tiefer, das Brot teurer und die Menschen unempfindlicher werden gegen fremde Not. Er ermahnte die Seinigen zu fleißigem Gebet und Vertrauen auf Gott, welches auch in seinem eigenen aufrichtig frommen Herzen selbst durch diesen schweren Unglückssturm noch nicht ganz erschüttert worden war, sondern immer noch, wiewohl ganz schwach und leise, die Sprache der Hoffnung redete.

Eines Abends, als Dobry wieder von einem vergeblichen Gang, den er zu seinem Gläubiger gemacht hatte, nach Hause kam, sagte er mit wehmütiger Stimme zu seinem Weib: »Marie, es ist alles umsonst! Es ist an keine Hilfe mehr zu denken. Der Unbarmherzige bleibt bei seinem Entschluss. Noch acht Tage will er zusehen, länger nicht, dann müssen wir die Hütte verlassen. Ich muss vielleicht ins Gefängnis, bis er sieht, ob er sich hier bezahlt machen kann, und ihr müsst in die weite Welt; mache dir und deinen sieben Kindern Brotsäcke, die ihr umhängen könnt, und schnitzt euch einen Bettelstab. Ich weiß euch nun nicht weiter zu helfen.« Mit diesen Worten warf er sich in einen Winkel und verhüllte sich die weinenden Augen. Ein allgemeines Jammern und Schluchzen begleitete seine Tränen, und Weib und Kinder baten ihn, lieber gleich morgen mit ihnen fortzugehen. Damit sie nur nicht seiner auch beraubt werden müssten. Sähe so mancher Geizhals immer mit eigenen Augen den Jammer an, den seine harten Maßregeln in eine Familie bringen, so würde gewiss manch grausame Handlung unterbleiben.

Als nun Dobry und seine Familie so beisammensaßen, klang vom beschneiten Kirchturm traulich die Abendglocke her, und die frommen Herzen erhoben sich nach gewohnter Weise zum andächtigen Gebet. »Befiehl du deine Wege«, hob Dobry mit herzlicher Zuversicht und beruhigterem Gemüt an, und Weib und Kinder stimmten in das vortreffliche Lied ein. Als sie an den letzten Vers gekommen waren und einmütig sprachen: »Herr, mach ein fröhlich Ende mit aller unserer Not« – horch, da pochte etwas vernehmlich an die Fensterscheiben an! Sie erschraken, weil ihnen zuerst der böse Gläubiger einfiel, der vielleicht etwas Ärgeres beschlossen und deswegen einen seiner Helfershelfer dem Vater auf dem Fuße nachgesandt haben könnte. Denn wer sonst, dachten sie, sollte noch so spät kommen. Sie beteten den Vers vollends, aber ganz schüchtern und nochmals vernahmen sie jetzt das deutliche Pochen.

Eines der Kinder ging auf des Vaters Geheiß und öffnete das Fenster! Siehe da! Ganz fröhlich schlüpfte Krabbenhans herein und trug etwas Glänzendes in seinem Schnabel. Ein großes Freudengeschrei aller hieß ihn willkommen, und jedes der Kinder wollte ihn zuerst liebkosen und streicheln. Er aber flatterte an ihnen vorbei, setzte sich auf Vater Dobrys Schoß, legte ihm das glänzende Ding, das er trug, in die Hand, ließ dann ein freudiges Krächzen erschallen und strich ganz vergnügt seinen Schnabel auf Dobrys Knien hin und her.

Dobry nahm neugierig, was ihm der Vogel gebracht hatte, besah es beim Licht und fand mit Erstaunen, dass es ein prächtiger goldener Ring war, von welchem ihm einige große Edelsteine mit einem Feuer entgegenblitzten, das ihm fast die Augen blendete. Lange konnte er vor Erstaunen kein Wort hervorbringen, die Fragen der Kinder zu beantworten, die sich verwundert um ihn drängten und mit Vergnügen die funkelnden Steine betrachteten, ohne noch zu ahnen, welchen Wert sie hätten und was für einen Schatz ihnen Krabbenhans gebracht. Endlich sammelte sich Dobry wieder, stand auf und fiel mit den Worten: »Hilfe, liebe Marie, Gott sei ewig Dank!«, seinem Weib um den Hals. Sie begriff noch nicht ganz, wie ihr Mann sich über diesen Ring so sehr freuen könne, aber als er ihr sagte, dass der Ring vielleicht mehrere hundert Gulden wert sein könne, da fiel auch sie vor Freuden auf die Knie und dankte Gott für seine wunderbare Hilfe.

Man stelle sich nun den Jubel der guten Familie, das Jauchzen der Kinder, die beredten Freudentränen des Vaters und der Mutter und die Liebkosungen vor, mit welchen der treue Rabe von allen Seiten überhäuft wurde!

»So ist es doch wahr gewesen«, rief Dobry aus, »der alte Glaube, den ich schon als Kind mir von meinem Vater angewöhnt, dass Krabbenhans glückbringend für unser Haus sei! Ich hatte nicht mehr daran gedacht, als uns so vieles Unglück nacheinander traf; aber wenn die Not am größten, ist Gottes Hilfe am nächsten.«

So sprach er und hieß seine Frau dem Krabbenhans das Beste geben, was sie hatte. Dies war freilich nicht viel und bestand bloß aus Brot und etwas Käse, aber es schmeckte dem alten Raben, der ganz mager war und sehr hungrig schien, vortrefflich, und alle freuten sich über den guten Appetit.

»Aber Krabbenhans!«, sagte Dobry zu ihm, als der Rabe gesättigt und mit stolzen Schritten auf dem Tisch umherspazierte und er selbst sich die Sache unterdessen besser überlegt hatte, »wem hast du den Ring gestohlen? Du hast ihn gewiss irgendwo heimlich weggenommen und bringst mir da etwas, was ich nicht mit gutem Gewissen behalten darf.«

Der Rabe erwiderte diese Frage mit nichts als mit seinem gewöhnlichen vertraulichen Krackeln, blähte sich aber dabei sehr auf, als ob er sich auf seinen gescheiten Einfall und auf seine Geschicklichkeit viel zugutetäte.

»Ja, ja«, fuhr der Vater fort, »man kennt euch schwarze Herren schon, ihr nehmt es mit der Gewissenhaftigkeit eben nicht immer so genau, und wenn euch etwas ansteht, so braucht ihr nicht allemal erst die Einwilligung des Besitzers, um es mitzunehmen. Gewiss hat dir niemand diesen Ring geschenkt, und solltest du ihn auch gefunden haben, so gehört er deswegen weder dir noch mir, sondern hat seinen Herrn, der ihn ungern genug verloren haben wird.«

»Marie«, sagte er, indem er sich zu seinem Weib wandte, »den Ring müssen wir schon wieder zurückgeben, er mag gehören, wem er will. Auf unrechten Wegen kann und darf uns nicht geholfen werden. Schickt uns Gott durch den Raben ein Glück zu, so wird es uns bleiben und vermehrt werden, wenn wir ehrlich sind; schickt uns der Teufel hier eine Versuchung zu, so soll's ihm mit uns nicht gelingen.«

Marie seufzte, fand aber die Rede ihres Mannes zu vernünftig und rechtschaffen, als dass sie nicht sogleich seiner Meinung hätte sein sollen, und bemerkte zu ihrer Beruhigung, dass sie, wenn sich auch der Eigentümer des Ringes finden sollte, doch wahrscheinlich eine hübsche Belohnung von ihm erhalten würden, die sie dann mit dem besten Gewissen annehmen und ihre betrübten Umstände damit sehr verbessern könnten.

»Allerdings«, versetzte Dobry, »auf irgendeine Art muss uns der Ring zu unserem Glück dienen, davon bin ich überzeugt, aber nur dann, wenn wir dabei fromm bleiben. Es ist möglich, dass wir dadurch noch aus aller unserer Not gerissen werden, und das wird sich bald zeigen.«

Krabbenhans verlangte nun wieder, hinausgelassen zu werden, und nachdem ihm noch jeder seinen Dank bezeigt hatte, entließ man ihn. Aber die Kinder waren noch lange nicht zur Ruhe zu bringen, denn sie konnten sich nicht sattsehen an dem schönen Ring und an seinen großen, blitzenden Steinen.

Auch Dobry tat diese Nacht kein Auge zu vor Vergnügen und Erwartung, und sobald der Tag graute, machte er sich auf und ging zu seinem Pfarrer, einem würdigen Mann, zu welchem er mit Recht viel Vertrauen hatte. Diesem erzählte er den ganzen sonderbaren Vorgang, zeigte ihm den Ring und sagte ihm zugleich seinen Vorsatz, denselben dem Eigentümer wieder zurückzugeben, wobei er ihn um Rat fragte, wie solches zu bewerkstelligen sein möchte.

Der Pfarrer war ebenso über das Wundervolle der Begebenheit erstaunt, als über die Ehrlichkeit des Mannes erfreut, dessen beklagenswerte Lage ihm nicht unbekannt war, und von dessen altem Raben er auch schon gehört hatte. Noch höher stieg seine Verwunderung, als ihm Dobry den Ring zeigte, und er in demselben den Siegelring des Königs erkannte.

»Ja«, rief er aus, »Euch ist geholfen. Dieser Ring gehört, wenn mich nicht alles trügt, dem König, und wäre er auch nicht an und für sich von hohem Wert, so würde doch gewiss der König, wenn er hört, wie Ihr dazu gekommen seid, Gutes an Euch tun. Lasst mir den Ring da, ich will die Sache aufs Beste besorgen.«

Dobry war es zufrieden und begab sich voll froher Hoffnungen nach Hause. Der Pfarrer meldete nun den ganzen Vorgang schriftlich dem König, schilderte zugleich aufs Rührendste die unglückliche Lage des ehrlichen Mannes und legte den Ring bei, der, wie er schrieb, durch den Namenszug und die Krone sich deutlich genug als ein Eigentum Seiner Majestät erweise.

Schon am andern Tag kam ein mit königlichen Pferden bespannter Wagen in dem Dorf an, und ein Kammerherr, der darin saß, holte Dobry und den Pfarrer in die Residenz. Wie die Kinder sich freuten, als der Vater in den prächtigen Wagen stieg und mit den vier stolzen Pferden davonfuhr!

Dem guten Dobry selbst wäre es doch beinahe ein wenig bange geworden, wenn ihm nicht der Kammerherr mit so viel Freundlichkeit begegnet wäre und ihm gesagt hätte, der König habe sich sehr über die Begebenheit gefreut, sie dem gesamten Hof erzählt und ihm gewiss eine große Gnade zugedacht.

Auch fühlte sich Dobry durch die Gegenwart des Pfarrers beruhigt, der erforderlichenfalls das Wort für ihn führen konnte, wenn seine eigene Schüchternheit ihn daran verhindern sollte. Er zeigte dem Kammerherrn, ehe er einstieg, noch seinen Krabbenhans, der sich eben wieder eingestellt hatte und sich vor dem Fenster Liebkosungen und Futter wohl gefallen ließ, und auf das Geheiß des Kammerherrn nahm er ihn mit sich, um ihn dem König zu zeigen.

So kamen sie nach Warschau und in das königliche Schloss.

Die leutselige Miene des edlen Stanislaus und seine sichtbare Freude, als er den wackeren Dobry hereintreten sah, nahmen diesem alle Furcht, und er erzählte dem König auf seinen Befehl noch einmal mit aller Umständlichkeit den ganzen Verlauf der Sache, wie der Rabe seit mehr als hundert Jahren bei seinem Hause sei, wie es ein alter Glaube in seiner Familie gewesen, dass der Rabe dem Haus Glück bringe, wie er demungeachtet seit einigen Jahren habe viel Unglück erfahren müssen, wie er mit den Seinigen aber vorgestern Abend das schöne Lied gebetet habe und wie alsdann Krabbenhans mit dem kostbaren Ring im Schnabel in die Stube gekommen sei.

Noch einmal erstaunte der König mit allen seinen Hofleuten über das Außerordentliche der Begebenheit, und einige behaupteten, sich wohl zu erinnern, dass der Rabe mehrere Tage hindurch sich bald vor diesem, bald vor jenem Fenster des Schlosses habe sehen lassen und besonders vor dem königlichen Kabinett hin und her geflogen sei; Stanislaus selbst sagte, dass er an jenem Abend die Fenster des Kabinetts habe öffnen lassen, um das Zimmer zu lüften. Dann legte er den Ring wieder auf den Tisch, und zur allgemeinen Freude holte Krabbenhans denselben ohne Umstände wieder weg und brachte ihn wieder seinem Herrn.

Gern hätte Stanislaus den ehrlichen Dieb behalten, aber teils wollte er dem guten Dobry seinen alten Freund und Wohltäter nicht rauben, teils war vorauszusehen, dass der Vogel die lang gewohnte Freiheit nicht missen könne und bei der ersten Gelegenheit in dieselbe und zu seinem geliebten Herrn zurückkehren werde. Er entließ daher den Bauern mit seinem Vogel, nachdem er ihm die Zusicherung erteilt, dass sein Glaube an die Hilfe der göttlichen Vorsehung durch diesen seinen Gastfreund ihn nicht täuschen solle; er gab ihm ein vorläufiges ansehnliches Geschenk zur Tilgung seiner Schulden und zur Wiederherstellung seines Wohlstandes mit. Auch der Pfarrer wurde für seine Verwendung königlich belohnt.

Bald zeigte sich die Gnade des edlen Königs noch reichlicher zur Beglückung der Dobryschen Familie. Er ließ ihr ein neues, schönes Haus an die Stelle der alten, kleinen Hütte bauen, kaufte dazu verschiedene Äcker und Wiesen und füllte die Ställe mit herrlichem Vieh aus seiner eigenen Schweizerei.

Dobry wurde einer der wohlhabendsten Männer in seinem Dorf und bewies durch fortgesetzte Arbeitsamkeit, Ordnungsliebe, Frömmigkeit und Wohltätigkeit, dass er die göttliche Gnade dankbar zu schätzen wisse. Auch seine Kinder wuchsen im wahren Christentum heran und wurden die Freude seines Alters in demselben Grade, in welchem sie einst, als es ihm übel ging, der Gegenstand seiner schwersten Sorgen und seiner bittern Tränen gewesen waren.

Der gute Rabe war noch mehrere Jahre hindurch ein Zeuge des Glücks, dessen Urheber er war, und das Beste, was die Küche vermochte, wurde ihm jedes Mal aufgetischt, sooft er seinen Winterbesuch machte. Noch heute bezeichnet ein aus Stein gehauener Rabe auf dem Giebel des Hauses sein Verdienst um die Dobrysche Familie und das dankbare Andenken ihrer Nachkommen.

Die Zeit der schweren Not

Der Wind pfiff halb von Nord, halb von Ost. Allem, was am Berge lebte, missfiel er, alle, Maus und Eichhorn, Hase und Reh, Fuchs und Dachs, blies er in ihre Verstecke, und Bussard und Krähe, Meise und Häher pustete er über den Kamm des Berges an den Westhang. Es fror, dass es knackte. Die Weizensaat unter dem Walde winterte aus, die Rinde der Eiche sprang, still stand der Graben, und der Bach verschwand.

Sieben Tage schnob der bitterböse Wind im Lande umher, dann verlor er den Atem. Über den Berg stieg eine Wolkenwand, schwarzblau und schwer, schob sich über den hellen, hohen Himmel und legte sich tief auf das Land, bis sie sich an den scharfen Klippen des Berges den Bauch aufschlitzte. Da quoll es heraus, weiß und weich, einen Tag und eine Nacht, und noch einen Tag und noch eine Nacht, und so noch einmal, bis alles zugedeckt war im Lande und auf dem Berge und so sauber aussah und so reinlich, dass die Sonne vor Freuden lachte. Ihr Lachen brachte Leben an den Osthang des Berges. Mit einem Male waren die Rehe wieder da und die Hasen, Fuchs und Dachs fuhren aus ihren Gebäuden, das Eichhorn verließ den Kobel und die Maus das Loch, Bussard, Krähe und Häher tauchten auf, und überall wimmelte es von buntem, lustigem Kleinvogelvolk.

Das Lachen der Sonne war falscher Art, es kündete Blut und Tod. Der tauende Schnee ballte sich und brach Äste und Bäume, er knickte die Fichten und krümmte die Jungbuchen, und auf dem Boden überzog der Schnee sich mit einer Kruste, hart wie Eis und scharf wie Glas. Der Ostwind hatte ausgeschlafen und blies aufs Neue gegen den Berg. Da kam die Zeit der schweren Not.

Die Maus hatte ihren Gang unter dem Schnee, das Eichhorn behalf sich mit Blattknospen und Rinden, der Hase rückte in die Kohlgärten, der Dachs verschlief die hungrigen Nächte, der Fuchs suchte die Dungstätten ab. Übel dran aber war das Reh. Die Saat war begraben in steinhartem Schnee. Die Obermast* im Holz war verschwunden. Verschneit waren die Himbeeren, verweht die Brombeeren, unsichtbar die Heide. Buchenknospen und dürre Halme, trockene Blätter und harte Stängel, das war alles, was der Berg an Äsung bot.

Der Hunger ging durch den Wald. Wo seine Augen ein Reh trafen, da fiel es ab. Der Hals wurde lang, die Dünnungen tief, rau die Decke und immer größer die Lichter.

Langsam und vorsichtig zogen die Rehe am Hang entlang, aber alle Behutsamkeit half ihnen nichts; eins nach dem anderen trat durch die Eiskruste des Schnees und zerschabte sich die Läufe. In jedem Wechsel zeichneten sich blassrote Flecken ab.

---

* Die Obermast sind Baumfrüchte wie Eicheln, Buchecker, Kastanien und Wildobst, die auf dem Boden liegen und dem Wild als Äsung dienen.

Und wieder baute sich eine schwarzblaue Wand hinter dem Berg auf, schob sich über den hellen Himmel, legte sich über das Land, riss sich an den Klippen den Pansen auf und schüttete Schnee auf das Gefilde, einen ganzen Tag und eine volle Nacht.

Und wieder lächelte die Sonne ihr hinterlistiges Lächeln und machte Eis aus dem Schnee. Noch langsamer, noch vorsichtiger zogen die Rehe dahin, mit Hälsen, so dünn wie Heister, schwarze Löcher in den Dünnungen*. Und wo sie zogen, da wurde der Schnee rot.

Der Tod ging durch den Wald. Da war kein Reh am ganzen Berg, das nicht an den Läufen klagte. Das eine blieb stehen, wo es stand, und zitterte, bis es fiel. Ein anderes tat sich nieder und stand nicht wieder auf. Ein drittes stürzte halb verdurstet in die Quellschlucht und erstarrte im eisigen Wasser.

Noch niemals ging es dem Fuchs so gut wie da. Sein Tisch war gedeckt, war reicher beschickt als zur Maienzeit, wenn alle Mäuse hecken** und das Feld von Junghasen wimmelt. Auch der Marder konnte zufrieden sein und Bussard und Krähe nicht minder; sogar für die bunten Meisen blieb noch Fraß genug übrig, und die Waldmäuse nagten die letzten Sehnenfetzen von den Knochen.

Kein Ende der Not kam; jeden Tag ging der Tod seinen Belauf im Berge ab. Selbst die Hasen schonte er nicht; mancher von ihnen, der sich am gefrorenen Kohl verdarb, füllte den Pansen des Fuchses, der von Tag zu Tag mehr in die Breite ging.

Eines Morgens aber fuhr er mit ledigem Leibe zu Baue. Vor der Dickung lag ein gefallenes Reh, an dem er sich schon eine Nacht gütlich getan hatte. Doch als er die zweite Nacht heranschnürte, da schlug ihm eine seltsame Witterung entgegen, ein Geruch, den er nur einmal gewittert hatte. Rund um den Fleck, wo das gefallene Stück lag, schnürte er, und eine geschlagene Stunde dauerte es, ehe er sich ein Herz fasste und heranschlich. Und da stand er und windete*** und äugte lange Zeit, und schließlich schnürte er mit hängender Lunte und angelegten Gehören missmutig ab, denn sein Reh war fort, war bis auf die Schalen und einige Deckfetzen verschwunden, und weiter war nichts da als die niederträchtige und dabei doch verlockende Witterung.

Aber der Tod ging immer noch durch den Wald, und er schlug Stück um Stück mit harter Hand. Der Fuchs verlor den Mut nicht. Behände trabte er von Wechsel zu Wechsel, bis er einen fand, in dem eine kranke Fährte stand, und der hing er nach. So ganz leicht war es nicht, sie zu halten. Es schneite und schneite, und der Wind pfiff böse; er schob den Schnee von den Blößen vor die

---

* Eine Dünnung bezeichnet die Flanke des Wildes.
** Hecken heißt bei kleineren Säugetieren mehrere Jungen auf einmal werfen.
*** Winden = schnuppern.

Dickungen, fegte ihn hier zusammen, kehrte ihn dort fort, verdeckte auf weite Strecken die Rotfährte und vermischte sie endlich völlig. Das ganze helle Holz suchte der Fuchs ab; er nahm diese Fährte wieder auf, wo er sie zuerst gefunden hatte, und er hing ihr nach bis zu der Stelle, wo sie in der großen Schneewechte* unterging. Da saß er eine ganze Weile auf den Keulen, und dann schnürte er weiter, hungrig, müde und verdrießlich. Er suchte alle Rehdickungen ab; sie waren leer. Er schlich durch den Stangenort**; da war es tot. Er trabte den Bach entlang bis zum Vorholz; es war dort unten so wie oben.

Da schnürte er zu Felde, um an der Dieme*** auf Mäuse zu passen. Als er dort angelangt war, vergaß er alle Mäuse, denn er fand die kranke Fährte wieder. Eilig, aber behutsam, nahm er sie auf und hielt sie bis zu dem Fichtenmantel unter dem Altholze. Immer länger wurde er, denn immer wärmer wurde die Fährte, und schon war er in den Fichten, da fuhr er wie besessen heraus und stob in das Feld zurück. Denn in den Fichten war es nicht geheuer. Es hatte da gebrochen, so laut und so grob, als wenn ein Mensch da gegangen wäre, und es hatte dort geschnauft und geschnarcht, wie kein Tier des Waldes zu schnaufen und zu schnarchen vermag.

In guter Sicherheit stand der Fuchs im Schatten der krausen Feldeiche und überlegte. Dann holte er sich Wind. In weitem Bogen trabte er am Vorberg entlang, verschwand bei der Quellschlucht im Altholz, schnürte hoch über dem Fichtenmantel durch die Räumdungen**** und schlich vorsichtig näher. Gerade, als der Mond die Wolken fortschob, kam der Fuchs bei den Fichten an. Da war es still und einsam. Der Fuchs schlich näher, den vollen Wind nehmend, Rehwitterung zog ihm entgegen. Langsam schlich er näher, verhoffte, schlich wieder näher, der guten Witterung entgegen; da fuhr er zurück. Denn da war eine zweite Witterung, die fremde Witterung von vorhin, dieselbe, die er bei dem gefallenen Stück wahrgenommen hatte, das ihm verloren gegangen war, eine unbekannte, verdächtige, absonderliche, geheimnisvolle, niederträchtige Witterung, zwar keine von Mensch oder Hund, aber immerhin nicht ungefährlich und auf keinen Fall vertrauenswert. Und jetzt der Ton! Ein Blasen, Schnaufen, Schnarchen, wie es nachts oft aus den Ställen bei den Gehöften kommt. Der Fuchs drehte um und stahl sich davon. Er traute dem Frieden nicht.

Eine gelb gesäumte Wolke brachte den Mond wieder zu Bett. Das Schneetreiben setzte abermals ein. Da blies es lauter in den Fichten, da krachte es im Schnee, brach es in dem Fallholz, und schwarz und grob schob es sich aus der

---

* Eine Schneewechte ist ein Überhang von Schnee, der durch den Wind angeweht wurde.
** Ein Stangenort ist ein lichter Wald mit jungen Eichen und wenig Bodenbewuchs.
*** Eine Dieme ist ein größerer Haufen Stroh oder Heu, im Freien geschichtet.
**** Eine Räumdung ist ein großer Kahlschlag.

Dickung, verhoffte*, nahm laut schnaubend Wind, trat dichter an das gefallene Stück, dass der harte Schnee krachend zerbrach, prüfte noch einmal blasend den Wind und nahm dann den Fraß an.

Der Waldkauz, der allabendlich an dem Tannenmantel entlang strich, um eine Maus zu schlagen oder einen Vogel aus dem Versteck zu klatschen, rüttelte einen Augenblick neugierig über der kleinen Lichtung, von der ein lautes, gieriges Schmatzen und Schlabbern erscholl, untermischt mit dem Knirschen der Schneekruste und dem Krachen von Knochen. Dann strich die Eule ab; wo es laut war, gab es für sie nichts zu fangen.

Als der Fuchs am Spätnachmittag des anderen Tages den Tannenmantel absuchte, fand er dort, wo das Schmalreh gelegen hatte, nur noch die Schalen, einige zertrümmerte Knochen und etliche Fetzen der Decke in dem zerwühlten, niedergetretenen, besudelten Schnee. Alles andere hatte der von weither zugewechselte, versprengte Schwarzkittel verschlungen.

Der Tod ging immer noch durch den Wald, aber dem Fuchs bescherte er nichts. Jedes Stück, das Hunger und Hartschnee umwarfen, verschwand im Gebräche der Sau, sodass auch Reinke empfand, dass sie gekommen war, die Zeit der schweren Not.

(Hermann Löns)

Hasendämmerung

Jans Mümmelmann, der alte Heidhase, lag in seinem Lager auf dem blanken Heidberg, ließ sich die Mittagssonne auf den billigen Balg scheinen und dachte nach über Leben und Tod. Sein Leben war Mühe und Angst gewesen. Aber dennoch fand er, dass sein Leben köstlich gewesen war. Auf grünen Feldern hatte sich seine Jugendzeit abgespielt; seine Jünglingsjahre hatte er im Walde verlebt; die Jahre seiner männlichen Reife verbrachte er in der Heide, nachdem ihm Feld und Wald Menschenhass gelehrt hatten, und nur, wenn sein Herz sich nach Zärtlichkeiten sehnte, verließ er die Öde.

Da lebte er, ein einsamer Weltweiser. Die Äsung war mager, aber es stand nicht, wie beim Klee im Felde und bei der üppigen Wiese im Walde, die Angst bleichwangig und schlotterbeinig immer neben ihm; in Ruhe und Frieden konnte er da leben, sorglos im feinen Flugsand des Heidhügels die rheumatischen Glieder baden und dem Gesang der Heidelerchen lauschen.

Mümmelmann fand heute aber doch, dass er etwas Abwechslung in seine Nahrung bringen müsse. Keine Philosophie der Welt tröstet den Magen, und keine

---

* Verhoffen = stehen bleiben, um zu sichern.

Weltweisheit befestigt die Appetitlosigkeit. Beim Dorfe gab es jetzt schon junge Roggensaat. Auch brauner Kohl war da, ferner Apfelbaumrinde, etwas ganz Feines, und der Klee war schon hoch genug, an den Gräben wuchs allerlei winterhartes Kraut; Mümmelmann lief das Wasser hinter den gelben Zähnen zusammen.

Allerdings, so ohne Gefahr ging ein Diner beim Dorfe nicht ab. Fast immer stöberten Wasser oder Lord oder Widu oder Hektor oder ein anderer dieser scheußlichen Köter im Felde herum. Der Jagdaufseher hatte im Felde überall Tellereisen und Schwanenhälse liegen, und der Jagdpächter hielt sich immer in der Nähe des Dorfes mit seinem Schießknüppel auf. Er war ein bisschen sehr dick und hatte eine trockene Leber, sodass er sich nicht gern weit vom Kruge entfernte.

Aber schließlich, was kann das schlechte Leben helfen?, dachte Mümmelmann; einen Tod sterben wir Hasen ja doch nur, und besser ist es, im Dampfe dem guten Schützen sein Kompliment zu machen, als vor Altersschwäche den Schnäbeln der Krähen zum Opfer zu fallen. Und so machte er sorgfältig Toilette und rückte erst langsam, dann schneller gen Knubbendorf, wo er bei tiefer Dämmerung ankam.

Es war eine gemütliche Nacht. Der Schnee war weich und trocken, die Luft windstill, die Kälte nicht zu stark und der Himmel bedeckt, sodass Jans und die anderen keine Angst zu haben brauchten vor dem alten Krischan, dem Armenhäusler und Besenbinder, der mit seinem verrosteten Vorderlader bei hellen Nächten hinter dem Misthaufen auf die Hasen lauerte. Es gab ein langes Begrüßen und Erzählen, und so kam es, dass Jans völlig die Zeit verpasste und erst lange nach dem ersten Hahnenschrei, als der Tag schon mit rot verschlafenem Gesicht über die Geest stieg, nach seiner Heide zurückhoppelte, in Begleitung eines jungen, strammen Moorhasen, Ludjen Flinkfoot, seiner im letzten Herbst bei dem großen Kesseltreiben im Feuer gebliebenen Schwester Sohn. Den hatte er bewogen, mitzukommen, er wollte ihn erziehen und als Erben einsetzen.

Als sie aber an den Heiderand kamen, da stutzten sie und machten Männchen, denn vor ihnen zappelten im Frühwinde lauter bunte Lappen. Voller Angst liefen sie zurück und scharrten sich, nachdem sie erst viele Haken geschlagen und Widergänge gemacht hatten, in einem mächtigen Brombeerbusch bei den Fischteichen ihr Lager.

Inzwischen war im Dorfe großes Leben. Dreißig Männer waren gekommen, bis an die Zähne bewaffnet, schrecklich anzusehen in ihrem Kriegsschmuck. Sie waren in den Krug gegangen, aßen und tranken, was es gab, machten sich mit Pfeifen und Zigarren und auch sonst blauen Dunst vor, prügelten ihre Hunde, die sich bissen, kniffen allen weiblichen Wesen unter fünfzig Jahren die Arme braun und blau, erzählten sich mehr oder minder starke, neu aufgewärmte alte Witze und zogen dann los, die reine Winterluft mit dem Rauch ihrer Zigarren und die Morgenstille mit dem Geknarre ihrer Stimmen erfüllend und sich freuend über den klaren, windstillen, schönen Tag, der so recht geeignet sei für den Hasenmassenmord.

Dicht hinter dem Dorfe wurde der erste Kessel gemacht. Ein Waldhorn erklang, Schützen und Treiber setzten sich nach dem Zentrum in Bewegung, und das Kriegsgeschrei der rauen Kehlen dröhnte durch den Wintermorgen. Da wurden überall graue Flecke im weißen Schnee sichtbar, die sich zu Pfählen verlängerten, unschlüssig hin und her hoppelten, wie besessen dahinrasten, und dann knallte es hier, blitzte es da, rauchte es dort, und ein Hase nach dem anderen rückte zusammen, wurde kürzer, immer kürzer, blieb schließlich liegen, sprang noch einmal in die Höhe und lag dann ganz still. Andere schlugen im Dampf ein Rad, dass der Schnee stäubte, wieder andere liefen wie gesund weiter und fielen plötzlich um. Und immer enger wurde der Kessel, immer zerfurchter seine Schneedecke von den Spuren der Hasen und den eingeschlagenen Schroten, und hellrote Flecke und Streifen sowie die dunklen Patronenpropfen unterbrachen seine Farblosigkeit.

Ein Leiterwagen nahm die toten Hasen auf, und es ging zum zweiten Kessel. Und als der abgetrieben war, kam der dritte an die Reihe, und dann ging es zum Jagdhaus vor dem Moor, wo der Wirt mit seinen Töchtern Bohnensuppe auffüllte und Glühwein einschenkte und Grog. Da gab es ein großes Erzählen hin und her, sodass Herr Markwart, der Häher, und Frau Eitel, die Elster, entsetzt abstoben und es weit und breit herumbrachten, dass die Jäger wieder einmal da wären und schon hundertundsiebzig Hasen ermordet hätten.

Mümmelmann hörte aufmerksam zu, als Frau Eitel das Herrn Luthals, dem Würger, erzählte, und er dachte bei sich: »Wenn sie schon so viel haben, dann werden die Schinder wohl nicht mehr hierherkommen«, und er flüsterte Ludjen Flinkfoot zu: »Bleib immer hübsch still liegen, mein Junge, mag kommen, was da kommen will; wer sich nicht zeigt, wird nicht gesehen, und wer nicht gesehen wird, den trifft kein Blei.«

Es kam aber anders: Wieder klang das Horn. »Schwerenot noch einmal«, knurrte Jans unter seinem bereiften Bart her, »noch ein Kessel? Die Sonne geht ja schon in ihr Lager. Und ich glaube, die Bande kommt auf uns zu.« Ein furchtbares Gebrüll erhob sich von allen Seiten, der Boden dröhnte, Schüsse knallten. Ludjen wollte weg, aber der Alte rief: »Bliw liggen, du Döskopp«; denn wenn er erregt wurde, sprach er Platt, was er sich sonst als unfein abgewöhnt hatte, und dann setzte er hinzu: »Man kann nicht wissen, was passiert. Ich habe so eine Ahnung, als ob ich die Sonne nicht mehr aufgehen sehen soll. Und nun höre zu: Falle ich und du bleibst gesund, so rückst du in die Heide, bis du an den Heidberg kommst, wo die großmächtigen Steine aufeinanderliegen. Da bist du das ganze Jahr sicher, da kommt niemand hin als die dämlichen Schafe und höchstens einmal Reinke Rotvoss, der alte Schleicher; der erzählt ganz gut, aber halte ihn dir drei Schritte vom Leibe. Einem Fuchs darf man erst trauen, wenn er kalt und steif ist.«

Tiere im Winter

Näher kam das Getrampel, dichter folgten die Schüsse, hin und her flitzten die Hasen, kobolzten von den Dämmen auf das Eis der Teiche und blieben da liegen. Auf einmal schwoll das Gebrüll noch weiter an: »De Voss, de Voss!«, riefen die Treiber und domm, domm, domm, domm krachte es. Mümmelmann hörte es in den Brombeeren knistern, etwas Rotes sauste über ihn fort, dann etwas Schwarzweißes, und dicht vor ihm schlug sich ein großer Hund den Fuchs um den Kopf.

»Meinen Segen hat er«, dachte der alte Hase bei aller Angst; doch im nächsten Augenblick fuhr er aus seinem Lager, denn ein zweiter Hund kam an und wollte ihn gerade fassen: »Da löppt noch een!«, schrien die Treiber. Aber Jans war nicht umsonst bei seiner Mutter, der erfahrenen Gelke Mümmelmann, in die Lehre gegangen. Er schlug einen Haken über den anderen und hielt sich immer dicht vor dem Hund, sodass kein Schütze zu schießen wagte. Auf einmal aber krachte ein Schuss, die Schrote schlugen pfeifend auf das Eis, der Hund jaulte auf, und wütende Stimmen erhoben sich.

»Junger Mann, Sie haben meinen Hund totgeschossen!«, brüllte ein dicker Herr.

»Ja, was kann ich dafür«, rief der dünne Student, »ich habe ihn nicht gesehen; was hat der Hund auch im Kessel herumzubiestern?«

Und der Dicke schrie wieder: »Er sollte den Fuchs apportieren. Der Hund hat mich dreihundert Mark gekostet.«

Und der Student rief: »Dreihundert Mark? Na, der Ihnen das abgeknöpft hat, der wird schön gelacht haben. Ich habe den Hund ja arbeiten sehen; hühnerrein war er, straßenrein auch, und Hasen hetzte er famos. Und wenn er auch nicht eingetragen war, ein ausgetragenes Biest war er doch, und die Rassenmerkmale hatte er innerlich wie die Ziegen den Speck. Dreihundert Mark? Lächerlich, Sie meinen wohl Pfennige?« So ging es weiter, und keiner achtete auf Mümmelmann. Der machte, dass er fortkam, denn er hasste Zank und Streit. Ihm tat nur Ludjen leid, um den Jungen hatte er Bange. Es dämmerte schon, als er an den Heiderand kam, und gerade dachte er, er wollte sich um die Lappen nicht kümmern, da krachte es, und wie zwanzig Peitschenhiebe auf einmal fühlte er es in Rücken und Keulen. Das war der Jagdaufseher gewesen, der die Lappen aufrollen wollte.

Jans fühlte, dass es mit ihm aus war. Aber er kam doch noch vom Fleck und tauchte in der Dämmerung unter. Ihm war sehr schwach zumute, obgleich er gar keine Schmerzen hatte; nur das Laufen wurde ihm schwer und das Atmen. Er kam noch bis zu dem alten Steingrab auf dem Heidberg, und da wühlte er sich in den weichen Sand, lag ganz still und äugte nach dem hellen Sternenbild, das über dem fernen Wald stand und ganz wie ein riesenhafter Hase aussah.

Als der Mond über den Wald kam, da hoppelte auch Ludjen Flinkfoot heran. Er hatte, so schwer es ihm bei seiner Angst auch wurde, seines Oheims Ratschläge befolgt und war gesund davongekommen. Der gute Junge war sehr betrübt, dass er ihn todkrank fand; er rückte dicht an ihn heran und wärmte den Fiebernden.

Als es vom Dorf Mitternacht schlug, da wurden Mümmelmanns Seher groß und starr; er sah die Zukunft vor sich: »Der Mensch ist auf die Erde gekommen«, sprach er, »um den Bären zu töten, den Luchs und den Wolf, den Fuchs und das Wiesel, den Adler und den Habicht, den Raben und die Krähe. Alle Hasen, die in der Üppigkeit der Felder und im Wohlleben der Krautgärten die Leiber pflegen, wird er auch vernichten. Nur die Heidhasen, die stillen und genügsamen, wird er übersehen, und schließlich wird der Mensch gegen Menschen sich kehren, und sie werden sich alle ermorden. Dann wird Frieden auf Erden sein. Nur die Hirsche und Rehe und die kleinen Vögel werden auf ihr leben und die Hasen, die Abkömmlinge von mir und meinem Geschlecht, Du, Ludjen, mein Schwestersohn, wirst den reinen Schlag fortpflanzen, und dein Geschlecht wird herrschen von Anfang bis Untergang. Der Hase wird Herr der Erde sein, denn sein ist die höchste Fruchtbarkeit und das reinste Herz.«

Da rief der Kauz im Walde dreimal laut: »Komm mit, komm mit, komm mit zur Ruh, zur Ruh, zur Ruhuhuhu!«, und Mümmelmann flüsterte: »Ich komme«, und seine Seher brachen.

Ludjen hielt die Totenwacht bei seinem Oheim; drei Tage und drei Nächte blieb er bei ihm. Als er aber nach der vierten Nacht zurückkam zum Hünengrab, da war der Leib seines Oheims verschwunden, und Ludjen meinte, die kleinen weißen Hasen wären gekommen und hätten ihn weggeholt zu dem Hasenparadiese, wo der große, weiße Hase auf dem unendlichen Kleeanger sitzt.

Reinke Rotvossens Vetternschaft aber wunderte sich, dass der alte dreibeinige Heidfuchs, der immer so klapperdürr war, seit einigen Tagen einen strammen Balg hatte. Er hatte seinen Freund Mümmelmann bestattet auf seine Art.

(Hermann Löns)

Der Winter kommt ins Tal

Der englische Schriftsteller Nigel Hinton (*1941) schildert in seinem Roman
The Heart of the Valley *(1986) die Geschichte einer Heckenbraunelle. In einem klirrend kalten Januar beginnt die Erzählung: Das ganze Tal ist durch einen Schneesturm von der Außenwelt abgeschlossen, es gibt nichts mehr zu essen. Der kleine, unscheinbare Vogel verlässt sein Revier und findet Unterschlupf in einer Scheune; für das winzige Geschöpf beginnt der erbarmungslose Kampf mit den Gesetzen der Natur, bei dem es ums Überleben geht.*

Das bitterkalte Wetter setzte in der dritten Januar-Woche ein. Bis dahin war der erste Winter der Heckenbraunelle relativ angenehm verlaufen. Der lange, goldene Herbst hatte beinahe bis Ende November gedauert. Einige scharfe

Nachtfröste hatten wohl die Insekten etwas dezimiert, aber während der strahlenden Sonnentage hatte sie reichlich Samen gefunden. Es folgte ein ungewöhnlich milder und nicht allzu feuchter Dezember, der einige Insekten wieder hervorlockte, und sie konnte sich sattfressen. Zu Jahresbeginn war sie rund und kräftig. Dann hatte Ostwind eingesetzt, und die Temperatur war unter den Nullpunkt gesunken.

Während der ersten drei Tage hatte sie fast die ganze Zeit im dichten Gestrüpp ihres Schlehdorngebüsches gehockt, um ihre Kräfte zu schonen. Am vierten Tag, kurz vor Morgengrauen, ließ der heulende, böige Wind nach, und es begann, zu schneien. Quälender Hunger und plötzlich erwachte böse Vorahnungen trieben sie auf Futtersuche hinaus.

Im grauen Morgenlicht färbten die dichten Flocken bald alles weiß und veränderten die Formen der Dinge. Sie strich am Rand des Birkenwaldes entlang und suchte nach Samen, bevor sie unter der Schneedecke verschwanden. Der Schnee erfüllte sie mit Entsetzen. Die ständige, verschwommene Bewegung verwirrte sie, sodass sie oft grundlos zurückschreckte und in ein Versteck floh. Einmal war ihr Gesichtskreis jedoch so eingeengt, dass sie sich noch auf dem Boden befand, als neben ihr plötzlich eine große Gestalt aus dem Flockenspiel hervorschoss. Es war nur ein Kaninchen, das einen kurzen Ausflug aus seinem Bau unternahm, doch dieses Erlebnis machte sie noch ängstlicher, und sie saß oft lange im Gebüsch versteckt und spähte misstrauisch in das wirbelnde Weiß hinaus. Sie sehnte sich danach, in die Sicherheit ihres Schlafplatzes zurückzukehren, aber zuerst musste sie ihren Hunger stillen.

Wieder flog sie in die gefahrvolle offene Landschaft hinaus und flatterte eilig den Hang zu einem kleinen Bach hinunter. Gewöhnlich bescherte ihr die weiche Erde an seinen Ufern Regenwürmer, und oft fand sie dort auch Samen, die der Bach weiter oben in seinem Lauf mitgerissen hatte. Heute jedoch waren die Würmer in dem zerklüfteten, hartgefrorenen Boden eingeschlossen, und dass der Bach noch floss, war nur an den perlenden Luftblasen unterhalb der zentimeterdicken Eisschicht zu erkennen.

Sie huschte den Bach entlang von Busch zu Busch, bis ein scharfes, warnendes *tick-tick-tick* sie innehalten ließ. Ein Rotkehlchen schoss aus dem Farndickicht und plusterte sein rotes Brustgefieder auf. Es hob den Kopf, stieß noch einmal seinen Warnruf aus und hüpfte dann über den Schnee angriffslustig auf sie zu. Sie senkte unterwürfig den Kopf und floh hangaufwärts aus seinem Revier.

Die dem Wind abgewandte Seite einer Birke bot etwas Schutz vor dem wirbelnden Weiß, und als sie dort landete, hämmerte ihr Herz vor Verstörung und Angst. Unruhig zuckte ihr Kopf hin und her, während sie versuchte, die entsetzliche Veränderung zu begreifen, die über ihre Welt hereingebrochen war. Nichts war so wie vorher – die Luft war von herabfallenden Gestalten erfüllt, die sie zwar nicht unmittelbar bedrohten, wie sie nach und nach erkannte, die aber die Außenwelt noch gefährlicher machten. Irgendwo dort draußen lauerten ihre Feinde und strichen herum, ihren Blicken verborgen, bis es vielleicht zu spät war.

Der Schnee hatte sich so schnell angehäuft, dass er zu beiden Seiten des kleinen freien Flecks, auf dem sie saß, beinahe die Höhe ihrer Augen erreichte. Jetzt war es nicht mehr möglich, darunter Futter zu finden, und der nagende Hunger wurde schlimmer. Sie pickte auf dem kleinen freien Fleck rings um sie probeweise einige Dinge mit dem Schnabel auf und ließ sie wieder fallen.

Ein Eichhörnchen rannte über einen der unteren Äste der Birke und sprang auf den nächsten Baum. Die Braunelle nahm die Bewegung aus den Augenwinkeln wahr, drückte sich auf den Boden und erstarrte. Sobald das Eichhörnchen abgesprungen war, schnellte der Ast wieder in die Höhe und überschüttete die Braunelle mit einem Schneeschauer. Von Panik erfüllt, flog sie auf, in das wirbelnde Chaos hinaus, ohne auf die Richtung zu achten.

Am östlichen Ende des Waldes war das Farndickicht auf der Hügelkuppe bereits vollkommen von Schnee bedeckt und sah aus wie eine Miniaturlandschaft aus weißen Tälern und Hügeln. Unter der Schneedecke waren jedoch noch braune Farnwedel zu erkennen, und die Braunelle steuerte auf dieses letzte vertraute Merkmal ihrer Welt zu. Sie landete in dem Hohlraum unterhalb der Schneeschicht und hüpfte von dort auf den gebogenen Stängel eines Farns. Der Schnee hatte Farne und Brombeerranken niedergedrückt, sodass es im Gewirr des Unterholzes noch dunkler war als sonst. Aber hier war der Boden wenigstens noch schneefrei.

Sie wartete, vollkommen reglos, und spähte in die Finsternis. In einem so verfilzten Dickicht konnte unmöglich ein größeres Tier lauern. Sie hüpfte von Ranke zu Ranke immer tiefer in die Dunkelheit hinein, blieb nach jedem Sprung eine Weile sitzen und hielt Ausschau nach Gefahren. Als sie beinahe im Zentrum des Dickichts angelangt war, wagte sie endlich, auf den Boden zu hüpfen. Der Frost war hier nicht so tief eingedrungen, und sie begann, an dem modernden Laub zu picken. Die oberste Lage war zu Klumpen gefroren, die sie nur mit Mühe umdrehen konnte, aber sie gab nicht auf, und es gelang ihr, einen kleinen Fleck freizulegen. Sobald sie das geschafft hatte, fiel es ihr leichter, den nächsten Klumpen zu wenden. Hier in dem zusammengepressten, verrottenden Blätterhumus fand sie endlich Nahrung – ein paar Samen und Schmetterlingspuppen.

In den nächsten Stunden arbeitete sie sich weiter, wendete die Blätter und suchte mit dem Schnabel nach ein paar Bröckchen Futter. Je mehr der Hunger nachließ, desto schärfer wurden ihre Sinne, und sie musterte immer wieder misstrauisch ihre Umgebung. Als ihr Magen endlich gefüllt war, genügte das Zittern eines Blattes, und schon floh sie auf den nächsten Ast. Ihr Verlangen, diesen dunklen, fremden Ort zu verlassen, wurde immer stärker, und die Sicherheit ihres Schlafplatzes erschien ihr immer verlockender. Als das zunehmende Gewicht des Schnees die Zweige plötzlich tiefer hinunterdrückte, flog sie erschrocken auf und schlüpfte durch die Öffnung des Dickichts ins Freie hinaus.

Es schneite noch stärker als zuvor, und sie steuerte fast im Blindflug am Waldrand entlang, bis sie den Schlehdornbusch erreichte, in dessen Mitte sich ihr Schlafplatz befand. Nahe dem Hauptstamm hatten sich lange Grashalme um den untersten Ast geschlungen und so einen schützenden Tunnel gebildet, der gerade groß genug für ihren kleinen Körper war. Sie zwängte sich hindurch und fand die Gemütlichkeit und Sicherheit ihres Heims wieder. Hier war sie vor dem Wind geschützt, das Futter in ihrem Magen wärmte sie, und wohlig rückte sie sich zurecht und entspannte sich. Als sie ihr Gefieder aufplusterte, um so eine warme isolierende Luftschicht zu schaffen, spürte sie den tröstlichen Druck des Grases, das sich im Lauf der Monate ihrem Körper angepasst hatte.

Gegen neun Uhr abends hörte es zu schneien auf. Die Wolkendecke begann, aufzureißen, gegen Mitternacht verschwanden auch die letzten zerfetzten Wolkenstreifen, und der Mond strahlte hell aus der kalten, schwarzen Tiefe des Raums. Der Schnee knirschte leise und wurde infolge der strengen Kälte hart.

Eine Schleiereule flog geräuschlos durch den Wald. So oft sie die Flügel hob, leuchteten die weißen Flaumfedern silbern im Mondlicht. Sie ließ sich auf dem Wipfel einer Birke nieder und kreischte. Der langgezogene, unheimliche Schrei weckte die Braunelle, die vor Schreck leise zu zwitschern begann, dann unvermittelt abbrach und sich enger an den Stamm drückte. Die Eule beobachtete den Schlehdornbusch und lauerte auf die geringste Bewegung. Fünf Minuten lang rührte sie sich nicht, dann wendete sie den Kopf, ohne Körper und Beine zu bewegen, und ließ ihren Blick rundum über die weiße Weite schweifen. Dann, als hätte die vollkommene Reglosigkeit sie verärgert, kreischte sie plötzlich nochmals auf, senkte den Kopf, schwang ihn hin und her und klappte den Schnabel auf und zu. Das laute Schnappen halte durch die Stille wie das Geräusch zerbrechender Knochen, sodass ein Feldsperling, der in einem Stechpalmenbusch saß, plötzlich die Nerven verlor. Er schlug mit den Flügeln und hüpfte auf einen anderen Zweig. Das leise Rascheln der Stechpalmenblätter erregte die Aufmerksamkeit der Eule. Sie hob drohend den Kopf und wandte ihn dem Busch zu. Die Nickhaut glitt über ihre Augen, sie schienen sich zu schließen, doch durch die schmalen Schlitze hielt die Eule nach weiteren verräterischen Zeichen Ausschau. Als sich nichts rührte, ließ sie sich nach vorn fallen und segelte auf den Stechpalmenbusch hinunter. Sie umklammerte den obersten Zweig, richtete sich hoch auf und begann, wild mit den Flügeln zu schlagen. Der Busch schwankte und bebte, bis der Feldsperling, von Panik erfasst, in die

Dunkelheit hinausflatterte. Er landete verstört im Schnee, hob den Kopf und konnte gerade noch einen Blick auf den Mond werfen, bevor dieser durch den herabstoßenden Schatten der Eule verdunkelt wurde.

Ihre scharfen Krallen zermalmten den Kopf ihres Opfers, und einen Augenblick später flog sie mit dem leblosen Körper in die Nacht hinaus.

Die Braunelle hatte alles mit angehört, und es dauerte eine volle Stunde, bis sich ihre zitternden Nerven beruhigten und sie wieder einschlief.

Der nächste Tag war klar, hell und bitterkalt. Die Sonne glitzerte auf dem gefrorenen Schnee, als die Braunelle zu dem Farndickicht zurückflog, in dem sie am Tag vorher Futter gefunden hatte. Vor der Öffnung hatte sich Schnee angehäuft, und sie hüpfte suchend auf der harten Kruste herum, bis sie einen schmalen Durchlass entdeckte. Wieder musste sie mühsam die gefrorene Laubschicht mit dem Schnabel zerteilen, doch allmählich legte sie einige Samen frei, die sie gierig aufpickte.

Eine winzige Maus erschien und schwang sich von einer dicken Brombeerranke auf einen Farnstängel. Die Braunelle legte den Kopf schief und starrte den Eindringling an. Die Vorderpfoten auf den Farn gestützt, den Schwanz um die Ranke geschlungen, hielt die Maus inne. Die Braunelle hob drohend die Flügel und trippelte mit ein paar schnellen Schritten auf sie zu. Die Maus machte kehrt, huschte die Ranke hinauf und verschwand. Die Braunelle starrte ihr noch lange nach, dann stieß sie ein hohes »Ziiirp« aus, um die Maus noch einmal zu warnen, und nahm die Futtersuche wieder auf.

Kurz nach Mittag verließ sie das Farndickicht und flog zum Schlehdorn zurück. Doch statt ihre Schlafstelle aufzusuchen, flog sie zu einer nahen Birke, wo sie am Ansatz eines unteren Astes ein schönes, sonniges Plätzchen entdeckt hatte. Eine Zeit lang wärmten sie die Sonnenstrahlen trotz der eisigen Luft. Sie blieb sitzen, genoss das Licht und putzte ihr Gefieder, bis der letzte Sonnenstrahl verschwand und ihr Sitzplatz in eisigem Schatten lag. Sie flog hinunter und pickte versuchsweise in der Umgebung ihres Schlehdornbusches im Schnee. Mehrere Stunden lang suchte sie das Gebiet zwischen ihrem Busch und dem Waldrand ergebnislos nach Futter ab. Die Kälte drang durch ihr Gefieder, und ihr Körper kühlte sich rasch ab. Sie musste wieder Futter finden, sonst würde sie die bevorstehende lange Nacht nicht überleben.

Die Sonne ging bereits unter und färbte den aufsteigenden Nebel rosa, als die Braunelle zu dem Farndickicht zurückflog. Als sie durch den Eingang schlüpfte, verschwand die Maus, die in dem von der Braunelle umgedrehten Laub gescharrt hatte, hinter einem Büschel Farnwedel. Die Braunelle machte sich sofort an die Arbeit und durchsuchte die Blätterschicht mit raschen Schnabelbewegungen. Zum Glück entdeckte sie sehr bald eine Menge Samen und füllte sie in ihren Kropf. Sie war eben damit fertig und begann, mit dem

Rücken zum Eingang an einem festgefrorenen Stück der Laubschicht zu zerren, als sie draußen ein leises Knirschen vernahm. Ein großes Tier, so schwer, dass es durch die harte Oberfläche des Schnees brach, näherte sich dem Farndickicht.

Die Braunelle hob den Kopf und drehte sich genau in dem Augenblick um, als das durch den Eingang hereinfallende Licht sich verdüsterte. Sie sah, wie die lange, spitze Schnauze und die aufgerichteten Ohren eines Fuchses das Loch allmählich ausfüllten, dann wurde es dunkel. Sie rührte sich nicht.

Der Fuchs hatte seinen Bau früher als sonst verlassen, weil die Kälte ihn ebenso wie alle anderen Tiere hungrig gemacht hatte. Er war unterwegs zu den kleinen, verstreuten Ansiedlungen im Tal – Brook Cottage, Little Ashden und Forge Farm –, und als er an dem Farndickicht vorüberkam, hatte ihm aus dessen Öffnung ein Geruch entgegengeschlagen, dem er nachzugehen beschloss.

Drinnen war es dunkel, aber jetzt konnte seine scharfe Nase den Geruch identifizieren – Vogel und Maus. Er zwängte den Kopf tiefer in die Öffnung und scharrte mit den Vorderpfoten den Schnee weg. Die Farnstängel gaben nach, und der vordere Teil seines Körpers glitt in den von Brombeerranken überdachten Hohlraum.

Die Braunelle flog nach rechts, prallte gegen Zweige und stürzte zu Boden. Heftig flatternd versuchte sie das Gleichgewicht wiederzufinden, und es gelang ihr, auf einem anderen Zweig Halt zu finden. Ihr Geflatter und ihr aufgeregtes Piepsen steigerten den Blutdurst des Fuchses. Er entblößte seine scharfen Fangzähne und drängte sich noch tiefer in das dichte Unterholz. Die Büsche bebten, und das feine Astgewirr, auf dem der Schnee gelegen hatte, wölbte sich und gab nach. Festgefrorene Schneeklumpen prasselten auf den Rücken des Fuchses nieder.

Als die kleine Lawine sich löste, schnellten die von der Last befreiten Aste hoch. Die Braunelle erblickte über sich ein kleines Fleckchen Himmel und strebte mit aller Kraft darauf zu. Ihre Flügel streiften die Farne, aber sie kam durch und flog ins Freie hinaus.

Der Fuchs hörte die sich entfernenden Flügelschläge und kroch im Rückwärtsgang aus dem Gebüsch. Etwas Schnee glitt von seinen Schultern und fiel auf die Farne, hinter denen sich die verängstigte Maus versteckt hatte. Sie sprang hinter dem Farnbüschel hervor, begann, hastig über die Schneebrocken zu klettern, verlor in der Eile den Halt und rutschte mit den Vorderpfoten ab. Der Fuchs sah die Bewegung, stieß mit der Schnauze vor, schnappte nach dem kleinen Geschöpf und zermalmte es zwischen den Zähnen.

Als die Braunelle ihren Schlafplatz endlich wieder erreichte, war die Sonne bereits untergegangen. Am Horizont leuchtete noch ein hellgrüner Streifen, aber darüber glitzerte bereits einsam und eisig der Polarstern am dunkelblauen Nachthimmel.

Es war eine lange, furchtbare Nacht. Die Temperatur sank stündlich tiefer, bis sie um Mitternacht minus sechzehn Grad erreichte. Unten am Bach schwankte das Rotkehlchen, das die Braunelle verjagt hatte, auf seinem Ast, dann stürzte es kopfüber zu Boden, tot. Der Leichnam fiel auf das Eis und glitt ein Stück weiter, bevor er mit zum Himmel gereckten Beinen liegen blieb. Kurz vor Morgengrauen fand ihn eine Ratte.

Im Birkenwald erfror ein Baumläufer in dem Efeu, in dem er nistete, und wurde erst vier Tage später von einer hungrigen Elster dort entdeckt. Zwei Goldhähnchen, die im Unterholz in der Nähe des Schlehdorns ihren Schlafplatz hatten, starben wenige Minuten nacheinander; ihre starren, kleinen Leichen lagen nebeneinander in Schnee. In dem gesamten Gebiet begann ein großes Vogelsterben. Am Anfang der Kälteperiode waren wie alljährlich nur die schwachen Tiere auf der Strecke geblieben, doch dieser harten Prüfung erlagen sogar junge, kräftige Vögel.

Die Braunelle kauerte in ihrer Schlafhöhle, mit aufgeplustertem Gefieder und vor die Brust geschlagenen Flügeln. Die Kälte schien sich auf ihre Schädeldecke zu konzentrieren und lähmte beinahe ihr Gehirn. Im Gegensatz zu den meisten anderen Vögeln im Wald hatte sie jedoch in den letzten beiden Tagen genügend gefressen, sodass ihre Kraft- und Wärmereserven ausreichten, um die Nacht zu überleben. Während sie in ihrer kleinen Grashöhle saß, überliefen von Zeit zu Zeit heftige Schauer ihren Körper. Bis jetzt war sie in ihrem jungen Leben ein einsames, unabhängiges Geschöpf gewesen – sie hatte Artgenossen, die ihr zu nahe kamen, sogar aggressiv abgewehrt. Jetzt aber weckten Schmerz und Angst ein neues, wenn auch noch undeutliches Verlangen in ihr – sie sehnte sich nach tröstlicher Gesellschaft, nach dem Schutz und der Wärme eines anderen Körpers.

Bei Tagesanbruch hüpfte die Braunelle steif aus ihrer Schlafhöhle und setzte sich auf das Ende des Astes. Die Luft war so schneidend kalt, dass sie die Welt durch halbgeschlossene Lider hindurch betrachten musste. Sie schlug schwach mit den Flügeln, verlor beinahe das Gleichgewicht, richtete sich wieder auf, schlug noch einmal mit den Flügeln, hob ab und flog in den Wald. Nach dem kurzen Flug schwindelte ihr, und als sie auf dem Boden landete, hüpfte sie sofort weiter über den Schnee, um nicht umzufallen. Ihr Körper war steif, und sie musste sich bewegen, um ihre Glieder zu lockern, aber wenn sie nicht bald Nahrung fand, würde sie sich nicht mehr lange bewegen können.

Sie zwang sich, in kurzen Etappen von Baum zu Baum zu fliegen, und rastete jedes Mal ein Weilchen, um Kraft für den nächsten Flug zu sammeln. Endlich tauchte sie aus der Dunkelheit des Waldes auf und setzte sich auf einen kleinen Schlehenstrauch. Die Sonne stieg bereits über den Bäumen und Felsen auf der anderen Talseite empor, aber ihre schwachen Strahlen wärmten nicht. Zu ihrer Linken lag das Farn- und Brombeerdickicht, in dem sie in den vergangenen zwei Tagen Nahrung gefunden hatte. Der Fuchs hatte die Schneedecke darüber zum Einsturz gebracht und ihren Futterplatz verschüttet – nun lagen die Samen dort wie überall unter der gefrorenen Kruste begraben. Außerdem assoziierte sie diesen Ort jetzt mit Gefahr, deshalb überflog sie ihn und landete jenseits davon auf dem Schnee. Von hier fiel das hügelige Weideland, ein glitzernd weißes Schneemeer, steil ins Tal ab.

Am Fuß des Hügels gab es eine von Hecken gesäumte Straße. Jenseits der Straße lag ein schmaler Streifen Weideland und dahinter der kleine Fluss, der im Laufe vieler Jahrtausende das Tal geschaffen hatte. Hinter der Baumreihe am anderen Flussufer spiegelte sich die Sonne in den weißen Schornsteinkappen der Darren von Forge Farm. Links von der Braunelle stand, etwas abseits von der Straße, Brook Cottage, und aus den Hecken, die das Anwesen umgaben, tönte das schwache Zwitschern vieler Vögel. Aus dem Schornstein des Hauses stieg eine Rauchfahne empor und verflüchtigte sich in der kalten, ruhigen Luft des Tales zu einem feinen, blauen Dunstschleier.

Diese Gegend lag jenseits des Reviers der Braunelle. Bisher hatte ihr Instinkt sie dazu gezwungen, in der Nähe ihres Schlafplatzes zu bleiben, jetzt aber gewannen zwei noch stärkere Triebe die Oberhand. Sie brauchte Nahrung. In ihrem heimatlichen Revier fand sie keine mehr, doch die Geräusche, die von Brook Cottage zu ihr drangen, verhießen Futter. Und fast ebenso dringend wie Nahrung brauchte sie Gesellschaft.

Lange Zeit hielt die Angst sie zurück. Dann ging in Brook Cottage eine blaue Tür auf, und eine Frau trat aus dem Haus. Der Vogellärm verstummte. Ein kleiner, schwarz-weißer Hund schoss aus der Tür und rannte kläffend und nach unsichtbaren Feinden schnappend im Garten herum. Die Frau machte sich an einem großen, hölzernen Gegenstand im Garten zu schaffen. Nach ein paar Minuten kehrte sie zur Tür zurück und rief. Der Hund beendete seine wilde Jagd und lief ins Haus. Die Tür schloss sich. Kurze Zeit herrschte Stille, dann begannen die Vögel, zu dem hölzernen Gegenstand zu fliegen. Ihr lautes, aufgeregtes Gezwitscher konnte nur eines bedeuten: Futter.

Noch hielten die einschränkenden Verhaltensmuster ihres bisherigen Lebens die Braunelle zurück. Es war schrecklich für sie, das Bekannte zu verlassen, und sie schrak davor zurück. Schließlich aber übertönte der Ruf von unten ihre Angst und verlieh ihren Flügeln neue Kraft. Sie verließ ihr Revier und flog auf das Unbekannte zu.

(Nigel Hinton)

Walden – Wintertiere im entlegenen Massachusetts

Wenn die Teiche fest zugefroren waren, gestatteten sie nicht nur neue und kürzere Wege nach vielen Punkten, sondern auch von ihrer Oberfläche aus neue Rundblicke auf die vertraute Landschaft. Wenn ich quer über Flints Teich ging, nachdem er mit Schnee bedeckt war, so erschien er mir, obwohl ich oft auf ihm gerudert und Schlittschuh gelaufen hatte, so überraschend breit und so fremd, dass ich unwillkürlich immer wieder an Baffins Bay denken musste. Rund um mich herum stiegen am Horizont der schneebedeckten Ebene die Lincolnhügel empor. Ich aber konnte mich nicht erinnern, je vorher auf ihr gestanden zu haben. Die Fischer, die sich mit ihren wolfartigen Hunden in unbestimmbarer Entfernung über das Eis bewegten, erinnerten an Robbenjäger und an Eskimos, oder wirkten bei Nebelwetter in der Ferne wie monströse Geschöpfe, von denen man nicht wusste, ob sie Riesen oder Pygmäen waren. Diesen Weg über das Eis schlug ich ein, wenn ich mich abends zum Vortrag nach Lincoln begab, sodass ich zwischen meiner Hütte und dem Vorlesungssaal weder eine Straße betrat noch an einem Haus vorbeikam. Auf dem Gänseteich, der auf meinem Wege lag, wohnte eine Kolonie Bisamratten, welche ihre Nester weit über das Eis erhöht hatten. Doch ließ sich keines der Tiere blicken, als ich hinüberging. Der Walden, der wie die meisten anderen Seen nicht mit Schnee bedeckt war oder doch nur flache und vereinzelte schneebedeckte Stellen zeigte, war mein Hof, in welchem ich ungehindert herumspielen konnte, wenn der Schnee an anderen Orten fast zwei Fuß tief den Boden bedeckte und die Dorfbewohner auf ihre Straßen allein angewiesen waren. Hier, fern von der Dorfstraße, wo ich nur nach langen Zwischenräumen das Schellengeläute der Schlitten hörte, glitt ich auf dem Eis dahin und lief Schlittschuh wie in einem großen, gut ausgetretenen Hofe, in welchem sich die Elche zur Winterzeit aufhalten. Eichenwälder umrahmten ihn und feierliche Tannen, die der Schnee niederbeugte oder die stolz ihre Eiszapfen emporstreckten.

In Winternächten und auch oft an Wintertagen drang der hilflose, einsame Schrei einer Heuleule aus unendlicher Ferne melodisch zu mir herüber. Das war ein Ton, wie ihn die gefrorene Erde hervorbringen würde, wenn man sie mit einem passenden *plectrum** schlüge. Er gehörte zu der unverfälschten, mir schließlich ganz vertrauten *lingua vernacula*** der Waldenwälder. Den Vogel, der so sprach, sah ich allerdings in solchen Augenblicken nie. Selten öffnete ich an einem Winterabend meine Tür, um diesen Klang zu hören. Hu–hu–hu–hurruh–hu schallte es wohlklingend daher, oder die drei ersten Silben klangen wie *hauderduh*, oder auch bisweilen nur wie Huh–Huh. Einmal wurde ich im Anfang

---

* *Plectrum* = ein Plättchen, mit dem Zupfinstrumente angeschlagen oder gezupft werden.
** *Lingua vernacula* ist die jeweilige Landes- und Nationalsprache.

des Winters, abends spät gegen neun Uhr, durch das laute »Honk« der Wildgänse aufgeschreckt. Ich ging zur Tür und hörte, als sie über mein Haus zogen, ihr Flügelrauschen, das dem Sturmwind in Wäldern glich. Sie flogen über den Teich nach Fair Haven, und waren augenscheinlich durch meine Lampe vom Niederlassen abgeschreckt. In regelmäßigen Zwischenräumen ließ der Führer stets sein Honk ertönen. Plötzlich gab ganz in meiner Nähe ohne Zweifel eine Katzeneule mit der schrillsten, fürchterlichsten Stimme, die ich je von einem Waldbewohner vernommen habe, regelmäßig der Gans eine Antwort, als ob sie – die Eingeborene – entschlossen sei, diesen Eindringling von der Hudson Bay durch eine kräftigere Tonart und durch den größeren Umfang ihrer Summe an den Pranger zu stellen, zu beschimpfen und ihn aus dem Concordbezirk »hinauszuhuhuen«. Wie kannst du es wagen, meine Festung um diese mir geheiligte Nachtzeit zu alarmieren? Glaubst du vielleicht, dass man mich je um diese Stunde schlummernd findet, dass Kehlkopf und Lungen bei mir nicht gerade so gut entwickelt sind wie bei dir? Buhu! Buhu! Buhuuul … Es war eine der gellendsten Dissonanzen, die ich je gehört habe. Und doch sprachen zu einem fein empfindenden Ohr aus ihr die Elemente einer Harmonie, wie sie diese Ebene hier niemals sah noch vernahm …

Auch hörte ich das Keuchen des Eises im Teich, meines großen Schlafgenossen, als ob er unruhig in seinem Bett sich wälze, an Blähungen leide und an schweren Träumen. Oder ich wurde durch das Krachen des Bodens aus dem Schlaf geweckt, als ob jemand ein Gespann gegen meine Tür getrieben habe. Am nächsten Morgen fand ich dann einen Spalt in der Erde, der eine viertel Meile lang und ein drittel Zoll breit war.

Bisweilen hörte ich Füchse, die in mondhellen Nächten über die Schneekruste streiften, um sich ein Rebhuhn oder ein anderes Wild zu fangen. Sie bellten rau und dämonisch wie verwilderte Waldhunde, gerade als ob sie Furcht hätten oder etwas zu sagen wünschten, nach Licht verlangten und lieber Hunde sein möchten, um frei in den Straßen herumlaufen zu können. Und wenn wir nach Jahrtausenden rechnen: Sollte da nicht die Zivilisation bei den wilden Tieren gerade so gut wie bei den Menschen Fortschritte machen? Sie schienen mir rudimentäre Höhlenmenschen zu sein, die sich noch gegen ihre Feinde verteidigten und ihre Transformation erwarteten. Bisweilen wurde einer von ihnen durch meine Lampe an mein Fenster gelockt, bellte mir einen Fuchsfluch zu und verschwand.

Meistens weckte mich indessen in aller Morgenfrühe das rote Eichhörnchen (*Sciurus Hudsonius*), indem es oben auf dem Dach und an den Wänden des Hauses auf und ab lief. Im Verlauf des Winters warf ich einen halben Scheffel Maiskolben, die nicht reif geworden waren, auf die Schneekruste vor meiner Tür und unterhielt mich damit, die Bewegungen der verschiedenen Tiere, die dadurch angelockt wurden, zu beobachten. In der Dämmerung und in der

Nacht kamen regelmäßig die Kaninchen und griffen herzhaft zu. Den ganzen Tag kamen und gingen die roten Eichhörnchen und bereiteten mir durch ihre Manöver viel Vergnügen. Eines dieser Tierchen kam erst vorsichtig durch die Zwergeichen herbeigeschlichen, lief ruckweise über den Schnee wie ein Blatt, das der Wind dahin treibt, huschte mit staunenswerter Geschwindigkeit und Kraftanwendung jetzt ein paar Schritte nach dieser Richtung, wobei es seine Beinchen so unbegreiflich schnell bewegte, als ob es sich um eine Wette handele, lief dann wieder ebenso viele Schritte nach der anderen Richtung, wobei es jedoch nicht mehr als zwei Meter zurzeit näher kam. Dann blieb es plötzlich mit drolligem Ausdruck und mit einem Salto Mortale als Zugabe stehen, und tat, als ob die Augen der ganzen Welt auf ihm ruhten – denn alle Bewegungen eines Eichhörnchens setzen selbst in tiefster Waldeinsamkeit, gerade wie die einer Balletttänzerin, stillschweigend Zuschauer voraus. Es verschwendete mehr Zeit mit Umherblicken und Erholungspausen, als nötig gewesen wäre, den ganzen Weg gemächlich zurückzulegen. (Ich sah indessen nie eines langsam gehen.) Dann saß es plötzlich, schneller als man »hopsa« sagen konnte, hoch oben in einer jungen Pechtanne, zog seine Uhr auf, zankte sich mit allen imaginären Zuschauern herum, hielt Monologe und sprach gleichzeitig zur ganzen Welt. Warum? Ich konnte nie dahinterkommen, und das Tierchen wusste es aller Wahrscheinlichkeit auch nicht.

Schließlich kamen auch die Dohlen herbei, deren krächzende Schreie schon lange vorher ertönten. Selbst wenn sie noch zweihundert Meter entfernt waren, wurden sie äußerst vorsichtig, flogen in heimlicher, schleichender Weise von Baum zu Baum, näher und immer näher, während sie die Maiskörner aufpickten, welche die Eichhörnchen hatten fallen lassen. Dann setzten sie sich auf den Zweig einer Pechtanne und versuchten in aller Eile, ein großes Korn zu verschlucken, das für ihre Kehle zu groß war und sie fast erstickte. Nach vieler Mühe wurde es wieder ausgespieen. Nun versuchten sie, es durch längeres Sacken mit den Schnäbeln zu spalten. Das waren wirklich Diebe und ich hatte keinen großen Respekt vor ihnen. Die Eichhörnchen waren zwar anfangs scheu, doch dann machten sie sich ans Werk, als hätten sie ein gutes Recht dazu.

Inzwischen kamen auch die Schwarzmeisen in Scharen herbei, pickten die den Eichhörnchen entfallenen Maiskrümel auf, flogen auf den nächsten Zweig, legten sie unter ihre Krallen und hämmerten mit ihren kleinen Schnäbeln drauflos – als ob ein Insekt in der Rinde säße –, bis sie für ihren schmalen Schlund genügend verkleinert waren. Mit leisem, lispelndem Zwitschern, das wie das Klingen von Eiszapfen im Grase klang, kam eine kleine Schar dieser Meisen täglich herbei, um ihr Mittagessen aus meinem Holzstoß herauszupicken oder die Krümchen vor meiner Tür aufzulesen. Bald erschallte ein helles »dät-dät-dät«, seltener ertönte aus den Wäldern ein dünnes, sommerliches »Phie-bie-

Phiebie«. Sie waren schließlich so zutraulich, dass sich einmal eine von ihnen auf das Holz setzte, welches ich in meinem Arm hielt, und furchtlos an den Scheiten pickte.

Als der Erdboden noch nicht ganz mit Schnee bedeckt war, und auch später gegen Ende des Winters, als der Schnee bereits am Südabhang meines Hügels und um den Holzstoß herum geschmolzen war, kamen am Morgen und am Abend Rebhühner aus den Wäldern, um hier bei mir zu speisen. Wohin man auch im Walde geht, überall flattert das Rebhuhn mit schwirrendem Flügelschlag empor, schüttelt von den dürren Blättern und Zweigen hoch oben den Schnee herab, der im Sonnenschein wie ein feiner Goldstaub herniederrieselt. Dieser tapfere Vogel lässt sich durch den Winter nicht vertreiben. Oft wird er von Schneewehen verschüttet. Auch soll er bisweilen während des Fluges plötzlich in den Schnee untertauchen, wo er sich ein paar Tage versteckt hält. Häufig verjagte mein Kommen sie auch auf freiem Felde; beim Sonnenuntergang kamen sie aus den Wäldern dorthin geflogen, um die wilden Apfelbäume »abzuknospen«. Sie besuchen regelmäßig jeden Abend bestimmte Bäume, wo der verschlagene Jäger auf sie wartet. Die abseits vom Wege und nahe am Walde gelegenen Obstgärten haben nicht wenig von diesen Tieren zu leiden. Trotzdem: Ich freue mich, wenn das Rebhuhn seine Nahrung findet. Es ist der Lieblingsvogel der Natur, der von Knospen und heilsamem Tranke lebt.

An dunklen Wintermorgen oder kurzen Winternachmittagen hörte ich bisweilen ein Rudel Jagdhunde bellend und heulend durch die Wälder streifen. Sie konnten dem Jagdinstinkt nicht widerstehen, und der Klang des Jagdhorns, der bisweilen zu mir herüberscholl, bewies mir, dass ein Mensch mit im Spiel war. Immer näher kamen sie heran, doch kein Fuchs brach aus dem Wald hervor und zeigte sich auf der Lichtung am Teichufer, keine Meute verfolgte ihren Aktäon. Abends sah ich dann ab und zu die Jäger heimkehren, die ihr Gasthaus aufsuchten. Eine einzige Rute, die am Schlitten herabbaumelte, war ihre Trophäe. Sie erzählten mir, dass der Fuchs wohl geborgen wäre, wenn er im Schoß der gefrorenen Erde bliebe, dass ihn, wenn er immer geradeaus laufen würde, kein Fuchshund einholen könne. Wenn er aber seine Verfolger weit hinter sich gelassen hat, unterbricht er seinen Lauf und horcht, bis sie wieder nahe herangekommen sind. Dann treibt es ihn wieder zu seinen alten Schlupfwinkeln zurück, wo die Jäger auf der Lauer stehen. Oft läuft er übrigens viele Meter auf einer Mauer entlang und springt dann weit nach einer Seite herunter. Auch scheint er zu wissen, dass Wasser seine Fährte nicht verrät. Ein Jäger erzählte mir, er habe einmal einen Fuchs gesehen, der aus dem Wald heraus auf das mit Pfützen bedeckte Eis geflohen sei. Er lief eine kleine Strecke auf das Eis hinauf und kehrte dann zu demselben Ufer zurück.

Eichhörnchen und Meisen stritten sich um meinen Nussvorrat. Um mein Haus herum standen Gruppen von Pechtannen. Ihre Stämme, die ungefähr einen bis vier Zoll dick waren, wurden im vorigen Winter durch Mäuse angenagt. Ein norwegischer Winter war's für sie gewesen, denn lange Zeit lag tiefer Schnee, sodass sie gezwungen waren, ihrer Nahrung mit großen Mengen Tannenrinde nachzuhelfen. Diese Bäume lebten und gediehen im Hochsommer augenscheinlich ganz gut. Manche von ihnen waren, obwohl ihre Rinde ringartig abgeknabbert war, um einen Fuß gewachsen. Im nächsten Winter starben indessen alle ohne Ausnahme ab. Es ist merkwürdig, dass einer einzelnen Maus ein ganzer Baum zum Mittagessen bewilligt wird, bloß weil sie rundherum und nicht in der Längsrichtung an ihm knabbert. Und doch: Vielleicht ist das durchaus notwendig, damit die Bäume gelichtet werden, die dicht nebeneinander zu wachsen pflegen.

Die Hasen (*Lepus americanus*) waren sehr zutraulich. Einer hatte während des ganzen Winters sein Lager unter meinem Hause und war nur durch den dünnen Fußboden von mir getrennt. An jedem Morgen, wenn ich mich zu rühren begann, erschreckte er mich durch sein schnelles Ausreißen. Dabei stieß er in der Eile mit seinem Kopf gegen die Bretter des Fußbodens: Bum, bum, bum! In der Abenddämmerung kamen die Hasen zu meiner Tür und knabberten an den Kartoffelschalen, die ich hinausgeworfen hatte. Ihre Farbe glich der des Bodens so sehr, dass man sie, wenn sie ruhig dasaßen, kaum bemerken konnte. Saß einer regungslos vor meinem Fenster, so war es mir nur zeitweise möglich, ihn zu erkennen. Öffnete ich dann abends meine Tür, so liefen sie quiekend und lärmend hurtig davon. Sah ich sie in der Nähe, so erregten sie nur mein Mitleid. Eines Abends saß einer nur etwa zwei Schritt von mir entfernt vor meiner Tür. Anfangs zitterte er vor Furcht, wollte aber auch nicht das Feld räumen. Ein armer, winziger Gesell war es, mager und knochig, mit zottigen Ohren und spitzer Schnauze, mit kleinem Schwanz und dünnen Pfoten. Er sah aus, als ob die Natur darauf verzichtet habe, weiterhin noch edle Rassen hervorzubringen und gerade vor dem Bankrott stehe. Seine großen Augen sahen zwar jung, aber ungesund, beinahe wassersüchtig aus. Ich machte einen Schritt vorwärts und – siehe da! – mit elastischen Sprüngen eilte er über die Schneekruste dahin, reckte und dehnte Körper und Glieder zu anmutiger Länge, sodass bald zwischen mir und ihm der Wald lag. So war es doch das wilde, freie Tier, das seine Kraft und die Würde der Natur bewies. So schlank war es nicht ohne Grund. Das also war seine Natur ... *Lepus levipes* – Leichtfuß, wie manche glauben.

Was ist ein Land ohne Hasen und Rebhühner? Sie gehören zu den einfachsten, eingeborenen, animalischen Produkten, zu jenen alten und ehrwürdigen Familien, welche das Altertum so gut kannte wie die Neuzeit. An Farbe und Substanz sind sie ein Teil der Natur selbst, den Blättern und dem Erdboden und miteinander verwandt. Das eine ist geflügelt, das andere vierbeinig. Wenn man einen Hasen oder ein Rebhuhn aufscheucht, denkt man kaum an ein wildes

Tier, sondern an etwas so Natürliches, Vertrautes, wie ein raschelndes Blatt. Das Rebhuhn und der Hase werden sicher immer wieder vermehren, einerlei was für Revolutionen kommen mögen. Sie sind die echten Urbewohner des Landes. Wird der Hochwald gelichtet, so bietet das frisch emporwachsende Unterholz ihnen eine Zufluchtsstätte. Das Land muss allerdings armselig sein, das einem Hasen keine Heimat gewährt. In unseren Wäldern gibt es Rebhühner und Hasen in großer Zahl. Wo immer ein Moor ist, kann man ihre Spuren finden. Und überall sieht man Fallen aus Zweigen und Schlingen aus Rosshaar, die irgendein Kuhhirt aufstellte.

(Henry David Thoreau)

Gottes Gäste

Es ist eine schwere Zeit für die Tiere, wenn der Schnee fällt und die Wunder des Waldes in den Schoß der Erde zurücksinken. Viele Vögel ziehen fort, weil sie eine solche Kälte nicht ertragen können, und viele Tiere verkriechen sich in ihre Höhlen und Nester, um den Winterschlaf zu halten und auf der Schwelle zwischen dieser und jener Welt zu warten, bis sich die Keime des Lebens wieder zu regen beginnen. Diese Tiere haben es leichter als die anderen. Es gibt aber auch viele, die den Kampf mit dem Winter aufnehmen. Es muss wohl seinen Grund haben, dass sie es tun; vielleicht ist es eine Aufgabe im geheimnisvollen Lauf der Dinge.

Bruder Immanuel half ihnen mit den geringen Mitteln, die er hatte; aber er konnte nicht immer allen helfen, und es war dies ein sehr bedrückendes Bewusstsein für ihn.

Noch bedrückender empfand er diese Armut den jüngeren Brüdern gegenüber, als Weihnachten herannahte. Er sah es deutlich, dass Weihnachten kam; denn er sah mit seinen inneren Augen, wie die Erde in ihren Tiefen immer leuchtender wurde, als strahlten die vielen in sie versenkten Keime kleine Flammen aus und verbänden sich gegenseitig in ihren vielfältigen Formen zu einer Schrift des künftigen Lebens, das um Ostern erwachen sollte. Auch in den Bäumen, die im eisigen Sturmwind standen, war dieses innere Leuchten, und es war eigentlich so, dass der ganze Wald ein Meer von kleinen Lichtern war, obwohl das alles in Eis und Schnee wie in eine Decke des Todes verhüllt war. Aber der Tod ist ja überall nur etwas Scheinbares. So nahm das innere Licht der Erde von Tag zu Tag zu und die heilige Nacht rückte immer näher.

Bruder Immanuel hatte reichlich Samen, den er gezogen, für die Vögel zurechtgelegt, Kohl und Rüben für die Hirsche, Rehe und Hasen, und Nüsse und getrocknete Pilze für die Eichhörnchen und andere Nager. Für die Raubtiere und für die Fische im Bach hatte er Brot bereitgestellt, das ihm der Einfältige, der ein Meister geworden war, zu dieser Zeit häufiger als sonst gebracht hatte. Aber Bruder Immanuel fragte sich, ob es für alle genügen würde, die er zur Weihnacht zu Gast bitten wollte. Denn es war ärmlich, wenn man bedachte, wie viele Tiere des Waldes kommen würden, wenn er sie rief. Jedenfalls beschloss er, alles herzugeben, was er hatte, und das Eichhörnchen hatte fleißig geholfen, die Vorräte zusammenzustellen, sodass es hübsch und gefällig aussah und man gleich sehen konnte, dass es kein gewöhnlicher Tisch, sondern eine Feiertafel der Weihnacht war. Sonst hatte das Eichhörnchen bis zu diesen Tagen der Vorbereitung viel geschlafen; denn es vertrug den Winter auch nicht sonderlich gut. Nur zwischendurch stand es auf, rieb sich die Augen mit den Pfoten, verspeiste eine Nuss oder einen getrockneten Pilz oder warf einige Äste in das Feuer, das Bruder Immanuel ständig unterhielt. Bruder Immanuel aber war schon lange vor Weihnacht in den Wald hinausgegangen und hatte allen Tieren, denen er begegnete, gesagt, dass er seine jüngeren Brüder einlade, Weihnacht mit ihm zu feiern, und die Tiere hatten sich vielmals bedankt und es hatte es einer dem anderen weitergesagt.

Am Nachmittag vor der Heiligen Nacht fachte Bruder Immanuel das Feuer in seiner Hütte an und öffnete die Tür in die weiße, weite Schneelandschaft hinaus, sodass ein zuckendes Flammenspiel über sie hinlief. Die Tür hatte er mit Tannengrün bekränzt, und vor der Hütte hatte er alle seine Vorräte ausgebreitet. Vor dem Bildnis des Erlösers aber brannte eine geweihte Kerze, die der Einfältige, der ein Meister geworden war, zu diesem Zwecke mitgebracht hatte. Das Eichhörnchen saß davor und sah andachtsvoll in die ruhige, stille Flamme. Bruder Immanuel aber läutete die Glocke mit der feinen, silbernen Stimme und rief die Tiere des Waldes zur Feier ihrer und seiner Weihnacht.

Als die Tiere die Glocke hörten, kamen sie in großen Scharen an und versammelten sich auf dem Gipfel des Berges, und Bruder Immanuel bat sie, zu essen. Es sei dies alles, was er habe, und sie mögen das Brot mit ihm brechen zur Weihnacht des Waldes. Nachher wolle er ihnen dann vom Wunder der Weihnacht erzählen.

»Wir bedanken uns viele Male«, sagten einige Tiere für sich und alle anderen, »aber wir wollen dein Brot nicht essen. Wie sollst du sonst leben? Dazu sind wir nicht gekommen. Aber wir wollen gerne hören, wenn du uns das Wunder der Weihnacht erklärst. Wir fühlen das alle, wenn es über den Wald kommt, aber wir sind wohl noch zu jung, um es zu verstehen. Oder vielleicht ist es auch nur darum, dass es uns niemand erklärt hat. Es muss dies wohl auch ein älterer Bruder tun, denn es ist gewiss sehr schwer.«

»Das Wunder der Weihnacht ist nicht schwer«, sagte Bruder Immanuel, »es ist nur schwer für jene, die es nicht verstehen wollen, und die meisten Menschen wollen das nicht. Denn die Menschen feiern ihre Weihnacht, indem sie unzählige Gottesgeschöpfe töten. Diese Gottesgeschöpfe aber sind ihre Geschwister. So ist es eine entweihte Nacht und keine Weihnacht. Die Menschen sind ferne von der Weihnacht, weil sie ferne von der Liebe sind, und doch müssen sie zuerst in der Weihnacht und in der Liebe vorangehen, denn sie sind die älteren Brüder. Es ist aber nicht so, dass ihr mein Brot nicht essen sollt. Ich habe es dazu für euch gesammelt, und es werden viele von euch sehr hungrig sein. Es ist meine Weihnacht, dass ihr meine Gäste seid, und es ist meine und eure Weihnacht, wenn wir das Brot zusammen essen.«

Da fingen die Tiere an, zu essen. Bruder Immanuel aber sah, dass es nicht reichen würde, denn viele von den Tieren waren sehr hungrig und ihre Zahl war sehr groß. Da wandte er sich an das Bild des Erlösers mit der geweihten Kerze davor und sagte: »Ich bitte dich, dass meine Geschwister satt werden, wenn sie mit mir das Fest deiner Weihnacht feiern.«

Es begann schon, zu dunkeln, aber mit einem Male wurde es ganz hell auf dem Berge. Zwei große Engel standen zu beiden Seiten der Hütte, und der Schnee und das Eis begannen, zu schmelzen, denn die Engel hatten die heißen Quellen gerufen, die unter dem Berge flossen, dass sie heraufkämen und die Erde erwärmten. Über die schneebefreite Erde aber streckten beide Engel die Hände aus, und da wuchsen Gras und Blumen und viele andere Pflanzen aus dem Boden hervor, auch solche, die sonst niemals hier gewachsen waren, sodass der Berg grün war wie im Frühling und die Tiere überreich hatten, ihren Hunger zu stillen. Auch die Raubtiere aßen davon und wurden satt, und es schmeckte ihnen so gut, wie sie sich das niemals gedacht hätten, denn es war Weihnacht, und alle Geschöpfe, die sich zu ihr bekannten, waren wieder Kinder geworden, wie es einstmals war und wie es wieder einmal sein wird im Lande der Verheißung, wenn die Erde entsühnt ist. Die Engel aber gingen zwischen den Tieren umher und redeten mit ihnen, wie man mit seinen jüngeren Geschwistern redet. Sie sagten den Tieren, dass sie auch ihnen einmal die Geburt des Erlösers verkündet hätten, als der Stern über Bethlehem stand. Und es war den Tieren, als erinnerten sie sich an etwas, was sie vergessen hatten, was sie im Grunde ihrer Seele gewusst hatten und was sich nur verwirrt hatte durch die Verwirrung in der Kette der Dinge. Die Erde aber blühte mitten aus dem Winter heraus, und die beiden Ufer der Welt berührten sich. Auch die Erde hat ihre irdene und ihre kristallene Schale, und es war, als wäre diese kristallene Schale durch die irdene hindurchgedrungen und habe sie durchlichtet mit der Liebe zu allen Geschöpfen – und es wird dies auch einmal so sein, wenn alle den Weg des älteren Bruders gegangen sind.

Als alle Tiere satt waren, setzte sich Bruder Immanuel zu ihnen, und das Eichhörnchen kletterte auf seine Schulter. Er aber erzählte den Tieren vom Wunder der Weihnacht, als die Liebe in die Erde geboren wurde, um sie immer mehr und mehr zu durchlichten, und er erzählte, dass dieses geschah, als ein

König geboren wurde in einer ärmlichen Krippe und in einem Stalle, und die Tiere hätten dabeigestanden und den König in der Krippe gesehen. Über dem König aber und den Tieren habe der Stern von Bethlehem geleuchtet. Da verstanden die Tiere, dass dies der wirkliche König der Erde sein müsse, weil keine Krone, sondern ein Stern über seiner Wiege gestanden. Es ist dies ein Geheimnis der Schöpfung, und doch ist es so einfach zu verstehen wie das Wunder der Liebe.

»Es ist dies der einzige Weg zur Erlösung«, sagte Bruder Immanuel, »dass alle älteren Brüder den jüngeren Brüdern vorangehen in Sühne, Sehnsucht und Liebe. Es hat auch der König, der nicht unter einer Krone, sondern unter einem Stern geboren wurde, zu den Menschen gesagt, dass sie hinausgehen mögen in alle Welt, zu predigen das Evangelium aller Kreatur; aber die Menschen waren nicht guten Willens, und sie sind es heute noch nicht. Es war dies das Licht, das in der Finsternis schien, aber die Finsternis hat es nicht begriffen. Die Menschen sind den Menschen und den Tieren nicht ältere Brüder geworden, sondern Tyrannen und Mörder, und darum tragen sie das Zeichen Kains auf ihrer Stirne, und alle Geschöpfe Gottes fliehen, wenn sie Gottes Ebenbild sehen. Darum habt auch ihr mich geflohen, weil ich nicht war wie der Heilige von La Verna und weil ich das Kainszeichen der Menschheit auf meiner Stirne trage. Glaubt es mir, liebe jüngere Brüder, es ist entsetzlich, ein Mensch zu sein, wenn man den Weg der Liebe wandeln will und wenn man es voller Grauen begreift, dass man ein Gezeichneter ist in Gottes Schöpfung.«

»Wir sehen kein Zeichen mehr an deiner Stirne«, sagten die Tiere. »Es ist nicht mehr so, dass du ein Kainszeichen trägst.«

Da barg Bruder Immanuel das Gesicht in den Händen und weinte, zum ersten Male seit jenem traurigen Abend, als er auf diesem Berge angekommen war. Aber es waren dies andere Tränen als an jenem Abend der Einsamkeit, und die Engel stellten sich neben ihn und schlossen ihre Schwingen über ihm und über dem Eichhörnchen, das sein erster Bruder geworden war.

Es war dies die Weihnacht Bruder Immanuels und seiner Brüder, der Tiere. Als die Tiere sich verabschiedeten, traten sie eines nach dem anderen zu Bruder Immanuel hin. Die Vögel setzten sich auf seine Hand, die Hirsche und Rehe verneigten sich und die Fische grüßten im Bach, und die Wölfe, die Wildkatzen, die Füchse, die Hasen, die Eichhörnchen und alle anderen gaben ihm die Pfote, so wie der Wolf von Agobbio dem heiligen Franziskus von Assisi die Pfote gegeben hatte, als er ihm sein Gelübde ablegte.

»Wir danken dir viele Male für alles, was du uns gesagt hast«, sagten die Tiere, »und wir bedanken uns auch bei den Engeln und bei dir für alles, womit ihr unseren Hunger gestillt habt. Es ist sehr viel, was heute geschehen ist, und es sind auch viele unter uns, die den Weg des älteren Bruders gehen wollen, so weit als dieses heute möglich sein wird in der Verwirrung der Kette der Dinge.«

»Ich habe euch zu Gast haben wollen, und es ist für mich etwas sehr Heiliges gewesen, dies zu tun«, sagte Bruder Immanuel, »aber ich selbst habe das größte Geschenk dabei empfangen. Es ist auch so, dass ihr nicht meine Gäste wart, sondern ihr seid Gottes Gäste gewesen, denn er selbst hat euch an seinen Tisch der Liebe geladen.«

Der Berg, auf dem Bruder Immanuels Hütte stand, blieb immer grün seit jener Heiligen Nacht, Winter und Sommer, und es war kein Schnee und kein Eis mehr auf ihm zu sehen im Wandel der Jahre, sodass alle Tiere, die auf ihm Asylrecht gelobt hatten, ihre Nahrung fanden und nicht zu darben brauchten.

Es war, als wäre ein Stück Erde entsühnt und eine Brücke auf ihm erbaut worden hinüber zum Lande der Verheißung.

Die Tiere aber vergaßen es niemals wieder, dass Bruder Immanuel sie zu dieser Weihnacht des Waldes gebeten hatte, dass die Engel mit ihnen geredet hatten und dass sie Gottes Gäste gewesen waren.

(Manfred Kyber)

Elchjagd

Hoch oben im Gebirge standen zwei Elche und streckten die langen Mäuler zu den Föhrenwipfeln empor. Die Föhren standen hier niedrig und verkrüppelt von dem Wind, der über die öden Weiten fuhr.

Die Elche bissen die harzgetränkten Spitzen ab, hoben dann die schlanken Beine aus dem Schnee und wanderten langsam von Baum zu Baum.

Der Schnee lag metertief.

Die Bäume standen weit voneinander, und wo sie standen, waren runde Löcher im Schnee, als hätte die Erde sie von unten heraufgehöhlt.

Weiter oben leuchtete der Bergrücken weiß und kahl, unten aber blaute des Waldes welliges Meer. Große Schneeflächen lichteten es, wie Meerschaum sich auf dunkeln Wogen wiegt. Und in weiter Ferne ragten nackte weiße Zinnen auf, wie Festland aus der See.

Endlos wellte der Wald – endlos. Wolken segelten über ihn hinweg, senkten sich und tauchten ihre Schwingen wie Möwen in das blaue Meer oder ballten sich über den Zinnen wie Nebel über fernes Land. Endlos wellte der Wald – endlos.

Sein Blau ging in Weiß über, es goss sich wie ein schäumender Rand in den Himmel, dort, wo der Blick ermüdete und ihn nicht mehr erreichte. Schloss man jedoch die Augen, fühlte man seine Weite, ohne Ende, ohne Ende, in den weißen Himmel hinein. Am Rande des Waldes und des Felsens wanderten die zwei Elche. Sie gingen gemächlich. Hier und da blieben sie stehen, käuend, witternd. Ihre langen Ohren bewegten sich und lauschten.

Plötzlich durchfuhr sie ein Zittern. Sie wandten sich beide, sodass sie in einer Linie standen, ihre Nüstern blähten sich, ihre Ohren ragten weit geöffnet, dass selbst ein meilenferner Ton sich in diesem Schallrohr fangen musste.

Lange standen sie so.

Dann begann der eine dem anderen ganz leise zu klagen, und der andere krümmte eine Sekunde langsam den Rücken und antwortete. Leise und schmerzlich wiehernd standen beide.

Bis der Erste und Größte sich umdrehte. Sie sahen sich mit großen, flackernden Augen an, drückten sich einen Augenblick wie frierend aneinander, klagten von Neuem und fingen dann an, zu laufen. In schwerem Trab strichen sie längs des Abhangs. Stunde auf Stunde liefen sie – der Große voraus, der Kleine in seiner Spur.

Wie sie jedoch längs der Baumgrenze unter dem Gebirge liefen, wehte ihnen vom Fels herab ein Luftzug entgegen. Wieder standen sie, Nasen und Ohren hocherhoben. Kalt und wie rieselndes Glas kam der Wind vom Gebirge. Sie sogen die Nüstern voll und schnaubten und füllten ihre Nasen immer und immer wieder mit der reinen, nadelscharfen Luft. In ihren Ohren sang der Tanz der knisternden, hüpfenden Schneekörner über der Lichtung. Ihr schnaubender Atem stieg wie dichter Dampf aus ihren Mäulern, die nach und nach weiß bereift erglänzten.

Dann begannen sie von Neuem, an den Föhren zu naschen. Der Kleine hielt sich dicht an den Großen. Und wie die Gefahr mehr und mehr aus ihrem Sinn schwand und die Sicherheit die Oberhand gewann, bemächtigte sich des jungen Elchs eine kecke Freude. Er hob sich auf die Hinterbeine und klopfte den alten Elch mit den gekrümmten Vorderpfoten liebkosend in die Seite. Der Alte brummte überlegen und schüttelte nur dann und wann milde abwehrend das mächtige Haupt.

Aber in weiter Ferne jagte ein Mann auf flinken Skier der Spur der Tiere nach. Größer als die meisten Menschen war er. Und zäh und unermüdlich war sein Schritt über dem tiefen Schnee.

Als er an der Spur erkannte, dass die Tiere ihn gewittert hatten und geflüchtet waren, stutzte er. Ein kurzes Erwägen, dann prüfte er mit hocherhobener Hand den Lufthauch, verließ die Spur und steuerte dem Gebirge zu. Stunde auf Stunde ging er über den Felsrücken. Der Schnee lag oben hart, er sang und knarrte unter seinen Füßen, und die zusammengelegten Kufen der Skier trugen leicht seine Last. Der Tag schwand. Unter dem Gebirge dunkelte es, der Wald starrte wie ein schwarzer, bodenloser Abgrund zu dem Fels empor, droben aber auf der weißen Öde schossen noch Strahlen auf. Sie hüpften knisternd über den Schnee, und schlugen ihre flammenden Schwingen empor, dort wo Schnee und Himmel in eins verschwanden. Und duckten sie sich, war es, als stünde jemand dort draußen, spielte mit einem lodernden Band und schwänge es, dass sich die großen feurigen Schlingen über das Himmelsgewölbe ringelten.

Unter diesem glühenden Himmel erstarb die Weite zu bläulichem Weiß. Der Mann ging unaufhörlich. Sein Schatten zuckte beständig und verkroch sich zuweilen ganz unter die Skier.

Ehe die Nacht sich senkte, machte der Einsame halt. Ein breites Tal neigte sich vom Gebirge dem Walde zu. Er stand, sah hinab und maß in Gedanken den Weg, den er gegangen war.

Dann fuhr er talwärts.

Die Skier glitten immer geschwinder. Er beugte sich nach vorn, den Luftdruck abzuwehren, der ihn erstickte. Es dröhnte in seinen Ohren, es war, als bräche ein gewaltiges Getöse ins Tal hinein. Die Fahrt wurde immer jäher.

Zuletzt kauerte er fast auf den Skier, die feuchten Augen rot umrändert und geblendet. Während er jedoch abwärtssauste, überlegte er, und seine Gedanken jagten ebenso rasch wie sein Körper. – Jetzt musste er den Elchen voraus sein, wenn er unten ankam! Dann konnte er sie stellen. Als er den Abhang erreichte, und die Skier schräg legte, um die Fahrt zu mäßigen, hörte er vom Walde herab ein plötzliches Knacken und Brechen und erkannte ihre Nähe. Sie hatten sich zur Nachtruhe unter die Bäume gelegt. Er vermochte nichts zu sehen, denn das Dickicht lag tief im Dunkel.

Nun hemmte er die Fahrt und suchte nach den Spuren. Er fand sie. Wo das Gezweig eine Öffnung ließ, gähnten die tiefen Löcher, die die Beine der Elche wie eine Reihe schwarzer Punkte in den Schnee gedrückt hatten. Ohne Rast, ohne Müdigkeit folgte er ihnen die ganze Nacht. Zuweilen maß er mit seinem Skistab ihre Tiefe und begriff, je tiefer die Tiere traten, je rascher ermatteten sie. Erschöpft mussten sie zuletzt zusammenbrechen und seine Beute werden.

Als der Tag graute, sah er, wie die Punktreihe sonderbar ungleich wurde. Die Spur wankte – der erste musste ein Bein schwer nachgeschleppt haben, und der andere trat oft neben die Spuren seines Genossen. Er erkannte, dass sie müde waren, und beschleunigte seinen Lauf auf den leichten Skiern. Ein paar Mal drückte er seine Büchse ab, sodass das Echo im Wald erwachte, die Bäume aus ihrem Schlummer fuhren und den Laut von Stamm zu Stamm schleuderten. Er stieß laute Schreie aus. Die Hände vor dem Mund brüllte er durch den Wald! Und wenn dieser grollend widertönte, rann es wie ein Schauer durch seine Glieder.

Und weiter ging es. Und wieder schrie er, so laut er konnte. Denn jetzt sollten die Tiere erschreckt werden und vor Entsetzen stürzen.

In der Spur zeigte sich blutiger Schaum. Da durchzuckte es ihn: Jetzt hatte er sie!

Das waren die Tropfen des Todes, die aus den Mäulern troffen.

Sein Hirn fieberte nach der rastlosen Jagd. Augenblicke wilden Jubels, Momente kühner Freude durchglühten ihn. Er murmelte vor sich hin:

Jetzt sind sie die Beute des Todes.

Und wieder und immer wieder:

Jetzt sind sie die Beute des Todes!
Jetzt sind sie die Beute des Todes!

Und dann folgte er voll tiefen Ernstes der Spur; wo der blutige Schaum in immer größeren und immer röteren Flecken lag.

Als der Tag vom Gebirge über den Wald geschritten kam, sah er sie.

Mitten auf nackter Höhe hatte der Kleine sich niedergelegt. Neben ihm stand der Große, der Alte. Und sie sahen den Jäger, wie er sie sah. Ein hilfloses, jammerndes Klagen klang durch den jungen, kalten Tag.

Die großen, flachen Geweihe des alten Elchs zeichneten sich wie zwei hocherhobene, flehende Hände vom Himmel ab. Das Licht rann durch die Zacken der mächtigen Hörner, wie Licht durch die Finger aufgehobener Hände quillt.

Der Jäger stand still, hob die Büchse und schoss.

Im Nu erhob sich der Elch auf zwei Beine – die langen Vorderfüße schlugen in die Luft – und mit rasendem Gebrüll stürzte er sich gegen den Jäger. Doch ehe er ihn erreichte, brach er zusammen und fiel kopfüber in den Schnee. Es sah aus, als wollte das gewaltige Tier Kobolz schießen.*

Der kleine Elch richtete sich zitternd auf, machte ein paar Schritte und wankte wie ein neugeborenes Kalb, das die Beine noch nicht tragen. Er stöhnte leise und hoffnungslos.

Und wieder lud der Jäger seine Büchse. Und wieder tönte ein Knall durch den frostklaren Tag.

Dann Stille. Nur der Tropfenfall des Blutes, der in den Schnee pulste, und ein leises Knistern des Schnees, der ringsum schmolz.

(Andreas Haukland)

---

* Den Kobolz schießen = Purzelbaum schlagen.

Winter und Krieg

Der Untergang einer Armee – Der Rückzug von Napoleons Truppen aus Russland

Nachdem sich Napoleon fast ganz Europa einverleibt hatte, unternahm er es 1812 im Bündnis mit Preußen und Österreich, das russische Großreich von Zar Alexander I. zu erobern. Bis zur Eroberung Moskaus ging alles gut, aber als die napoleonische Armee nach dem Brand der Hauptstadt nach einem fünfwöchigen Aufenthalt den Rückzug antrat, begann das zaristische Heer eine Gegenoffensive, die zur fast völligen Vernichtung der Streitkräfte des kleinen Korsen führte. Nach dem verlustreichen Übergang über den Fluss Beresina löste sich die Grande Armée auf. Der größte Feind aber war der unerbittliche russische Winter, der schon Anfang November bittere Kälte und Eis und Schnee brachte. Die kläglichen Reste der einst so stolzen Streitmacht schleppten sich über Wilna, der heutigen Hauptstadt Litauens, zurück. Doch schon am 5. Dezember hatte der Kaiser den Oberbefehl seinem Schwager Murat übergeben: Er selbst reiste fluchtartig inkognito in Schlitten und Kutsche ab nach Paris, das er dann in zwei Wochen erreichte.

Die Stadt Vilnius (Wilna) sollte dabei zu einem großen Massengrab für 35 000 Soldaten werden, die in jenem Dezember bei Temperaturen bis auf 39 Grad minus starben. Im Sommer 1812 war das größte Heer, das die Geschichte je gesehen hatte, zu dem erwarteten Blitzkrieg durch Vilnius, das damals eine der größten Städte des russischen Reiches war, marschiert, im Dezember schon wankten die geschlagenen Überreste durch dieselbe baltische Stadt zurück.

Der badische Merkgraf Wilhelm, der auch in diesem gesamteuropäischen Heer mitmarschiert war, schildert die Katastrophe in seinem Tagebuch:

Den 6. Dezember fand der Abmarsch abermals in aller Frühe statt; die Kälte hatte sich auf einige zwanzig Grad gesteigert. Viele Soldaten waren teils erblindet und teils erstarrt im Biwak liegen geblieben. Bald nach dem Abmarsch ließ der Marschall halten und einigen angekommenen Zwieback austeilen, aber in so geringer Menge und in solcher Eile, dass der größte Teil der Mannschaft nichts erhielt. Gestern war die einzige Zwölfpfünder-Batterie des Armeekorps stehen geblieben, heute konnte es der badischen Artillerie nur mit der außerordentlichsten Anstrengung gelingen, ihre Geschütze auf der mit Glatteis überzogenen Straße und mit Pferden fortzubringen, die wegen der abgeschliffenen Eisen keinen sicheren Tritt mehr hatten. General Castex, welcher den ganz geringen Rest der Division Doumerc kommandierte, ließ mich ersuchen, ihn mit der Infanterie zu erwarten, um seine schwache Kavallerie zu decken; ich musste ihm aber den Dienst versagen, da sich die Kälte immer mehr steigerte und bei jedem Halt Offiziere und Soldaten umfielen und erstarrten. In Smorgoni sollte Brot ausgeteilt werden, allein unsere Hoffnung wurde getäuscht und wir verließen diesen Ort, um noch einige Stunden weiter bis Oszmiana zu marschieren.

Bei diesem Marsch stand auch mir der Tod sehr nahe. Ich wurde gegen Abend plötzlich von einer solchen Schwäche befallen, dass mir die Füße den Dienst versagten. Die Grenadiere des Leibregiments führten mich nun einige Zeit; bald aber war dies auch nicht mehr möglich, denn ich verlor alle Besinnung. Der Marschall ließ mich deshalb in den einzigen Wagen legen, den er noch hatte, und so kam ich abends gegen sieben Uhr im Biwak an, wo ich mich erinnere, an einem brennenden Haus wieder zu Bewusstsein gekommen zu sein, während mir General Geiter Kaffee reichte. Nach dieser Krise, die mein Glück gewesen zu sein scheint, erlangte ich meine Kräfte wieder, aber unvergesslich bleibt mir der Moment, wo ich zuerst deren Abnahme verspürte, mit der sicheren Aussicht, in ganz kurzer Zeit mit der Kälte zugrunde zu gehen. Diese Nacht brachte General von Berkheim bei mir zu, derselbe, dem ich bei Znaym in dem Feldzug von 1809 den Befehl zum Einhauen überbracht hatte.

Der 7. Dezember war der schrecklichste Tag meines Lebens. Um drei Uhr morgens befahl der Marschall den Abmarsch; die Kälte war aufs Höchste gestiegen, und als das Signal hierzu gegeben werden sollte, war der letzte Tambour erfroren. Ich begab mich nun zu den einzelnen Soldaten und sprach ihnen Mut zu, aufzustehen und sich zu sammeln; allein alle Mühe war vergebens: Ich konnte kaum 50 Mann zusammenbringen, der Rest von 200 bis 300 Mann lag tot oder halb erstarrt am Boden. Mein Jugendfreund Heinrich von Stetten, ein in jeder Hinsicht ausgezeichneter Offizier, fand hier seinen Untergang. Den kranken Obersten von Franken traf ich in einem halb zerstörten Bauernhaus, auf dem Boden liegend, der Sprache nicht mehr mächtig, und halb auf ihn hingestreckt ein sterbender Württemberger. Gleiches Schicksal teilten die Lieutenante Hoffmann III., von Lassolaye, Junker von Hammerer und die Chirurgen Klotz und Waldmann, die der Kälte und dem Elend erlagen.

Und so hatte denn in wenigen Stunden die bis zu einem furchtbaren Grad gestiegene Kälte die bisher noch in guter Ordnung zusammengehaltenen Reste der badischen und polnischen Brigade und somit die letzten Trümmer des 9. Armeekorps vernichtet, welches bisher allen Angriffen eines weit überlegenen Feindes unter fortwährenden Strapazen und Entbehrungen jeder Art Tort geboten hatte.

Ich meldete dem Marschall, dass der letzte Rest der Infanterie zugrunde gegangen sei ...

Vom 7. Dezember an war an keinen regelmäßigen Weitermarsch mehr zu denken. Arrieregarden wurden keine mehr gegeben und daher die Isolierten von den umschwärmenden Kosaken ungehindert überfallen, misshandelt und ausgeplündert. Von Oszmiana aus war der Kaiser von der Armee verschwunden und der König von Neapel übernahm an seiner Statt das Kommando. Da ich nichts mehr zu kommandieren hatte, marschierte ich mit der wenigen Mannschaft und einigen Offizieren fast ununterbrochen auf der großen Straße weiter. Wir legten diesen Tag fünfzehn Stunden zurück und erreichten abends ein Dorf, in welchem die Reste des 1. Korps übernachteten. Hier ließ ich die Fahnen der Brigade von den Stangen schneiden, die letzteren verbrennen und gab die Fahnen einigen Unteroffizieren um den Leib; jene des Leibregiments trugen die Feldwebel Janson und Philippi ...

Den 8. Dezember brachen wir schon morgens um drei Uhr wieder auf, um so schnell wie möglich Wilna zu erreichen. Auf diesem Wege entdeckte ich mitten im Gedränge das mir vor wenigen Tagen gestohlene Packpferd, in dessen Besitz ich mich sogleich setzte; der Packsattel mit meinen Küchenbedürfnissen war aber fort. Bald darauf traf ich auch meine Kalesche; da der Kutscher von der Kälte ganz erstarrt war und die Pferde nicht mehr weiterbringen konnte, spannte ich einige Reitpferde vor und erreichte endlich abends das Tor von Wilna. Nun galt es aber noch einen heißen Kampf, sich durch das furchtbare Gedränge durchzuarbeiten, um bis in die Stadt zu gelangen. Ein Stock, den mir ein Feldwebel des leichten Infanteriebataillons gegeben hatte, leistete mir hierbei die besten Dienste, und so erreichte ich denn endlich die Hauptstadt Litauens, das lang ersehnte Ziel unserer Anstrengungen. Ich quartierte mich sogleich in dem erstbesten Haus ein, wo ich den General Claparede antraf, einen alten Bekannten aus dem Feldzug von 1809. Dem Mangel an Brennholz, um uns eine warme Stube zu verschaffen, halfen wir dadurch ab, dass wir alle im Zimmer vorhandenen Stühle in den Ofen schoben.

Des anderen Tags erfuhr ich, dass jedem Armeekorps ein Kloster zum Sammelplatz angewiesen war. Ich ging in aller Frühe zum Gouverneur General Hogendorp, der mich zum Mittagessen einlud und mir sagte, die Armee werde hier Winterquartiere beziehen und dadurch Gelegenheit finden, sich von den ausgestandenen Strapazen zu erholen. Als ich mich mittags zum Essen einfand, musste ich zu meiner Verwunderung vernehmen, der Gouverneur sei bereits abgereist. Die Einladung scheint also wohl eine absichtliche Täuschung gewesen sein, um dadurch seine Abreise besser zu verbergen. Man sieht aus dem allem, wie viel es den Stolz der französischen Generale kostete, den Untergang der Armee einzugestehen, und wie sichtlich sie bis auf den letzten Augenblick bemüht waren, der Welt Sand in die Augen zu streuen ...

Vom Gouverneur weg hatte ich mich in das Haus begeben, worin sich die badischen Offiziere gesammelt hatten. Hier bot sich mir ein höchst trauriger Anblick dar: Viele derselben waren entweder verwundet oder durch die Kälte und ausgestandenen Mangel dermaßen erschöpft, dass man sie kaum mehr erkennen konnte. Manche hatten das Gesicht verloren, andere Hände und Füße erfroren, andere trugen den Keim des Nervenfiebers in sich. Ich selbst durfte mich glücklich schätzen, bei dem immerwährenden eisigen Nordwind nur die rechte Wange erfroren zu haben, die, stark geschwollen wie sie war, mich empfindlich schmerzte.

Hier in Wilna wurde ich durch das Wiedereinrücken des Oberstlieutenants von Grolmann erfreut, von dem ich den 7. Dezember getrennt worden war. Oft schon hatte ich beklagen müssen, dass er, wenn es zum Abmarsch kam, nicht fertig werden konnte. Dies war auch in Oszmiana wieder der Fall gewesen, wo ich lange vergebens auf ihn wartete, bis General Damas und die anderen bei mir befindlichen höheren Offiziere in mich drangen, abzumarschieren, um uns durch längeres Zuwarten bei der großen Kälte nicht dem sicheren Tod des Erfrierens auszusetzen. Ich fand ihn in einem sehr leidenden und erschöpften Zustand, da niemand für seine Nahrung und Unterkunft gesorgt hatte.

Jene Nacht, welche ich in Wilna mit allen unseren Offizieren zubrachte, erweckt in mir noch jetzt viele trübe Erinnerungen. Zuerst erfuhr ich, mein Kutscher Götz sei erfroren; dann dass mein braver Fuchs – mein bestes Pferd – krepiert sei. Während wir uns alle auf den Boden zur Ruhe gelegt hatten, wurde ich durch Major Dietz vom Husarenregiment aufgeweckt, der sich im Stall bei seiner Liesel wähnend, ein natürliches Bedürfnis befriedigen wollte. Der arme Major hatte durch die Kälte den Verstand verloren. Auch Grolmanns Zustand machte mir keine geringe Sorge, da er infolge der an den Füßen erhaltenen Kontusionen nicht mehr gehen konnte. Ich setzte ihn daher beim Abmarsch von Wilna in meinen Wagen und gab ihm nebst Feldjäger Hubbauer den Rittmeister von Rüdt bei, einen sehr tüchtigen Offizier, der gut Polnisch sprach, mit der Weisung, für ihn zu sorgen.

Statt mehrere Tage in Wilna zu verweilen, wäre es weit besser gewesen, den Rückzug ohne Aufenthalt fortzusetzen. Viele Offiziere hätten dann mit Aufbieten der letzten Kräfte die deutschen Grenzen noch erreicht und sich gerettet …

Die Nacht des 13. verbrachte ich in einem kleine Ort des Herzogtums Warschau mit einigen Trainoffizieren der französischen Garde, den 14. ritt ich morgens um 4 Uhr in Begleitung von Offizieren weiter; wir erreichten 2 Uhr mittags Wilkowiski, von wo beim Beginn des Feldzugs Napoleon jene stolze Proklamation erließ, deren Verheißungen einen so tragischen Ausgang genommen hatten.

Von da fuhr ich sogleich mit den Offizieren meines Stabes in einem gemieteten Schlitten weiter, um so schnell als möglich Königsberg zu erreichen. Während dieser Fahrt die Nacht hindurch bei grimmiger Kälte war ich im Schlitten eingeschlafen, wobei mir der Hut vom Kopf fiel. Wäre ich nicht unmittelbar darauf umgeworfen worden, so würde ich ohne allen Zweifel als Opfer der Kälte den ewigen Schlaf angetreten haben; so aber kam ich, obwohl halb erstarrt, doch zur Besinnung, und auch mein Hut fand sich wieder. Bald darauf sahen wir in nicht großer Entfernung von der Straße ein Licht schimmern und schlossen hieraus auf das Dasein einer menschlichen Wohnung. Wir eilten darauf zu und waren hocherfreut, dass wir uns nicht geirrt hatten, noch mehr, dass wir die preußische Grenze erreicht hatten. Es war 12 Uhr nachts. Nach einiger Erholung bei den freundlichen Hausbewohnern setzte ich die Reise fort und gelangte nach Insterburg. Hier endlich durfte ich mich zum ersten Mal wieder nach einer langen Periode des härtesten Ungemachs und der unsäglichsten Entbehrungen in ein ordentliches Bett legen. Aber die Schreckensbilder des überstandenen Elendes drängten sich selbst im Schlafe vor meine Seele und störten deren Ruhe.

Den 18. Dezember endlich erreichte ich das ersehnte Königsberg. Hier begegnete ich einem Détachement österreichischer Infanterie vom Regiment Kottulinski, welches russische Gefangene bis hierher transportiert hatte, eine in der Geschichte wohl noch nie dagewesene Erscheinung.

(Philipp Röder von Diersburg)

Der Schnee als großes Leichentuch

Der württembergische Offizier Ernst von Baumbach schreibt in seinem Tagebuch über die Novembertage 1812 in Russland:

In der Nacht vom 4. auf den 5. nahm die Kälte zu und in der vom 6. auf den 7. fing es so heftig an, zu schneien, dass in kurzer Zeit die Erde mit schuhhohem Schnee bedeckt war. Das allgemeine Elend und, als Folge hiervon, die Auflösung der Armee vermehrte sich hierdurch in einem hohen Grade. Die Straße wurde bald so glatt wie ein Spiegel. Das unbedeutendste Defilee, die geringste Anhöhe verursachten den größten Aufenthalt. Die abgematteten Pferde konnten nur mit unendlicher Anstrengung und Aufopferung der Mannschaft Kanonen und Wagen fortbringen. Wenn schon in einem Engweg ein einziger umgeworfener Wagen für die Nachfolgenden einen Zeitverlust verursacht, wie viel mehr war es hier der Fall, wo die verlassenen Kanonen und Wagen zu Hunderten auf der Straße standen.

Als Nahrung auf diesem schrecklichen Marsch hatte man nur Pferdefleisch. Der Hunger war so groß, dass, wenn ein Pferd stürzte, die grausamen Menschen sich nicht die Mühe gaben, es zu töten; gierig fielen sie über das noch lebende Tier her, um sich der besten Stücke seines magern Fleisches zu bemächtigen. Oft kam es vor, dass ein armes Tier vor Schmerz die letzten Kräfte zusammenraffte, aufsprang und noch eine Strecke weit mit zerfleischtem Körper fortrannte.

Die Straße war mit den in Moskau geraubten Gegenständen übersät, von denen nur Kleidungsstücke Wert hatten, auch bedeckte sich ein jeder mit dem ersten Besten, was ihm einigen Schutz vor der Kälte gewährte, woraus dann die wunderlichsten Aufzüge entstanden. Die Zahl der Nachzügler vermehrte sich stündlich und die Armee bestand größtenteils nur noch aus einer verwirrten Masse von Menschen aller Waffen und Nationen. Der Anblick der Straße war schrecklich; sie war bedeckt mit toten Menschen und Pferden, mit Unglücklichen, die sie kaum noch fortschleppen konnten und bald ein Opfer ihrer Wunden, des Hungers und Elendes werden sollten. Aus dem Trieb der Selbsterhaltung entsprang der höchste Grad von Selbstsucht und Härte. Soldaten beraubten ihre noch lebenden Kameraden der Kleidungsstücke. Die Stelle, wo die Nacht gelagert worden war, glich am andern Morgen einem Schlachtfelde. Die toten Menschen und Pferde wurden oft wieder frisch überschneit und bildeten kleine Erhöhungen; die Armee schien von der Natur mit einem großen Leichentuche bedeckt worden zu sein …

Es war mir gelungen, mich in diesem allgemeinen Elend möglichst gut durchzubringen. Von Gjatsk an hatte meine Nahrung meistens in Pferde- und Hundefleisch bestanden. Gebrach es an Zeit zum Abkochen, so wurde ein Stück Pferdefleisch an die Spitze des Säbels gesteckt und über dem Feuer geröstet. Hatte ich dazu ein Stückchen vom schwärzesten Brot, welches nur selten mit Geld aufzubringen war, und ein wenig Salz, so glaubte ich, ein köstliches Mahl gehalten zu haben. Auch ein Brei von Kleie mit Talg geschmalzt, war nicht zu verachten. Bei Wiazma, am 2. November, verzehrten Wildermuth und ich den ersten Hund, dessen Fleisch uns weit schmackhafter dünkte als das der Pferde. Was uns bei dieser schlechten Kost eigentlich erhielt, war Kaffee, den wir in größtmöglicher Menge von Moskau mitgenommen hatten und als ein kostbares Gut bewahrten. Er war immer das Erste, was zum Feuer gestellt wurde.

Am Morgen des 7. Novembers trennte ich mich von Freund Wildermuth, der immer noch den Adjutantendienst bei dem 2. provisorischen Bataillon versah, um nach Smolensk vorauszugehen und, je nach den Umständen, Anordnungen zu unserm weiteren Fortkommen zu treffen, denn wir hatten beschlossen, uns von dort an nicht mehr zu trennen, sondern gemeinsam zu ertragen, was uns das Schicksal bescheiden würde. Der treue Freund teilte beim Abschied ein Restchen getrocknete Feigen mit mir, die er seit Moskau für den ärgsten Hunger aufbewahrt hatte. Ich nahm zwei Soldaten und drei Pferde mit. Der Schnee fiel in dicken Flocken, sodass man nur auf kurze Entfernung vor sich sehen konnte. Trotz aller Anstrengung war es nicht möglich, an diesem Tage den Dnjepr zu erreichen, es blieb daher nichts übrig, als in dem großen Tannenwalde, in dem wir den ganzen Tag marschiert waren, einen möglichst guten Lagerplatz zu suchen.

Für die Pferde hatten wir in einem Dorfe etwas Stroh gefunden, uns fehlte es aber an allem, weshalb es nötig wurde, eines der Pferde zu töten, von dem wir dann die besten Stücke, Zunge und Fleisch aus den Keulen, verzehrten. Am 8. morgens überschritten wir den Dnjepr. Es war mir gelungen, von einem französischen Offizier einen gut beleibten Hund zu erbeuten, indem ich unbemerkt den Strick abschnitt, an welchem er ihn führte. Dieser gestohlene Hund nun sollte uns zum leckern Mahle dienen, was wir jedoch ungestört verzehren wollten; da es nun unumgänglich nötig war, unseren kaum noch fortzubringenden Pferden etwas Futter zu verschaffen, so wendeten wir uns gegen Abend links der Straße, um ein Obdach zu suchen. Wir fanden auch, nachdem ich unterwegs Gelegenheit gehabt hatte, ein Stück sogenanntes Brot, d. h. auf einer Handmühle etwas geschrotete und dann zusammengebackene Roggenkörner, zu kaufen, ungefähr eine halbe Stunde seitwärts eine Scheune und in dieser herrliches Haferstroh für die Pferde. Die Hundekeule stand bereits am Feuer und mit Sehnsucht erwarteten wir, dass sie hinlänglich gekocht sei, da erschien eine Abteilung Soldaten von der jungen Garde, die uns vom Feuer und aus der Scheune jagen wollten. Nur mit vieler Mühe gelang es meinen Vorstellungen, dass sie uns an unserem eigenen Feuer duldeten, und des Hundefleisches nicht beraubten, was uns denn auch herrlich schmeckte …

Die Garden waren der ausschließliche Gegenstand aller Sorgfalt des Kaisers; sie allein erhielten die geringen Vorräte von Lebensmitteln, die sich noch hin und wieder fanden, und durften auch die übrigen Truppen berauben, ohne dass die dagegen erhobenen Klagen von Erfolg gewesen wären. Sie waren daher auch bei der Armee verhasst.

Am Morgen des 9. brachen wir nach Smolensk auf. Das Schlachtfeld von Valutina-Gora, welches wir zu überschreiten hatten, glich einem großen Kirchhof, denn es war fortwährend mit den Trümmern der Schlacht und mit halbverwesten Leichnamen bedeckt, die unter dem Schnee kleine Hügel bildeten. Man hatte sich nicht einmal die Mühe gegeben, die Leichname aus dem Wege zu räumen, Fuhrwerke, Pferde, alles war über sie weggegangen.

In der Vorstadt von Smolensk angekommen, stieß ich auf die Garde, welche im Begriff war, über die Brücke zu marschieren. Ich hoffte, mich an diese Truppe anschließend, in die Stadt gelangen zu können, die Wache wies mich jedoch zurück, weil auf Befehl des Kaisers einem jedem einzelnen Militär der Eintritt in die Stadt verboten sei. Ich sah mich daher genötigt, in den Trümmern der Vorstadt, welche wir drei Monate früher mit stürmender Hand eingenommen hatten, eine Unterkunft zu suchen. Kaum dass ich an einer Mauer Schutz vor dem schneidenden Nordwinde finden konnte. Nach und nach versammelten sich Einzelne um mein Feuerchen, unter ihnen mehrere Württemberger. Der Rest meines Hundes diente uns und ein wenig mitgebrachtes Stroh meinen Pferden zur kärglichen Nahrung, mir mein auf dem Schnee ausgebreitetes Bärenfell zum Lager und ein abgetragener Mantel zur Bedeckung. Vor dem Einschlafen wurden die Zügel der Pferde um den Arm geschlungen, welche Vorsicht sehr nötig war, wenn man sich nicht beraubt sehen wollte. Am andern Morgen lag der Schnee hoch auf mir, das Feuer war verloschen und um mich her eine öde Stille, denn Ermattung hatte alle in den tiefsten Schlaf versenkt. Bald waren wir jedoch zum Aufbruch gerüstet und dieses Mal gelang es uns, durch das offene Tor einzutreten, indem die Wache vor der Kälte Schutz gesucht und den Eingang ohne Aufsicht gelassen hatte. Nach einigem Suchen fanden wir das württembergische Hospital, dessen Arzt Gärtner bei dem 1. Infanterie-Regiment als Oberarzt stand. Wir erfreuten uns einer herzlichen Aufnahme, warmer Zimmer und einer für die Verhältnisse herrlichen Kost, auch unsere Pferde konnten wir unterbringen, nur fehlte es sehr an Futter.

Bei dem Versuch, am Tage zuvor in die Stadt zu gelangen, sprach ich mit einem der alten Schnurrbärte der Garde, welcher mir erzählte, dass in Paris ein Unternehmen, die Regierung des Kaisers zu stürzen, stattgefunden habe, aber glücklicherweise misslungen sei. Es war dieses das bekannte Unternehmen des Generals Malet, welches anfänglich einen unbegreiflich glücklichen Erfolg hatte, aber schnell unterdrückt wurde, indem es ein isoliertes Beginnen war, ohne die geringste Aussicht auf Erfolg. Bei der Armee machte diese Nachricht gar keinen Eindruck. Jeder war zu sehr durch seine Selbsterhaltung in Anspruch genommen, als dass er andern Gedanken hätte Raum geben können.

(Ernst von Baumbach)

Der württembergische Leutnant von Martens über die Kälte in Russland, 6. und 7. November 1812

Der Grund zu den folgenden, namenlosen Leiden wurde an diesem Tage von der Natur gelegt. Die Witterung nahm eine furchtbare Wendung, der Himmel verfinsterte sich, schwere Wolken senkten sich tief herab, und der bisherige Regen ging in anhaltendes Schneegestöber über. Große Scharen von Krähen flogen mit dem Sturm daher ... Sie erwarteten nur den Augenblick, über die Leichname herfallen zu können. Bald nach dem Aufbruch des frühen Morgens gelangten wir mit dem Krankenfuhrwerk durch das zerstörte Städtchen Dorogobusch, woselbst die Leichen der früher Dahingeschiedenen bereits eingeschneit waren. Eine Notbrücke brachte uns über den Dnjepr. Gegen Abend fuhr die Wagenburg beim Dorfe Pnewa auf. In welchem Zustande sich aber die unglücklichen Verwundeten hier befanden, vermag ich kaum zu schildern. Da lagen sie gleich eingeschneiten Toten auf den russischen Wägelchen. Mehrere wurden als völlig tot befunden und in den Schnee heruntergeworfen, der nun ihr Grab wurde. Wir suchten für diese Nacht unsere Zuflucht unter den Wagen. Bereits am ersten Schneetag sanken Hunderte vor Ermattung nieder und standen nicht mehr auf. Sterbend wandte sich ihr Blick flehend zu den Vorübergehenden, dann hüllte die Nacht ihr Auge ein und die Qual war von ihnen genommen. Anfangs bezeichnete ein Schneehügel die Stelle, wo der Tote lag, aber bald war jede Spur in der unabsehbaren Schneewüste verschwunden ...

Schlecht gekleidet, meist ohne gute Fußbekleidung, ohne Nahrung und ohne stärkende Getränke zog alles stumm über die weite Schneefläche hin. Wir kamen am Schlachtfelde von Smolensk vorbei, aber tiefer Schnee deckte schon die Tausende zu, welche hier gefallen waren. Diese unerhörten Leiden mussten endlich alle kriegerische Haltung brechen, welche das Heer noch behauptet hatte. Niemand befahl, niemand gehorchte mehr, selbst der stolze Napoleon streckte nun seine Hand aus, nicht zum Befehl, sondern sie zu erwärmen. – In dem schauerlichen Schneesturm dieses Tages bemächtigte sich eines jeden der Drang nach eigener Rettung. Der russische Winter löste vollends alle Ordnung auf, und die Truppen der verschiedenen Nationen mengten sich durcheinander. Massen von Schneeflocken wurden durch den gewaltigen Sturm aus der Luft und vom Boden herauf uns ins Gesicht gepeitscht, und mechanisch folgten wir dem Menschentross. Wagen und Geschütze blieben stehen; die gefallenen Pferde standen nicht mehr auf.

Die Gesundheit Seiner Majestät ist niemals besser gewesen

Das 29. Bulletin der Grande Armée

Als sich die Grande Armée Napoleons Ende November 1812 aus Russland zurückzog, kam es zur Schlacht an der Beresina, in der die Reste des großen Heeres eine empfindliche Niederlage erlitten. Von der Armee des siegesgewohnten Kaisers war nur noch ein kleiner Rest geblieben: Eine halbe Million Soldaten war gefallen oder in Gefangenschaft geraten. Um das Scheitern seiner Armee zu erklären und vor allem, um für die Niederlage an der Beresina den russischen Winter verantwortlich zu machen, diktierte Napoleon das 29. Bulletin, das überall wie ein Schock wirkte. Zwei Tage später ließ er die Reste seiner Armee zurück und kehrte fluchtartig nach Paris zurück.

Am 6. November war das Wetter noch schön und die Armee kam gut vorwärts. Am 7. dann begann die Kälte; und von da an gingen jede Nacht mehrere hundert Pferde zugrunde. Die Kälte, die am 7. begonnen hatte, stieg mit einem Mal, und am 14., 15. und 16. zeigte das Thermometer 16 und 18 Grad unter Null.

Die Wege waren mit Glatteis bedeckt und die Pferde der Kavallerie, der Artillerie und des Trosses gingen allmählich nicht zu Hunderten, sondern zu Tausenden ein, vor allem die französischen und die deutschen. In wenigen Tagen waren mehr als 50 000 Pferde tot; unsere Kavallerie sah sich zu Fuß, und wir mussten einen großen Teil unserer Geschütze, Munition und Proviant im Stich lassen und vernichten.

Diese Armee, die am 6. November noch so schön war, war am 14. nicht mehr wiederzuerkennen – fast ohne Kavallerie, ohne Artillerie und ohne Tross … Der Feind, der auf dem Weg die Spuren dieses fürchterlichen Unglücks sah, das die französische Armee getroffen hatte, bemühte sich, daraus seinen Vorteil zu ziehen. Er umzingelte alle Marschkolonnen mit seinen Kosaken, die uns wie die Araber in den Wüsten Tross und Wagen wegnahmen, die vom Wege abgekommen waren. Diese verachtenswerte Kavallerie, die sonst nur viel Lärm macht und nicht mal in der Lage ist, eine Kompanie von leichtem Fußvolk in Grund und Boden zu reiten, machte sich, durch die Umstände begünstigt, furchtbar …

Unserer Kavallerie fehlt es derart an Pferden, dass man Offiziere, denen noch ein Pferd geblieben war, zusammen nehmen musste, um 4 Kompanien zu je 150 Mann zu bilden. Hier übernahmen die Generäle den Dienst von Hauptleuten und die Obersten den von Unteroffizieren. Dieses heilige Schwadron, das von General Grouchy befehligt wurde und unter der Order des Königs von Neapel (Murat) stand, verlor bei all seinen Bewegungen den Kaiser nicht aus den Augen. Die Gesundheit Seiner Majestät ist niemals besser gewesen.

Die Saat im Schnee

Es war in den Franzosenkriegen. Die Fluren lagen im Schnee, die Scheunen und Ställe waren leer und die Herzen voller Angst vor dem streifenden Kriegsvolk.

Eines Abends saßen die Bauern von Jesau mit ernsten Gesichtern beisammen und ratschlagten, was zu tun sei. Ein Durchmarsch der Franzosen stand bevor, und was man von andern Dörfern hörte, vergrößerte die Sorgen. Von überall hieß es: »Sie durchstöbern alle Verstecke und lassen den Bauern nicht einmal das Saatgut.« So sannen sie beim flackernden Kienspanlichte hin und her, bald laut und bald stumm. Da sprach ein alter Bauer: »Ich fahre morgen früh den Hafer aufs Feld und säe in den Schnee.« Die anderen schüttelten die Köpfe: »Tritt Tauwetter ein, dann quellen die Körner auf. Kommt drauf ein Frost, so ist der Samen hin.« Der Alte aber sagte: »Freilich wohl! Wenn ihn die Franzosen nehmen, ist er auch weg. Drum vertraue ich lieber der Güte Gottes.«

Am nächsten Morgen stand der alte Bauer auf dem Felde und begann in Gottes Namen mit der Aussaat. Er schritt bedächtig den Acker hin und her und warf mit kältesteifen Fingern den Samen in den knöchelhohen Schnee. Als die Nachbarn es sahen, entschlossen sie sich zu Gleichem. Sie zerrten die Säcke aus den Verstecken und säten auch ihren Hafer in den Schnee. Tags darauf kamen die Franzosen wirklich, durchsuchten alles und schleppten fort, was sie fanden.

Der Herrgott aber hatte ein Einsehen. Auf die Schneeschmelze folgten warme, frostfreie Tage, die Felder trockneten schnell und die Jesauer konnten nun den in den Schnee gestreuten Hafer glücklich einackern, während in den Nachbardörfern die Haferfelder brachliegen bleiben mussten.

Der alte Mantel

Einige Soldaten kamen zur Zeit des Krieges in ein Dorf und verlangten einen Wegweiser. Ein armer Taglöhner sollte mit ihnen gehen. Es war sehr kalt und schneite und wehte entsetzlich. Er bat die Bauern flehentlich, ihm einen Mantel zu leihen. Allein sie gaben ihm kein Gehör. Nur ein fremder alter Mann, der durch den Krieg aus seiner Heimat vertrieben worden war, und in dem Dorfe sich kümmerlich als Schmiedknecht nährte, erbarmte sich des Taglöhners und gab ihm seinen Mantel. Die Soldaten zogen fort, und sieh! – am späten Abende kam ein junger, schöner Offizier in prächtiger Uniform und mit einem Ordenskreuz an der Brust in das Dorf geritten, und ließ sich zu dem alten Manne führen, der dem Wegweiser den Mantel geliehen hatte. Der gutherzige Greis tat, als er den Offizier erblickte, einen lauten Schrei: »O Gott! Das ist ja mein Sohn Rudolf!«, rief er, eilte auf ihn zu und umfasst ihn mit beiden Armen. – Rudolf hatte vor mehreren Jahren Soldat werden müssen und war wegen seiner vorzüglichen Geistesgaben, wegen seiner Rechtschaffenheit und Tapferkeit Offizier geworden. Er hörte nichts mehr von seinem Vater, der vormals in einem angesehenen Marktflecken Schmiedmeister gewesen war. Allein der Sohn hatte den alten Mantel erkannt, und aus der Erzählung des Wegweisers sich überzeugt, dass sein Vater nunmehr in diesem Dorfe sich aufhalte.

Vater und Sohn weinten vor Freuden, und alle Leute, die umherstanden, weinten mit. Rudolf blieb die ganze Nacht hindurch bei seinem Vater, unterredete sich mit ihm bis an den frühen Morgen, gab ihm, bevor er weiterritt, viel Geld und versprach, ferner für ihn zu sorgen. Die Leute aber sagten: Weil der alte Mann so barmherzig war, so hat sich Gott auch über ihn erbarmt und ihn seinen Sohn wiederfinden lassen, der ihn aus aller Not errettet.

Wer sich erbarmet fremder Not,
Den segnet auch der liebe Gott.

(Christoph von Schmid)

Saint Antoine – Die Rache des Besiegten

Im Winter des deutsch-französischen Krieges 1870–71 in der Normandie, die die deutschen Truppen unter Führung der Preußen erobert und besetzt hatten:

Man nannte ihn St. Antoine, da er Antoine hieß, und vielleicht gerade, weil er leichtlebig war, immer lustig, ein Spaßmacher, großer Esser und Trinker vor dem Herrn und ein mächtiger Schürzenjäger, obgleich er mehr als sechzig Jahre zählte.

Er war ein Großbauer aus der Gegend von Caux mit Wangen, die vor Gesundheit strotzten, mächtiger Brust und dickem Bauch auf langen Beinen, die zu schwach schienen für den gewaltigen Körper.

Er war Witwer und lebte mit der Magd und zwei Knechten allein auf seinem Bauernhofe, dem er als bauernschlauer Kerl, wohl auf seinen Vorteil bedacht, vorstand. In Geschäften, Viehzucht und Landwirtschaft hatte er etwas los. Seine beiden Söhne wie seine drei Töchter waren gut verheiratet, lebten in der Nähe und kamen einmal monatlich zum Essen zu ihrem Vater. Seine Kraft war bekannt in der ganzen Gegend und sprichwörtlich, geradezu so, dass man wohl von jemand sagte: Er ist stark wie St. Antoine.

Als im Kriege 1870 die Preußen ins Land fielen, schwor St. Antoine in der Schänke, eine ganze Armee aufzufressen, denn er war als echter Normanne ein Aufschneider und Großsprecher und dabei doch ein wenig feige. Er schlug mit der Faust auf den hölzernen Tisch, dass Teller und Gläser tanzten, und brüllte mit rotem Gesicht und tückischem Blick, indem er sich in eine falsche Wut hineinredete:

»Gott verdamm mich, ich werd einen von ihnen einfach auffressen.«

Er rechnete nämlich fest damit, dass die Preußen nicht bis Tanneville kommen könnten. Aber als er erfuhr, dass sie schon in Rautôt waren, verließ er sein Haus nicht mehr und spähte unausgesetzt durch das kleine Küchenfenster die Straße hinab, in der Erwartung, jeden Augenblick die Bajonette anmarschieren zu sehen.

Eines Morgens, als er mit seinen Leuten bei der Suppe saß, öffnete sich die Tür und der Ortsvorsteher Chicot erschien, von einem Soldaten gefolgt, der einen schwarzen Helm mit Messingspitze trug. St. Antoine sprang mit einem Satz auf. Und seine Leute blickten ihn an, denn sie meinten nicht anders, er werde den Preußen in Stücke reißen. Aber er begnügte sich damit, dem Vorsteher die Hand zu drücken, der zu ihm sagte:

»St. Antoine, da ist einer für dich. Heute Nacht sind sie gekommen. Nun mach vor allen Dingen keine Geschichten, denn sie reden davon, dass sie alles füsilieren und niederbrennen wollen, wenn das Geringste vorkommt. Ich hab dich gewarnt, gib ihm zu essen. Er scheint ein ganz netter Bursche zu sein. Adieu auch! Ich geh jetzt zu den anderen, jeder kriegt einen ab.«

Und er ging davon.

Der alte Antoine war bleich geworden und blickte seinen Preußen an. Der war ein starker, kräftiger Junge, wohlgenährt, mit weißer Hautfarbe, blauen Augen, blondem Haar und mächtigem Bart. Er schien ein wenig töricht, furchtsam, doch ein guter Kerl zu sein. Der schlaue Normanne war sofort über ihn klar, beruhigte sich und machte ihm ein Zeichen, er möge sich setzen. Dann fragte er, ob er Suppe wolle. Der Fremde verstand nicht. Da verfiel St. Antoine auf einen Streich und hielt ihm einen Teller Suppe unter die Nase:

»Da friss, dickes Schwein.«

Der Soldat antwortete auf deutsch »Ja«, und fing gierig an zu essen, während der Bauer triumphierte, weil er seine Reputation wiederhergestellt fühlte. Er machte mit den Augen seinen Leuten Zeichen; die schnitten ganz merkwürdige Grimassen, teils aus Angst, teils um sich das Lachen zu verbeißen.

Als der Preuße seinen Teller Suppe heruntergewürgt hatte, gab ihm St. Antoine einen weiteren, der auf die gleiche Weise verschwand. Aber von einem dritten wollte er nichts wissen, als der Bauer ihn zum Essen zwingen wollte, indem er sagte:

»Ach was, stopf dir das in den Wanst, dass du fett wirst, dickes Schwein.«

Der Soldat begriff nur, dass man ihm zu viel Essen geben wollte, lachte zufrieden und machte ein Zeichen, dass er nicht mehr könne.

Da wurde St. Antoine ganz familiär, klopfte ihm auf den Bauch und rief:

»Hast du denn den Wanst voll, dickes Schwein?«

Aber plötzlich wand er sich vor Lachen, wurde ganz rot, als sollte ihn der Schlag rühren. Er konnte gar nicht mehr reden. Ein Gedanke war ihm gekommen, der ihn so zum Lachen brachte:

»Jetzt haben wir's! Jetzt haben wir's. St. Antoine und sein Schwein. Da mein Schwein.«

Und die drei Leute platzten nun ihrerseits heraus.

Der Alte war so zufrieden, dass er sofort durch das Mädchen Schnaps bringen ließ, und zwar vom Besten. Er hielt alle frei. Man stieß mit dem Preußen an, der aus Artigkeit mit der Zunge schnalzte, um zu zeigen, dass er ihn gut fände. Und St. Antoine brüllte ihn an:

»Was, das ist ein feiner, so einen sauft ihr nicht bei euch zu Hause, du dickes Schwein.«

Von nun ab ging St. Antoine nicht mehr ohne seinen Preußen aus. Der war für ihn gefundenes Fressen! Jetzt hatte er seine Rache, die Rache, die für den dicken Kerl passte; und die Leute in der Gegend, die alle zitterten vor Angst, lachten nun hinter dem Rücken der Sieger über St. Antoines Ulk. Mit so einem Scherz hatte er doch wirklich nicht seinesgleichen, so was konnte der bloß erfinden, der alte Possenreißer.

Nachmittags ging er immer mit seinem Deutschen Arm in Arm zu den Nachbarn und zeigte ihnen lachend den Kerl, indem er ihm auf die Schulter klopfte:

»Seht mal, das ist mein dickes Schwein. Guckt mal, ob das Vieh da fett wird.«
Und die Bauern barsten vor Lachen. Er war doch zu ulkig, dieser Kerl von St. Antoine.
»Na César, ich verkaufe ihn dir für dreißig Francs.«
»Antoine, ich werde ihn nehmen und ich lade dich zum Schlachtfest ein.«
»Weißt du, ich will aber von seinem Eisbein essen.«
»Da fass mal die Wampe an, das reine Fett.«

Und alle Leute betrachteten ihn schmunzelnd, ohne jedoch laut zu lachen, aus Furcht, dass der Preuße endlich merken könnte, dass man sich über ihn lustig machte. Nur Antoine wurde jeden Tag frecher, kniff ihn in die Beine und brüllte:

»Das reine Fett!«

Dann schlug er ihn auf den Hintern und schrie:

»Das ist alles eine Speckschwarte.«

Darauf hob er ihn hoch mit seinen kolossalen Armen, die imstande gewesen wären, einen Amboss zu heben, und erklärte:

»Sechshundert wiegt er und kein Lot weniger.«

Er hatte sich angewöhnt, seinem Schwein überall, wo er es mitschleppte, etwas zu essen geben zu lassen. Das war täglich seine größte Freude und Zerstreuung.

»Gebt ihm zu fressen, was ihr wollt, der würgt alles runter.«

Und man setzte dem Mann Brot und Butter vor, Kartoffeln, kaltes Ragout und Fleischwurst.

Der Soldat aß immerfort, dumm und gutmütig aus Höflichkeit gegen seinen Wirt, freute sich über die Aufmerksamkeiten und machte sich geradezu krank, um nur nicht nein zu sagen. Er ward wirklich dick, und die Uniform ihm zu eng, sodass St. Antoine glückselig immerfort rief:

»Weißt du, du dickes Schwein, du wirst dir wohl 'ne andere Kluft machen lassen müssen.«

Übrigens waren sie die besten Freunde von der Welt geworden. Und wenn der Alte seine Geschäfte in der Nachbarschaft besorgte, begleitete ihn der Preuße nur des Vergnügens wegen, mit ihm zusammen zu sein.

Es war sehr kalt. Es fror tüchtig. Der fürchterliche Winter von 1870 schien nichts als Unglück auf Frankreich niederzuschütten.

St. Antoine, der alles von langer Hand vorbereitete und die Gelegenheit auszunutzen verstand, sah voraus, dass für die Frühjahrsarbeiten Mist fehlen würde. Deshalb kaufte er den eines Nachbarn, der knapp bei Kasse war. Es war ausgemacht worden, dass er jeden Abend mit seinem Karren hinfahren könnte, um eine Ladung zu holen.

Täglich, sobald es dunkel ward, machte er sich auf den Weg nach diesem Hof etwa eine halbe Meile entfernt, und immer begleitete ihn sein Schwein und jedes Mal gab es ein großes Fest, wenn das Vieh zu essen bekam. Die ganze Gegend strömte herbei, etwa wie man sonntags zur Messe geht.

Der Soldat aber fing an, misstrauisch zu werden, und als man zu sehr lachte, blickte er sich unruhig um. Ab und zu stieg etwas wie Zorn in seinen Augen auf.

Da eines Abends, als er sich satt gegessen hatte, weigerte er sich, auch nur einen Bissen mehr zu sich zu nehmen und versuchte, aufzustehen, um davon zu gehen. Aber St. Antoine packte ihn beim Arm und drückte ihn, indem er ihm seine beiden mächtigen Hände auf die Schultern legte, wieder auf seinen Sitz und zwar so, dass der Stuhl unter dem Soldaten zusammenbrach.

Stürmisches Gelächter erscholl, und St. Antoine hob strahlend sein Schwein auf und tat, als wollte er es verbinden. Dann erklärte er:

»Da du nicht fressen willst, musst du saufen. Gott verdamm mich.«

Und er holte aus dem Wirtshause Schnaps.

Der Soldat blickte böse um sich, trank aber trotz alledem, trank, so viel sie wollten, und St. Antoine hielt ihm zur großen Freude der Übrigen die Stange.

Der Normanne war rot geworden wie eine Tomate, sein Auge glühte. Er füllte die Gläser und stieß an, indem er brüllte:

»Prost!«

Und der Preuße schüttete, ohne ein Wort zu sagen, ganze Gläser voll Cognac hinunter.

Das war ein Kampf, eine wahre Schlacht, ein Wettstreit, wer am meisten saufen könnte. Als die Literflasche leer war, konnten sie beide nicht mehr. Aber keiner von beiden hatte den anderen in den Boden getrunken und sie gingen Seite an Seite davon. Am nächsten Tag sollte es wieder losgehen. Schwankend verließen sie das Haus und setzten sich in Gang neben dem Mistwagen, den langsam die beiden Pferde zogen.

Schnee fing an, zu fallen, und die dunkle Nacht – kein Mond schien – ward nur traurig vom matten Widerschein des weißen Schnees erleuchtet. Die Kälte erhöhte die Trunkenheit der beiden Männer und St. Antoine, der böse war, dass er nicht gesiegt hatte, fing an, zum Scherz sein Schwein anzurempeln, um ihn in den Graben zu stoßen. Der andere wich ihm aus und sagte jedes Mal auf Deutsch ein paar wütende Worte, dass der Bauer laut auflachen musste. Endlich ward der Preuße aber böse und gerade im Augenblick, als St. Antoine ihn wieder schubste, antwortete er mit einem so fürchterlichen Faustschlag, dass der Riese taumelte.

Da packte der Alte in der Trunkenheit den Soldaten und schüttelte ihn ein paar Sekunden wie ein kleines Kind. Dann warf er ihn mit einem mächtigen Ruck bis auf die andere Seite des Weges. Damit hatte er genug, kreuzte die Arme und fing wieder an, zu lachen.

Aber der Soldat erhob sich sofort mit bloßem Kopf. Sein Helm war zu Boden gefallen. Er zog plötzlich das Seitengewehr und stürzte sich auf St. Antoine.

Als der Bauer das sah, packte er seine Peitsche in der Mitte, seine große, gelb gestreifte Peitsche, die stark war und biegsam wie ein Ochsenziemer.

Der Preuße kam heran mit gesenktem Kopf, die Waffe vorgehalten, sicher in der Absicht, ihn niederzustechen. Aber der Alte packte mit der Hand die Klinge, deren Spitze ihm in den Leib dringen wollte, stieß sie beiseite und schlug mit kurzem, heftigem Schlag dem Soldaten mit dem Peitschenstiel an die Schläfe, sodass sein Feind zu seinen Füßen stürzte.

Erschrocken, mit dummem Staunen, sah er, wie der Körper von Krämpfen durchzuckt auf dem Bauche lag und plötzlich unbeweglich ward. Er beugte sich zu ihm herab, drehte ihn um und betrachtete ihn eine Zeit lang. Der Soldat hatte die Augen geschlossen und das Blut floss ihm aus der kleinen Wunde an der Stirn. Obgleich es Nacht war, konnte St. Antoine die dunkle Blutspur auf dem Schnee unterscheiden. Er blieb stehen, verlor den Kopf, während der Wagen immer weiterfuhr, langsam von den Pferden gezogen.

Was sollte er tun? Er würde totgeschossen werden. Man würde seinen Hof niederbrennen und zur Strafe das Land verwüsten. Was sollte er anfangen? Wie den Körper verbergen? Den Tod verheimlichen? Die Preußen betrügen? Er hörte von Weitem Stimmen in der schweigenden Stille der Schneelandschaft. Da fasste er einen Entschluss, las den Helm auf, setzte ihn seinem Opfer auf den Kopf. Dann packte er den Körper um den Leib, hob ihn hoch, lief seinem Wagen nach, holte ihn ein und warf den Leichnam oben auf den Mist. Einmal erst zu Hause würde sich das Weitere schon finden.

Mit kurzen Schritten, während er sich immer den Kopf zerbrach, was er tun sollte und doch nichts fand, ging er dahin. Er sah, er fühlte sich verloren. Er kam auf seinem Hof an. Ein Fenster war noch hell. Die Magd schlief noch nicht. Da ließ er schnell den Wagen zurückrollen, bis an den Rand der Düngergrube, und dachte, dass, wenn er die ganze Wagenladung nach hinten umstürzen ließe, dann zuerst die Leiche in die Grube hinunterfallen würde. Drum ließ er den Wagen nach hinten überkippen.

Und wie vorhergesehen ward der Soldat von dem Mist bedeckt. St. Antoine ebnete dann den Haufen mit der Gabel und stieß sie daneben in den Boden. Er rief den Knecht und befahl, die Pferde in den Stall zu bringen. Dann ging er in seine Stube.

Er legte sich und dachte nach, was er tun sollte. Aber keine Erleuchtung kam ihm und sein Entsetzen wuchs in der Stille der Nacht. Man würde ihn sicher füsilieren. Er schwitzte vor Angst, die Zähne klapperten ihm, er stand zitternd auf. Er konnte nicht mehr liegen bleiben. Da lief er in die Küche hinunter, nahm die Schnapsflasche aus dem Buffet und ging wieder hinauf. Dann trank er sofort zwei große Gläser, sodass seine alte Trunkenheit wieder neu aufflammte. Aber er ward doch nicht ruhiger. Da hatte er eine schöne Dummheit angerichtet. Eine gottverdammte Dummheit!

Er ging in seinem Zimmer hin und her, suchte irgendeine List, eine Erklärung, eine Bosheit und von Zeit zu Zeit spülte er sich den Mund mit einem Schluck Schnaps aus, um sich Mut zu trinken.

Aber er fand nichts, gar nichts.

Gegen Mitternacht fing sein Hofhund, eine Art Wolfshund, den er *Dévorant*, das heißt »Verschlinger«, nannte, an, fürchterlich zu heulen. St. Antoine zitterte bis auf die Knochen und jedes Mal, wenn das Tier wieder sein grässliches lang gedehntes Geheul begann, lief ihm von Neuem ein Schauer über den Leib.

Er war auf einen Stuhl gefallen mit schlaffen Gliedern. Er konnte einfach nicht mehr und erwartete ängstlich, dass *Dévorant* wieder anfangen würde, zu heulen.

Die Uhr unten schlug fünf. Der Hund war noch immer nicht ruhig. Jetzt wurde der Bauer rasend. Er stand auf, das Tier loszumachen, um es nicht mehr hören zu müssen. Er ging in den Hof hinab, öffnete die Tür und trat in die Nacht hinaus.

Der Schnee fiel noch immer. Alles war weiß. Die Gebäude des Bauernhofes sahen darin aus wie große schwarze Flecken. Der Bauer näherte sich der Hundehütte. Der Hund zerrte an seiner Kette. Er machte ihn los. Da tat *Dévorant* einen Satz, blieb dann kurz mit gesträubtem Haar und ausgestreckten Pfoten stehen und schnüffelte, die Nase zum Düngerhaufen gewendet.

St. Antoine stammelte, am ganzen Leibe zitternd:

»Was hast du denn, dummes Vieh?«

Da ging er ein paar Schritte vor und suchte, die unbestimmte Dunkelheit des Hofes mit den Blicken zu durchdringen.

Und er sah eine Gestalt, eine menschliche Gestalt auf dem Düngerhaufen sitzen.

Entsetzt und atemlos blickte er hin. Aber plötzlich entdeckte er neben sich den Stiel der in die Erde gestoßenen Mistgabel. Er zog die Gabel aus dem Boden und stürzte sich in einem jener Wutanfälle, die auch den Feigsten tapfer machen, vorwärts, um zu sehen, was es gäbe.

Er war es, sein Preuße, der über und über mit Mist bedeckt aus der Düngerschicht gekrochen war, die ihn gewärmt und ihm das Leben zurückgegeben hatte. Mechanisch hatte er sich gesetzt und verharrte so in dieser Körperhaltung beim niederrieselnden Schnee voll Schmutz und voll geronnenem Blut, noch nicht recht bei Sinnen in halber Betrunkenheit, betäubt durch den Düngerdunst und geschwächt durch die Wunde.

Er gewahrte St. Antoine. Aber er war seiner Sinne noch nicht mächtig genug, um wirklich zu verstehen, was vorging, und machte nur den Versuch aufzustehen. Aber sobald ihn der Alte erkannt hatte, schäumte er wie ein rasend gewordenes Tier, und stammelte:

»Was, du Schwein, du Schwein bist nicht tot, du wirst mich wohl gar anzeigen. Na, warte mal, warte mal.«

Und er stürzte sich auf den Deutschen, indem er ihm mit aller Kraft seiner Arme die vier Eisenspitzen der Gabel wie eine Lanze bis an den Stiel in die Brust rammte.

Der Soldat fiel auf den Rücken und stieß einen langen Todesseufzer aus, während der alte Bauer seine Waffe herauszog und sie ihm nochmals Stoß auf Stoß in den Bauch, in den Magen, in die Kehle rammte, wie ein Wahnsinniger drauflos stechend und den zuckenden Körper, von dem das Blut nur so herunterfloss, von Kopf bis zu Füßen durchlöchernd.

Dann hielt er außer Atem vor Wut und Anstrengung inne und sog in tiefen Atemzügen die Luft ein. Nun der Meuchelmord begangen, war ihm ruhiger.

Als jetzt die Hähne anfingen, in den Hühnerställen zu krähen, und der Tag anbrach, machte er sich an die Arbeit, um die Leiche zu verscharren.

Er grub ein großes Loch in den Mist, bis er auf die Erde stieß, schaufelte dann noch tiefer hinein, und schuftete wie ein Pferd mit Anspannung aller Kräfte, mit wütenden Arm- und Körperbewegungen.

Sobald das Loch tief genug war, spießte er den Körper mit der Mistgabel an und warf ihn hinein, schüttete die Erde wieder darauf, trat sie fest, häufte dann den Mist darüber und lächelte, als er den dichten Schnee sah, der sein Werk beendete und alle Spuren seiner Tat mit weißem Schleier zudeckte.

Dann stieß er die Mistgabel wieder in den Haufen und ging ins Haus zurück. Die halb gefüllte Schnapsflasche war auf dem Tisch stehen geblieben. Er leerte sie mit einem Zug, warf sich auf das Bett und versank in tiefen Schlaf.

Nüchtern geworden, wachte er wieder auf, ganz ruhig, und imstande, sich die Tat zu vergegenwärtigen und sich klar zu machen, was nun kommen sollte.

Eine Stunde darauf lief er in der ganzen Gegend herum und fragte überall nach seinem Soldaten. Er suchte die Offiziere auf, um, wie er sagte, zu hören, warum man ihm eigentlich seinen Soldaten genommen hätte.

Da man die dicke Freundschaft der beiden kannte, lenkte sich kein Verdacht auf ihn. Und er gab den Vermutungen sogar eine bestimmte Richtung, indem er behauptete, dass der Preuße jeden Abend im Dorfe den Weibern nachgelaufen sei.

Ein alter, pensionierter Gendarm, der im Nachbarort ein Wirtshaus hielt und eine hübsche Tochter besaß, wurde festgenommen und standrechtlich erschossen.

(Guy de Maupassant)

Ein kleiner Weihnachtsfrieden

Während des 1. Weltkrieges kam es am 24. Dezember 1914 in Flandern an der Westfront zu einer spontanen Waffenruhe zwischen Deutschen und Briten, die als »Weihnachtsfrieden« (englisch: Christmas truce*) bezeichnet wird. Während dieser inoffiziellen Waffenruhe wagten sich die Gegner ins Niemandsland zwischen den Fronten, gaben sich gegenseitig Geschenke, sangen Weihnachtslieder und spielten zusammen Fußball. Es kam zu Verbrüderungen, in denen man auch Adressen austauschte und sich gegenseitig Familienfotos zeigte. Dieser Traum endete erst am 26. Dezember, und Versuche, im folgenden Jahr diesen legendären Weihnachtsfrieden wieder aufzunehmen, wurden unter Androhung von Strafen nicht mehr erlaubt. Auch der Film* Merry Christmas *von 2005 schildert dieses menschliche Intermezzo des Großen Krieges, der die Ursünde des 20. Jahrhunderts war.*

Heinz Steguweits Geschichte Ein kleiner Weihnachtsfrieden *schildert ein eher privates Ereignis, das aber die große Sehnsucht der Soldaten nach Frieden widerspiegelt, die geglaubt hatten, zu Weihnachten 1914 seien sie schon wieder zu Hause, denn so lange dauere der Krieg ja nicht.*

Winter 1914. Der Grenadier keuchte durch den Schnee, jeder Atemzug dampfte, jeder Finger war klamm von Frost. Aber dieser Gang durch Wind und Eis musste getan werden. Also pochte der Grenadier, pünktlich um die zwölfte Stunde der heiligen Nacht, am Quartier, öffnete, trat ein, machte stramm.

»Herr Hauptmann, ich bitte gehorsamst um Nachsicht, aber …«

»Raus! Will meine Ruhe haben!«

»Herr Hauptmann, es ist dringend!«

»Lass mich zufrieden. Wir haben Krieg. Ich denke an daheim. Meine Frau erwartet das erste Kind um diese Stunde. Kapierst du das, hä …?«

»Der Herr Hauptmann wird lachen, aber …«

»Aber …?«

»Aber die Französin in meinem Quartiert erwartet ebenfalls ein Kind. Um diese Stunde! Ihr Mann ist Soldat auf der andern Seite!«

Der Hauptmann kämpfte mit den Augen. Dann schlug er auf den Tisch: »Nimm die Beine in die Hand, der Stabsarzt soll kommen!«

»Der Herr Stabsarzt wohnt eine Stunde von hier, es könnte zu spät werden, Herr Hauptmann!«

Der Offizier riss den Mantel vom Haken, der Grenadier schrie ins Feldtelefon, vom Stab müsse sofort ein Wagen kommen. Dann holte man die jammernde Frau, wickelte sie in wollene Decken, stopfte Federkissen unter den Kopf – drei Herzschläge später brauste der Wagen mit Schneeketten fort. Durch den Wind. Durch das eisige Gestöber. Bis Cambrai, wo das grell erleuchtete Lazarett schon wartete. Da standen die Schwestern gleich weißen Engeln. Da half der Stabsarzt mit seiner besten Kunst. Und als das Kind, ein Knabe, im Korb lag, am Finger saugend, mit den winzigen Beinen strampelnd, hörte man überall in den Quartieren die deutschen Soldaten singen. Keiner von ihnen wusste, was geschehen war, dennoch blieben sie darauf bedacht, das Heimweh dieser Stunde mit Liedern zu erlösen ...

Der Hauptmann wanderte zu Fuß ins Quartier zurück. Ein kalter, endloser Weg, aber die vielen Gedanken ließen die Mühe nicht spüren. So sann der Offizier in sich hinein: Tat ich nur meine Pflicht, oder tat ich einiges mehr? Und warum das alles in der geweihten Nacht? Friede auf Erden – darum? Denen, die guten Willens sind – darum? Den Menschen ein Wohlgefallen – darum?

Am Morgen kam ein Telegramm für den Hauptmann. Botschaft von daheim: Frau Alma war eines gesunden Knaben genesen, Ehre sei Gott in der Höh'!

Wieder sann der Hauptmann: »Also tat ich's für Alma? Für mich selbst? Für uns alle?«

Mehr als zwanzig Jahre wehten drüber hin. Die Knaben sind groß und männlich geworden, drüben wie hüben, könnte man sie betrachten! Vielleicht weiß der eine mehr vom andern, als die Eltern voneinander wussten. Vielleicht ruft irgendwo in Frankreich ein Jüngling seine Freunde um sich und erzählt vom Geheimnis jener Stunde, da er in die Welt trat:

Vielleicht, vielleicht ...

Dann hätte es der Hauptmann für uns alle getan!

(Heinz Steguweit)

Der viele viele Schnee

130 Jahre nach dem Untergang der Grande Armée ereignete sich in den weiten Schneefeldern Russlands erneut eine Katastrophe gewaltigen Ausmaßes, bei der die Zahl der Toten die von Napoleons Feldzug noch bei Weitem übertraf: Die deutsche Wehrmacht hatte 1941 die Sowjetunion überfallen, was zum Wendepunkt im 2. Weltkrieg werden sollte. Die Schlacht um Stalingrad besiegelte die Niederlage und den Untergang des Dritten Reiches, wobei der General Winter eine nicht unbedeutende Rolle spielte.

Schnee hing im Astwerk. Der Maschinengewehrschütze sang. Er stand in einem russischen Wald auf weit vorgeschobenem Posten. Er sang Weihnachtslieder und dabei war es schon Anfang Februar. Aber das kam, weil Schnee meterhoch lag. Schnee zwischen den schwarzen Stimmen. Schnee auf den schwarzgrünen Zweigen. Im Astwerk hängen geblieben, auf Büsche geweht, wattig, und an schwarze Stämme gebackt. Viel viel Schnee. Und der Maschinengewehrschütze sang Weihnachtslieder, obgleich es schon Februar war.

Hin und wieder musst du mal ein paar Schüsse loslassen. Sonst friert das Ding ein. Einfach geradeaus ins Dunkle halten. Damit es nicht einfriert. Schieß man auf die Büsche da. Ja, die da, dann weißt du gleich, dass da keiner drin sitzt. Das beruhigt. Kannst ruhig alle Viertelstunde mal eine Serie loslassen. Das beruhigt. Sonst friert das Ding ein. Dann ist es auch nicht so still, wenn man hin und wieder mal schießt. Das hatte der gesagt, den er abgelöst hatte. Und dazu noch: Du musst den Kopfschützer von den Ohren nehmen. Befehl vom Regiment. Auf Posten muss man den Kopfschützer von den Ohren machen. Sonst hört man ja nichts. Das ist Befehl. Aber man hört sowieso nichts. Es ist alles still. Kein Mucks. Die ganzen Wochen schon. Kein Mucks. Na, also dann. Schieß man hin und wieder mal. Das beruhigt.

Das hatte der gesagt. Dann stand er allein. Er nahm den Kopfschützer von den Ohren und die Kälte griff mit spitzen Fingern nach ihnen. Er stand allein. Und Schnee hing im Astwerk. Klebte an blauschwarzen Stämmen. Angehäuft überm Gesträuch. Aufgetürmt, in Mulden gesackt und hingeweht. Viel viel Schnee.

Und der Schnee, in dem er stand, machte die Gefahr so leise. So weit ab. Und sie konnte schon hinter einem stehen. Er verschwieg sie. Und der Schnee, in dem er stand, allein stand in der Nacht, zum ersten Mal allein stand, er machte die Nähe der andern so leise. So weit ab machte er sie. Er verschwieg sie, denn er machte alles so leise, dass das eigene Blut in den Ohren laut wurde, so laut wurde, dass man ihm nicht mehr entgehen konnte. So verschwieg der Schnee.

Da seufzte es. Links. Vorne. Dann rechts. Links wieder. Und hinten mit einmal. Der Maschinengewehrschütze hielt den Atem an. Da, wieder. Es seufzte. Das Rauschen in seinen Ohren wurde ganz groß. Da seufzte es wieder. Er riss sich den Mantelkragen auf. Die Finger zerrten, zerrten. Den Mantelkragen zerrten sie auf, dass er das Ohr nicht verdeckte. Da. Es seufzte. Der Schweiß kam kalt unter dem Helm heraus und gefror auf der Stirn. Gefror dort. Es waren zweiundvierzig Grad Kälte. Unterm Helm kam der Schweiß heraus und gefror. Es seufzte. Hinten. Und rechts. Weit vorne. Dann hier. Da. Da auch.

Der Maschinengewehrschütze stand im russischen Wald. Schnee hing im Astwerk. Und das Blut rauschte groß in den Ohren. Und der Schweiß gefror auf der Stirn. Und der Schweiß kam unterm Helm heraus. Denn es seufzte. Irgendwas. Oder irgendwer. Der Schnee verschwieg den. Davon gefror der Schweiß auf der Stirn. Denn die Angst war groß in den Ohren. Denn es seufzte.

Da sang er. Laut sang er, dass er die Angst nicht mehr hörte. Und das Seufzen nicht mehr. Und dass der Schweiß nicht mehr fror. Er sang. Und er hörte die Angst nicht mehr. Weihnachtslieder sang er, und er hörte das Seufzen nicht mehr. Laut sang er Weihnachtslieder im russischen Wald. Denn Schnee hing im schwarzblauen Astwerk im russischen Wald. Viel Schnee.

Aber dann brach plötzlich ein Zweig. Und der Maschinengewehrschütze schwieg. Und fuhr herum. Und riss die Pistole heraus. Da kam der Feldwebel durch den Schnee in großen Sätzen auf ihn zu.

Jetzt werde ich erschossen, dachte der Maschinengewehrschütze. Ich habe auf Posten gesungen. Und jetzt werde ich erschossen. Da kommt schon der Feldwebel. Und wie er läuft. Ich habe auf Posten gesungen und jetzt kommen sie und erschießen mich.

Und er hielt die Pistole fest in der Hand.

Da war der Feldwebel da. Und hielt sich an ihm. Und sah sich um. Und flog. Und keuchte dann:

Mein Gott. Halt mich fest, Mensch. Mein Gott! Mein Gott! Und dann lachte er. Flog an den Händen. Und lachte doch: Weihnachtslieder hört man schon. Weihnachtslieder in diesem verdammten russischen Wald. Weihnachtslieder. Haben wir nicht Februar? Wir haben doch schon Februar. Dabei hört man Weihnachtslieder. Das kommt von dieser furchtbaren Stille. Weihnachtslieder! Mein Gott nochmal! Mensch, halt mich bloß fest. Sei mal still. Da! Nein. Jetzt ist es weg. Lach nicht, sagte der Feldwebel und keuchte noch und hielt den Maschinengewehrschützen fest, lach nicht, du. Aber das kommt von der Stille. Wochenlang diese Stille. Kein Mucks! Nichts! Da hört man denn nachher schon Weihnachtslieder. Und dabei haben wir doch längst Februar. Aber das kommt von dem Schnee. Der ist so viel hier. Lach nicht, du. Das macht verrückt, sag ich dir. Du bist erst zwei Tage hier. Aber wir sitzen hier nun schon wochenlang drin. Kein Mucks. Nichts. Das macht verrückt. Immer alles still. Kein Mucks. Wochenlang. Dann hört man allmählich Weihnachtslieder, du. Lach nicht. Erst als ich dich sah, waren sie plötzlich weg. Mein Gott. Das macht verrückt. Diese ewige Stille. Diese ewige!

Der Feldwebel keuchte noch. Und lachte. Und hielt ihn fest. Und der Maschinengewehrschütze hielt ihn wieder fest. Dann lachten sie beide. Im russischen Wald. Im Februar.

Manchmal bog sich ein Ast von dem Schnee. Und der rutschte dann zwischen den schwarzblauen Zweigen zu Boden. Und seufzte dabei. Ganz leise. Vorne mal. Links. Dann hier. Da auch. Überall seufzte es. Denn Schnee hing im Astwerk. Der viele viele Schnee.

(Wolfgang Borchert)

Mancherlei Winterfreuden

Der Eispalast

Biedermeierliches Wintervergnügen für Kinder

Margarete Wulff (1792–1874), die ihre Jugendbücher unter dem Pseudonym Anna Stein veröffentlichte, ist vor allem wegen ihres fiktiven Tagebuchs dreier Kinder berühmt. Darin schreiben die Kinder Wilhelm, Marie und Otto, im dritten Buch Marie allein, jeden Sonntag auf, was in der Woche vorgefallen ist. In den Geschichten spielen außer den Eltern vor allem ein Hauslehrer und eine jugendliche Tante mit. Die im ländlichen Gutshofmilieu spielende Geschichte vom Eispalast erzählt Otto in einem Tagebucheintrag für den Januar. Dieser Eintrag trägt den Titel »Siebenundvierzigster Sonntag«.

Montag: In einer Nacht war Tauwetter eingetreten und unser Schneemann hatte ein wenig gelitten; wir reparierten ihn, und ich machte ihm einen Schnurrbart, und dann pressten wir Schnee zusammen in Form einer Keule und gaben sie ihm in die Hand. So sieht er aus wie ein alter Riesenwächter.

Neben dem Hause, worin wir wohnen, befindet sich ein Garten mit einem Teich, und Heinrich hat uns zu Gefallen viele Eisschollen losgehauen und ans Land geschafft; davon wollen wir einen Eispalast bauen. Die Mauern bekommen wir wohl, das ist leicht; wir legen Scholle auf Scholle, so hoch das Haus werden soll, und das friert dann zusammen und bekommt Festigkeit, aber das Dach! Wie damit werden soll, weiß ich nicht. Balken von Eis wissen wir nicht zu bekommen; Wilhelm sagt, wir müssen Holzstangen quer überlegen, und das geht auch natürlich, aber dann ist es kein Eispalast. Die Russen nehmen gar kein Holz, wenn sie von Eis etwas aufbauen.

Dienstag: Wir waren mit unseren Eisbauten beschäftigt, aber das Dach blieb die Schwierigkeit. Am Ende fragten wir Herrn Flohr um Rat, und der meinte, wir müssten uns beruhigen, wenn nicht alles ganz russisch ausfiele, da wir hier auch keinen russischen Winter hätten.

Er riet uns, die Dachunterlage von Busch zu machen und das eigentliche Dach von Schnee. Wenn wir das zustande gebracht haben, wollen wir auch

Schneehüten bauen. Marie und Josephine waren sehr unglücklich über den Eispalast. Anfangs sahen sie zu und freuten sich daran; da sie aber nicht mithelfen konnten, langweilten sie sich doch bald, und Hände und Füße froren ihnen auch, und sie riefen ganz kläglich: »Lasst doch euren alten garstigen Palast, und fahrt uns lieber im Schiebschlitten.« Ja, aber einen Palast lässt man doch nicht sogleich im Stich. Am Ende erbarmte Herr Flohr sich und schob sie im Schlitten, da waren sie seelenvergnügt.

Mittwoch: Abermals Arbeiten am Eispalast. Wir dachten, er werde klar und durchsichtig werden wie Kristall, aber das ist doch nicht der Fall. Die Eisschollen sind hin und wieder etwas schmutzig und undurchsichtig; das ist recht schade. Wenn man so hindurch sehen könnte wie durch Glas, das müsste hübsch sein! Marie und Josephine besuchten uns wieder, und diesmal hatten sie einen anderen Zeitvertreib; sie stellten ihren kleinen Schlitten auf eine kleine Anhöhe im Garten, setzten sich darauf und rutschten so hinab. Das störte uns ein bisschen, denn sie lachten so viel dabei, dass wir gern mitgespielt hätten.

Donnerstag: Der Eispalast war fertig bis auf das Dach, und eben als wir hin wollten, Busch herbeizuholen, der im Garten lag, kam ein starker regen, und wir mussten laufen, wieder nach Hause zu kommen. Wilhelm fiel zweimal, weil es sehr glatt war, ich einmal. Da wir nun nicht bauen konnten, spielten wir Federball. Bälle und Raketen* haben wir zu Weihnachten bekommen. Wir haben uns schon mehrmals geübt; anfangs ging es kümmerlich; eins, zwei, drei, vier, höchstens, dann lag der Ball auf dem Boden. Jetzt werfen wir schon fünfzig, freilich nicht oft, aber doch viel besser als früher. Gewöhnlich zwölf, oder zwanzig und dreißig. Wilhelm wirft viel besser als ich. Herr Flohr sagt, weil er ruhiger ist; aber ich fange besser, denn ich bin wie der Blitz überall in der Luft mit meinen Armen und fange fast immer.

Freitag: War ein Herr hier zum Essen, der eben aus Russland kam und vieles von dort erzählte, und auch, dass man dort große Öfen habe, die aber gar nicht jeden Tag geheizt würden, sondern man packe sie ganz voll Holz, und das brenne dann langsam aus und verbreite hinreichend Wärme für wenigstens zwei Tage. Mama erzählte von unserem Eispalast, der jetzt ein Wasserpalast ist, und er lachte und meinte, das sei sehr schade, denn er habe uns vielleicht guten Rat geben können, da er viele Eisbauten auf der Newa gesehen.

Für Mama hatte er rote und blaue goldgestickte Schuhe mitgebracht, und Marie sagte: »O Mama, wenn du die anziehst, siehst du doch gewiss aus wie der türkische Kaiser!« Für Papa brachte er eine türkische Pfeife mit, mit langem Rohr und Bernsteinspitze, und türkischen Tabak. Wir Kinder bekamen kleine

---

* Hier sind mit Raketen die Federballschläger gemeint.

türkische Goldmünzen, ganz allerliebst, aber weil er doch aus Russland kam, hätte ich lieber etwas Russisches gehabt.

In der Türkei ist Herr Delmar früher gewesen, und Mama bekam auch Rosenöl und einen Turban, hellgrün mit Gold durchwirkt, sehr hübsch.

Sonnabend: Kam ein Wagen vom Gute herein, und der Schullehrer schrieb an Herrn Flohr, dass er ganz zufrieden sei mit Christian; er wäre fleißig und folgsam und hielte seine Kleider auch sehr rein. Es kamen allerlei Tiere vom Gut mit herein, ein Rehbock, den der Jäger geschossen, zwei Enten und ein Puterhahn. Wir sehen immer zu, wenn abgepackt wird; das macht uns so viel Spaß. Weil es Tauwetter ist, hatte der Gärtner auch Blumentöpfe für Mama geschickt, Hyazinthen, Maiblumen, Tulpen, Tazetten und Iris. Mama freute sich sehr darüber und stellte alles auf ihren Blumentisch. In einen Korb mit Eiern hatte der Knecht mit dem Fuße getreten, und das war übel abgelaufen; über zwanzig waren kaputt.

Otto

(Anna Stein)

Die Winter meiner Kindheit

Der Eintritt des Winters mit seinem ersten Schnee und leichten Frost gab mir für einige Zeit wieder die Möglichkeit, mich meinem Vergnügen zu widmen. Im Schnee wurden Hasen aufgespürt, Grauhasen und Weißhasen. Mein Vater nahm mich mit, und in Begleitung eines Haufens von allerlei Volk umstellten wir den in seinem Lager liegenden Hasen fast von allen Seiten mit Netzen; von der gegenüberliegenden Seite her stürmte der ganze Haufen mit Geschrei und Geheul vor; der erschrockene Hase sprang auf und rannte in die aufgestellten Netze. Ich lief auch mit und lärmte, schrie und ereiferte mich natürlich noch mehr als alle anderen. Ich liebte dieses Amüsement sehr und redete gern darüber mit meinem Vater. Wenn meine Mutter mit irgendetwas beschäftigt war und ich sie durch meine Fragen und Belästigungen störte, oder wenn sie nicht wohl war, dann schickte sie mich gewöhnlich zum Vater mit den Worten: »Rede mit ihm von den Hasen!«, und dann führten der Vater und ich über dieses Thema endlose Gespräche. Außer der Hasenjagd machte es mir ein großes Vergnügen, Fallen für kleines Raubgetier aufzustellen: für Iltisse, Hermeline und Wiesel. Die abgezogenen glatten, schönen Felle der gefangenen Tiere hingen als Trophäen an meinem Bett.

Aber bald fing der Schnee an, die Erde mit tiefer Schicht zu bedecken; Schneestürme wüteten, und alle meine Vergnügungen hörten vollständig auf. Ein furchtbares, trauriges Schauspiel ist so ein Schneesturen, nicht nur in der Steppe, sondern auch in der warmen Wohnung! Er verklebt die Fenster, treibt den Schnee sogar in den Hausflur, verschüttet alle Steige vom Gutshaus zu den Gesindewohnungen, sodass sie mit Schaufeln frei gemacht werden müssen; auf wenige Schritte ist ein Mensch nicht mehr zu sehen! Schließlich häuft er solche Schneemassen auf, dass es scheint, sie würden nie wieder wegtauen – und Kleinmut befällt unwillkürlich die Seele! In den Hauptstädten kann man sich davon keinen Begriff machen; aber die Bewohner des flachen Landes werden mich verstehen und meine Gefühle teilen.

Ich war ganz und gar in die Wände des Hauses eingeschlossen und konnte meine Mutter auf keine Weise bewegen, mich mit dem Vater wegzulassen, der manchmal nach den Fischzäunen fuhr, d.h. nach solchen Stellen, wo der Fluss auf Sandbänken durch ein Flechtwerk oder dicht stehende Pfähle abgesperrt ist, zwischen denen Reusen angebracht sind. In der Zeit zwischen Weihnachten und Neujahr, mitunter auch schon früher, begannen sich in ihnen Quappen zu fangen, manchmal sehr stattliche Tiere. Wenn sie nach Hause gebracht wurden, waren sie bisweilen von der starken Kälte ganz starr geworden; sie wurden dann in einen großen Kübel mit Wasser geworfen, und die marmorierten, dunkelgrünen, dickbäuchigen Quappen tauten dann allmählich auf und begannen ihre weichen Schwänze und ihre gefiederten, weichen Flossen zu bewegen und damit zu plätschern. Lange war ich von dem Kübel gar nicht wegzubekommen, betrachtete ihre Bewegungen und sprang jedes Mal zurück, wenn von dem Geplätscher ihrer Schwänze das Wasser umherspritzte. Mein Vater hatte in seinen großen geflochtenen Fischbehältern immer eine Menge Quappen, und eine wohlschmeckende Quappensuppe und noch wohlschmeckendere Pasteten mit Quappenleber erschienen bei uns fast täglich auf dem Tisch, bis alle sich so übergegessen hatten, dass niemand sie mehr mochte. Dann wurden nur noch ab und zu Quappengerichte bereitet, und der Rest dieser Fische erst im Laufe der großen Fasten verzehrt.

Weil meine Mutter Städterin war, und auch weil sie ihre Kindheit und frühe Mädchenzeit in drückenden, trüben Verhältnissen verlebt hatte und dann durch Lektüre von Büchern und durch Bekanntschaft mit klugen, gebildeten Leuten sozusagen in äußerliche Berührung mit der Kultur gekommen war, eine Berührung, die häufig eine Art von Stolz und Nichtachtung gegen schlichtes, einfaches Wesen hervorruft: Aus allen diesen Ursachen zusammen erklärt sich die Stellung, die meine Mutter zu den Reigentänzen, den Wahrsageliedern und den Christwochen-Aufführungen einnahm: Sie hatte kein Verständnis für sie, mochte sie nicht leiden und kannte sie nicht einmal ordentlich.

Im Gegensatz zu ihr liebte meine Tante, da sie auf dem Lande groß geworden war, all dergleichen sehr; sie veranstaltete bisweilen Christwochen-Aufführungen und -Lieder bei sich in ihrer Stube, und die süßen, bezaubernden Klänge der Volksmelodien drangen von dem dritten Zimmer her an mein Ohr, versetzten mein Herz in Aufregung und versenkten mich in eine Art von unverständlicher Wehmut. Ich war sehr ungehalten darüber, dass mir nicht erlaubt wurde, bei diesen Aufführungen zugegen zu sein, geschweige denn selbst an ihnen teilzunehmen, und infolge dieses strengen Verbotes ließ ich mich schließlich dazu verlocken, meine verständige, so heiß geliebte Mutter zu täuschen. Selbstverständlich hatte ich zuerst meine Mutter mit Bitten und Fragen bestürmt, warum sie mich denn nicht zu den Aufführungen hinließe. Meine Mutter antwortete mir in bestimmtem, strengem Ton, es komme dabei viel Dummes, Hässliches und Unpassendes vor, was ich weder anhören noch ansehen dürfe, da ich noch ein Kind sei und gut und böse noch nicht zu unterscheiden verstehe. Aber da ich noch nichts Böses gesehen oder, wenn ja, nicht verstanden hatte, worin es bestehe, so gehorchte ich nur ungern, ohne innere Überzeugung, sogar missvergnügt. Meine Tante dagegen und die Dienstmädchen redeten ganz anders; sie setzten mir auseinander, meine Mutter habe nun einmal einen solchen Charakter, dass sie mit allem unzufrieden sei und ihr auf dem Lande nichts gefalle; davon sei sie denn auch krank; weil sie selbst nicht lustig sei, wolle sie, dass auch die anderen es nicht sein sollten. Solche Reden wirkten heimlich auf meinen kindlichen Verstand, und die Folge davon war, dass mich die Tante einmal überredete, die Spiele verstohlen mit anzusehen; und das geschah folgendermaßen.

In der ganzen Christwoche fühlte sich meine Mutter nicht recht wohl oder nicht recht bei guter Laune; gemeinsames Lesen fand nicht statt; aber der Vater las der Mutter irgendein langweiliges oder ihr bereits bekanntes Buch vor, nur um sie einzuschläfern, und sie pflegte nach dem Tee, der immer um sechs Uhr abends getrunken wurde, etwa zwei Stunden oder mehr zu schlafen. Ich ging während dieser Zeit zur Tante. In einer solchen geeigneten Stunde überredete sie mich, die Aufführungen mit anzusehen, wickelte mich vom Kopf bis zu den Füßen in einen Pelz, legte mich ihrem robusten Dienstmädchen Matrona auf die Arme und begab sich mit mir nach der Tischlerei, wo uns, in Bären, Truthähne, Kraniche, alte Männer und alte Frauen verkleidet, die ganze männliche und weibliche Jugend des Hofgesindes erwartete. Trotz der übel riechenden Talglichte, ja sogar eines rauchenden Leuchtspans, wodurch der weite Raum nur mangelhaft erhellt wurde, trotz der drückenden, mephitischen Luft, wie viel echte Lustigkeit steckte doch in diesen ländlichen Aufführungen!

Die wunderlichen Klänge der Christwochen-Lieder, diese aus dem höchsten Altertum stammenden Melodien, gleichsam ein Widerhall aus einer unbekannten Welt, sie bewahrten noch eine lebendige Zauberkraft und übten ihre Macht über die Herzen einer unermesslich fernen Nachkommenschaft aus! Alle waren wie berauscht von Lustigkeit, wie trunken von Freude. Lautes, gemeinsames Gelächter übertönte oft die Lieder und Reden. Das waren nicht Schauspieler und Schauspielerinnen, die irgendjemanden zum Vergnügen anderer vorstellten; nein, die begeisterten Sängerinnen und Tänzerinnen gaben sich selbst; sich selbst vergnügten sie aus der Überfülle ihrer Herzen, und jeder Zuschauer war eine entzückte mitwirkende Person. Alles sang, tanzte, redete, lachte – und mitten in dem Getümmel, in dem Dunst und Qualm der lärmenden, allgemeinen Lustigkeit wickelten dieselben starken Hände wieder in den Pelz und trugen mich ungestüm hinweg aus der zauberhaften Märchenwelt. Lange konnte ich in dieser Nacht nicht einschlafen, und lange tanzten und sangen seltsame Gestalten um mich herum und verließen mich sogar im Traume nicht.

Das erste Mal hatte ich mich zu dieser Täuschung ganz plötzlich, beinah durch Gewalt gezwungen, verleiten lassen und konnte, als ich nach Hause zurückgekehrt war, lange Zeit meiner Mutter nicht gerade in die Augen sehen; aber das entzückende Schauspiel hatte mich so gefesselt, dass ich das nächste Mal gern einwilligte und später selbst meiner Tante mit Bitten zusetzte, mich zu den Aufführungen mitzunehmen.

Endlich wurde die grausame Macht des Winters gebrochen, und die schreckliche Kälte nahm ab. Wir besaßen damals kein Thermometer, und ich kann daher nicht sagen, auf wie viel Grad die Kälte stieg; aber ich erinnere mich, dass Vögel davon starben und mir Sperlinge und Dohlen gebracht wurden, die im Flug wie tot niedergefallen und augenblicklich erstarrt waren; einige kamen durch Erwärmung wieder zum Leben.

Überhaupt muss ich bemerken, dass die Winter in der Zeit meiner Kindheit und meines frühen Jünglingsalters weit kälter waren als die jetzigen. Und dies ist nicht etwa eine Einbildung von der Art, wie sie in höherem Alter leicht vorkommen; als ich in Kasan wohnte, gefror vor Beginn des Jahres 1807 zweimal das Quecksilber, und wir schmiedeten es wie heißes Eisen.

(Sergei Timofeevich Aksakov)

Scherz

Ein klarer Wintertag um die Mittagszeit ... Bitterer, krachender Frost, Nadjenka hatte meinen Arm genommen, silbriger Reif bedeckt die Locken, die sich auf ihren Schläfen kräuseln und den Flaum ihrer Oberlippe. Wir stehen auf einem hohen Schneeberge. Von dem Platz, auf dem wir stehen, zieht sich bis zum Erdboden eine abschüssige Fläche hin, von der die Sonne widerstrahlt, als blicke sie in einen Spiegel. Neben uns steht ein kleiner Schlitten, mit hellrotem Tuche bezogen.

»Lassen Sie uns nach unten rodeln, Nadéschda Petrówna!«, spreche ich flehend. »Nur einmal! Seien Sie davon überzeugt, dass wir heil und ganz bleiben werden.«

Allein Nadjenka fürchtet sich. Der Abhang, der sich von ihren kleinen Gummischuhen bis zum Ende des Eisberges hinzieht, scheint ihr eine schreckliche, unermesslich tiefe Schlucht zu sein. Als ich ihr den Vorschlag mache, sich auf den Schlitten zu setzen, schaut sie nach unten, und der Anblick verschlägt ihr den Atem; was aber wird erst geschehen, wenn sie es wirklich wagen sollte, in diesen Abgrund hineinzufliegen! Sie wird dann gewiss sterben oder verrückt werden.

»Ich flehe Sie an!«, rufe ich. »Es ist überflüssig, sich zu fürchten! So verstehen Sie doch, dass es nichts als Kleinmut und Feigheit ist!«

Nadjenka willigt zum Schluss ein, jedoch sehe ich es ihrem Gesicht an, dass sie mit dem Bewusstsein einwilligt, sich einer Lebensgefahr zu unterziehen. Ich setze die Bleiche und Zitternde in den Schlitten, umschlinge sie mit dem Arm und werfe mich mit ihr in den Abgrund.

Der Schlitten fliegt wie ein Geschoss. Die Luft, die wir durchschneiden, schlägt uns ins Gesicht, heult, pfeift in den Ohren, zerrt an uns, zaust uns boshaft, sodass es weh tut, und möchte uns am liebsten die Köpfe abreißen. Der Druck des Windes macht es uns unmöglich, Atem zu schöpfen. Es scheint, dass uns der Satan selber mit seinen Klauen umfangen hält und uns mit Gebrüll in die Hölle schleift. Die Gegenstände der Umgebung verschmelzen zu einer einzigen langen, rasend schnell vorübergleitenden Fläche ... Noch ein Augenblick und es scheint fast, dass wir zugrunde gehen.

»Ich liebe Sie, Nadja!«, sage ich halblaut.

Nach und nach beginnt der Schlitten langsamer zu gleiten, leiser wird das Heulen des Windes, das Sausen der Schlittenkufen ist nicht mehr so schreckhaft wie zuvor, nicht verschlägt der schnelle Flug länger den Atem, und so langen wir endlich unten an. Nadjenka ist halb tot. Sie ist blass und kann kaum atmen ... Ich helfe ihr aus dem Schlitten.

»Um keinen Preis der Welt fahre ich noch einmal«, sagt sie und sieht mich mit weit geöffneten Augen voller Schrecken an. »Um nichts in der Welt! Ich wäre fast gestorben!«

Bald darauf kommt sie wieder zur Besinnung und blickt mir fragend in die Augen: Ob ich es wohl gewesen sei, der jene vier Worte gesagt, oder ob es nur das Rauschen des Windes war, das sie ihr zutrug? Ich stehe neben ihr, rauche und betrachte aufmerksam meinen Handschuh.

Sie nimmt meinen Arm, und wir gehen lange am Fuß des Berges spazieren. Allein das Rätsel lässt ihr offensichtlich keine Ruhe. Wurden jene Worte ausgesprochen oder nicht? Ja oder nein? Ja oder nein? Dies ist eine Frage der Eitelkeit und des Ehrgeizes, aber auch eine Frage des Lebens und des Glückes, eine sehr wichtige Frage, die allerwichtigste auf der Welt. Ungeduldig und schwermütig schaut mich Nadjenka mit einem durchdringenden Blick an, sie antwortet auf gut Glück und wartet, ob ich nicht zu sprechen beginnen werde. Oh, welch ein Spiel des Ausdrucks zieht über dieses liebe Gesichtchen, welch ein Spiel! Ich sehe, dass sie mit sich selber kämpft, sie will etwas sagen, will etwas fragen, aber sie findet das Wort nicht, sie ist verlegen, sie hat Angst und die Freude macht sie fast atemlos ...

»Wissen Sie was?«, sagt sie und schaute mich dabei nicht an.

»Was?«, frage ich.

»Wollen wir noch einmal ... rodeln?«

Wir steigen die Treppe hinan, die auf den Berg führt. Und wieder setze ich die bleiche und zitternde Nadjenka auf den Schlitten, wieder fliegen wir in den furchtbaren Abgrund, wieder heult der Wind und sausen die Schlittenkufen, und wieder flüstere ich beim allerschnellsten und geräuschvollsten Fluge des Schlittens halblaut:

»Ich liebe Sie, Nadjenka!«

Der Schlitten hält an, Nadjenka wirft einen Blick auf den Berg zurück, den wir soeben hinuntergeglitten sind, und schaut dann lange in mein Gesicht, sie horcht auf meine Stimme, die gleichmäßig und leidenschaftslos klingt, und alles an ihr, sogar ihr Muff und ihre Kapuze, geschweige denn ihre Figur, drücken äußerstes Erstaunen aus. Auf ihrem Gesicht steht geschrieben:

»Was ist denn los? Wer hat denn jene Worte gesprochen? War das er oder kam es mir nur so vor?«

Die Ungewissheit beunruhigt sie, ja, sie macht sie fast ungeduldig. Das arme Mädchen antwortet auf keine Frage mehr, runzelt die Stirn und möchte eigentlich in Weinen ausbrechen.

»Sollen wir nicht nach Hause gehen?«, frage ich.

»Mir ... mir gefällt das Rodeln«, sagt sie errötend. »Ob wir es nicht vielleicht noch einmal versuchen sollten?«

Ihr gefällt dieses Rodeln, trotzdem aber ist sie jedes Mal, wenn sie sich auf den Schlitten setzt, blass wie auch schon zuvor, sie ist atemlos vor Furcht und bebt.

Wir gleiten zum dritten Mal hinunter, und ich bemerke dieses Mal, dass sie mir ins Gesicht schaut und dass ihr Blick an meinen Lippen hängt. Allein, ich drücke ein Tuch an meine Lippen, räuspere mich und vermag dennoch, als wir die Mitte des Berges erreichen, zu flüstern:

»Ich liebe Sie, Nadja!«

Das Rätsel bleibt Rätsel! Nadjenka schweigt und überlegt tief ... Ich bringe sie nach Hause, sie geht so langsam sie kann, sie verzögert ihre Schritte immer mehr und wartet nur auf das eine, ob ich nicht am Ende jene Worte wieder sagen werde. Und ich sehe ja nur zu deutlich, wie ihr Seelchen leidet, ich sehe, wie sie sich die größte Mühe gibt, sich selber zu bezwingen, damit sie nicht sage:

»Es kann nicht sein, dass nur der Wind das gesagt hat! Und außerdem will ich nicht, dass es nur der Wind gesagt hat!«

Am nächsten Tage erhalte ich frühmorgens einen Zettel: »Wenn Sie heute rodeln gehen, holen Sie mich bitte ab. N.« Und von diesem Tage an gehe ich nunmehr täglich mit Nadjenka zur Rodelbahn und flüstere ihr jedes Mal, wenn wir zusammen auf dem Schlitten in die Tiefe fliegen, halblaut immer die gleichen Worte ins Ohr:

»Ich liebe Sie, Nadja!«

Nadjenka gewöhnt sich nach und nach an diesen Satz, so wie man sich an Wein gewöhnt oder an Morphium. Sie kann ohne ihn nicht mehr leben. Es ist wahr, vom Berg herunterzufliegen ist nach wie vor äußerst schreckhaft, allein die Angst und die Gefahr, welchen eigenen Zauber verleihen sie jenen Worten von der Liebe, den Worten, die nach wie vor ein Rätsel bleiben und Unruhe in die Seele tragen. Der Verdacht richtet sich immer noch auf zwei: auf mich und auf den Wind ... Wer von den beiden ihr eigentlich die Liebesgeständnisse macht, weiß sie nicht, und es ist ihr augenscheinlich schon gleichviel; denn es ist ja gleich, aus welchem Gefäß man trinkt, wichtig ist nur, dass man trunken wird.

Ich begab mich eines Tages um die Mittagszeit allein zur Rodelbahn; ich mischte mich in die Schar der anderen und sah, dass Nadjenka zum Berge kam und mich mit den Augen suchte ... Darauf geht sie zaghaft allein nach oben ... Es ist schrecklich, allein zu rodeln, oh, wie schreckhaft ist das! Sie ist blass wie der Schnee, sie bebt, sie geht wie zur Hinrichtung, allein sie geht, sie geht ohne umzuschauen und nicht ohne Entschlossenheit. Es ist klar, dass sie sich endlich entschlossen hat, es auszuprobieren, ob sie dieselben erstaunlichen und süßen

Worte hört, wenn ich nicht da bin. Ich sehe, wie sie blass und mit einem Mund, den das Entsetzen geöffnet hat, sich auf den Schlitten setzt, die Augen schließt und auf ewig von der Welt Abschied nehmend abstößt ... Schschschsch ... sausen die Schlittenkufen. Ob Nadjenka jene Worte hört, weiß ich nicht ... Ich sehe nur, dass sie sich erschöpft und ganz schwach erhebt, als der Schlitten hält. Und man sieht ihr am Gesicht an, dass sie im Grunde genommen selber nicht weiß, ob sie etwas gehört hat oder nicht. Als sie nämlich hinunterglitt, hatte die Angst ihr offenbar jede Fähigkeit genommen, zu hören, Laute zu unterscheiden und zu verstehen ...

Der Frühlingsmonat März bricht an ... Die Sonne wird immer wärmer. Unser Eisberg dagegen wird immer dunkler, er verliert seinen Glanz und schließlich schmilzt er davon. Das Rodeln hört auf. Die arme Nadjenka kann nirgends mehr jene Worte hören, denn niemand mehr ist da, der sie sprechen könnte, da sie jenen Sturm nicht mehr hören wird und ich meine Vorbereitungen treffe, nach Petersburg überzusiedeln, vielleicht auf lang, vielleicht auf immer.

Zwei Tage vor meiner Abreise sitze ich in der Dämmerung in unserem Gärtchen, dieses Gärtchen wird von Nadjenkas Hof nur durch einen hohen Zaun mit Nägeln getrennt ... Es ist noch ziemlich kalt, unter dem Dünger liegt Schnee, die Bäume sind noch tot, allein schon riecht es nach Frühling und geräuschvoll schreien die Krähen, die sich zur Ruhe begeben. Ich gehe zum Zaun und schaue lange durch eine Ritze. Ich sehe, wie Nadjenka aus dem Hause tritt und ihren traurigen schwermütigen Blick zum Himmel hinaufrichtet ... Der Frühlingswind weht ihr ins blasse und verstimmte Gesicht ... Er erinnert sie an jenen Wind, der damals auf dem Berge heulte, als sie jene vier Worte vernahm, und immer trauriger wird ihr Gesicht, immer trauriger, und über ihre Wange rinnt eine Träne ... Und mit einem Male streckt das arme Mädchen beide Arme aus, als bäte sie, dass der Wind ihr aufs Neue die Worte brächte. Ich aber warte auf den nächsten Windstoß und flüstere halblaut:

»Ich liebe Sie, Nadja!«

Mein Gott, was geschieht mit Nadjenka! Sie schreit auf, sie ist ein Lächeln und streckt dem Winde ihre Arme entgegen, so froh, so glückselig, so hübsch.

Ich aber gehe derweilen meine Koffer packen ...

Das geschah vor langer Zeit. Jetzt ist Nadjenka verheiratet; ob man sie verheiratet hat, oder ob sie ihn selber genommen hat, ich weiß es nicht, ihr Mann ist der Sekretär des adligen Vormundschaftsgerichtes, und sie hat bereits drei Kinder. Wie wir damals zusammen auf die Rodelbahn gingen und der Wind ihr die Worte »Ich liebe Sie, Nadjenka«, ins Ohr raunte, hat sie nicht vergessen; dies ist ihre glücklichste, ihre rührendste und schönste Erinnerung im Leben ...

Mir aber, der ich älter geworden bin, ist nicht mehr recht verständlich, warum ich jene Worte gesagt und weswegen ich damals gescherzt habe ...

(Anton Tschechow)

Der Kavalier auf dem Eise

Damals sah mir die Welt noch anders aus. Ich war zwölfeinhalb Jahre alt und noch mitten in der vielfarbigen, reichen Welt der Knabenfreuden und Knabenschwärmereien befangen. Nun dämmerte schüchtern und lüstern zum ersten Male das weiche Ferneblau der gemilderten, innigeren Jugendlichkeit in meine erstaunte Seele.

Es war ein langer, strenger Winter, und unser schöner Schwarzwaldfluß lag wochenlang hart gefroren. Ich kann das merkwürdige, gruselig-entzückte Gefühl nicht vergessen, mit dem ich am ersten bitterkalten Morgen den Fluß betrat, denn er war tief und das Eis war so klar, daß man wie durch eine dünne Glasscheibe unter sich das grüne Wasser, den Sandboden mit Steinen, die phantastisch verschlungenen Wasserpflanzen und zuweilen den dunklen Rücken eines Fisches sah.

Halbe Tage trieb ich mich mit meinen Kameraden auf dem Eise herum, mit heißen Wangen und blauen Händen, das Herz von der starken rhythmischen Bewegung des Schlittschuhlaufs energisch geschwellt, voll von der wunderbaren gedankenlosen Genußkraft der Knabenzeit. Wir übten Wettlauf, Weitsprung, Hochsprung, Fliehen und Haschen, und diejenigen von uns, die noch die altmodischen beinernen Schlittschuhe mit Bindfaden an den Stiefeln befestigt trugen, waren nicht die schlechtesten Läufer. Aber einer, ein Fabrikantensohn, besaß ein Paar »Halifax«, die waren ohne Schnur oder Riemen befestigt und man konnte sie in zwei Augenblicken anziehen und ablegen. Das Wort Halifax stand von da an jahrelang auf meinem Weihnachtswunschzettel, jedoch erfolglos; und als ich zwölf Jahre später einmal ein Paar recht feine und gute Schlittschuhe kaufen wollte und im Laden Halifax verlangte, da ging mir zu meinem Schmerz ein Ideal und ein Stück Kinderglauben verloren, als man mir lächelnd versicherte, Halifax sei ein veraltetes System und längst nicht mehr das Beste.

Am liebsten lief ich allein, oft bis zum Einbruch der Nacht. Ich sauste dahin, lernte im raschesten Schnellauf an jedem beliebigen Punkte halten oder wenden, schwebte mit Fliegergenuß balancierend in schönen Bogen. Viele von meinen Kameraden benutzten die Zeit auf dem Eise, um den Mädchen nachzulaufen und zu hofieren. Für mich waren die Mädchen nicht vorhanden. Während andere ihnen Ritterdienste leisteten, sie sehnsüchtig und schüchtern umkreisten oder sie kühn und flott in Paaren führten, genoß ich allein die freie Lust des Gleitens. Für die »Mädelesführer« hatte ich nur Mitleid oder Spott. Denn aus den Konfessionen mancher Freunde glaubte ich zu wissen, wie zweifelhaft ihre galanten Genüsse im Grunde waren.

Da, schon gegen Ende des Winters, kam mir eines Tages die Schülerneuigkeit zu Ohren, der Nordkaffer habe neulich abermals die Emma Meier beim Schlittschuhausziehen geküßt. Die Nachricht trieb mir plötzlich das Blut zu

Kopfe. Geküßt! Das war freilich schon was anderes als die faden Gespräche und scheuen Händedrücke, die sonst als höchste Wonnen des Mädleführens gepriesen wurden. Geküßt! Das war ein Ton aus einer fremden, verschlossenen, scheu geahnten Welt, das hatte den leckeren Duft der verbotenen Früchte, das hatte etwas Heimliches, Poetisches, Unnennbares, das gehörte in jenes dunkelsüße, schaurig lockende Gebiet, das von uns allen verschwiegen, aber ahnungsvoll gekannt und streifweise durch sagenhafte Liebesabenteuer ehemaliger, von der Schule verwiesener Mädchenhelden beleuchtet war. Der »Nordkaffer« war ein vierzehnjähriger, Gott weiß wie zu uns verschlagener Hamburger Schuljunge, den ich sehr verehrte und dessen fern der Schule blühender Ruhm mich oft nicht schlafen ließ. Und Emma Meier war unbestritten das hübscheste Schulmädchen von Gerbersau, blond, flink, stolz und so alt wie ich.

Von jenem Tage an wälzte ich Pläne und Sorgen in meinem Sinn. Ein Mädchen zu küssen, das übertraf doch alle meine bisherigen Ideale, sowohl an sich selbst, als weil es ohne Zweifel vom Schulgesetz verboten und verpönt war. Es wurde mir schnell klar, dass der solenne Minnedienst der Eisbahn hierzu die einzige gute Gelegenheit sei. Zunächst suchte ich denn mein Äußeres nach Vermögen hoffähiger zu machen. Ich wandte Zeit und Sorgfalt an meine Frisur, wachte peinlich über die Sauberkeit meiner Kleider, trug die Pelzmütze manierlich halb in der Stirn und erbettelte von meinen Schwestern ein rosenrot seidenes Foulard. Zugleich begann ich auf dem Eise die etwa in Frage kommenden Mädchen höflich zu grüßen und glaubte zu sehen, daß diese ungewohnte Huldigung zwar mit Erstaunen, aber nicht ohne Wohlgefallen bemerkt wurde.

Viel schwerer wurde mir die erste Anknüpfung, denn in meinem Leben hatte ich noch kein Mädchen »engagiert«. Ich suchte meine Freunde bei dieser ernsten Zeremonie zu belauschen. Manche machten nur einen Bückling und streckten die Hand aus, andere stotterten etwas Unverständliches hervor, weitaus die meisten aber bedienten sich der eleganten Phrase: »Hab' ich die Ehre?« Diese Formel imponierte mir sehr, und ich übte sie ein, indem ich zu Hause in meiner Kammer mich vor dem Ofen verneigte und die feierlichen Worte dazu sprach.

Der Tag des schweren ersten Schrittes war gekommen. Schon gestern hatte ich Werbegedanken gehabt, war aber mutlos heimgekehrt, ohne etwas gewagt zu haben.

Heute hatte ich mir vorgenommen, unweigerlich zu tun, was ich so sehr fürchtete wie ersehnte. Mit Herzklopfen und todbeklommen wie ein Verbrecher ging ich zur Eisbahn, und ich glaube, meine Hände zitterten beim Anlegen der Schlittschuhe. Und dann stürzte ich mich in die Menge, in weitem Bogen ausholend, und bemüht, meinem Gesicht einen Rest der gewohnten Sicherheit und Selbstverständlichkeit zu bewahren. Zweimal durchlief ich die ganze lange Bahn im eiligsten Tempo, die scharfe Luft und die heftige Bewegung taten mir wohl.

Plötzlich, gerade unter der Brücke, rannte ich mit voller Wucht gegen jemanden an und taumelte bestürzt zur Seite. Auf dem Eise aber saß die schöne Emma, offenbar Schmerzen verbeißend, und sah mich vorwurfsvoll an.

Vor meinen Blicken ging die Welt im Kreise.

»Helft mir doch auf!« sagte sie zu ihren Freundinnen. Da nahm ich, blutrot im ganzen Gesicht, meine Mütze ab, kniete neben ihr nieder und half ihr aufstehen. Wir standen nun einander erschrocken und fassungslos gegenüber, und keines sagte ein Wort. Der Pelz, das Gesicht und Haar des schönen Mädchens betäubten mich durch ihre fremde Nähe. Ich besann mich ohne Erfolg auf eine Entschuldigung und hielt noch immer meine Mütze in der Faust. Und plötzlich, während mir die Augen wie verschleiert waren, machte ich mechanisch einen tiefen Bückling und stammelte: »Hab' ich die Ehre?«

Sie antwortete nichts, ergriff aber meine Hände mit ihren feinen Fingern, deren Wärme ich durch den Handschuh hindurch fühlte, und fuhr mit mir dahin. Mir war zumute wie in einem sonderbaren Traum. Ein Gefühl von Glück, Scham, Wärme, Lust und Verlegenheit raubte mir fast den Atem. Wohl eine Viertelstunde liefen wir zusammen. Dann machte sie an einem Halteplatz leise die kleinen Hände frei, sagte »Danke schön« und fuhr allein davon, während ich verspätet die Pelzkappe zog und noch lange an derselben Stelle stehen blieb. Erst später fiel mir ein, daß sie während der ganzen Zeit kein einziges Wort gesprochen hatte.

Das Eis schmolz, und ich konnte meinen Versuch nicht wiederholen. Es war mein erstes Liebesabenteuer. Aber es vergingen noch Jahre, ehe mein Traum sich erfüllte und mein Mund auf einem roten Mädchenmunde lag.

(Hermann Hesse)

Winter auf dem Semmering

Ich habe zu meinen zahlreichen unglücklichen Lieben noch eine neue hinzubekommen – – – den Schnee! Er erfüllt mich mit Enthusiasmus, mit Melancholie. Ich will ihn zu nichts Praktischem benützen, wie Scheerngleiten, Rodeln, Bobfahren; ich will ihn betrachten, betrachten, betrachten, ihn mit meinen Augen stundenlang in meine Seele hineintrinken, mich durch ihn und vermittelst seiner aus der dummen, realen Welt hinwegflüchten in das sogenannte »weiße und enttäuschungslose Zauberreich«! Jeder Baum, jeder Strauch wird durch ihn zu einer selbstständigen Persönlichkeit, während im Sommer ein allgemeines Grün entsteht, das die Persönlichkeiten der Bäume und Sträucher verwischt. Ich liebe den Schnee auf den Spitzen der hölzernen Gartenzäune, auf den eisernen Straßengeländern, auf den Rauchfängen, kurz überall da am meisten, wo er für die Menschen unbrauchbar und gleichgültig ist. Ich liebe ihn, wenn die Bäume ihn abschütteln wie eine unerträglich gewordene Last, ich liebe ihn, wenn der graue Sturm ihn mir ins Gesicht nadelt und staubt und spritzt. Ich liebe ihn, wenn er in sonnigen Waldlachen zerrinnt, ich liebe ihn, wenn er pulverig wird vor Kälte wie Streuzucker. Er befriedigt mich nicht, ich will ihn nicht benützen zu Zwecken der süßen Ermüdung und Erlösung, ich will nicht kreischen und jauchzen durch ihn, ich will ihn anstarren in ewiger Liebe, in Melancholie und Begeisterung. Er ist also eine neue letzte »unglückliche Liebe« meiner Seele!

(Peter Altenberg)

Wintersport

Eine der größten Entwicklungen im physiologischen Leben der Menschheit ist die Entdeckung der Schönheit der Winterlandschaft! Der Schwede Fjæstad begann den Schnee zu malen wie keiner vor ihm. Denn er liebte ihn; nur liebevolle Augen können im Schnee so viel verborgene Schönheit, Poesie, Melancholie ausfindig machen, gleichsam wie in dem vergötterten Antlitz einer geliebten Frau! Die Poesie der Winterlandschaft, die früher einigen wenigen Träumern und Dichtern aufgegangen war, ist nun auf dem Umwege »sportlicher Vergnügungen« in die Gesamtheit eingedrungen und erfüllt die nervös gewordene Menschheit mit unermesslichen neuen Lebensenergien!

Der Wintersport hat seine Übertreibungen, wie alle guten vorteilhaften Dinge auf Erden; aber er ist der einzige Vermittler zwischen dem in Arbeit und Sorge dahinvegetierenden Menschenkinde und Gottes friedevoller Winterpracht! Man sieht am Semmering nun Recken und Hünengestalten wie aus deutschen Sagenbüchern erstanden! Es werden Gefahren aufgesucht im tief verschneiten und vereisten Bergwald!

Frauen schweben dahin wie fliegende Engel, Kraft und Lebendigkeiten einheimsend aus der Winterluft für kommende Generationen! Mensch sein heißt »Stoff wechseln« im energischsten Grade. Und dazu verhilft allein der Wintersport in eisiger Luft! Er ist das Regenerationsmittel der Zukunft! Dichter, Denker und Träumer leben von »innerem Stoffwechsel«; aber der Mensch des realen, lebendigen, unerbittlichen Lebens muss es sich durch »frische Tat« erzeugen.

Der Wintersport gibt Millionen Kräfte denen, die noch zu nehmen, noch zu geben haben, in ihren gut organisierten Lebensmaschinen. Die anderen mögen abseits wandeln und mit den Augen allein die Kräfte der heiligen Winterlandschaft in sich hineintrinken! Alle Versuche moderner Physiologen, die Menschheit zu regenerieren, sind kindische Unternehmungen gegenüber dem Walten eines Wintertages mit seiner eisigen, sonnigen, urreinen Luft! Amen.

(Peter Altenberg)

Wintersportmärchen

Wintersportlegendchen

Wenn Schneeflocken fallen, binden sich selbst die heiligen Herren Skier unter die bloßen Sohlen. Also tat auch der heilige Franz.

Und dem war kein Hang zu steil, kein Hügel zu hoch, kein Holz zu dicht, kein Hindernis zu hinterlistig – – – er lief und sprang und bremste derart meisterhaft, dass er nie seinen Heiligenschein verbog.

So glitt er durch winterliche Wälder. Es war still ringsum und – – – eigentlich ist er noch keinem Menschen begegnet und auch keinem Reh. Nur eine verirrte Skispur erzählte einmal, sie habe ihn auf einer Lichtung stehen sehen, wo selbst er einer Gruppe Skihaserln predigte. Die saßen um ihn herum im tiefen Schnee, rot, grün, gelb, blau – – – und spitzten andächtig die Ohren, wie er so sprach von unbefleckten Trockenkursen im Kloster »zur guten Bindung«, von den alleinseligmachenden Stemmbögen, Umsprung-Ablässen und lauwarmen Telemarkeln. Und wie erschauerten die Skihaserln, da er losdonnerte wider gewisse undogmatische Unterrichtsmethoden!

Die Eispickelhexe

Hoch droben in dem Lande, in dem es weder Wälder noch Wiesen nur zerklüftete Eisäcker gibt, dort haust die Eispickelhexe.

Statt den Zehen wuchsen ihr Pickelspitzen und ihre Zähne sind klein und aus blauem Stahl. Ihre Brüste sind mächtige Hängegletscher und – – – trinkt sie Kaffee mit Gämsenblut, darf niemand sie stören. Nicht einmal die Mauerhakenzwerge.

Sie ist aller Eispickel Schutzpatronin.

Drum in den Nächten auf den Hütten, wenn jene sich unbeobachtet meinen, schleichen sie aus den Schlafräumen ihrer Herrn: von den Haken herab, aus den Ecken heraus, unter den Bänken hervor – – – unhörbar zur Türe hinaus. Dort knien sie nieder und falten ihre Pickelschlingen und beten zum Schutzpatron um guten Schnee – – –

»Nur auf die Bindung kommt es an!«

Es waren einmal zwei Schneeschuhläufer.

Der eine konnte hervorragend laufen, besaß aber, da er sehr arm war, nur billigste Bindung auf schlechten Brettern.

Der andere konnte überhaupt nicht laufen, höchstens stehen, besaß aber, da er sehr reich war, vorteilhafteste Bindung auf wundervoll geschwungenen Brettern.

Nun sprang der Arme über den Hügel so an die vierzig Meter, brach sich aber der vermaledeiten Bindung wegen den Knöchel.

Der Reiche sah ihm dabei zu und dachte nicht daran zu springen; war vielmehr froh, dass er stand.

Und der Sachverständige sprach:

»Nur auf die Bindung kommt es an!«

Sommer und Winter

Sowohl noch nie als auch schon oft habt Ihr folgende Geschichte gehört:

Ein Skisprunghügel aus Holz erbaut lebte auf einem regelrecht geneigten Hange; es war Winter und er hörte tagtäglich entzückt: »Ist das ein prächtiger Sprunghügel!«

Und weil er dies eben tagtäglich hörte, wurde er größenwahnsinnig und leugnete selbst entfernteste verwandtschaftliche Bande zu den rings um ihn kauernden Bäumchen, die traurig unter der Schneelast in sich gegangen waren.

Später aber schmolz der Schnee und die Bäumchen reckten und streckten sich wie ebenerwachte Katzenkinder und zogen ein gar wunderbar grünes Kleidchen an; nun wurde der Sprunghügel von niemandem mehr beachtet, sondern musste vielmehr tagtäglich hören:

»Sind das liebliche Bäumchen!«

Und als gar einer sagte:

»Sieh nur, Tante Agathe, welch hässliche kahle Bretter! Wie die alles verhunzen!«

Da dachte er an Selbstmord.

Doch neues Leben zog in sein verzagendes hölzernes Herz, da Tante Agathe antwortete:

»Wart nur auf den Winter!«

(Ödön von Horváth)

Hochliterarische Winter

Schnee

Der Stand der Sonne war kaum zu erkennen, so dicht umnebelt war sie. Hinten, in der Gegend des Talausganges, des Gebirgswinkels, den man nicht sah, dunkelte das Gewölk, das Gedünste tiefer und schien sich vorzuschieben. Es sah nach Schnee aus, mehr Schnee, um dringendem Bedarf abzuhelfen, – nach einem ordentlichen Gestöber. Und wirklich fielen die kleinen, lautlosen Flocken über der Halde schon reichlicher.

Hans Castorp trat vor, um ein paar davon auf seinen Ärmel fallen zu lassen und sie mit den Kenneraugen des Liebhaberforschers zu betrachten. Sie schienen formlose Fetzchen, aber er hatte mehr als einmal ihresgleichen unter seiner guten Linse gehabt und wußte wohl, aus was für zierlichst genauen kleinen Kostbarkeiten sie sich zusammensetzten, Kleinodien, Ordenssternen, Brillantagraffen, wie der getreueste Juwelier sie nicht reicher und minuziöser hätte herstellen können, – ja, es hatte mit all diesem leichten, lockeren Puderweiß, das in Massen den Wald beschwerte, das Gebreite bedeckte, und über das seine Fußbretter ihn trugen, denn doch eine andere Bewandtnis als mit dem heimischen Meersande, an den es erinnerte: das waren bekanntlich nicht Steinkörner, woraus es bestand, es waren Myriaden im Erstarren zu ebenmäßiger Vielfalt kristallisch zusammengeschossener Wasserteilchen, – Teilchen eben der anorganischen Substanz, die auch das Lebensplasma, den Pflanzen-, den Menschenleib quellen machte, – und unter den Myriaden von Zaubersternchen in ihrer untersichtigen, dem Menschenauge nicht zugedachten, heimlichen Kleinpracht war nicht eines dem anderen gleich; eine endlose Erfindungslust in der Abwandlung und allerfeinsten Ausgestaltung eines und immer desselben Grundschemas, des gleichseitig-gleichwinkligen Sechsecks, herrschte da; aber in sich selbst war jedes der kalten Erzeugnisse von unbedingtem Ebenmaß und eisiger Regelmäßigkeit, ja, dies war das Unheimliche, Widerorganische und Lebensfeindliche daran; sie waren zu regelmäßig, die zum Leben geordnete Substanz war es niemals in diesem Grade, dem Leben schauderte vor der genauen Richtigkeit, es empfand sie als tödlich, als das Geheimnis des Todes selbst, und Hans Castorp glaubte zu verstehen, warum Tempelbaumeister der Vorzeit absichtlich und insgeheim kleine Abweichungen von der Symmetrie in ihren Säulenordnungen angebracht hatten.

Er stieß sich ab, schlürfte auf seinen Kufen fort, fuhr am Waldrande den dicken Schneebelag der Schräge ins Neblige hinunter und trieb sich, steigend und gleitend, ziellos und gemächlich, weiter in dem toten Gelände umher, das mit seinen leeren, welligen Gebreiten, seiner Trockenvegetation, die aus einzelnen, dunkel hervorstechenden Latschenbüschen bestand, und seiner Horizontbegrenzung von weichen Erhebungen so auffallend einer Dünenlandschaft glich. Hans Castorp nickte zufrieden mit dem Kopf, wenn er stand und sich an dieser Ähnlichkeit weidete; und auch den Brand seiner Miene, die Neigung zum Gliederzittern, die eigentümliche und trunkene Mischung von Aufregung und Müdigkeit, die er spürte, duldete er mit Sympathie, da dies alles ihn an nah verwandte Wirkungen der ebenfalls aufpeitschenden und zugleich mit schlafbringenden Stoffen gesättigten Seeluft vertraulich erinnerte. Er empfand mit Genugtuung seine beschwingte Unabhängigkeit, sein freies Schweifen. Vor ihm lag kein Weg, an den er gebunden war, hinter ihm keiner, der ihn so zurückleiten würde, wie er gekommen war. Es hatte anfangs Stangen, eingepflanzte Stöcke, Schneezeichen gegeben, aber absichtlich hatte er sich bald von ihrer Bevormundung freigemacht, da sie ihn an den Mann mit dem Hörnchen erinnerten und seinem inneren Verhältnis zur großen Winterwildnis nicht angemessen schienen.

Hinter verschneiten Felshügeln, zwischen denen er sich, bald rechts, bald links lenkend, hindurchschob, lag eine Schräge, dann eine Ebene, dann großes Gebirge, dessen weich gepolsterte Schluchten und Pässe so zugänglich und lockend schienen. Ja, die Lockung der Fernen und Höhen, der immer neu sich auftuenden Einsamkeiten war stark in Hans Castorps Gemüt, und auf die Gefahr, sich zu verspäten, strebte er tiefer ins wilde Schweigen, ins Nichtgeheure, für nichts Gutstehende hinein, – ungeachtet, daß überdies die Spannung und Beklommenheit seines Inneren zur wirklichen Furcht wurde angesichts der vorzeitig zunehmenden Himmelsdunkelheit, die sich wie graue Schleier auf die Gegend herabsenkte. Diese Furcht machte ihm bewußt, daß er es heimlich bisher geradezu darauf angelegt hatte, sich um die Orientierung zu bringen und zu vergessen, in welcher Richtung Tal und Ortschaft lagen, was ihm denn auch in erwünschter Vollständigkeit gelungen war. Übrigens durfte er sich sagen, daß, wenn er sofort umkehrte und immer bergab fuhr, das Tal, wenn auch möglicherweise fern vom ›Berghof‹, rasch erreicht sein werde, – zu rasch; er würde zu früh kommen, würde seine Zeit nicht ausgenutzt haben, während er allerdings, wenn das Schneeunwetter ihn überraschte, den Heimweg wohl vorderhand überhaupt nicht finden würde. Darum aber vorzeitig flüchtig zu werden, weigerte er sich, – die Furcht, seine aufrichtige Furcht vor den Elementen mochte ihn beklemmen wie sie wollte. Das war kaum sportsmännisch gehandelt; denn der Sportsmann läßt sich mit den Elementen nur ein, solange er sich ihr Herr und Meister weiß, übt Vorsicht und ist der Klügere, der nachgibt. Was aber in Hans Castorps Seele vorging, war nur mit einem Wort zu bezeichnen: Herausforderung. Und soviel Tadel das Wort umschließt, auch wenn – oder besonders wenn – das ihm entsprechende frevelhafte Gefühl mit so viel aufrichtiger Furcht verbunden ist, so ist doch bei einigem menschlichen Nachdenken ungefähr zu begreifen, daß in den Seelengründen eines jungen Menschen und Mannes, der jahrelang gelebt hat wie dieser hier, manches sich ansammelt, oder, wie Hans Castorp, der Ingenieur, gesagt haben würde, ›akkumuliert‹, was eines Tages als ein elementares ›Ach was!‹ oder ein ›Komm denn an!‹ von erbitterter Ungeduld, kurz eben als Herausforderung und Verweigerung kluger Vorsicht sich entlädt. Und so fuhr er denn zu auf seinen langen Pantoffeln, glitt noch den Abhang hinunter und schob sich über die folgende Halde, auf der in einiger Entfernung ein Holzhäuschen, Heuschober oder Almhütte mit steinbeschwertem Dache, stand, dem nächsten Berge zu, dessen Rücken borstig von Tannen war, und hinter dem Hochgipfel sich nebelhaft türmten. Die mit einzelnen Baumgruppen besetzte Wand vor ihm war schroff, aber schräg rechtshin mochte man sie in mäßiger Steigung halb umgehen und hinter sie kommen, um zu sehen, was da weiter sein werde, und an dieses Forschergeschäft machte sich Hans Castorp, nachdem er vor dem Feld mit der Sennhütte noch in eine ziemlich tiefe, von rechts nach links abfallende Schlucht hinabgefahren war.

Er hatte eben wieder angefangen zu steigen, als denn also, wie zu erwarten gestanden, Schneefall und Sturm losgingen, daß es eine Art hatte, – der Schneesturm, mit einem Worte, war da, der lange gedroht hatte, wenn man von ›Drohung‹ sprechen kann in Hinsicht auf blinde und unwissende Elemente, die es nicht darauf abgesehen haben, uns zu vernichten, was vergleichsweise anheimelnd wäre, sondern denen es auf die ungeheuerste Weise gleichgültig ist, wenn das nebenbei mit unterläuft. ›Hallo!‹ dachte Hans Castorp und blieb stehen, als der erste Windstoß in das dichte Gestöber fuhr und ihn traf. ›Das ist eine Sorte von Anhauch. Die geht ins Mark.‹ Und wirklich war dieser Wind von ganz gehässiger Art: die furchtbare Kälte, die tatsächlich herrschte, gegen zwanzig Grad unter Null, war nur dann nicht zu spüren und mutete milde an, wenn die feuchtigkeitslose Luft still und unbewegt war wie gewöhnlich; sobald sie sich aber windig regte, schnitt das wie mit Messern ins Fleisch, und wenn es zuging wie jetzt – denn der erste fegende Windlauf war nur ein Vorläufer gewesen –, so hätten sieben Pelze nicht hingereicht, das Gebein vor eisigem Todesschrecken zu schützen, und Hans Castorp trug nicht sieben Pelze, sondern nur eine wollene Weste, die ihm sonst auch vollkommen genügt hatte und ihm bei dem geringsten Sonnenschein sogar lästig gewesen war. Übrigens bekam er den Wind etwas seitlich von hinten, so daß es sich wenig empfahl, umzukehren und ihn von vorn zu empfangen; und da diese Überlegung sich mit seinem Trotz und mit dem gründlichen ›Ach was!‹ seiner Seele mischte, so strebte der tolle Junge immer noch weiter, zwischen einzeln stehenden Tannen hin, um hinter den in Angriff genommenen Berg zu kommen.

Dabei jedoch war gar kein Vergnügen, denn man sah nichts vor Flockentanz, der scheinbar ohne zu fallen in dichtestem Wirbelgedränge allen Raum erfüllte; die dreinfahrenden Eisböen machten die Ohren mit scharfem Schmerze brennen, lähmten die Glieder und ließen die Hände ertauben, so daß man nicht mehr wußte, ob man den Pickelstock noch hielt oder nicht. Der Schnee wehte ihm hinten in den Kragen und schmolz ihm den Rücken hinunter, legte sich ihm auf die Schultern und bedeckte seine rechte Flanke; es war ihm, als solle er hier zum Schneemann erstarren, seinen Stock steif in der Hand; und all diese Unzuträglichkeit ergab sich bei vergleichsweise günstigen Umständen: wendete er sich, so würde es schlimmer sein; und doch hatte der Heimweg sich zu einem Stück Arbeit gestaltet, das in Angriff zu nehmen er wohl nicht zögern sollte.

(Thomas Mann)

Das Sternenkind

Es waren einmal zwei arme Holzhauer, die durch einen großen Fichtenwald nach Hause gingen. Es war Winter und eine bitterkalte Nacht. Der Schnee lag dick auf dem Boden und auf den Ästen der Bäume, und rechts und links, wo sie vorbeigingen, knarrten die kleinen Zweige vor Frost. Als sie zu dem Gebirgsbach kamen, hing er bewegungslos in der Luft, denn der Eiskönig hatte ihn geküsst.

So kalt war es, dass selbst die vierfüßigen Tiere und die Vögel nicht wussten, was sie dazu sagen sollten.

»Hu!«, knurrte der Wolf und hinkte, den Schwanz zwischen die Beine geklemmt, durch das Unterholz. »Dies ist ein einfach scheußliches Wetter. Warum kümmert sich die Regierung nicht darum?«

»Witt! witt! witt!«, zwitscherten die grünen Hänflinge. »Die alte Erde ist tot, und sie haben sie in ihrem weißen Totenkleid aufgebahrt.«

»Die Erde will sich verheiraten, und dies ist ihr Brautgewand«, flüsterten sich die Turteltauben zu. Ihre kleinen, rosigen Füße waren ganz erfroren, aber sie hielten es für ihre Pflicht, die Lage von der romantischen Seite aufzufassen.

»Unsinn!«, heulte der Wolf. »Ich sage euch, nur die Regierung ist daran schuld, und wenn ihr mir nicht glaubt, fress ich euch auf.« Der Wolf war durchaus Praktiker und nie um gute Gründe verlegen.

»Nun, was mich angeht«, sagte der Specht, der ein geborener Philosoph war, »so kümmere ich mich um keine noch so subtilen Erklärungstheorien. Wie etwas ist, so ist es, und augenblicklich ist es schrecklich kalt.«

Schrecklich kalt war es wirklich. Die kleinen Eichhörnchen, die in den hohen Fichtenbäumen wohnten, rieben sich gegenseitig immerfort die Nasen, um sich warm zu halten, und die Kaninchen rollten sich in ihren Höhlen zusammen und wagten nicht einmal, aus ihren Türen zu blicken. Die einzigen Wesen, die an der Kälte Freude zu haben schienen, waren die großohrigen Eulen. Ihre Federn waren ganz hart vom Reif, aber das kümmerte sie nicht, und sie rollten ihre großen, gelben Augen und riefen sich durch den Wald hin zu: »Tuwitt! Tuhu! Tuwitt! Tuhu! Was haben wir doch für ein wundervolles Wetter!«

Immer weiter gingen die beiden Holzhauer, hauchten sich munter auf die Finger und stampften mit ihren großen, eisenbeschlagenen Schuhen auf den festen Schnee. Einmal versanken sie in einer tiefen Schneewehe und kamen so weiß heraus wie Müller, wenn die Steine mahlen; und einmal glitten sie auf dem harten, glatten Eise aus, als sie über gefrorenes Moorwasser gingen, und ihre Holzscheite fielen aus ihren Bündeln, sodass sie sie wieder auflesen und von Neuem zusammenbinden mussten; und einmal glaubten sie, sie hätten ihren Weg verloren, und ein großer Schrecken überkam sie, denn sie wussten, wie grausam der Schnee gegen die ist, die in seinem Arm schlafen. Aber sie setzten ihr Vertrauen auf den guten Sankt Martin, der über allen Wanderern wacht. Sie gingen behutsam in ihren Fußstapfen zurück, und schließlich erreichten sie doch den Rand des Waldes und sahen tief unter sich im Tal die Lichter des Dorfes, in dem sie lebten. So überfroh waren sie ob ihrer Errettung, dass sie laut lachten, und die Erde erschien ihnen wie eine Blume von Silber und der Mond wie eine Blume von Gold.

Aber nachdem sie gelacht hatten, wurden sie traurig, denn sie erinnerten sich an ihre Armut, und der eine von ihnen sagte zum anderen: »Warum sind wir fröhlich geworden? Wir sehen doch, dass das Leben für die Reichen da ist und nicht für unsereinen. Besser, wir wären im Wald vor Kälte gestorben, oder ein wildes Tier hätte uns angefallen und getötet.«

»Du hast recht«, antwortete sein Gefährte. »Den einen wird viel, den anderen wenig gegeben. Ungerechtigkeit hat die Welt verteilt, und in nichts sind wir gleich als im Leid.«

Aber als sie so einander ihr Leid klagten, da geschah etwas Seltsames. Ein sehr heller und schöner Stern fiel vom Himmel. Er glitt von der Himmelswand herab und an den anderen Sternen vorbei, und als sie ihn staunend beobachteten, schien es ihnen, als sei er hinter einer Gruppe von Weidenbäumen versunken, die dicht bei einer kleinen Schafhürde stand, kaum einen Steinwurf von ihnen entfernt.

»Wer ihn findet, stößt auf einen Topf voll Gold«, riefen sie und begannen schnell dahin zu laufen, so begierig waren sie auf das Gold.

Und der eine von ihnen lief schneller als sein Gefährte und kam ihm zuvor. Er zwängte sich durch die Weiden und gelangte an die andere Seite, und siehe, da lag wirklich etwas Goldenes auf dem weißen Schnee. Da eilte er hin, beugte sich nieder und legte seine Hand darauf. Und es war ein mit Gold durchwebtes Tuch, das seltsam mit Sternen bestickt und in viele Falten geschlagen war. Und er rief seinem Kameraden, er habe den Schatz gefunden, der vom Himmel gefallen sei, und als sein Kamerad herangekommen war, da setzten sie sich in den Schnee hin und öffneten die Falten des Tuches, um die Goldstücke zu teilen. Aber ach, kein Gold war darin und kein Silber, noch überhaupt irgendein Schatz, sondern nur ein kleines Kind, das schlief.

Da sprach der eine zu dem anderen: »Das ist ein bitteres Ende unserer Hoffnung, und wir haben kein Glück, denn was nützt ein Kind einem Manne? Wir wollen es hier liegen lassen und unserer Wege gehen, denn wir sind arme Männer und haben selbst Kinder, deren Brot wir nicht einem anderen geben können.«

Doch sein Geführte antwortete ihm: »Nein, es wäre schlecht, das Kind hier im Schnee umkommen zu lassen, und wenn ich auch so arm bin wie du und viele Münder zu füttern und nur wenig im Topf habe, so will ich es doch mit nach Hause nehmen, und mein Weib soll dafür sorgen.«

So nahm er denn ganz behutsam das Kind auf, wickelte das Tuch darum, um es vor der rauen Kälte zu schützen, und ging den Hügel hinab nach dem Dorfe, und sein Kamerad wunderte sich sehr über seine Torheit und Gutmütigkeit.

Und als sie zum Dorf kamen, sagte sein Kamerad zu ihm: »Du hast das Kind, darum gib mir das Tuch, denn es ist nur billig, dass wir teilen.«

Aber er antwortete ihm: »Nein, das Tuch gehört weder dir noch mir, sondern nur dem Kinde.«

Und er bot ihm Lebewohl, ging nach seinem Hause und klopfte. Und als seine Frau die Tür öffnete und sah, dass ihr Mann heil zurückgekehrt war, schlang sie ihre Arme um seinen Hals und küsste ihn. Sie nahm das Bündel mit Holzscheiten von seinem Rücken, fegte den Schnee von seinen Schuhen und bat ihn, hereinzukommen.

Aber er sprach zu ihr: »Ich habe etwas im Walde gefunden und habe es dir gebracht, damit du dafür sorgst«, und er rührte sich nicht von der Schwelle.

»Was ist es?«, rief sie. »Zeig es mir, denn das Haus ist leer, und wir brauchen manches.« Und er zog das Tuch zurück und zeigte ihr das schlafende Kind.

»O weh, Vater!«, murmelte sie, »haben wir nicht selber Kinder genug, dass du einen Wechselbalg mitbringen musst, der am Herde sitzt? Und wer weiß, ob er uns nicht Unglück bringt? Und wie sollen wir ihn pflegen?« Und sie war zornig auf ihn.

»Es ist aber ein Sternenkind«, antwortete er; und er erzählte ihr die seltsame Art, wie er es gefunden hatte.

Aber sie wollte sich nicht besänftigen lassen, sondern spottete über ihn und sprach ärgerlich: »Unsere Kinder haben kein Brot, und da sollen wir das Kind eines anderen füttern? Wer sorgt für uns? Wer gibt uns zu essen?«

»Gott sorgt sogar für die Sperlinge und ernährt sie«, antwortete er.

»Sterben nicht die Sperlinge im Winter vor Hunger?«, fragte sie. »Und ist es jetzt nicht Winter?« Aber der Mann antwortete nichts und wich auch nicht von der Schwelle.

Und ein scharfer Wind drang aus dem Wald in die offene Tür, dass sie zitterte. Ein Schaudern überkam sie, und sie sprach zu ihm: »Willst du nicht die Türe schließen? Ein scharfer Wind dringt in das Haus, und mich friert.«

»Kommt in ein Haus, wo ein hartherziger Mensch lebt, nicht immer ein scharfer Wind?«, fragte er. Und die Frau antwortete ihm nicht, sondern schlich dichter an das Feuer.

Aber nach einer Weile wandte sie sich um und sah ihn an, und ihre Augen standen voll Tränen. Da trat er schnell hinein und legte das Kind in ihre Arme. Sie küsste es und barg es in einem kleinen Bett, wo das jüngste ihrer eigenen Kinder schlief. Und am Morgen nahm der Holzhauer das seltsame, goldene Tuch und legte es in eine große Truhe, und sein Weib nahm eine Bernsteinkette, die um den Hals des Kindes geschlungen war, und barg sie ebenfalls in der Truhe.

So wurde das Sternenkind mit den Kindern des Holzhauers aufgezogen, saß mit ihnen am gleichen Tisch und war ihr Spielgefährte. Und mit jedem Jahr wurde es schöner von Angesicht, sodass alle, die im Dorfe wohnten, darüber staunten. Denn, während sie dunkelhäutig und schwarzhaarig waren, war es weiß und zart wie geschnitztes Elfenbein, und seine Locken waren wie das Rund gelber Narzissen. Seine Lippen waren wie rote Blütenblätter, seine Augen wie Veilchen, die an einer Strömung klaren Wassers stehen, und sein Körper wie die wilde Narzisse des Feldes, wenn der Mäher nicht kommt.

Aber seine Schönheit machte es böse. Denn es wurde stolz und grausam und selbstsüchtig. Es verachtete die Kinder des Holzfällers und die anderen Kinder aus dem Dorfe und sagte, sie seien von gewöhnlicher Herkunft, während es selbst vornehm sei, denn es stamme von einem Stern. Und es machte sich zum Herrn über sie und nannte sie seine Diener. Kein Mitleid hatte es mit den Armen, noch mit solchen, die blind oder lahm oder mit Gebrechen behaftet waren. Es warf mit Steinen nach ihnen, trieb sie auf die Landstraße hinaus und hieß sie, ihr Brot anderswo zu erbetteln, sodass niemand außer den Geächteten zweimal in jenes Dorf nach Almosen kam. Es war ganz in die Schönheit vernarrt, spottete über die Schwachen und Hässlichen und machte sich lustig über sie. Aber sich selbst liebte es, und zur Sommerzeit, wenn kein Wind wehte, lag es beim Brunnen im Obstgarten des Priesters und blickte auf das Wunder seines Gesichts hinab und lachte vor Lust über seine Schönheit.

Oft schalten es der Holzhauer und sein Weib und sprachen: »Wir haben an dir nicht so gehandelt, wie du an denen handelst, die verlassen sind und keine Hilfe haben. Warum bist du so grausam gegen alle, die des Mitleids bedürfen?«

Oft schickte der alte Priester nach ihm und suchte ihn die Liebe zu allem Lebendigen zu lehren und sprach: »Die Fliege ist dein Bruder. Tu ihr nichts Böses. Die wilden Vögel, die durch den Wald fliegen, haben ihre Freiheit. Fange sie nicht zu deinem Vergnügen. Gott schuf die Blindschleiche und den Maulwurf, und jedes hat seinen Platz. Wer bist du, dass du Schmerz in Gottes Welt bringst? Selbst das Vieh auf der Weide lobt den Herrn.«

Aber das Sternenkind achtete nicht auf ihre Worte, sondern verzog seine Lippen und spöttelte. Und es ging zu seinen Gefährten und führte sie an. Und seine Gefährten folgten ihm, denn es war schön und flink von Füßen, und es konnte tanzen und pfeifen und Musik machen. Wohin sie das Sternenkind führte, dahin folgten sie ihm, und was ihnen das Sternenkind zu tun gebot, das taten sie. Und wenn es mit einem spitzen Rohr die Augen des Maulwurfs durchbohrte, lachten sie, und wenn es Steine nach den Aussätzigen warf, lachten sie auch. In allen Dingen beherrschte es sie, und sie wurden so hartherzig, wie es selbst war.

Nun kam eines Tages eine arme Bettlerin durch das Dorf. Ihre Kleider waren zerlumpt und zerrissen, ihre Füße bluteten von der harten Straße, die sie gegangen war, und sie befand sich in einem sehr elenden Zustand. Da sie müde war, setzte sie sich unter einen Kastanienbaum, um auszuruhen.

Aber als das Sternenkind sie sah, sagte es zu seinen Gefährten: »Seht, da sitzt ein schmutziges Bettelweib unter dem schönen, grün belaubten Baum. Kommt, lasst uns sie forttreiben, denn sie ist hässlich und widerlich.«

Und es näherte sich ihr, warf mit Steinen nach ihr und verspottete sie. Sie aber sah es mit Schrecken in den Augen an und wandte keinen Blick von ihm. Als nun der Holzhauer, der in der Nähe auf einem Holzplatz Scheite spaltete, sah, was das Sternenkind tat, lief er herbei, schalt es und sprach zu ihm: »Wirklich, du bist hartherzig und kennst kein Mitleid. Was hat dir denn diese arme Frau zuleide getan, dass du sie so behandelst?«

Und das Sternenkind wurde rot vor Zorn, stampfte mit dem Fuß auf den Boden und sagte: »Wer bist du, dass du mich fragst, was ich tue? Ich bin nicht dein Sohn, dass ich dir gehorchen muss.«

»Das ist wahr«, sprach der Holzhauer. »Aber ich hatte Mitleid mit dir, als ich dich im Walde fand.«

Aber als die Bettlerin diese Worte hörte, stieß sie einen lauten Schrei aus und fiel in Ohnmacht. Und der Holzhauer trug sie in sein Haus, und sein Weib musste sich ihrer annehmen, und als sie aus der Ohnmacht, in die sie gefallen war, wieder erwachte, setzten sie Speise und Trank vor sie hin und baten sie, sich zu erquicken.

Aber sie wollte weder essen noch trinken, sondern sprach zu dem Holzhauer: »Sagtest du nicht, das Kind sei im Walde gefunden worden? Und geschah das nicht heute vor zehn Jahren?«

Und der Holzhauer antwortete: »Ja, ich habe es im Walde gefunden, und es werden heute zehn Jahre, dass es geschah.«

»Und welche Zeichen fandest du an ihm?«, rief sie. »Trug es nicht an seinem Hals eine Bernsteinkette? War es nicht eingehüllt in ein Tuch von gewebtem Gold, mit Sternen bestickt?«

»Gewiss«, antwortete der Holzhauer, »es war genau so, wie du gesagt hast.« Und er nahm das Tuch und die Bernsteinkette aus der Truhe, wo sie lagen, und zeigte sie der Frau.

Und als sie sie sah, weinte sie vor Freuden und sprach: »Er ist mein kleiner Sohn, den ich im Walde verloren habe. Ich bitte dich, sende schnell nach ihm, denn ihn zu finden, bin ich über die ganze Welt gewandert.«

Da liefen der Holzhauer und sein Weib hinaus, riefen nach dem Sternenkind und sagten: »Geh in das Haus, dort wirst du deine Mutter finden, die auf dich wartet.«

Da lief es, von Erwartung und großer Freude erfüllt, hinein. Aber als es die sah, die da wartete, lachte es verächtlich und sprach: »Nun, wo ist meine Mutter? Denn ich sehe hier niemand als dieses gemeine Bettelweib.«

Und die Frau antwortete ihm: »Ich bin deine Mutter.«

»Du bist wahnsinnig, so etwas zu sagen«, schrie das Sternenkind zornig. »Ich bin nicht dein Kind, denn du bist eine hässliche und zerlumpte Bettlerin. Darum schere dich fort von hier und lass mich dein schmutziges Gesicht nicht mehr sehen.«

»Nein, du bist wirklich mein kleiner Sohn, den ich in den Wald trug«, rief sie und fiel auf die Knie und streckte ihre Arme nach ihm aus. »Die Räuber haben dich mir gestohlen und dich dann zurückgelassen, damit du sterben solltest«, murmelte sie. »Aber ich erkannte dich, als ich dich sah, und die Zeichen habe ich auch erkannt, das goldgewebte Tuch und die Bernsteinkette. Darum bitte ich dich, komm mit mir, denn über die ganze Erde bin ich gewandert, um dich zu suchen. Komm mit mir, mein Sohn, denn ich brauche deine Liebe.«

Aber das Sternenkind rührte sich nicht von seinem Platz, sondern verschloss die Tore seines Herzens vor ihr, und man hörte keinen Laut außer dem Schluchzen der Frau, die vor Schmerz weinte.

Schließlich sprach es dann zu ihr, und seine Sprache war scharf und bitter: »Wenn du wirklich meine Mutter bist«, sagte es, »dann wärest du besser ferngeblieben, statt hierherzukommen und mir Schande zu bringen. Denn ich glaubte, ich sei das Kind irgendeines Sternes und nicht ein Bettelkind, wie du es mir erzählt hast. Also mache dich fort und lass mich dich niemals wieder sehen.«

»Ach, mein Sohn«, rief sie, »willst du mich nicht küssen, bevor ich gehe? Denn ich habe viel durchgemacht, um dich zu finden.«

»Nein«, sagte das Sternenkind, »du bist widerwärtig anzusehen, und eher würde ich die Natter oder die Kröte küssen als dich.«

Da erhob sich die Frau und ging bitterlich weinend in den Wald, und als das Sternenkind sah, dass sie gegangen war, wurde es froh und lief zurück zu seinen Spielgefährten, um mit ihnen zu spielen.

Aber als sie es kommen sahen, spotteten sie seiner und sprachen: »Du bist ja so widerwärtig wie eine Kröte und so ekelhaft wie eine Natter. Scher dich fort von hier, denn wir dulden nicht, dass du mit uns spielst.« Und sie vertrieben es aus dem Garten. Und das Sternenkind runzelte die Stirne und sprach zu sich: »Was bedeutet das, was sie mir sagen? Ich will zum Wasserbrunnen gehen und hineinsehen, er soll mir meine Schönheit zeigen.«

Da ging es zum Wasserbrunnen und blickte hinein, und siehe, sein Gesicht war wie das Gesicht einer Kröte und sein Körper war geschuppt wie der einer Natter. Und es warf sich in das Gras und weinte und sprach zu sich: »Sicherlich ist dies durch meine Sünde über mich gekommen. Denn ich habe meine Mutter verleugnet und sie davongetrieben, ich war stolz und grausam gegen sie. Deshalb will ich mich aufmachen und in der ganzen Welt nach ihr suchen und nicht ruhen, bis ich sie gefunden habe.«

Und da kam zu ihm die kleine Tochter des Holzhauers, legte ihre Hand auf seine Schulter und sagte: »Was macht es aus, dass du deine Schönheit verloren hast? Bleibe bei uns, und ich will nicht über dich spotten.«

Aber es sprach zu ihr: »Nein, ich bin grausam gegen meine Mutter gewesen, und als Strafe ist mir dieses Übel gesandt worden. Deshalb muss ich hingehen und die Welt durchwandern, bis ich sie gefunden, und bis sie mir vergeben hat.«

So lief es hinaus in den Wald und rief nach seiner Mutter, sie sollte zu ihm kommen, aber es fand keine Antwort. Den ganzen Tag über rief es nach ihr, und als die Sonne unterging, legte es sich aufs Laubbett schlafen. Aber die Vögel und das Wild flohen vor ihm, denn sie erinnerten sich seiner Grausamkeit, und niemand war bei ihm als die Kröte, die ihn bewachte, und die langsame Natter, die vorbeikroch.

Und des Morgens erhob es sich, pflückte ein paar bittere Beeren von den Bäumen und aß sie und wanderte schmerzlich weinend durch den großen Wald. Und wen es traf, den fragte es, ob er nicht zufällig seine Mutter gesehen habe.

Es sprach zum Maulwurf: »Du kannst unter die Erde gehen. Sage mir, ist meine Mutter dort?«

Und der Maulwurf antwortete: »Du hast meine Augen geblendet. Wie soll ich das wissen?«

Es sprach zu dem Hänfling: »Du kannst über die Wipfel der hohen Bäume fliegen und kannst die ganze Welt sehen. Sage mir, kannst du meine Mutter sehen?«

Und der Hänfling antwortete: »Du hast meine Flügel zu deinem Vergnügen beschnitten. Wie sollte ich fliegen können?«

Und zu dem kleinen Eichhörnchen, das einsam in dem Fichtenbaum wohnte, sprach es: »Wo ist meine Mutter?«

Und das Eichhörnchen antwortete: »Du hast die meine getötet. Willst du jetzt auch deine töten?«

Da weinte das Sternenkind und senkte sein Haupt. Es bat Gottes Geschöpfe um Vergebung und ging weiter durch den Wald, um nach dem Bettelweib zu suchen. Und am dritten Tag kam es an die andere Seite des Waldes und schritt hinab in die Ebene.

Und wenn es durch die Dörfer ging, spotteten die Kinder und warfen ihm Steine nach. Die Bauern wollten es nicht einmal in den Ställen schlafen lassen, aus Furcht, es könnte dem aufgespeicherten Korn Schimmel bringen, so widerwärtig war es anzusehen. Ihre Knechte trieben es davon, und keiner hatte Mitleid mit ihm. Auch konnte es nirgendwo etwas von dem Bettelweib erfahren, das seine Mutter war, obgleich es drei Jahre lang die Welt durchwanderte. Oft schien es ihm, als sähe es sie vor sich auf der Straße, dann rief es nach ihr und rannte hinter ihr her, bis seine Füße von den scharfen Steinen bluteten. Aber einholen konnte er sie nie, und die am Wege wohnten, leugneten immer, sie oder eine, die ihr glich, gesehen zu haben, und sie belustigten sich über sein Leid.

Drei Jahre lang wanderte es durch die Welt, und in der Welt war weder Liebe noch freundliche Güte noch Barmherzigkeit für das Sternenkind, sondern es war eine Welt, wie es sie sich selbst in den Tagen seines großen Stolzes geschaffen hatte.

Eines Abends kam es an das Tor einer Stadt mit festen Mauern, die an einem Flusse lag, und so müde und fußwund es war, wollte es doch hineingehen. Aber die Soldaten, die Wache hielten, senkten ihre Hellebarden vor den Eingang und fragten es barsch: »Was willst du in der Stadt?«

»Ich suche meine Mutter«, antwortete es, und ich bitte euch, lasst mich vorbei, denn vielleicht ist sie in dieser Stadt.«

Aber sie spotteten seiner, und einer von ihnen schüttelte seinen schwarzen Bart, setzte seinen Schild hin und sprach: »Wahrlich, deine Mutter wird nicht froh sein, wenn sie dich sieht, denn du bist abscheulicher als die Kröte im Sumpf und die Natter, die über das Moor kriecht. Fort mit dir! Fort mit dir! Deine Mutter wohnt nicht in dieser Stadt.« Und ein anderer, der eine gelbe Fahne in der Hand trug, sprach zu ihm: »Wer ist deine Mutter und warum suchst du sie?«

Da antwortete es: »Meine Mutter bettelt wie ich, und ich habe schlecht an ihr gehandelt. Darum bitte ich dich, lass mich hineingehen, damit ich ihre Vergebung erlange, wenn sie sich in dieser Stadt aufhält.« Aber sie weigerten sich und stachen nach ihm mit ihren Speeren.

Und als es sich weinend abwandte, kam einer heran, der eine Rüstung mit eingelegten goldenen Blumen und einen Helm mit einem kauernden Löwen darauf trug, und fragte die Soldaten, wer es sei, der da um Einlass gebeten habe. Und sie sagten zu ihm: »Es ist ein Bettler und ein Kind von Bettlern, und wir haben ihn fortgetrieben.«

»Nein«, rief er lachend, »wir wollen das hässliche Geschöpf als Sklaven verkaufen, und sein Preis soll der Preis für einen Humpen süßen Weines sein.«

Und ein alter Mann von bösem Aussehen, der vorüberging, rief aus: »Für diesen Preis will ich ihn kaufen.« Und dann zahlte er den Preis, nahm das Sternenkind bei der Hand und führte es in die Stadt.

Und als sie durch viele Straßen gegangen waren, kamen sie zu einer kleinen Tür in einer Mauer, die von einem Granatapfelbaum überhangen war. Der alte Mann berührte die Tür mit einem Ring aus geschnittenem Jaspis und öffnete sie, und sie gingen fünf Erzstufen hinab in einen Garten, der mit schwarzen Mohnblumen in grünen Töpfen aus gebranntem Ton gefüllt war. Dann nahm der alte Mann aus seinem Turban ein Tuch aus buntgewebter Seide, verband damit dem Sternenkind die Augen und trieb es vor sich her. Und als ihm das Tuch von den Augen genommen war, befand sich das Sternenkind in einem Kerker, der von einer Hornlaterne beleuchtet war.

Und der alte Mann setzte auf einem Holzbrett schimmliges Brot vor ihn hin und sprach: »Iss!«, und in einem Becher schlechtes Wasser und sprach: »Trink!«, und als es gegessen und getrunken hatte, ging der alte Mann fort, indem er die Tür hinter sich zuschloss und sie mit einer eisernen Kette befestigte.

Und am Morgen kam der alte Mann, der in Wirklichkeit einer der scharfsinnigsten Zauberer aus Libyen war und seine Kunst von einem gelernt hatte, der in den Gräbern am Nil lebte, zu ihm, blickte es finster an und sprach: »In einem Wald nahe bei dem Tore dieser Stadt der Giauren – so nennen wir die ungläubigen Christen – liegen drei Klumpen Gold. Einer ist von weißem Gold, der andere ist von gelbem Gold, und das Gold des dritten ist rot. Heute sollst du mir den Klumpen weißen Goldes bringen, und wenn du ihn nicht bringst, werde ich dir hundert Hiebe geben. Geh schnell hinweg, und bei Sonnenuntergang werde ich dich an der Gartentüre erwarten. Sieh zu, dass du das weiße Gold bringst, sonst wird es dir schlecht ergehen, denn du bist mein Sklave, und ich habe dich um den Preis eines Humpen süßen Weines gekauft.« Und mit dem Tuch aus bunter Seide verband er dem Sternenkind wieder die Augen und führte es durch das Haus und den Mohngarten und dann die fünf Stufen von Erz hinauf. Und als er mit seinem Ring die kleine Tür geöffnet hatte, setzte er es auf die Straße. Und das Sternenkind ging zum Stadttor hinaus und kam nach dem Wald, von dem ihm der Zauberer gesprochen hatte.

Nun war dieser Wald von außen herrlich anzusehen und schien ganz voll von singenden Vögeln und süß duftenden Blumen zu sein, und das Sternenkind schritt fröhlich hinein. Doch nützte ihm diese Herrlichkeit wenig, denn überall, wo es ging, wuchsen scharfe Dorn- und Stachelsträucher aus dem Boden und umgaben es, böse Nesseln brannten es, und die Distel stach es mit ihren Dolchen, sodass es in bitterer Not war. Auch konnte es nirgendwo den Klumpen weißen Goldes finden, von dem der Zauberer gesprochen hatte, obgleich es vom Morgen bis zum Mittag und vom Mittag bis zum Abend danach suchte. Am Abend aber wandte es sich wieder heimwärts und weinte bitterlich, denn es wusste, welches Schicksal seiner wartete. Als es aber den Waldrand erreicht hatte, hörte es, wie jemand im Dickicht in Angst schrie. Da vergaß es sein eigenes Leid, lief zurück an die Stelle und sah dort einen kleinen Hasen in einer Falle, die ein Jäger aufgestellt hatte.

Und das Sternenkind hatte Mitleid mit ihm, befreite ihn und sprach zu ihm: »Ich bin selbst nur ein Sklave, doch kann ich dir die Freiheit geben.«

Aber der Hase antwortete ihm und sagte: »Du hast mir wirklich die Freiheit gegeben, was soll ich dir nun dafür zurückgeben?«

Und das Sternenkind sprach zu ihm: »Ich suche nach einem Klumpen weißen Goldes und kann ihn nirgendwo finden. Wenn ich ihn aber nicht mitbringe, wird mich mein Herr schlagen.«

»Komm mit mir«, sagte der Hase. »Ich will dich dahin führen; denn ich weiß, wo er verborgen ist und welchem Zweck er dient.«

Da ging das Sternenkind mit dem Hasen, und siehe, in der Höhlung einer großen Eiche fand es den Klumpen weißen Goldes, den es suchte. Und es war voll Freude und ergriff ihn und sprach zum Hasen: »Den Dienst, den ich dir erwies, hast du mir viele Male erwidert, und die Güte, die ich dir erzeigte, hast du hundertfach zurückgezahlt.«

»Nein«, antwortete der Hase, »wie du an mir gehandelt hast, habe ich auch an dir gehandelt«, und er lief geschwind von dannen, und das Sternenkind ging nach der Stadt.

Nun saß an dem Stadttore ein Aussätziger. Über sein Gesicht hing eine Kapuze von grauem Leinen, und durch die Augenschlitze glimmten seine Augen wie rote Kohlen. Und als er das Sternenkind kommen sah, klopfte er auf eine hölzerne Schüssel, klingelte mit seiner Glocke und rief nach ihm, indem er sprach: »Gib mir ein Stück Geld, sonst muss ich vor Hunger sterben. Denn sie haben mich aus der Stadt gejagt, und niemand hat Mitleid mit mir.«

»Ach«, rief das Sternenkind, »ich habe nur einen Klumpen Gold in meiner Tasche, und wenn ich ihn nicht meinem Herrn bringe, wird er mich schlagen, denn ich bin sein Sklave.«

Aber der Aussätzige beschwor ihn und bat ihn, bis das Sternenkind Mitleid hatte und ihm den Klumpen weißen Goldes gab.

Und als es an des Zauberers Haus kam, öffnete ihm der Zauberer und brachte es hinein und fragte: »Hast du den Klumpen weißen Goldes?« Und das Sternenkind antwortete: »Ich habe ihn nicht.« Da fiel der Zauberer über das Sternenkind her, schlug es und setzte ihm einen leeren Teller vor und sprach: »Iss!«, und einen leeren Becher und sprach: »Trink!«, und warf es wieder in den Kerker.

Am Morgen kam der Zauberer zu ihm und sagte: »Wenn du mir heute nicht den Klumpen gelben Goldes bringst, will ich dich sicherlich als meinen Sklaven behalten und dir dreihundert Hiebe geben.«

Da ging das Sternenkind nach dem Wald, und den ganzen Tag über suchte es nach dem Klumpen gelben Goldes, konnte ihn aber nirgendwo finden. Und bei Sonnenuntergang setzte es sich hin und begann zu weinen, und als es weinte, kam der kleine Hase, den es aus der Falle befreit hatte.

Und der Hase sprach zu ihm: »Warum weinst du? Und was suchst du in dem Walde?«

Und das Sternenkind antwortete: »Ich suche einen Klumpen gelben Goldes, der hier verborgen ist, und wenn ich ihn nicht finde, wird mich mein Herr schlagen und mich als Sklaven behalten.«

»Folge mir«, schrie der Hase und lief durch den Wald, bis er an einen Wasserpfuhl kam.

Und auf dem Boden des Pfuhles lag der Klumpen gelben Goldes.

»Wie soll ich dir danken?«, fragte das Sternenkind, »denn du hast mir nun zum zweiten Male geholfen.«

»Nein, du hattest zuerst Mitleid mit mir«, sagte der Hase und lief geschwind davon.

Und das Sternenkind nahm den Klumpen gelben Goldes, steckte ihn in seine Tasche und eilte zur Stadt. Aber der Aussätzige sah es kommen, lief ihm entgegen, kniete nieder und sprach: »Gib mir ein Stück Geld, sonst muss ich vor Hunger sterben.«

Und das Sternenkind sprach zu ihm: »Ich habe in meiner Tasche nur einen Klumpen gelben Goldes, und wenn ich ihn nicht meinem Herrn bringe, wird er mich schlagen und mich als seinen Sklaven behalten.« Aber der Aussätzige beschwor es so sehr, dass das Sternenkind Mitleid mit ihm hatte und ihm den Klumpen gelben Goldes gab.

Und als es zu dem Hause des Zauberers kam, öffnete ihm der Zauberer, brachte es hinein und fragte: »Hast du den Klumpen gelben Goldes?« Und das Sternenkind antwortete: »Ich habe ihn nicht.« Da fiel der Zauberer über das Sternenkind her, schlug es, belud es mit Ketten und warf es wieder in den Kerker.

Am Morgen kam der Zauberer zu ihm und sagte: »Wenn du mir heute den Klumpen roten Goldes bringst, will ich dich freilassen, wenn du ihn aber nicht bringst, will ich dich sicherlich töten.«

Da ging das Sternenkind nach dem Wald und den ganzen Tag über suchte es nach dem Klumpen roten Goldes, konnte ihn aber nirgendwo finden. Und am Abend setzte es sich hin und weinte; und als seine Tränen flossen, kam der kleine Hase zu ihm.

Und der Hase sprach zu ihm: »Der Klumpen roten Goldes, den du suchst, liegt hinter dir in der Höhle. Darum weine nicht mehr, sondern sei fröhlich.«

»Wie soll ich es dir vergelten?«, rief das Sternenkind. »Denn dies ist nun das dritte Mal, dass du mir geholfen hast.«

»Nein, du hattest zuerst Mitleid mit mir«, sagte der Hase und lief geschwind davon.

Und das Sternenkind ging in die Höhle, und in ihrem hintersten Winkel fand es den Klumpen roten Goldes. Da steckte es ihn in seine Tasche und eilte nach der Stadt. Und der Aussätzige, der es kommen sah, stand mitten auf der Straße, schrie nach ihm und sprach: »Gib mir den Klumpen roten Goldes, sonst muss ich sterben.« Und das Sternenkind hatte wieder Mitleid mit ihm, gab ihm den Klumpen roten Goldes und sprach zu ihm: »Deine Not ist größer als die meine.« Doch das Herz war ihm schwer, denn es wusste, welch schlimmes Los es erwartete.

Aber siehe, als es durch das Stadttor schritt, verneigten sich die Wachen vor ihm und huldigten ihm und sprachen: »Wie schön ist unser Herr!« Und eine Menge von Einwohnern folgte ihm und schrie: »Sicherlich ist niemand so schön in der ganzen Welt!«, sodass das Sternenkind weinte und zu sich selbst sprach: »Sie spotten meiner und machen sich lustig über mein Elend.« Und so stark war das Zusammenströmen des Volkes, dass es den Lauf seines Weges verlor und sich zuletzt auf einem großen Platz befand, auf dem der Palast des Königs stand.

Und die Tore des Palastes öffneten sich, und die Priester und die hohen Beamten der Stadt eilten ihm entgegen. Und sie verneigten sich vor ihm und sprachen: »Du bist unser Herr, auf den wir gewartet haben, und der Sohn unseres Königs.« Und das Sternenkind antwortete ihnen und sprach: »Ich bin keines Königs Sohn, sondern das Kind einer armen Bettlerin. Und warum sagt ihr, ich sei schön, da ich doch weiß, dass ich hässlich anzuschauen bin?«

Da erhob der, dessen Rüstung mit goldenen Blumen eingelegt war und auf dessen Helm ein geflügelter Löwe kauerte, einen Schild und sprach: »Warum sagt mein Herr, er sei nicht schön?«

Und das Sternenkind schaute, und siehe, sein Gesicht war wieder ganz wie es gewesen war. Seine Schönheit war zurückgekehrt, und es sah in seinen Augen, was es vorher nicht darin gesehen hatte.

Und die Priester und hohen Beamten knieten nieder und sprachen zu ihm: »Es war seit Langem prophezeit, dass an diesem Tage der kommen werde, der über uns herrschen soll. Darum geruhe unser Herr, diese Krone und dieses Zepter zu nehmen und in Gerechtigkeit und Gnade unser König zu sein.«

Aber es sprach zu ihnen: »Ich bin nicht würdig, denn ich habe die Mutter, die mich unter ihrem Herzen trug, verleugnet, auch kann ich nicht ruhen, bis ich sie gefunden und ihre Verzeihung erlangt habe. Darum lasst mich gehen, denn ich muss wieder durch die Welt wandern, und ich darf nicht verweilen, wenn ihr mir auch Krone und Zepter bringt.« Und als es so sprach, wandte es sein Gesicht von ihnen ab nach der Straße, die zum Stadttor führte, und siehe, unter der Menge, die sich um die Soldaten drängte, erblickte es das Bettelweib, das seine Mutter war, und an ihrer Seite stand der Aussätzige, der an der Landstraße gesessen hatte.

Und ein Freudenschrei brach von seinen Lippen, und es lief hinüber. Es kniete nieder und küsste die Wunden an den Füßen seiner Mutter und benetzte sie mit seinen Tränen. Es neigte sein Haupt in den Staub und schluchzte wie einer, dem das Herz brechen will, und sprach zu ihr: »Mutter, ich habe dich verleugnet in der Stunde meines Stolzes. Nimm mich auf in der Stunde meiner Demut. Mutter, ich habe dir Hass erwiesen, gib du mir Liebe. Mutter, ich habe dich zurückgestoßen, nimm du nun dein Kind.« Aber das Bettelweib antwortete ihm kein Wort.

Und es streckte seine Hände aus und umklammerte die weißen Füße des Aussätzigen und sprach zu ihm: »Dreimal habe ich dir Mitleid erwiesen, bitte meine Mutter, dass sie einmal mit mir spricht.« Aber der Aussätzige antwortete ihm kein Wort.

Und es schluchzte wieder und sprach: »Mutter, mein Leid ist größer, als ich es ertragen kann. Gib mir deine Verzeihung, und lass mich wieder in den Wald gehen.« Und das Bettelweib legte die Hand auf sein Haupt und sagte zu ihm: »Steh auf!«, und der Aussätzige legte die Hand auf sein Haupt und sagte ebenfalls: »Steh auf!«

Da erhob es sich von der Erde und blickte sie an, und siehe, sie waren ein König und eine Königin.

Und die Königin sprach zu ihm: »Dies ist dein Vater, dem du geholfen hast.«

Und der König sagte: »Dies ist deine Mutter, deren Füße du mit deinen Tränen gewaschen hast.«

Und sie fielen ihm um den Hals und küssten es und geleiteten es in den Palast. Sie gaben ihm ein herrliches Gewand, setzten die Krone auf sein Haupt, legten das Zepter in seine Hand, und das Sternenkind herrschte über die Stadt, die an dem Flusse lag, und war ihr König. Viel Gerechtigkeit und Gnade erwies es allen, den bösen Zauberer verbannte es, dem Holzhauer und seinem Weibe aber schickte es manche reiche Gabe, und ihre Kinder brachte es zu hohen Ehren. Auch duldete es nie, dass jemand grausam gegen Vögel und sonstiges Getier war, sondern lehrte Liebe, Güte und Barmherzigkeit. Den Armen gab es Brot und den Nackten Kleidung, und es war Friede und Wohlstand im Lande.

Aber das Sternenkind herrschte nicht lange. So groß war sein Leid gewesen und so bitter das Feuer seiner Prüfung, dass es schon nach Ablauf von drei Jahren starb. Und der, der nach ihm kam, war ein böser Herrscher.

(Oscar Wilde)

Der selbstsüchtige Riese

Jeden Nachmittag, wenn sie aus der Schule kamen, pflegten die Kinder in des Riesen Garten zu gehen und dort zu spielen.

Es war ein großer, lieblicher Garten mit weichem, grünem Gras. Hier und da standen über dem Gras schöne Blumen wie Sterne, und es waren dort zwölf Pfirsichbäume, die im Frühling zarte, rosige und perlfarbene Blüten hatten und im Herbst reiche Früchte trugen. Die Vögel saßen auf den Zweigen und sangen so süß, dass die Kinder ihre Spiele unterbrachen, um ihnen zu lauschen. »Wie glücklich sind wir hier!«, riefen sie einander zu.

Eines Tages kam der Riese zurück. Er hatte seinen Freund Oger, den Menschenfresser, in Cornwall besucht und war sieben Jahre bei ihm gewesen. Als die sieben Jahre vorbei waren, hatte er alles gesagt, was er wusste, denn seine Unterhaltungsgabe war begrenzt, und er beschloss, in seine eigene Burg zurückzukehren. Als er ankam, sah er die Kinder in dem Garten spielen.

»Was macht ihr hier?«, schrie er mit sehr barscher Stimme, und die Kinder rannten davon.

»Mein eigener Garten ist mein eigener Garten«, sagte der Riese, »das kann jeder verstehen, und ich erlaube niemand, darin zu spielen als mir selbst.« Deshalb baute er ringsherum eine hohe Mauer und befestigte eine Tafel daran:

> Eintritt bei Strafe verboten!

Er war ein sehr selbstsüchtiger Riese.

Die armen Kinder hatten nun keinen Platz, wo sie spielen konnten. Sie versuchten auf der Straße zu spielen, aber die Straße war sehr staubig und voll von harten Steinen, und das liebten sie nicht. Sie pflegten rund um die hohe Mauer zu gehen, wenn ihr Unterricht vorbei war, und von dem schönen Garten dahinter zu reden. »Wie glücklich waren wir dort«, sagten sie zueinander.

Dann kam der Frühling, und überall im Land waren kleine Blumen und kleine Vögel. Nur im Garten des selbstsüchtigen Riesen war es noch Winter. Die Vögel wollten darin nicht singen, weil dort keine Kinder waren, und die Bäume vergaßen zu blühen. Einmal steckte eine schöne Blume ihren Kopf aus dem Gras hervor, aber als sie die Tafel sah, taten ihr die Kinder so leid, dass sie wieder in den Boden hinabglitt und sich schlafen legte. Die einzigen Wesen, die daran ihre Freude hatten, waren Schnee und Frost. »Der Frühling hat diesen Garten vergessen«, sagten sie, »deshalb wollen wir hier das ganze Jahr durch wohnen.« Der Schnee bedeckte das Gras mit seinem dicken, weißen Mantel, und der Frost bemalte alle Bäume mit Silber. Dann luden sie den Nordwind zum

Besuch ein, und er kam. Er war in Pelze eingehüllt und brüllte den ganzen Tag im Garten herum und blies die Dachkamine herab. »Dies ist ein entzückender Platz«, sagte er, »wir müssen den Hagel bitten, herzukommen.« So kam der Hagel. Er rasselte jeden Tag drei Stunden lang auf das Dach der Burg, bis er fast alle Dachziegel zerbrochen hatte, und dann rannte er immer im Kreis durch den Garten, so schnell er nur konnte. Er war in Grau gekleidet, und sein Atem war wie Eis.

»Ich verstehe nicht, warum der Frühling so lange ausbleibt«, sagte der selbstsüchtige Riese, als er am Fenster saß und auf seinen kalten, weißen Garten hinaussah. »Hoffentlich ändert sich das Wetter bald.«

Aber der Frühling kam überhaupt nicht, ebenso wenig wie der Sommer. Der Herbst brachte in jeden Garten goldene Frucht, nur in des Riesen Garten brachte er keine. »Er ist zu selbstsüchtig«, sagte er. So war es denn dort immer Winter, und der Nordwind und der Hagel und der Frost und der Schnee tanzten zwischen den Bäumen umher.

Eines Morgens lag der Riese wach im Bett, da hörte er eine liebliche Musik. Sie klang so süß an seine Ohren, dass er glaubte, des Königs Musiker kämen vorbei. Es war in Wirklichkeit nur ein kleiner Hänfling, der draußen vor seinem Fenster sang, aber er hatte so lange Zeit keine Vögel mehr in seinem Garten singen hören, dass es ihm die schönste Musik von der Welt zu sein dünkte. Dann hörte der Hagel auf, über seinem Kopf zu tanzen, der Nordwind brüllte nicht mehr, und ein entzückender Duft kam durch den offenen Fensterflügel zu ihm. »Ich glaube, der Frühling ist endlich gekommen«, sagte der Riese; und er sprang aus dem Bett und schaute hinaus.

Was sah er?

Er sah das wundervollste Bild. Durch ein kleines Loch in der Mauer waren die Kinder herein gekrochen und saßen in den Zweigen der Bäume. Auf jedem Baum, den er sehen konnte, war ein kleines Kind. Und die Bäume waren so froh, die Kinder wiederzuhaben, dass sie sich selbst mit Blüten bedeckt hatten und ihre Arme zärtlich um die Köpfe der Kinder legten. Die Vögel flogen umher und zwitscherten vor Entzücken, und die Blumen blickten aus dem grünen Gras hervor und lachten. Es war ein lieblicher Anblick, nur in einer Ecke war noch Winter. Es war die äußerste Ecke des Gartens, und in ihr stand ein kleiner Knabe. Er war so winzig, dass er nicht bis zu den Zweigen des Baumes hinaufreichen konnte, und er wanderte immer um ihn herum und weinte bitterlich. Der arme Baum war noch ganz mit Eis und Schnee bedeckt, und der Nordwind blies und brüllte über ihn weg. »Klettere hinauf, kleiner Junge«, sagte der Baum und bog seine Zweige hinab, so weit er konnte; aber der Junge war zu klein.

Und des Riesen Herz schmolz, als er hinausblickte. »Wie selbstsüchtig ich gewesen bin!«, sagte er. »Jetzt weiß ich, warum der Frühling nicht hierher-

kommen wollte. Ich werde den armen, kleinen Jungen oben auf den Baum setzen, und dann will ich die Mauer umstoßen, und mein Garten soll für alle Zeit der Spielplatz der Kinder sein.« Es war ihm wirklich sehr leid, was er getan hatte.

Er stieg hinab, öffnete ganz sanft die Vordertür und ging hinaus in den Garten. Aber als ihn die Kinder sahen, waren sie so erschrocken, dass sie alle davonliefen und es im Garten wieder Winter wurde. Nur der kleine Junge lief nicht fort, denn seine Augen waren so voll von Tränen, dass er den Riesen gar nicht kommen sah. Und der Riese stahl sich hinter ihn, nahm ihn behutsam in die Hand und setzte ihn auf den Baum. Und der Baum brach sofort in Blüten aus, und die Vögel kamen und sangen darauf, und der kleine Junge streckte seine beiden Arme aus, schlang sie rund um des Riesen Nacken und küsste ihn. Und als die anderen Kinder sahen, dass der Riese nicht mehr böse war, kamen sie zurückgerannt, und mit ihnen kam der Frühling. »Es ist jetzt euer Garten, kleine Kinder«, sagte der Riese, und er nahm eine große Axt und schlug die Mauer nieder. Und als die Leute um zwölf Uhr zum Markt gingen, da fanden sie den Riesen spielend mit den Kindern in dem schönsten Garten, den sie je gesehen hatten. Den ganzen Tag lang spielten sie, und des Abends kamen sie zum Riesen, um sich von ihm zu verabschieden.

»Aber wo ist euer kleiner Gefährte?«, fragte er. »Der Junge, den ich auf den Baum setzte.« Der Riese liebte ihn am meisten, weil er ihn geküsst hatte.

»Wir wissen es nicht«, antworteten die Kinder, »er ist fort gegangen.«

»Ihr müsst ihm bestimmt sagen, dass er morgen wieder hierherkommt«, sagte der Riese. Aber die Kinder erklärten, sie wüssten nicht, wo er wohne, und hätten ihn nie vorher gesehen; und der Riese fühlte sich sehr betrübt.

Jeden Nachmittag, wenn die Schule vorbei war, kamen die Kinder und spielten mit dem Riesen. Aber der kleine Junge, den der Riese so liebte, wurde nie wieder gesehen. Der Riese war sehr gütig zu allen Kindern, aber er sehnte sich nach seinem ersten kleinen Freund und sprach oft von ihm. »Wie gerne möchte ich ihn sehen!«, pflegte er zu sagen.

Jahre vergingen, und der Riese wurde sehr alt und schwach. Er konnte nicht mehr draußen spielen, und so saß er in einem hohen Lehnstuhl und beobachtete die Kinder bei ihren Spielen und bewunderte seinen Garten. »Ich habe viele schöne Blumen«, sagte er, »aber die Kinder sind die schönsten Blumen von allen.«

Eines Wintermorgens blickte er aus seinem Fenster hinaus, als er sich anzog. Er hasste jetzt den Winter nicht mehr, denn er wusste, dass er nur ein schlafender Frühling war und dass die Blumen sich dann ausruhten.

Plötzlich rieb er sich die Augen vor Staunen und schaute atemlos hinaus. Es war wirklich ein wunderbarer Anblick. Im äußersten Winkel des Gartens war ein Baum ganz bedeckt mit lieblichen, weißen Blumen. Seine Zweige waren ganz golden, und silberne Früchte hingen von ihnen herab, und darunter stand der kleine Junge, den er so lieb hatte.

In großer Freude rannte der Riese die Treppe hinab und hinaus in den Garten. Er eilte über das Gras und näherte sich dem Kind. Als er dicht bei ihm war, wurde sein Gesicht rot vor Zorn, und er fragte: »Wer hat es gewagt, dich zu verwunden?« Denn aus den Handflächen des Kindes waren zwei Nägelmale, und zwei Nägelmale waren auf den kleinen Füßen.

»Wer hat es gewagt, dich zu verwunden?«, schrie der Riese. »Sage es mir, damit ich mein großes Schwert nehme und ihn erschlage.«

»Nein!«, antwortete das Kind, »denn dies sind Wunden der Liebe.«

»Wer bist du?«, fragte der Riese, und eine seltsame Ehrfurcht befiel ihn, und er kniete vor dem kleinen Kinde.

Und das Kind lächelte den Riesen an und sagte zu ihm: »Du ließest mich einmal in deinem Garten spielen; heute sollst du mit mir in meinen Garten kommen, der das Paradies ist.« Und als die Kinder an diesem Nachmittag hineinliefen, fanden sie den Riesen tot unter dem Baum liegen, ganz bedeckt mit weißen Blüten.

(Oscar Wilde)

Ein Landarzt

Franz Kafka rechnet diese vielschichtige Erzählung zu einer seiner gelungensten literarischen Leistungen. Als Ich-Erzähler – wobei man das Ich auch in der Deutung von Sigmund Freud sehen kann – versteht der Landarzt den irrealen Verlauf des Geschehens, das zwischen Traum, fantasiehaften, teils mythischen Bildern und wirklichem realen Geschehen einherschwankt, nicht. Wie Kafkas »Kübelreiter« ist auch der Landarzt ein in seiner Existenz verlorener Mensch, der ziel- und hoffnungslos weiterirren muss. Geradezu symbolhaft und tief im Unterbewussten verwurzelt sind die »unirdischen Pferde«, über die der Landarzt die Kontrolle verliert.

Ich war in großer Verlegenheit: eine dringende Reise stand mir bevor; ein Schwerkranker wartete auf mich in einem zehn Meilen entfernten Dorfe; starkes Schneegestöber füllte den weiten Raum zwischen mir und ihm; einen Wagen hatte ich, leicht, großrädrig, ganz wie er für unsere Landstraßen taugt; in den Pelz gepackt, die Instrumententasche in der Hand, stand ich reisefertig schon auf dem Hofe; aber das Pferd fehlte, das Pferd. Mein eigenes Pferd war in der letzten Nacht, infolge der Überanstrengung in diesem eisigen Winter, verendet; mein Dienstmädchen lief jetzt im Dorf umher, um ein Pferd geliehen zu bekommen; aber es war aussichtslos, ich wusste es, und immer mehr vom Schnee überhäuft, immer unbeweglicher werdend, stand ich zwecklos da. Am Tor erschien das Mädchen, allein, schwenkte die Laterne; natürlich, wer leiht jetzt sein Pferd her zu solcher Fahrt? Ich durchmaß noch einmal den Hof; ich fand keine Möglichkeit; zerstreut, gequält stieß ich mit dem Fuß an die brüchige Tür des schon seit Jahren unbenützten Schweinestalles. Sie öffnete sich und klappte in den Angeln auf und zu. Wärme und Geruch wie von Pferden kam hervor. Eine trübe Stalllaterne schwankte drin an einem Seil. Ein Mann, zusammengekauert in dem niedrigen Verschlag, zeigte sein offenes blauäugiges Gesicht. »Soll ich anspannen?«, fragte er, auf allen Vieren hervorkriechend. Ich wusste nichts zu sagen und beugte mich nur, um zu sehen, was es noch in dem Stalle gab. Das Dienstmädchen stand neben mir. »Man weiß nicht, was für Dinge man im eigenen Hause vorrätig hat«, sagte es, und wir beide lachten. »Holla, Bruder, holla, Schwester!«, rief der Pferdeknecht, und zwei Pferde, mächtige flankenstarke Tiere, schoben sich hintereinander, die Beine eng am Leib, die wohlgeformten Köpfe wie Kamele senkend, nur durch die Kraft der Wendungen ihres Rumpfes aus dem Türloch, das sie restlos ausfüllten. Aber gleich standen sie aufrecht, hochbeinig, mit dicht ausdampfendem Körper. »Hilf ihm«, sagte ich, und das willige Mädchen eilte, dem Knecht das Geschirr des Wagens zu reichen. Doch kaum war es bei ihm, umfasst es der Knecht und schlägt sein Gesicht an ihres. Es schreit auf und flüchtet sich zu mir; rot eingedrückt sind zwei Zahnreihen in des Mädchens Wange. »Du Vieh«, schreie ich wütend, »willst du die Peitsche?«, besinne mich aber gleich, dass es ein Fremder ist, dass ich nicht weiß, woher er kommt, und dass er mir freiwillig aushilft, wo alle andern versagen. Als wisse er von meinen Gedanken, nimmt er meine Drohung nicht übel, sondern wendet sich nur einmal, immer mit den Pferden beschäftigt, nach mir um. »Steigt ein«, sagt er dann, und tatsächlich: alles ist bereit. Mit so schönem Gespann, das merke ich, bin ich noch nie gefahren, und ich steige fröhlich ein. »Kutschieren werde aber ich, du kennst nicht den Weg«, sage ich. »Gewiss«, sagt er, »ich fahre gar nicht mit, ich bleibe bei Rosa.« – »Nein«, schreit Rosa und läuft im richtigen Vorgefühl der Unabwendbarkeit ihres Schicksals ins Haus; ich höre die Türkette klirren, die sie vorlegt; ich höre das Schloss einspringen; ich sehe, wie sie überdies im Flur und weiterjagend durch die Zimmer alle Lichter verlöscht, um sich unauffindbar zu machen. »Du fährst mit«, sage ich zu dem Knecht, »oder ich verzichte auf die Fahrt, so dringend sie auch ist. Es fällt mir nicht ein, dir für die Fahrt das Mädchen als Kaufpreis hinzugeben.« – »Munter!«, sagt er; klatscht in die Hände; der Wagen wird fortgerissen, wie Holz in die Strömung; noch höre ich, wie die Tür meines Hauses unter dem Ansturm des Knechts birst und splittert, dann sind mir Augen und Ohren von einem zu allen Sinnen gleichmäßig dringenden Sausen erfüllt. Aber auch das nur einen Augenblick, denn, als öffne sich unmittelbar vor meinem Hoftor der Hof meines Kranken, bin ich schon dort; ruhig stehen die Pferde; der Schneefall hat aufgehört; Mondlicht ringsum; die Eltern des Kranken eilen aus dem Haus; seine Schwester hinter ihnen; man hebt mich fast aus dem Wagen; den verwirrten Reden entnehme ich nichts; im Krankenzimmer ist die Luft kaum atembar; der vernachlässigte Herdofen raucht; ich werde das Fenster aufstoßen; zuerst aber will ich den Kranken sehen. Mager, ohne Fieber, nicht kalt, nicht warm, mit leeren Augen, ohne Hemd hebt sich der junge unter dem Federbett, hängt sich an meinen Hals, flüstert mir ins Ohr: »Doktor, lass mich sterben.« Ich sehe mich um; niemand hat es gehört; die Eltern stehen stumm vorgebeugt und erwarten mein Urteil; die Schwester hat einen Stuhl für meine Handtasche gebracht. Ich öffne die Tasche und suche unter meinen Instrumenten; der Junge tastet immerfort aus dem Bett nach mir hin, um mich an seine Bitte zu erinnern; ich fasse eine Pinzette, prüfe sie im Kerzenlicht und lege sie wieder hin. »Ja«, denke ich lästernd, »in solchen Fällen helfen die Götter, schicken das fehlende Pferd, fügen der Eile wegen noch ein zweites hinzu, spenden zum Übermaß noch den Pferdeknecht –« Jetzt erst fällt mir wieder Rosa ein; was tue ich, wie rette ich sie, wie ziehe ich sie unter diesem Pferdeknecht hervor, zehn Meilen von ihr entfernt, unbeherrschbare Pferde vor meinem Wagen? Diese Pferde, die jetzt die Riemen irgendwie gelockert haben; die Fenster, ich weiß nicht wie, von außen aufstoßen? Jedes durch ein Fenster den Kopf stecken und, unbeirrt durch den Aufschrei der Familie, den Kranken betrachten. »Ich fahre gleich wieder zurück«, denke ich, als forderten mich die Pferde zur Reise auf, aber ich dulde es, dass die Schwester, die mich durch die Hitze betäubt glaubt, den Pelz mir abnimmt. Ein Glas Rum wird mir bereitgestellt, der Alte klopft mir auf die Schulter, die Hingabe seines Schatzes rechtfertigt diese Vertraulichkeit. Ich schüttle den Kopf; in dem engen Denkkreis des Alten würde mir übel; nur aus diesem Grunde lehne ich es ab zu trinken. Die Mutter steht am Bett und lockt mich hin; ich folge und lege, während ein Pferd laut zur Zimmerdecke wiehert, den Kopf an die Brust des Jungen, der unter meinem nassen Bart erschauert. Es bestätigt sich, was ich weiß: der Junge ist gesund, ein wenig schlecht durchblutet, von der sorgenden Mutter mit Kaffee durchtränkt, aber gesund und am besten mit einem Stoß aus dem Bett zu treiben. Ich bin kein Weltverbesserer und lasse ihn liegen. Ich bin vom Bezirk angestellt und tue meine Pflicht bis zum Rand, bis dorthin, wo es fast zu viel wird. Schlecht bezahlt, bin ich doch freigebig und hilfsbereit gegenüber den Armen. Noch für Rosa muss ich sorgen, dann mag der Junge Recht haben und auch ich will sterben. Was tue ich hier in diesem endlosen Winter! Mein Pferd ist verendet, und da ist niemand im Dorf, der mir seines leiht. Aus dem Schweinestall muss ich mein Gespann ziehen; wären es nicht zufällig Pferde, müsste ich mit Säuen fahren. So ist es. Und ich nicke der Familie zu. Sie wissen nichts davon, und wenn sie es wüssten, würden sie es nicht glauben. Rezepte schreiben ist leicht, aber im Übrigen sich mit den Leuten verständigen, ist schwer. Nun, hier wäre also mein Besuch zu Ende, man hat mich wieder einmal unnötig bemüht, daran bin ich gewöhnt, mithilfe meiner Nachtglocke martert mich der ganze Bezirk, aber dass ich diesmal auch noch Rosa hingeben musste, dieses schöne Mädchen, das jahrelang, von mir kaum beachtet, in meinem Hause lebte – dieses Opfer ist zu groß, und ich muss es mir mit Spitzfindigkeiten aushilfsweise in meinem Kopf irgendwie zurechtlegen, um nicht auf diese Familie loszufahren, die mir ja beim besten Willen Rosa nicht zurückgeben kann. Als ich aber meine Handtasche schließe und nach meinem Pelz winke, die Familie beisammensteht, der Vater schnuppernd über dem Rumglas in seiner Hand, die Mutter, von mir wahrscheinlich enttäuscht – ja, was erwartet denn das Volk? – tränenvoll in die Lippen beißend und die Schwester ein schwer blutiges Handtuch schwenkend, bin ich irgendwie bereit, unter Umständen zuzugeben, dass der Junge doch vielleicht krank ist. Ich gehe zu ihm, er lächelt mir entgegen, als brächte ich ihm etwa die allerstärkste Suppe – ach, jetzt wiehern beide Pferde; der Lärm soll wohl, höhern Orts angeordnet, die Untersuchung erleichtern – und nun finde ich: ja, der Junge ist krank. In seiner rechten Seite, in der Hüftengegend hat sich eine handtellergroße Wunde aufgetan. Rosa, in vielen Schattierungen, dunkel in der Tiefe, hell werdend zu den Rändern, zartkörnig, mit ungleichmäßig sich aufsammelndem Blut, offen wie ein Bergwerk obertags. So aus der Entfernung. In der Nähe zeigt sich noch eine Erschwerung. Wer kann das ansehen, ohne leise zu pfeifen? Würmer, an Stärke und Länge meinem kleinen Finger gleich, rosig aus eigenem und außerdem blutbespritzt, winden sich, im Innern der Wunde festgehalten, mit weißen Köpfchen, mit vielen Beinchen ans Licht. Armer Junge, dir ist nicht zu helfen. Ich habe deine große Wunde aufgefunden; an dieser Blume in deiner Seite gehst du zugrunde. Die Familie ist glücklich, sie sieht mich in Tätigkeit; die Schwester sagt's der Mutter, die Mutter dem Vater, der Vater einigen Gästen, die auf den Fußspitzen, mit ausgestreckten Armen balancierend, durch den Mondschein der offenen Tür hereinkommen. »Wirst du mich retten?«, flüstert schluchzend der Junge, ganz geblendet durch das Leben in seiner Wunde. So sind die Leute in meiner Gegend. Immer das Unmögliche vom Arzt verlangen. Den alten Glauben haben sie verloren; der Pfarrer sitzt zu Hause und zerzupft die Messgewänder, eines nach dem andern; aber der Arzt soll alles leisten mit seiner zarten chirurgischen Hand. Nun, wie es beliebt: ich habe mich nicht angeboten; verbraucht ihr mich zu heiligen Zwecken, lasse ich auch das mit mir geschehen; was will ich Besseres, alter Landarzt, meines Dienstmädchens beraubt! Und sie kommen, die Familie und die Dorfältesten, und entkleiden mich; ein Schulchor mit dem Lehrer an der Spitze steht vor dem Haus und singt eine äußerst einfache Melodie auf den Text:

> Entkleidet ihn, dann wird er heilen,
> Und heilt er nicht, so tötet ihn!
> 's ist nur ein Arzt, 's ist nur ein Arzt.

Dann bin ich entkleidet und sehe, die Finger im Barte, mit geneigtem Kopf die Leute ruhig an. Ich bin durchaus gefasst und allen überlegen und bleibe es auch, trotzdem es mir nichts hilft, denn jetzt nehmen sie mich beim Kopf und bei den Füßen und tragen mich ins Bett. Zur Mauer, an die Seite der Wunde legen sie mich. Dann gehen alle aus der Stube; die Tür wird zugemacht; der Gesang verstummt; Wolken treten vor den Mond; warm liegt das Bettzeug um mich, schattenhaft schwanken die Pferdeköpfe in den Fensterlöchern. »Weißt du«, höre ich, mir ins Ohr gesagt, »mein Vertrauen zu dir ist sehr gering. Du bist ja auch nur irgendwo abgeschüttelt, kommst nicht auf eigenen Füßen. Statt zu helfen, engst du mir mein Sterbebett ein. Am liebsten kratzte ich dir die Augen aus.« – »Richtig«, sage ich, »es ist eine Schmach. Nun bin ich aber Arzt. Was soll ich tun? Glaube mir, es wird auch mir nicht leicht.« – »Mit dieser Entschuldigung soll ich mich begnügen? Ach, ich muss wohl. Immer muss ich mich begnügen. Mit einer schönen Wunde kam ich auf die Welt; das war meine ganze Ausstattung.« – »Junger Freund«, sage ich, »dein Fehler ist: du hast keinen Überblick. Ich, der ich schon in allen Krankenstuben, weit und breit, gewesen bin, sage dir: deine Wunde ist so übel nicht. Im spitzen Winkel mit zwei Hieben der Hacke geschaffen. Viele bieten ihre Seite an und hören kaum die Hacke im Forst, geschweige denn, dass sie ihnen näher kommt.« – »Ist es wirklich so oder täuschest du mich im Fieber?« – »Es ist wirklich so, nimm das Ehrenwort eines Amtsarztes mit hinüber.« Und er nahm's und wurde still. Aber jetzt war es Zeit, an meine Rettung zu denken. Noch standen treu die Pferde an ihren Plätzen. Kleider, Pelz und Tasche waren schnell zusammengerafft; mit dem Ankleiden wollte ich mich nicht aufhalten; beeilten sich die Pferde wie auf der Herfahrt, sprang ich ja gewissermaßen aus diesem Bett in meines. Gehorsam zog sich ein Pferd vom Fenster zurück; ich warf den Ballen in den Wagen; der Pelz flog zu weit, nur mit einem Ärmel hielt er sich an einem Haken fest. Gut genug. Ich schwang mich aufs Pferd. Die Riemen lose schleifend, ein Pferd kaum mit dem andern verbunden, der Wagen irrend hinterher, den Pelz als Letzter im Schnee. »Munter!«, sagte ich, aber munter ging's nicht; langsam wie alte Männer zogen wir durch die Schneewüste; lange klang hinter uns der neue, aber irrtümliche Gesang der Kinder:

> Freuet euch, ihr Patienten,
> Der Arzt ist euch ins Bett gelegt!

Niemals komme ich so nach Hause; meine blühende Praxis ist verloren; ein Nachfolger bestiehlt mich, aber ohne Nutzen, denn er kann mich nicht ersetzen;

in meinem Hause wütet der ekle Pferdeknecht; Rosa ist sein Opfer; ich will es nicht ausdenken. Nackt, dem Froste dieses unglückseligsten Zeitalters ausgesetzt, mit irdischem Wagen, unirdischen Pferden, treibe ich alter Mann mich umher. Mein Pelz hängt hinten am Wagen, ich kann ihn aber nicht erreichen, und keiner aus dem beweglichen Gesindel der Patienten rührt den Finger. Betrogen! Betrogen! Einmal dem Fehlläuten der Nachtglocke gefolgt – es ist niemals gutzumachen.

(Franz Kafka)

Der Kübelreiter

Die kurze Erzählung Franz Kafkas ist im Kriegswinter 1917 entstanden. Der historische Hintergrund dieses extrem harten Winters ist allerdings nur Ausgangspunkt dieser typischen kafkaesken Geschichte, die die tragische Existenzangst eines Menschen sowohl realistisch als auch fantastisch in Szene setzt. Wie so oft bei Kafka endet das Geschehen in der Hoffnungslosigkeit: Der Kübelreiter steigt auf Nimmerwiedersehen auf in die Regionen der Eisgebirge.

Verbraucht alle Kohle; leer der Kübel; sinnlos die Schaufel; Kälte atmend der Ofen; das Zimmer vollgeblasen von Frost; vor dem Fenster Bäume starr im Reif; der Himmel, ein silberner Schild gegen den, der von ihm Hilfe will. Ich muss Kohle haben; ich darf doch nicht erfrieren; hinter mir der erbarmungslose Ofen, vor mir der Himmel ebenso, infolgedessen muss ich scharf zwischendurch reiten und in der Mitte beim Kohlenhändler Hilfe suchen. Gegen meine gewöhnlichen Bitten aber ist er schon abgestumpft; ich muss ihm ganz genau nachweisen, dass ich kein einziges Kohlenstäubchen mehr habe und dass er daher für mich geradezu die Sonne am Firmament bedeutet. Ich muss kommen wie der Bettler, der röchelnd vor Hunger an der Türschwelle verenden will und dem deshalb die Herrschaftsköchin den Bodensatz des letzten Kaffees einzuflößen sich entscheidet; ebenso muss mir der Händler, wütend, aber unter dem Strahl des Gebotes »Du sollst nicht töten!«, eine Schaufel voll in den Kübel schleudern.

Meine Auffahrt schon muss es entscheiden; ich reite deshalb auf dem Kübel hin. Als Kübelreiter, die Hand oben am Griff, dem einfachsten Zaumzeug, drehe ich mich beschwerlich die Treppe hinab; unten aber steigt mein Kübel auf, prächtig, prächtig; Kamele, niedrig am Boden hingelagert, steigen, sich schüttelnd unter dem Stock des Führers, nicht schöner auf. Durch die festgefrorene Gasse geht es in ebenmäßigem Trab; oft werde ich bis zur Höhe der ersten Stockwerke gehoben; niemals sinke ich bis zur Haustüre hinab. Und außergewöhnlich hoch schwebe ich vor dem Kellergewölbe des Händlers, in dem er tief unten an seinem Tischchen kauert und schreibt; um die übergroße Hitze abzulassen, hat er die Tür geöffnet.

»Kohlenhändler!«, rufe ich mit vor Kälte hohlgebrannter Stimme, in Rauchwolken des Atems gehüllt, »bitte, Kohlenhändler, gib mir ein wenig Kohle. Mein Kübel ist schon so leer, dass ich auf ihm reiten kann. Sei so gut. Sobald ich kann, bezahle ich's.«

Der Händler legt die Hand ans Ohr. »Hör ich recht?«, fragte er über die Schulter weg seine Frau, die auf der Ofenbank strickt, »hör ich recht? Eine Kundschaft.«

»Ich höre gar nichts«, sagt die Frau, ruhig aus- und einatmend über den Stricknadeln, wohlig im Rücken gewärmt.

»O ja«, rufe ich, »ich bin es; eine alte Kundschaft; treu ergeben; nur augenblicklich mittellos.«

»Frau«, sagt der Händler, »es ist, es ist jemand; so sehr kann ich mich doch nicht täuschen; eine alte, eine sehr alte Kundschaft muss es sein, die mir so zum Herzen zu sprechen weiß.«

»Was hast du, Mann?«, sagte die Frau und drückt, einen Augenblick ausruhend, die Handarbeit an die Brust, »niemand ist es, die Gasse ist leer, alle unsere Kundschaft ist versorgt; wir können für Tage das Geschäft sperren und ausruhn.«

»Aber ich sitze doch hier auf dem Kübel«, rufe ich und gefühllose Tränen der Kälte verschleiern mir die Augen, »bitte seht doch herauf; Ihr werdet mich gleich entdecken; um eine Schaufel voll bitte ich; und gebt Ihr zwei, macht Ihr mich überglücklich. Es ist doch schon alle übrige Kundschaft versorgt. Ach, hörte ich es doch schon in dem Kübel klappern!«

»Ich komme«, sagt der Händler und kurzbeinig will er die Kellertreppe emporsteigen, aber die Frau ist schon bei ihm, hält ihn beim Arm fest und sagt: »Du bleibst. Lässt du von deinem Eigensinn nicht ab, so gehe ich hinauf. Erinnere dich an deinen schweren Husten heute Nacht. Aber für ein Geschäft und sei es auch nur ein eingebildetes, vergisst du Frau und Kind und opferst deine Lungen. Ich gehe.«

»Dann nenn ihm aber alle Sorten, die wir auf Lager haben; die Preise rufe ich dir nach.«

»Gut«, sagt die Frau und steigt zur Gasse auf. Natürlich sieht sie mich gleich. »Frau Kohlenhändlerin«, rufe ich, »ergebenen Gruß; nur eine Schaufel Kohle; gleich hier in den Kübel; ich führe sie selbst nach Hause; eine Schaufel von der schlechtesten. Ich bezahle sie natürlich voll, aber nicht gleich, nicht gleich.« Was für ein Glockenklang sind die zwei Worte »nicht gleich« und wie sinnverwirrend mischen sie sich mit dem Abendläuten, das eben vom nahen Kirchturm zu hören ist!

Hochliterarische Winter

»Was will er also haben?«, ruft der Händler. »Nichts«, ruft die Frau zurück, »es ist ja nichts; ich sehe nichts, ich höre nichts; nur sechs Uhr läutet es und wir schließen. Ungeheuer ist die Kälte; morgen werden wir wahrscheinlich noch viel Arbeit haben.«

Sie sieht nichts und hört nichts; aber dennoch löst sie das Schürzenband und versucht mich mit der Schürze fortzuwehen. Leider gelingt es. Alle Vorzüge eines guten Reittieres hat mein Kübel; Widerstandskraft hat er nicht; zu leicht ist er; eine Frauenschürze jagt ihm die Beine vom Boden.

»Du Böse«, rufe ich noch zurück, während sie, zum Geschäft sich wendend, halb verächtlich, halb befriedigt mit der Hand in die Luft schlägt, »du Böse! Um eine Schaufel von der schlechtesten habe ich gebeten und du hast sie mir nicht gegeben.« Und damit steige ich in die Regionen der Eisgebirge und verliere mich auf Nimmerwiedersehen.

(Franz Kafka)

Winternacht

Es ist Schnee gefallen. Nach Mitternacht verlässt du betrunken von purpurnem Wein den dunklen Bezirk der Menschen, die rote Flamme ihres Herdes. O die Finsternis!

Schwarzer Frost. Die Erde ist hart, nach Bitterem schmeckt die Luft. Deine Sterne schließen sich zu bösen Zeichen.

Mit versteinerten Schritten stampfst du am Bahndamm hin, mit runden Augen, wie ein Soldat, der eine schwarze Schanze stürmt. Avanti!

Bitterer Schnee und Mond!

Ein roter Wolf, den ein Engel würgt. Deine Beine klirren schreitend wie blaues Eis und ein Lächeln voll Trauer und Hochmut hat dein Antlitz versteinert und die Stirne erbleicht vor der Wollust des Frostes;

oder sie neigt sich schweigend über den Schlaf eines Wächters, der in seiner hölzernen Hütte hinsank.

Frost und Rauch. Ein weißes Sternenhemd verbrennt die tragenden Schultern und Gottes Geier zerfleischen dein metallenes Herz.

O der steinerne Hügel. Stille schmilzt und vergessen der kühle Leib im silbernen Schnee hin.

Schwarz ist der Schlaf. Das Ohr folgt lange den Pfaden der Sterne im Eis.

Beim Erwachen klangen die Glocken im Dorf. Aus dem östlichen Tor trat silbern der rosige Tag.

(Georg Trakl)

Ein kleines Eisabenteuer

Zwei Jahre später, Anfang Januar 32, hatten wir wieder ein am Strom spielendes Ereignis. Aber diesmal war es keine Sturmflut, sondern ein kleines Eisabenteuer. Die Tage nach Weihnachten waren ungewöhnlich milde gewesen, und das Eis, das schon Anfang Dezember das Haff überdeckt hatte, hatte sich wieder gelöst und trieb in großen Schollen, die übrigens den Bootverkehr nach der Insel Wollin hinüber nicht hinderten, flussabwärts dem Meere zu. Silvester war wie herkömmlich gefeiert worden, und für den zweiten Januar stand ein neues Vergnügen in Sicht, von dem ich mir ganz besonders viel versprach: Mein Freund Wilhelm Krause, der schon als Schüler und Pensionär des bekannten Direktors v. Klöden die Gewerbeschule besuchte, musste am dritten Januar wieder in Berlin sein, und seitens seines Vaters, des Kommerzienrats, war mit einigen Freunden verabredet worden, dem liebenswürdigen Jungen bis nach dem jenseitigen Ufer hinüber, von wo dann die Fahrpost ging, das Geleit zu geben. In einem sichren Eisboote wollte man, zwischen den Schollen hindurch, die Partie machen, alles in allem acht Personen: erst zwei Bootsleute, dann der Kommerzienrat und sein Sohn, dann Konsul Thompson und Sohn und schließlich mein Vater und ich. Ich freute mich ganz ungeheuer darauf. Einmal weil es was Apartes war und nicht minder, weil eine glänzende Verpflegung in Aussicht stand. Es verlautete nämlich, dass drüben im Fährhause gefrühstückt und wir drei Jungens mit Eierpunsch und holländischen Waffeln regaliert werden sollten. Ich nahm mir vor, weil mir dies männlicher erschien, mich ausschließlich an den Eierpunsch zu halten, blieb aber später nicht auf der Höhe dieses Entschlusses. Um neun sollte das Boot von »Krausens Klapp« abgehen. Wir waren auch alle pünktlich da, nur das Boot nicht, und als wir eine Weile gewartet, erfuhren wir, wovon uns übrigens der Augenschein bereits überzeugt hatte, dass der über Nacht eingetretene starke Frost die Schollen zum Stehen gebracht und die kleinen Wasserläufe dazwischen mit Eis überdeckt habe. Das hätte nun nichts auf sich gehabt; im Gegenteil, wenn nur die Eisdecke um einen Zoll dicker gewesen wäre; sie war aber sehr dünn, und so standen wir vor der Erwägung, ob ein Überschreiten des Flusses überhaupt möglich sei. Der Kommerzienrat, dem daran lag, keine Schulversäumnis eintreten zu lassen, war entschieden für das kleine Wagnis, und als die in langen Pelzjacken dastehenden Bootsleute dies erst sahen, meinten sie sofort auch ihrerseits, »es werde schon gehen, und wenn was passiere, so wäre es auch so schlimm nicht ... ein bisschen nasskalt ...« – »Ja, Kinder«, sagte Thompson, »wie denkt ihr euch das eigentlich? Das heißt doch so viel wie 'reinfallen, und da hat man seinen Schlag weg, man weiß nicht wie. Oder die Eisscholle schneidet einem den Kopf ab.«

»Ih, Herr Konsul, so schlimm wird es ja woll nich kommen.«

»Ja, so schlimm wird es ja woll nicht kommen ... das klingt ganz gut, aber daraus kann ich mir keinen Trost nehmen. Oskar ...« und dabei nahm er seinen Jungen bei der Schulter, »wir zwei bleiben hier; Onkel Krause ist ein Windhund, der kann es riskieren. Und du, Bruder, wie steht es mit dir?«

Diese Schlussworte richteten sich an meinen Vater, der ohne Weiteres erklärte, Thompson habe recht. In diesem Augenblick aber traf ihn ein so wehmütiger Blick aus meinen Augen, dass er ins Lachen kam und hinzusetzte: »Nun gut, wenn der Kommerzienrat dich mitnehmen will, meinetwegen ... ich bin der Schwerste von euch allen ... und von Verpflichtung kann keine Rede sein, eher das Gegenteil ...« Und bei diesem Entscheide blieb es.

Einer der Bootsleute, mit einem acht oder zehn Fuß langen Brett auf der Schulter und einem Tau um den Leib, ging voraus, an dem nachschleifenden Tauende aber hielt sich der Kommerzienrat mit der Linken, während er seinen Jungen an der andern Hand führte; gleich dahinter folgte der zweite Bootsmann, ähnlich ausgerüstet, aber statt des Taues mit einer Eispicke, daran ich mich hielt. So ging es los. Es war zauberhaft und wohl eigentlich nicht sehr gefährlich. Die beiden Bootsleute waren immer vorauf und erfüllten mich mit dem angenehmen Gefühl, »wenn die überfrorne Stelle den Bootsmann getragen hat, *dich* trägt sie gewiss.« Und das war richtig. Freilich kamen Stellen, wo der Strom so stark ging, dass nicht einmal Schülbereis das Wasser bedeckte, aber solche freie Strömung war immer nur zwischen zwei verhältnismäßig nahe liegenden Eisschollen, sodass das Brett, das der Bootsmann trug, vollkommen ausreichte, einen Übergang von einer Scholle zur anderen zu schaffen. War er drüben, so reichte er mir die lange Pikenstange oder richtiger hielt die Stange so, dass sie mir als ein Geländer diente. Kurzum, ich empfand nur so viel von Gefahr, wie nötig war, um den ganzen Vorgang auf seine höchste Genusshöhe zu heben, und als ich, nach dem Frühstück drüben, wieder glücklich zurück war, betrat ich das Bollwerk wie ein junger Sieger und schritt in gehobener Stimmung auf unser Haus zu, wo meine Mutter, die von einem sehr erregten Gespräch zu kommen schien, schon im Flur stand und mich erwartete. Sie küsste mich mit besonderer Zärtlichkeit, dabei immer vorwurfsvoll nach dem Vater hinübersehend, und fragte mich, ob ich noch etwas wolle.

»Nein«, sagte ich, »es gab Eierpunsch und Waffeln, und ich wollte auch welche für die Geschwister mitbringen; aber mit einem Male gab es keine mehr.«

»Ich weiß schon. Du bist deines Vaters Sohn.«

»Da hat er ganz gut gewählt«, sagte mein Vater.

»Meinst du das wirklich, Louis?«

»Nicht so ganz. Es war nur eine façon de parler.«

»Wie immer.«

(Theodor Fontane)

Winter ade, Scheiden tut weh

Von den zwölf Monaten

Es war eine Mutter, und die hatte zwei Töchter; die eine war ihre eigene, die andere ihre Stieftochter. Die eigene Tochter hatte sie sehr lieb, die Stieftochter konnte sie nicht einmal ansehen, bloß darum, weil Maruschka schöner war als Holena. Die gute Maruschka wusste von ihrer Schönheit nichts; sie konnte sich gar nicht erklären, warum die Mutter so böse sei, so oft sie sie ansehe. Alle Arbeit musste sie selbst verrichten: die Stube aufräumen, kochen, waschen, nähen, spinnen, weben, Gras zutragen und die Kuh allein besorgen. Holena putzte sich nur und ging müßig. Aber Maruschka arbeitete gern, war geduldig und ertrug das Schelten, das Fluchen der Schwester und Mutter wie ein Lamm. Allein dies half nichts, sie wurden von Tag zu Tag schlimmer, und zwar bloß darum, weil Maruschka je länger, desto schöner, Holena aber desto garstiger ward. Die Mutter dachte: »Wozu sollte ich die schöne Stieftochter im Hause leiden, wenn meine eigene Tochter nicht auch so ist? Die Burschen werden auf Brautschau kommen, Maruschka wird ihnen gefallen, Holena werden sie nicht haben wollen!« Von diesem Augenblick an suchten sie die arme Maruschka loszuwerden; sie quälten sie mit Hunger, sie schlugen sie, doch sie ertrug es geduldig und ward von Tag zu Tag schöner. Sie ersannen Qualen, wie sie braven Menschen erst gar nicht in den Sinn gekommen wären.

Eines Tages – es war in der Mitte des Eismonats – wollte Holena Veilchen haben. »Geh, Maruschka, bring mir aus dem Wald einen Veilchenstrauß! Ich will ihn hinter den Gürtel stecken und an ihm riechen!«, befahl sie der Schwester. »Ach Gott, liebe Schwester, was fällt dir bei! Hab nie gehört, dass unter dem Schnee Veilchen wüchsen«, versetzte das arme Mädchen. »Du nichtsnutziges Ding, du Kröte, du widersprichst, wenn ich befehle? Gleich wirst du in den Wald gehen, und bringst du keine Veilchen, so schlag ich dich tot!«, drohte Holena.

Die Stiefmutter fasste Maruschka, stieß sie zur Tür hinaus und schloss diese hinter ihr. Das Mädchen ging bitter weinend in den Wald. Der Schnee lag hoch, nirgends war eine Fußstapfe. Die Arme irrte, irrte lange. Hunger plagte sie. Kälte schüttelte sie; sie bat Gott, er möchte sie lieber aus der Welt nehmen. Da gewahrt sie in der Ferne ein Licht. Sie ging dem Glanz nach und kam auf den Gipfel eines Berges. Auf dem Gipfel brannte ein großes Feuer, um das Feuer lagen zwölf Steine, auf den Steinen saßen zwölf Männer. Drei waren graubärtig, drei waren jünger, drei waren noch jünger, und die drei jüngsten waren die schönsten. Sie redeten nichts, sie blickten still in das Feuer. Die zwölf Männer waren die zwölf Monate.

Der Eismonat saß obenan; der hatte Haare und Bart weiß wie Schnee. In der Hand hielt er einen Stab, Maruschka erschrak, und blieb eine Weile verwundert stehen; dann aber fasste sie Mut, trat näher und bat: »Liebe Leute, erlaubt mir, dass ich mich am Feuer wärme, Kälte schüttelt mich!« Der Eismonat nickte mit dem Haupt und fragte sie: »Weshalb bist du hergekommen, Mädchen? Was suchst du hier?« – »Ich suche Veilchen«, antwortete Maruschka. – »Es ist nicht an der Zeit, Veilchen zu suchen, wenn Schnee liegt«, sagte der Eismonat. – »Ich weiß wohl«, entgegnete Maruschka traurig, »allein Schwester Holena und die Stiefmutter haben mir befohlen, Veilchen aus dem Walde zu bringen; bring ich sie nicht, so schlagen sie mich tot. Bitte schön, Ihr Hirten, sagt mir, wo ich welche finde?«

Da erhob sich der Eismonat, schritt zu dem jüngsten Monat, gab ihm den Stab in die Hand und sprach: »Bruder März, setz dich obenan!« Der Monat März setzte sich obenan und schwang den Stab über dem Feuer. In dem Augenblick loderte das Feuer höher, der Schnee begann zu tauen, Bäume trieben Knospen, unter den Buchen grünte Gras, in dem Gras keimten bunte Blumen und es war Frühling. Unter Gesträuch verborgen blühten Veilchen, und ehe sich Maruschka dessen versah, gab es ihrer so viele, als ob wer ein blaues Tuch ausgebreitet hätte. »Schnell, Maruschka, pflücke!«, gebot der März. Maruschka pflückte freudig, bis sie einen großen Strauß beisammen hatte. Dann dankte sie den Monaten und eilte froh nach Hause. Es wunderte sich Holena, es wunderte sich die Stiefmutter, als sie Maruschka sahen, wie sie einen Veilchenstrauß trug; sie gingen, ihr die Tür zu öffnen, und der Duft der Veilchen ergoss sich durch die ganze Hütte. »Wo hast du sie gepflückt?«, fragte Holena barsch. »Hoch auf dem Berg, dort wuchsen sehr viele unter dem Gesträuch«, erwiderte Maruschka. Holena nahm die Veilchen, steckte sie hinter den Gürtel, roch an ihnen und ließ die Mutter riechen; zur Schwester sagte sie nicht einmal: »Riech auch!«

Des anderen Tages saß Holena müßig beim Ofen, und es gelüstete sie nach Erdbeeren. »Geh, Maruschka, bring mir Erdbeeren aus dem Wald!«, befahl Holena der Schwester. »Ach Gott, liebe Schwester, wo werd ich Erdbeeren finden! Hab nie gehört, dass unter dem Schnee Erdbeeren wüchsen«, versetzte Maruschka. »Du nichtsnutziges Ding, du Kröte, du widersprichst, wenn ich befehle? Gleich geh in den Wald, und bringst du keine Erdbeeren, wahrlich, so schlag ich dich tot!«, drohte die böse Holena. Die Stiefmutter fasste Maruschka, stieß sie zur Tür hinaus und schloss diese fest hinter ihr. Das Mädchen ging bitter weinend in den Wald. Der Schnee lag hoch, nirgends war eine Fußstapfe. Die Arme irrte, irrte lange: Hunger plagte sie, Kälte schüttelte sie. Da gewahrt sie in der Ferne dasselbe Feuer, das sie den Tag zuvor gesehen hatte. Mit Freuden eilte sie darauf zu. Sie kam wieder zu dem großen Feuer, um welches die zwölf Monate saßen. Der Eismonat saß obenan. »Liebe Leute, erlaubt mir, dass ich mich am Feuer wärme, Kälte schüttelt mich«, bat Maruschka. Der Eismonat nickte mit dem Haupt und fragte: »Warum bist du wieder gekommen, was suchst du?« – »Ich suche Erdbeeren«, entgegnete Maruschka. – »Es ist nicht an der Zeit, Erdbeeren zu suchen, wenn Schnee liegt«, sagte der Eismonat. »Ich weiß wohl«, antwortete Maruschka traurig, »allein Schwester Holena und meine Stiefmutter haben mir befohlen, Erdbeeren zu bringen; bring ich sie nicht, so schlagen sie mich tot. Bitte schön, Ihr Hirten, sagt mir, wo ich welche finde!«

Der Eismonat erhob sich, schritt zum Monat, der ihm gegenübersaß, gab ihm den Stab in die Hand und sprach: »Bruder Juni, setz dich obenan!« Der schöne Monat Juni setzte sich obenan, und schwang den Stab über dem Feuer. In dem Augenblick schlug die Flamme hoch empor, der Schnee zerschmolz alsbald, die Erde grünte, Bäume umhüllten sich mit Laub, Vögel begannen zu singen, mannigfaltige Blumen blühten im Walde und es war Sommer. Weiße Sternlein gab es, als ob sie wer dahin gesät hätte. Sichtbar aber verwandelten sich die weißen Sternlein in Erdbeeren, die Erdbeeren reiften schnell, und eh sich Maruschka dessen versah, gab es ihrer in dem grünen Rasen, als ob wer Blut ausgegossen hätte. »Schnell, Maruschka, pflücke!«, gebot der Juni. Maruschka pflückte freudig, bis sie die Schürze voll hatte. Dann dankte sie den Monaten schön und eilte froh nach Hause. Es wunderte sich Holena, es wunderte sich die Stiefmutter, als sie sahen, dass Maruschka in der Tat Erdbeeren brachte, die ganze Schürze voll. Sie liefen, ihr die Tür zu öffnen, und der Duft der Erdbeeren ergoss sich durch die ganze Hütte. »Wo hast du sie gepflückt?«, fragte Holena barsch. – »Hoch auf dem Berg, dort wachsen ihrer in Fülle unter den Buchen«, erwiderte Maruschka. Holena nahm die Erdbeeren, aß sich satt und gab auch der Mutter zu essen; zu Maruschka sagten sie nicht einmal: »Koste auch!«

Holena hatten die Erdbeeren geschmeckt, und es gelüstete sie des dritten Tages nach roten Äpfeln. »Geh in den Wald, Maruschka, und bring mir rote Äpfel!«, befahl sie der Schwester. »Ach Gott, liebe Schwester, woher sollten im Winter Äpfel kommen?«, versetzte die arme Maruschka. »Du nichtsnutziges Ding, du Kröte, du widersprichst, wenn ich befehle? Gleich geh in den Wald, und bringst du keine roten Äpfel, wahrlich, so schlag ich dich tot!«, drohte die böse Holena. Die Stiefmutter fasste Maruschka, stieß sie zur Tür hinaus und schloss diese fest hinter ihr. Das Mädchen eilte bitter weinend in den Wald. Der Schnee lag hoch, nirgends war eine Fußstapfe. Allein das Mädchen irrte nicht umher, es ging gerade auf den Gipfel des Berges, wo das große Feuer brannte, wo die zwölf Monate saßen. Sie saßen dort, der Eismonat saß obenan. »Liebe Leute, erlaubt mir, dass ich mich am Feuer wärme, Kälte schüttelt mich«, bat Maruschka und trat zum Feuer. Der Eismonat nickte mit dem Haupt und fragte: »Weshalb bist du wieder gekommen, was suchst du da?« – »Ich suche rote Äpfel«, antwortete Maruschka. »Es ist nicht an der Zeit«, sagte der Eismonat. »Ich weiß wohl«, entgegnete Maruschka traurig, »allein Schwester Holena und meine Stiefmutter haben mir befohlen, rote Äpfel aus dem Wald zu bringen; bring ich sie nicht, so schlagen sie mich tot. Bitte schön, Ihr Hirten, sagt mir, wo ich welche finde!«

Da erhob sich der Eismonat, schritt zu einem der älteren Monate, gab ihm den Stab in die Hand und sprach: »Bruder September, setz dich obenan!« Der Monat September setzte sich obenan und schwang den Stab über dem Feuer. Das Feuer glühte rot, der Schnee verlor sich, aber die Bäume umhüllten sich nicht mit Laub, ein Blatt nach dem anderen fiel ab, und der kühle Wind verstreute sie auf dem falben Rasen, eins dahin, das andere dorthin. Maruschka sah nicht so viele bunte Blumen. Am Talhang blühte Altmannskraut, blühten rote Nelken, im Tale standen gelbliche Eschen, unter den Buchen wuchs hohes Farnkraut und dichtes Immergrün. Maruschka blickte nur nach roten Äpfeln umher, und sie gewahrte in der Tat einen Apfelbaum und hoch auf ihm zwischen den Zweigen rote Äpfel. »Schnell, Maruschka, schüttle!«, gebot der September. Maruschka schüttelte freudig den Apfelbaum; es fiel ein Apfel herab. Maruschka schüttelte noch einmal; es fiel ein zweiter herab. »Schnell, Maruschka, eile nach Hause!«, gebot der Monat. Maruschka gehorchte, nahm die zwei Äpfel, dankte den Monaten schön und eilte froh nach Hause. Es wunderte sich Holena, es wunderte sich die Stiefmutter, als sie sahen, dass Maruschka Äpfel brachte. Sie gingen ihr öffnen. Maruschka gab ihnen die zwei Äpfel. »Wo hast du sie gepflückt?« – »Hoch auf dem Berg; sie wachsen dort, und noch gibt's ihrer dort genug«, erwiderte Maruschka. »Warum hast du nicht mehr gebracht? Oder hast du sie unterwegs gegessen?«, fuhr Holena zornig gegen sie los. »Ach liebe Schwester, ich habe keinen Bissen gegessen. Ich schüttelte einmal, da fiel ein Apfel herab; ich schüttelte zum zweiten Mal, da fiel noch einer herab; länger zu schütteln erlaubten sie mir nicht. Sie hießen mich nach Hause gehen«, sagte Maruschka. »Dass der Donner in dich fahre!«, fluchte Holena und wollte Maruschka schlagen. Maruschka brach in Tränen aus und bat Gott, er solle sie lieber zu sich nehmen und sie nicht von der bösen Schwester und Stiefmutter erschlagen lassen. Sie floh in die Küche. Die naschhafte Holena ließ das Fluchen und begann einen Apfel zu essen. Der Apfel schmeckte ihr so, dass sie versicherte, noch niemals in ihrem Leben so was Köstliches gegessen zu haben. Auch die Stiefmutter ließ sich's schmecken. Sie aßen die Äpfel auf, und es gelüstete sie nach mehr. »Mutter, gib mir meinen Pelz! Ich will selbst in den Wald gehen«, sagte Holena. »Das nichtsnutzige Ding würde sie wieder unterwegs essen. Ich will schon den Ort finden und sie alle herabschütteln, ob es wer erlaubt oder nicht!« Vergebens riet die Mutter ab. Holena zog den Pelz an, nahm ein Tuch um den Kopf und eilte in den Wald. Die Mutter stand auf der Schwelle und sah Holena nach, wie es ihr gehe.

Alles lag voll Schnee, nirgends war eine Fußstapfe zu schauen. Holena irrte, irrte lange; ihre Naschhaftigkeit trieb sie immer weiter. Da gewahrte sie in der Ferne ein Licht. Sie eilte darauf zu und gelangte auf den Gipfel, wo das Feuer brannte, um das auf zwölf Steinen die zwölf Monate saßen. Holena erschrak; doch bald fasste sie sich, trat näher zu dem Feuer und streckte die Hände aus, um sich zu wärmen. Sie fragte die Monate nicht: »Darf ich mich wärmen?«, und sprach kein Wort zu ihnen. »Was suchst du hier, warum bist du hergekommen!«, fragte da verdrießlich der Eismonat. »Wozu fragst du, du alter Tor? Du brauchst nicht zu wissen, wohin ich gehe!«, fertigte ihn Holena barsch ab und wandte sich vom Feuer in den Wald. Der Eismonat runzelte die Stirn und schwang seinen Stab über dem Haupt. In dem Augenblick verfinsterte sich der Himmel, das Feuer brannte niedrig, es begann Schnee zu fallen, als ob wer ein Federbett ausschüttelte, eisiger Wind wehte durch den Wald. Holena sah nicht einen Schritt vor sich; sie irrte und irrte und stürzte in eine Schneewehe, und ihre Glieder ermatteten und erstarrten. Unaufhörlich fiel Schnee, eisiger Wind wehte, Holena fluchte der Schwester, fluchte dem lieben Gott. Ihre Glieder erfroren in dem warmen Pelz.

Die Mutter wartete auf Holena, blickte zum Fenster hinaus, blickte zur Tür hinaus, konnte aber die Tochter nicht erblicken. Stunde auf Stunde verstrich, Holena kam nicht. »Vielleicht schmecken ihr die Äpfel so gut, dass sie sich nicht von ihnen trennen kann«, dachte die Mutter, »ich muss nach ihr sehen!« Sie zog ihren Pelz an, nahm ein Tuch um den Kopf und ging, Holena zu finden. Alles lag voll Schnee, nirgends war eine Fußstapfe zu schauen. Sie rief Holena; niemand meldete sich. Sie irrte, irrte lange; Schnee fiel, eisiger Wind wehte.

Maruschka war zu Hause und kochte das Essen, besorgte die Kuh; doch weder Holena noch die Stiefmutter kam. »Wo bleiben sie so lange!«, sprach Maruschka zu sich und setzte sich zum Spinnrocken. Schon war die Spindel voll, schon dämmerte es in der Stube, und es kamen weder Holena noch die Stiefmutter. »Ach Gott, was ist ihnen zugestoßen?«, klagte das gute Mädchen und sah zum Fenster hinaus. Der Himmel strahlte von Sternen, die Erde glänzte von Schnee, es ließ sich niemand sehen; traurig schloss Maruschka das Fenster, machte das Kreuz und betete ein Vaterunser für die Schwester und Mutter. Des anderen Tages wartete sie mit dem Frühstück, wartete mit dem Mittagsmahl; doch sie wartete vergeblich auf Holena und die Stiefmutter. Beide waren im Wald erfroren. Der guten Maruschka blieben die Hütte, die Kuh und ein Stückchen Feld; es fand sich auch bald ein guter Mann dazu, und beide lebten in Frieden glücklich miteinander.

Bibon und Sigwan – Winter und Frühling

Es war Winter. Überall war es tot und öde, und das Einzige, was man hörte, war der Nordwind, der die Bäume schüttelte und den Schnee vor sich hertrieb.

Am Ufer eines zugefrorenen Flusses stand ein halb zerfallener Wigwam, aus dem nur noch wenig Rauch aufstieg, denn der Greis, der ihn bewohnte, war so schwach und erschöpft, dass er sich die Schneeschuhe nicht mehr festbinden konnte. Noch viel weniger war er imstande, einen Baum umzuhauen und ihn heim zu schleppen.

Als seine letzten Kohlen am Verlöschen waren und er seiner baldigen Erstarrung entgegensah, ging plötzlich die Tür seiner Hütte auf, und ein junger Mann hüpfte leicht wie eine Feder herein. Seine Wangen strahlten von Jugendfülle und Jugendkraft; aus seinen Augen funkelte die alles beglückende Liebe, und seine Lippen umspielte ein unschuldiges Lächeln. Seine Stirn umgab ein lieblicher Kranz von frischem Waldgras, und in jeder Hand hielt er einen duftenden Strauß frischer Frühlingsblumen. Alle seine Bewegungen waren tanzend.

»O du guter, schöner Fremdling«, sagte der Greis, »setz dich eine Weile zu mir, und erzähle mir von dem fernen Land, aus dem du kommst. Lass uns die Nacht zusammenbleiben, und ich werde dich auch mit dem Geheimnis unterhalten, in dem meine Kraft besteht.«

Darauf stopfte er dem Jüngling seine beste Pfeife, und die Unterhaltung begann.

»Wenn ich atme«, sagte der Alte, »stehen Bäche und Flüsse still, und ihr Wasser wird so hart und rein wie Kristall.«

»Der Hauch meines Mundes macht Berge und Täler grün«, erwiderte der Jüngling.

»Wenn ich meine weißen Locken schüttle, so deckt Schnee das ganze Land, und alle Blätter fallen von den Bäumen. Mein Atem treibt die Vögel in ein fremdes Land, die wilden Raubtiere verbergen sich vor ihm, und die Erde wird so hart wie Feuerstein.«

»Doch wenn ich, Großvater, meine Locken schüttle, so ergießt sich ein belebender Regen auf die Erde; die Pflanzen strecken ihre zarten Köpfe heraus und sehen so munter drein wie unschuldige Kinderaugen. Mein Ruf bringt die Vögel wieder zurück; mein Atem taut Bäche und Ströme auf, und wohin du dann siehst, erblickst du die reinste Freude.«

Der Alte schwieg. Allmählich ging die Sonne auf und verbreitete eine angenehme Wärme. Rotkehlchen und Blaumeise sangen, die Flüsse erwachten aus ihrer winterlichen Erstarrung, und Blumen und Kräuter schossen lustig aus der weichen Erde empor.

Der Tag zeigte den wahren Charakter des Greises vollständig; denn als ihn der Jüngling aufmerksam betrachtete, hatte er nur das eisige Bild Bibons vor sich. Seine Augen tropften; er wurde immer kleiner und kleiner, bis er sich zuletzt ganz und gar auflöste. Auf seinem Feuerplatz erblühte die weiße Miskodid*, eine kleine Blume, die man gewöhnlich an der Grenze der kalten Zone erblickt.

Wie der alte Mann Winter verjagt wurde

Weit oben im nördlichen Himmel lebt der alte Mann Winter. Jedes Jahr verlässt er seinen Wigwam im Himmel und kommt auf die Erde herab. Dann baut er sich am Fuß eines Berges aus Eis und Schnee eine Hütte, in die kein Lebewesen, kein Tier und nicht mal ein Vogel hineinkommen. Da drinnen lebt er eine Zeit lang. Der Nordwind ist der einzige Freund vom alten Mann Winter; wenn der an seiner Hütte vorbeikommt, gibt er einen lauten Schrei von sich und stößt mit seinem heulenden Atem die Tür zur Hütte auf und kommt herein.

Neben einem Feuer, das glimmt, aber nicht warm macht, setzt sich dann der Nordwind hin; da sitzen dann die beiden, der alte Mann Winter und der Nordwind, und rauchen ein Pfeifchen und schmieden ihre Pläne für den nächsten Schneesturm. Wenn diese Beratung zu Ende ist, bricht der Nordwind auf und treibt von allen Enden der Erde Schnee und Hagel herbei. Und auch der alte Mann Winter verlässt seine Hütte und stakst über die Berge und Täler der Roten Kinder daher, und unter seinem Atem wird das ganze Land weiß. Die Flüsse erstarren, und alle Stimmen des Waldes verstummen, wenn er vorbeizieht: Ein tiefer Schlaf fällt auf alles, was Leben hat.

Kein Laut ist im Wald zu hören außer einem Klopfen an Bäume, denn der alte Mann Winter ist mit einem großen Hammer unterwegs und damit gibt er beim Vorbeigehen jedem Baum einen Schlag. Je kälter es wird, desto lauter und häufiger schlägt er auf die Bäume. Es krachen und brechen die Bäume und auch die Hütten der Indianer unter seinen Schlägen.

Eines Tages, als der alte Mann Winter wieder durch den Wald stakste, stieß er auf die Hütte eines Jägers. Tagelang hatte es schon geschneit, und keine Spuren von Hirsch oder Reh noch von einem Kaninchen waren zu sehen. Drinnen in der Hütte hockten der Jäger und sein kleiner Sohn, die waren schon ganz schwach vor Hunger.

Auch froren sie sehr, denn das Feuer in der Hütte war am Abbrennen.

Als der alte Mann Winter näher kam, lachte er fröhlich und schwang seinen Hammer.

---

* Das ist die *Claytonia virginia*, die Frühlingsschönheit.

Einmal, zweimal, dreimal schlug er auf die Hütte; der kleine Junge drinnen hörte ihn und schlug als Antwort auch dreimal aufs Holz, genau wie es der alte Mann Winter getan hatte. Da erhob sein Vater die Stimme und sagte dem Kleinen, er solle sich nicht über einen Naturgeist lustig machen, sonst käme ein Unheil über ihn; er könnte gefangen werden und müsste dann dem Unhold zu Diensten sein.

Als der alte Mann Winter die Schläge des Jungen aus der Hütte hörte, die ihn nachäfften, wurde er sehr zornig und blies mit aller Macht auf die kleine Hütte. Die erzitterte und erbebte wie etwas Lebendiges, als er sie anrührte. Er gab ihr mit seinem Hammer mehrere Schläge und ging dann weiter.

Das Feuer in der Hütte brannte immer niedriger; der Jäger und sein Sohn rückten immer dichter zusammen und schauten auf das letzte Flackern, bis das Flämmchen dann ganz erlosch. Als sie so bei der Asche saßen, starr vor lauter Kälte, da erfüllte auf einmal eine neue Wärme die Hütte. Der Südwind öffnete sanft und sachte die Tür und ein junger Häuptling trat ein, der hatte ein Gesicht wie die strahlende Sonne. Er erblickte den sterbenden Jäger und seinen Sohn und holte sie mit seiner Wärme zurück ins Leben. Als die beiden schon wieder mehr bei Kräften waren, half er ihnen, das Feuer wieder neu anzuschüren. Dann sagte er ihnen, sie sollten einige getrocknete Brombeeren nehmen, die sie noch in der Hütte hatten, und diese in Wasser kochen. Eine Portion dieser Brombeeren sollten sie essen und die restlichen auf den alten Mann Winter werfen, wenn der wieder zurückkomme; das schrecke ihn ab, denn vor Brombeeren habe er fürchterlich Angst. Brombeeren bedeuten nämlich Sonnenschein und Sommerhitze, und der alte Mann Winter kann nicht da sein, wo diese sind. In der Zeit der Brombeeren stattet er deshalb der Erde nie einen Besuch ab. Der Jäger und sein kleiner Sohn sagten, sie würden es so tun, wie man sie geheißen hätte. Und alsbald verließ der junge Häuptling mit dem Südwind die Hütte.

Wenige Tage später kam denn auch der alte Mann Winter zurück und klopfte wieder mit seinem Hammer auf die Hütte. Aber diesmal waren der Jäger und sein Sohn vorbereitet. Sie warfen, wie ihnen geheißen, die Brombeeren auf den alten Mann und der rannte voller Angst zu seiner Eishütte. Der Südwind und der junge Häuptling mit dem Gesicht wie eine Sonne waren aber nicht weit weg; sie waren dem Alten dicht auf den Fersen. Als der wieder drinnen in seiner Eishütte war, klopfte der Südwind sachte an die Tür. »Fort! Ab!«, schrie da der Alte. »Niemand außer dem Nordwind ist in meiner Hütte willkommen.« Da blies der Südwind sanft und warm auf die Tür der Eishütte, und die begann da schon ganz unten zu tauen. Der junge Häuptling ging hinein und setzte sich an das seltsame Feuer, das brannte, aber keine Wärme ausstrahlte. Der Südwind blieb draußen und sang dort sanft und leise. Der alte Mann war sehr zornig; er wütete in seiner Hütte herum und befahl dem jungen Häuptling mit dem Gesicht wie der Sonnenschein und der Wärme in seinem Atem, er solle sich schleunigst fortmachen. »Ich bin groß und mächtig«, sagte der alte Mann. »Wenn ich den Himmel berühre, fällt Schnee. Wenn ich das Wort erhebe, verstecken sich die Jäger in ihren Hütten, die Tiere kriechen in ihre Höhlen und die Vögel fliehen vor Angst davon. Wenn meine Hand die Erde berührt, wird sie hart und kalt, und alles Leben erstirbt. Hinfort mit dir, sonst mache ich einen Eismann oder Schneemann aus dir!«

Aber der junge Häuptling rührte sich nicht von der Stelle. Er saß nur da und lächelte, während der Alte tobte und raste. Langsam stopfte er dann eine Pfeife und reichte sie dem alten Mann mit den Worten: »Hier, rauch ein Pfeifchen mit mir. Das wird dich stärken auf deinem Weg zu deiner Hütte im Nordhimmel. Es ist Zeit für dich zu gehen. Du bist alt, müde und abgearbeitet; du und der Nordwind, ihr habt eure Zeit gehabt. Die kommende Zeit gehört dem Südwind und mir. Auch ich bin mächtig, und ich bin jung und habe keine Angst vor dir. Wenn ich die Erde berühre, wird sie weich und warm. Alles Lebendige beginnt sich im Schlaf zu rühren und zu bewegen – Vögel und Bienen, Blumen und Bäume. Wenn ich das Wort erhebe, erwacht die Sonne aus ihrem Schlaf. Sieh nur! Schon beginnt sie, ihre Pfeile auf uns herab zu senden. Beeil dich, denn sie dürfen dich auf deinem Weg zum Nordhimmel nicht finden.«

Der alte Mann begann zu zittern; seine Beine und Arme wurden schwach, Eiszapfen fielen aus seinem Bart und dicke Tränen rollten seine Wangen herab.

»Wer bist du?«, flüsterte er, als er zu Füßen des jungen Häuptlings dahin schmolz.

»Ich bin Go Hay, der Frühling«, gab der junge Häuptling zur Antwort. »Die ganze Erde ist froh und glücklich, wenn ich komme und dich in deine Hütte im Nordhimmel vertreibe, denn ich bringe Sonnenschein und Liebe und Freude.«

Aber der alte Mann hörte das schon nicht mehr. Er war schon weit entfernt auf dem Weg zum Nordhimmel, und nun waren Frühling und Südwind die Herren der Erde.

Das Schneeglöckchen

Es war Winterszeit, die Luft kalt, der Wind scharf, aber hinter Tür und Riegel war es warm und gemütlich; hinter Tür und Riegel lag die Blume, sie lag in ihrer Zwiebel unter Erde und Schnee.

Eines Tages fiel Regen. Die Tropfen drangen durch die Schneedecke in die Erde hinab, berührten die Blumenzwiebel und sprachen von der lichten Welt über der Erde. Bald drang auch der Sonnenstrahl fein und bohrend durch den Schnee zu der Zwiebel hinab und es kribbelte in ihr.

»Herein!«, sagte die Blume.

»Das kann ich nicht«, sagte der Sonnenstrahl, »ich bin nicht stark genug, um aufzuschließen; wenn es Sommer wird, bekomme ich erst Kraft.«

»Wann ist es Sommer?«, fragte die Blume und wiederholte die Frage jedes Mal, wenn ein neuer Sonnenstrahl hinabdrang. Aber es war noch weit von der Sommerzeit entfernt. Der Schnee lag noch, und das Wasser gefror zu Eis jede Nacht.

»Wie das lange dauert! Wie das lange dauert!«, sagte die Blume. »Ich fühle ein Kribbeln und Krabbeln, ich muss mich recken; ich muss mich strecken. Ich muss aufschließen, ich muss hinaus, muss dem Sommer einen ›Guten Morgen‹ zunicken; das wird eine beglückende Zeit werden!«

Und die Blume reckte und streckte sich drinnen gegen die dünne Schale, die das Wasser von außen erweicht, die der Schnee und die Erde erwärmt und der Sonnenstrahl gekribbelt hatte. Sie schoss hervor unter dem Schnee mit einer weißgrünen Knospe auf dem grünen Stängel, mit schmalen, dicken Blättern, die sie gleichsam schützen wollten. Der Schnee war kalt, aber vom Lichte durchstrahlt, daher war es gar leicht, durch ihn hindurchzubrechen, und nun kam auch der Sonnenstrahl mit größerer Kraft als bisher.

»Willkommen! Willkommen!«, sang und klang jeder Strahl, und die Blume hob sich über den Schnee hinaus in die Welt des Lichtes. Die Sonnenstrahlen streichelten und küssten sie, dass sie sich ganz öffnete, weiß wie der Schnee und geschmückt mit grünen Streifen. Sie beugte ihren Kopf in Freude und Demut.

»Wunderschöne Blume!«, sangen die Sonnenstrahlen. »Wie bist du frisch und zart! Du bist die Erste, du bist die Einzige, du bist unsere Liebe! Du läutest den Sommer ein, den schönen Sommer über Land und Stadt! All der Schnee wird schmelzen, die kalten Winde werden hinweggejagt! Wir werden herrschen. Alles wird grünen! Und dann bekommst du Gesellschaft, Flieder und Goldregen und zuletzt die Rosen; aber du bist die Erste, so fein und zart!«

Das war ein großes Vergnügen. Es war, als singe und klinge die Luft, als drängten die Strahlen des Lichts in die Blätter und Stängel der Blume. Da stand sie so fein und so leicht zu brechen und doch so kräftig in ihrer jungen Schönheit. Sie stand in weißem Kleide mit grünen Bändern da, sie machte Sommer. Aber es war noch weit bis zur Sommerzeit, Wolken verdeckten die Sonne, scharfe Winde bliesen über sie hin.

»Du bist ein bisschen zu früh gekommen«, sagten Wind und Wetter. »Wir haben noch die Gewalt, und du sollst sie fühlen und dich darein fügen. Du hättest hübsch zu Hause bleiben und nicht herauslaufen sollen und Staat machen; dazu ist es noch nicht die Zeit.«

Es war eine schneidende Kälte. Die Tage, die nun kamen, brachten nicht einen einzigen Sonnenstrahl; es war ein Winter zu Entzweifrieren für eine so zarte, kleine Blume. Aber sie besaß mehr Kraft in sich, als sie selbst wusste. Sie war stark in Freude und im Glauben an den Sommer, der kommen musste; er war ihr von ihrer tiefen Sehnsucht verkündet und von dem warmen Sonnenlicht bestätigt worden. So blieb sie denn auch voller Hoffnung in ihrer weißen Tracht, im weißen Schnee stehen und beugte ihr Haupt, selbst wenn die Schneeflocken dicht und schwer herabfielen und die eisigen Winde über sie dahinfuhren.

»Du wirst brechen!«, sagten sie, »verwelken, erfrieren! Was willst du hier draußen! Weshalb ließest du dich verlocken! Die Sonnenstrahlen haben dich genarrt! Jetzt hast du es danach, du Sommernärrin!«

»Sommernärrin!«, wiederholte sie in kalter Morgenstunde. »Sommernärrin«, jubelten ein paar Kinder, die in den Garten hinabkamen. »Da steht eine, wie schön, die Erste, die Einzige!«

Und diese Worte taten der Blume so wohl, es waren Worte wie warme Sonnenstrahlen. Die Blume empfand es in ihrer Freude nicht einmal, dass man sie brach. Sie lag in einer Kinderhand, wurde von einem Kindermund geküsst und hinein in die warme Stube getragen, von sanften Augen angeschaut, ins Wasser gestellt, so stärkend, so belebend! Die Blume glaubte, sie sei plötzlich tief in den Sommer hineingeraten.

Die Tochter des Hauses, ein schönes kleines Mädchen, war eben konfirmiert; sie hatte einen lieben kleinen Freund, der auch konfirmiert worden war; nun studierte er zum Amtsexamen. »Der soll mein Sommernarr sein!«, sagte das Mädchen und nahm die feine Blume, legte sie in ein Stückchen duftendes Papier, auf dem Verse geschrieben standen, Verse über die Blume, die mit »Sommernarr« anfingen und mit »Sommernarr« endigten, »mein Freund, sei Sommernarr!« Sie hatte ihn mit dem Sommer genarrt. Ja, das stand alles in dem Verse und wurde als Brief gefaltet, die Blume lag darin, und es war dunkel um sie her, dunkel wie damals, als sie noch in der Zwiebel lag. So ging die Blume auf Reisen, lag im Postsack, wurde gedrückt und gestoßen; das war gar nicht angenehm. Aber es nahm auch ein Ende.

Die Reise war vorüber, der Brief wurde geöffnet und von dem lieben Freunde gelesen. Er war so erfreut, dass er die Blume küsste, und dann wurde sie mit den Versen zusammen in einen Schubkasten gelegt, worin noch mehr solcher schönen Briefe lagen, aber alle ohne Blume; sie war die Erste, die Einzige, wie die Sonnenstrahlen sie genannt hatten, und darüber nachzudenken war ein Vergnügen.

Man ließ ihr auch lange Zeit, darüber nachdenken; sie dachte, während der Sommer verstrich und der lange Winter verging, und als es wieder Sommer wurde, wurde sie wieder hervorgenommen. Aber nun war der junge Mann durchaus nicht erfreut. Er fasste das Papier sehr unsanft an und warf die Verse hin, dass die Blume zu Boden fiel. Flach gepresst und verwelkt war sie ja, aber deshalb hätte sie doch nicht auf den Boden geworfen werden müssen; doch dort lag sie besser als im Feuer, denn dort gingen die Verse und Briefe in Flammen auf. Was war geschehen? – Was so oft geschieht. Die Blume hatte ihn genarrt, es war ein Scherz; die Jungfrau hatte ihn genarrt; das war kein Scherz, sie hatte sich während des Sommers einen anderen Freund erkoren.

Am Morgen schien die Sonne hinein auf das flachgedrückte kleine Schneeglöckchen, das so aussah, als sei es auf den Fußboden aufgemalt. Das Mädchen, das das Zimmer auskehrte, hob es auf und legte es in eins der Bücher hinein, die auf dem Tisch lagen, weil sie glaubte, dass es dort herausgefallen sei, als sie aufräumte und das Zimmer in Ordnung brachte. Und die Blume lag wieder zwischen Versen, gedruckten Versen, und die sind viel vornehmer als die geschriebenen, wenigsten haben sie mehr gekostet.

Darauf vergingen Jahre. Das Buch stand auf dem Bücherbrett. Dann wurde es einmal in die Hand genommen, man schlug es auf und las darin. Es war ein gutes Buch, Verse und Lieder von dem alten dänischen Dichter Ambrosius Stub, die wohl zu lesen wert sind. Und der Mann, der das Buch las, schlug ein Blatt um. »Da liegt ja eine Blume«, sagte er, »ein Schneeglöckchen! Ein Sommernarr! Ein Dichternarr! Es hat wohl seine Bedeutung, dass er gerade hierhergelegt worden ist. Armer Ambrosius Stub! Ja, liege als Zeichen hier im Buche, kleiner Sommernarr! Du bist mit Bedacht hineingelegt worden.«

Und so wurde das Schneeglöckchen wieder ins Buch gelegt und fühlte sich da sowohl geehrt als erfreut, dass es als Zeichen von Bedeutung im Buche liegen bleiben sollte.

Das ist das Märchen vom Schneeglöckchen.

(Hans Christian Andersen)

Wie der April den März besuchte

Es ist schon lange her, da lud einmal der März den April zu Gast. Dieser machte seinen Wagen zurecht und fuhr fort, aber der März schickte Schnee und Frost, und so konnte der April mit dem Wagen nicht durchkommen und musste umkehren. Im nächsten Jahr um dieselbe Zeit wollte der April es noch einmal versuchen und holte seinen Schlitten hervor, um zum März zu fahren. Aber der März machte es warm, und die Flüsse traten über die Ufer, sodass der April wieder umkehren musste. Da begegnete er unterwegs dem Mai und klagte ihm seine Not: »Wie oft schicke ich mich an, den März zu besuchen, und nie kann ich ihn erreichen, weder zu Wagen noch zu Schlitten! Fahre ich mit dem Wagen, so wird es wieder Winter, und nehme ich den Schlitten, so kommt warmes Wetter, und es taut und regnet so stark, dass man weder mit dem Schlitten noch mit dem Wagen vorwärts kommt.« Da sagte der Mai: »Ich will dir raten, wie du es machen musst: Nimm den Wagen, den Schlitten und ein Boot, dann kannst du schon durchkommen.« Der April wartete bis zum nächsten Jahr, dann tat er, wie der Mai ihm geraten hatte. Er fuhr mit dem Schlitten und hatte noch einen Wagen und ein Boot darauf gepackt. Da sandte der März warmes Wetter, und der Schnee taute. Sogleich befestigte der April den Schlitten und das Boot auf dem Wagen und fuhr weiter. Nach einer Weile wurde es wieder kalt, es fror und schneite tüchtig, aber der April packte wieder alles auf den Schlitten und kam ein gutes Stück weiter. Zuletzt trat Tauwetter ein, und es ergossen sich die Wasser überall, da konnte man nicht zu Schlitten und nicht zu Wagen reisen. Der April aber nahm sein Boot, packte die beiden überflüssigen Fahrzeuge hinein und gelangte so zum März. Dieser war sehr erstaunt, er hatte den April ja doch foppen wollen. »Wer hat dir denn geraten, wie man zu mir kommen muss?«, fragte er ärgerlich. »Das war der Mai«, sagte der April. Da rief der März: »Na warte nur, Mai, das will ich dir eintränken!«, und schickte dem Mai ein paar tüchtige Nachtfröste. Und das tut er nun jedes Jahr, weil er dem Mai noch immer zürnt.

Ein kleines Geheimnis zum Schluss

Der goldene Schlüssel

Zur Winterszeit, als einmal ein tiefer Schnee lag, musste ein armer Junge hinausgehen und Holz auf einem Schlitten holen. Wie er es nun zusammengesucht und aufgeladen hatte, wollte er, weil er so erfroren war, noch nicht nach Haus gehen, sondern erst Feuer anmachen und sich ein bisschen wärmen. Da scharrte er den Schnee weg, und wie er so den Erdboden aufräumte, fand er einen kleinen goldenen Schlüssel. Nun glaubte er, wo der Schlüssel wäre, müsste auch das Schloss dazu sein, grub in der Erde und fand ein eisernes Kästchen. »Wenn der Schlüssel nur passt!«, dachte er, »es sind gewiss kostbare Sachen in dem Kästchen.« Er suchte, aber es war kein Schlüsselloch da, endlich entdeckte er eins, aber so klein, dass man es kaum sehen konnte. Er probierte, und der Schlüssel passte glücklich. Da drehte er einmal herum, und nun müssen wir warten, bis er vollends aufgeschlossen und den Deckel aufgemacht hat: Dann werden wir erfahren, was für wunderbare Sachen in dem Kästchen lagen.

(Jacob und Wilhelm Grimm)

Quellenverzeichnis

Advent – Das ist die stillste Zeit im Jahr
 Aus: Karl Heinrich Waggerl: Sämtliche Weihnachtserzählungen. © Otto Müller Verlag, Salzburg 1997.

Albertus Magnus und Kaiser Wilhelm
 Aus: Jacob und Wilhelm Grimm: Deutsche Sagen. Kassel 1816/18, Nr. 495.

Alice Green und der letzte Mohikaner
 The Story of Alice Green. Aus: Peter Parley: Winter Evening Tales. Philadelphia 1845. Aus dem Englischen von Erich Ackermann. © 2015 Anaconda Verlag GmbH, Köln.

Alorûtaq – Der Eskimojunge, der Böses nicht mit Bösem vergalt
 Aus: Knud Rasmussen: Grönlandsagen. Berlin 1922.

Als ich die Christtagsfreude holen ging
 Aus: Peter Rosegger: Als ich noch der Waldbauernbub war. Leipzig 1916.

Als ich das Ofenhückerl war
 Aus: Peter Rosegger: Als ich noch der Waldbauernbub war. Leipzig 1916.

Am äußersten Meer
 Aus: Andersens Märchen. Anaconda Verlag Köln 2010.

Andreasnacht
 Aus: Jacob und Wilhelm Grimm: Deutsche Sagen. Kassel 1816/18, Nr. 114.

Anheimelnde Winterabende mit Märchen und Gespenstern
 Aus: Jean Paul: Sämtliche Werke: Selberlebensbeschreibung / Konjektural-Biographie. Weimar 1927 ff.

Auf dem Grunde des Schneemeeres
 Aus: Gunnar Gunnarsson: Der brennende Stein und andere isländische Novellen. München 1936.

Auf dem St. Gotthard
 Aus: Johann Wolfgang von Goethe: Sämtliche Werke. Bd. 14: Briefe aus der Schweiz. Stuttgart, Tübingen 1851.

Auf der Fährte nach Fleisch
 Aus: Jack London: Wolfsblut. Aus dem amerikanischen Englisch von Isabelle Fuchs. Köln 2012. Kapitel 1. © 2012 Anaconda Verlag GmbH, Köln.

Aus dem Leben des heiligen Martin
 Martinus. Aus: Jacobus de Voragine: Legenda aurea. Hrsg. von Johann Georg Theodor Graesse. Leipzig 1846. Aus dem Lateinischen übersetzt und bearbeitet von Erich Ackermann. © 2015 Anaconda Verlag GmbH, Köln.

Bauer Ginster, Bauer Laub und Bauer Eisen
: Farmer Broom, Farmer Leaves and Farmer Iron. Aus: Christmas Tales of Flanders. New York 1917. Aus dem Englischen übersetzt von Erich Ackermann. © 2015 Anaconda Verlag GmbH, Köln.

Belohnte Kindesliebe
: Aus: Karl Alberti: Japanische Märchen. Straubing 1913.

Berchta und der wilde Mann
: Aus: Sagen, Märchen und Gebräuche aus Tirol. Gesammelt und hrsg. von Ignaz Vinzenz Zingerle. Innsbruck 1891.

Bibon und Sigwan – Winter und Frühling
: Aus: Karl Knortz: Märchen und Sagen der nordamerikanischen Indianer. Jena 1871.

Boquena, der Magier mit dem Buckel
: Aus: Karl Knortz: Märchen und Sagen der nordamerikanischen Indianer. Jena 1871.

Das Berchtenlaufen
: Aus: Sagen aus Tirol. Gesammelt und hrsg. von Ignaz Vinzenz Zingerle. Innsbruck 1891.

Das Bergmännlein
: Aus: Meinrad Lienert: Schweizer Sagen und Heldengeschichten. Stuttgart 1915.

Das brave Mütterchen
: Aus: Karl Müllenhoff: Sagen, Märchen und Lieder der Herzogtümer Schleswig, Holstein und Lauenburg. Kiel 1845.

Das Dörfchen in den Bergen
: Auszug aus: Adalbert Stifter: Bergkristall. Anaconda Verlag Köln 2012.

Das goldene Beil
: Aus: Victor von Andrejanoff: Lettische Märchen. Leipzig 1896.

Das graue Männchen
: Aus: Märchen und Sagen aus Hannover. Hrsg. von Carl und Theodor Colshorn. Hannover 1854.

Das Kätzchen auf Dovre
: Aus: Peter Christen Asbjørnsen, und Jørgen Engebretsen Moe: Norwegische Volksmärchen. Berlin 1908.

Das kleine Schneemädchen
: The Snow Image. A Childish Miracle. Aus: Nathaniel Hawthorne: Legends of the Province House and Other Twice-Told Tales. Boston 1883. Aus dem Englischen übersetzt und gekürzt von Erich Ackermann. © 2015 Anaconda Verlag GmbH, Köln.

Das Mädchen und der Mond
: Aus: Märchen der Völker der Sowjetunion. Moskau 1987.

Das Nordlicht in der Heiligen Nacht
: Auszug aus: Adalbert Stifter: Bergkristall. Anaconda Verlag Köln 2012.

Das Posthorn
: Aus: Ernst Meier: Deutsche Volksmärchen aus Schwaben. Stuttgart 1852.

Das Sätermädchen
: Aus: Åge Avenstrup und Elisabeth Treitel: Isländische Märchen und Volkssagen. Berlin 1919.

Das Schneeglöckchen
  Aus: Hans Christian Andersen's Sämmtliche Märchen. Jubiläumsausgabe. Leipzig 1884. Gekürzt von Erich Ackermann.

Das Sternenkind
  Aus: Oscar Wilde: Märchen. Aus dem Englischen von Wilhelm Cremer. Berlin 1922.

Das Venedigermandl macht Räuber g'froren
  Aus: Deutsche Alpensagen. Gesammelt und hrsg. von Johann Nepomuk Ritter von Alpenburg. Wien 1861.

Der alte Mantel
  Aus: Christoph von Schmid: 190 kleine Erzählungen für die Jugend. Reutlingen um 1900.

Der arme Schneider von Gloucester
  Beatrix Potter: The Tailor of Gloucester. New York 1903. Aus dem Englischen übersetzt, gekürzt und bearbeitet von Erich Ackermann. © 2015 Anaconda Verlag GmbH, Köln.

Der barmherzige Reiche und der dankbare Arme
  Aus: Christoph von Schmid: 190 kleine Erzählungen für die Jugend. Reutlingen um 1900.

Der Berglappe und der Fuchs
  Aus: Josef Calasanz Poestion: Lappländische Märchen, Volkssagen, Rätsel und Sprichwörter. Wien 1886.

Der böse Winter
  Aus: Johann Peter Hebel: Sämtliche poetische Werke. Bd. 4: Schatzkästlein des Rheinischen Hausfreundes. Leipzig 1905.

Der dankbare Rabe
  Aus: Das goldene Kinderbuch. Hrsg. von Max Pichler. Reutlingen 1929.

Der Einsiedler auf dem Berge Liákoura
  Aus: Bernhard Schmidt: Griechische Märchen, Sagen und Volkslieder. Leipzig 1877.

Der Eispalast
  Aus: Anna Stein: 52 Sonntage oder Tagebuch dreier Kinder. Berlin 1846.

Der Esel des St. Nikolaus
  Aus: Lisa Wenger: Das blaue Märchenbuch. Frauenfeld 1919.

Der Frost
  Aus: Aleksander Nikolaevi Afanasjew: Russische Volksmärchen. Anaconda Verlag Köln 2008.

Der Gespensterbräutigam
  The spectre bridegroom. Aus: Robert Hunt: Popular Romances of the West of England. London 1881. Aus dem Englischen übersetzt, gekürzt und bearbeitet von Erich Ackermann. © 2015 Anaconda Verlag GmbH, Köln.

Der goldene Schlüssel
  Aus: Jacob und Wilhelm Grimm: Grimms Märchen. Anaconda Verlag Köln 2009.

Der große Schneefall im Bayrischen Walde
  Adalbert Stifter. Aus: Die Winterpostille. Ein Lese- und Singbuch für Winter und Weihnacht. Breslau 1936.

Der gute Meister Petz
  Aus: Peter Christen Asbjørnsen, und Jørgen Engebretsen Moe: Nordische Volks- und Hausmärchen. München 1909.

Der harte Winter
    Aus: Wilhelm Busch: Ut ôler Welt, Volksmärchen, Sagen, Volkslieder und Reime. München 1910.
Der Herr über die Winde
    Aus: Märchen der Völker der Sowjetunion. Moskau 1987.
Der Huldrekönig auf Selö
    Aus: Åge Avenstrup und Elisabeth Treitel: Isländische Märchen und Volkssagen. Berlin 1919.
Der Huldretanz in der Silvesternacht
    Aus: Åge Avenstrup und Elisabeth Treitel: Isländische Märchen und Volkssagen. Berlin 1919.
Der Kavalier auf dem Eise
    Aus: Hermann Hesse: Sämtliche Werke in 20 Bänden. Herusgegeben von Volker Michels. Band 6: Die Erzählungen 1, S. 48–51. © Suhrkamp Verlag Frankfurt am Main 2001. Alle Rechte bei und vorbehalten durch Suhrkamp Verlag Berlin.
Der Klaubauf
    Aus: Deutsche Alpensagen. Gesammelt und hrsg. von Johann Nepomuk Ritter von Alpenburg. Wien 1861.
Der kleine Geist
    Aus: Karl Knortz: Märchen und Sagen der Indianer Nordamerikas. Jena 1871.
Der kleine Schneejunge
    Le petit garçon de neige. Aus: Henry Carnoy: Contes Français. Paris 1885. Aus dem Französischen übersetzt von Erich Ackermann. © 2015 Anaconda Verlag GmbH, Köln.
Der Köhlernils und die Trollfrau
    Aus: Nordische Volksmärchen. Übersetzt von Klara Stroebe. Jena 1915.
Der König, der sein Wort brach
    Aus: Maltesische Märchen und Schwänke. Aus dem Volksmunde gesammelt von Bertha Ilg. Erster Teil. Leipzig 1906.
Der Kübelreiter
    Aus: Franz Kafka: Beim Bau der Chinesischen Mauer. Berlin 1931.
Der Küster von Mörkaa
    Aus: Åge Avenstrup und Elisabeth Treitel: Isländische Märchen und Volkssagen. Berlin 1919.
Der Lappenkönig und die russischen Tschuden
    Aus: Josef Calasanz Poestion: Lappländische Märchen, Volkssagen, Rätsel und Sprichwörter. Wien 1886.
Der Mann im Monde
    Aus: Paul Sock: Eskimomärchen. Berlin 1921.
Der Mann von Grimsö und der Bär
    Aus: Åge Avenstrup und Elisabeth Treitel: Isländische Märchen und Volkssagen. Berlin 1919.
Der Reiter und der Bodensee
    Gustav Schwab: Gedichte. Stuttgart 1828/29.
Der Riese
    Aus: Paul Sock: Eskimomärchen. Berlin 1921.

Der schmelzende Koch
  Aus: Robert Reinick: Märchen-, Lieder- und Geschichtenbuch. Bielefeld, Leipzig 1873.

Der Schnee als großes Leichentuch
  Aus: Ernst von Baumbach: Tagebuch von 1812. Handschrift. Nechtersheim 1838.

Der Schneemann
  Aus: Andersens Märchen. Anaconda Verlag Köln 2010.

Der Schneesturm
  Aus: Alexander Puschkin: Der Schneesturm und andere Novellen. Aus dem Russischen von Alexander Eliasberg. Berlin 1921.

Der Schneesturm
  Leo Tolstoi: Der Schneesturm. Aus dem Russischen von Alexander Eliasberg. Leipzig 1913. Gekürzt von Erich Ackermann.

Der Schwarzfußindianer und der Bär
  The Blackfoot and the Bear. Aus: Cyrus Macmillan: Canadian Wonder Tales. London, New York, Toronto 1920. Aus dem Englischen übersetzt von Erich Ackermann. © 2015 Anaconda Verlag GmbH, Köln.

Der selbstsüchtige Riese
  Aus: Oscar Wilde: Märchen. Aus dem Englischen von Wilhelm Cremer. Berlin 1922.

Der Spielmann und die wilde Jagd
  Aus: Adalbert Kuhn und Wilhelm Schwartz: Norddeutsche Sagen, Märchen und Gebräuche aus Meklenburg, Pommern, der Mark, Sachsen, Thüringen, Braunschweig, Hannover, Oldenburg und Westfalen. Leipzig 1848.

Der Tanz des Teufels
  La danse du diable. Aus: Recueil de Contes Populaires Slaves. Traduits sur les textes originaux par Louis Léger. Paris 1882. Aus dem Französischen übersetzt von Erich Ackermann. © 2015 Anaconda Verlag GmbH, Köln.

Der Teufel als Bräutigam
  Aus: Johann Peter Lyser: Abendländische Tausend und eine Nacht. Meißen 1838/39.

Der Totengräber und die Gespenster
  Aus: Charles Dickens: Die Pickwickier. Übersetzt von Gustav Meyrink. Berlin 1953.

Der Untergang einer Armee – Der Rückzug von Napoleons Truppen aus Russland
  Aus: Philipp Röder von Diersburg: Denkwürdigkeiten des General der Infanterie Markgraf Wilhelm von Baden aus den Feldzügen von 1809 bis 1815, nach dessen hinterlassenen eigenhändigen Aufzeichnungen. Mit Noten und Beilagen. Karlsruhe 1864. Gekürzt von Erich Ackermann.

Der viele viele Schnee
  Wolfgang Borchert, »Der viele viele Schnee«. Aus: Wolfgang Borchert: Das Gesamtwerk. Herausgegeben von Michael Töteberg unter Mitarbeit von Irmgard Schindler. Copyright © 2007 Rowohlt Verlag GmbH, Reinbek bei Hamburg.

Der wandernde Zwerg
  Aus: Johann Georg Theodor Graesse: Sagenbuch des Preußischen Staates 1–2. Bd. 2. Glogau 1868/71.

Der Weißstirnige
  Aus: Anton Tschechow: Dreißig komische Erzählungen. Übersetzt von Johannes von Guenther. München 1923. © Mit freundlicher Genehmigung von Heinrich von Guenther.

Der Winter kommt ins Tal
Aus: Nigel Hinton: Im Herzen des Tals. Aus dem Englischen von Hilde Linnert. © Paul Zsolnay Verlag Wien 1988.

Der Wintergarten
Aus: Albert Ludwig Grimm: Deutsche Sagen und Märchen für die Jugend. Leipzig 1886.

Der Wode
Aus: Karl Müllenhoff: Sagen, Märchen und Lieder der Herzogtümer Schleswig, Holstein und Lauenburg. Kiel 1845.

Der Wolf
Aus: Hermann Hesse: Sämtliche Werke in 20 Bänden. Herausgegeben von Volker Michels. Band 6: Die Erzählungen 1, S. 126–129. © Suhrkamp Verlag Frankfurt am Main 2001. Alle Rechte bei und vorbehalten durch Suhrkamp Verlag Berlin.

Der Wolf
Aus: Guy de Maupassant: Gesammelte Werke. Aus dem Französischen von Georg Freiherr von Ompteda. Bd. 5. Berlin, Leipzig 1919.

Der Wolf und der Fuchs
Le loup et le renard. Aus: Henry Carnoy: Contes Français. Paris 1885. Aus dem Französischen übersetzt von Erich Ackermann. © 2015 Anaconda Verlag GmbH, Köln.

Der Wolf will sich einen Wintervorrat anlegen
Aus: Friedrich Sundermann: Der Upstalsboom. Ostfrieslands Volksüberlieferungen. Aurich 1922.

Der württembergische Leutnant von Martens über die Kälte in Russland, 6. und 7. November 1812
Aus: Die Winterpostille. Ein Lese- und Singebuch für Winter und Weihnacht. Hrsg. von Cosmus Flam und Otto Heinrich Fleischer. Breslau 1936.

Die Christmesse in der Wildermänner Kirche
Aus: August Ey: Harzmärchenbuch. Stade 1862.

Die drei Männlein im Walde
Aus: Jacob und Wilhelm Grimm: Grimms Märchen. Anaconda Verlag Köln 2009.

Die Entstehung der Winde
Aus: Paul Sock: Eskimomärchen. Berlin 1921.

Die fliegende Frau
Aus: Johann Georg Theodor Graesse: Sagenbuch des preußischen Staats. Bd. 1. Glogau 1868.

Die Geistermesse
Aus: Andreas Haupt: Die schönsten Bamberger Sagen und Legenden. Bamberg 1877.

Die Gespenstermesse
La messe des fantômes. Aus: Jean-François Bladé: Contes populaires de la Gascogne. Bd. 2. Paris 1886. Aus dem Französischen übersetzt von Erich Ackermann. © 2015 Anaconda Verlag GmbH, Köln.

Die Gesundheit Seiner Majestät ist niemals besser gewesen
Aus: Bulletins officiels de la grande armée. Recueillis et publiés par Alexandre Goujon. Paris 1821. Aus dem Französischen übersetzt und gekürzt von Erich Ackermann. © 2015 Anaconda Verlag GmbH, Köln.

Die Herberge im Gebirge
Aus: Guy de Maupassant: Gesammelte Werke. Aus dem Französischen von Georg Freiherr von Ompteda. Bd. 7. Berlin, Leipzig 1919.

Die Hollerfrau
Aus: Angelika Merkelbach-Pinck: Lothringer Volksmärchen. Kassel 1940.

Die Liebe einer Eskimo-Maid
Aus: Mark Twain: Von Adam bis Vanderbilt. 13 verrückte Amerika-Geschichten. Übersetzt von Louis Ottmann und Heinrich Conrad. Stuttgart 1922.

Die Messe der Wölfe
La messe des loups. Aus: Jean-François Bladé: Contes populaires de la Gascogne. Bd. 2. Paris 1886. Aus dem Französischen übersetzt von Erich Ackermann. © 2015 Anaconda Verlag GmbH, Köln.

Die Messe des Gespenstes
Aus: Ernst Tegethoff: Französische Volksmärchen. Bd. 2. Jena 1923.

Die nächtlichen Kirchgänger
Aus: Harry Jannsen: Märchen und Sagen des estnischen Volkes. 2. Lieferung. Riga, Leipzig 1888.

Die Nordlichtgeister
Aus: Harry Jannsen: Märchen und Sagen des estnischen Volkes. 2. Lieferung. Riga, Leipzig 1888.

Die Reise im Braukessel
Aus: Klara Stroebe: Nordische Volksmärchen. Jena 1922.

Die Saat im Schnee
Aus: Anton Altrichter: Sagen aus der Iglauer Sprachinsel. Iglau 1920.

Die Schneekönigin
Aus: Andersens Märchen. Anaconda Verlag Köln 2010. Gekürzt und überarbeitet von Erich Ackermann.

Die Schneekönigin
Aus: Angelika Merkelbach-Pinck: Lothringer Volksmärchen. Kassel 1940.

Die Schneetochter und der Feuersohn
Aus: Heinrich von Wlislocki: Märchen und Sagen der Bukowinaer und Siebenbürger Armenier. Hamburg 1891.

Die sieben Tannenbäume
Aus: Gorch Fock: Nach dem Sturm. Hamburg 1938.

Die Spinnerin im Mond
Aus: Ludwig Bechstein: Deutsches Sagenbuch. Leipzig 1853.

Die Stadtmaus und die Feldmaus
Aus: Peter Christen Asbjørnsen, und Jørgen Engebretsen Moe: Nordische Volks- und Hausmärchen. München 1909.

Die Totenmesse zu Wesenberg
Aus: Adalbert Kuhn und Wilhelm Schwartz: Norddeutsche Sagen, Märchen und Gebräuche aus Meklenburg, Pommern, der Mark, Sachsen, Thüringen, Braunschweig, Hannover, Oldenburg und Westfalen. Leipzig 1848.

Die Unterirdischen
Aus: Friedrich Reinhold Kreutzwald: Estnische Märchen. Halle, 1869.

Die vier heiligen Dreikönige
　　Ludwig Ganghofer. Aus: Der deutsche Spielmann: Winter. Herausgegeben von Ernst Weber. München 1922.

Die Winter meiner Kindheit
　　Aus: Sergei Timofeevich Aksakov: Familienchronik. Nach Sergius Raczynskis Übertragung aus dem Russischen bearbeitet und erweitert von H. Röhl. Leipzig 1919.

Die Zeit der schweren Not
　　Aus: Hermann Löns: Mümmelmann und andere Tiergeschichten. Hannover 1911.

Die zwei Brüder und der Frost
　　Aus: Harry Jannsen: Märchen und Sagen des estnischen Volkes. 1. Lieferung. Dorpat 1881.

Ein doppeltes Wunder von Sankt Martin
　　Un miracle de St. Martin. Aus: Denis Bressan: Petits Contes Populaires de la Bresse et du Bugey. O. O. 1897. Aus dem Französischen übersetzt von Erich Ackermann. © 2015 Anaconda Verlag GmbH, Köln.

Ein funkelnagelneues Jahr
　　Aus: Peter Rosegger: Gesammelte Werke von Peter Rosegger. Bd. 13: Waldheimat. Bd. 2: Der Guckinsleben. Leipzig 1914.

Ein kleiner Weihnachtsfrieden
　　Aus: Heinz Steguweit: Es weihnachtet sehr. Hamburg 1940.

Ein kleines Eisabenteuer
　　Aus: Theodor Fontane: Meine Kinderjahre. Berlin 1894.

Ein Landarzt
　　Aus: Franz Kafka: Ein Landarzt. Kleine Erzählungen. München, Leipzig 1919.

Eine Liebesgabe am Martinsabend
　　Aus: Wilhelm Kirchhof: Wendemuth. In: Deutsches Anekdotenbuch. Hrsg. von Paul Alverdes und Hermann Rinn. München 1936.

Eine Weihnachtsreise ins altpreußische Land
　　Bogumil Goltz. Aus: Deutsches Weihnachtsbuch. Hrsg. von Otto Ernst. Hamburg 1914.

Eine Winterreise durch Sibirien
　　Aus: George Kennan: Sibirien. Aus dem Englischen von David Haek. Leipzig 1891.

Einer Weihnacht Lust und Gefahr
　　Aus: Peter Rosegger: Gesammelte Werke von Peter Rosegger. Bd. 11: Waldheimat. Bd. 1: Das Waldbauernbübel. Leipzig 1914.

Elchjagd
　　Andreas Haukland. Aus: Halali. Die schönsten Jagdgeschichten der Welt. Hrsg. von Rolf Bongs. München 1914.

Frau Holla und der treue Eckart
　　Aus: Jacob und Wilhelm Grimm: Deutsche Sagen. Kassel 1816/18, Nr. 7.

Frau Holla zieht umher
　　Aus: Jacob und Wilhelm Grimm: Deutsche Sagen. Kassel 1816/18, Nr. 5.

Fru Gauden oder Goden
　　Aus: Carl und Theodor Colshorn: Märchen und Sagen aus Hannover. Hannover 1854.

Geisterkirche
　　Aus: Jacob und Wilhelm Grimm: Deutsche Sagen. Kassel 1816/18, Nr. 175.

Gottes Gäste
Aus: Manfred Kyber: Gesammelte Tiergeschichten. Unter Tieren und neue Tiergeschichten. Leipzig, Zürich 1922.

Hasendämmerung
Aus: Hermann Löns: Mümmelmann und andere Tiergeschichten. Hannover 1911.

Isegrims Fischfang
Aus: Ernst Tegethoff: Französische Volksmärchen. Bd. 1. Jena 1923.

James Cook und das Ewige Eis
Das ewige Eis im Süden – Die Antarktis: Aus: James Cook: A Voyage Towards the South Pole and Round the World. Bd. 2. London 1777. Aus dem Englischen übersetzt von Erich Ackermann. © 2015 Anaconda Verlag GmbH, Köln.
Das ewige Eis im Norden – Die Arktis: Aus: Capitain Cooks dritte und letzte Reise oder Geschichte einer Entdeckungsreise nach dem Stillen Ocean. Übersetzt von Johann Ludwig Wetzel. Bd. 4. Ansbach 1794. Gekürzt von Erich Ackermann.

Januar und Februar
Aus: Oskar Dähnhardt: Naturgeschichtliche Märchen. Leipzig, Berlin 1925.

Juki-onna – Die Schneefrau
Aus: Karl Alberti: Japanische Märchen. Straubing 1913.

Katze und Maus in Gesellschaft
Aus: Jacob und Wilhelm Grimm: Grimms Märchen. Anaconda Verlag Köln 2009.

König Oddur und der Wintergast
Aus: Adeline Ritterhaus: Die neuisländischen Volksmärchen. Halle 1902.

Münchhausens Reise nach Russland
Aus: Gottfried August Bürger: Wunderbare Reisen zu Wasser und Lande, Feldzüge und lustige Abenteuer des Freiherrn von Münchhausen. London 1788. Adaptierte Version der Ausgabe Reutlingen um 1920.

Odschig Annang oder Der Sommermacher
Aus: Karl Knortz: Märchen und Sagen der nordamerikanischen Indianer. Jena 1871.

Oschoo
Aus: David Brauns: Japanische Märchen und Sagen. Leipzig 1885.

Quiquern, der Geisterhund
Aus: Rudyard Kipling: Das neue Dschungelbuch. Übersetzt von Sebastian Harms. Berlin 1899.

Raunacht-Abenteuer
Aus: Heinrich Noë: Deutsches Alpenbuch. München 1868.

Robert Scotts letzte Fahrt
Aus: Robert Falcon Scott: Letzte Fahrt. Leipzig 1919.

Saint Antoine – Die Rache des Besiegten
Aus: Guy de Maupassant: Gesammelte Werke. Aus dem Französischen von Georg Freiherr von Ompteda. Bd. 8. Berlin, Leipzig 1919.

Sampo Lappelill
Aus: Zacharias Topelius: Finnländische Märchen. Leipzig 1916.

Scherz
Aus: Anton Tschechow: Dreißig komische Erzählungen. Übersetzt von Johannes von Guenther. München 1923. © Mit freundlicher Genehmigung von Heinrich von Guenther.

Schinschibiss und der Nordwind
Aus: Karl Knortz: Märchen und Sagen der nordamerikanischen Indianer. Jena 1871.

Schnee
Thomas Mann: Auszug (»Schnee«) aus: Der Zauberberg. © S.Fischer Verlag, Berlin 1924. Alle Rechte vorbehalten S.Fischer Verlag GmbH, Frankfurt am Main.

Schreckliche Unglücksfälle in der Schweiz
Aus: Johann Peter Hebel: Schatzkästlein des Rheinischen Hausfreundes. Sämtliche poetische Werke. Bd. 4. Leipzig 1905.

Silvesternebel
Aus: Hermann Löns: Mein grünes Buch. Hannover 1918.

Snegurotschka – Schneeflöckchen
Blanche-Neige (Sniegourka). Aus: Recueil de Contes Populaires Slaves. Traduits sur les textes originaux par Louis Léger. Paris 1882. Aus dem Französischen übersetzt von Erich Ackermann. © 2015 Anaconda Verlag GmbH, Köln.

Trautes Heim, Glück allein
Aus: Kenneth Grahame: Der Wind in den Weiden. Aus dem Englischen von Kim Landgraf und Felix Mayer. Anaconda Verlag Köln 2012. Textauszug aus Kapitel V. © 2012 Anaconda Verlag GmbH, Köln.

Vom Kranich, der dem Fuchs das Fliegen beibrachte
Aus: August von Löwis of Menar: Finnische und estnische Volksmärchen. Jena 1922.

Von dem Mädchen, das schneller als ein Pferd ist
Aus: Volksmärchen der Serben. Gesammelt und aufgezeichnet von Wuk Stephanowitsch Karadschitsch. Übersetzt von Wilhelmine Karadschitsch. Berlin 1854.

Von dem Sommer- und Wintergarten
Aus: Jacob und Wilhelm Grimm: Kinder- und Hausmärchen. Berlin 1812.

Von den zwölf Monaten
Aus: Joseph Wenzig: Westslawischer Märchenschatz. Leipzig 1857.

Walden – Besuch in der winterlichen Einsamkeit von Massachusetts
Aus: Henry David Thoreau: Walden oder das Leben in den Wäldern. Jena 1922. Gekürzt von Erich Ackermann.

Walden – Wintertiere im entlegenen Massachusetts
Aus: Henry David Thoreau: Walden oder das Leben in den Wäldern. Jena 1922. Gekürzt von Erich Ackermann.

Waldwinter
Aus: Paul Keller: Waldwinter. Breslau 1919.

Weihnachten auf einem livländischen Pastorat
Aus: Monika Hunnius: Mein Weihnachten. Heilbronn 1922.

Weihnachten bei Theodor Storm
Aus: Gertrud Storm: Theodor Storm: Ein Bild seines Lebens. 2 Bd. Berlin 1912/13.

Wie der alte Mann Winter verjagt wurde
How old man Winter was driven back. Aus: Mabel Powers: Stories the Iroquois Tell Their Children. New York, Cincinnati, Chicago 1917. Aus dem Englischen von Erich Ackermann. © 2015 Anaconda Verlag GmbH, Köln.

Wie der April den März besuchte
Aus: Oskar Dähnhardt: Naturgeschichtliche Märchen. Leipzig, Berlin 1925.

Wie der Rabe das Licht brachte
    Aus: Paul Sock: Eskimomärchen. Berlin 1921.
Wie der Tod auf die Welt kam
    Aus: Walter Krickeberg: Indianermärchen aus Nordamerika. Jena 1924.
Wie in Alaska
    Aus: Ernst Kammerer: Amazone bis Zitrone. Ein neues kleines Lexikon von A bis Z.
    © Societäts-Verlag Frankfurt a. M. 1941.
Wie Rübezahl sich in seinem Geisterreiche die Zeit vertreibt
    Aus: Carl Hauptmann: Rübezahl-Buch. O. O. 1919.
Winter auf dem Semmering
    Aus: Peter Altenberg: Semmering 1912. Berlin 1913.
Winternacht
    Aus: Georg Trakl: Sebastian im Traum. Leipzig 1915.
Wintersport
    Aus: Peter Altenberg: Bilderbögen des kleinen Lebens. Berlin 1909.
Wintersportmärchen
    Aus: Ödön von Horváth: Sportmärchen, andere Prosa und Verse. Frankfurt a. M. 1988.
Wo ist die Winterlandschaft zu suchen?
    Aus: Carl Spitteler: Lachende Wahrheiten. Jena 1917.

Leider war es nicht in allen Fällen möglich, die Rechteinhaber zu ermitteln; berechtigte Ansprüche werden vom Verlag auf Nachfrage zu den üblichen Sätzen nachhonoriert.

Orthografie und Interpunktion wurden den Regeln der neuen deutschen Rechtschreibung angepasst. Auf Wunsch der Rechteinhaber wurden die Texte von Hermann Hesse (Der Kavalier auf dem Eise, Der Wolf) und Thomas Mann (Schnee) nicht umgestellt.

Ausgewählte Literatur

Bächtold-Stäubli, Hans (Hrsg.): Handwörterbuch des deutschen Aberglaubens [1927–1942]. 3. Aufl., Berlin 2000.

Becker-Huberti, Manfred: Lexikon der Bräuche und Feste. Freiburg, Basel, Wien 2000.

Brandt, Karsten: Was ist dran an Bauernregeln? Altes Wetterwissen auf dem Prüfstand. München 2011.

Clarus, Ingeborg: Keltische Mythen. Der Mensch und seine Anderswelt. Olten 1991.

Dewald, Markus: Kelten – Kürbis – Kulte. Kleine Kulturgeschichte von Halloween. Stuttgart 2002.

Diederichs, Ulf: Germanische Götterlehre. München 1984.

Eisbrenner, Rudolph: Das große Buch der Bauernregeln. 3333 Sprichwörter, Redensarten und Wetterregeln. Köln 2008.

Fischer, Anke: Feste und Bräuche in Deutschland. München 2004.

Frazer, James George: Der goldene Zweig. Frankfurt a. M. 1977.

Früh, Sigrid: Rauhnächte. Märchen, Brauchtum, Aberglaube. Waiblingen 1998.

Stone, Garden: Göttin Holle. Auf der Suche nach einer germanischen Göttin. Frau Holle in Märchen, Sagen, Legenden, Gedichten, Gebräuchen und in der Mythologie. Norderstedt 2006.

Grimm, Jacob: Deutsche Mythologie [1836]. Korrigierte und überarb. Ausg., Wiesbaden 2007.

Happ, Martin: Alte und neue Bilder vom Heiligen Martin: Brauchtum und Gebrauch seit dem 19. Jahrhundert (Kölner Veröffentlichungen zur Religionsgeschichte. Bd. 37). Köln, Weimar 2006.

Hauser, Albert: Bauernregeln. Zürich, München 1973.

Küster, Jürgen: Wörterbuch des Aberglaubens. Freiburg 1989.

Lehane, Brendan: Das Weihnachtsbuch. Amsterdam 1986.

Petzoldt, Leander: Kleines Lexikon der Dämonen und Elementargeister. München 1990.

Timm, Erika: Frau Holle, Frau Percht und verwandte Gestalten. 160 Jahre nach Jacob Grimm aus germanistischer Sicht betrachtet. Stuttgart 2003.

Weiser-Aall, Lily: »Weihnacht«. In: Handwörterbuch des deutschen Aberglaubens. Bd. 9. Augsburg 2005.

Weber-Kellermann, Ingeborg: Das Weihnachtsfest: eine Kultur- und Sozial-Geschichte der Weihnachtszeit. Luzern, Frankfurt a. M. 1978.

Wuttke, Adolf: Der deutsche Volksaberglaube in der Gegenwart. Berlin 1900.